in cattedra
Concorsi Scuola

LA PROVA PRESELETTIVA DEL CONCORSO ORDINARIO PER LE SCUOLE SECONDARIE

3000 QUIZ svolti e commentati
per la prova per posti comuni
e di sostegno

EDIZIONI SIMONE®
dal 1968
Gruppo Editoriale **Simone**

Via F. Caracciolo 11
80122 Napoli
www.simone.it

Febbraio 2020
526 • La prova preselettiva del concorso ordinario per le scuole secondarie

L'edizione è stata curata da: Nunzio Silvestro (Parte I: *Logica*),
Chiara Palladino (Parte II: *Normativa scolastica*), Giovanni Ciotola (Parte III: *Lingua inglese*).

Questo volume è stato stampato presso:
MultiMedia - V.le Ferrovie dello Stato Zona Asi - Giugliano (NA)

Per tenerti informato sul concorso visita:

- la nostra pagina dedicata ai concorsi nella scuola *www.concorsiacattedra.it* e il blog *Simoneconcorsi.it*
- la nostra pagina Facebook (*www.facebook.com/SimoneConcorsi*)
- il gruppo Facebook *Concorsi a cattedre - Edizioni Simone*

PREMESSA

Questo manuale costituisce un indispensabile strumento di studio per la preparazione alla **prova preselettiva del Concorso Ordinario per la scuola secondaria di primo e secondo grado** (posti comuni e di sostegno): questa consiste in una prova *computer based* volta all'accertamento delle capacità logiche, di comprensione del testo, di conoscenza della normativa scolastica e della lingua Inglese (livello B2).

Pertanto il testo include **3.000 quiz** a scelta multipla, tutti **svolti e commentati** di **Logica, Normativa scolastica** e di **Lingua Inglese**.

Al fine di agevolare ulteriormente l'approccio alla prova d'esame di coloro che non hanno mai partecipato a questo concorso, dei suddetti 3.000 quesiti **oltre 1.500 sono quiz ufficiali** tratti dalla banca-dati MIUR utilizzata nel Concorso del 2012. A questi sono stati aggiunti numerosi altri quiz — inediti o tratti da altre banche-dati ufficiali — atti a favorire la preparazione.

La sezione di **Logica** comprende in particolare:

— le **tipologie di quiz già somministrate nei precedenti concorsi**, vale a dire: Significati di termini e modi di dire; Serie di termini; Termini e frasi da completare; Analogie verbali; Grammatica; Relazioni di ordine e grandezza; Comprensione di brani; Relazioni insiemistiche; Serie numeriche, alfabetiche e alfanumeriche; Aritmetica, algebra, *problem solving;* Equazioni simboliche; Logica deduttiva: deduzioni semplici, sillogismi, negazioni, condizione sufficiente / necessaria / necessaria e sufficiente; Abbinamenti lettere/numeri;

— **altri tipi di test solitamente utilizzati per la valutazione attitudinale dei candidati in nei concorsi**, ossia: Sinonimi e contrari; Ragionamento verbale con coppie di parole (analogie verbali "a croce"); Anagrammi; Ragionamento astratto e abilità visive; Brani con relazioni d'ordine; Serie numeriche complesse; Figure scomposte; Serie figurali; Logica figurale; Grafici e tabelle.

Tutte le tipologie di quiz di Logica sono precedute da **schede esplicative delle tecniche di risoluzione**, per consentire al candidato un più facile approccio ai meccanismi di comprensione e superamento dei test. I quesiti risultano ordinati per categorie omogenee e, all'interno di queste, secondo un ordine di difficoltà "misto", che tiene conto sia della formulazione del quiz, sia del numero delle risposte alternative (3, 4, 5 opzioni, a seconda del numero di "distrattori" usati per "complicare" il quesito).

I quiz di **Normativa scolastica** sono aggiornati alle più recenti novità normative, mentre i **quiz di Inglese** anch'essi tutti svolti e commentati, sono preceduti da alcune **schede grammaticali** per il ripasso veloce.

A completamento dell'opera, ulteriori **sussidi interattivi** (accessibili tramite **QR-Code**): tre **videolezioni** su come risolvere agevolmente determinati tipi di quiz di Logica e, soprattutto, un **software** con tutti i quesiti contenuti nel volume e **migliaia di altri quiz**, per infinite esercitazioni e simulazioni della prova d'esame.

Quiz banca-dati ufficiale concorso 2012

I quiz della banca-dati ufficiale del Concorso a Cattedre 2012 contenuti in questo volume sono:

— Significati di termini e modi di dire	Quiz 1-130
— Serie di termini	Quiz 1-110
— Termini e frasi da completare	Quiz 1-116
— Analogie verbali	Quiz 71-120
— Grammatica	Quiz 40-100
— Relazioni di ordine e grandezza	Quiz 14-50
— Comprensione di brani	Quiz 105-130
— Relazioni insiemistiche	Quiz 1-120
— Serie numeriche, alfabetiche e alfanumeriche	Quiz 1-70
— Aritmetica, algebra, *problem solving*	Quiz 1-11; 68-160
— Equazioni simboliche	Quiz 1-43
— Logica deduttiva	Quiz 1-135
— Abbinamenti lettere/numeri	Quiz 1-39
— Lingua inglese	Quiz 1-344

I Logica

Sommario Parte I

1
I quiz attitudinali di logica

Sempre più spesso nelle selezioni concorsuali vengono utilizzati **test di logica** (detti anche **attitudinali**) che mirano a saggiare non tanto le conoscenze culturali dei concorrenti, quanto le loro capacità percettive, di concentrazione, di analisi, di ragionamento deduttivo e di comprensione verbale. Questo tipo di test può far emergere aspetti molto importanti sia circa le attitudini sia circa le abilità del soggetto cui sono somministrati, e può quindi avere un impatto considerevole sull'efficacia di una selezione concorsuale.

I test di logica **non richiedono la conoscenza di nozioni specifiche**, anzi secondo Alfred Binet, lo psicologo francese cui si deve l'elaborazione della prima scala di misurazione dell'intelligenza, i test dovrebbero essere tali da poter essere risolti senza una specifica preparazione culturale o professionale, dovrebbero cioè essere del tutto "*culture free*", anzi il risolutore deve mettersi in condizione di non farsi condizionare dalle sue conoscenze pregresse.

Ancora oggi questo è il principio su cui si fondano i test attitudinali, anche se il più delle volte viene elevato il livello di partenza, considerando come livello-base il bagaglio di conoscenze standard in possesso del candidato (si pensi ai quiz di comprensione verbale che possono presupporre delle competenze linguistiche elevate, o alcuni test di logica matematica che presuppongono la conoscenza di alcune specifiche nozioni di algebra, geometria ecc.).

I test attitudinali sono, dunque, essenzialmente **test di intelligenza o meglio, di logica**: alla base delle potenzialità di un soggetto vi è, infatti, sempre l'intelligenza, e il possesso di un buon quoziente intellettivo è fondamentale sia per assicurare il successo professionale che l'adattamento sociale.

I quiz di logica possono essere di vario tipo e *pressoché infinite sono le tipologie che possono essere somministrate in sede di concorso*: ad esse si cerca di dare una classificazione allo scopo di sistematizzarle e renderle facilmente individuabili. È però un compito arduo perché diversi sono gli enti che elaborano le banche dati e ciascuno tende a dare loro una connotazione personale.

In generale comunque i test di logica tendono a valutare nel candidato:

- la capacità di comprendere il significato di termini e frasi, di cogliere analogie, sinonimi e contrari e di comprendere i rapporti logici (causa-effetto, contrapposizione, identità, generale-particolare ecc.) che possono esistere tra coppie di parole (sono questi i test che normalmente vengono classificati come di **comprensione verbale**);
- la capacità di comprendere un testo e di elaborare le informazioni in esso contenute (sono i test di *comprensione brani* denominati anche di **ragionamento critico-verbale**);
- la capacità di interpretare le informazioni ricavabili da un enunciato, di trarre le conclusioni conseguenti e di scartare quelle inesatte, arbitrarie o non da esso ricavabili (rientrano in questa categoria i test di **ragionamento deduttivo**, come deduzioni, sillogismi ecc.);
- la capacità di risolvere problemi che richiedono un ragionamento logico-matematico e una conoscenza di base dell'aritmetica, dell'algebra e della geometria (sono questi i numerosi test che rientrano nell'ambito della **logica matematica** e del **ragionamento numerico**);
- la capacità di percezione visiva e di attenzione ai particolari (sono questi i test che rientrano nell'ambito della **logica figurale** e del **ragionamento astratto, spaziale visivo e di percezione**).

Nelle selezioni concorsuali, la **prova preselettiva** generalmente consiste in una batteria di quiz di logica di vario tipo e con diversi livelli di difficoltà.

Le caratteristiche di questa prova variano in base ad alcuni fattori, in particolare al profilo professionale (in base al *profilo professionale*, la prova può contenere un maggior numero di quiz di ragionamento e comprensione verbale, o di ragionamento numerico, problem solving o di logica figurale ovvero all'*obiettivo* da raggiungere da parte dell'Ente che ha bandito il concorso (ad esempio l'Ente può volere scremare fortemente il numero di candidati per l'elevato numero di domande pervenute in proporzione ai posti messi a concorso).

Per questi motivi il **livello di difficoltà dei quiz** varia da concorso a concorso, e varia anche all'interno di una singola tipologia: ad esempio, i sillogismi possono essere particolarmente facili o a volte molto difficili.

Anche il **numero delle risposte** alternative può aumentare o diminuire la difficoltà di un quesito: ad esempio quiz con tre alternative di risposta generalmente sono più facili da risolvere rispetto a quesiti con cinque alternative di risposta che contengono un maggior numero di distrattori.

In ogni caso, il consiglio è quello di **esercitarsi il più possibile**, acquisire o allenare l'attitudine alla comprensione del quesito e al metodo più veloce per giungere alla soluzione corretta, in quanto seppure la prova d'esame dovesse consistere in quiz diversi da quelli sui quali ci si è esercitati, una mente allenata al ragionamento logico è in grado di affrontare qualsiasi tipologia di quesito.

Alcuni consigli per affrontare i test di logica

- *Controllare l'ansia*

Questo è il primo e principale consiglio in quanto, in sede di concorso, incidono più la fretta e la tensione emotiva che la difficoltà oggettiva nella soluzione di un quesito.

Prima di affrontare una prova è sconsigliabile ricorrere a psicofarmaci per «restare calmi» o per dormire: spesso queste sostanze non solo non aiutano a rilassarsi o addormentarsi, ma riducono l'attenzione, la concentrazione e la lucidità mentale. È molto proficuo, invece, ricorrere a *tecniche rilassanti* (esercizi di respirazione, training autogeno, yoga etc.) e limitarsi ad assumere preparati a base di erbe medicinali che di norma non incidono sulle capacità intellettive.

Oltre a ricorrere sempre alla efficacissima tecnica della «respirazione profonda» (inspirando a bocca chiusa e trattenendo l'aria immessa per lungo tempo e infine espirando a bocca aperta), è necessario allontanare dalla mente tutti i pensieri ansiogeni, disponendosi nei confronti dell'esame con animo sereno, come se si trattasse di un gioco in cui bisogna dimostrare la propria abilità.

Bisogna *avere fiducia nelle proprie capacità*, ricordando che anche gli altri candidati dovranno affrontare le medesime difficoltà, e cercare di essere disinvolti, socializzando con gli altri concorrenti prima dell'inizio dell'esame.

- *Conoscere cosa si va ad affrontare*

La paura dell'ignoto, vale a dire il timore di affrontare una situazione che non si conosce, è un fattore ansiogeno, ossia contribuisce in misura notevole al sorgere dell'ansia. Numerose ricerche psicometriche hanno dimostrato che, a parità di altre condizioni (livello intellettivo, grado culturale, esperienze nel settore), sono in grado di rendere al massimo coloro che riescono a controllare o limitare l'ansia, mentre il rendimento risulta inferiore negli individui ansiosi.

Informarsi sulla situazione da affrontare significa «dare un volto all'ignoto», rendere oggettivo, e pertanto gestibile, il proprio timore. È, quindi, avvantaggiato chi possiede informazioni sulle modalità di svolgimento dell'esame, sul contenuto delle domande e sulla loro forma (brani, problem solving, serie figurali etc.).

Per acquisire questa consapevolezza si può partire dalle **prove già assegnate ai precedenti concorsi**: non vi è la certezza che le tipologie di quiz siano identiche, ma è già un'indicazione di massima. Presa conoscenza del tipo di test con cui presumibilmente ci si dovrà cimentare, si deve passare allo studio di **manuali per la preparazione ai quiz di logica** come questo, con cui è possibile comprendere le chiavi di risoluzione, testare la propria rapidità di ragionamento e migliorarla in modo da avvicinarsi alle prove con maggiore sicurezza.

Molto utile è poi la **simulazione della prova *computer based***, fatta cioè al computer (con un software come quello allegato a questo manuale): normalmente è bene acquisire, su un testo tradizionale che spieghi le chiavi di risoluzione, il metodo per affrontare certi quiz, successivamente si può passare alla fase di simulazione al computer per misurare e migliorare la velocità di risposta.

- *Allenarsi, allenarsi, allenarsi*

È bene esercitarsi molto, sia ripetutamente con gli stessi test soprattutto dopo averne compreso a fondo la chiave di risoluzione (in modo da acquisire una sempre maggiore rapidità di reazione), sia con quiz nuovi e diversi nelle tipologie per sviluppare al massimo le capacità di ragionamento logico (una volta che si è imparato a ragionare "logicamente" si può affrontare qualunque tipo di quiz anche se assolutamente inedito). Anche ripetere a distanza di qualche giorno gli stessi quiz può essere utile per sveltirsi nella soluzione.

Ancora, oltre ai quiz contenuti nelle pubblicazioni specifiche, può risultare utile esercitarsi nei classici **giochi enigmistici** per acquisire elasticità mentale, ossia per imparare ad adattarsi, ogni volta, ad un nuovo problema e a risolverlo nel modo più efficace.

- *Concentrarsi*

Durante le prove occorre **leggere con attenzione le domande** e concentrarsi al massimo sulle spiegazioni, sia orali che scritte, che accompagnano il test e sulle parole con cui sono formulati i quiz (*non*, *solo se*, *se*, ecc.).

In sede di concorso è meglio non sbirciare le risposte fornite dagli altri candidati, i quali potrebbero essersi affidati alla sorte nell'impossibilità di rispondere.

Di fronte ai test che appaiono più complessi, inoltre, non bisogna scoraggiarsi, ricordando che le difficoltà non sono un problema soggettivo ma riguardano tutti i candidati.

- *Gestire il tempo*

Durante lo svolgimento delle prove di un concorso viene concesso un tempo limitato per la soluzione dei test. In alcuni casi, per coloro che riescono a risolvere correttamente il test entro un intervallo minore rispetto al tempo massimo consentito, è previsto un aumento del punteggio. In questo caso, il tempo impiegato sarà inversamente proporzionale al punteggio: maggiore è il tempo impiegato, minore è il punteggio.

È consigliabile sempre **leggere rapidamente tutta la batteria assegnata** e svolgere prima gli item più semplici, tralasciando momentaneamente quelli più difficili. Ciò vale soprattutto quando per ogni errore è prevista una diminuzione del punteggio.

Un altro vantaggio che si può conseguire procedendo in questo modo è quello di riuscire a comprendere la chiave di soluzione del test, avendo così la possibilità di ritornare sui quiz tralasciati, in quanto generalmente ogni test si basa su una chiave di soluzione comune anche ad altri item.

- *Se non si riesce a rispondere*

Come già osservato, in fase di valutazione, può essere prevista una riduzione del punteggio sia per le mancate risposte che per le risposte errate. Pertanto, può risultare inutile perdere tempo nel vano tentativo di rispondere a quiz-rompicapo.

Nel caso, però, in cui non si riesca a risolvere nessun quiz, bisogna valutare l'opportunità di «rispondere a caso» a tutti gli item ponendo una crocetta sulla risposta che ci sembra più probabile o, in assenza di indizi, su una qualunque di esse. Se le scelte proposte sono soltanto due (ad es. sì e no), le possibilità di rispondere correttamente ammontano al cinquanta per cento. La percentuale diminuisce, ovviamente, con l'aumentare delle alternative di risposta, scendendo al trentatré per cento circa con tre alternative e al venticinque per cento con quattro e così via. In questo modo, sarà statisticamente possibile fornire qualche risposta giusta.

2
Sinonimi e contrari

Fra i test attitudinali più ricorrenti vi sono quelli di **comprensione verbale**.

Con la dizione "comprensione verbale" si è soliti indicare tre principali tipologie di quesiti:

1) ricerca del sinonimo di un termine;
2) ricerca del contrario di un termine;
3) comprensione del significato di un termine o di un modo di dire (di cui tratteremo nel prossimo capitolo).

I test psicoattitudinali includono, spesso, prove basate sulla ricerca dei sinonimi, dei contrari e del significato di termini e modi di dire in quanto esse consentono di valutare il possesso dei requisiti di seguito elencati:

— proprietà di linguaggio;
— ricchezza lessicale;
— intelligenza astratta;
— senso logico.

Nell'ambito dei test di comprensione verbale assumono, come detto, grande importanza quelli che prevedono l'individuazione del sinonimo o del contrario di una parola. Come è noto, una parola è **sinonimo** di un'altra quando ha lo stesso significato della prima.

Cima e *vetta* sono, ad esempio, sinonimi, in quanto entrambi i termini indicano la medesima cosa, ossia la parte superiore di un monte. Analogamente, sono sinonimi *base* e *fondamento*, in quanto entrambi indicano la struttura portante di un edificio oppure l'elemento che sostiene una teoria, una scienza o un sistema.

La difficoltà di affrontare un test imperniato sul riconoscimento dei sinonimi consiste sia nel tempo limitato concesso ai candidati per risolverlo, sia nella impossibilità di consultare il vocabolario. Naturalmente, sono favoriti i soggetti il cui livello di istruzione è più elevato.

Poiché molte espressioni della lingua italiana hanno origine latina o greca, coloro che hanno qualche conoscenza di queste lingue possono comprendere il significato di parole sconosciute risalendo alla radice latina o greca del termine. Ad esempio, *antropologia* deriva dai termini greci *ánthropos* («uomo») e *lógos* («studio», «scienza»), cosicché se ne può dedurre il significato fondamentale di «scienza che studia l'uomo».

Analogamente, dovendo ricercare un sinonimo fra una serie di parole il cui significato non è noto, potremo procedere cercando di individuarne il significato a partire dalla loro origine o dalla loro composizione. Ad esempio, *inusitato* è composto da *in* («non») + *usitato* («usato»), per cui significa «inusuale», «insolito».

Dovendo ricercare il sinonimo della parola *eterogeneo* fra le seguenti:

A) variegato
B) omogeneo
C) omologato
D) generale
E) generoso

possiamo ricavarne il significato risalendo all'**etimo**, in quanto il termine deriva dalle parole greche *héteros* («altro», «diverso») e *génos* («genere»), per cui significa «di generi diversi». Di conseguenza, il sinonimo di eterogeneo sarà *variegato*. La parola *omogeneo* («di uno stesso genere») si scarta perché ha un significato opposto a quello di eterogeneo; *omologato* («approvato») si elimina perché ha un significato diverso; per lo stesso motivo si scartano anche le ultime due parole, ossia *generale* e *generoso*.

Per cimentarsi con questi test, un consiglio utile può essere di esercitarsi a cercare nel vocabolario tutti i termini proposti come alternativa della parola data il cui significato non ci sia noto, così come è opportuno anche fare riferimento a un buon dizionario di sinonimi e contrari che riporti, per ogni parola, tutti i termini con significato analogo (*sinonimi*) e quelli di significato opposto (*contrari*).

Nell'ambito dei test logico-linguistici assumono poi grande importanza quelli che prevedono l'individuazione dei **contrari**.

A differenza dei quiz sui sinonimi, i quesiti sui contrari si basano su un rapporto logico in cui ad un oggetto avente determinate caratteristiche si abbina lo stesso oggetto, ma con *caratteristiche opposte* rispetto all'altro (ad esempio: *casa grande / casa piccola*; *persona alta / persona bassa* etc.).

Più frequentemente, la ricerca dei contrari è di tipo verbale e può riferirsi a sostantivi (*guerra/pace*), aggettivi (*lungo/corto*), verbi (*nascere/morire*) etc.

Anche nella risoluzione di questo tipo di quiz sono favoriti i candidati che possiedono un più elevato grado di istruzione e quindi, generalmente, un lessico più ricco. È comunque consigliabile a tutti, anche in questo caso, la consultazione di un buon dizionario di sinonimi e contrari.

Test di verifica

1 **"Propenso" è sinonimo di:**

A) incline
B) generoso
C) preparato
D) promotore
E) attento

2 **"Considerare" è sinonimo di:**

A) confrontare
B) esaminare
C) costruire
D) sopportare
E) insignire

3 **"Gioire" è sinonimo di:**

A) congratularsi
B) liberarsi
C) rilassarsi
D) esultare
E) rasserenarsi

4 **"Avversità" è sinonimo di:**

A) antagonismo
B) contrarietà
C) intolleranza
D) antipatia
E) repulsione

5 **"Modico" è sinonimo di:**

A) ben fatto
B) abbondante
C) non eccessivo
D) semplice
E) affabile

6 **"Accoppiare" è sinonimo di:**

A) integrare
B) pareggiare
C) stringere
D) abbinare
E) attaccare

7 **"Qualora" è sinonimo di:**

A) talvolta
B) oppure
C) se mai
D) purché
E) ovvero

8 **"Agitare" è sinonimo di:**

A) spingere
B) scatenare
C) sollecitare
D) inquietarsi
E) scuotere

9 **"Bellicoso" è sinonimo di:**

A) coraggioso
B) violento
C) battagliero
D) imbelle
E) ostile

10 **"Asportare" è sinonimo di:**

A) sollevare
B) apportare
C) portar via
D) tagliare
E) ridurre

11 **"Dibattito" è sinonimo di:**

A) confusione
B) inchiesta
C) processo
D) discussione
E) litigio

12 **"Giornaliero" è sinonimo di:**

A) puntuale
B) frequente
C) mattiniero
D) periodico
E) quotidiano

13 **"Negligenza" è sinonimo di:**

A) confusione
B) avversione
C) incompatibilità
D) incomprensione
E) trascuratezza

14 "Cioè" è sinonimo di:

A) benché
B) ovvero
C) eppure
D) se
E) ma

15 "Nascondere" è sinonimo di:

A) ingannare
B) palesare
C) ridurre
D) occultare
E) ostacolare

16 "Propizio" è sinonimo di:

A) proposito
B) favorevole
C) avverso
D) puntuale
E) semplice

17 "Coalizione" è sinonimo di:

A) opposizione
B) mescolanza
C) governo
D) alleanza
E) condizione

18 "Velenoso" è sinonimo di:

A) irritante
B) mortale
C) tossico
D) nauseante
E) soffocante

19 "Ausilio" è sinonimo di:

A) aiuto
B) salvezza
C) intervento
D) intercessione
E) mediazione

20 "Massimo" è sinonimo di:

A) il più buono
B) il più bello
C) il più prestante
D) il più forte
E) il più grande

21 "Probabilmente" è sinonimo di:

A) poi
B) forse
C) se
D) giammai
E) sempre

22 "Contiguo" è sinonimo di:

A) sovrapposto
B) sottoposto
C) adiacente
D) distante
E) interposto

23 "Relazione" è sinonimo di:

A) spiegazione
B) interesse
C) conseguenza
D) causa
E) rapporto

24 "Penuria" è sinonimo di:

A) abbondanza
B) dovizia
C) rinuncia
D) insufficienza
E) privazione

25 "Effimero" è sinonimo di:

A) durevole
B) economico
C) irrilevante
D) disdicevole
E) fugace

26 "Fortuito" è sinonimo di:

A) predestinato
B) casuale
C) inevitabile
D) atteso
E) ipotetico

27 "Alterno" è sinonimo di:

A) vicino
B) successivo
C) continuo
D) alternato
E) altrui

28 "Spiegare" è sinonimo di:

A) manifestare
B) chiarire
C) complicare
D) sviluppare
E) confondere

29 "Manifestare" è sinonimo di:

A) esplorare
B) approfondire
C) mostrare
D) accordare
E) disquisire

30 "Omettere" è sinonimo di:

A) aggiungere
B) negare
C) terminare
D) tralasciare
E) sottomettere

31 "Plauso" è sinonimo di:

A) approvazione
B) ossequio
C) omaggio
D) conformismo
E) rivalità

32 "Placido" è sinonimo di:

A) servizievole
B) pacato
C) svogliato
D) disattento
E) contento

33 "Affine" è sinonimo di:

A) elegante
B) confinante
C) affilato
D) estraneo
E) somigliante

34 "Allegare" è sinonimo di:

A) includere
B) inviare
C) riprodurre
D) sostenere
E) suggellare

35 "Zelante" è sinonimo di:

A) volenteroso
B) curioso
C) veloce
D) energico
E) corretto

36 "Gabbare" è sinonimo di:

A) ingannare
B) mischiare
C) chiudere
D) faticare
E) evitare

37 "Reciso" è sinonimo di:

A) irresoluto
B) steccato
C) tagliato
D) fiero
E) censurato

38 "Esiguo" è sinonimo di:

A) scarso
B) sparito
C) ingente
D) richiesto
E) esigente

39 "Incolto" è sinonimo di:

A) insensibile
B) raccolto
C) trascurato
D) colpito
E) testardo

40 "Pargolo" è sinonimo di:

A) cinguettio
B) fanciullo
C) pacchetto
D) parente
E) puro

41 "Sfizio" è sinonimo di:

A) capriccio
B) vizio
C) spiccio
D) mania
E) gingillo

42 "Captare" è sinonimo di:

A) cooptare
B) cogliere
C) cascare
D) curare
E) alienare

43 "Arguire" è sinonimo di:

A) discutere
B) desumere
C) attutire
D) accanire
E) perorare

44 "Goliardico" è sinonimo di:

A) spensierato
B) cruento
C) farsesco
D) eroico
E) roboante

45 "Ottuso" è sinonimo di:

A) angolo
B) otturato
C) acuto
D) limitato
E) astruso

46 "Venale" è sinonimo di:

A) corrotto
B) venato
C) costoso
D) avido
E) perdonabile

47 "Sancire" è sinonimo di:

A) stabilire
B) santificare
C) vietare
D) revocare
E) sanare

48 "Esile" è sinonimo di:

A) sterile
B) sottile
C) profugo
D) triste
E) minimo

49 "Suggerire" è sinonimo di:

A) proporre
B) confermare
C) pretendere
D) ipotizzare
E) bisbigliare

50 "Connettere" è sinonimo di:

A) condurre
B) desiderare
C) comunicare
D) collegare
E) ammettere

51 "Credere" è sinonimo di:

A) pregare
B) confidare
C) contagiare
D) affidare
E) disconoscere

52 "Rinuncia" è sinonimo di:

A) privazione
B) rinvio
C) difesa
D) pena
E) consenso

53 "Liscio" è sinonimo di:

A) usato
B) semplice
C) liso
D) levigato
E) lucido

54 "Ostile" è sinonimo di:

A) sgradevole
B) nemico
C) sgarbato
D) utile
E) ostico

55 "Scemato" è sinonimo di:

A) diminuito
B) insano
C) cremoso
D) affollato
E) istupidito

56 "Riconoscere" è sinonimo di:

A) ricordare
B) attivare
C) emanare
D) ricusare
E) identificare

57 "Canuto" è sinonimo di:

A) ottuso
B) sciupato
C) calvo
D) ricco
E) bianco

58 "Rimproverare" è sinonimo di:

A) redarguire
B) ingiuriare
C) minacciare
D) offendere
E) reclamare

59 "Imbrattare" è sinonimo di:

A) alterare
B) imbruttire
C) attaccare
D) sporcare
E) sotterrare

60 Un contrario di "impeccabile" è:

A) imperfetto
B) ineccepibile
C) perfetto
D) inappuntabile
E) irreprensibile

61 Un contrario di "dissuadere" è:

A) distogliere
B) allontanare
C) stornare
D) persuadere
E) sviare

62 Un contrario di "vilipendere" è:

A) infamare
B) disprezzare
C) lodare
D) offendere
E) insultare

63 Un contrario di "svogliato" è:

A) disordinato
B) apatico
C) ignavo
D) negligente
E) diligente

64 Un contrario di "oculato" è:

A) attento
B) incauto
C) accorto
D) cauto
E) prudente

65 Un contrario di "innegabile" è:

A) inconfutabile
B) confutabile
C) indubbio
D) ovvio
E) indiscutibile

66 Un contrario di "eludere" è:

A) schivare
B) evitare
C) affrontare
D) scansare
E) eliminare

67 Un contrario di "addensare" è:

A) condensare
B) ispessire
C) diluire
D) coagulare
E) intensificare

68 Un contrario di "nettàre" è:

A) sporcare
B) miele
C) detergere
D) pulire
E) mondare

69 Un contrario di "irritabilità" è:

A) nervosismo
B) tensione
C) suscettibilità
D) calma
E) stizza

70 Un contrario di "insolente" è:

A) irrispettoso
B) solenne
C) solerte
D) sfacciato
E) rispettoso

71 Un contrario di "indelebile" è:

A) duraturo
B) incancellabile
C) permanente
D) cancellabile
E) perpetuo

72 Un contrario di "meschino" è:

A) ristretto
B) angusto
C) limitato
D) nobile
E) gretto

73 Un contrario di "nefasto" è:

A) malaugurato
B) sfavorevole
C) fausto
D) deleterio
E) infausto

74 Un contrario di "schivare" è:

A) scansare
B) affrontare
C) disattendere
D) evitare
E) aggirare

75 Un contrario di "tranquillo" è:

A) immanente
B) inquieto
C) trascendente
D) sereno
E) calmo

76 Un contrario di "congruenza" è:

A) conformità
B) concordanza
C) corrispondenza
D) convergenza
E) incoerenza

77 Un contrario di "desolato" è:

A) desto
B) democratico
C) costernato
D) tormentato
E) soddisfatto

78 Un contrario di "imperfetto" è:

A) difettoso
B) manchevole
C) incompiuto
D) impreciso
E) perfetto

79 Un contrario di "imperito" è:

A) sprovveduto
B) malintenzionato
C) inesperto
D) competente
E) impreparato

80 Un contrario di "resistente" è:

A) scuro
B) forte
C) altero
D) fragile
E) pallido

81 Un contrario di "sventato" è:

A) sconsiderato
B) avventato
C) avveduto
D) svelato
E) imprudente

82 Un contrario di "nascosto" è:

A) nascituro
B) coperto
C) celato
D) visibile
E) invisibile

83 Un contrario di "occludere" è:

A) bloccare
B) intasare
C) impedire
D) interrompere
E) disostruire

84 **Un contrario di "dissimulazione" è:**

A) mascheramento
B) ipocrisia
C) falsificazione
D) discernimento
E) sincerità

85 **Un contrario di "degno" è:**

A) immeritevole
B) inadatto
C) meritevole
D) inappropriato
E) inetto

86 **Un contrario di "difetto" è:**

A) scarsità
B) deficienza
C) assenza
D) lacuna
E) abbondanza

87 **Un contrario di "rivelare" è:**

A) agevolare
B) occultare
C) denunciare
D) mostrare
E) proteggere

88 **Un contrario di "parzialmente" è:**

A) limitatamente
B) internamente
C) inconsapevolmente
D) faziosamente
E) interamente

89 **Un contrario di "inconsueto" è:**

A) usuale
B) eccezionale
C) atipico
D) strano
E) insolito

90 **Un contrario di "comprendere" è:**

A) contenere
B) computare
C) incorporare
D) escludere
E) compiere

91 **Un contrario di "ghiacciato" è:**

A) freddo
B) raggelante
C) innevato
D) polare
E) rovente

92 **Un contrario di "occultare" è:**

A) celare
B) occhieggiare
C) esibire
D) nascondere
E) oscurare

93 **Un contrario di "inaridire" è:**

A) seccare
B) appassire
C) svuotare
D) spegnere
E) rinvigorire

94 **Un contrario di "lècito" è:**

A) decoroso
B) pulito
C) denso
D) vietato
E) permesso

95 **Un contrario di "lésto" è:**

A) lercio
B) lento
C) presto
D) fasto
E) veloce

96 **Un contrario di "notevole" è:**

A) importante
B) ragguardevole
C) rilevante
D) considerevole
E) mediocre

97 **Un contrario di "consenso" è:**

A) dissenso
B) benestare
C) permesso
D) sagacia
E) concessione

98 Un contrario di "sollievo" è:

A) aiuto
B) conforto
C) sostegno
D) sconforto
E) ristoro

99 Un contrario di "inconscio" è:

A) istintivo
B) invincibile
C) ignaro
D) involontario
E) consapevole

100 Un contrario di "costante" è:

A) uniforme
B) discontinuo
C) immutabile
D) durevole
E) stabile

101 Un contrario di "confermare" è:

A) rafforzare
B) smentire
C) incolpare
D) ammettere
E) rinsaldare

102 Un contrario di "scialbo" è:

A) disgustoso
B) vivace
C) trasparente
D) piatto
E) negletto

103 Un contrario di "fiducioso" è:

A) certo
B) sereno
C) ottimista
D) diffidente
E) confidenziale

104 Un contrario di "consolare" è:

A) rincuorare
B) rianimare
C) confortare
D) scoraggiare
E) conglobare

Soluzioni

1 **Risposta esatta:** A
2 **Risposta esatta:** B
3 **Risposta esatta:** D
4 **Risposta esatta:** B
5 **Risposta esatta:** C
6 **Risposta esatta:** D
7 **Risposta esatta:** C
8 **Risposta esatta:** E
9 **Risposta esatta:** C
10 **Risposta esatta:** C
11 **Risposta esatta:** D
12 **Risposta esatta:** E
13 **Risposta esatta:** E
14 **Risposta esatta:** B
15 **Risposta esatta:** D
16 **Risposta esatta:** B
17 **Risposta esatta:** D
18 **Risposta esatta:** C
19 **Risposta esatta:** A
20 **Risposta esatta:** E
21 **Risposta esatta:** B
22 **Risposta esatta:** C
23 **Risposta esatta:** E
24 **Risposta esatta:** D
25 **Risposta esatta:** E
26 **Risposta esatta:** B
27 **Risposta esatta:** D
28 **Risposta esatta:** B
29 **Risposta esatta:** C
30 **Risposta esatta:** D
31 **Risposta esatta:** A
32 **Risposta esatta:** B
33 **Risposta esatta:** E
34 **Risposta esatta:** A
35 **Risposta esatta:** A
36 **Risposta esatta:** A
37 **Risposta esatta:** C
38 **Risposta esatta:** A
39 **Risposta esatta:** C
40 **Risposta esatta:** B
41 **Risposta esatta:** A
42 **Risposta esatta:** B
43 **Risposta esatta:** B
44 **Risposta esatta:** A
45 **Risposta esatta:** D
46 **Risposta esatta:** D
47 **Risposta esatta:** A
48 **Risposta esatta:** B
49 **Risposta esatta:** A
50 **Risposta esatta:** D
51 **Risposta esatta:** B
52 **Risposta esatta:** A
53 **Risposta esatta:** D
54 **Risposta esatta:** B
55 **Risposta esatta:** A
56 **Risposta esatta:** E
57 **Risposta esatta:** E
58 **Risposta esatta:** A
59 **Risposta esatta:** D
60 **Risposta esatta:** A
61 **Risposta esatta:** D
62 **Risposta esatta:** C
63 **Risposta esatta:** E
64 **Risposta esatta:** B
65 **Risposta esatta:** B
66 **Risposta esatta:** C
67 **Risposta esatta:** C
68 **Risposta esatta:** A
69 **Risposta esatta:** D
70 **Risposta esatta:** E
71 **Risposta esatta:** D
72 **Risposta esatta:** D
73 **Risposta esatta:** C
74 **Risposta esatta:** B
75 **Risposta esatta:** B
76 **Risposta esatta:** E
77 **Risposta esatta:** E
78 **Risposta esatta:** E
79 **Risposta esatta:** D
80 **Risposta esatta:** D
81 **Risposta esatta:** C
82 **Risposta esatta:** D
83 **Risposta esatta:** E
84 **Risposta esatta:** E
85 **Risposta esatta:** A
86 **Risposta esatta:** E
87 **Risposta esatta:** B
88 **Risposta esatta:** E
89 **Risposta esatta:** A
90 **Risposta esatta:** D
91 **Risposta esatta:** E
92 **Risposta esatta:** C
93 **Risposta esatta:** E
94 **Risposta esatta:** D
95 **Risposta esatta:** B
96 **Risposta esatta:** E
97 **Risposta esatta:** A
98 **Risposta esatta:** D
99 **Risposta esatta:** E
100 **Risposta esatta:** B
101 **Risposta esatta:** B
102 **Risposta esatta:** B
103 **Risposta esatta:** D
104 **Risposta esatta:** D

3
Significati di termini e modi di dire

Anche i test sul significato di termini e di modi di dire sono molto ricorrenti e tendono a verificare le **abilità verbali** dei candidati, con particolare riferimento alle loro capacità di comprensione delle parole e di esatta attribuzione dei significati logici e grammaticali ai termini in uso nella lingua italiana.

Alcuni di questi test di comprensione verbale richiedono di saper riconoscere il **significato delle parole**, proponendo quiz che pur avendo tutti, come obiettivo prioritario, la valutazione delle attitudini linguistiche dei candidati soprattutto per quanto concerne l'effettiva consistenza del «vocabolario» individuale, possono poi assumere diverse sfumature sotto il profilo delle modalità di strutturazione e di somministrazione dei quesiti.

Sono considerati come «semplici» i test che per essere risolti implicano soltanto la necessità di individuare il **significato esatto** della parola proposta, o magari, in alternativa, di selezionare il termine che appare meglio corrispondere a una determinata **definizione** (più o meno lunga che sia), come mostrato negli esempi che seguono.

Esempio n. 1
Quale dei seguenti termini può sostituire la parola "alterco" senza modificare il significato della frase dove essa è inserita?

A) reciprocità
B) diversità
C) litigio
D) incentivo
E) sacrificio

L'alterco, infatti, non è altro che una discussione animata, ovvero un *litigio*. Risposta esatta: C

Esempio n. 2
Come si può definire l'attaccamento eccessivo al proprio luogo di nascita?

A) egocentrismo
B) chirologia
C) scisma
D) campanilismo
E) etnografia

Il *campanilismo* è l'amore eccessivo (che talvolta può assumere anche connotati parziali e faziosi) per gli usi, i costumi e le tradizioni del proprio paese o della propria città. Risposta esatta: D

Occorre stare attenti, però, ad alcune piccole «insidie» che potrebbero nascondersi anche dietro le soluzioni apparentemente più semplici. Si tenga presente, ad esempio, che nella lingua italiana si possono spesso incontrare **omofoni**, cioè parole che, pur avendo la stessa pronuncia, hanno un diverso significato (es.: *fièra* = belva e *fièra* = mercato), e **omografi**, ossia parole che, pur avendo la stessa grafia, assumono un significato diverso a seconda di come vengono pronunciate (es.: *capitàno* = nome e *càpitano* = verbo).

Esempio n. 3
Indicare, nel seguente elenco di parole, l'unico termine che possa avere più di un significato:

A) ancora
B) quiete
C) lievito
D) montepremi
E) portachiavi

Ancora può significare: come sostantivo (pronunzia: *àncora*), l'attrezzo di ferro che si getta in mare per tenere ferma un'imbarcazione; come avverbio (pronunzia: *ancòra*), «anche ora», «un'altra volta». Risposta esatta: A

Test di verifica

1 SINTERIZZAZIONE è un termine che appartiene al linguaggio:

A) della musica
B) della letteratura
C) delle arti
D) della metallurgia

2 A quale dominio tra quelli proposti appartiene il termine *sillogismo*?

A) ingegneria
B) medicina
C) zoologia
D) filosofia

3 A quale dominio tra quelli proposti appartiene il termine *estuario*?

A) medicina
B) geografia
C) botanica
D) storia

4 A quale dominio tra quelli proposti appartiene il termine *schizofrenia*?

A) psichiatria
B) agraria
C) zoologia
D) botanica

5 A quale dominio tra quelli proposti appartiene il termine *angina*?

A) metallurgia
B) medicina
C) meccanica
D) numismatica

6 MANTECARE è un termine che appartiene al linguaggio:

A) della musica
B) della geologia
C) della gastronomia
D) della scienza delle costruzioni

7 MALVASIA è un termine che appartiene al linguaggio:

A) dell'anatomia
B) dell'enologia
C) della cibernetica
D) dell'algebra

8 PINOT è un termine che appartiene al linguaggio:

A) della musica
B) dell'astronomia
C) dell'enologia
D) delle arti figurative

9 MARSUPIALE è un termine che appartiene al linguaggio:

A) della botanica
B) della zoologia
C) della fisica
D) della geografia

10 ZEBÙ è un termine che appartiene al linguaggio:

A) della metallurgia
B) della geometria
C) della micologia
D) della zoologia

11 TRANSETTO è un termine che appartiene al linguaggio:

A) della letteratura
B) dell'architettura
C) dell'abbigliamento
D) della geologia

12 A quale dominio tra quelli proposti appartiene il termine *elettromagnetismo*?

A) logica
B) arte
C) grammatica
D) fisica

13 A quale dominio tra quelli proposti appartiene il termine *bit*?

A) chimica
B) algebra
C) informatica
D) biologia

14 **A quale dominio tra quelli proposti appartiene il termine *catione*?**

A) fisica
B) architettura
C) epica
D) moda

15 **A quale dominio tra quelli proposti appartiene il termine *echidna*?**

A) architettura
B) farmacia
C) zoologia
D) chirurgia

16 **Tra gli aggettivi proposti il più adatto a descrivere qualcuno del tutto calmo o tranquillo è:**

A) pago
B) pacchiano
C) pacato
D) paradisiaco

17 **Tra gli aggettivi proposti il più adatto a descrivere qualcuno che è soddisfatto o contento di qualcosa è:**

A) pago
B) assuefatto
C) indolente
D) prezzolato

18 **Tra i termini proposti il più adatto a descrivere qualcuno che ostacola attività con sistemi preordinati, seguendo tuttavia le norme dei regolamenti, è:**

A) maleducato
B) ostentatore
C) ostruzionista
D) fautore

19 **Tra i termini proposti il più adatto a descrivere qualcuno remunerato o liquidato è:**

A) depauperato
B) eliminato
C) pagato
D) apprezzato

20 **Tra i termini proposti il più adatto a descrivere qualcuno che è nella disposizione d'animo per cui ritiene volto a buon fine tutto quello che avviene intorno a lui è:**

A) benvoluto
B) premuroso
C) ottimista
D) scettico

21 **Tra gli aggettivi proposti quale è quello correttamente riferibile ad un animale che depone le uova?**

A) ovale
B) ovaride
C) ovario
D) oviparo

22 **Tra gli aggettivi proposti il più adatto a descrivere qualcosa che si presenta chiaro da intendere è:**

A) avvizzito
B) ovvio
C) avvilente
D) avito

23 **Tra gli aggettivi proposti il più adatto a descrivere una cosa o un discorso inutile o vano è:**

A) pertinente
B) psicologico
C) ozioso
D) astruso

24 **Tra gli aggettivi proposti il più adatto a descrivere qualcosa di colore smorto che tende al bianco è:**

A) rubicondo
B) pallido
C) rubizzo
D) munto

25 **Tra gli aggettivi proposti il più adatto a descrivere qualcosa di evidente come ciò che si tocca è:**

A) palpitante
B) papale
C) palpabile
D) papabile

26 **Tra gli aggettivi proposti il più adatto a descrivere qualcosa che corrisponde ai dogmi di una religione o di una qualsiasi dottrina è:**

A) poligamo
B) monogamo
C) incestuoso
D) ortodosso

27 **Tra gli aggettivi proposti il più adatto a descrivere qualcosa che forma angolo retto con qualcos'altro è:**

A) acuto
B) ortogonale
C) grandangolare
D) ottuso

28 **Tra gli aggettivi proposti il più adatto a descrivere qualcosa che corregge le deformazioni del tronco e degli arti è:**

A) ortopedico
B) articolare
C) pranoterapeutico
D) omeopatico

29 **Tra i termini proposti il più adatto a descrivere qualcosa di relativo alla pecora è:**

A) ovino
B) avicolo
C) oviparo
D) ovocito

30 **Ad alcuni soggetti viene assegnato il compito di comporre una frase con il termine «drappo». Quale soggetto lo ha svolto correttamente? Soggetto 1. Il drappo di luce penetrava dalle imposte sconnesse. Soggetto 2. Il drappo di armati era riunito sotto l'insegna. Soggetto 3. Il drappo era di seta pregiata.**

A) il soggetto indicato con il numero 3
B) sia il soggetto indicato con il numero 1 che quello indicato con il numero 2
C) il soggetto indicato con il numero 2
D) il soggetto indicato con il numero 1

31 **Ad alcuni soggetti viene assegnato il compito di comporre una frase con il termine «abbaglia». Quale soggetto lo ha svolto correttamente? Soggetto 1. La luce intensa mi abbaglia. Soggetto 2. L'abbaglia allatta il piccolo. Soggetto 3. Il cane abbaglia ai passanti.**

A) il soggetto indicato con il numero 2
B) il soggetto indicato con il numero 3
C) il soggetto indicato con il numero 1
D) sia il soggetto indicato con il numero 1 che quello indicato con il numero 3

32 **Ad alcuni soggetti viene assegnato il compito di comporre una frase con il termine «duma». Quale soggetto lo ha svolto correttamente? Soggetto 1. Faceva freddo e la città era coperta da una fitta duma. Soggetto 2. La vecchia duma alzò gli occhi al cielo e diede il suo responso. Soggetto 3. La duma si riunì sapendo di dover affrontare una decisione difficile.**

A) sia il soggetto indicato con il numero 1 che quello indicato con il numero 2
B) il soggetto indicato con il numero 1
C) il soggetto indicato con il numero 2
D) il soggetto indicato con il numero 3

33 **Ad alcuni soggetti viene assegnato il compito di comporre una frase con il termine «ecchimosi». Quale soggetto lo ha svolto correttamente? Soggetto 1. A causa delle percosse aveva ecchimosi su tutto il corpo. Soggetto 2. Una tale cruenta ecchimosi di innocenti scosse l'opinione pubblica. Soggetto 3. L'ecchimosi è in assoluto il mammifero più strano!**

A) il soggetto indicato con il numero 2
B) il soggetto indicato con il numero 3
C) il soggetto indicato con il numero 1
D) sia il soggetto indicato con il numero 1 che quello indicato con il numero 3

34 **Ad alcuni soggetti viene assegnato il compito di comporre una frase con il termine «ectoplasmi». Quale soggetto lo ha svolto correttamente? Soggetto 1. Alla conferenza di parapsicologia si parlò di ectoplasmi e medium in trance. Soggetto 2. La donazione di ectoplasmi nel nostro Paese è molto inferiore alla media europea. Soggetto 3. In natura esistono diverse varietà di ectoplasmi con colorazioni dal verde all'azzurro.**

A) il soggetto indicato con il numero 3
B) sia il soggetto indicato con il numero 2 che quello indicato con il numero 3
C) il soggetto indicato con il numero 2
D) il soggetto indicato con il numero 1

35 **Ad alcuni soggetti viene assegnato il compito di comporre una frase con il termine «balera». Quale soggetto lo ha svolto correttamente? Soggetto 1. La balera spiaggiata morì nonostante gli affannosi tentativi di salvataggio. Soggetto 2. Si può definire in modo colorito balera una donna stravagante e bizzarra. Soggetto 3. Si balla il liscio in balera.**

A) il soggetto indicato con il numero 1
B) il soggetto indicato con il numero 3
C) il soggetto indicato con il numero 2
D) sia il soggetto indicato con il numero 1 che quello indicato con il numero 2

36 **Ad alcuni soggetti viene assegnato il compito di comporre una frase con il termine «bardotto». Quale soggetto lo ha svolto correttamente? Soggetto 1. Il bardotto è un animale risultante dall'incrocio di un'asina con un cavallo. Soggetto 2. Stappammo una bottiglia di buon bardotto. Soggetto 3. Il bardotto è uno stile letterario e architettonico del Seicento.**

A) il soggetto indicato con il numero 1
B) il soggetto indicato con il numero 3
C) il soggetto indicato con il numero 2
D) sia il soggetto indicato con il numero 1 che quello indicato con il numero 3

37 **Ad alcuni soggetti viene assegnato il compito di comporre una frase con il termine «doghe». Quale soggetto lo ha svolto correttamente? Soggetto 1. Il doghe ricopriva la suprema carica nella Repubblica marinara di Genova. Soggetto 2. La botte aveva due doghe rotte. Soggetto 3. Indossarono le doghe prima del processo.**

A) il soggetto indicato con il numero 1
B) sia il soggetto indicato con il numero 2 che quello indicato con il numero 3
C) il soggetto indicato con il numero 2
D) il soggetto indicato con il numero 3

38 **Ad alcuni soggetti viene assegnato il compito di comporre una frase con il termine «draga». Quale soggetto lo ha svolto correttamente? Soggetto 1. La draga può essere sia di lana che di seta. Soggetto 2. La draga continuava a compiere la propria opera nel canale. Soggetto 3. La draga appartiene all'antica mitologia greca.**

A) il soggetto indicato con il numero 1
B) sia il soggetto indicato con il numero 1 che quello indicato con il numero 3
C) il soggetto indicato con il numero 2
D) il soggetto indicato con il numero 3

39 **Quale fra queste definizioni esprime il significato del termine «azzimato»?**

A) audace, ardito, intrepido
B) scalcagnato, sciatto, scarmigliato
C) elegante, ricercato, curato
D) sciatto, trascurato, trasandato

40 **Qual è il corretto significato del termine «quisquilia»?**

A) banalità, inezia
B) burrone, baratro
C) apice, culmine
D) questione della massima importanza, affare di enorme interesse

41 Nella frase «viste le recenti infrazioni che sono state commesse, agli alunni è stata imposta la stretta osservanza del regolamento» il termine «imposta»:

A) è sinonimo dei verbi «intimata, prescritta, ordinata»
B) si riferisce a ciascuno dei due sportelli mobili che servono a chiudere la finestra
C) significa imponente, autorevole, qualificato
D) significa tassa, tributo

42 Quale dei seguenti termini può sostituire la parola «inverecondo» senza modificare il significato della frase ove essa è inserita?

A) pudico
B) obsoleto
C) indifferente
D) impudente

43 Quale dei seguenti termini può sostituire la parola «inane» senza modificare il significato della frase ove essa è inserita?

A) proficuo
B) produttivo
C) illustre
D) inutile

44 Quale dei seguenti termini può sostituire la parola «longanime» senza modificare il significato della frase ove essa è inserita?

A) tollerante
B) squallido
C) proficuo
D) pusillanime

45 Quale dei seguenti termini può sostituire la parola «insigne» senza modificare il significato della frase ove essa è inserita?

A) ragguardevole
B) subitaneo
C) celere
D) estemporaneo

46 Quale dei seguenti termini può sostituire la parola «fagocitare» senza modificare il significato della frase ove essa è inserita?

A) sollecitare
B) espellere
C) inglobare
D) rigettare

47 Quale dei seguenti termini può sostituire la parola «inganno» senza modificare il significato della frase ove essa è inserita?

A) sincerità
B) arbitrio
C) eccezione
D) imbroglio

48 Quale dei seguenti termini può sostituire la parola «influsso» senza modificare il significato della frase ove essa è inserita?

A) influenza
B) insidia
C) sbadataggine
D) armeggio

49 Quale dei seguenti termini può sostituire la parola «ingiustizia» senza modificare il significato della frase ove essa è inserita?

A) stratagemma
B) marasma
C) legalità
D) iniquità

50 Quale dei seguenti termini può sostituire la parola «insuccesso» senza modificare il significato della frase ove essa è inserita?

A) trionfo
B) frode
C) fiasco
D) raggiro

51 **Quale dei seguenti termini può sostituire la parola «imprudenza» senza modificare il significato della frase ove essa è inserita?**

A) avvertenza
B) oblazione
C) sventatezza
D) intolleranza

52 **Quale dei seguenti termini può sostituire la parola «interessamento» senza modificare il significato della frase ove essa è inserita?**

A) sollecitudine
B) utilità
C) intolleranza
D) intento

53 **Quale dei seguenti termini può sostituire la parola «sollecitudine» senza modificare il significato della frase ove essa è inserita?**

A) intento
B) solerzia
C) negligenza
D) tolleranza

54 **Quale dei seguenti termini può sostituire la parola «intransigenza» senza modificare il significato della frase ove essa è inserita?**

A) indeterminazione
B) premura
C) predilezione
D) intolleranza

55 **Quale dei seguenti termini può sostituire la parola «intuito» senza modificare il significato della frase ove essa è inserita?**

A) perspicacia
B) sproloquio
C) perentorietà
D) perequazione

56 **Quale dei seguenti termini può sostituire la parola «impazienza» senza modificare il significato della frase ove essa è inserita?**

A) imperturbabilità
B) previdenza
C) insofferenza
D) flemma

57 **Quale dei seguenti termini può sostituire la parola «espunzione» senza modificare il significato della frase ove essa è inserita?**

A) interpolazione
B) allocuzione
C) integrazione
D) eliminazione

58 **L'espressione «non avere un minuto da perdere» è ricollegabile al termine:**

A) pazienza
B) persistenza
C) costanza
D) fretta

59 **L'espressione «allentare i cordoni della borsa» è ricollegabile al termine:**

A) rivalità
B) risparmiare
C) generosità
D) sollecitudine

60 **L'espressione «prendere il largo» è ricollegabile al termine:**

A) allontanarsi
B) interessarsi
C) fare attenzione
D) avvicinarsi

61 **L'espressione «chi la dura la vince» è ricollegabile all'idea di:**

A) precisione e oculatezza
B) inutilità e inefficacia
C) caparbietà e perseveranza
D) tradimento e inganno

62 **L'espressione «vivere nella bambagia» è ricollegabile all'idea di:**

A) sopportare disagi, privazioni
B) essere audace, intraprendente
C) essere accusato ingiustamente
D) avere agi, comodità

63 **L'espressione «essere come San Tommaso» è ricollegabile all'idea di:**

A) bontà, generosità
B) incredulità, scetticismo
C) incapacità di comunicazione
D) vendetta, ripicca

64 **L'espressione «cambiare le carte in tavola» è ricollegabile al termine:**

A) inganno
B) indizio
C) probabilità
D) intuito

65 **L'espressione «darsi anima e corpo» è ricollegabile al termine:**

A) prudenza
B) intenzione
C) impegno
D) privazione

66 **L'espressione «cercare il pelo nell'uovo» è ricollegabile al termine:**

A) sottomissione
B) pignoleria
C) generosità
D) intuizione

67 **L'espressione «essere all'oscuro» è ricollegabile all'idea di:**

A) deridere, schernire
B) ignorare, non sapere
C) accecare, abbagliare
D) assentire, concedere

68 **L'espressione «non avere peli sulla lingua» è ricollegabile al termine:**

A) eleganza
B) crudeltà
C) sincerità
D) astrattezza

69 **L'espressione «prendersi gioco di» è ricollegabile all'idea di:**

A) beffare, deridere
B) ossequiare, riverire
C) rispettare, onorare
D) praticare uno sport, gareggiare

70 **L'espressione «andare in brodo di giuggiole» è ricollegabile all'idea di:**

A) puntualità, tempestività, precisione
B) godimento, piacere, appagamento
C) fastidio, affanno, sofferenza
D) orgoglio, presunzione, fierezza

71 **Si dice che «è un'arpia» una persona:**

A) noiosa e monotona
B) premurosa e garbata
C) bisbetica e dispettosa
D) competente e preparata

72 **L'espressione «ad ogni piè sospinto» è ricollegabile al termine:**

A) improbabile
B) frequente
C) argomentato
D) valutazione

73 **L'espressione «trovare buona pastura» è ricollegabile al termine:**

A) guadagnare
B) assentire
C) valutare
D) intrigare

74 **L'espressione «procedere a marce forzate» è ricollegabile al termine:**

A) rimprovero
B) vantaggio
C) fretta
D) confusione

75 **L'espressione «lasciarci la pelle» è ricollegabile all'idea di:**

A) dimenticare qualcosa di importante
B) morire
C) attendere con ansia un evento
D) svestirsi rapidamente

76 **Si dice che «è all'acqua di rose» una cosa:**

A) che può agevolmente mutare aspetto
B) superficiale, poco accurata e poco efficace
C) molto precisa, pertinente ed ordinata
D) molto colorata, vivace ed espressiva

77 **L'espressione «darsi da fare» è ricollegabile all'idea di:**

A) lasciare a qualcuno un compito di cui ci si vuole sbarazzare
B) agire con cautela e prudenza
C) annullare i propri impegni
D) occuparsi con impegno di una faccenda

78 **Si dice che «prende lucciole per lanterne» una persona che:**

A) perde inutilmente il suo tempo affannandosi per fare cose di nessuna importanza
B) inganna abitualmente il suo prossimo per proprio tornaconto personale
C) si muove con agilità e sicurezza
D) confonde una cosa con un'altra ed è pertanto vittima di un vistoso abbaglio

79 **Si dice che «rende pan per focaccia» una persona che:**

A) ricambia con affetto una cortesia ricevuta
B) è goffa, impacciata e non sa fare neanche le cose più semplici e quotidiane, come il pane
C) ricambia con asprezza ancora maggiore un'offesa o un danno ricevuti
D) è generosa oltre ogni limite nei confronti del prossimo

80 **Si dice che «fa orecchie da mercante» una persona che:**

A) per proprio tornaconto, fa finta di non udire ciò che gli altri dicono
B) è portata tendenzialmente ad ascoltare i discorsi di altre persone
C) si dà anima e corpo senza risparmiarsi in ogni compito che le viene assegnato
D) è ingenua, si fida delle prime impressioni e non verifica le informazioni che le vengono date

81 **L'espressione «fare a scarica barili» è ricollegabile a una persona che:**

A) perde abitualmente il controllo di sé, abbandonandosi alla collera
B) ha un comportamento moralmente irreprensibile
C) è abile nel prendere decisioni immediate
D) per giustificarsi delle sue azioni negative, ne attribuisce ad altri la colpa

82 **Si dice che «fa i salamelecchi» una persona che:**

A) imita gli atteggiamenti di altre persone
B) ha l'abitudine di rivolgersi agli altri con modi eccessivamente cerimoniosi e adulatori
C) non si accontenta mai dei risultati raggiunti, ma aspira sempre ad ottenere di più
D) è spesso vittima degli scherzi e delle beffe altrui

83 **Si dice che «è una mezza cartuccia» una persona:**

A) che dilapida le proprie ricchezze
B) di estrema cattiveria e malvagità
C) di piccola statura o che vale molto poco
D) capace di imporre le proprie idee

84 **Si dice che «fa il bastian contrario» una persona che:**

A) è sempre priva di proprie opinioni
B) ha l'abitudine di dissentire sempre da tutto ciò che dicono gli altri
C) è opportunista e sa approfittare delle occasioni favorevoli per ottenere ciò che desidera
D) è incapace di affrontare qualunque tipo di problema, anche quelli di facile risoluzione

85 **L'espressione «non stare nella pelle» è ricollegabile all'idea di:**

A) avere una particolare malattia cutanea
B) mostrare contentezza ed impazienza
C) mutare frequentemente aspetto
D) essere particolarmente stanco

86 L'espressione «stare all'erta» è ricollegabile all'idea di:

A) essere vigile, guardingo, diffidente
B) circuire, raggirare, ingannare
C) divertirsi, distrarsi, svagarsi
D) partecipare ad imprese collettive

87 Si dice che «annega in un bicchier d'acqua» una persona che:

A) non manifesta in alcun modo le proprie convinzioni
B) è vittima di mobbing sul luogo di lavoro da parte dei superiori
C) si smarrisce facilmente nell'affrontare problemi di facile risoluzione
D) è sempre sospettosa e non si fida mai dei propri collaboratori e dei propri amici

88 L'espressione «non capire un'acca» è ricollegabile ad una persona che:

A) non ha sufficiente capacità di comprensione
B) è astuta, scaltra e difficilmente ingannabile
C) è indisponibile ad ascoltare le argomentazioni altrui
D) non è affidabile e raramente mantiene le promesse fatte

89 Si dice che «dorme sugli allori» una persona che:

A) non cambia mai idea, rimanendo sempre sulle proprie posizioni e non mettendole mai in discussione
B) si accontenta di un primo successo ottenuto e resta poi inoperosa, non provando più alcun interesse per ulteriori miglioramenti
C) soffre d'insonnia
D) per l'eccessivo orgoglio ritiene di non dover mai chiedere scusa a chicchessia

90 L'espressione «fiore all'occhiello» è ricollegabile all'idea di:

A) noia, indifferenza, noncuranza
B) audacia, ardimento, temerarietà
C) importanza, vanto, merito
D) critica, disapprovazione, pecca

91 L'espressione «indorare la pillola» è associabile ad una persona che:

A) riesce a risolvere in modo brillante tutti i problemi che si presentano
B) è estremamente venale e interessata soltanto agli affari potenzialmente vantaggiosi e fonte di denaro
C) usa discrezione e modi delicati per comunicare cose spiacevoli, cercando di renderle meno amare
D) non si preoccupa delle reazioni né dei sentimenti altrui, ma soltanto del proprio tornaconto

92 L'espressione «uovo di Colombo» è ricollegabile all'idea di:

A) adoperarsi per diffondere il più possibile la cultura
B) aver sfiducia nel realizzare maggiori vantaggi in avvenire e accontentarsi del poco certo
C) risolvere in modo semplice ed immediato un problema apparentemente insolubile
D) abbandonare sul nascere ogni tentativo di risolvere un problema

93 L'espressione «nata con la camicia» è ricollegabile ad una persona che:

A) senza darsi molto da fare riesce ad avere fortuna e successo nella vita
B) tiene all'eleganza e allo stile sopra ogni altra cosa
C) vive nelle ristrettezze
D) attira su di sé ogni genere di sfortuna e di sventura

94 L'espressione «capro espiatorio» è ricollegabile ad una persona:

A) che cerca di creare alleanze e intese per fare fronte comune contro nemici più forti
B) sulla quale, sebbene innocente, vengono addossate ingiustamente le colpe altrui
C) talmente esperta nel suo campo da essere ritenuta un'autorità in materia
D) sempre capace di trovare soluzioni a situazioni di disagio

95 **Si dice che «fa il passo più lungo della gamba» una persona che:**

A) non ha molta fretta di raggiungere il proprio traguardo
B) intraprende un'iniziativa che va al di là delle sue reali possibilità, rischiando conseguenze negative
C) in un gruppo tenta sempre di porre fine ai motivi di incomprensione e contrasto
D) è stravagante, eccentrica e fuori del comune

96 **L'espressione «colosso dai piedi di argilla» è ricollegabile all'idea di:**

A) una cosa apparentemente smisurata e importante, ma che in realtà ha basi per nulla solide
B) una persona non autosufficiente
C) una persona estremamente efferata e bestiale, simile a un enorme mostro
D) una persona sicura e pacata, che non è assillata da preoccupazioni di alcun genere

97 **L'espressione «salvare capra e cavoli» è ricollegabile a una persona che:**

A) con astuzia riesce a risolvere un problema in cui siano in gioco opposte esigenze, apparentemente inconciliabili tra loro
B) mostra totale disinteresse e noncuranza per qualsivoglia faccenda
C) per orgoglio, non chiede mai scusa né si umilia di fronte agli altri
D) ricorre sovente a pratiche ingannevoli

98 **L'espressione «chi semina vento raccoglie tempesta» è ricollegabile a una persona che:**

A) è abituata a fare opera di mediazione per creare la pace e porre fine a qualunque contrasto o incomprensione
B) è assolutamente incapace di fare del male a chicchessia
C) si comporta in modo riprovevole ma è destinata a ricevere un danno peggiore di quello che ha provocato
D) è comunque disponibile a mediazioni produttive

99 **L'espressione «dare un colpo al cerchio e uno alla botte» si riferisce a una persona che:**

A) per opportunismo non prende mai una posizione netta di fronte a due contendenti e dà ragione un po' all'uno e un po' all'altro
B) è temuta da tutti per la sua ferocia e per i suoi gesti aggressivi e violenti
C) dimostra sempre intransigenza
D) non ha paura a dire sempre ciò che pensa, anche quando tale atteggiamento rischia di procurarle nemici

100 **Se Franco è sciolto nei movimenti posso affermare che:**

A) Franco è tormentato
B) Franco è iperattivo
C) Franco è agile
D) Franco è impacciato

101 **Se vedo Giacomo muoversi con inquietudine ne deduco che:**

A) Giacomo è impassibile
B) Giacomo è agitato
C) Giacomo è inetto
D) Giacomo è assuefatto

102 **Se Giuseppe è pronto, svelto, volenteroso nel fare posso affermare che:**

A) Giuseppe è suadente
B) Giuseppe è alacre
C) Giuseppe è idealista
D) Giuseppe è forbito

103 **Se Giorgino è magro sino a sembrare sparuto posso affermare che:**

A) Giorgino è morboso
B) Giorgino è un allocco
C) Giorgino è pingue
D) Giorgino è allampanato

104 **Se Giovanni è turbato, irritato posso affermare che:**

A) Giovanni è imperterrito
B) Giovanni è disilluso
C) Giovanni è alterato
D) Giovanni è disinvolto

105 **Si può usare il termine *nequitosa* per indicare una persona:**

A) grassa
B) cattiva
C) pessimista
D) solerte

106 **Si dice che è *abulica* una persona:**

A) interessante
B) inerte
C) determinata
D) perspicace

107 **È «imberbe» una persona:**

A) accurata
B) elegante
C) distinta
D) glabra

108 **Si dice che è *affetta da bramosia* una persona:**

A) avida
B) antipatica
C) confusa
D) parsimoniosa

109 **Qual è il corretto significato del termine «insipiente»?**

A) moroso, pieno di debiti
B) ricco di gusto, saporito
C) persona che vive nell'ignoranza e non si cura di apprendere
D) rimedio infallibile, quasi miracoloso

110 **Qual è il corretto significato del sostantivo «gestante»?**

A) persona che gesticola frequentemente
B) persona che ha la gestione di un'impresa
C) persona molto esuberante
D) donna durante il periodo della gravidanza

111 **Indicare quale, tra quelli proposti, è il corretto significato dell'aggettivo «canzonatorio»:**

A) persona oggetto dello scherno altrui
B) contenuto di un componimento lirico in versi
C) relativo ai sogni, non reale
D) proprio di chi deride

112 **Quale delle seguenti definizioni descrive esattamente il termine *mutageno*?**

A) persona che è solita cambiare abbigliamento più volte al giorno
B) persona invalida, menomata
C) individuo portatore di una mutazione genetica
D) fattore o agente che può causare mutazioni genetiche

113 **Qual è il corretto significato del termine «prodromo»?**

A) oggetto contenuto in un altro oggetto
B) evento portentoso, magico, fuori dell'ordine naturale delle cose
C) conseguenza che si deduce logicamente da una premessa data
D) circostanza che precede e annuncia il manifestarsi di un altro fatto o fenomeno

114 **Qual è il corretto significato del termine «vaticinio»?**

A) urlo protratto nel tempo di un infante
B) profeta, poeta che compone opere di ispirazione quasi sacrale
C) predizione di avvenimenti futuri per ispirazione divina o preveggenza profetica
D) comunicazione ufficiale del Vaticano indirizzata ai vescovi

115 **Per indicare qualcuno che, nell'intraprendere un'attività, anticipa inopportunamente qualcosa e non agisce cioè con un corretto ordine logico, si dice che:**

A) mette il carro avanti ai buoi
B) va piano e va lontano
C) fa di tutta l'erba un fascio
D) mette le mani avanti

116 **Una persona che perde il controllo di sé e si abbandona alla collera, si dice che:**

A) mangia la foglia
B) perde le staffe
C) fa l'indiano
D) dà un colpo di spugna

117 Una persona che si trova al centro di una vicenda che la espone a pericoli o alle severe critiche della società è associabile all'espressione:

A) mettere la pulce nell'orecchio
B) essere nell'occhio del ciclone
C) essere uno stinco di santo
D) prendere due piccioni con una fava

118 Una persona che non è assillata da preoccupazioni di alcun genere e si sente sicura e tranquilla, si dice che:

A) è in una botte di ferro
B) mena il can per l'aia
C) è in alto mare
D) mangia la foglia

119 Per indicare qualcuno o qualcosa che nel suo genere è una rarità, si dice che:

A) è un gallo in un pollaio
B) è come un elefante in una cristalleria
C) è una mosca bianca
D) è all'ordine del giorno

120 Se Carlo tradisce la moglie posso affermare che:

A) Carlo è affidabile
B) Carlo è affabile
C) Carlo è inconsistente
D) Carlo è adultero

121 Se Daniele è molto cortese e si esprime e tratta con gentilezza e familiarità posso affermare che:

A) Daniele è affabile
B) Daniele è affettato
C) Daniele è affannato
D) Daniele è dotto

122 Se Diego è una persona che aspira a grandi cose posso affermare che:

A) Diego è trafelato
B) Diego è una persona ambiziosa
C) Diego è infingardo
D) Diego è una persona ambigua

123 Se Donato è cresciuto, si è fatto grande, uomo, posso affermare che:

A) Donato è senz'altro serio e responsabile
B) Donato è adulto
C) Donato è arrivato
D) Donato è altissimo

124 Il *verso* non è:

A) ogni fenomeno acustico
B) una composizione poetica
C) la direzione
D) il grido caratteristico che emette una specie di animali

125 Il termine *cucina* non ha valenza di:

A) stanza dove si cucina
B) prescrizione per la preparazione di un composto
C) gastronomia
D) apparecchio con fornelli per la cottura

126 Il *piede* non è:

A) la parte bassa o di sostegno (di un tavolo, di una sedia)
B) una parte del corpo
C) una macchina semplice usata per sollevare pesi
D) un'unità di misura

127 Il termine *fattore* non ha valenza di:

A) agricoltore
B) creatore, artefice
C) termine della moltiplicazione
D) parte di un contratto di compravendita

128 Il *maschio* non è:

A) la parte più elevata di una rocca, castello o fortezza
B) la parte di un congegno o di una struttura che va a incastrarsi nella cavità corrispondente di un altro pezzo
C) un ragazzo, un uomo
D) un mestiere

129 **La *pianta* non è:**

A) la parte del piede volta verso terra
B) una rappresentazione grafica
C) un vegetale
D) un utensile da cucina

130 **La parola *fine* non ha valenza di:**

A) privo di buon gusto
B) sottile
C) termine
D) scopo

131 **Qual è il significato dell'espressione *prendere il coltello per la lama*?**

A) fare il proprio danno
B) affrontare coraggiosamente una situazione
C) cogliere il significato sostanziale di una cosa
D) addossarsi una colpa

132 **Completare correttamente la frase seguente: "Marco è stato assunto come ... da una grande ditta".**

A) magazzinaggio
B) magnetizzatore
C) immagazzinate
D) magazziniere

133 **Quale delle seguenti parole non fa parte dello stesso campo semantico?**

A) padella
B) tortiera
C) caraffa
D) casseruola

134 **Completare correttamente la frase seguente: "L'... è quella branca della biologia che studia gli insetti".**

A) insettologia
B) enologia
C) anatomia
D) entomologia

135 **Quale delle seguenti parole ha più di un significato?**

A) suola
B) bolla
C) trofeo
D) malora

136 **Quale delle seguenti parole è attinente a *giornale*?**

A) sulky
B) scintigrafia
C) emeroteca
D) celluloide

137 **Completare correttamente la frase seguente: "L'acqua che sgorga da quella fonte è...".**

A) commestibile
B) lavata
C) edibile
D) potabile

138 **Quale delle parole seguenti non è attinente a *piramidale*?**

A) gerarchia
B) struttura
C) prisma
D) edificio

139 **Qual è il significato dell'espressione *far la volta del leone*?**

A) nascondere la propria opinione
B) prendere per sé il meglio
C) non accettare opinioni altrui
D) aspettare passeggiando in poco spazio

140 **Indicare quale alternativa non completa correttamente la frase: "Laura comprese la ... dell'allenatore di non rinnovarle la fiducia".**

A) difensiva
B) scelta
C) volontà
D) decisione

Soluzioni

1 Risposta esatta: D

La SINTERIZZAZIONE è un processo termico e meccanico mediante cui materiali in polvere, soprattutto metalli, vengono ridotti a una massa compatta e di forma determinata.

2 Risposta esatta: D

SILLOGISMO è un termine che nasce con la filosofia aristotelica, in cui rappresenta il tipo perfetto di ragionamento deduttivo per cui, date due premesse, ne segue necessariamente una conseguenza.

3 Risposta esatta: B

L'ESTUARIO è la foce di un fiume a forma di imbuto.

4 Risposta esatta: A

La SCHIZOFRENIA è una malattia mentale che si manifesta con deterioramento progressivo della personalità, con tendenza a estraniarsi dalla realtà, con deliri e allucinazioni.

5 Risposta esatta: B

L'ANGINA è un'infiammazione delle tonsille e della faringe.

6 Risposta esatta: C

MANTECARE indica il procedimento volto a conferire consistenza cremosa a una preparazione.

7 Risposta esatta: B

La MALVASIA è un vino dolce o secco, ricavato da uve bianche o rosse di vitigni dello stesso nome, prodotto in molte regioni italiane.

8 Risposta esatta: C

Il PINOT è un vitigno diffuso in molti paesi, in Italia Specifico in Trentino, Veneto, Friuli e nell'Oltrepò Pavese.

9 Risposta esatta: B

Il termine MARSUPIALE indica le specie di mammifero dotato di marsupio.

10 Risposta esatta: D

Lo ZEBÙ è un mammifero ruminante di medie dimensioni, con una gobba sul dorso e possenti corna.

11 Risposta esatta: B

Il TRANSETTO, nelle basiliche a croce latina, è la navata traversale che interseca ortogonalmente la navata principale e quelle laterali. L'area d'intersezione tra il transetto e la navata principale è la zona in cui generalmente si innesta la cupola.

12 Risposta esatta: D

Il termine ELETTROMAGNETISMO è parte dell'elettrologia che studia le relazioni intercorrenti tra fenomeni elettrici e fenomeni magnetici.

13 Risposta esatta: C

BIT è l'unità elementare di informazione, rappresentata da una cifra binaria (ovvero dai due valori 0 e 1).

14 Risposta esatta: A

Il CATIONE è lo ione di carica positiva.

15 Risposta esatta: C

L' ECHIDNA è un mammifero australiano di modeste dimensioni.

16 Risposta esatta: C

L'aggettivo «pacato» indica un individuo che si trova in una condizione di calma e di imperturbabilità, derivante principalmente da una notevole serenità d'animo. Da non confondere con «pago» che significa appagato, soddisfatto.

17 Risposta esatta: A

Tra quelli proposti, l'aggettivo da scegliere è «pago», che significa, appunto, «appagato, soddisfatto, contento».

18 Risposta esatta: C

Il termine «ostruzionista» è quello da scegliere. L'"ostruzionismo è, infatti, l'opposizione sistematica che ha lo scopo di impedire o di ritardare lo svolgimento di un'attività oppure il raggiungimento di un fine.

19 **Risposta esatta: C**

Il termine «pagato», dal punto di vista grammaticale, può essere un aggettivo o anche il participio passato del verbo «pagare», che significa retribuire o remunerare qualcuno per un servizio prestato o per un bene fornito.

20 **Risposta esatta: C**

Il termine «ottimista» è quello da scegliere, in quanto indica una persona che è portata per natura a valutare e prevedere gli avvenimenti nel modo più favorevole.

21 **Risposta esatta: D**

Tra quelli proposti, l'aggettivo da scegliere è «oviparo», che indica, infatti, un animale che si riproduce mediante deposizione di uova fecondate, all'interno delle quali si sviluppa l'embrione.

22 **Risposta esatta: B**

Tra quelli proposti, l'aggettivo da scegliere è «ovvio», che indica, appunto, qualcosa che si presenta in modo chiaro, evidente, scontato.

23 **Risposta esatta: C**

Tra quelli proposti, l'aggettivo da scegliere è «ozioso», in quanto si utilizza per indicare ciò che è detto o scritto inutilmente, che è superfluo.

24 **Risposta esatta: B**

L'aggettivo «pallido» è quello da scegliere, in quanto si utilizza per indicare una cosa che ha perduto il suo colore naturale e tende al bianco.

25 **Risposta esatta: C**

Tra quelli proposti, l'aggettivo da scegliere è «palpabile», in quanto vuol dire, letteralmente, «che può essere palpato, toccato con mano» e quindi si usa spesso per indicare una cosa tangibile, evidente, palese.

26 **Risposta esatta: D**

Tra quelli proposti, l'aggettivo da scegliere è «ortodosso», in quanto indica, letteralmente, «ciò che rispetta i dogmi di una religione» e si utilizza, più in generale, per indicare qualcosa che segue delle regole consolidate (un comportamento «ortodosso», una procedura «ortodossa»).

27 **Risposta esatta: B**

L'aggettivo «ortogonale» è quello da scegliere, in quanto in geometria elementare indica due enti (come due rette) che formano tra loro un angolo retto.

28 **Risposta esatta: A**

L'aggettivo «ortopedico» è quello da scegliere, in quanto si utilizza per indicare cose (come scarpe o busti) che servono a correggere le deformazioni del tronco o degli arti.

29 **Risposta esatta: A**

Tra quelli proposti, l'aggettivo da scegliere è «ovino», in quanto sta ad indicare tutto ciò che è riferibile alla pecora (dal latino tardo *ovinus*).

30 **Risposta esatta: A**

Il drappo è un tessuto di notevole pregio e finezza, usato per abiti di lusso, paramenti, tende e così via.

31 **Risposta esatta: C**

Il termine «abbaglia» non può che essere associato alla luce «intensa».

32 **Risposta esatta: D**

La «duma» era il Parlamento della Russia zarista prima della rivoluzione d'ottobre.

33 **Risposta esatta: C**

L'ecchimosi è un ematoma, un livido dovuto a contusioni.

34 **Risposta esatta: D**

Il primo ad usare questo termine nel campo della parapsicologia e dello spiritismo fu il premio Nobel Charles Richet (1850-1935).

35 **Risposta esatta: B**

La balera è un locale popolare in cui si balla.

36 **Risposta esatta: A**

Il bardotto è un animale da soma e da basto, nato dall'incrocio di un cavallo con un'asina.

37 **Risposta esatta: C**

Le «doghe» sono le assi di legno con cui sono costruiti botti e barili. Il soggetto indicato con il numero 1 ha confuso «doghe» con «doge». Il soggetto indicato con il numero 3 ha confuso «doghe» con «toghe».

38 Risposta esatta: C

La «draga» è un escavatore subacqueo utilizzato in profondità moderate come quelle dei fiumi, dei canali e dei porti. Serve per scavare il fondo di porti, canali e fiumi.

39 Risposta esatta: C

Elegante, ricercato, curato sono tutti sinonimi di azzimato.

40 Risposta esatta: A

Quisquilia è sinonimo di banalità, inezia.

41 Risposta esatta: A

Imposta in questo caso è il participio passato del verbo imporre e quindi può essere considerato sinonimo di intimata, prescritta, ordinata.

42 Risposta esatta: D

Impudente e inverecondo sono sinonimi.

43 Risposta esatta: D

Inutile e inane sono sinonimi.

44 Risposta esatta: A

Tollerante e longanime sono sinonimi.

45 Risposta esatta: A

Ragguardevole e insigne sono sinonimi.

46 Risposta esatta: C

Inglobare e fagocitare sono sinonimi.

47 Risposta esatta: D

Imbroglio e inganno sono sinonimi.

48 Risposta esatta: A

Influenza e influsso sono sinonimi.

49 Risposta esatta: D

Iniquità e ingiustizia sono sinonimi.

50 Risposta esatta: C

Fiasco e insuccesso sono sinonimi.

51 Risposta esatta: C

Sventatezza e imprudenza sono sinonimi.

52 Risposta esatta: A

Sollecitudine e interessamento (inteso come cura, premura) sono sinonimi.

53 Risposta esatta: B

Sollecitudine e solerzia sono sinonimi.

54 Risposta esatta: D

Intolleranza e intransigenza sono sinonimi.

55 Risposta esatta: A

Perspicacia e intuito sono sinonimi.

56 Risposta esatta: C

Insofferenza e impazienza sono sinonimi.

57 Risposta esatta: D

Eliminazione e espunzione sono sinonimi.

58 Risposta esatta: D

L'espressione idiomatica «non avere un minuto da perdere» esprime l'atteggiamento di chi ha fretta.

59 Risposta esatta: C

Il modo di dire «allentare i cordoni della borsa» esprime l'atteggiamento di chi abbandonate precedenti remore è disposto ad elargire con generosità.

60 Risposta esatta: A

L'espressione idiomatica «prendere il largo» trae origine dal gergo marinaresco ed ha il significato di allontanarsi (dalla riva).

61 Risposta esatta: C

Il modo di dire «chi la dura la vince» indica chi con caparbietà e perseveranza cerca di raggiungere i suoi scopi.

62 Risposta esatta: D

L'espressione idiomatica «vivere nella bambagia» è proprio di chi vive negli agi e nelle comodità: la bambagia, infatti, è sinonimo di fiocchi di cotone.

63 Risposta esatta: B

Il modo di dire «essere come San Tommaso» esprime incredulità, scetticismo facendo riferimento al noto episodio dell'apparizione di Gesù all'apostolo.

64 Risposta esatta: A

L'espressione idiomatica «cambiare le carte in tavola» significa modificare, talvolta con inganno, i termini della questione a proprio vantaggio.

65 Risposta esatta: C

Il modo di dire «darsi anima e corpo» indica una persona che ci mette tutto l'impegno nel lavoro, nel raggiungimento di uno scopo etc.

66 Risposta esatta: B

L'espressione idiomatica «cercare il pelo nell'uovo» indica particolare pignoleria, soprattutto in un atteggiamento di critica.

67 Risposta esatta: B

Il modo di dire «essere all'oscuro» è proprio di una persona che ignora totalmente i termini di una questione.

68 Risposta esatta: C

L'espressione idiomatica «non avere peli sulla lingua» è riferita a chi si esprime con franchezza, sincerità anche a costo di essere giudicato troppo critico e scortese.

69 Risposta esatta: A

Il modo di dire «prendersi gioco di» equivale a usare qualcuno per il proprio divertimento o piacere e quindi beffarlo, deriderlo.

70 Risposta esatta: B

L'espressione idiomatica «andare in brodo di giuggiole», riferita a chi manifesta grande piacere, deriva da un liquore molto dolciastro e gustoso.

71 Risposta esatta: C

L'arpia è un essere mitologico con corpo di uccello e volto di donna, avidissimo e rapace. In senso figurato si dice di una persona bisbetica e dispettosa.

72 Risposta esatta: B

Il modo di dire «ad ogni piè sospinto» indica qualcosa che si ripete, appunto ogni qual volta che si porta avanti un piede quando si cammina, quindi frequentemente.

73 Risposta esatta: A

L'espressione idiomatica «trovare buona pastura» fa riferimento al pascere all'aperto degli animali: trovare buona pastura significa trovare terreno adatto al pascolo, un terreno atto a trarre ottimi guadagni.

74 Risposta esatta: C

Il modo di dire «procedere a marce forzate» trae origine dal linguaggio militare dove si indica l'avanzare delle truppe con tappe di lunghezza superiore a quella ordinaria che velocizzano l'andatura.

75 Risposta esatta: B

L'espressione idiomatica «lasciarci la pelle» significa perdere la vita accidentalmente oppure in un'azione o in un'attività pericolosa.

76 Risposta esatta: B

L'espressione idiomatica «all'acqua di rose» è proprio di un'azione svolta in maniera superficiale. L'acqua di rose è una delicata soluzione di essenza di rose usata come detergente per la pelle.

77 Risposta esatta: D

Il modo di dire «darsi da fare» è proprio di chi non tergiversando è impegnato per portare a termine in modo preciso e rapido un'occupazione.

78 Risposta esatta: D

L'espressione idiomatica «prendere lucciole per lanterne» è incentrata sulla leggera similitudine che passa tra la luce delle lucciole e quella delle lanterne ma anche sulle enormi differenze; quindi fa capire che la persone alla quale la si riferisce ha commesso un macroscopico errore di valutazione.

79 Risposta esatta: C

Il modo di dire «rendere pan per focaccia» è proprio di chi ricambia uno sgarbo con un altro, un'offesa con un'altra offesa.

80 Risposta esatta: A

Con l'espressione «fare orecchie da mercante» si allude alla capacità dei mercanti di ignorare le offerte di chi compra o vende, per alzarle o abbassarle secondo il proprio tornaconto.

81 Risposta esatta: D

L'espressione «fare a scarica barili» è ricollegabile a una persona che addossa ad altri colpe e responsabilità che in realtà sono sue.

82 Risposta esatta: B

Si dice che «fa i salamelecchi» una persona che saluta e fa complimenti in modo esageratamente cerimonioso.

83 Risposta esatta: C

Si dice che «è una mezza cartuccia» una persona di piccola statura, ma soprattutto che ha socialmente poca importanza.

84 Risposta esatta: B

Si usa l'espressione «fa il bastian contrario» riferendosi a una persona che non è mai d'accordo su ciò che dicono gli altri.

85 Risposta esatta: B

L'espressione «non stare nella pelle» è ricollegabile all'idea di attendere qualcosa di piacevole con grande gioia e impazienza.

86 Risposta esatta: A

L'espressione «stare all'erta» è ricollegabile all'idea di stare attenti a qualcosa; tenersi pronti a intervenire in caso di necessità.

87 Risposta esatta: C

L'espressione «annega in un bicchier d'acqua» si usa in riferimento a una persona che si ferma davanti a piccole difficoltà, come se annegasse in un bicchiere d'acqua.

88 Risposta esatta: A

L'espressione «non capire un'acca» è traducibile come «non capire nulla».

89 Risposta esatta: B

Chi «dorme sugli allori» è una persona che si crogiola nel ricordo delle glorie e dei successi passati.

90 Risposta esatta: C

Si dice «fiore all'occhiello» un invidiabile vanto di rarità e importanza, come un fiore che messo all'occhiello di un abito comune lo rende elegante e da cerimonia.

91 Risposta esatta: C

L'espressione «indorare la pillola» è ricollegabile all'opportunità di usare particolare tatto per comunicare a qualcuno cose spiacevoli al fine di renderle meno dolorose o spiacevoli.

92 Risposta esatta: C

L'espressione «uovo di Colombo» indica una soluzione molto semplice cui nessuno pensa proprio per questa ragione.

93 Risposta esatta: A

«Nata con la camicia» si dice di una persona molto fortunata.

94 Risposta esatta: B

Gli antichi ebrei si riunivano nel Tempio, in un giorno stabilito, dove accusavano pubblicamente i loro peccati. Come simbolo di espiazione delle loro colpe uccidevano un capro. Da questo fatto si crede abbia avuto origine il detto «capro espiatorio», riferito alla persona innocente, che viene scelta per farle pagare ingiustamente le colpe degli altri.

95 Risposta esatta: B

Si dice «fa il passo più lungo della gamba» riferendosi a una persona che ha intrapreso qualcosa di sproporzionato alle proprie reali capacità, possibilità o situazioni contingenti.

96 Risposta esatta: A

Modo di dire che trae origine da un episodio narrato nella Bibbia e si usa spesso per indicare una persona o un'istituzione il cui potere ha basi fragili e non durature.

97 Risposta esatta: A

Modo di dire che trae origine da un racconto popolare, relativo ad un uomo che deve traghettare sulla sponda opposta di un fiume una capra, un sacco di cavoli e un lupo, disponendo di una barca che può trasportare solo uno dei tre per volta; l'uomo deve fare in modo di non lasciare la capra con i cavoli né il lupo con la capra.

98 Risposta esatta: C

Modo di dire che trae origine da un episodio narrato nella Bibbia.

99 Risposta esatta: A

Modo di dire che trae origine dal lavoro dei bottai, che con mazze e martelli dovevano trattare contemporaneamente il legno delle doghe della botte e il ferro che le cerchiava.

100 **Risposta esatta: C**

Essere «sciolto nei movimenti» è un modo di dire che si riferisce ad una persona particolarmente agile.

101 **Risposta esatta: B**

Una persona «inquieta» è una persona nervosa, ansiosa, agitata.

102 **Risposta esatta: B**

Si definisce «alacre» una persona svelta, attiva, laboriosa.

103 **Risposta esatta: D**

Si definisce «allampanata» una persona particolarmente magra, smunta, emaciata.

104 **Risposta esatta: C**

Si definisce «alterata» una persona innervosita, irritata, agitata.

105 **Risposta esatta: B**

Si definisce «nequitosa» una persona cattiva, malvagia, ostile.

106 **Risposta esatta: B**

Si definisce «abulica» una persona inerte, inattiva, apatica.

107 **Risposta esatta: D**

Si definisce «imberbe» una persona glabra, il cui viso è cioè privo di barba.

108 **Risposta esatta: A**

Una persona affetta da bramosia ha un ardente desiderio (brama) di ricchezza.

109 **Risposta esatta: C**

Si definisce «insipiente» una persona ignorante, incolta.

110 **Risposta esatta: D**

Si definisce «gestante» la donna in stato di gravidanza.

111 **Risposta esatta: D**

Si definisce «canzonatorio» il comportamento di chi deride, prende in giro. Deriva da «canzonatura», che significa beffa, burla.

112 **Risposta esatta: D**

In biologia si definisce «mutageno» una fattore o un agente che è in grado di causare mutazioni genetiche.

113 **Risposta esatta: D**

Si utilizza il termine «prodromo» per indicare un fatto o un fenomeno che ne anticipa un altro, che rappresenta, cioè, il segno premonitore di qualcosa che avverrà in seguito.

114 **Risposta esatta: C**

Dal latino vates (profeta, indovino), il termine «vaticinio» si utilizza per indicare una profezia, una preveggenza.

115 **Risposta esatta: A**

Si dice di persona che dà per scontato il buon fine di un'iniziativa senza averla ancora intrapresa; oppure che inverte l'ordine logico di una serie di azioni.

116 **Risposta esatta: B**

Si dice di persona irosa, che non sa controllare la propria rabbia.

117 **Risposta esatta: B**

Si dice di una persona che si trova coinvolta in una situazione difficile, delicata o pericolosa.

118 **Risposta esatta: A**

Si dice di una persona ben protetta o che sa di essere dalla parte della ragione o in posizione di forza.

119 **Risposta esatta: C**

Si dice di una persona che rappresenta un eccezione nel suo genere, categoria o funzione.

120 **Risposta esatta: D**

Adultero è una persona che ha una relazione amorosa con un soggetto diverso dal coniuge.

121 **Risposta esatta: A**

Affabile si dice di una persona disponibile, cordiale, socievole.

122 **Risposta esatta: B**

Ambizioso può indicare una persona che sogna in grande per il proprio futuro.

123 Risposta esatta: B

Si dice che una persona è adulta per indicare o che ha concluso la crescita oppure che esprime compiutamente le proprie potenzialità.

124 Risposta esatta: A

Tra quelle proposte, soltanto l'opzione «Ogni fenomeno acustico» risulta incompatibile con il termine «verso».

125 Risposta esatta: B

Tra quelle proposte, soltanto l'opzione «Prescrizione per la preparazione di un composto» risulta incompatibile con il termine «cucina».

126 Risposta esatta: C

Tra quelle proposte, soltanto l'opzione «Una macchina semplice usata per sollevare pesi» risulta incompatibile con il termine «piede».

127 Risposta esatta: D

Tra quelle proposte, soltanto l'opzione «Parte di un contratto di compravendita» risulta incompatibile con il termine «fattore».

128 Risposta esatta: D

Tra quelle proposte, soltanto l'opzione «Un mestiere» risulta incompatibile con il termine «maschio».

129 Risposta esatta: D

Tra quelle proposte, soltanto l'opzione «Un utensile da cucina» risulta incompatibile con il termine «pianta».

130 Risposta esatta: A

Le alternative «sottile», «termine», «scopo» possono tutte essere sostituite dalla parola «fine»; «privo di gusto» non ha invece nessuna attinenza con la parola «fine».

131 Risposta esatta: A

L'espressione proposta significa dimostrare di non avere esperienza nel trattare affari o nel trattare con persone, quindi agire a proprio svantaggio.

132 Risposta esatta: D

Marco è stato assunto come magazziniere da una grande ditta.

133 Risposta esatta: C

Padella, tortiera, casseruola e teglia sono tutti recipienti usati per cucinare, mentre la caraffa è un recipiente destinato a contenere liquidi.

134 Risposta esatta: D

La branca della biologia, meglio, della zoologia, che studia gli insetti è l'entomologia.

135 Risposta esatta: B

Il termine bolla indica: a) il rigonfiamento gassoso che si forma sulla superficie dei liquidi quando raggiungono l'ebollizione o sono soggetti a pressioni; b) in medicina, il distacco, causato da irritazione cutanea, dell'epidermide dal derma, con raccolta di siero; c) l'apparecchio di vetro sottile e di forma rotonda usato nei laboratori chimici per fare gorgogliare un gas in un liquido; d) nel commercio, il documento che descrive una merce nelle sue caratteristiche principali e che viaggia con essa (la "bolla d'accompagnamento"); etc.

136 Risposta esatta: C

L'emeroteca è la sezione di una biblioteca in cui sono raccolti e catalogati i giornali.

137 Risposta esatta: D

L'unico termine che conferisce senso compiuto alla frase proposta è potabile.

138 Risposta esatta: C

Mentre ha senso dire "gerarchia piramidale", "struttura piramidale", "edificio piramidale" e "muscolo piramidale" (sono definizioni di comune riscontro), sarebbe sbagliato dire "prisma piramidale" perché il prisma, per definizione, non è una piramide.

139 Risposta esatta: D

L'espressione significa fare su e giù come un leone in gabbia.

140 Risposta esatta: A

Attenzione al NON presente nella traccia: si deve individuare il termine che NON completa correttamente la frase. Con difensiva la frase verrebbe: "Laura comprese la difensiva dell'allenatore di non rinnovarle la fiducia". Così completata, la frase non ha senso compiuto.

4
Serie di termini

I termini appartenenti ad una "serie" sono legati da un **nesso logico**, una connessione, ovvero una proprietà che li accomuna. Le *serie esplicite* sono quelle in cui viene presentata una sequenza di termini, appartenenti alla stessa classe, a cui è necessario aggiungere un ulteriore elemento individuato tra le risposte che vengono proposte. Viceversa possiamo ritenere espresse in forma *implicita* quei quiz nei quali dalla serie proposta si richiede di scartare l'intruso, ovvero l'elemento non appartenente alla stessa classe degli altri. La differenza sostanziale è che, mentre nel primo caso si può in maniera più diretta individuare il nesso presente tra i termini, nel secondo è necessario valutare tutte le possibili combinazioni per definire quale sia il nesso più appropriato da prendere in considerazione per scartare il termine intruso, con il rischio di identificare una classe differente da quella ipotizzata dall'autore del quiz attraverso un percorso logico forzato.

L'obiettivo di questi quiz è quello di valutare diversi aspetti della formazione del candidato: alcuni hanno associazioni palesi riducendosi a domande di *cultura generale*, in linea di massima, tuttavia, l'obiettivo è quello di mettere in luce le *capacità di ragionamento induttivo* (ovvero di ricavare una regola da una serie di dati), *la capacità e la velocità nel notare un'associazione* tra concetti, termini, oggetti, la *fluidità mentale*, ossia la capacità di saper rimodulare velocemente la propria forma di pensiero.

Negli esempi seguenti sono presentate alcune tipologie di *nessi logici più comuni*.

Esempio n. 1

Scartare l'intruso: ***Polibio, Garibaldi, Alessandro Magno, Annibale, Bonaparte.***

Nesso di professione: sono tutti famosi generali, tranne **Polibio**, che fu uno storico.

Esempio n. 2

Scartare l'intruso: ***mansueto, fragile, annoiato, distratto, innesto.***

Nesso grammaticale: sono tutti aggettivi, tranne **innesto**, che è un sostantivo.

Esempio n. 3

Scartare l'intruso: ***antidemocratico, antipapa, antifurto, antisismico, anticamera.***

Nesso etimologico: in tutti i vocaboli della serie il prefisso *anti-* ha il significato di «contro» (dal greco ἀντὶ), tranne che in **anticamera**, dove ha il significato di *ante* latino, ossia «prima» (in senso sia spaziale che temporale).

Esempio n. 4

Scartare l'intruso: ***Polonia, scapolo, modulo, scampolo, popolo.***

Nesso del significante: tutti i termini della serie contengono la parola *polo*, tranne **modulo**.

Esempio n. 5

Scartare l'intruso: ***abulia, indolenza, ignavia, livore, accidia.***

Nesso del significato: sono tutti sinonimi, tranne **livore**, che indica un sentimento di invidia o rancore.

Test di verifica

1 **Indicare quale dei seguenti termini può essere considerato parte della serie: DETESTARE, ABOMINARE, ODIARE, DISPREZZARE.**

A) STIMARE
B) VENERARE
C) APPREZZARE
D) RIFUGGIRE

2 **Indicare quale dei seguenti termini può essere considerato parte della serie: APPRESTARSI, PREPARARSI, DISPORSI, COMINCIARE.**

A) CESSARE
B) RECEDERE
C) INTRAPRENDERE
D) DESISTERE

3 **Indicare quale dei seguenti termini può essere considerato parte della serie: ACCORTEZZA, INTUITO, GIUDIZIO, ASTUZIA.**

A) INGENUITÀ
B) STUPIDITÀ
C) SAGACIA
D) OTTUSITÀ

4 **Indicare quale dei seguenti termini può essere considerato parte della serie: FINEZZA, SCALTREZZA, INGEGNOSITÀ, DESTREZZA.**

A) DABBENAGGINE
B) IMPERIZIA
C) ACCORTEZZA
D) STOLTEZZA

5 **Indicare quale dei seguenti termini può essere considerato parte della serie: AVVEDUTEZZA, PERIZIA, OCULATEZZA, DISCERNIMENTO.**

A) SVENTATEZZA
B) SCONSIDERATEZZA
C) SCALTREZZA
D) IMPRUDENZA

6 **Indicare quale dei seguenti termini può essere considerato parte della serie: ASPREZZA, ACIDITÀ, CATTIVERIA, ODIO.**

A) MALIGNITÀ
B) BENEVOLENZA
C) CLEMENZA
D) BONARIETÀ

7 **Completare la seguente serie: PIGRIZIA, INDOLENZA, INERZIA, TORPORE, ABULIA, ...**

A) LABORIOSITÀ
B) VITALITÀ
C) PASSIVITÀ
D) DINAMICITÀ

8 **Completare la seguente serie: PASSIVO, INDIFFERENTE, NONCURANTE, INSENSIBILE, ...**

A) IMPASSIBILE
B) OPEROSO
C) APPASSIONATO
D) ATTIVO

9 **Completare la seguente serie: METTERE, SISTEMARE, AGGIUNGERE, APPLICARE, ...**

A) CHIUDERE
B) APPORRE
C) LEVARE
D) TOGLIERE

10 **Completare la seguente serie: PERSPICACIA, FINEZZA, SOTTIGLIEZZA, SAGACIA, ...**

A) ACUME
B) SEVERITÀ
C) SPERANZA
D) GRAVITÀ

11 **Completare la seguente serie: SPOGLIO, BRULLO, DESOLATO, STERILE, ...**

A) RIGOGLIOSO
B) FERTILE
C) FLORIDO
D) INFECONDO

12 **Completare la seguente serie: PREPOTENTE, SUPERBO, ALTEZZOSO, ALTERO, ...**

A) UMILE
B) ARROGANTE
C) SEMPLICE
D) DEBOLE

13 **Completare la seguente serie: UNIONE, CONNESSIONE, ACCORDO, ADESIONE, ...**

A) SEPARAZIONE
B) DISGREGAZIONE
C) COESIONE
D) SCONCERTO

14 **Completare la seguente serie: CONGIUNZIONE, COLLEGAMENTO, RELAZIONE, UNIONE, ...**

A) DISGIUNZIONE
B) CONNESSIONE
C) INCONGRUENZA
D) INCOERENZA

15 **Completare la seguente serie: CONGRUENZA, CONFORMITÀ, CONSEQUENZIALITÀ, ...**

A) DISSENSO
B) DISACCORDO
C) COERENZA
D) DISCREPANZA

16 **Indicare quale delle seguenti coppie di parole integra correttamente la serie: accétta-accètta / corrésse-corrèsse / ésca-èsca /...?...**

A) affétto-affètto
B) incàvo-ìncavo
C) fortùito-fortuìto
D) nècrosi-necròsi

17 **Indicare quale delle seguenti coppie di parole integra correttamente la serie: colléga-collèga / ésse-èsse / té-tè / ...?...**

A) vendétte-vendètte
B) diurèsi-diùresi
C) intèrseco-intersèco
D) edìle-èdile

18 **Indicare quale delle seguenti coppie di parole integra correttamente la serie: tési-tèsi / ré-rè / accórsi-accòrsi / ...?...**

A) leccòrnia-leccornìa
B) cadùco-càduco
C) fortùito-fortuìto
D) premétti-premètti

19 **Indicare quale delle seguenti coppie di parole integra correttamente la serie: córso-còrso / fóro-fòro / scórsi-scòrsi / ...?...**

A) lùbrico-lubrìco
B) ìmpari-impàri
C) gratuìto-gratùito
D) vólgo-vòlgo

20 **Indicare quale delle seguenti coppie di parole integra correttamente la serie: cóppa-còppa / fósse-fòsse / impóste-impòste / ...?...**

A) bolscevìco-bolscèvico
B) medìceo-medicèo
C) cadùco-càduco
D) póse-pòse

21 **Indicare quale delle seguenti coppie di parole integra correttamente la serie: téma-tèma / bótte-bòtte / cólto-còlto / ...?...**

A) mollìca-mòllica
B) póse-pòse
C) islàm-ìslam
D) leccòrnia-leccornìa

22 **Indicare quale delle seguenti coppie di vocaboli integra correttamente la serie: l'arco-l'arca / il banco-la banca / il casello-la casella / ...?...**

A) il mento-la menta
B) il produttore-la produttrice
C) il ragazzo-la ragazza
D) il sacerdote-la sacerdotessa

23 **Indicare quale delle seguenti coppie di vocaboli integra correttamente la serie: il cavo-la cava / il cerchio-la cerchia / il pizzo-la pizza/ ...?...**

A) l'amministratore-l'amministratrice
B) il sarto-la sarta
C) il profeta-la profetessa
D) il pianto-la pianta

24 **Indicare quale delle seguenti coppie di vocaboli integra correttamente la serie: il pasto-la pasta / il patto-la patta / il pezzo-la pezza / ...?...**

A) il cane-la cagna
B) il prestigiatore-la prestigiatrice
C) il pieno-la piena
D) il barone-la baronessa

25 **Indicare quale delle seguenti coppie di vocaboli integra correttamente la serie: il cero-la cera / il partito-la partita / lo scopo-la scopa /...?...**

A) il pittore-la pittrice
B) il leone-la leonessa
C) il contadino-la contadina
D) il tempio-la tempia

26 **Indicare quale delle seguenti coppie di vocaboli integra correttamente la serie: il colletto-la colletta / il panno-la panna / il soffitto-la soffitta /...?...**

A) il poeta-la poetessa
B) l'attore-l'attrice
C) il suocero-la suocera
D) il tappo-la tappa

27 **Indicare quale delle seguenti coppie di vocaboli integra correttamente la serie: il comico-la comica / il messo-la messa / il palo-la pala / ...?...**

A) l'oste-l'ostessa
B) lo sciatore-la sciatrice
C) il nonno-la nonna
D) lo scarico-la scarica

28 **Indicare quale delle seguenti coppie di vocaboli integra correttamente la serie: il modo-la moda / il palmo-la palma / il suolo-la suola / ...?...**

A) lo zio-la zia
B) l'ambasciatore-l'ambasciatrice
C) il tacco-la tacca
D) il soldato-la soldatessa

29 **Indicare quale delle seguenti coppie di vocaboli integra correttamente la serie: il mostro-la mostra / l'oro-l'ora / il pasto-la pasta / ...?...**

A) l'alunno-l'alunna
B) il dittatore-la dittatrice
C) il velo-la vela
D) il principe-la principessa

30 **Indicare quale delle seguenti coppie di vocaboli integra correttamente la serie: il busto-la busta / il calo-la cala / il torto-la torta/ ...?...**

A) il manico-la manica
B) il salvatore-la salvatrice
C) il gallo-la gallina
D) il professore-la professoressa

31 **Indicare quale delle seguenti coppie di vocaboli integra correttamente la serie: il baleno-la balena / il caso-la casa / il porto-la porta / ...?...**

A) il benefattore-la benefattrice
B) lo scolaro-la scolara
C) l'autore-l'autrice
D) il taglio-la taglia

32 **Indicare quale delle seguenti coppie di vocaboli integra correttamente la serie: il punto-la punta / lo scalo-la scala / il testo-la testa / ...?...**

A) il visto-la vista
B) il diavolo-la diavolessa
C) il debitore-la debitrice
D) il gatto-la gatta

33 **Indicare quale delle seguenti coppie di vocaboli integra correttamente la serie: il corso-la corsa / il fodero-la fodera / il gambo-la gamba / ...?...**

A) il lettore-la lettrice
B) il duca-la duchessa
C) il legno-la legna
D) l'oratore-l'oratrice

34 **Indicare quale delle seguenti coppie di vocaboli integra correttamente la serie: acquaforte/acqueforti - battibecco/battibecchi - capobanda/capibanda - ...?...**

A) caporeparto/caporeparti
B) cassofondo/bassifondo
C) acquamarina/acquemarine
D) caposcuola/caposcuole

35 **Indicare quale delle seguenti coppie di vocaboli integra correttamente la serie: caporeparto/capireparto - cruciverba/cruciverba - manomorta/manimorte - ...?...**

A) acquaforte/acquaforti
B) pianoforte/pianiforti
C) saltimbanco/saltimbanchi
D) batticarne/batticarni

36 **Indicare quale delle seguenti coppie di vocaboli integra correttamente la serie: manoscritto/manoscritti - porcospino/porcospini - cartapesta/cartapeste - ...?...**

A) capofamiglia/capofamiglie
B) terracotta/terracotte
C) girasole/girasoli
D) capotreno/capotreni

37 **Indicare quale delle seguenti coppie di vocaboli integra correttamente la serie: acquasantiera/acquasantiere - battilardo/battilardo - capocellula/capicellula - ...?...**

A) battiporta/battiporte
B) mezzogiorno/mezzigiorni
C) biancospino/biancospini
D) capofamiglia/capofamiglie

38 **Indicare quale delle seguenti coppie di vocaboli integra correttamente la serie: caposezione/capisezione - dormiveglia/dormiveglia - mezzaluna/mezzelune - ...?...**

A) bassorilievo/bassorilievi
B) pescespada/pescespade
C) cartapecora/cartepecora
D) capolinea/capolinee

39 **Indicare quale delle seguenti coppie di vocaboli integra correttamente la serie: battipanni/battipanni - capofabbrica/capifabbrica - capostipite/capostipiti - ...?...**

A) cassapanca/cassapanche
B) palcoscenico/palchiscenici
C) cartapecora/cartepecora
D) capolavoro/capilavori

40 **Indicare quale delle seguenti coppie di vocaboli integra correttamente la serie: capopopolo/capipopolo - cavolfiore/cavolfiori - lungomare/lungomari - ...?...**

A) pianoforte/pianoforti
B) caposcuola/caposcuole
C) mezzanotte/mezzanotti
D) capoverso/capiversi

41 **Indicare quale dei seguenti termini integra la serie: perché - giacché - poté - ...?...**

A) telòne
B) capitàre
C) onestà
D) diàfano

42 **Indicare quale dei seguenti termini integra la serie: finì - libertà - falsità - ...?...**

A) crudeltà
B) patàta
C) càsa
D) lasciàre

43 **Indicare quale dei seguenti termini integra la serie: viltà - virtù - ricorderà - ...?...**

A) arrivài
B) pàne
C) paròla
D) spontaneità

44 **Indicare quale dei seguenti termini integra la serie: poté - caffè - partirò - ...?...**

A) piède
B) ilarità
C) inìzio
D) lìbro

45 **Indicare quale dei seguenti termini integra la serie: giocherà - civiltà - felicità - ...?...**

A) pensàre
B) continènte
C) civìle
D) serenità

46 **Indicare quale dei seguenti termini integra la serie: disegnerà - malignità - venerdì - ...?...**

A) marìto
B) duttilità
C) tavolìno
D) giornàle

47 **Indicare quale dei seguenti termini integra la serie: ansietà - lealtà - caucciù - ...?...**

A) malignità
B) paròla
C) piède
D) imbevìbile

48 **Indicare quale dei seguenti termini integra la serie: curiosità - emù - povertà - ...?...**

A) sìndaco
B) pàllido
C) sàndalo
D) novità

49 **Quale dei termini che seguono è estraneo alla serie «cercare, essere stimato, abbracciare, desiderare, eliminare, portare»?**

A) eliminare
B) abbracciare
C) essere stimato
D) cercare

50 **Quale di questi elementi è estraneo alla serie «riflettere, proteggere, rosticciere, ridere, muovere»?**

A) riflettere
B) ridere
C) rosticciere
D) muovere

51 **Quale di questi elementi è estraneo alla serie «mancante, dormiente, votante, anticamente, recante»?**

A) dormiente
B) mancante
C) anticamente
D) recante

52 **Quale di questi elementi è estraneo alla serie «spruzzare, disegnare, tagliare, elementare, adorare»?**

A) disegnare
B) elementare
C) adorare
D) spruzzare

53 **Quale dei termini che seguono è estraneo alla serie «portai, caddi, giungerai, chiesi, venni, domandai»?**

A) caddi
B) portai
C) venni
D) giungerai

54 **Quale di questi elementi è estraneo alla serie «pentirsi, vergognarsi, pettinare, sbrigarsi, arrabbiarsi, accorgersi»?**

A) pettinare
B) arrabbiarsi
C) accorgersi
D) pentirsi

55 **Quale, tra le seguenti coppie di termini, si presenta logicamente diversa dalla serie «semplice/complicato - precisione/disordine - splendente/luminoso - gentilezza/scortesia»?**

A) splendente/luminoso
B) semplice/complicato
C) gentilezza/scortesia
D) precisione/disordine

56 **Quale di questi elementi è estraneo alla serie «ignorare, paventare, cucire, mare, urlare»?**

A) cucire
B) ignorare
C) mare
D) urlare

57 **Quale dei termini che seguono è estraneo alla serie «avrai, odierai, amai, sospetterai, pulirai, cadrai»?**

A) sospetterai
B) amai
C) odierai
D) cadrai

58 **Quale di questi elementi è estraneo alla serie «unire, alzare, sporcare, guardarsi, scrivere, affondare»?**

A) guardarsi
B) unire
C) sporcare
D) scrivere

59 **Quale di questi elementi è estraneo alla serie «parlante, contenente, serpente, proveniente, avente»?**

A) parlante
B) serpente
C) proveniente
D) contenente

60 **Quale di questi elementi è estraneo alla serie «pretendere, proteggere, rigattiere, piangere, muovere»?**

A) proteggere
B) piangere
C) rigattiere
D) pretendere

61 **Quale dei termini che seguono è estraneo alla serie «indire, essere desiderato, scacciare, ignorare, cercare, prendere»?**

A) essere desiderato
B) prendere
C) ignorare
D) scacciare

62 **Indicare quale dei seguenti gruppi di termini va eliminato perché disomogeneo rispetto agli altri:**

A) elefante-gli elefanti-le elefantesse
B) braccio-i bracci-le braccia
C) direttore-i direttori-le direttrici
D) finanziatore-i finanziatori-le finanziatrici

63 **Indicare quale dei seguenti gruppi di termini va eliminato perché disomogeneo rispetto agli altri:**

A) barone-i baroni-le baronesse
B) avvocato-gli avvocati-le avvocatesse
C) profeta-i profeti-le profetesse
D) budello-i budelli-le budella

64 **Indicare quale dei seguenti gruppi di termini va eliminato perché disomogeneo rispetto agli altri:**

A) autore-gli autori-le autrici
B) benefattore-i benefattori-le benefattrici
C) cervello-i cervelli-le cervella
D) contadino-i contadini-le contadine

65 **Indicare quale dei seguenti gruppi di termini va eliminato perché disomogeneo rispetto agli altri:**

A) nonno-i nonni-le nonne
B) ciglio-i cigli-le ciglia
C) pattinatore-i pattinatori-le pattinatrici
D) oratore-gli oratori-le oratrici

66 Indicare quale dei seguenti gruppi di termini va eliminato perché disomogeneo rispetto agli altri:

A) corno-i corni-le corna
B) debitore-i debitori-le debitrici
C) cugino-i cugini-le cugine
D) attore-gli attori-le attrici

67 Indicare quale dei seguenti gruppi di termini va eliminato perché disomogeneo rispetto agli altri:

A) soldato-i soldati-le soldatesse
B) viaggiatore-i viaggiatori-le viaggiatrici
C) pittore-i pittori-le pittrici
D) cuoio-i cuoi-le cuoia

68 Indicare quale dei seguenti gruppi di termini va eliminato perché disomogeneo rispetto agli altri:

A) fuso-i fusi-le fusa
B) lettore-i lettori-le lettrici
C) peccatore-i peccatori-le peccatrici
D) maestro-i maestri-le maestre

69 Indicare quale dei seguenti gruppi di termini va eliminato perché disomogeneo rispetto agli altri:

A) lavoratore-i lavoratori-le lavoratrici
B) poeta-i poeti-le poetesse
C) giocatore-i giocatori- le giocatrici
D) filo-i fili-le fila

70 Indicare quale dei seguenti gruppi di termini va eliminato perché disomogeneo rispetto agli altri:

A) fondamento-i fondamenti-le fondamenta
B) ragazzo-i ragazzi-le ragazze
C) promotore-i promotori-le promotrici
D) sacerdote-i sacerdoti-le sacerdotessa

71 Indicare quale dei seguenti gruppi di termini va eliminato perché disomogeneo rispetto agli altri:

A) gesto-i gesti-le gesta
B) visitatore-i visitatori-le visitatrici
C) duca-i duchi-le duchesse
D) presidente-i presidenti-le presidentesse

72 Indicare quale dei seguenti gruppi di termini va eliminato perché disomogeneo rispetto agli altri:

A) grido-i gridi-le grida
B) dittatore-i dittatori-le dittatrici
C) salvatore-i salvatori-le salvatrici
D) professore-i professori-le professoresse

73 Indicare quale dei seguenti gruppi di termini va eliminato perché disomogeneo rispetto agli altri:

A) labbro-i labbri-le labbra
B) sarto-i sarti-le sarte
C) produttore-i produttori-le produttrici
D) sciatore-gli sciatori-le sciatrici

74 Indicare quale delle seguenti coppie di termini presenta caratteristiche di disomogeneità rispetto alle altre:

A) abate-badessa
B) lupo-lupa
C) fanciullo-fanciulla
D) figlio-figlia

75 Indicare quale delle seguenti coppie di termini presenta caratteristiche di disomogeneità rispetto alle altre:

A) fratello-sorella
B) bimbo-bimba
C) destinatario-destinataria
D) studente-studentessa

76 Indicare quale delle seguenti coppie di termini presenta caratteristiche di disomogeneità rispetto alle altre:

A) papà-mamma
B) fotografo-fotografa
C) ragazzo-ragazza
D) cercatore-cercatrice

77 Indicare quale delle seguenti coppie di termini presenta caratteristiche di disomogeneità rispetto alle altre:

A) prete-suora
B) coltivatore-coltivatrice
C) allievo-allieva
D) servo-serva

78 **Indicare quale delle seguenti coppie di termini presenta caratteristiche di disomogeneità rispetto alle altre:**

A) amico-amica
B) cugino-cugina
C) alunno-alunna
D) maschio-femmina

79 **Indicare quale delle seguenti coppie di termini presenta caratteristiche di disomogeneità rispetto alle altre:**

A) signore-signora
B) ricercatore-ricercatrice
C) genero-nuora
D) attore-attrice

80 **Indicare quale delle seguenti coppie di termini presenta caratteristiche di disomogeneità rispetto alle altre:**

A) sciatore-sciatrice
B) scrittore-scrittrice
C) celibe-nubile
D) dottore-dottoressa

81 **Indicare quale delle seguenti coppie di termini presenta caratteristiche di disomogeneità rispetto alle altre:**

A) soldato-soldatessa
B) becco-capra
C) lavoratore-lavoratrice
D) barone-baronessa

82 **Indicare quale delle seguenti coppie di termini presenta caratteristiche di disomogeneità rispetto alle altre:**

A) gatto-gatta
B) poeta-poetessa
C) bue-mucca
D) avvocato-avvocatessa

83 **Indicare quale delle seguenti coppie di termini presenta caratteristiche di disomogeneità rispetto alle altre:**

A) lupo-lupa
B) cameriere-cameriera
C) commesso-commessa
D) montone-pecora

84 **Individuare il rapporto anomalo:**

A) leone - ruggito
B) elefante - bramito
C) rondine - garrito
D) pecora - belato

85 **Individuare il rapporto anomalo:**

A) commercialista - onorario
B) cronista - articolo
C) ortopedico - ingessatura
D) pittore - dipinto

86 **Indicare l'alternativa da scartare:**

A) libraio
B) commercialista
C) architetto
D) notaio

87 **Indicare la parola da scartare:**

A) caloroso
B) affabile
C) felice
D) amabile

88 **Indicare la parola da scartare:**

A) medico
B) avvocato
C) architetto
D) geometra

89 **Scartare l'intruso:**

A) credulone
B) incremento
C) credenza
D) incredibile

90 **Indicare l'alternativa da scartare:**

A) colibrì
B) pipistrello
C) cervo volante
D) cavallo

91 **Indicare l'alternativa da scartare:**

A) infradito
B) calzare
C) ballerina
D) stivale

92 **Indicare l'alternativa da scartare:**

A) sibillino
B) palese
C) perspicuo
D) evidente

93 **Indicare l'alternativa da scartare:**

A) litorale
B) litigare
C) logorare
D) lusingare

94 **Individuare l'alternativa da scartare:**

A) scultura
B) musica
C) arte
D) teatro

95 **Individuare l'alternativa da scartare:**

A) cattivo
B) friabile
C) vivace
D) festa

96 **Individuare l'alternativa da scartare:**

A) lo
B) affinché
C) ma
D) e

97 **Indicare la parola incoerente:**

A) affabilità
B) generosità
C) cortesia
D) bellezza

98 **Quale delle seguenti parole NON ha a che fare con le altre?**

A) topo
B) pitone
C) balena
D) foca

99 **Individuare quale fra i seguenti termini NON è omogeneo con i rimanenti:**

A) astrolabio
B) asteroide
C) astrazione
D) astrologia

100 **Indicare l'alternativa da scartare:**

A) patente
B) palmare
C) palese
D) parossistico

101 **Indicare l'alternativa da scartare:**

A) mal di gola
B) tosse
C) termometro
D) ipertermia

102 **Quale dei seguenti vocaboli appartiene a una categoria differente rispetto agli altri?**

A) articolo
B) preposizione
C) verbo
D) coniugazione

103 **Individuare le parola da scartare:**

A) violino
B) organo
C) arpa
D) contrabbasso

104 **Indicare l'alternativa da scartare:**

A) pantheon
B) pinacoteca
C) esposizione
D) galleria

105 **Indicare l'alternativa da scartare:**

A) sempre
B) morbido
C) alloglotto
D) sempiterno

106 **Indicare l'alternativa da scartare:**

A) sineddoche
B) rima
C) metonimia
D) allegoria

107 **Individuare l'alternativa da scartare:**

A) impavido
B) pauroso
C) vile
D) vigliacco

108 **Indicare la parola da scartare:**

A) campanile
B) faro
C) traforo
D) minareto

109 **Individuare l'alternativa da scartare:**

A) armonioso
B) sfavillante
C) abbagliante
D) splendente

110 **Individuare l'alternativa da scartare:**

A) mago
B) stregone
C) chierico
D) sciamano

Soluzioni

1 **Risposta esatta:** D

Il verbo «rifuggire» richiama da un punto di vista logico i verbi «detestare, abominare, odiare, disprezzare». Le altre soluzioni prospettate richiamano situazioni opposte.

2 **Risposta esatta:** C

«Intraprendere» è sinonimo di «apprestarsi, prepararsi, disporsi, cominciare».

3 **Risposta esatta:** C

Sagacia è sinonimo di «accortezza, intuito, giudizio, astuzia». Le altre soluzioni prospettate hanno significato opposto.

4 **Risposta esatta:** C

Accortezza è sinonimo di «finezza, scaltrezza, ingegnosità, destrezza». Le altre soluzioni prospettate hanno significato opposto.

5 **Risposta esatta:** C

Scaltrezza è sinonimo di «avvedutezza, perizia, oculatezza, discernimento».

6 **Risposta esatta:** A

Malignità rientra nella serie proposta («asprezza, acidità, cattiveria, odio») perché richiama sensazioni negative. Le altre soluzioni proposte non sono attinenti.

7 **Risposta esatta:** C

Passività è sinonimo di tutte le altre parole che costituiscono la serie pigrizia, indolenza, inerzia, torpore, abulia.

8 **Risposta esatta:** A

Impassibile è sinonimo di tutte le altre parole che formano la serie passivo, indifferente, noncurante, insensibile.

9 **Risposta esatta:** B

Apporre è sinonimo di tutte le parole appartenenti alla serie «mettere, sistemare, aggiungere, applicare».

10 **Risposta esatta:** A

Acume è sinonimo di tutte le parole che costituiscono la serie «perspicacia, finezza, sottigliezza, sagacia».

11 **Risposta esatta:** D

Infecondo è sinonimo di tutte le altre parole della serie (spoglio, brullo, desolato, sterile).

12 **Risposta esatta:** B

Arrogante è sinonimo di tutte le altre parole della serie (prepotente, superbo, altezzoso, altero).

13 **Risposta esatta:** C

Coesione è sinonimo di tutte le altre parole della serie (unione, confessione, accordo, adesione).

14 **Risposta esatta:** B

Connessione è sinonimo di tutte le altre parole che compongono la serie (congiunzione, collegamento, relazione, unione).

15 **Risposta esatta:** C

Coerenza è sinonimo di tutte le altre parole che compongono la serie (congruenza , conformità, consequenzialità).

16 **Risposta esatta:** A

Cambiando l'accento, da acuto a grave, sulla stessa sillaba si hanno due parole di significato differente.

17 **Risposta esatta:** A

Cambiando l'accento, da acuto a grave, sulla stessa sillaba si hanno due parole di significato differente.

18 **Risposta esatta:** D

Cambiando l'accento, da acuto a grave, sulla stessa sillaba si hanno due parole di significato differente.

19 **Risposta esatta:** D

Cambiando l'accento, da acuto a grave, sulla stessa sillaba si hanno due parole di significato differente.

20 **Risposta esatta:** D

Cambiando l'accento, da acuto a grave, sulla stessa sillaba si hanno due parole di significato differente.

21 **Risposta esatta:** B

Cambiando l'accento, da acuto a grave, sulla stessa sillaba si hanno due parole di significato differente.

22 **Risposta esatta:** A

Cambiando genere, cambia il significato della parola.

23 **Risposta esatta:** D

Cambiando genere, cambia il significato della parola.

24 **Risposta esatta:** C

Cambiando genere, cambia il significato della parola.

25 **Risposta esatta:** D

Cambiando genere, cambia il significato della parola.

26 **Risposta esatta:** D

Cambiando genere, cambia il significato della parola.

27 **Risposta esatta:** D

Cambiando genere, cambia il significato della parola.

28 **Risposta esatta:** C

Cambiando genere, cambia il significato della parola.

29 **Risposta esatta:** C

Cambiando genere, cambia il significato della parola.

30 **Risposta esatta:** A

Cambiando genere, cambia il significato della parola.

31 **Risposta esatta:** D

Cambiando genere, cambia il significato della parola.

32 **Risposta esatta:** A

Cambiando genere, cambia il significato della parola.

33 **Risposta esatta:** C

Cambiando genere, cambia il significato della parola.

34 **Risposta esatta:** C

Acquamarina/acquemarine è l'unica coppia di vocaboli in cui il plurale è corretto.

35 **Risposta esatta:** C

Saltimbanco/saltimbanchi è l'unica coppia di vocaboli in cui il plurale è corretto.

36 **Risposta esatta:** C

Girasole/girasoli è l'unica coppia di vocaboli in cui il plurale è corretto.

37 **Risposta esatta:** C

Biancospino/biancospini è l'unica coppia di vocaboli in cui il plurale è corretto.

38 **Risposta esatta:** A

Bassorilievo/bassorilievi è l'unica coppia di vocaboli in cui il plurale è corretto.

39 **Risposta esatta:** A

Cassapanca/cassapanche è l'unica coppia di vocaboli in cui il plurale è corretto.

40 **Risposta esatta:** A

Pianoforte/pianoforti è l'unica coppia di vocaboli in cui il plurale è corretto.

41 **Risposta esatta:** C

Onestà, perché, giacché, potè sono tutte parole tronche, ossia hanno l'accento sull'ultima sillaba.

42 **Risposta esatta:** A

Si tratta di una serie di parole che hanno l'accento sull'ultima lettera.

43 **Risposta esatta:** D

Si tratta di una serie di parole che hanno l'accento sull'ultima lettera.

44 **Risposta esatta:** B

Si tratta di una serie di parole che hanno l'accento sull'ultima lettera.

45 **Risposta esatta:** D

Si tratta di una serie di parole che hanno l'accento sull'ultima lettera.

46 **Risposta esatta:** B

Si tratta di una serie di parole che hanno l'accento sull'ultima sillaba.

47 Risposta esatta: A

Si tratta di una serie di parole che hanno l'accento sull'ultima sillaba.

48 Risposta esatta: D

Si tratta di una serie di parole che hanno l'accento sull'ultima sillaba.

49 Risposta esatta: C

Essere stimato è l'unico verbo a essere declinato al passivo.

50 Risposta esatta: C

Rosticciere è l'unico sostantivo.

51 Risposta esatta: C

Anticamente è l'unico avverbio.

52 Risposta esatta: B

Elementare è l'unico aggettivo.

53 Risposta esatta: D

Si tratta dell'unico verbo coniugato in seconda persona.

54 Risposta esatta: A

Si tratta dell'unico verbo non riflessivo.

55 Risposta esatta: A

Splendente/luminoso è l'unica coppia di termini sinonimi.

56 Risposta esatta: C

Mare è l'unico sostantivo.

57 Risposta esatta: B

Amai è l'unico verbo coniugato in prima persona.

58 Risposta esatta: A

Guardarsi è l'unico verbo riflessivo tra le parole che compongono la serie.

59 Risposta esatta: B

Serpente è l'unico sostantivo tra i termini che compongono la serie.

60 Risposta esatta: C

Rigattiere è l'unico sostantivo tra i termini che compongono la serie.

61 Risposta esatta: A

Essere desiderato è l'unico verbo coniugato in forma passiva, ovvero che esprime un'azione subita dal soggetto.

62 Risposta esatta: B

È l'unico gruppo in cui la seconda e terza parola non sono il plurale maschile e femminile della prima, ma sono due termini di significato diverso.

63 Risposta esatta: D

È l'unico gruppo in cui la seconda e terza parola non sono il plurale maschile e femminile della prima, ma sono due termini di significato diverso.

64 Risposta esatta: C

È l'unico gruppo in cui la seconda e terza parola non sono il plurale maschile e femminile della prima, ma sono due termini di significato diverso.

65 Risposta esatta: B

È l'unico gruppo in cui la seconda e terza parola non sono il plurale maschile e femminile della prima, ma sono due termini di significato diverso.

66 Risposta esatta: A

È l'unico gruppo in cui la seconda e terza parola non sono il plurale maschile e femminile della prima, ma sono due termini di significato diverso.

67 Risposta esatta: D

È l'unico gruppo in cui la seconda e terza parola non sono il plurale maschile e femminile della prima, ma sono due termini di significato diverso.

68 Risposta esatta: A

È l'unico gruppo in cui la seconda e terza parola non sono il plurale maschile e femminile della prima, ma sono due termini di significato diverso.

69 Risposta esatta: D

Si tratta dell'unico gruppo che non rispetta la sequenza singolare maschile - plurale maschile - plurale femminile, perché l'ultimo termine ha un significato diverso rispetto ai primi due.

70 **Risposta esatta:** A

Si tratta dell'unico gruppo che non rispetta la sequenza singolare maschile - plurale maschile - plurale femminile, perché l'ultimo termine ha un significato diverso rispetto ai primi due.

71 **Risposta esatta:** A

Si tratta dell'unico gruppo che non rispetta la sequenza singolare maschile - plurale maschile - plurale femminile, perché l'ultimo termine ha un significato diverso rispetto ai primi due.

72 **Risposta esatta:** A

Si tratta dell'unico gruppo che non rispetta la sequenza singolare maschile - plurale maschile - plurale femminile, perché l'ultimo termine ha un significato diverso rispetto ai primi due.

73 **Risposta esatta:** A

Si tratta dell'unico gruppo che non rispetta la sequenza singolare maschile - plurale maschile - plurale femminile, perché gli ultimi due termini hanno significato diverso.

74 **Risposta esatta:** A

Tra quelle proposte, soltanto l'opzione abate-badessa presenta caratteristiche di disomogeneità.

75 **Risposta esatta:** A

L'opzione fratello-sorella presenta caratteristiche di disomogeneità perché sorella *non* è il femminile di fratello.

76 **Risposta esatta:** A

Tra quelle proposte, soltanto l'opzione papà-mamma presenta caratteristiche di disomogeneità.

77 **Risposta esatta:** A

Tra quelle proposte, soltanto l'opzione prete-suora presenta caratteristiche di disomogeneità.

78 **Risposta esatta:** D

Tra quelle proposte, soltanto l'opzione maschio-femmina presenta caratteristiche di disomogeneità.

79 **Risposta esatta:** C

Tra quelle proposte, soltanto l'opzione genero-nuora presenta caratteristiche di disomogeneità.

80 **Risposta esatta:** C

Tra quelle proposte, soltanto l'opzione celibe-nubile presenta caratteristiche di disomogeneità.

81 **Risposta esatta:** B

Tra quelle proposte, soltanto l'opzione becco-capra presenta caratteristiche di disomogeneità.

82 **Risposta esatta:** C

Tra quelle proposte, soltanto l'opzione bue-mucca presenta caratteristiche di disomogeneità, in quanto cambiando il genere le parole non conservano la stessa radice.

83 **Risposta esatta:** D

Tra quelle proposte, soltanto l'opzione montone-pecora presenta caratteristiche di disomogeneità, in quanto cambiando il genere le parole non conservano la stessa radice.

84 **Risposta esatta:** B

Tra i termini proposti, il rapporto anomalo è sicuramente costituito dal binomio elefante-bramito, in quanto il bramito è il verso del cervo, mentre il barrito è il verso dell'elefante.

85 **Risposta esatta:** A

Tra i termini proposti, il rapporto anomalo è sicuramente costituito dal binomio commercialista-onorario, la cui specializzazione non è l'onorario bensì la compilazione della dichiarazione dei redditi.

86 **Risposta esatta:** A

Libraio è, tra quelle indicate, l'unica professione che non richiede la laurea.

87 **Risposta esatta:** C

Felice è l'unico aggettivo che non è sinonimo degli altri.

88 **Risposta esatta:** D

Geometra è, tra quelle indicate, l'unica professione che non richiede la laurea.

89 **Risposta esatta:** B

Incremento è l'unico termine che non attiene al credere.

90 **Risposta esatta:** D

Cavallo è l'unico animale tra quelli indicati che non ha ali.

91 Risposta esatta: B

Il calzare non è un tipo di scarpa attualmente in uso.

92 Risposta esatta: A

Sibillino è l'unico aggettivo che non è sinonimo degli altri.

93 Risposta esatta: A

Litorale è l'unico termine che non è un verbo.

94 Risposta esatta: C

Arte è un termine generico rispetto agli altri.

95 Risposta esatta: D

È l'unico termine che non è un aggettivo.

96 Risposta esatta: A

Lo è l'unico termine tra quelli proposti che non è una congiunzione.

97 Risposta esatta: D

È l'unico termine che non è sinonimo degli altri.

98 Risposta esatta: B

È l'unico animale che non è un mammifero.

99 Risposta esatta: C

Solo astrazione non attiene all'astronomia.

100 Risposta esatta: D

Parossistico è l'unico aggettivo che non è sinonimo di evidente.

101 Risposta esatta: C

Solo termometro non è una malattia.

102 Risposta esatta: D

Solo coniugazione non è una parte del discorso.

103 Risposta esatta: B

Organo non è uno strumento a corda.

104 Risposta esatta: A

Pantheon non è un luogo di esposizione.

105 Risposta esatta: A

Sempre non è un aggettivo.

106 Risposta esatta: B

Rima non è una figura retorica.

107 Risposta esatta: A

Impavido significa «coraggioso» e quindi non è un sinonimo degli altri termini.

108 Risposta esatta: C

Traforo non è una costruzione verticale.

109 Risposta esatta: A

Armonioso può significare che produce armonia, o ben proporzionato nelle sue parti. Il termine non è, quindi, un sinonimo degli altri.

110 Risposta esatta: C

Fra le quattro, il chierico è l'unico soggetto cui non si attribuiscono poteri magici.

5
Termini e frasi da completare

In questa categoria sono raggruppate varie tipologie di domande, come ad esempio:

— **completamento di termini:** sono domande tese a verificare la padronanza lessicale e grammaticale del candidato. In taluni casi vengono presentate due parole in cui la sillaba da inserire rappresenta l'ultima di una parola e la prima dell'altra. Sono quiz da classificare tendenzialmente tra i *quiz semplici*, per i quali è possibile individuare la soluzione alla prima lettura. È essenziale la velocità di risoluzione, congiunta al possesso di un lessico variegato;

— **quiz di tipo enigmistico:** sono quiz che si avvicinano molto all'enigmistica, proponendo giochi con parole quali *scarti di lettere*, *aggiunta di sillabe*, prefissi o suffissi, cambi o aggiunta di lettere al fine di formare altre parole di senso compiuto. Anche in questo caso è possibile la risoluzione dei quiz in tempi brevissimi, tenuto conto della loro semplicità;

— **completamento di frasi o brani:** in questa categoria rientrano domande che hanno una caratteristica differente rispetto a quelle di ragionamento critico-verbale (che vedremo più avanti). Infatti non viene richiesto necessariamente o esclusivamente di interpretare una frase (o un brano), bensì di inserire parole che possano darne un senso compiuto oppure la forma grammaticale corretta.

Esempio n. 1
Individuare i gruppi letterali che, inseriti in sequenza, consentano di dare senso compiuto alle parole indicate:

IRRI(...)BILE - RACC(...)DARE - DRAM(...)RGIA.

A) (DUCI) - (OMAN) - (ATMU)
B) (DUCI) - (MAON) - (MATU)
C) (DUCI) - (ONAM) - (MATU)
D) (DUCI) - (OMAN) - (MATU)

La sequenza prescelta permette di ottenere: **IRRIDUCIBILE**, **RACCOMANDARE**, **DRAMMATURGIA**.
Risposta esatta: **D**.

Esempio n. 2
Scartando quale lettera dal vocabolo "*specchio*" è possibile trasformarlo in un altro di senso compiuto?

A) scartando la *h*
B) scartando la *i*
C) scartando la *s*
D) scartando la *p*

Infatti, da *specchio* si arriva a ***secchio***. Risposta esatta: **D**.

Esempio n. 3
Completare correttamente la frase seguente: «Gianluca si è (...) una piccola ferita (...) utilizzando in modo (...) l'arnese».

A) causato / profonda / scorretto
B) procurato / superficiale / improprio
C) cagionato / lacero-contusa / opportuno
D) consumato / delirante / sbagliato

Il quesito chiede di inserire le parole corrette all'interno della frase, per cui si tratta di un test volto ad accertare la conoscenza linguistica. Per giungere velocemente alla soluzione bisogna selezionare le parole che abbiano maggiore attinenza all'interno del testo, individuando, nel contempo, le alternative che dovranno essere sicuramente scartate. L'opzione **D**, ad esempio, è certamente sbagliata perché suggerisce di inserire come prima parola *consumato* in riferimento a una ferita, senza contare che associa alla parola *ferita* il termine *delirante*, anche questo inappropriato. L'alternativa **C** potrebbe pure offrire giusta collocazione ai termini *cagionato* e *lacero-contusa*, ma comprende anche il termine *opportuno*, in forza del quale viene a decadere il senso della frase (non ci si dovrebbe procurare una ferita utilizzando opportunamente un oggetto). Infine, l'alternativa **A** darebbe luogo a una frase antitetica: «Gianluca si è *causato* una piccola ferita *profonda*...». Risposta esatta: **B**.

Esempio n. 4
Completare correttamente la frase seguente: «Ti direi di venire a cena a casa mia (......)».

A) se solo avrei qualcosa in frigorifero
B) se solo avrei avuto qualcosa in frigorifero
C) se solo non avrei qualcosa in frigorifero
D) se solo avessi qualcosa in frigorifero

A differenza dell'esempio precedente, dove era necessaria anche l'interpretazione del brano, in questo quiz bisogna individuare il corretto utilizzo del congiuntivo in luogo di forme sintatticamente e grammaticalmente sbagliate, stabilendo l'uso esatto delle forme di coordinazione tra i modi verbali in considerazione delle regole della *consecutio temporum*. Pertanto, le opzioni **A**, **B**, **C** sono palesemente da scartare. Risposta esatta: **D**.

Test di verifica

1 **Quale dei seguenti termini, sostituito ai puntini, forma parole di senso compiuto? SCIAR(...) - (...)GIO.**

A) PA
B) MA
C) PRE
D) ADA

2 **Quale dei seguenti termini, sostituito ai puntini, forma parole di senso compiuto? INSI(...) - (...)NZI.**

A) STE
B) DIA
C) GNE
D) PRA

3 **Quale dei seguenti termini, sostituito ai puntini, forma parole di senso compiuto? ECOT(...) - (...)TECA.**

A) ESTRO
B) PARA
C) IPO
D) OPO

4 **Quale dei seguenti termini, sostituito ai puntini, forma parole di senso compiuto? CAN(...) - (...)VERSO.**

A) ARIO
B) ESTRO
C) CAPO
D) PARA

5 **Quale dei seguenti termini, sostituito ai puntini, forma parole di senso compiuto? BIOT(...) - (...)GEO.**

A) PARA
B) IPO
C) ESTRO
D) ECA

6 **Quale dei seguenti termini, sostituito ai puntini, forma parole di senso compiuto? SEQU(...) - (...)METTERE.**

A) ARIO
B) ESTRO
C) PARA
D) DIS

7 **Quale dei seguenti termini, sostituito ai puntini, forma parole di senso compiuto? MA(...) - (...)ZIONE.**

A) PARA
B) ARIO
C) AREA
D) ESTRA

8 **Quale delle seguenti parole conserva senso compiuto se preceduta dalle lettere F, G, M, P, T?**

A) atto
B) orto
C) astro
D) ala

9 **Quale delle seguenti parole conserva senso compiuto se preceduta dalle lettere C, M, N, P?**

A) atrio
B) iva
C) Anna
D) Alma

10 **Quale delle seguenti parole conserva senso compiuto se preceduta dalle lettere P, F, G, B, M?**

A) evo
B) esca
C) orto
D) atto

11 **Quale delle seguenti parole conserva senso compiuto se preceduta dalle lettere C, M, S, T, V ?**

A) asta
B) anta
C) isso
D) antro

12 **Quale delle seguenti parole conserva senso compiuto se preceduta dalle lettere B, M, P, S, T?**

A) aia
B) estro
C) asso
D) ecco

13 **Quale delle seguenti parole conserva senso compiuto se preceduta dalle lettere F, G, M, P, R ?**

A) otto
B) atto
C) anta
D) essa

14 **Quale delle seguenti parole conserva senso compiuto se preceduta dalle lettere G, M, P, R, T ?**

A) azza
B) asta
C) ante
D) arto

15 **Quale delle seguenti parole conserva senso compiuto se preceduta dalle lettere B, C, D, L, R, S?**

A) iva
B) ora
C) otto
D) alto

16 **Quale delle seguenti parole conserva senso compiuto se preceduta dalle lettere L, P, S, T, V ?**

A) avo
B) acca
C) odo
D) ardo

17 **Quale delle seguenti parole conserva senso compiuto se preceduta dalle lettere B, P, R, T, V ?**

A) ara
B) ello
C) avo
D) ira

18 **Quale delle seguenti parole conserva senso compiuto se preceduta dalle lettere L, M, P, V?**

A) evo
B) ago
C) osso
D) asso

19 **Quale termine, anteposto ai seguenti, forma vocaboli di senso compiuto? «BOLA-CADUTE-CARRO»**

A) PROTO
B) PIRO
C) PRE
D) PARA

20 **Quale termine, anteposto ai seguenti, forma vocaboli di senso compiuto? «DIGMA-DISO-DOSSO»**

A) EXTRA
B) PIRO
C) PROTO
D) PARA

21 **Quale termine, anteposto ai seguenti, forma vocaboli di senso compiuto? «LOPE-MAFIA-MONIO»**

A) INTER
B) ANTI
C) PIRO
D) PARA

22 **Quale termine, anteposto ai seguenti, forma vocaboli di senso compiuto? «FANGO-FFINA-FRASI»**

A) EPI
B) PARA
C) PIRO
D) PROTO

23 **Quale termine, anteposto ai seguenti, forma vocaboli di senso compiuto? «NOMIA-GENE-QUARIO»**

A) ANTI
B) PARA
C) ENDO
D) PIRO

24 **Quale termine, anteposto ai seguenti, forma vocaboli di senso compiuto? «SETTICO-SPASTICO-STANTE»**

A) PIRO
B) PARA
C) PERI
D) ANTI

25 **Quale termine, anteposto ai seguenti, forma vocaboli di senso compiuto? «GONE-GRAFO-LISI»**

A) PARA
B) PROTO
C) PERO
D) ULTRA

26 **Quale termine, anteposto ai seguenti, forma vocaboli di senso compiuto? «LLASSE-MENTO-NCO»**

A) PIRO
B) INTRA
C) PROTO
D) PARA

27 **Quale termine, anteposto ai seguenti, forma vocaboli di senso compiuto? «CIPO-CORPO-CRESI»**

A) ANTI
B) PARA
C) PIRO
D) EXTRA

28 **Quale termine, anteposto ai seguenti, forma vocaboli di senso compiuto? «FONA-FURTO-GENE»**

A) INTER
B) PIRO
C) PARA
D) ANTI

29 **Completare la frase seguente con l'aggettivo più appropriato: «nel giardino fiorito il profumo dei gelsomini era...».**

A) ispido
B) penetrante
C) roseo
D) lucente

30 **Completare la frase seguente con l'aggettivo più appropriato: «il panorama che vi si godeva era molto esteso e...».**

A) vario
B) limitato
C) remissivo
D) confinato

31 **Completare la frase seguente con l'aggettivo più appropriato: «combatterono una guerra devastante e...».**

A) flemmatica
B) rinnovante
C) fratricida
D) pittoresca

32 **Completare la frase seguente con l'aggettivo più appropriato: «ho guadagni limitati ma...».**

A) pazienti
B) disonesti
C) onesti
D) dissoluti

33 **Tra le alternative proposte, scegliere quella che completa correttamente la frase: «verremo a casa tua appena ... gli esercizi di inglese».**

A) avremo finito
B) finissimo
C) avessimo finito
D) finimmo

34 **Tra le alternative proposte, scegliere quella che completa correttamente la frase: «il professor Gardini parte sempre dalla convinzione che ...».**

A) nessuno lo ascolti
B) tutti gli alunni avrebbero stati entusiasti della sua lezione
C) oggi tutti lo contestassero sempre
D) nessuno lo sarebbe ascoltato

35 **Tra le alternative proposte, scegliere quella che completa correttamente la frase: «nonostante fosse davvero stanchissimo, Giovanni non ... d'animo e arrivò in fondo alla maratona».**

A) si ebbe perso
B) si perderebbe
C) si perse
D) si perdesse

36 **Tra le alternative proposte, scegliere quella che completa correttamente la frase: «anche ammesso che Carlo lo ... a fin di bene, tuttavia quest'azione è ingiustificabile!»**

A) abbia fatto
B) avrebbe fatto
C) facette
D) aveva fatto

37 **Tra le alternative proposte, scegliere quella che completa correttamente la frase: «non saresti attaccabile da nessuno...».**

A) se fai sempre del tuo meglio
B) se avresti fatto sempre del tuo meglio
C) se faresti sempre del tuo meglio
D) se facessi sempre del tuo meglio

38 **Tra le alternative proposte, scegliere quella che completa correttamente la frase: «nonostante Piero ..., non perde occasione per dimostrare la sua maturità».**

A) avrebbe avuto solo quindici anni
B) avrebbe solo quindici anni
C) avesse solo quindici anni
D) abbia solo quindici anni

39 **Tra le alternative proposte, scegliere quella che completa correttamente la frase: «il signor Gino, bibliotecario del paese, ci aveva assicurato ...».**

A) che la biblioteca fosse aperta alle 14
B) che la biblioteca fosse stata aperta alle 14
C) che la biblioteca sarebbe stata aperta alle 14
D) che la biblioteca avrebbe stata aperta alle 14

40 **Scegliere tra le alternative proposte quella che completa correttamente la seguente frase: «Ti chiederei di uscire con me...».**

A) se non saprei che sei già fidanzato
B) anche se non sapessi che fossi fidanzato
C) se non sapessi che sei già fidanzato
D) se non avrei saputo che sei già fidanzato

41 **Scegliere tra le alternative proposte quella che completa correttamente la seguente frase: «Ho prenotato le vacanze per la prossima settimana e quindi...».**

A) spero tanto che abbia fatto caldo
B) spero tanto che faccia caldo
C) spero tanto che farebbe caldo
D) sperassi che fosse caldo

42 **Scegliere tra le alternative proposte quella che completa correttamente la seguente frase: «Ti direi di venire a cena a casa mia...».**

A) se solo avrei qualcosa in frigorifero
B) se solo avrei avuto qualcosa in frigorifero
C) se solo non avrei qualcosa in frigorifero
D) se solo avessi qualcosa in frigorifero

43 **Scegliere tra le alternative proposte quella che completa correttamente la seguente frase: «Ti avrei accompagnato volentieri...».**

A) se solo sapessi guidare
B) se avrei la patente
C) se solo avrei saputo guidare
D) se solo saprei guidare

44 **Tra le alternative proposte, scegliere quella che completa correttamente la frase: «non appena ... la nonna che urlava a squarciagola, Diego corse immediatamente in suo aiuto».**

A) sentisse
B) avrebbe sentito
C) ebbe sentito
D) avrà sentito

45 **Tra le alternative proposte, scegliere quella che completa correttamente la frase: «se avessi il libro di geografia, ... molto volentieri la lezione, ma purtroppo l'ho lasciato a scuola».**

A) avessi studiato
B) studierei
C) avrei avuto studiato
D) studiassi

46 **Tra le alternative proposte, scegliere quella che completa correttamente la frase: «Gianni, è inutile che ... di sviare il discorso, dobbiamo affrontare questo problema!».**

A) avresti cercato
B) cercavi
C) avrai cercato
D) cerchi

47 **Tra le alternative proposte, scegliere quella che completa correttamente la frase: «non ... la tua festa per nulla al mondo; ci saremo sicuramente!».**

A) perdessimo
B) avessimo perso
C) perdettimo
D) perderemmo

48 **Tra le alternative proposte, scegliere quella che completa correttamente la frase: «saremmo molto contenti se qualcuno di voi ... alle nostre domande».**

A) avrebbe risposto
B) rispondeva
C) risponderebbe
D) rispondesse

49 **Tra le alternative proposte, scegliere quella che completa correttamente la frase: «credo che nessuno dei presenti ... in grado di tenere testa a Elio».**

A) ebbe
B) avrebbe stato
C) ebbe stato
D) sarebbe stato

50 **Quali dei seguenti gruppi sillabici devono essere inseriti in sequenza perché le parole che seguono abbiano senso compiuto? PSIC(...)MACO - VACC(...) IONE - FRAN(...)UTTI**

A) (OFAR) - (INAZ) - (GIFL)
B) (OFAR) - (INAZ) - (IFGL)
C) (OFAR) - (NAIZ) - (GIFL)
D) (OFAR) - (INNA) - (GIFF)

51 **Quali dei seguenti gruppi sillabici devono essere inseriti in sequenza perché le parole che seguono abbiano senso compiuto? PSIC(...)ISMO - VULC(...) ZARE - FRAN(...)VANO**

A) (OLOG) - (ANIZ) - (TUMA)
B) (OLOG) - (NIAZ) - (TAMU)
C) (OLOG) - (ANIZ) - (UMTA)
D) (OLOG) - (NIAZ) - (TUMA)

52 **Quali dei seguenti gruppi sillabici devono essere inseriti in sequenza perché le parole che seguono abbiano senso compiuto? PSIC(...)APIA - VULC(...) OGIA - DISI(...)NATO**

A) (OTER) - (ANOL) - (NPEG)
B) (OTER) - (ANOL) - (MPEG)
C) (OTER) - (NOAL) - (MPEG)
D) (OTER) - (ANOL) - (PEMG)

53 **Quali dei seguenti gruppi sillabici devono essere inseriti in sequenza perché le parole che seguono abbiano senso compiuto? ABB(...)NARE - GUA(...) NARE - PSI(...)ATIA**

A) (ACI) - (DAG) - (OCP)
B) (ACI) - (DAG) - (COP)
C) (ACI) - (ADG) - (COP)
D) (ACI) - (DAN) - (OCP)

54 **Quali dei seguenti gruppi sillabici devono essere inseriti in sequenza perché le parole che seguono abbiano senso compiuto? ABB(...)ANTE - GUA(...) ROBA - QUA(...)TURA**

A) (OND) - (DAR) - (DRA)
B) (OND) - (RDA) - (DRA)

C) (OND) - (RDA) - (RDA)
D) (OND) - (DRA) - (DRA)

55 Quali dei seguenti gruppi sillabici devono essere inseriti in sequenza perché le parole che seguono abbiano senso compiuto? ADD(...)TARE - HIN(...)LAND - QUA(...)GLIA

A) (EBI) - (TER) - (DRI)
B) (EBI) - (TRE) - (RDI)
C) (EBI) - (ETR) - (DRI)
D) (EBI) - (TER) - (RDI)

56 Quali dei seguenti gruppi sillabici devono essere inseriti in sequenza perché le parole che seguono abbiano senso compiuto? AFF(...)UOSO - HON(...)EGNO - QUA(...)MANE

A) (ETT) - (DUR) - (DRU)
B) (ETT) - (UDR) - (DRU)
C) (ETT) - (DUR) - (RUD)
D) (ETT) - (DUR) - (RDU)

57 Quali dei seguenti gruppi sillabici devono essere inseriti in sequenza perché le parole che seguono abbiano senso compiuto? AFF(...)BILE - INC(...)RARE - QUA(...)PEDE

A) (IDA) - (ATT) - (DRU)
B) (IDA) - (AST) - (DRU)
C) (IDA) - (AST) - (RDU)
D) (IDA) - (ATS) - (DRU)

58 Quali dei seguenti gruppi sillabici devono essere inseriti in sequenza perché le parole che seguono abbiano senso compiuto? AUT(...)INDO - NER(...)ISMO - QUO(...)IANO

A) (OBL) - (SOV) - (TID)
B) (OBL) - (VSO) - (TID)
C) (OBL) - (VOS) - (TID)
D) (OBL) - (VOS) - (ITD)

59 Quali dei seguenti gruppi sillabici devono essere inseriti in sequenza perché le parole che seguono abbiano senso compiuto? BAB(...)NESI - IRA(...)BILE - RAC(...)DARE

A) (ILO) - (SCI) - (OCR)
B) (ILO) - (CSI) - (COR)
C) (OLI) - (SCI) - (COR)
D) (ILO) - (SCI) - (COR)

60 Quale dei seguenti termini, sostituito ai puntini, forma parole di senso compiuto? SENT(...) - (...)TTIVO.

A) ORE
B) INA
C) ITO
D) ENZA

61 Quale dei seguenti termini, sostituito ai puntini, forma parole di senso compiuto? INVI(...) - (...)RIA.

A) SU
B) TRA
C) STA
D) DIA

62 Quale delle seguenti sillabe, inserita al posto dei puntini in «de...nizione - arti...ciale - suf...ciente», consente la formazione di termini di senso compiuto?

A) mi
B) fi
C) ce
D) pi

63 Quale delle seguenti sillabe, inserita al posto dei puntini in «car...gione - sangui...re - gior...ta», consente la formazione di termini di senso compiuto?

A) le
B) co
C) na
D) te

64 Tra le alternative proposte, scegliere quella che completa correttamente la frase: «tutti i presenti si chiedevano chi ... quella bella ragazza».

A) fosse
B) sarebbe stata
C) sarà
D) sarebbe

65 **Scegliere tra le alternative proposte quella che completa correttamente la seguente frase: «Ti direi che hai una magnifica cravatta...».**

A) se solo saprei mentire
B) se solo avessi mentito
C) se solo sapessi mentire
D) se solo avrei saputo mentire

66 **Scegliere tra le alternative proposte quella che completa correttamente la seguente frase: «Spero che il tempo...».**

A) cambierebbe
B) avesse cambiato
C) cambiasse
D) cambi

67 **Scegliere tra le alternative proposte quella che completa correttamente la seguente frase: «Amando l'estate, spero solo che l'inverno...».**

A) avesse finito presto
B) finirebbe presto
C) non finirebbe mai
D) finisca presto

68 **Tra le alternative proposte, scegliere quella che completa correttamente la frase: «avresti avuto degli ottimi risultati se ti ... in modo più continuativo».**

A) saresti impegnato
B) fossi impegnato
C) sarai impegnato
D) impegneresti

69 **Tra le alternative proposte, scegliere quella che completa correttamente la frase: «nemmeno se Alberto fosse l'ultimo ragazzo sulla faccia della terra ... con lui».**

A) fossi uscita
B) uscissi
C) sarei dovuta uscire
D) uscirei

70 **Tra le alternative proposte, scegliere quella che completa correttamente la frase: «Fabio, vorremmo che questo pomeriggio tu fossi educato e ... con i bambini dei Rossi».**

A) avessi giocato
B) giocherai
C) avresti giocato
D) giocassi

71 **Completare correttamente la seguente frase (tratta da A. Cechov, *Reparto numero* 6) scegliendo l'aggettivo adeguato tra quelli proposti: «L'impiantito è grezzo e ... di schegge. Domina un tanfo di cavoli acidi, di bruciaticcio di stoppini, di cimici e di ammoniaca; ed è un tanfo che in un primo momento produce su di voi un'impressione, come se entraste in un serraglio».**

A) eretto
B) irto
C) irsuto
D) erto

72 **Completare correttamente la seguente frase (tratta da A. Cechov, *Reparto numero* 6) scegliendo il sostantivo adeguato tra quelli proposti: «Con la facciata anteriore il padiglione guarda all'ospedale, con quella posteriore alla campagna, da cui lo separa il grigio recinto dell'ospedale, irto di ... ».**

A) fuliggine
B) muschio
C) neve
D) chiodi

73 **Completare correttamente la seguente frase (tratta da A. Cechov, *Reparto numero* 6) scegliendo il sostantivo adeguato tra quelli proposti: «Qui le pareti sono tinte d'un sudicio azzurro, e il soffitto è annerito come in una di quelle ... fumicose: ciò che fa intendere che qui dentro, l'inverno, le stufe fanno fumo, e l'atmosfera si fa asfissiante».**

A) isobare
B) alture
C) risme
D) isbe

74 **Completetare correttamente la seguente frase (tratta da A. Cechov, *Reparto numero 6*) scegliendo il termine adeguato tra quelli proposti: «Costui ha un viso aspro e segaligno, con certe ciglia aggrondate che lo fanno rassomigliare a un cane da pastore delle steppe, e il naso ben rosso; è di statura piuttosto piccola, magrolino e nervoso in apparenza, ma ha un portamento che si ... , e due pugni ben saldi».**

A) suppone
B) appone
C) propone
D) impone

75 **Completare correttamente la seguente frase (tratta da A. Cechov, *Reparto numero 6*) scegliendo il sostantivo adeguato tra quelli proposti: «Egli appartiene al ... di quegli uomini ingenui, positivi, disciplinati e ottusi, la principale passione dei quali è che tutto sia in regola, e quindi sono convinti di esser tenuti a picchiare».**

A) novennale
B) nuvolo
C) novilunio
D) novero

76 **«Un uomo intelligente costretto a vivere insieme a degli sciocchi assomiglia a colui che ha un ... che va bene in una ... le cui ... hanno tutti orologi che vanno male. Lui solo sa l'ora giusta: ma a che gli serve? Tutta la gente si regola secondo gli orologi cittadini sbagliati, persino coloro i quali sanno che soltanto il suo orologio indica l'ora vera» (Arthur Schopenhauer). Quale dei gruppi di termini proposti in sequenza integra, nell'ordine, le parole omesse?**

A) orologio/torre/navi
B) orologio/città/montagne
C) orologio/città/torri
D) cervello/città/torri

77 **«Consideriamo inoltre una gran cosa l'indipendenza dai bisogni, non perché ci si debba accontentare del ..., ma per ... anche di questo poco se ci capita di non avere molto, convinti come siamo che l'abbondanza si gode con più dolcezza se meno da essa dipendiamo. In fondo ciò che veramente serve non è difficile da trovare; l'inutile è invece difficile. I sapori semplici danno lo stesso piacere dei più raffinati, l'acqua e un pezzo di ... fanno il piacere più pieno a chi ne manca» (Epicuro). Quale dei gruppi di termini proposti in sequenza integra, nell'ordine, le parole omesse?**

A) poco/godere/muro
B) troppo/godere/pane
C) poco/godere/pane
D) poco/soffrire/pane

78 **«Noi rifiutiamo ogni legislazione, autorità e influenza privilegiata, ufficiale e legale anche se uscita dal ... universale, convinti che essa non potrà non andare a vantaggio di una minoranza dominante e sfruttatrice, contro gli interessi dell'immensa ... asservita. Ecco in che senso siamo veramente ...» (Bakunin, *Dio e lo stato*). Quale dei gruppi di termini proposti in sequenza integra, nell'ordine, le parole omesse?**

A) suffragio/inferiorità/ordinati
B) suffragio/maggioranza/anarchici
C) presagio/maggioranza/anarchici
D) naufragio/maggioranza/disciplinati

79 **«Poiché secondo Adam Smith non è una società felice quella in cui la maggioranza soffre, e poiché lo stadio di massima ricchezza di una società conduce a questa sofferenza della ..., ed è l'economia politica (e in genere, la società dell'interesse privato) che conduce a questo stadio di massima ..., il risultato finale dell'economia politica è dunque l'... della società» (K. Marx). Quale dei gruppi di termini proposti in sequenza integra, nell'ordine, le parole omesse?**

A) maggioranza/povertà/infelicità
B) maggioranza/ricchezza/allegria
C) minoranza/ricchezza/infelicità
D) maggioranza/ricchezza/infelicità

80 **«La ... di ciascuno trascorre tutta fra il volere e l'ottenere. Il desiderio per sua natura è dolore, la soddisfazione genera ben presto saturazione: la meta era solo apparente. Il possesso toglie ogni interesse: il desiderio, il bisogno ricompare sotto nuova forma; dove non succede, subentrano lo squallore, il vuoto, la ..., che da combattere sono altrettanto ... come il bisogno» (Schopenhauer). Quale dei gruppi di termini proposti in sequenza integra, nell'ordine, le parole omesse?**

A) vita/noia/agevoli
B) morte/noia/tormentosi
C) vita/felicità/tormentosi
D) vita/noia/tormentosi

81 **«Il tale diceva che noi venendo in questa vita, siamo come chi si ... in un letto duro e ..., che sentendovisi star male, non vi può stare quieto, e però si rivolge cento volte da ogni parte, e procura in vari modi di ..., ammollire ecc. il letto, cercando pur sempre e sperando di avervi e riposare e prender sonno, finché senz'aver dormito né riposato vien l'ora di alzarsi» (Leopardi). Quale dei gruppi di termini proposti in sequenza integra, nell'ordine, le parole omesse?**

A) corica/incomodo/indurire
B) corica/soffice/appianare
C) corica/incomodo/appianare
D) evita/incomodo/appianare

82 **«Della lotteria, nessuno ha mai segnalato l'aspetto di "oppio della miseria". Non è forse vero che essa crea speranze magiche? Il giro di ... che fa sognare ai giocatori montagne d'... e di godimenti, non dura che lo spazio di un ...: la lotteria fa in modo che questo lampo duri per cinque giorni. Ebbene, qual è il fatto sociale che riesca a donare, con quaranta soldi appena, cinque giorni di gioia, consegnandovi idealmente tutte le fortune del mondo?» (H. de Balzac). Quale dei gruppi di termini proposti in sequenza integra, nell'ordine, le parole omesse?**

A) roulette/odio/lampo
B) roulette/oro/secolo
C) roulette/oro/lampo
D) boa/oro/lampo

83 **«Le superpotenze si comportano un po' come due ..., armati fino ai ..., che si aggirano cautamente dentro una stanza: ognuno crede che l'altro ci veda benissimo, e che da un momento all'altro lo ... Ognuna delle due parti dovrebbe sapere che l'incertezza, il compromesso, l'incoerenza sono spesso la vera essenza della politica; eppure ognuna di esse tende a credere che l'altra sia dotata di fermezza di propositi, preveggenza, coerenza politica, che pure sono nettamente smentite dall'esperienza» (Henry Kissinger). Quale dei gruppi di termini proposti in sequenza integra, nell'ordine, le parole omesse?**

A) sordi/denti/ammazzerà
B) ciechi/piedi/ammazzerà
C) ciechi/denti/amerà
D) ciechi/denti/ammazzerà

84 **«... è il numero della Trinità, tre furono gli Angeli che visitarono Abramo, i giorni che Giona passò nel ventre del gran pesce, quelli che Gesù e Lazzaro trascorsero nel sepolcro; le volte che Cristo chiese al Padre che il calice ... si allontanasse da lui, quelle che si appartò a pregare con gli Apostoli. Tre volte lo rinnegò Pietro e tre volte si manifestò ai suoi dopo la ...» (U. Eco, *Il nome della rosa*). Quale dei gruppi di termini proposti in sequenza integra, nell'ordine, le parole omesse?**

A) Tre/amaro/risurrezione
B) Tre/dolce/risurrezione
C) Tre/amaro/nascita
D) Trenta/amaro/risurrezione

85 **Quale lettera deve essere scartata dal vocabolo «corolla» per trasformarlo in un altro vocabolo di senso compiuto?**

A) la lettera r
B) la lettera c
C) la prima lettera l
D) la prima lettera o

86 **Quale lettera deve essere scartata dal vocabolo «cestello» per trasformarlo in un altro vocabolo di senso compiuto?**

A) la lettera t
B) la lettera s
C) la lettera e
D) la lettera l

87 **Quale lettera deve essere scartata dal vocabolo «pollo» per trasformarlo in un altro vocabolo di senso compiuto?**

A) la lettera l
B) la lettera p
C) la lettera o
D) non è possibile trasformare il vocabolo dato in altro di senso compiuto

88 **Quale lettera deve essere scartata dal vocabolo «tarme» per trasformarlo in un altro vocabolo di senso compiuto?**

A) la lettera m
B) la lettera r
C) la lettera a
D) la lettera e

89 **Quale lettera deve essere scartata dal vocabolo «trotto» per trasformarlo in un altro vocabolo di senso compiuto?**

A) non è possibile trasformare il vocabolo dato in altro di senso compiuto
B) la lettera r
C) la prima lettera o
D) la prima lettera t

90 **Quale lettera deve essere scartata dal vocabolo «ramato» per trasformarlo in un altro vocabolo di senso compiuto?**

A) la lettera o
B) la lettera r
C) la lettera m
D) la lettera a

91 **Scartando quale lettera dal vocabolo «infetto» è possibile trasformarlo in altro di senso compiuto?**

A) scartando la lettera t
B) scartando la lettera n
C) scartando la lettera f
D) scartando la lettera i

92 **Scartando quale lettera dal vocabolo «meditazione» è possibile trasformarlo in altro di senso compiuto?**

A) scartando la lettera t
B) scartando la lettera d
C) scartando la lettera e
D) scartando la lettera o

93 **Scartando quale lettera dal vocabolo «veneto» è possibile trasformarlo in altro di senso compiuto?**

A) scartando la lettera t
B) scartando la seconda lettera e
C) scartando la lettera v
D) non è possibile trasformare il vocabolo dato in altro di senso compiuto

94 **Scartando quale lettera dal vocabolo «attracco» è possibile trasformarlo in altro di senso compiuto?**

A) scartando la lettera r
B) scartando la lettera c
C) scartando la lettera t
D) scartando la lettera a

95 **Scartando quale lettera dal vocabolo «barocco» è possibile trasformarlo in altro di senso compiuto?**
A) scartando la lettera c
B) scartando la lettera a
C) non è possibile trasformare il vocabolo dato in altro di senso compiuto
D) scartando la lettera b

96 **Scartando quale lettera dal vocabolo «patatine» è possibile trasformarlo in altro di senso compiuto?**
A) scartando la lettera p
B) non è possibile trasformare il vocabolo dato in altro di senso compiuto
C) scartando la seconda lettera a
D) scartando la lettera n

97 **Scartando quale lettera dal vocabolo «rimborso» è possibile trasformarlo in altro di senso compiuto?**
A) scartando la lettera b
B) scartando la lettera o
C) scartando la lettera i
D) scartando la lettera s

98 **Scartando quale lettera dal vocabolo «valevole» è possibile trasformarlo in altro di senso compiuto?**
A) scartando la prima lettera e
B) scartando la prima lettera l
C) scartando la lettera o
D) scartando la lettera a

99 **Scartando quale lettera dal vocabolo «afflitto» è possibile trasformarlo in altro di senso compiuto?**
A) non è possibile trasformare il vocabolo dato in altro di senso compiuto
B) scartando la lettera l
C) scartando la lettera t
D) scartando la lettera f

100 **Scartando quale lettera dal vocabolo «cassa» è possibile trasformarlo in altro di senso compiuto?**
A) scartando la lettera c
B) scartando la lettera a
C) non è possibile trasformare il vocabolo dato in altro di senso compiuto
D) scartando la lettera s

101 **Scartando quale lettera dal vocabolo «barriere» è possibile trasformarlo in altro di senso compiuto?**
A) scartando la prima lettera e
B) scartando la lettera i
C) scartando la lettera a
D) scartando la prima lettera r

102 **Scartando quale lettera dal vocabolo «venatura» è possibile trasformarlo in altro di senso compiuto?**
A) scartando la lettera u
B) scartando la prima lettera a
C) scartando la lettera n
D) scartando la lettera r

103 **Scartando quale lettera dal vocabolo «saetta» è possibile trasformarlo in altro di senso compiuto?**
A) scartando la prima lettera t
B) scartando la prima lettera a
C) scartando la lettera e
D) scartando la lettera s

104 **Scartando quale lettera dal vocabolo «inesistente» è possibile trasformarlo in altro di senso compiuto?**
A) scartando la prima lettera n
B) scartando la prima lettera i
C) scartando la prima lettera e
D) scartando la seconda lettera t

105 **Scartando quale lettera dal vocabolo «castello» è possibile trasformarlo in altro di senso compiuto?**
A) scartando la lettera a
B) scartando la lettera l
C) scartando la lettera t
D) scartando la lettera c

106 **Scartando quale lettera dal vocabolo «specchio» è possibile trasformarlo in altro di senso compiuto?**
A) scartando la lettera s
B) scartando la lettera h

C) scartando la lettera i
D) scartando la lettera p

107 **Scartando quale lettera dal vocabolo «crampo» è possibile trasformarlo in altro di senso compiuto?**

A) a
B) r
C) p
D) o

108 **Scartando quale lettera dal vocabolo «mandorla» è possibile trasformarlo in altro di senso compiuto?**

A) o
B) a
C) r
D) d

109 **«In una società alienata il modo in cui la gente esprime la propria volontà non è affatto diverso da quello della loro scelta nell'acquisto delle merci. La gente ascolta i ... della propaganda e i fatti significano poco in confronto al chiasso suggestionante che la martella. In effetti il funzionamento della macchina politica in un paese democratico non differisce sostanzialmente dalla procedura del mercato delle ... I partiti politici non sono troppo diversi dalle grandi aziende commerciali e i politici di professione cercano di ... la loro merce al pubblico» (E. Fromm). Quale dei gruppi di termini proposti in sequenza integra, nell'ordine, le parole omesse?**

A) tamburi/parole/regalare
B) filoni/pulci/vendere
C) filoni/illusioni/piazzare
D) tamburi/merci/vendere

110 **Quali dei seguenti gruppi sillabici devono essere inseriti in sequenza perché le parole che seguono abbiano senso compiuto? PRAN(...)APIA - UTIL(...) ISTA - ERBO(...)ERIA**

A) (OTER) - (ITAR) - (RIST)
B) (OTER) - (LITA) - (RIST)
C) (OTER) - (ITAR) - (ISRT)
D) (OTER) - (TAIR) - (RIST)

111 **Quali dei seguenti gruppi sillabici devono essere inseriti in sequenza perché le parole che seguono abbiano senso compiuto? PSIC(...)LICA - UTIL(...) BILE - EURO(...)TATO**

A) (HEDE) - (IZZA) - (DEPU)
B) (HEDE) - (ZZIA) - (DEPU)
C) (HEDE) - (IZZA) - (EPDU)
D) (HEDE) - (LIZZ) - (DEPU)

112 **Quali dei seguenti gruppi sillabici devono essere inseriti in sequenza perché le parole che seguono abbiano senso compiuto? PSIC(...)LISI - UTIL(...) VANO - EVAP(...)IONE**

A) (OANA) - (IZZA) - (ORAZ)
B) (OANA) - (ZZIA) - (ORAZ)
C) (OANA) - (IZZA) - (RAOZ)
D) (OANA) - (IZZA) - (RAZZ)

113 **Completare la frase seguente con l'aggettivo adeguato: «Sofia non si sentiva bene, era molto pallida e ...».**

A) longanime
B) sgargiante
C) smorta
D) dissoluta

114 **Completare la frase seguente con l'aggettivo adeguato: «il mio vicino di casa non si può certo definire una persona simpatica: è irascibile e ...».**

A) scontroso
B) affabile
C) lungimirante
D) estroverso

115 **Completare la frase seguente con l'aggettivo più appropriato: «spirava un vento ... e pungente».**

A) acuminato
B) arioso
C) freddo
D) luminoso

116 **«Questa è un'epoca commemorativa. La quantità di denaro che si impiega per commemorare cose accadute è enorme. Lo stesso ..., se fosse stato impiegato a suo tempo per le stesse cose, avrebbe forse mutato il corso della... La stessa creazione dell'..., se il buon dio avesse potuto disporre del denaro investito nei film biblici, sarebbe riuscita, penso, più chiara e ordinata» (Ennio Flaiano). Quale dei gruppi di termini proposti in sequenza integra, nell'ordine, le parole omesse?**

A) denaro/moneta/anno
B) tempo/biologia/universo
C) denaro/filosofia/universo
D) denaro/storia/universo

Soluzioni

1 Risposta esatta: D

SciarADA-ADAgio.

2 Risposta esatta: B

InsiDIA-DIAnzi.

3 Risposta esatta: C

EcotIPO-IPOteca.

4 Risposta esatta: B

CanESTRO-ESTROverso.

5 Risposta esatta: B

BiotIPO-IPOgeo.

6 Risposta esatta: B

SequESTRO-ESTROmettere.

7 Risposta esatta: D

MaESTRA-ESTRAzione.

8 Risposta esatta: A

La parola «atto» preceduta dalle lettere F, G, M, P, T, rende le cinque parole di senso compiuto: fatto, gatto, matto, patto, tatto.

9 Risposta esatta: C

La parola «Anna» preceduta dalle lettere C, M, N, P, rende le quattro parole di senso compiuto: canna, manna, nanna, panna.

10 Risposta esatta: D

La parola «atto» preceduta dalle lettere P, F,G, B, M, rende le cinque parole di senso compiuto: patto, fatto, gatto, batto, matto.

11 Risposta esatta: B

La parola «anta» preceduta dalle lettere C, M, S, T, V, rende le cinque parole di senso compiuto: canta, manta, santa, tanta, vanta.

12 Risposta esatta: C

La parola «asso» preceduta dalle lettere B, M, P, S, T, rende le cinque parole di senso compiuto: basso, masso, passo, sasso, tasso.

13 Risposta esatta: B

La parola «atto» preceduta dalle lettere F, G, M, P, R, rende le cinque parole di senso compiuto: fatto, gatto, matto, patto, ratto.

14 Risposta esatta: A

La parola «azza» preceduta dalle lettere G, M, P, R, T, rende le cinque parole di senso compiuto: gazza, mazza, pazza, razza, tazza.

15 Risposta esatta: C

La parola «otto» preceduta dalle lettere B, C, D, L, R, S, rende le sei parole di senso compiuto: botto, cotto, dotto, lotto, rotto, sotto.

16 Risposta esatta: B

La parola «acca» preceduta dalle lettere L, P, S, T, V rende le cinque parole di senso compiuto: lacca, pacca, sacca, tacca, vacca.

17 Risposta esatta: A

La parola «ara» preceduta dalle lettere B, P, R, T, V, rende le cinque parole di senso compiuto: bara, para, rara, tara, vara.

18 Risposta esatta: B

La parola «ago» preceduta dalle lettere L, M, P, V, rende le quattro parole di senso compiuto: lago, mago, pago, vago.

19 Risposta esatta: D

La parola «para» anteposta ai termini dati forma vocaboli di senso compiuto: parabola, paracadute, paracarro.

20 Risposta esatta: D

La parola «para» anteposta ai termini dati forma vocaboli di senso compiuto: paradigma, paradiso, paradosso.

21 Risposta esatta: B

La parola «anti» anteposta ai termini dati forma vocaboli di senso compiuto: antilope, antimafia, antimonio.

22 Risposta esatta: B

La parola «para» anteposta ai termini dati forma vocaboli di senso compiuto: parafango, paraffina, parafrasi.

23 Risposta esatta: A

La parola «anti» anteposta ai termini dati forma vocaboli di senso compiuto: antinomia, antigene, antiquario.

24 Risposta esatta: D

La parola «anti» anteposta ai termini dati forma vocaboli di senso compiuto: antisettico, antispastico, antistante.

25 Risposta esatta: A

La parola «para» anteposta ai termini dati forma vocaboli di senso compiuto: paragone, paragrafo, paralisi.

26 Risposta esatta: D

La parola «para» anteposta ai termini dati forma vocaboli di senso compiuto: parallasse, paramento, paranco.

27 Risposta esatta: A

La parola «anti» anteposta ai termini dati forma vocaboli di senso compiuto: anticipo, anticorpo, anticresi.

28 Risposta esatta: D

La parola «anti» anteposta ai termini dati forma vocaboli di senso compiuto: antifona, antifurto, antigene.

29 Risposta esatta: B

È l'unico aggettivo associabile al profumo dei gelsomini.

30 Risposta esatta: A

È l'unico aggettivo che al contempo non altera il senso della frase e si associa all'altro aggettivo che lo precede nella frase «esteso».

31 Risposta esatta: C

Nessun altro aggettivo proposto in alternativa può essere associato a guerra e all'altro aggettivo compreso nella frase (ovvero «devastante»).

32 Risposta esatta: C

È l'unico aggettivo tra quelli proposti in alternativa che dà un senso compiuto alla frase.

33 Risposta esatta: A

Tra quelle proposte, soltanto l'opzione «avremo finito» garantisce una corretta concordanza verbale.

34 Risposta esatta: A

L'opzione «nessuno lo ascolti» è l'unica a garantire una concordanza verbale corretta e un significato compiuto alla frase.

35 Risposta esatta: C

«si perse» è l'opzione giusta in riferimento sia al tempo verbale sia alla persona singolare (Giovanni).

36 Risposta esatta: A

Tra quelle proposte, soltanto l'opzione «abbia fatto» garantisce una corretta concordanza verbale.

37 Risposta esatta: D

L'opzione «se facessi sempre del tuo meglio» è l'unica a garantire una concordanza verbale corretta.

38 Risposta esatta: D

Tra quelle proposte, soltanto l'opzione «abbia solo quindici anni» garantisce una corretta concordanza verbale.

39 Risposta esatta: C

L'opzione «che la biblioteca sarebbe stata aperta alle 14» è l'unica a garantire una concordanza verbale corretta.

40 Risposta esatta: C

Tra quelle proposte, soltanto l'opzione «se non sapessi che sei già fidanzato» garantisce una corretta concordanza verbale.

41 Risposta esatta: B

L'opzione «spero tanto che faccia caldo» è l'unica a garantire una concordanza verbale corretta e un significato compiuto alla frase.

42 Risposta esatta: D

Tra quelle proposte, soltanto l'opzione «se solo avessi qualcosa in frigorifero» garantisce una corretta concordanza verbale.

43 Risposta esatta: A

L'opzione «se solo sapessi guidare» è l'unica a garantire una concordanza verbale corretta e un significato compiuto alla frase.

44 Risposta esatta: C

L'opzione «ebbe sentito» è l'unica a garantire la giusta concordanza temporale.

45 Risposta esatta: B

Tra quelle proposte, soltanto l'opzione «studierei» garantisce una corretta concordanza verbale.

46 Risposta esatta: D

L'opzione «cerchi» è l'unica a garantire la giusta concordanza temporale.

47 Risposta esatta: D

L'opzione «perderemmo» è l'unica a garantire la giusta concordanza temporale.

48 Risposta esatta: D

L'opzione «rispondesse» è l'unica a garantire la giusta concordanza temporale.

49 Risposta esatta: D

Tra quelle proposte, soltanto l'opzione «sarebbe stato» garantisce una corretta concordanza verbale.

50 Risposta esatta: A

I gruppi sillabici indicati sono gli unici che consentono di ottenere tre parole di senso compiuto: PSICOFARMACO - VACCINAZIONE - FRANGIFLUTTI.

51 Risposta esatta: A

I gruppi sillabici indicati sono gli unici che consentono di ottenere tre parole di senso compiuto: PSICOLOGISMO - VULCANIZZARE - FRANTUMAVANO.

52 Risposta esatta: B

I gruppi sillabici indicati sono gli unici che consentono di ottenere tre parole di senso compiuto: PSICOTERAPIA - VULCANOLOGIA - DISIMPEGNATO.

53 Risposta esatta: B

I gruppi sillabici indicati sono gli unici che consentono di ottenere tre parole di senso compiuto: ABBACINARE - GUADAGNARE - PSICOPATIA.

54 Risposta esatta: B

I gruppi sillabici indicati sono gli unici che consentono di ottenere tre parole di senso compiuto: ABBONDANTE - GUARDAROBA - QUADRATURA.

55 Risposta esatta: A

I gruppi sillabici indicati sono gli unici che consentono di ottenere tre parole di senso compiuto: ADDEBITARE - HINTERLAND - QUADRIGLIA.

56 Risposta esatta: A

I gruppi sillabici indicati sono gli unici che consentono di ottenere tre parole di senso compiuto: AFFETTUOSO - HONDUREGNO - QUADRUMANE.

57 Risposta esatta: B

I gruppi sillabici indicati sono gli unici che consentono di ottenere tre parole di senso compiuto: AFFIDABILE - INCASTRARE - QUADRUPEDE.

58 Risposta esatta: C

I gruppi sillabici indicati sono gli unici che consentono di ottenere tre parole di senso compiuto: AUTOBLINDO - NERVOSISMO - QUOTIDIANO.

59 Risposta esatta: D

I gruppi sillabici indicati sono gli unici che consentono di ottenere tre parole di senso compiuto: BABILONESI - IRASCIBILE - RACCORDARE.

60 Risposta esatta: B

Il termine indicato è l'unico che, sostituito ai puntini, permette di ottenere due parole di senso compiuto: sentINA - INAttivo.

61 Risposta esatta: D

Il termine indicato è l'unico che, sostituito ai puntini, permette di ottenere due parole di senso compiuto: inviDIA - DIAria.

62 Risposta esatta: B

La sillaba indicata è l'unica che, sostituita ai puntini, permette di ottenere tre parole di senso compiuto: definizione - artificiale - sufficiente.

63 Risposta esatta: C

La sillaba indicata è l'unica che, sostituita ai puntini, permette di ottenere tre parole di senso compiuto: carnagione - sanguinare - giornata.

64 Risposta esatta: A

Tra quelle proposte, soltanto l'opzione «fosse» garantisce una corretta concordanza verbale.

65 **Risposta esatta: C**

L'opzione «se solo sapessi mentire» è l'unica a garantire una concordanza verbale corretta.

66 **Risposta esatta: D**

L'opzione «cambi» è l'unica a garantire una concordanza verbale corretta.

67 **Risposta esatta: D**

L'opzione «finisca presto» è l'unica a garantire una concordanza verbale corretta e un significato compiuto alla frase.

68 **Risposta esatta: B**

L'opzione «fossi impegnato» è l'unica a garantire la giusta concordanza temporale.

69 **Risposta esatta: D**

Tra quelle proposte, soltanto l'opzione «uscirei» garantisce una corretta concordanza verbale.

70 **Risposta esatta: D**

Tra quelle proposte, soltanto l'opzione «giocassi» garantisce una corretta concordanza verbale.

71 **Risposta esatta: B**

Qui «irto» è usato in senso figurato.

72 **Risposta esatta: D**

73 **Risposta esatta: D**

La «isba» è la tipica casa rurale della steppa russa, costruita interamente in legno e riscaldata da una grande stufa.

74 **Risposta esatta: D**

Forma riflessiva del verbo «imporre», si dice di persona o cosa che «si fa valere», «si fa notare».

75 **Risposta esatta: D**

Sinonimo di numero, cerchia, gruppo, categoria, il «novero» indica un complesso di cose o persone.

76 **Risposta esatta: C**

Tra quelle proposte, soltanto l'opzione «orologio/città/torri» garantisce una corretta comprensione del testo.

77 **Risposta esatta: C**

Tra quelle proposte, soltanto l'opzione «poco/godere/pane» garantisce una corretta comprensione del testo.

78 **Risposta esatta: B**

Tra quelle proposte, soltanto l'opzione «suffragio/maggioranza/anarchici» garantisce una corretta comprensione del testo.

79 **Risposta esatta: D**

Tra quelle proposte, soltanto l'opzione «maggioranza/ricchezza/infelicità» garantisce una corretta comprensione del testo.

80 **Risposta esatta: D**

Tra quelle proposte, soltanto l'opzione «vita/noia/tormentosi» garantisce una corretta comprensione del testo.

81 **Risposta esatta: C**

Tra quelle proposte, soltanto l'opzione «corica/incomodo/appianare» garantisce una corretta comprensione del testo.

82 **Risposta esatta: C**

Tra quelle proposte, soltanto l'opzione «roulette/oro/lampo» garantisce una corretta comprensione del testo.

83 **Risposta esatta: D**

Tra quelle proposte, soltanto l'opzione «ciechi/denti/ammazzerà» garantisce una corretta comprensione del testo.

84 **Risposta esatta: A**

Tra quelle proposte, soltanto l'opzione «Tre/amaro/risurrezione» garantisce una corretta comprensione del testo.

85 **Risposta esatta: D**

Corolla senza la seconda o diventa crolla.

86 **Risposta esatta: A**

Cestello senza la lettera t diventa cesello.

87 **Risposta esatta: A**

Pollo senza la lettera l diventa polo.

88 **Risposta esatta: A**

Tarme senza la lettera t diventa tare.

89 Risposta esatta: D

Trotto senza la prima lettera t diventa rotto.

90 Risposta esatta: B

Ramato senza la lettera r diventa amato.

91 Risposta esatta: C

Infetto senza la lettera f diventa inetto.

92 Risposta esatta: A

Meditazione senza la lettera t diventa mediazione.

93 Risposta esatta: B

Veneto senza la seconda lettera e diventa vento.

94 Risposta esatta: A

Attracco senza la lettera r diventa attacco.

95 Risposta esatta: B

Barocco senza a diventa brocco.

96 Risposta esatta: C

Patatine senza la seconda a diventa pattine.

97 Risposta esatta: A

Rimborso senza la lettera b diventa rimorso.

98 Risposta esatta: A

Valevole senza la lettera e diventa valvole.

99 Risposta esatta: B

Afflitto senza la lettera l diventa affitto.

100 Risposta esatta: D

Cassa senza la lettera s diventa casa.

101 Risposta esatta: A

Barriere senza la prima lettera e diventa barrire.

102 Risposta esatta: B

Venatura senza la prima lettera a diventa ventura.

103 Risposta esatta: B

Saetta senza la prima lettera a diventa setta.

104 Risposta esatta: C

Inesistente senza la prima lettera e diventa insistente.

105 Risposta esatta: C

Castello senza la lettera t diventa casello.

106 Risposta esatta: D

Specchio senza la lettera p diventa secchio.

107 Risposta esatta: B

Crampo senza r diventa campo.

108 Risposta esatta: C

Mandorla senza r diventa mandola (strumento musicale).

109 Risposta esatta: D

Ricostruiamo il brano con le parole mancanti: «In una società alienata il modo in cui la gente esprime la propria volontà non è affatto diverso da quello della loro scelta nell'acquisto delle merci. La gente ascolta i ... tamburi ... della propaganda e i fatti significano poco in confronto al chiasso suggestionante che la martella. In effetti il funzionamento della macchina politica in un paese democratico non differisce sostanzialmente dalla procedura del mercato delle ... merci ... I partiti politici non sono troppo diversi dalle grandi aziende commerciali e i politici di professione cercano di ... vendere ... la loro merce al pubblico» (E. Fromm).

110 Risposta esatta: A

I gruppi sillabici indicati sono gli unici che consentono di ottenere tre parole di senso compiuto: PRANOTERAPIA - UTILITARISTA - ERBORISTERIA.

111 Risposta esatta: A

I gruppi sillabici indicati sono gli unici che consentono di ottenere tre parole di senso compiuto: PSICHEDELICA - UTILIZZABILE - EURODEPUTATO.

112 Risposta esatta: A

I gruppi sillabici indicati sono gli unici che consentono di ottenere tre parole di senso compiuto: PSICOANALISI - UTILIZZAVANO - EVAPORAZIONE.

113 Risposta esatta: C

È l'unico aggettivo che non altera il senso alla frase: «Sofia non si sentiva bene, era molto pallida e smorta».

114 **Risposta esatta: A**

È l'unico aggettivo che non altera il senso alla frase: «il mio vicino di casa non si può certo definire una persona simpatica: è irascibile e scontroso».

115 **Risposta esatta: C**

È l'unico aggettivo adatto a completare la frase: «spirava un vento freddo e pungente».

116 **Risposta esatta: D**

Tra quelle proposte, soltanto l'opzione «denaro/storia/universo» garantisce una corretta comprensione del testo.

6
Analogie verbali

I quiz contenenti *analogie* riportano un nesso tra due oggetti ovvero tra due parole, tali che la relazione intercorrente tra di esse possa essere estesa ad altri elementi. Nei quiz che contengono un'**analogia verbale** (chiamati anche **proporzioni verbali**) bisogna cogliere ciò che accomuna o ciò che differenzia i due elementi.

Il quiz è strutturato, normalmente, come una *proporzione matematica*:

A : B = X : Y

dove A è in relazione con B allo stesso modo in cui X è in relazione con Y.

Ad esempio:

barca **:** mare **=** automobile **:** strada

ossia "barca **sta a** mare **come** automobile **sta a** strada", perché "una barca si muove sul mare come un'automobile su una strada".

Considerandole alla stregua di proporzioni matematiche, è necessario rispettarne le proprietà; ad esempio, è possibile scambiare i medi con gli estremi:

B : A = Y : X

oppure scambiare i medi tra loro: A : X = B : Y

Quiz di questo genere possono prevedere una forma più semplice, in cui vengono forniti tre elementi e si deve ricavare il quarto (**analogie semplici**), oppure una forma più complessa, in cui viene fornita solo una coppia ed è poi necessario individuare la coppia di termini legati dallo stesso criterio (**analogie complesse**).

In ogni caso è necessario individuare quale sia il nesso che leghi in maniera più opportuna i termini della proporzione. Ad esempio, può trattarsi di un nesso relativo al significato delle parole, oppure di un nesso concernente la struttura o la forma dei termini usati nel quiz (parole con *n* lettere, vocaboli che terminano con uno stesso suffisso etc.).

Fra i diversi tipi di analogie che si possono incontrare figurano:

- autore e la sua opera (Manzoni : *I promessi sposi*);
- autore e corrente di appartenenza (Van Gogh : Impressionismo);
- personaggio e suo ideatore (Harry Potter : J.K. Rowling);
- lavoratore e frutto del suo lavoro (liutaio : violino);
- lavoratore e strumento utilizzato (falegname : pialla);
- strumento e oggetto su cui si lavora (martello : chiodo);
- sequenza temporale (prima : dopo);
- causa ed effetto (sonnolenza : sbadiglio);
- grado d'intensità (debole : forte);
- classe e specie (mammiferi : cane);
- relazioni grammaticali (tu : tuo);
- sinonimi (vocabolo : sostantivo);
- contrari (mai : sempre);
- parte del tutto (pecora : gregge);
- sesso (uomo : donna);
- etc.

Esempio n. 1
Rembrandt : Van Gogh = Giotto : ?

A) Picasso
B) Mirò
C) Caravaggio
D) Klee

Per individuare la risposta esatta è necessario determinare il nesso esistente tra i primi due termini, Rembrandt e Van Gogh. Questa relazione dovrà essere poi applicata a Giotto per ricavare la soluzione. Tutti i personaggi citati, anche nelle risposte, sono pittori, quindi non è possibile riferirsi al nesso di professione. Ad accomunarli potrebbe essere, ad esempio, il periodo storico, ma Rembrandt e Van Gogh appartengono a due periodi differenti e nessuna delle risposte si sposerebbe bene con Giotto. Bisogna considerare, invece, che Rembrandt è un pittore olandese proprio come Van Gogh, per cui diventa semplice associare Giotto a **Caravaggio**, basandosi su un nesso di nazionalità. Risposta esatta: **C**

Esempio n. 2
sale : ipertensione = zucchero : ?

A) colesterolo
B) carboidrati
C) ipotiroidismo
D) diabete

Il sale e l'ipertensione sono legati da un nesso di causalità (il sale accentua i sintomi dell'ipertensione), analogamente a ciò che avviene per lo zucchero e il **diabete**. Risposta esatta: **D**

Esempio n. 3
goniometro : angolo = X : Y

A) X = tempo; Y = cronometro
B) X = termometro; Y = gradi
C) X = pantografo; Y = colore
D) X = barometro; Y = pressione

L'esempio proposto consente di mettere in luce un errore assai comune nell'affrontare questa tipologia di esercizi. Capita spesso, infatti, di confondere mezzo e scopo. Il goniometro è lo strumento per misurare un angolo, così come il **barometro** si usa per misurare la **pressione**, dunque l'opzione esatta è la **D**). L'errore comune che si commette in questo caso è quello di individuare la risposta giusta in *termometro* e *gradi*: il termometro serve per misurare la temperatura, che a sua volta è espressa in gradi (Celsius, Kelvin, o Fahrenheit). Se l'analogia fosse stata strumento/unità di misura, come riportato nella risposta **B**), il testo avrebbe dovuto proporre goniometro/gradi. Ulteriore attenzione è da prestare alla risposta **A**): l'abbinamento è corretto (il cronometro è lo strumento che misura il tempo), ma è formalmente sbagliato l'ordine degli elementi (sarebbe dovuto essere: X = cronometro; Y = tempo). Risposta esatta: **D**

Esempio n. 4
X : Cervantes = Živago : Y

A) X = Cirano; Y = Bulgakov
B) X = Don Giovanni; Y = Puskin
C) X = Don Chisciotte; Y = Tolstoj
D) X = Don Chisciotte; Y = Pasternak

Il nesso da ricercare è quello personaggio/autore. Bisogna quindi individuare il personaggio creato da Cervantes (**Don Chisciotte**) e l'autore che invece ha creato il personaggio del Dottor Živago (**Pasternak**). Risposta esatta: **D**

Esempio n. 5
X : grande = poco : Y

A) X = ieri; Y = oggi
B) X = piccolo; Y = molto
C) X = vuoto; Y = pieno
D) X = abbastanza; Y = sufficiente

Dalle alternative proposte si evince che bisogna individuare il contrario delle parole suggerite dal testo: **piccolo** è il contrario di *grande*, come *poco* è il contrario di **molto**. Risposta esatta: **B**

Test di verifica

1 **«..?..» sta a «televisore» come «..?..» sta a «radio»**

A) suoni - video
B) teatri - rumori
C) immagini - suoni
D) parole - lettere

2 **«..?..» sta a «parlare» come «..?..» sta a «sentire»**

A) bocca - orecchio
B) lingua - megafono
C) denti - udire
D) mani - piedi

3 **«sorvolare su un argomento» sta a «glissare» come «attrarre con lusinghe, con promesse» sta a «..?..»**

A) restringere
B) dirimere
C) raffazzonare
D) allettare

4 **«lingua» sta a «gustare» come «naso» sta a «..?..»**

A) lente
B) odorare
C) bocca
D) mettere

5 **«fuoco» sta a «..?..» come «neve» sta a «..?..»**

A) incendio - valanga
B) caldo - montagna
C) caldo - fiocco
D) mare - nave

6 **«perdere tempo senza concludere nulla» sta a «cincischiare» come «camminare a salti come la cavalletta» sta a «..?..»**

A) gracidare
B) recalcitrare
C) capitolare
D) saltabeccare

7 **«bue» sta a «mugghiare» come «..?..» sta a «..?..»**

A) tubare - gallina
B) cane - miagolare
C) cinguettare - passero
D) gufo - gufare

8 **«scopa» sta a «..?..» come «..?..» sta a «imbianchino»**

A) spazzino - pennello
B) raccolta - colore
C) massaia - fai da te
D) hobby - passatempo

9 **«tenere a bada qualcuno tergiversando» sta a «traccheggiare» come «sorvolare su un argomento» sta a «..?..»**

A) glissare
B) compulsare
C) dipanare
D) traslitterare

10 **«ruota» sta a «..?..» come «ala» sta a «..?..»**

A) macina - uccello
B) bicicletta - deltaplano
C) triciclo - volare
D) uomo - bipede

11 **«..?..» sta a «barbiere» come «..?..» sta a «giardiniere»**

A) rasoio - rastrello
B) capelli - piccozza
C) coltello - annaffiatoio
D) fiore - bulbo

12 **«ascia» sta a «..?..» come «cercafase» sta a «..?..»**

A) carpentiere - muratore
B) attrezzo - meccanico
C) boscaiolo - elettricista
D) falegname - infermiere

13 **«..?..» sta a «traghetto» come «cielo» sta a «..?..»**

A) mare - aereo
B) porto - aereo
C) mare - azzurro
D) garage - elicottero

14 **«segretaria» sta a «impiegata» come «..?..» sta a «..?..»**

A) artigiano - falegname
B) metalmeccanico - operaio
C) smaltatore - pescatore
D) medico - ammalato

15 **«essere semplice e mite nell'animo e nei modi» sta a «bonomia» come «rivolgersi a qualcuno animatamente, con tono aspro di rimprovero o sdegno» sta a «..?..»**

A) concionare
B) istoriare
C) edulcorare
D) apostrofare

16 **«occhiali» stanno a «..?..» come «bocchino» sta a «..?..»**

A) occhi - bocca
B) pantofola - guancia
C) lenti - bocca
D) lettura - mangiare

17 **«olio» sta a «..?..» come «..?..» sta a «uva»**

A) giallo - vino
B) oliva - vino
C) pianta - mosto
D) vite - olivo

18 **«nascondere, far apparire diverso da quello che è» sta a «dissimulare» come «raccomandare con calore una proposta, appoggiare, sostenere» sta a «..?..»**

A) discettare
B) lambiccare
C) adulare
D) caldeggiare

19 **«..?..» sta a «castagna» come «mallo» sta a «..?..»**

A) nocciolo - fagiolo
B) frutto - fiore
C) riccio - noce
D) palazzo - quartiere

20 **«fiore» sta a «..?..» come «bozzolo» sta a «..?..»**

A) erba - baco
B) frutto - farfalla
C) pianta - boccia
D) sarcofago - mummia

21 **«afferrare, stringere con forza» sta a «abbrancare» come «offuscare, far perdere vivacità» sta a «..?..»**

A) defenestrare
B) occludere
C) dissertare
D) ottundere

22 **«nocchiero» sta a «..?..» come «pilota» sta a «..?..»**

A) auto - aliante
B) cavallo - macchina
C) imbarcazione - aereo
D) treno - capostazione

23 **«amazzone» sta a «..?..» come «..?..» sta a «toro»**

A) stalliere - torero
B) cavallo - matador
C) brocco - fantino
D) foresta - corrida

24 **«desiderare intensamente, ansiosamente qualcosa» sta a «agognare» come «venire a capo di una faccenda complicata» sta a «..?..»**

A) digradare
B) annichilire
C) dipanare
D) primeggiare

25 **«cingere intorno con movimento avvolgente» sta a «avviticchiare» come «proporre alla discussione» sta a «..?..»**

A) ventilare
B) sciorinare
C) depauperare
D) reclamizzare

26 **«..?..» sta a «ciliegia» come «marrone» sta a «..?..»**

A) fragola - colore
B) rosso - castagna
C) frutto - tronco
D) albero - legno

27 **«non dare l'approvazione per qualcosa» sta a «ricusare» come «mettere in pubblico, raccontare apertamente i fatti» sta a «..?..»**

A) diffamare
B) capitolare
C) riassumere
D) sciorinare

28 **«albero maestro» sta a «..?..» come «albero a camme» sta a «..?..»**

A) mare - macchina
B) nave - pistola
C) veliero - automobile
D) motoscafo - camion

29 **«..?..» sta a «boscaiolo» come «..?..» sta a «elettricista»**

A) foresta - interruttore
B) sega - cacciavite
C) meccanico - cassetto
D) albero - luce

30 **«cercare di sfuggire a una domanda, eludere una questione con sotterfugi e diversivi» sta a «tergiversare» come «strappare con forza, estirpare, staccare» sta a «..?..»**

A) essiccare
B) torturare
C) contristare
D) divellere

31 **«..?..» sta a «pilotina» come «cielo» sta a «..?..»**

A) aereo - porto
B) mare - elicottero
C) motoscafo - aliante
D) velivolo - barca

32 **«..?..» sta a «bosco» come «goccia» sta a «..?..»**

A) albero - mare
B) abete - vaso
C) felce - bicchiere
D) ape - miele

33 **«accomodare, abbellire alla meglio una cosa mal fatta, mal riuscita» sta a «raffazzonare» come «rendere povero, impoverire» sta a «..?..»**

A) blandire
B) emigrare
C) congestionare
D) depauperare

34 **«pavone» sta a «paupulare» come «..?..» sta a «..?..»**

A) mugghiare - mucca
B) barrire - cavallo
C) cavallo - nitrire
D) tenore - lirica

35 **«mandarino» sta a «..?..» come «..?..» sta a «rosso»**

A) albicocca - vermiglio
B) frutto - colore
C) arancione - ciliegia
D) tela - pittore

36 **«deporre, destituire, allontanare bruscamente qualcuno da un posto di comando o responsabilità» sta a «defenestrare» come «arrendersi al nemico» sta a «..?..»**

A) edulcorare
B) allettare
C) scappare
D) capitolare

37 **«confermare con atto più o meno formale, definitivamente, per sempre» sta a «suggellare» come «provare profondo orrore per qualcuno» sta a «..?..»**

A) esecrare
B) allontanare
C) denunciare
D) rimproverare

38 **«mazza» sta a «baseball» come «..?..» sta a «..?..»**

A) ciclismo - velocista
B) pugilato - ring
C) pallone - calcio
D) cavallo - ippodromo

39 **«sciogliere il filo di una matassa per trarne un gomitolo» sta a «dipanare» come «gridare in modo sguaiato» sta a «..?..»**

A) rintronare
B) offendere
C) traccheggiare
D) berciare

40 **«..?..» sta a «motocicletta» come «aliante» sta a «..?..»**

A) bicicletta - aereo
B) macchina - ala
C) manubrio - volante
D) casco - paracadute

41 **«paradenti» sta a «pugilato» come «..?..» sta a «..?..»**

A) parastinchi - calcio
B) baseball - lanciatore
C) danza - ballerina
D) pianista - orchestra

42 **«aggregare qualcuno ad un gruppo o ad un'organizzazione» sta a «cooptare» come «prendere all'improvviso, con violenza» sta a «..?..»**

A) ventilare
B) ferire
C) agognare
D) ghermire

43 **«ago» sta a «..?..» come «stetofonendoscopio» sta a «..?..»**

A) spilla - pilota
B) sarto - medico
C) puntura - dentista
D) cruna - cuore

44 **«gracidare» sta a «..?..» come «..?..» sta a «cicala»**

A) rana - frinire
B) cavallo - passero
C) rospo - animale
D) rana - formica

45 **«proporre alla discussione» sta a «ventilare» come «smussare, togliere l'acutezza, spuntare una lama» sta a «..?..»**

A) arrotondare
B) caldeggiare
C) recalcitrare
D) ottundere

46 **«automobile» sta a «..?..» come «nave» sta a «..?..»**

A) posteggio - porto
B) macchina - pilotina
C) àncora - mare
D) ruote - passeggeri

47 **«nocciolo» sta a «nocciole» come «..?..» sta a «..?..»**

A) olivo - olive
B) pere - pero
C) susine - susino
D) mele - melo

48 **«strappare con forza, estirpare, staccare» sta a «divellere» come «costringere qualcuno in un luogo isolato, confinare» sta a «..?..»**

A) rapire
B) espellere
C) evitare
D) relegare

49 **«caramella» sta a «..?..» come «maionese» sta a «..?..»**

A) zucchero - uova
B) salsa - crema
C) gelato - pepe
D) sangue - carne

50 **«mandorla» sta a «mandorlo» come «..?..» sta a «..?..»**

A) susina - susino
B) nocciolo - nocciola
C) albicocco - albicocca
D) pero - pera

51 **«esitare di fronte a qualcosa o qualcuno» sta a «nicchiare» come «ridurre al nulla, distruggere» sta a «..?..»**

A) erodere
B) annichilire
C) svuotare
D) deprivare

52 **«bocca» sta a «..?..» come «orecchio» sta a «..?..»**

A) parlare - sentire
B) gustare - timpano
C) denti - ascoltare
D) labbra - naso

53 **«..?..» sta a «bianco» come «carbone» sta a «..?..»**

A) biancastro - pece
B) candido - ciano
C) neve - nero
D) vino - grigio

54 **«attrarre con lusinghe, con promesse» sta a «allettare» come «insidioso, falso, che può trarre in inganno» sta a «..?..»**

A) abbacinato
B) esecrato
C) capzioso
D) inutile

55 **«cervo» sta a «bramire» come «..?..» sta a «..?..»**

A) bofonchiare - pavone
B) passero - cinguettare
C) soffiare - biscia
D) bocca - urlare

56 **«rovescio» sta a «tennis» come «..?..» sta a «..?..»**

A) pugilato - paradenti
B) diretto - boxe
C) ippica - fantino
D) fabbro - incudine

57 **«avere in orrore qualcuno, maledire» sta a «esecrare» come «far passare una cosa per un'altra» sta a «..?..»**

A) immaginare
B) ipnotizzare
C) rimbrottare
D) gabellare

58 **«burro» sta a «..?..» come «..?..» sta a «uva»**

A) bianco - vino
B) latte - vino
C) formaggio - mosto
D) margarina - vigna

59 **«scendere poco a poco, da un grado superiore a uno inferiore» sta a «digradare» come «perdere tempo senza concludere nulla» sta a «..?..»**

A) raffazzonare
B) dirimere
C) cincischiare
D) rettificare

60 **«rimproverare rinfacciando le cose» sta a «rimbrottare» come «tenere a bada qualcuno tergiversando» sta a «..?..»**

A) dilavare
B) traccheggiare
C) ingannare
D) pazientare

61 **«buio» sta a «..?..» come «..?..» sta a «giorno»**

A) sera - domenica
B) notte - mese
C) notte - luce
D) scuro - alba

62 **«latrato» sta a «..?..» come «raglio» sta a «..?..»**

A) cane - gallina
B) elefante - maiale
C) cane - asino
D) miagolio - lamento

63 **«estorcere denaro o altri profitti da qualcuno minacciando di arrecargli grave danno» sta a «ricattare» come «ornare con raffigurazioni di storie, leggende» sta a «..?..»**

A) affrescare
B) dipanare
C) glissare
D) istoriare

64 **«..?..» sta a «contadino» come «pennello» sta a «..?..»**

A) vanga - hobby
B) zappatore - colore
C) zappa - imbianchino
D) bagnino - spiaggia

65 **«..?..» sta a «nave» come «finestra» sta a «casa»**

A) àncora
B) mare
C) oblò
D) poppa

66 **«..?..» sta a «pistola» come «freccia» sta a «..?..»**

A) carabina - fionda
B) proiettile - arco
C) poligono - arco
D) silenziatore - faretra

67 **«coperta» sta a «letto» come «tovaglia» sta a «..?..»**

A) divano
B) tavolo
C) cucina
D) soggiorno

68 **«..?..» sta a «piede» come «guanto» sta a «..?..»**

A) calzino - mano
B) cotone - lana
C) scarpa - pollice
D) calzino - unghia

69 **«discutere, trattare a lungo un argomento» sta a «discettare» come «tenere un discorso solenne» sta a «..?..»**

A) concionare
B) nicchiare
C) elogiare
D) arzigogolare

70 **«baleniere» sta a «pescatore» come «..?..» sta a «..?..»**

A) impiegato - bancario
B) manovale - minatore
C) imbianchino - manovale
D) medico - infermiere

71 **Se *afflizione* sta a *tormento*, allora è corretto che *letizia* stia a:**

A) malinconia
B) pena
C) gaiezza
D) prostrazione

72 **Se *alacre* sta a *operoso*, allora è corretto che *inerte* stia a:**

A) attivo
B) indolente
C) infaticabile
D) reattivo

73 **Se *altercare* sta a *contendere*, allora è corretto che *accordarsi* stia a:**

A) contrastare
B) bisticciare
C) disputare
D) riconciliarsi

74 **Se *attonito* sta a *stupito*, allora è corretto che *indifferente* stia a:**

A) impassibile
B) sorpreso
C) partecipe
D) smarrito

75 **Se *compiacenza* sta a *soddisfazione*, allora è corretto che *disappunto* stia a:**

A) piacere
B) contentezza
C) compiacimento
D) delusione

76 **Se *accorgimento* sta a *avvedutezza*, allora è corretto che *stoltezza* stia a:**

A) astuzia
B) intuito
C) intelligenza
D) dissennatezza

77 **Se *alterigia* sta a *boria*, allora è corretto che *umiltà* stia a:**

A) superbia
B) modestia
C) orgoglio
D) arroganza

78 **Se *aborrire* sta a *detestare*, allora è corretto che *apprezzare* stia a:**

A) rifuggire
B) odiare
C) abominare
D) stimare

79 **Se *accanito* sta a *spietato*, allora è corretto che *amabile* stia a:**

A) ostinato
B) scortese
C) affabile
D) pervicace

80 **Se *ampolloso* sta a *enfatico*, allora è corretto che *conciso* stia a:**

A) magniloquente
B) retorico
C) stringato
D) prolisso

81 **Se *annichilire* sta a *annientare*, allora è corretto che *esaltare* stia a:**

A) avvilire
B) glorificare
C) deprimere
D) smorzare

82 **Se *antesignano* sta a *precursore*, allora è corretto che *seguace* stia a:**

A) animatore
B) maestro
C) discepolo
D) precettore

83 **Se *volontariamente* sta a *volutamente*, allora è corretto che *casualmente* stia a:**

A) consapevolmente
B) fortuitamente
C) intenzionalmente
D) deliberatamente

84 **«rapido» sta a «rapidissimo» come «vasto» sta a:**

A) molto angusto
B) più esiguo
C) vastissimo
D) sinottico

85 **«bello» sta a «bellissimo» come «abile» sta a:**

A) consono
B) abilissimo
C) incapace
D) benevolo

86 **«sicuro» sta a «sicurissimo» come «salubre» sta a:**

A) certo
B) sano
C) immediato
D) saluberrimo

87 **«aristocrazia» sta a «nobili» come «Y» sta a «X»:**

A) Y = autocrazia; X = ricchi
B) Y = autocrazia; X = una sola persona
C) Y = autocrazia; X = intero popolo
D) Y = autocrazia; X = plutocrazia

88 **«teocrazia» sta a «Dio» come «Y» sta a «X»:**

A) Y = ginecocrazia; X = donne
B) Y = matriarcato; X = femminismo
C) Y = ginecocrazia; X = maschi
D) Y = donne; X = femminismo

89 **«democrazia» sta a «popolo» come «Y» sta a «X»:**

A) Y = burocrazia; X = tutti i cittadini
B) Y = oligarchia; X = pochi cittadini
C) Y = oligarchia; X = regime
D) Y = monarchia; X = popolo

90 **«plutocrazia» sta a «ricchi» come «Y» sta a «X»:**

A) Y = tecnocrazia; X = autorità religiosa
B) Y = teocrazia; X = tecnici
C) Y = tecnocrazia; X = tecnici
D) Y = tecnocrazia; X = re

91 **«guasto» sta a «rotto» come «ghiotto» sta a:**

A) indifferente
B) infame
C) goloso
D) beffardo

92 **«acuto» sta a «ottuso» come «morbido» sta a:**

A) duro
B) tenero
C) soffice
D) brillante

93 **«chiaro» sta a «scuro» come «leggero» sta a:**

A) difficile
B) tenue
C) pesante
D) ampio

94 **«suicidio» sta a «sé stesso» come «Y» sta a «X»:**

A) Y = moglie; X = uxoricidio
B) Y = uxoricidio; X = fratello
C) Y = uxoricidio; X = moglie
D) Y = uxoricidio; X = marito

95 **«bailamme» sta a «frastuono» come:**

A) «concitare» sta a «placare»
B) «giungere» sta a «allontanarsi»
C) «bieco» sta a «minaccioso»
D) «coatto» sta a «volontario»

96 **«icastico» sta a «concreto, incisivo, evidente» come «idiosincrasia» sta a:**

A) «propensione, inclinazione, simpatia»
B) «prudenza, ponderatezza, circospezione»
C) «indifferenza, incuria, indolenza»
D) «intolleranza, ripugnanza, avversione»

97 **«ameno» sta a «ridente» come «grave» sta a:**

A) leggero
B) cupo
C) gaio
D) giocondo

98 **«acredine» sta a «rancore» come «bonarietà» sta a:**

A) dolcezza
B) ferocia
C) malevolenza
D) astio

99 **«a rotta di collo» sta a «correre» come «a man bassa» sta a:**

A) cestinare
B) arraffare
C) chinarsi
D) arrabbiarsi

100 **«battere il ferro finché è caldo» sta a «tempestività» come «andare coi piedi di piombo» sta a:**

A) cautela
B) polemica
C) costanza
D) discriminazione

101 **«sentire che aria tira» sta a «accortezza» come «far di necessità virtù» sta a:**

A) adattamento
B) orgoglio
C) rigore
D) puntiglio

102 **«non lasciarsi cogliere alla sprovvista» sta a «prudenza» come «cercare il pelo nell'uovo» sta a:**

A) cupidigia
B) pazienza
C) pedanteria
D) fretta

103 **«fare il doppio gioco» sta a «ingannare» come «mettere la pulce nell'orecchio» sta a:**

A) insospettire
B) interrompere
C) impazzire
D) integrare

104 **«andare in visibilio» sta a «piacere» come «camminare a testa alta» sta a:**

A) giudizio
B) orgoglio
C) polemica
D) disonestà

105 **«fare di qualcosa un punto d'onore» sta a «orgoglio» come «dar fuoco alle polveri» sta a:**

A) incredulità
B) repressione
C) polemica
D) responsabilità

106 **«avere il magone» sta a «essere dispiaciuti» come «non abbassare lo sguardo» sta a:**

A) essere orgogliosi
B) rimproverare
C) ricordare
D) annuire

107 **«latino» sta a «anglosassone» come «X» sta a «Y»:**

A) X = nazionale; Y = estero
B) X = furbo; Y = freddo
C) X = italiani; Y = inglesi
D) X = antico; Y = moderno

108 **«bisturi» sta a «chirurgo» come «X» sta a «Y»:**

A) X = ospedale; Y = sala operatoria
B) X = automobile; Y = tassista
C) X = sarto; Y = forbici
D) X = maestro; Y = alunni

109 **«illusorio» sta a «immaginario» come «X» sta a «Y»:**

A) X = sogno; Y = veglia
B) X = cinema; Y = regista
C) X = stringato; Y = succinto
D) X = realtà; Y = ideale

110 **«X» sta a «acqua» come «xenofobo» sta a «Y»:**

A) X = impermeabile; Y = passaporto
B) X = oceano; Y = nuotatore
C) X = idrofilo; Y = estero
D) X = idrofobo; Y = straniero

111 **«intonacare» sta a «X» come «Y» sta a «esegeta»:**

A) X = truccarsi; Y = ottuagenario
B) X = casa; Y = libraio
C) X = intonare; Y = infervorarsi
D) X = muratore; Y = interpretare

112 **«fulcro» sta a «X» come «obiettivo» sta a «Y»:**

A) X = leva; Y = macchina fotografica
B) X = cinepresa; Y = leva
C) X = braccio; Y = fotografo
D) X = bilancia; Y = scopo

113 **«normale» sta a «anomalo» come «X» sta a «Y»:**

A) X = eccezione; Y = regola
B) X = regolare; Y = inconsueto
C) X = anormalità; Y = normalità
D) X = anormale; Y = inconsueto

114 **«Don Abbondio» sta a «*I promessi sposi*» come «X» sta a «Y»:**

A) X = Angelica; Y = *Divina Commedia*
B) X = Marcovaldo; Y = *Il piacere*
C) X = Gustave Flaubert; Y = *Madame Bovary*
D) X = Eva; Y = *Genesi*

115 **«Saturno» sta a «pianeta» come «fluorite» sta a «X»:**

A) salgemma
B) Marte
C) minerale
D) acido

116 **«limpido» sta a «opaco» come «X» sta a «emotivo»:**

A) controllato
B) insipido
C) labile
D) fragile

117 **«pesante» stanno a «indigesto» come «X» sta a «Y»:**

A) X = inerme; Y = disarmato
B) X = sesquipedale; Y = trascurabile
C) X = saporito; Y= calorico
D) X = raffinato; Y = semplice

118 **«pagine» sta a «libro» come «X» sta a «criniera»:**

A) peli
B) crine
C) leoni
D) animali

119 **«X» sta a «pittore» come «opera lirica» sta a «Y»:**

A) X = quadro; Y = compositore
B) X = pittura; Y = musica
C) X = artista; Y = arte
D) X = dipingere; Y = suonare

120 **«pistola» sta a «arma» come «X» sta a «Y»:**

A) X = automobile; Y = autista
B) X = tennis; Y = sport
C) X = gioco; Y = scacchi
D) X = pugnale; Y = lama

Soluzioni

1 Risposta esatta: C

Il televisore emette **immagini** come la radio emette **suoni**.

2 Risposta esatta: A

Il rapporto logico dell'analogia è basato sulla funzione d'uso di alcune parti del corpo: la **bocca** serve per parlare come l'**orecchio** serve per sentire.

3 Risposta esatta: D

Si tratta di un'analogia tra modi di dire e loro significati: «sorvolare su un argomento» significa «glissare» come «attrarre con lusinghe, con promesse» significa «**allettare**».

4 Risposta esatta: B

La lingua serve per gustare come il naso per **odorare**.

5 Risposta esatta: A

Il fuoco crea l'**incendio** come la neve crea la **valanga**.

6 Risposta esatta: D

Si tratta di un'analogia tra perifrasi e loro significati: «perdere tempo senza concludere nulla» può sintetizzarsi nel verbo «cincischiare» come «camminare a salti come la cavalletta» può sintetizzarsi nel verbo «**saltabeccare**».

7 Risposta esatta: D

Il rapporto logico è tra l'animale e il suo verso: come il bue mugghia, così **il gufo gufa** (o bubola).

8 Risposta esatta: A

Il rapporto logico dell'analogia è tra lo strumento di lavoro e il mestiere: come la scopa è lo strumento tipico dello **spazzino**, così il **pennello** è lo strumento usato dall'imbianchino.

9 Risposta esatta: A

Si tratta di un'analogia tra perifrasi e loro significati: «tenere a bada qualcuno tergiversando» si può sintetizzare con «traccheggiare» come «sorvolare su un argomento» si può sintetizzare con «**glissare**».

10 Risposta esatta: B

Il rapporto logico dell'analogia è basato su un elemento e la sua appartenenza ad un insieme: la ruota è parte della **bicicletta** come l'ala è parte del **deltaplano**.

11 Risposta esatta: A

Il rapporto logico dell'analogia è tra lo strumento di lavoro e il mestiere: come il **rasoio** è lo strumento tipico del barbiere, così il **rastrello** lo è del giardiniere.

12 Risposta esatta: C

Il rapporto logico sotteso è utensile/manovale: come l'ascia è usata dal **boscaiolo**, così il cercafase (cacciavite che a contatto con un circuito elettrico s'illumina) è usato dall'**elettricista**.

13 Risposta esatta: A

Il rapporto logico è tra elemento naturale/mezzo di trasporto: il traghetto viaggia in **mare** come l'**aereo** viaggia in cielo.

14 Risposta esatta: B

Si tratta di un'analogia basata sul rapporto *species/genus*: come la segretaria è un'impiegata, così il **metalmeccanico** è un **operaio**.

15 Risposta esatta: D

Si tratta di un'analogia tra perifrasi e loro significati: «essere semplice e mite nell'animo e nei modi» è sinonimo di «bonomia» come «rivolgersi a qualcuno animatamente, con tono aspro di rimprovero o sdegno» è sinonimo di «**apostrofare**».

16 Risposta esatta: A

Come gli occhiali stanno agli **occhi**, così il bocchino sta alla **bocca**.

17 Risposta esatta: B

L'olio viene ricavato dall'**oliva** come il **vino** dall'uva.

18 **Risposta esatta: D**

Si tratta di un'analogia tra perifrasi e loro significati: «nascondere, far apparire diverso da quello che è» significa «dissimulare» come «raccomandare con calore una proposta, appoggiare, sostenere» significa «**caldeggiare**».

19 **Risposta esatta: C**

Il rapporto logico che sottende l'analogia è involucro/contenuto: il **riccio** contiene la castagna come il mallo contiene la **noce**.

20 **Risposta esatta: B**

Come il fiore è lo stadio precedente del **frutto**, così il bozzolo è lo stadio precedente della **farfalla**.

21 **Risposta esatta: D**

«Afferrare, stringere con forza» è sinonimo di «abbrancare» come «offuscare, far perdere vivacità» è sinonimo di «**ottundere**».

22 **Risposta esatta: C**

Il rapporto logico sotteso a quest'analogia è conducente/mezzo: come il nocchiero guida l'**imbarcazione**, così il pilota guida l'**aereo**.

23 **Risposta esatta: B**

Il rapporto è tra una persona e il suo animale di riferimento: amazzone sta a **cavallo** come **matador** sta a toro.

24 **Risposta esatta: C**

La perifrasi «desiderare intensamente, ansiosamente qualcosa» può essere sostituita dal verbo «agognare» come la perifrasi «venire a capo di una faccenda complicata» può essere sostituita dal verbo «**dipanare**».

25 **Risposta esatta: A**

La perifrasi «cingere intorno con movimento avvolgente» può essere sostituita dal verbo «avviticchiare» come la perifrasi «proporre alla discussione» può essere sostituita dal verbo «**ventilare**».

26 **Risposta esatta: B**

Il rapporto logico è tra un frutto e il suo colore: **rosso** è il colore della ciliegia come marrone è il colore della **castagna**.

27 **Risposta esatta: D**

La perifrasi «non dare l'approvazione per qualcosa» si può sintetizzare con «ricusare» come «mettere in pubblico, raccontare apertamente i fatti» si può sintetizzare con «**sciorinare**».

28 **Risposta esatta: C**

Il rapporto logico è basato su elementi come parti di un insieme: l'albero maestro è una parte di un **veliero** come l'albero a camme è una parte del motore di un'**automobile**.

29 **Risposta esatta: B**

Il rapporto logico dell'analogia è strumento di lavoro/mestiere: la **sega** è usata dal boscaiolo come il **cacciavite** dall'elettricista.

30 **Risposta esatta: D**

«Cercare di sfuggire a una domanda, eludere una questione con sotterfugi e diversivi» è sinonimo di «tergiversare» come «strappare con forza, estirpare, staccare» è sinonimo di «**divellere**».

31 **Risposta esatta: B**

Il rapporto logico della proporzione è elemento naturale/ mezzo che si muove in quell'elemento: il **mare** sta alla pilotina (piccola imbarcazione a motore) come il cielo sta all'**elicottero**.

32 **Risposta esatta: A**

Si tratta di un'analogia basata sul rapporto di un elemento come parte di un insieme: l'**albero** è parte del bosco come la goccia d'acqua è parte del **mare**.

33 **Risposta esatta: D**

Si tratta di una proporzione tra perifrasi e loro significati: «accomodare, abbellire alla meglio una cosa mal fatta, mal riuscita» può sintetizzarsi nel verbo «raffazzonare» come «rendere povero, impoverire» può sintetizzarsi nel verbo «**depauperare**».

34 **Risposta esatta: C**

Il rapporto logico sotteso all'analogia è tra un animale e il suo verso: il pavone paupula come **il cavallo nitrisce**.

35 Risposta esatta: C

Il rapporto logico è tra un frutto e il suo colore: il mandarino è **arancione** come la **ciliegia** è rossa.

36 Risposta esatta: D

Si tratta di un'analogia tra perifrasi e loro significati: «deporre, destituire, allontanare bruscamente qualcuno da un posto di comando o responsabilità» può sintetizzarsi nel verbo «defenestrare» come «arrendersi al nemico» può sintetizzarsi nel verbo «**capitolare**».

37 Risposta esatta: A

«Confermare con atto più o meno formale, definitivamente, per sempre» è sinonimo di «suggellare» come «provare profondo orrore per qualcuno» è sinonimo di «**esecrare**».

38 Risposta esatta: C

Il rapporto logico alla base dell'analogia è fra attrezzo/sport: la mazza viene usata per giocare a baseball come il **pallone** serve per giocare a **calcio**.

39 Risposta esatta: D

«Sciogliere il filo di una matassa per trarne un gomitolo» significa «dipanare» come «gridare in modo sguaiato» significa «**berciare**».

40 Risposta esatta: A

Il rapporto logico è tra mezzo di trasporto e corrispondente mezzo di trasporto a motore: **bicicletta** sta a motocicletta come aliante sta ad **aereo**.

41 Risposta esatta: A

Il paradenti viene normalmente usato nel pugilato come i **parastinchi** vengono normalmente adoperati nel gioco del **calcio**.

42 Risposta esatta: D

«Aggregare qualcuno ad un gruppo o ad un'organizzazione» è sinonimo di «cooptare» come «prendere all'improvviso, con violenza» è sinonimo di «**ghermire**».

43 Risposta esatta: B

Il rapporto logico dell'analogia è tra strumento di lavoro/mestiere: l'ago è uno strumento del **sarto** come lo stetofonendoscopio è uno strumento del **medico**.

44 Risposta esatta: A

Il rapporto logico è verso/animale: il gracidare è il verso della **rana** come il **frinire** è quello della cicala.

45 Risposta esatta: D

«Proporre alla discussione» è sinonimo di «ventilare» come «smussare, togliere l'acutezza, spuntare una lama» è sinonimo di «**ottundere**».

46 Risposta esatta: A

Il rapporto è tra mezzo di trasporto/suo ricovero: l'automobile ferma sta nel **posteggio** come la nave ferma sta nel **porto**.

47 Risposta esatta: A

Il rapporto logico è albero/frutto: il nocciolo è l'albero delle nocciole come l'**olivo** è l'albero delle **olive**. Attenzione a non confondersi con le altre risposte, che risultano errate perché presentano gli elementi del rapporto invertiti (frutto/albero).

48 Risposta esatta: D

«Strappare con forza, estirpare, staccare» significa «divellere» come «costringere qualcuno in un luogo isolato, confinare» significa «**relegare**».

49 Risposta esatta: A

L'analogia si basa sul rapporto tra un alimento e gli ingredienti che lo compongono: la caramella è fatta di **zucchero** come la maionese è fatta di **uova**.

50 Risposta esatta: A

Il rapporto logico è frutto/albero: come la mandorla è il frutto del mandorlo, così la **susina** è il frutto del **susino**. Attenzione alle altre risposte, dove il rapporto è invertito (albero/frutto): nelle analogie semantiche, infatti, l'ordine degli elementi del rapporto deve rimanere identico.

51 Risposta esatta: B

«Esitare di fronte a qualcosa o qualcuno» è sinonimo di «nicchiare» come «ridurre al nulla, distruggere» è sinonimo di «**annichilire**».

52 Risposta esatta: A

Come la bocca serve per **parlare**, così l'orecchio serve per **sentire**.

53 **Risposta esatta: C**

Il rapporto logico è tra una cosa e il suo colore tipico: quello della **neve** è il bianco, quello del carbone è il **nero**.

54 **Risposta esatta: C**

«Attrarre con lusinghe, con promesse» è sinonimo di «allettare» come «insidioso, falso, che può trarre in inganno» è sinonimo di «**capzioso**».

55 **Risposta esatta: B**

Il rapporto logico è animale/verso dell'animale: il cervo bramisce come **il passero cinguetta**.

56 **Risposta esatta: B**

Il rapporto logico si basa tra un colpo e lo sport in cui viene normalmente utilizzato: come il rovescio è un colpo tipico del tennis, così il **diretto** è un colpo tipico della **boxe**.

57 **Risposta esatta: D**

«Avere in orrore qualcuno, maledire» è sinonimo di «esecrare» come «far passare una cosa per un'altra» è sinonimo di «**gabellare**».

58 **Risposta esatta: B**

Il rapporto logico di quest'analogia è alimento/sostanza da cui è ricavato: il burro si ricava dal **latte** come il **vino** dall'uva.

59 **Risposta esatta: C**

«Scendere poco a poco, da un grado superiore a uno inferiore» significa «digradare» come «perdere tempo senza concludere nulla» significa «**cincischiare**».

60 **Risposta esatta: B**

«Rimproverare rinfacciando le cose» è sinonimo di «rimbrottare» come «tenere a bada qualcuno tergiversando» è sinonimo di «**traccheggiare**».

61 **Risposta esatta: C**

Come il buio è proprio della **notte**, così la **luce** lo è del giorno.

62 **Risposta esatta: C**

Il rapporto logico è verso/animale: il latrato è il verso del **cane** come il raglio è il verso dell'**asino**.

63 **Risposta esatta: D**

«Estorcere denaro o altri profitti da qualcuno minacciando di arrecargli grave danno» è sinonimo di «ricattare» come «ornare con raffigurazioni di storie, leggende» è sinonimo di «**istoriare**».

64 **Risposta esatta: C**

Il rapporto logico dell'analogia è strumento di lavoro/mestiere: la **zappa** è uno strumento tipico del contadino come il pennello lo è dell'**imbianchino**.

65 **Risposta esatta: C**

Come da una casa si guarda fuori attraverso una finestra, così da una nave si guarda all'esterno attraverso l'**oblò**.

66 **Risposta esatta: B**

Come la pistola spara il **proiettile**, così l'**arco** scaglia la freccia.

67 **Risposta esatta: B**

Come la coperta si mette sul letto, così la tovaglia si mette sul **tavolo**.

68 **Risposta esatta: A**

Il **calzino** protegge il piede come il guanto protegge la **mano**.

69 **Risposta esatta: A**

«Discutere, trattare a lungo un argomento» è sinonimo di «discettare» come «tenere un discorso solenne» lo è di «**concionare**» (dal latinismo *concione*: discorso solenne fatto in pubblico).

70 **Risposta esatta: C**

Si tratta di un'analogia basata sul rapporto *species/genus*: come il baleniere è un pescatore, così l'**imbianchino** è un **manovale**.

71 **Risposta esatta: C**

Afflizione è sinonimo di *tormento*, come *letizia* lo è di ***gaiezza***.

72 **Risposta esatta: B**

Alacre è sinonimo di *operoso*, come *inerte* lo è di ***indolente***.

73 Risposta esatta: D

Altercare è sinonimo di *contendere*, come *accordarsi* lo è di ***riconciliarsi***.

74 Risposta esatta: A

Attonito è sinonimo di *stupito*, come *indifferente* lo è di ***impassibile***.

75 Risposta esatta: D

Compiacenza è sinonimo di *soddisfazione*, come *disappunto* lo è di ***delusione***.

76 Risposta esatta: D

Accorgimento è sinonimo di *avvedutezza*, come *stoltezza* lo è di ***dissennatezza***.

77 Risposta esatta: B

Alterigia è sinonimo di *boria*, come *umiltà* lo è di ***modestia***.

78 Risposta esatta: D

Aborrire è sinonimo di *detestare*, come *apprezzare* lo è di ***stimare***.

79 Risposta esatta: C

Accanito è sinonimo di *spietato*, come *amabile* lo è di ***affabile***.

80 Risposta esatta: C

Ampolloso è sinonimo di *enfatico*, come *conciso* lo è di ***stringato***.

81 Risposta esatta: B

Annichilire è sinonimo di *annientare*, come *esaltare* lo è di ***glorificare***.

82 Risposta esatta: C

Antesignano è sinonimo di *precursore*, come *seguace* lo è di ***discepolo***.

83 Risposta esatta: B

Volontariamente è sinonimo di *volutamente*, come *casualmente* lo è di ***fortuitamente***.

84 Risposta esatta: C

Rapidissimo è il superlativo assoluto di *rapido*, come ***vastissimo*** lo è di *vasto*.

85 Risposta esatta: B

Bellissimo è il superlativo assoluto di *bello*, come ***abilissimo*** lo è di *abile*.

86 Risposta esatta: D

Sicurissimo è il superlativo assoluto di *sicuro*, come ***saluberrimo*** lo è di *salubre*.

87 Risposta esatta: B

Come l'*aristocrazia* è il governo dei *nobili*, così l'***autocrazia*** è un sistema di governo in cui ***una sola persona***, il sovrano (detto *autocrate*), trae da sé stesso il fondamento della propria autorità.

88 Risposta esatta: A

Come la *teocrazia* è il sistema di governo in cui il potere è esercitato in nome della *divinità*, così la ***ginecocrazia*** è un tipo di società in cui le ***donne*** hanno un predominio assoluto nella vita politica e sociale.

89 Risposta esatta: B

Come la *democrazia* è la forma di governo in cui il potere è nelle mani del *popolo*, così l'***oligarchia*** è un regime politico in cui il potere è nelle mani di ***pochi cittadini***.

90 Risposta esatta: C

Come la *plutocrazia* è la forma di governo in cui il potere è nelle mani dei *ricchi*, così in una ***tecnocrazia*** il potere è esercitato dai ***tecnici***.

91 Risposta esatta: C

Guasto è sinonimo di *rotto*, come *ghiotto* lo è di ***goloso***.

92 Risposta esatta: A

Acuto è il contrario di *ottuso*, come *morbido* lo è di ***duro***.

93 Risposta esatta: C

Chiaro è il contrario di *scuro*, come *leggero* lo è di ***pesante***.

94 Risposta esatta: C

Come chi commette un *suicidio* uccide *sé stesso*, così chi commette un ***uxoricidio*** uccide la propria ***moglie***.

95 Risposta esatta: C

Bailamme è sinonimo di *frastuono*, come ***bieco*** lo è di ***minaccioso***.

96 Risposta esatta: D

Come *icastico* è sinonimo di *concreto, incisivo, evidente*, così *idiosincrasia* è sinonimo di ***intolleranza***, ***ripugnanza***, ***avversione***.

97 Risposta esatta: B

Ameno è sinonimo di *ridente*, come *grave* lo è di ***cupo***.

98 Risposta esatta: A

Acredine è sinonimo di *rancore*, come *bonarietà* lo è di ***dolcezza***.

99 Risposta esatta: B

Come «correre» si associa all'espressione idiomatica «a rotta di collo», così «**arraffare**» si associa all'espressione idiomatica «a man bassa».

100 Risposta esatta: A

Come «battere il ferro finché è caldo» si associa al concetto di «tempestività», così «andare coi piedi di piombo» esprime un atteggiamento di «**cautela**».

101 Risposta esatta: A

Come «sentire che aria tira» si associa al concetto di «accortezza», così «far di necessità virtù» esprime un atteggiamento di «**adattamento**».

102 Risposta esatta: C

Come «non lasciarsi cogliere alla sprovvista» si associa al concetto di «prudenza», così «cercare il pelo nell'uovo» esprime un atteggiamento di «**pedanteria**».

103 Risposta esatta: A

Come «fare il doppio gioco» si associa al concetto di «ingannare», così «mettere la pulce nell'orecchio» significa «**insospettire**».

104 Risposta esatta: B

Come «andare in visibilio» si associa al concetto di «piacere», così «camminare a testa alta» esprime un atteggiamento di «**orgoglio**».

105 Risposta esatta: C

Come «fare di qualcosa un punto d'onore» si associa al concetto di «orgoglio», così «dar fuoco alle polveri» esprime un atteggiamento di «**polemica**».

106 Risposta esatta: A

Come «avere il magone» si associa all'idea di «essere dispiaciuti», così «non abbassare lo sguardo» significa «**essere orgogliosi**».

107 Risposta esatta: C

Come gli ***italiani*** parlano una lingua derivata dal *latino*, così gli ***inglesi*** ne parlano una di origine *anglosassone*.

108 Risposta esatta: B

Come il *bisturi* è lo strumento di lavoro del *chirurgo*, così l'***automobile*** è lo strumento di lavoro del ***tassista***.

109 Risposta esatta: C

Illusorio è sinonimo di *immaginario*, come ***stringato*** lo è di ***succinto***.

110 Risposta esatta: D

L'***idrofobo*** è colui che ha paura dell'*acqua* come lo *xenofobo* è colui che ha paura dello ***straniero***.

111 Risposta esatta: D

Intonacare è una mansione propria del ***muratore***, come ***interpretare*** è una mansione propria dell'*esegeta*.

112 Risposta esatta: A

Il *fulcro* fa parte della ***leva*** come l'*obiettivo* fa parte della ***macchina fotografica***.

113 Risposta esatta: B

Normale è il contrario di *anomalo*, come ***regolare*** lo è di ***inconsueto***.

114 Risposta esatta: D

Come «Don Abbondio» è un personaggio de «*I promessi sposi*», così «**Eva**» lo è del libro della «***Genesi***».

115 Risposta esatta: C

Saturno è un *pianeta* come la *fluorite* è un ***minerale***.

116 Risposta esatta: A

Limpido è il contrario di *opaco*, come ***controllato*** lo è di *emotivo*.

117 Risposta esatta: A

Pesante è sinonimo di *indigesto*, come ***inerme*** lo è di ***disarmato***.

118 Risposta esatta: A

Il *libro* è composto da *pagine* come la *criniera* da ***peli***.

119 Risposta esatta: A

Il ***quadro*** è creato da un *pittore* come l'*opera lirica* da un ***compositore***.

120 Risposta esatta: B

La *pistola* è un'*arma* come il ***tennis*** è uno ***sport***.

7

Ragionamento verbale con coppie di parole

Occorre qui accennare ad un'ulteriore tipologia di test di ragionamento verbale simili alle analogie, costituiti da **coppie di parole** legate fra loro da **vincoli o affinità di natura morfologica, semantica o logico-linguistica**.

Al candidato viene richiesto di completare la coppia con l'elemento mancante, ovviamente dopo aver prima individuato le coppie in oggetto e, soprattutto, dopo aver determinato la natura del legame che unisce gli elementi che le compongono.

In linea di massima, conviene approcciarsi ai quesiti come se si trattasse di risolvere veri e propri *abbinamenti analogici*, facendo però attenzione alla disposizione dei termini.

Ad esempio, considerando che le coppie in questione siano **a/b** e **x/y**, esse possono assumere, a titolo esemplificativo, la seguente struttura:

a	x
?	**y**

oppure:

x	a
y	**?**

o ancora:

?	y
x	**a**

dove il termine incognito, evidentemente, corrisponde sempre a **b**.

Per risolvere questa tipologia di test occorre considerare, ad esempio, i significati delle parole (anzitutto, nella loro valenza grammaticale), oppure se si tratta di sinonimi, contrari etc.

Esempi

?	futuro
sarò	**mangiavo**

A) presente
B) condizionale
C) imperfetto
D) imperativo
E) congiuntivo

Sarò è un **futuro**, come *mangiavo* è un **imperfetto**. Risposta esatta: **C**.

policromo	differito
variopinto	?

A) posposto
B) multicolore
C) diversificato
D) positivo
E) negativo

Policromo, aggettivo che significa «di vari colori», è sinonimo di *variopinto*, proprio come *differito*, che significa «rinviato», «rimandato ad altro tempo», è sinonimo di **posposto**. Risposta esatta: **A**.

adulare	?
rassicurare	allarmare

A) blandire
B) incontrare
C) accertare
D) ingiuriare
E) adorare

In questo caso, il meccanismo adoperato è quello basato sul concetto di opposizione: come *rassicurare* è il contrario di *allarmare*, così *adulare* è il contrario di **ingiuriare**. Risposta esatta: **D**.

Altre volte, invece, il fattore principale da considerare è rappresentato dall'appartenenza delle coppie in questione a un medesimo *campo semantico*, le caratteristiche del quale potranno essere stabilite tenendo conto non solo dei significati veri e propri, ma anche delle peculiarità attribuibili ai termini proposti, con relativi rimandi ai concetti, alle attività o agli oggetti da essi implicati.

Esempi

caffè	sintomo
aroma	?

A) zucchero
B) bar
C) medicina
D) malattia
E) medico

In questo caso, il rapporto semantico da stabilire è il seguente: come un buon *caffè* si riconosce dall'*aroma*, così una determinata **malattia** si può riconoscere da uno o più dei suoi *sintomi*. Risposta esatta: **D**.

scalpello	scultore
?	pialla

A) legno
B) arte
C) falegnameria
D) marmo
E) falegname

Evidentemente, come lo *scultore* annovera fra i suoi strumenti indispensabili lo *scalpello*, così uno degli utensili per eccellenza del **falegname** è la *pialla*, normalmente adoperata per spianare, levigare o assottigliare il legno. Risposta esatta: **E**.

Da non trascurare, infine, l'eventualità, tutt'altro che rara in questa tipologia di test, di imbattersi in veri e propri *giochi linguistici*, quali possono essere gli **anagrammi** (basati sul procedimento consistente nell'ottenere, tramite un opportuno rimescolamento delle stesse lettere di una determinata parola o frase, altre parole o frasi di senso compiuto), le **parole composte** (*grattacielo*), o **termini affini** che si diversificano tra loro semplicemente per l'aggiunta o la sottrazione di una vocale, una consonante, un gruppo sillabico o consonantico etc.

In tal modo si vengono a creare coppie di parole davvero particolari per le quali, tra l'altro, non è sempre agevole riconoscere immediatamente il legame che ne spieghi il collegamento. In tal caso si può parlare non di nesso di significato, come per le tipologie trattate in precedenza, ma di un nesso di significante, relativo, cioè, alle modalità con cui sono scritte le parole.

Esempi

calendario	**?**
altare	**locandiera**

A) chiesa
B) festività
C) realtà
D) taverna
E) nozze

Come *locandiera* è l'anagramma di *calendario*, così l'unico anagramma possibile di *altare*, fra le cinque soluzioni proposte, è **realtà**. Risposta esatta: **C**.

botto	**lotto**
nona	**?**

A) sinfonia
B) motto
C) noto
D) zona
E) lotta

Le parole *botto* e *lotto* differiscono unicamente per la consonante iniziale, proprio come *nona* e **zona**. Ecco individuate, così, le due coppie in oggetto. Risposta esatta: **D**.

Test di verifica

1

?	trave
censo	cento

A) mille
B) casa
C) trame
D) tetto
E) reddito

2

scapito	?
torvo	copista

A) trovo
B) torno
C) capito
D) storno
E) scatto

3

sponda	appiglio
presa	?

A) castello
B) pillola
C) fortezza
D) argine
E) parabola

4

massime	?
sterrato	sorretta

A) ammessi
B) scorretta
C) sterzata
D) massiccia
E) masseria

5

cingere	cinta
preparare	?

A) pronta
B) preposto
C) parere
D) cinghia
E) preparata

6

similare	svelato
?	svenato

A) nascosto
B) simulare
C) rivelato
D) differente
E) ucciso

7

marce	rema
mera	?

A) semplice
B) crema
C) barca
D) mare
E) merce

8

apre	aperte
?	arpe

A) finestra
B) parete
C) violini
D) chiude
E) reparti

9

destinatario	?
committente	mittente

A) spedizione
B) commissario
C) missiva
D) sicario
E) appaltatore

10

lancetta	ripiano
?	quadrante

A) controllo
B) riquadro
C) credenza
D) legno
E) metallo

11

lampo	temporale
lampone	?

A) lampara
B) lampione
C) bosco
D) frutto
E) lappone

12

timpano	?
acino	grappolo

A) buccia
B) frontone
C) strumento
D) udito
E) seme

13

epicureo	?
erculeo	gaudente

A) forzuto
B) filosofo
C) furbo
D) glorioso
E) fortunato

14

?	poltrona
bracciolo	armadio

A) mogano
B) anta
C) cuscino
D) letto
E) sedia

15

privato	?
provato	scarto

A) scorto
B) rifiuto
C) affaticato
D) cittadino
E) scaltro

16

sotteso	?
sottintendere	sottinteso

A) sotterfugio
B) sottendere
C) sottrarre
D) tendere
E) sospeso

17

liturgico	?
notte	notturno

A) sacro
B) religione
C) letargia
D) liturgia
E) letargo

18

decorazione	ornamento
elegante	?

A) cornicione
B) antico
C) scultura
D) raffinato
E) quadro

19

diritto	boreale
australe	?

A) aurora
B) furbo
C) ritto
D) retto
E) rovescio

20

norma	anomalia
notabile	?

A) regola
B) irrilevante
C) papabile
D) semplificato
E) discrepanza

21

martoriato	?
martellato	martellare

A) martirizzare
B) martellante
C) martora
D) martoriare
E) martire

22

ritto	odio
sodio	?

A) potassio
B) retto
C) fritto
D) rancore
E) ratto

23

iconoclasta	immagine
icona	?

A) pio
B) ortodosso
C) creativo
D) sacro
E) anticonformista

24

collegio	frate
ordine	?

A) confraternita
B) avvocato
C) monastero
D) categoria
E) convitto

25

?	pollo
bibita	lattina

A) bottiglia
B) stia
C) pollame
D) gallo
E) latta

26

fantomatico	sedentario
effettivo	?

A) procuratore
B) professore
C) rappresentante
D) deputato
E) girovago

27

?	fiato
flauto	lira

A) valore
B) corda
C) tromba
D) dollaro
E) suono

28

concordanza	?
disarmo	conflitto

A) lotta
B) rimozione
C) pace
D) contesa
E) riarmo

29

?	orti
corti	tramo

A) conti
B) ramo
C) morta
D) tremo
E) porti

30

?	continentale
litoraneo	interno

A) costiero
B) suolo
C) temperato
D) clima
E) interiore

31

premessa	prefazione
?	sillogismo

A) sillogistica
B) condizione
C) libro
D) posftazione
E) induzione

32

?	complicare
perfezionare	deteriorare

A) peggiorare
B) dipanare
C) sciupare
D) danneggiare
E) smembrare

33

malfermo	malsano
?	stabile

A) solido
B) infermo
C) tremante
D) malconcio
E) salubre

34

transetto	chiesa
prelato	?

A) altare
B) parlamento
C) sinodo
D) vescovo
E) cardinale

35

?	terminale
labbra	labiale

A) terme
B) termine
C) termite
D) periferica
E) terminismo

36

sciame	ape
arcipelago	?

A) istmo
B) isola
C) mare
D) alveare
E) penisola

37

scuro	erario
tassa	?

A) finanziario
B) finestra
C) stato
D) indistinto
E) imposta

38

postilla	?
attore	atto

A) attoriale
B) nota
C) compagnia
D) posticcia
E) attuare

39

?	ella
voi	vi

A) si
B) tu
C) se
D) egli
E) io

40

circuito	circo
?	pilota

A) gara
B) pila
C) collaudatore
D) domatore
E) ilota

41

cereo	cenere
cera	?

A) niveo
B) cireneo
C) ceruleo
D) cinereo
E) maculato

42

prelato	?
militare	esercito

A) chiesa
B) battaglione
C) forza
D) fucile
E) conflitto

43

iberico	spagnolo
lusitano	?

A) slavo
B) svizzero
C) portoghese
D) greco
E) francese

44

automatismo	?
immobilismo	immobile

A) automatico
B) automatizzare
C) automa
D) automazione
E) automatizzato

45

nerboruto	leggero
greve	?

A) pingue
B) gracile
C) muscoloso
D) obeso
E) sterile

46

trauma	?
remo	reo

A) reso
B) barca
C) tremo
D) crimine
E) trama

47

altro	stesso
?	uguale

A) altrimenti
B) pari
C) dissimile
D) proprio
E) medesimo

48

bolso	boreale
?	australe

A) meridionale
B) energico
C) stanco
D) settentrionale
E) pigro

49

professionista	credulo
?	dilettante

A) scettico
B) ingenuo
C) qualificato
D) esperto
E) incompetente

50

tremito	?
tremare	cremare

A) crema
B) cremolato
C) remare
D) cremato
E) fremito

51

ascrivibile	reperibile
?	rintracciabile

A) descrittivo
B) imputabile
C) redatto
D) deperibile
E) vivibile

52

botte	barile
?	bottino

A) colpo
B) refurtiva
C) bottega
D) vino
E) baritono

53

?	curricolo
curriculare	molare

A) molecola
B) mole
C) dente
D) molale
E) masticazione

54

due	re
sei	?

A) sol
B) la
C) quattro
D) uno
E) cinque

55

?	permesso
proibito	legale

A) avvocato
B) illecito
C) tribunale
D) fascino
E) soggiorno

56

tentare	remare
tremare	?

A) agitare
B) nuotare
C) stentare
D) raccontare
E) trepidare

57

indicativo	condizionale
avrei	?

A) passato
B) vorrei
C) verbo
D) modo
E) danno

58

finto	?
carta	fiuto

A) casta
B) liuto
C) tinto
D) penna
E) foglio

59

?	suola
scarpa	automobile

A) motore
B) portiera
C) bagagliaio
D) ruota
E) volante

60

gregge	pecora
stormo	?

A) ala
B) ovino
C) mammifero
D) ruota
E) uccello

61

potente	tangenziale
?	potenziale

A) elettrico
B) traffico
C) tangente
D) secante
E) influente

62

agro	?
muto	dolce

A) sordo
B) cieco
C) amaro
D) lingua
E) zucchero

63

riso	cereali
?	legumi

A) lenticchie
B) limoni
C) risaia
D) orto
E) raccolto

64

coseno	aritmetica
addizione	?

A) geometria
B) trigonometria
C) sottrazione
D) statistica
E) somma

65

?	piuma
puma	giara

A) leone
B) felino
C) brocca
D) gara
E) animale

66

forte	gratta
cielo	?

A) vinci
B) panca
C) cassa
D) tuono
E) lampo

67

vista	udito
cornea	?

A) occhio
B) orecchino
C) senso
D) timpano
E) auricolare

68

televisione	?
giornale	inserto

A) programma
B) film
C) schermo
D) pubblicità
E) decoder

69

?	cupidigia
brama	sorte

A) caso
B) avversità
C) desiderio
D) avidità
E) predizione

70

gesso	parto
arto	?

A) lavagna
B) esso
C) braccio
D) culla
E) frattura

71

scattare	marciare
?	chiarire

A) sparire
B) sparare
C) correre
D) puntare
E) smuovere

72

stare	?
via	bene

A) ferro
B) strada
C) verbo
D) avverbio
E) nome

73

tatto	falso
?	tattile

A) sensazione
B) bugiardo
C) falsità
D) mano
E) doppio

74

avverbio	altrove
e	?

A) preposizione
B) con
C) luogo
D) ovunque
E) congiunzione

75

?	medaglia
lato	faccia

A) viso
B) perimetro
C) bronzo
D) dado
E) figura

76

anulare	orologio
polso	?

A) dito
B) mano
C) ora
D) falsa
E) vera

77

nebulosa	paragone
confronto	?

A) stella
B) discussione
C) galassia
D) metro
E) confusa

78

cocchio	?
cocchiere	auriga

A) vetturino
B) cavallo
C) carrozza
D) redini
E) calesse

79

?	fisico
fisco	australe

A) astrale
B) fischio
C) fiasco
D) Australia
E) austriaco

80

satellite	pianeta
Terra	?

A) Sole
B) spazio
C) astronave
D) Luna
E) Marte

81

gaio	zelante
?	malinconico

A) indolente
B) paterno
C) severo
D) ostile
E) felice

82

campione	?
postazione	piovra

A) risposta
B) tentacoli
C) sport
D) lavoro
E) domanda

83

ladro	testimone
?	prigione

A) arresto
B) polizia
C) tribunale
D) giuria
E) verdetto

84

extra	orgoglio
post	?

A) pazienza
B) goniometro
C) bis
D) affinché
E) gru

85

?	triangolo
trapezio	equilatero

A) scaleno
B) solido
C) quadrilatero
D) ipotenusa
E) perimetro

86

futuro	congiuntivo
andasse	?

A) andò
B) andrebbe
C) andremo
D) andassimo
E) andrà

87

volata	attese
estate	?

A) sprint
B) tempo
C) stagione
D) cronometro
E) tavola

88

fato	?
casta	fasto

A) destino
B) casa
C) lusso
D) catasta
E) tasca

89

?	sera
giorno	pasto

A) primo
B) posate
C) frutta
D) piatto
E) colazione

90

carico	stiva
mummia	?

A) sarcofago
B) piramide
C) nave
D) imbarco
E) scarico

91

tromba	corda
?	fiato

A) tamburo
B) fiore
C) giallo
D) viola
E) salto

92

ventisette	?
quadrato	cubo

A) tre
B) diciotto
C) quarantadue
D) trentaquattro
E) sedici

93

azione	effetto
?	reazione

A) attività
B) causa
C) motivo
D) risultato
E) scopo

94

proiezione	funzione
regia	?

A) attore
B) ruolo
C) film
D) logaritmo
E) base

95

?	verso
servo	nemica

A) schiavo
B) poesia
C) amica
D) cinema
E) teatro

96

filiale	finale
fine	?

A) banca
B) esito
C) figlio
D) padre
E) conto

97

vita	giro
copia	?

A) giostra
B) vista
C) svista
D) bicicletta
E) foto

98

celato	?
dubbio	manifesto

A) nascosto
B) certo
C) prelato
D) cartellone
E) perplessità

99

?	fucile
grilletto	tasto

A) cellulare
B) pistola
C) missile
D) rubrica
E) pulsante

100

secernere	servito
servire	?

A) segregato
B) serbato
C) segreto
D) secreto
E) sfinito

101

donna	lui
?	uomo

A) ella
B) essa
C) loro
D) lei
E) egli

102

oracolo	?
giuria	responso

A) causa
B) giustizia
C) vaticinio
D) verdetto
E) avvocato

103

scelta	obbligo
?	dilemma

A) imposizione
B) opzione
C) alternativa
D) legge
E) esenzione

104

arancia	olivo
oliva	?

A) aranciata
B) aranceto
C) arancio
D) frutteto
E) frutta

105

?	raffigurazione
scena	quadrivio

A) quadro
B) trivio
C) pittore
D) stile
E) incrocio

106

rapita	pirata
nave	?

A) benda
B) teschio
C) vena
D) arteria
E) abbordaggio

107

tetto	verde
sempre	?

A) archi
B) rosso
C) mai
D) casa
E) avverbi

108

documento	?
freccia	archivio

A) affare
B) arco
C) faretra
D) arciere
E) archivista

109

?	grembo
figlio	perla

A) collana
B) crostaceo
C) parto
D) madre
E) ostrica

110

pialla	fisico
fico	?

A) pila
B) fitness
C) pianta
D) falegname
E) legno

111

narcisista	fiore
?	perfezione

A) fioraio
B) vanesio
C) serra
D) vanità
E) vaso

112

larve	?
pupe	bruchi

A) ali
B) farfalle
C) crisalidi
D) insetti
E) bulli

113

scalpo	cavallo
?	scalpitare

A) scalpellare
B) scotennare
C) scalpellino
D) scuoiare
E) scalpore

114

pingue	lusso
russo	?

A) grasso
B) lingua
C) ricco
D) lingue
E) soldi

115

?	mignolo
mano	piede

A) dito
B) pollice
C) scarpa
D) alluce
E) tallone

116

coerente	corrente
fiume	?

A) armonia
B) sorgente
C) elettricità
D) conforme
E) firme

117

penna	lettera
busta	?

A) posta
B) foglio
C) inchiostro
D) francobollo
E) timbro

118

Senna	?
Parigi	fiume

A) Francia
B) Tamigi
C) Londra
D) capitale
E) Louvre

119

?	ossa
scheletro	lisca

A) pesce
B) fantasma
C) spine
D) calcio
E) teschio

120

ago	lancette
orologio	?

A) bussola
B) filo
C) cruna
D) ora
E) data

121

alzare	ignorare
?	abbassare

A) sottomettere
B) studiare
C) prorompere
D) sventolare
E) conoscere

122

reciso	?
conciso	sintetico

A) abbreviato
B) tagliato
C) riassunto
D) deciso
E) prolisso

123

chilo	metro
?	massa

A) grammo
B) lunghezza
C) peso
D) misura
E) bilancia

124

immobile	variabile
volubile	?

A) stabile
B) nuvoloso
C) mosso
D) patrimoniale
E) redditizio

125

?	rompicapo
puzzle	glamour

A) percorso
B) flirt
C) circolo
D) exploit
E) fascino

126

ospedale	indigeno
autoctono	?

A) corsia
B) giungla
C) chirurgo
D) nosocomio
E) pedonale

127

dito	collana
collo	?

A) polso
B) mano
C) unghia
D) bracciale
E) anello

128

fronte	?
legale	frontale

A) lega
B) lecito
C) legge
D) sede
E) leggero

129

?	mare
rame	orma

A) remo
B) piede
C) barca
D) ramo
E) mera

130

ahimè	interiezione
benché	?

A) esclamazione
B) congiunzione
C) avverbio
D) testé
E) preposizione

131

Umbria	lago
?	Garda

A) Trasimeno
B) Perugia
C) regione
D) Po
E) Italia

132

erede	?
rete	eredità

A) retaggio
B) reticolo
C) pesca
D) reticente
E) rètina

133

giacere	promessa
?	adagiarsi

A) voto
B) matrimonio
C) sdraiarsi
D) impegnarsi
E) giurare

134

distratto	padella
frittella	?

A) teso
B) contratto
C) attento
D) funestato
E) bidella

135

?	ideale
idoneo	disadatto

A) idea
B) concetto
C) identico
D) idolo
E) concreto

136

metonimia	lirica
sonetto	?

A) metafora
B) ode
C) poesia
D) retorica
E) metronomo

137

qualche	mio
possessivo	?

A) tuo
B) indefinito
C) dimostrativo
D) questo
E) quale

138

smalto	?
Stresa	salto

A) spesa
B) illesa
C) malto
D) stazza
E) stesa

139

?	patata
tubero	lumaca

A) fava
B) crostaceo
C) mollusco
D) cereale
E) fecola

140

sparo	fiuto
finto	?

A) pistola
B) naso
C) legame
D) spago
E) falso

141

barba	prato
?	rasoio

A) forbici
B) lametta
C) falce
D) schiuma
E) fiori

142

strike	?
fioretto	bowling

A) palla
B) offerta
C) birillo
D) scherma
E) promessa

143

cane	saldo
?	pesce

A) uccello
B) salto
C) testa
D) cena
E) capo

144

scirocco	lettera
leggera	?

A) tramontana
B) lettura
C) pesante
D) sciroppo
E) sciocco

145

?	esonero
aggravio	esilio

A) rimpatrio
B) onere
C) confino
D) esenzione
E) bando

146

acustica	botanica
biologia	?

A) scienza
B) fisica
C) meccanica
D) epistemologia
E) genetica

147

duetto	monologo
assolo	?

A) solista
B) canzone
C) concerto
D) coro
E) dialogo

148

budget	?
bersaglio	bilancio

A) mira
B) leasing
C) voce
D) target
E) vittima

149

?	pessimo
cattivo	piccolo

A) minimo
B) infimo
C) minore
D) inferiore
E) peggiore

150

dio	templi
tempio	?

A) religione
B) paganesimo
C) divinità
D) sacerdote
E) dèi

Soluzioni

1 **Risposta esatta: C**

Si tratta di un nesso alfabetico-strutturale. Sostituendo l'ultima consonante da **censo** si ottiene **cento**, così come da **trame** si ottiene **trave**.

2 **Risposta esatta: A**

Analizzando la coppia formata dalle parole **scapito** e **copista**, si può osservare che si tratta di un anagramma. Allo stesso modo anagrammando la parola torvo si ottiene la parola **trovo**.

3 **Risposta esatta: D**

La chiave di risoluzione è una sinonimia: se **presa** e **appiglio** sono sinonimi, **sponda** è sinonimo di **argine**.

4 **Risposta esatta: A**

Analizzando la coppia formata dalle parole **sterrato** e **sorretta**, si può osservare che si tratta di un anagramma. Allo stesso modo anagrammando la parola **massime** si ottiene la parola **ammessi**.

5 **Risposta esatta: E**

La chiave di risoluzione è grammaticale: se **cingere** è modo infinito, **cinta** è il suo participio passato femminile, allora **preparare** è modo infinito, **preparata** è il suo participio passato femminile.

6 **Risposta esatta: B**

Si tratta di un nesso alfabetico-strutturale. Sostituendo la quarta lettera da **svelato** si ottiene **svenato**, così come da **similare** si ottiene **simulare**.

7 **Risposta esatta: B**

Analizzando la coppia formata dalle parole **mera** e **rema**, si può osservare che si tratta di un anagramma. Allo stesso modo anagrammando la parola **marce** si ottiene la parola **crema**.

8 **Risposta esatta: B**

Analizzando la coppia formata dalle parole **apre** e **arpe**, si può osservare che si tratta di un anagramma. Allo stesso modo anagrammando la parola **aperte** si ottiene la parola **parete**.

9 **Risposta esatta: E**

Analizzando la coppia formata dalle parole **destinatario** e **mittente**, si può osservare che si tratta di una relazione tra ruoli opposti. La stessa relazione vale per **committente** e **appaltatore**.

10 **Risposta esatta: C**

La chiave di risoluzione è il rapporto parte-tutto. Come la **lancetta** è parte del quadrante, così il **ripiano** è parte della **credenza**.

11 **Risposta esatta: C**

La chiave di risoluzione è il rapporto parte-tutto. Come il **lampo** è parte del **temporale**, così il **lampone** è parte del **bosco**.

12 **Risposta esatta: B**

La chiave di risoluzione è il rapporto parte-tutto. Come l'**acino** è parte del **grappolo**, così il **timpano** è parte del **frontone**.

13 **Risposta esatta: A**

La chiave di risoluzione è una sinonimia: se **epicureo** e **gaudente** sono sinonimi, **erculeo** è sinonimo di **forzuto**.

14 **Risposta esatta: B**

La chiave di risoluzione è il rapporto parte-tutto. Come il **bracciolo** è parte della **poltrona**, così l'**anta** è parte dell'**armadio**.

15 **Risposta esatta: A**

Si tratta di un nesso alfabetico-strutturale. Sostituendo la terza lettera da **privato** si ottiene **provato**, così come da **scarto** si ottiene **scorto**.

16 **Risposta esatta: B**

La chiave di risoluzione è grammaticale: se **sottintendere** è modo infinito, **sottinteso** è il suo participio passato, allora **sottendere** è modo infinito, **sotteso** è il suo participio passato.

17 **Risposta esatta: D**

La chiave di risoluzione è il rapporto sostantivo-aggettivo. Come **notturno** è aggettivo di **notte**, così **liturgico** è aggettivo di **liturgia**.

18 **Risposta esatta: D**

La chiave di risoluzione è una sinonimia: se **decorazione** e **ornamento** sono sinonimi, **elegante** è sinonimo di **raffinato**.

19 **Risposta esatta: E**

Analizzando la coppia formata dalle parole **australe** e **boreale**, si può osservare che si tratta di una relazione tra opposti. La stessa relazione vale per **diritto** e **rovescio**.

20 **Risposta esatta: B**

La relazione è tra termini contrari. **Norma** è contrario di **anomalia** e **notabile** è contrario di **irrilevante**.

21 **Risposta esatta: D**

La chiave di risoluzione è grammaticale: se **martellare** è modo infinito, **martellato** è il suo participio passato, allora **martoriare** è modo infinito, **martoriato** è il suo participio passato.

22 **Risposta esatta: C**

La chiave di risoluzione è di tipo strutturale. Anteponendo una lettera alla parola **odio** si ottiene **sodio**. Allo stesso modo da **ritto** si ottiene **fritto**.

23 **Risposta esatta: E**

La chiave di risoluzione è una sinonimia: se **icona** e **immagine** sono sinonimi, **iconoclasta** è sinonimo di **anticonformista**.

24 **Risposta esatta: B**

La chiave di risoluzione è il rapporto parte-tutto. Come il **frate** è parte del **collegio**, così l'**avvocato** è parte dell'**ordine**.

25 **Risposta esatta: B**

La relazione è tra contenuto e contenitore. Così come la **bibita** sta in **lattina**, il **pollo** sta nella **stia**.

26 **Risposta esatta: E**

Ancora un rapporto di opposizione. **Fantomatico** ed **effettivo** hanno significato contrario; lo stesso vale per **sedentario** e **girovago**.

27 **Risposta esatta: B**

Il rapporto tra le coppie di parole è di classificazione: come il **flauto** appartiene agli strumenti musicali a **fiato**, la **lira** è uno strumento a **corda**.

28 **Risposta esatta: E**

Concordanza e **conflitto** sono opposti. Il termine da affiancare a **disarmo** è dunque un altro contrario: **riarmo**.

29 **Risposta esatta: B**

La chiave è di tipo alfabetico-strutturale. Se eliminando la consonante **c** dalla parola **corti** otteniamo **orti**, togliendo la **t** iniziale da **tramo** otteniamo **ramo**.

30 **Risposta esatta: A**

Nel lessico della geografia **continentale** e **interno** sono sinonimi, quindi il sinonimo di **litoraneo** è **costiero**.

31 **Risposta esatta: C**

La chiave di risoluzione è il rapporto parte-tutto. Come il **sillogismo** è introdotto da una **premessa**, così il **libro** è generalmente introdotto da una **prefazione**.

32 **Risposta esatta: B**

Dipanare è il contrario di **complicare**. Si tratta infatti di analogie di contrari (**perfezionare**/**danneggiare**).

33 **Risposta esatta: E**

Il criterio risolutivo è analogo a quello dell'item precedente. **Malfermo** e **stabile** sono contrari. Quindi nella seconda coppia il contrario di **malsano** è **salubre**.

34 **Risposta esatta: C**

Il rapporto tra i termini delle due coppie è di parte-tutto. Il **transetto** è un elemento della **chiesa**, il **prelato** è un componente del **sinodo**, cioè l'assemblea dei vescovi e dei cardinali.

35 **Risposta esatta: B**

L'aggettivo **labiale** deriva da **labbra**, come l'aggettivo **terminale** deriva da **termine**.

36 **Risposta esatta: B**

Il rapporto tra i termini delle due coppie è di parte-tutto. L'**ape** fa parte di uno **sciame**, proprio come l'**isola** fa parte di un **arcipelago**.

37 Risposta esatta: B

Anche qui il rapporto è di parte-tutto. Lo **scuro** è una parte della **finestra** che, nelle abitazioni di un tempo, copriva i vetri delle finestre per non far passare la luce. La **tassa** riguarda l'**erario**, cioè il fisco.

38 Risposta esatta: C

Si tratta nuovamente di una relazione parte-tutto. La **postilla** è parte di un **atto notarile**; l'**attore**, in teatro, fa parte di una **compagnia**.

39 Risposta esatta: A

La chiave è di tipo morfologico-grammaticale. Il pronome riflessivo riferito al pronome personale **ella** è **si**.

40 Risposta esatta: D

Il nesso logico mette in relazione la professione con il luogo dove viene esercitata. Come il **pilota** si mette alla prova sul **circuito** automobilistico, così il **domatore** si cimenta con gli animali nel **circo**.

41 Risposta esatta: D

Come nella prima coppia **cereo** è un aggettivo derivato dal sostantivo **cera**, così nella seconda **cinereo** è un derivato di **cenere**.

42 Risposta esatta: A

La chiave consiste nella relazione parte-tutto. Il **militare** è un componente dell'**esercito**, come il **prelato** lo è della **Chiesa**.

43 Risposta esatta: C

Come lo **spagnolo** è un **iberico**, così il **lusitano** è un **portoghese**, dal nome di un'antica regione iberica corrispondente pressappoco all'attuale Portogallo.

44 Risposta esatta: A

Tra l'aggettivo **automatico** e il sostantivo **automatismo** c'è la stessa relazione esistente tra **immobile** e **immobilismo**.

45 Risposta esatta: B

Si tratta di contrari. Come **leggero** è il contrario di **greve**, **gracile** è il contrario di **nerboruto**.

46 Risposta esatta: E

La chiave è di tipo alfabetico-strutturale. Da entrambi i termini, eliminando una lettera, si ottiene un'altra parola di senso compiuto: **remo / reo, trauma / trama**.

47 Risposta esatta: C

Altro e **stesso** sono contrari. Contrario di **uguale** è dunque **dissimile**.

48 Risposta esatta: B

Analogamente a quanto osservato nell'item precedente, **bolso** ha significato opposto a quello di **energico**, così come **boreale** e **australe** sono contrari, poiché indicano i due emisferi opposti del globo terrestre.

49 Risposta esatta: A

Scettico è il contrario di **credulo**, come **professionista** lo è di **dilettante**.

50 Risposta esatta: E

Ancora un nesso alfabetico-strutturale. Sostituendo la consonante iniziale, da **tremare** si ottiene **cremare**. Allo stesso modo, da **tremito** si ottiene **fremito**.

51 Risposta esatta: B

Chiave di lettura: se *reperibile* e *rintracciabile* sono sinonimi, **imputabile** è il termine che più si avvicina per significato ad *ascrivibile*.

52 Risposta esatta: B

Chiave di lettura: *botte* e *barile* sono sinonimi in quanto indicano entrambi un contenitore di sostanze liquide, quindi il sinonimo di *bottino* non può essere che **refurtiva**.

53 Risposta esatta: B

Chiave di lettura: se *curricolare* è l'aggettivo che deriva da *curricolo*, *molare* è l'aggettivo derivante dal sostantivo **mole**.

54 Risposta esatta: B

Chiave di lettura: i due elementi delle coppie appartengono uno alla serie dei numeri e l'altro a quella delle note della scala musicale, dove *re* è la seconda e **la** la sesta.

55 **Risposta esatta: B**

Chiave di lettura: permesso è il contrario di proibito; **illecito** è il contrario di legale.

56 **Risposta esatta: C**

Chiave di lettura: remare si ottiene eliminando una lettera a tremare; tentare si ottiene eliminando una lettera a **stentare**.

57 **Risposta esatta: E**

Chiave di lettura: **avrei** è un verbo di modo condizionale; **danno** è un verbo di modo indicativo.

58 **Risposta esatta: A**

Chiave di lettura: sostituendo la terza lettera di finto si ottiene fiuto; sostituendo la terza lettera di carta si ottiene **casta**.

59 **Risposta esatta: D**

Chiave di lettura: la suola è la parte della scarpa che tocca a terra; la **ruota** è la parte dell'automobile che tocca a terra.

60 **Risposta esatta: E**

Chiave di lettura: il gregge è un insieme di pecore; lo stormo è un insieme di **uccelli**.

61 **Risposta esatta: C**

Chiave di lettura: potente ha la stessa radice di potenziale; **tangente** ha la stessa radice di tangenziale.

62 **Risposta esatta: A**

Chiave di lettura: agro appartiene allo stesso campo semantico di dolce (sono aggettivi che qualificano un «sapore»); muto appartiene allo stesso campo semantico di **sordo** (sono aggettivi attinenti ai «suoni»).

63 **Risposta esatta: A**

Chiave di lettura: il riso fa parte dei cereali; le **lenticchie** fanno parte dei legumi.

64 **Risposta esatta: B**

Chiave di lettura: l'addizione è un'operazione propria dell'aritmetica; il coseno è una funzione propria della **trigonometria**.

65 **Risposta esatta: D**

Chiave di lettura: eliminando la seconda lettera di piuma si ottiene puma; eliminando la seconda lettera di giara si ottiene **gara**.

66 **Risposta esatta: C**

Chiave di lettura: nomi composti, ossia gratta + cielo = grattacielo; **cassa** + forte = cassaforte.

67 **Risposta esatta: D**

Chiave di lettura: la cornea è un particolare anatomico dell'organo della vista; il **timpano** è un particolare anatomico dell'organo dell'udito.

68 **Risposta esatta: E**

Chiave di lettura: l'inserto può essere allegato ad un giornale; il **decoder** può essere collegato ad una televisione.

69 **Risposta esatta: A**

Chiave di lettura: cupidigia è sinonimo di brama; sorte è sinonimo di **caso**.

70 **Risposta esatta: B**

Chiave di lettura: arto si ottiene eliminando la prima lettera di parto; **esso** si ottiene eliminando la prima lettera di gesso.

71 **Risposta esatta: A**

Chiave di lettura: scattare e marciare sono verbi appartenenti alla prima coniugazione; chiarire e **sparire** sono verbi appartenenti alla terza coniugazione.

72 **Risposta esatta: A**

Chiave di lettura: nomi composti, ossia bene + stare = benestare; **ferro** + via = ferrovia.

73 **Risposta esatta: C**

Chiave di lettura: tattile ha la stessa radice di tatto; **falsità** ha la stessa radice di falso.

74 **Risposta esatta: E**

Chiave di lettura: altrove è un avverbio; e è una **congiunzione**.

75 **Risposta esatta: D**

Chiave di lettura: si dice «la faccia della medaglia»; si dice «il lato del **dado**».

76 Risposta esatta: E

Chiave di lettura: l'orologio si mette al polso; la **vera** si mette all'anulare.

77 Risposta esatta: E

Chiave di lettura: confronto è sinonimo di paragone; nebulosa è sinonimo di **confusa**.

78 Risposta esatta: C

Chiave di lettura: l'auriga guida il cocchio; il cocchiere guida la **carrozza**.

79 Risposta esatta: A

Chiave di lettura: fisco si ottiene eliminando una lettera (la seconda i) da fisico; **astrale** si ottiene eliminando una lettera (la u) da australe.

80 Risposta esatta: D

Chiave di lettura: la Terra è un pianeta; la **Luna** è un satellite.

81 Risposta esatta: A

Chiave di lettura: gaio è il contrario di malinconico; zelante è il contrario di **indolente**.

82 Risposta esatta: A

Chiave di lettura: campione e piovra hanno una sillaba in comune (pio); postazione e risposta hanno una sillaba in comune (sta).

83 Risposta esatta: C

Chiave di lettura: il ladro va in prigione; il testimone va in tribunale.

84 Risposta esatta: A

Chiave di lettura: extra e post appartengono allo stesso campo semantico (prefissi); orgoglio e **pazienza** appartengono allo stesso campo semantico (tipologie caratteriali).

85 Risposta esatta: A

Chiave di lettura: il triangolo può essere equilatero; il trapezio può essere **scaleno**.

86 Risposta esatta: E

Chiave di lettura: andasse è un congiuntivo imperfetto; **andrà** è un indicativo futuro.

87 Risposta esatta: E

Chiave di lettura: attese è l'anagramma di estate; volata è l'anagramma di **tavola**.

88 Risposta esatta: B

Chiave di lettura: fato si ottiene eliminando una lettera (la s) da fasto; **casa** si ottiene eliminando una lettera (la t) da casta.

89 Risposta esatta: C

Chiave di lettura: la sera è verso la fine di un giorno; la **frutta** è verso la fine di un pasto.

90 Risposta esatta: A

Chiave di lettura: il carico è nella stiva; la mummia è nel **sarcofago**.

91 Risposta esatta: D

Chiave di lettura: la tromba è uno strumento a fiato; la **viola** è uno strumento a corda.

92 Risposta esatta: E

Chiave di lettura: ventisette è un cubo (è il cubo di 3, infatti è uguale a 3 × 3 × 3); **sedici** è un quadrato (è il quadrato di 4, infatti è uguale a 4 × 4).

93 Risposta esatta: B

Chiave di lettura: ad un'azione segue una reazione; ad una **causa** segue un effetto.

94 Risposta esatta: D

Chiave di lettura: proiezione e regia appartengono allo stesso campo semantico; funzione e **logaritmo** appartengono allo stesso campo semantico.

95 Risposta esatta: D

Chiave di lettura: servo è un anagramma di verso; nemica è un anagramma di **cinema**.

96 Risposta esatta: C

Chiave di lettura: fine e finale hanno la stessa radice; **figlio** e filiale hanno la stessa radice.

97 Risposta esatta: E

Chiave di lettura: nomi composti, ossia giro + vita = girovita; **foto** + copia = fotocopia.

98 Risposta esatta: B

Chiave di lettura: celato è il contrario di manifesto; dubbio è il contrario di **certo**.

99 Risposta esatta: A

Chiave di lettura: il grilletto è un particolare del fucile; il tasto è un particolare del **cellulare**.

100 **Risposta esatta: D**

Chiave di lettura: servito è il participio passato di servire; **secreto** è il participio passato di secernere.

101 **Risposta esatta: D**

Chiave di lettura: con un uomo si utilizza il pronome personale lui; con una donna si utilizza il pronome personale **lei**.

102 **Risposta esatta: D**

Chiave di lettura: il responso è il giudizio dell'oracolo; il **verdetto** è il giudizio della giuria.

103 **Risposta esatta: A**

Chiave di lettura: dilemma è sinonimo di scelta; obbligo è sinonimo di **imposizione**.

104 **Risposta esatta: C**

Chiave di lettura: l'oliva è il frutto dell'olivo; l'arancia è il frutto dell'**arancio**.

105 **Risposta esatta: E**

Chiave di lettura: scena è sinonimo di raffigurazione; quadrivio è sinonimo di **incrocio**.

106 **Risposta esatta: C**

Chiave di lettura: rapita è l'anagramma di pirata; nave è l'anagramma di **vena**.

107 **Risposta esatta: A**

Chiave di lettura: nomi composti, ossia sempre + verde = sempreverde; **archi** + tetto = architetto.

108 **Risposta esatta: C**

Chiave di lettura: il documento si ripone in archivio; la freccia si ripone nella **faretra**.

109 **Risposta esatta: E**

Chiave di lettura: un figlio si forma nel grembo materno; una perla si forma nell'**ostrica**.

110 **Risposta esatta: A**

Chiave di lettura: fico si ottiene eliminando la terza e la quarta lettera di fisico (la s e la seconda i); **pila** si ottiene eliminando la terza e la quarta lettera di pialla (la a e la prima l).

111 **Risposta esatta: B**

Chiave di lettura: fiore e perfezione sono sinonimi; **vanesio** e narcisista sono sinonimi.

112 **Risposta esatta: C**

Chiave di lettura: larve, pupe, bruchi e **crisalidi** sono stadi larvali.

113 **Risposta esatta: B**

Chiave di lettura: scalpitare è generalmente riferito ai cavalli; **scotennare** è generalmente riferito allo scalpo.

114 **Risposta esatta: D**

Chiave di lettura: lusso si ottiene sostituendo la prima lettera di russo; **lingue** si ottiene sostituendo la prima lettera di pingue.

115 **Risposta esatta: D**

Chiave di lettura: il mignolo è un dito della mano; l'**alluce** è un dito del piede.

116 **Risposta esatta: E**

Chiave di lettura: corrente si ottiene sostituendo la terza lettera di coerente; **firme** si ottiene sostituendo la terza lettera di fiume.

117 **Risposta esatta: C**

Chiave di lettura: la lettera è nella busta; l'**inchiostro** è nella penna.

118 **Risposta esatta: D**

Chiave di lettura: la Senna è un fiume; Parigi è una **capitale**.

119 **Risposta esatta: C**

Chiave di lettura: lo scheletro è costituito da ossa; la lisca è costituita da **spine**.

120 **Risposta esatta: A**

Chiave di lettura: l'orologio ha le lancette; la **bussola** ha l'ago.

121 **Risposta esatta: E**

Chiave di lettura: alzare è il contrario di abbassare; ignorare è il contrario di **conoscere**.

122 **Risposta esatta: B**

Chiave di lettura: conciso è il sinonimo di sintetico; reciso è il sinonimo di **tagliato**.

123 Risposta esatta: B

Chiave di lettura: il chilo è l'unità di misura della massa; il metro è l'unità di misura della **lunghezza**.

124 Risposta esatta: A

Chiave di lettura: volubile è sinonimo di variabile; immobile è sinonimo di **stabile**.

125 Risposta esatta: E

Chiave di lettura: puzzle è sinonimo di rompicapo; glamour è sinonimo di **fascino**.

126 Risposta esatta: D

Chiave di lettura: autoctono è sinonimo di indigeno; ospedale è sinonimo di **nosocomio**.

127 Risposta esatta: E

Chiave di lettura: la collana si mette in corrispondenza del collo; l'**anello** si mette in corrispondenza di un dito.

128 Risposta esatta: C

Chiave di lettura: fronte e frontale hanno la stessa radice; **legge** e legale hanno la stessa radice.

129 Risposta esatta: D

Chiave di lettura: mare è l'anagramma di rame; orma è l'anagramma di **ramo**.

130 Risposta esatta: B

Chiave di lettura: ahimé è un'interiezione; benché è una **congiunzione**.

131 Risposta esatta: C

Chiave di lettura: il Garda è un lago; l'Umbria è una **regione**.

132 Risposta esatta: B

Chiave di lettura: erede e eredità appartengono allo stesso campo semantico; rete e **reticolo** appartengono allo stesso campo semantico.

133 Risposta esatta: A

Chiave di lettura: giacere è sinonimo di adagiarsi; promessa è sinonimo di **voto**.

134 Risposta esatta: B

Chiave di lettura: sia frittella che padella terminano in ella; sia distratto che **contratto** terminano in atto.

135 Risposta esatta: E

Chiave di lettura: idoneo è il contrario di disadatto; **concreto** è il contrario di ideale.

136 Risposta esatta: A

Chiave di lettura: sonetto e lirica appartengono allo stesso campo semantico (sono componimenti poetici); metonimia e **metafora** appartengono allo stesso campo semantico (sono figure retoriche).

137 Risposta esatta: B

Chiave di lettura: mio è un aggettivo possessivo; qualche è un aggettivo **indefinito**.

138 Risposta esatta: E

Chiave di lettura: salto si ottiene da smalto eliminando una lettera (la m); **stesa** si ottiene da Stresa eliminando una lettera (la r).

139 Risposta esatta: C

Chiave di lettura: la patata è un tubero; la lumaca è un **mollusco**.

140 Risposta esatta: D

Chiave di lettura: fiuto si ottiene da finto, sostituendo una lettera (la n); **spago** si ottiene da sparo sostituendo una lettera (la r).

141 Risposta esatta: C

Chiave di lettura: la barba si taglia con il rasoio; il prato si taglia con la **falce**.

142 Risposta esatta: D

Chiave di lettura: strike e bowling appartengono allo stesso campo semantico; fioretto e **scherma** appartengono allo stesso campo semantico.

143 Risposta esatta: E

Chiave di lettura: nomi composti, ossia pesce + cane = pesce cane; **capo** + saldo = caposaldo.

144 **Risposta esatta: D**

Chiave di lettura: leggera si ottiene sostituendo la doppia «t» di lettera con delle «g»; **sciroppo** si ottiene sostituendo la doppia «c» di scirocco **con delle** «p».

145 **Risposta esatta: A**

Chiave di lettura: esonero è il contrario di aggravio; **rimpatrio** è il contrario di esilio.

146 **Risposta esatta: B**

Chiave di lettura: la botanica è una branca della biologia; l'acustica è una branca della **fisica**.

147 **Risposta esatta: E**

Chiave di lettura: duetto è un contrario di assolo; monologo è un contrario di **dialogo**.

148 **Risposta esatta: D**

Chiave di lettura: budget è un sinonimo di bilancio; bersaglio è un sinonimo di **target**.

149 **Risposta esatta: A**

Chiave di lettura: pessimo è il superlativo di cattivo; **minimo** è il superlativo di piccolo.

150 **Risposta esatta: E**

Chiave di lettura: templi è il plurale di tempio; **dèi** è il plurale di dio.

8
Grammatica

La grammatica è la scienza che studia e descrive la struttura di una lingua ed è costituita da tre branche fondamentali:

1. la *fonologia* (studio dei "suoni");
2. la *morfologia* (studio delle "forme");
3. la *sintassi* (studio dei "costrutti").

Le domande inerenti le conoscenze grammaticali, specie quelle di morfologia e di sintassi, sono spesso oggetto delle selezioni concorsuali. Per questo motivo è opportuno ripassare i principali argomenti della grammatica italiana, focalizzando l'attenzione soprattutto sulle nozioni schematizzate nelle *tavole sinottiche* seguenti di morfologia e sintassi.

LE PARTI DEL DISCORSO	
Le **parti del discorso** sono **nove** e si dividono in: — **variabili** (*articolo, nome, aggettivo, pronome, verbo*), così dette perché sono soggette a una *flessione*, intesa come declinazione per articoli, nomi, aggettivi, pronomi e come *coniugazione* per i verbi; — **invariabili** (*avverbio, preposizione, congiunzione, interiezione*), così dette perché non cambiano mai la loro forma.	
Parti variabili	**Parti invariabili**
Articolo: *il, la, lo, un, una etc.*	**Avverbio**: *velocemente, lentamente, presto, tardi, bene, male etc.*
Nome: *ragazzo, ragazzi, ragazza, ragazze, cane, cani etc.*	**Preposizione**: *di, a, da, in, con etc.*
Aggettivo: *bello, bella, belle, belli, gradevole, gradevoli etc.*	**Congiunzione**: *perché, quando, ma, se etc.*
Pronome: *io, tu, loro, voi, ognuno, ognuna etc.*	**Interiezione**: *Oh! Ahi! Ahimè! Uffa! etc.*
Verbo: *parlo, parli, parlavi, parlammo etc.*	

L'ARTICOLO

È la parte **variabile** del discorso che **precede il nome** indicandone il genere e il numero. Può precedere anche un'altra parte del discorso, che assume valore di sostantivo (*Il troppo storpia*). Gli articoli si dividono in **determinativi**, **indeterminativi** e **partitivi**.

L'articolo determinativo:

indica cose, persone o animali **determinati**	**il, i**	davanti a nomi maschili che cominciano per consonante (*il libro*; *i ragazzi*)
	lo, gli	davanti a nomi maschili che cominciano per *x, z, gn, ps, pn, s impura* (*lo studente*; *lo zaino*)
	la, le	davanti a nomi femminili che cominciano per consonante (*la casa; le forchette*)
	l'	davanti a nomi maschili e femminili inizianti per vocale; infatti *l'* deriva dall'elisione di *lo* e *la* (*l'albero; l'amaca*)

L'articolo indeterminativo:

indica cose, persone o animali **in modo generico**	**un**	davanti a nomi maschili comincianti per vocale o consonante (*un eroe*; *un pacco*)
	uno	davanti a nomi maschili inizianti per *x, z, gn, ps, pn, s impura* (*uno gnomo; uno stratega*)
	una	davanti a nomi femminili che cominciano per consonante (*una bandiera*; *una carezza*)
	un'	davanti a nomi femminili comincianti per vocale (*un'amica*; *un'inezia*)

L'articolo partitivo:

indica una **parte indeterminata di un tutto**	**del - dello - della**	davanti a nomi singolari con il significato di *un po' di* (*del miele*; *dello zucchero*; *della carne*)
	dei - degli - delle	serve da plurale per l'articolo indeterminativo (*dei cuscini*; *degli elettrodomestici*; *delle coperte*)

IL NOME
È la parte **variabile** del discorso (denominata anche *sostantivo*) che indica persone, cose o animali e si può classificare rispetto a: **significato**; **genere**; **numero**; **struttura**.
Significato **Concreto**: indica qualcosa che è percepibile attraverso i sensi (*Federica*, *ruota*, *gatto*) **Astratto**: si riferisce a qualcosa che non esiste nella realtà materiale (*gioia*, *speranza*, *rabbia*) **Comune**: indica genericamente una persona, un animale o una cosa (*fratello*, *cavallo*, *dado*) **Proprio**: scritto con l'iniziale maiuscola, indica precisamente una persona, un animale o una cosa ben distinta da tutti gli altri della medesima specie (*Sara*, *Lucky, Firenze*) **Individuale**: si riferisce a un solo individuo, un solo animale o una sola cosa (*cittadino*, *pecora*, *nave*) **Collettivo**: riguarda un insieme di persone, animali o cose della stessa specie (*popolo*, *gregge*, *flotta*)
Genere **Di genere maschile** (*il tavolo*, *il cane*, *l'egoismo*) **Di genere femminile** (*la sedia, la felicità*) **Di genere comune**: sono quei nomi che, essendo identici sia al maschile che al femminile, denotano l'appartenenza all'uno o all'altro genere solo in base all'articolo (*il nipote / la nipote*; *il musicista / la musicista*) **Di genere promiscuo**: sono quei nomi di animali che hanno solo la forma maschile o quella femminile, cosicché, quando si vuole specificare precisamente il sesso, è necessario ricorrere all'aggiunta delle parole *maschio* o *femmina* (*l'aquila / il maschio dell'aquila*; *il leopardo / la femmina del leopardo*) **Mobile**: detto così perché forma il femminile cambiando solo la desinenza (*amico/a*; *padrone/a*) **Indipendente**: presenta al femminile una forma completamente diversa dal corrispondente sostantivo maschile (*bue/mucca*; *fratello/sorella*)
Numero **Di numero singolare**: indicante una singola persona, un singolo animale o una singola cosa **Di numero plurale**: indicante due o più persone, animali o cose **Difettivi**: nomi che, essendo usati solo al singolare o al plurale, mancano di uno dei due numeri (*brio*, *fame*, *nozze*) **Sovrabbondanti**: nomi che hanno due forme (e quasi sempre anche due significati) o al singolare, o al plurale, o in tutti e due i numeri (*ginocchio/i ginocchi-le ginocchia; braccio/i bracci-le braccia*) **Invariabili o indeclinabili**: sostantivi che restano uguali in entrambi i numeri (*il re/i re*; *la crisi/ le crisi*)
Struttura **Primitivi**: detti così perché non derivano da nessun altro nome; contengono solo una radice e una desinenza (*carta*) **Derivati**: si formano aggiungendo un prefisso o un suffisso alla radice del nome primitivo da cui derivano, rispetto al quale si differenziano completamente nel significato (*cartella*) **Alterati**: nomi il cui significato è parzialmente modificato attraverso l'aggiunta di un suffisso; si distinguono in: — **diminutivi** (ombrellino, alberello, bacetto) — **vezzeggiativi** (passerotto, amoruccio, peluzzo) — **accrescitivi** (bambinone, omaccione, furbacchione) — **dispregiativi o peggiorativi** (monellaccio, giovinastro, poetucolo, gentaglia) **Composti**: nomi che si ottengono dall'unione di due parole (per es. nome + nome: *pescecane*; nome + aggettivo: *cassaforte;* verbo + nome: *grattacielo* etc.)

L'AGGETTIVO

È la parte **variabile** del discorso che si aggiunge a un nome per meglio **determinarlo** o per **indicarne una qualità. Concorda in genere e numero col nome al quale si accompagna** (*un ordine perentorio*; *le limpide acque*).
A seconda della **funzione** che svolgono, gli aggettivi si suddividono, in generale, in due grandi categorie: **aggettivi qualificativi** e **aggettivi determinativi**.

Aggettivi qualificativi

Esprimono una qualità o una condizione del nome a cui si riferiscono (*alto, basso, grasso etc.*).

In base alla **struttura** possono essere:

primitivi: non derivano da alcuna parola (*antico*)
derivati: derivano da sostantivi o da verbi con l'aggiunta dei suffissi *-ale*, *-are*, *-evole*, *-abile*, *-ibile*, *-ile* etc. (*venale*, *adorabile*, *lodevole*, *costoso*)
composti: risultano dall'unione di due aggettivi primitivi (*variopinto*, *angloamericano*)
alterati: derivano da un aggettivo primitivo con l'aggiunta dei suffissi *-accio*, *-astro*, *-ello*, *-etto*, *-ino*, *-occio*, *-uccio* etc. (*rossastro*, *furbetto*)

Possono presentare tre **gradazioni**:

grado positivo: indica una qualità del nome a cui si riferisce, senza esprimere alcuna misura o confronto (*Marco è studioso*)
grado comparativo: stabilisce un paragone tra due termini e può assumere la forma di:
— **comparativo di maggioranza** (Federica è più bella di Camilla)
— **comparativo di uguaglianza** (Sara è tanto bella quanto Federica)
— **comparativo di minoranza** (Camilla è meno bella di Federica)
grado superlativo: indica una qualità espressa al massimo grado e può assumere la forma di:
— **superlativo assoluto** (quel ragazzo è altissimo)
— **superlativo relativo** (il più bravo della classe)

Aggettivi determinativi

Servono a precisare meglio determinati aspetti del nome al quale si riferiscono, come l'appartenenza, la quantità, la vicinanza nel tempo o nello spazio etc.

Si distinguono in:

possessivi: precisano l'appartenenza del nome a cui si riferiscono (*la tua penna*; *i nostri quaderni*)
dimostrativi: determinano la posizione di ciò che espresso dal nome nel tempo e nello spazio (*questo quaderno, quella sedia, presso codesto ufficio*)
identificativi: si usano per esprimere l'identità tra due o più cose (*la stessa scuola*, *la medesima classe*)
indefiniti: indicano una quantità o una qualità in modo indeterminato (*alcuno*, *altro*, *nessuno*, *qualche*, *ogni*, *qualsiasi* etc.)
interrogativi ed esclamativi: introducono una domanda o un'esclamazione, relativa a una determinata quantità o qualità (*Che bevanda preferisci?*; *Quante domande fai!*)
numerali: indicano una quantità o l'ordine in maniera determinata (*tre volte*, *al primo posto*, *due quinti dei condomini etc.*)

IL PRONOME

È la parte **variabile** del discorso che **sostituisce** il nome o altro componente o anche un'intera frase, per evitarne la ripetizione (*Incontrai Maria e seppi da lei [= da Maria] che i nostri amici erano partiti*; *Sapevi che Miriam avrà presto un fratellino? No, non lo [= che Miriam...] sapevo!*).

Pronomi personali: sostituiscono un nome di persona, sia esso proprio o comune.
Pronomi di 1ª persona, indicanti la persona o le persone che parlano:
— per il singolare: **io, me, mi**
— per il plurale: **noi, ce, ci**
Pronomi di 2ª persona, indicanti la persona o le persone alle quali si parla:
— per il singolare: **tu, te, ti**
— per il plurale: **voi, ve, vi**
Pronomi di 3ª persona, indicanti la persona o le persone delle quali si parla:
— per il singolare: **egli, esso, lo, gli, lui, ne, sé, si**; **ella, essa, la, le, lei, ne, sé, si**
— per il plurale: **essi, loro, li, ne, sé, si**; **esse, loro, le, ne, sé, si**

Pronomi possessivi: indicano il possessore di ciò di cui si sta parlando e hanno le stesse forme degli aggettivi possessivi, dai quali si differenziano per il fatto che, anziché accompagnare il nome al quale si riferiscono, lo sostituiscono: *La tua* (agg.) *auto è vecchia, la mia* (pron.) *è nuova*.

Pronomi dimostrativi: indicano una persona o una cosa che essi stessi sottintendono, precisando, contemporaneamente, se sia vicina o lontana (nello spazio o nel tempo) rispetto a chi parla o a chi ascolta (**questo**, **questa**, **questi**, **queste**; **quello**, **quella**, **quelli**, **quelle**; **codesto**, **codesta**, **codesti** etc.)

Pronomi relativi: sostituiscono un nome o altra parte del discorso mettendo in relazione due diverse proposizioni.
Tali sono:
Che: invariabile, viene adoperato in funzione di soggetto e di complemento oggetto (*Trovo davvero rilassante la musica che ascolti; Ho particolarmente gradito il regalo che mi hai fatto*)
Il quale: variabile, può essere usato sia come soggetto che come complemento indiretto (*A vincere la gara è stata una ragazza, la quale ha appena sedici anni; Ho rivisto amici dei quali non avevo più notizie*)
Cui: invariabile, non è mai soggetto, bensì sempre complemento (*Ti do un consiglio di cui mi ringrazierai*)
Chi: invariabile, si può usare sia come soggetto che come complemento (*Non posso fidarmi di chi mi ha già tradito una volta*)
Chiunque (= qualsiasi persona) e **checché** (= qualsiasi cosa): sono invariabili e si usano solo al singolare (*Chiunque abbia da dire qualcosa, lo faccia adesso; Checché ne pensino gli altri, faremo di testa nostra*)

Pronomi indefiniti e identificativi: i primi fanno le veci di persone, animali o cose in modo vago e indeterminato (*Qualcuno sta bussando alla porta*; *Nessuno può amare la guerra*); i secondi esprimono l'identità del nome che sostituiscono rispetto a un altro (*Hai una borsa molto carina, mi piacerebbe comprare la stessa)*

Pronomi interrogativi ed esclamativi: i primi fanno le veci di un nome di persona o di cosa in una proposizione interrogativa, i secondi in una proposizione esclamativa (*Chi mi chiama?*; *Che hai detto?*; *Quanti sono gli assenti?*; *Chi si vede!*)

IL VERBO

È la parte **variabile** del discorso che contiene **informazioni circa l'azione**, lo stato, il modo di essere, o l'esistenza del soggetto della frase. Il verbo consente di riconoscere il **modo** in cui un'azione viene presentata, ovvero se si tratta di un'opinione, un fatto, un'ipotesi, una certezza, un comando, un'esortazione etc. e il **tempo** in cui avviene l'azione (presente, passato etc.).

Coniugazione

1ª coniugazione →verbi che all'infinito presente escono in **-are** (*cantare*, *aiutare*, *lavorare* etc.)
2ª coniugazione →verbi che all'infinito presente escono in **-ere** (*vedere*, *temere*, *crescere* etc.)
3ª coniugazione → verbi che all'infinito presente escono in **-ire** (*udire*, *partire*, *dormire* etc.)

I due verbi **essere** e **avere**, detti **ausiliari**, hanno **coniugazione propria**.

Verbi difettivi: si dicono così i verbi la cui coniugazione risulta incompleta, poiché mancano di numerose voci (che non esistono o sono cadute in disuso), per sostituire le quali si ricorre a verbi di significato affine
Verbi sovrabbondanti: verbi che, pur avendo un'unica radice, hanno due coniugazioni; in alcuni casi mantengono lo stesso significato in entrambe, in altri mutano di significato a seconda della coniugazione
Verbi irregolari: in alcuni tempi e modi, sia per la radice che per la desinenza, si distaccano dallo schema tipico della coniugazione alla quale appartengono.

Significato

Transitivi: verbi indicanti un'azione che passa direttamente dal soggetto su un oggetto (*Mario usa il computer*)
Intransitivi: verbi indicanti un'azione compiuta in se stessa, che resta, cioè, limitata al soggetto che la compie (*La pecora bela*), oppure un'azione che lega il soggetto a un complemento indiretto (*Domani andrò a Roma*)

Forma

Attiva: il verbo indica un'azione compiuta dal soggetto (*Luca legge il giornale*)
Passiva: il verbo indica un'azione subita dal soggetto (*Il giornale è letto da Luca*). Da ricordare che possono avere forma passiva **solo i verbi transitivi**
Riflessiva: esprime un'azione che, compiuta dal soggetto, ritorna o si riflette su di esso (*Mi vesto = vesto me stesso*). I *verbi riflessivi* possono anche essere **apparenti**, quando l'azione compiuta dal soggetto non ricade direttamente su di esso, ma su un "oggetto" che gli appartiene (*Luisa si pettina i capelli*); **reciproci**, quando due o più soggetti compiono e subiscono reciprocamente l'azione (*I pugili si picchiano sul ring*); **pronominali**, con riferimento a quei verbi (come *dolersi*, *accorgersi*, *vergognarsi* etc.), tutti intransitivi, in cui la particella pronominale è parte integrante del verbo (*Ora mi accorgo di aver preso un abbaglio*)
Impersonale: forma propria di quei verbi che non hanno un soggetto determinato e vengono adoperati solo alla terza persona singolare. Tali sono, in particolare, i verbi indicanti fenomeni atmosferici

Funzione
Ausiliari: sono *essere* e *avere* e, unendosi al participio passato del verbo, servono a formare i tempi composti; possono essere usati anche con valore assoluto **Servili**: possono essere adoperati non solo nel significato proprio, ma soprattutto per "servire" un altro verbo all'infinito, del quale modificano il significato (*volere*, *dovere* etc.) **Fraseologici**: si uniscono, attraverso preposizioni semplici, ai modi indefiniti e servono a precisare un aspetto dell'azione (*incominciare*, *smettere*, *continuare* etc.).

L'AVVERBIO	
È la parte **invariabile** del discorso che serve a modificare e a precisare meglio il significato di un verbo, di un aggettivo, o di un altro avverbio. In base al loro significato gli avverbi si distinguono in due gruppi: — **qualificativi**, più noti come **avverbi di modo**; — **determinativi**, comprendenti gli *avverbi di luogo, di tempo, di quantità, di valutazione, interrogativi ed esclamativi*.	
Avverbi di modo	**Avverbi determinativi**
Arricchiscono il significato dell'aggettivo cui si riferiscono (*È un libro* ***particolarmente*** *interessante*) o specificano il modo in cui avviene un'azione (*Parlava* ***piano***). Molti di essi si formano aggiungendo il suffisso *-mente* alla forma femminile del corrispondente aggettivo qualificativo (*precisa*: *precisamente*). Altri si ottengono utilizzando in maniera invariabile la forma maschile dell'aggettivo qualificativo (*Andava forte*), altri, ancora, si ricavano dai sostantivi, aggiungendo alla loro radice il suffisso *-oni* (*Cadde bocconi*). Gli avverbi di modo si possono costruire anche nella **forma comparativa o superlativa**.	**Avverbi di luogo**: indicano il luogo dove si svolge l'azione o dove ci si trova (*accanto*, *altrove*, *qui*, *qua*, *lì*, *là*, *dove*, *ovunque*, *dappertutto*, *dentro*, *innanzi*, *davanti*, *dietro*, *vicino*, *lontano*, *sotto*, *sopra* etc.) **Avverbi di tempo**: indicano il tempo in cui si svolge l'azione espressa dal verbo (*adesso*, *ora*, *allora*, *prima*, *oggi*, *ieri*, *presto*, *tardi*, *poi*, *ancora*, *domani*, *mai* etc.) **Avverbi di quantità**: indicano una quantità indeterminata (*poco*, *molto*, *assai*, *troppo*, *niente*, *più*, *meno*, *affatto*, *alquanto*, *parecchio* etc.) **Avverbi di valutazione**: si distinguono a loro volta in avverbi di: — **affermazione**: sì, certo, certamente, sicuro, indubbiamente, appunto etc. — **negazione**: no, non, mai, giammai, né (= e non), neppure, nemmeno, neanche etc. — **dubbio**: forse, eventualmente, probabilmente, quasi etc. **Avverbi interrogativi ed esclamativi**: introducono, rispettivamente, una domanda e un'esclamazione (*Come stai? Come sei bello!*)

LA PREPOSIZIONE

È la parte **invariabile** del discorso che si premette a un nome, un pronome, un aggettivo, un avverbio o un verbo di modo infinitivo per legare tra loro le diverse parti di una frase.

Preposizioni proprie

Vengono dette così perché svolgono unicamente la funzione di preposizione. Si distinguono in:

- **preposizioni semplici**, che sono in tutto nove: *di, a, da, in, con, su, per, tra, fra*;
- **preposizioni articolate**, che si formano unendo le preposizioni semplici con gli articoli determinativi.

di:	+ il = ***del***	+ lo = ***dello***	+ la = ***della***	+ i = ***dei***	+ gli = ***degli***	+ le = ***delle***
a:	+ il = ***al***	+ lo = ***allo***	+ la = ***alla***	+ i = ***ai***	+ gli = ***agli***	+ le = ***alle***
da:	+ il = ***dal***	+ lo = ***dallo***	+ la = ***dalla***	+ i = ***dai***	+ gli = ***dagli***	+ le = ***dalle***
in:	+ il = ***nel***	+ lo = ***nello***	+ la = ***nella***	+ i = ***nei***	+ gli = ***negli***	+ le = ***nelle***
su:	+ il = ***sul***	+ lo = ***sullo***	+ la = ***sulla***	+ i = ***sui***	+ gli = ***sugli***	+ le = ***sulle***
con:	+ il = ***col***			+ i = ***coi***		

Preposizioni improprie

Vengono dette così perché possono fungere sia da preposizioni, sia da altre parti del discorso. Tali sono, ad esempio: *su*, *prima*, *dopo*, *verso*, *durante*, *sotto*, *sopra*, *presso*, *oltre*, *lungo* etc. (*L'auto si è fermata lungo il ciglio della strada*).

Locuzioni prepositive

Sono denominati così quei gruppi di parole che, nel contesto del discorso, svolgono la medesima funzione delle preposizioni. Ad esempio: *a causa di*, *in mezzo a*, *in cima a*, *alla volta di*, *invece di* etc. (*Il mare si agita a causa di un forte vento*).

LA CONGIUNZIONE

È la parte **invariabile** del discorso che **congiunge** fra loro due parole di una frase o due proposizioni (*Aveva fame e sete*; *Sono felice che tu sia tornato*). Le congiunzioni si distinguono in base alla **forma** e alla **funzione**.

Forma

Semplici: sono formate da un'unica parola (*e*, *o*, *che*, *ma*, *né*, *mentre* etc.)
Composte: sono costituite da più parole unite insieme (*affinché*, *perché*, *benché* etc.)
Locuzioni congiuntive: sono formate da un gruppo di parole separate (*anche se*, *in quanto che*, *di modo che*, *ammesso che* etc.)

Funzione

Coordinanti: congiungono due parti di una proposizione o due proposizioni che hanno la stessa importanza nel periodo (*Non ha voluto né mangiare né bere*). Si suddividono in:

- **copulative affermative**: e, eppure, pure, anche, inoltre, altresì, parimenti, perfino etc. (*Amo viaggiare e fare sport*)
- **copulative negative**: né, neanche, neppure, nemmeno etc. (*Non lo dirò a nessuno, neppure a mio fratello*)
- **disgiuntive**: o, ovvero, oppure, altrimenti, ossia etc. (*O con noi o contro di noi*)
- **avversative**: ma, anzi, però, tuttavia, nondimeno, peraltro, del resto etc. (*Hai fatto molto, ma non abbastanza*)
- **dichiarative o esplicative**: cioè, ossia, infatti, difatti etc. (*È un bravo avvocato, infatti vince quasi tutte le cause*)
- **conclusive**: dunque, quindi, pertanto, perciò, allora, ebbene etc. (*Ha commesso un reato, dunque è giusto punirlo*)
- **correlative**: e ... e, o ... o, sia ... sia, né ... né, come ... così, tanto ... quanto, quale ... tale etc. (*Le verdure mi piacciono sia crude sia cotte*)

Subordinanti: congiungono due proposizioni in modo tale da stabilire fra di esse un rapporto di dipendenza, ovvero di subordinazione (*Porterò con me l'ombrello, benché non piova ancora*). Si distinguono in:

- **dichiarative**: che, usato per spiegare il significato di una parola precedente (*Sono sicuro che supererai l'esame*)
- **causali**: perché, giacché, poiché etc. (*Conosco Giulia, perché mi è stata presentata poco tempo fa*)
- **finali**: affinché, acciocché, perché etc. (*Ti regalo questa borsa affinché tu possa usarla ogni volta che vuoi*)
- **temporali**: quando, allorché, mentre, come, finché etc. (*Non è bene parlare mentre si mangia*)
- **condizionali**: se, qualora, purché etc. (*Ti starò sempre vicino, se lo vorrai*)
- **consecutive**: sì ... che, così ... che, tanto ... che etc. (*È così buono che non farebbe del male a nessuno*)
- **concessive**: quantunque, sebbene, nonostante, benché etc. (*È andato tutto bene, sebbene le condizioni fossero avverse*)
- **modali**: come, come se, siccome, comunque, quasi etc. (*Ho fatto come tu* volevi)
- **eccettuative**: tranne che, fuorché, eccetto che, a meno che etc. (*Dovrebbe essere qui a momenti, a meno che il treno non sia in ritardo*)
- **dubitative**: se (*Quest'anno non so se festeggerò il Natale a casa*)
- **interrogative**: perché, come etc. (*Chiesi loro come fossero arrivati fin qui*)
- **comparative**: come ... così, tanto ... quanto, più ... che, piuttosto ... che (*Preferisco andare al ristorante, piuttosto che cucinare*)

L'INTERIEZIONE O ESCLAMAZIONE

È la parte **invariabile** del discorso con cui si **esprimono sentimenti** di meraviglia, collera, dolore, allegria etc. Alcune interiezioni esprimono univocamente dubbio (*mah!*), dolore (*ahi!*), disgusto (*puah!*) e così via, mentre altre possono esprimere più di uno stato d'animo, come *oh* e *ah*, utilizzabili per indicare sia espressioni di sorpresa, di meraviglia (*Oh, che paesaggio incantevole!*), sia esclamazioni di dolore, rammarico, rimpianto (*Oh, quanto mi dispiace!*).

Interiezioni proprie

Sono dette così perché svolgono unicamente la funzione di interiezioni. Si distinguono a loro volta in:

— **semplici**: sono costituite da un'unica parola (*oh!*, *ah!*, *eh!*, *via!*, *mah!*, *puah!* etc.);
— **composte**: sono formate da due parole unite insieme (*suvvia!*, *ohimè!*, *ahimè!*, *orsù!* etc.).

Interiezioni improprie

Sono costituite da nomi, aggettivi, avverbi adoperati in funzione di interiezione (*maledizione!*, *misericordia!*, *bravo!* etc.).

Locuzioni esclamative

Corrispondono a quei gruppi di parole utilizzati in funzione di vere e proprie esclamazioni (*per carità!*, *per amor di Dio!*, *che meraviglia!*, *che noia!*, *povero me!* etc.).

GLI ELEMENTI DELLA FRASE SEMPLICE	
La frase è l'unità sintattica compresa fra due segni d'interpunzione forti (punto, punto e virgola, due punti) ed è retta da un verbo. Si distinguono due tipi di frase: **frase semplice o *proposizione***, costituita da due elementi di base: il soggetto e il predicato (quest'ultimo inteso come un verbo di modo finito che esprime l'azione compiuta o subita dal soggetto); **frase complessa o *periodo***, costituita da tante proposizioni quanti sono i verbi.	
Il soggetto	È la persona, l'animale o la cosa di cui si parla. In una frase il soggetto può essere anche: — più di uno (*Luca, Giacomo e Roberto vanno al cinema*) — sottinteso (*Siete convinti?*) — collocato dopo una o più parole, oppure alla fine della frase (*Arrivò un'ambulanza dall'ospedale; Silenziosa cala la sera)* — formato da un nome preceduto dalla preposizione *di* con valore partitivo (*Degli* [= *Alcuni*] *sconosciuti si presentarono all'appuntamento*), dando luogo al cosiddetto "soggetto partitivo" — costituito da una qualsiasi altra parte del discorso, come un pronome, un aggettivo sostantivato, un verbo, un avverbio etc. (*Divertirsi fa bene*; *Il giallo è un bel colore*)
Il predicato	***Il predicato verbale*** Corrisponde a qualsiasi forma verbale (attiva, passiva, riflessiva) che esprima senso compiuto. I verbi servili e fraseologici (*solere*, *volere*, *dovere*, *stare*, *riuscire a*, *andare a* etc.) costituiscono, insieme con l'infinito o con il gerundio che li accompagna, un unico predicato verbale (*Devi andare a casa* = *Va' a casa*).
	Il predicato nominale È costituito da una qualunque parte del discorso (nome, pronome, aggettivo etc.) legata al soggetto da una voce del verbo *essere*, detta *copula*. La parte non verbale viene denominata *parte nominale* o *nome del predicato*. Ad esempio, nella frase *L'oro è costoso*: *L'oro* = soggetto; *è costoso* = predicato nominale (di cui: *è* = copula; *costoso* = parte nominale).
L'attributo	È un aggettivo che si accompagna a un nome per meglio determinarlo o per attribuirgli una certa caratteristica. Ogni attributo può precedere o seguire il nome a cui si accompagna e può riferirsi sia al soggetto sia a un complemento.
L'apposizione	È un sostantivo che si unisce (si «appone») a un altro sostantivo per meglio determinarlo. Oltre ad essere collegata direttamente al nome a cui si riferisce (*Il poeta Virgilio celebrò le origini di Roma*), l'apposizione si può anche collocare tra due virgole (*Mio padre, medico, ha frequentato l'università*), oppure può essere congiunta al nome mediante le locuzioni *per*, *come*, *a*, *da*, *in qualità di*, *quale* etc. (*Quel politico, in qualità di assessore, si è rivelato poco capace*).

I PRINCIPALI COMPLEMENTI			
Si tratta degli elementi che completano il senso di una frase semplice (formata, cioè, solo da soggetto e predicato). Un complemento si dice *diretto* quando è «direttamente» unito al verbo, senza bisogno di preposizioni. Nella lingua italiana l'unico complemento diretto è il complemento oggetto (*Mangio pasta*). Si dicono, invece, *indiretti* i complementi che si legano al verbo tramite una preposizione (*Vado a casa*). Sono denominati complementi *avverbiali*, infine, quelli espressi mediante avverbi (*Il capitano rimproverò aspramente i soldati*).			
COMPLEMENTO	**È retto dalla preposizione o dalle locuzioni prepositive**	**Risponde alla domanda**	**Esempio**
Oggetto	non è retto da alcuna preposizione	chi? che cosa?	*Chiara mangia* ***la frutta****.*
Oggetto partitivo	*di* (semplice e/o articolata)	chi? che cosa?	*Ho comprato* ***dei dolcetti*** *buonissimi!*
Specificazione	*di* (semplice e/o articolata)	di chi? di che cosa?	*Il cane* ***di Sofia*** *ha un buon carattere.*
Denominazione	*di*	di quale nome?	*Il lago* ***d'Averno*** *ha un'origine vulcanica.*
Termine	*a* (semplice o articolata)	a chi? a che cosa?	*Ho regalato un libro* ***a mia sorella****.*
Mezzo (o strumento)	*in, con, di, mediante, attraverso, tramite*	per mezzo di chi? per mezzo di che cosa?	*Vado a scuola* ***in autobus****.*
Modo (o maniera)	*in, con, di, da, per, secondo*	come? in che modo? in che maniera?	*Partecipammo tutti* ***con entusiasmo****.*
Causa	*per, di, a, da, con*	a causa di chi? a causa di che cosa?	*Fiorella piange* ***di gioia****.*
Causa efficiente	*da* (semplice o articolata)	da che cosa?	*Il palco è illuminato* ***dai riflettori****.*
Agente	*da* (semplice o articolata)	da chi?	*Fu arrestato* ***dai gendarmi****.*
Fine (o scopo)	*per, in, a, da, di*	per quale scopo?	*Voglio comprare un nuovo costume* ***per il mare****!*
Compagnia	*con, in compagnia di, insieme con*	con chi?	*Andrò in vacanza* ***insieme con Lorenzo****.*

Segue

COMPLEMENTO	È retto dalla preposizione o dalle locuzioni prepositive	Risponde alla domanda	Esempio
Unione	*con, in compagnia di, insieme con*	con che cosa?	*Esco sempre* ***con il mio nuovo iPod****.*
Qualità	*di, a, da, con* (semplici o articolate)	di che qualità? di che tipo?	*Chi è quella bambina* ***dai capelli biondi****?*
Limitazione	*di, a, da, in, per, secondo, in quanto a, in fatto di, rispetto a*	limitatamente a che cosa? rispetto a chi, a che cosa?	***Secondo Isabella****, tu sei molto più bravo.*
Materia	*di, a, da, con* (semplici o articolate)	di che qualità? di che tipo?	*La chiesa aveva grandi colonne* ***di marmo****.*
Argomento	*di, su* (semplici o articolate), *circa, intorno a*	di chi? di che cosa? su chi? su che cosa? intorno a chi? intorno a che cosa?	*Mia figlia Chiara ha scritto un libro* ***di astronomia****.*
Abbondanza	*di* (semplice o articolato)	di che cosa è pieno?	*È un ragazzo ricco* ***di iniziativa****.*
Privazione	*di, senza* (semplici o articolate)	di che cosa è privo?	Il presidente fu privato ***di ogni credibilità***.
Paragone	*di, a* (semplici o articolate), *che, quanto, come*	(meno o più) di chi? di che cosa? come chi? come che cosa?	*Barbara dorme* ***come un ghiro****.*
Età	*di, a, su, intorno a, all'età di, in età di*	a che età? a quanti anni? di quanti anni?	*Sara è una bimba* ***di tre anni****.*
Origine (o provenienza)	*da, di* (semplici o articolate)	da dove? da chi? da che cosa?	*L'odio nasce sempre* ***dall'incomprensione****.*
Stato in luogo	*in, su, a, tra o fra, presso, oltre, dentro, fuori, sopra, sotto* (semplici o articolate)	dove? in quale luogo?	*Chiara e Sofia resteranno* ***al mare*** *ancora per due settimane.*
Moto a luogo	*a, in, da, per, verso, su, sopra, sotto, dentro, vicino, nei pressi di, alla volta di* etc.	verso dove? verso quale luogo?	*Si è avviato* ***verso il teatro*** *a piedi.*

Segue

COMPLEMENTO	È retto dalla preposizione o dalle locuzioni prepositive	Risponde alla domanda	Esempio
Moto da luogo	*da, di* (semplici o articolate)	da dove? da quale luogo?	*Si sono allontanati* ***dal rifugio*** *senza avvisare.*
Moto per luogo	*per, attraverso, da, tra, in* (semplici o articolate)	per dove? attraverso quale luogo?	*Vado* ***per il bosco*** *in cerca di more.*
Tempo determinato	*a, dopo, prima, durante, in* (semplici o articolate)	quando? in quale tempo?	*L'ora della merenda nella scuola di Chiara è fissata* ***alle 10 e mezza****.*
Tempo continuato	*per, in, da, durante, oltre, fino a, per tutto il tempo che*	per quanto tempo?	*Antonio ha praticato tennis* ***per quindici anni****.*
Colpa	*di, per, da*	di quale colpa? per quale reato?	*Furono arrestati* ***per attività terroristica****.*
Pena	*a, con, di, per*	a quale pena? con quale condanna?	*Mi hanno multato* ***di cinquanta euro****!*
Vocazione	non è retto da alcuna preposizione	non risponde ad alcuna domanda	***Giulia****, vuoi leggere per favore a pagina 5?*
Sostituzione (o scambio)	*per, con, invece di, al posto di, in luogo di*	in cambio di chi, di che cosa? al posto di chi, di che cosa?	*Mi hai preso* ***per una stupida****?*
Concessivo	*nonostante, malgrado, con, a dispetto di*	nonostante chi, che cosa? malgrado chi, che cosa?	***Malgrado il duro allenamento****, non riesce a vincere.*
Distributivo	*per, a, su*	in che ordine? ogni quanto tempo? in quale proporzione?	*I bambini avranno un regalino* ***per ciascuno****.*
Vantaggio	*per, a vantaggio di, nell'interesse di, a discapito di, a danno di* etc.	per chi? per che cosa? a vantaggio di chi, di che cosa?	*Mi preoccupo* ***per mio marito****, è ingrassato troppo.*
Svantaggio	*a, per, a svantaggio di, a sfavore di, contro*	contro chi? contro che cosa? a svantaggio di chi, di che cosa?	*Il fumo è molto dannoso* ***per la salute****.*
Allontanamento (o separazione)	*da* (semplice o articolata)	separato da chi, da che cosa?	*Vivo lontano* ***dalla città****.*

GLI ELEMENTI DEL PERIODO
Il *periodo*, o frase complessa, è costituito da una o più frasi semplici, o proposizioni. Quando è formato da più proposizioni si configura come una struttura complessa, nella quale le singole proposizioni sono collegate secondo un ordine preciso. In un periodo ci sono tante proposizioni quanti sono i verbi in esso contenuti. Una proposizione si dice: — **principale** (o **indipendente** o **reggente**), quando ha già di per sé un senso compiuto, per cui non dipende da altre proposizioni; — **secondaria** (o **dipendente** o **subordinata**), quando acquista senso compiuto solo appoggiandosi a un'altra proposizione.
Il periodo composto
Si dice **composto** un periodo costituito da due o più proposizioni coordinate tra loro, la prima delle quali è la **proposizione principale**, vale a dire una frase di senso compiuto, che può essere di vario tipo.

Le proposizioni principali

Tipo	Definizione	Modo verbale	Esempio
Enunciativa (o informativa)	enuncia un fatto, riferisce un avvenimento, esprime un'opinione	indicativo → condizionale →	***Ci sono*** *buone notizie in arrivo.* ***Vorrei*** *un biglietto per Roma.*
Volitiva (o imperativa)	comunica un ordine, un'esortazione, un divieto, un invito	imperativo → congiuntivo → *non* + infinito →	***State*** *buoni, per favore.* *Magari* ***fossi*** *anch'io così bravo…* ***Non fumare****.*
Desiderativa (o ottativa)	indica un desiderio, un augurio, un sentimento di nostalgia o di rimpianto	congiuntivo → infinito presente →	*Oh, se* ***fosse*** *andata subito via!* *A* ***saperlo*** *prima…*
Esclamativa	esprime stupore, felicità, dolore, ed è caratterizzata dalla presenza del punto esclamativo	indicativo → condizionale → infinito → imperativo → congiuntivo →	*Adesso* ***sono*** *felice!* *Come* ***rifarei*** *lo stesso viaggio!* *Che gioia* ***rivederti****!* ***Smetti*** *di lamentarti!* ***Volesse*** *il cielo che mi amasse anche lui!*
Interrogativa	contiene una domanda	indicativo → condizionale →	*Che* ***mangi*** *a pranzo?* *Mi* ***indicheresti*** *tu la strada?*
Dubitativa	esprime un dubbio sotto forma di domanda	infinito → verbi di *potere* e *dovere* all'indicativo o al condizionale →	*Cosa* ***dire*** *di lui?* *Cos'altro* ***potrei*** *fare?*

Segue

Tipo	Definizione	Modo verbale	Esempio
Potenziale	esprime una possibilità	indicativo futuro → condizionale →	***Potrà*** *sempre tentare di nuovo.* *Chiara* ***avrebbe potuto*** *parlarmene subito.*
Incidentale	traduce un'osservazione, un commento, una precisazione. Di norma si trova racchiusa tra due virgole o tra due lineette, è priva di legami sintattici con le altre frasi del periodo e può essere eliminata senza che il discorso perda il suo senso logico	tutti i modi verbali, sia in forma esplicita → sia in forma implicita →	*Il fatto,* ***se non erro****, risale a due anni fa.* *Anche oggi —* ***tanto per cambiare*** *— sono arrivata in ritardo.*

Le proposizioni coordinate

Sono dette **coordinate** le proposizioni unite alla principale da una congiunzione coordinante o da un segno di interpunzione debole (virgola, due punti, punto e virgola). Anche **le proposizioni coordinate** si distinguono in diverse tipologie.

Tipo	Congiunzioni coordinanti	Esempio
Copulative	*e, anche, ancora, inoltre, altresì, pure, parimenti, nonché, perfino, né, neppure, neanche, nemmeno* etc.	*Il bimbo urlava* ***e piangeva****.* *Mi avete deluso tutti,* ***perfino tu hai negato l'evidenza.***
Dichiarative	*pertanto, cioè, infatti, vale a dire* etc.	*Ho bisogno di distrarmi,* ***infatti*** *mi prenderò una vacanza.*
Avversative	*ma, però, invece, tuttavia, anzi, pure, del resto, peraltro, nondimeno* etc.	*La mia amica è straniera,* ***tuttavia parla benissimo la nostra lingua.***
Disgiuntive	*o, oppure, ovvero, ossia, altrimenti* etc.	*Attento a non prendere freddo,* ***altrimenti ti ammalerai.***
Conclusive	*dunque, perciò, quindi, ebbene, di conseguenza* etc.	*Il prezzo del petrolio è salito,* ***dunque è aumentato il costo della benzina.***
Correlative	*e … e, sia … sia, sia che … sia che, non solo … ma anche* etc.	***Non solo*** *ti manca la penna,* ***ma hai dimenticato anche il quaderno.***

Segue

Il periodo complesso

Si dice **complesso** un periodo costituito da una proposizione principale e da una o più proposizioni subordinate, ed eventuali coordinate. Tutte le proposizioni subordinate possono avere: *forma esplicita*, quando sono rette da verbi di modo finito (indicativo, congiuntivo, condizionale, imperativo); *forma implicita*, quando sono rette da verbi di modo indefinito (participio, gerundio, infinito). Esistono diverse tipologie di proposizioni subordinate.

Le proposizioni subordinate

Tipologia di subordinata	risponde alla domanda	è introdotta dalle congiunzioni subordinative	Esempio
Soggettiva (svolge funzione di soggetto rispetto alla principale)	che cosa?	*che* (nella f. esplicita), *di o senza congiunzione* (nella f. implicita)	*Sembra* ***che non sia contento****.* *È utile* ***seguire sempre le lezioni****.*
Oggettiva (svolge funzione di complemento oggetto rispetto alla principale)	che cosa?	*che* (nella f. esplicita), *di o senza congiunzione* (nella f. implicita)	*Sappiamo* ***che sei stato promosso a pieni voti****.* *Credo* ***di essere all'altezza della situazione****.*
Dichiarativa (svolge la funzione di chiarire un elemento della principale)	di che cosa? che cosa?	*che* (nella f. esplicita), *di, a o senza congiunzione* (nella f. implicita)	*Questo mi piace di Chiara,* ***che è molto determinata****.* *Il mio desiderio è* ***fare un viaggio in Francia****.*
Interrogativa indiretta e dubitativa (formula una domanda in modo indiretto)	che cosa?	*se, quando, perché, come; chi, che cosa, quale, quanto; dove, da dove, quanto*	*Mi chiedo* ***quale possa essere il suo problema****.* *Non so proprio* ***a chi rivolgermi****.*
Relativa propria (svolge la funzione di chiarire un elemento della principale)	non risponde a una domanda, ma stabilisce un legame con la principale mediante un pronome o un avverbio relativo	*pronomi o avverbi relativi* (nella f. esplicita), *da* (nella f. implicita)	*Non parlare male di Sofia,* ***che è mia amica****.* *Queste soltanto sono le cose* ***da ricordare****?*
Relativa impropria (svolge la funzione di chiarire un elemento della principale, ma ha una sfumatura di significato che la avvicina ad altri tipi di subordinate)	non risponde a una domanda, ma stabilisce un legame con la principale mediante un pronome o un avverbio relativo	*pronomi o avverbi relativi* (nella f. esplicita), *da* (nella f. implicita)	*È rientrato a casa* ***che era già notte*** (valore temporale). *Tu,* ***che sei più grande*** (valore concessivo)*, dai un pessimo esempio.*

Segue

Tipologia di subordinata	risponde alla domanda	è introdotta dalle congiunzioni subordinative	Esempio
Finale (indica lo scopo che si vuole raggiungere per mezzo dell'azione espressa dalla principale)	a quale scopo? perché?	*affinché, perché, per far sì, che* (f. esplicita); *a, per, di, da, al fine di, allo scopo di, nell'intento di* (f. implicita)	*Leggo molto,* ***perché possa imparare a scrivere bene.*** *Stiamo lavorando* ***per organizzare la festa di fine anno.***
Causale (indica la causa dell'azione espressa dalla principale)	perché? per quale motivo?	*poiché, perché, siccome, dal momento che* (f. esplicita); *per, di* (f. implicita)	*Ti invierò una e-mail* ***perché devo informarti degli ultimi cambiamenti.*** ***Scoppiata la lite,*** *furono rimproverati aspramente.*
Temporale (indica la circostanza di tempo in cui avviene, è avvenuta o avverrà l'azione espressa dalla principale)	quando? per quanto tempo?	*quando, allorché, appena, mentre, dopo che, prima che* (f. esplicita); *a, su, in, prima di, dopo di* (f. implicita)	*Mi trovavo in ufficio* ***quando ho conosciuto Roberta.*** *Telefonerò* ***prima di venire.***
Consecutiva (indica la conseguenza di quanto espresso nella principale)	con quale conseguenza?	*così … che, tanto … che, a tal punto … che, cosicché, tanto che, di modo che* (f. esplicita); *da, per in correlazione con gli stessi elementi della f. esplicita* (f. implicita)	*Era* ***così*** *bella* ***che se ne innamorò subito.*** *Sei talmente ingenuo* ***da fidarti ciecamente di lui.***
Avversativa (indica un fatto o una circostanza in contrasto con quanto espresso nella principale)	invece di che cosa?	*quando, mentre, laddove* (f. esplicita); *anziché, invece di, in luogo di* (f. implicita)	*Gianluca lavora troppo* ***mentre dovrebbe riguardarsi.*** *Ascolta musica* ***anziché studiare****!*
Comparativa (esprime un paragone con la principale che può essere di maggioranza, minoranza, uguaglianza)	come? quanto?	*più … di quanto, più … che, meno … di come, peggio … di quello che, tanto … quanto, così … come* (f. esplicita); *piuttosto di / che* (f. implicita)	*La nuova insegnante era* ***meno*** *severa* ***di come ci avevano detto.*** ***Piuttosto che riconoscere di aver sbagliato*** *perderebbe un amico.*

Segue

Tipologia di subordinata	risponde alla domanda	è introdotta dalle congiunzioni subordinative	Esempio
Concessiva (indica la circostanza nonostante la quale si verifica l'azione della principale)	nonostante che cosa?	*benché, sebbene, nonostante, quantunque, per quanto, ancorché, posto che, ammesso che* (f. esplicita); *per, a costo di, a rischio di* (f. implicita con infinito), *pure, anche, sebbene, benché, anche se* (f. implicita con gerundio o participio pass.)	***Sebbene fosse stanca e assonnata***, *continuava a leggere quel romanzo.* ***A costo di sembrarti ripetitiva***, *ti invito a prendere in fretta una decisione.*
Modale (indica il modo in cui si svolge l'azione della principale)	in che modo?	*come, nel modo in cui, secondo che, secondo quanto* (f. esplicita); *senza preposizioni* (f. implicita: gerundio)	*Bevi molta acqua,* ***come ti ha consigliato il dottore***. *Mi sono divertita molto* ***giocando a tennis***.
Strumentale (indica il mezzo, lo strumento con il quale si svolge l'azione nella principale)	come? con quale mezzo?	ha solo forma implicita: modi indefiniti retti da *con, a furia di, a forza di* etc.	*Si ottengono risultati solo* ***perseverando nei propositi***.
Limitativa (indica una limitazione o una restrizione rispetto a quanto affermato nella principale)	limitatamente a che cosa?	*per quanto, per quel che, che* (f. esplicita); *in, quanto a, a, per* (f. implicita)	***Per quanto gli consente l'età avanzata***, *Gerardo fa lunghe passeggiate.* ***Quanto a incontrarlo***, *non se ne parla proprio!*
Esclusiva (introduce un'esclusione, cioè un fatto o una circostanza non verificatesi, rispetto a quanto espresso nella principale)	senza che cosa?	*senza che* (f. esplicita); *senza* (f. implicita)	*Puoi venire a cena da me* ***senza che mi avverti***. *Ho comprato tante cose carine* ***senza spendere troppo***.

Segue

Tipologia di subordinata	risponde alla domanda	è introdotta dalle congiunzioni subordinative	Esempio
Eccettuativa (introduce una restrizione rispetto a quanto espresso nella principale)	tranne che? eccetto che?	*tranne che, eccetto che, a meno che, che* (f. esplicita e implicita)	*Non ti ostacolerò mai,* ***a meno che tu non agisca disonestamente****.* *Tutto farei stasera,* ***tranne che guardare la televisione****.*
Locativa (indica il luogo nel quale si svolge l'azione della principale)	dove? da dove? per dove?	*dove, dovunque, ovunque, da dove per dove, dal luogo in cui* (solo f. esplicita)	***Da dove abito*** *posso vedere il mare.*

La proposizione condizionale e il periodo ipotetico

La subordinata condizionale esprime la condizione da cui dipende l'azione espressa nella principale. Nella forma esplicita è introdotta dalle congiunzioni *se*, *qualora*, o dalle espressioni *a condizione che*, *nel caso che*, *a patto che* (***Se esci****, non dimenticare le chiavi di casa*); nella forma implicita, invece, può essere preceduta dalla preposizione *a* (***A essere ottimisti****, il viaggio durerà ancora tre ore*).

Il periodo formato da una principale e da una subordinata condizionale prende il nome di **periodo ipotetico**, nel quale la proposizione dipendente, indicante la condizione, si dice **protasi**, mentre la reggente, nella quale viene specificato ciò che deriva dall'attuarsi della condizione, si chiama **apodosi**: *Se studierete* (protasi) *conseguirete buoni voti* (apodosi).

Un periodo ipotetico si dice:

- **di primo tipo** (o della realtà), se esprime un'idea reale (*Se lavorerai guadagnerai uno stipendio*);
- **di secondo tipo** (o della possibilità), se esprime un'idea possibile (*Se la sera andassi a dormire presto, la mattina non ti alzeresti così tardi*);
- **di terzo tipo** (o della irrealtà), se esprime un'idea impossibile (*Se avessimo le ali, saremmo uccelli*).

Test di verifica

1 Quale delle seguenti parole contiene uno iato?

A) poeta
B) ruota
C) causa
D) piano

2 Tra le frasi che seguono, quale NON presenta *errori ortografici*?

A) Mi serve un pò di tempo
B) Lo dico a mo' di esempio
C) Bè, è ora di andare
D) Qual'è la tua scelta definitiva?

3 Quale delle seguenti frasi NON contiene *errori*?

A) C'hai visto
B) C'invitò a cena
C) Ci ai pensato
D) C'hai creduto

4 Quale tra le seguenti è una parola *sdrucciola*?

A) fontana
B) verità
C) asino
D) càpitano

5 Quale dei seguenti termini NON è scritto *correttamente*?

A) cigno
B) conchiglia
C) superfice
D) montagna

6 Quale delle seguenti frasi NON è scritta *correttamente*?

A) Prese l'amo e lo mise in tasca
B) Andammo a pesca insieme
C) Glielo dato stamattina!
D) Se guardo quel gelato mi viene l'acquolina in bocca

7 Quale delle seguenti frasi è *corretta* dal punto di vista grammaticale?

A) Fino a pochi anni fà era una bambina
B) Fino a pochi anni fa era una bambina
C) Fino a pochi anni fa' era una bambina
D) Fino a pochi hanni fa era una bambina

8 Il comparativo di maggioranza di *buono* è:

A) più buono
B) meglio
C) migliore
D) ottimo

9 *Questo* è un aggettivo:

A) dimostrativo
B) possessivo
C) qualificativo
D) indefinito

10 Il superlativo assoluto di *integro* è:

A) più integro
B) integerrimo
C) straintegro
D) integrato

11 *Quarto* appartiene agli aggettivi numerali:

A) cardinali
B) ordinali
C) collettivi
D) distributivi

12 In quale frase è presente un *verbo copulativo*?

A) Paola ama la primavera
B) Daniele legge un libro
C) Il giudice impallidì
D) Il suo comportamento risultò strano

13 In quale delle seguenti frasi la particella pronominale NON ha valore *riflessivo*?

A) Luca e Andrea si picchiano
B) Non ci siamo accorti di nulla

C) Mi lavo le mani
D) Io e mia sorella ci telefoniamo spesso

14 Come si definiscono le parole che riproducono *versi di animali* e *rumori*?

A) esclamazioni proprie
B) esclamazioni improprie
C) locuzioni esclamative
D) voci onomatopeiche

15 Nella frase *Al giallo del semaforo bisogna rallentare*, "*giallo*" che tipo di aggettivo è?

A) sostantivato
B) alterato
C) identificativo
D) determinativo

16 *Bene, allora* e *vicino* che tipi di avverbi sono rispettivamente?

A) di modo, di tempo e di luogo
B) di tempo, di luogo e di giudizio
C) di tempo, di giudizio e di qualità
D) di luogo, di tempo e di modo

17 Il pronome interrogativo *chi* è:

A) invariabile
B) variabile solo nel genere
C) variabile solo nel numero
D) variabile nel genere e nel numero

18 Il *modo imperativo*:

A) indica un'azione irreale
B) indica un comando
C) indica una certezza
D) è un modo imperfetto

19 Quale tra le seguenti frasi contiene un'*interiezione*?

A) Accidenti a te!
B) Vivi e lascia vivere
C) Dammi il portafoglio
D) L'orologio faceva tic-tac

20 Quale dei seguenti è un verbo ausiliare?

A) avere
B) vigere
C) urgere
D) andare

21 Quale delle seguenti parole è un *nome collettivo*?

A) recinto
B) pastore
C) lana
D) gregge

22 Quale tra i termini proposti di seguito è un *avverbio*?

A) sebbene
B) pure
C) poiché
D) altrove

23 Qual è il trapassato remoto indicativo, terza persona singolare del verbo "estrarre"?

A) ebbe estratto
B) estraette
C) estrasse
D) fu estratto

24 Quale delle seguenti frasi contiene un *aggettivo indefinito*?

A) Giustificherò il mio ritardo con qualche stupida scusa
B) Nel primo cassetto ci sono i libri d'italiano, nel secondo quelli d'inglese
C) Oggigiorno chiunque deve saper parlare un po' d'inglese
D) Per nulla al mondo rinuncerei all'affetto sincero del mio cane

25 Quale delle seguenti frasi contiene un *pronome personale*?

A) Mia madre pensa che nel gruppo teatrale ci sia anche mio fratello
B) Con la loro musica quei ragazzi allietano la serata ai miei ospiti
C) In cucina c'è Piero e devi dirgli come stanno le cose nel modo più chiaro possibile
D) Dal loro punto di vista non vi sono motivi sufficienti per finanziare la mia spedizione

26 **Individuare, nella frase seguente, il complemento oggetto:** ***Un buon amaro dopo un pasto abbondante favorisce la digestione*.**

A) un pasto abbondante
B) un buon amaro
C) favorisce
D) la digestione

27 **Quale delle seguenti frasi contiene un *predicato nominale*?**

A) Il bambino sorrise
B) Il silenzio sarà meglio
C) La finestra è stata chiusa
D) Mio fratello è partito

28 **Indicare quale complemento risponde alle domande "*a chi?*", "*a che cosa?*".**

A) complemento oggetto
B) complemento di termine
C) complemento di mezzo
D) complemento di compagnia

29 **Quanti tipi di *complemento di luogo* esistono?**

A) uno
B) due
C) tre
D) quattro

30 **Indicare quale complemento risponde alla domanda "*nonostante che cosa*?".**

A) complemento concessivo
B) complemento di qualità
C) complemento di estensione
D) complemento di svantaggio

31 **Una proposizione si dice *esplicita* quando:**

A) il verbo è finito
B) il verbo è infinito
C) è priva di verbo
D) non ammette contraddizioni

32 **"*Che cosa vuoi?*" è una proposizione:**

A) interrogativa diretta
B) interrogativa indiretta
C) esplicativa
D) oggettiva

33 **La *proposizione subordinata*:**

A) segue sempre la proposizione principale
B) è retta sempre da un verbo di modo finito
C) dipende sempre da una principale
D) si compone di poche parole

34 **Quanti tipi di *costruzione* ha il periodo?**

A) due
B) quattro
C) tre
D) uno

35 **Quale delle seguenti è una *proposizione comparativa*?**

A) Abbiamo fatto prima di quanto sperassimo
B) Sarebbe meglio che tu studiassi di più
C) Fammi sapere se intendi partecipare alla riunione
D) Penso che tu ne sappia più di me su questo argomento

36 **Quale delle seguenti è una *proposizione interrogativa indiretta*?**

A) Non so perché mi sento così stanco
B) Gli chiesi se gradisse un caffè
C) Se mi dai il tuo indirizzo, ti scriverò
D) Se avessi più tempo libero, frequenterei un corso d'inglese

37 **In quale delle seguenti frasi il *che* introduce una *proposizione soggettiva*?**

A) È meglio che tu parta subito
B) Credo che tu menta
C) Vedo che stai molto meglio
D) Mi meraviglio che tu stia ancora a casa

38 **Quale delle seguenti frasi contiene una *proposizione relativa*?**

A) Mi chiese che cosa avessi fatto
B) Ho visto uno spettacolo che mi è piaciuto molto

C) Non so quale scegliere
D) Che cosa stai dicendo?

39 **In quale delle seguenti frasi NON compare un *complemento oggetto*?**
A) Teresa ama Alberto
B) Ho bevuto del vino
C) Diede subito l'ordine
D) Dormì tutta la notte

40 **Scegliere l'alternativa corretta: uno zio → tanti zii, un cieco → ...**
A) tanti cechi
B) tanti ceci
C) tanti ciechi
D) tanti chiechi

41 **Scegliere l'alternativa corretta: una farmacia → tante farmacie, una valigia → ...**
A) tante valigie
B) tante valiggie
C) tante valigge
D) tante valigerie

42 **Scegliere l'alternativa corretta: una facezia → più facezie, una scheggia → ...**
A) più scheggi
B) più scegge
C) più scheggie
D) più schegge

43 **Scegliere l'alternativa corretta: una zia → molte zie, una frangia → ...**
A) molte frangie
B) molte franghe
C) molte frange
D) molte frangge

44 **Scegliere l'alternativa corretta: una bugia → tante bugie, una ciliegia → ...**
A) tante cigliegie
B) tante ciliegi
C) tante ciliegie
D) tante ciliegge

45 **Scegliere l'alternativa corretta: una cavia → tante cavie, una breccia → ...**
A) tante breccie
B) tante brece
C) tante brecie
D) tante brecce

46 **Scegliere l'alternativa corretta: una magia → tante magie, una freccia → ...**
A) tante frecce
B) tante frecciate
C) tante frecie
D) tante freccie

47 **Scegliere l'alternativa corretta: una spiaggia → tante spiagge, una mancia → ...**
A) tante mancie
B) tante manche
C) tante mancce
D) tante mance

48 **Scegliere l'alternativa corretta: un'allergia → più allergie, una buccia → ...**
A) più bucche
B) più buccie
C) più bucce
D) più bucie

49 **Sapendo che per ogni errore d'ortografia viene tolto 1 punto e che si parte dal 10, quale dei seguenti studenti conseguirà la votazione piena? Alberto: Negli anni aveva accumulato un ingente fortuna. - Michele: Il quaderno e l'astuccio erano già nella cartella. - Marco: L'acquila è simbolo di libertà.**
A) tutti gli studenti conseguiranno la votazione piena
B) Michele
C) Marco
D) Alberto

50 **Sapendo che per ogni errore d'ortografia viene tolto 1 punto e che si parte dal 10, quale dei seguenti studenti conseguirà la votazione piena? Alberto: Indossava stivali di cuoio e un paio di jeans sdruciti. - Michele: Nonostante l'aspetto terrificante era innoquo. - Marco: Dopo un'accurato controllo disse che era tutto a posto.**
A) Marco
B) Michele

C) nessuno degli studenti conseguirà la votazione piena
D) Alberto

51 **Sapendo che per ogni errore d'ortografia viene tolto 1 punto e che si parte dal 10, quale dei seguenti studenti conseguirà la votazione piena? Alberto: Scentemente significa in modo consapevole. - Michele: Fu una cerimonia molto scenografica. - Marco: Era uno scenografo in ganba.**

A) Michele
B) Alberto
C) Marco
D) tutti gli studenti conseguiranno la votazione piena

52 **Sapendo che per ogni errore d'ortografia viene tolto 1 punto e che si parte dal 10, quale dei seguenti studenti conseguirà la votazione piena? Alberto: Lo scieriffo catturò i banditi. - Michele: È una rinomata località sciistica. - Marco: Sapeva disciernere il vero dal falso.**

A) Marco
B) tutti gli studenti conseguiranno la votazione piena
C) Alberto
D) Michele

53 **Sapendo che per ogni errore d'ortografia viene tolto 1 punto e che si parte dal 10, quale dei seguenti studenti conseguirà la votazione piena? Alberto: Smettila di scervellarti! - Michele: Lo scentismo è una dottrina secondo cui il solo sapere valido è quello della scienza. - Marco: Tutti lo consideravano uno scervellato e un banboccio.**

A) Michele
B) Marco
C) Nessuno degli studenti conseguirà la votazione piena
D) Alberto

54 **Sapendo che per ogni errore d'ortografia viene tolto 1 punto e che si parte dal 10, quale dei seguenti studenti conseguirà la votazione piena? Alberto: Lo scieicco godeva anche di grande prestigio personale oltre che di enormi ricchezze. - Michele: Sono sempre scettico sull'effetto della cura. - Marco: Lo scettro è il sinbolo del potere.**

A) Marco
B) tutti gli studenti conseguiranno la votazione piena
C) Michele
D) Alberto

55 **Sapendo che per ogni errore d'ortografia viene tolto 1 punto e che si parte dal 10, quale dei seguenti studenti conseguirà la votazione piena? Alberto: I cuochi fecero del loro melio per rendere la cena indimenticabile. - Michele: I ladri misero a soqquadro l'appartamento. - Marco: La scuola era chiusa per le vacanze pascuali.**

A) Alberto
B) Marco
C) tutti gli studenti conseguiranno la votazione piena
D) Michele

56 **Sapendo che per ogni errore d'ortografia viene tolto 1 punto e che si parte dal 10, quale dei seguenti studenti conseguirà la votazione piena? Alberto: Persi proprio l'ultima puntata dello sceneggiato. - Michele: Scieneggiatore equivale a autore di scieneggiature. - Marco: La scenza è afascinante.**

A) Alberto
B) Marco
C) Michele
D) nessuno degli studenti conseguirà la votazione piena

57 **Sapendo che per ogni errore d'ortografia viene tolto 1 punto e che si parte dal 10, quale dei seguenti studenti conseguirà la votazione più bassa? Alberto: È senz'altro scievro di colpa. - Michele: La pompa della bicicletta è in garage. - Marco: La colonba è il sinbolo della Pascua.**

A) Michele
B) Marco

C) Alberto
D) Michele e Alberto conseguiranno la votazione più bassa

58 **Sapendo che per ogni errore d'ortografia viene tolto 1 punto e che si parte dal 10, quale dei seguenti studenti conseguirà la votazione più bassa? Alberto: Ebbe un lanpo di gienio. - Michele: Quest'abito a fatto il suo tempo. - Marco: Era il premio più anbito.**

A) Alberto
B) Michele
C) Marco
D) Michele e Marco conseguiranno la votazione più bassa

59 **Sapendo che per ogni errore d'ortografia viene tolto 1 punto e che si parte dal 10, quale dei seguenti studenti conseguirà la votazione più bassa? Alberto: L'organizzazzione della nostra azzienda è nota a tutti! - Michele: La sua ultima monetina cadde in un tonbino. - Marco: Questo dolce è una vera delizzia.**

A) Michele
B) Michele e Marco conseguiranno la votazione più bassa
C) Marco
D) Alberto

60 **Sapendo che per ogni errore d'ortografia viene tolto 1 punto e che si parte dal 10, quale dei seguenti studenti conseguirà la votazione più bassa? Alberto: L'ozio è il padre di tutti i vizi. - Michele: La liquirizia è usata anche come espettorante. - Marco: Oramai non fà più notizzia.**

A) Alberto
B) Michele e Alberto conseguiranno la votazione più bassa
C) Marco
D) Michele

61 **Sapendo che per ogni errore d'ortografia viene tolto 1 punto e che si parte dal 10, quale dei seguenti studenti conseguirà la votazione più bassa? Alberto: Non si riuscì ha distinguere la realtà dalla finzzione. - Michele: È intelligiente ma pigro. - Marco: Sei sempre il migliore!**

A) Alberto
B) Michele e Marco conseguiranno la votazione più bassa
C) Marco
D) Michele

62 **Sapendo che per ogni errore d'ortografia viene tolto 1 punto e che si parte dal 10, quale dei seguenti studenti conseguirà la votazione più bassa? Alberto: Mi fermai ad ammirare la vetrina di quel negozio. - Michele: Robba da matti! - Marco: Mio zio è carabiniere.**

A) Alberto e Marco conseguiranno la votazione più bassa
B) Marco
C) Michele
D) Alberto

63 **Sapendo che per ogni errore d'ortografia viene tolto 1 punto e che si parte dal 10, quale dei seguenti studenti conseguirà la votazione più bassa? Alberto: Il ragioniere è un uomo assai pignolo. - Michele: Il carrubbo è un albero sempreverde. - Marco: Mi sarebbe tanto piaciuto vederla in azione.**

A) Michele
B) Alberto e Marco conseguiranno la votazione più bassa
C) Alberto
D) Marco

64 **Sapendo che per ogni errore d'ortografia viene tolto 1 punto e che si parte dal 10, quale dei seguenti studenti conseguirà la votazione più bassa? Alberto: Vai piano, non accelerare! - Michele: Il Po' è in piena. - Marco: Ne vorrei ancora un po'.**

A) Michele
B) Marco

C) Alberto
D) Alberto e Marco conseguiranno la votazione più bassa

65 Sapendo che per ogni errore d'ortografia viene tolto 1 punto e che si parte dal 10, quale dei seguenti studenti conseguirà la votazione più bassa? Alberto: Sì e nò! - Michele: Fa molto caldo. - Marco: Qui non c'è nessuno.

A) Marco
B) Michele
C) Michele e Marco conseguiranno la votazione più bassa
D) Alberto

66 Sapendo che per ogni errore d'ortografia viene tolto 1 punto e che si parte dal 10, quale dei seguenti studenti conseguirà la votazione più bassa? Alberto: Portamelo qua. - Michele: Il re e la regina salutarono la folla festante. - Marco: Ormai sà troppe cose!

A) Marco
B) Michele
C) Alberto
D) Alberto e Michele conseguiranno la votazione più bassa

67 Relativamente alla sua funzione grammaticale il vocabolo «pienamente» può essere inserito:

A) nel gruppo formato da: spesso - adesso - oramai
B) nel gruppo formato da: appagato - frustrato - dormiente
C) nel gruppo formato da: viaggiare - leggere - sognare
D) indifferentemente nei tre gruppi proposti

68 Relativamente alla sua funzione grammaticale il vocabolo «paganeggiante» può essere inserito:

A) nel gruppo formato da: vaneggiare - frinire - stravedere
B) nel gruppo formato da: vagamente - malamente - scioccamente
C) indifferentemente nei tre gruppi proposti
D) nel gruppo formato da: cattivo - sorprendente - ameno

69 Relativamente alla sua funzione grammaticale il vocabolo «dopo» può essere inserito:

A) indifferentemente nei tre gruppi proposti
B) nel gruppo formato da: quaggiù - certamente - allora
C) nel gruppo formato da: desiderato - scritto - seminato
D) nel gruppo formato da: vivificare - lambire - scrivere

70 Relativamente alla sua funzione grammaticale il vocabolo «colà» può essere inserito:

A) nel gruppo formato da: visitare - abbellire - svellere
B) nel gruppo formato da: talmente - dove - quando
C) nel gruppo formato da: bello - docile - aggressivo
D) indifferentemente nei tre gruppi proposti

71 Relativamente alla sua funzione grammaticale il vocabolo «precisamente» può essere inserito:

A) nel gruppo formato da: piuttosto - simpaticamente - neanche
B) nel gruppo formato da: caldo - audace - intelligente
C) nel gruppo formato da: avvisare - scalfire - scendere
D) indifferentemente nei tre gruppi proposti

72 Relativamente alla sua funzione grammaticale il vocabolo «vagamente» può essere inserito:

A) nel gruppo formato da: vagante - esitante - accigliato
B) nel gruppo formato da: precisamente - dietro - mai
C) nel gruppo formato da: amare - dormire - vendere
D) indifferentemente nei tre gruppi proposti

73 **Relativamente alla sua funzione grammaticale il vocabolo «fermamente» può essere inserito:**

A) nel gruppo formato da: innocente - magro - affusolato
B) indifferentemente nei tre gruppi proposti
C) nel gruppo formato da: uscire - urlare - mungere
D) nel gruppo formato da: perennemente - piuttosto - oltre

74 **Relativamente alla sua funzione grammaticale il vocabolo «saporitamente» può essere inserito:**

A) nel gruppo formato da: ingiustamente - colà - abbastanza
B) nel gruppo formato da: ordire - saltellare - redimere
C) indifferentemente nei tre gruppi proposti
D) nel gruppo formato da: gustoso - svenevole - paffuto

75 **Relativamente alla sua funzione grammaticale il vocabolo «pigramente» può essere inserito:**

A) nel gruppo formato da: molle - scavato - bianco
B) indifferentemente nei tre gruppi proposti
C) nel gruppo formato da: qui - così - volentieri
D) nel gruppo formato da: stendere - aprire - invogliare

76 **Relativamente alla sua funzione grammaticale il vocabolo «chiaramente» può essere inserito:**

A) nel gruppo formato da: candido - amorevole - fosco
B) indifferentemente nei tre gruppi proposti
C) nel gruppo formato da: appellarsi - poltrire - raccogliere
D) nel gruppo formato da: malvolentieri - là - pressappoco

77 **Relativamente alla sua funzione grammaticale il vocabolo «civilmente» può essere inserito:**

A) indifferentemente nei tre gruppi proposti
B) nel gruppo formato da: pure - presumibilmente - sì
C) nel gruppo formato da: studiare - correre - lavorare
D) nel gruppo formato da: raggrinzito - allampanato - verde

78 **Relativamente alla sua funzione grammaticale il vocabolo «vendere» può essere inserito:**

A) indifferentemente nei tre gruppi proposti
B) nel gruppo formato da: vedere - amare - esternare
C) nel gruppo formato da: rinomato - intelligente - abietto
D) nel gruppo formato da: amore - psiche - sentimento

79 **Relativamente alla sua funzione grammaticale il vocabolo «incappare» può essere inserito:**

A) indifferentemente nei tre gruppi proposti
B) nel gruppo formato da: elicoidale - ruvido - terso
C) nel gruppo formato da: sparire - adattare - maledire
D) nel gruppo formato da: frammento - scarafaggio - ravanello

80 **Relativamente alla sua funzione grammaticale il vocabolo «spellare» può essere inserito:**

A) nel gruppo formato da: denso - fumoso - eccitante
B) nel gruppo formato da: saggiare - premere - ordire
C) nel gruppo formato da: tavolo - edificio - albero
D) indifferentemente nei tre gruppi proposti

81 Relativamente alla sua funzione grammaticale il vocabolo «tinteggiare» può essere inserito:

A) nel gruppo formato da: già - pesantemente - donde
B) nel gruppo formato da: caramella - penna - bicchiere
C) nel gruppo formato da: arrotolare - adescare - tessere
D) indifferentemente nei tre gruppi proposti

82 Relativamente alla sua funzione grammaticale il vocabolo «gioire» può essere inserito:

A) nel gruppo formato da: sorpassare - ingrandire - erigere
B) nel gruppo formato da: qua - ora - balzelloni
C) nel gruppo formato da: grigio - nitido - elementare
D) indifferentemente nei tre gruppi proposti

83 Relativamente alla sua funzione grammaticale il vocabolo «sarchiare» può essere inserito:

A) nel gruppo formato da: inoperoso - eccelso - grasso
B) indifferentemente nei tre gruppi proposti
C) nel gruppo formato da: estrarre - cedere - svenire
D) nel gruppo formato da: goffamente - carponi - adesso

84 Relativamente alla sua funzione grammaticale il vocabolo «scarnificare» può essere inserito:

A) nel gruppo formato da: scatola - foglio - orologio
B) indifferentemente nei tre gruppi proposti
C) nel gruppo formato da: marrone - infuocato - saccente
D) nel gruppo formato da: irretire - addossare - cedere

85 Relativamente alla sua funzione grammaticale il vocabolo «suggestivo» può essere inserito:

A) nel gruppo formato da: giallognolo - vantaggioso - inopportuno
B) nel gruppo formato da: sospirare - incoraggiare - ordire
C) nel gruppo formato da: eventualmente - anche - ove
D) indifferentemente nei tre gruppi proposti

86 Relativamente alla sua funzione grammaticale il vocabolo «rosato» può essere inserito:

A) nel gruppo formato da: matita - telefono - automobile
B) nel gruppo formato da: deporre - traviare - svestire
C) indifferentemente nei tre gruppi proposti
D) nel gruppo formato da: frondoso - pallido - denso

87 Relativamente alla sua funzione grammaticale il vocabolo «mio» può essere inserito:

A) nel gruppo formato da: suo - questo - bello
B) nel gruppo formato da: persino - giammai - giù
C) indifferentemente nei tre gruppi proposti
D) nel gruppo formato da: odio - pazienza - sazietà

88 Relativamente alla sua funzione grammaticale il vocabolo «quello» può essere inserito:

A) indifferentemente nei tre gruppi proposti
B) nel gruppo formato da: suo - codesto - azzurro
C) nel gruppo formato da: nave - panchina - scivolo
D) nel gruppo formato da: infastidire - affascinare - avere

89 **Relativamente alla sua funzione grammaticale il vocabolo «esterrefatto» può essere inserito:**

A) nel gruppo formato da: fiore - sasso - uccello
B) indifferentemente nei tre gruppi proposti
C) nel gruppo formato da: bello - ambiguo - nero
D) nel gruppo formato da: abbondare - irretire - stendere

90 **Relativamente alla sua funzione grammaticale il vocabolo «sapido» può essere inserito:**

A) nel gruppo formato da: zappare - perire - tingere
B) nel gruppo formato da: ieri - talvolta - ancora
C) nel gruppo formato da: acuto - rapido - succoso
D) indifferentemente nei tre gruppi proposti

91 **Sapendo che per ogni errore d'ortografia viene tolto 1 punto e che si parte dal 10, quale dei seguenti studenti conseguirà la votazione piena? Alberto: Era un'animale da palcoscenico. - Michele: La scenografia era surreale. - Marco: Lo scenziato incarnava lo stereotipo del genio distratto.**

A) Marco
B) tutti gli studenti conseguiranno la votazione piena
C) Alberto
D) Michele

92 **Sapendo che per ogni errore d'ortografia viene tolto 1 punto e che si parte dal 10, quale dei seguenti studenti conseguirà la votazione piena? Alberto: Aveva fatto sciempio del mio povero cuore. - Michele: Stava per attuare il suo scellerato piano. - Marco: Il bassorilievo rappresenta scene di caccia.**

A) Alberto
B) nessuno degli studenti conseguirà la votazione piena
C) Marco
D) Michele

93 **Sapendo che per ogni errore d'ortografia viene tolto 1 punto e che si parte dal 10, quale dei seguenti studenti conseguirà la votazione piena? Alberto: La scienza non è ancora riuscita a conprendere completamente tale fenomeno. - Michele: La sciena che si presentò ai suoi occhi fu agghiacciante. - Marco: Era un mostro senza coscienza.**

A) nessuno degli studenti conseguirà la votazione piena
B) Michele
C) Alberto
D) Marco

94 **Sapendo che per ogni errore d'ortografia viene tolto 1 punto e che si parte dal 10, quale dei seguenti studenti conseguirà la votazione piena? Alberto: Mangerò due cosce di pollo. - Michele: Era perfettamente coscente di ciò che l'attendeva. - Marco: Pose i piedi sullo sciendiletto.**

A) tutti gli studenti conseguiranno la votazione piena
B) Marco
C) Michele
D) Alberto

95 **Sapendo che per ogni errore d'ortografia viene tolto 1 punto e che si parte dal 10, quale dei seguenti studenti conseguirà la votazione piena? Alberto: Coscenziosità ed efficienza lo rendono un impiegato modello. - Michele: Era conscia di essere un alunna piuttosto indisciplinata. - Marco: Il cosciotto di agnello era ottimo.**

A) Marco
B) Alberto
C) Michele
D) nessuno degli studenti conseguirà la votazione piena

96 **Sapendo che per ogni errore d'ortografia viene tolto 1 punto e che si parte dal 10, quale dei seguenti studenti conseguirà la votazione piena? Alberto: Eravamo in ottima compagnia. - Michele: Era il sognio di ogni ragazzo. - Marco: Era la compagna ideale per un uscita divertente.**

A) Michele
B) tutti gli studenti conseguiranno la votazione piena
C) Alberto
D) Marco

97 **Sapendo che per ogni errore d'ortografia viene tolto 1 punto e che si parte dal 10, quale dei seguenti studenti conseguirà la votazione piena? Alberto: I più grandi ingiegni della nazione erano riuniti in quella sala. - Michele: Per niente al mondo si sarebbe perso quella scena! - Marco: Era un genio inconpreso.**

A) nessuno degli studenti conseguirà la votazione piena
B) Alberto
C) Marco
D) Michele

98 **Sapendo che per ogni errore d'ortografia viene tolto 1 punto e che si parte dal 10, quale dei seguenti studenti conseguirà la votazione piena? Alberto: Il celo si tinse di rosso. - Michele: Quanto dici non è sufficente a scusarti. - Marco: Era un collaboratore molto efficiente.**

A) Michele
B) Alberto
C) tutti gli studenti conseguiranno la votazione piena
D) Marco

99 **Sapendo che per ogni errore d'ortografia viene tolto 1 punto e che si parte dal 10, quale dei seguenti studenti conseguirà la votazione piena? Alberto: Insegniamo ai nostri figli a rispettare l'anbiente. - Michele: Nello scrutinio segreto non è resa palese l'identità dei votanti. - Marco: Era ingeniere aerospaziale.**

A) nessuno degli studenti conseguirà la votazione piena
B) Michele
C) Marco
D) Alberto

100 **Sapendo che per ogni errore d'ortografia viene tolto 1 punto e che si parte dal 10, quale dei seguenti studenti conseguirà la votazione piena? Alberto: Non è stato un buon acquisto! - Michele: Aveva inpellente necessità di denaro liquido. - Marco: Lo squalo balena è molto grande ma non agressivo.**

A) tutti gli studenti conseguiranno la votazione piena
B) Alberto
C) Marco
D) Michele

Soluzioni

1 **Risposta esatta: A**

Mentre in un *dittongo* le due vocali vicine vengono pronunciate con un'unica emissione di voce, nello **iato** si pronunciano separatamente.

2 **Risposta esatta: B**

Un particolare tipo di *troncamento* è l'**apocope** (in greco significa "taglio, amputazione"), che si verifica quando la sillaba eliminata viene sostituita da un apostrofo, indipendentemente dal fatto che la parola seguente inizi per vocale o per consonante (ad esempio: *Mi serve un po' di tempo; Be', è ora di andare*; **Lo dico a mo' di esempio**).

3 **Risposta esatta: B**

La particella pronominale *ci* si premette ai pronomi atoni *si* e *se*; si pospone ai pronomi *mi, ti, gli, le*; assume la forma *ce* davanti ai pronomi atoni *lo, la, le, li* e alla particella ne. "*Ci*" si apostrofa davanti alla *i* (**c'invitò a cena**), ma non davanti alla *h*.

4 **Risposta esatta: C**

Le parole **sdrucciole** sono quelle che hanno l'accento sulla terzultima sillaba (**à-si-no**); quelle piane presentano l'accento sulla penultima (fon-tà-na); quelle tronche sull'ultima (ve-ri-tà); quelle bisdrucciole sulla quartultima (cà-pi-ta-no).

5 **Risposta esatta: C**

6 **Risposta esatta: C**

7 **Risposta esatta: B**

8 **Risposta esatta: C**

Alcuni aggettivi formano il comparativo dal termine derivante dal latino. È il caso di *buono*, il cui comparativo di maggioranza è **migliore**, dal latino *meliôre(m)*.

9 **Risposta esatta: A**

Questo è un *aggettivo dimostrativo* e precede il nome a cui si riferisce.

10 **Risposta esatta: B**

Alcuni aggettivi, nel formare il superlativo assoluto, non aggiungono il suffisso *-issimo*. Si tratta di *acre, aspro, celebre, integro, misero, salubre*, i cui superlativi (che derivano dal latino) sono, rispettivamente, *acerrimo, asperrimo, celeberrimo*, **integerrimo**, *miserrimo, saluberrimo*.

11 **Risposta esatta: B**

Gli **aggettivi numerali ordinali** (*primo, secondo, terzo etc.*) sono quelli che determinano il posto occupato da una persona o da una cosa in una serie.

12 **Risposta esatta: D**

Si definiscono **copulativi** i verbi che non hanno un significato compiuto e servono a collegare il soggetto a un nome o a un aggettivo. Essi, pertanto, necessitano di un altro elemento (*parte nominale o nome del predicato*) che si riferisce grammaticalmente e logicamente al soggetto. Sono "copulativi" i verbi *essere* (che si definisce *copula*), *sembrare, apparire, parere, risultare, divenire, diventare*.

13 **Risposta esatta: B**

La forma pronominale è una forma verbale in cui le particelle pronominali (*mi, ti, si, ci, vi*) non hanno valore riflessivo, ma fanno parte del verbo stesso.

14 **Risposta esatta: D**

Le forme onomatopeiche, affini alle *esclamazioni*, vengono usate con una certa frequenza sia in letteratura, sia, soprattutto, nella fumettistica di vario genere, allo scopo di riprodurre *rumori e versi di animali* (*cip cip* per imitare il cinguettio di un uccellino, *bang* per simulare uno sparo etc.).

15 **Risposta esatta: A**

Generalmente l'aggettivo accompagna un nome per qualificarlo o determinarlo meglio; a volte, però, può assumere la funzione del nome e si chiama **aggettivo sostantivato**. Ciò accade quando è preceduto da un articolo (determinativo o indeterminativo), da una preposizione articolata, da un aggettivo dimostrativo, indefinito o numerale, come avviene negli esempi che seguono: I *poveri* sono tanti, Questo *freddo* è insopportabile, È stata richiesta l'opinione di tre *esperti*.

16 **Risposta esatta:** A

Gli **avverbi di modo** indicano il modo in cui si svolge un evento (*semplicemente, analogamente,* **bene**, *male* etc.); gli **avverbi di tempo** indicano la circostanza o il momento in cui avviene un'azione o si verifica una condizione (*ieri, oggi, mai, sempre*, **allora** etc.); gli **avverbi di luogo** esprimono una determinazione di luogo (*qui, là, ovunque, sopra, sotto*, **vicino** etc.).

17 **Risposta esatta:** A

Il pronome interrogativo *chi*, **invariabile**, si utilizza soltanto per indicare esseri animati.

18 **Risposta esatta:** B

Il **modo imperativo** indica **comando**, ma anche desiderio, preghiera, esortazione.

19 **Risposta esatta:** A

Le *interiezioni* sono parti invariabili del discorso che servono a esprimere uno stato d'animo, un sentimento, un'invocazione etc. A seconda della forma, possono essere raggruppate in tre categorie:
— proprie (*ah!, eh!, oh!, ahimè* etc.);
— improprie (**accidenti**!, *bravo!, viva!, bene!* etc.);
— locuzioni interiettive o esclamative (al *ladro!, per amor di Dio!, al fuoco*! etc.).

20 **Risposta esatta:** A

I *verbi ausiliari* sono soltanto due: *essere* e **avere**. Essi sono indispensabili per formare i *tempi composti* di tutti gli altri verbi.

21 **Risposta esatta:** D

22 **Risposta esatta:** D

23 **Risposta esatta:** A

24 **Risposta esatta:** A

25 **Risposta esatta:** C

26 **Risposta esatta:** D

Il **complemento oggetto** è quell'elemento della frase che indica l'oggetto su cui ricade l'azione espressa dal verbo. È un "complemento diretto" (non è introdotto, cioè, da preposizioni) e ha la funzione di completare il predicato verbale rispondendo alle domande "*chi?*", "*che cosa?*".

27 **Risposta esatta:** B

Il **predicato nominale** è costituito da una voce del verbo "*essere*" cui si accompagna un nome oppure un aggettivo o un pronome o un'altra parte del discorso usata in senso "nominale", che, riferiti al soggetto, ne precisano una caratteristica.

28 **Risposta esatta:** B

Il **complemento di termine** indica la persona o la cosa a cui è diretta l'azione (ad esempio: *I compagni di classe fecero* un bel regalo a *Mario*).

29 **Risposta esatta:** D

Il **complemento di luogo** può essere di *quattro tipi*, usati per indicare:
— il luogo in cui siamo (*stato in luogo*);
— verso quale luogo andiamo (*moto a luogo*);
— da quale luogo veniamo (*moto da luogo*);
— per quale luogo passiamo (*moto per luogo*).

30 **Risposta esatta:** A

Il **complemento concessivo** indica la circostanza nonostante la quale accade l'azione espressa nella proposizione (ad esempio: È *uscito ugualmente* nonostante la pioggia).

31 **Risposta esatta:** A

Una proposizione si dice *esplicita* quando è retta da **un verbo di modo finito**.

32 **Risposta esatta:** A

La *proposizione interrogativa* può essere:
— **diretta** (ad esempio: *Con chi parli?*);
— *indiretta* (ad esempio: *Dimmi con chi parli*).

33 **Risposta esatta:** C

La *subordinazione* (o *ipotassi*) collega le proposizioni stabilendo tra loro rapporti gerarchici, cioè le dispone in modo tale che **dipendano l'una** (la *secondaria o dipendente* *o subordinata*) **dall'altra** (*la principale o indipendente o reggente*).

34 **Risposta esatta: A**

I *periodi* sono in **costruzione diretta** quando le proposizioni di cui sono composti si susseguono nel seguente ordine: principale, subordinata di primo grado, subordinata di secondo grado etc.; altrimenti, in caso contrario, sono in **costruzione indiretta**.

35 **Risposta esatta: A**

La **proposizione comparativa** contiene un *paragone* (di maggioranza, di minoranza, di uguaglianza) con ciò che viene enunciato nella reggente.

36 **Risposta esatta: B**

La **proposizione interrogativa indiretta**, ossia quella che pone una domanda in forma "indiretta", pertanto senza il punto interrogativo, è retta da verbi come *interrogare, chiedere, pensare* etc.

37 **Risposta esatta: A**

Le **proposizioni soggettive** svolgono, in realtà, la funzione di *soggetto* della proposizione *reggente*.
Possono essere rette da:
- verbi impersonali (*bisogna, accade, avviene* etc.);
- verbi usati impersonalmente (si dice, si crede, si ritiene etc.);
- espressioni impersonali, costruite con una voce del verbo *essere* seguita da un sostantivo o da un aggettivo (*è ora, è meglio, è giusto* etc.).

38 **Risposta esatta: B**

Le **proposizioni relative** sono delle subordinate rette da un *pronome* o da un *avverbio relativo* (*che, il quale, la quale, cui, dove*), il quale richiama un sostantivo o un pronome della principale.

39 **Risposta esatta: D**

Il *complemento oggetto* (o *diretto*) è quella parte del discorso che determina l'oggetto dell'azione espressa dal verbo. Generalmente non è retto da preposizioni, ma l'assenza di queste particelle non costituisce un suo carattere esclusivo (nel partitivo compare, ad esempio, la preposizione di: "*Ho bevuto del vino*"). La frase riportata alla lettera d (**Dormì tutta la notte**) non presenta il complemento diretto, ma quello di *tempo*.

40 **Risposta esatta: C**

Tra quelle proposte, soltanto l'opzione «Tanti ciechi» risulta corretta grammaticalmente.

41 **Risposta esatta: A**

Tra quelle proposte, soltanto l'opzione «Tante valigie» risulta corretta grammaticalmente.

42 **Risposta esatta: D**

Tra quelle proposte, soltanto l'opzione «Più schegge» risulta corretta grammaticalmente.

43 **Risposta esatta: C**

Tra quelle proposte, soltanto l'opzione «Molte frange» risulta corretta grammaticalmente.

44 **Risposta esatta: C**

Tra quelle proposte, soltanto l'opzione «Tante ciliegie» risulta corretta grammaticalmente.

45 **Risposta esatta: D**

Tra quelle proposte, soltanto l'opzione «Tante brecce» risulta corretta grammaticalmente.

46 **Risposta esatta: A**

Tra quelle proposte, soltanto l'opzione «Tante frecce» risulta corretta grammaticalmente.

47 **Risposta esatta: D**

Tra quelle proposte, soltanto l'opzione «Tante mance» risulta corretta grammaticalmente.

48 **Risposta esatta: C**

Tra quelle proposte, soltanto l'opzione «Più bucce» risulta corretta grammaticalmente.

49 **Risposta esatta: B**

Tra le opzioni proposte, soltanto la frase «Il quaderno e l'astuccio erano già nella cartella» non presenta errori grammaticali.

50 **Risposta esatta: D**

Tra le opzioni proposte, soltanto la frase «Indossava stivali di cuoio e un paio di jeans sdruciti» non presenta errori grammaticali.

51 Risposta esatta: A

Tra le opzioni proposte, soltanto la frase «Fu una cerimonia molto scenografica» non presenta errori grammaticali.

52 Risposta esatta: D

Tra le opzioni proposte, soltanto la frase «È una rinomata località sciistica» non presenta errori grammaticali.

53 Risposta esatta: D

Tra le opzioni proposte, soltanto la frase «Smettila di scervellarti» non presenta errori grammaticali.

54 Risposta esatta: C

Tra le opzioni proposte, soltanto la frase «Sono sempre scettico sull'effetto della cura» non presenta errori grammaticali.

55 Risposta esatta: D

Tra le opzioni proposte, soltanto la frase «I ladri misero a soqquadro l'appartamento» non presenta errori grammaticali.

56 Risposta esatta: A

Tra le opzioni proposte, soltanto la frase «Persi proprio l'ultima puntata dello sceneggiato» non presenta errori grammaticali.

57 Risposta esatta: B

Tra le opzioni proposte, la frase «La colonba è il sinbolo della Pascua» presenta più errori grammaticali.

58 Risposta esatta: A

Tra le opzioni proposte, la frase «Ebbe un lanpo di gienio» presenta più errori grammaticali.

59 Risposta esatta: D

Tra le opzioni proposte, la frase «L'organizzazzione della nostra azzienda è nota a tutti» presenta più errori.

60 Risposta esatta: C

Tra le opzioni proposte, la frase «Oramai non fà più notizzia» presenta più errori.

61 Risposta esatta: A

Tra le opzioni proposte, la frase «Non si riuscì ha distinguere la realtà dalla finzzione» presenta più errori.

62 Risposta esatta: C

Tra le opzioni proposte, la frase «Robba da matti!» è quella che presenta errori.

63 Risposta esatta: A

Tra le opzioni proposte, solo la frase «Il carrubbo è un albero sempreverde» presenta errori.

64 Risposta esatta: A

Tra le opzioni proposte, solo la frase «Il Po' è in piena» presenta errori.

65 Risposta esatta: D

Tra le opzioni proposte, solo la frase «Sì e nò!» presenta errori.

66 Risposta esatta: A

Tra le opzioni proposte, solo la frase «Ormai sà troppe cose!» presenta errori.

67 Risposta esatta: A

Pienamente appartiene al gruppo degli avverbi come spesso, adesso, ormai.

68 Risposta esatta: D

Sono tutti aggettivi.

69 Risposta esatta: B

Sono tutti avverbi.

70 Risposta esatta: B

Sono tutti avverbi.

71 Risposta esatta: A

Sono tutti avverbi.

72 Risposta esatta: B

Sono tutti avverbi.

73 Risposta esatta: D

Sono tutti avverbi.

74 **Risposta esatta:** A

Sono tutti avverbi.

75 **Risposta esatta:** C

Sono tutti avverbi.

76 **Risposta esatta:** D

Sono tutti avverbi.

77 **Risposta esatta:** B

Sono tutti avverbi.

78 **Risposta esatta:** B

Sono tutti verbi.

79 **Risposta esatta:** C

Sono tutti verbi.

80 **Risposta esatta:** B

Sono tutti verbi.

81 **Risposta esatta:** C

Sono tutti verbi.

82 **Risposta esatta:** A

Sono tutti verbi.

83 **Risposta esatta:** C

Sono tutti verbi.

84 **Risposta esatta:** D

Sono tutti verbi.

85 **Risposta esatta:** A

Sono tutti aggettivi.

86 **Risposta esatta:** D

Sono tutti aggettivi.

87 **Risposta esatta:** A

Sono tutti aggettivi.

88 **Risposta esatta:** B

Sono tutti aggettivi.

89 **Risposta esatta:** C

Sono tutti aggettivi.

90 **Risposta esatta:** C

Sono tutti aggettivi.

91 **Risposta esatta:** D

Tra le opzioni proposte, solo la frase «La scenografia era surreale» non presenta errori grammaticali.

92 **Risposta esatta:** C

Tra le opzioni proposte, solo la frase «Il bassorilievo rappresenta scene di caccia» non presenta errori grammaticali.

93 **Risposta esatta:** D

Tra le opzioni proposte, solo la frase «Era un mostro senza coscienza» non presenta errori grammaticali.

94 **Risposta esatta:** D

Tra le opzioni proposte, solo la frase «Mangerò due cosce di pollo» non presenta errori grammaticali.

95 **Risposta esatta:** A

Tra le opzioni proposte, solo la frase «Il cosciotto di agnello era ottimo» non presenta errori grammaticali.

96 **Risposta esatta:** C

Tra le opzioni proposte, solo la frase «Eravamo in ottima compagnia» non presenta errori grammaticali.

97 **Risposta esatta:** D

Tra le opzioni proposte, solo la frase «Per niente al mondo si sarebbe perso quella scena!» non presenta errori grammaticali.

98 **Risposta esatta:** D

Tra le opzioni proposte, solo la frase «Era un collaboratore molto efficiente» non presenta errori grammaticali.

99 **Risposta esatta:** B

Tra le opzioni proposte, solo la frase «Nello scrutinio segreto non è resa palese l'identità dei votanti» non presenta errori grammaticali.

100 **Risposta esatta:** B

Tra le opzioni proposte, solo la frase «Non è stato un buon acquisto!» non presenta errori grammaticali.

9
Anagrammi

Tra i quiz di logica verbale più diffusi vi sono anche quelli sugli **anagrammi**, tesi a valutare le capacità di comprendere relazioni tra le lettere. L'anagramma è uno dei più antichi giochi enigmistici e consiste nel permutare le lettere di una parola (o frase) per comporne un'altra di senso compiuto.

Per questa tipologia di quiz vale più che mai la regola dell'esercizio: l'attitudine ad anagrammare velocemente uno o più termini si acquisisce solo con l'allenamento.

Test di verifica

1 **L'anagramma di *odierno* è:**

A) inodore
B) ornati
C) ordinate
D) inodori

2 **L'anagramma di *ideativo* è:**

A) odiati
B) odiatevi
C) deviatoio
D) deviato

3 **L'anagramma di *accettare* è:**

A) accerterà
B) accertate
C) accertata
D) accetterai

4 **Quale tra le seguenti parole non è l'anagramma di *altiforni*?**

A) infoltirà
B) trionfali
C) rifilato
D) rinfilato

5 **L'anagramma di *armamento* è:**

A) ammontare
B) rammentare
C) rammentai
D) ammontari

6 **Quale tra le seguenti parole non è l'anagramma di *certosina*?**

A) sconterai
B) sonatrice
C) rosicante
D) sincerati

7 **Quale tra le seguenti parole non è l'anagramma di *cerchioni*?**

A) nocchieri
B) nicchierò
C) orecchino
D) orecchini

8 **Quale tra le seguenti parole non è l'anagramma di *cretinata*?**

A) antracite
B) incartata
C) recintata
D) ricantate

9 **L'anagramma di *dirigente* è:**

A) derigente
B) digerenti
C) digerente
D) redigente

10 **Quale tra le seguenti parole non è l'anagramma di *garantite*?**

A) integrata
B) regatanti
C) argentate
D) gratinate

11 **Quale tra le seguenti parole non è l'anagramma di *intestare*?**

A) intesterà
B) stenterà
C) trentasei
D) attenersi

12 **L'anagramma di *masticano* è:**

A) monastico
B) smanicato
C) monastici
D) smanicati

13 **Quale tra i seguenti non è l'anagramma di *pentiremo*?**

A) temperino
B) perimento
C) premoniti
D) treponemi

14 **In quale delle seguenti parole non si cela il termine *atrio*?**

A) silurato

B) imbucato
C) figurato

15 **In quale delle seguenti parole non si cela il termine *spirati*?**

A) arpisti
B) rapisti
C) piastra

16 **Quale delle seguenti parole non è l'anagramma di *alberi*?**

A) libera
B) balena
C) barile

17 **In quale riga, utilizzandone tutti i caratteri, si cela un nome proprio di persona?**

A) EMOTT
B) EMORRU
C) ACIINRST

18 **In quale delle seguenti parole non si cela il termine *estate*?**

A) attese
B) estinta
C) esatte

19 **In quale delle seguenti parole è celato il termine *parata*?**

A) partitura
B) apparecchiata
C) imparentato

20 **Utilizzando le lettere "I-N-T-A-P-A-P-N-A", ciascuna una sola volta, qual è la parola di senso compiuto più lunga che è possibile comporre?**

A) pinnata
B) disappannati
C) appannati

21 **In quale riga, utilizzandone tutti i caratteri, si cela il nome di un albero?**

A) ABEET
B) AEGNSU
C) DEIORT

22 **Qual è l'anagramma della parola *galleria*?**

A) leggerai
B) allegare
C) allergia

23 **In quale delle seguenti parole è celato il termine *rapita*?**

A) aperti
B) partitura
C) ritirata

24 **In quale riga, utilizzandone tutti i caratteri, si cela il nome di un ortaggio?**

A) AAGLTTU
B) CEMOPRTU
C) AAIMTT

25 **Utilizzando le lettere "S-P-E-R-I-O-R-I-T-O", ciascuna una sola volta, qual è la parola di senso compiuto più lunga che è possibile comporre?**

A) riporrei
B) ripresi
C) posteriori

26 **Quale delle seguenti parole non è l'anagramma di *Marte*?**

A) tarme
B) trama
C) trame

27 **In quale riga, utilizzandone tutti i caratteri, si cela il nome di una delle quattro stagioni?**

A) EEIMNRT
B) AEESTT
C) EEORRR

28 **In quale riga, utilizzandone tutti i caratteri, si cela il nome di un colore?**

A) AGILLO
B) NOOTU
C) CCIMOO

29 **Quale delle seguenti parole contiene le lettere presenti nella parola *tana*?**

A) tuona
B) cantante
C) antico

30 **In quale riga, utilizzandone tutti i caratteri, si cela il nome di una regione italiana?**

A) EOPRST
B) AGIILRU
C) AEOPPTT

31 **In quale delle seguenti parole è celato il termine *scalata*?**

A) scivolata
B) lasciapassare
C) collaborazionista

32 **In quale delle seguenti parole è celato il termine *azzerata*?**

A) attrezzatura
B) corazzata
C) mozzarella

33 **Utilizzando due volte le lettere della parola *cane*, qual è il termine più lungo che è possibile comporre?**

A) canna
B) canne
C) cannacee

34 **Utilizzando più volte (massimo quattro) le lettere della parola *asino*, qual è il termine più lungo che è possibile comporre?**

A) assassinano
B) assassinai
C) ansiosa

35 **In quale riga, utilizzandone tutti i caratteri, si cela il nome di una nota città italiana?**

A) AEEINVZ
B) ABCCIOR
C) AINPPTU

36 **In quale delle seguenti parole è celato il termine *crociata*?**

A) acconciata
B) accorciata
C) accordata

37 **Quale delle seguenti parole rappresenta l'anagramma di *crociata*?**

A) tarocchi
B) caricato
C) accorato

38 **In quale riga, utilizzandone tutti i caratteri, si cela il nome di uno sport?**

A) AEOPSTT
B) NOOTU
C) AAELLP

39 **In quale riga, utilizzandone tutti i caratteri, si cela il nome di un fiore?**

A) AACDEILNOR
B) AAEGHIMRRT
C) CELMOOOORT

40 **In quale riga, utilizzandone tutti i caratteri, si cela il nome di un mezzo di trasporto?**

A) EFIOR
B) CEILO
C) AEEOR

41 **Quale delle seguenti parole non è l'anagramma di *armeno*?**

A) renano
B) morena
C) romena

42 **In quale riga, utilizzandone tutti i caratteri, si cela il nome di un frutto?**

A) ACEGIIIL
B) AAACDIU
C) AAEINPZZ

43 **Quale delle seguenti parole non è l'anagramma di *viola*?**

A) ovali
B) viale
C) oliva

44 **Utilizzando le lettera "O-G-R-A-N-I-A-R-E", ciascuna una sola volta, qual è la parola di senso compiuto più lunga che è possibile comporre?**

A) ragioniera
B) ragionare
C) grafico

45 **Dopo aver anagrammato i seguenti gruppi di lettere, individuare quello da eliminare (le parole formate devono essere afferenti agli animali): CGINO - ACFLO - FGOU - ACEITTV.**

A) FGOU
B) CGINO
C) ACFLO

46 **Quale termine non può essere anagrammato?**

A) donzella
B) ricerca
C) volata

47 **Quale termine non può essere anagrammato?**

A) pulce
B) asina
C) corona

48 **Dopo aver anagrammato i seguenti gruppi di lettere, individuare quello da eliminare (le parole formate devono essere afferenti ai mezzi di locomozione): AENV - AEEGLNO - AIILNOPT - ENORT.**

A) AEEGLNO
B) ENORT
C) AENV

49 **Quale termine non può essere anagrammato?**

A) cipria
B) fulmine
C) palestra

50 **Quale termine non può essere anagrammato?**

A) conte
B) medico
C) frolla

51 **Dopo aver anagrammato i seguenti gruppi di lettere, individuare quello da eliminare (le parole formate devono essere afferenti al regno vegetale): FOSTU - AILNOPTU - AILOV - AORS.**

A) AILNOPTU
B) FOSTU
C) AORS

52 **Dopo aver anagrammato i seguenti gruppi di lettere, individuare quello da eliminare (le parole formate devono essere afferenti ai mezzi di locomozione): AABCR - AENV - AAEILNT - GOOZZ.**

A) AENV
B) AAEILNT
C) GOOZZ

53 **Quale termine non può essere anagrammato?**

A) acqua
B) terno
C) entro

54 **Quale termine non può essere anagrammato?**

A) mora
B) chiodo
C) piscina

55 **Dopo aver anagrammato i seguenti gruppi di lettere, individuare quello da eliminare (le parole formate devono essere afferenti agli animali): AALNO - EELPR - ABOOSSTT - AAADLMT.**

A) AAADLMT
B) ABOOSSTT
C) EELPR

56 **Quale termine non può essere anagrammato?**

A) salso
B) mali
C) pinza

57 **Dopo aver anagrammato i seguenti gruppi di lettere, individuare quello da eliminare (le parole formate devono essere afferenti ai capi di abbigliamento o agli accessori):**
AAILNNOPT - ABORS - ACILNOZ - ABLSU.

A) ABLSU
B) ABORS
C) ACILNOZ

58 **Quale termine non può essere anagrammato?**

A) pizza
B) aereo
C) Alpi

59 **Dopo aver anagrammato i seguenti gruppi di lettere, individuare quello da eliminare (le parole formate devono essere afferenti ai capi di abbigliamento o agli accessori):**
ABDEMRU - AACCIIM - AACIILNNNOPT - HORSST.

A) HORSST
B) AACIILNNNOPT
C) AACCIIM

60 **Quale termine non può essere anagrammato?**

A) lame
B) bello
C) bullo

61 **Dopo aver anagrammato i seguenti gruppi di lettere, individuare quello da eliminare (le parole formate devono essere afferenti al regno vegetale):**
ACDEIR - ELMO - EOPR - LMOO.

A) ACDEIR
B) EOPR
C) ELMO

62 **Dopo aver anagrammato i seguenti gruppi di lettere, individuare quello da eliminare (le parole formate devono essere afferenti al regno vegetale):**
EOPR - FOSTU - LMOO - CENO.

A) FOSTU
B) LMOO
C) EOPR

63 **Quale termine non può essere anagrammato?**

A) penne
B) tirare
C) matita

64 **Quale termine non può essere anagrammato?**

A) asciutto
B) scarabeo
C) piscina

65 **Dopo aver anagrammato i seguenti gruppi di lettere, individuare quello da eliminare (le parole formate devono essere afferenti agli animali):**
BCORU - AAEPPR - CGINO - AAANRT.

A) AAEPPR
B) BCORU
C) AAANRT

66 **Dopo aver anagrammato i seguenti gruppi di lettere, individuare quello da eliminare (le parole formate devono essere afferenti ai capi di abbigliamento o agli accessori):**
CCOOTTUZ - AAGILM - ABCOS - ACLOOPP.

A) AAGILM
B) ACLOOPP
C) ABCOS

67 **Quale termine non può essere anagrammato?**

A) acetone
B) denunce
C) mela

68 **Quale termine non può essere anagrammato?**

A) gonna
B) danno
C) emergi

69 **Dopo aver anagrammato i seguenti gruppi di lettere, individuare quello da eliminare (le parole formate devono essere afferenti al tempo):**
CDEINOS - EOR - IIMNTU - BEEEMRSTT.

A) EOR
B) BEEEMRSTT
C) CDEINOS

70 **Dopo aver anagrammato i seguenti gruppi di lettere, individuare quello da eliminare (le parole formate devono essere afferenti agli animali):**
ALOQSU - AAORT - ACINT - FGOU.

A) FGOU
B) AAORT
C) ACINT

71 **Quale termine non può essere anagrammato?**

A) case
B) fronte
C) notte

72 **Quale termine non può essere anagrammato?**

A) risate
B) frecce
C) male

73 **Dopo aver anagrammato i seguenti gruppi di lettere, individuare quello da eliminare (le parole formate devono essere afferenti alle unità di misura):**
ADGOR - GIILMO - AEGL - EMORT.

A) EMORT
B) ADGOR
C) GIILMO

74 **Quale termine non può essere anagrammato?**

A) alti
B) penna
C) quadro

75 **Quale termine non può essere anagrammato?**

A) conta
B) foglie
C) lato

76 **Quale termine non può essere anagrammato?**

A) cane
B) conta
C) litri

77 **Quale termine non può essere anagrammato?**

A) gesso
B) lavato
C) leva

78 **Quale termine non può essere anagrammato?**

A) stereo
B) pinne
C) lama

79 **Quale termine non può essere anagrammato?**

A) ufficio
B) amor
C) ramo

80 **Quale termine non può essere anagrammato?**

A) donna
B) paura
C) teatro

Soluzioni

1 **Risposta esatta:** A

2 **Risposta esatta:** B

3 **Risposta esatta:** B

4 **Risposta esatta:** D

5 **Risposta esatta:** A

6 **Risposta esatta:** D

7 **Risposta esatta:** C

8 **Risposta esatta:** B

9 **Risposta esatta:** B

10 **Risposta esatta:** C

11 **Risposta esatta:** B

12 **Risposta esatta:** B

13 **Risposta esatta:** C

14 **Risposta esatta:** B
La risposta è facilmente individuabile dal momento che "imbucato" non contiene la lettera "r".

15 **Risposta esatta:** C
"Piastra" contiene una sola "i".

16 **Risposta esatta:** B

17 **Risposta esatta:** C
Il nome nascosto è Cristina.

18 **Risposta esatta:** B

19 **Risposta esatta:** B

20 **Risposta esatta:** C

21 **Risposta esatta:** A
L'anagramma di ABEET dà "abete".

22 **Risposta esatta:** C

23 **Risposta esatta:** B

24 **Risposta esatta:** A
L'ortaggio nascosto è "lattuga".

25 **Risposta esatta:** C

26 **Risposta esatta:** B
"Trama" contiene due "a" che non sono presenti nella parola "Marte".

27 **Risposta esatta:** B
La stagione nascosta è "estate".

28 **Risposta esatta:** A
Il colore nascosto è "giallo".

29 **Risposta esatta:** B

30 **Risposta esatta:** B
La regione nascosta è "Liguria".

31 **Risposta esatta:** C

32 **Risposta esatta:** A

33 **Risposta esatta:** C

34 **Risposta esatta:** A

35 **Risposta esatta:** A
La città nascosta è Venezia.

36 **Risposta esatta:** B

37 **Risposta esatta:** B

38 **Risposta esatta:** B
Lo sport nascosto è "nuoto".

39 Risposta esatta: B

Il fiore nascosto è “margherita”.

40 Risposta esatta: C

Il mezzo di trasporto nascosto è “aereo”.

41 Risposta esatta: A

42 Risposta esatta: A

Il frutto nascosto è “ciliegia”.

43 Risposta esatta: B

44 Risposta esatta: B

45 Risposta esatta: B

CGINO = cigno
ACFLO = falco
FGOU = gufo
ACEITTV = civetta
Eliminiamo CGINO, poiché, a differenza di gufo, falco e civetta il cigno non è un rapace.

46 Risposta esatta: A

Ricerca = Carceri
Volata = Tavola/Lavato
Il termine donzella, invece, non può essere anagrammato,

47 Risposta esatta: A

Asina = Ansia/Sanai
Corona = Corano/Canoro
Scartiamo, quindi, pulce, perché non anagrammabile.

48 Risposta esatta: B

aenv = nave
aeeglno = galeone
aiilnopt = pilotina
ENORT = treno
Eliminiamo quest’ultimo gruppo poiché il treno, tra quelli indicati, non è un mezzo di locomozione acquatico.

49 Risposta esatta: B

Cipria = Carpii/Picari/Pirica
Palestra = Parlaste/Sparlate
Non è, invece, anagrammabile la parola fulmine.

50 Risposta esatta: C

Conte = Tecno/Cento
Medico = Decimo/Demico
Il termine che non può essere anagrammato è frolla.

51 Risposta esatta: B

fostu = fusto
ailnoptu = tulipano
ailov = viola
aors = rosa
Eliminiamo fostu, giacché il suo anagramma non indica il nome di un fiore.

52 Risposta esatta: B

AABCR = barca
AENV = nave
AAEILNT = aliante
GOOZZ = gozzo
L’aliante vola, mentre gli altri sono mezzi acquatici; pertanto, eliminiamo il gruppo AAEILNT.

53 Risposta esatta: A

Terno = Entro/Toner/Treno
Entro = Terno/Toner/Treno
Non può essere, invece, anagrammata la parola acqua.

54 Risposta esatta: B

Mora = Armo/Orma/Roma/Ramo
Piscina = Spinaci
Il termine chiodo non può, invece, essere anagrammato.

55 Risposta esatta: C

AALNO = alano
EELPR = lepre
ABOOSSTT = bassoto
AAADLMT = dalmata
Abbiamo tre razze canine e un leporide. Il gruppo eelpr è quello da eliminare.

56 Risposta esatta: C

Salso = Lasso
Mali = Lima/Mail/Almi
Non è, invece, anagrammabile pinza.

57 Risposta esatta: B

aailnnopt = pantaloni
ABORS = borsa
ACILNOZ = calzoni
ABLSU = blusa
Vale a dire tre capi d’abbigliamento e un accessorio – abors – che, in quanto tale, andrà eliminato.

58 **Risposta esatta:** B

Pizza = Pazzi
Alpi = Pila/Pali.
Il termine che non può essere anagrammato è aereo.

59 **Risposta esatta:** C

ABDEMRU = bermuda
AACCIIM = camicia
AACIILNNNOPT = pantaloncini
HORSST = shorts
Va eliminato il gruppo AACCIIM poiché riferito a un capo d'abbigliamento, la camicia, diverso dagli altri tre che sono, invece, pantaloni corti.

60 **Risposta esatta:** C

Lame = Male/Mela/Alme
Bello = Bolle
Il termine che non può essere anagrammato è bullo.

61 **Risposta esatta:** A

ACDEIR = radice
ELMO = melo
EOPR = pero
LMOO = olmo
Il gruppo da eliminare è ACDEIR perché al suo anagramma non corrisponde, diversamente dagli altri tre, un tipo di albero.

62 **Risposta esatta:** A

EOPR = pero
FOSTU = fusto
LMOO = olmo
CENO = noce
L'unico gruppo di lettere che, anagrammato, non fornisce il nome di un albero è FOSTU.

63 **Risposta esatta:** A

Tirare = Errati/Ritrae/Terrai
Matita = Mattia/Tatami
Il termine penne, invece, non può essere anagrammato.

64 **Risposta esatta:** A

Scarabeo = Arabesco
Piscina = Spinaci
La parola asciutto non si può anagrammare.

65 **Risposta esatta:** B

BCORU = bruco
AAEPPR = papera
CGINO = cigno
AAANRT = anatra
Mentre papera, cigno e anatra sono uccelli (acquatici), il bruco è una larva; pertanto, il gruppo da eliminare è BCORU.

66 **Risposta esatta:** A

CCOOTTUZ = zuccotto
AAGILM = maglia
ABCOS = basco
ACLOOPP = coppola
Eliminiamo il gruppo AAGILM poiché è l'unico dal cui anagramma risulta una parola (maglia) non riferibile a un copricapo.

67 **Risposta esatta:** B

Acetone = Enoteca
Mela = Lame/Male
Non è, invece, anagrammabile denunce.

68 **Risposta esatta:** A

Danno = Donna
Emergi = Regime
La parola non anagrammabile è gonna.

69 **Risposta esatta:** B

CDEINOS = secondi
EOR = ore
IIMNTU = minuti
BEEEMRSTT = settembre
I primi tre gruppi sono riferiti all'ora e alle sue frazioni. BEEEMRSTT, che indica un mese, va, pertanto, eliminato.

70 **Risposta esatta:** A

ALOQSU = squalo
AAORT = trota
ACINT = tinca
FGOU = gufo
Squalo, trota e tinca sono pesci. Il gufo è un uccello. Il gruppo FGOU va, pertanto, eliminato.

71 **Risposta esatta:** B

Case = Asce/Esca
Notte = Netto/Tento/Tonte
Il termine non anagrammabile è fronte.

72 Risposta esatta: B

Risate = Restai/Restia/Risate/Satire/Sartie/Starei/Tarsie
Male = Lame/Mela
Non è anagrammabile frecce.

73 Risposta esatta: B

ADGOR = grado
GIILMO = miglio
AEGL = lega
EMORT = metro
Mentre miglio, lega e metro sono unità di misura della lunghezza, il grado misura la temperatura. Pertanto, il gruppo di lettere da eliminare è ADGOR.

74 Risposta esatta: C

Alti = Lati/Tali
Penna = Panne
Non è anagrammabile il termine quadro.

75 Risposta esatta: B

Conta = Canto
Lato = Alto
Foglie non è anagrammabile.

76 Risposta esatta: C

Cane = Acne/Cena/Ance
Conta = Canto
Non è, invece, anagrammabile il termine litri.

77 Risposta esatta: A

Lavato = Tavola/Volata
Leva = Vale/Vela/Lave
Il termine gesso non può essere anagrammato.

78 Risposta esatta: B

Stereo = Estero/Tesero
Lama = Alma/Mala
Il termine pinne non può, invece, essere anagrammato.

79 Risposta esatta: A

Amor = roma/armo/mora/orma/ramo
Ramo = amor/roma/armo/orma
Il termine ufficio non può, invece, essere anagrammato.

80 Risposta esatta: B

Donna = Danno
Teatro = Attore/Ettaro/Oretta/Rotate
Il termine paura non può, invece, essere anagrammato.

10
Comprensione di brani

I quiz nella **comprensione dei brani** rappresentano spesso una criticità della prova concorsuale. Rispetto alle altre tipologie che possono essere considerate chiuse in se stesse con domande e tempi definiti, l'approccio alla comprensione dei brani risulta molto individuale e può avere tempi di risoluzione differenti da candidato a candidato.

È opportuno che nella fase di esercitazione il candidato annoti i tempi in cui è impegnato nella risoluzione dei brani, variando anche la fase della simulazione di prova in cui si decide di affrontarlo. Alcuni candidati preferiscono dedicarsi alla risoluzione dei brani subito all'inizio del test quando c'è massima lucidità, altri preferiscono affrontarli alla fine. Nel primo caso si corre il rischio di dedicarvisi per troppo tempo, rileggendo più volte il brano alla ricerca delle informazioni richieste, nel secondo caso si corre il rischio opposto, ovvero quello di lasciarsi troppo poco tempo, con il rischio di commettere errori di distrazione e di fretta.

I quesiti di comprensione del testo sono volti a verificare competenza testuale, ovvero la capacità del candidato di suddividere in sezioni o segmenti, riassumere o riformulare un determinato testo, e *quella grammaticale*, ossia la capacità di riconoscere le parti del discorso e la sua struttura.

Generalmente i test vengono formulati in modo da verificare alcuni aspetti delle capacità linguistiche del candidato: in primo luogo quella di **assimilare i concetti** che nel testo vengono espressi e di saperne cogliere il significato. Un'ulteriore indagine è focalizzata sulla capacità di **decifrare la struttura del testo** e **comprenderne le implicazioni** oltre a saper individuare correttamente quali siano le *deduzioni possibili e quelle non possibili*; in alcuni, può essere richiesto di *individuare il carattere del brano, la conclusione logica, il tema o le affermazioni principali*. In taluni brani, infine, viene richiesto di inserire le parole mancanti o di ricostruire la corretta sequenza del brano o, semplicemente di individuare un possibile titolo del brano o articolo. Queste sono domande di ampia formulazione che richiedono la lettura e la comprensione complessiva del brano.

In genere sono presenti, invece, quesiti con formulazione specifica, in cui si richiede di individuare affermazioni esplicitamente riportate nel brano.

Un approccio vincente a questi quiz deve permettere di arrivare ad ottimizzare la lettura del brano, sviluppando dimestichezza e celerità nell'affrontare il testo. Imparando a leggere per comprendere risulterà, quindi, semplice affrontare la risoluzione delle domande proposte.

Bisogna tener presente che non esiste un unico modo per leggere un testo, ma si possono classificare metodi differenti in funzione dello *scopo della lettura*. Un lettore avrà, infatti, un approccio differente quando dovrà consultare un manuale rispetto a quando si dedicherà alla lettura di un romanzo o piuttosto quando si trova davanti ad un testo sintetico o a un articolo di giornale.

Nel primo caso si attua una modalità di **lettura di tipo consultivo**, cercando all'interno del testo, o del brano nel nostro caso, le informazioni di cui si ha bisogno. Questa tecnica deve essere applicata per la risoluzione dei quesiti per individuare in maniera rapida il contenuto principale del brano una volta lette le domande ad esso connesse.

Una **lettura di tipo orientativo** viene effettuata nel caso di articoli di giornale o testi brevi. Uno sguardo veloce e rapido è volto a cogliere con immediatezza il significato ed il contenuto del brano. Nel contesto concorsuale questa tipologia di approccio aiuta a mettere in evidenza le parti salienti del brano.

Infine **una lettura approfondita** consente di comprendere appieno il brano, ma risulta essere più lunga ed impegnativa. A tal scopo, per ottimizzare i tempi, è necessario provvedere, durante la lettura stessa, ad una riorganizzazione e destrutturazione del testo, sottolineando le parti principali ed annotando i contenuti principali dei paragrafi.

Altro aspetto da tenere in considerazione è la **tipologia di testo** che si sta affrontando. I brani abitualmente vengono suddivisi in 5 categorie: **descrittivi, narrativi, espositivi, argomentativi e regolativi**. Individuarne la tipologia è sicuramente un vantaggio per affrontare correttamente le domande connesse.

In definitiva, occorrerà prestare la propria attenzione ad individuare le informazioni specifiche presenti nel testo. Queste potranno essere proposte sia in forma esplicita e letterale sia attraverso l'uso di perifrasi, investigando, quindi, la capacità di discernere tra le informazioni pertinenti la specifica domanda. Attenzione particolare va posta a quei quesiti che propongo l'individuazione di nessi casuali tra elementi presenti nel brano: sovente tra le risposte viene invertito l'ordine presentando la causa di un fenomeno come un suo effetto e viceversa. È necessario, quindi saper ricostruire il senso generale del brano, prestando attenzione, tuttavia, anche alle singole parti, desumendo le informazioni implicite in essa contenute.

Alcuni esempi possono aiutare a comprendere meglio le strategie di azione.

Esempio n. 1

Dalla sua nascita, 13 anni fa, eBay ha suscitato tante polemiche. Su una cosa però acquirenti e venditori che si incontrano sul sito di aste online sono sempre stati d'accordo: fare l'offerta, aspettare di vedere se è quella giusta, controllare con trepidazione le contrattazioni non è solo economicamente allettante ma anche divertente. Ora il giochino sembra volgere al termine, perché alcune ditte stanno mettendo oggetti in vendita a prezzo fisso. Prendere o lasciare, niente più asta, come su un qualunque sito di vendite online. È il nuovo corso voluto da John Donahoe, amministratore delegato di eBay, che con la sua gestione ha portato anche un accordo con Buy.com per permettere a uno dei più grandi siti di vendita di commerciare su eBay senza pagare le quote che invece si chiedono ad altri venditori minori. Negli ultimi sei anni le vendite a prezzo fisso sul sito sono aumentate del 60% e ora sono il 40% di tutto il giro di affari di eBay. Dalla compagnia, citata dal quotidiano britannico «The Observer», hanno fatto sapere di voler «rinnovare la formula per portare le vendite a prezzo fisso allo stesso numero di quelle all'asta, lasciando agli utenti la scelta».

1. Secondo quanto riportato nel brano, oggi le vendite a prezzo fisso su eBay sono:

A) il 60% delle vendite
B) la metà del totale
C) il 40% delle aste
D) il 40% di tutto il giro d'affari
E) aumentate del 40% rispetto a 13 anni fa

Quando i quesiti hanno una formulazione specifica può convenire individuare i termini chiave riportati nella traccia, ovvero, in questo caso, «vendite a prezzo fisso»: si deve cercare di individuare, poi, in quale frase del brano sono contenute perché è molto probabile che la risposta del quesito sia legata alla frase contenente i termini chiave. Nell'esempio proposto i termini chiave sono contenuti nella penultima frase, ovvero: «Negli ultimi sei anni **le vendite a prezzo** fisso sul sito sono aumentate del 60% e ora sono il 40% di tutto il giro di affari di eBay». A questo punto analizzando le opzioni si avrà modo di notare che quella corretta è la **D**.

2. Secondo quanto riportato nel brano, l'artefice della nuova politica aziendale di eBay è stato:

A) Buy.com
B) lo Stato
C) l'amministratore delegato
D) i venditori
E) gli acquirenti

Anche questo quiz ha una formulazione specifica e i termini chiave sono «nuova politica aziendale». Nel brano non si parla esplicitamente di «nuova politica aziendale», ma è usata un'espressione analoga, ovvero «nuovo corso» che si ritrova nel passo evidenziato di seguito:

«**È il nuovo corso voluto** da John Donahoe, amministratore delegato di eBay, che con la sua gestione ha portato anche un accordo con Buy.com per permettere a uno dei più grandi siti di vendita di commerciare su eBay senza pagare le quote che invece si chiedono ad altri venditori minori».

Si noti come nella frase in cui si parla di «nuovo corso» si sottolinea che sia stato voluto dall'amministratore delegato di eBay (opzione **C**).

Non bisogna dimenticare, altresì, che è necessario rispondere unicamente sulla base di quanto viene affermato o raccontato nel brano, **non ci si deve basare sulle proprie conoscenze pregresse**, relativamente all'argomento trattato nel brano. Fra l'altro, è fondamentale analizzare bene tutte le alternative prima di operare una scelta: infatti, nei quesiti di comprensione verbale, la risposta esatta non è sempre immediatamente evidente, ma più risposte possono risultare verosimili, sebbene una sola sia «più corretta» delle altre, in quanto più completa o più calzante alle informazioni riportate nel brano.

Infine, in caso venga assegnato un quesito di rielaborazione di brani, sarà necessario individuare tra le alternative proposte la rielaborazione che meglio sintetizza il contenuto del testo di partenza in base ai criteri seguenti:

- *chiarezza*: la rielaborazione deve esprimere chiaramente e completamente l'argomentazione principale del testo;
- *essenzialità*: la rielaborazione deve evitare ridondanze e argomentazioni secondarie o subordinate e non può riportare informazioni addizionali o diverse da quelle contenute nel testo di partenza;
- *somiglianza*: la rielaborazione deve contenere tutti i principali concetti espressi nel testo di partenza e utilizzare quanto più possibile le forme verbali del testo originario.

Esempio n. 2

«La rivoluzione russa del 1917 determinò un profondo cambiamento del sistema socioeconomico e in particolare agricolo. Dapprima si procedette all'esproprio dei latifondi aristocratici e alla distribuzione delle terre ai contadini, poi, nel 1928, si attuò una collettivizzazione delle terre».

Dal brano si evince che:

A) la collettivizzazione delle terre nel 1928 in Russia fu la logica conseguenza dell'esproprio dei latifondi aristocratici e della distribuzione della terra ai contadini. Tale cambiamento fu consentito dalla rivoluzione russa del 1917
B) nel 1928, in seguito alla rivoluzione russa del 1917, si attuò una collettivizzazione delle terre e si affermò quel modello di agricoltura sovietica definita anche «agricoltura pianificata»
C) la rivoluzione comunista fece sì che nell'Unione Sovietica, prima degli anni Trenta del XX secolo, le terre venissero collettivizzate, con la conseguenza che tutte le attività agricole furono pianificate dallo Stato tramite piani quinquennali

D) la rivoluzione russa provocò un mutamento del sistema socio-economico del Paese: nel campo agricolo si passò dall'esproprio dei latifondi aristocratici alla distribuzione delle terre ai contadini e, infine, alla collettivizzazione

E) La rivoluzione russa determinò anche una rivoluzione socio-economica. Nel giro di pochissimi anni i latifondi aristocratici furono confiscati, espropriati e distribuiti ai contadini. La collettivizzazione delle terre, infine, garantì una maggiore giustizia sociale

Le opzioni **B**, **C** ed **E** sono da scartare perché introducono particolari non riportati nel brano di partenza: nell'opzione **B** si parla dell'affermazione dell'«agricoltura pianificata», che non è menzionata nel brano proposto (non bisogna farsi condizionare dalle conoscenze pregresse!); discorso analogo per l'opzione **C** in cui si parla di «piani quinquennali», e per l'opzione **E** in cui si parla di «maggiore giustizia sociale». Tra le opzioni **A** e **D**, quella più «somigliante» al brano proposto è la **D**.

Esempio n. 3

Leggere il brano e rispondere a ogni quesito solo in base alle informazioni contenute (esplicitamente o implicitamente) nel brano e non in base a quanto il candidato eventualmente conosca sull'argomento.

Le vicende alimentari dell'Europa del Settecento sembrano ripercorrere cammini noti: espansione demografica, insufficienze produttive, sviluppo agricolo. Una storia che ricorda da vicino quella dei secoli XI-XII, o del XVI. Solo che questa volta le dimensioni del fenomeno sono ingigantite. La popolazione europea, che aveva raggiunto a metà del Trecento una punta di forse 90 milioni di individui, e che attorno al 1700 (dopo la grande crisi e la successiva lenta ripresa) era attestata sui 125 milioni, cresce da allora in poi rapidissimamente: 145 milioni a metà del XVIII secolo, 195 alla fine. Il sistema produttivo è messo a dura prova, le carestie si abbattono a intervalli regolari sulla popolazione. Alcune di esse (tristemente celebre quella del 1709-10) colpiscono l'intera Europa, dalla Spagna all'Italia, dalla Francia all'Inghilterra, dalla Germania alla Svezia, ai Paesi dell'Est. Altre investono territori più circoscritti: quella del 1739-41 colpì soprattutto Francia e Germania; quella del 1741-43 l'Inghilterra; quella del 1764-67 fu particolarmente grave nelle regioni meridionali (Spagna, Italia); quella del 1771-74 nei Paesi del Nord. Nell'insieme, gli anni «difficili» del XVIII secolo sembrano numerosi come non mai (a eccezione forse che nell'XI secolo). Ciò non vuol dire che la gente muoia di fame: se così fosse stato, l'exploit demografico sarebbe a dir poco incomprensibile. Siamo invece di fronte a un malessere diffuso, a uno stato di sottonutrizione permanente che viene per così dire «assimilato» (fisiologicamente e culturalmente) come condizione normale di vita. All'aumentata richiesta di cibo si rispose, per cominciare, nel modo più semplice e tradizionale: l'espansione dei coltivi. In Francia, nei decenni precedenti la Rivoluzione, le terre a coltura passarono da 19 a 24 milioni di ettari nel giro di trent'anni. In Inghilterra, nella seconda metà del secolo, furono recintati e messi a coltura centinaia di migliaia di ettari di terreni incolti e boschivi. In Irlanda, in Germania, in Italia si prosciugarono paludi e acquitrini. Contemporaneamente si misero a punto nuove tecniche produttive, in un clima di fervore scientifico e di sperimentazione agronomica che per la prima volta riuscì a incontrarsi con gli interessi imprenditoriali dei proprietari terrieri. Si parla a ragione, per quest'epoca, di una vera rivoluzione agricola: tale fu, dal punto di vista tecnico, l'abbandono della pratica del maggese e l'impiego delle leguminose da foraggio in regolare rotazione con i cereali. Ciò consentì, da un lato, di integrare le pratiche zootecniche nel sistema agrario, superando la tradizionale separazione fra attività pastorali e attività agricole; dall'altro, di accrescere sensibilmente i rendimenti del suolo, reso più fertile sia dalla presenza delle leguminose (che possiedono la proprietà di fissare l'azoto nel terreno) sia dalla maggiore disponibilità di concime animale. Queste e altre trasformazioni segnarono l'avvio del capitalismo agrario, che in certe regioni europee – soprattutto l'Inghilterra e poi la Francia – fu il primo passo verso l'affermarsi dell'economia industriale. All'ampliamento dei terreni coltivati e al perfezionamento delle tecniche produttive si affiancò lo sviluppo di colture particolarmente robuste, sicure e redditizie: quelle stesse che avevano trovato una prima timida diffusione (in ambiti localmente limitati) fra Quattro e Cinquecento, e che vengono ora «riscoperte» come soluzione a basso costo di pressanti esigenze alimentari. Il riso, dopo un certo declino nel XVII secolo, legato anche alle polemiche sull'opportunità igienica e ambientale di far ristagnare l'acqua nei campi, torna in auge nel Settecento come alternativa ai cereali tradizionali: in certe zone esso viene introdotto per la prima volta; in altre viene per così dire reintrodotto. Analoga destinazione sociale ha il grano saraceno, anch'esso «riscoperto» nel Settecento oppure, in certe regioni, introdotto per la prima volta. Ma sono soprattutto il mais e la patata a conquistare un ruolo di assoluto primo piano, sbarazzando il campo da molti antichi concorrenti: fra XVIII e XIX secolo, la tradizionale varietà di cereali inferiori – base millenaria della dieta popolare – viene progressivamente riducendosi a favore dei nuovi protagonisti.

1. Quale tra le seguenti affermazioni è ricavabile dal brano?

A) le nuove tecniche agrarie si avvalsero dell'apporto della scienza del Settecento
B) i proprietari terrieri non furono disposti a rischiare i loro capitali
C) solo in Inghilterra e in Francia si sperimentarono nuovi sistemi agrari
D) l'estensione dei boschi e delle paludi ostacolò il progresso agricolo
E) l'espansione demografica dell'Europa nel Settecento è stata possibile solo grazie all'aumento delle superfici destinate a coltura

Il brano è da suddividere in due parti: una prima introduttiva in cui vengono enunciati i motivi della carestia, ed una seconda in cui vengono riportate le azioni intraprese per fronteggiarla. La chiave di lettura risiede nella frase *«Contemporaneamente si misero a punto nuove tecniche produttive, in un clima di fervore scientifico e di sperimentazione agronomica che per la prima volta riuscì a incontrarsi con gli interessi imprenditoriali dei proprietari terrieri. Si parla a ragione, per quest'epoca, di una vera rivoluzione agricola»*, che identifica proprio nella **A** la risposta esatta. D'altro canto le altre alternative non erano plausibili: sia la **C** che la **E** sono limitative del concetto più generale espresso (l'utilizzo del termine *«solo»* in entrambe le risposte ne è un indice), mentre la **B** e la **D** non trovano riscontro nel contesto che viene riportato.

2. Secondo il brano, quali prodotti furono riscoperti nel Settecento?

A) il mais e la patata
B) il farro e la segale
C) il riso e il grano saraceno
D) i cereali inferiori
E) le leguminose

Anche questa informazione viene fornita nella parte finale del brano. *«Il riso, [...], torna in auge nel Settecento»* e poi *«Analoga destinazione sociale ha il grano saraceno, anch'esso «riscoperto» nel Settecento»*. In casi come questi con una lettura rapida in prima battuta, è possibile, poi, recuperare rapidamente le informazioni richieste se opportunamente evidenziate nella prima lettura veloce, andando ad attuare una tecnica di ricerca delle informazioni di tipo consultivo. La risposta esatta è la **C**.

3. Qual è, a giudizio dell'autore del brano, il tratto distintivo dell'espansione storica vissuta dall'Europa del Settecento, considerato che egli stesso attribuisce un carattere ricorsivo alle vicende narrate?

A) il numero di anni «difficili», senza uguali nei secoli precedenti
B) il fatto che nel Settecento la gente muoia di fame
C) il fatto che i cambiamenti furono per molto tempo limitati a Francia e Inghilterra
D) la portata, ovvero le dimensioni dei cambiamenti in essere
E) la totale assenza di carestie, che diede forte impulso alla manodopera agricola

La lettura attenta della domanda aiuta ad individuare rapidamente la risposta esatta. Subito dopo il primo periodo, infatti, l'autore introduce immediatamente il suo pensiero *«Solo che questa volta le dimensioni del fenomeno sono ingigantite.»* La risposta corretta è dunque la **D**. In particolare la risposta **C** non è corretta, in quanto anche se l'autore si sofferma su Francia ed Inghilterra riporta subito dopo le azioni messe in atto negli altri stati di Europa. La risposta **B** anche non è corretta, in quanto non è vero che «*la gente muoia di fame*», anzi tutt'altro, l'autore sottolinea proprio «*l'exploit demografico*». La risposta **A**, invece, è da scartare in quanto, anche se «*gli anni difficili [...] sembrano numerosi come non mai*» l'eccezione che viene posta sul XI secolo è sufficiente a far decadere l'alternativa come risposta valida. Infine la riposta **E** non trova riscontro nel brano, in quanto vengono citate più carestie avvenute nel corso del XVIII secolo.

4. Secondo quanto affermato nel brano, quali fattori furono alla base della rivoluzione agricola del XVIII secolo?

A) l'abbandono del maggese e la diminuzione dell'allevamento
B) l'interesse dei governanti verso l'agricoltura
C) l'introduzione delle leguminose da foraggio e l'integrazione tra allevamento e sistema agrario
D) l'introduzione della rotazione triennale e dell'aratro pesante
E) il diffuso malessere per uno stato di permanente denutrizione

La chiave per arrivare alla risposta è nella frase «*Si parla a ragione, per quest'epoca, di una vera rivoluzione agricola: tale fu, dal punto di vista tecnico, l'abbandono della pratica del maggese e l'impiego delle leguminose da foraggio in regolare rotazione con i cereali.*» La risposta **A** non è corretta, poiché cita solo la prima parte (l'abbandono del maggese), Le risposte **B** e **D** non trovano riscontro all'interno del brano, la risposta **E** cita la malnutrizione, ma non fu questa la causa della rivoluzione agricola. Nel periodo successivo, infatti viene spiegato che l'impiego delle leguminose e l'utilizzo dei pascoli portava ad una maggiore fertilità del terreno. La risposta esatta è, pertanto, la **C**.

5. Da quanto riportato nel brano, si può dedurre che:

A) la popolazione europea superò i 100 milioni nel corso del XIV secolo
B) si accentuò la separazione tra allevamento e agricoltura
C) il commercio dei cereali favorì l'accumulo di capitali
D) il riso e il grano saraceno sono le colture più robuste, sicure e redditizie tra quelle «riscoperte» nel Settecento
E) l'economia industriale ricevette un impulso dal capitalismo agrario

Nella parte conclusiva del brano si può leggere «*Queste e altre trasformazioni segnarono l'avvio del capitalismo agrario, che [...] fu il primo passo verso l'affermarsi dell'economia industriale.*» La deduzione deve essere contenuta nelle conclusioni del brano e non deve riportare una frase che può essere assunta quale dato di fatto o ripetere un'affermazione presente nel brano. La riposta **A** è una delle frasi che vengono portate a premessa, non è una conclusione del discorso. La risposta **B**, invece, è del tutto contraria a quanto riportata nel brano. La **C** rappresenta un'ipotesi, ma non costituisce una deduzione. La risposta **D**, invece, non è una conclusione ma riporta un'affermazione già presente nel brano. La risposta **E**, infine, è formulata proprio nel modo idoneo a risultare una deduzione, riprende un concetto presente nel brano esprimendolo in forma diversa e racchiudendo il pensiero generale dell'intero brano. Risposta esatta: **E**

Test di verifica

Nel nostro ordinamento i cittadini hanno uno stato giuridico caratterizzato da un complesso di diritti e doveri che li differenzia da chi, pur vivendo nel territorio dello Stato, cittadino non è. L'insieme dei cittadini è il popolo. Popolo e nazione per il nostro ordinamento non sono la stessa cosa, in quanto per nazione s'intende l'insieme degli uomini e delle donne legati da storia, cultura, lingua ed etnia, ma non necessariamente cittadini dello Stato italiano; il popolo, al contrario, si caratterizza per la cittadinanza, non necessariamente congiunta alla cultura comune o all'etnia. I cittadini restano tali e continuano a far parte del popolo italiano anche se vivono fuori dal territorio, a condizione che abbiano conservato la cittadinanza italiana.

1 **I cittadini italiani:**

A) nessuna delle alternative proposte
B) sono necessariamente legati dalla stessa storia, cultura, lingua ed etnia
C) perdono la cittadinanza italiana se vivono all'estero
D) possono far parte del popolo italiano anche se vivono all'estero
E) rimangono particolarmente legati alla tradizione anche se vivono all'estero per molto tempo

2 **È una condizione necessaria e sufficiente per appartenere al popolo italiano:**

A) essere legati dalla stessa cultura o dall'etnia, ma non necessariamente parlare la stessa lingua
B) avere la cittadinanza italiana
C) parlare la stessa lingua
D) condividere una serie di diritti e doveri complessi
E) nessuna delle alternative proposte

3 **Secondo il nostro ordinamento:**

A) nessuna delle alternative proposte
B) essere cittadini dello Stato italiano significa anche far parte del popolo italiano
C) vivere nello stesso territorio è una condizione necessaria ma non sufficiente per appartenere al popolo
D) rispettare una serie di diritti e doveri è una condizione necessaria per vivere nel nostro territorio
E) popolo e nazione sono concetti perfettamente sovrapponibili

4 **Secondo il nostro ordinamento, popolo e nazione:**

A) definiscono l'insieme dei cittadini italiani che vivono nel nostro territorio
B) sono concetti che implicano l'appartenenza ad una stessa cultura ed etnia
C) nessuna delle alternative proposte
D) non sono la stessa cosa
E) sono concetti che fanno rispettivamente riferimento alle persone ed al territorio

5 **Secondo il nostro ordinamento, si può essere cittadini italiani:**

A) indipendentemente dall'etnia
B) nessuna delle alternative proposte
C) anche se non si appartiene al popolo italiano
D) solo se si è nati in Italia
E) pur vivendo all'estero ed avendo perso la cittadinanza italiana

6 **Il nostro ordinamento intende con il concetto di nazione:**

A) nessuna delle alternative proposte
B) l'insieme delle persone che vivono, per almeno 6 mesi l'anno, nel nostro territorio
C) il popolo italiano
D) uomini e donne legati da storia e cultura, da lingua ed etnia

E) l'insieme degli uomini e delle donne cittadini dello Stato italiano

7 Appartenere alla nazione italiana comporta, secondo il nostro ordinamento:

A) nessuna delle alternative proposte
B) uno stato giuridico caratterizzato da un complesso di diritti e di doveri e il fatto di vivere nello stesso territorio
C) il dovere di mantenere la cittadinanza italiana pur vivendo all'estero
D) l'appartenenza alla stessa storia, cultura, lingua ed etnia e, necessariamente, il possesso della cittadinanza italiana
E) la cittadinanza e la nazionalità italiane

8 Appartenere al popolo italiano significa:

A) essere nato e residente in Italia
B) avere gli stessi diritti e doveri di chi, pur non essendo cittadino italiano, vive in Italia
C) possedere diritti e doveri differenti da chi, pur vivendo in Italia, non è cittadino italiano
D) nessuna delle alternative proposte
E) avere origini italiane pur vivendo all'estero

Pochi aspetti della vita quotidiana ci appaiono tanto inevitabili quanto la circolazione del denaro. Per decine, se non per centinaia di volte al giorno, cediamo denaro in cambio di beni e servizi o ne accettiamo come compensazione per le più varie prestazioni. L'apparente «naturalezza» di questo meccanismo tende a farci dimenticare che la circolazione — e per la verità l'esistenza stessa — del denaro è una delle più complesse e delicate operazioni di ingegneria sociale mai realizzate dall'umanità. Il denaro è allo stesso tempo, e tra le altre cose, un mezzo di pagamento e una riserva di valore; eppure, non è altro che un rettangolo di carta filigranata la cui unica qualità è appunto quella di essere universalmente accettato come corrispettivo per la cessione di qualunque bene o servizio. In altre parole, il denaro è un classico esempio di convenzione sociale: uno stato di cose abituale, atteso, che si autoalimenta.

9 Quotidianamente:

A) riflettiamo sulla circolazione del denaro
B) autoalimentiamo le convenzioni sociali
C) nessuna delle alternative proposte
D) scambiamo denaro con beni e servizi
E) consideriamo il denaro come un semplice rettangolo di carta filigranata, dimenticando che è anche una riserva di valore

10 L'esistenza del denaro:

A) indica il grado di evoluzione di una società industrializzata
B) dipende dall'esistenza di riserve di valore
C) nessuna delle alternative proposte
D) non è una convenzione universalmente accettata
E) è una delle più complesse operazioni compiute dall'umanità

11 Il denaro è al tempo stesso:

A) un meccanismo naturale, ma complesso
B) un aspetto della vita quotidiana detestabile ed un meccanismo che tendiamo a dimenticare
C) una riserva di valore ed un mezzo di pagamento
D) una convenzione sociale ed un gesto inatteso
E) nessuna delle alternative proposte

12 Se il denaro non esistesse:

A) non esisterebbero riserve di valore
B) l'uomo sarebbe meno evoluto
C) non esisterebbero convenzioni sociali

D) nessuna delle alternative proposte
E) ci sarebbe un altro mezzo di pagamento

13 **Il denaro ha come unica qualità:**
A) quella di essere solo una riserva di valore
B) quella di essere da tutti accettato come corrispettivo per la cessione di beni o servizi
C) quella di consentire all'umanità la realizzazione di complesse operazioni di ingegneria sociale
D) nessuna delle alternative proposte
E) quella di essere realizzato in carta pregiata

14 **Il denaro è in definitiva:**
A) un rettangolo di carta senza alcun valore e qualità
B) un mezzo di pagamento che è sempre esistito
C) un classico esempio di convenzione sociale
D) l'indice della produttività di una società
E) nessuna delle alternative proposte

15 **La circolazione del denaro:**
A) impedisce la circolazione di beni e servizi
B) nessuna delle alternative proposte
C) è un aspetto del quotidiano che ci appare inevitabile
D) risponde ad esigenze di naturalezza
E) non deriva da una convenzione sociale

16 **Una convenzione sociale:**
A) è la più articolata operazione di ingegneria sociale
B) nessuna delle alternative proposte
C) è uno stato di cose che si autoalimenta
D) è uno stato di cose straordinario
E) è un aspetto della vita che ci appare inatteso

Gli scienziati hanno a lungo cercato di individuare nel cervello le zone responsabili della percezione dello scorrimento del tempo. L'impresa è riuscita a un gruppo congiunto di ricercatori del New Mexico. La percezione del tempo è fondamentale nella vita di tutti i giorni, e regola molte azioni in cui il tempismo è fondamentale, come la guida. Lo studio mostra che la percezione del tempo risiede in due aree del cervello: la corteccia parietale destra e i gangli basali. Gli scienziati avevano in realtà sospettato a lungo che i gangli basali potessero essere coinvolti nella percezione del tempo. In questa regione del cervello sono presenti infatti cellule nervose che trasmettono segnali attraverso la dopamina. Il numero di queste cellule si riduce fortemente nei pazienti affetti dal morbo di Parkinson, che spesso hanno anche problemi di percezione del tempo. La ricerca promette quindi di poter aiutare questi pazienti. Per questi studi è stata utilizzata una nuova tecnica di risonanza magnetica funzionale, che permette di individuare in ogni istante quali sono le zone del cervello più attive, osservando l'afflusso di sangue. Diciassette volontari adulti si sono sottoposti agli esperimenti, in cui l'attività del cervello veniva controllata mentre a loro veniva chiesto di percepire l'intervallo di tempo tra due note musicali identiche. Un secondo dopo la prima serie di note, i volontari ne udivano una seconda e dovevano valutare se l'intervallo era più lungo o più breve. In un secondo esperimento di controllo, agli stessi volontari è stato invece chiesto di concentrarsi sul tono delle note, senza prendere in considerazione la durata dell'intervallo. In questo modo è stato possibile identificare univocamente le aree responsabili di questo delicato compito del nostro cervello.

17 **Gli scienziati hanno cercato di individuare nel cervello:**
A) le aree responsabili della percezione localizzate solo nella corteccia
B) le cause che scatenano il morbo di Parkinson
C) le cellule che trasmettono messaggi tramite la dopamina

D) le zone responsabili della percezione della musica
E) nessuna delle alternative proposte

18 **La percezione dello scorrimento del tempo:**

A) è un fenomeno del tutto oscuro per gli scienziati
B) se è alterata determina alcune malattie come in morbo di Parkinson
C) regola molte azioni
D) determina il funzionamento di una zona della corteccia cerebrale
E) nessuna delle alternative proposte

19 **I gangli basali:**

A) non sono responsabili della percezione dello scorrimento del tempo
B) sono, del tutto inaspettatamente per gli scienziati, i principali responsabili della percezione dello scorrimento del tempo
C) ricevono segnali attraverso la dopamina
D) sono coinvolti nella percezione dello scorrimento del tempo, come gli scienziati avevano ipotizzato
E) nessuna delle alternative proposte

20 **I pazienti affetti dal morbo di Parkinson:**

A) sono stati aiutati dalla ricerca svolta sulla percezione dello scorrimento del tempo
B) hanno frequentemente problemi di percezione del tempo
C) hanno permesso agli scienziati di individuare le cause di una percezione errata del tempo
D) presentano un proliferare di cellule nervose nei gangli basali
E) nessuna delle alternative proposte

21 **Le persone che si sono sottoposte agli esperimenti sulla percezione del tempo erano:**

A) persone che svolgono attività in cui il tempismo è fondamentale
B) ricercatori del New Mexico
C) musicisti
D) volontari
E) nessuna delle alternative proposte

Le nuove tecnologie permetteranno di scegliere spettacoli televisivi, musica e film digitali di tutto il mondo attraverso Internet. Entro il 2020, secondo alcuni analisti, un Internet a larga banda potrebbe addirittura sostituire i sistemi di trasmissione come mezzo privilegiato di distribuzione. Un'altra rivoluzione riguarderà l'impresa di produrre e distribuire film o spettacoli televisivi: telecamere digitali a basso costo e programmi di editing per pc permetteranno a ciascuno di realizzare un film a costi relativamente bassi e distribuirlo grazie a società come Atom Films e I Film, che distribuiscono video sul Web. E come verrà ricomposta la disputa sui diritti di autore? Le difficoltà che sta incontrando l'industria discografica con siti come MP3 e Napster si presenteranno presto su scala molto maggiore con la televisione e i film digitali. Le leggi sul copyright continuano a stabilire che artisti, autori e registi siano i titolari dei diritti delle loro creazioni e meritino di essere pagati per esse. Che l'intrattenimento digitale possa influire profondamente sulla società o meno, di sicuro cambierà le abitudini dei consumatori. È facile essere affascinati dall'idea di un mondo in cui l'intrattenimento sia digitale. Ma per quanto possano apparire realistici una visita a un museo virtuale, una passeggiata sulla Grande Muraglia o l'immagine di un mangiatore di fuoco che si esibisce in strada, sono esperienze ben diverse da quelle reali, perché siamo consapevoli che con un solo comando possiamo spegnere la macchina.

22 **I problemi procurati alle case discografiche da siti come Napster:**

A) non saranno più tali per le nuove disposizioni sul copyright
B) sono stati risolti liberalizzando la distribuzione dei brani musicali
C) sono stati risolti oscurando i siti di distribuzione di musica

D) saranno molto maggiori quando riguarderanno la distribuzione dei film
E) nessuna delle alternative proposte

23 **Il vincolo maggiore che incontrano i siti che distribuiscono musica sul web:**

A) è legato alla bassa velocità delle reti nella trasmissione dei dati
B) è dato dalle disposizioni in materia di diritti d'autore
C) sarà eliminato utilizzando la tecnologia wireless
D) è la struttura della rete che non permette la trasmissione di tutti i file di tipo musicale
E) nessuna delle alternative proposte

24 **Nel prossimo futuro, grazie alle leggi sul copyright:**

A) sarà possibile scaricare file musicali da Internet esclusivamente attraverso società di editing
B) tutti potranno avere accesso gratuito agli archivi di film delle case cinematografiche
C) l'intrattenimento sarà sempre più legato a software costosissimi
D) i normali cd saranno prodotti su Internet e stampati da chiunque lo voglia
E) nessuna delle alternative proposte

25 **Una delle nuove rivoluzioni provenienti da Internet:**

A) potrebbe riguardare l'abolizione del copyright
B) è la trasmissione di dati via cavo
C) è la chiusura delle case discografiche
D) sarà la trasmissione a larga banda
E) nessuna delle alternative proposte

26 **Tra poco tempo, utilizzando programmi di editing, con un un pc:**

A) si potranno riprodurre copie di film senza chiedere le necessarie autorizzazioni
B) sarà possibile produrre film a basso costo
C) ci si potrà collegare ai siti che distribuiscono musica gratis utilizzando una chiave di accesso che prevede il pagamento dei diritti d'autore
D) si potranno produrre brani musicali da distribuire tramite i siti delle case discografiche online
E) nessuna delle alternative proposte

Il business elettronico è alla seconda rivoluzione. Può sembrare quasi un paradosso, per un business che nei Paesi più avanzati può essere considerato appena agli inizi, nonostante i già alti volumi di traffico. Le più recenti analisi mettono in evidenza che, nell'ambito del canale che vede scorrere le merci tra produttore e distributore, gli equilibri tradizionali tendono ad alterarsi, dando luogo a spazi, opportunità di business e nuove figure. Al fondo c'è la consapevolezza che si sia oggi di fronte a trasformazioni talmente radicali del business della distribuzione che non tutte le sfumature sono oggi ben chiare agli stessi operatori del mercato. Tutte da valutare, poi, le scelte di operatori nati come totalmente votati al business del commercio elettronico e ora molto interessati anche alle reti tradizionali di vendita. Insomma è chiaro a tutti che il business del commercio elettronico è una parte rilevante del futuro della distribuzione. Sono tutte da esplorare le possibilità di sviluppo di nuovi servizi legati alle relazioni online. I settori che stanno tirando di più sono rappresentati in questo momento dai servizi finanziari, dal software e dal turismo. La possibilità di operare in rete sta determinando profonde trasformazioni anche nell'organizzazione del lavoro bancario.

27 **In questo momento i settori che stanno tirando di più:**

A) sono quelli che si occupano dello sviluppo di nuovi servizi legati alle relazioni online
B) si stanno orientando verso scelte tradizionali nell'ambito distribuzione delle merci
C) sono quello del software, quello del turismo e quello dei servizi finanziari

D) non hanno subito alterazioni degli equilibri nell'ambito del canale produttore - distributore
E) nessuna delle alternative proposte

28 **La nascita di nuove figure professionali:**

A) sarà possibile solo in quei settori, come quello del turismo, che tirano di più
B) sarà possibile solo nell'ambito di quelle imprese che adottano canali tradizionali di distribuzione
C) non è certamente legata allo sviluppo del business elettronico
D) dipenderà esclusivamente dallo sviluppo di nuovi servizi legati alle relazioni online
E) nessuna delle alternative proposte

29 **Nei Paesi avanzati il business elettronico:**

A) è appena cominciato, mentre da noi è già alla sua seconda rivoluzione
B) registra alti volumi di traffico
C) ha coinvolto operatori di solito totalmente dediti alle reti di vendita tradizionali
D) ha determinato profonde trasformazioni soprattutto nell'organizzazione del lavoro bancario
E) nessuna delle alternative proposte

30 **Per quanto riguarda il futuro della distribuzione:**

A) sono già chiare agli operatori tutte le possibilità e le potenzialità che questo settore è in grado di offrire
B) sarà necessario sostituire anche i servizi legati alle relazioni online
C) molti operatori torneranno ad usare i tradizionali canali distributivi
D) il business del commercio elettronico avrà un notevole peso
E) nessuna delle alternative proposte

31 **Il business del commercio elettronico:**

A) ha ancora bassi volumi di traffico
B) non rappresenta una parte rilevante del futuro della distribuzione
C) nei Paesi più avanzati può essere reputato solo agli inizi
D) non ha portato grossi cambiamenti nell'ambito del canale produttore - distributore
E) nessuna delle alternative proposte

Il ritrovamento di ossa di antichi animali, rimaste per cinquant'anni nei magazzini di un museo archeologico greco, sembra aver chiarito una annosa controversia riguardante la credibilità dei testi omerici circa le usanze religiose delle antiche popolazioni greche. Le ossa furono ritrovate nel Palazzo di Nestore da archeologi della UC. Dallo studio dei 30 chilogrammi di scheletri si è avuta la prova conclusiva di sacrifici di animali nell'Età del Bronzo greca. «È stata risolta - ha spiegato uno dei ricercatori della UC - una controversia riguardante la progenie dei greci, sul fatto che certe pratiche comuni nella Grecia classica, tra cui i sacrifici animali mediante incenerimento, avesse origine nell'Età del Bronzo. Si sospettava da molti anni che le élite che vivevano nei palazzi della civiltà micenea, fiorita nel XIII secolo avanti Cristo, offrissero questo tipo di sacrifici agli dèi, ma la certezza esisteva solo per la Grecia classica. Questa ricerca dimostra la continuità tra un periodo e il successivo in questo significativo aspetto della vita religiosa greca». La seconda conclusione è che l'Odissea è uno scritto attendibile dal punto di vista storico riguardo ai sacrifici di animali. I ritrovamenti evocano immediatamente le prime righe del terzo libro di Omero, in cui il giovane Telemaco, figlio di Ulisse, incontra il re Nestore che sacrifica agli dèi tori neri sulle spiagge di Pilo. Interessante anche la grande varietà di specie sacrificate e le modalità dei sacrifici, ricostruite in base a vari dettagli. «Abbiamo trovato - ha continuato l'archeologo - mandibole, zampe anteriori e altre ossa. Molte di esse sono di bovini, poche di cervi. I segni di tagli indicano la separazione di queste ossa dal resto della carcassa e il taglio a pezzi delle carni prima dell'incenerimento. Queste conclusioni derivano dal confronto con la grande quantità di ossa non combuste trovata in varie parti del palazzo».

32 **Una delle conclusioni cui si è giunti dopo il ritrovamento di resti animali conservati in un museo archeologico greco:**

A) è la certezza che i sacrifici animali fossero proibiti nella Grecia classica
B) è la certezza che tra la Grecia classica e l'Età del Bronzo non vi fu continuità nei comportamenti religiosi
C) è l'impossibilità di poter risalire alle pratiche religiose della Grecia classica
D) è la conferma della veridicità delle informazioni che si ricavano dall'Odissea
E) nessuna delle alternative proposte

33 **Una prova certa dei sacrifici animali nell'Età del Bronzo:**

A) ci arriva dalle pagine dell'Odissea
B) è data dai ritrovamenti effettuati ad Atene nel 1995
C) è data dal fatto che tutte le ossa trovate nel palazzo erano incenerite
D) è stato lo studio del DNA dei resti
E) nessuna delle alternative proposte

34 **Alcuni archeologi affermano con una certa sicurezza che i resti ritrovati sono frutto di pratiche religiose:**

A) dal momento che sono stati rinvenuti in locali del palazzo adibiti alle pratiche religiose e non sono stati ritrovati nell'edificio altri resti animali
B) poiché le caratteristiche dei resti confermano che le ossa appartenevano a tori
C) perché insieme ai resti sono stati ritrovati scritti religiosi che lo confermano
D) in quanto dall'Odissea si è potuto risalire al luogo dei ritrovamenti
E) nessuna delle alternative proposte

35 **Gli animali utilizzati per le pratiche religiose:**

A) erano solo bovini
B) erano solo cervi
C) erano cervi e bovini in egual misura
D) erano in prevalenza bovini
E) nessuna delle alternative proposte

36 **I ritrovamenti sono stati una conferma:**

A) delle origini delle usanze religiose praticate nella Grecia classica
B) della differenza tra le usanze religiose nei diversi periodi della civiltà micenea
C) dello stato di degrado dei musei greci
D) della poca attendibilità dell'Odissea
E) nessuna delle alternative proposte

La Borsa di New York (Nyse) è nata nel 1792 e nel corso dei decenni è diventata il più grande mercato mobiliare del mondo, dove oggi sono quotate sia le grandi, medie e piccole aziende americane, sia i principali gruppi industriali e finanziari europei e asiatici. La presenza delle imprese non americane ha fatto registrare una notevole impennata. Uno dei criteri fondamentali che le imprese devono rispettare per operare nella Borsa di New York è quello della trasparenza. Le possibilità e la facilità di investimento all'interno del mercato della Borsa di New York sono abbastanza agevoli anche per chi opera dall'Europa. La negoziazione dei titoli viene condotta attraverso un meccanismo d'asta tra i membri della borsa (broker), che operano sul mercato su commissione da parte di investitori privati o istituzionali, e alcuni operatori specialisti che hanno la responsabilità di gestire i titoli di una società quotata e che si fanno garanti della transazione (devono cioè coprire eventuali ordini inevasi per evitare forti destabilizzazioni e oscillazioni dei prezzi delle azioni). Questa tipologia di mercato garantisce, in linea di massima, una maggiore stabilità e sicurezza per gli investitori ed un corretto equilibrio tra domanda e offerta. Per aprirsi ulteriormente all'internazionalizzazione il Nyse ha annunciato il graduale passaggio dal sistema dei sedicesimi a quello dei decimali per la quotazione dei titoli. Il sistema dei decimali è adottato da tutte le altre piazze borsistiche mondiali, ma è osteggiato dai broker statunitensi che ritengono di avere maggior potere contrattuale (che si traduce in maggiori margini di guadagno) con il sistema dei sedicesimi.

37 Alla Borsa di New York sono attualmente quotate:

A) le piccole, medie e grandi aziende americane, europee ed asiatiche
B) le piccole, medie e grandi aziende americane ed i più importanti gruppi finanziari ed industriali europei e asiatici
C) soprattutto grandi aziende americane ed i gruppi finanziari europei
D) esclusivamente le piccole, medie e grandi aziende americane e giapponesi
E) nessuna delle alternative proposte

38 Con l'intento di aprirsi ancora di più all'internazionalizzazione, il Nyse ha annunciato che:

A) d'ora in poi opererà secondo il criterio della trasparenza
B) osteggerà l'adozione del sistema dei decimali per la quotazione dei titoli
C) farà in modo di aumentare il margine di guadagno dei broker
D) abbandonerà il sistema dei sedicesimi nella quotazione dei titoli
E) nessuna delle alternative proposte

39 Le negoziazioni dei titoli vengono condotte:

A) con un meccanismo d'asta tra gli operatori specialisti, che gestiscono i titoli di società quotate e si fanno garanti della transazione, e gli investitori
B) con un meccanismo d'asta tra i broker e gli investitori
C) tramite il trading online in modo che, gli investitori possano agire in maniera autonoma e diretta
D) per mezzo di un meccanismo d'asta pubblica alla quale può partecipare chiunque
E) nessuna delle alternative proposte

40 La strategia di mercato adottata dal Nyse tende anche a garantire:

A) il rafforzamento delle imprese non americane
B) il rafforzamento delle imprese americane
C) stabilità e sicurezza per gli investitori
D) l'affidabilità delle imprese quotate in borsa
E) nessuna delle alternative proposte

41 Le scelte annunciate dal Nyse per aprirsi ulteriormente all'internazionalizzazione sono:

A) ostacolate dai broker americani
B) sostenute dalle piazze borsistiche internazionali
C) osteggiate dagli investitori privati e istituzionali
D) accolte con entusiasmo dalle società più quotate
E) nessuna delle alternative proposte

Parlare di volontariato oggi significa parlare di un fenomeno sempre più diffuso e sempre più di tipo associativo. La metà delle associazioni è piuttosto giovane, svolge il proprio intervento a livello di quartiere, ha tra i propri iscritti in prevalenza donne e in generale il grado di istruzione medio del volontariato è elevato rispetto alla media della popolazione. Il maggiore settore d'intervento dell'azione volontaria è quello socio-assistenziale, seguito da quello delle attività educative, sanitario, di tutela e promozione dei diritti. I destinatari maggiori del volontariato sono gli anziani, le famiglie in difficoltà, gli immigrati e i senza fissa dimora. L'impegno delle organizzazioni metropolitane si concentra con particolare attenzione sui problemi dell'emarginazione, assai diffusi e drammatici in queste aree. Sul piano nazionale emerge che il volontariato si sviluppa soprattutto nelle province caratterizzate da una generica condizione di benessere o in quelle che già dispongono di una rete efficiente di servizi. Per quanto riguarda le nuove forme di volontariato, merita di essere segnalata l'esperienza delle banche del tempo. Queste banche non sono un posto dove si deposita o si prende denaro bensì un luogo dove si offre e si riceve tempo (ad esempio un'ora di baby sitter viene scambiata con una lezione di informatica ecc.). I correntisti della banca del tempo non cercano solo la soddisfazione di alcuni bisogni concreti, ma più spesso occasioni di relazioni e socialità.

42 **Cosa si fa nelle banche del tempo?**

A) ci si incontra per discutere delle attività di volontariato
B) nessuna delle alternative proposte
C) si scambiano servizi
D) ci si occupa degli anziani
E) si offrono servizi a pagamento

43 **Qual è il settore principale d'intervento dei volontari?**

A) la Protezione civile
B) la tutela dei diritti degli immigrati
C) l'assistenza sociale
D) la tutela dei diritti dei portatori di handicap
E) nessuna delle alternative proposte

44 **Il volontariato è una realtà:**

A) che va estinguendosi
B) nessuna delle alternative proposte
C) diffusa come fenomeno individuale
D) che necessita del supporto delle istituzioni per diffondersi
E) sempre più diffusa

45 **Tra gli iscritti ad associazioni di volontariato troviamo soprattutto:**

A) nessuna delle alternative proposte
B) anziani
C) disoccupati
D) uomini
E) immigrati

46 **In particolare, nelle metropoli gli sforzi dei volontari sono concentrati:**

A) sul problema degli alloggi
B) sul problema dell'abbandono scolastico
C) nessuna delle alternative proposte
D) sui problemi legati all'emarginazione
E) sui problemi legati all'immigrazione

47 **La metà delle associazioni che si occupano di volontariato opera:**

A) nei quartieri
B) nella provincia
C) nessuna delle alternative proposte
D) nelle città del Sud
E) nelle città del Nord

48 **L'attività di volontariato, a livello nazionale, si è sviluppata principalmente:**

A) nelle province degradate
B) al Sud
C) nessuna delle alternative proposte
D) al Nord
E) nelle province benestanti

49 **Le associazioni di volontariato rivolgono i loro servizi in particolare:**

A) agli anziani
B) ai portatori di handicap
C) nessuna delle alternative proposte
D) alle famiglie numerose
E) agli orfani

Quando, circa 25 anni fa, il termine *globalizzazione* è salito alla ribalta internazionale alcuni oggetti che oggi fanno parte della nostra vita quotidiana, come il cellulare o Internet, non erano stati ancora inventati. Lo sviluppo della tecnologia registratosi in questi ultimi anni e la conseguente evoluzione dei mezzi di comunicazione ha modificato radicalmente le nostre abitudini e i nostri stili di vita, consentendo potenzialmente a chiunque di accedere nello stesso tempo alle stesse informazioni e contribuendo, quindi, a ridurre le differenza culturali esistenti anche tra paesi molto distanti fra loro. Senza dimenticare la sostanziale riduzione dei costi di trasporto che favorisce la mobilità degli uomini e, come si vedrà fra poco, anche delle imprese.
Lo sviluppo delle nuove tecnologie ha contribuito in modo determinante a diffondere in gran parte del mondo i medesimi modelli comportamentali e, di conseguenza, gli stessi stili di vita. I programmi televisivi e radiofonici, le notizie dei quotidiani e dei periodici sono sempre più simili e la diffusione di Internet e delle tecnologie di trasmissione satellitare permette a chiunque di accedere a tali informazioni in qualsiasi parte del mondo e in qualsiasi istante.
La maggiore velocità e il minor costo dei mezzi di trasporto hanno, inoltre, favorito la diffusione dei viaggi turistici e culturali e le collaborazioni fra università e centri di ricerca. Persino i flussi migratori dai paesi in via di sviluppo ai paesi industrializzati hanno contribuito ad accelerare l'incontro tra stili di vita differenti, pur determinando problemi di integrazione ancora irrisolti.
Un altro elemento di fondamentale importanza è poi rappresentato dallo sviluppo internazionale delle imprese che, diffondendo i propri prodotti in una pluralità di mercati stranieri, hanno facilitato il sorgere di modelli di consumo uguali.

50 **Il termine «globalizzazione» è salito alla ribalta:**

A) grazie alla diffusione dei telefoni cellulari
B) per la prima volta negli Stati Uniti
C) nonostante l'aumento dei flussi migratori dai paesi in via di sviluppo
D) negli anni '80

51 **Lo sviluppo delle nuove tecnologie:**

A) è stato favorito dall'omogeneizzazione degli stili di vita
B) ha aumentato le differenze culturali tra paesi avanzati e paesi in via di sviluppo
C) ha ridotto le collaborazioni tra università e centri di ricerca
D) ha favorito l'omogeneizzazione degli stili di vita

52 **La diffusione di Internet:**

A) risale a circa 25 anni fa
B) ha favorito la diffusione dei viaggi turistici e culturali
C) permette a chiunque di accedere alle stesse informazioni
D) non ha modificato gli stili di vita

53 **L'omogeneizzazione degli stili di vita:**

A) ha determinato la riduzione dei flussi migratori verso i paesi occidentali
B) è stata la principale causa del processo di globalizzazione
C) ha ridotto i viaggi turistici e culturali
D) nessuna delle alternative proposte

54 **Le differenze culturali tra differenti Paesi:**

A) si sono ridotte in seguito al processo di globalizzazione
B) sono aumentate in seguito al processo di globalizzazione
C) non sono state influenzate dal processo di globalizzazione
D) hanno accentuato i flussi migratori verso i paesi più sviluppati

I cristiani, i cui primi nuclei si trovavano in varie regioni dell'impero fin dal primo secolo, solo agli inizi del IV, in seguito all'editto di Costantino (313), cominciano a costruire pubblici edifici adibiti al culto.
Forse ne esistevano anche precedentemente, come sembra di capire da un passo dello stesso editto, nel quale l'imperatore ordina di restituire immediatamente ai cristiani 'i luoghi ove essi avevano precedentemente l'abitudine di radunarsi'. La frase può fare riferimento alle case private, sede normale dell'assemblea religiosa come, già nel I secolo, è provato da questi passi delle lettere di San Paolo, in cui si salutano, fra gli altri, coloro nelle cui case si raduna «la chiesa». Tuttavia le ricerche archeologiche sembrano confermare l'esistenza, almeno a partire dal III secolo, anche di ambienti non privati adibiti al culto cristiano (resi forse necessari dal numero crescente di nuovi fedeli), detti *domus ecclesiae*. Scomparsi questi ambienti (pubblici o privati) precedenti il IV secolo, restano, a testimonianza del primo cristianesimo, i cimiteri (non anteriori comunque al II-III secolo).
È uso cristiano seppellire i morti, non cremarli. Occorreva perciò avere terreni disponibili. E, poiché il corpo inumato occupa molto più posto dell'urna cineraria, occorrevano aree sempre più vaste, via via che, col tempo, aumentava il numero dei sepolti. I cimiteri cristiani erano privati se i terreni erano messi a disposizione da correligionari ricchi, oppure erano gestiti da associazioni ammesse dalla legge (*i collegi funeratici*).
Potevano essere all'aperto, come a Ostia, per esempio, o a Interamna (Terni). Ma quando la natura tufacea del terreno lo permetteva e quando, nelle grandi città, come Roma, i costi delle aree erano molto alti, si ricorreva allo scavo in profondità, creando corridoi sotterranei, anche su più piani (si arrivava fino a cinque), aerati da pozzi, raggiungendo così una notevole estensione. Sulle pareti di queste gallerie (*ambulacri* o *cunicoli*) si praticavano delle cavità a forma di parallelepipedo (*loculi*), richiuse con lastre o muri dopo avervi deposto i morti. I *loculi* più importanti erano sormontati da archi (detti perciò ad *arcosolio*), le cui pareti, come quelle attigue, erano talvolta decorate da pitture. Vi sono anche ambienti più o meno grandi (*cubicoli* e *cripte*) o celle triabsidate a trifoglio (*tricore*).
I cimiteri servivano solo come luoghi di sepoltura, non (come spesso si dice ancora erratamente) per celebrare i riti clandestinamente né per nascondiglio durante le persecuzioni, prima di tutto perché le loro entrate, ben visibili, erano note alle autorità in quanto ammessi dalla legge, poi perché non avrebbero potuto offrire lo spazio necessario, infine perché la casa privata, sede abituale della comunità cristiana, è sempre stata il luogo più adatto per lo svolgimento di qualsiasi attività clandestina. I soli riti celebrati nel buio delle *tricore*, dei *cubicoli* o delle *cripte* erano quelli funerari.

[Da P. Adorno, *L'arte italiana. Dalla preistoria all'arte paleocristiana*]

55 In riferimento al brano e al di là delle proprie conoscenze, indicare l'affermazione certamente corretta:

A) molte ricerche archeologiche evidenziano inequivocabilmente che i cimiteri servivano, oltre che come luoghi di sepoltura, come nascondigli durante le persecuzioni ai cristiani
B) agli inizi del II secolo, in seguito all'editto di Costantino (313), i cristiani cominciano a costruire pubblici edifici adibiti al culto
C) le lettere di San Paolo provano l'esistenza di luoghi di culto cristiano già nel I secolo dopo Cristo, prima della promulgazione dell'editto di Costantino
D) i cimiteri all'aperto erano chiamati «cimiteri a interamna»

56 Chi distribuiva le terre destinate alla creazione di luoghi di culto cristiani dei morti?

A) giacché la nascente religione cristiana prevedeva la cremazione dei mor-

ti non occorrevano grandi spazi, quindi la domanda posta non ha senso
B) naturalmente il papa attraverso l'emanazione di un'enciclica
C) i terreni destinati ad essere cimiteri potevano essere messi a disposizione esclusivamente da correligionari ricchi
D) i terreni destinati ad essere cimiteri potevano essere messi a disposizione da correligionari ricchi e da i collegi funeratici

57 Non possiamo non asserire che il brano riportato è di natura:

A) teologica
B) giornalistica
C) poetica
D) storica

58 Cosa intendiamo con il termine *tricore*?

A) le tricore sono celle triabsidate a trifoglio destinate ad accogliere i corpi inumati dei cristiani
B) consistono in piccole costruzioni architettoniche edificate sul modello della cupola michelangiolesca
C) le tricore non possono non essere considerate le pareti dei corridoi sotterranei costituenti le catacombe
D) la tricora è una finestra il cui vano risulta diviso in due luci uguali, mediante una colonnina

59 Leggendo il testo possiamo dedurre che:

A) i cristiani furono perseguitati in quanto portatori di una cultura che offendeva la morale
B) in Italia il Cristianesimo sarebbe diventata la religione di Stato
C) il Cristianesimo è una religione monoteista
D) prima dell'editto di Costantino ai cristiani era proibito esercitare il proprio culto religioso in luoghi pubblici

È la Francia il «paradiso» fiscale delle famiglie. Nessun Paese europeo — anzi, probabilmente, nessun Paese in assoluto — riserva ai nuclei un trattamento di favore come quello accordato da Parigi. Merito, certo, del «*quotient familial*», il complicato sistema che consente di calcolare l'imposta sul reddito in funzione delle persone fiscalmente a carico. Sta di fatto che una famiglia di quattro persone, con coniuge e due figli a carico, e un unico reddito di 25mila euro, non paga praticamente alcuna imposta: solo 52 euro. Che diventano poco più di 2.500 se lo stesso nucleo conta su un unico reddito da 50mila euro all'anno.
Solo la Germania riesce a tenere il passo, pur rimanendo ben distanziata dai livelli di tassazione incredibilmente bassi garantiti ai cittadini d'Oltralpe. Nell'esempio, la famiglia tedesca paga meno di 700 euro su 25mila di reddito e quasi 7.200 su un guadagno annuo di 50mila.
E l'Italia? A metà strada. Per chi vuol vedere il bicchiere mezzo vuoto, il nostro Paese non può assolutamente competere con Francia e Germania. Per chi, invece, lo vede mezzo pieno, il trattamento fiscale garantito in Italia alla famiglia non è poi così diverso da quelli applicati in Gran Bretagna, Austria e Spagna. Anzi, sui redditi più bassi — i soliti 25mila euro per la famiglia di quattro persone, di cui tre a carico — si pagano 1.725 euro di tasse (in realtà l'Irpef è 3.200 euro, ma si tiene conto anche dell'effetto degli assegni familiari): un livello molto più favorevole rispetto ai Paesi appena citati. Ma a 50mila euro i ruoli si invertono e l'Irpef sale a 13.217 euro (13.763 senza assegni). Con un'aliquota media superiore al 26%, contro il 25,6 dell'Austria, il 21,1 della Spagna e il 17,9 della Gran Bretagna. Per tacere, naturalmente, del 5% della Francia. Quando il reddito sale, poi, il divario cresce: e l'Italia è sempre fanalino di coda nella tassazione delle famiglie più benestanti.
I confronti fiscali, si sa, sono spesso scivolosi. Specie quando si mettono a fronte realtà e tenori di vita distanti tra loro. Ma è evidente come il divario sia innegabile e da indagare con attenzione, se si vuole davvero approdare a una politica tributaria efficace per la famiglia.

Qualche passo in avanti, grazie agli ultimi interventi sull'Irpef, è stato fatto. Lo suggeriscono le difformità di prelievo tra single e nuclei (ma solo sui redditi più bassi): i primi, a 25mila euro, pagano il 20% di aliquota media; le seconde si fermano al 7%.

60 **In Francia una famiglia monoreddito per 50.000 euro annui con tre persone a carico sconta un'imposta personale di:**

A) poco meno di 2.500 euro
B) 52 euro
C) poco più di 2.500 euro
D) 25.000 euro

61 **La pressione fiscale su una famiglia italiana con unico reddito di 50.000 euro annui e con tre persone a carico:**

A) è inferiore a quella che grava su una famiglia tedesca
B) è inferiore a quella che grava su una famiglia spagnola
C) è superiore a quella che grava su una famiglia inglese
D) è superiore a quella che grava su una famiglia austriaca

62 **La pressione fiscale su una famiglia italiana monoreddito per 25.000 euro annui e con coniuge e due figli a carico:**

A) è inferiore rispetto ad una famiglia francese
B) è inferiore rispetto ad una famiglia spagnola
C) è inferiore rispetto ad una famiglia tedesca
D) è superiore rispetto ad una famiglia austriaca

63 **Al crescere del reddito la pressione fiscale su una famiglia italiana rispetto ad una famiglia inglese:**

A) cresce
B) decresce
C) è stabile
D) prima decresce e poi cresce

64 **Con un reddito pari a 25.000 euro annui la differenza percentuale tra il prelievo ai single e ai nuclei familiari è:**

A) di 13 punti percentuali a favore dei single
B) non vi è differenza
C) di 20 punti percentuali a favore dei nuclei familiari
D) di 13 punti percentuali a favore dei nuclei familiari

La spesa nazionale costituisce un'ulteriore misura del reddito complessivo prodotto da una nazione; questa infatti rappresenta l'acquisto da parte dei consumatori dei beni e servizi prodotti dalla nazione in un determinato arco di tempo. Prodotto nazionale, reddito nazionale e spesa nazionale costituiscono, quindi, tre possibili configurazioni del medesimo problema in quanto la produzione delle imprese verrà acquistata (produzione = spesa); ciò che le famiglie potranno acquistare sarà pari al reddito percepito (spesa = reddito) mentre il reddito percepito sarà pari al contributo fornito alla produzione di beni e servizi (reddito = produzione). Le statistiche del reddito nazionale sono elaborate calcolando il valore complessivo della produzione, attribuendo un valore monetario ai beni e servizi, al fine di renderli sommabili tra loro e fornire così un quadro sintetico della ricchezza nazionale.

65 **La spesa nazionale:**

A) non è rappresentativa del reddito di una nazione
B) può riferirsi ad un determinato periodo
C) misura il reddito nazionale
D) indica i beni e i servizi della nazione
E) nessuna delle alternative proposte

66 **Gli acquisti delle famiglie:**

A) risultano superiori al contributo offerto dalla produzione

B) sono in linea con il reddito percepito
C) non dipendono dalla produzione dei servizi
D) non sono collegati al prodotto nazionale
E) nessuna delle alternative proposte

67 **Il reddito nazionale:**

A) viene calcolato sulla base dei servizi prodotti a livello nazionale
B) non viene elaborato a livello statistico
C) non interessa il valore monetario dei beni prodotti dalla nazione
D) viene rilevato attraverso il valore della produzione nazionale
E) nessuna delle alternative proposte

68 **A cosa si riferisce il PNL?**

A) alla produzione conseguita sul territorio nazionale
B) ai beni e servizi prodotti, anche all'estero, da alcune fasce sociali residenti nel paese considerato
C) a tutto quello che i residenti di un determinato paese producono, anche all'estero
D) ai redditi prodotti al di fuori del territorio nazionale da operatori nazionali
E) nessuna delle alternative proposte

69 **Il PIL:**

A) non si riferisce al reddito nazionale
B) non è rappresentativo della grandezza nazionale
C) si riferisce alla produzione di quanti operano all'estero mantenendo la residenza nel paese considerato
D) rappresenta i redditi prodotti all'interno del paese dai residenti del paese stesso
E) nessuna delle alternative proposte

L'art. 4 dello Statuto albertino affermava che «la persona del re è sacra ed inviolabile». In questo modo veniva accolto un principio essenziale di tutte le monarchie, vale a dire l'irresponsabilità del re, espresso dall'antica regola inglese «the king can do no wrong» (il re non può sbagliare). La Costituzione repubblicana, per quanto non potesse riprodurre un privilegio di questo genere, ha comunque previsto una forma di irresponsabilità per il Capo dello Stato, per garantirgli autonomia e libertà nell'assolvimento delle sue funzioni. L'art. 90 Cost., infatti, stabilisce che «il Presidente della Repubblica non è responsabile degli atti compiuti nell'esercizio delle sue funzioni, tranne che per alto tradimento o per attentato alla Costituzione».
In particolare, può considerarsi alto tradimento ogni comportamento doloso che, offendendo la personalità interna ed internazionale dello Stato, costituisca una violazione del dovere di fedeltà alla Repubblica. Esso presuppone una intesa con potenze straniere per pregiudicare gli interessi nazionali o, addirittura, per sovvertire l'ordinamento costituzionale.
Deve, invece, ritenersi attentato alla Costituzione ogni comportamento doloso diretto a sovvertire le istituzioni costituzionali o a violare la Costituzione.
Relativamente ai reati compiuti al di fuori dell'esercizio delle sue funzioni, il Capo dello Stato risponde (ed è perciò imputabile) al pari di qualsiasi altro cittadino. Tuttavia, onde evitare che il Capo dello Stato sia il possibile oggetto di incriminazioni politicamente strumentalizzate, nel silenzio della Costituzione, la dottrina ritiene che non si possa procedere contro di lui finché resti in carica (improcedibilità dell'azione penale).

70 **La nostra Costituzione:**

A) eguaglia la responsabilità del Capo dello Stato a quella di ogni cittadino
B) sostiene che la persona del Capo dello Stato non sia inviolabile
C) disciplina la questione della responsabilità del Capo dello Stato negli artt. 90 e ss.
D) non tutela l'autonomia delle funzioni del Presidente della Repubblica
E) nessuna delle alternative proposte

71 Il Capo delle Stato è responsabile:

A) di attentato alla Costituzione
B) di ogni azione compiuta durante la propria carica
C) degli atti lesivi della persona dei cittadini
D) delle offese rivolte allo Stato, di natura dolosa e non
E) nessuna delle alternative proposte

72 Il reato di alto tradimento:

A) è riconosciuto solo in alcune circostanze
B) è indice dell'esistenza di un accordo tra il Presidente e uno o più paesi esteri
C) non è punito dalla Costituzione
D) è distinto dal dovere di fedeltà della Repubblica
E) nessuna delle alternative proposte

73 Le azioni volte a sconvolgere l'ordinamento Costituzionale:

A) sono disciplinate nei primi dieci articoli della Costituzione
B) sono punite sia che vengano compiute con dolo che in caso contrario
C) sono definite attentato alla Costituzione
D) sono ritenute più gravi dell'alto tradimento
E) nessuna delle alternative proposte

74 Gli atti compiuti dal Presidente delle Repubblica non inerenti le sue funzioni:

A) sono condannati allo stesso modo di quelli esercitati nell'ambito delle sue attività pubbliche
B) possono essere sottoposti ad azione penale durante il periodo di carica ufficiale
C) non possono essere perseguiti né durante la carica né dopo
D) possono essere condannati solo il quinquennio successivo alla cessazione della carica
E) nessuna delle alternative proposte

Sulla base dell'art. 832 del codice civile, si definisce la proprietà il diritto di godere e disporre delle cose in modo pieno ed esclusivo entro i limiti e con l'osservanza degli obblighi stabiliti dall'ordinamento giuridico.
Il proprietario ha, dunque, in primo luogo, la facoltà di godere della cosa, il che significa che può usarla per il soddisfacimento dei propri interessi. Accanto alla facoltà di godere sta la facoltà di disporre, che si esercita sia trasferendo ad altri la proprietà della cosa, sia concedendone ad altri il godimento (a titolo gratuito o a titolo oneroso). Tali facoltà, tuttavia, devono essere esercitate dal proprietario con l'osservanza dei limiti e degli obblighi stabiliti dalla legge, che può ridimensionarle notevolmente.
Caratteristica della proprietà è il modo pieno ed esclusivo con il quale il godimento e la disponibilità della cosa sono assicurati al proprietario: in modo «pieno» significa che il proprietario può fare tutto della sua cosa (nei limiti del lecito); in modo «esclusivo» significa che egli ha diritto di escludere chiunque altro da ogni ingerenza nell'esercizio del suo diritto e che non è possibile la coesistenza sulla stessa cosa di distinti diritti di proprietà.
Altri caratteri della proprietà sono: l'elasticità, poiché le facoltà del proprietario seppure compresse dalla esistenza di diritti altrui sul bene, tornano automaticamente ad espandersi appena i limiti vengono meno; la perpetuità, poiché non possono esistere limiti temporali alla proprietà; l'assolutezza, in quanto il diritto di proprietà impone a tutti (erga omnes) un generico obbligo di astensione dal compimento di atti lesivi o turbativi.

La proprietà non è, tuttavia, un diritto illimitato, poiché la sua pienezza ed esclusività trovano tutela «entro i limiti e con l'osservanza degli obblighi stabiliti dall'ordinamento giuridico», allo scopo di assicurarne la funzione, che non è solo individuale, ma anche sociale.

75 **La proprietà:**
A) è il diritto di godere pienamente delle cose
B) non è un diritto sottoposto a specifici obblighi
C) è disciplinato dall'art. 823 del c.c.
D) non consente l'utilizzo di una cosa entro certi limiti fissati dalla legge
E) nessuna delle alternative proposte

76 **La facoltà di disporre della cosa:**
A) non si distingue dalla facoltà di godere
B) può essere esercitata solo tramite la concessione ad altri del godimento della cosa
C) si esercita attraverso la concessione ad altri, a titolo oneroso, del godimento
D) può essere esercitata anche attraverso il trasferimento ad altri della proprietà
E) nessuna delle alternative proposte

77 **Quale aspetto caratterizza la proprietà?**
A) il godimento esercitato in forma «piena», senza alcun limite
B) il modo esclusivo con cui il proprietario dispone della cosa
C) il carattere esclusivo ma non pieno del proprietario sulla cosa
D) il carattere non esclusivo ma pieno del diritto di godimento del proprietario
E) nessuna delle alternative proposte

78 **Il diritto di proprietà:**
A) non è caratterizzato da elasticità
B) non può essere ridotto dalla presenza di diritti altrui sulla cosa
C) non è soggetto a limiti di tempo
D) solo in alcuni casi è assoluto
E) nessuna delle alternative proposte

79 **Esistono limiti al diritto di proprietà?**
A) no, perché rappresenta un diritto individuale
B) no, perché i caratteri di pienezza ed esclusività non sono sottoposti ad alcun limite
C) sì, poiché è previsto il rispetto di alcuni limiti stabiliti dallo stesso proprietario
D) sì, perché l'ordinamento giuridico prevede l'esistenza di alcuni limiti ed obblighi
E) nessuna delle alternative proposte

Il Fondo per l'ambiente italiano (FAI) è una fondazione privata senza scopo di lucro, riconosciuta dal 1975.
Impegnato a salvare dimore storiche, parchi secolari e aree naturali di grande bellezza, il Fondo riceve per donazione o eredità i beni che possiede, li restaura, li apre al pubblico e consente a tutti di goderne. Vive grazie all'aiuto di 45.000 aderenti, di un gruppo particolarmente benemerito, «I 200 del FAI», degli sponsor che di volta in volta legano il proprio nome alle diverse iniziative e di tutti coloro che con donazioni o lasciti lo sostengono nel tempo.
Ogni anno, il FAI propone una serie di eventi: manifestazioni, concerti, conferenze, feste. Tali incontri sono organizzati nelle sue proprietà o in quelle città in cui è presente una delegazione della fondazione, normalmente costituita da operatori volontari, molto attivi in oltre sessanta città d'Italia.

80 **Cos'è il FAI?**
A) una fondazione a scopo di lucro
B) una fondazione riconosciuta nel 1985
C) una fondazione privata

D) una fondazione avente per obiettivo la valorizzazione delle risorse ambientali a livello mondiale
E) nessuna delle alternative proposte

81 **Il Fondo:**

A) acquista beni e poi li restaura
B) acquisisce i beni che apre al pubblico attraverso donazioni ed eredità
C) non si occupa direttamente del restauro dei beni
D) non si occupa di risollevare aree naturali abbandonate
E) nessuna delle alternative proposte

82 **L'attività del FAI è sostenuta:**

A) da un numero non precisato di adepti
B) dal gruppo I 200
C) solo da coloro che vi decidono di effettuare delle donazioni
D) da più di cinquantamila aderenti
E) nessuna delle alternative proposte

83 **Il FAI organizza:**

A) eventi annuali
B) manifestazioni mensili
C) difficilmente dei concerti
D) eventi mai riferiti alla musica
E) nessuna delle alternative proposte

84 **Le feste organizzate dal FAI:**

A) possono svolgersi in qualsiasi città
B) non vengono supportati dall'ausilio di volontari
C) si svolgono in più di sessanta città italiane
D) non si svolgono nelle proprietà ricevute dal FAI in donazione
E) nessuna delle alternative proposte

Un aumento dei prezzi limitato, contenuto nel tempo e poco rilevante non allarma gli economisti, che lo ritengono un effetto normale dell'intensificarsi degli scambi e dell'aumento dei consumi.
Diverso è il caso di uno sbalzo improvviso e eccessivo dei prezzi, che provoca scompensi nell'intero sistema economico. Per fare un esempio, se i prezzi aumentano troppo, i consumatori si trovano costretti a ridurre la quantità delle merci acquistate o a rimandare nel tempo gli acquisti. Questo fa sì che una parte della merce rimanga invenduta. I produttori, quindi, diminuiscono la produzione, e ciò provoca effetti a catena: tale iniziativa implica, infatti, la riduzione del numero delle persone occupate nell'impresa e comporta dei licenziamenti; minore produzione vuol dire diminuzione della quantità di materie prime acquistate, quindi anche altre imprese che forniscono le materie prime devono ridurre i costi, licenziando parte del personale; si riducono i trasporti e, di conseguenza, va in crisi anche questo settore. Tale situazione si ripercuote sull'intero sistema economico.
Per evitare ciò, lo Stato — oppure più Stati insieme, considerate le profonde relazioni esistenti tra le economie dei vari Paesi — mette in atto politiche per contenere l'inflazione e mantenere stabili i prezzi.

85 **L'aumento dei prezzi:**

A) è sempre preoccupante
B) non è preoccupante perché dipende da un aumento degli scambi
C) non è una conseguenza di una crescita dei consumi
D) può essere un effetto dell'aumento dei consumi
E) nessuna delle alternative proposte

86 **Cosa succede in caso di un rilevante aumento dei prezzi?**

A) i consumatori non rimandano gli acquisti
B) il sistema economico non risulta interessato nel breve e nel lungo periodo
C) alcuni quantitativi di merce non vengono venduti
D) i produttori producono lo stesso quantitativo di merce
E) nessuna delle alternative proposte

87 Cosa comporta l'inflazione?

A) aumento della disoccupazione
B) medesimo acquisto di materie prime
C) riduzione delle materie prime acquistate a fronte del mantenimento del loro costo
D) aumento dei trasporti
E) nessuna delle alternative proposte

88 La variazione dei prezzi:

A) non si misura periodicamente
B) in Europa è rilevata dall'ISTAT
C) non è sottoposta al controllo di specifici istituti
D) è controllata solo a livello europeo
E) nessuna delle alternative proposte

89 Cosa comporta la riduzione della produzione?

A) solo una diminuzione delle persone occupate
B) solo una diminuzione delle materie prime acquistate
C) solo una riduzione dei trasporti
D) licenziamenti, riduzione degli acquisti di materie prime e risuzione dei trasporti
E) nessuna delle alternative proposte

Si ha merchandising allorquando un marchio celebre, che abbia acquistato rinomanza sul mercato in relazione ad una determinata categoria di prodotti o servizi, venga concesso in uso a terzi per contraddistinguere prodotti di tutt'altro genere (es.: utilizzazione del marchio «Champagne» per contraddistinguere una schiuma da bagno, ovvero del marchio «Cointreau» nel settore dell'abbigliamento).
Nella pratica contrattuale, comunque, vengono comunemente riservati al concedente controlli rivolti ad impedire la collocazione sul mercato di prodotti di qualità scadente.
Non esistendo una corrispondente produzione del concedente che possa essere utilizzata come parametro qualitativo, il marchio celebre, più che ad identificare i prodotti di un dato imprenditore, tende a diventare «il segno che contraddistingue il prestigio, lo stile e la capacità manageriale dell'imprenditore medesimo».
Appare utile ricordare che vengono ricondotti al merchandising anche quei contratti con i quali il creatore di un personaggio di fantasia della letteratura, del cinema o dei fumetti concede — dietro corrispettivo — che quel personaggio, o l'immagine grafica che lo rappresenta, venga usato come marchio di prodotti altrui.

90 Cos'è il contratto di merchandising?

A) il contratto con il quale un prodotto noto viene ceduto ad un'altra azienda
B) un contratto avente per oggetto un marchio molto conosciuto
C) un contratto che si riferisce all'utilizzo da parte di un'azienda di un marchio non specificamente collegato a beni a servizi
D) un contratto avente l'obiettivo di favorire la diffusione di un marchio precedentemente poco noto
E) nessuna delle alternative proposte

91 Il concedente:

A) non ha la facoltà di intervenire in merito alla destinazione del proprio marchio
B) può in alcuni casi verificare l'eventuale utilizzo del proprio marchio per contraddistinguere prodotti di bassa qualità
C) può impedire che il proprio marchio venga associato a prodotti scadenti
D) non può permettere che il proprio marchio sia utilizzato per prodotti di natura diversa rispetto a quella originale
E) nessuna delle alternative proposte

92 L'utilizzo di un marchio prestigioso:

A) è indice dell'abilità dell'imprenditore che ottiene la possibilità di usarlo
B) può essere concesso a determinate categorie di imprenditori

C) può essere richiesto dagli imprenditori appartenenti alla stessa categoria dell'imprenditore a cui fa riferimento il marchio stesso
D) consente di associare a determinati prodotti il prestigio dell'impresa che produce con il marchio in questione
E) nessuna delle alternative proposte

93 Il contratto di merchandising:

A) può riferirsi solo a specifiche tipologie di servizi
B) può avere per oggetto l'utilizzo di un'immagine
C) può avere per oggetto l'utilizzo di un'immagine ma non di un personaggio della letteratura
D) ha per oggetto un'immagine grafica
E) nessuna delle alternative proposte

94 Un personaggio cinematografico:

A) può essere oggetto del contratto di merchandising
B) può essere utilizzato da terzi, anche senza il consenso del creatore
C) se di fantasia non può essere ceduto in utilizzo a terzi
D) di fantasia può essere oggetto di un contratto di merchandising
E) nessuna delle alternative proposte

L'Organizzazione mondiale del commercio (OMC o WTO nella sigla inglese) è stata creata, come si è detto, a conclusione dei negoziati dell'Uruguay round. L'accordo istitutivo, adottato il 15 aprile 1994, è entrato in vigore il 1° gennaio 1995, portando così a termine un'idea istituzionale nata nell'ambito della Conferenza di Bretton Woods, ma mai decollata. Lo scopo non era quello di disconoscere i risultati conseguiti in questi anni dal GATT, ma di «istituzionalizzare» questa organizzazione, ossia darle una precisa veste giuridica.
Per far ciò occorreva creare quell'organismo previsto dall'accordo sottoscritto dall'Avana nel 1948, ma mai entrato in vigore.
La WTO ha il compito essenziale di favorire l'attuazione, l'amministrazione e il funzionamento degli accordi commerciali multilaterali, di perseguire gli obiettivi e fungere da «quadro per l'attuazione ed il funzionamento degli accordi stessi».
La WTO, inoltre, amministra il meccanismo di esame delle politiche commerciali e l'intesa sulle norme e sulle procedure che disciplinano la risoluzione delle controversie. Per rendere più coerente la determinazione delle politiche economiche a livello globale, la WTO può cooperare con il Fondo Monetario Internazionale, con la Banca Internazionale per la Ricostruzione e lo Sviluppo e con le agenzie ad essa affiliate.

95 La WTO:

A) è stata ideata alla fine dei negoziati dell'Uruguay round
B) è stata istituita il 10 aprile 1994
C) era stata considerata già prima della sua entrata in vigore
D) rappresenta la sigla inglese dell'Organizzazione nazionale del commercio
E) nessuna delle alternative proposte

96 Quale fu lo scopo dell'istituzionalizzazione dell'OMC?

A) quello di non riconoscere i risultati raggiunti dal GATT
B) la creazione di un organismo giuridicamente riconosciuto
C) la creazione di un'organizzazione che gestisce il commercio a livello nazionale
D) la costituzione di un'organizzazione diversa da quella ideata a Bretton Woods
E) nessuna delle alternative proposte

97 Qual è il compito dell'Organizzazione mondiale del commercio?

A) garantire un'adeguata attuazione ed un corretto funzionamento degli accordi commerciali multilaterali

B) attuare accordi commerciali bilaterali
C) gestire gli accordi commerciali multilaterali senza rispettarne necessariamente gli obiettivi
D) favorire, in alcuni casi, il corretto funzionamento degli accordi commerciali multilaterali
E) nessuna delle alternative proposte

98 **La risoluzione delle controversie è disciplinata:**

A) dalla WTO
B) da specifiche norme
C) da un accordo internazionale specificamente istituito
D) in maniera poco esaustiva
E) nessuna delle alternative proposte

99 **La WTO:**

A) non può collaborare con il FMI
B) ha la facoltà di operare solo al fianco della Banca Internazionale per la Ricostruzione e lo Sviluppo
C) non può cooperare con le filiali della BIRS
D) non vede minimamente ostacolata una collaborazione con il Fondo Monetario Internazionale
E) nessuna delle alternative proposte

Lo scambio di beni e servizi può avvenire sia all'interno di un sistema economico nazionale (commercio interno) sia tra operatori che appartengono a paesi diversi (commercio internazionale). La distinzione tra i due mercati è fondamentale in quanto essi hanno caratteristiche diverse, e per questo motivo il loro studio necessita di un diverso approccio.
Il mercato interno è caratterizzato da un'alta mobilità dei fattori produttivi e delle merci tra i vari settori economici: conseguenza di tale mobilità è la tendenza al livellamento del tasso di retribuzione dei fattori produttivi stessi che nel lungo periodo porta ad eguagliare i costi di produzione nei singoli settori dell'economia.
Nel mercato internazionale, invece, si assiste ad una prevalente immobilità dei fattori produttivi con il persistere di differenze notevoli nelle rispettive remunerazioni. Ciò accade perché:
— per quanto riguarda il lavoro, esistono ragioni politiche, di lingua, di abitudini e di attaccamento al proprio paese, che frenano l'emigrazione e disincentivano la circolazione dei lavoratori, i quali saranno disposti a spostarsi solo in presenza di rilevanti differenze salariali;
— per quanto riguarda il capitale, norme legislative e tariffe doganali differenti, diversità di orientamenti bancari e di regimi fiscali, ostacolano il movimento dei capitali da paese a paese, anche se attualmente, grazie alla nascita e allo sviluppo di aree economiche sovranazionali, questa situazione è notevolmente attenuata.
La difficoltà di circolazione di capitali, lavoro e capacità organizzativa da una località ad un'altra riduce e rallenta il livellamento dei saggi di salario, profitto e d'interesse nell'intero sistema economico. Sorge, allora, la convenienza (sulla base dei differenti costi di produzione) per ciascun paese di scambiare beni di produzione nazionale aventi un basso costo con beni di altri paesi che, se fossero prodotti all'interno, costerebbero di più.

100 **Il mercato:**

A) è lo scenario degli scambi di beni e servizi
B) è caratterizzato dal fatto che tra i diversi settori economici vi sia costantemente un'elevata mobilità delle merci
C) si distingue in tre tipologie
D) non può condizionare l'orientamento del tasso di retribuzione dei fattori produttivi
E) nessuna delle alternative proposte

101 **L'immobilità dei fattori produttivi:**

A) non attiene al mercato internazionale

B) non è collegata alle differenziazioni remunerative
C) non è caratteristica del mercato interno
D) è una caratteristica non riscontrabile in un sistema economico
E) nessuna delle alternative proposte

102 Nel mercato internazionale:
A) esistono diverse tipologie di norme doganali che aiutano la circolazione dei capitali tra i paesi
B) si riscontra una certa differenza tra le remunerazioni percepite
C) avviene generalmente solo lo scambio di servizi
D) esistono motivazioni che condizionano la circolazione dei lavoratori
E) nessuna delle alternative proposte

103 Il sistema economico è caratterizzato:
A) da uguali saggi d'interesse
B) da salari, profitti e saggi d'interesse tra loro eterogenei
C) da un elevato grado di omogeneità tra i saggi salariali, di profitto e d'interesse
D) dal livellamento dei saggi salariali
E) nessuna delle alternative proposte

104 I diversi paesi:
A) non ritengono più conveniente effettuare scambi internazionali
B) scambiano i prodotti interni con quelli di altri paesi, acquistando prodotti aventi lo stesso costo di produzione interno
C) acquistano all'estero i beni che all'interno hanno un basso costo di produzione
D) non si avvantaggiano della mancanza di livellamento dei costi di produzione
E) nessuna delle alternative proposte

L'obesità è una patologia in costante aumento nei Paesi occidentali che colpisce, senza distinzione, soggetti di ogni età, con un picco di incidenza nella media infanzia. Secondo l'ipotesi della Bruch (1974) l'obesità infantile si può far risalire alla relazione precoce madre-bambino, all'inadeguatezza della prima a discriminare correttamente i bisogni del piccolo, all'offerta di cibo come risposta indifferenziata ai segnali di disagio che egli esprime. Attribuendo al cibo un significato di «consolazione universale» si altereranno le successive capacità dell'individuo di discriminare correttamente gli stimoli della fame e della sazietà. Altri, invece, hanno ipotizzato la presenza di un deficit nella capacità di riconoscimento e di regolazione delle emozioni nelle madri di bambini obesi; è stata inoltre osservata una povertà comunicativa nel sistema familiare di tali bambini, che si rileva soprattutto nella difficoltà a esprimere emozioni di tipo negativo. Da altre ricerche è emerso che è soprattutto la presenza di problematiche materne quali, ad esempio, una sintomatologia di tipo psichiatrico che può essere correlata positivamente con l'obesità infantile. Il bambino obeso viene descritto in letteratura con una struttura di personalità caratterizzata da una tendenza generalizzata alla passività e alla dipendenza dall'oggetto materno e dalla presenza di vissuti depressivi. Non è, però, chiaro se questi siano una conseguenza della negativa immagine di sé che si associa all'obesità o se non siano piuttosto una causa dello stesso comportamento alimentare.

105 Il brano descrive:
A) la comunicazione fra genitori e figli
B) ipotesi su possibili cause dell'obesità infantile
C) il forte legame esistente fra gli errori delle madri e i problemi dei figli
D) un'aspra critica nei confronti dell'inadeguatezza delle madri

106 Secondo quanto riportato nel brano, tra i seguenti fattori, il problema dell'obesità infantile è dovuto principalmente:
A) all'incapacità dei bambini di percepire il senso di sazietà
B) alla ricchezza dei Paesi occidentali
C) alla tendenza alla passività presente nei bambini

D) a un'offerta non regolata di cibo al bambino

107 Nel brano si afferma che una delle cause dell'obesità infantile può essere attribuita:

A) all'indifferenza della madre sia riguardo alle richieste di cibo sia a quelle di tipo affettivo del bambino
B) all'incapacità del soggetto in età evolutiva di riconoscere e regolare le proprie emozioni
C) all'indifferenza e mancanza di comunicazione tra i genitori che provocano nel bambino angosce e comportamenti iperfagici
D) all'offerta di cibo che parte dalla madre come risposta indiscriminata ai segnali di disagio espressi dal bambino

Nel rivolgerci al nostro interlocutore, se da un lato è utile ascoltare chi ci parla, anche se ci annoia, dall'altro è ancora meglio evitare di parlare troppo di noi stessi, di quanto siamo bravi o di quanto siamo sfortunati, a meno che non ci venga richiesto. «L'estremo piacere che proviamo nel parlare di noi stessi deve farci temere di non darne affatto a chi ci ascolta» diceva La Rochefoucauld. Se ci vantiamo dei nostri successi gli altri non ci ammireranno, non ci considereranno degli eroi; anzi, ci prenderanno in antipatia. Cosa fare, allora, se devi parlare di te stesso? Be', tanto per cominciare, parla in modo piano, normale, senza indulgere in toni enfatici. Devono essere i tuoi risultati a farti fare bella figura, non il modo con cui li esponi. Un consiglio, per esempio, è quello di ricorrere alla tecnica dell'«anch'io»; tutti noi, infatti, proviamo simpatia per chi ci somiglia. Un proverbio inglese recita: «Birds of a feather flock together» (Gente dello stesso stampo sta insieme/Dimmi con chi vai, ti dirò chi sei) e anche all'epoca dei Romani Seneca asseriva: «L'amicizia tra due persone è tanto più forte quanto più sono le cose che hanno in comune».

108 Secondo l'autore del brano, è preferibile parlare di sé stessi:

A) in modo piano, normale, anche annoiando
B) in modo appassionato
C) iniziando ogni frase con l'espressione «anch'io»
D) sottolineando le cose che si hanno in comune con l'interlocutore

109 È corretto affermare che il brano esorta all'amicizia?

A) sì, il brano propone l'amicizia come fondamentale valore sociale
B) no, l'autore ritiene solo che sia indispensabile studiare il proprio interlocutore e calarsi nei suoi panni: solo con questa tecnica è possibile instaurare una vera comunicazione
C) sì, nel brano l'amicizia viene presentata come l'esito di una buona capacità di comunicare con il proprio interlocutore
D) no, il brano si limita a fornire consigli su come instaurare un dialogo piacevole con l'interlocutore

110 Qual è l'intento dell'autore?

A) dimostrare che i proverbi forniscono i migliori consigli
B) convincere che non bisogna parlare mai di se stessi
C) spiegare come in una conversazione la cosa più piacevole sia ascoltare
D) indicare il modo migliore per parlare di se stessi

111 L'autore ritiene che nel dialogo con un interlocutore:

A) sia comunque necessario mettere in evidenza le proprie qualità, anche se ciò potrebbe far apparire poco simpatici
B) sia consigliabile citare autori antichi, come Seneca, e proverbi popolari

C) sia indispensabile non parlare di se stessi se si vuole catturare l'attenzione di chi ascolta

D) sia utile non parlare troppo di se stessi, a meno che non sia espressamente richiesto

I problemi se l'universo abbia avuto inizio nel tempo e se sia limitato nello spazio furono in seguito esaminati diffusamente dal filosofo Immanuel Kant nella monumentale «Critica della ragion pura», la cui prima edizione uscì nel 1781. Kant chiamò questi problemi «antinomie» (ossia contraddizioni) della pura ragione, convinto com'era che esistessero argomenti altrettanto convincenti a sostegno della tesi che l'universo avesse avuto un inizio nel tempo e dell'antitesi che esso esistesse da sempre. Il suo argomento a favore della tesi era che, se l'universo non avesse avuto un inizio, ci sarebbe stato un periodo di tempo infinito prima di ogni evento, cosa che egli considerava assurda. L'argomento a favore dell'antitesi era che, se l'universo avesse avuto un inizio, ci sarebbe stato un periodo di tempo infinito prima della sua esistenza, cosicché ci si potrebbe chiedere perché mai l'universo avrebbe dovuto avere inizio in un qualsiasi tempo particolare piuttosto che in un altro. In realtà le due argomentazioni, a favore sia della tesi sia dell'antitesi, si innestano sullo stesso ragionamento. Entrambe si fondano sull'assunto inespresso che il tempo continui a ritroso per sempre, tanto nel caso che l'universo fosse o non fosse esistito dall'eternità. Come vedremo, però, prima dell'inizio dell'universo il concetto di tempo non ha alcun significato. Questa nozione fu proposta per la prima volta dallo stesso sant'Agostino [...] che disse invece che il tempo era una proprietà dell'universo creato da Dio e che quindi, prima dell'inizio dell'universo, il tempo non esisteva. Quando la maggior parte delle persone credeva in un universo essenzialmente statico o immutabile, il problema se esso avesse o no avuto un inizio era in realtà una questione di competenza della metafisica o della teologia. Si poteva spiegare altrettanto bene ciò che si osservava sia con la teoria che l'universo esistesse da sempre sia con la teoria alternativa che esso fosse stato messo in movimento in un qualche tempo finito in passato, in modo tale da dare l'impressione che esso esistesse da sempre (Stephen Hawking, «Dal Big Bang ai buchi neri»).

112 **Secondo quanto riportato nel brano, l'antinomia kantiana sull'inizio dell'universo fonda sia la tesi sia l'antitesi:**

A) sull'assunto esplicito che il tempo scorra a ritroso per sempre
B) sull'assunto implicito che il tempo non possa scorrere a ritroso per sempre
C) sull'assunto implicito che il concetto di tempo è un'antinomia
D) sull'assunto implicito che il tempo scorra a ritroso per sempre

113 **Secondo quanto riportato nel brano, quando era dominante l'idea della staticità dell'universo, il problema del suo inizio era indagato:**

A) da metafisica e matematica
B) dalla ragione pura
C) da metafisica e teologia
D) da matematica e teologia

114 **Secondo quanto riportato nel brano, per Immanuel Kant il fatto che NON si possa ammettere che ci sia un periodo di tempo infinito prima di ogni evento è un argomento a favore della tesi che l'universo:**

A) sia limitato nello spazio
B) abbia avuto un inizio nel tempo

C) sia immutabile
D) esista da sempre

115 Secondo quanto riportato nel brano, per sant'Agostino il tempo esiste:

A) da quando esiste il creato, in quanto il tempo si configura come una proprietà di quest'ultimo
B) da quando esiste l'uomo, in quanto il tempo è pura percezione umana
C) da sempre, in quanto caratteristica divina
D) da prima che l'universo venisse creato

Nozione matematica di primaria importanza, i numeri furono introdotti, più o meno consapevolmente, fin dall'antichità al fine di poter operare su quantità di elementi costituenti insiemi o su quantità esprimenti misure di entità materiali. La prima numerazione scritta risale al 3500 a.C. presso i Sumeri, in Mesopotamia. La numerazione posizionale attuale, con nove cifre e lo zero, è stata elaborata in India intorno al V secolo d.C., ma il decimale non era sconosciuto agli Egiziani, ai Babilonesi, ai Cinesi e persino ai Maya. Tuttavia la prima esposizione sistematica è del matematico indiano Brahmagupta nel VII secolo d.C. Furono poi gli Arabi — con il matematico Muhammad ibn Al-Khwarizimi (780-850) — durante la loro dominazione a utilizzarli (come concetto ma non come scrittura) e solo molto più tardi, con la possibilità di fare risultati di aritmetica pratica, fu Leonardo Fibonacci (1170-1230) a diffonderli nell'Europa medioevale, con il suo trattato «Liber abaci». Essendo notoriamente «usati» dagli arabi, impropriamente si chiamarono «numeri arabi», invece la scrittura vera e propria era quella indiana. L'arabo Muhammad ibn Al-Khwarizimi intorno all'810 scrisse anche un libro di matematica coniando un termine che in italiano divenne «algebra».

116 Il termine «algebra»:

A) risale all'810 a.C.
B) fece la sua prima comparsa nel trattato «Liber abaci»
C) fu coniato dall'indiano Brahmagupta
D) è di origine araba

117 Secondo l'autore del brano, la nozione di «numero»:

A) permetteva di esprimere unità di misura
B) risale all'antichità
C) aveva lo scopo di riunire gli oggetti in insiemi
D) permetteva di operare solo su oggetti concreti

118 La numerazione con nove cifre e lo zero:

A) risale al VII secolo d.C.
B) è invenzione dei Sumeri
C) si dice «posizionale
D) risale al 3500 a.C.

Capita a volte che due persone, un uomo e una donna, nelle quali passa in quel momento il fluido misterioso e potente della primavera, s'uniscano e mettano al mondo un bambino. Nei primi tempi della sua vita, quel piccolo essere, intriso ancora di tutta la freschezza e beltà che costituì il sentimento dei suoi genitori, è oggetto, da parte di questi, delle più trepide e appassionate cure. In lui, padre e madre accarezzano e contemplano, quasi incoscientemente, quella che fu la propria recente e ineffabile felicità. Ma a poco a poco, e cioè quando il bambino, trascorsi i primissimi anni, comincia a perdere quella certa aureola di animalità che lo circondava, dai capelli leggeri come piume ai piedi morbidi come fiori; e i suoi sguardi, fino allora ridenti e incerti, acquistano un'interiorità, manifestano un pensiero e annunciano quasi la capacità di un distacco da coloro che lo hanno generato; e, in altre parole, uno sconosciuto «io» compare in quella carne con l'intento preciso di mutarla, e correggerne via via il disegno, e finalmente (cosa che avverrà nel tempo) distruggerla: allora quella prima trionfante e come inesauribile tenerezza dei genitori si arresta, disorientata, e, senza che essi neppure se ne avvedano, comincia a perdere rapidamente tutta la sua forza (da: «L'Infanta sepolta» di Anna Maria Ortese, Milano sera, Milano, 1950).

119 **Qual è l'argomento del brano?**

A) la gioia di avere un bambino
B) l'egoismo dei genitori nei confronti dei figli
C) la nascita di un bambino e del suo rapporto con i genitori nei primi anni della sua crescita
D) la decisione di una coppia di mettere al mondo un figlio

120 **Secondo quanto riportato nel brano, i genitori:**

A) nessuna delle altre risposte è corretta
B) procreano di preferenza durante la stagione primaverile
C) amano il bambino solo nei primissimi anni d'età
D) smettono di amarsi quando il bambino cresce

121 **Secondo quanto riportato nel brano, gli sguardi del bambino:**

A) mostrano la crescita e l'acquisizione di un'identità da parte del bambino
B) sono ridenti e incerti fino all'adolescenza
C) manifestano la capacità di distaccarsi dai genitori, già nei primissimi anni di vita
D) mostrano un'interiorità fin dalla nascita

122 **Cosa intende l'autore quando parla di «aureola di animalità» (secondo capoverso)?**

A) le caratteristiche di inconsapevolezza e spensieratezza che sono proprie del bambino nei suoi primi anni di vita
B) le caratteristiche animalesche del bambino
C) il desiderio del bambino di crescere e staccarsi dai genitori
D) il fatto di avere i capelli biondi e i piedi morbidi

La dieta mediterranea è sempre più minacciata dall'inflazione: a maggio e giugno scorsi c'è stata una stagnazione delle vendite, aumentate solo dello 0,4% rispetto allo stesso periodo dello scorso anno. La causa è il «sensibile» innalzamento dei prezzi alla produzione (superiore al 10% nel settore alimentare secondo gli ultimi dati Istat) e dei costi di trasporto che, sugli scaffali dei supermercati, si sono tradotti in aumenti medi del 4,3%, trainati nel terzo bimestre da alcuni prodotti di base della nostra alimentazione, come pasta, mozzarella, burro, olio di semi e pelati per la salsa di pomodoro, tutti con aumenti a due cifre. L'effetto combinato dell'incremento dei prezzi e del calo delle vendite ha determinato un rallentamento della dinamica del fatturato della Grande distribuzione organizzata (Gdo). All'interno dell'aggregato dei prodotti del largo consumo confezionato (drogheria alimentare, bevande, freddo, fresco, cura degli animali, cura della casa e cura della persona) sono gli alimentari a influenzare maggiormente la dinamica del bimestre. Per questo comparto i prezzi alla produzione si sono impennati a causa dell'aumento delle materie prime e, di conseguenza, il costo della spesa è cresciuto di oltre 5 punti percentuali anno su anno («Il Sole 24 ore»).

123 **Secondo quanto scritto nel brano, hanno subito aumenti medi del 4,3%:**

A) i prezzi dei beni sugli scaffali dei supermercati
B) i costi di trasporto
C) i prezzi alla produzione
D) la pasta, la mozzarella e i pomodori pelati

124 Secondo quanto illustrato nel testo, il fatturato della Grande distribuzione organizzata (Gdo) è:

A) cresciuto in modo costante
B) cresciuto più lentamente
C) minore rispetto allo stesso periodo dello scorso anno
D) diventato negativo

125 Secondo quanto illustrato nel testo, l'autore nomina proprio la dieta mediterranea perché:

A) sono saliti i prezzi di prodotti quali pasta, mozzarelle e pomodori che ne sono alla base
B) c'è inflazione generalizzata
C) l'effetto combinato dell'incremento dei prezzi e del calo delle vendite ha determinato un rallentamento della dinamica del fatturato della Grande distribuzione organizzata
D) in generale sono gli alimentari a influenzare maggiormente la dinamica dei prezzi del bimestre

126 Secondo quanto scritto nel brano, beni quali la pasta, la mozzarella o i pomodori pelati sono aumentati:

A) di almeno il 10%
B) del 4,3%
C) di almeno il 5%
D) solo dello 0,4%

Usa, Motorola licenzia 2.500 persone continuano le difficoltà del secondo produttore al mondo di telefonini dopo la finlandese Nokia, che detiene il 30% del mercato globale. La Motorola, il maggiore produttore di telefoni cellulari americano, è in procinto di interrompere la produzione di telefonini nello stabilimento di Harvard, nello Stato dell'Illinois, circa 100 chilometri da Chicago, e di licenziare 2.500 dipendenti, che rappresentano circa il 2% della forza lavoro totale (130.000 persone in tutto). Ad Harvard resteranno più o meno altri 2.500 lavoratori, ma si occuperanno di altri tipi di produzione. Una settimana fa Motorola, che opera anche nel settore dei semiconduttori, aveva annunciato un taglio generale dei costi necessario a controbilanciare le vendite e i profitti in diminuzione del settore della telefonia cellulare. Due anni fa Nokia (che al momento detiene il 30% del mercato globale) ha superato il colosso americano ed è diventata numero uno mondiale dei telefonini. Motorola è adesso seconda, con il 13%, tallonata dalla svedese Ericsson. I problemi dell'azienda USA sono iniziati con il lancio, rivelatosi fallimentare, del sistema di telefoni satellitari Iridium e da due anni a questa parte il Chief executive officer Christopher Galvin sta cercando di rimettere ordine nei conti. Sei settimane fa è stato annunciato l'outsourcing della gran parte della produzione e assemblaggio di cellulari, con conseguente taglio di 2.870 posti di lavoro in Florida e Irlanda. Nell'ultimo trimestre dell'anno scorso le vendite di telefoni cellulari e altri apparecchi wireless in Usa sono cresciute solo dell'1%, assestandosi a quota 3,5 miliardi di dollari e gli ordini, stando a dati di alcune associazione del settore, sono calati del 20%, chiudendo a quota 2,9 miliardi. L'anno scorso Motorola ha avuto ricavi totali per 37,6 miliardi di dollari.

127 Sulla sola base di quanto riportato nell'articolo, si può affermare che il sistema di telefoni satellitari Iridium:

A) ha posto la Motorola all'avanguardia, consentendole di mantenere la prima posizione nel settore
B) è stato la prima fonte di problemi per l'azienda
C) è stato realizzato nello stabilimento di Harvard
D) ha richiesto poche attenzioni da parte di Christopher Galvin

128 La Motorola:

A) detiene al momento meno del 30% del mercato globale
B) intende mantenere in attività tutti i propri stabilimenti con i medesimi tipi di produzione

C) è il maggior produttore di telefoni cellulari mondiale
D) ha una quota di mercato molto superiore a quella della Ericsson

129 **L'insieme dei licenziamenti di cui parla l'articolo rappresenta circa:**

A) il quattro per cento del numero complessivo di dipendenti della Motorola
B) la metà del numero complessivo di dipendenti della Motorola
C) il due per cento della forza lavoro totale della Motorola
D) un quarto della forza lavoro totale della Motorola

130 **Sulla sola base di quanto riportato nell'articolo, il taglio di posti di lavoro è presumibilmente dovuto:**

A) all'aumento del costo del lavoro nel settore
B) alla sola diminuzione delle vendite nel settore
C) al fatto che, l'anno scorso, la Motorola ha registrato ricavi inferiori ai costi
D) anche alla diminuzione degli ordini nel settore

Soluzioni

1 Risposta esatta: D

Siccome nel testo si afferma che «*I cittadini restano tali e continuano a far parte del popolo italiano anche se vivono fuori dal territorio*» (cioè all'estero), a patto che conservino la cittadinanza italiana, l'opzione giusta può essere considerata la D. Non è vero, invece, che perdono la cittadinanza italiana se vivono all'estero (come erroneamente sostiene la risposta C), né tanto meno si può dire che debbano rimanere particolarmente legati alle tradizioni italiane anche se vivono all'estero per molto tempo (come detto nella risposta E). Infine è da escludere l'opzione B poiché l'insieme dei cittadini forma non la «*nazione*» (da intendersi come l'insieme degli uomini e delle donne legati da storia, cultura, lingua ed etnia), bensì il «*popolo*», che a sua volta si caratterizza appunto per la cittadinanza, «*non necessariamente congiunta alla cultura comune o all'etnia*».

2 Risposta esatta: B

Il brano afferma chiaramente che «*il popolo ... si caratterizza per la cittadinanza*» (risposta B), la quale, non essendo necessariamente legata alla cultura comune o all'etnia, esclude di fatto sia l'opzione A (essere legati dalla stessa cultura o dall'etnia, ma non necessariamente parlare la stessa lingua), sia l'opzione C (parlare la stessa lingua). Anche l'opzione D è da scartare poiché nel brano non si afferma che per essere cittadini occorre condividere una serie di diritti e doveri complessi, bensì che nel nostro ordinamento i cittadini hanno uno stato giuridico contraddistinto da «*un complesso di diritti e doveri*» che li differenzia da coloro i quali, pur vivendo nel territorio dello Stato, comunque non sono cittadini italiani.

3 Risposta esatta: B

Poiché il testo sostiene inequivocabilmente che «*L'insieme dei cittadini è il popolo*», allora essere cittadini dello Stato italiano significa anche far parte del popolo italiano (risposta B). Di conseguenza, non si può dire che vivere nello stesso territorio sia una condizione necessaria ma non sufficiente per appartenere al popolo (opzione C), né tanto meno si afferma in alcuna parte del brano che il rispetto di una serie di diritti e doveri sia condizione necessaria per vivere nel nostro territorio (risposta D). Infine, si esclude l'opzione E, secondo la quale «popolo» e «nazione» sarebbero concetti perfettamente sovrapponibili.

4 Risposta esatta: D

Secondo l'ordinamento italiano i concetti di «*popolo*» e «*nazione*» non sono affatto la stessa cosa (opzione D), né tanto meno sono concetti che fanno riferimento rispettivamente alle persone e al territorio (opzione E). In virtù delle indicazioni fornite nei commenti precedenti, non si può neanche dire che definiscano l'insieme dei cittadini italiani che vivono nel nostro territorio (opzione A), mentre il riferimento all'appartenenza ad una stessa cultura ed etnia (opzione B) non riguarda entrambi i concetti, ma vale solo nel caso del concetto di «nazione».

5 Risposta esatta: A

Poiché nel brano si dice che la cittadinanza non è necessariamente congiunta alla cultura comune o all'etnia, allora vale l'opzione per la quale, secondo il nostro ordinamento, si può essere cittadini italiani indipendentemente dall'etnia (risposta A), così come non è condizione imprescindibile quella di essere nati in Italia (come vorrebbe l'opzione D). Inoltre, siccome «*L'insieme dei cittadini è il popolo*», non si può essere cittadini italiani anche se non si appartiene al popolo italiano (come erroneamente sostiene l'opzione C), mentre è possibile continuare ad essere cittadini italiani pur vivendo all'estero, ma a patto di conservare la cittadinanza italiana (da cui l'esclusione dell'opzione E).

6 Risposta esatta: D

Dal testo si desume chiaramente che l'ordinamento italiano intende con il concetto di «nazione» «*l'insieme degli uomini e delle donne legati da storia, cultura, lingua ed etnia*» (risposta D), ma non necessariamente cittadini dello Stato italiano, condizione per la quale vale invece il concetto di «popolo» (da cui anche l'inesattezza delle risposte C ed E).

Nel brano, infine, non si sostiene affatto che il nostro ordinamento intenda col concetto di «nazione» l'insieme delle persone che vivono, per almeno sei mesi l'anno, nel nostro territorio, ragion per cui va scartata anche la risposta B.

7 **Risposta esatta: A**

Le opzioni sbagliate possono essere individuate per i seguenti motivi:

— la B, perché il riferimento allo stato giuridico contraddistinto da un complesso di diritti e doveri, unito al fatto di vivere nel medesimo territorio, va semmai interpretato alla luce del concetto di «cittadinanza», non di «nazione»;
— la C, perché il dovere di mantenere la cittadinanza italiana pur vivendo all'estero va piuttosto riferito al concetto di «popolo» anziché a quello di «nazione»;
— la D, perché il possesso della cittadinanza italiana va riferito al concetto di «popolo», mentre a quello di «nazione» è riferibile solo l'appartenenza alla stessa storia, cultura, lingua ed etnia;
— la E, in quanto se è vero che la cittadinanza si lega al concetto di «popolo», allora vuol dire che si tratta di un concetto diverso da quello di nazionalità.

8 **Risposta esatta: C**

Poiché il testo afferma che nel nostro ordinamento i cittadini hanno uno stato giuridico contraddistinto da un complesso di diritti e doveri che li differenzia da chi, pur vivendo nel territorio dello Stato, cittadino non è, e che l'insieme dei cittadini costituisce il popolo, allora è giusta la risposta secondo la quale appartenere al popolo italiano significa possedere diritti e doveri differenti da chi, pur vivendo in Italia, non è cittadino italiano (risposta C). Pertanto, appartenere al popolo italiano non significa semplicemente essere nato e residente in Italia (opzione A), né avere gli stessi diritti e doveri di chi, pur non essendo cittadino italiano, vive in Italia (opzione B), né tanto meno avere origini italiane pur vivendo all'estero (opzione E).

9 **Risposta esatta: D**

Nel brano si afferma testualmente che «*Per decine, se non per centinaia di volte al giorno, cediamo denaro in cambio di beni o servizi*», per cui se ne deduce che la risposta esatta è la D. Non si può dire, invece, che quotidianamente riflettiamo sulla circolazione del denaro (opzione A), data anche l'apparente «naturalezza» del suddetto meccanismo di scambio, né che ci applichiamo necessariamente ad autoalimentare le convenzioni sociali (opzione B). Infine, ferma restando la configurazione del denaro come «*rettangolo di carta filigranata*», ciò non vuol dire che ogni giorno dimentichiamo che si tratta anche di una «*riserva di valore*» (risposta E).

10 **Risposta esatta: E**

La risposta esatta può essere considerata la E, poiché «*la circolazione — e per la verità l'esistenza stessa — del denaro*» è ritenuta «*una delle più complesse e delicate operazioni di ingegneria sociale mai realizzate dall'umanità*». Le altre risposte sono inesatte perché in nessuna parte del testo si dice che l'esistenza del denaro indica il grado di evoluzione di una società industrializzata (opzione A), né che dipende dall'esistenza di riserve di valore (opzione B), essendo considerato il denaro stesso anche come una riserva di valore, né che non sia una convenzione universalmente accettata (opzione D), visto che, al contrario, l'unica qualità del denaro «*è appunto quella di essere universalmente accettato come corrispettivo per la cessione di qualunque bene o servizio*».

11 **Risposta esatta: C**

L'opzione corretta è la C, in quanto il testo afferma esplicitamente che il denaro è al tempo stesso, e tra le altre cose, «*un mezzo di pagamento e una riserva di valore*». Non viene affatto detto, invece, che è un meccanismo naturale ma complesso (opzione A), né tanto meno che è un aspetto della vita quotidiana detestabile e un meccanismo che tendiamo a dimenticare (opzione B). Infine, anche l'opzione D è da scartare, se non altro per l'incongruenza logica determinata dal fatto che il denaro viene definito, al tempo stesso, una convenzione sociale (ovvero universalmente nota e accettata) e un gesto inatteso.

12 **Risposta esatta: A**

Poiché nel brano il denaro è definito anche una «*riserva di valore*», evidentemente non esisterebbero riserve di valore se esso non

esistesse, ragion per cui è lecito propendere per l'esattezza dell'opzione A.
Le altre opzioni, invece, sembrano da scartare perché se il denaro non esistesse:

- non è affatto detto che l'uomo sarebbe meno evoluto (risposta B);
- non si può dire che verrebbero a mancare le convenzioni sociali (risposta C), fermo restando che il denaro stesso costituisce un classico esempio di convenzione sociale;
- non è specificato in alcuna parte del brano che ci sarebbe un altro mezzo di pagamento (risposta E).

13 Risposta esatta: B

La risposta esatta è la B, perché nel testo si dice esplicitamente che il denaro ha come unica qualità «*quella di essere universalmente accettato come corrispettivo per la cessione di qualunque bene o servizio*». In base al contenuto del brano, quindi, la sua unica qualità non consiste nell'essere solo una riserva di valore (risposta A), né tanto meno nel consentire all'umanità la realizzazione di complesse operazioni di ingegneria sociale (risposta C), fermo restando che la circolazione (ovvero l'esistenza) del denaro viene definita essa stessa «*una delle più complesse e delicate operazioni di ingegneria sociale mai realizzate dall'umanità*». Infine, essendo definito nel brano come «*un rettangolo di carta filigranata*», non si può certo dire che il denaro abbia come unica qualità quella di essere realizzato in carta pregiata (risposta E).

14 Risposta esatta: C

Lungi dall'essere definito semplicemente un rettangolo di carta senza alcun valore e qualità (risposta A), né tanto meno come un mezzo di pagamento che è sempre esistito (risposta B), e neppure come l'indice della produttività di una società (risposta D), nel brano il denaro viene indicato, in definitiva, come «*un classico esempio di convenzione sociale: uno stato di cose abituale, atteso, che si autoalimenta*» (risposta C).

15 Risposta esatta: C

L'opzione da scegliere è la C, in quanto il testo afferma esplicitamente che «*Pochi aspetti della vita quotidiana ci appaiono tanto inevitabili quanto la circolazione del denaro*». Essa non deriva da una convenzione sociale (risposta E), poiché il denaro stesso rappresenta un classico esempio di convenzione sociale, né tanto meno impedisce la circolazione di beni e servizi (risposta A), anzi, come già ricordato nei commenti precedenti, per svariate volte al giorno proprio il denaro viene ceduto in cambio di beni e servizi. Infine, non si può dire tanto che la circolazione del denaro risponda ad esigenze di naturalezza (opzione D), bensì che il brano tende piuttosto a sottolineare l'apparente «*naturalezza*» del meccanismo attraverso il quale il denaro viene da tutti accettato come corrispettivo per la cessione di qualunque bene o servizio, ovvero come compenso per le più varie prestazioni.

16 Risposta esatta: C

Il testo definisce il denaro come un classico esempio di convenzione sociale, ovvero «*uno stato di cose abituale, atteso, che si autoalimenta*», per cui la risposta corretta è la C. Di conseguenza, non può esserci alcun riferimento al fatto che una convenzione sociale sia uno stato di cose straordinario (risposta D), o un aspetto della vita che ci appare inatteso (risposta E), così come non si dice affatto che una convenzione sociale sia la più articolata operazione di ingegneria sociale (risposta A), fermo restando che la circolazione (ovvero l'esistenza) del denaro costituisce essa stessa «*una delle più complesse e delicate operazioni di ingegneria sociale mai realizzate dall'umanità*».

17 Risposta esatta: E

La risposta la evinci dalla prima frase, in cui si dice "Gli scienziati hanno a lungo cercato di individuare nel cervello **le zone responsabili della percezione dello scorrimento del tempo**". La risposta A è sbagliata perché le aree responsabili della percezione del tempo sono localizzate sia nella corteccia parietale, sia nei gangli basali.

18 Risposta esatta: C

La risposta la evinci dalla terza frase, in cui si dice "La percezione del tempo è fondamentale nella vita di tutti i giorni, e **regola molte azioni** in cui il tempismo è fondamentale, come la guida".

19 **Risposta esatta: D**

La risposta la evinci dalla frase in cui si dice "Gli scienziati **avevano** in realtà **sospettato a lungo** che i gangli basali potessero essere coinvolti nella percezione del tempo".

20 **Risposta esatta: B**

La risposta la evinci dalla frase in cui si dice "Il numero di queste cellule si riduce fortemente nei pazienti affetti dal morbo di Parkinson, che **spesso hanno anche problemi di percezione del tempo**".

21 **Risposta esatta: D**

La risposta la evinci dalla frase in cui si dice "Diciassette **volontari** adulti si sono sottoposti agli esperimenti, in cui l'attività del cervello veniva controllata mentre a loro veniva chiesto di percepire l'intervallo di tempo tra due note musicali identiche".

22 **Risposta esatta: D**

La risposta la evinci dalla frase in cui si dice "E come verrà ricomposta la disputa sui diritti di autore? **Le difficoltà** che sta incontrando l'industria discografica con siti come MP3 e Napster si presenteranno presto **su scala molto maggiore con la televisione e i film digitali**".

23 **Risposta esatta: B**

La risposta la evinci dalla frase in cui si dice "E come verrà ricomposta la **disputa sui diritti di autore**? Le difficoltà che sta incontrando l'industria discografica con siti come MP3 e Napster si presenteranno presto su scala molto maggiore con la televisione e i film digitali. **Le leggi sul copyright continuano a stabilire che artisti, autori e registi siano i titolari dei diritti** delle loro creazioni e meritino di essere pagati per esse".

24 **Risposta esatta: E**

La risposta A è sbagliata perché non si può evincere da nessun passo del brano. La risposta B è sbagliata perché nel brano non si dice "tutti potranno avere accesso gratuito agli archivi di film delle case cinematografiche", ma che tutti potranno realizzare film a costi relativamente bassi. La risposta C è sbagliata perché nel brano non si parla di software costosissimi, ma che "telecamere digitali a basso costo e programmi di editing per pc permetteranno a ciascuno di realizzare un film a **costi relativamente bassi**". La risposta D è sbagliata perché non si può evincere da nessun passo del brano.

25 **Risposta esatta: D**

La risposta la evinci dalla frase in cui si dice "Entro il 2020, secondo alcuni analisti, un **Internet a larga banda** potrebbe addirittura sostituire i sistemi di trasmissione come mezzo privilegiato di distribuzione" (lo capisci anche dal fatto che la frase seguente esordisce dicendo "un'altra rivoluzione").

26 **Risposta esatta: B**

La risposta la evinci dalla frase in cui si dice "(...) telecamere digitali a basso costo e programmi di editing per pc permetteranno a ciascuno di realizzare un film a costi relativamente bassi".

27 **Risposta esatta: C**

La risposta la evinci dalla frase in cui si dice "I settori che stanno tirando di più sono rappresentati in questo momento dai servizi finanziari, dal software e dal turismo".

28 **Risposta esatta: E**

La risposta A è sbagliata perché nel brano non si parla della nascita di nuove figure professionali SOLO in settori come il turismo. Le risposte B e C sono sbagliate perché la nascita di nuove figure professionali non è messa in relazione ai canali tradizionali di distribuzione, ma al business elettronico. La risposta D è sbagliata perché nel brano non si dice che la nascita di nuove figure professionali dipenderà ESCLUSIVAMENTE dallo sviluppo di nuovi servizi legati alle relazioni online, piuttosto si dice che "Sono tutte da esplorare le possibilità di sviluppo di nuovi servizi legati alle relazioni online".

29 **Risposta esatta: B**

La risposta la evinci dalla frase in cui si dice "Il business elettronico è alla seconda rivoluzione. Può sembrare quasi un paradosso, per un business che **nei Paesi più avanzati** può essere considerato appena agli inizi, nonostante i **già alti volumi di traffico**".

30 Risposta esatta: D

La risposta la evinci dalla frase in cui si dice "Insomma è chiaro a tutti che il business del commercio elettronico è una parte rilevante del futuro della distribuzione".

31 Risposta esatta: C

La risposta la evinci dalla frase in cui si dice "Il business elettronico è alla seconda rivoluzione. Può sembrare quasi un paradosso, per un business che **nei Paesi più avanzati può essere considerato appena agli inizi** (...).

32 Risposta esatta: D

La risposta la evinci dalla frase in cui si dice "La seconda conclusione è che l'Odissea è uno scritto attendibile dal punto di vista storico riguardo ai sacrifici di animali".

33 Risposta esatta: E

"Dallo studio dei 30 chilogrammi di scheletri si è avuta la prova conclusiva di sacrifici di animali nell'Età del Bronzo greca": da questa frase capisci che le risposte A e D sono errate. La risposta B è sbagliata perché nel brano non si parla del 1995. La risposta D è sbagliata perché non tutte le ossa trovate nel palazzo erano incenerite: infatti, alla fine del brano si dice che "Queste conclusioni derivano dal confronto con la **grande quantità di ossa non combuste** (ovvero non bruciate, e quindi non incenerite) trovata in varie parti del palazzo".

34 Risposta esatta: E

La risposta A è sbagliata perché nel brano si parla di ritrovamento di ossa in "varie parti del palazzo". La risposta B è sbagliata perché nel brano non si parla esclusivamente di tori, ma di "bovini e di cervi". La risposta C è sbagliata perché nel brano non si parla del ritrovamento di "scritti religiosi". La risposta D è sbagliata perché nel brano non si dice che sia stato grazie all'Odissea che si sia risaliti al luogo dei ritrovamenti: nell'Odissea si parla dell'incontro tra Telemaco e Nestore che sacrifica dei tori sulle spiagge di Pilo, mentre i ritrovamenti sono avvenuti nel palazzo di Nestore.

35 Risposta esatta: D

La risposta la evinci dalla frase in cui si dice "Abbiamo trovato - ha continuato l'archeologo - mandibole, zampe anteriori e altre ossa. Molte di esse sono di bovini, poche di cervi".

36 Risposta esatta: A

La risposta la evinci dalla frase in cui si dice "È stata risolta - ha spiegato uno dei ricercatori della UC - una controversia riguardante la progenie dei greci, sul fatto che **certe pratiche** comuni nella Grecia classica, tra cui i sacrifici animali mediante incenerimento, **avesse origine nell'Età del Bronzo**".

37 Risposta esatta: B

La risposta la evinci dalla frase in cui si dice "La Borsa di New York (Nyse) è nata nel 1792 e nel corso dei decenni è diventata il più grande mercato mobiliare del mondo, dove oggi sono quotate sia le grandi, medie e piccole aziende americane, sia i principali gruppi industriali e finanziari europei e asiatici".

38 Risposta esatta: D

La risposta la evinci dalla frase in cui si dice "Per aprirsi ulteriormente all'internazionalizzazione il Nyse ha annunciato il graduale passaggio dal sistema dei sedicesimi a quello dei decimali per la quotazione dei titoli".

39 Risposta esatta: E

Vanno esclude le risposte C e D, completamente infondate. Nel brano, poi, si dice che "La negoziazione dei titoli viene condotta attraverso un meccanismo d'asta tra i membri della borsa (broker), che operano sul mercato su commissione da parte di investitori privati o istituzionali, e alcuni operatori specialisti che hanno (...)": da questa frase evinci che le risposte A e B sono sbagliate perché il meccanismo d'asta NON avviene direttamente tra gli operatori specialisti e gli investitori, ma più correttamente tra gli operatori specialisti e i BROKER (questi ultimi operano per conto degli investitori).

40 Risposta esatta: C

La risposta la evinci dalla frase in cui si dice "Questa tipologia di mercato garantisce, in linea di massima, una maggiore stabilità e sicurezza per gli investitori ed un corretto equilibrio tra domanda e offerta".

41 Risposta esatta: A

La risposta la evinci dalla frase in cui si dice "Il sistema dei decimali è adottato da tutte le altre piazze borsistiche mondiali, ma **è osteggiato dai broker statunitensi** che ritengono di avere maggior potere contrattuale (che si traduce in maggiori margini di guadagno) con il sistema dei sedicesimi".

42 Risposta esatta: C

La risposta giusta è la C in quanto le «*banche del tempo*», intese appunto come luogo dove si offre e si riceve tempo, propongono la concreta opportunità di realizzare uno scambio di servizi («*ad esempio, un'ora di baby-sitter viene scambiata con una lezione di informatica etc.*»), peraltro completamente gratuiti (da cui l'inesattezza dell'opzione E). Le opzioni A e D, a loro volta, appaiono inesatte in quanto nel brano non c'è alcun riferimento specifico al fatto che nelle banche del tempo ci si incontri per discutere delle attività di volontariato o ci si occupi in modo particolare o esclusivo degli anziani.

43 Risposta esatta: C

L'opzione giusta non può essere altro che la C, in quanto nel brano si afferma testualmente che «*Il maggiore settore d'intervento dell'azione volontaria è quello socio-assistenziale*», non la Protezione civile (opzione A), né la tutela dei diritti degli immigrati (opzione B), né la tutela dei diritti dei portatori di handicap (opzione D).

44 Risposta esatta: E

Poiché nel testo si afferma che parlare di volontariato oggi significa riferirsi ad un fenomeno «*sempre più diffuso e sempre più di tipo associativo*», la risposta esatta è necessariamente la E, con conseguente esclusione anzitutto delle opzioni A (che lo definisce come una realtà che va estinguendosi) e C (che lo considera una realtà diffusa come fenomeno individuale). Infine, la risposta D va eliminata poiché nel brano non compare esplicitamente alcun riferimento specifico al fatto che il volontariato costituisca una realtà che necessita del supporto delle istituzioni per diffondersi.

45 Risposta esatta: A

Poiché il testo afferma chiaramente che ben la metà delle associazioni di volontariato «*ha tra i propri iscritti in prevalenza donne*», l'opzione giusta può essere solo la A, in quanto, secondo le altre risposte, tra gli iscritti ad associazioni di volontariato figurerebbero, invece, soprattutto anziani (risposta B), disoccupati (risposta C), uomini (risposta D), immigrati (risposta E).

46 Risposta esatta: D

Anche in questo caso la risposta appare abbastanza semplice ed univoca, poiché il brano sostiene senza mezzi termini che l'impegno delle organizzazioni di volontariato metropolitane «*si concentra con particolare attenzione sui problemi dell'emarginazione*» (opzione D), piuttosto che sul problema degli alloggi (risposta A), sulla questione dell'abbandono scolastico (risposta B), o sulle emergenze legate all'immigrazione (risposta E).

47 Risposta esatta: A

L'opzione da scegliere è la A, in quanto nel brano si legge che la metà delle associazioni di volontariato, oltre ad essere piuttosto giovane, «*svolge il proprio intervento a livello di quartiere*», con conseguente esclusione, anzitutto, della risposta B, secondo la quale il principale spazio di intervento del volontariato sarebbe invece costituito dalla provincia. Inoltre, non essendoci nel testo alcun riferimento particolare alla collocazione geografica delle associazioni di volontariato, si possono tranquillamente escludere le opzioni D ed E, secondo le quali la metà delle associazioni in oggetto opererebbe, rispettivamente, nelle città del Sud (opzione D) e in quelle del Nord (opzione E).

48 Risposta esatta: E

Poiché dal brano si evince che, sul piano nazionale, «*il volontariato si sviluppa soprattutto nelle province caratterizzate da una generica condizione di benessere*» (o in quelle che già dispongono di un'efficiente rete di servizi), la risposta esatta è necessariamente la E, con conseguente esclusione, quindi, anzitutto dell'opzione A, che fa invece riferimento alle province degradate. Inoltre, siccome anche in questo caso non compare alcuna precisazione geografica relativamente alle aree in cui il volontariato si sarebbe maggiormente sviluppato a livello nazionale, si devono scartare anche la risposta B (che fa riferimento al Sud) e la risposta D (che fa invece riferimento al Nord).

49 Risposta esatta: A

La risposta esatta è la A, poiché nel brano si afferma esplicitamente che «*I destinatari maggiori del volontariato sono gli anziani*», ai quali poi si aggiungono anche gli immigrati, i senza fissa dimora, nonché le famiglie in difficoltà (che vanno distinte, a loro volta, dalle famiglie numerose a cui fa riferimento la risposta D). Non compare alcun riferimento, quindi, né ai portatori di handicap (opzione B), né tanto meno agli orfani (opzione E).

50 Risposta esatta: D

Si inizia a parlare di globalizzazione circa 30 anni fa, quando alcuni oggetti che oggi fanno parte della nostra quotidianità, come i telefoni cellulari o Internet non esistevano nemmeno. Ne consegue che la risposta *A* è assolutamente da scartare. Anche le risposte *B* e *C* sono errate poiché nel brano non si fa alcun riferimento alla diffusione del termine prima negli Stati Uniti e poi altrove, e inoltre viene sottolineato come i flussi migratori dai paesi in via di sviluppo ai paesi industrializzati abbiano contribuito ad accelerare l'incontro tra stili di vita differenti.

51 Risposta esatta: D

Nel brano si afferma che lo sviluppo della tecnologia registrato in questi ultimi anni ha modificato i nostri stili di vita contribuendo a ridurre le differenze culturali. Da ciò risulta evidente che le risposte *A* e *B* sono errate. Anche la risposta *C* è da scartare in quanto la maggiore velocità e il minor costo dei mezzi di trasporto hanno favorito le collaborazioni tra università e centri di ricerca.

52 Risposta esatta: C

La diffusione di Internet ha consentito a chiunque di accedere alle stesse informazioni, coprendo distanze notevoli.

53 Risposta esatta: D

Lo sviluppo delle nuove tecnologie ha favorito la diffusione degli stessi stili di vita, e ha incoraggiato i viaggi turistici e culturali, mentre i flussi migratori dai paesi in via di sviluppo ai paesi industrializzati ha facilitato l'incontro tra culture diverse. Ne consegue che le risposte *A*, *B* e *C* sono tutte non valide.

54 Risposta esatta: A

La globalizzazione ha attenuato le differenze tra popoli e culture differenti, diffondendo gli stessi modelli comportamentali e gli stessi stili di vita.

55 Risposta esatta: C

La terza alternativa è corretta come si evince dal primo capoverso, dove si ribadisce che le case private erano sede dell'assemblea religiosa già nel I secolo come è provato dai passi delle lettere di San Paolo, in cui si salutano, fra gli altri, coloro nelle cui case si raduna «la chiesa».

56 Risposta esatta: D

Nel secondo capoverso viene data una definizione di collegi funeratici ovvero associazioni ammesse dalla legge che si occupavano della distribuzione dei terreni destinati ad essere cimiteri cristiani.

57 Risposta esatta: D

Il brano è evidentemente di natura storica ma la formulazione della domanda è ambigua: «non possiamo non asserire che...» ovvero «possiamo asserire che...».

58 Risposta esatta: A

Nella parte finale del testo troviamo una serie di definizioni tecniche delle parti costituenti le catacombe, tra queste c'è anche quella di tricore.

59 Risposta esatta: D

L'unica alternativa corretta è la quarta; infatti, anche se le risposte *B* e *C* sono affermazioni vere, non possono essere evinte dalla semplice lettura del testo.

60 Risposta esatta: C

Una famiglia francese di quattro persone, con un unico reddito di 25mila euro paga un'imposta di 52 euro. Se invece il reddito è di 50mila euro all'anno l'imposta è pari a 2.500 euro.

61 Risposta esatta: C

Per una famiglia italiana di quattro persone, di cui tre a carico, con un redito di 50mila euro l'aliquota Irpef è superiore al 26%, mentre in Gran Bretagna è pari al 17,9%.

62 **Risposta esatta: B**

Una famiglia italiana di quattro persone, di cui tre a carico, con un reddito di 25mila euro annui paga 1.725 euro di tasse. Nel brano si afferma che la pressione fiscale su una famiglia di questo tipo nel nostro paese è inferiore rispetto a Gran Bretagna, Austria e Spagna, ma superiore rispetto alla Germania, dove lo stesso nucleo familiare con un identico reddito annuo paga meno di 700 euro di tasse, e alla Francia dove l'imposta è di 52 euro.

63 **Risposta esatta: A**

Se si considera un reddito annuo di 25mila euro per una famiglia di quattro persone, di cui tre a carico, la pressione fiscale è più alta in Italia che in Gran Bretagna, ma se si considera un reddito di 50mila euro «i ruoli si invertono».

64 **Risposta esatta: D**

In Italia esistono notevoli difformità di prelievo tra single e nuclei familiari: i primi, infatti, a 25mila euro, pagano il 20% di aliquota media, i secondi il 7%.

65 **Risposta esatta: C**

Chiave di lettura: lo evinci dal passo in cui si dice: «**La spesa nazionale costituisce un'ulteriore misura del reddito complessivo prodotto da una nazione**; questa infatti rappresenta l'acquisto da parte dei consumatori dei beni e servizi prodotti dalla nazione in un determinato arco di tempo».

66 **Risposta esatta: B**

Chiave di lettura: lo evinci dal passo in cui si dice: «... **ciò che le famiglie potranno acquistare sarà pari al reddito percepito** (spesa = reddito) mentre il reddito percepito sarà pari al contributo fornito alla produzione di beni e servizi (reddito = produzione)».

67 **Risposta esatta: D**

Chiave di lettura: lo evinci dal passo in cui si dice: «**Le statistiche del reddito nazionale sono elaborate calcolando il valore complessivo della produzione**, attribuendo un valore monetario ai beni e servizi, al fine di renderli sommabili tra loro e fornire così un quadro sintetico della ricchezza nazionale».

68 **Risposta esatta: C**

Chiave di lettura: lo evinci dal passo in cui si dice: «beni e servizi prodotti dalla nazione in un determinato arco di tempo».

69 **Risposta esatta: E**

Chiave di lettura: le risposte A, B, C e D sono sbagliate.

70 **Risposta esatta: B**

Chiave di lettura: lo evinci dal passo in cui si dice: «La Costituzione repubblicana, per quanto non potesse riprodurre un privilegio di questo genere, ...», oltre che dal contenuto dell'art. 90 della Costituzione.

71 **Risposta esatta: A**

Chiave di lettura: lo evinci dal passo in cui si dice: «Il presidente della Repubblica non è responsabile degli atti compiuti nell'esercizio delle sue funzioni, tranne che per alto tradimento o per **attentato alla Costituzione**».

72 **Risposta esatta: B**

Chiave di lettura: lo evinci dal passo in cui si dice: «Esso presuppone una intesa con potenze straniere per pregiudicare gli interessi nazionali o, addirittura, per sovvertire l'ordinamento costituzionale».

73 **Risposta esatta: C**

Chiave di lettura: lo evinci dal passo in cui si dice: «Deve, invece, ritenersi attentato alla Costituzione ogni comportamento doloso diretto a sovvertire le istituzioni costituzionali o a violare la Costituzione».

74 **Risposta esatta: E**

Chiave di lettura: le risposte A, B, C e D sono sbagliate. Lo evinci dal passo in cui si dice: «Relativamente ai reati compiuti al di fuori dell'esercizio delle sue funzioni, *il Capo dello Stato risponde (ed è perciò imputabile) al pari di qualsiasi altro cittadino*. Tuttavia, onde evitare che il Capo dello Stato sia il possibile oggetto di incriminazioni politicamente strumentalizzate, nel silenzio della Costituzione, la dottrina ritiene che *non si possa procedere contro di lui finché resti in carica*».

75 Risposta esatta: E

Chiave di lettura: la risposta A è sbagliata perché la proprietà non è il diritto di godere pienamente delle cose, ma è il diritto di godere delle cose entro i limiti stabiliti dall'ordinamento giuridico; per ragioni analoghe, si può considerare sbagliata anche la risposta D; le risposte B e C sono sbagliate perché la proprietà è un diritto disciplinato dall'art. 832 del codice civile.

76 Risposta esatta: D

Chiave di lettura: lo evinci dal passo in cui si dice: «Accanto alla facoltà di godere sta la facoltà di disporre, che si esercita sia trasferendo ad altri la proprietà della cosa, sia concedendone ad altri il godimento (a titolo gratuito o a titolo oneroso).

77 Risposta esatta: B

Chiave di lettura: lo evinci dal passo in cui si dice: «Caratteristica della proprietà è il modo pieno ed esclusivo con il quale il godimento e la disponibilità della cosa sono assicurati al proprietario»; la risposta A è sbagliata perché «in modo pieno significa che il proprietario può fare tutto della sua cosa (**nei limiti del lecito**)».

78 Risposta esatta: C

Chiave di lettura: lo evinci dal passo in cui si dice: «Altri caratteri della proprietà sono: ...; la perpetuità, poiché non possono esistere limiti temporali alla proprietà».

79 Risposta esatta: D

Chiave di lettura: lo evinci dal passo in cui si dice: «La proprietà non è, tuttavia, un diritto illimitato, poiché la sua pienezza ed esclusività trovano tutela entro i limiti e con l'osservanza degli obblighi stabiliti dall'ordinamento giuridico».

80 Risposta esatta: C

Chiave di lettura: lo evinci dal passo in cui si dice: «Il Fondo per l'ambiente italiano (FAI) è una fondazione privata senza scopo di lucro».

81 Risposta esatta: B

Chiave di lettura: lo evinci dal passo in cui si dice: «... il Fondo riceve per donazione o eredità i beni che possiede, li restaura, li apre il pubblico e consente a tutti di goderne».

82 Risposta esatta: E

Chiave di lettura: le risposte A, B, C e D sono tutte sbagliate o incomplete. Lo evinci dal passo in cui si dice: «Vive grazie all'aiuto di 45.000 aderenti, di un gruppo particolarmente benemerito, "I 200 del FAI", degli sponsor che di volta in volta legano il proprio nome alle diverse iniziative e di tutti coloro che con donazioni o lasciti lo sostengono nel tempo».

83 Risposta esatta: A

Chiave di lettura: lo evinci dal passo in cui si dice: «Ogni anno, il FAI propone una serie di eventi: manifestazioni, concerti, conferenze, feste».

84 Risposta esatta: C

Chiave di lettura: lo evinci dal passo in cui si dice: «Tali incontri sono organizzati nelle sue proprietà o in quelle città in cui è presente una delegazione della fondazione, normalmente costituita da operatori volontari, molto attivi in **oltre sessanta città** d'Italia».

85 Risposta esatta: D

Chiave di lettura: lo evinci dal passo in cui si dice: «Un aumento dei prezzi limitato, contenuto nel tempo e poco rilevante non allarma gli economisti, che lo ritengono un effetto normale dell'intensificarsi degli scambi e dell'**aumento dei consumi**».

86 Risposta esatta: C

Chiave di lettura: lo evinci dal passo in cui si dice: «se i prezzi aumentano troppo, i consumatori si trovano costretti a ridurre la quantità delle merci acquistate o a rimandare nel tempo gli acquisti. Questo fa sì che una parte della merce rimanga invenduta».

87 Risposta esatta: A

Chiave di lettura: Nell'ultima frase del brano si dice che per evitare che accada quanto riportato in precedenza (cioè che l'eccessivo aumento dei prezzi, determini un aumento della merce invenduta, a cui segue una diminuzione della produzione e il licenziamento di alcune unità lavorative) lo stato mette in atto politiche per contenere l'inflazione.

88 **Risposta esatta: E**

Chiave di lettura: le risposte dalla A) alla D) non sono contemplate all'interno del brano.

89 **Risposta esatta: B**

Chiave di lettura: si evince dal periodo: «I produttori, quindi, diminuiscono la produzione, e ciò provoca effetti a catena: tale iniziativa implica, infatti, la riduzione del numero delle persone occupate nell'impresa e comporta dei licenziamenti; minore produzione vuol dire diminuzione della quantità di materie prime acquistate, quindi anche altre imprese che forniscono le materie prime devono ridurre i costi, licenziando parte del personale; si riducono i trasporti e, di conseguenza, va in crisi anche questo settore. Tale situazione si ripercuote sull'intero sistema economico».

90 **Risposta esatta: B**

Chiave di lettura: lo evinci dal passo in cui si dice: «Si ha merchandising allorquando un **marchio celebre**, che abbia rinomanza sul mercato in relazione ad una determinata categoria di prodotti o servizi, venga concesso in uso a terzi per contraddistinguere prodotti di tutt'altro genere».

91 **Risposta esatta: C**

Chiave di lettura: lo evinci dal passo in cui si dice: «Nella pratica contrattuale, comunque, vengono comunemente riservati al concedente controlli rivolti ad impedire la collocazione sul mercato di prodotti di qualità scadente».

92 **Risposta esatta: D**

Chiave di lettura: lo evinci dal passo in cui si dice: «... il marchio celebre, più che ad identificare i prodotti di un dato imprenditore, tende a diventare "il segno che contraddistingue il prestigio, lo stile e la capacità manageriale dell'imprenditore medesimo"».

93 **Risposta esatta: B**

Chiave di lettura: lo evinci dal passo in cui si dice: «vengono ricondotti al merchandising anche quei contratti con i quali il creatore di un personaggio di fantasia della letteratura, del cinema o dei fumetti concede — dietro corrispettivo — che quel personaggio, o **l'immagine grafica che lo rappresenta**, venga usato come marchio di prodotti altrui».

94 **Risposta esatta: D**

Chiave di lettura: lo evinci dal passo in cui si dice: «vengono ricondotti al merchandising anche quei contratti con i quali il creatore di un **personaggio di fantasia** della letteratura, del cinema o dei fumetti concede — dietro corrispettivo — che quel personaggio, o l'immagine grafica che lo rappresenta, venga usato come marchio di prodotti altrui».

95 **Risposta esatta: C**

Chiave di lettura: lo evinci dal passo in cui si dice: «portando così a termine un'idea istituzionale nata nell'ambito della Conferenza di Bretton Woods, ma mai decollata» e poi ancora «Per far ciò occorreva creare quell'organismo previsto dall'accordo sottoscritto dall'Avana nel 1948, ma mai entrato in vigore».

96 **Risposta esatta: B**

Chiave di lettura: lo evinci dal passo in cui si dice: «Lo scopo non era quello di disconoscere i risultati conseguiti in questi anni dal GATT, ma di "istituzionalizzare" questa organizzazione, ossia darle una precisa veste giuridica».

97 **Risposta esatta: A**

Chiave di lettura: lo evinci dal passo in cui si dice: «La WTO ha il compito essenziale di favorire l'attuazione, l'amministrazione e il funzionamento degli accordi commerciali multilaterali, di perseguire gli obiettivi e fungere da "quadro per l'attuazione ed il funzionamento degli accordi stessi"».

98 **Risposta esatta: B**

Chiave di lettura: lo evinci dal passo in cui si dice: «La WTO, inoltre, amministra il meccanismo di esame delle politiche commerciali e l'intesa sulle **norme** e sulle procedure **che disciplinano la risoluzione delle controversie**».

99 **Risposta esatta: E**

Chiave di lettura: le risposte A, B, C e D sono sbagliate. Lo evinci dal passo in cui si dice: «Per rendere più coerente la determinazione delle politiche economiche a livello globale, la WTO può cooperare con il Fondo Monetario Internazionale, con la Banca Internazionale per la Ricostruzione e lo sviluppo e con le agenzie ad essa affiliate».

100 Risposta esatta: A

Chiave di lettura: lo evinci dal passo in cui si dice: «Lo scambio di beni e servizi può avvenire sia all'interno di un sistema economico nazionale (commercio interno) sia tra operatori che appartengono a paesi diversi (commercio internazionale)».

101 Risposta esatta: C

Chiave di lettura: lo evinci dal passo in cui si dice: «Il mercato interno è caratterizzato da un'alta mobilità dei fattori produttivi ...».

102 Risposta esatta: D

Chiave di lettura: lo evinci dal passo in cui si dice: «Nel mercato internazionale ... per quanto riguarda il lavoro, esistono ragioni politiche, di lingua, di abitudini e di attaccamento al proprio paese, che frenano l'emigrazione e disincentivano la circolazione dei lavoratori ...».

103 Risposta esatta: B

Chiave di lettura: lo evinci dal passo in cui si dice: «La difficoltà di circolazione di capitali, lavoro e capacità organizzativa da una località ad un'altra riduce e rallenta il livellamento dei saggi di salario, profitto e d'interesse nell'intero sistema economico».

104 Risposta esatta: E

Chiave di lettura: le risposte A, B, C e D sono sbagliate. Lo evinci dal passo in cui si dice: «Sorge, allora, la convenienza (sulla base dei differenti costi di produzione) per ciascun paese di scambiare beni di produzione nazionale aventi un basso costo con beni di altri paesi che, se fossero prodotti all'interno, costerebbero di più».

105 Risposta esatta: B

Da una rapida lettura del brano si può facilmente individuare la risposta esatta: oggetto del brano sono, infatti, le varie ipotesi su possibili cause dell'obesità infantile.
Si ricorda che su questo stesso brano sono presenti più quesiti (si vedano quiz successivi). Un consiglio per velocizzare la soluzione di questi brani ripetuti: se si ricorda il contenuto del brano perché si è avuto modo di incontrarlo già, andate subito a leggere la domanda posta alla fine: in questo modo sarà più veloce capire cosa nel quesito viene richiesto e quindi individuare la risposta corretta.

106 Risposta esatta: D

Se ci si limita a prendere in considerazione solo le informazioni contenute nel brano la risposta esatta è facilmente rintracciabile.
Attenzione a non cadere nell'errore di far riferimento a proprie conoscenze pregresse: nel brano non si accenna né «alla ricchezza dei Paesi occidentali», né «alla tendenza alla passività presente nei bambini» né tanto meno «all'incapacità dei bambini di percepire il senso di sazietà» che pure sono in generale considerate cause di obesità infantile, almeno nel sentire comune.
La risposta «alla tendenza della passività presente nei bambini» va poi scartata perché travisa il senso del brano: nel brano l'espressione «tendenza alla passività» non è riferita «ai bambini» (ovvero ai bambini nella loro interezza) ma è circoscritta al «bambino obeso».

107 Risposta esatta: D

Per rispondere correttamente alla domanda bisogna far riferimento a questo capoverso «l'obesità infantile si può far risalire alla relazione precoce madre-bambino, all'inadeguatezza della prima a discriminare correttamente i bisogni del piccolo, all'offerta di cibo come risposta indifferenziata ai segnali di disagio che egli esprime».
Le altre risposte sono subdole perché tutte presentano elementi che possono trarre in inganno chi dovesse procedere ad una lettura veloce. O chi facesse inconsciamente ricorso a conoscenze personali che però non sono citate in alcun modo nel brano.

108 Risposta esatta: D

L'autore del brano sottolinea, anche ricorrendo a proverbi e alla cd. saggezza popolare, come sia importante sottolineare le cose che si hanno in comune con l'interlocutore, per suscitare simpatia e quindi ascolto.
Le altre risposte pur facendo riferimento a concetti richiamati nel brano non sono esatte perché:

1) L'autore non dice letteralmente di iniziare ogni frase con l'espressione «anch'io», ma solo di ricorrere alla tecnica «dell'anch'io».
2) L'autore non dice di parlare in modo appassionato, ma di parlare in modo piano e normale, senza indulgere in toni enfatici.

3) L'autore suggerisce di parlare di se stessi in modo piano, ma non sicuramente «anche annoiando».

Anche su questo brano sono presenti più quesiti (si vedano i successivi). Un consiglio per velocizzare la soluzione di questi brani ripetuti: se si ricorda il contenuto del brano perché si è avuto modo di incontrarlo già, andate subito a leggere la domanda posta alla fine: in questo modo sarà più facile capire cosa nel quesito viene richiesto e quindi individuare la risposta corretta.

109 Risposta esatta: D

Il brano ha per oggetto non l'amicizia, ma il modo di parlare di se stessi cercando di attirare l'interesse e le simpatie dell'interlocutore. Attenzione alla risposta «No, l'autore ritiene solo che sia indispensabile studiare il proprio interlocutore e calarsi nei suoi panni»: «solo» con questa tecnica è possibile instaurare una vera comunicazione «che potrebbe trarre in inganno». Questa risposta fa riferimento al «calarsi nei panni dell'interlocutore» che pure è oggetto di trattazione nel brano, ma questo è «solo uno» (e non il «solo») strumento citato dall'autore per spiegare il modo migliore per parlare di se stessi.

110 Risposta esatta: D

Scopo del brano è sicuramente quello indicare il modo migliore per parlare di se stessi. Le altre risposte pur facendo riferimento a concetti richiamati nel brano non sono esatte perché:

1) L'autore non vuole «convincere il lettore a non parlare di se stessi « ma semplicemente ad evitare di cadere nell'eccesso di parlare» troppo» di se stessi
2) Non è «spiegato» in nessuna parte del brano che la cosa più piacevole sia ascoltare. Tutto il brano è focalizzato sul «modo migliore di parlare di se stessi»
3) L'autore ricorre sì a qualche proverbio ma come è evidente lo scopo del brano non è dimostrare che i proverbi forniscono i migliori consigli.

111 Risposta esatta: D

Il quesito non presenta eccessive difficoltà in quanto la sua soluzione è rintracciabile nelle prime righe del brano lì dove si dice «Nel rivolgerci al nostro interlocutore, se da un lato è utile ascoltare chi ci parla, anche se ci annoia, dall'altro è ancora meglio evitare di parlare troppo di noi stessi, di quanto siamo bravi o di quanto siamo sfortunati, a meno che non ci venga richiesto».

Attenzione alla risposta «sia indispensabile non parlare di se stessi se si vuole catturare l'attenzione di chi ascolta»: l'autore non ritiene che non si debba parlare di se stessi (se si vuole catturare l'attenzione di chi ascolta) ma afferma che è meglio evitare di parlare troppo di se stessi.

112 Risposta esatta: D

La risposta esatta è rintracciabile in questo passo del brano: «In realtà le due argomentazioni, a favore sia della tesi sia dell'antitesi, si innestano sullo stesso ragionamento. Entrambe si fondano sull'assunto inespresso che il tempo continui a ritroso per sempre...».

Questo stesso passo esclude automaticamente la risposta in cui si dice «sull'assunto implicito che il tempo NON possa scorrere a ritroso per sempre» che è l'esatta negazione di quanto detto nel brano, ma che da una lettura veloce dello stesso potrebbe sembrare corretta.

Le altre due soluzioni proposte sono invece evidentemente errate.

Il brano comunque presenta notevoli elementi di difficoltà dovuti anche alla complessità e all'astrattezza dell'argomento trattato.

113 Risposta esatta: C

La risposta esatta è rintracciabile in questa parte del brano: «Quando la maggior parte delle persone credeva in un universo essenzialmente statico o immutabile, il problema se esso avesse o no avuto un inizio era in realtà una questione di competenza della metafisica o della teologia». Il brano presenta notevoli elementi di difficoltà dovuti anche alla complessità e astrattezza dell'argomento trattato.

114 Risposta esatta: B

Il brano presenta notevoli elementi di difficoltà dovuti alla complessità e all'astrattezza dell'argomento trattato.

Si legga con attenzione la domanda finale «Secondo quanto riportato nel brano, per Immanuel Kant il fatto che NON si possa ammettere che ci sia un periodo di tempo infinito prima di ogni evento è un argomento a favore della tesi che l'universo».

Il punto centrale del brano è nelle due argomentazioni antinomiche esposte da Kant:

1) la tesi che l'universo avesse avuto un inizio nel tempo
2) l'antitesi che esso esistesse da sempre

Il quesito che stiamo analizzando fa riferimento alla tesi. E nel brano si dice che l'argomento di Kant «a favore della tesi era che, se l'universo non avesse avuto un inizio, ci sarebbe stato un periodo di tempo infinito prima di ogni evento, cosa che egli considerava assurda». In altre parole dal momento che è assurdo che prima di ogni evento ci sia un periodo di tempo infinito, l'universo deve per forza avere avuto un inizio nel tempo.

115 Risposta esatta: A

Il brano presenta notevoli elementi di difficoltà dovuti alla complessità e all'astrattezza dell'argomento trattato, ma in questo caso per la formulazione della domanda finale la soluzione è facilmente rintracciabile. Basta scorrere il testo e individuare il nome di sant'Agostino che peraltro è citato nel brano solo una volta.

La risposta esatta è rintracciabile facendo riferimento a questo passo del brano che dice «sant'Agostino [...] che disse invece che il tempo era una proprietà dell'universo creato da Dio e che quindi, prima dell'inizio dell'universo, il tempo non esisteva».

116 Risposta esatta: D

Pur essendo il brano alquanto complesso da leggere, perchè ricco di informazioni con date, nomi stranieri ed eventi, la soluzione del quesito è molto facile e inequivocabile.

Che il termine algebra sia di origine araba è rintracciabile nell'ultimo periodo del brano «L'arabo Muhammad ibn Al-Khwarizimi intorno all'810 scrisse anche un libro di matematica coniando un termine che in italiano divenne "algebra"».

Le altre risposte (sbagliate) sono facilmente scartabili.

117 Risposta esatta: B

Pur essendo il brano alquanto complesso da leggere, perché ricco di informazioni con date, nomi stranieri ed eventi, la soluzione del quesito è molto facile e inequivocabile. Basta leggere con attenzione il primo periodo dove si dice che «Nozione matematica di primaria importanza, i numeri furono introdotti, più o meno consapevolmente, fin dall'antichità al fine di ...». Attenzione però alle altre risposte (sbagliate) che potrebbero trarre in inganno dal momento che fanno riferimento comunque a concetti richiamati nel testo, seppure con formule diverse da quelle espresse in queste risposte: la domanda fa riferimento alla «nozione di numero» non alla sua funzione.

118 Risposta esatta: C

Pur essendo il brano alquanto complesso da leggere, perché ricco di informazioni con date, nomi stranieri ed eventi, la soluzione del quesito è abbastanza semplice.

La risposta alla domanda si trova in questo periodo posto nella prima metà del brano: «La numerazione posizionale attuale, con nove cifre e lo zero, è stata elaborata in India intorno al V secolo d.C., ...». Le altre risposte possono creare qualche insidia perché fanno riferimento a date o informazioni pur citate nel brano.

Per individuare velocemente la risposta, basta scorrere velocemente il testo cercando la locuzione «nove cifre e lo zero» (che compare nel brano solo una volta) per scoprire che vicino ad essa compare la definizione di numerazione posizionale.

119 Risposta esatta: C

Il brano è particolarmente facile e la bellissima prosa dell'Ortese, chiara e scorrevolissima, per cui sarà molto veloce individuare senza dubbi la risposta esatta. Le altre risposte sono inoltre evidentemente errate.

Si ricorda che su questo stesso brano è presente un altro quesito. Un consiglio per velocizzare la soluzione di questi brani ripetuti: se si ricorda il contenuto del brano perché si è avuto modo di incontrarlo già, andate subito a leggere la domanda posta alla fine: in questo modo sarà più facile capire cosa nel quesito viene richiesto e quindi individuare la risposta corretta.

120 Risposta esatta: A

Il quesito è semplice, in quanto le tre opzioni sbagliate sono evidentemente errate (oltre che di per se stesse improbabili). Per cui la risposta esatta «nessuna delle altre risposte è corretta» sarà facilmente individuabile.

121 Risposta esatta: A

Il quesito pur relativo ad un brano dalla lettura semplice e scorrevole, presenta alcune insidiosità dal momento che la risposta segnalata come esatta non ha corrispondenza testuale nel brano. La risposta esatta si evince da questo passo in cui si parla degli sguardi del bambino: «i suoi sguardi, fino allora ridenti e incerti, acquistano un'interiorità, manifestano un pensiero e annunciano quasi la capacità di un distacco da coloro che lo hanno generato». Le altre risposte (errate) richiamano testualmente anche se in maniera difforme e quindi non corretta, alcuni passaggi del brano («gli sguardi sono ridenti e incerti», «mostrano interiorità ...», ecc.), per cui attenzione perché possono trarre in inganno.

122 Risposta esatta: A

Pur essendo il brano molto chiaro, la soluzione in questo caso non è immediata dal momento che essa non è desumibile dal brano: la perdita della spensieratezza del bambino che cresce è implicita negli sguardi che «acquistano una interiorità, manifestano un pensiero», così come la perdita dell'inconsapevolezza si verifica quando «uno sconosciuto "io" compare in quella carne ...».

123 Risposta esatta: A

Anche in questo caso può essere utile applicare la regola che consiglia di leggere la domanda finale ancora prima di leggere il brano. La domanda finale fa riferimento, in questo caso, ad aumenti medi del 4,3%.
Scorriamo velocemente il brano alla ricerca della cifra 4,3% che compare in questo passo centrale «La causa è il «sensibile» innalzamento dei prezzi alla produzione ... e dei costi di trasporto che, sugli scaffali dei supermercati, si sono tradotti in aumenti medi del 4,3%.

124 Risposta esatta: B

Anche in questo caso può essere utile applicare la regola che consiglia di leggere la domanda finale ancora prima di leggere il brano. La domanda finale fa riferimento, in questo caso, al fatturato della Grande distribuzione organizzata (Gdo)». Basta scorrere il testo e rintracciare nel brano la parola (Gdo) per trovare subito questo passo in qui è contenuta la soluzione: «L'effetto combinato dell'incremento dei prezzi e del calo delle vendite ha determinato un rallentamento della dinamica del fatturato della Grande distribuzione organizzata (Gdo)».

125 Risposta esatta: A

La risposta al quesito non è immediata in quanto deve essere estrapolata da una serie di elementi contenuti in parti diverse del brano. Si deve in primo luogo tener conto dell'incipit «La dieta mediterranea è sempre più minacciata dall'inflazione ...». Dal passo che dice «... alcuni prodotti di base della nostra alimentazione, come pasta, mozzarella, burro, olio di semi e pelati per la salsa di pomodoro, tutti con aumenti a due cifre». Si può dedurre che l'aumento del prezzo di questi prodotti è una minaccia per la stessa sopravvivenza della dieta mediterranea.
Si deve però ricorrere alle proprie cognizioni personali per poter risolvere il quesito: se non si sa che alla base della dieta mediterranea vi sono alimenti come pasta, mozzarella e pomodori, il quesito diventa di difficile soluzione. Ma si dà per scontato che un italiano conosca la «propria dieta»!
Le altre risposte seppure citate nel brano non sono però pertinenti con la domanda «l'autore nomina proprio la dieta mediterranea perché ...».

126 Risposta esatta: A

Se si parte dalla domanda il brano è facilmente risolvibile. Questa chiede di quanto sono aumentati i prezzi di beni quali la pasta, la mozzarella o i pomodori pelati.
Rintracciando questi beni nel brano si individua il seguente passo: «alcuni prodotti di base della nostra alimentazione, come pasta, mozzarella, burro, olio di semi e pelati per la salsa di pomodoro, tutti con aumenti a due cifre». L'unica risposta che contempla un aumento a due cifre è «di almeno il 10%».

127 Risposta esatta: B

La risposta al quesito si trova in questo passo centrale del brano «I problemi dell'azienda USA sono iniziati con il lancio, rivelatosi fallimentare, del sistema di telefoni satellitari Iridium ...», passo facilmente rintracciabile con una rapida scorsa delle righe dal momento che la parola «Iridium» compare solo una volta nel brano.

128 Risposta esatta: A

Il brano presenta qualche difficoltà in quanto è ricco di informazioni e dati difficilmente memorizzabili.

Si ricorda che su questo stesso brano sono presenti più quesiti. Un consiglio per velocizzare la soluzione di questi brani ripetuti è sempre, come abbiamo già più volte detto, quello di andare subito a leggere la domanda posta alla fine: in questo modo normalmente è più facile capire cosa nel quesito viene richiesto e quindi individuare la risposta corretta. In questo caso però questo criterio non è applicabile dal momento che la domanda finale quasi non esiste e si completa con le 4 opzioni di risposta («La Motorola ...»).

Inoltre le opzioni di risposta sono formulate in maniera insidiosa: nel brano e nelle risposte si danno cifre percentuali per indicare il mercato detenuto da Motorola e Nokia, ma in alcuni casi queste cifre devono essere desunte.

Risolutivo per il quesito è questo passo centrale del brano «Due anni fa Nokia (che al momento detiene il 30% del mercato globale) ha superato il colosso americano ed è diventata numero uno mondiale dei telefonini. Motorola è adesso seconda, con il 13%, tallonata dalla svedese Ericsson». Motorola ha quindi sicuramente meno del 30% del mercato globale, sicuramente non «è il maggior produttore mondiale di telefoni cellulari» e non «ha una quota di mercato molto superiore a quella della Ericsson» (nel brano si dice che Motorola è tallonata dalla Ericsson).

129 Risposta esatta: C

Il brano presenta, come abbiamo visto, qualche difficoltà in quanto è ricco di informazioni e dati difficilmente memorizzabili. Ma la domanda finale («L'insieme dei licenziamenti di cui parla l'articolo rappresenta circa:») fa riferimento a un dato facilmente individuabile nel testo: basta scorrerlo alla ricerca di parole chiave come «licenziamento», «licenziare» o «forza lavoro» per imbattersi dopo poche righe in questo passo «licenziare 2.500 dipendenti, che rappresentano circa il 2% della forza lavoro totale» che individua la risposta corretta.

Le altre risposte possono essere scartate abbastanza velocemente in quanto in nessuna parte del brano si riportano dati come «metà», «un quarto» o «il 4%».

130 Risposta esatta: D

Il quesito presenta notevoli insidie non tanto per la difficoltà del brano ricco di informazioni e dati, quanto piuttosto perché le risposte possono trovare tutte una collocazione indiretta all'interno del brano e quindi potrebbero trarre in inganno o creare confusione.

In questi casi la cosa più semplice da fare è memorizzare la risposta esatta («il taglio di posti di lavoro in Motorola è presumibilmente dovuto anche alla diminuzione degli ordini nel settore»): la memorizzazione di questo quesito non dovrebbe essere un grosso problema dal momento che esistono solo pochi quiz su questo stesso brano.

11 Ragionamento astratto e abilità visive

Spesso nei concorsi vengono proposti quiz in cui l'unica abilità richiesta è quella di prestare la massima *attenzione*. Si può trattare, ad esempio, di sequenze di caratteri tra i quali individuare una determinata stringa, oppure di figure contenenti piccolissime differenze, o ancora si richiede di individuare quale stringa presenti un maggior numero di ripetizioni di un determinato carattere.

Lo scopo di questi quiz è quello di testare il grado di concentrazione e di attenzione dei concorrenti in condizioni di stress.

Per poter procedere al meglio, sarà opportuno concentrarsi su gruppi di elementi alla volta, in modo da passare ad esaminare i successivi senza possibilità di errore.

Esempio n. 1
Quale, tra quelle riportate di seguito, non riproduce con esattezza la seguente sequenza?

▽▲▼△▼▲▽▲▼△
◆◇◆◇◆◆◇◇◇◆
○●●○○○●○●●

A)
▽▲▼△▼▲▽▲▼△
◆◇◆◇◆◆◇◇◇◆
○●●○○○●○●●

B)
▽▲▼△▼▲▽▲▼△
◆◇◆◇◆◆◇◇◇◆
○●●○○○●○●●

C)
▽▲▼△▼▲▽▲▼△
◆◇◆◇◆◆◇◇◇◆
○●●○○○●○●●

D)
▽▲▼△▼▲▽▲▼△
◆◇◆◇◆◇◆◇◇◆
○●●○○○●○●●

E)
▽▲▼△▼▲▽▲▼△
◆◇◆◇◆◆◇◇◇◆
○●●○○○●○●●

In un esercizio di questo tipo la difficoltà è amplificata dal fatto di dover individuare la sequenza differente da quella data. Converrà confrontare gruppi di simboli in modo da individuare la stringa con le differenze. Per rapidità si potranno *confrontare le cinque risposte tra loro a gruppi di due*: si può partire, per esempio con il confronto tra la risposta a) e la b). Si verificherà che le tre sequenze di ciascuna di queste risposte sono perfettamente identiche. Si potrà passare, quindi, al confronto tra la c) e la d): in questo modo qualora non ci fossero differenze se ne evincerà che queste saranno presenti nella risposta e). In ogni caso con al massimo due confronti si sarà pervenuti alla risoluzione. Dalla verifica si noterà che la seconda riga della risposta **D** presenta una differenza rispetto al riferimento rappresentata dall'inversione del sesto e settimo elemento:

◆◇◆◇◆◆◇◇◇◆
◆◇◆◇◆◇◆◇◇◆

Esempio n. 2
Individuare, tra le alternative proposte, quella che contiene un'inesattezza rispetto a quanto indicato nel testo:

Salvazio Salvatore, M, 023658B, RIF. 112233
Gasparro Gaspare, M, 02569L, RIF. 223344
Siltaci Silvia, F, 03964P, RIF. 334455
Erbivio Ernesto, M, 09685Z, RIF. 445566
Domenica Domenico, M, 01478B, RIF. 556677

A) Salvazio Salvatore, M, 023658B, RIF. 112233
B) Gasparro Gaspare, M, 02569L, RIF. 223344
C) Siltaci Silvia, F, 03964P, RIF. 334455
D) Erbivio Ernesto, M, 09685Z, RIF. 445566
E) Domenica Domenico, M, 0147B8, RIF. 556677

Questo test non presenta sequenze cicliche ripetute o simboli appartenenti ad un'unica classe e la presenza di nomi, cifre e codici rende meno immediato il confronto con le stringhe di riferimento. Confrontando le sequenze si rileva un'inversione del codice 01478B in 0147B8 nell'ultima stringa. Risposta esatta: **E**

Esempio n. 3
Individuare quale, tra le alternative di seguito riportate, è identica alla seguente sequenza:

5S55SSS5S55SS

A) 5S55SSS5S55S5
B) 5S55S5S5S55SS
C) 5S55SSS5S55SS
D) 5S55SSS5S5SSS
E) S555SSS5S55SS

Per semplificare la risoluzione è conveniente eliminare coppie o terne di valori confrontando la sequenza di riferimento con quelle nelle risposte in modo da scartare l'alternativa alla prima differenza:

Riferimento:	5S5 5SS S5S 55SS
A)	5S5 5SS S5S 55**S5**
B)	5S5 5S**5** S5S 55SS
C)	5S5 5SS S5S 55SS
D)	5S5 5SS S5S 5**S**SS
E)	**S5**5 5SS S5S 55SS

Confrontando le sequenze a gruppi, si individuano delle differenze rispetto al riferimento in maniera più rapida. L'unica sequenza che è perfettamente uguale al riferimento è la terza **C**.

Esempio n. 4
Indicare la sequenza che presenta un maggior numero di V:

A) VUUVVVUUVVUVUV
B) VUVVUUVVVUUVVU
C) VUUVVUUVVVVUVU
D) VUVVUVVUUVVVUV
E) UUVUUVVUVUVVVV

In un quiz di questo genere conviene operare in contemporanea su tutte le risposte. A partire dalla prima è opportuno cancellare la prima V in tutte le alternative proposte:

~~V~~UUVVVUUVVUVUV
~~V~~UVVUUVVVUUVVU
~~V~~UUVVUUVVVVUVU
~~V~~UVVUVVUUVVVUV
UU~~V~~UUVVUVUVVVV

Si passerà, quindi a cancellare la seconda V che si incontra in ciascuna sequenza:

~~V~~UU~~V~~VVUUVVUVUV
~~V~~U~~V~~VUUVVVUUVVU
~~V~~UU~~V~~VUUVVVVUVU
~~V~~U~~V~~VUVVUUVVVUV
UU~~V~~UU~~V~~VUVUVVVV

Proseguendo di seguito si arriverà ad ottenere una sequenza con una o più V non eliminate:

~~V~~UU~~VVV~~UU~~VV~~U~~V~~U~~V~~
~~V~~U~~VV~~UU~~VVV~~UU~~VV~~U
~~V~~UU~~VV~~UU~~VVVV~~U~~V~~U
~~V~~U~~VV~~U~~VV~~UU~~VVV~~UV
UU~~V~~UU~~VV~~U~~V~~U~~VVVV~~

La sequenza con una V libera è la quarta. C'è da notare come, spesso, le sequenze che vengono proposte presentano dei caratteri molto simili tra loro, proprio per aumentare il grado di difficoltà nell'individuazione della sequenza corretta.

Test di verifica

1 **Se "duecentosei" vale "11" e "c d e e e i n o s t u" allora "cinquecentocinquantatremila" vale "..?.." e "..?..".**

A) "28" e "a a a c c c c e e i i i l m n n n n o q q r t t t u u"
B) "28" e "a a a c c c e e e i i l l m n n n n o q q r t t t u u"
C) "29" e "a a a c c c e e e i i i l m n n n n o q q r t t t u u"
D) "27" e "a a a c c c e e e i i i l m n n n n o q q r t t t u u"
E) "28" e "a a a c c c e e e i i i l m n n n n o q q r t t t u u"

2 **In quale, tra le seguenti sequenze di cifre, è presente, almeno una volta, la seguente stringa numerica "15061798"?**

A) 1506178981506797871251016091871988106619871506989717898981769198
B) 1506178981506798988719787125101609187198810661987150698971789898
C) 1506981715067981560179817815061798915067915069815061789516006157
D) 1506981715067506179981560179817891506791506981506178951600615748
E) 0617987981509815067981789150687150678015061715069817981789150671

3 **Completare la sequenza:**

AB 2 1 – CD 4 3 – EF 6 5 – GH 8 7 – ..?..

A) LI 9 10
B) 10 9 IL
C) LI 10 9
D) IL 10 9
E) IL 9 10

4 **Se la sequenza è "pari dispari pari", quale gruppo di numeri è corretto?**

A) 278498272652294478256312858498
B) 458292476412898256432894852674
C) 678232132458678294816452894836
D) 832458274896218472452892634428
E) 876456234812255876234658294456

5 **Se la sequenza è "pari dispari pari", quale gruppo di numeri è corretto?**

A) 856418237458251478692436872452
B) 478236896252418472124856238498
C) 678896453254214678876455432892
D) 458896252476216632858492812438
E) 256692134654989254634856852452

6 **In quale riga è presente la seguente sequenza: ABCABCABCABC?**

A) ABCABBCABCABCBABCABBCABCCABACABCABCACBC
B) BCABABCABBCABCABCBABCABBCACABCABCABACAB
C) ABCABBCABCABCBABCABBCABCABCABCABCABACAB.
D) ABCACBCABCABCBABCABCABCAABCABCCABCABCAB
E) ABCABCABCAABCBABCABCABCABACABCABBCABCAB

7 **Se D = 4, P = 14, allora ? = ?**

A) R = 15
B) V = 19
C) P = 13
D) V = 20
E) T = 7

8 **Trovare il numero mancante:**
5432 - 5423 ; 1693 - 1639 ; 6519 - ...

A) 5196
B) 1596
C) 9561
D) 5911
E) 6591

9 **Se "IMBASATE" corrisponde a "37256549" allora "METABASI" corrisponde a:**

A) 97452563
B) 74952563
C) 79425563
D) 79452653
E) 79452563

10 **Se "DEH=11", "CITASSE=23" e "NUMERATORE=32" allora:**

A) "CONTRASTABILE=39"
B) "CONTRASTABILE=42"
C) "CONTRASTABILE=41"
D) "CONTRASTABILE=40"
E) "CONTRASTABILE=43"

11 **In quale, tra le seguenti sequenze di cifre, è presente, almeno una volta, la seguente stringa numerica "9511236"?**

A) 7849561951123652165483692584
B) 3217412789456245795123574562
C) 9875234963214785225899632145
D) 1278945624579512357456232174
E) 7849561951165216548369258442

12 **In quale sequenza di lettere le "N" sono più numerose delle "P"?**

A) NALGNLPLPGPA
B) MENJENAPMEPJ
C) NFXJPFNPJFPX
D) NFXJNFNPJFPX
E) NFXJLFEPJFPX

13 **Se L = 10, Q = 15, allora ? = ?**

A) Z = 26
B) Z = 21
C) Z = 17
D) Z = 18
E) Z = 20

14 **Se "centosei" vale "8" e "c e e i n o s t" allora "ottocentosettantamila" vale "..?.." e "..?..".**

A) "20" e "a a a c e e i l m n n o o o s t t t t t t"
B) "21" e "a a a c e i i l m n n o o o s t t t t t t"
C) "21" e "a a a c e e i l m n n n o o s t t t t t t"
D) "22" e "a a a c e e i l m n n o o o s t t t t t t"
E) "21" e "a a a c e e i l m n n o o o s t t t t t t"

15 **La successione "ZXCZXXCC" è uguale a:**

A) ZXCZCXXC
B) ZXCZZXCC
C) ZXCZXCXC
D) ZXCZXXCC
E) ZXCCXXCC

16 **Completare la sequenza: GH 8 7 – IL 10 9 – MN 12 11 – OP 14 13 – ..?..**

A) QR 16 15 – ST 18 17 – UV 20 19
B) QR 16 15 – ST 17 18 – UV 20 19
C) QR 16 15 – TS 18 17 – UV 20 19
D) QR 15 16 – ST 18 17 – UV 20 19
E) QR 16 15 – ST 18 17 – VU 20 19

17 **Se la sequenza è "minuscolo maiuscolo", quale stringa è scritta in modo errato?**

A) "sFdGfWjGhZpGkTjjHiWuKwErY"
B) "oEiTuSoGiZuYeDrGwWeToLgKhT"
C) "nHbGvFcDxSzAqWeReDrFtGfV"
D) "pOkMjUhMnBgVtFrCeDxSwXaZ"
E) "pOpTkYjHsWfGwSeZrHaXdDfW"

18 **In quale sequenza di lettere le "G" sono a pari numero delle "F"?**

A) HGHUGHFUFHFH
B) GUFFUHGUGHUG
C) FUHFUFGUGHUG
D) UHFUFGGUGHUG
E) UFHFUFUGHUGU

19 **La successione "OBBVBBOO" è uguale a:**

A) OBBVBOOB
B) OBBVBVOO
C) OBBVOBBO
D) OBBVBBOO
E) OBVVBBOO

20 **Se B = 2, F = 6, allora ? =?**

A) O = 11
B) O = 16
C) O = 14
D) O = 12
E) O = 13

21 **Individuare il gruppo di numeri che risulti esattamente il contrario della seguente base: 12101521271124322902l957.**

A) 751920923242117215210121
B) 759120292341217212511021
C) 759120922342117122510121
D) 759120922142117212511021
E) 759120922342117212510121

22 **Quale gruppo alfanumerico completa la serie? BV220 – CU319 – ..?.. – ES517.**

A) DT418
B) CV419
C) DT414
D) CV418
E) DT417

23 **Completare la serie: quattordici, 11, tredici, 12 / enne, K, emme, ..?..**

A) Dodici
B) Cappa
C) Elle
D) 10
E) L

24 **Trovare il numero mancante: 551 - 525 ; 558 - 595 ; 227 - 282 ; 884 - ...**

A) 848
B) 858
C) 458
D) 885
E) 588

25 **Completare la sequenza: PRB - ... - BBP - 113 - RPB - 231.**

A) 123
B) 232
C) 213
D) 312
E) 321

26 **Completare la sequenza: PRT - 326 - ... - 663 - RPT - 236.**

A) RRT
B) TRP
C) PPR
D) RTP
E) TTP

27 **Se "DOMASTI" corrisponde a "8275643" allora "MODISTA" corrisponde a:**

A) 7283465
B) 2783645
C) 7283645
D) 7823645
E) 7238645

28 **Trovare il numero mancante: 887 - 888 ; 773 - 477 ; 662 - 366 ; 556 - ...**

A) 675
B) 755
C) 575
D) 557
E) 655

29 **Se la lettera "B" corrisponde a 7, la lettera "A" corrisponde a 4 e la lettera "D" corrisponde a 13, a quale sequenza corrisponde la codifica: DABFE?**

A) 13 - 4 - 7 - 16 - 19
B) 4 - 16 - 19 - 7 - 13
C) 13 - 4 - 19 - 7 - 16
D) 13 - 4 - 7 - 19 - 16
E) 4 - 13 - 7 - 19 - 16

30 **Se "rabbonire" vale "a e i o" allora "proceduralizzazione" vale "..?.. ".**

A) "a a a e i i o o u"
B) "a a e e i o o o u"
C) "a a e e i i o o u"
D) "a a e e i i i o u"
E) "a a e e e i o o u"

31 **Se "DEH=11", "CLAMORE=23" e "COLORABILE=32" allora:**

A) "APOSTROFATO=36"
B) "APOSTROFATO=34"
C) "APOSTROFATO=35"
D) "APOSTROFATO=37"
E) "APOSTROFATO=33"

32 **Completare la sequenza: 4 5 6 ABC – DEF 1 2 3 – 10 11 12 GHI – ..?..**

A) 7 8 9 MNL
B) 7 8 9 LMN
C) LMN 7 8 9
D) LMN 9 8 7
E) LMN 9 7 8

33 **Se "ragazzina" vale "a a a i" allora "reticoloendoteliale" vale "..?..".**

A) "a e e e e i i o o o"
B) "a e e e e i o o o o"
C) "a a e e e i i o o o"
D) "a e e e e i i i o o"
E) "a e e e e e i o o o"

34 **Trovare il numero mancante:**
5432 - 3452 ; 2390 - 9320 ; 2658 - ...

A) 8526
B) 5682
C) 2685
D) 6528
E) 5628

35 **Trovare il numero mancante:**
115 - 611 ; 553 - 455 ; 664 - 566 ; 117 - ...

A) 118
B) 711
C) 822
D) 188
E) 811

36 **Se "duecentonove" vale "12" e "c d e e e n n o o t u v" allora "quattrocentocinquantaduemila" vale "..?.." e "..?..".**

A) "27" e "a a a a c c d e e i i l m n n n o o q q r t t t t u u u"
B) "29" e "a a a a c c d e e i i l m n n n o o q q r t t t t u u u"
C) "28" e "a a a a c c d e e i i l m n n n o o q r r t t t t u u u"
D) "28" e "a a a a c c d e e i i l m n n n o o q q r t t t t u u u"
E) "28" e "a a a a c c d e e i i l m n n n n o q q r t t t t u u u"

37 **Completare la sequenza: IL 10 9 – MN 12 11 – OP 14 13 – QR 16 15 – ..?..**

A) TS 18 17
B) TS 17 18
C) ST 18 17
D) 17 18 ST
E) 18 17 ST

38 **In quale, tra le seguenti sequenze di cifre, è presente, almeno una volta, la seguente stringa numerica "1804983"?**

A) 1804798398931804983983048071
B) 4983983048071180479839893184
C) 9831804236971548480180498128
D) 1804893044983563441804598781
E) 1804180497983989383983048071

39 **Se B = 2, I = 9, allora ? = ?**

A) S = 18
B) S = 20
C) S = 15
D) S = 16
E) S = 17

40 **Se la sequenza è "minuscolo maiuscolo", quale stringa è scritta in modo corretto?**

A) "pOpMkJmUnhbTvRfEdWsQzAxScDvF"
B) "pOkFjSsGfAdZsTfSdXpGkWjGfHdE"
C) "aOpDsEkGfFjGaSpkSsKjUfMaOpUsEkW"
D) "bVtGyHUJiKmNyFtDeSwAzQxRcTnM"
E) "wKoDeGiZrHuJsRpkFdHjKfLwOoU"

41 **Si attribuiscano i seguenti codici di identificazione: V=6, B=4, F=7, C=5. Individuare la sequenza di lettere che corrisponde al numero più grande.**

A) BCFCFVFC
B) BCVFBVCF
C) BCBVFBVC
D) BCFVVBVC
E) BCFFFVCF

42 **In quale riga è presente la seguente sequenza: MGMMMGMMMMMG?**

A) MGMGMMMMGMGMMMGGMMMGMGMGMMGMMMGMGMGM
B) MGMMGGMMMMGMGMMGMMMMGMGMMMGMGMMMGMGM
C) MGMGMMGMMMMMMGMGMMMGGGMMGMGMGMMMMGMG
D) MGMGMMGMMMMMMGMGMMMGMMMMMGMGMGMMMMGMG
E) MGMGMMGMMMMMMGMMMMMMMMMMMMGMGMGMMMMGMG

43 **Quale tra le seguenti righe presenta una discrepanza di almeno 4 errori di battitura tra la colonna di sinistra e quella di destra?**

A) ZmVlwh3iiss - SnVlvk3ijzs
B) Bun89y5R6ws - Bun88y5r6ws
C) P0iyhG117zx - PoiyhG1i7zx
D) AsgzzhkyJbd - AzgsshkyJbd
E) OoopLl9wjjb - Ooqpll9vjjb

44 **Completare la serie: diciotto, 19, venti, 21 / erre, S, ti, ..?..**

A) Esse
B) U
C) Ventuno
D) Ics
E) Vu

45 **Individuare tra le alternative proposte quella che contiene una differenza rispetto alle righe seguenti:**
3267-DXTH-BGJI-WLMF
23SW-4567-SAWQ-CVGH
QARD-3ES4-W5TG-7HND

A) 3267-DXTH-BGJI-WLMF
B) QARD-3ES4-V5TG-7HND
C) QARD-3ES4-W5TG-7HND
D) 23SW-4567-SAWQ-CVGH

46 **Individuare tra le alternative proposte quella che contiene una differenza rispetto alle righe seguenti:**
QASZ-34DF-D5TG-6YSW
4413-1857-BPDX-4291
1214-6789-HFGG-JJKN

A) 1214-6789-HFGG-JJKN
B) QASZ-34DF-D5TG-6YSW
C) 4413-1857-BPDX-4291
D) 4413-1857-BPDY-4291

47 **Individuare tra le alternative proposte quella che contiene una differenza rispetto alle righe seguenti:**
DE45-56TY-45RD-ES34
56TG-FRDE-56TR-7890
23SE-DE5R-3ESW-QAW5

A) DE45-56TY-45RD-ES34
B) 56TG-ERDF-56TR-7890
C) 56TG-FRDE-56TR-7890
D) 23SE-DE5R-3ESW-QAW5

48 **Individuare tra le alternative quella che contiene un'inesattezza rispetto a:**
Passeri Carla, Via Enrico Martini 6/A, Crema (CR)
Carbone Daniela, Piazza Roma 16, Isola Di Capo Rizzuto (KR)
Oppido Antonio, Via Saffo 17, Crotone (KR)

A) Oppido Antonio, Via Saffo 17, Crotone (KR)
B) Passeri Carla, Via Enrico Martini 6/A, Crema (CR)
C) Carbone Daniela, Piazza Roma 16, Isola Di Capo Rizzuto (KR)
D) Carbone Daniela, Piazza Roma 16, Isola Di Capo Rizzuto (CR)

49 **Individuare tra le alternative quella che contiene un'inesattezza rispetto a:**
Pini Laura, Via Tubi 12, Lecco (LC)
Mina Giuliano, Via C.L. Prisco 16, Castellammare Di Stabia (NA)
Destino M. Antonietta, Via G. Leopardi 36, Mesagne (BR)

A) Destino M. Antonietta, Via G. Leopardi 36, Mesagne (BR)
B) Pini Laura, Via Tubi 12, Lecco (LC)
C) Mina Giuliano, Via C.L. Prisco 16, Castellammare Di Stabia (NA)
D) Destino M. Antonietta, Via G. Leopardi 36, Mesagne (BG)

50 **Individuare tra le alternative quella che contiene un'inesattezza rispetto a:**
Resmini Nicola, Via Manzoni 3, Lurano (BG)
Gianneramo Camilla, Via Guglielmo Marconi 8, L'Aquila (AQ)
Lutz Barbara, Via Guncina 25/A, Bolzano (BZ)

A) Resmini Nicola, Via Manzoni 3, Lurano (BG)
B) Lutz Barbara, Via Guncina 25/A, Bolzano (BZ)
C) Remini Nicola, Via Manzoni 3, Lurano (BG)
D) Gianneramo Camilla, Via Guglielmo Marconi 8, L'Aquila (AQ)

51 **Individuare tra le alternative quella che contiene un'inesattezza rispetto a:**
Runggaldier Silvia, Via Nives 26, Selva Val Gardena (BZ)
Santoboni Danilo, Via Delle Orfane 2, Trento (TN)
Serano Luca, Via G. Verdi 4, Chieti (CH)

A) Santoboni Danilo, Via Delle Orfane 2, Trento (TN)
B) Runggaldier Silvia, Via Nives 26, Selva Val Gardena (BZ)
C) Runggalldier Silvia, Via Nives 26, Selva Val Gardena (BZ)
D) Serano Luca, Via G. Verdi 4, Chieti (CH)

52 **Individuare l'alternativa che riporta una successione di elementi identica alla sequenza BPBPBBBPBBPPB.**

A) BPBPBPBPBBPPB
B) BPBPBBBPBBPPB
C) BBBPBBBPBBPPB
D) BPBPBBPPBBPPB

53 **Individuare l'alternativa che contiene una sequenza di elementi identica alla sequenza seguente: HTTHHHTTHT.**

A) HTTHTHTTHT
B) HTTHHTHTHT
C) HTTHHHTHT
D) HTTHHHTTHT

54 **Indicare in quale delle seguenti alternative la lettera P è presente il maggior numero di volte.**

A) PCPBPBPPPPBBPPQP
B) PCPBPBPPPPPBPPQP
C) PCPBPBBPPPQBPPQP
D) PPQPPBPBPPPQPPPBP

55 **Indicare in quale delle seguenti alternative la lettera B è presente un numero maggiore di volte rispetto alla lettera O.**

A) BOBBBOOOBOOO
B) BOBOBOOBBOBOBB
C) OBOBOBOOOBOBBB
D) OOBOOBOBOOBOBB

56 **Individuare l'alternativa che riporta una successione di elementi in ordine inverso rispetto alla sequenza KLKLKKLK.**

A) KLKKKLLK
B) KLKKLKLK
C) LLKKLKLK
D) KLKLKKLK

57 **Indicare in quale delle seguenti alternative è presente una sola volta il gruppo di lettere «KLVD» (esattamente come riportato tra virgolette).**

A) KKLVDDVLKLVDLVDOXD
B) KJKLVDLKLVDFLMKDFOXD
C) KJKFKLKLLVDFLMKDFOXD
D) KJKLFKLKLVDFLMKDFOXD

58 **Quale delle seguenti alternative contiene una lettera ripetuta esattamente cinque volte?**

A) WWLRRLWLWRLR
B) NMTTTMNMMNNT
C) TTYVTYVTVVYT
D) MTQQQTMTTMMQ

59 **Se dalla sequenza «GAAPAVERFREPEAPEPPSI» si escludessero le lettere dei termini «PAPERE» e «PAPAVERI» si otterrebbero le lettere:**

A) GPSFAE
B) PTAEFG
C) FAGPAE
D) PEPSFE

60 **Individuare l'alternativa che riporta una successione di elementi in ordine inverso rispetto alla sequenza OIOIOOIO.**

A) OIOOIOIO
B) OIOIIOIO
C) OIOOOIOI
D) OIOIOOIO

61 **Quale delle seguenti alternative contiene una lettera ripetuta esattamente cinque volte?**

A) nessuna delle altre alternative è corretta
B) XXGAAXGAAXAAXG
C) JHZZHSZSSHHZ
D) JVCCVVJJVCJC

62 **Indicare in quale delle seguenti alternative viene rispettata la regola di alternanza «vocale-consonante».**

A) opapekatuqpekat
B) opapekataupekat
C) opapekatapekatppekat
D) opapekatapekatupekat

63 **Individuare l'alternativa che riporta una successione di elementi in ordine inverso rispetto alla sequenza OWOWOOWO.**

A) OWOOOWWO
B) OWOOWOWO
C) OWOWOWOO
D) OWOWOOWO

64 **Individuare l'alternativa che contiene una sequenza di elementi identica alla sequenza seguente: SZZSSZSSZZ.**

A) SZSSZZSSZZ
B) SZZSZZSSZZ
C) SZZSSZSSSZZ
D) SZZSSZSSZZ

65 **Data la sequenza QWERTYWWERTtrewqqzerty, individuare l'alternativa che la riproduce fedelmente se inserita al posto dei puntini nella seguente: QWERTY...qzerty**

A) WWERtrewq
B) WEWRTtrewq
C) WWERTtrewq
D) ERTWWtrewq

66 **Data la sequenza ASDFGHDGGHHttjjpghjkl, individuare l'alternativa che la riproduce fedelmente se inserita al posto dei puntini nella seguente: ASDFGH...ghjkl**

A) GHHDGjjptt
B) DGGHHttjjp
C) GHHDGttjjp
D) DGHjjHDGpp

67 **Data la sequenza PPLLHGTFXFGTTrtftuvvgghtf, individuare l'alternativa che la riproduce fedelmente se inserita al posto dei puntini nella seguente: PPLLHGTF...vvgghtf**

A) XFGTTrtftu
B) XFGTrtfftu
C) XFGTTtftuu
D) FGTTrtfftu

68 **Indicare in quale delle seguenti alternative la lettera V è presente un numero maggiore di volte.**

A) VAAVAARVVAAVAVAV
B) VAAVVARVVAAVAVAV
C) VAAVVVVAARAVAVAR
D) VVVAAVAVVAVAAARR

69 **Indicare in quale delle seguenti alternative la lettera K è presente un numero maggiore di volte rispetto alla lettera W.**

A) KWKWKKKWWKWKKW
B) WWKWKKWWWKKWKW
C) WWWKWKWKKWWKKK
D) KWKWWKWWWKKKW

70 **Indicare in quale delle seguenti alternative la lettera T è presente un numero maggiore di volte.**

A) TEETEEFTTEETETET
B) TEETTTTEEFETETEF
C) FTTEETTETEETETET
D) TTTEETETTETEEEFF

71 **Indicare in quale delle seguenti alternative la lettera A è presente un numero maggiore di volte.**

A) AVVAVVTAAVVAVAVA
B) AAAVVAVAAVAVVVTT
C) AVVAAAAVVTVAVAVT
D) AVVAAVTAAVVAVAVA

72 **Indicare in quale delle seguenti alternative è presente una sola volta il gruppo di lettere «mkml» (esattamente come riportato tra virgolette).**

A) wesdrfkmmlrfdygffgbv
B) wesdrfmkmlrfdygffgbv
C) wesdrfmkmmrfdygffgbv
D) wesdrfmmmkrfdygffgbv

73 **Indicare in quale delle seguenti alternative è presente una sola volta il gruppo di lettere «kklm» (esattamente come riportato tra virgolette).**

A) dfgtrekklmszdwrdfdgfg
B) dfgtreklkmszdwrdfdgfg
C) dfgtrekkldszdwrdfdgfg
D) dfgtreldkkszdwrdfdgfg

74 **Indicare in quale delle seguenti alternative è presente una sola volta il gruppo di lettere «dfwa» (esattamente come riportato tra virgolette).**

A) edtgjkxcfvhnjvcfxs
B) dfwaxcfvdfwahnjvcfxs
C) jkdfwaresdfwaoklmjnf
D) edtgjkdfwahnjvcfxs

75 **L'obiettivo del quesito è quello di individuare la sequenza corretta sulla base di una serie di indizi forniti. Per ogni sequenza errata viene indicato se sono presenti caratteri BP (numero di caratteri corretti nella posizione corretta, ovvero «ben piazzati») o MP (numero di caratteri corretti, ma nella posizione sbagliata, ovvero «mal piazzati»).**

WOTT: 1 BP / 1 MP
WTMB: 2 BP / 1 MP
WOOB: 1 BP
MTTT: 3 BP

A) WTTM
B) MTTW
C) MTTB
D) WTTT

76 **L'obiettivo del quesito è quello di individuare la sequenza corretta sulla base di una serie di indizi forniti. Per ogni sequenza errata viene indicato se sono presenti caratteri BP (numero di caratteri corretti nella posizione corretta, ovvero «ben piazzati») o MP (numero di caratteri corretti, ma nella posizione sbagliata, ovvero «mal piazzati»).**

7355: 1 BP / 1 MP
7541: 2 BP / 1 MP
7331: 1 BP
4555: 3 BP

A) 7554
B) 4557
C) 4551
D) 7555

77 **L'obiettivo del quesito è quello di individuare la sequenza corretta sulla base di una serie di indizi forniti. Per ogni sequenza errata viene indicato se sono presenti caratteri BP (numero di caratteri corretti nella posizione corretta, ovvero «ben piazzati») o MP (numero di caratteri corretti, ma nella posizione sbagliata, ovvero «mal piazzati»).**

1234: 1 BP / 2 MP
3201: 1 BP / 1 MP
2430: 1 BP / 2 MP
2543: 3 BP

A) 3543
B) 2243
C) 2043
D) 1543

78 **L'obiettivo del quesito è quello di individuare la sequenza corretta sulla base di una serie di indizi forniti. Per ogni sequenza errata viene indicato se sono presenti caratteri BP (numero di caratteri corretti nella posizione corretta, ovvero «ben piazzati») o MP (numero di caratteri corretti, ma nella posizione sbagliata, ovvero «mal piazzati»).**

ZYEE: 1 BP / 1 MP
ZEKB: 2 BP / 1 MP
ZYYB: 1 BP
KEEE: 3 B

A) KEEB
B) ZEEK
C) ZEEE
D) KEEZ

Soluzioni

1 Risposta esatta: D

Il numero associato alla parola corrisponde al numero delle lettere che compongono la parola stessa mentre la sequenza di lettere sono le stesse lettere della parola ma messe in ordine alfabetico. Quindi alla parola **cinquecentocinquantatremila** corrisponde il numero **27** e la sequenza di lettere è la seguente: **a a a c c c e e e i i i l m n n n n o q q r t t t u u**.

2 Risposta esatta: C

Nella opzione di risposta C è presente la stringa di numeri: 15061798
150698171506798156017981781**5061798**915
067915069815061789516006157

3 Risposta esatta: D

I gruppi di lettere sono in progressione e i numeri sono invertiti a coppia. Quindi dopo il gruppo GH segue il gruppo IL e dopo la coppia 8 7 segue la coppia 10 9.

4 Risposta esatta: B

La sequenza "pari dispari pari" è verificata nella opzione di risposta B:
458 | 292 | 476 | 412 | 898 | 256 | 432 | 894 | 852 | 674.

5 Risposta esatta: D

La sequenza "pari dispari pari" è verificata nella opzione di risposta D:
458 | 896 | 252 | 476 | 216 | 632 | 858 | 492 | 812 | 438.

6 Risposta esatta: C

Nella opzione di risposta C è presente la sequenza di lettere: **ABCABCABCABC**
ABCABBCABCABCBABCABBC**ABCABCABCABC**ABACAB.

7 Risposta esatta: D

Alle lettere proposte nel quesito è associato il numero che indica la posizione della lettera stessa nell'alfabeto: alla D è associato il numero 4 perché è la quarta lettera dell'alfabeto, alla P il numero 14 perché è la quattordicesima lettera dell'alfabeto. Tra le opzioni di risposta solo la D è corretta, in quanto la lettera V corrisponde alla ventesima lettera dell'alfabeto.

8 Risposta esatta: E

In tutte le coppie di numeri proposte dal quesito si verifica che le prime due cifre sono fisse mentre le terze e le quarte sono invertite. Quindi il numero che manca nella serie è **6591**.

9 Risposta esatta: E

Ad ogni lettera della parola IMBASATE corrisponde una cifra del numero associato 37256549. Ciò significa che alla lettera I corrisponde il numero 3, alla lettera M corrisponde il numero 7 e così via. Se si considera la parola **METABASI**, che altro non è che l'anagramma della prima, associando alla singola lettera il numero corrispondente si ottiene **79452563**.

10 Risposta esatta: C

Ad ogni parola è associato un numero ottenuto dal numero di lettere di ciascuna parola (× 3) +2. La parola DEH è composta da 3 lettere, da cui: 3 × 3 +2 = 11; la parola NUMERATORE è composta da 10 lettere, da cui: 10 × 3 +2 = 32. Tra le opzioni quella che risponde al criterio è CONTRASTABILE=13 × 3 +2 = 41.

11 Risposta esatta: A

Nella opzione di risposta A è presente la stringa di numeri: 9511236
7849561**9511236**52165483692584

12 Risposta esatta: D

Nella opzione D le N sono 3 e le P sono 2.

13 Risposta esatta: B

Alle lettere proposte nel quesito è associato il numero che indica la posizione della lettera stessa nell'alfabeto: alla L è associato il numero 10 perché è la decima lettera dell'alfabeto, alla Q il numero 15 perché è la quindicesima lettera dell'alfabeto. Tra le opzioni di risposta solo la B è corretta, in quanto la lettera Z corrisponde alla ventunesima lettera dell'alfabeto.

14 Risposta esatta: E

Il numero associato alla parola corrisponde al numero delle lettere che compongono la parola stessa mentre la sequenza di lettere sono le stesse lettere della parola ma messe in ordine alfabetico. Quindi alla parola **ottocentosettantamila** corrisponde il numero **21** e la sequenza di lettere è la seguente: **a a a c e e i l m n n o o o s t t t t t t**.

15 Risposta esatta: D

16 Risposta esatta: A

I gruppi di lettere sono in progressione e i numeri sono invertiti a coppia. Quindi dopo il gruppo OP seguono il gruppo QR e dopo la coppia 14 13 segue la coppia 16 15, il gruppo ST seguito dalla coppia di numeri 18 17 e il gruppo UV seguito dalla coppia 20 19.

17 Risposta esatta: A

La stringa errata è la seguente: sF | dGfW | jG | hZ | pG | kT | **jj** | Hi | Wu | Kw | Er | Y.

18 Risposta esatta: C

Nella opzione C le F sono 3 e le G sono 3.

19 Risposta esatta: D

20 Risposta esatta: E

Alle lettere proposte nel quesito è associato il numero che indica la posizione della lettera stessa nell'alfabeto: alla B è associato il numero 2 perché è la seconda lettera dell'alfabeto, alla F il numero 6 perché è la sesta lettera dell'alfabeto. Tra le opzioni di risposta solo la E è corretta, in quanto la lettera O corrisponde alla tredicesima lettera dell'alfabeto.

21 Risposta esatta: E

22 Risposta esatta: A

Il criterio che lega le lettere ai numeri è che il numero corrisponde alla posizione delle due lettere nell'alfabeto: esempio B → 2 e V → 20, da cui BV220, inoltre la serie considera la prima lettere in ordine crescente e la seconda lettera in ordine decrescente. Quindi dopo la C c'è la D e prima della U c'è la T, da cui il gruppo di lettere che manca nella serie è DT e il numero associato è 418.

23 Risposta esatta: E

Il criterio che lega la serie proposta è: nella prima quaterna a posti alterni si hanno due numeri scritti a lettera in ordine sequenziale decrescente e due numeri scritti a cifre in ordine progressivo crescente; nella seconda quaterna a posti alterni si hanno due lettere scritte per esteso in ordine sequenziale decrescente e due lettere singole in ordine progressivo crescente, quindi dopo la K segue la L.

24 Risposta esatta: B

In tutte le coppie di numeri proposte dal quesito si verifica che la seconda cifra del primo numero diventa la terza del secondo numero e la seconda cifra del secondo numero diventa la terza cifra del primo numero +1. Quindi 884 → 858.

25 Risposta esatta: E

Ad ogni lettera è assegnato un numero: alla B → 1; alla P → 3; alla R → 2. Quindi al gruppo di lettere PRB corrisponderà il numero 321.

26 Risposta esatta: E

Ad ogni lettera è assegnato un numero: alla P → 3; alla R → 2; alla T → 6. Quindi al numero 663 corrisponde il gruppo di lettere TTP.

27 Risposta esatta: C

Ad ogni lettera della parola DOMASTI corrisponde una cifra del numero associato 8275643. Ciò significa che alla lettera D corrisponde il numero 8, alla lettera O corrisponde il numero 2 e così via. Se si considera la parola **MODISTA**, che altro non è che l'anagramma della prima, associando alla singola lettera il numero corrispondente si ottiene **7283645**.

28 Risposta esatta: B

In tutte le coppie di numeri proposte dal quesito si verifica che la prima e la seconda cifra del primo numero diventano la seconda e la terza del secondo numero e la terza cifra del primo numero diventa la prima cifra del secondo numero +1. Quindi 556 → 755.

29 Risposta esatta: D

Se alla lettera B → 7; alla A → 4; alla D → 13, significa che ad ogni lettera successiva alla A è associato il numero della lettera precedente + 3. Quindi alla lettera B → 4 + 3 = 7, alla C → 7 + 3 = 10, alla D → 10 + 3 = 13, alla E → 13 + 3 = 16, alla F → 16 + 3 = 19. Da cui la serie di numeri che corrisponde alla parola DABFE è **13 - 4 - 7 - 19 - 16**.

30 **Risposta esatta: C**

A ciascuna parola corrisponde la serie delle vocali, in ordine crescente contenute nella parola stessa: quindi se a **rabbonire → a e i o**, a **proceduralizzazione → a a e e i i o o u**.

31 **Risposta esatta: C**

Ad ogni parola è associato un numero ottenuto dal numero di lettere di ciascuna parola (× 3) +2. La parola DEH è composta da 3 lettere, da cui: 3 × 3 +2 = 11; la parola COLORABILE è composta da 10 lettere, da cui: 10 × 3 +2 = 32. Tra le opzioni quella che risponde al criterio è APOSTROFATO=11 × 3 +2 = 35.

32 **Risposta esatta: C**

Le prime tre cifre indicano la posizione nell'alfabeto delle lettere del secondo gruppo, mentre le cifre del secondo gruppo indicano la posizione nell'alfabeto del primo gruppo di lettere e così via. Quindi 10 11 12 si riferiscono alle lettere **LMN** e **7 8 9** alle lettere GHI.

33 **Risposta esatta: A**

A ciascuna parola corrisponde la serie delle vocali, in ordine crescente contenute nella parola stessa: quindi se a **ragazzina → a a a i**, a **reticoloendoteliale → a e e e e i i o o o**.

34 **Risposta esatta: E**

In tutte le coppie di numeri proposte dal quesito si verifica che la prima e la seconda cifra del primo numero diventano rispettivamente la terza e la seconda del secondo numero e la terza del primo numero diventa la prima del secondo numero. Quindi 2658 → 5628.

35 **Risposta esatta: E**

In tutte le coppie di numeri proposte dal quesito si verifica che la prima e la seconda cifra del primo numero diventano la seconda e la terza del secondo numero e la terza cifra del primo numero diventa la prima cifra del secondo numero +1. Quindi 117 → 811.

36 **Risposta esatta: D**

Il numero associato alla parola corrisponde al numero delle lettere che compongono la parola stessa mentre la sequenza di lettere rappresenta le stesse lettere della parola ma messe in ordine alfabetico. Quindi alla parola **quattrocentocinquantaduemila** corrisponde il numero **28** e la sequenza di lettere è la seguente: **a a a a c c d e e i i l m n n n o o q q r t t t t u u u**.

37 **Risposta esatta: C**

Le coppie di lettere della serie sono in ordine crescente. Le coppie di numeri indicano la posizione del proprio gruppo di lettere anche se in ordine decrescente: I L → 10 9, quindi le coppie mancanti sono ST → 18 17.

38 **Risposta esatta: A**

Nella opzione di risposta A è presente la stringa di numeri: 1804983
18047983989318**04983**983048071

39 **Risposta esatta: E**

Alle lettere proposte nel quesito è associato il numero che indica la posizione della lettera stessa nell'alfabeto: alla B è associato il numero 2 perché è la seconda lettera dell'alfabeto, alla I il numero 9 perché è la nona lettera dell'alfabeto. Tra le opzioni di risposta solo la E è corretta, in quanto la lettera S corrisponde alla diciassettesima lettera dell'alfabeto.

40 **Risposta esatta: B**

La stringa corretta è la seguente: **pO | kF | jS | sG | fA | dZ | sT | fS | dX | pG | kW | jG | fH | dE**.

41 **Risposta esatta: E**

Se alla lettera V → 6; alla B → 4; alla F → 7, alla C → 5 sostituendo i valori numerici alle lettere di ciascuna opzione di risposta si osserverà che la sequenza di lettere che corrisponde al numero più grande è BCFFFVCF → 45777657.

42 **Risposta esatta: D**

Nella opzione di risposta D è presente la sequenza di lettere: **MGMMMGMMMMMG**
MGMGMMGMMMMMG**MGMMMGMMMMMG**M
GMGMMMMGMG.

43 **Risposta esatta: A**

Nell'opzione di risposta A risultano 6 errori di battitura tra la prima e la seconda colonna.

44 **Risposta esatta: B**

Il criterio che lega la serie proposta è: nella prima quaterna si susseguono i numeri 18, 19, 20 e 21 solo che c'è alternanza di lettere e cifre; nella seconda quaterna si susseguono le lettere R, S, T solo che c'è alternanza di lettere scritte per esteso e lettere dell'alfabeto. La seconda quaterna si completa, quindi, con la lettera **U**.

45 **Risposta esatta: B**

46 **Risposta esatta: D**

47 **Risposta esatta: B**

48 **Risposta esatta: D**

49 **Risposta esatta: D**

50 **Risposta esatta: C**

51 **Risposta esatta: C**

52 **Risposta esatta: B**

53 **Risposta esatta: D**

54 **Risposta esatta: D**

55 **Risposta esatta: B**

56 **Risposta esatta: B**

57 **Risposta esatta: D**

58 **Risposta esatta: C**

59 **Risposta esatta: A**

60 **Risposta esatta: A**

61 **Risposta esatta: B**

62 **Risposta esatta: D**

63 **Risposta esatta: B**

64 **Risposta esatta: D**

65 **Risposta esatta: C**

66 **Risposta esatta: B**

67 **Risposta esatta: A**

68 **Risposta esatta: B**

69 **Risposta esatta: A**

70 **Risposta esatta: C**

71 **Risposta esatta: D**

72 **Risposta esatta: B**

73 **Risposta esatta: A**

74 **Risposta esatta: D**

75 **Risposta esatta: C**

76 **Risposta esatta: C**

Il quesito fornisce i dati seguenti:
7355: 1 BP / 1 MP
7541: 2 BP / 1 MP
7331: 1 BP
4555: 3 BP
Il modo più sicuro per giungere alla risposta esatta, anche se non il più veloce, è quello di confrontare ogni risposta con i dati forniti.
Iniziando dalla A, confrontiamo 4557 con il primo dato, ovvero con 7355.
Osserviamo la prima cifra dei due numeri (4 in un caso e 7 nell'altro): è diversa.
Osserviamo la seconda cifra dei due numeri (5 in un caso e 3 nell'altro): è diversa.
Osserviamo la terza cifra dei due numeri (5 in un caso e 5 nell'altro): è UGUALE, questa è una cifra BP.
Osserviamo la quarta cifra dei due numeri (7 in un caso e 5 nell'altro): è diversa.
Da questa analisi capiamo che i due numeri hanno 1 cifra ben posta (ovvero hanno 1 cifra uguale posta nella stessa posizione): accanto a 7355 è scritto «1 BP», ma è scritto anche 1 MP, ovvero i due numeri oltre alla cifra ben posta individuata in precedenza, dovrebbero avere anche 1 cifra mal posta. I due numeri, oltre al 5 in terza posizione (ovvero oltre alla cifra ben posta), hanno anche in comune un altro 5 e un 7, posti in posizioni diverse nei due numeri; quindi hanno 2 cifre mal poste, e non una sola come indicato accanto a 7355. Quindi la risposta «4557» va scartata.
Procediamo con la risposta, 7554, iniziando a confrontarla con il primo dato, 7355.
Osserviamo la prima cifra dei due numeri (7 in un caso e 7 nell'altro): è uguale (quindi questa è una cifra ben posta).

Osserviamo la seconda cifra dei due numeri (5 in un caso e 3 nell'altro): è diversa.
Osserviamo la terza cifra dei due numeri (5 in un caso e 5 nell'altro): è uguale (quindi questa è una cifra ben posta).
Osserviamo la quarta cifra dei due numeri (4 in un caso e 5 nell'altro): è diversa.
Dall'analisi effettuata noti che ci sono 2BP e non una sola come indicato accanto a 7355. Questa è la ragione che deve indurci a scartare la risposta «7554».
Procediamo con la risposta seguente, ovvero con 4551, confrontandola con tutti i dati forniti: ci renderemo conto che questa risposta soddisfa tutte le indicazioni fornite. Questa è la risposta corretta.

77 Risposta esatta: B

Il quesito fornisce i dati seguenti:
1234: 1 BP / 2 MP
3201: 1 BP / 1 MP
2430: 1 BP / 2 MP
2543: 3 BP
Le risposte sono:
A 3543
B 1543
C 2243
D 2043
Il modo più sicuro per giungere alla risposta esatta, anche se non il più veloce, è quello di confrontare ogni risposta con i dati forniti.
Iniziando dalla A, confrontiamo 3543 con il primo dato, ovvero con 1234.
Osserviamo la prima cifra dei due numeri (3 in un caso e 1 nell'altro): è diversa.
Osserviamo la seconda cifra dei due numeri (5 in un caso e 2 nell'altro): è diversa.
Osserviamo la terza cifra dei due numeri (4 in un caso e 3 nell'altro): è diversa.
Osserva la quarta cifra dei due numeri (3 in un caso e 4 nell'altro): è diversa.
Da questa analisi capiamo che i due numeri non hanno cifre BP (ovvero non hanno cifre uguali poste nella stessa posizione), mentre accanto a 1234 è scritto «1 BP», ovvero doveva esserci una cifra BP. Per questo motivo, non essendoci cifre BP in 3543, non è questa la risposta esatta.
Procediamo con la risposta, 1543, iniziando a confrontarla con il primo dato, 1234.
Osserviamo la prima cifra dei due numeri (1 in un caso e 1 nell'altro): è uguale (quindi questa è una cifra ben posta).
Osserviamo la seconda cifra dei due numeri (5 in un caso e 2 nell'altro): è diversa.
Osserviamo la terza cifra dei due numeri (4 in un caso e 3 nell'altro): è diversa.
Osserviamo la quarta cifra dei due numeri (3 in un caso e 4 nell'altro): è diversa.
Dall'analisi effettuata ci ritroviamo con l'indicazione «1BP»; inoltre, 1543 e 1234, oltre all'1, hanno in comune due cifre, ovvero il 3 e il 4, posti, però, in posizioni differenti (ad esempio, il 3 è la quarta cifra in 1543, mentre è la terza cifra in 1234): avendo due cifre in comune, ma collocate in posizioni diverse, possiamo dire che questi due numeri hanno 2MP, ovvero 2 cifre mal poste. Anche questa indicazione è corretta perché a fianco a 1234 è riportato anche 2MP.
Procediamo con l'analisi della risposta 1543, confrontandola con il secondo dato, ovvero con 3201.
Osserviamo la prima cifra dei due numeri (1 in un caso e 3 nell'altro): è diversa.
Osserviamo la seconda cifra dei due numeri (5 in un caso e 2 nell'altro): è diversa.
Osserviamo la terza cifra dei due numeri (4 in un caso e 0 nell'altro): è diversa.
Osserviamo la quarta cifra dei due numeri (3 in un caso e 1 nell'altro): è diversa.
Quindi, questi due numeri non hanno cifre ben poste, mentre a fianco a 3201 è riportata la dizione «1BP» ovvero la risposta corretta deve avere una cifra ben posta rispetto al numero 3201. Concludiamo che anche la risposta 1543 va scartata.
Procediamo con la risposta seguente, ovvero con 2243, confrontandola con tutti i dati a disposizione: ci renderemo conto che questa risposta soddisfa le indicazioni fornite. Questa è la risposta corretta.

78 Risposta esatta: A

Iniziamo a confrontare la risposta ZEEK con i dati forniti: confrontando ZEEK con ZYEE osserviamo che la Z è in prima posizione in entrambi i gruppi, quindi la Z è ben posta (quindi 1 BP); poi la terza lettera di entrambi i gruppi è una E, quindi c'è un'altra lettera ben posta, ovvero le lettere ben poste sarebbero 2, ma a fianco ZYEE c'è scritto 1 BP e non 2 BP. Questa considerazione deve indurci a scartare la risposta «ZEEK».

Procediamo analogamente con la risposta ZEEE confrontandola con i dati del problema, ovvero confrontiamo ZEEE con il primo dato, ZYEE. In questo caso le lettere ben poste sarebbero tre, ovvero la Z che è presente in prima posizione in entrambi i gruppi, poi in terza e in quarta posizione in entrambi i gruppi è presente la E, quindi altre due lettere ben poste. Però, ancora una volta, a fianco ZYEE è scritto 1BP e non 3 BP. Quindi sicuramente anche la risposta ZEEE è sbagliata.

Procediamo con la risposta KEEZ: confrontiamola con il primo dato, ovvero con ZYEE. Osserviamo che la terza lettera di entrambi i gruppi è una E, quindi c'è una lettera BP. Oltre alla terza lettera, questi due gruppi hanno in comune altre due lettere, ovvero la Z e l'altra E, ma sono collocate in posizioni diverse nei due gruppi (la Z in KEEZ è la quarta lettera, mentre in ZYEE è la prima; l'altra E in KEEZ è al secondo posto, mentre in ZYEE è al quarto posto): quindi questi due gruppi hanno due lettere mal poste, e non 1 sola, come riportato nei dati. Di conseguenza, anche la risposta KEEZ va scartata.

Per esclusione la risposta corretta è KEEB.

12
Relazioni di ordine e grandezza

Una tipologia di quiz attitudinali relativamente semplice riguarda quelli incentrati sulle relazioni di ordine o di grandezza. In insiemistica s'intende per *relazione* una connessione, una proprietà, che lega gli elementi di un insieme.

Una relazione d'ordine definita su un insieme è una **relazione binaria** (ovvero una relazione che mette in connessione ogni elemento di un insieme con elementi dello stesso insieme), e gode delle seguenti **proprietà**:

— **riflessiva:** ogni elemento dell'insieme è in relazione con se stesso;
— **antisimmetrica:** se un elemento *a* è in relazione con *b*, l'elemento *b* non potrà essere in relazione con *a*;
— **transitiva:** se *a* è in relazione con *b* e *b* è in relazione con *c*, anche *a* sarà in relazione con *c*.

I quesiti di questa categoria richiedono di ordinare gli elementi proposti secondo determinate qualità. Spesso la cosa più difficile è non perdersi nel meandro di connessioni che vengono proposte dal testo. Risulta fondamentale, quindi, una *schematizzazione corretta*, che si può ottenere riportando le relazioni in forma matematica (A > B, B > C, C > E etc.), oppure utilizzando un piano cartesiano o una linea di riferimento dove allocare i termini del confronto.

Esempio n. 1
Se:

C viene dopo K,
D viene dopo C,
C viene dopo Y,
Y viene dopo K,

qual è l'ordine corretto delle lettere?

A) Y, C, D, K
B) K, C, D, Y
C) D, Y, C, K
D) K, Y, C, D

Il quesito è alquanto semplice. Bisogna solo riorganizzare le informazioni: K < C; C < D; Y < C; K < Y. Ordinando si ha: K < C < D, K < Y < C e riorganizzando ancora diventa: K < Y < C < D. Risposta esatta: **D**

Esempio n. 2
I gatti bianchi mangiano più dei cani bianchi. I gatti neri mangiano più dei gatti bianchi. I gatti neri mangiano meno dei cani neri. Quale dei seguenti è l'animale domestico che costerebbe meno per il vitto?

A) un cane bianco
B) un gatto bianco
C) un gatto nero
D) un cane nero

In questo caso è abbastanza semplice schematizzare: basta posizionare le varie informazioni nel giusto ordine. La sequenza corretta (in ordine crescente) è: "cane bianco", "gatto bianco", "gatto nero", "cane nero". Risposta esatta: **A**

Esempio n. 3
Elio è nato prima di Franco, il quale è nato prima di Giorgio. Anche Italo è nato prima di Giorgio. Pertanto:

A) Franco ha il doppio dell'età di Giorgio
B) è certo che Elio sia il più anziano
C) Italo è sicuramente il più anziano
D) Elio e Franco hanno sicuramente età diverse

Per risolvere il quesito basta riorganizzare le informazioni che vengono fornite e associare correttamente i riferimenti dati:

E > F > G (Elio è nato prima di Franco, che è nato prima di Giorgio);
I > G (Italo è nato prima di Giorgio).

Le due relazioni fornite non permettono di posizionare correttamente Italo. Sicuramente è più vecchio di Giorgio, ma non ci sono elementi per metterlo in relazione con Elio e Franco. Se volessimo rappresentare su una retta, si potrebbe porre per schematizzare la prima relazione:

E F G

Per la seconda, però, non sapremmo dove inserire la I, che potrebbe trovarsi in tre posizioni differenti:

E F G
I I I

La risposta da ricercare, allora, dovrà prevedere una delle possibili situazioni prospettate dalla schematizzazione. Analizzando le alternative si può eliminare immediatamente la **A**, dal momento che per individuare una relazione di grandezza tra due elementi dovrebbero essere stati introdotti degli elementi quantitativi che non sono presenti nel testo. La risposta **B** e la risposta **C** prevedono entrambe di supporre una relazione d'ordine tra E ed I, che però non si può evincere, per cui sono anch'esse da scartare. Resta valida, dunque, solo la risposta **D**, che ci viene confermata dalla prima frase della domanda. Risposta esatta: **D**

Esempio n. 4
Carlo, Dario, Paolo e Ugo sono quattro atleti che partecipano a una gara di velocità su pista. Se:

Paolo arriva prima di Carlo,
Carlo arriva prima di Dario,
Ugo arriva prima di Carlo,
la corsa non è stata vinta da Ugo,
quale tra le seguenti affermazioni NON è corretta?

A) Ugo non è arrivato per ultimo
B) Ugo è arrivato dopo Dario
C) Paolo è il vincitore della corsa
D) Ugo è arrivato prima di Dario

Anche in questo caso basta riorganizzare le informazioni. Attenzione, però, al fatto che viene richiesta l'affermazione NON corretta. Dunque si avrà:

"Paolo arriva prima di Carlo"

	P	C	

"Carlo arriva prima di Dario"

	P	C	D

"Ugo arriva prima di Carlo"; informazione, questa, che consente di avere due alternative:

U	P	C	D

oppure:

P	U	C	D

Infine, sapere che "la corsa non è stata vinta da Ugo" permette di dirimere il dubbio precedente e di considerare valida l'ultima sequenza. Le alternative proposte sono tutte compatibili con tale sequenza, tranne la **B**, in quanto Ugo è arrivato prima di Dario. Risposta esatta: **B**

Esempio n. 5
Paola non ha sorelle. Chi è la sorella del figlio del nonno materno della figlia di Paola?

A) una cugina di Paola
B) Paola stessa
C) una zia di Paola
D) la mamma di Paola

Questo esempio rappresenta un'ulteriore tipologia di domande associate alle relazioni di ordine e agli alberi genealogici. Anche qui è opportuno schematizzare i rapporti che intercorrono e focalizzare l'attenzione sui termini che vengono utilizzati.
Si parta dall'ultimo termine della relazione: "la figlia di Paola". Da lei si passi al "nonno materno" della figlia di Paola, ovvero al "padre di Paola". Il figlio del padre di Paola è il "fratello di Paola". La sorella del "fratello di Paola" è "Paola stessa", dal momento che non ha sorelle. Risposta esatta: **B**

Esempio n. 6
Lungo un marciapiede rettilineo sono posteggiati una motocicletta, un'auto, un monovolume, un furgone e la bicicletta del guardiano. L'auto è parcheggiata prima del furgone e della motocicletta e quest'ultima viene subito dopo il monovolume e prima della bicicletta del guardiano. Indicare l'ordine corretto in cui sono parcheggiati i veicoli.

A) auto / furgone / monovolume / motocicletta / bicicletta del guardiano
B) bicicletta del guardiano / furgone / monovolume / motocicletta / auto
C) monovolume / motocicletta / auto / furgone / bicicletta del guardiano
D) auto / furgone / monovolume / bicicletta del guardiano / motocicletta

La prima informazione dice che l'auto è posteggiata prima del furgone e della motocicletta, quindi le risposte **B** e **C** vanno escluse. La seconda informazione riferisce che la moto viene subito dopo il monovolume, per cui si esclude anche l'opzione **D**. La soluzione giusta è dunque la **A**.

Test di verifica

1 **Identificare la sequenza corretta: 1) raggiungere il teatro 2) scegliere il titolo dello spettacolo sul giornale 3) comperare il biglietto 4) sedersi 5) assistere allo spettacolo 6) mostrare il biglietto all'assistente di sala.**

A) 2, 1, 3, 6, 4, 5
B) 1, 2, 6, 3, 5, 4
C) 5, 1, 3, 6, 4, 2
D) 4, 6, 1, 3, 2, 5

2 **Se la parola BRENDY viene scritta sotto a IDIOTA, la parola OLIARE viene scritta sotto a BRENDY, la parola UGELLO viene scritta sotto a OLIARE e la prima e l'ultima parola sono rispettivamente ILLESO e VELINE, allora in diagonale si può leggere:**

A) IDEALE
B) DONARE
C) VALIDO
D) VELOSO

3 **Nicolò, Marco, Giacomo, Simone e Cecilia siedono ad una tavola ovale. Marco è tra Giacomo e Nicolò. Se Nicolò non può essere accanto a Simone, chi siederà vicino a Cecilia?**

A) Giacomo e Marco
B) Nicolò e Simone
C) Nicolò e Giacomo
D) Marco e Simone

4 **Se la parola AERARE viene scritta sotto a LOGORA, la parola SCORTA viene scritta sotto a AERARE, la parola NAILON viene scritta sotto a SCORTA e la prima e l'ultima parola sono rispettivamente HUMOUR e LIQUOR, allora in diagonale si può leggere:**

A) ATLETA
B) HORROR
C) SLITTE
D) PELOTA

5 **Identificare la sequenza corretta: 1) farsi consegnare il libro prescelto dal bibliotecario 2) recarsi alla biblioteca 3) leggere 4) consultare l'indice generale dei volumi 5) riconsegnare il libro prima dell'uscita 6) uscire di casa.**

A) 5, 2, 4, 1, 3, 6
B) 2, 4, 6, 3, 5, 1
C) 6, 2, 4, 1, 3, 5
D) 1, 6, 3, 4, 2, 5

6 **Sei amici (Paolo, Pietro, Matteo, Roberto, Savino, Romolo) siedono ad una tavola rettangolare, due da un lato, due dall'altro e due ai capitavola. Pietro è di fronte a Savino, Roberto è di fronte a Romolo. Se né Pietro, né Romolo siedono a capotavola, chi siede a capotavola?**

A) Savino e Matteo
B) Roberto e Paolo
C) Paolo e Matteo
D) Savino e Paolo

7 **Se la parola HUMOUR viene scritta sotto a SANGUE, la parola ORAMAI viene scritta sotto a HUMOUR, la parola LINNEO viene scritta sotto a ORAMAI e la prima e l'ultima parola sono rispettivamente CALURA e FLUIDO, allora in diagonale si può leggere:**

A) CAMMEO
B) IBISCO
C) ONCOSI
D) SINICO

8 **Sei assessori comunali (urbanistica, agricoltura, turismo, lavori pubblici, salute, infrastrutture) siedono ad una tavola rettangolare, due da un lato, due dall'altro e due ai capitavola. L'assessore ai lavori pubblici e quello all'agricoltura siedono a capotavola. L'assessore alla salute siede all'immediata sinistra dell'assessore all'agricoltura, mentre quello all'urbanistica sie-**

de all'immediata destra dell'assessore ai lavori pubblici. Chi siede sullo stesso lato dell'assessore alla salute?

A) assessore all'urbanistica
B) assessore alle infrastrutture
C) assessore al turismo
D) assessore alla salute

9 **Se la parola PAELLA viene scritta sotto a SLITTE, la parola EROICO viene scritta sotto a PAELLA, la parola ADUNCO viene scritta sotto a EROICO e la prima e l'ultima parola sono rispettivamente OCEANO e LIVIDO, allora in diagonale si può leggere:**

A) PAIOLO
B) OLEICO
C) ASTICE
D) OSTICO

10 **Paolo, Pino, Paola, Eva, Pietro e Pina siedono ad una tavola rotonda. Gli uomini siedono tra due donne. Paola è tra Paolo e Pietro. Se Eva non può sedere accanto a Pietro, chi siederà vicino a Pino?**

A) Pina e Paola
B) Eva e Paola
C) Eva e Pina
D) Paolo e Paola

11 **Sei colleghi (G, H, I, L, M, N) siedono ad una tavola rettangolare, due da un lato, due dall'altro e due ai capitavola. G è di fronte a L, N è di fronte a I. Se né L, né N siedono a capotavola, chi siede a capotavola?**

A) G e M
B) I e M
C) M e H
D) G e H

12 **Se la parola LEVA viene scritta sotto RESO, la parola UOMO viene scritta sotto LEVA e l'ultima parola è VANO, allora in diagonale si può leggere:**

A) REMO
B) ORSO
C) VOLO
D) MORE

13 **Angela, Bea, Carla, Daniela e Davide siedono ad una tavola rotonda: Angela è tra Daniela e Bea. Se Carla non può sedere accanto a Daniela, chi siederà vicino a Davide?**

A) Bea e Carla
B) Angela e Daniela
C) Carla e Daniela
D) Angela e Bea

14 **Sul tavolo, il vaso di fiori sta tra la bottiglia e l'oliera. La bottiglia si trova tra l'oliera e il pane. Conseguentemente:**

A) il pane e l'oliera sono sicuramente equidistanti dalla bottiglia
B) l'oliera è più vicina al pane che al vaso di fiori
C) il vaso di fiori è più vicino alla bottiglia che al pane
D) il vaso di fiori si trova fra la bottiglia e il pane

15 **Luca abita tra lo stadio e la casa di Mario. Lo stadio si trova tra la casa di Mario e la stazione ferroviaria. Posso affermare che:**

A) Luca abita sicuramente più vicino allo stadio che alla casa di Mario
B) è certo che la casa di Mario e la stazione ferroviaria sono equidistanti dallo stadio
C) Luca abita più vicino allo stadio che alla stazione ferroviaria
D) la casa di Mario è più vicina alla stazione ferroviaria che all'abitazione di Luca

16 **In giardino, il dondolo sta tra la piscina e l'ombrellone. La piscina si trova tra l'ombrellone e la siepe. Conseguentemente:**

A) il dondolo si trova fra la piscina e la siepe
B) l'ombrellone è più vicino alla siepe che al dondolo
C) l'ombrellone e la siepe sono sicuramente equidistanti dalla piscina
D) il dondolo è più vicino alla piscina che alla siepe

17 **Nella camera da letto di Alessandra, il letto sta tra l'armadio e la poltrona. L'armadio si trova tra la poltrona e la specchiera. Conseguentemente:**

A) la specchiera e la poltrona sono sicuramente equidistanti dall'armadio
B) il letto è più vicino all'armadio che alla specchiera
C) la poltrona è più vicina alla specchiera che al letto
D) il letto si trova tra l'armadio e la specchiera

18 **Silvia abita tra la chiesa e il distributore. La chiesa si trova tra il distributore e il panificio. Posso affermare che:**

A) il distributore è più vicino al panificio che all'abitazione di Silvia
B) Silvia abita sicuramente più vicino alla chiesa che al distributore
C) Silvia abita più vicino alla chiesa che al panificio
D) è certo che il distributore e il panificio sono equidistanti dalla chiesa

19 **In cucina, il forno sta tra il frigorifero e il lavandino. Il frigofero si trova tra il lavandino e la lavastoviglie. Conseguentemente:**

A) il forno si trova tra il frigorifero e la lavastoviglie
B) il lavandino e la lavastoviglie sono sicuramente equidistanti dal frigorifero
C) il lavandino è più vicino alla lavastoviglie che al forno
D) il forno è più vicino al frigorifero che alla lavastoviglie

20 **Nell'armadio di Francesca, le camicie si trovano tra le gonne e i pantaloni. Le gonne si trovano tra i pantaloni e le giacche. Conseguentemente:**

A) i pantaloni si trovano tra le giacche e le camicie
B) le giacche sono più vicine ai pantaloni che alle camicie
C) i pantaloni si trovano tra le giacche e le gonne
D) le camicie sono più vicine alle gonne che alle giacche

21 **Stefano abita tra il supermercato e la casa di Gino. Il supermercato si trova tra la casa di Gino e la posta. Posso affermare che:**

A) la casa di Gino è più vicina alla posta che all'abitazione di Stefano
B) Stefano abita più vicino al supermercato che alla posta
C) Stefano abita sicuramente più vicino al supermercato che alla casa di Gino
D) è certo che la casa di Gino e la posta sono equidistanti dal supermercato

22 **Nell'ufficio di Ebe, la scrivania sta tra la libreria e la fotocopiatrice. La libreria si trova tra la fotocopiatrice e il telefono. Conseguentemente:**

A) la fotocopiatrice e il telefono sono sicuramente equidistanti dalla libreria
B) la scrivania è più vicina alla libreria che al telefono
C) la scrivania si trova fra la libreria e il telefono
D) la fotocopiatrice è più vicina al telefono che alla scrivania

23 **Nel parco giochi, lo scivolo sta tra l'altalena e la fontana. L'altalena si trova tra la fontana ed il dondolo. Conseguentemente:**

A) la fontana si trova tra il dondolo e l'altalena
B) lo scivolo è più vicino all'altalena che al dondolo
C) la fontana si trova tra il dondolo e lo scivolo
D) il dondolo è più vicino alla fontana che allo scivolo

24 **«Giovanni è più vecchio di Carlo; Lorenzo è più vecchio di Mario; Mario è più giovane di Alessandro; Carlo e Alessandro sono gemelli». Sulla base delle precedenti affermazioni, quale delle seguenti è certamente vera?**

A) Lorenzo è più vecchio di Alessandro
B) Carlo è più giovane di Lorenzo
C) Carlo è più giovane di Mario
D) Giovanni è più vecchio di Mario

25 **Se «Aldo è più vecchio di Federico», «Federico è più vecchio di Vincenzo» e «Vincenzo è più vecchio di Simone», allora si può logicamente concludere che:**

A) non è possibile dire con certezza se Aldo sia più vecchio di Simone
B) Simone è più giovane di Federico, ma non di Aldo
C) Aldo è più giovane di Simone
D) Aldo è più vecchio di Simone

26 **Se «la zia Anna è più anziana della zia Pina», «la zia Pina è più anziana della zia Armanda» e «la zia Armanda è più anziana della nonna Tina», si può logicamente concludere che:**

A) la zia Pina e la zia Armanda hanno la stessa età
B) la zia Anna è più giovane della nonna Tina
C) la zia Anna è più anziana della nonna Tina
D) non è possibile dire con certezza se la zia Anna sia più anziana o più giovane della nonna Tina

27 **Se Gerlando è più alto di Imeneo e Leandro è più basso di Gerlando:**

A) Imeneo e Leandro hanno sicuramente la stessa altezza
B) Imeneo e Leandro hanno sicuramente altezze diverse
C) Leandro potrebbe essere più alto di Imeneo
D) Imeneo e Leandro non possono avere la stessa altezza

28 **Se Dora è più bassa di Mara e Rita è più alta di Dora:**

A) è certo che Mara sia più alta di Rita
B) è certo che Rita sia più alta di Mara
C) non è escluso che Mara e Rita abbiano la stessa altezza
D) Mara e Rita sicuramente hanno la stessa altezza

29 **Se Olga è più bassa di Mara e Rina è più alta di Olga:**

A) Olga potrebbe essere più alta di Rina
B) Rina potrebbe essere più alta di Mara
C) è certo che Rina sia più bassa di Mara e di Olga
D) Mara ed Olga hanno sicuramente la stessa altezza

30 **Se Sara è più leggera di Monica e Giorgia è più pesante di Sara:**

A) non è escluso che Giorgia sia più pesante di Monica
B) Giorgia è sicuramente più leggera di Monica
C) è da escludere che Giorgia sia più pesante di Monica
D) Giorgia è sicuramente più pesante di Monica e di Sara

31 **Se Davide è più attento di Mino e Gino è più distratto di Davide:**

A) Mino è certamente più distratto di Gino e Davide
B) sicuramente i tre uomini sono ugualmente distratti
C) non è escluso che Mino sia più distratto di Gino
D) Mino potrebbe essere più attento di Gino e di Davide

32 **Se Angelo è più attento di Paolo e Gigi è più distratto di Angelo:**

A) Paolo e Gigi potrebbero essere ugualmente distratti
B) Gigi e Paolo sono sicuramente distratti in egual modo
C) è da escludere che Paolo sia più distratto di Gigi
D) sicuramente Paolo e Gigi sono sempre distratti

33 **Enea è nato prima di Fiorello, il quale è nato prima di Giacomo. Anche Ignazio è nato prima di Giacomo. Pertanto:**

A) è possibile che Enea sia più giovane di Giacomo
B) Fiorello ed Ignazio hanno sicuramente la stessa età
C) è certo che Ignazio sia più anziano di Giacomo
D) è certo che Fiorello sia più grande di Ignazio

34 **Emma è nata prima di Filomena, la quale è nata prima di Gilda. Anche Ilaria è nata prima di Gilda. Pertanto:**

A) è possibile che Emma sia la più anziana di tutte
B) Ilaria e Filomena hanno sicuramente la stessa età
C) Ilaria è più giovane di Emma ma non di Gilda
D) è certo che Emma sia più vecchia di Filomena ma più giovane di Ilaria

35 **Andrea arriva in aeroporto a Roma e osserva i seguenti dati: I) l'aereo in arrivo da Milano per Praga atterra a Roma alle 12.00 e riparte alle 12.30; II) l'aereo che va a Stoccolma parte 90 minuti dopo quello che va a Berlino che parte alle 12.00; III) 40 minuti prima del volo per Stoccolma parte l'aereo per Madrid e, 10 minuti dopo quest'ultimo, quello per Lisbona. In base alle informazioni precedenti, l'aereo che va a Lisbona parte:**

A) 10 minuti prima di quello per Madrid
B) 30 minuti prima di quello per Stoccolma
C) 30 minuti dopo quello per Berlino
D) un'ora dopo quello per Praga

36 **Andrea arriva in aeroporto a Roma e osserva i seguenti dati: I) l'aereo in arrivo da Milano per Praga atterra a Roma alle 12.00 e riparte alle 12.30; II) l'aereo che va a Stoccolma parte 90 minuti dopo quello che va a Berlino che parte alle 12.00; III) 40 minuti prima del volo per Stoccolma parte l'aereo per Madrid e, 10 minuti dopo quest'ultimo, quello per Lisbona. In base alle informazioni precedenti, l'aereo che va a Praga parte:**

A) 30 minuti prima di quello per Madrid
B) un'ora prima di quello per Lisbona
C) 20 minuti prima di quello per Madrid
D) 2 ore prima di quello per Stoccolma

37 **Andrea arriva in aeroporto a Roma e osserva i seguenti dati: I) l'aereo in arrivo da Milano per Praga atterra a Roma alle 12.00 e riparte alle 12.30; II) l'aereo che va a Stoccolma parte 90 minuti dopo quello che va a Berlino che parte alle 12.00; III) 40 minuti prima del volo per Stoccolma parte l'aereo per Madrid e, 10 minuti dopo quest'ultimo, quello per Lisbona. In base alle informazioni precedenti, l'aereo che va a Berlino parte:**

A) 30 minuti dopo quello da Milano
B) un'ora prima di quello per Stoccolma
C) 50 minuti prima di quello per Madrid
D) alla stessa ora di quello per Praga

38 **Cinque treni, A, B, C, D ed E, partono dalla stessa stazione diretti in cinque città differenti. Si sa che: I) C è più veloce di B ma arriva dopo di questo che è, invece, il primo ad arrivare; II) A è l'ultimo ad arrivare anche se è più veloce di D e meno veloce di B; III) E, il secondo treno ad arrivare a destinazione, è più veloce di D, ma meno veloce di A. In base alle precedenti informazioni il quarto treno più veloce è:**

A) D
B) E
C) C
D) B

39 **Cinque treni: A, B, C, D ed E partono dalla stessa stazione diretti in cinque città differenti. Si sa che: I) C è più veloce di B ma arriva dopo di questo che è, invece, il primo ad arrivare; II) A è l'ultimo ad arrivare anche se è più veloce di D e meno veloce di B; III) E, il secondo treno ad arrivare a destinazione è più veloce di D, ma meno veloce di A. In base alle precedenti informazioni il treno più veloce è:**

A) A
B) B
C) D
D) C

40 **A è più grasso di B. C e D sono entrambi più magri di E. B è più grasso di C ma più magro di D. Se le precedenti informazioni sono corrette, F è più grasso di B se è anche vero che:**

A) F è più grasso di A
B) E è più grasso di F
C) F è più grasso di C
D) E è più grasso di A

41 **In un torneo quadrangolare di basket hanno partecipato quattro squadre: Fortitudo, Vis, Juventus e Virtus. Ciascuna squadra ha incontrato tutte le altre una sola volta. Ogni vittoria vale un punto, ogni sconfitta zero punti e non sono ammessi pareggi. Si sa che: la Fortitudo ha sempre perso; la Vis ha vinto con la Juventus e la Virtus ha perso solo con la Juventus. Quante squadre hanno ottenuto a fine torneo lo stesso punteggio?**

A) nessuna, perché ciascuna squadra ha totalizzato un punteggio diverso dalle altre
B) Vis e Virtus
C) due
D) tre

42 **Alla stazione ferroviaria di Roma, il prossimo treno per Milano parte 1 ora e 20 minuti prima di quello per Genova. Quest'ultimo parte 70 minuti dopo quello per Palermo, per prendere il quale i viaggiatori del treno proveniente da Torino e diretto ad Ancona hanno solo 5 minuti di tempo. Sapendo che tutti i treni in transito da Roma si fermano in stazione almeno 10 minuti e non più di 20, in quale ordine partono i treni per Milano, Genova, Palermo e Ancona?**

A) Milano, Palermo, Ancona, Genova
B) Palermo, Milano, Ancona, Genova
C) Milano, Ancona, Palermo, Genova
D) Ancona, Milano, Palermo, Genova

43 **In un gruppo di cinque persone, Attilio, Gaspare, Melchiorre, Danilo, Orazio, quella senza lavoro è la più alta mentre quella che fa l'industriale la più bassa. Gaspare è più basso di Attilio; né il più alto né il più basso sono sposati. Attilio, Melchiorre e Orazio vivono in affitto. Solo Gaspare e Melchiorre sono sposati. L'industriale possiede un palazzo in cui da vent'anni ha affittato un appartamento alla famiglia dell'operaio che è più basso del commerciante. Il commerciante, essendo solo, vive in affitto come il disoccupato. In ordine di altezza dal più basso al più alto si possono avere:**

A) Danilo, Melchiorre, Gaspare, Attilio, Orazio
B) Gaspare, Danilo, Melchiorre, Orazio, Attilio
C) Melchiorre, Gaspare, Orazio, Danilo, Attilio
D) Danilo, Orazio, Gaspare, Attilio, Melchiorre

44 **La prossima settimana Anna deve incontrare: Loredana, Roberta, Marisa, Paola, Gianni e Simona e ha a disposizione solo le sere di venerdì, sabato e domenica. Anna decide quindi di incontrare due amici ogni sera. Per organizzare gli appuntamenti si deve, però, ricordare che: I) Roberta e Simona non vogliono incontrarsi tra di loro; II) Paola non può uscire il venerdì sera; III) Gianni può solo la domenica sera; IV) Marisa e Loredana escono solo insieme. In base alle precedenti affermazioni, per poter incontrate tutti e sei gli amici, quale delle seguenti persone Anna NON incontrerà sicuramente il sabato?**

A) Marisa
B) Roberta
C) Simona
D) Paola

45 **Marianna ha tre sorelle, Francesca, Simona e Antonietta, e due fratelli, Domenico e Vincenzo. Si sa che: I) Domenico è il maggiore di tutti; II) Vincenzo è più grande di Simona e Francesca (non necessariamente in quest'ordine) ma più piccolo di Marianna e Antonietta. (non necessariamente in quest'ordine). In base alle informazioni precedenti è certamente vero che:**

A) Domenico è più piccolo di Vincenzo
B) Marianna è più piccola di Domenico ma più grande di Vincenzo
C) Vincenzo è più grande di Marianna
D) Simona è più piccola di Domenico ma più grande di Vincenzo

46 **Su uno strano pianeta, il calendario stabilisce che Natale viene prima di Pasqua e di Carnevale e che quest'ultimo viene dopo Ferragosto e prima di Santo Stefano. Quale dei seguenti potrebbe essere l'ordine corretto delle festività secondo il calendario in vigore sullo strano pianeta?**

A) Ferragosto - Carnevale - Natale - Pasqua - Santo Stefano
B) Ferragosto - Carnevale - Santo Stefano - Pasqua - Natale
C) Natale - Pasqua - Ferragosto - Carnevale - Santo Stefano
D) Natale - Santo Stefano - Pasqua - Ferragosto - Carnevale

47 **«Tommaso è il fratello di Luca e Giovanni e tutti e tre sono figli di Davide. Luca è il padre di Marco. Carlo è il fratello di Davide e il padre di Ernesto». È dunque possibile concludere che:**

A) Ernesto è il cugino di Tommaso
B) Ernesto è lo zio di Marco
C) Carlo è il nonno di Marco
D) Davide è il prozio di Ernesto

48 **Grazia ha tre sorelle: Sofia, Martina e Nadia e due fratelli: Dario e Valerio. Si sa che: I) Dario è il maggiore di tutti; II) Valerio è più grande di Martina e Nadia (non necessariamente in quest'ordine) ma più piccolo di Grazia e Sofia (non necessariamente in quest'ordine). In base alle informazioni precedenti è FALSO affermare che:**

A) Sofia è più grande di Nadia
B) Grazia è più grande di Nadia ma più piccola di Valerio
C) Martina è più piccola di Sofia
D) Grazia è più grande di Martina

49 **Quattro cantanti, Mauro, Walter, Luigi e Fabrizio, hanno scritto ognuno una canzone dedicata alla propria Regione: Lombardia, Toscana, Veneto e Puglia (non necessariamente in quest'ordine). Ognuno dei quattro cantanti, inoltre, suona un solo strumento musicale: chitarra, piano, violino, tromba (non necessariamente in quest'ordine). Si sa che: I) Walter suona la tromba; II) Fabrizio, originario della Lombardia, non suona il piano; III) Mauro non suona la chitarra. In base alle informazioni precedenti è certamente vero che Luigi:**

A) suona la chitarra, se Mauro suona il piano e Fabrizio suona il violino
B) è veneto
C) suona il piano solo se Fabrizio suona il violino
D) è pugliese

50 **Blu, rosso, verde, marrone, nero e giallo sono i sei colori usati per indicare ognuno dei sei appartamenti in un palazzo di due piani (primo e secondo), in cui ogni piano prevede tre appartamenti. Si sa che giallo è posto proprio sotto blu e rosso è accanto a verde. In base alle precedenti informazioni, se rosso è accanto a blu:**

A) nero è al primo piano
B) rosso è al primo piano
C) marrone è al secondo piano
D) marrone è al primo piano e nero al secondo

Soluzioni

1 Risposta esatta: A

I quiz relativi alle relazioni di ordine e grandezza chiedono di ordinare i dati da essi forniti secondo una sequenza logica. Nel caso specifico il quesito chiede di mettere in ordine una serie di azioni che vanno dalla scelta del titolo dello spettacolo fino all'azione di assistere allo spettacolo stesso.
La sequenza corretta è la seguente: **213645**.

2 Risposta esatta: A

ILLESO
I**D**IOTA
BR**E**NDY
OLI**A**RE
UGE**L**LO
VELIN**E**

La parola che si legge in diagonale è **IDEALE**.

3 Risposta esatta: B

L'ordine è il seguente:

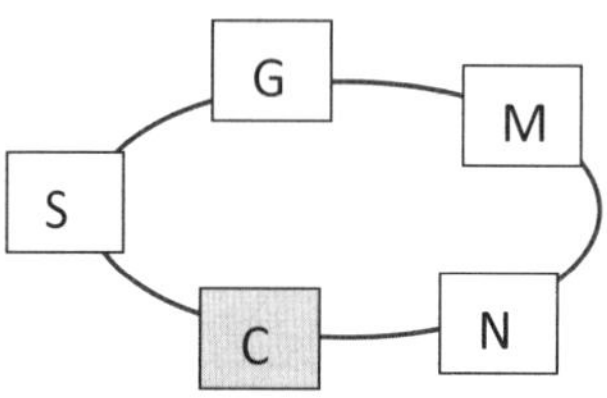

4 Risposta esatta: B

HUMOUR
L**O**GORA
AE**R**ARE
SCO**R**TA
NAIL**O**N
LIQUO**R**

La parola che si legge in diagonale è **HORROR**.

5 Risposta esatta: C

Il quesito chiede di mettere in ordine una serie di azioni che vanno dall'uscita di casa fino all'azione di riconsegnare il libro prima dell'uscita. La sequenza corretta è la seguente: **624135**.

6 Risposta esatta: C

L'ordine è il seguente:

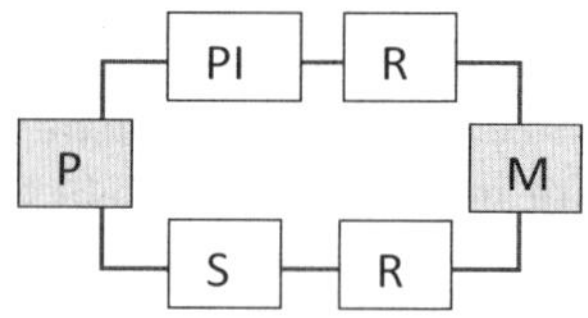

7 Risposta esatta: A

CALURA
S**A**NGUE
HU**M**OUR
ORA**M**AI
LINN**E**O
FLUID**O**

La parola che si legge in diagonale è **CAMMEO**.

8 Risposta esatta: A

L'ordine è il seguente:

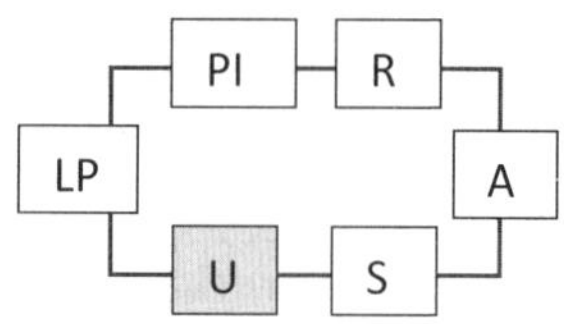

9 Risposta esatta: B

OCEANO
S**L**ITTE
PA**E**LLA
ERO**I**CO
ADUN**C**O
LIVID**O**

La parola che si legge in diagonale è **OLEICO**.

10 Risposta esatta: C

L'ordine è il seguente:

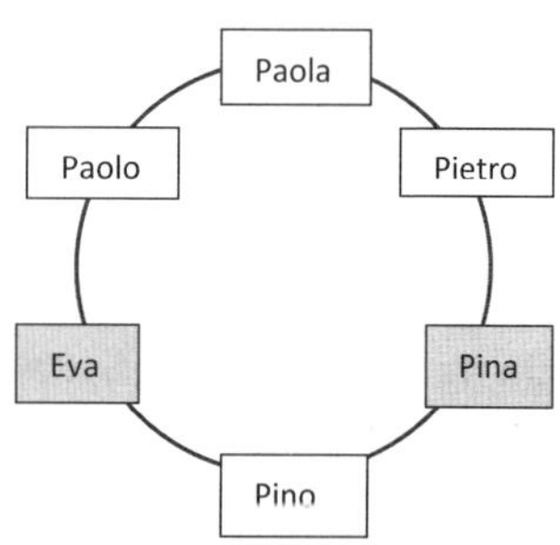

11 **Risposta esatta:** C

L'ordine è il seguente:

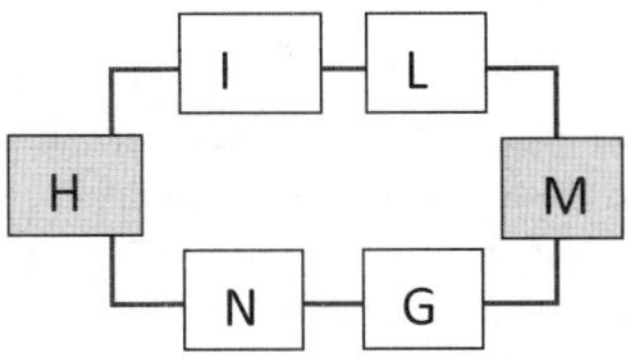

12 **Risposta esatta:** A

RESO
LEVA
UOMO
VANO

La parola che si legge in diagonale è **REMO**.

13 **Risposta esatta:** C

L'ordine è il seguente:

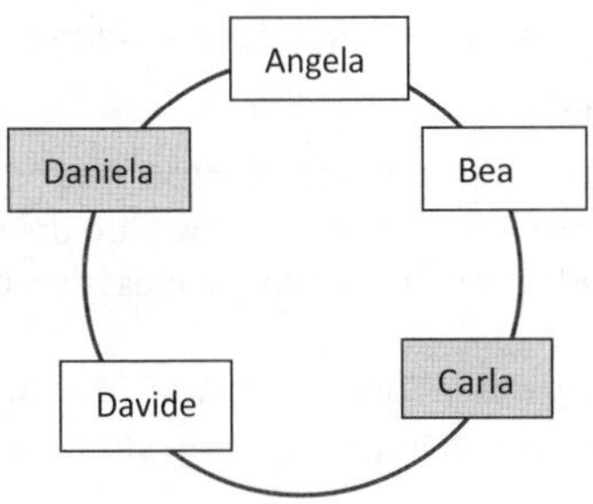

14 **Risposta esatta:** C

Schematizzando le informazioni abbiamo:

pane - bottiglia - vaso di fiori - oliera

Conseguentemente il vaso di fiori è più vicino alla bottiglia che al pane.

15 **Risposta esatta:** C

Schematizzando le informazioni abbiamo:

stazione ferroviaria - stadio - casa di Luca - casa di Mario.

Luca abita quindi più vicino allo stadio che alla stazione ferroviaria.

16 **Risposta esatta:** D

Schematizzando le informazioni abbiamo:

siepe - piscina - dondolo - ombrellone

Il dondolo quindi è più vicino alla piscina che alla siepe.

17 **Risposta esatta:** B

Schematizzando le informazioni abbiamo:

specchiera - armadio - letto - poltrona

Il letto è quindi più vicino all'armadio che alla specchiera.

18 **Risposta esatta:** C

Schematizzando le informazioni abbiamo:

panificio - chiesa - casa di Silvia - distributore

Silvia quindi abita più vicino alla chiesa che al panificio.

19 **Risposta esatta:** D

Schematizzando le informazioni abbiamo:

lavastoviglie - frigorifero - forno - lavandino.

Il forno quindi è più vicino al frigorifero che alla lavastoviglie.

20 **Risposta esatta:** D

Schematizzando le informazioni abbiamo:

giacche - gonne - camicie - pantaloni.

Le camicie quindi sono più vicine alle gonne che alle giacche.

21 **Risposta esatta:** B

Schematizzando le informazioni abbiamo:

posta - supermercato - casa di Stefano - casa di Gino

È evidente che Stefano abiti più vicino al supermercato (che si trova alla sua immediata sinistra) piuttosto che alla posta.

22 **Risposta esatta:** B

Schematizzando le informazioni abbiamo:

telefono - libreria - scrivania - fotocopiatrice.

La scrivania quindi è più vicina alla libreria che al telefono.

23 **Risposta esatta:** B

Schematizzando le informazioni abbiamo:

dondolo- altalena - scivolo - fontana.

Lo scivolo quindi è più vicino all'altalena che al dondolo.

24 **Risposta esatta:** D

Poiché Carlo e Alessandro sono gemelli, se «Mario è più giovane di Alessandro» evidentemente

Mario è più giovane anche di Carlo (oppure, possiamo dire, Carlo è più vecchio di Mario). Poiché «Giovanni è più vecchio di Carlo» e, come detto in precedenza, «Carlo è più vecchio di Mario», allora Giovanni è più vecchio di Mario.

Mettendo in ordine di anzianità (dal più giovane al più anziano) avremo:

M - C = A - G

25 Risposta esatta: D

Leggendo con attenzione il quesito si arriva facilmente alla conclusione che Aldo è più vecchio di Simone.

Mettendo in ordine dal più giovane al più anziano avremo:

S-V-F-A

26 Risposta esatta: C

Mettendo in ordine di anzianità avremo:

nonna Tina - zia Armanda - - zia Pina - zia Anna

27 Risposta esatta: C

Sappiamo solo che Gerardo è più alto sia di Imeneo che di Leandro ma non possiamo poi stabilire chi tra Imeneo e Leandro sia più alto.

28 Risposta esatta: C

Sappiamo solo che Dora è più bassa di Mara e di Rita ma non possiamo stabilire chi tra Mara e Rita è più alta o se abbiano la stessa altezza.

29 Risposta esatta: B

Se Olga è più bassa di Mara si deduce che Mara è più alta di Olga.
È certo, quindi, che Mara e Rina sono entrambe più alte di Olga. Non si può dedurre, invece, con certezza alcun altro dato relativo al rapporto tra le altezze di Mara e di Rina.

30 Risposta esatta: A

Se Sara è più leggera di Monica si deduce che Monica è più pesante di Sara. È certo, quindi, che Monica e Giorgia sono entrambe più pesanti di Sara.
Non si può dedurre, invece, con certezza alcun altro dato relativo al rapporto tra i pesi di Giorgia e di Monica.

31 Risposta esatta: C

Se Gino è più distratto di Davide si deduce che Davide è più attento di Gino. È certo, quindi, che Davide è più attento di Gino e di Mino.
Non si può dedurre, invece, con certezza alcun altro dato relativo al rapporto tra il grado di attenzione di Gino e di Mino.

32 Risposta esatta: A

Se Gigi è più distratto di Angelo si deduce che Angelo è più attento di Gigi. È certo, quindi, che Angelo è più attento di Gigi e di Paolo.
Non si può dedurre, invece, con certezza alcun altro dato relativo al rapporto tra il grado di attenzione di Gigi e di Paolo.

33 Risposta esatta: C

Sappiamo che Ignazio è nato prima di Giacomo.
Da ciò si deduce esattamente che Ignazio è più anziano di Giacomo.

34 Risposta esatta: A

La relazione certa in ordine di età è la seguente (dal più giovane al più anziano):

Gilda - Filomena - Emma

Di Ilaria si sa solo che è più anziana di Gilda, ma il rapporto con le età delle altre donne non è certo per cui potrebbe anche essere più anziana di Emma.
Da ciò si deduce che Emma POTREBBE essere la più anziana (non è certo che lo sia).

35 Risposta esatta: B

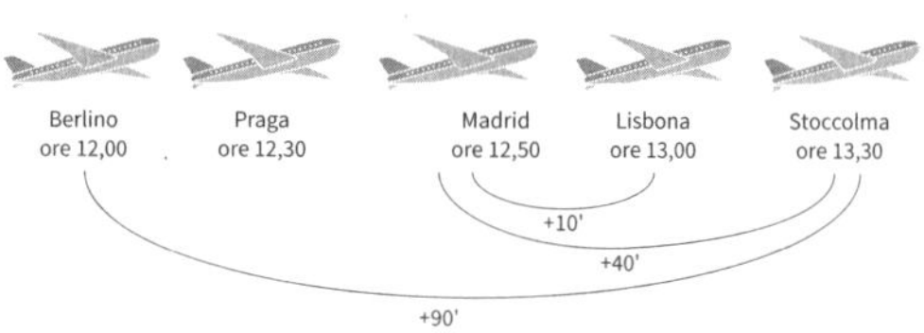

Poiché «l'aereo che va a Stoccolma parte 90 minuti dopo quello che va a Berlino che parte alle 12.00», allora l'aereo che va a Stoccolma parte alle 13.30.
Poiché «40 minuti prima del volo per Stoccolma parte l'aereo per Madrid», allora il volo per Madrid parte alle 12.50.
Poiché «quello per Lisbona parte 10 minuti dopo l'aereo per Madrid», allora l'aereo per Lisbona parte alle 13.00.
Considerato l'orario di partenza di tutti gli aerei indicati nella figura possiamo affermare che l'aereo per Lisbona (che parte alle 13.00) parte 30 minuti prima di quello per Stoccolma (che parte alle 13.30).

36 Risposta esatta: C

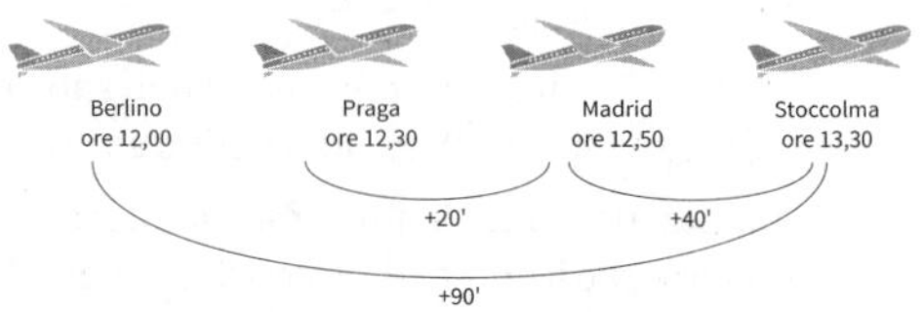

L'aereo per Praga parte alle 12.30.
L'aereo per Berlino parte alle 12.00.
L'aereo che va a Stoccolma parte alle 13.30 (parte 90 minuti dopo quello che va a Berlino).
L'aereo per Madrid parte alle 12.50 (parte 40 minuti prima di quello per Stoccolma).
Quindi l'aereo per Praga (che parte alle 12.30) parte 20 minuti prima di quello per Madrid (che parte alle 12.50).

37 Risposta esatta: C

L'aereo che va a Berlino parte alle 12.00.
L'aereo che va a Stoccolma parte alle 13.30 (parte 90 minuti dopo quello che va a Berlino).
L'aereo per Madrid parte alle 12.50 (parte 40 minuti prima di quello per Stoccolma).
Quindi l'aereo per Berlino, che parte alle 12.00, parte 50 minuti prima di quello per Madrid, che parte alle 12.50.

38 Risposta esatta: B

Il quesito propone delle informazioni che sono dei distrattori. Quelle utili, considerando l'oggetto della domanda, ovvero quale sia il quarto treno più veloce, sono:

1) C è più veloce di B
2) A è più veloce di D e meno veloce di B
3) E è più veloce di D, ma meno veloce di A

È su queste informazioni che si deve ragionare. In particolare, iniziamo dalla seconda informazione perché presenta elementi in comune con la prima e con la terza:

se «A è più veloce di D e meno veloce di B» vuol dire che la velocità di A è intermedia tra quella di B e quella di D, ovvero, ponendo le lettere da sinistra a destra, procedendo dal treno più lento al più veloce, possiamo scrivere

D - A - B

Se «C è più veloce di B», allora C va posto a destra di B, ovvero

D - A - B - C

Se «E è più veloce di D, ma meno veloce di A», vuol dire che E va posto tra D e A, ovvero

D - E - A - B - C

In definitiva, il treno più veloce è C, il secondo in termini di velocità è B, il terzo è A, il quarto è E.

39 Risposta esatta: D

Il quiz propone una serie di informazioni ridondanti e distraenti. Poiché la domanda formulata parla di velocità, è bene focalizzare l'attenzione solo sulle informazioni inerenti la velocità dei treni:

I) C è più veloce di B
II) A è più veloce di D e meno veloce di B
III) E è più veloce di D, ma meno veloce di A

In base alle prime due proposizioni possiamo disporre i treni in ordine di velocità da destra verso sinistra, dal più veloce al più lento, in questo modo:

A - B - C

A è più veloce di D quindi

D - A - B - C

Dire che «E è più veloce di D, ma meno veloce di A» significa che la velocità di E è compresa tra quella di D e quella di A:

D - E - A - B - C

A questo punto risulta evidente che il treno più veloce è C.

40 Risposta esatta: A

Possiamo notare subito che se «A è più grasso di B» (la prima informazione che fornisce la traccia) e considerando la risposta «F è più grasso di A», per la proprietà transitiva, F è più grasso di B; ovvero, «F è più grasso di A» e «A è più grasso di B»: eliminando il termine medio comune, ovvero A, si ottiene «F è più grasso di B».

41 Risposta esatta: D

La Fortitudo ha perso sempre, quindi ha conseguito punteggio nullo; mentre le squadre con cui ha giocato la Fortitudo hanno vinto, conseguendo un punto (quindi la Vis, la Virtus e la Juventus hanno tutte ottenuto 1 punto avendo vinto la partita contro la Fortitudo).

Poi, la Juventus, oltre che con la Fortitudo, gioca altre due partite con la Vis e con la Virtus: con la Vis ha perso (perché nella traccia si dice che «la Vis ha vinto con la Juventus»), mentre con la Virtus vince (perché nel brano si dice che «la Virtus ha perso solo con la Juventus»). Complessivamente la Juventus ha vinto con la Fortitudo e con la Virtus, quindi termina il torneo a 2 punti.
La Virtus ha perso solo con la Juventus, ovvero ha vinto le altre due partite (quella con la Fortitudo e quella con la Vis), quindi chiude il torneo a 2 punti.
La Vis ha perso con la Virtus, ma ha vinto con la Juventus, quindi, oltre alla partita contro la Fortitudo, ha vinto la partita contro la Juventus, totalizzando complessivamente 2 punti.
In definitiva, il torneo si chiude con una squadra a 0 punti e tre squadre a 2 punti.

42 Risposta esatta: A

Supponiamo che il treno per Genova parta alle 10: poiché il treno per Milano «parte 1 ora e 20 minuti prima di quello per Genova» allora il treno per Milano parte alle 8.40; inoltre sappiamo che il treno per Genova «parte 70 minuti dopo quello per Palermo», ovvero il treno per Palermo parte 70 minuti prima quello per Genova, ovvero il treno per Palermo parte alle 8.50. Se «i viaggiatori del treno proveniente da Torino e diretto ad Ancona hanno solo 5 minuti di tempo» per prendere il treno per Palermo, allora il treno proveniente da Torino arriva 5 minuti prima della partenza di quello per Palermo, ovvero arriva alle 8.45, e riparte verso Ancona dopo almeno 10 minuti, e non più di 20, di sosta in stazione (perché nella traccia c'è scritto che «i treni in transito da Roma si fermano in stazione almeno 10 minuti e non più di 20»). Quindi il treno per Ancona parte dalle 8.55 alle 9.05. Considerando i dati illustrati in precedenza, nell'ipotesi che il treno per Genova parta alle 10, possiamo concludere che:

- il treno per Milano parte alle 8.40.
- il treno per Palermo parte alle 8.50.
- il treno per Ancona parte dalle 8.55 alle 9.05.
- il treno per Genova parte alle 10.00.

Quindi l'ordine di partenza è: Milano - Palermo - Ancona - Genova.

43 Risposta esatta: A

Nella domanda si dice che:

1) né il più alto, né il più basso sono sposati;
2) solo Gaspare e Melchiorre sono sposati.

Analizzando queste informazioni possiamo dedurre che il primo e l'ultimo della sequenza (ovvero il più basso e il più alto) non possono essere né Gaspare, né Melchiorre.
Questa osservazione consente di escludere la risposta **B** (Gaspare, Danilo, Melchiorre, Orazio, Attilio), perché Gaspare non può essere il primo della sequenza; possiamo escludere anche la risposta **C** (Melchiorre, Gaspare, Orazio, Danilo, Attilio) perché Melchiorre non può essere il primo della sequenza; possiamo scartare pure la risposta **D** (Danilo, Orazio, Gaspare, Attilio, Melchiorre) perché Melchiorre non può essere l'ultimo della sequenza.
Procedendo per esclusione, la risposta corretta deve essere necessariamente quella che propone l'elenco «Danilo, Melchiorre, Gaspare, Attilio, Orazio» in quanto Gaspare e Melchiorre non compaiono né al primo né all'ultimo posto.

44 Risposta esatta: A

Gianni può uscire solamente la domenica sera, mentre Paola non può uscire il venerdì sera, ovvero può uscire o il sabato o la domenica. Queste due informazioni, consentono di formulare due ipotesi:

1) Anna incontra la domenica sera sia Gianni che Paola;
2) Anna incontra Paola il sabato e Gianni la domenica.

Se fosse vera la prima ipotesi, considerando che Marisa e Loredana escono solamente insieme, allora Anna, la domenica incontrerebbe Gianni e Paola; poi incontrerebbe o il venerdì o il sabato, Loredana e Marisa, e le resterebbe una giornata libera in cui incontrare le altre due amiche, ovvero Roberta e Simona. Roberta e Simona non vogliono però incontrarsi tra di loro, quindi non possono uscire entrambe la stessa sera (ovvero entrambe il venerdì o entrambe il sabato). Questa osservazione dovrebbe spingerci ad abbandonare la prima ipotesi e ad analizzare la seconda ipotesi.

La seconda ipotesi prevede che Gianni esca la domenica (quindi la domenica resta un «posto» libero) e Paola il sabato (quindi il sabato resta un «posto» libero). L'unico giorno in cui resterebbero due posti liberi è il venerdì: quindi Anna dovrebbe incontrare Marisa e Loredana il venerdì (poiché Marisa e Loredana escono solamente insieme).

Infine, Anna dovrebbe incontrare Roberta e Simona una il sabato e l'altra la domenica (in questo modo Roberta e Simona non uscirebbero insieme). La seconda ipotesi soddisfa pienamente tutte le condizioni della traccia. Riassumendo, Anna incontra:

VENERDÌ Marisa e Loredana
SABATO) Paola e una tra «Roberta e Simona»
DOMENICA) Gianni e, se il sabato ha incontrato Roberta, allora incontrerà Simona, e viceversa.

La domanda chiede quale persona sicuramente Anna non incontra il sabato. Analizzando le risposte fornite, possiamo affermare che quella corretta è Marisa perché Anna certamente incontra Marisa il venerdì.

45 Risposta esatta: B

Poiché Domenico è il più grande di tutti, la risposta **A** (Domenico è più piccolo di Vincenzo) è sicuramente sbagliata.
Dall'informazione II) si deduce che Vincenzo è più piccolo di Marianna, quindi la risposta **C** (Vincenzo è più grande di Marianna) è sicuramente sbagliata.
Sempre dalla informazione II) si deduce che Vincenzo è più grande di Simona, ovvero Simona è più piccola di Vincenzo, quindi la risposta **D** «Simona e più piccola di Domenico ma PIÙ GRANDE DI VINCENZO» è sbagliata.
Andando per esclusione, la risposta corretta deve essere necessariamente «Marianna è più piccola di Domenico ma più grande di Vincenzo».

46 Risposta esatta: C

Si tratta di un quiz di ordinamento relativamente semplice. Se si mettono in ordine gli elementi secondo le informazioni date nel quesito, la risposta esatta è particolarmente facile da individuare:

Natale - Pasqua - Ferragosto - Carnevale - Santo Stefano.

47 Risposta esatta: A

Tommaso è figlio di Davide; Carlo è fratello di Davide, quindi Carlo è lo zio di Tommaso. Carlo è anche padre di Ernesto.
Quindi poiché Davide e Carlo sono fratelli, i loro figli risulteranno tra di loro cugini, ovvero Ernesto e Tommaso, rispettivamente figli di Carlo e Davide, sono cugini.

48 Risposta esatta: B

Se Valerio è più piccolo di Grazia e Sofia, allora Grazia e Sofia sono più grandi di Valerio.
Poiché Grazia e Sofia sono più grandi di Valerio, e Valerio è più grande di Martina e Nadia, allora certamente Grazia e Sofia sono più grandi di Martina e Nadia.
Questa osservazione consente di affermare che le risposte **A**, **C** e **D** sono certamente corrette.
Per esclusione l'affermazione falsa è «Grazia è più grande di Nadia ma più piccola di Valerio», anche perché Grazia è effettivamente più grande di Nadia ma, come detto in precedenza, Grazia è più grande di Valerio e non più piccola.

49 Risposta esatta: A

Poiché Walter suona la tromba, se Mauro suonasse il piano e Fabrizio suonasse il violino, allora come strumento musicale resterebbe la chitarra che sarebbe suonata dal cantante rimanente, ovvero Luigi.

50 Risposta esatta: A

Se rosso è accanto a blu e giallo è sotto a blu, allora giallo è al primo piano, mentre rosso e blu sono al secondo.
Se rosso è accanto a verde, poiché rosso è al secondo piano, anche verde sarà al secondo piano: in definitiva al secondo piano ci sono rosso, blu e verde, mentre gli altri colori sono al primo piano, compreso il nero.

13
Brani con relazioni d'ordine

In questa tipologia di quiz il quesito è formulato in forma di **brano** da cui devono ricavarsi tutti i dati utili per rispondere alle domande ad esso connesse.

I criteri di risoluzione sono gli stessi che valgono per i normali quiz di ordine e grandezza, anche se complicati dalla lettura del brano e dalla necessità di ricavare un maggior numero di informazioni dal testo.

Per risolvere velocemente questa tipologia di quiz può essere utile impostare una tabella in cui inserire i dati che si ricavano direttamente dal testo e poi quelli che invece possono ricavarsi indirettamente.

Esempio
Leggere il brano e rispondere alle domande che seguono.

Gloria ha deciso di comprare un televisore ed è indecisa fra quattro possibili: Sharp LC, Samsung, Panasonic TX e LG Nexus. I prezzi di vendita sono 899 euro, 855 euro, 799 euro e 699 euro, non necessariamente in quest'ordine. I periodi di garanzia, non necessariamente in quest'ordine, sono di cinque, sette, undici e dodici mesi, mentre i tempi di attesa per poter ritirare i televisori sono, in ordine sparso, di dodici, sedici, venti e trenta giorni.

È inoltre noto che:

— il televisore che costa 899 euro è garantito per cinque mesi e potrà essere ritirato dopo sedici giorni;
— il Samsung è garantito per sette mesi e ha il periodo di attesa più lungo;
— il televisore LG Nexus costa 799 euro ed è garantito per un periodo inferiore ai dodici mesi;
— il televisore Panasonic TX costa 699 euro e potrà essere ritirato dopo venti giorni.

1. **Qual è il televisore che ha un periodo di garanzia pari a undici mesi?**
   A) il televisore che potrà essere ritirato dopo sedici giorni
   B) Sharp LC
   C) LG Nexus

2. **Qual è il televisore che costa 855 euro?**
   A) Samsung
   B) quello garantito per undici mesi
   C) il televisore il cui tempo di attesa per il ritiro è di venti giorni

3. **Quale televisore ha il periodo di garanzia più lungo?**
   A) Sharp LC
   B) quello che costa 799 euro
   C) Panasonic TX

4. **Sulla base delle informazioni fornite, indicare l'affermazione corretta:**
   A) il televisore che costa 899 euro è Sharp LC
   B) il televisore garantito per undici mesi è il Panasonic TX
   C) il televisore che costa 899 euro è il Samsung

5. **Quale televisore comprerebbe Gloria se decidesse di scegliere quello che, in base al prezzo, è terzo in ordine decrescente?**
   A) quello il cui tempo di attesa è sedici giorni
   B) quello garantito undici mesi
   C) Samsung

6. **Quale televisore comprerebbe Gloria se decidesse di scegliere quello che, in base alla durata della garanzia, è secondo in ordine decrescente?**
   A) Samsung
   B) LG Nexus
   C) Sharp LC

Questa tipologia di quesiti può essere risolta facilmente creando, dopo aver letto il brano, una **tabella**, i cui dati (ricavati dal brano) vanno inseriti man mano. Una volta completata la tabella è possibile rispondere ai quiz.

Realizziamo dunque la nostra tabella:

	Sharp LC	Samsung	Panasonic TX	LG Nexus
Prezzi			*699 euro*	*799 euro*
Periodi di garanzia		*7 mesi*		*11 mesi*
Tempi di attesa		*30 gg*	*20 gg*	

I dati inseriti in tabella sono quelli che sono forniti direttamente nel brano.
A questo punto dobbiamo ricavarci i dati indiretti. La prima informazione fornita dal brano, ovvero che il televisore che costa 899 euro è garantito per 5 mesi ed ha tempi di consegna di 16 giorni, si riferisce necessariamente allo Sharp LC, in quanto gli altri televisori hanno tutti almeno un dato già assegnato che non incontra quelli appena descritti.
Per esclusione quindi:

— il prezzo del Samsung è di 855 euro;
— il periodo di garanzia del Panasonic TX è di 12 mesi;
— il tempo di consegna del LG Nexus è di 12 gg.

	Sharp LC	Samsung	Panasonic TX	LG Nexus
Prezzi	**899 euro**	**855 euro**	*699 euro*	*799 euro*
Periodi di garanzia	**5 mesi**	*7 mesi*	**12 mesi**	*11 mesi*
Tempi di attesa	**16 gg**	*30 gg*	*20 gg*	**12 gg**

Dopo aver riempito tutta la tabella, possiamo rispondere alle sei domande:

1. Risposta esatta: **C**
2. Risposta esatta: **A**
3. Risposta esatta: **C**
4. Risposta esatta: **A**
5. Risposta esatta: **B**
6. Risposta esatta: **B**

Test di verifica

Brano n. 1

Davide non sa quale tablet comperare fra quattro possibili: Microsoft Surface di colore argento, Mediacom Smart di colore bianco, Samsung Galaxy di colore nero e Lenovo IdeaTab di colore grigio. I prezzi di vendita sono 169 euro, 395 euro, 416 euro e 646 euro, non necessariamente in quest'ordine.

I periodi di garanzia sono di quattro, otto, dodici e quindici mesi, non necessariamente in quest'ordine.

È inoltre noto che:

— il tablet che costa 169 euro è garantito per quattro mesi;
— il Mediacom Smart è garantito per otto mesi;
— il Lenovo IdeaTab costa 416 euro ed è garantito per un periodo inferiore a quindici mesi;
— il Samsung Galaxy costa 646 euro.

1 **Qual è il tablet che ha un periodo di garanzia pari a dodici mesi?**

A) Lenovo IdeaTab
B) Mediacom Smart
C) Samsung Galaxy

2 **Qual è il tablet che costa 395 euro?**

A) quello di colore argento
B) quello garantito per otto mesi
C) Samsung Galaxy

3 **Quale tablet ha il più lungo periodo di garanzia?**

A) quello di colore argento
B) quello che costa 416 euro
C) Samsung Galaxy

4 **Quale tablet comprerebbe Davide se decidesse di scegliere quello che, in base al prezzo, è terzo in ordine decrescente?**

A) Mediacom Smart
B) il tablet che costa 169 euro
C) quello di colore grigio

5 **Sulla base delle informazioni fornite, indicare l'affermazione corretta:**

A) il tablet che costa 646 euro è garantito per quattro mesi
B) il tablet che costa 169 euro è il Microsoft Surface
C) il tablet garantito dodici mesi è di colore argento

6 **Quale tablet comprerebbe Davide se decidesse di scegliere quello che, in base alla durata della garanzia, è secondo in ordine decrescente?**

A) Lenovo IdeaTab
B) il tablet che costa 169 euro
C) il tablet di colore bianco

Brano n. 2

Un anziano signore deve comprare una autovettura ma non sa scegliere con quale alimentazione fra quattro possibili: ibrida, diesel, gpl e elettrica. I prezzi su strada sono: 17.700 euro, 22.500 euro, 28.800 euro e 32.200 euro, non necessariamente in quest'ordine.

Gli accessori opzionali, uno diverso per ogni autovettura, non necessariamente in quest'ordine, sono: il cambio automatico che è montato sulla autovettura di colore rosso, il navigatore che è montato sulla autovettura di colore bianco, il tettuccio apribile che è montato sulla autovettura di colore marrone, i cerchioni in lega che sono montati sulla autovettura di colore blu.

È inoltre noto che:

— 17.700 euro è il prezzo dell'autovettura con il cambio automatico;
— l'autovettura gpl monta cerchioni in lega;
— l'autovettura elettrica costa 32.200 euro e non ha il tettuccio apribile;
— il prezzo dell'autovettura diesel è di 22.500 euro.

7 **L'autovettura con il navigatore è:**

A) quella elettrica
B) quella che costa 28.800 euro
C) quella ibrida

8 **Qual è l'autovettura che costa 28.800 euro?**

A) quella a gpl
B) quella bianca
C) quella con il tettuccio apribile

9 **Quale autovettura acquisterebbe l'anziano signore se decidesse di scegliere quella che, in base al prezzo, è terza in ordine decrescente?**

A) quella con il tettuccio apribile
B) quella che costa 28.800 euro
C) quella con i cerchioni in lega

10 **L'autovettura che ha prezzo maggiore è:**

A) quella ibrida
B) quella con il cambio automatico
C) quella bianca

11 **Sulla base delle informazioni fornite, indicare l'affermazione corretta:**

A) l'autovettura ibrida non è di colore rosso
B) 32.200 euro è il prezzo dell'autovettura con il navigatore
C) 28.800 euro è il prezzo dell'autovettura elettrica

12 **L'autovettura con il cambio automatico:**

A) è quella ibrida
B) non è di colore rosso
C) è quella elettrica

Brano n. 3

Un professore deve organizzare una gita scolastica a Verona e non sa dove alloggiare tra quattro possibili sistemazioni: Giocca Hotel a 3 stelle, Castle Hotel a 4 stelle, San Marco Hotel a 2 stelle, Amelia Hotel a 5 stelle. I prezzi per notte a persona sono: euro 40, euro 55, euro 60 e euro 80, non necessariamente in quest'ordine. Gli indirizzi dei quattro hotel sono: Via Monza, Via Piave, Via Roma e Via Milano, non necessariamente in quest'ordine.

È inoltre noto che:

— euro 40 è il prezzo dell'hotel che si trova in Via Monza;
— l'hotel a 2 stelle si trova in Via Milano;
— Amelia Hotel propone un prezzo a notte per persona di euro 80 e non si trova in Via Roma;
— il prezzo per notte a persona proposto dal Castle Hotel è di euro 55.

13 **Quale hotel si trova in Via Piave?**

A) il Giocca Hotel
B) il Castle Hotel
C) l'hotel a 5 stelle

14 **Euro 60 è il prezzo proposto:**

A) dal Giocca Hotel
B) dall'hotel che si trova in Via Piave
C) dall'hotel a 2 stelle

15 **Sulla base delle informazioni fornite, indicare l'affermazione corretta:**

A) Giocca Hotel si trova in Via Roma
B) Amelia Hotel si trova in Via Monza
C) euro 80 è il prezzo per notte a persona dell'hotel di Via Piave

16 In quale hotel ha alloggiato il gruppo di studenti sapendo che è stato scelto quello che, in base al prezzo, è secondo in ordine decrescente?

A) nel Giocca Hotel
B) nell'hotel che si trova in Via Roma
C) nell'hotel che si trova in Via Milano

17 Quale hotel propone il prezzo per notte a persona inferiore?

A) quello a 5 stelle
B) San Marco Hotel
C) quello a 3 stelle

18 Quale hotel si trova in Via Roma?

A) Giocca Hotel
B) quello a 3 stelle
C) Castle Hotel

Brano n. 4

Licio deve recarsi a Roma per partecipare ad un corso professionale di aggiornamento e non sa dove alloggiare tra quattro possibili sistemazioni:

— Villa residence che offre, compresa nel prezzo, la prima colazione;
— Marcigliana residence che offre, compreso nel prezzo, il servizio lavanderia;
— San Marco residence che offre, compresa nel prezzo, la cena;
— Parco Salario residence che offre, compreso nel prezzo, il pranzo.

I prezzi per notte sono: euro 65, euro 70, euro 85 e euro 100, non necessariamente in quest'ordine. Le distanze tra i residence e il luogo dove si svolge il corso sono: 800 metri, 700 metri, 500 metri e 300 metri, non necessariamente in quest'ordine.

È inoltre noto che:

— euro 65 è il prezzo del residence che dista dal luogo del corso 700 metri;
— San Marco residence dista dal luogo del corso 300 metri;
— il residence che offre compreso nel prezzo il pranzo, propone un prezzo di euro 100 e non dista dal luogo del corso 500 metri;
— il prezzo proposto dal residence che offre, compreso nel prezzo, il servizio lavanderia è di euro 70.

19 Quale residence dista dal luogo dove si svolge il corso 800 metri?

A) Parco Salario residence
B) quello che offre compresa nel prezzo la prima colazione
C) quello che offre compreso nel prezzo il servizio lavanderia

20 Euro 85 è il prezzo proposto:

A) dal residence che offre compresa nel prezzo la prima colazione
B) dal residence che dista dal luogo del corso 800 metri
C) dal San Marco residence

21 Sulla base delle informazioni fornite, indicare l'affermazione corretta:

A) euro 100 è il prezzo del residence che dista dal luogo del corso 800 metri
B) Villa residence dista dal luogo del corso 500 metri
C) Parco Salario residence dista dal luogo del corso 700 metri

22 In quale residence ha alloggiato Licio sapendo che è stato scelto quello che, in base al prezzo, è secondo in ordine decrescente?

A) nel residence che dista dal luogo del corso 300 metri
B) a Villa residence
C) nel residence che offre compresa nel prezzo la prima colazione

23 Quale residence propone il prezzo inferiore?

A) quello che offre compreso nel prezzo il pranzo
B) quello che offre compresa nel prezzo la cena
C) Villa residence

24 Quale residence dista dal luogo del corso 500 metri?

A) Parco Salario residence
B) quello che offre compreso nel prezzo il servizio lavanderia
C) Villa residence

Brano n. 5

Un fotografo amatoriale non sa a quale corso partecipare tra quattro possibili offerti dalla scuola accademica: 1) "Paesaggio", 2) "Reportage", 3) "Architettura", 4) "Fotografare il corpo".

I docenti sono:

— Saverio Palombo che è anche il coordinatore didattico della scuola accademica;
— Luca Merano che è anche il direttore generale della scuola accademica;
— Giorgio Valenti che è anche il responsabile della segreteria studenti della scuola accademica;
— Stefano Taddei che è anche il responsabile della comunicazione della scuola accademica, non necessariamente in quest'ordine. Le durate dei corsi sono di uno, due, tre e quattro mesi, non necessariamente in quest'ordine.

È inoltre noto che:

— il coordinatore didattico della scuola accademica è il docente del corso che dura due mesi;
— il corso "Architettura" dura quattro mesi;
— il corso "Fotografare il corpo" è tenuto da Stefano Taddei e non dura tre mesi;
— il docente del corso di "Reportage" è Luca Merano.

25 Quale corso dura un mese?

A) "Fotografare il corpo"
B) "Paesaggio"
C) quello tenuto dal direttore generale della scuola accademica

26 Il responsabile della segreteria studenti della scuola accademica è il docente del corso:

A) "Architettura"
B) che dura un mese
C) "Paesaggio"

27 Il corso che ha durata maggiore è:

A) "Paesaggio"
B) quello tenuto da Stefano Taddei
C) quello tenuto da Giorgio Valenti

28 Sulla base delle informazioni fornite, indicare l'affermazione corretta:

A) il responsabile della comunicazione della scuola accademica è il docente del corso che dura un mese
B) Luca Merano è il docente del corso che dura quattro mesi
C) il corso "Paesaggio" dura tre mesi

29 A quale corso parteciperebbe il fotografo amatoriale se decidesse di scegliere quello che, in base alla durata, è terzo in ordine decrescente?

A) "Reportage"
B) "Fotografare il corpo"
C) "Paesaggio"

30 Quale corso è tenuto dal coordinatore didattico della scuola accademica?

A) "Paesaggio"
B) quello che dura un mese
C) "Fotografare il corpo"

Brano n. 6

Ludovica vuole assolutamente iscriversi in palestra così fa una piccola indagine fra quelle nella zona in cui abita. Alla fine dell'indagine rimangono quattro possibili scelte: Silver Fitness, Aerobox, Gym Bar e Pancafit.

Gli abbonamenti mensili cambiano molto a seconda dei servizi offerti e sono, non necessariamente in quest'ordine, 57 euro, 68 euro, 77 euro e 85 euro. I servizi offerti sono molto diversi tra loro: per esempio in una palestra è possibile praticare spinning, in un'altra pilates, in un'altra zumba e in un'altra bokwa. La quota annua di iscrizione, sempre non necessariamente in quest'ordine, è di 25 euro, 30 euro, 45 euro e 50 euro.

È inoltre noto che:

- nella palestra, il cui abbonamento mensile è 57 euro, è possibile praticare spinning;
- nella palestra Aerobox la quota annua di iscrizione è 30 euro e non è possibile praticare pilates;
- l'abbonamento mensile della palestra Pancafit è superiore a 68 euro e la quota annua di iscrizione è inferiore a 50 euro;
- nella palestra Gym Bar è possibile praticare zumba, l'abbonamento mensile è 85 euro mentre la quota annua di iscrizione è 25 euro.

31 **Qual è la palestra la cui quota annua di iscrizione è 45 euro?**

A) la palestra dove è possibile praticare bokwa
B) la palestra dove è possibile praticare spinning
C) Pancafit

32 **Qual è la palestra il cui abbonamento mensile è 68 euro?**

A) la palestra la cui quota annua di iscrizione è 45 euro
B) la palestra la cui quota annua di iscrizione è 50 euro
C) la palestra dove è possibile praticare bokwa

33 **Quale palestra ha la quota annua di iscrizione più svantaggiosa?**

A) Silver Fitness
B) la palestra dove è possibile praticare pilates
C) Aerobox

34 **Sulla base delle informazioni fornite, indicare l'affermazione corretta:**

A) Pancafit è la palestra in cui è possibile praticare bokwa
B) Aerobox è la palestra il cui abbonamento mensile è 77 euro
C) Silver Fitness è la palestra il cui abbonamento mensile è 57 euro

35 **Quale palestra sceglierebbe Ludovica se decidesse per quella che, in base al costo dell'abbonamento mensile, è terza in ordine decrescente?**

A) la palestra la cui quota annua di iscrizione è 50 euro
B) Pancafit
C) la palestra dove è possibile praticare bokwa

36 **Quale palestra sceglierebbe Ludovica se decidesse per quella che, in base alla quota annua di iscrizione, è terza in ordine crescente?**

A) la palestra dove è possibile praticare bokwa
B) la palestra dove è possibile praticare spinning
C) la palestra il cui abbonamento mensile è 77 euro

Brano n. 7

Pietro ha deciso che suo figlio debba imparare a suonare uno strumento fra questi: chitarra, violino, piano ed arpa. Dopo aver preso qualche informazione ha scoperto che vicino a casa c'è una scuola che tiene corsi per principianti. La durata dei corsi, non necessariamente in quest'ordine, è di nove, dieci, dodici, quattordici lezioni ed il prezzo, sempre non necessariamente in quest'ordine, è di 290 euro, 320 euro, 340 euro e 350 euro. La durata di ogni singola lezione varia a seconda dello strumento scelto, le lezioni possono durare cinquanta minuti, un'ora, un'ora e mezza e due ore.

È inoltre noto che:

— ogni lezione del corso che costa 290 euro ha durata di cinquanta minuti e l'intero corso dura dieci lezioni;
— le lezioni del corso di violino durano un'ora e mezza e il relativo corso è inferiore a dieci lezioni;
— il costo del corso di arpa è superiore a 320 euro, la durata delle lezioni è inferiore a due ore e la durata dell'intero corso è inferiore alle quattordici lezioni;
— il costo del corso di piano è 350 euro.

37 **Quale corso ha lezioni che durano ciascuna un'ora?**

A) il corso che dura nove lezioni
B) il corso che costa 320 euro
C) il corso di arpa

38 **Qual è il corso che costa 320 euro?**

A) quello in cui ciascuna lezione dura due ore
B) quello in cui ciascuna lezione dura un'ora e mezza
C) il corso di arpa

39 **Quale corso ha il numero maggiore di lezioni?**

A) il corso in cui ciascuna lezione dura un'ora
B) il corso che costa 350 euro
C) il corso che costa 320 euro

40 **Sulla base delle informazioni fornite, indicare l'affermazione corretta:**

A) il corso di violino costa 340 euro
B) le lezioni del corso di arpa durano un'ora e mezza ciascuna
C) il corso di chitarra costa 290 euro

41 **Quale corso sceglierebbe Pietro se decidesse per quello che, in base al costo, è secondo in ordine decrescente?**

A) il corso che è formato da quattordici lezioni
B) il corso che è formato da dodici lezioni
C) il corso di chitarra

42 **Quale corso sceglierebbe Pietro se decidesse per quello che, in base alla durata di ciascuna lezione, è terzo in ordine crescente?**

A) il corso di arpa
B) il corso di violino
C) il corso che costa 340 euro

Brano n. 8

Debora che sogna di vincere un premio per le sue poesie non sa a quale concorso partecipare fra quattro possibili:

1) Concorso letterario di poesia e narrativa "Salvatore Quasimodo", per il quale è possibile inviare poesie con lunghezza massima di 36 versi;
2) Concorso "La voce della natura: armonia, benessere e spiritualità", per il quale è possibile inviare poesie con lunghezza massima di 15 versi;

3) Premio Nazionale di Poesia e Narrativa "Carla Boero", per il quale è possibile inviare poesie con lunghezza massima di 21 versi;
4) Concorso di Poesia "Cardinal Branda Castiglioni", per i il quale è possibile inviare poesie con lunghezza massima di 30 versi.

Le quote per partecipare ai concorsi sono: 5 euro, 7 euro, 10 euro, 12 euro, non necessariamente in quest'ordine.
Le città nelle quali avverranno le premiazioni dei concorsi sono: Roma, Torino, Milano e Venezia, non necessariamente in quest'ordine.

È inoltre noto che:

— euro 5 è la quota per partecipare al concorso la cui premiazione si svolgerà a Torino;
— la città in cui si svolgerà la premiazione per il Premio Nazionale di Poesia e Narrativa "Carla Boero" è Milano;
— il concorso per il quale è possibile inviare poesie con lunghezza massima di 30 versi prevede una quota di partecipazione di 12 euro e non si svolgerà a Roma;
— la quota per partecipare al concorso per il quale è possibile inviare poesie con lunghezza massima di 15 versi è di euro 7.

43 **La premiazione di quale concorso si svolgerà a Venezia?**

A) la premiazione del Concorso "La voce della natura: armonia, benessere e spiritualità"
B) la premiazione del concorso per il quale è possibile inviare poesie con lunghezza massima di 30 versi
C) la premiazione del Concorso letterario di poesia e narrativa "Salvatore Quasimodo"

44 **Euro 10 è la quota di partecipazione prevista per:**

A) il Premio Nazionale di Poesia e Narrativa "Carla Boero"
B) il concorso per il quale è possibile inviare poesie con lunghezza massima di 36 versi
C) il concorso la cui premiazione si svolgerà a Venezia

45 **Sulla base delle informazioni fornite, indicare l'affermazione corretta:**

A) euro 12 è la quota di partecipazione al concorso la cui premiazione si svolgerà a Venezia
B) la premiazione al concorso per il quale è possibile inviare poesie con lunghezza massima di 36 versi si svolgerà a Roma
C) la premiazione al Concorso di Poesia "Cardinal Branda Castiglioni" si svolgerà a Torino

46 **A quale concorso parteciperebbe Debora se decidesse di scegliere quello che, in base alla quota di partecipazione, è secondo in ordine decrescente?**

A) al concorso la cui premiazione si svolgerà a Roma
B) al concorso letterario di poesia e narrativa "Salvatore Quasimodo"
C) al concorso la cui premiazione si svolgerà a Milano

47 **Quale concorso ha la più bassa quota di partecipazione?**

A) il concorso Premio Nazionale di Poesia e Narrativa "Carla Boero"
B) il concorso per il quale è possibile inviare poesie con lunghezza massima di 30 versi
C) il concorso per il quale è possibile inviare poesie con lunghezza massima di 36 versi

48 **La premiazione di quale concorso si svolgerà a Roma?**

A) la premiazione del Concorso letterario di poesia e narrativa "Salvatore Quasimodo"

B) la premiazione del Concorso "La voce della natura: armonia, benessere e spiritualità"

C) la premiazione del concorso che prevede quale quota di partecipazione 10 euro

Brano n. 9

Il Dott. Grassia ha deciso di acquistare una casa fra quattro possibili opportunità. Il primo immobile di 65 mq si trova in Via Amarena, il secondo di 75 mq si trova in Via Imperiale, il terzo si trova in Via Giacometti ed è di 80 mq mentre l'ultimo si trova in Via Torti e misura 85 mq. Gli appartamenti sono stati proposti dalle agenzie immobiliari Tantecase, Fondocasa, Tecnocasa e Bardazzi, non necessariamente in quest'ordine, e i prezzi degli immobili, sempre non necessariamente in quest'ordine, sono: 125.000 euro, 133.000 euro, 164.000 euro, 190.000 euro. Anche le provvigioni per l'intermediazione variano molto e, proposte in ordine sparso, sono: 3%, 4%, 5% e 7%.

È inoltre noto che:

- 125.000 euro è il prezzo dell'immobile, proposto da Tecnocasa, la cui metratura è di 75 mq;
- la provvigione per l'intermediazione dell'immobile di Via Giacometti è del 5% e il prezzo dell'immobile è inferiore a 164.000 euro;
- Bardazzi, che per l'intermediazione ha la provvigione più vantaggiosa, propone l'immobile più caro ma con metratura più piccola;
- per l'immobile di 85 mq è richiesta una provvigione inferiore al 7% e l'agenzia che lo propone è Fondocasa.

49 **Quale immobile è proposto da Tecnocasa?**

A) quello la cui provvigione richiesta è del 7%
B) quello la cui provvigione richiesta è del 4%
C) l'immobile situato in Via Giacometti

50 **Euro 133.000 è il prezzo:**

A) dell'immobile sito in Via Giacometti
B) dell'immobile la cui provvigione è del 4%
C) dell'immobile proposto da Fondocasa

51 **Sulla base delle informazioni fornite, indicare l'affermazione corretta:**

A) la provvigione richiesta da Fondocasa è del 4%
B) la provvigione richiesta da Tecnocasa è del 3%
C) il prezzo dell'immobile di Via Amarena è di 164.000 euro

52 **Quale immobile sceglierebbe il Dott. Grassia se decidesse per quello che, in base al prezzo, è secondo in ordine crescente?**

A) l'immobile sito in Via Torti
B) quello la cui provvigione è del 5%
C) l'immobile di 75 mq

53 **Quale immobile è proposto da Tantecase?**

A) l'immobile la cui provvigione è del 7%
B) l'immobile di 80 mq
C) l'immobile la cui provvigione è del 3%

54 **Quale immobile sceglierebbe il Dott. Grassia se decidesse per quello che, in base alla percentuale della provvigione richiesta, è ultimo in ordine crescente?**

A) l'immobile il cui prezzo è 133.000 euro
B) l'immobile proposto da Tecnocasa
C) l'immobile proposto da Tantecase

Brano n. 10

Una laureata in psicologia non sa a quale corso di specializzazione partecipare fra quattro possibili:

1) La psicologia nel servizio pubblico;
2) Malessere e benessere;
3) Trauma in età evolutiva;
4) Depressione e comunicazione.

I costi per la partecipazione ai corsi di specializzazione sono: 570 euro, 680 euro, 770 euro e 850 euro, non necessariamente in quest'ordine.
I docenti dei corsi sono: Dott. Smeraldo, Dott. Romano, Dott.ssa Barbera e Dott.ssa Tanchedi, non necessariamente in quest'ordine. Le durate dei corsi sono di quattro, cinque, sei e nove mesi, non necessariamente in quest'ordine.

È inoltre noto che:

— il costo del corso tenuto dal Dott. Smeraldo è 570 euro;
— il corso Malessere e benessere ha una durata di cinque mesi e non è tenuto dal Dott. Romano;
— il costo del corso Depressione e comunicazione è superiore a 680 euro e ha una durata inferiore a nove mesi;
— il corso Trauma in età evolutiva, tenuto dalla Dott.ssa Barbera, costa 850 euro e dura quattro mesi.

55 **Qual è il corso che dura sei mesi?**

A) il corso tenuto dalla Dott.ssa Tanchedi
B) Depressione e comunicazione
C) il corso tenuto dal Dott. Smeraldo

56 **Qual è il corso che costa 680 euro?**

A) il corso la cui durata è nove mesi
B) il corso la cui durata è quattro mesi
C) il corso tenuto dalla Dott.ssa Tanchedi

57 **Quale corso ha la durata maggiore?**

A) il corso tenuto dal Dott. Romano
B) Malessere e benessere
C) La psicologia nel servizio pubblico

58 **Sulla base delle informazioni fornite, indicare l'affermazione corretta:**

A) Malessere e benessere è il corso il cui costo è 770 euro
B) Depressione e comunicazione è il corso tenuto dalla Dott.ssa Tanchedi
C) 570 euro è il costo del corso La psicologia nel servizio pubblico

59 **Quale corso di specializzazione sceglierebbe la laureata se decidesse per quello che, in base al costo, è terzo in ordine decrescente?**

A) Depressione e comunicazione
B) il corso la cui durata è di nove mesi
C) il corso tenuto dalla Dott.ssa Tanchedi

60 **Quale corso di specializzazione sceglierebbe la laureata se decidesse per quello che, in base alla durata, è terzo in ordine crescente?**

A) il corso il cui costo è 770 euro
B) il corso tenuto dalla Dott.ssa Tanchedi
C) il corso tenuto dal Dott. Smeraldo

Soluzioni

Questa tipologia di quesiti va risolta leggendo il brano e creando una tabella, i cui dati (estrapolati dal brano) vanno inseriti in parte utilizzando la tecnica del Sudoku e in parte così come il brano li suggerisce. Una volta completata la tabella è possibile rispondere ai quesiti relativi ad ogni brano.
Distinguiamo i dati diretti da quelli ricavati, utilizzando il corsivo per i primi ed il ***neretto*** *per i secondi.*

Brano n. 1

	Microsoft Surface	*Mediacom Smart*	*Samsung Galaxy*	*Lenovo IdeaTab*
Colore	*Argento*	*Bianco*	*Nero*	*Grigio*
Prezzo			646 euro	416 euro
Garanzia		*8 mesi*		

I dati inseriti in tabella sono quelli che sono forniti direttamente nel brano.

A questo punto dobbiamo ricavarci i dati indiretti (vedi tabella che segue) e sappiamo che il Samsung Galaxy costa 646 euro e il Lenovo IdeaTab costa 416 euro, inoltre sappiamo che il Mediacom Smart ha una garanzia di 8 mesi, quindi si deduce che:

— il tablet che costa 169 euro e che è garantito per 4 mesi è il Microsoft Surface;
— il Mediacom Smart costa 395 euro.

Resta da attribuire il periodo di garanzia al Samsung Galaxy e al Lenovo IdeaTab: sappiamo che i periodi di garanzia ancora non attribuiti sono dodici e quindici mesi, ma il brano dice che il Lenovo è garantito per un periodo inferiore a quindici mesi, ovvero 12 mesi, di conseguenza il Samsung è garantito per quindici mesi.

	Microsoft Surface	*Mediacom Smart*	*Samsung Galaxy*	*Lenovo IdeaTab*
Colore	*Argento*	*Bianco*	*Nero*	*Grigio*
Prezzo	**169 euro**	**395 euro**	*646 euro*	*416 euro*
Garanzia	**4 mesi**	*8 mesi*	**15 mesi**	**12 mesi**

Possiamo a questo punto rispondere alle sei domande che seguono:

1 **Risposta esatta: A**

2 **Risposta esatta: B**

3 **Risposta esatta: C**

4 **Risposta esatta: A**

5 **Risposta esatta: B**

6 **Risposta esatta: A**

Brano n. 2

	Ibrida	*Diesel*	*Gpl*	*Elettrica*
Colore				
Prezzo		*22.500 euro*		*32.200 euro*
Accessori opzionali			*Cerchioni in lega*	

I dati inseriti in tabella sono quelli che sono forniti direttamente nel brano.
A questo punto dobbiamo ricavarci i dati indiretti e sappiamo che l'autovettura gpl monta i cerchioni in lega, che quella elettrica costa 32.200 euro ma non ha il tettuccio apribile e che quella diesel costa 22.500 euro. Non conosciamo il prezzo dell'autovettura ibrida né di quella gpl, ma sappiamo

che l'auto con il cambio automatico (che non può essere quella gpl che ha già il suo optional certo) costa 17.700 euro, e per esclusione non può che essere quella ibrida.

Quindi si deduce che:

- l'autovettura ibrida costa 17.700, monta il cambio automatico ed è quindi di colore rosso;
- se l'elettrica non ha il tettuccio apribile allora per esclusione monta il navigatore ed è di colore bianco; lo monta la diesel, che è di colore marrone;
- il gpl costa, per esclusione, 28.800 euro ed è di colore blu, in quanto monta i cerchioni in lega;
- la diesel, per esclusione monta il tettuccio apribile ed è di colore marrone.

	Ibrida	*Diesel*	*Gpl*	*Elettrica*
Colore	**Rosso**	**Marrone**	**Blu**	**Bianco**
Prezzo	**17.700 euro**	*22.500 euro*	**28.800 euro**	*32.200 euro*
Accessori opzionali	**Cambio automatico**	**Tettuccio apribile**	*Cerchioni in lega*	**Navigatore**

Possiamo a questo punto rispondere alle sei domande che seguono:

7 **Risposta esatta: A**

8 **Risposta esatta: A**

9 **Risposta esatta: A**

10 **Risposta esatta: C**

11 **Risposta esatta: B**

12 **Risposta esatta: A**

Brano n. 3

	Giocca Hotel	*Castle Hotel*	*San Marco Hotel*	*Amelia Hotel*
n. stelle	*3 stelle*	*4 stelle*	*2 stelle*	*5 stelle*
Prezzo		*55 euro*		*80 euro*
Indirizzo			*Via Milano*	

I dati inseriti in tabella sono quelli che sono forniti direttamente nel brano.
A questo punto dobbiamo ricavarci i dati indiretti e sappiamo che 40 euro è il prezzo dell'hotel che si trova in via Monza, ma sappiamo che l'altro hotel di cui non conosciamo il prezzo si trova in via Milano, quindi si deduce che:

- il Giocca Hotel ha una tariffa di 40 euro e si trova in via Monza;
- il San Marco Hotel, per esclusione ha una tariffa di 60 euro.

Resta da attribuire gli indirizzi all'Amelia Hotel e al Castle Hotel. Sappiamo che il primo non si trova in via Roma, quindi per esclusione si trova in Via Piave, mentre il Castle Hotel è in via Roma.

	Giocca Hotel	*Castle Hotel*	*San Marco Hotel*	*Amelia Hotel*
n. stelle	*3 stelle*	*4 stelle*	*2 stelle*	*5 stelle*
Prezzo	**40 euro**	*55 euro*	**60 euro**	*80 euro*
Indirizzo	**Via Monza**	**Via Roma**	*Via Milano*	**Via Piave**

Possiamo a questo punto rispondere alle sei domande che seguono:

13 **Risposta esatta: C**

14 **Risposta esatta: C**

15 **Risposta esatta: C**

16 **Risposta esatta: C**

17 **Risposta esatta: C**

18 **Risposta esatta: C**

Brano n. 4

	Villa residence	*Marcigliana residence*	*San Marco residence*	*Parco Salario residence*
Servizi inclusi	*Prima colazione*	*Lavanderia*	*Cena*	*Pranzo*
Prezzo		*70 euro*		*100 euro*
Distanze			*300 m*	*800 m*

I dati inseriti in tabella sono quelli che sono forniti direttamente nel brano.
A questo punto dobbiamo ricavarci i dati indiretti e sappiamo che 65 euro è il prezzo del residence che dista 700 m dal luogo del corso, quindi si deduce che l'unico residence di cui non conosciamo nulla è Villa residence.

Per esclusione:

— il San Marco Hotel ha un prezzo di 85 euro;
— il Marcigliana residence dista 500 m dal luogo del corso.

	Villa residence	*Marcigliana residence*	*San Marco residence*	*Parco Salario residence*
Servizi inclusi	*Prima colazione*	*Lavanderia*	*Cena*	*Pranzo*
Prezzo	**65 euro**	70 euro	**85 euro**	100 euro
Distanze	**700m**	**500 m**	*300 m*	*800 m*

Possiamo a questo punto rispondere alle sei domande che seguono:

19 **Risposta esatta: A**

20 **Risposta esatta: C**

21 **Risposta esatta: A**

22 **Risposta esatta: A**

23 **Risposta esatta: C**

24 **Risposta esatta: B**

Brano n. 5

	Paesaggio	*Reportage*	*Architettura*	*Fotografare il corpo*
Docenti		*Luca Merano*		*Stefano Taddei*
Altro ruolo		*Direttore generale*		*Responsabile della Comunicazione*
Durate corsi			*4 mesi*	

I dati inseriti in tabella sono quelli che sono forniti direttamente nel brano.
A questo punto dobbiamo ricavarci i dati indiretti e sappiamo che il coordinatore didattico della scuola accademica, ovvero Saverio Palombo, è il docente del corso che dura due mesi, quindi si deduce che queste informazioni si riferiscono all'unico corso di cui non conosciamo nulla, cioè "Paesaggio".

Sappiamo che il corso tenuto da Stefano Taddei, "Fotografare il corpo" non dura tre mesi, quindi per esclusione:

— "Fotografare il corpo" dura 1 mese e "Reportage" dura 3 mesi;
— "Architettura è tenuto da Giorgio Valenti, responsabile della segreteria studenti.

	Paesaggio	*Reportage*	*Architettura*	*Fotografare il corpo*
Docenti	**Saverio Palombo**	*Luca Merano*	**Giorgio Valenti**	*Stefano Taddei*
Altro ruolo	**Coordinatore didattico**	*Direttore generale*	**Responsabile segreteria**	*Responsabile della Comunicazione*
Durate corsi	**2 mesi**	**3 mesi**	*4 mesi*	**1 mese**

Possiamo a questo punto rispondere alle sei domande che seguono:

25 Risposta esatta: A

26 Risposta esatta: A

27 Risposta esatta: C

28 Risposta esatta: A

29 Risposta esatta: C

30 Risposta esatta: A

Brano n. 6

	Silver fitness	*Aerobox*	*Gym bar*	*Pancafit*
Abbonamenti mensili			*85 euro*	*77 euro*
Servizi offerti		*Bokwa*	*Zumba*	
Quota iscrizione		*30 euro*	*25 euro*	*45 euro*

I dati inseriti in tabella sono quelli che sono forniti direttamente nel brano.
A questo punto dobbiamo ricavarci i dati indiretti. **I dati forniti dal brano non sono sufficienti a completare la tabella**.

Al solo scopo esercitativo proviamo a dedurre le informazioni mancanti dalle domande e dalle relative opzioni di risposta. Infatti, leggendo i quesiti e incrociando i dati si riesce a completare la tabella come segue.

Supponendo che la prima informazione fornita dal brano (ovvero che nella palestra dove è possibile praticare spinning si paga un abbonamento mensile di 57 euro) sia rivolta alla Silver fitness, per esclusione:

— la quota di iscrizione alla Silver fitness è di 50 euro;
— l'abbonamento mensile della Aerobox è di 68 euro;
— il servizio offerto dalla Pancafit è il pilates.

	Silver fitness	*Aerobox*	*Gym bar*	*Pancafit*
Abbonamenti mensili	**57 euro**	**68 euro**	*85 euro*	*77 euro*
Servizi offerti	**Spinning**	*Bokwa*	*Zumba*	**Pilates**
Quota iscrizione	**50 euro**	*30 euro*	*25 euro*	*45 euro*

Possiamo a questo punto rispondere alle sei domande che seguono:

31 Risposta esatta: C

32 Risposta esatta: C

33 Risposta esatta: A

34 Risposta esatta: C

35 Risposta esatta: C

36 Risposta esatta: C

Brano n.7

	Chitarra	*Violino*	*Piano*	*Arpa*
Durata corsi		*9 lezioni*		
Prezzo			*350 euro*	*340 euro*
Durata lezione		*Un'ora e mezza*		*Un'ora*

I dati inseriti in tabella sono quelli che sono forniti direttamente nel brano.
A questo punto dobbiamo ricavarci i dati indiretti. Per ogni corso abbiamo una o più informazioni, tranne che per il corso di chitarra, al quale per esclusione dobbiamo associare i seguenti dati: costo 290 euro, durata lezione cinquanta minuti, durata corso dieci lezioni.

Di conseguenza:

— il corso di violino costa 320 euro;
— la lezione del corso di piano dura due ore;
— il numero delle lezioni del corso di arpa è inferiore a 14, ma può essere solo di dodici;
— di conseguenza il corso di piano dura 14 lezioni.

	Chitarra	*Violino*	*Piano*	*Arpa*
Durata corsi	**10 lezioni**	*9 lezioni*	**14 lezioni**	**12 lezioni**
Prezzo	**290 euro**	**320 euro**	*350 euro*	*340 euro*
Durata lezione	**Cinquanta minuti**	*Un'ora e mezza*	**Due ore**	*Un'ora*

Possiamo a questo punto rispondere alle sei domande che seguono:

37 **Risposta esatta:** C

38 **Risposta esatta:** B

39 **Risposta esatta:** B

40 **Risposta esatta:** C

41 **Risposta esatta:** B

42 **Risposta esatta:** B

Brano n. 8

	Concorso "Salvatore Quasimodo"	*Concorso "la voce della natura"*	*Premio Carla Boero"*	*Concorso "Cardinal Branda Castiglioni"*
Lunghezza poesie	*36 versi*	*15 versi*	*21 versi*	*30 versi*
Quota di partecipazione		*7 euro*		*12 euro*
Città			*Milano*	

I dati inseriti in tabella sono quelli che sono forniti direttamente nel brano.
A questo punto dobbiamo ricavarci i dati indiretti: sappiamo che sono già assegnate le quote 7 e 12 euro e la quota di 5 euro è assegnata al concorso che si terrà a Torino, quindi si deduce che il concorso è "Salvatore Quasimodo".
Sappiamo che il concorso "Cardinal Branda Castiglioni non si svolgerà a Roma, di conseguenza la città sarà Venezia e a Roma si svolgerà il Concorso "La voce della natura".
Infine, per esclusione, la quota di partecipazione al concorso "Carla Boero" è di 10 euro.

	Concorso "Salvatore Quasimodo"	*Concorso "la voce della natura"*	*Premio "Carla Boero"*	*Concorso "Cardinal Branda Castiglioni"*
Lunghezza poesie	*36 versi*	*15 versi*	*21 versi*	*30 versi*
Quota di partecipazione	**5 euro**	*7 euro*	**10 euro**	12 euro
Città	**Torino**	**Roma**	*Milano*	**Venezia**

Possiamo a questo punto rispondere alle sei domande che seguono:

43 **Risposta esatta:** B

44 **Risposta esatta:** A

45 **Risposta esatta:** A

46 **Risposta esatta:** C

47 **Risposta esatta:** C

48 **Risposta esatta:** B

Brano n. 9

	Immobile 65 mq	*Immobile 75 mq*	*Immobile 80 mq*	*Immobile 85 mq*
Indirizzo	*Via Amarena*	*Via Imperiale*	*Via Giacometti*	*Via Torti*
Agenzia immobiliare	*Bardazzi*	*Tecnocasa*		*Fondocasa*
Prezzi	*190.000 euro*	*125.000 euro*		
Provvigioni	*3%*		*5 %*	*4%*

I dati inseriti in tabella sono quelli che sono forniti direttamente nel brano.
A questo punto dobbiamo ricavarci i dati indiretti: sappiamo che tutti gli immobili, tranne quello di 80 mq, hanno l'agenzia immobiliare di riferimento, quindi si deduce che l'agenzia immobiliare Tantecase è quella assegnata all'immobile in via Giacometti.
Sappiamo che il prezzo dell'immobile sito in via Giacometti è inferiore a 164.000 euro, quindi il suo prezzo può essere solo 133.000 euro, di conseguenza il prezzo dell'immobile sito in via Torti è di 164.000 euro.
Per esclusione, la provvigione per l'immobile di 75 mq è del 7%.

	Immobile 65 mq	*Immobile 75 mq*	*Immobile 80 mq*	*Immobile 85 mq*
Indirizzo	*Via Amarena*	*Via Imperiale*	*Via Giacometti*	*Via Torti*
Agenzia immobiliare	*Bardazzi*	*Tecnocasa*	**Tantecase**	*Fondocasa*
Prezzi	*190.000 euro*	*125.000 euro*	**133.000 euro**	**164.000 euro**
Provvigioni	*3%*	**7%**	*5 %*	*4%*

Possiamo a questo punto rispondere alle sei domande che seguono:

49 **Risposta esatta:** A

50 **Risposta esatta:** A

51 **Risposta esatta:** A

52 **Risposta esatta:** B

53 **Risposta esatta:** B

54 **Risposta esatta:** B

Brano n. 10

	La psicologia nel servizio pubblico	*Malessere e benessere*	*Trauma in età evolutiva*	*Depressione e comunicazione*
Prezzi			*850 euro*	
Docenti			*Dott.ssa Barbera*	
Durata		*5 mesi*	*4 mesi*	

I dati inseriti in tabella sono quelli che sono forniti direttamente nel brano.
A questo punto dobbiamo ricavarci i dati indiretti: sappiamo che il costo del corso "Depressione e comunicazione" è superiore a 680 euro, quindi tra le opzioni ancora disponibili solo 770 euro risponde al criterio. Con lo stesso ragionamento, sapendo che il corso in esame ha una durata inferiore a 9 mesi, tra le opzioni ancora disponibili c'è solo 6 mesi.
Di conseguenza il corso "La psicologia nel servizio pubblico" ha una durata di 9 mesi.
Può capitare di non poter dedurre tutti i dati dal brano, quindi ci serviamo dei dati a disposizione per rispondere ai quiz, andando per esclusione. Al quiz 55 possiamo rispondere perché il dato è disponibile; lo stesso vale per il quiz 57. Prima di rispondere al quiz 56 risolviamo il quiz 58, da cui si deduce che, essendo false le risposte A e B, l'unica vera deve essere la C, quindi il corso "La psicologia nel servizio pubblico" costa 570 euro. Di conseguenza il costo del corso "malessere e benessere" è di 680 euro, quindi possiamo rispondere anche ai quiz 56, 59 e 60.

	La psicologia nel servizio pubblico	*Malessere e benessere*	*Trauma in età evolutiva*	*Depressione e comunicazione*
Prezzi	**570 euro**	**680 euro**	*850 euro*	**770 euro**
Docenti	**Dott. Smeraldo**	**Dott.ssa Tanchedi**	*Dott.ssa Barbera*	**Dott. Romano**
Durata	**9 mesi**	*5 mesi*	*4 mesi*	**6 mesi**

Possiamo a questo punto rispondere alle sei domande che seguono:

55 **Risposta esatta: B**

56 **Risposta esatta: C**

57 **Risposta esatta: C**

58 **Risposta esatta: C**

59 **Risposta esatta: C**

60 **Risposta esatta: A**

14
Relazioni insiemistiche

Talvolta nei quiz di logica è presente una categoria di domande che richiede di associare 3 elementi a una determinata rappresentazione insiemistica attraverso i **diagrammi di Eulero-Venn**.

Si definisce **intersezione A ∩ B** il sottoinsieme in cui sono contenuti gli elementi di A che contemporaneamente appartengono anche all'insieme B.

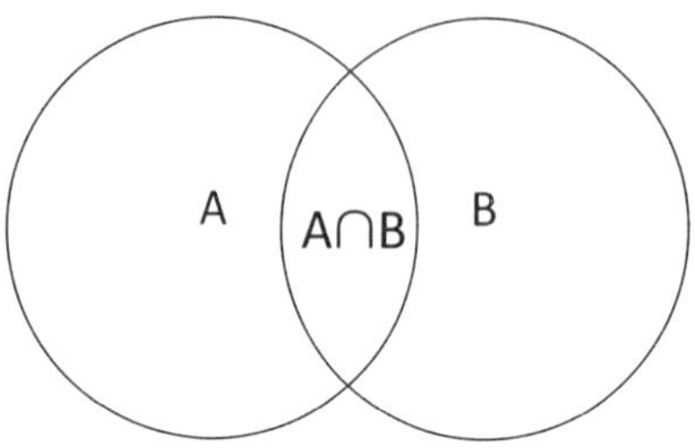

La traslitterazione di questo concetto è nella frase: «*Alcuni A appartengono ad A*», ma vale anche l'inverso, cioè «*Alcuni B appartengono a B*», cosicché, unendo le due proposizioni, si avrà: «*Esistono alcuni elementi che appartengono contemporaneamente ad A e a B*».

Si definisce **unione A ∪ B** l'insieme costituito dagli elementi di A che appartengono anche all'insieme B. La traslitterazione di questo concetto si esprime considerando gli elementi che appartengono ad A oppure a B.

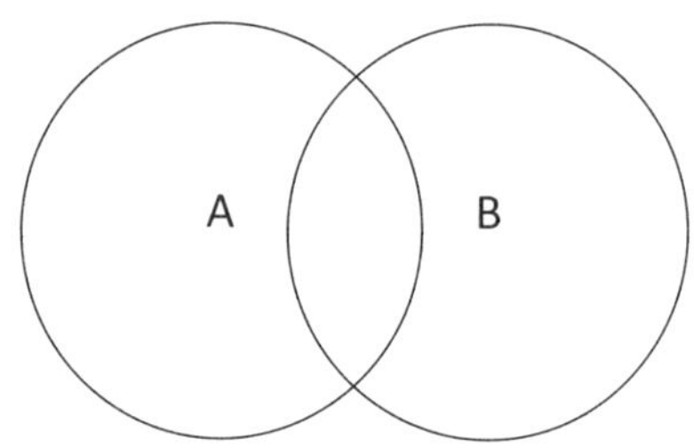

A∪B

Altrettanto utile nella risoluzione dei quiz è il *concetto di inclusione*, in virtù del quale un insieme A è incluso nell'insieme B quando tutti gli elementi di A appartengono anche all'insieme B (**A ⊂ B**). Si tenga presente che non è necessariamente vero il contrario: esistono elementi di B che non sono inclusi in A. Tuttavia, qualora sia verificato che anche tutti gli elementi di B sono inclusi in A (**B ⊂ A**), allora A e B si dicono coincidenti (**A ≡ B**).

A⊂B

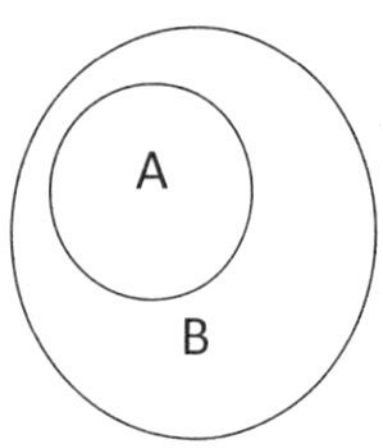

In genere vengono utilizzati diagrammi come quelli riportati di seguito, dove è necessario associare 3 categorie e definire a quale rappresentazione insiemistica corrispondano.

DIAGRAMMA 1 DIAGRAMMA 2 DIAGRAMMA 3 DIAGRAMMA 4 DIAGRAMMA 5 DIAGRAMMA 6 DIAGRAMMA 7

Esempio n. 1
Osservando la figura in alto, indicare il diagramma che soddisfa la relazione insiemistica esistente tra: personaggi famosi / persone nate a Milano / statue equestri

A) diagramma 1
B) diagramma 4
C) diagramma 6
D) diagramma 7

Bisogna porsi la domanda: «Esistono personaggi famosi che siano nati a Milano?». Se la risposta è affermativa, significa che esiste un'intersezione tra i due insiemi. Non ci si trova nel caso in cui tutti i personaggi famosi sono nati a Milano, ma neppure nel caso opposto, ossia che tutte le persone nate a Milano sono personaggi famosi. S'intuisce immediatamente, però, che non esistono connessioni con le statue equestri: nessuna statua equestre può essere un personaggio famoso (inteso come vivente), così come nessuna persona nata a Milano può essere una statua equestre. Dunque si avrà un'intersezione fra due insiemi, mentre un terzo insieme non presenta alcuna intersezione con gli altri. Di conseguenza, quello rappresentativo è il **diagramma 1**. Risposta esatta: **A**

Esempio n. 2
tori / maiali / suini

A) diagramma 1
B) diagramma 2
C) diagramma 5
D) diagramma 6

Tutti i maiali sono suini, ma ci sono suini che non sono maiali (ad esempio, i cinghiali), quindi tra maiali e suini esiste un rapporto d'inclusione completa (non esistono maiali che non siano suini). Tuttavia, sicuramente, i tori non appartengono alla classe dei suini: l'intersezione fra tori e suini (e quindi anche fra tori e maiali) è data dall'insieme vuoto. Pertanto quello rappresentativo è il **diagramma 2**. Risposta esatta: **B**

Esempio n. 3
mele / pere / frutta raccolta quest'anno

A) diagramma 1
B) diagramma 2
C) diagramma 3
D) diagramma 5

Una parte della frutta raccolta quest'anno è costituita da mele o pere. Viceversa, non tutte le pere e le mele appartengono alla frutta raccolta quest'anno, né tutta la frutta raccolta quest'anno è costituita solo da pere e mele. Ciò significa che esiste una relazione d'intersezione tra l'insieme della frutta raccolta quest'anno e le mele, così come analoga relazione sussiste anche con le pere. Si dovrà verificare, ora, la relazione che intercorre tra mele e pere. Nessuna mela si può classificare come pera, e viceversa, per cui non può esserci alcuna intersezione tra i due insiemi. In questo caso, perciò, quello rappresentativo è il **diagramma 3**. Risposta esatta: **C**

Esempio n. 4
15 < X < 20 / 5 < X < 30 / 10 < X < 25

A) diagramma 2
B) diagramma 4
C) diagramma 6
D) diagramma 7

Con gli intervalli numerici è più semplice determinare il rapporto d'inclusione. Il secondo intervallo]5, 30[è il più esteso. In esso è incluso l'intervallo]10, 25[che a sua volta include l'intervallo]15, 20[. Pertanto, quello così descritto non può che essere il **diagramma 4**. Risposta esatta: **B**

Esempio n. 5
pescatori napoletani / pescatori biondi / pescatori con più di 32 anni

A) diagramma 1
B) diagramma 3
C) diagramma 5
D) diagramma 7

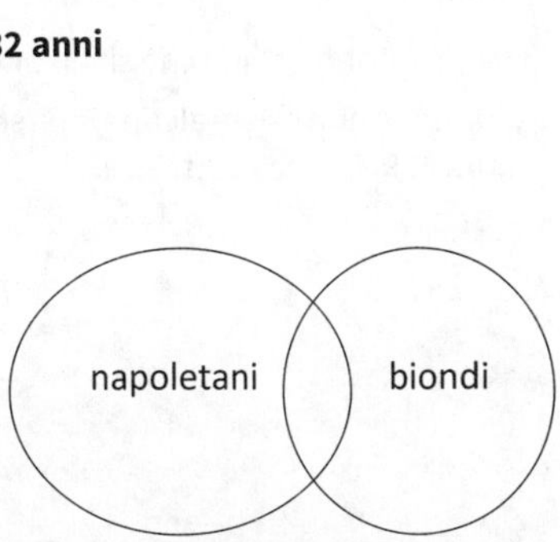

Proviamo a schematizzare le domande che dobbiamo porci per verificare le intersezioni:

— Esistono pescatori napoletani che siano biondi? SÌ
— Tutti i pescatori napoletani sono biondi? NO
— I pescatori biondi sono tutti napoletani? NO

La prima risposta fa comprendere che esiste un'intersezione tra i due insiemi; la seconda e la terza risposta definiscono che non esistono rapporti d'inclusione.

Le stesse domande possono essere poste prendendo in considerazione altri due insiemi:

— Esistono pescatori napoletani che abbiano più di 32 anni? SÌ
— Tutti i pescatori napoletani hanno più di 32 anni? NO
— I pescatori con più di 32 anni sono tutti napoletani? NO

Quindi, anche in questo caso si avrà un'intersezione e nessun rapporto d'inclusione nell'uno o nell'altro insieme. Bisogna tener conto anche delle informazioni desunte in precedenza: i pescatori napoletani hanno un'intersezione sia con i pescatori biondi, sia con i pescatori con più di 32 anni. Nulla, al momento, possiamo dire della relazione intercorrente tra i pescatori biondi e quelli con più di 32 anni.

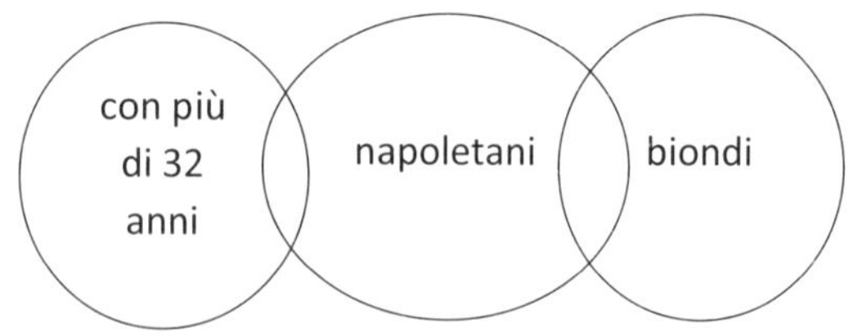

Per definire l'ultima relazione dovranno essere presi in considerazione i due insiemi rimasti:

— Esistono pescatori biondi che abbiano più di 32 anni? SÌ
— Tutti i pescatori biondi hanno più di 32 anni? NO
— I pescatori con più di 32 anni sono tutti biondi? NO

La relazione che intercorre è la stessa vista in precedenza, per cui esisterà una relazione d'intersezione anche tra i pescatori con più di 32 anni e i pescatori biondi.

L'ultima domanda da porsi è:

— Esistono pescatori biondi che abbiano più di 32 anni e che siano napoletani? SÌ

Dunque esisterà anche un'intersezione fra i tre insiemi, sicché quello rappresentativo è il **diagramma 5**. Risposta esatta: **C**

Esempio n. 6:
galline / rettili / anfibi

A) diagramma 1
B) diagramma 3
C) diagramma 5
D) diagramma 6

Anche in questo caso si può procedere con una sequenza di domande per definire le relazioni intercorrenti:

— Esistono galline che siano anche rettili? NO

Già con questa risposta si definisce l'assenza d'intersezioni ed è possibile passare ad esaminare un'altra coppia di elementi:

— Esistono rettili che siano anche anfibi? NO

Quindi non esiste alcuna intersezione neanche fra questi due insiemi.

Infine:

— Esistono galline che siano anche anfibi? NO

Dunque non esiste alcuna intersezione fra i tre insiemi, per cui quello rappresentativo è il **diagramma 6**. Risposta esatta: **D**

Test di verifica

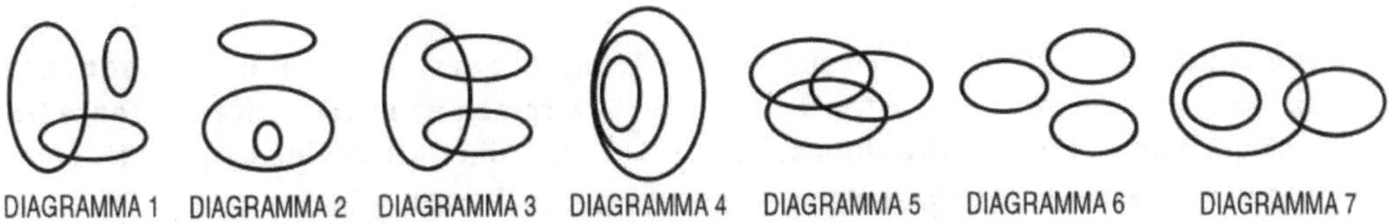

1 **Individuare il diagramma che soddisfa la relazione insiemistica esistente tra i termini dati: Piante, Querce, Vegetali**

A) diagramma 6
B) diagramma 3
C) diagramma 2
D) diagramma 4

2 **Individuare il diagramma che soddisfa la relazione insiemistica esistente tra i termini dati: Schermi, Tastiere, Processori**

A) diagramma 1
B) diagramma 4
C) diagramma 6
D) diagramma 2

3 **Individuare il diagramma che soddisfa la relazione insiemistica esistente tra i termini dati: Numeri maggiori di quattro, Numeri maggiori di due, Numeri**

A) diagramma 5
B) diagramma 4
C) diagramma 6
D) diagramma 1

4 **Individuare il diagramma che soddisfa la relazione insiemistica esistente tra i termini dati: Bevande, Succhi di frutta, Bevande non alcoliche**

A) diagramma 2
B) diagramma 1
C) diagramma 4
D) diagramma 5

5 **Individuare il diagramma che soddisfa la relazione insiemistica esistente tra i termini dati: Pantaloni, Capi d'abbigliamento, Pantaloni di velluto**

A) diagramma 4
B) diagramma 2
C) diagramma 1
D) diagramma 5

6 **Individuare il diagramma che soddisfa la relazione insiemistica esistente tra i termini dati: Inglesi, Persone alte, Laureati**

A) diagramma 4
B) diagramma 2
C) diagramma 1
D) diagramma 5

7 **Individuare il diagramma che soddisfa la relazione insiemistica esistente tra i termini dati: Assi, Carte di fiori, Carte di quadri**

A) diagramma 2
B) diagramma 6
C) diagramma 3
D) diagramma 1

8 **Individuare il diagramma che soddisfa la relazione insiemistica esistente tra i termini dati: Piramidi, Monumenti egizi, Obelischi**

A) diagramma 3
B) diagramma 6
C) diagramma 1
D) diagramma 5

9 **Individuare il diagramma che soddisfa la relazione insiemistica esistente tra i termini dati: Conducenti di autobus, Cittadini di Sassari, Persone simpatiche**

A) diagramma 5
B) diagramma 2
C) diagramma 1
D) diagramma 4

10 **Individuare il diagramma che soddisfa la relazione insiemistica esistente tra i termini dati: Uomini, Uomini nati prima del 1933, Uomini nati prima del 1961**

A) diagramma 2
B) diagramma 5
C) diagramma 3
D) diagramma 4

11 **Individuare il diagramma che soddisfa la relazione insiemistica esistente tra i termini dati: Sorelle, Parenti, Appartamenti**

A) diagramma 5
B) diagramma 2
C) diagramma 1
D) diagramma 6

12 **Individuare il diagramma che soddisfa la relazione insiemistica esistente tra i termini dati: Editori, Giornali, Quotidiani locali**

A) diagramma 1
B) diagramma 6
C) diagramma 2
D) diagramma 3

13 **Individuare il diagramma che soddisfa la relazione insiemistica esistente tra i termini dati: Biondi, Persone con i capelli ricci, Castani**

A) diagramma 5
B) diagramma 3
C) diagramma 6
D) diagramma 1

14 **Individuare il diagramma che soddisfa la relazione insiemistica esistente tra i termini dati: Alpinismo, Atletica leggera, Danza**

A) diagramma 2
B) diagramma 1
C) diagramma 5
D) diagramma 6

15 **Individuare il diagramma che soddisfa la relazione insiemistica esistente tra i termini dati: Numeri divisibili per 6, Numeri pari, Numeri divisibili per 30**

A) diagramma 6
B) diagramma 4
C) diagramma 3
D) diagramma 2

16 **Individuare il diagramma che soddisfa la relazione insiemistica esistente tra i termini dati: Calze, Giacche, Oggetti in cotone**

A) diagramma 1
B) diagramma 2
C) diagramma 5
D) diagramma 3

17 **Individuare il diagramma che soddisfa la relazione insiemistica esistente tra i termini dati: Fumo, Polmoni, Laringe**

A) diagramma 1
B) diagramma 6
C) diagramma 5
D) diagramma 2

18 **Individuare il diagramma che soddisfa la relazione insiemistica esistente tra i termini dati: Medici, Laureati, Atenei**

A) diagramma 2
B) diagramma 6
C) diagramma 7
D) diagramma 1

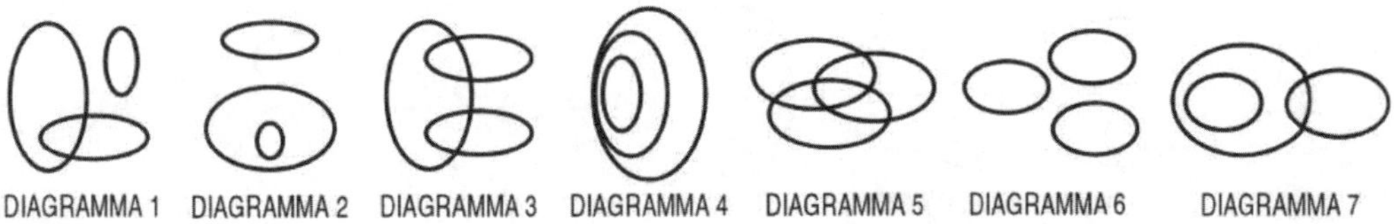

19 **Individuare il diagramma che soddisfa la relazione insiemistica esistente tra i termini dati: Anni luce, Watt, Volt**

A) diagramma 2
B) diagramma 6
C) diagramma 1
D) diagramma 4

20 **Individuare il diagramma che soddisfa la relazione insiemistica esistente tra i termini dati: Pesci, Gufi, Uccelli**

A) diagramma 1
B) diagramma 2
C) diagramma 3
D) diagramma 5

21 **Individuare il diagramma che soddisfa la relazione insiemistica esistente tra i termini dati: Disegni, Fotografie, Matite**

A) diagramma 6
B) diagramma 3
C) diagramma 4
D) diagramma 1

22 **Individuare il diagramma che soddisfa la relazione insiemistica esistente tra i termini dati: Pasticceri, Anziani, Texani**

A) diagramma 5
B) diagramma 3
C) diagramma 4
D) diagramma 6

23 **Individuare il diagramma che soddisfa la relazione insiemistica esistente tra i termini dati: Numeri compresi tra 4 e 7, Numeri compresi tra 5 e 11, Numeri compresi tra 9 e 14**

A) diagramma 3
B) diagramma 6
C) diagramma 4
D) diagramma 2

24 **Individuare il diagramma che soddisfa la relazione insiemistica esistente tra i termini dati: Uomini, Deputati, Senatori**

A) diagramma 2
B) diagramma 5
C) diagramma 1
D) diagramma 3

25 **Individuare il diagramma che soddisfa la relazione insiemistica esistente tra i termini dati: Tramvieri di San Francisco, Tramvieri con più di 3 anni d'esperienza, Persone di nome John**

A) diagramma 2
B) diagramma 5
C) diagramma 1
D) diagramma 4

26 **Individuare il diagramma che soddisfa la relazione insiemistica esistente tra i termini dati: Saggi di letteratura, Saggi in lingua inglese, Maestri**

A) diagramma 5
B) diagramma 3
C) diagramma 6
D) diagramma 1

27 **Individuare il diagramma che soddisfa la relazione insiemistica esistente tra i termini dati: Fiori, Vegetali, Camelie**

A) diagramma 4
B) diagramma 5
C) diagramma 1
D) diagramma 2

28 **Individuare il diagramma che soddisfa la relazione insiemistica esistente tra i termini dati: Studenti, Persone che parlano inglese, Città della Gran Bretagna**

A) diagramma 2
B) diagramma 5
C) diagramma 1
D) diagramma 3

DIAGRAMMA 1 DIAGRAMMA 2 DIAGRAMMA 3 DIAGRAMMA 4 DIAGRAMMA 5 DIAGRAMMA 6 DIAGRAMMA 7

29 **Individuare il diagramma che soddisfa la relazione insiemistica esistente tra i termini dati: Medici, Siringhe, Aspirine**

A) diagramma 6
B) diagramma 5
C) diagramma 4
D) diagramma 1

30 **Individuare il diagramma che soddisfa la relazione insiemistica esistente tra i termini dati: Milanesi, Milanisti, Palloni da calcio**

A) diagramma 4
B) diagramma 1
C) diagramma 2
D) diagramma 6

31 **Individuare il diagramma che soddisfa la relazione insiemistica esistente tra i termini dati: Sacerdoti, Persone calve, Poliziotti**

A) diagramma 3
B) diagramma 4
C) diagramma 2
D) diagramma 1

32 **Individuare il diagramma che soddisfa la relazione insiemistica esistente tra i termini dati: Automobili rosse, Automobili diesel, Automobili italiane**

A) diagramma 1
B) diagramma 4
C) diagramma 6
D) diagramma 5

33 **Individuare il diagramma che soddisfa la relazione insiemistica esistente tra i termini dati: Fogli di carta, Divani, Oggetti di colore bianco**

A) diagramma 1
B) diagramma 2
C) diagramma 5
D) diagramma 3

34 **Individuare il diagramma che soddisfa la relazione insiemistica esistente tra i termini dati: Numeri compresi tra 7 e 10, Numeri compresi tra 1 e 25, Numeri compresi tra 4 e 20**

A) diagramma 5
B) diagramma 4
C) diagramma 2
D) diagramma 1

35 **Individuare il diagramma che soddisfa la relazione insiemistica esistente tra i termini dati: Cantanti, Cittadini italiani, Persone benestanti**

A) diagramma 2
B) diagramma 6
C) diagramma 5
D) diagramma 4

36 **Individuare il diagramma che soddisfa la relazione insiemistica esistente tra i termini dati: Stilisti, Americani, Riviste**

A) diagramma 1
B) diagramma 2
C) diagramma 5
D) diagramma 3

37 **Individuare il diagramma che soddisfa la relazione insiemistica esistente tra i termini dati: Mobili, Falegnami, Tavoli**

A) diagramma 5
B) diagramma 1
C) diagramma 3
D) diagramma 2

38 **Individuare il diagramma che soddisfa la relazione insiemistica esistente tra i termini dati: Numeri compresi tra 1 e 22, Numeri compresi tra 5 e 11, Numeri pari divisibili per 7**

A) diagramma 1
B) diagramma 3
C) diagramma 7
D) diagramma 5

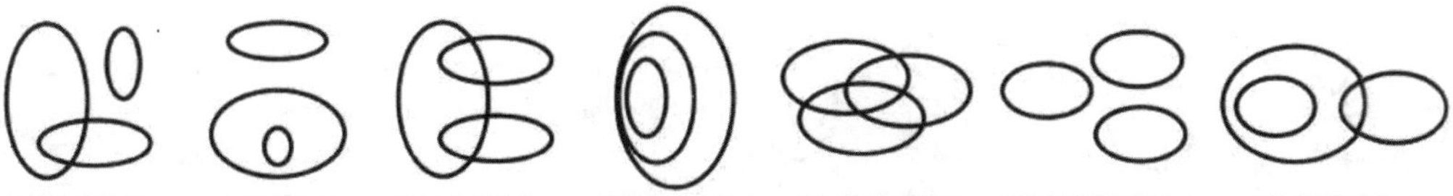

39 **Individuare il diagramma che soddisfa la relazione insiemistica esistente tra i termini dati: Società italiane, Società quotate in una Borsa, Dirigenti**

A) diagramma 3
B) diagramma 5
C) diagramma 1
D) diagramma 4

40 **Individuare il diagramma che soddisfa la relazione insiemistica esistente tra i termini dati: Verbi transitivi, Verbi della prima coniugazione, Avverbi**

A) diagramma 2
B) diagramma 4
C) diagramma 3
D) diagramma 1

41 **Individuare il diagramma che soddisfa la relazione insiemistica esistente tra i termini dati: Città d'arte, Città italiane, Laghi italiani**

A) diagramma 1
B) diagramma 6
C) diagramma 3
D) diagramma 7

42 **Individuare il diagramma che soddisfa la relazione insiemistica esistente tra i termini dati: Pastori europei, Pastori sardi, Pecore**

A) diagramma 6
B) diagramma 3
C) diagramma 2
D) diagramma 1

43 **Individuare il diagramma che soddisfa la relazione insiemistica esistente tra i termini dati: Persone di colore, Ingegneri, Olandesi**

A) diagramma 1
B) diagramma 6
C) diagramma 5
D) diagramma 3

44 **Individuare il diagramma che soddisfa la relazione insiemistica esistente tra i termini dati: Sostantivi di genere maschile, Sostantivi plurali, Pronomi**

A) diagramma 1
B) diagramma 2
C) diagramma 3
D) diagramma 4

45 **Individuare il diagramma che soddisfa la relazione insiemistica esistente tra i termini dati: Persone sane, Italiani, Anziani**

A) diagramma 1
B) diagramma 4
C) diagramma 5
D) diagramma 2

46 **Individuare il diagramma che soddisfa la relazione insiemistica esistente tra i termini dati: Biondi, Farmacisti, Italiani**

A) diagramma 5
B) diagramma 4
C) diagramma 7
D) diagramma 1

47 **Individuare il diagramma che soddisfa la relazione insiemistica esistente tra i termini dati: Piloti, Biondi, Genovesi**

A) diagramma 6
B) diagramma 1
C) diagramma 5
D) diagramma 3

48 **Individuare il diagramma che soddisfa la relazione insiemistica esistente tra i termini dati: Musei, Discoteche, Librerie**

A) diagramma 3
B) diagramma 6
C) diagramma 4
D) diagramma 2

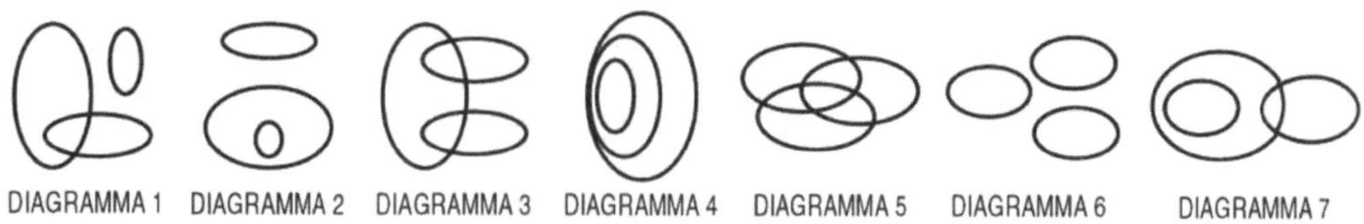

49 **Individuare il diagramma che soddisfa la relazione insiemistica esistente tra i termini dati: Anelli, Collane, Oggetti d'oro**

A) diagramma 2
B) diagramma 3
C) diagramma 1
D) diagramma 5

50 **Individuare il diagramma che soddisfa la relazione insiemistica esistente tra i termini dati: Persone di sesso maschile, Persone di sesso femminile, Donatori di sangue**

A) diagramma 2
B) diagramma 1
C) diagramma 3
D) diagramma 4

51 **Individuare il diagramma che soddisfa la relazione insiemistica esistente tra i termini dati: Librerie, Quadri, Lampade**

A) diagramma 4
B) diagramma 6
C) diagramma 1
D) diagramma 2

52 **Individuare il diagramma che soddisfa la relazione insiemistica esistente tra i termini dati: Pescatori tarantini, Pescatori con più di trentadue anni, Pescatori bruni**

A) diagramma 5
B) diagramma 6
C) diagramma 3
D) diagramma 1

53 **Individuare il diagramma che soddisfa la relazione insiemistica esistente tra i termini dati: Cittadini francesi, Persone alte, Persone bionde**

A) diagramma 1
B) diagramma 4
C) diagramma 5
D) diagramma 6

54 **Individuare il diagramma che soddisfa la relazione insiemistica esistente tra i termini dati: Strumenti musicali, strumenti a fiato, trombe**

A) diagramma 4
B) diagramma 2
C) diagramma 6
D) diagramma 5

55 **Individuare il diagramma che soddisfa la relazione insiemistica esistente tra i termini dati: Pesci, Orate, Laghi**

A) diagramma 6
B) diagramma 4
C) diagramma 2
D) diagramma 1

56 **Individuare il diagramma che soddisfa la relazione insiemistica esistente tra i termini dati: Persone tenaci, Conducenti di autobus, Appassionati di Formula 1**

A) diagramma 4
B) diagramma 5
C) diagramma 1
D) diagramma 2

57 **Individuare il diagramma che soddisfa la relazione insiemistica esistente tra i termini dati: Materiali utilizzati per la costruzione di un'automobile, Componenti di acciaio, Componenti di plastica**

A) diagramma 4
B) diagramma 1
C) diagramma 3
D) diagramma 6

58 **Individuare il diagramma che soddisfa la relazione insiemistica esistente tra i termini dati: Organi dell'apparato respiratorio, Organi del corpo umano, Polmoni**

A) diagramma 4
B) diagramma 3
C) diagramma 1
D) diagramma 2

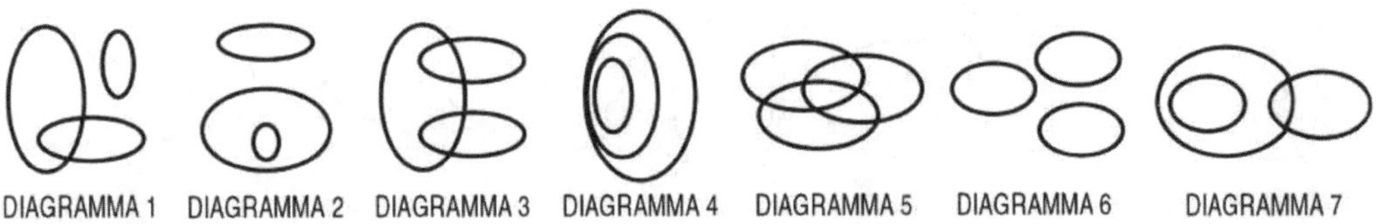

59 **Individuare il diagramma che soddisfa la relazione insiemistica esistente tra i termini dati: Persone simpatiche, Residenti a Roma, Persone di nome Mario**

A) diagramma 5
B) diagramma 4
C) diagramma 1
D) diagramma 2

60 **Individuare il diagramma che soddisfa la relazione insiemistica esistente tra i termini dati: Astemi, Pensionati, Cittadini italiani**

A) diagramma 4
B) diagramma 1
C) diagramma 5
D) diagramma 2

61 **Individuare il diagramma che soddisfa la relazione insiemistica esistente tra i termini dati: Madrileni, Europei, Cittadini spagnoli**

A) diagramma 5
B) diagramma 3
C) diagramma 2
D) diagramma 4

62 **Individuare il diagramma che soddisfa la relazione insiemistica esistente tra i termini dati: Custodi, Amanti della letteratura, Celibi**

A) diagramma 4
B) diagramma 5
C) diagramma 2
D) diagramma 1

63 **Individuare il diagramma che soddisfa la relazione insiemistica esistente tra i termini dati: Oggetti di arredamento, Oggetti di produzione francese, Città francesi**

A) diagramma 5
B) diagramma 1
C) diagramma 3
D) diagramma 6

64 **Individuare il diagramma che soddisfa la relazione insiemistica esistente tra i termini dati: Strumenti musicali, Flauti, Strumenti musicali a fiato**

A) diagramma 5
B) diagramma 3
C) diagramma 6
D) diagramma 4

65 **Individuare il diagramma che soddisfa la relazione insiemistica esistente tra i termini dati: Americani, Biondi, Sassofonisti**

A) diagramma 5
B) diagramma 4
C) diagramma 2
D) diagramma 1

66 **Individuare il diagramma che soddisfa la relazione insiemistica esistente tra i termini dati: Forchette, Sedie, Oggetti in plastica**

A) diagramma 5
B) diagramma 3
C) diagramma 4
D) diagramma 2

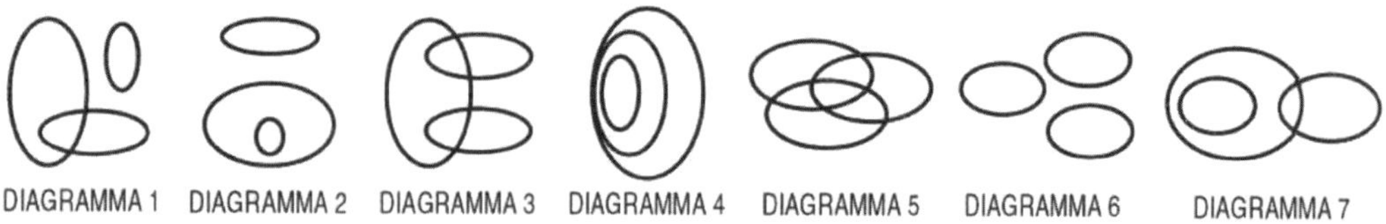

67 **Individuare il diagramma che soddisfa la relazione insiemistica esistente tra i termini dati: Tori, Maiali, Suini**

A) diagramma 4
B) diagramma 1
C) diagramma 2
D) diagramma 3

68 **Individuare il diagramma che soddisfa la relazione insiemistica esistente tra i termini dati: Manichini, Scaffali, Oggetti di proprietà di un centro commerciale**

A) diagramma 5
B) diagramma 1
C) diagramma 3
D) diagramma 2

69 **Individuare il diagramma che soddisfa la relazione insiemistica esistente tra i termini dati: Parigini, Europei, Cittadini francesi**

A) diagramma 5
B) diagramma 1
C) diagramma 3
D) diagramma 4

70 **Individuare il diagramma che soddisfa la relazione insiemistica esistente tra i termini dati: Cani, Gatti, Uccelli**

A) diagramma 4
B) diagramma 6
C) diagramma 5
D) diagramma 2

71 **Individuare il diagramma che soddisfa la relazione insiemistica esistente tra i termini dati: Seggioline di plastica, Porte, Elementi utilizzati per la costruzione di uno stadio**

A) diagramma 5
B) diagramma 4
C) diagramma 1
D) diagramma 3

72 **Individuare il diagramma che soddisfa la relazione insiemistica esistente tra i termini dati: Gruppi musicali, Rolling Stones, Concerti**

A) diagramma 2
B) diagramma 5
C) diagramma 6
D) diagramma 4

73 **Individuare il diagramma che soddisfa la relazione insiemistica esistente tra i termini dati: Mantovani, Salernitani, Farmacisti**

A) diagramma 6
B) diagramma 1
C) diagramma 5
D) diagramma 3

74 **Individuare il diagramma che soddisfa la relazione insiemistica esistente tra i termini dati: Analfabeti, Inglesi, Disoccupati**

A) diagramma 4
B) diagramma 5
C) diagramma 6
D) diagramma 3

75 **Individuare il diagramma che soddisfa la relazione insiemistica esistente tra i termini dati: Calvi, Ciclisti, Belgi**

A) diagramma 3
B) diagramma 2
C) diagramma 5
D) diagramma 1

76 **Individuare il diagramma che soddisfa la relazione insiemistica esistente tra i termini dati: Numeri compresi tra 10 e 20, Numeri compresi tra 10 e 50, Numeri compresi tra 10 e 30**

A) diagramma 1
B) diagramma 2
C) diagramma 6
D) diagramma 4

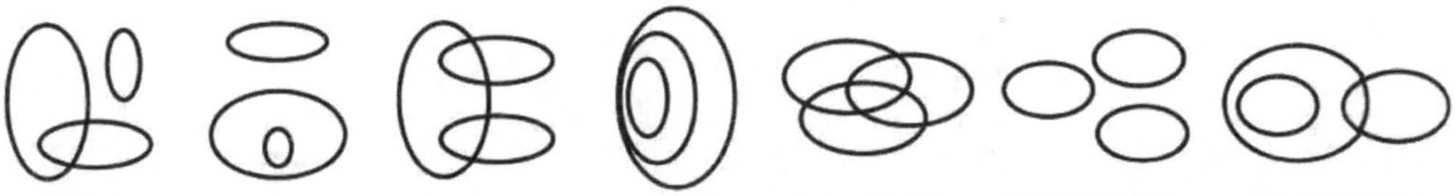

77 **Individuare il diagramma che soddisfa la relazione insiemistica esistente tra i termini dati: Fiumi, Corsi d'acqua, Laghi**

A) diagramma 2
B) diagramma 1
C) diagramma 5
D) diagramma 3

78 **Individuare il diagramma che soddisfa la relazione insiemistica esistente tra i termini dati: Motociclette, Autostrade, Benzinai**

A) diagramma 5
B) diagramma 2
C) diagramma 6
D) diagramma 1

79 **Individuare il diagramma che soddisfa la relazione insiemistica esistente tra i termini dati: Bambini, Persone golose, Italiani**

A) diagramma 5
B) diagramma 1
C) diagramma 3
D) diagramma 2

80 **Individuare il diagramma che soddisfa la relazione insiemistica esistente tra i termini dati: Alberi, Prati, Abeti**

A) diagramma 7
B) diagramma 4
C) diagramma 2
D) diagramma 3

81 **Individuare il diagramma che soddisfa la relazione insiemistica esistente tra i termini dati: Città italiane capoluogo di provincia, Città italiane capoluogo di regione, Città italiane**

A) diagramma 3
B) diagramma 4
C) diagramma 5
D) diagramma 2

82 **Individuare il diagramma che soddisfa la relazione insiemistica esistente tra i termini dati: Biologhe, Amanti del mare, Donne con gli occhi verdi**

A) diagramma 1
B) diagramma 5
C) diagramma 3
D) diagramma 6

83 **Individuare il diagramma che soddisfa la relazione insiemistica esistente tra i termini dati: Isole, Penisole, Stati**

A) diagramma 1
B) diagramma 2
C) diagramma 4
D) diagramma 3

84 **Individuare il diagramma che soddisfa la relazione insiemistica esistente tra i termini dati: Animali, Galline, Uccelli**

A) diagramma 2
B) diagramma 6
C) diagramma 3
D) diagramma 4

85 **Individuare il diagramma che soddisfa la relazione insiemistica esistente tra i termini dati: Scrivanie, Soffitti, Piastrelle**

A) diagramma 5
B) diagramma 4
C) diagramma 1
D) diagramma 6

86 **Individuare il diagramma che soddisfa la relazione insiemistica esistente tra i termini dati: Numeri compresi tra 25 e 50, Numeri compresi tra 30 e 45, Numeri compresi tra 35 e 40**

A) diagramma 1
B) diagramma 4
C) diagramma 2
D) diagramma 5

DIAGRAMMA 1 DIAGRAMMA 2 DIAGRAMMA 3 DIAGRAMMA 4 DIAGRAMMA 5 DIAGRAMMA 6 DIAGRAMMA 7

87 **Individuare il diagramma che soddisfa la relazione insiemistica esistente tra i termini dati: Idraulici, Tedeschi, Persone longilinee**

A) diagramma 4
B) diagramma 3
C) diagramma 1
D) diagramma 5

88 **Individuare il diagramma che soddisfa la relazione insiemistica esistente tra i termini dati: Automobili, Motocicli, Veicoli di produzione tedesca**

A) diagramma 1
B) diagramma 5
C) diagramma 3
D) diagramma 2

89 **Individuare il diagramma che soddisfa la relazione insiemistica esistente tra i termini dati: Persone dai capelli castani, Persone dai capelli rossi, Persone nate in Francia**

A) diagramma 5
B) diagramma 2
C) diagramma 1
D) diagramma 3

90 **Individuare il diagramma che soddisfa la relazione insiemistica esistente tra i termini dati: Numeri divisibili per 8, Numeri pari, Numeri divisibili per 80**

A) diagramma 3
B) diagramma 6
C) diagramma 4
D) diagramma 2

91 **Individuare il diagramma che soddisfa la relazione insiemistica esistente tra i termini dati: Nati a Milano, Nati a Roma, Nati in Lombardia**

A) diagramma 2
B) diagramma 6
C) diagramma 5
D) diagramma 1

92 **Individuare il diagramma che soddisfa la relazione insiemistica esistente tra i termini dati: Imprenditori, Laureati, Sposati**

A) diagramma 5
B) diagramma 2
C) diagramma 1
D) diagramma 4

93 **Individuare il diagramma che soddisfa la relazione insiemistica esistente tra i termini dati: Persone di alta statura, Abitanti del Piemonte, Abitanti della Lombardia**

A) diagramma 5
B) diagramma 6
C) diagramma 1
D) diagramma 3

94 **Individuare il diagramma che soddisfa la relazione insiemistica esistente tra i termini dati: Cittadini di Damasco, Cittadini di Atene, Cittadini di Ankara**

A) diagramma 2
B) diagramma 4
C) diagramma 6
D) diagramma 1

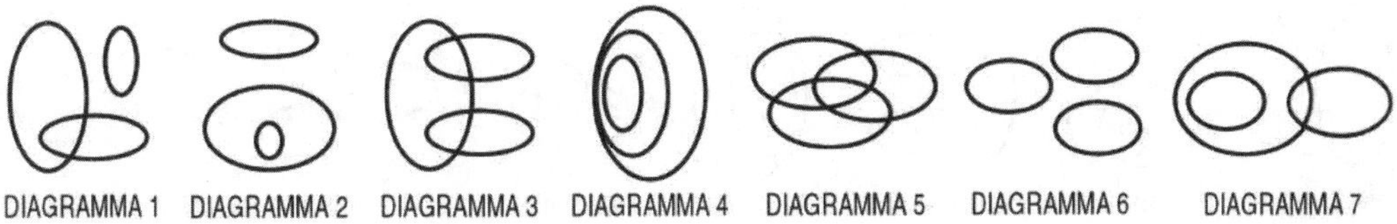

95 **Individuare il diagramma che soddisfa la relazione insiemistica esistente tra i termini dati: Carpe, Pesci, Pescatori**

A) diagramma 2
B) diagramma 4
C) diagramma 1
D) diagramma 7

96 **Individuare il diagramma che soddisfa la relazione insiemistica esistente tra i termini dati: Adolescenti, Persone che parlano inglese, Sportivi**

A) diagramma 1
B) diagramma 2
C) diagramma 3
D) diagramma 5

97 **Individuare il diagramma che soddisfa la relazione insiemistica esistente tra i termini dati: Bicchieri, Bottiglie, Scodelle**

A) diagramma 2
B) diagramma 3
C) diagramma 5
D) diagramma 6

98 **Individuare il diagramma che soddisfa la relazione insiemistica esistente tra i termini dati: Susine, Frutti, Patate**

A) diagramma 6
B) diagramma 2
C) diagramma 5
D) diagramma 3

99 **Individuare il diagramma che soddisfa la relazione insiemistica esistente tra i termini dati: Chiodi, Martelli, Incudini**

A) diagramma 6
B) diagramma 5
C) diagramma 2
D) diagramma 1

100 **Individuare il diagramma che soddisfa la relazione insiemistica esistente tra i termini dati: Bottiglie, Bicchieri, Aranciate**

A) diagramma 1
B) diagramma 6
C) diagramma 3
D) diagramma 4

101 **Individuare il diagramma che soddisfa la relazione insiemistica esistente tra i termini dati: Stelle, Corpi celesti, Tramonti**

A) diagramma 1
B) diagramma 2
C) diagramma 4
D) diagramma 6

102 **Individuare il diagramma che soddisfa la relazione insiemistica esistente tra i termini dati: Cantanti italiani, Cantanti rock, Chitarre**

A) diagramma 1
B) diagramma 4
C) diagramma 6
D) diagramma 3

103 **Individuare il diagramma che soddisfa la relazione insiemistica esistente tra i termini dati: Automobili, Autofficine, Meccanici**

A) diagramma 3
B) diagramma 1
C) diagramma 4
D) diagramma 6

104 **Individuare il diagramma che soddisfa la relazione insiemistica esistente tra i termini dati: Banche, Polizze assicurative, Industrie**

A) diagramma 5
B) diagramma 2
C) diagramma 1
D) diagramma 6

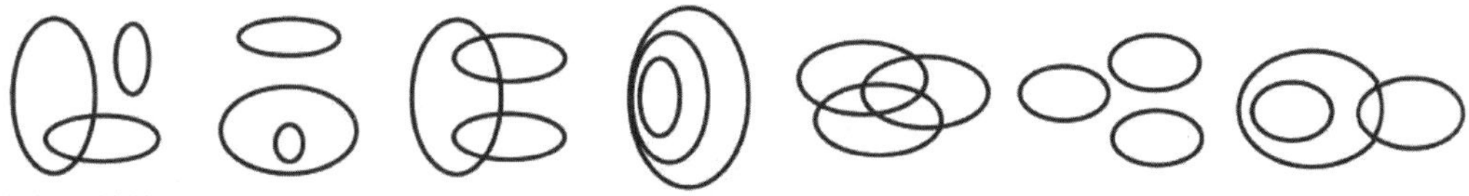

DIAGRAMMA 1 DIAGRAMMA 2 DIAGRAMMA 3 DIAGRAMMA 4 DIAGRAMMA 5 DIAGRAMMA 6 DIAGRAMMA 7

105 **Individuare il diagramma che soddisfa la relazione insiemistica esistente tra i termini dati: Vasi di gerani, Innaffiatoi, Balconi**

A) diagramma 6
B) diagramma 1
C) diagramma 5
D) diagramma 2

106 **Individuare il diagramma che soddisfa la relazione insiemistica esistente tra i termini dati: Gomme per cancellare, Cancellieri, Cancelli**

A) diagramma 2
B) diagramma 5
C) diagramma 6
D) diagramma 4

107 **Individuare il diagramma che soddisfa la relazione insiemistica esistente tra i termini dati: Boscaioli, Querce, Faggi**

A) diagramma 2
B) diagramma 3
C) diagramma 6
D) diagramma 1

108 **Individuare il diagramma che soddisfa la relazione insiemistica esistente tra i termini dati: Vasi, Vassoi, Vasche**

A) diagramma 5
B) diagramma 6
C) diagramma 4
D) diagramma 2

109 **Individuare il diagramma che soddisfa la relazione insiemistica esistente tra i termini dati: Ippodromi, Piscine, Autodromi**

A) diagramma 5
B) diagramma 4
C) diagramma 2
D) diagramma 6

110 **Individuare il diagramma che soddisfa la relazione insiemistica esistente tra i termini dati: Caserme, Soldati, Elmetti**

A) diagramma 2
B) diagramma 4
C) diagramma 6
D) diagramma 5

111 **Individuare il diagramma che soddisfa la relazione insiemistica esistente tra i termini dati: Pedali, Biciclette, Campanelli**

A) diagramma 5
B) diagramma 4
C) diagramma 2
D) diagramma 6

112 **Individuare il diagramma che soddisfa la relazione insiemistica esistente tra i termini dati: Matite, Penne stilografiche, Cartolai**

A) diagramma 5
B) diagramma 4
C) diagramma 6
D) diagramma 2

113 **Individuare il diagramma che soddisfa la relazione insiemistica esistente tra i termini dati: Libri, Giornali, Concerti**

A) diagramma 2
B) diagramma 1
C) diagramma 6
D) diagramma 3

114 **Individuare il diagramma che soddisfa la relazione insiemistica esistente tra i termini dati: Turisti, Alberghi, Viaggi**

A) diagramma 5
B) diagramma 6
C) diagramma 1
D) diagramma 4

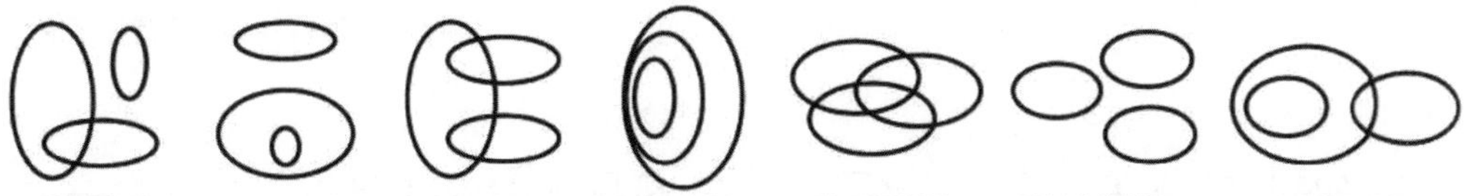

115 **Individuare il diagramma che soddisfa la relazione insiemistica esistente tra i termini dati: Ponti, Fiumi, Barche**

A) diagramma 6
B) diagramma 1
C) diagramma 5
D) diagramma 3

116 **Individuare il diagramma che soddisfa la relazione insiemistica esistente tra i termini dati: Automobili, Benzinai, Autostrade**

A) diagramma 5
B) diagramma 1
C) diagramma 6
D) diagramma 2

117 **Individuare il diagramma che soddisfa la relazione insiemistica esistente tra i termini dati: Agricoltori, Trattori, Fattorie**

A) diagramma 6
B) diagramma 1
C) diagramma 4
D) diagramma 2

118 **Individuare il diagramma che soddisfa la relazione insiemistica esistente tra i termini dati: Verbi, Articoli, Pronomi**

A) diagramma 3
B) diagramma 6
C) diagramma 4
D) diagramma 1

119 **Individuare il diagramma che soddisfa la relazione insiemistica esistente tra i termini dati: Scale, Palazzi, Ascensori**

A) diagramma 4
B) diagramma 3
C) diagramma 6
D) diagramma 5

120 **Individuare il diagramma che soddisfa la relazione insiemistica esistente tra i termini dati: Capitali europee, Capitali iberiche, Stati iberici**

A) diagramma 2
B) diagramma 1
C) diagramma 4
D) diagramma 3

Soluzioni

1 Risposta esatta: **D**
Tutte le Querce appartengono all'insieme dei Vegetali e delle Piante. Tutti i Vegetali appartengono all'insieme delle Piante.

DIAGRAMMA 4

2 Risposta esatta: **C**
I tre insiemi, Schermi, Tastiere e Processori, non hanno alcun elemento in comune per cui i relativi insiemi sono disgiunti.

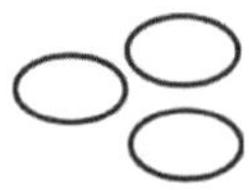

DIAGRAMMA 6

3 Risposta esatta: **B**
Tutti i Numeri maggiori di 4 appartengono all'insieme dei Numeri maggiori di 2 e dei Numeri. Tutti i Numeri maggiori di 2 appartengono all'insieme dei Numeri.

DIAGRAMMA 4

4 Risposta esatta: **C**
Tutti i Succhi di frutti appartengono all'insieme delle Bevande non alcoliche e delle Bevande. Tutte le Bevande non alcoliche appartengono all'insieme delle Bevande.

DIAGRAMMA 4

5 Risposta esatta: **A**
Tutti i Pantaloni di velluto appartengono all'insieme dei Pantaloni e dei Capi di abbigliamento. Tutti i Pantaloni appartengono all'insieme dei Capi di abbigliamento.

DIAGRAMMA 4

6 Risposta esatta: **D**
Alcuni elementi degli insiemi degli Inglesi, delle Persone alte e dei Laureati sono in comune per cui i relativi insiemi si intersecano.

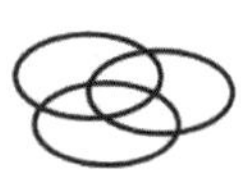

DIAGRAMMA 5

7 Risposta esatta: **C**
Alcune Carte di fiori ed alcune Carte di quadri sono compresi nell'insieme degli Assi.

DIAGRAMMA 3

8 Risposta esatta: **A**
Alcune Piramidi ed alcuni Obelischi sono compresi nell'insieme dei Monumenti egizi.

DIAGRAMMA 3

9 Risposta esatta: **A**
Alcuni elementi degli insiemi dei Conducenti di autobus, dei Cittadini di Sassari e delle Persone simpatiche sono in comune per cui i relativi insiemi si intersecano.

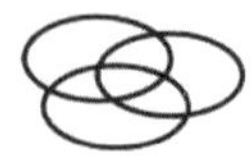

DIAGRAMMA 5

10 Risposta esatta: **D**
Tutti gli Uomini nati prima del 1961 appartengono all'insieme degli Uomini nati prima del 1933 e degli Uomini. Tutti gli Uomini nati prima del 1933 appartengono all'insieme degli Uomini.

DIAGRAMMA 4

11 Risposta esatta: **B**
Tutte le Sorelle sono comprese nell'insieme dei Parenti. Nessun Appartamento è compreso tra i Parenti, né tra le Sorelle.

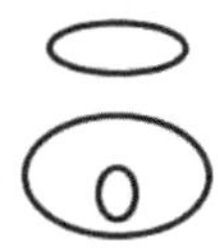

DIAGRAMMA 2

12 Risposta esatta: **C**
Tutti i Quotidiani locali sono compresi nell'insieme dei Giornali. Nessuno degli Editori è compreso in Quotidiani locali, né in Giornali.

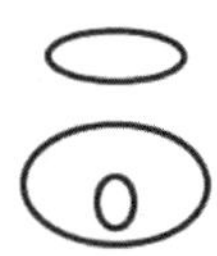

DIAGRAMMA 2

13 Risposta esatta: **B**
Alcuni Biondi ed alcuni Castani sono compresi nell'insieme delle Persone con i capelli ricci.

DIAGRAMMA 3

14 Risposta esatta: **D**
I tre insiemi, Alpinismo, Atletica leggera e Danza, non hanno alcun elemento in comune per cui i relativi insiemi sono disgiunti.

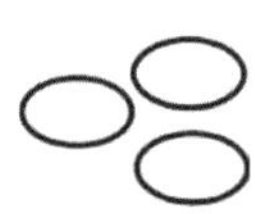

DIAGRAMMA 6

15 Risposta esatta: **B**
Tutti i Numeri divisibile per 30 appartengono all'insieme dei Numeri divisibile per 6 e dei Numeri pari. Tutti i Numeri divisibile per 6 appartengono all'insieme dei Numeri pari.

DIAGRAMMA 4

16 Risposta esatta: **D**
Alcune Calze ed alcune Giacche sono comprese nell'insieme degli Oggetti in cotone.

DIAGRAMMA 3

17 Risposta esatta: **B**
I tre insiemi, Fumo, Polmoni e Laringe non hanno alcun elemento in comune per cui i relativi insiemi sono disgiunti.

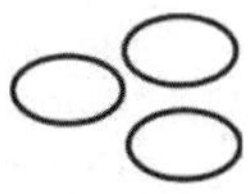
DIAGRAMMA 6

18 Risposta esatta: **A**
Tutti i Medici sono compresi nell'insieme dei Laureati. Nessun Ateneo è compreso nei Medici, né in Laureati.

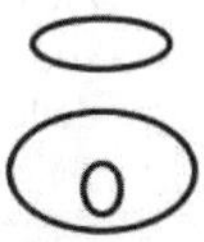
DIAGRAMMA 2

19 Risposta esatta: **B**
I tre insiemi, Anni luce, Watt e Volt, non hanno alcun elemento in comune per cui i relativi insiemi sono disgiunti.

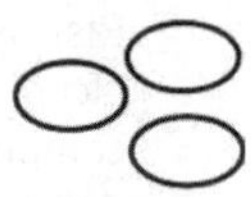
DIAGRAMMA 6

20 Risposta esatta: **B**
Tutti i Gufi sono compresi nell'insieme degli Uccelli. Nessuno dei Pesci è compreso in Gufi, né in Uccelli.

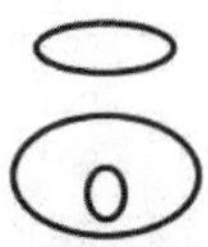
DIAGRAMMA 2

21 Risposta esatta: **A**
I tre insiemi, Disegni, Fotografie e Matite, non hanno alcun elemento in comune per cui i relativi insiemi sono disgiunti.

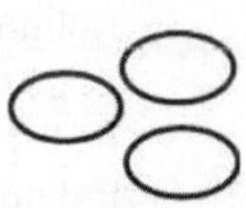
DIAGRAMMA 6

22 Risposta esatta: **A**
Alcuni elementi degli insiemi Pasticceri, Anziani e Texani sono in comune per cui i relativi insiemi si intersecano.

DIAGRAMMA 5

23 Risposta esatta: **A**
Alcuni dei Numeri compresi tra 4 e 7 ed alcuni dei Numeri compresi tra 9 e 14 sono compresi nell'insieme dei Numeri compresi tra 5 e 11.

DIAGRAMMA 3

24 Risposta esatta: **D**
Alcuni Deputati ed alcuni Senatori sono compresi nell'insieme degli Uomini.

DIAGRAMMA 3

25 Risposta esatta: **B**
Alcuni elementi degli insiemi Tramvieri di San Francisco, Tramvieri con più di 3 anni di esperienza e Persone di nome John, sono in comune per cui i relativi insiemi si intersecano.

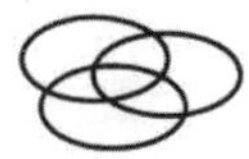
DIAGRAMMA 5

26 Risposta esatta: **D**
Alcuni Saggi di letteratura sono compresi nell'insieme dei Saggi di lingua inglese e viceversa. Nessuno dei Maestri è compreso in Saggi di letteratura, né in Saggi di lingua inglese.

DIAGRAMMA 1

27 Risposta esatta: **A**
Tutte le Camelie appartengono all'insieme dei Fiori e dei Vegetali. Tutti i Fiori appartengono all'insieme dei Vegetali.

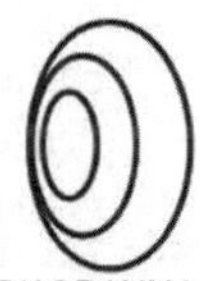
DIAGRAMMA 4

28 Risposta esatta: **C**
Alcuni Studenti sono compresi nell'insieme delle Persone che parlano inglese e viceversa. Nessuno degli elementi dell'insieme della Città della Gran Bretagna è compreso in Studenti, né in Persone che parlano inglese.

DIAGRAMMA 1

29 Risposta esatta: **A**
I tre insiemi, Medici, Siringhe e Aspirine, non hanno alcun elemento in comune per cui i relativi insiemi sono disgiunti.

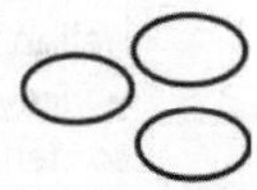
DIAGRAMMA 6

30 Risposta esatta: **B**
Alcuni Milanesi sono compresi nell'insieme dei Milanisti e viceversa. Nessun elemento dell'insieme dei Palloni da calcio è compreso in quello dei Milanesi, né in quello dei Milanisti.

DIAGRAMMA 1

31 Risposta esatta: **A**
Alcuni Sacerdoti ed alcuni Poliziotti sono compresi nell'insieme delle Persone calve.

DIAGRAMMA 3

32 Risposta esatta: **D**
Alcuni elementi degli insiemi Automobili rosse, Automobili diesel e Automobili italiane sono in comune per cui i relativi insiemi si intersecano.

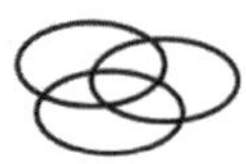

DIAGRAMMA 5

33 Risposta esatta: **D**
Alcuni Fogli di Carta ed alcuni Divani sono compresi nell'insieme degli Oggetti di colore bianco.

DIAGRAMMA 3

34 Risposta esatta: **B**
Tutti i Numeri compresi tra 7 e 10 appartengono all'insieme dei Numeri compresi tra 4 e 20 e dei Numeri compresi tra 1 e 25. Tutti i Numeri compresi tra 4 e 20 appartengono all'insieme dei Numeri compresi tra 1 e 25.

DIAGRAMMA 4

35 Risposta esatta: **C**
Alcuni elementi degli insiemi Cantanti, Cittadini italiani e Persone benestanti, sono in comune per cui i relativi insiemi si intersecano.

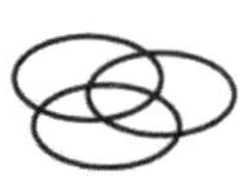

DIAGRAMMA 5

36 Risposta esatta: **A**
Alcuni Stilisti sono compresi nell'insieme degli Americani e viceversa. Nessun elemento dell'insieme delle Riviste è compreso in Stilisti, né in Americani.

DIAGRAMMA 1

37 Risposta esatta: **D**
Tutti i Tavoli sono compresi nell'insieme dei Mobili. Nessun elemento dell'insieme dei Falegnami è compreso in Tavoli, né in Mobili.

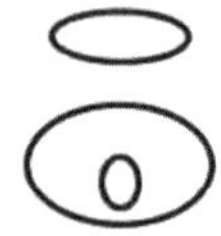

DIAGRAMMA 2

38 Risposta esatta: **C**
Tutti i Numeri compresi tra 5 e 7 sono compresi nell'insieme dei Numeri compresi tra 1 e 22. Solo alcuni dei Numeri pari divisibili per 7 sono compresi nell'insieme dei Numeri compresi tra 1 e 22; nessuno dei Numeri compresi tra 5 e 7 appartiene all'insieme dei Numeri pari divisibili per 7.

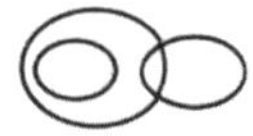

DIAGRAMMA 7

39 Risposta esatta: **C**
Alcune delle Società italiane sono comprese nell'insieme delle Società quotate in borsa e viceversa. Nessun Dirigente è compreso in Società italiane, né in Società quotate in borsa.

DIAGRAMMA 1

40 Risposta esatta: **D**
Alcuni dei Verbi transitivi sono compresi nell'insieme Verbi della prima coniugazione e viceversa. Nessun Avverbio è compreso in Verbi transitivi, né in Verbi della prima coniugazione.

DIAGRAMMA 1

41 Risposta esatta: **A**
Alcune delle Città d'arte sono comprese nell'insieme Città italiane e viceversa. Nessun Lago italiano è compreso in Città d'arte, né in Città italiane.

DIAGRAMMA 1

42 Risposta esatta: **C**
Tutti i Pastori sardi sono compresi nell'insieme dei Pastori europei. Nessuna Pecora è compresa in Pastori sardi, né in Pastori europei.

DIAGRAMMA 2

43 Risposta esatta: **C**
Alcuni elementi degli insiemi delle Persone di colore, degli Ingegneri e degli Olandesi sono in comune per cui i relativi insiemi si intersecano.

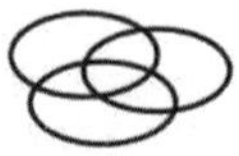
DIAGRAMMA 5

44 Risposta esatta: **A**
Alcuni Sostantivi di genere maschile sono compresi nell'insieme dei Sostantivi plurali e viceversa. Nessun Pronome è compreso tra i Sostantivi di genere maschile, né tra i Sostantivi plurali.

DIAGRAMMA 1

45 Risposta esatta: **C**
Alcuni elementi degli insiemi delle Persone sane, degli Italiani e degli Anziani sono in comune per cui i relativi insiemi si intersecano.

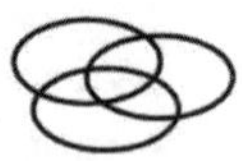
DIAGRAMMA 5

46 Risposta esatta: **A**
Alcuni elementi degli insiemi dei Biondi, dei Farmacisti e degli Italiani sono in comune per cui i relativi insiemi si intersecano.

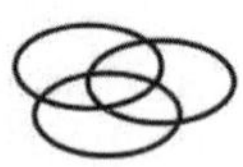
DIAGRAMMA 5

47 Risposta esatta: **C**
Alcuni elementi degli insiemi dei Piloti, dei Biondi, e dei Genovesi sono in comune per cui i relativi insiemi si intersecano.

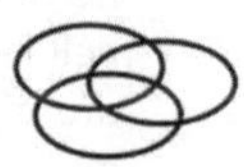
DIAGRAMMA 5

48 Risposta esatta: **B**
I tre insiemi, Musei, Discoteche e Librerie non hanno alcun elemento in comune per cui i relativi insiemi sono disgiunti.

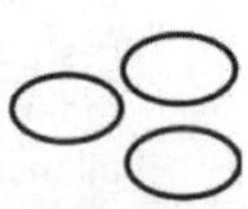
DIAGRAMMA 6

49 Risposta esatta: **B**
Alcuni Anelli ed alcune Collane sono compresi nell'insieme degli Oggetti d'oro.

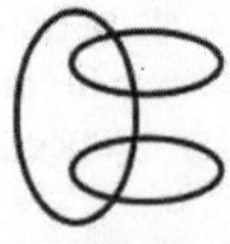
DIAGRAMMA 3

50 Risposta esatta: **C**
Alcune Persone di sesso maschile ed alcune Persone di sesso femminile sono comprese nell'insieme dei Donatori di sangue.

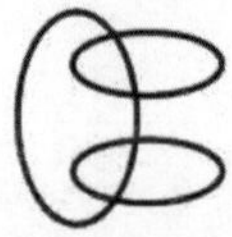
DIAGRAMMA 3

51 Risposta esatta: **B**
I tre insiemi, Librerie, Quadri e Lampade non hanno alcun elemento in comune per cui i relativi insiemi sono disgiunti.

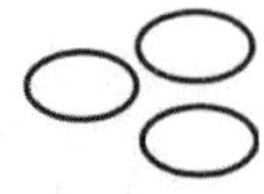
DIAGRAMMA 6

52 Risposta esatta: **A**
Alcuni elementi degli insiemi dei Pescatori tarantini, dei Pescatori con più di trentadue anni, e dei Pescatori bruni sono in comune per cui i relativi insiemi si intersecano.

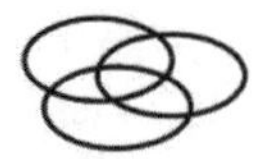
DIAGRAMMA 5

53 Risposta esatta: **C**
Alcuni elementi degli insiemi dei Cittadini francesi, delle Persone alte, e delle Persone bionde sono in comune per cui i relativi insiemi si intersecano.

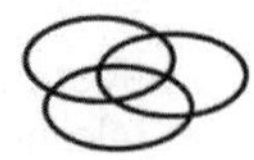
DIAGRAMMA 5

54 Risposta esatta: **A**
Tutte le Trombe appartengono all'insieme degli Strumenti a fiato e degli Strumenti musicali. Tutti gli Strumenti a fiato appartengono all'insieme degli Strumenti musicali.

DIAGRAMMA 4

55 Risposta esatta: **C**
Tutte le Orate sono comprese nell'insieme dei Pesci. Nessun Lago è compreso tra le Orate, né tra i Pesci.

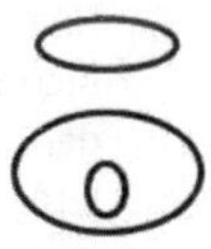
DIAGRAMMA 2

56 Risposta esatta: **B**
Alcuni elementi degli insiemi delle Persone tenaci, dei Conducenti di autobus e degli Appassionati di Formula 1 sono in comune per cui i relativi insiemi si intersecano.

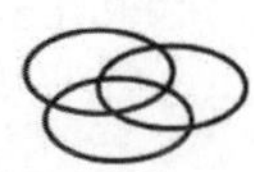
DIAGRAMMA 5

57 Risposta esatta: **C**
Alcuni Componenti di acciaio ed alcuni Componenti di plastica sono compresi nell'insieme dei Materiali utilizzati per la costruzione di un'automobile.

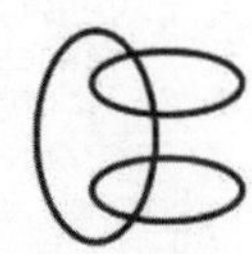
DIAGRAMMA 3

58 Risposta esatta: **A**
Tutti i Polmoni appartengono all'insieme degli Organi dell'apparato respiratorio. Tutti gli Organi dell'apparato respiratorio appartengono all'insieme degli Organi del corpo umano.

DIAGRAMMA 4

59 Risposta esatta: **A**
Alcuni elementi degli insiemi delle Persone simpatiche, dei Residenti a Roma e delle Persone di nome Mario sono in comune per cui i relativi insiemi si intersecano.

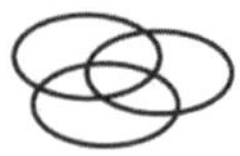
DIAGRAMMA 5

60 Risposta esatta: **C**
Alcuni elementi degli insiemi degli Astemi, dei Pensionati e dei Cittadini italiani sono in comune per cui i relativi insiemi si intersecano.

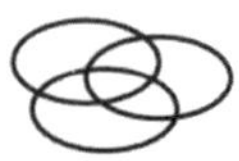
DIAGRAMMA 5

61 Risposta esatta: **D**
Tutti i Madrileni appartengono all'insieme dei Cittadini spagnoli e degli Europei. Tutti i Cittadini europei appartengono all'insieme degli Europei.

DIAGRAMMA 4

62 Risposta esatta: **B**
Alcuni elementi dell'insieme dei Custodi, degli Amanti della letteratura e dei Celibi sono in comune per cui i relativi insiemi si intersecano.

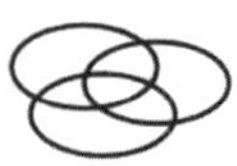
DIAGRAMMA 5

63 Risposta esatta: **B**
Alcuni Oggetti di arredamento sono compresi nell'insieme degli Oggetti di produzione francese e viceversa. Nessuna Città francese è compresa tra gli Oggetti di arredamento, né tra gli Oggetti di produzione francese.

DIAGRAMMA 1

64 Risposta esatta: **D**
Tutti i Flauti appartengono all'insieme degli Strumenti a fiato e degli Strumenti musicali. Tutti gli Strumenti a fiato appartengono all'insieme Strumenti musicali.

DIAGRAMMA 4

65 Risposta esatta: **A**
Alcuni elementi dell' insieme degli Americani, dei Biondi e dei Sassofonisti sono in comune per cui i relativi insiemi si intersecano.

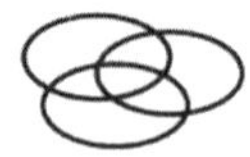
DIAGRAMMA 5

66 Risposta esatta: **B**
Alcune Forchette ed alcune Sedie sono comprese nell'insieme degli Oggetti in plastica.

DIAGRAMMA 3

67 Risposta esatta: **C**
Tutti i Maiali sono compresi nell'insieme dei Suini. Nessun Toro è compreso tra i Suini, né tra i Maiali.

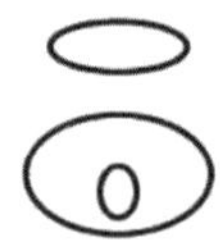
DIAGRAMMA 2

68 Risposta esatta: **C**
Alcuni Manichini ed alcune Scaffali sono comprese nell'insieme degli Oggetti di proprietà di un centro commerciale.

DIAGRAMMA 3

69 Risposta esatta: **D**
Tutti i Parigini appartengono all'insieme dei Cittadini francesi e degli Europei. Tutti i Cittadini francesi appartengono all'insieme degli Europei.

DIAGRAMMA 4

70 Risposta esatta: **B**
I tre insiemi, Cani, Gatti, Uccelli, non hanno alcun elemento in comune per cui i relativi insiemi sono disgiunti.

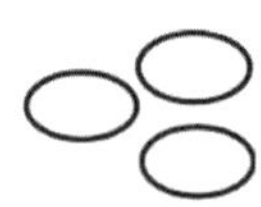
DIAGRAMMA 6

71 Risposta esatta: **D**
Alcune Seggioline di plastica ed alcune Porte sono comprese nell'insieme degli Elementi utilizzati per la costruzione di uno stadio.

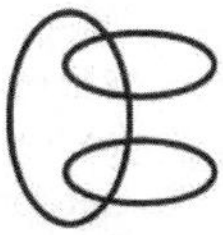
DIAGRAMMA 3

72 Risposta esatta: **A**
I Rolling Stones sono compresi nell'insieme dei Gruppi musicali. Nessun Concerto è compreso nei Rolling Stones, né nell'insieme dei Gruppi musicali.

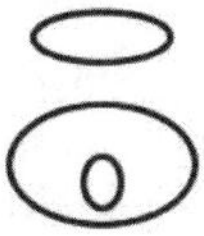
DIAGRAMMA 2

73 Risposta esatta: **D**
Alcuni Mantovani ed alcuni Salernitani sono compresi nell'insieme dei Farmacisti.

DIAGRAMMA 3

74 Risposta esatta: **B**
Alcuni elementi degli insiemi degli Analfabeti, degli Inglesi e dei Disoccupati sono in comune per cui i relativi insiemi si intersecano.

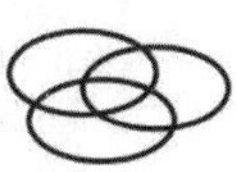
DIAGRAMMA 5

75 Risposta esatta: **C**
Alcuni elementi degli insiemi dei Calvi, dei Ciclisti e dei Belgi sono in comune per cui i relativi insiemi si intersecano.

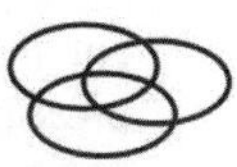
DIAGRAMMA 5

76 Risposta esatta: **D**
Tutti i Numeri da 10 a 20 sono compresi nei Numeri da 10 a 30 e nei Numeri da 10 a 50. Tutti i Numeri da 10 a 30 appartengono all'insieme dei Numeri da 10 a 50.

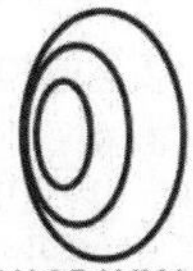
DIAGRAMMA 4

77 Risposta esatta: **A**
Tutti i Fiumi sono compresi nell'insieme dei Corsi d'acqua. Nessun Lago è compreso nell'insieme dei Fiumi, né in quello dei Corsi d'acqua.

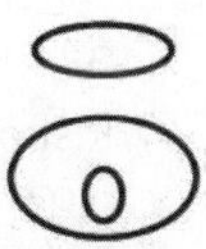
DIAGRAMMA 2

78 Risposta esatta: **C**
Motociclette, Autostrade e Benzinai non hanno alcun elemento in comune per cui i relativi insiemi sono disgiunti.

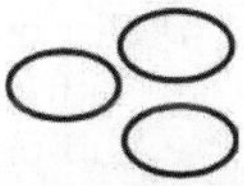
DIAGRAMMA 6

79 Risposta esatta: **A**
Alcune Persone golose sono Bambini, alcuni Italiani possono essere Bambini o Persone golose o entrambi per cui i tre insiemi sono intersecati.

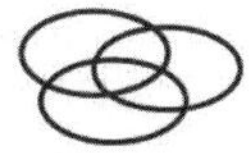
DIAGRAMMA 5

80 Risposta esatta: **C**
Tutti gli Abeti sono Alberi per cui il primo insieme è compreso nel secondo. I prati non sono Alberi ne Abeti per cui questo insieme è disgiunto dagli altri due.

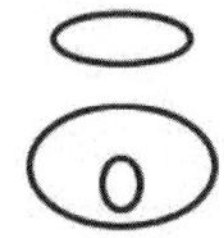
DIAGRAMMA 2

81 Risposta esatta: **B**
Tutte le Città italiane capoluogo di provincia sono Città italiane e tutte le Città italiane capoluogo di Regione sono Città italiane capoluogo di provincia e Città italiane per cui i tre insiemi sono compresi l'uno nell'altro.

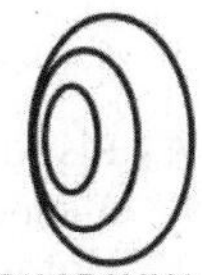
DIAGRAMMA 4

82 Risposta esatta: **B**
Alcuni Amanti del mare possono essere Biologhe, alcune donne con gli occhi verdi possono essere Biologhe o Amanti del mare o entrambe per cui i tre insiemi sono intersecati tra di loro.

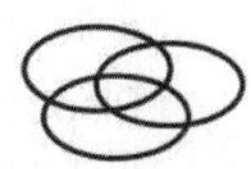
DIAGRAMMA 5

83 Risposta esatta: **D**
Alcune Isole e alcune Penisole possono essere Stati per i primi due insieme sono intersecati al terzo. Le isole non possono essere penisole per cui questi due insiemi sono disgiunti.

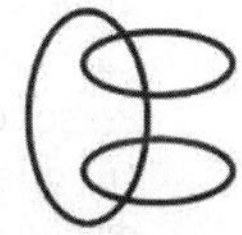
DIAGRAMMA 3

84 Risposta esatta: **D**
Tutti gli Uccelli sono Animali e tutte le Galline sono Uccelli per cui i tre insiemi sono compresi l'uno nell'altro.

DIAGRAMMA 4

85 Risposta esatta: **D**
Scrivanie, Soffitti e Piastrelle non hanno alcune elemento in comune tra loro per cui i tre insiemi sono disgiunti.

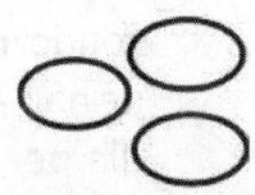
DIAGRAMMA 6

86 Risposta esatta: **B**
Tutti i Numeri compresi tra 30 e 45 sono compresi nei Numeri tra 20 e 50 e tutti i numeri tra 35 e 40 sono compresi nei numeri tra 30 e 45 per cui i tre insiemi sono compresi l'uno nell'altro.

DIAGRAMMA 4

87 Risposta esatta: **D**
Alcuni Tedeschi possono essere Idraulici, alcune persone longilinee possono essere Idraulici o Tedeschi o entrambi per cui i tre insiemi sono intersecati tra di loro.

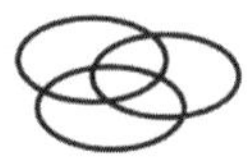
DIAGRAMMA 5

88 Risposta esatta: **C**
Alcune Automobili e alcuni Motocicli possono essere Veicoli di produzione tedesca per cui i primi due insieme sono intersecati al terzo. Le Automobili non possono essere Motocicli per cui questi due insiemi sono disgiunti.

DIAGRAMMA 3

89 Risposta esatta: **D**
Alcune Persone dai capelli castani e persone dai capelli rossi possono essere persone nate in Francia per cui i primi due insieme sono intersecati al terzo. Le Persone dai capelli castani non possono essere Persone dai capelli Rossi per cui questi due insiemi sono disgiunti.

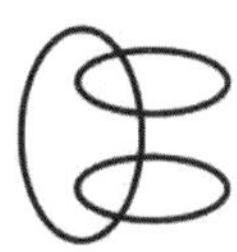
DIAGRAMMA 3

90 Risposta esatta: **C**
Tutti i Numeri divisibili per 80 sono pari e tutti i Numeri divisibili per 8 sono divisibili per 80 per cui i tre insiemi sono compresi l'uno nell'altro.

DIAGRAMMA 4

91 Risposta esatta: **A**
Tutti i Nati a Milano sono nati in Lombardia per cui il primo insieme è compreso nel secondo. I nati a Roma non sono ne nati a Milano ne in Lombardia per cui questo insieme è disgiunto dagli altri due.

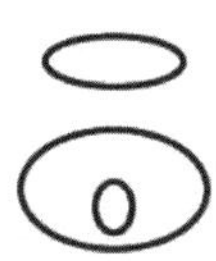
DIAGRAMMA 2

92 Risposta esatta: **A**
Alcuni Laureati possono essere Imprenditori, alcuni Sposati possono essere Imprenditori o Laureati o entrambi per cui i tre insiemi sono intersecati tra di loro.

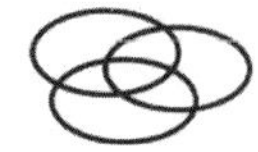
DIAGRAMMA 5

93 Risposta esatta: **D**
Alcune Abitanti del Piemonte e alcuni Abitanti della Lombardia possono essere persone persone di Alta statura per cui i primi due insieme sono intersecati al terzo. Gli Abitanti del Piemonte non possono essere Abitanti della Lombardia per cui questi due insiemi sono disgiunti.

DIAGRAMMA 3

94 Risposta esatta: **C**
Cittadini di Damasco, Cittadini di Atene e Cittadini di Ankara non hanno alcune elemento in comune tra loro per cui i tre insiemi sono disgiunti.

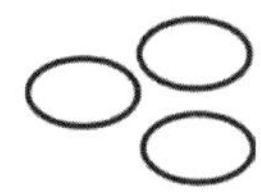
DIAGRAMMA 6

95 Risposta esatta: **A**
Tutti le Carpe sono Pesci per cui il primo insieme è compreso nel secondo. I Pescatori non sono ne Carpe ne Pesci per cui questo insieme è disgiunto dagli altri due.

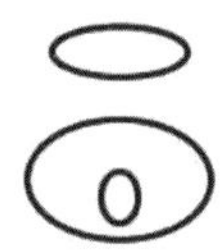
DIAGRAMMA 2

96 Risposta esatta: **D**
Alcune persone che parlano inglese possono essere Adolescenti, alcuni Sportivi possono essere Adolescenti o Persone che parlano inglese o entrambi per cui i tre insiemi sono intersecati tra di loro.

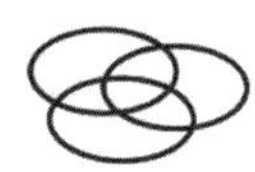
DIAGRAMMA 5

97 Risposta esatta: **D**
Bicchieri, Bottiglie e Scodelle non hanno alcune elemento in comune tra loro per cui i tre insiemi sono disgiunti.

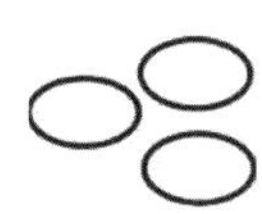
DIAGRAMMA 6

98 Risposta esatta: **B**
Tutti le Susine sono Frutti per cui il primo insieme è compreso nel secondo. Le Patate non sono ne susine ne Frutti per cui questo insieme è disgiunto dagli altri due.

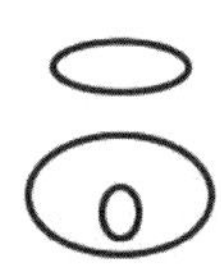
DIAGRAMMA 2

99 Risposta esatta: **A**
Chiodi, Martelli e Incudini non hanno alcune elemento in comune tra loro per cui i tre insiemi sono disgiunti.

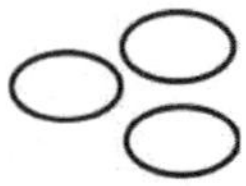
DIAGRAMMA 6

100 Risposta esatta: **B**
Bottiglie, Bicchieri e Aranciate non hanno alcune elemento in comune tra loro per cui i tre insiemi sono disgiunti.

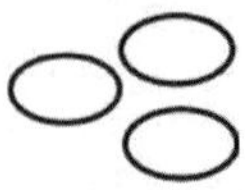
DIAGRAMMA 6

101 Risposta esatta: **B**
Tutti le Stelle sono Corpi celesti per cui il primo insieme è compreso nel secondo. I Tramonti non sono ne Stelle ne Corpi celesti per cui questo insieme è disgiunto dagli altri due.

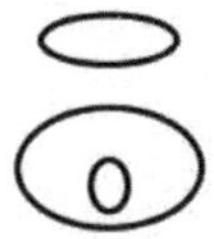
DIAGRAMMA 2

102 Risposta esatta: **A**
Alcuni Cantanti italiani sono Cantanti rock. L'insieme delle Chitarre non ha nulla in comune con l'insieme dei Cantanti.

DIAGRAMMA 1

103 Risposta esatta: **D**
I tre insiemi, Automobili, Autofficine, Meccanici, non hanno alcun elemento in comune per cui i relativi insiemi sono disgiunti.

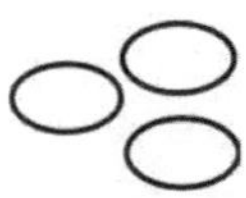
DIAGRAMMA 6

104 Risposta esatta: **D**
I tre insiemi, Banche, Polizze assicurative, Industrie, non hanno alcun elemento in comune per cui i relativi insiemi sono disgiunti.

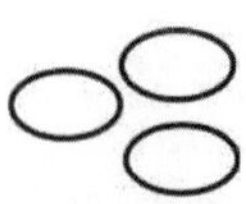
DIAGRAMMA 6

105 Risposta esatta: **A**
I tre insiemi, Vasi di gerani, Innaffiatoi, Balconi, non hanno alcun elemento in comune per cui i relativi insiemi sono disgiunti.

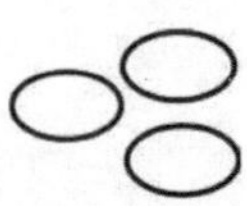
DIAGRAMMA 6

106 Risposta esatta: **C**
I tre insiemi, Gomme per cancellare, Cancellieri, Cancelli,non hanno alcun elemento in comune per cui i relativi insiemi sono disgiunti.

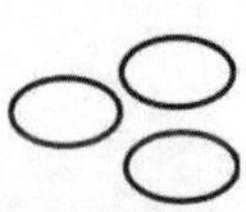
DIAGRAMMA 6

107 Risposta esatta: **C**
I tre insiemi, Boscaioli, Querce, Faggi, non hanno alcun elemento in comune per cui i relativi insiemi sono disgiunti.

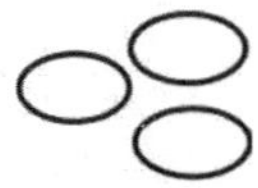
DIAGRAMMA 6

108 Risposta esatta: **B**
I tre insiemi, Vasi, Vassoi, Vasche, non hanno alcun elemento in comune per cui i relativi insiemi sono disgiunti.

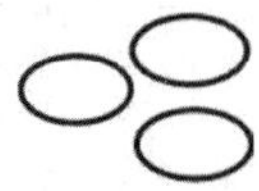
DIAGRAMMA 6

109 Risposta esatta: **D**
I tre insiemi, Ippodromi, Piscine, Autodromi, non hanno alcun elemento in comune per cui i relativi insiemi sono disgiunti.

DIAGRAMMA 6

110 Risposta esatta: **C**
I tre insiemi, Caserme, Soldati, Elmetti, non hanno alcun elemento in comune per cui i relativi insiemi sono disgiunti.

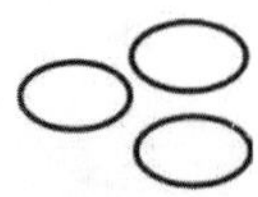
DIAGRAMMA 6

111 Risposta esatta: **D**
I tre insiemi, Pedali, Biciclette, Campanelli,non hanno alcun elemento in comune per cui i relativi insiemi sono disgiunti.

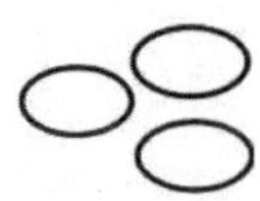
DIAGRAMMA 6

112 Risposta esatta: **C**
I tre insiemi, Matite, Penne stilografiche, Cartolai, non hanno alcun elemento in comune per cui i relativi insiemi sono disgiunti.

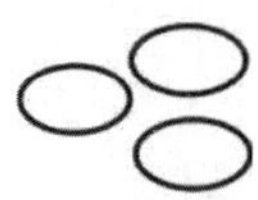
DIAGRAMMA 6

113 Risposta esatta: **C**
I tre insiemi, Libri, Giornali, Concerti, non hanno alcun elemento in comune per cui i relativi insiemi sono disgiunti.

DIAGRAMMA 6

114 Risposta esatta: **B**
I tre insiemi, Turisti, Alberghi, Viaggi, non hanno alcun elemento in comune per cui i relativi insiemi sono disgiunti.

DIAGRAMMA 6

115 Risposta esatta: **A**
I tre insiemi, Ponti, Fiumi, Barche, non hanno alcun elemento in comune per cui i relativi insiemi sono disgiunti.

DIAGRAMMA 6

116 Risposta esatta: **C**
I tre insiemi, Automobili, Benzinai, Autostrade,non hanno alcun elemento in comune per cui i relativi insiemi sono disgiunti.

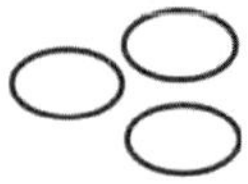

DIAGRAMMA 6

117 Risposta esatta: **A**
I tre insiemi, Agricoltori, Trattori, Fattorie, non hanno alcun elemento in comune per cui i relativi insiemi sono disgiunti.

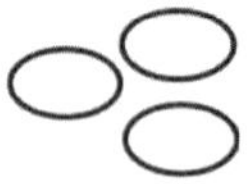

DIAGRAMMA 6

118 Risposta esatta: **B**
I tre insiemi, Verbi, Articoli, Pronomi, non hanno alcun elemento in comune per cui i relativi insiemi sono disgiunti.

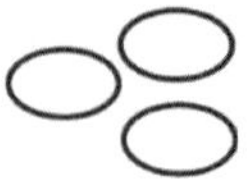

DIAGRAMMA 6

119 Risposta esatta: **C**
I tre insiemi, Scale, Palazzi, Ascensori, non hanno alcun elemento in comune per cui i relativi insiemi sono disgiunti.

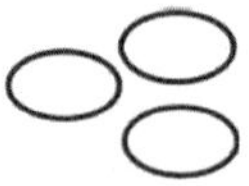

DIAGRAMMA 6

120 Risposta esatta: **A**
Tutte le Capitali Iberiche sono comprese nell'insieme Capitali europee. Nessun Stato iberico è compreso negli altri insiemi.

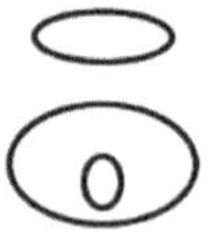

DIAGRAMMA 2

15

Serie numeriche, alfabetiche e alfanumeriche

Si tratta della tipologia più frequente e variegata di quiz di logica, poiché se da un lato possono essere di facile intuizione, dall'altro possono essere molto complesse, facendo correre il rischio di perdersi nel tentativo di capire quale sia il nesso tra i numeri proposti.

La serie numerica non è altro che l'estensione del concetto matematico di *successione* classificabile *in serie geometrica o aritmetica*.

La maggioranza delle serie proposte è classificabile come **serie aritmetica** dove è costante la differenza tra un termine e il successivo (2, 5, 8, 11, 14).

La chiave è quella di individuare, attraverso un processo induttivo, la ragione della serie e verificare gli elementi successivi. Talvolta sono presenti combinazioni ottenute utilizzando due o tre serie alternate tra loro, oppure una ragione variabile, che rappresenta anch'essa gli elementi *i* di una serie, o, ancora, sono presenti quadrati o cubi perfetti.

In perfetta analogia con le serie numeriche sono le **serie alfabetiche**: si tratta, abitualmente, di serie aritmetiche dove ciascuna lettera è associata ad un valore. Bisogna prestare attenzione a definire correttamente l'alfabeto utilizzato: in alcuni casi si adopera l'alfabeto internazionale, in altri quello italiano. Anche se non espressamente comunicato, gli elementi a disposizione lasceranno capire senza possibilità di confusione quale sia l'alfabeto utilizzato.

Alfabeto internazionale

A	B	C	D	E	F	G	H	I	J	K	L	M	N	O	P	Q	R	S	T	U	V	W	X	Y	Z
1	2	3	4	5	6	7	8	9	10	11	12	13	14	15	16	17	18	19	20	21	22	23	24	25	26

Alfabeto italiano

A	B	C	D	E	F	G	H	I	L	M	N	O	P	Q	R	S	T	U	V	Z
1	2	3	4	5	6	7	8	9	10	11	12	13	14	15	16	17	18	19	20	21

Altro aspetto da tenere in considerazione nel trattare le serie letterali è che, terminata la sequenza, il valore successivo deve essere associato alla prima lettera ripetuta: nell'alfabeto internazionale il 27 corrisponderà ad A, il 28 a B e così via, mentre in quello italiano il 22 corrisponderà ad A, il 23 a B etc. Si procede, quindi, in maniera ciclica (così come per i giorni della settimana).

Infine ci sono le **serie alfanumeriche**, costituite sia da numeri che da lettere, di cui esistono due tipologie principali: quelle in cui i numeri devono essere considerati separatamente rispetto alle lettere (ed è questo il tipo che s'incontra più spesso) e quelle in cui esiste una determinata relazione tra un numero e la lettera che lo segue o lo precede.

Esempio n. 1
Completa la serie: ? 32 51 70 89

A) 13
B) 11
C) 12
D) 20

Per prima cosa si verifica la differenza tra i termini successivi:

32 *+19* **51** *+19* **70** *+19* **89**

La differenza tra un termine e il successivo è quindi 19. Il valore che precede di 19 unità il numero 32 è **13**. In casi come questo, quando il termine incognito è il primo (o anche l'ultimo della serie), è consigliabile valutare le differenze partendo dal lato opposto rispetto all'incognita. Risposta esatta: **A**

Esempio n. 2

11 ? 44 88 176

A) 22
B) 33
C) 24
D) 20

Analizzando le differenze tra i termini, non si evince un valore costante. Tuttavia, si nota che gli ultimi tre termini sono uno il doppio dell'altro. La serie è, dunque, un esempio di progressione geometrica.

11 *×2* **?** *×2* **44** *×2* **88** *×2* **176**

La risposta esatta è quindi **22**. Risposta esatta: **A**

Esempio n. 3

6 18 ? 63 66

A) 17
B) 21
C) 20
D) 15

In questo caso l'incognita si trova al centro. Si può notare subito che la relazione che intercorre tra i primi due membri non è la stessa di quella che intercorre tra gli ultimi due. In particolare, negli ultimi due termini la differenza è 3, nei primi due la differenza è 12. Le relazioni tra i termini, dunque, si alternano, e la posizione centrale dell'incognita aiuta nel calcolo.
Si dovrà avere, infatti, che la relazione tra il primo (6) ed il secondo termine (18) dovrà essere la stessa tra l'incognita ed il suo successivo (63), così come la relazione tra il quarto (63) ed il quinto termine (66) dovrà essere la stessa che intercorre tra l'incognita e il termine che la precede (18).

È evidente, allora, che non si può ragionare sulle differenze poiché dovrebbe avvenire che:

$$18 + 3 = X;$$
$$X + 6 = 63.$$

Il risultato delle due operazioni non è coincidente, quindi si deve ipotizzare che intercorra un'altra relazione tra i termini. Si noti, però, che il secondo temine è il triplo del primo. Se così fosse l'incognita dovrebbe essere un divisore di 63.

Il sistema precedente diventa:

$$18 + 3 = X$$
$$3X = 63$$
$$63 + 3 = 66$$

In tal modo si evince che **21** è contemporaneamente il risultato di entrambe le operazioni. Risposta esatta: **B**

Esempio n. 4

5 6 8 11 ?

A) 13
B) 17
C) 15
D) 16

Se analizziamo la sequenza, si avrà che:

5 *+1* **6** *+2* **8** *+3* **11** *+?* **?**

Si può notare come le differenze tra un termine e il successivo non siano costanti, ma costituiscano anch'esse una successione aritmetica (che in questo caso sarà di ragione *1* e di origine *1*). Ipotizzando un incremento sequenziale della successione che rappresenta la ragione della serie, il termine successivo da sommare sarà *+4*; l'ultimo termine, quindi, **15**. Risposta esatta: **C**

Esempio n. 5
5 6 ? 11 15

A) 7
B) 9
C) 10
D) 4

La sequenza potrebbe apparire la stessa di quella precedente, ma verificando le alternative di risposta proposte si nota l'assenza del numero 8. Questo significa che bisogna applicare un altro tipo di ragionamento e cercare di evincere un'altra relazione, studiando così le differenze:

5 *+1* **6** *+x* **?** *+y* **11** *+4* **15**

Scartata l'ipotesi x = 2 e y = 3, che avrebbe definito il numero 8 come soluzione, si può verificare l'ulteriore ipotesi che si tratti di una sequenza con ragione alternata, ipotizzando x = 4 e y = 1. Ragionando in questo modo, si avrà che il termine che soddisfa entrambe le relazioni è **10**. Risposta esatta: **C**

Esempio n. 6
1 3 4 7 11 ?

A) 11
B) 21
C) 18
D) 15

Schematizzando la serie in funzione delle differenze si avrà:

1 *+2* **3** *+1* **4** *+3* **7** *+4* **11** +... **?**

Gli incrementi sembrano prima diminuire (da +2 a +1) per poi riprendere ad aumentare. In realtà, a ben vedere, ci si accorgerà che il terzo termine è dato dalla somma dei primi due, così come il quarto è la somma dei due precedenti. Il termine successivo sarà quindi la somma di **7** + **11** = **18**. Si tratta di una variante abbastanza frequente, basata sulla famosa *serie di Fibonacci* (1, 1, 2, 3, 5, 8, 13, 21, ...). Quella di Fibonacci è una serie in cui i termini successivi sono dati dalla somma dei due precedenti in cui i primi due termini sono 1 e 1. Risposta esatta: **C**

Esempio n. 7
350 225 125 100 ?

A) 80
B) 75
C) 25
D) 35

Lo schema è simile alla sequenza di Fibonacci, ma il terzo termine risulta essere la differenza dei primi due, così come il quarto è la differenza del secondo e del terzo. Il termine successivo, quindi, sarà **125** – **100** = **25**. Risposta esatta: **C**

Esempio n. 8
17 34 35 ? 71 142

A) 36
B) 19
C) 72
D) 70

Questo esempio rappresenta una schematizzazione differente: le operazioni da effettuare si alternano creando maggiore difficoltà nell'identificazione della sequenza. Bisogna ragionare per

coppie e capire le differenze tra alcuni termini per poterne dedurre quelli che identificheranno il termine incognito.
Si può notare che il secondo termine è il doppio del primo, stessa cosa vale per il quinto e il sesto. Raggruppando le coppie, quindi, il secondo termine dovrà essere il doppio del primo. Si noti, inoltre, che il terzo termine è il successivo del secondo. Unendo i due ragionamenti si avrà che il termine incognito dovrà essere il doppio del terzo termine (35) e, contemporaneamente, dovrà essere anche il precedente del quinto (71). La risposta **D** (**70**) è quindi il valore incognito.

Esempio n. 9
? 6 25 5 60 12

A) 20
B) 45
C) 40
D) 30

Altra tipologia di esercizi è quella in cui la sequenza è costituita da coppie di numeri sui quali è stata effettuata la stessa operazione, ma tali coppie sono del tutto slegate tra loro. Bisogna ipotizzare di essere in presenza di questa tipologia allorquando non si riescono a definire relazioni semplici tra gli elementi della serie, anche prendendoli alternativamente. Pur volendo supporre la presenza di due serie avremmo **?, 25, 60** e **6, 5, 12** che non sembrano avere delle connessioni facilmente individuabili. Se si considerano, invece, le coppie si avrà una prima coppia formata dall'incognita e dal numero 6; una seconda coppia formata da 25 e 5; una terza coppia formata da 60 e 12. Si nota facilmente che il primo termine è pari al quintuplo del secondo in entrambi i casi. Tra le risposte, dunque, è la **D** (**30**) a rispettare questa proprietà.

Esempio n. 10
8 64 7 49 1 ?

A) 1
B) 36
C) 25
D) 16

Con lo stesso criterio del precedente esercizio si possono variare le operazioni da effettuare. In questo caso i secondi termini della coppia sono i quadrati dei primi. La risposta esatta sarà, pertanto, la **A**, cioè **1**. Talvolta si potrebbe seguire lo stesso criterio per coppie che hanno la stessa somma (5, 19; 9, 15; 3, ?) o lo stesso prodotto (6, 6; 3, 12; 4, ?).

Esempio n. 11
2 4 8 6 5 ?

A) 30
B) 11
C) 42
D) 16

Un'ulteriore tipologia comprende i quiz in cui alcuni termini della successione rappresentano il risultato di operazioni dei termini precedenti. In questo caso il terzo termine (**8**) è il prodotto dei primi due. Il termine incognito sarà, quindi, il prodotto del quarto e quinto termine ($\mathbf{6 \cdot 5 = 30}$).
Risposta esatta: **A**

Esempio n. 12

22 44 25 47 69 50 ?

A) 47
B) 72
C) 49
D) 60

Per completare il quadro delle varie possibilità, si può osservare la presenza di una sequenza di operazioni ripetute:

22 *+22* **44** *–19* **25** *+22* **47** *+22* **69** *–19* **50**

Si individua, quindi, un ciclo di tre operazioni (+22, – 19, + 22) che poi si ripropone nuovamente. Il successivo valore dello scarto dovrà essere, quindi, +22, ottenendo come risultato **72**. Risposta esatta: **B**

Esempio n. 13

A C F L Q ?

A) Z
B) U
C) A
D) B

Convertendo la serie alfabetica in serie numerica, considerando che la A è la prima lettera dell'alfabeto, C la terza, F la sesta etc., otteniamo: 1, 3, 6, 10, 15, ?. Analizzando la serie numerica ottenuta, si nota che fra 1 e 3 c'è un +2, fra 3 e 6 un +3, fra 6 e 10 un +4, fra 10 e 15 un +5. Con operazioni del tipo +2, +3, +4, +5 dovrebbe risultare agevole pensare al criterio delle operazioni con andamento sequenziale, ovvero 1 (+ 2 =) 3 (+ 3 =) 6 (+ 4 =) 10 (+ 5 =) 15 (+ 6 =) 21. La ventunesima lettera dell'alfabeto italiano è la **Z**. Risposta esatta: **A**

Esempio n. 14

Completare la seguente serie alfanumerica considerando l'alfabeto italiano:

E 5 I 6 Q 11 U 17 ? ?

A) F 29
B) I 26
C) D 28
D) E 23

La presenza di numeri e lettere fa pensare a due serie differenti: una numerica (5, 6, 11, 17) e l'altra alfabetica (E, I, Q, U). Dalla serie numerica si può ipotizzare che ogni termine è la somma dei due precedenti: 5 + 6 = 11; 6 + 11 = 17; per cui sarà 11 + 17 = **28**, individuando la risposta esatta nella **C**. Per avere la conferma circa la lettera, ipotizzando l'uso dell'alfabeto italiano, avremo che

E = 5 I = 9 Q = 15 U = 19

Gli scarti, quindi, saranno:

5 *+4* **9** *+6* **15** *+4* **19** + …

Lo scarto successivo sarà +6, per cui la lettera successiva dovrà avere valore 25. Applicando il criterio di ciclicità, la venticinquesima lettera sarà di nuovo la **D** (25 – 21 = 4), confermando l'ipotesi avanzata in precedenza. Risposta esatta: **C**

Test di verifica

1 **Completare correttamente la seguente successione di numeri: 1; 2; 2; 4; 8; 32; ?**

A) 96
B) 256
C) 144
D) 64

2 **Completare correttamente la seguente successione numerica: 10; 19; 17; ?; 24; 11; ?; 7**

A) 15; 31
B) 15; 7
C) 31; 7
D) 26; 31

3 **Completare correttamente la seguente successione numerica: 3; 5; 8; 13; 21; 34; 55; ?; ?**

A) 89; 144
B) 88; 143
C) 89; 145
D) 90; 145

4 **Completare correttamente la seguente successione numerica: 1; 3; 7; 13; 21; 31; ?**

A) 42
B) 43
C) 41
D) 46

5 **Completare correttamente la seguente successione numerica: 27; 81; 69; 207; 195; 585; ?; ?**

A) 573; 1.721
B) 572; 1.724
C) 573; 1.719
D) 1.719; 572

6 **Completare correttamente la seguente successione numerica: ?; 16; 33; 28; 16; 33; ?**

A) 33; 33
B) 28; 28
C) 33; 28
D) 28; 16

7 **Utilizzando l'alfabeto italiano, completare correttamente la seguente successione di lettere: E; A; U; Q; N; ?**

A) H
B) L
C) T
D) E

8 **Completare correttamente la seguente successione numerica: 10; 15; 13; 12; 16; 9; 19; 6; ?**

A) 18
B) 21
C) 13
D) 22

9 **Utilizzando l'alfabeto italiano, completare correttamente la seguente successione di lettere: B; C; E; H; ?**

A) H
B) M
C) N
D) L

10 **Completare correttamente la seguente successione numerica: 20; 23; 32; 59; ?**

A) 118
B) 68
C) 81
D) 140

11 **Completare correttamente la seguente successione numerica: 22; 44; 26; 38; 30; 32; ?; ?**

A) 34; 26
B) 26; 33
C) 36; 26
D) 34; 28

12 **Completare correttamente la seguente successione numerica: 8; 10; 11; 16; 14; 22; 17; ?; ?**

A) 29; 20
B) 20; 29
C) 20; 27
D) 28; 20

13 **Completare correttamente la seguente successione numerica: 87; 73; 103; 89; ?; 105; 135; ?**

A) 119; 121
B) 119; 165
C) 75; 121
D) 75; 165

14 **Completare correttamente la seguente successione numerica: 79; 96; 89; 106; 99; 116; ?**

A) 133
B) 109
C) 123
D) 110

15 **Completare correttamente la seguente successione numerica: 12; 17; 36; 34; 108; 68; 324; ?**

A) 142
B) 204
C) 136
D) 138

16 **Completare correttamente la seguente successione numerica: 171; 168; 177; ?; ?; 178; 173; 170**

A) 168; 173
B) 172; 169
C) 175; 171
D) 174; 183

17 **Completare correttamente la seguente successione numerica: 12; 21; 19; 17; 26; 13; ?; ?**

A) 9; 32
B) 22; 20
C) 33; 9
D) 33; 11

18 **Completare correttamente la seguente successione numerica: 19; 176; 38; 88; 76; 44; 152; ?; ?**

A) 22; 304
B) 22; 306
C) 76; 88
D) 304; 21

19 **Completare correttamente la seguente successione numerica: 8; 15; 29; 57; 113; 225; ?**

A) 337
B) 449
C) 451
D) 169

20 **Completare correttamente la seguente successione numerica: 13; 21; 14; 23; 31; 24; ?**

A) 33
B) 32
C) 34
D) 17

21 **Completare correttamente la seguente successione numerica: 117; 154; 130; 167; 204; 180; ?**

A) 217
B) 227
C) 156
D) 207

22 **Completare correttamente la seguente successione, utilizzando l'alfabeto italiano: A; 54; T; 62; P; 70; ?; ?**

A) M; 76
B) L; 76
C) L; 78
D) F; 82

23 **Completare correttamente la seguente successione numerica: 16; 36; 76; 156; 316; 636; ?**

A) 1.276
B) 1.278
C) 1.275
D) 1.28

24 **Completare correttamente la seguente successione numerica: 89; 52; 82; 48; 75; 44; 68; ?; ?**

A) 61; 39
B) 40; 61
C) 61; 40
D) 39; 66

25 **Completare correttamente la seguente successione numerica: 65; 73; 82; 89; 97; 106; ?**

A) 111
B) 113
C) 116
D) 115

26 **Completare correttamente la seguente successione numerica: 1; 2; 3; 6; 7; 14; 15; 30; ?; 62**

A) 60
B) 31
C) 30
D) 61

27 **Completare correttamente la seguente successione di lettere, utilizzando l'alfabeto italiano: B; U; D; T; F; S; H; ?**

A) Q
B) P
C) R
D) T

28 **Completare correttamente la seguente successione numerica: 46; 90; 78; 36; ?; ?; 26; 70**

A) 80; 68
B) 80; 72
C) 76; 64
D) 24; 68

29 **Completare correttamente la seguente successione numerica: ?; ?; 36; 61; 41; 64; 46; 67**

A) 30; 63
B) 31; 56
C) 31; 58
D) 31; 60

30 **Quali valori devono avere le incognite x e y per completare correttamente la seguente successione? F; 19; S; 25; Q; 31; E; 37; x; y**

A) x = S; y = 38
B) x = D; y = 43
C) x = C; y = 40
D) x = C; y = 43

31 **Completare correttamente la seguente successione numerica: 72; 30; 36; 26; 18; 22; 9; ?**

A) 18
B) 16
C) 11
D) 14

32 **Completare correttamente la seguente successione di lettere, utilizzando l'alfabeto italiano: ?; G; M; Q; U**

A) D
B) B
C) A
D) C

33 **Individuare, l'alternativa che completa correttamente la seguente serie di numeri: 5; 14; 41; 122; ?**

A) 244
B) 364
C) 366
D) 365

34 **Completare correttamente la seguente successione numerica: 10; 30; 17; 51; 38; 114; ?; ?**

A) 101; 303
B) 100; 202
C) 111; 303
D) 101; 293

35 **Completare correttamente la seguente successione di lettere, utilizzando l'alfabeto italiano: Z; V; T; Q; ?**

A) O
B) N
C) M
D) L

36 **Completare correttamente la seguente successione di lettere, utilizzando l'alfabeto italiano: T; S; Q; N; ?**

A) I
B) H
C) G
D) L

37 **Completare correttamente la seguente successione numerica: 38; 46; 47; ?; ?; 43; 30; 38**

A) 37; 44
B) 48; 35
C) 46; 35
D) 34; 42

38 **Completare correttamente la seguente successione, utilizzando l'alfabeto italiano: U; 32; 34; D; 29; ?; ?; 26; 28; R**

A) 31; L
B) 34; P
C) Q; 3
D) 27; P

39 **Utilizzando l'alfabeto italiano, completare correttamente la seguente successione di lettere: G; L; Q; F; I; P; ?; ?**

A) O; M
B) H; N
C) O; S
D) E; H

40 **Completare correttamente la seguente successione, utilizzando l'alfabeto italiano: V; 33; 35; E; 30; ?; ?; 27; 29; S**

A) 28; Q
B) 35; Q
C) 32; M
D) R; 3

41 **Completare correttamente la seguente successione, utilizzando l'alfabeto italiano: R; 29; 31; A; 26; ?; ?; 23; 25; O**

A) N; 28
B) 28; G
C) 31; M
D) 24; M

42 **Completare correttamente la seguente successione di lettere, utilizzando l'alfabeto italiano: M; L; H; E; ?**

A) B
B) C
C) A
D) F

43 **Completare correttamente la seguente successione, utilizzando l'alfabeto italiano: S; 109; Z; 98; D; 87; ?; ?**

A) H; 78
B) Z; 88
C) H; 76
D) I; 76

44 **Completare correttamente la seguente successione numerica: 101; 76; 43; ?; ?; 9; 33; 8**

A) 67; 42
B) 70; 44
C) 76; 68
D) 10; 34

45 **Completare correttamente la seguente successione, utilizzando l'alfabeto italiano: A; 20; L; 7; 16; U; 3; ?; ?**

A) E; 1
B) 12; F
C) 8; G
D) 12; G

46 **Completare correttamente la seguente successione, utilizzando l'alfabeto italiano: A; 1; E; 2; M; 3; Q; 5; ?; ?**

A) B; 8
B) Z; 8
C) Z; 2
D) B; 17

47 **Utilizzando l'alfabeto italiano, completare correttamente la seguente successione di lettere: A; M; P; M; Z; C; ?; ?**

A) F; C
B) Z; L
C) O; R
D) L; B

48 **Completare correttamente la seguente successione numerica: 86; 105; 78; ?; ?; 88; 106; 125**

A) 97; 116
B) 97; 70
C) 92; 113
D) 96; 115

49 **Completare correttamente la seguente successione numerica: 21; 62; 53; 68; ?; ?; 115; 156**

A) 103; 100
B) 109; 100
C) 83; 124
D) 109; 104

50 **Utilizzando l'alfabeto italiano, completare correttamente la seguente successione di lettere: B; N; Q; N; A; D; ?; ?**

A) G; D
B) P; S
C) M; C
D) A; M

51 **Completare correttamente la seguente successione numerica: 56; 36; 50; 40; 44; 44; 38; ?; ?**

A) 32; 50
B) 48; 32
C) 48; 31
D) 38; 48

52 **Completare correttamente la seguente successione, utilizzando l'alfabeto italiano: B; 21; M; 8; 17; V; 4; ?; ?**

A) 13; G
B) 13; H
C) H; 8
D) E; 1

53 **Completare correttamente la seguente successione, utilizzando l'alfabeto italiano: L; 14; E; 15; Z; 29; R; 44; ?; ?**

A) E; 82
B) M; 73
C) M; 85
D) O; 85

54 **Completare correttamente la seguente successione numerica: 37; 81; 69; 27; ?; ?; 17; 61**

A) 71; 59
B) 71; 63
C) 65; 59
D) 76; 57

55 **Utilizzando l'alfabeto italiano, completare correttamente la seguente successione di lettere: A; T; ?; M; H; ?**

A) Q; E
B) M; D
C) Q; D
D) P; E

56 **Utilizzando l'alfabeto italiano, completare correttamente la seguente successione di lettere: D; E; S; O; P; E; ?; ?**

A) N; L
B) B; M
C) N; O
D) A; B

57 **Determinare l'elemento mancante nella seguente serie: D; 4; ?; 8; N; 12; R; ?**

A) H; 8
B) V; 16
C) H; 16
D) F; 18

58 **Completare correttamente la seguente successione numerica: 21; 41; 10; 55; 75; 44; ?; ?**

A) 89; 109
B) 13; 58
C) 94; 107
D) 83; 93

59 **Completare correttamente la seguente successione numerica: 20; 40; 9; 54; 74; 43; ?; ?**

A) 88; 108
B) 93; 106
C) 82; 92
D) 12; 57

60 **Completare correttamente la seguente successione numerica: 26; 24; 28; 27; 30; 30; 32; ?; ?**

A) 32; 39
B) 33; 36
C) 34; 38
D) 33; 34

61 **Completare correttamente la seguente successione numerica: 65; 39; 81; 111; 85; 127; ?; ?**

A) 101; 143
B) 169; 199
C) 157; 131
D) 101; 131

62 **Completare correttamente la seguente successione numerica: 37; 35; 51; ?; ?; 59; 53; 51**

A) 48; 45
B) 36; 47
C) 45; 43
D) 35; 46

63 **Completare correttamente la seguente successione numerica: 40; 31; 48; ?; ?; 48; 40; 31**

A) 40; 31
B) 39; 56
C) 40; 57
D) 43; 33

64 **Completare correttamente la seguente successione numerica: 262; 226; 228; 204; 168; 170; ?; ?**

A) 151; 108
B) 104; 146
C) 146; 110
D) 140; 150

65 **Completare correttamente la seguente successione numerica: 55; 57; 45; ?; ?; 51; 67; 69**

A) 57; 62
B) 67; 61
C) 61; 63
D) 57; 61

66 **Completare correttamente la seguente successione numerica: 10; 30; 19; 57; 46; 138; ?; ?**

A) 414; 403
B) 127; 381
C) 127; 371
D) 126; 254

67 **Completare correttamente la seguente successione numerica: 65; 100; 57; ?; ?; 83; 117; 152**

A) 91; 126
B) 100; 92
C) 87; 124
D) 94; 128

68 **Completare correttamente la seguente successione numerica: 48; 71; 102; ?; ?; 134; 112; 135**

A) 80; 103
B) 83; 105
C) 80; 111
D) 76; 101

69 **Completare correttamente la seguente successione numerica: 15; 18; 27; 54; ?**

A) 81
B) 162
C) 63
D) 135

70 **Completare correttamente la seguente successione? B; 15; O; 21; M; 27; A; 33; ?; ?**

A) V; 39
B) O; 34
C) Z; 39
D) V; 36

71 **13 9 14 15 15 ?**

A) 18
B) 30
C) 25
D) 21

72 **11 8 33 24 99 ?**

A) 88
B) 64
C) 72
D) 46

73 **5 ? 80 320**

A) 32
B) 20
C) 24
D) 25

74 **100 81 ? 49**

A) 23
B) 83
C) 37
D) 64

75 **5 23 41 59 ? 95**

A) 62
B) 77
C) 64
D) 70

76 **79 80 82 ? 94**

A) 73
B) 91
C) 86
D) 88

77 **286 296 289 299 ?**

A) 292
B) 205
C) 575
D) 519

78 **72 ? 18 9**

A) 24
B) 56
C) 36
D) 29

79 **9 25 ? 81**

A) 42
B) 34
C) 49
D) 40

80 **6 18 ? 63 66**

A) 17
B) 21
C) 20
D) 15

81 **? 33 30 15 12**

A) 66
B) 45
C) 75
D) 72

82 **420 420 ? 28 4**

A) 56
B) 210
C) 140
D) 84

83 **14 224 16 18 ? 2**

A) 9
B) 36
C) 8
D) 24

84 **13 24 46 ? 178**

A) 92
B) 86
C) 104
D) 90

85 **3 9 ? 324 648**

A) 18
B) 162
C) 81
D) 16

86 **64 ? 65 61 66**

A) 63
B) 61
C) 60
D) 62

87 **12 11 10 144 ? 100**

A) 9
B) 154
C) 121
D) 105

88 **18 ? 14 35 7 42**

A) 49
B) 31
C) 36
D) 16

89 **22 29 51 80 ? 211**

A) 291
B) 160
C) 158
D) 131

90 **8 18 38 ? 158**
A) 68
B) 128
C) 98
D) 78

91 **4 19 ? 49 64**
A) 39
B) 24
C) 29
D) 34

92 **2 8 40 ? 800**
A) 240
B) 400
C) 160
D) 80

93 **94 93 45 ? 21 20**
A) 44
B) 46
C) 22
D) 24

94 **? 32 51 70 89**
A) 13
B) 11
C) 12
D) 20

95 **768 192 64 ? 32**
A) 32
B) 6
C) 24
D) 12

96 **44 84 ? 324 644**
A) 104
B) 124
C) 164
D) 144

97 **7 16 34 70 ? 286**
A) 141
B) 143
C) 142
D) 140

98 **5 25 ? 12 144 156**
A) 11
B) 30
C) 121
D) 78

99 **2 20 25 ? 255**
A) 45
B) 250
C) 30
D) 225

100 **44 37 ? 26 22 19**
A) 28
B) 31
C) 30
D) 63

101 **11 31 22 ? 33 97**
A) 80
B) 64
C) 55
D) 57

102 **11 ? 44 88 176**
A) 22
B) 33
C) 24
D) 20

103 **3 15 ? 95 99**
A) 18
B) 19
C) 20
D) 55

104 **18 21 10 ? 2 5**
A) 13
B) 11
C) 1
D) 4

105 **33 35 ? 31 132 27**
A) 30
B) 29
C) 38
D) 66

106 **17 51 ? 459**

A) 153
B) 102
C) 204
D) 85

107 **384 192 48 ? 1**

A) 4
B) 32
C) 16
D) 8

108 **7 ? 31 63 127**

A) 14
B) 15
C) 16
D) 27

109 **6 18 15 45 ? 126**

A) 135
B) 42
C) 90
D) 30

110 **169 154 ? 79 19**

A) 93
B) 104
C) 139
D) 124

111 **1 9 ? 49 81**

A) 25
B) 16
C) 36
D) 10

112 **6 16 36 ? 156**

A) 46
B) 86
C) 76
D) 96

113 **121 239 ? 947**

A) 475
B) 478
C) 379
D) 479

114 **1 ? 2 4 6 36**

A) 2
B) 6
C) 3
D) 1

115 **225 15 324 18 ? 25**

A) 36
B) 625
C) 5
D) 30

116 **1 ? 9 54 11 66**

A) 4
B) 6
C) 8
D) 7

117 **24 22 21 19 18 ?**

A) 17
B) 16
C) 15
D) 20

118 **16 64 4 13 ? 8**

A) 17
B) 5
C) 52
D) 104

119 **200 200 40 40 ?**

A) 12
B) 5
C) 10
D) 8

120 **1 2 ? 7 11 16**

A) 6
B) 5
C) 3
D) 4

121 **10 11 8 9 ? 7**

A) 10
B) 6
C) 8
D) 5

122 **8 40 ? 480 960**

A) 100
B) 360
C) 120
D) 160

123 **100 50 10 5 ?**

A) 5
B) 2
C) 25
D) 1

124 **16 21 18 ? 20 25**

A) 17
B) 22
C) 19
D) 23

125 **3 16 4 ? 5 36**

A) 25
B) 36
C) 9
D) 2

126 **Quale dei seguenti numeri integra la serie?**

2 3	**3 4**	**4 5**
11	**17**	**?**

A) 25
B) 20
C) 15
D) 35

127 **Quale dei seguenti numeri integra la serie?**

168 4	**130 26**	**168 7**
42	**?**	**24**

A) 18
B) 6
C) 5
D) 24

128 **Quale dei seguenti numeri integra la serie?**

3 18	**15 4**	**11 6**
19	**17**	**?**

A) 13
B) 15
C) 16
D) 30

129 **Dopo aver osservato attentamente gli elementi del disegno proposto, inserire il numero mancante:**

A) 42
B) 16
C) 17
D) 12

130 **Individuare il numero mancante:**

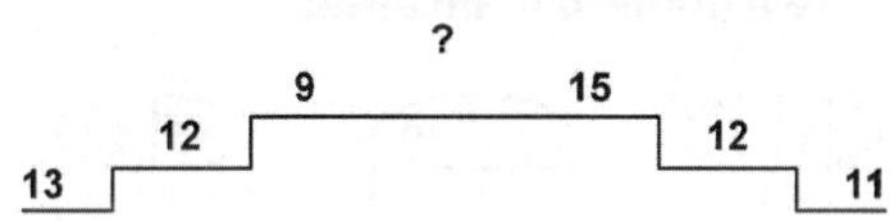

A) 34
B) 25
C) 24
D) 48

131 **Dopo aver osservato attentamente gli elementi del disegno proposto, inserire il numero mancante:**

A) 53
B) 16
C) 20
D) 10

132 **Individuare il numero mancante:**

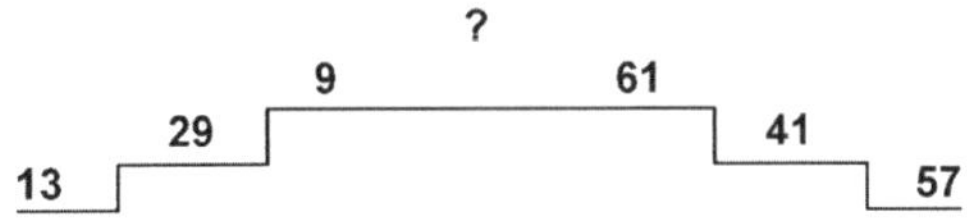

A) 70
B) 75
C) 78
D) 86

133 **Individuare il numero mancante:**

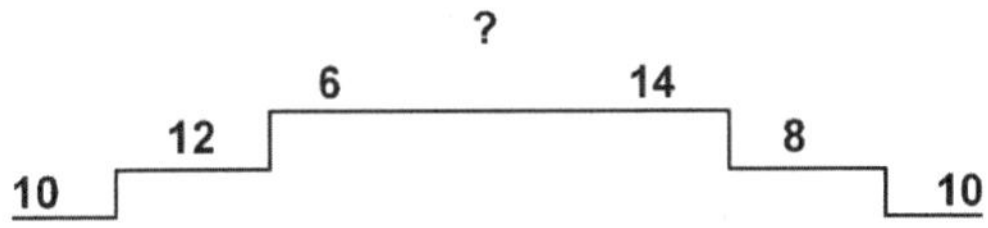

A) 28
B) 32
C) 20
D) 25

134 **Dopo aver osservato attentamente gli elementi del disegno proposto, inserire il numero mancante:**

A) 12
B) 18
C) 16
D) 24

135 **Dopo aver osservato attentamente gli elementi del disegno proposto, inserire il numero mancante:**

A) 18
B) 20
C) 17
D) 37

136 **Quali numeri devono logicamente integrare la struttura?**

A) 66 - 21
B) 64 - 19
C) 65 - 16
D) 61 - 17

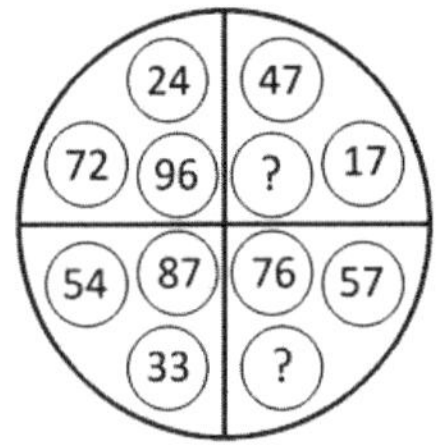

137 **Quale dei seguenti numeri eliminerebbe?**

A) 209
B) 97
C) 171
D) 91

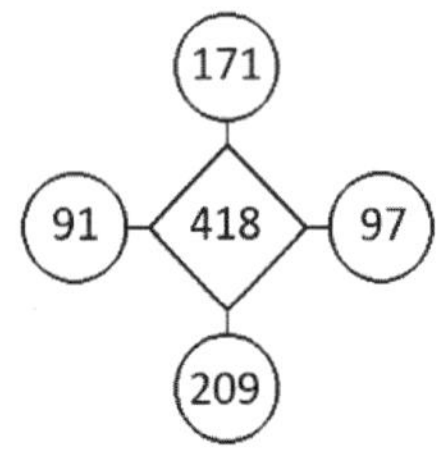

138 **Quale numero deve logicamente integrare la struttura?**

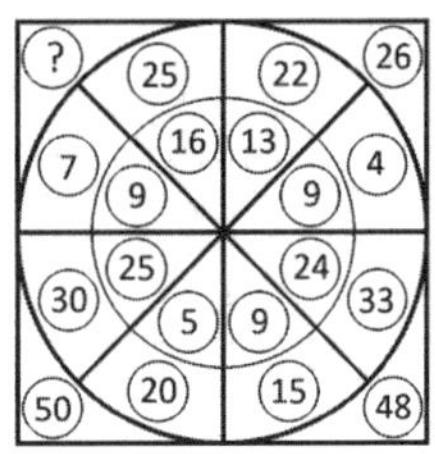

A) 52
B) 32
C) 26
D) 44

139 **Quale numero può essere inserito nel seguente gruppo di numeri?**

A) 227
B) 308
C) 326
D) 136

140 **Quale dei seguenti numeri eliminereb-be?**

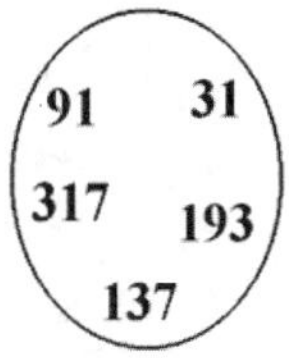

A) 137
B) 193
C) 91
D) 317

141 **Quali numeri devono logicamente in-tegrare la struttura?**

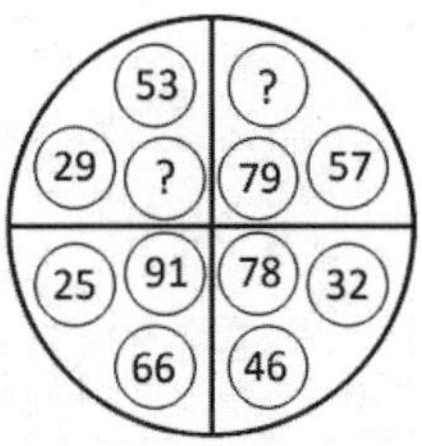

A) 82 - 24
B) 82 - 22
C) 80 - 18
D) 90 - 36

142 **Quale dei seguenti numeri eliminereb-be?**

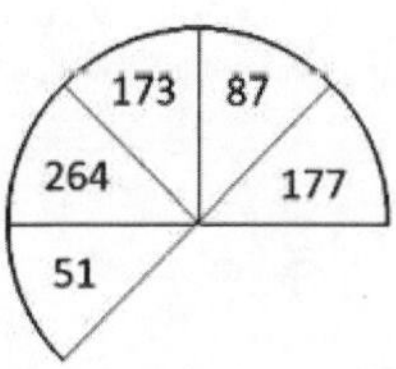

A) 264
B) 87
C) 51
D) 173

143 **Quale numero può essere inserito nel seguente gruppo di numeri?**

A) 163
B) 292
C) 306
D) 891

144 **Quale numero deve logicamente inte-grare la struttura?**

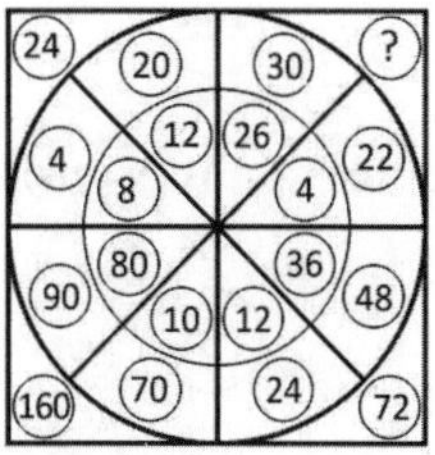

A) 54
B) 56
C) 52
D) 68

145 **Quale dei seguenti numeri eliminereb-be?**

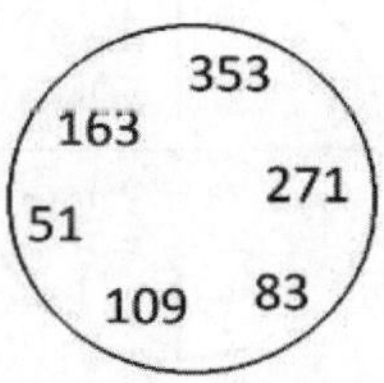

A) 271
B) 51
C) 163
D) 83

146 **Quale dei seguenti numeri eliminerebbe?**

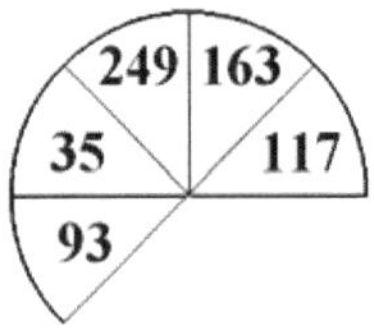

A) 163
B) 117
C) 93
D) 249

147 **Quale dei seguenti numeri eliminerebbe?**

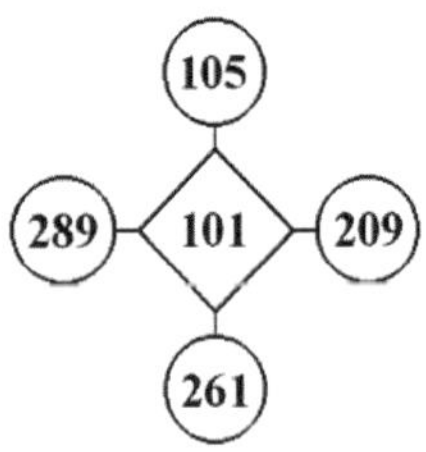

A) 105
B) 101
C) 261
D) 289

148 **Quali numeri devono logicamente integrare la struttura?**

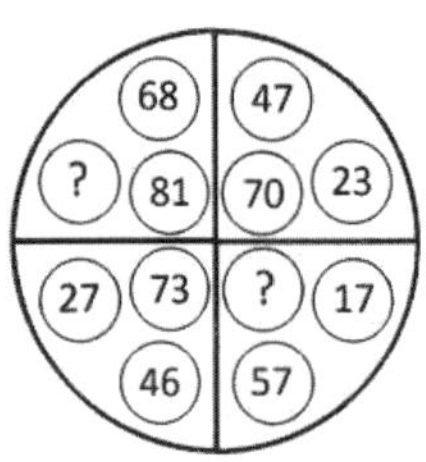

A) 14 - 87
B) 13 - 74
C) 22 - 79
D) 33 - 95

149 **Quale dei seguenti numeri può essere inserito nel seguente gruppo di numeri?**

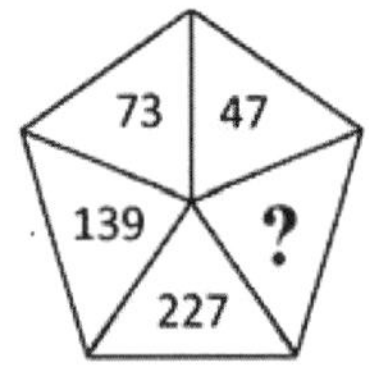

A) 228
B) 91
C) 317
D) 101

150 **Quale numero deve logicamente integrare la struttura?**

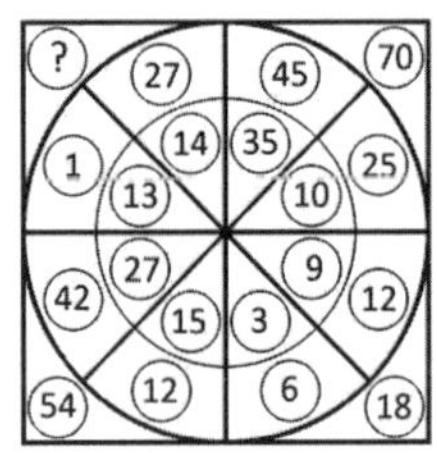

A) 22
B) 28
C) 30
D) 46

Soluzioni

1 **Risposta esatta: B**

Ogni numero (a partire dal terzo) si ottiene moltiplicando i precedenti due

1; 2 (1 · 2 =) 2 (2 · 2 =) 4 (2 · 4 =) 8
(4 · 8 =) 32 (8 · 32 =) 256

2 **Risposta esatta: A**

Per risolvere questa serie numerica dobbiamo considerare separatamente i numeri di posto dispari (il primo, il terzo, etc.) e i numeri di posto pari (il secondo, il quarto, etc.)

10 (+ 7 =) 17 (+ 7 =) 24 (+ 7 =) 31
19 (– 4 =) 15 (– 4 =) 11 (– 4 =) 7

Si tratta quindi di una serie in cui la chiave di risoluzione è + 7, - 4 a posti alterni.

3 **Risposta esatta: A**

A partire dal terzo numero, ogni numero risulta uguale alla somma dei precedenti due

3; 5 (3 + 5 =) 8 (5 + 8 =) 13 (8 + 13 =) 21
(13 + 21 =) 34 (21 + 34 =) 55 (34 + 55 =) 89
(55 + 89 =) 144

4 **Risposta esatta: B**

Incrementi sequenziali (+2, +4, +6, +8, +10, +12)
1 (+ 2 =) 3 (+ 4 =) 7 (+ 6 =) 13 (+ 8 =) 21 (+ 10 =) 31 (+ 12 =) 43

5 **Risposta esatta: C**

Operazioni alternate (· 3, – 12, · 3, – 12, ...)
27 (· 3 =) 81 (– 12 =) 69 (· 3 =) 207 (– 12 =) 195 (· 3 =) 585 (– 12 =) 573 (· 3 =) 1.719

6 **Risposta esatta: B**

Numeri traslati (sono ripetuti il 28, il 16 e il 33)

28 16 33 / 28 16 33 / 28

7 **Risposta esatta: A**

Incrementi costanti di +17 posti

E (+ 17 posti =) A (+ 17 posti =) U (+ 17 posti =) Q (+ 17 posti =) N (+ 17 posti =) H

N.B. dopo la Z si ricomincia il conteggio dei posti da A quindi E (+ 17 posti) = F; G; H; I; L; M; N; O; P; Q; R; S; T; U; V; Z; A.

8 **Risposta esatta: D**

Posti alterni: considera separatamente i numeri di posto dispari (il primo, il terzo, etc.) e i numeri di posto pari (il secondo, il quarto, etc.)

10 (+ 3 =) 13 (+ 3 =) 16 (+ 3 =) 19 (+ 3 =) 22
15 (– 3 =) 12 (– 3 =) 9 (– 3 =) 6

9 **Risposta esatta: C**

Incrementi sequenziali (+ 1 posto, + 2 posti, + 3 posti, + 4 posti)
B (+ 1 posto =) C (+ 2 posti =) E (+ 3 posti =) H (+ 4 posti =) N

10 **Risposta esatta: D**

Incrementi esponenziali: ogni incremento è triplo del precedente (+ 3, + 9, + 27, + 81)

20 (+ 3 =) 23 (+ 9 =) 32 (+ 27 =) 59 (+ 81 =) 140

11 **Risposta esatta: A**

Posti alterni: considera separatamente i numeri di posto dispari (il primo, il terzo, etc.) e i numeri di posto pari (il secondo, il quarto, etc.)

22 (+ 4 =) 26 (+ 4 =) 30 (+ 4 =) 34
44 (– 6 =) 38 (– 6 =) 32 (– 6 =) 26

12 **Risposta esatta: D**

Posti alterni: considera separatamente i numeri di posto dispari (il primo, il terzo, etc.) e i numeri di posto pari (il secondo, il quarto, etc.)

8 (+ 3 =) 11 (+ 3 =) 14 (+ 3 =) 17 (+ 3 =) 20
10 (+ 6 =) 16 (+ 6 =) 22 (+ 6 =) 28

13 **Risposta esatta: A**

Posti alterni: considera separatamente i numeri di posto dispari (il primo, il terzo, etc.) e i numeri di posto pari (il secondo, il quarto, etc.)

87 (+ 16 =) 103 (+ 16 =) 119 (+ 16 =) 135
73 (+ 16 =) 89 (+ 16 =) 105 (+ 16 =) 121

14 **Risposta esatta: B**

Operazioni alternate (+ 17, – 7, + 17, – 7, ...)
79 (+ 17 =) 96 (– 7 =) 89 (+ 17 =) 106 (– 7 =) 99 (+ 17 =) 116 (– 7 =) 109

15 Risposta esatta: C

Posti alterni: considera separatamente i numeri di posto dispari (il primo, il terzo, etc.) e i numeri di posto pari (il secondo, il quarto, etc.)

12 (· 3 =) 36 (· 3 =) 108 (· 3 =) 324
17 (· 2 =) 34 (· 2 =) 68 (· 2 =) 136

16 Risposta esatta: B

In questa serie numerica è applicata la logica tripla (– 3, + 9, – 5), ovvero

171 (– 3 =) 169 (+ 9 =) 177 (– 5 =) 172 (– 3 =) 169 (+ 9 =) 178 (– 5 =) 173 (– 3 =) 170

(osserva come, dopo «– 3», «+ 9», «– 5», siano ripetuti gli stessi intervalli ovvero «– 3», «+9», «– 5» e poi si ricomincia di nuovo da «– 3»).

17 Risposta esatta: C

Posti alterni: considera separatamente i numeri di posto dispari (il primo, il terzo, etc.) e i numeri di posto pari (il secondo, il quarto, etc.)

12 (+ 7 =) 19 (+ 7 =) 26 (+ 7 =) 33
21 (– 4 =) 17 (– 4 =) 13 (– 4 =) 9

18 Risposta esatta: A

Posti alterni: considera separatamente i numeri di posto dispari (il primo, il terzo, etc.) e i numeri di posto pari (il secondo, il quarto, etc.)

19 (· 2 =) 38 (· 2 =) 76 (· 2 =) 152 (· 2 =) 304
176 (: 2 =) 88 (: 2 =) 44 (: 2 =) 22

19 Risposta esatta: B

Incrementi esponenziali: ogni incremento è doppio del precedente (+ 7, + 14, + 28, + 56, + 112, + 224)
8 (+ 7 =) 15 (+ 14 =) 29 (+ 28 =) 57 (+ 56 =) 113 (+ 112 =) 225 (+ 224 =) 449

20 Risposta esatta: A

Logica tripla (+ 8, – 7, + 9)
13 (+ 8 =) 21 (– 7 =) 14 (+ 9 =) 23 (+ 8 =) 31 (– 7 =) 24 (+ 9 =) 33

21 Risposta esatta: A

Logica tripla (+ 37, – 24, + 37)
117 (+ 37 =) 154 (– 24 =) 130 (+ 37 =) 167 (+ 37 =) 204 (– 24 =) 180 (+ 37 =) 217

22 Risposta esatta: C

Considera separatamente lettere e numeri: per le lettere si riscontrano incrementi costanti di + 17 posti; per i numeri si riscontrano incrementi costanti pari a + 8

A (+ 17 posti =) T (+ 17 posti =) P (+ 17 posti =) L
54 (+ 8 =) 62 (+ 8 =) 70 (+ 8 =) 78

23 Risposta esatta: A

Incrementi esponenziali: ogni incremento è doppio del precedente (+ 20, + 40, + 80, + 160, + 320, + 640)
16 (+ 20 =) 36 (+ 40 =) 76 (+ 80 =) 156 (+ 160 =) 316 (+ 320 =) 636 (+ 640 =) 1.276

24 Risposta esatta: B

Posti alterni: considera separatamente i numeri di posto dispari (il primo, il terzo, etc.) e i numeri di posto pari (il secondo, il quarto, etc.)

89 (– 7 =) 82 (– 7 =) 75 (– 7 =) 68 (– 7 =) 61
52 (– 4 =) 48 (– 4 =) 44 (– 4 =) 40

25 Risposta esatta: B

Logica tripla (+ 8, + 9, + 7)
65 (+ 8 =) 73 (+ 9 =) 82 (+ 7 =) 89 (+ 8 =) 97 (+ 9 =) 106 (+ 7 =) 113

26 Risposta esatta: B

Operazioni alternate (· 2, + 1, · 2, + 1, ...)
1 (· 2 =) 2 (+ 1 =) 3 (· 2 =) 6 (+ 1 =) 7 (· 2 =) 14 (+ 1 =) 15 (· 2 =) 30 (+ 1 =) 31 (· 2 =) 62

27 Risposta esatta: C

Posti alterni: considera separatamente le lettere di posto dispari (la prima, la terza, etc.) e le lettere di posto pari (la seconda, la quarta, etc.)

B (+ 2 posti =) D (+ 2 posti =) F (+ 2 posti =) H
U (– 1 posto =) T (– 1 posto =) S (– 1 posto =) R

28 Risposta esatta: A

Logica tripla (+ 44, – 12, – 42)
46 (+ 44 =) 90 (– 12 =) 78 (– 42 =) 36 (+ 44 =) 80 (– 12 =) 68 (– 42 =) 26 (+ 44 =) 70

29 Risposta esatta: C

Posti alterni: considera separatamente i numeri di posto dispari (il primo, il terzo, etc.) e i numeri di posto pari (il secondo, il quarto, etc.)

31 (+ 5 =) 36 (+ 5 =) 41 (+ 5 =) 46
58 (+ 3 =) 61 (+ 3 =) 64 (+ 3 =) 67

30 Risposta esatta: D

Considera separatamente lettere e numeri: per le lettere si riscontra un'alternanza tra un incremento di + 11 posti e un decremento di – 2 posti; per i numeri si riscontrano incrementi costanti pari a + 6

F (+ 11 posti =) S (– 2 posti =) Q (+ 11 posti =) E (– 2 posti =) C
19 (+ 6 =) 25 (+ 6 =) 31 (+ 6 =) 37 (+ 6 =) 43

31 Risposta esatta: A

Posti alterni: considera separatamente i numeri di posto dispari (il primo, il terzo, etc.) e i numeri di posto pari (il secondo, il quarto, etc.)

72 (: 2 =) 36 (: 2 =) 18 (: 2 =) 9
30 (– 4 =) 26 (– 4 =) 22 (– 4 =) 18

32 Risposta esatta: D

Incrementi costanti di + 4 posti

C (+ 4 posti =) G (+ 4 posti =) M (+ 4 posti =) Q (+ 4 posti =) U

33 Risposta esatta: D

Operazione doppia (· 3 – 1)
5 (· 3 = 15 – 1 =) 14 (· 3 = 42 – 1 =) 41 (· 3 = 123 – 1 =) 122 (· 3 = 366 – 1 =) 365

34 Risposta esatta: A

Operazioni alternate (· 3, – 13, · 3, – 13, …)
10 (· 3 =) 30 (– 13 =) 17 (· 3 =) 51 (– 13 =) 38 (· 3 =) 114 (– 13 =) 101 (· 3 =) 303

35 Risposta esatta: C

Decrementi sequenziali (– 1 posto, – 2 posti, – 3 posti, – 4 posti)
Z (– 1 posto =) V (– 2 posti =) T (– 3 posti =) Q (– 4 posti =) M

36 Risposta esatta: B

Decrementi sequenziali (– 1 posto, – 2 posti, – 3 posti, – 4 posti)
T (– 1 posto =) S (– 2 posti =) Q (– 3 posti =) N (– 4 posti =) H

37 Risposta esatta: D

Logica tripla (+ 8, + 1, – 13)
38 (+ 8 =) 46 (+ 1 =) 47 (– 13 =) 34 (+ 8 =) 42 (+ 1 =) 43 (– 13 =) 30 (+ 8 =) 38

38 Risposta esatta: A

Considera separatamente lettere e numeri: per le lettere si riscontrano incrementi costanti di + 6 posti; i numeri sono caratterizzati dall'alternanza delle operazioni + 2 e – 5

U (+ 6 posti =) D (+ 6 posti =) L (+ 6 posti =) R
32 (+ 2 =) 34 (– 5 =) 29 (+ 2 =) 31 (– 5 =) 26 (+ 2 =) 28

39 Risposta esatta: D

Logica tripla (+ 3 posti, + 5 posti, + 12 posti)
G (+ 3 posti =) L (+ 5 posti =) Q (+ 12 posti =) F (+ 3 posti =) I (+ 5 posti =) P (+ 12 posti =) E (+ 3 posti =) H

40 Risposta esatta: C

Considera separatamente lettere e numeri: per le lettere si riscontrano incrementi costanti di + 6 posti; per i numeri si riscontra l'alternanza tra + 2 e – 5

V (+ 6 posti =) E (+ 6 posti =) M (+ 6 posti =) S
33 (+ 2 =) 35 (– 5 =) 30 (+ 2 =) 32 (– 5 =) 27 (+ 2 =) 29

41 Risposta esatta: B

Considera separatamente lettere e numeri: per le lettere si riscontrano incrementi costanti di + 6 posti; per i numeri si riscontra l'alternanza tra + 2 e – 5

R (+ 6 posti =) A (+ 6 posti =) G (+ 6 posti =) O
29 (+ 2 =) 31 (– 5 =) 26 (+ 2 =) 28 (– 5 =) 23 (+ 2 =) 25

42 Risposta esatta: C

Decrementi sequenziali (– 1 posto, – 2 posti, – 3 posti, – 4 posti)
M (– 1 posto =) L (– 2 posti =) H (– 3 posti =) E (– 4 posti =) A

43 Risposta esatta: C

Considera separatamente lettere e numeri: per le lettere si riscontrano incrementi costanti di + 4 posti; per i numeri si riscontrano decrementi costanti pari a – 11

S (+ 4 posti =) Z (+ 4 posti =) D (+ 4 posti =) H
109 (– 11 =) 98 (– 11 =) 87 (– 11 =) 76

44 Risposta esatta: A

Logica tripla (– 25, – 33, + 24)
101 (– 25 =) 76 (– 33 =) 43 (+ 24 =) 67 (– 25 =) 42 (– 33 =) 9 (+ 24 =) 33 (– 25 =) 8

45 Risposta esatta: D

Considera separatamente lettere e numeri: per le lettere si riscontrano incrementi costanti di + 9 posti; per i numeri si riscontra l'alternanza tra – 13 e + 9

A (+ 9 posti =) L (+ 9 posti =) U (+ 9 posti =) G
20 (– 13 =) 7 (+ 9 =) 16 (– 13 =) 3 (+ 9 =) 12

46 Risposta esatta: B

Considera separatamente lettere e numeri: per le lettere si riscontra un'alternanza tra incrementi di + 4 posti e incrementi di + 6 posti; i numeri seguono la logica di Fibonacci (ogni numero, a partire dal terzo, si ottiene come somma dei precedenti due)

A (+ 4 posti =) E (+ 6 posti =) M (+ 4 posti =) Q (+ 6 posti =) Z
1; 2 (1 + 2 =) 3 (2 + 3 =) 5 (3 + 5 =) 8

47 Risposta esatta: B

Logica tripla (+ 10 posti, + 3 posti, – 3 posti)
A (+ 10 posti =) M (+ 3 posti =) P (– 3 posti =) M (+ 10 posti =) Z (+ 3 posti =) C (– 3 posti =) Z (+ 10 posti =) L

48 Risposta esatta: D

Logica tripla (+ 19, – 27, + 18)
86 (+ 19 =) 105 (– 27 =) 78 (+ 18 =) 96 (+ 19 =) 115 (– 27 =) 88 (+ 18 =) 106 (+ 19 =) 125

49 Risposta esatta: B

Logica tripla (+ 41, – 9, + 15)
21 (+ 41 =) 62 (– 9 =) 53 (+ 15 =) 68 (+ 41 =) 109 (– 9 =) 100 (+ 15 =) 115 (+ 41 =) 156

50 Risposta esatta: D

È applicata la logica tripla, ovvero: B (+ 10 posti =) N (+ 3 posti =) Q (– 3 posti =) N (+ 10 posti =) A (+ 3 posti =) D (– 3 posti =) A (+ 10 posti =) M
(osserva come, dopo «+ 10 posti», «+ 3 posti» e «– 3 posti», siano ripetuti gli stessi intervalli, ovvero «+ 10 posti», «+ 3 posti» e «– 3 posti», e poi si ricomincia di nuovo da «+ 10 posti»).

51 Risposta esatta: B

Posti alterni: considera separatamente i numeri di posto dispari (il primo, il terzo, etc.) e i numeri di posto pari (il secondo, il quarto, etc.)

56 (– 6 =) 50 (– 6 =) 44 (– 6 =) 38 (– 6 =) 32
36 (+ 4 =) 40 (+ 4 =) 44 (+ 4 =) 48

52 Risposta esatta: B

Considera separatamente lettere e numeri: per le lettere si riscontrano incrementi costanti di + 9 posti; per i numeri si riscontra un'alternanza tra – 13 e + 9

B (+ 9 posti =) M (+ 9 posti =) V (+ 9 posti =) H
21 (– 13 =) 8 (+ 9 =) 17 (– 13 =) 4 (+ 9 =) 13

53 Risposta esatta: B

Considera separatamente lettere e numeri: per le lettere si riscontrano incrementi costanti di + 16 posti; i numeri seguono la logica di Fibonacci (ogni numero, a partire dal terzo, si ottiene come somma dei precedenti due)

L (+ 16 posti =) E (+ 16 posti =) Z (+ 16 posti =) R (+ 16 posti =) M (+ 16 posti =)
14 15 (14 + 15 =) 29 (15 + 29 =) 44 (29 + 44 =) 73

54 Risposta esatta: A

Logica tripla (+ 44, – 12, – 42)
37 (+ 44 =) 81 (– 12 =) 69 (– 42 =) 27 (+ 44 =) 71 (– 12 =) 59 (– 42 =) 17 (+ 44 =) 61

55 Risposta esatta: C

Alternanza di incrementi (+ 17 posti, + 18 posti, + 17 posti, ...)
A (+ 17 posti =) T (+ 18 posti =) Q (+ 17 posti =) M (+ 18 posti =) H (+ 17 posti =) D

56 Risposta esatta: D

Logica tripla (+ 1 posto, + 12 posti, + 17 posti)
D (+ 1 posto =) E (+ 12 posti =) S (+ 17 posti =) O (+ 1 posto =) P (+ 12 posti =) E (+ 17 posti =) A (+ 1 posto =) B

57 Risposta esatta: C

Considera separatamente lettere e numeri: per le lettere si riscontrano incrementi costanti di + 4 posti; per i numeri si riscontrano incrementi costanti pari a + 4

D (+ 4 posti =) H (+ 4 posti =) N (+ 4 posti =) R
4 (+ 4 =) 8 (+ 4 =) 12 (+ 4 =) 16

58 Risposta esatta: A

Logica tripla (+ 20, – 31, + 45)
21 (+ 20 =) 41 (– 31 =) 10 (+ 45 =) 55 (+ 20 =) 75 (– 31 =) 44 (+ 45 =) 89 (+ 20 =) 109

59 Risposta esatta: A

Logica tripla (+ 20, – 31, + 45)
20 (+ 20 =) 40 (– 31 =) 9 (+ 45 =) 54 (+ 20 =) 74 (– 31 =) 43 (+ 45 =) 88 (+ 20 =) 108

60 Risposta esatta: D

Posti alterni: considera separatamente i numeri di posto dispari (il primo, il terzo, etc.) e i numeri di posto pari (il secondo, il quarto, etc.)

26 (+ 2 =) 28 (+ 2 =) 30 (+ 2 =) 32 (+ 2 =) 34
24 (+ 3 =) 27 (+ 3 =) 30 (+ 3 =) 33

61 Risposta esatta: C

Logica tripla (– 26, + 42, + 30)
65 (– 26 =) 39 (+ 42 =) 81 (+ 30 =) 111 (– 26 =) 85 (+ 42 =) 127 (+ 30 =) 157 (– 26 =) 131

62 Risposta esatta: C

Logica tripla (– 2, + 16, – 6)
37 (– 2 =) 35 (+ 16 =) 51 (– 6 =) 45 (– 2 =) 43 (+ 16 =) 59 (– 6 =) 53 (– 2 =) 51

63 Risposta esatta: A

Logica tripla (– 9, + 17, – 8)
40 (– 9 =) 31 (+ 17 =) 48 (– 8 =) 40 (– 9 =) 31 (+ 17 =) 48 (– 8 =) 40 (– 9 =) 31
(in alternativa si poteva risolvere anche con il criterio dei numeri traslati)

64 Risposta esatta: C

Logica tripla (– 36, + 2, – 24)
262 (– 36 =) 226 (+ 2 =) 228 (– 24 =) 204 (– 36 =) 168 (+ 2 =) 170 (– 24 =) 146 (– 36 =) 110

65 Risposta esatta: C

Logica tripla (+ 2, – 12, + 16)
55 (+ 2 =) 57 (– 12 =) 45 (+ 16 =) 61 (+ 2 =) 63 (– 12 =) 51 (+ 16 =) 67 (+ 2 =) 69

66 Risposta esatta: B

Operazioni alternate (· 3, – 11, · 3, – 11, …)
10 (· 3 =) 30 (– 11 =) 19 (· 3 =) 57 (– 11 =) 46 (· 3 =) 138 (– 11 =) 127 (· 3 =) 381

67 Risposta esatta: A

Logica tripla (+ 35, – 43, + 34)
65 (+ 35 =) 100 (– 43 =) 57 (+ 34 =) 91 (+ 35 =) 126 (– 43 =) 83 (+ 34 =) 117 (+ 35 =) 152

68 Risposta esatta: A

Logica tripla (+ 23, + 31, – 22)
48 (+ 23 =) 71 (+ 31 =) 102 (– 22 =) 80 (+ 23 =) 103 (+ 31 =) 134 (– 22 =) 112 (+ 23 =) 135

69 Risposta esatta: D

Incrementi esponenziali: ogni incremento è triplo del precedente (+ 3, + 9, + 27, + 81)
15 (+ 3 =) 18 (+ 9 =) 27 (+ 27 =) 54 (+ 81 =) 135

70 Risposta esatta: A

Considera separatamente lettere e numeri: per le lettere si riscontra un'alternanza tra un incremento di + 11 posti e un decremento di – 2 posti; per i numeri si riscontrano incrementi costanti pari a + 6

B (+ 11 posti =) O (– 2 posti =) M (+ 11 posti =) A (– 2 posti =) V
15 (+ 6 =) 21 (+ 6 =) 27 (+ 6 =) 33 (+ 6 =) 39

71 Risposta esatta: D

Chiave di lettura: considerate i numeri secondo, quarto e sesto: 3 × 3 = 9, 3 × 5 = 15, 3 × 7 = 21.

72 Risposta esatta: C

Chiave di lettura: considerate i numeri a triplette del tipo «primo × 3 = terzo», «terzo × 3 = quinto» e poi «secondo × 3 = quarto», «quarto × 3 = sesto» (11 × 3 = 33; 33 × 3 = 99 e poi 8 × 3 = 24; 24 × 3 = 72).

73 Risposta esatta: B

Chiave di lettura: moltiplicate ciascun numero della serie per 4 e ottenete il numero successivo: (5 × 4 = 20; 20 × 4 = 80 80 × 4 = 320).

74 Risposta esatta: D

Chiave di lettura: i numeri della serie sono tutti quadrati: $10^2 = 100$, $3^2 = 9$, $8^2 = 64$, $7^2 = 49$.

75 Risposta esatta: B

Chiave di lettura: aggiungere a ciascun numero della serie il numero 18 per ottenere il numero successivo: 5 (+ 18 =) 23 (+ 18 =) 41 (+ 18 =) 59 (+ 18 =) 77 (+ 18 =) 95.

76 Risposta esatta: C

Chiave di lettura: aggiungere a ciascun numero della serie rispettivamente 1, 2, 4 e 8 per ottenere il numero successivo: 79 (+ 1 =) 80 (+ 2 =) 82 (+ 4 =) 86 (+ 8 =) 94.

77 Risposta esatta: A

Chiave di lettura: occorre alternativamente aggiungere 10 e sottrarre 7 per ottenere il numero successivo: 286 + 10 = 296, 296 – 7 = 289, 289 + 10 = 299, 299 – 7 = 292.

78 Risposta esatta: C

La serie è **decrescente**, occorre verificare il criterio secondo cui i termini decrescono.

Tra 18 e 9, termini consecutivi della serie il criterio potrebbe essere: 18 : 2 = 9; occorre individuare quel numero che rispetti lo stesso criterio sia in relazione al numero 72 che al numero 18, tale numero è **36** ed è identificato dall'alternativa di risposta **C**.

Le operazioni sulla serie possono essere rappresentate nel modo seguente:

$$72 \underbrace{\quad}_{:2} 36 \underbrace{\quad}_{:2} 18 \underbrace{\quad}_{:2} 9$$

79 Risposta esatta: C

La serie è **crescente**, tutti i termini sono quadrati perfetti, e poiché si tratta di quadrati di numeri dispari consecutivi e cioè 3, 5 e 9, con un salto per il terzo termine (incognito), il termine incognito deve essere il quadrato di 7, ossia **49**. Tra le alternative di risposta quella esatta è la **C**.

Le operazioni sulla serie possono essere rappresentate nel modo seguente:

$$\underbrace{9}_{=3^2} \qquad \underbrace{25}_{=5^2} \qquad \underbrace{49}_{=7^2} \qquad \underbrace{81}_{=9^2}$$

80 Risposta esatta: B

La serie è **crescente**. Il secondo termine (18) è 3 volte il primo (6), mentre il quinto termine (66) si ottiene aggiungendo 3 al quinto termine (63). Il terzo termine, incognito, si ottiene aggiungendo 3 al secondo e deve essere un terzo di 63, tale numero è **21** e, tra le alternative di risposta, corrisponde alla risposta **B**.

Le operazioni sulla serie possono essere rappresentate nel modo seguente:

$$6 \underbrace{\quad}_{\times 3} 18 \underbrace{\quad}_{+3} 21 \underbrace{\quad}_{\times 3} 63 \underbrace{\quad}_{+3} 66$$

81 Risposta esatta: A

La serie è **decrescente**. Il terzo termine (30) si ottiene dal secondo (33) cui si sottrae 3, il quarto termine (15), invece, si ottiene dividendo per 2 il terzo termine (30), infine, il quinto termine (12) si ottiene sottraendo 3 dal quarto termine (15). Pertanto, il criterio è quello dell'alternanza delle operazioni (: 2) e (– 3), quindi il primo numero è pari al doppio del secondo, ossia è **66**, quindi la risposta è **A**.

Le operazioni sulla serie possono essere rappresentate nel modo seguente:

$$66 \underbrace{\quad}_{:2} 33 \underbrace{\quad}_{-3} 30 \underbrace{\quad}_{:2} 15 \underbrace{\quad}_{-3} 12$$

82 Risposta esatta: C

Chiave di lettura: **420** (: 1 =) **420** (: 3 =) **140** (: 5 =) **28** (: 7 =) **4**.

83 Risposta esatta: B

Chiave di lettura: solitamente quando la serie è composta da sei numeri, questi vanno considerati a gruppi di due o a gruppi di tre: 14 × 16 = 224 e poi 18 × 2 = 36.

84 Risposta esatta: D

Chiave di lettura: l'intervallo tra un numero e il seguente raddoppia ad ogni passaggio: **13** (+ 11 =) **24** (+ 22 =) **46** (+ 44 =) **90** (+ 88 =) **178**.

85 Risposta esatta: A

Chiave di lettura: si alternano numeri elevati al quadrato e numeri raddoppiati rispetto al precedente: **3** (3^2 =) **9** (9 × 2 =) **18** (18^2 =) **324** (324 × 2 =) **648**.

86 Risposta esatta: C

Chiave di lettura: considerate prima il primo, il terzo e il quinto numero: **64** (+ 1 =) **65** (+ 1 =) **66**; poi il secondo e il quarto: **60** (+ 1 =) **61**.

87 Risposta esatta: C

Chiave di lettura: 12, 11, 10 e poi il quadrato di 12 (**144**), il quadrato di 11 (**121**) e il quadrato di 10 (**100**).

88 Risposta esatta: B

Chiave di lettura: considerate i numeri a coppie e la somma di ciascuna coppia è costante ed è pari a 49: (**18** + **31** = 49); (**14** + **35** = 49); (**7** + **42** = 49). In quiz di questo tipo è importante non lasciarsi ingannare: gli ultimi quattro numeri sono tutti multipli di 7 e questo potrebbe indurre a cercare un nesso che in realtà è totalmente casuale.

89 Risposta esatta: D

Chiave di lettura: considerate i numeri a triplette del tipo «primo + secondo = terzo», «secondo + terzo = quarto» etc. (22 + 29 = 51; 29 + 51 = 80; 51 + 80 = **131**; 80 + 131 = 211).

90 Risposta esatta: D

Chiave di lettura: l'intervallo tra un numero e il seguente raddoppia ad ogni passaggio: **8** (+ 10 =) **18** (+ 20 =) **38** (+ 40 =) **78** (+ 80 =) **158**.

91 Risposta esatta: D

Chiave di lettura: **4** (+ 15 =) **19** (+ 15 =) **34** (+ 15 =) **49** (+ 15 =) **64**.

92 Risposta esatta: C

Chiave di lettura: bisogna eseguire, alternativamente, «× 4» e «× 5»: **2** (× 4 =) **8** (× 5 =) **40** (× 4 =) **160** (× 5 =) **800**.

93 Risposta esatta: A

Chiave di lettura: considerate i numeri a coppie: **94** (– 1 =) **93**; poi **45** (– 1 =) **44**; poi **21** (– 1 =) **20**.

94 Risposta esatta: A

Chiave di lettura: **13** (+ 19 =) **32** (+ 19 =) **51** (+ 19 =) **70** (+ 19 =) **89**.

95 Risposta esatta: A

Chiave di lettura: **768** (: 4 =) **192** (: 3 =) **64** (: 2 =) **32** (: 1 =) **32**.

96 Risposta esatta: C

Chiave di lettura: l'intervallo tra un numero e il seguente raddoppia ad ogni passaggio: **44** (+ 40 =) **84** (+ 80 =) **164** (+ 160 =) **324** (+ 320 =) **644**.

97 Risposta esatta: C

Chiave di lettura: nel passaggio da un numero al seguente è necessario eseguire una doppia operazione «× 2» e «+ 2»: **7** (7 × 2 + 2 =) **16** (16 × 2 + 2 =) **34** (34 × 2 + 2 =) **70** (70 × 2 + 2 =) **142** (142 × 2 + 2 =) **286**.

98 Risposta esatta: B

Chiave di lettura: considerate i numeri a gruppi di tre (ossia 5, 25 e ?, e poi 12, 144 e 156): il secondo numero di ciascuna tripletta si ottiene elevando al quadrato il primo; il terzo numero si ottiene sommando i primi due, da cui 5 + 25 = **30**.

99 Risposta esatta: B

Chiave di lettura: bisogna eseguire, alternativamente, «× 10» e «+ 5»: **2** (× 10 =) **20** (+ 5 =) **25** (× 10 =) **250** (+ 5 =) **255**.

100 Risposta esatta: B

Chiave di lettura: **44** (– 7 =) **37** (– 6 =) **31** (– 5 =) **26** (– 4 =) **22** (– 3 =) **19**.

101 Risposta esatta: B

Chiave di lettura: considerate i numeri a coppie e osservate come, nel passaggio dal primo al secondo numero e così via, sia necessario eseguire una doppia operazione «× 3» e «– 2»: **11** (11 × 3 – 2 =) **31**; poi **22** (22 × 3 – 2 =) **64**; poi **33** (33 × 3 – 2 =) **97**.

102 Risposta esatta: A

Chiave di lettura: **11** (× 2 =) **22** (× 2 =) **44** (× 2 =) **88** (× 2 =) **176**.

103 Risposta esatta: B

Chiave di lettura: bisogna eseguire, alternativamente, «× 5» e «+ 4»: **3** (× 5 =) **15** (+ 4 =) **19** (× 5 =) **95** (+ 4 =) **99**.

104 Risposta esatta: A

Chiave di lettura: considerate i numeri a coppie: **18** (+ 3 =) **21**; poi **10** (+ 3 =) **13**; poi **2** (+ 3 =) **5**.

105 Risposta esatta: D

Chiave di lettura: considerate prima il secondo, il quarto e il sesto numero: **35** (– 4 =) **31** (– 4 =) **27**; poi il primo, il terzo e il quinto: **33** (× 2 =) **66** (× 2 =) **132**.

106 Risposta esatta: A

Chiave di lettura: **17** (× 3 =) **51** (× 3 =) **153** (× 3 =) **459**.

107 Risposta esatta: D

Chiave di lettura: **384** (: 2 =) **192** (: 4 =) **48** (: 6 =) **8** (: 8 =) **1**.

108 Risposta esatta: B

Chiave di lettura: nel passaggio da un numero al seguente è necessario eseguire una doppia operazione «× 2» e «+ 1»: **7** (7 × 2 + 1 =) **15** (15 × 2 + 1 =) **31** (31 × 2 + 1 =) **63** (63 × 2 + 1 =) **127**.

109 Risposta esatta: B

Chiave di lettura: bisogna eseguire, alternativamente, «× 3» e «– 3»: **6** (× 3 =) **18** (– 3 =) **15** (× 3 =) **45** (– 3 =) **42** (× 3 =) **126**.

110 Risposta esatta: D

Chiave di lettura: il decremento tra un numero e il successivo è multiplo di 15: **169** (– 15 =) **154** (– 30 =) **124** (– 45 =) **79** (– 60 =) **19**.

111 Risposta esatta: A

Chiave di lettura: sequenza di quadrati di numeri dispari consecutivi: **1** (= 1^2); **9** (= 3^2); **25** (= 5^2); **49** (= 7^2); **81** (= 9^2).

112 Risposta esatta: C

Chiave di lettura: l'intervallo tra un numero e il seguente raddoppia ad ogni passaggio: **6** (+ 10 =) **16** (+ 20 =) **36** (+ 40 =) **76** (+ 80 =) **156**.

113 Risposta esatta: A

Chiave di lettura: l'intervallo tra un numero e il seguente raddoppia ad ogni passaggio: **121** (+ 118 =) **239** (+ 236 =) **475** (+ 472 =) **947**.

114 Risposta esatta: D

Chiave di lettura: considerate i numeri a coppie: **1** (1^2 =) **1**; poi **2** (2^2 =) **4**; poi **6** (6^2 =) **36**.

115 Risposta esatta: B

Chiave di lettura: considerate i numeri a coppie: **225** $(\sqrt{225})$ **15**; poi **324** $(\sqrt{324})$ **18**; poi **625** $(\sqrt{625})$ **25**.

116 Risposta esatta: B

Chiave di lettura: considerate i numeri a coppie: **1** (× 6 =) **6**; poi **9** (× 6 =) **54**; poi **11** (× 6 =) **66**.

117 Risposta esatta: B

Chiave di lettura: bisogna eseguire, alternativamente, «– 2» e «– 1»: **24** (– 2 =) **22** (– 1 =) **21** (– 2 =) **19** (– 1 =) **18** (– 2 =) **16**.

118 Risposta esatta: D

Chiave di lettura: considerate i numeri a gruppi di tre: **16** × **4** = **64**; poi **13** × **8** = **104**.

119 Risposta esatta: D

Chiave di lettura: bisogna eseguire, alternativamente, «× 1» e «: 5»: **200** (× 1 =) **200** (: 5 =) **40** (× 1 =) **40** (: 5 =) **8**.

120 Risposta esatta: D

Chiave di lettura: **1** (+ 1 =) **2** (+ 2 =) **4** (+ 3 =) **7** (+ 4 =) **11** (+ 5 =) **16**.

121 Risposta esatta: B

Chiave di lettura: considerate i numeri a coppie: **10** (+ 1 =) **11**; poi **8** (+ 1 =) **9**; poi **6** (+ 1 =) **7**.

122 Risposta esatta: D

Chiave di lettura: **8** (× 5 =) **40** (× 4 =) **160** (× 3 =) **480** (× 2 =) **960**.

123 Risposta esatta: D

Chiave di lettura: bisogna eseguire, alternativamente, «: 2» e «: 5»: **100** (: 2 =) **50** (: 5 =) **10** (: 2 =) **5** (: 5 =) **1**.

124 Risposta esatta: D

Chiave di lettura: considerate prima il primo, il terzo e il quinto numero: **16** (+ 2 =) **18** (+ 2 =) **20**; poi il secondo, il quarto e il sesto: **21** (+ 2 =) **23** (+ 2 =) **25**.

125 Risposta esatta: A

Chiave di lettura: considerate prima il primo, il terzo e il quinto numero: **3** (+ 1 =) **4** (+ 1 =) **5**; poi il secondo, il quarto e il sesto: **16** (= 4^2), **25** (= 5^2), **36** (= 6^2).

126 Risposta esatta: A

2 × 3 = 6; 6 + 5 = 11
3 × 4 = 12; 12 + 5 = 17
4 × 5 = 20; 20 + 5 = **25**

127 Risposta esatta: C

La serie proposta è formata da triplette. Se analizziamo ciascuna tripletta notiamo che dividendo il primo numero per il secondo otteniamo il terzo, infatti: 168 : 4 = 42; 130 : 26 = **5**; 168 : 7 = 24.

128 Risposta esatta: B

La somma dei due numeri in alto dà come risultato il numero in basso della tripletta precedente, inoltre, la differenza tra i numeri in basso è costante ed è -2, quindi il numero mancante è **15**.

129 Risposta esatta: D

Questa serie numerica è inserita come anche le seguenti, in una configurazione geometrica. Per risolvere questa tipologia di quesiti dobbiamo osservare il criterio che lega i numeri disposti per riga. Sulla prima riga abbiamo:

1-6 3-9 5-12

Osserviamo che la differenza tra le coppie di numeri aumenta di uno ad ogni passaggio:

5 6 7

La seconda riga lasciamola un attimo in sospeso.
I numeri della terza riga aumentano di 7 ad ogni passaggio: 40+7=47+7=54.
Il criterio che lega i numeri della seconda fila sembra essere l'aggiunta di 2 ad ogni passaggio, verifichiamo a questo punto se tra le alternative di risposta c'è 12. La risposta esatta è la D.

130 **Risposta esatta: C**

La somma dei numeri che si trovano sulla stessa riga è costante ed è uguale a 24:
13 + 11 = 24
12 + 12 = 24
9 + 15 = 24
Al vertice c'è un unico numero che è proprio **24**.

131 **Risposta esatta: D**

Per risolvere questa tipologia di quesiti dobbiamo osservare il criterio che lega i numeri disposti per riga. Sulla prima riga abbiamo:

4-9 5-11 6-13

Osserviamo che la differenza tra le coppie di numeri aumenta di uno ad ogni passaggio:

5 6 7

La seconda riga lasciamola un attimo in sospeso.
I numeri della terza riga aumentano di 5 ad ogni passaggio: 12 + 5 = 17(+5) = 22.
Osserviamo la seconda riga: tra il 7 e il 13 c'è un +6, la serie è crescente, quindi significa che il numero di mezzo sta tra 7 e 13. Tra le opzioni di risposta l'unica plausibile è la D.

132 **Risposta esatta: A**

La somma dei numeri che si trovano sulla stessa riga è costante ed è uguale a 70:
13 + 57 = 70
29 + 41 = 70
9 + 61 = 70
Al vertice c'è un unico numero che è proprio **70**.

133 **Risposta esatta: C**

La somma dei numeri che si trovano sulla stessa riga è costante ed è uguale a 20:
10 + 10 = 20
12 + 8 = 20
6 + 14 = 20
Al vertice c'è un unico numero che è proprio **20**.

134 **Risposta esatta: C**

Per risolvere questa tipologia di quesiti dobbiamo osservare il criterio che lega i numeri disposti per riga. Sulla prima riga abbiamo:

11-? 13-19 15-22

Osserviamo che la differenza tra le coppie di numeri aumenta di uno ad ogni passaggio:

5 6 7

Quindi il numero che manca è **16**.
Per completezza analizziamo i numeri della seconda e terza riga. I numeri della seconda riga aumentano di 3 ad ogni passaggio: 41 + 3 = 44(+3) = 47. I numeri della terza riga aumentano di 10 ad ogni passaggio: 12 + 10 = 22(+10) = 32.

135 **Risposta esatta: C**

Per risolvere questa tipologia di quesiti dobbiamo osservare il criterio che lega i numeri disposti per riga. Sulla prima riga abbiamo:

6-11 8-14 10-17

Osserviamo che la differenza tra le coppie di numeri aumenta di uno ad ogni passaggio:

5 6 7

Quindi il numero che manca è **17.**
Per completezza analizziamo i numeri della seconda e terza riga. I numeri della seconda riga aumentano di 3 ad ogni passaggio: 2 + 3 = 5(+3) = 8. I numeri della terza riga aumentano di 3 ad ogni passaggio: 9 + 3 = 12(+3) = 15.

136 **Risposta esatta: B**

Guardando la figura si osserva che la circonferenza è divisa in quattro parti uguali e in ciascuna è presente una tripletta di numeri. Il criterio che accomuna le diverse triplette è il seguente: il numero posto nell'angolo di intersezione degli assi rappresenta la somma degli altri due numeri.
Nel prima parte della circonferenza si ha che 96 = 24 + 72; nella quarta parte si ha che 87 = 54 + 33, occorre con lo stesso criterio completare le triplette della seconda e terza parte della

circonferenza: nella seconda parte il numero mancante è 47 + 17 = **64**; nella terza parte il numero mancante si ricava per differenza 76 – 57 = **19**. La risposta esatta è la **B**.

137 **Risposta esatta: B**

Il numero che deve essere eliminato è il 97 essendo l'unico numero primo della serie.

138 **Risposta esatta: B**

La figura è formata da una circonferenza inscritta in un quadrato. Se si analizzano i quattro quadranti si osserva che il numero al di fuori della circonferenza, posto in ogni quadrante altro non è che la somma dei due numeri più esterni della circonferenza ma appartenenti ad essa. Praticamente, nel secondo quadrante, 26 = 22 + 4; nel terzo quadrante, 48 = 33 + 15; nel quarto quadrante, 50 = 30 + 20, quindi il numero che completa il primo quadrante è: **32** = 7 + 25.

139 **Risposta esatta: A**

Essendo tutti i numeri della serie figurale numeri primi, l'unica risposta plausibile è la A, in quanto anche 227 è un numero primo.

140 **Risposta esatta: C**

Il numero da scartare è il 91 perché diversamente da tutti gli altri non è numero primo.

141 **Risposta esatta: B**

Guardando la figura si osserva che la circonferenza è divisa in quattro parti uguali e in ciascuna è presente una tripletta di numeri. Il criterio che accomuna le diverse triplette è il seguente: il numero posto nell'angolo di intersezione degli assi rappresenta la somma degli altri due numeri.
Nel terza parte della circonferenza si ha che 78 = 46 + 32; nella quarta parte si ha che 91 = 25 + 66, occorre con lo stesso criterio completare le triplette della prima e seconda parte della circonferenza: nella prima parte il numero mancante è 29 + 53 = **82**; nella seconda parte il numero mancante si ricava per differenza 79 – 57 = **22**. La risposta esatta è la **B**.

142 **Risposta esatta: D**

Il numero da scartare è **173** essendo l'unico numero primo della serie.

143 **Risposta esatta: A**

Il numero che completa la serie è **163** essendo numero primo come gli altri numeri della serie.

144 **Risposta esatta: C**

Il criterio è lo stesso dei precedenti quiz similari, quindi: 22 + 30 = **52**.

145 **Risposta esatta: B**

Il numero da scartare è **51** perché non è numero primo.

146 **Risposta esatta: A**

Il numero da scartare è **163** essendo l'unico numero primo della serie.

147 **Risposta esatta: B**

Il numero da eliminare è **101** essendo l'unico numero primo della serie.

148 **Risposta esatta: B**

Il criterio è lo stesso dei precedenti quiz similari: 57 + 17 = **74** e 81 – 68 = **13**.

149 **Risposta esatta: D**

Il numero che integra la serie è **101** essendo anch'esso numero primo.

150 **Risposta esatta: B**

Il criterio è lo stesso dei precedenti quiz similari, quindi: 1 + 27 = **28**.

16
Serie numeriche complesse

Un particolare tipo di test di logica è quello delle cosiddette "serie numeriche complesse". Sono quiz costituiti da varie righe di numeri, in cui alla fine di ciascuna riga si trova l'indicazione «più» oppure l'indicazione «meno»; a seconda di tale indicazione, la riga contiene un criterio logico o matematico per cui essa è, rispettivamente, valida o non lo è, ai fini della risoluzione del quesito.

Una volta individuato il criterio logico che lega i numeri di una riga contrassegnata dall'indicazione «più», questo deve essere il medesimo per le altre righe contrassegnate dalla stessa indicazione. In sostanza bisogna considerare solo le righe «più» e risolverle come delle serie numeriche, dopodiché si potrà rintracciare tra le risposte alternative quella che rispecchia il medesimo criterio.

Esempio n. 1
Si considerino le seguenti righe di numeri con accanto le risposte alternative del quesito:

1	3	meno
4	16	più
9	81	più
5	20	meno

A) 2 2
B) 3 12
C) 7 21
D) 6 36
E) 11 12

Le righe contrassegnate dall'indicazione «più» sono 2, come pure le righe contrassegnate dall'indicazione «meno». Nella seconda riga, è evidente che il secondo numero (**16**) costituisce il quadrato del primo (**4**). Analogamente, nella terza riga (sempre contrassegnata dal «più») il secondo numero (**81**) costituisce il quadrato del primo (**9**). Assunto che i secondi numeri della serie devono essere il quadrato dei corrispondenti primi numeri, la risposta alternativa esatta non può che essere la **D**.

Esempio n. 2
Si considerino le seguenti righe di numeri:

46	4	0	più
10	10	10	meno
75	25	0	meno
20	20	10	più
15	15	20	più

A) 20 20 20
B) 25 20 5
C) 15 35 15
D) 30 20 10
E) 60 10 10

La somma dei numeri delle righe contrassegnate dall'indicazione «più» è pari a 50, per cui, stando a tale criterio, la risposta esatta è la **B**.

Esempio n. 3
Si considerino le seguenti righe di numeri:

4	12	16	8	più
5	15	25	10	meno
7	21	28	14	più
8	16	32	24	meno

A)	30	60	120	90
B)	9	27	18	36
C)	12	36	48	24
D)	6	12	18	24
E)	10	30	45	20

A partire dal primo numero, nelle righe contrassegnate dall'indicazione «più»:

— il secondo numero si ottiene moltiplicando il primo per 3;
— il terzo numero si ottiene moltiplicando il primo per 4;
— il quarto numero si ottiene moltiplicando il primo per 2.

La soluzione è, pertanto, fornita dalla risposta **C**.

SERIE NUMERICHE COMPLESSE DEVO CONSIDERARE SOLO LE RIGHE CON IL SEGNO "+"

Test di verifica

1

31	38	33	più
27	34	29	più
75	82	77	più
24	31	26	meno

A) 24 31 26
B) 19 26 32
C) 22 27 20
D) 35 42 37
E) 54 61 56

SOMMA = ALLA 1° COLONNA

2

18	1	5	3	meno
12	7	1	4	più
19	2	8	9	più
20	6	3	2	meno

A) 4 3 2 1
B) 13 5 4 0
C) 12 6 1 10
D) 20 8 9 8
E) 3 2 1 0

3

14	27	40	53	più
12	24	36	48	meno
17	30	43	56	più
63	50	37	24	meno

A) 9 33 45 57
B) 54 41 28 15
C) 1 14 27 40
D) 82 69 56 43
E) 61 73 85 97

4

29	9	meno
66	22	meno
21	7	più
69	23	più

: 3

A) 18 6
B) 54 18
C) 27 8
D) 121 41
E) 93 31

5

88	44	meno
96	85	più
77	66	più
32	23	meno
45	21	meno

A) 51 40
B) 93 84
C) 76 64
D) 89 70
E) 66 33

6

87	96	78	più
25	34	52	meno
56	69	65	meno
47	84	26	meno

A) 63 99 36
B) 35 44 53
C) 19 54 8
D) 87 100 78
E) 96 69 87

7

23	6	34	12	più
33	6	34	7	meno
45	20	20	0	più
21	2	32	6	più

A) 23 5 51 6
B) 24 8 34 12
C) 45 9 33 9
D) 19 9 28 10
E) 25 7 14 4

8

40	4	5	6	più
60	6	8	10	meno
70	7	8	9	più
50	5	4	3	meno
20	3	4	5	meno

A) 30 3 5 7
B) 80 9 10 11
C) 90 9 7 5
D) 20 3 1 0
E) 50 5 6 7

9

107	119	meno
29	43	più
63	77	più
6	19	meno

A) 23 35
B) 56 69
C) 41 55
D) 28 40
E) 76 66

10

22	30	più
65	70	meno
31	40	meno
53	61	più

A) 4 12
B) 41 50
C) 15 20
D) 94 100
E) 88 90

11

11	12	22	più
11	33	13	meno
99	97	77	più
12	22	11	meno
55	51	11	più

A) 11 31 33
B) 13 11 43
C) 1 2 12
D) 77 78 88
E) 22 33 33

12

4	2	16	più
16	4	8	meno
2	2	32	più
16	2	4	più

A) 8 8 2
B) 32 8 8
C) 18 8 8
D) 16 8 2
E) 8 2 2

13

71	91	21	meno
11	22	11	più
31	42	11	più
11	11	22	meno

A) 15 16 31
B) 23 36 13
C) 11 33 11
D) 16 16 32
E) 11 71 21

14

54	59	53	159	più
11	17	12	48	meno
23	28	21	63	meno
15	20	14	42	più

A) 21 27 20 50
B) 34 39 31 93
C) 33 38 32 96
D) 29 36 34 88
E) 51 48 41 123

15

7	14	28	meno
8	16	32	più
12	24	48	più
3	6	12	meno

A) 5 10 20
B) 9 12 16
C) 4 8 12
D) 14 28 56
E) 2 4 9

16

45	9	4	più
91	10	1	meno
21	5	12	meno
59	14	5	più

A) 26 65 5
B) 12 3 6
C) 56 11 5
D) 89 17 9
E) 97 16 7

17

43	12	7	più
85	13	40	meno
41	4	4	meno
78	56	15	più
92	27	11	meno

A) 62 12 10
B) 37 21 10
C) 54 40 9
D) 29 11 18
E) 83 24 8

18

57	64	più
34	39	meno
109	115	meno
78	85	più

A) 25 30
B) 27 32
C) 29 36
D) 108 114
E) 63 57

19

36	6	più
97	7	più
81	8	meno
69	3	meno

A) 23 3
B) 41 4
C) 79 2
D) 36 9
E) 24 2

20

0	3	3	4	meno
7	8	15	16	più
8	9	12	13	meno
3	4	7	8	più

A) 9 10 19 20
B) 6 7 17 18
C) 4 5 15 16
D) 2 3 3 4
E) 1 2 8 10

21

42	43	129	61	meno
11	12	36	18	più
24	25	74	37	meno
23	24	72	36	più

A) 22 12 33 5
B) 51 52 99 33
C) 31 32 96 47
D) 33 34 102 51
E) 13 15 45 21

22

15	15	30	meno
12	12	24	più
16	17	33	più
17	17	34	meno
18	18	36	più

A) 14 16 31
B) 17 18 35
C) 10 11 21
D) 13 13 26
E) 19 1 21

23

6	9	18	3	più
8	16	24	5	meno
8	5	24	21	più
6	3	48	19	meno

A) 5 10 15 2
B) 12 9 36 15
C) 23 36 69 20
D) 11 14 33 8
E) 42 39 84 87

24

3	30	33	66	meno
6	7	70	140	meno
10	100	101	102	meno
5	50	51	102	più
4	40	41	82	più

A) 7 70 73 74
B) 1 2 20 40
C) 8 80 81 82
D) 9 90 93 186
E) 2 20 21 42

25

5	25	più
11	99	meno
6	36	meno
7	49	più
22	46	meno

A) 12 144
B) 3 9
C) 35 96
D) 9 90
E) 4 16

26

33	36	12	più
41	44	15	meno
52	55	18	meno
21	24	8	più

A) 45 48 17
B) 13 23 12
C) 12 13 5
D) 12 16 5
E) 51 54 18

27

55	53	33	più
44	54	55	meno
77	76	66	più
72	78	88	più
13	11	31	meno
67	62	32	meno

A) 81 18 88
B) 77 73 73
C) 23 22 32
D) 44 41 11
E) 55 65 66

28

29	2	più
92	2	meno
36	3	meno
59	5	più
99	3	meno
29	4	meno

A) 49 3
B) 96 6
C) 51 5
D) 69 6
E) 16 1

29

9	18	17	più
8	16	17	meno
16	32	31	più
15	40	39	meno
25	50	47	meno

A) 5 14 13
B) 18 36 37
C) 12 24 27
D) 14 28 27
E) 7 21 20

30

10	9	8	più
10	12	14	meno
2	10	2	meno
23	22	21	più

A) 4 14 24
B) 14 16 18
C) 21 20 19
D) 8 16 8
E) 12 13 14

31

4	12	3	19	più
4	4	1	9	più
6	8	2	16	meno
2	6	3	12	meno

A) 5 10 2 21
B) 3 9 3 15
C) 4 8 2 16
D) 6 6 1 10
E) 2 4 4 10

32

16	13	10	meno
21	18	15	più
33	30	27	più
12	10	8	meno

A) 9 6 4
B) 1 4 7
C) 13 12 11
D) 8 5 2
E) 27 24 21

33

22	13	più
13	51	meno
44	11	meno
16	19	più
15	20	meno

A) 55 11
B) 26 21
C) 25 10
D) 28 7
E) 27 8

34

8	10	4	più
24	27	6	meno
16	20	16	più
100	120	100	meno

A) 7 21 49
B) 12 18 36
C) 3 6 3
D) 12 15 9
E) 24 48 64

35

44	49	più
22	29	meno
79	84	più
39	54	meno

A) 16 27
B) 38 43
C) 18 21
D) 59 99
E) 46 50

36

63	9	6	più
87	15	7	meno
89	17	9	più
92	18	9	meno

A) 73 10 3
B) 89 19 9
C) 45 9 20
D) 46 10 6
E) 32 6 2

37

13	14	21	6	più
43	22	1	64	più
14	15	15	16	meno
24	25	23	26	più

A) 11 11 7 14
B) 13 13 12 13
C) 14 14 9 19
D) 23 21 19 17
E) 10 15 26 2

38

13	34	40	7	più
45	56	65	36	più
56	67	70	34	meno
22	21	13	30	più

A) 21 12 22 12
B) 10 9 9 91
C) 14 51 56 9
D) 12 18 21 29
E) 21 21 34 21

39

62	12	2	più
39	27	9	meno
81	8	1	più
58	20	5	meno

A) 90 9 9
B) 14 4 4
C) 78 28 7
D) 40 4 0
E) 56 30 5

40

3	30	31	62	più
8	80	81	162	più
1	10	11	12	meno
10	100	103	206	meno
5	6	60	120	meno

A) 7 8 80 160
B) 4 40 41 42
C) 2 3 30 60
D) 6 60 63 186
E) 9 90 91 182

41

73	10	più
21	3	più
23	6	meno
28	16	meno

A) 31 4
B) 13 3
C) 41 4
D) 16 6
E) 52 10

42

49	13	4	più
99	16	6	meno
51	6	1	più
76	13	7	meno

A) 22 5 3
B) 64 5 11
C) 42 6 4
D) 89 17 8
E) 55 10 6

43

27	9	28	meno
16	6	7	meno
94	13	36	più
35	8	15	più
94	10	32	meno

A) 49 13 27
B) 67 13 28
C) 32 5 6
D) 56 30 11
E) 73 14 21

44

2	3	7	8	meno
7	8	15	16	più
1	2	3	4	più
5	8	13	14	meno

A) 6 7 9 10
B) 8 9 17 18
C) 9 10 23 24
D) 5 6 9 10
E) 4 5 7 8

45

56	11	11	65	più
45	45	2	90	meno
33	40	1	7	più
100	1	100	0	più

A) 100 100 200 10
B) 9 9 18 81
C) 23 66 0 0
D) 28 7 8 28
E) 5 15 45 3

46

100	20	più
90	10	meno
25	5	più
60	6	meno

A) 20 4
B) 80 20
C) 200 100
D) 70 7
E) 70 10

47

7	35	più
6	42	meno
3	45	meno
2	10	più

A) 3 15
B) 4 40
C) 9 60
D) 5 15
E) 8 20

48

81	86	più
16	19	meno
28	33	più
41	49	meno

A) 21 28
B) 16 61
C) 36 45
D) 57 62
E) 24 48

49

63	18	9	più
25	7	10	meno
26	12	8	più
45	20	5	meno
96	18	15	meno

A) 13 3 3
B) 85 40 13
C) 72 14 7
D) 32 6 3
E) 44 8 16

50

69	6	5	4	meno
70	0	1	2	più
13	1	2	3	più
82	2	4	6	meno
45	5	6	7	meno

A) 14 4 5 6
B) 26 2 6 7
C) 58 5 6 7
D) 32 3 4 5
E) 73 3 2 1

51

31	2	più
40	4	più
52	3	più
25	2	meno

A) 20 3
B) 61 5
C) 11 2
D) 33 1
E) 60 5

52

12	8	13	più
96	93	99	meno
46	42	47	più
64	63	66	meno

A) 42 12 21
B) 16 12 11
C) 10 6 11
D) 22 24 25
E) 18 14 10

53

22	23	33	più
22	33	23	meno
88	89	99	più
12	22	11	meno
30	31	41	più

A) 14 14 14
B) 11 22 33
C) 33 44 34
D) 23 33 34
E) 44 45 55

54

47	48	58	47	più
53	63	64	53	meno
20	21	31	20	più
54	55	56	54	meno
25	26	26	25	meno

A) 45 46 56 54
B) 34 35 45 34
C) 13 23 24 13
D) 35 25 25 35
E) 28 38 28 38

55

3	18	6	27	più
1	4	4	8	meno
2	5	3	10	meno
4	32	8	44	più

A) 8 32 4 44
B) 1 5 5 10
C) 6 10 2 18
D) 3 6 3 12
E) 2 8 6 16

Soluzioni

1 Risposta esatta: D

Le righe contrassegnate dal "più" sono le prime tre. Il criterio che lega i numeri contenuti in queste righe è il seguente: al primo numero si aggiunge 7 e si ottiene il secondo numero (31 + 7 = 38), al secondo numero si sottrae 5 e si ottiene il terzo numero (38 – 5 = 33). Stesso criterio vale per le altre due righe. Analizzando le opzioni proposte occorre scegliere quella che risponde ai criteri individuati nelle righe contrassegnate dal "più": la risposta corretta è la D.

2 Risposta esatta: E

Le righe contrassegnate dal "più" sono la seconda e la terza. Il criterio che lega i numeri contenuti in queste righe è il seguente: il primo numero (12) si ottiene sommando i numeri rimanenti (il 7, l'1 e il 4). Infatti possiamo scrivere 12 = 7 + 1 + 4. Lo stesso criterio vale per la seconda riga: 19 = 2 + 8 + 9.
In definitiva, la regola individuata nelle righe con il "più" è "1° numero = 2° numero + 3° numero + 4° numero".
Tra le opzioni proposte si può notare che la regola "1° numero = 2° numero + 3° numero + 4° numero" è applicabile solamente ai numeri della E), 3, 2, 1 e 0: infatti 3 = 2 + 1 + 0. Da ciò si evince che la risposta corretta è la E.

3 Risposta esatta: C

Le righe contrassegnate dal "più" sono la prima e la terza. Il criterio che lega i numeri contenuti in queste righe è il seguente: sommando al numero che precede il numero 13 si ottiene il numero seguente. Infatti, nella prima riga: 14 + 13 = 27; 27 + 13 = 40; 40 + 13 = 53; nella terza riga: 17 + 13 = 30; 30 + 13 = 43; 43 + 13 = 56.
Tra le opzioni proposte si può notare che la regola "1° numero + 13 = 2° numero + 13 = 3° numero + 13 = 4° numero" è applicabile solamente ai numeri della C, 1, 14, 27 e 40: infatti 1 + 13 = 14 + 13 = 27 + 13 = 40. Da ciò si evince che la risposta corretta è la C.

4 Risposta esatta: E

Le righe contrassegnate dal "più" sono la terza e la quarta. Il criterio che lega i numeri contenuti in queste righe è il seguente: dividendo il primo numero per 3 si ottiene il secondo. Infatti, nella terza riga: 21 : 3 = 7; nella quarta riga: 69 : 3 = 23.
Tra le opzioni proposte si può notare che la regola "1° numero : 3 = 2° numero con entrambi i numeri dispari" è applicabile solamente ai numeri della E, 93 e 31: infatti 93 : 3 = 31. Da ciò si evince che la risposta corretta è la E.

5 Risposta esatta: A

Le righe contrassegnate dal "più" sono la seconda e la terza. Il criterio che lega i numeri contenuti in queste righe è il seguente: sottraendo al 1° numero il numero 11 si ottiene il 2° numero. Infatti, nella seconda riga: 96 - 11 = 85; nella terza riga: 77 - 11 = 66.
Tra le opzioni proposte si può notare che la regola "1° numero - 11 = 2° numero" è applicabile solamente ai numeri della A, 51 e 40: infatti 51 - 11 = 40. Da ciò si evince che la risposta corretta è la A.

6 Risposta esatta: E

La riga contrassegnata dal "più" è solo la prima. Il criterio che lega i numeri contenuti in questa riga è il seguente: la somma delle cifre di ciascun numero è costante ed è pari a 15. Infatti: 8 + 7 = 15; 9 + 6 = 15; 7 + 8 = 15.
Tra le opzioni proposte si può notare che la regola è applicabile solamente ai numeri della E), 96, 69 e 87: infatti 9 + 6 = 15; 6 + 9 = 15; 8 + 7 = 15. Da ciò si evince che la risposta corretta è la E.

7 Risposta esatta: B

Le righe contrassegnate dal "più" sono la prima, la terza e la quarta. Il criterio che lega i numeri contenuti in queste righe è il seguente: moltiplicando le cifre del 1° numero si ottiene il 2° numero e moltiplicando le cifre del 3° numero si ottiene il 4° numero. Infatti, nella

prima riga: 2 × 3 = 6; 3 × 4 = 12; nella terza riga: 4 × 5 = 20; 2 × 0 = 0; nella quarta riga: 2 × 1 = 2; 3 × 2 = 6.
Tra le opzioni proposte si può notare che la regola "1° cifra × 2° cifra del 1° numero = 2° numero e 1° cifra × 2° cifra del 3° numero = 4° numero" è applicabile solamente ai numeri della B), 24, 8, 34 e 12: infatti 2 × 4 = 8; 3 × 4 = 12. Da ciò si evince che la risposta corretta è la B.

8 Risposta esatta: E

Le righe contrassegnate dal "più" sono la prima e la terza. Il criterio che lega i numeri contenuti in queste righe è il seguente: dividendo il 1° numero per 10 si ottiene il 2° numero, sommando al 2° numero 1 si ottiene il 3° numero e sommando a quest'ultimo 1 si ottiene il 4° numero. Infatti, nella prima riga: 40 : 10 = 4; 4 + 1 = 5; 5 + 1 = 6; nella terza riga: 70 : 10 = 7; 7 + 1 = 8; 8 + 1 = 9.
Tra le opzioni proposte si può notare che la regola "1° numero : 10 = 2° numero + 1 = 3° numero + 1 = 4° numero" è applicabile solamente ai numeri della E), 50, 5, 6 e 7: infatti 50 : 10 = 5 + 1 = 6 + 1 = 7. Da ciò si evince che la risposta corretta è la E.

9 Risposta esatta: C

Le righe contrassegnate dal "più" sono la seconda e la terza. Il criterio che lega i numeri contenuti in queste righe è il seguente: sommando al numero che precede il numero 14 si ottiene il numero seguente. Infatti, nella seconda riga: 29 + 14 = 43; nella terza riga: 63 + 14 = 77.
Tra le opzioni proposte si può notare che la regola "1° numero + 14 = 2° numero" è applicabile solamente ai numeri della C), 41 e 55: infatti 41 + 14 = 55. Da ciò si evince che la risposta corretta è la C.

10 Risposta esatta: A

Le righe contrassegnate dal "più" sono la prima e la quarta. Il criterio che lega i numeri contenuti in queste righe è il seguente: sommando al numero che precede il numero 8 si ottiene il numero seguente. Infatti, nella prima riga: 22 + 8 = 30; nella quarta riga: 53 + 8 = 61.
Tra le opzioni proposte si può notare che la regola "1° numero + 8 = 2° numero" è applicabile solamente ai numeri della A), 4 e 12: infatti 4 + 8 = 12. Da ciò si evince che la risposta corretta è la A.

11 Risposta esatta: D

Le righe contrassegnate dal "più" sono la prima, la terza e la quinta. Il criterio che lega i numeri contenuti in queste righe è il seguente: il 1° numero ed il 3° numero è formato da due cifre uguali, il 2° numero è formato dalla cifra del 1° numero e dalla cifra del 2° numero. Infatti, nella prima riga: 1° numero = 11, 3° numero = 22 allora il 2° numero = 12; nella terza riga: 1° numero = 99, 3° numero = 77 allora il 2° numero = 97; nella quinta riga: 1° numero = 55, 3° numero = 11 allora il 2° numero = 51.
Tra le opzioni proposte si può notare che la regola è applicabile solamente ai numeri della D), 77, 78 e 88: infatti 1° numero = 77, 3° numero = 88 allora il 2° numero = 78. Da ciò si evince che la risposta corretta è la D.

12 Risposta esatta: A

Le righe contrassegnate dal "più" sono la prima, la terza e la quarta. Il criterio che lega i numeri contenuti in queste righe è il seguente: il prodotto di riga è costante ed è pari a 128. Infatti, nella prima riga: 4 × 2 × 16 = 128; nella terza riga: 2 × 2 × 32 = 128; nella quarta riga: 16 × 2 × 4 = 128.
Tra le opzioni proposte si può notare che la regola è applicabile solamente ai numeri della A), 8, 8 e 2: infatti 8 × 8 × 2 = 128. Da ciò si evince che la risposta corretta è la A.

13 Risposta esatta: B

Le righe contrassegnate dal "più" sono la seconda e la terza. Il criterio che lega i numeri contenuti in queste righe è il seguente: sommando il 1° numero al 3° numero si ottiene il 2° numero. Infatti, nella seconda riga: 11 + 11 = 22; nella terza riga: 31 + 11 = 42.
Tra le opzioni proposte si può notare che la regola "1° numero + 3° numero = 2° numero"è applicabile solamente ai numeri della B), 23, 36 e 13: infatti 23 + 13 = 36. Da ciò si evince che la risposta corretta è la B.

14 Risposta esatta: C

Le righe contrassegnate dal "più" sono la prima e la quarta. Il criterio che lega i numeri contenuti in queste righe è il seguente: dalla somma dei primi tre numeri si sottrae 7 e si ottiene il 4° numero. Infatti, nella prima riga: 54 + 59 + 53 = 166 - 7 = 159; nella quarta riga: 15 + 20 + 14 = 49 - 7 = 42.

Tra le opzioni proposte si può notare che la regola "(1° numero + 2° numero + 3° numero) - 7 = 4° numero"è applicabile solamente ai numeri della C), 33, 38, 32 e 96: infatti 33 + 38 + 32 - 7 = 96. Da ciò si evince che la risposta corretta è la C.

15 Risposta esatta: D

Le righe contrassegnate dal "più" sono la seconda e la terza. Il criterio che lega i numeri contenuti in queste righe è il seguente: il 1° numero è pari, il 2° numero si ottiene moltiplicando per 2 il 1° numero, il 3° numero si ottiene moltiplicando per 2 il 2° numero. Infatti, nella seconda riga: 8 × 2 = 16 × 2 = 32; nella terza riga: 12 × 2 = 24 × 2 = 48.
Tra le opzioni proposte si può notare che la regola "1° numero (pari) × 2 = 2° numero × 2 = 3° numero" è applicabile solamente ai numeri della D), 14, 28 e 56: infatti 14 × 2 = 28 × 2 = 56. Da ciò si evince che la risposta corretta è la D.

16 Risposta esatta: C

Le righe contrassegnate dal "più" sono la seconda e la terza. Il criterio che lega i numeri contenuti in queste righe è il seguente: sommando le cifre del 1° numero si ottiene il 2° numero e il 3° numero è dato dalla prima cifra del 1° numero. Infatti, nella prima riga: 4 + 5 = 9 (2° numero) e 4 (3° numero perché 4 è anche la prima cifra del 1° numero); nella quarta riga: 5 + 9 = 14 (2° numero) e 5 (3° numero perché 5 è anche la prima cifra del 1° numero).
Tra le opzioni proposte si può notare che la regola è applicabile solamente ai numeri della C), 56, 11 e 5: infatti 5 + 6 = 11 (2° numero) e 5 (3° numero perché 5 è anche la prima cifra del 1° numero). Da ciò si evince che la risposta corretta è la C.

17 Risposta esatta: B

Le righe contrassegnate dal "più" sono la prima e la quarta. Il criterio che lega i numeri contenuti in queste righe è il seguente: moltiplicando le cifre del 1° numero si ottiene il 2° numero e sommando le cifre del 1° numero si ottiene il 3° numero. Infatti, nella prima riga: 4 × 3 = 12 e 4 + 3 = 7; nella quarta riga: 7 × 8 = 56 e 7 + 8 = 15.
Tra le opzioni proposte si può notare che la regola è applicabile solamente ai numeri della B), 37, 21 e 10: infatti 3 × 7 = 21 e 3 + 7 = 10. Da ciò si evince che la risposta corretta è la B.

18 Risposta esatta: C

Le righe contrassegnate dal "più" sono la prima e la quarta. Il criterio che lega i numeri contenuti in queste righe è il seguente: la differenza tra i numeri di riga è costante ed è pari a 7. Infatti, nella prima riga: 64 - 57 = 7; nella quarta riga: 85 - 78 = 7.
Tra le opzioni proposte si può notare che la regola è applicabile solamente ai numeri della C), 29 e 36: infatti 29 - 36 = 7. Da ciò si evince che la risposta corretta è la C.

19 Risposta esatta: A

Le righe contrassegnate dal "più" sono la prima e la seconda. Il criterio che lega i numeri contenuti in queste righe è il seguente: il 2° numero si ottiene con la seconda cifra del 1° numero. Infatti, nella prima riga: 1° numero è 36, quindi 2° numero è 6; nella seconda riga: 1° numero è 97, quindi 2° numero è 7.
Tra le opzioni proposte si può notare che la regola è applicabile solamente ai numeri della A), 23 e 3: infatti 1° numero è 23, quindi 2° numero è 3. Da ciò si evince che la risposta corretta è la A.

20 Risposta esatta: A

Le righe contrassegnate dal "più" sono la seconda e la quarta. Il criterio che lega i numeri contenuti in queste righe è il seguente: sommando il 1° numero (dispari) con il 2° numero si ottiene il 3° numero, sommando al 3° numero il numero 1 si ottiene il 4° numero. Infatti, nella seconda riga: 7 (dispari) + 8 = 15 + 1 = 16; nella quarta riga: 3 (dispari) + 4 = 7 + 1 = 8.
Tra le opzioni proposte si può notare che la regola "1° numero (dispari) + 2° numero = 3° numero + 1 = 4° numero" è applicabile solamente ai numeri della A), 9, 10, 19 e 20: infatti 9 (dispari) + 10 = 19 + 1 = 20. Da ciò si evince che la risposta corretta è la A.

21 Risposta esatta: D

Le righe contrassegnate dal "più" sono la seconda e la quarta. Il criterio che lega i numeri contenuti in queste righe è il seguente: sommando al 1° numero il numero 1 si ottiene il 2° numero, che moltiplicato per 3 dà il 3° numero, che diviso per 2 dà il 4° numero. Infatti, nella seconda riga: 11 + 1 = 12 × 3 = 36 : 2 = 18; nella quarta riga: 23 + 1 = 24 × 3 = 72 : 2 = 36.

Tra le opzioni proposte si può notare che la regola "1° numero + 1 = 2° numero × 3 = 3° numero : 2 = 4° numero" è applicabile solamente ai numeri della D), 33, 34, 102 e 51: infatti 33 + 1 = 34 × 3 = 102 : 2 = 51. Da ciò si evince che la risposta corretta è la D.

22 Risposta esatta: C

Le righe contrassegnate dal "più" sono la seconda, la terza e la quinta. Il criterio che lega i numeri contenuti in queste righe è il seguente: dalla somma dei primi due numeri si ottiene il 3° numero e il 1° numero deve essere pari. Infatti, nella seconda riga: 12 + 12 = 24; nella terza riga: 16 + 17 = 33; nella quinta riga: 18 + 18 = 36.
Tra le opzioni proposte si può notare che la regola "1° numero (pari)+ 2° numero = 3° numero" è applicabile solamente ai numeri della C), 10, 11e 21: infatti 10 + 11 = 21. Da ciò si evince che la risposta corretta è la C.

23 Risposta esatta: D

Le righe contrassegnate dal "più" sono la prima e la terza. Il criterio che lega i numeri contenuti in queste righe è il seguente: considera i numeri a coppie (i primi due e i restanti due). All'interno di ogni coppia, bisogna o sommare o sottrarre i due numeri: i numeri si sommano se il primo numero della coppia è minore del secondo e si sottraggono se il primo numero della coppia è maggiore del secondo. Seguendo tali indicazioni, si ottiene lo stesso risultato sia nella prima che nella seconda coppia delle righe contrassegnate dal "più".
Ad esempio, nella prima riga hai le coppie (6; 9) (18; 3): nella prima coppia si devono sommare i due numeri (perchè il primo numero è minore del secondo), nella seconda coppia si devono sottrarre i due numeri (perchè il primo numero è maggiore del secondo); in entrambi i casi si ottiene 15, ovvero 6 + 9 = 18 - 3.
Nella terza riga, ci sono le coppie (8; 5) (24; 21): in entrambi i casi bisogna sottrarre i due numeri perchè il primo numero è maggiore del secondo; quindi 8 - 5 = 24 - 21.
La risposta corretta è la D perchè è l'unica che obbedisce perfettamente al criterio descritto, ovvero ci sono le coppie (11; 14) (33; 8); nella prima coppia bisogna sommare i due numeri, mentre nella seconda coppia bisogna sottrarli: 11 + 14 = 33 - 8.

24 Risposta esatta: E

Le righe contrassegnate dal "più" sono la quarta e la quinta. Il criterio che lega i numeri contenuti in queste righe è il seguente: moltiplicando il 1° numero per 10 si ottiene il 2° numero, aggiungendo 1 si ottiene il 3° numero, che moltiplicato per 2 dà il 4° numero. Infatti, nella quarta riga: 5 × 10 = 50 + 1 = 51 × 2 = 102; nella quinta riga: 4 × 10 = 40 + 1 = 41 × 2 = 82.
Tra le opzioni proposte si può notare che la regola è applicabile solamente ai numeri della E), 2, 20, 21 e 42: infatti 2 × 10 = 20 + 1 = 21 × 2 = 42. Da ciò si evince che la risposta corretta è la E.

25 Risposta esatta: B

Le righe contrassegnate dal "più" sono la prima e la quarta. Il criterio che lega i numeri contenuti in queste righe è il seguente: elevando al quadrato il 1° numero (dispari) si ottiene il 2° numero. Infatti, nella prima riga: $5^2 = 25$; nella quarta riga: $7^2 = 49$.
Tra le opzioni proposte si può notare che la regola è applicabile solamente ai numeri della B), 3 (dispari) e 9: infatti $3^2 = 9$. Da ciò si evince che la risposta corretta è la B.

26 Risposta esatta: E

Le righe che costituiscono il quesito sono composte ciascuna da tre numeri.
Dato il primo numero di ciascuna riga contrassegnata dal segno *più*, il secondo numero si ottiene aggiungendo 3 al numero dato, mentre il terzo numero si ottiene dividendo per 3 il secondo numero.
Per la prima riga si ha:

$$33 \underbrace{\qquad}_{+3} 36 \underbrace{\qquad}_{:3} 12$$

Per la quarta riga si ha:

$$21 \underbrace{\qquad}_{+3} 24 \underbrace{\qquad}_{:3} 8$$

Tra le alternative di risposta, quella che ripropone la regola valida per le righe più è la E, per la quale si ha:

$$51 \underbrace{\qquad}_{+3} 54 \underbrace{\qquad}_{:3} 18$$

27 Risposta esatta: D

Le righe che costituiscono il quesito sono composte ciascuna da tre numeri.
Dato il primo numero di ciascuna riga contrassegnata dal segno *più* e il terzo numero sempre costituito da due identiche cifre, il secondo numero, costituito da due cifre, ha per prima cifra la prima delle due cifre del primo numero e per seconda cifra la stessa delle cifre del secondo numero.

Per la prima riga si ha:

$$\underbrace{55}_{\text{primo numero}} \Rightarrow 5 = \text{prima cifra di } \underbrace{53}_{\text{secondo numero}} \Rightarrow 3 = \text{una delle cifre di } \underbrace{33}_{\text{terzo numero}}$$

Per la terza riga si ha:

$$\underbrace{77}_{\text{primo numero}} \Rightarrow 7 = \text{prima cifra di } \underbrace{76}_{\text{secondo numero}} \Rightarrow 6 = \text{una delle cifre di } \underbrace{66}_{\text{terzo numero}}$$

Per la quarta riga si ha:

$$\underbrace{72}_{\text{primo numero}} \Rightarrow 7 = \text{prima cifra di } \underbrace{78}_{\text{secondo numero}} \Rightarrow 8 = \text{una delle cifre di } \underbrace{88}_{\text{terzo numero}}$$

Tra le alternative di risposta, quella che ripropone la regola valida per le righe più è la D, per la quale si ha:

$$\underbrace{44}_{\text{primo numero}} \Rightarrow 4 = \text{prima cifra di } \underbrace{41}_{\text{secondo numero}} \Rightarrow 1 = \text{una delle cifre di } \underbrace{11}_{\text{terzo numero}}$$

28 Risposta esatta: D

Le righe che costituiscono il quesito sono composte ciascuna da due numeri.
Il criterio di risoluzione del quesito, per le righe contrassegnate dal segno *più*, è il seguente: dato il secondo numero, il primo numero è pari al numero dato cui si aggiunge la cifra 9.

Si ha:

prima riga	$\underbrace{29}_{\text{primo numero}}$	$\underbrace{2}_{\text{secondo numero}}$
quarta riga	$\underbrace{59}_{\text{primo numero}}$	$\underbrace{5}_{\text{secondo numero}}$

Tra le alternative di risposta, quella che ripropone la regola valida per le righe più è la D, per la quale si ha:

$\underbrace{69}_{\text{primo numero}}$	$\underbrace{6}_{\text{secondo numero}}$

29 Risposta esatta: D

Le righe che costituiscono il quesito sono composte ciascuna da tre numeri.
Dato il primo numero di ciascuna riga contrassegnata dal segno *più*, il secondo numero si ottiene moltiplicando per 2 il numero dato, mentre il terzo numero si ottiene sottraendo 1 dal secondo numero.

Per la prima riga si ha:

$$9 \underbrace{\qquad}_{\times 2} 18 \underbrace{\qquad}_{-1} 17$$

Per la terza riga, invece, si ha:

$$16 \underbrace{\qquad}_{\times 2} 32 \underbrace{\qquad}_{-1} 31$$

Tra le alternative di risposta, quella che ripropone la regola valida per le righe più è la D, per la quale si ha:

$$14 \underbrace{\qquad}_{\times 2} 28 \underbrace{\qquad}_{-1} 27$$

30 Risposta esatta: C

Le righe che costituiscono il quesito sono composte ciascuna da tre numeri.
Dato il primo numero di ciascuna riga contrassegnata dal segno *più*, i successivi decrescono di una unità.

Per la prima riga si ha:

$$10 \underbrace{\qquad}_{-1} 9 \underbrace{\qquad}_{-1} 8$$

Per la quarta riga si ha:

$$23 \underbrace{\qquad}_{-1} 22 \underbrace{\qquad}_{-1} 21$$

Tra le alternative di risposta, quella che ripropone la regola valida per le righe più è la C, per la quale si ha:

$$21 \underbrace{\qquad}_{-1} 20 \underbrace{\qquad}_{-1} 19$$

31 Risposta esatta: B

Le righe che costituiscono il quesito sono composte ciascuna da quattro numeri.
I termini delle righe contrassegnate dal segno *più* sono contraddistinti dal seguente nesso logico: il secondo termine è pari

al prodotto tra il primo e il terzo termine, mentre il quarto termine è pari alla somma dei precedenti tre.

In simboli:

primo numero × terzo numero = secondo numero

e

primo numero + secondo numero + terzo numero = quarto numero

Non considerando l'ordine con cui i numeri compaiono nelle righe, per la prima riga si ha:

$$4 \overbrace{\underbrace{\qquad\quad}_{+}}^{\times} 3 \overbrace{\underbrace{\qquad\quad}_{+}}^{=} 12 \underbrace{\qquad\quad}_{=} 19$$

Per la seconda riga si ha:

$$4 \overbrace{\underbrace{\qquad\quad}_{+}}^{\times} 1 \overbrace{\underbrace{\qquad\quad}_{+}}^{=} 4 \underbrace{\qquad\quad}_{=} 9$$

Tra le alternative di risposta, quella che ripropone la regola valida per le righe più è la B, per la quale si ha:

$$3 \overbrace{\underbrace{\qquad\quad}_{+}}^{\times} 3 \overbrace{\underbrace{\qquad\quad}_{+}}^{=} 9 \underbrace{\qquad\quad}_{=} 15$$

32 Risposta esatta: E

Le righe che costituiscono il quesito sono composte ciascuna da tre numeri.
I termini delle righe contrassegnate dal segno *più* si ottengono, a partire dal primo, sottraendo di volta in volta 3 dal precedente, ma il primo termine deve essere multiplo di 3 (di conseguenza anche i restanti sono multipli di 3).

Per la seconda riga, dato che 21 è multiplo di 3, si ha:

$$21 \underbrace{\qquad\quad}_{-3} 18 \underbrace{\qquad\quad}_{-3} 15$$

Per la terza riga, dato che 33 è multiplo 3, si ha:

$$33 \underbrace{\qquad\quad}_{-3} 30 \underbrace{\qquad\quad}_{-3} 27$$

Tra le alternative di risposta, quella che ripropone la regola valida per le righe più è la E, per la quale si ha:

$$27 \underbrace{\qquad\quad}_{-3} 24 \underbrace{\qquad\quad}_{-3} 21$$

33 Risposta esatta: D

Le righe che costituiscono il quesito sono composte ciascuna da due numeri.

La somma dei termini di ciascuna riga contrassegnata dal segno *più* è costante e pari a 35, ma il primo dei due numeri deve essere pari.

Per la prima e la quarta riga si ha infatti:

$$22 + 13 = 16 + 19 = 35$$

Tra le alternative di risposta, quella che ripropone la regola valida per le righe più è la D, per la quale si ha:

$$28 + 7 = 35$$

34 Risposta esatta: B

Le righe che costituiscono il quesito sono composte ciascuna da tre numeri.
Il terzo termine di ciascuna riga contrassegnata dal segno *più* si ottiene elevando al quadrato la differenza tra il secondo e il primo termine, inoltre il secondo termine è pari.
Per la prima riga si ha:

$$\Big(\underbrace{10}_{\text{secondo termine}} - \underbrace{8}_{\text{primo termine}}\Big)^2 = (2)^2 = \underbrace{4}_{\text{terzo termine}}$$

Per la terza riga si ha:

$$\Big(\underbrace{20}_{\text{secondo termine}} - \underbrace{16}_{\text{primo termine}}\Big)^2 = (4)^2 = \underbrace{16}_{\text{terzo termine}}$$

Tra le alternative di risposta, quella che ripropone la regola valida per le righe più è la B, per la quale si ha:

$$\Big(\underbrace{18}_{\text{secondo termine}} - \underbrace{12}_{\text{primo termine}}\Big)^2 = (6)^2 = \underbrace{36}_{\text{terzo termine}}$$

35 Risposta esatta: B

Le righe che costituiscono il quesito sono composte ciascuna da due numeri.
Dato il primo numero di ciascuna riga contrassegnata dal segno *più*, il secondo si ottiene aggiungendo 5 al numero dato; in simboli, per la prima riga si ha:

$$\underbrace{44}_{\text{primo numero}} + 5 = \underbrace{49}_{\text{secondo numero}}$$

Analoga regola vale per la terza riga, sempre contrassegnata dal segno *più*, per la quale si ha:

$$\underbrace{79}_{\text{primo numero}} + 5 = \underbrace{84}_{\text{secondo numero}}$$

Tra le alternative di risposta, quella che ripropone la regola valida per le righe più è la B, per la quale si ha:

$$\underbrace{38}_{\text{primo numero}} + 5 = \underbrace{43}_{\text{secondo numero}}$$

36 Risposta esatta: D

Le righe che costituiscono il quesito sono composte ciascuna da tre numeri.
Dato il primo numero di ciascuna riga contrassegnata dal segno *più*, il secondo numero è dato dalla somma delle cifre del numero dato, mentre il terzo numero è pari alla più grande tra le cifre del primo numero.

Per la prima riga si ha:

$$\underbrace{63}_{\text{primo numero}} \Rightarrow 6+3 = \underbrace{9}_{\text{secondo numero}} \quad \underbrace{6}_{\text{terzo numero}} > 3$$

Per la terza riga, invece, si ha:

$$\underbrace{89}_{\text{primo numero}} \Rightarrow 8+9 = \underbrace{17}_{\text{secondo numero}} \quad \underbrace{9}_{\text{terzo numero}} > 8$$

Tra le alternative di risposta, quella che ripropone la regola valida per le righe più è la D, per la quale si ha:

$$\underbrace{46}_{\text{primo numero}} \Rightarrow 4+6 = \underbrace{10}_{\text{secondo numero}} \quad \underbrace{6}_{\text{terzo numero}} > 4$$

37 Risposta esatta: C

Le righe che costituiscono il quesito sono composte ciascuna da quattro numeri.
Per ciascuna delle righe contrassegnate dal segno *più*, la somma del primo e del secondo numero è uguale alla somma del terzo e del quarto numero.

Per la prima riga si ha:

$$\underbrace{13}_{\text{primo numero}} + \underbrace{14}_{\text{secondo numero}} = \underbrace{21}_{\text{terzo numero}} + \underbrace{6}_{\text{quarto numero}} = 27$$

Per la seconda riga si ha:

$$\underbrace{43}_{\text{primo numero}} + \underbrace{22}_{\text{secondo numero}} = \underbrace{1}_{\text{terzo numero}} + \underbrace{64}_{\text{quarto numero}} = 65$$

Per la quarta riga si ha:

$$\underbrace{24}_{\text{primo numero}} + \underbrace{25}_{\text{secondo numero}} = \underbrace{23}_{\text{terzo numero}} + \underbrace{26}_{\text{quarto numero}} = 49$$

Tra le alternative di risposta, quella che ripropone la regola valida per le righe più è la C, per la quale si ha:

$$\underbrace{14}_{\text{primo numero}} + \underbrace{14}_{\text{secondo numero}} = \underbrace{9}_{\text{terzo numero}} + \underbrace{19}_{\text{quarto numero}} = 28$$

38 Risposta esatta: C

Le righe che costituiscono il quesito sono composte ciascuna da quattro numeri.

Per ciascuna delle righe contrassegnate dal segno *più*, la somma del primo e del secondo numero è uguale alla somma del terzo e del quarto numero.
Per la prima riga si ha:

$$\underbrace{13}_{\text{primo numero}} + \underbrace{34}_{\text{secondo numero}} = \underbrace{40}_{\text{terzo numero}} + \underbrace{7}_{\text{quarto numero}} = 47$$

Per la seconda riga si ha:

$$\underbrace{45}_{\text{primo numero}} + \underbrace{56}_{\text{secondo numero}} = \underbrace{65}_{\text{terzo numero}} + \underbrace{36}_{\text{quarto numero}} = 101$$

Per la quarta riga si ha:

$$\underbrace{22}_{\text{primo numero}} + \underbrace{21}_{\text{secondo numero}} = \underbrace{13}_{\text{terzo numero}} + \underbrace{30}_{\text{quarto numero}} = 43$$

Tra le alternative di risposta, quella che ripropone la regola valida per le righe più è la C, per la quale si ha:

$$\underbrace{14}_{\text{primo numero}} + \underbrace{51}_{\text{secondo numero}} = \underbrace{56}_{\text{terzo numero}} + \underbrace{9}_{\text{quarto numero}} = 65$$

39 Risposta esatta: E

Le righe che costituiscono il quesito sono composte ciascuna da tre numeri.
Dato il primo numero di ciascuna riga contrassegnata dal segno *più*, il secondo numero è dato dal prodotto delle cifre del numero dato, mentre il terzo numero è pari alla più piccola tra le cifre del primo numero.

Per la prima riga si ha:

$$\underbrace{62}_{\text{primo numero}} \Rightarrow 6 \times 2 = \underbrace{12}_{\text{secondo numero}} \quad \underbrace{2}_{\text{terzo numero}} < 6$$

Per la terza riga, invece, si ha:

$$\underbrace{81}_{\text{primo numero}} \Rightarrow 8 \times 1 = \underbrace{8}_{\text{secondo numero}} \quad \underbrace{1}_{\text{terzo numero}} < 8$$

Tra le alternative di risposta, quella che ripropone la regola valida per le righe più è la E, per la quale si ha:

$$\underbrace{56}_{\text{primo numero}} \Rightarrow 5 \times 6 = \underbrace{30}_{\text{secondo numero}} \quad \underbrace{5}_{\text{terzo numero}} < 6$$

40 Risposta esatta: E

Le righe che costituiscono il quesito sono composte ciascuna da quattro numeri.

Dato il primo numero di ciascuna riga contrassegnata dal segno *più*, i successivi numeri si ottengono nel modo seguente:

— il secondo si ottiene moltiplicando per 10 il primo;

— il terzo si ottiene aggiungendo 1 al secondo;
— il quarto si ottiene moltiplicando per 2 il terzo.

Per la prima riga si ha:

$$3 \underbrace{\qquad\qquad}_{\times 10} 30 \underbrace{\qquad\qquad}_{+1} 31 \underbrace{\qquad\qquad}_{\times 2} 62$$

Per la seconda riga si ha:

$$8 \underbrace{\qquad\qquad}_{\times 10} 80 \underbrace{\qquad\qquad}_{+1} 81 \underbrace{\qquad\qquad}_{\times 2} 162$$

Tra le alternative di risposta, quella che ripropone la regola valida per le righe più è la E, per la quale si ha:

$$9 \underbrace{\qquad\qquad}_{\times 10} 90 \underbrace{\qquad\qquad}_{+1} 91 \underbrace{\qquad\qquad}_{\times 2} 182$$

41 Risposta esatta: A

Le righe che costituiscono il quesito sono composte ciascuna da due numeri.
Dato il primo numero di ciascuna riga contrassegnata dal segno *più*, il secondo numero è dato dalla somma delle cifre del numero dato.

Per la prima riga si ha:

$$\underbrace{73}_{\text{primo numero}} \Rightarrow 7 + 3 = \underbrace{10}_{\text{secondo numero}}$$

Per la seconda riga si ha:

$$\underbrace{21}_{\text{primo numero}} \Rightarrow 2 + 1 = \underbrace{3}_{\text{secondo numero}}$$

Tra le alternative di risposta, quella che ripropone la regola valida per le righe più è la A, per la quale si ha:

$$\underbrace{31}_{\text{primo numero}} \Rightarrow 3 + 1 = \underbrace{4}_{\text{secondo numero}}$$

42 Risposta esatta: D

Le righe che costituiscono il quesito sono composte ciascuna da tre numeri.
Dato il primo numero di ciascuna riga contrassegnata dal segno *più*, il secondo numero è dato dalla somma delle cifre del numero dato, mentre il terzo numero è pari alla più piccola tra le cifre del primo numero.

Per la prima riga si ha:

$$\underbrace{49}_{\text{primo numero}} \Rightarrow 4 + 9 = \underbrace{13}_{\text{secondo numero}} \quad \underbrace{4}_{\text{terzo numero}} < 9$$

Per la terza riga, invece, si ha:

$$\underbrace{51}_{\text{primo numero}} \Rightarrow 5 + 1 = \underbrace{6}_{\text{secondo numero}} \quad \underbrace{1}_{\text{terzo numero}} < 6$$

Tra le alternative di risposta, quella che ripropone la regola valida per le righe più è la D, per la quale si ha:

$$\underbrace{89}_{\text{primo numero}} \Rightarrow 8 + 9 = \underbrace{17}_{\text{secondo numero}} \quad \underbrace{8}_{\text{terzo numero}} < 9$$

43 Risposta esatta: C

Le righe che costituiscono il quesito sono composte ciascuna da tre numeri.
Dato il primo numero di ciascuna riga contrassegnata dal segno *più*, il secondo numero è dato dalla somma delle cifre del numero dato, mentre il terzo numero è dato dal prodotto di tali cifre.
Per la terza riga si ha:

$$\underbrace{94}_{\text{primo numero}} \Rightarrow \begin{cases} 9 + 4 = \underbrace{13}_{\text{secondo numero}} \\ 9 \times 4 = \underbrace{36}_{\text{terzo numero}} \end{cases}$$

Per la quarta riga, invece, si ha:

$$\underbrace{35}_{\text{primo numero}} \Rightarrow \begin{cases} 3 + 5 = \underbrace{8}_{\text{secondo numero}} \\ 3 \times 5 = \underbrace{15}_{\text{terzo numero}} \end{cases}$$

Tra le alternative di risposta, quella che ripropone la regola valida per le righe più è la C, per la quale si ha:

$$\underbrace{32}_{\text{primo numero}} \Rightarrow \begin{cases} 3 + 2 = \underbrace{5}_{\text{secondo numero}} \\ 3 \times 2 = \underbrace{6}_{\text{terzo numero}} \end{cases}$$

44 Risposta esatta: B

Le righe che costituiscono il quesito sono composte ciascuna da quattro numeri.

Dato il primo numero di ciascuna riga contrassegnata dal segno *più*:

— il secondo numero si ottiene aggiungendo 1 al primo;
— il terzo numero è pari alla somma dei primi due;
— il quarto numero si ottiene aggiungendo 1 al terzo.

Per la seconda riga si ha:

$$7\underbrace{\qquad}_{+1}8 \qquad 7\underbrace{\qquad}_{+}8\underbrace{\qquad}_{=}15 \qquad 15\underbrace{\qquad}_{+1}16$$

Per la terza riga si ha:

$$1\underbrace{\qquad}_{+1}2 \qquad 1\underbrace{\qquad}_{+}2\underbrace{\qquad}_{=}3 \qquad 3\underbrace{\qquad}_{+1}4$$

Tra le alternative di risposta, quella che ripropone la regola valida per le righe più è la B, per la quale si ha:

$$8\underbrace{\qquad}_{+1}9 \qquad 8\underbrace{\qquad}_{+}9\underbrace{\qquad}_{=}17 \qquad 17\underbrace{\qquad}_{+1}18$$

45 Risposta esatta: D

Le righe che costituiscono il quesito sono composte ciascuna da quattro numeri.
I termini delle righe contrassegnate dal segno *più* sono contraddistinti dal seguente nesso logico: la somma tra il primo e il quarto termine è uguale al prodotto tra il secondo e il terzo termine.
In simboli:

primo numero + quarto numero = secondo numero × terzo numero

Per la prima riga si ha:

$$\underbrace{56}_{\text{primo numero}} + \underbrace{65}_{\text{quarto numero}} = \underbrace{11}_{\text{secondo numero}} \times \underbrace{11}_{\text{terzo numero}} = 121$$

Per la terza riga si ha:

$$\underbrace{33}_{\text{primo numero}} + \underbrace{7}_{\text{quarto numero}} = \underbrace{40}_{\text{secondo numero}} \times \underbrace{1}_{\text{terzo numero}} = 40$$

Per la quarta riga si ha:

$$\underbrace{100}_{\text{primo numero}} + \underbrace{0}_{\text{quarto numero}} = \underbrace{1}_{\text{secondo numero}} \times \underbrace{100}_{\text{terzo numero}} = 100$$

Tra le alternative di risposta, quella che ripropone la regola valida per le righe più è la D, per la quale si ha:

$$\underbrace{28}_{\text{primo numero}} + \underbrace{28}_{\text{quarto numero}} = \underbrace{7}_{\text{secondo numero}} \times \underbrace{8}_{\text{terzo numero}} = 56$$

46 Risposta esatta: A

Le righe che costituiscono il quesito sono composte ciascuna da due numeri.
Il secondo numero di ciascuna riga contrassegnata dal segno *più* è pari al quoziente tra il primo numero e il numero 5.

Per la prima riga si ha:

$$\underbrace{100}_{\text{primo numero}} : 5 = \underbrace{20}_{\text{secondo numero}}$$

Per la terza riga si ha:

$$\underbrace{25}_{\text{primo numero}} : 5 = \underbrace{5}_{\text{secondo numero}}$$

Tra le alternative di risposta, quella che ripropone la regola valida per le righe più è la A, per la quale si ha:

$$\underbrace{20}_{\text{primo numero}} : 5 = \underbrace{4}_{\text{secondo numero}}$$

47 Risposta esatta: A

Le righe che costituiscono il quesito sono composte ciascuna da due numeri.
Il secondo numero di ciascuna riga contrassegnata dal segno *più* è pari al prodotto tra il primo numero e il numero 5.

Per la prima riga si ha:

$$\underbrace{7}_{\text{primo numero}} \times 5 = \underbrace{35}_{\text{secondo numero}}$$

Per la quarta riga si ha:

$$\underbrace{2}_{\text{primo numero}} \times 5 = \underbrace{10}_{\text{secondo numero}}$$

Tra le alternative di risposta, quella che ripropone la regola valida per le righe più è la A, per la quale si ha:

$$\underbrace{3}_{\text{primo numero}} \times 5 = \underbrace{15}_{\text{secondo numero}}$$

48 Risposta esatta: D

Le righe che costituiscono il quesito sono composte ciascuna da due numeri.

Dato il primo numero di ciascuna riga contrassegnata dal segno *più*, il secondo si ottiene aggiungendo 5 al numero dato; in simboli, per la prima riga si ha:

$$\underbrace{81}_{\text{primo numero}} + 5 = \underbrace{86}_{\text{terzo numero}}$$

Analoga regola vale per la terza riga, sempre contrassegnata dal segno *più*, per la quale si ha:

$$\underbrace{28}_{\text{primo numero}} + 5 = \underbrace{33}_{\text{terzo numero}}$$

Tra le alternative di risposta, quella che ripropone la regola valida per le righe più è la D, per la quale si ha:

$$\underbrace{57}_{\text{primo numero}} + 5 = \underbrace{62}_{\text{terzo numero}}$$

49 Risposta esatta: B

Le righe che costituiscono il quesito sono composte ciascuna da tre numeri.

Dato il primo numero di ciascuna riga contrassegnata dal segno *più*, il secondo numero è dato dal prodotto delle cifre del numero dato, mentre il terzo numero è dato dalla somma di tali cifre.

Per la prima riga si ha:

$$\underbrace{63}_{\text{primo numero}} \Rightarrow \left[\begin{array}{ll} 6 \times 3 = & \underbrace{18}_{\text{secondo numero}} \\ 6 + 3 = & \underbrace{9}_{\text{terzo numero}} \end{array}\right.$$

Per la terza riga si ha:

$$\underbrace{26}_{\text{primo numero}} \Rightarrow \left[\begin{array}{ll} 2 \times 6 = & \underbrace{12}_{\text{secondo numero}} \\ 2 + 6 = & \underbrace{8}_{\text{terzo numero}} \end{array}\right.$$

Tra le alternative di risposta, quella che ripropone la regola valida per le righe più è la B, per la quale si ha:

$$\underbrace{85}_{\text{primo numero}} \Rightarrow \left[\begin{array}{ll} 8 \times 5 = & \underbrace{40}_{\text{secondo numero}} \\ 8 + 5 = & \underbrace{13}_{\text{terzo numero}} \end{array}\right.$$

50 Risposta esatta: C

Le righe che costituiscono il quesito sono composte ciascuna da quattro numeri.

Nelle righe contrassegnate dal segno *più*, dato il primo numero, il secondo numero è pari alla più piccola tra le cifre del primo numero; mentre il terzo e il quarto numero si ottengono aggiungendo 1 unità, rispettivamente, al secondo e al terzo numero.

Per la seconda riga, essendo $0 < 7$, si ha:

$$\underbrace{70}_{\text{primo numero}} \Rightarrow \left[\begin{array}{ll} & \underbrace{0}_{\text{secondo numero}} \\ 0 + 1 = & \underbrace{1}_{\text{terzo numero}} \\ 1 + 1 = & \underbrace{2}_{\text{quarto numero}} \end{array}\right.$$

Per la terza riga, essendo $1 < 3$, si ha:

$$\underbrace{13}_{\text{primo numero}} \Rightarrow \left[\begin{array}{ll} & \underbrace{1}_{\text{secondo numero}} \\ 1 + 1 = & \underbrace{2}_{\text{terzo numero}} \\ 2 + 1 = & \underbrace{3}_{\text{quarto numero}} \end{array}\right.$$

Tra le alternative di risposta, quella che ripropone la regola valida per le righe più è la C, per la quale si ha:

$$\underbrace{58}_{\text{primo numero}} \Rightarrow \left[\begin{array}{ll} & \underbrace{5}_{\text{secondo numero}} \\ 5 + 1 = & \underbrace{6}_{\text{terzo numero}} \\ 6 + 1 = & \underbrace{7}_{\text{quarto numero}} \end{array}\right.$$

51 Risposta esatta: B

Chiave di lettura: sommando i due numeri delle righe «più» si ottiene un multiplo di 11 (31 + 2 = 33, oppure 40 + 4 = 44 etc.).

52 Risposta esatta: C

Chiave di lettura: nelle righe «più» vale la regola 1° numero (– 4) = 2° numero (+ 5) = 3° numero (ad esempio, nella prima riga 12 (– 4) = 8 (+ 5) = 13).

53 Risposta esatta: E

Chiave di lettura: nelle righe «più» vale la regola 1° numero (+ 1) = 2° numero (+ 10) = 3° numero (ad esempio, nella prima riga 22 (+ 1) = 23 (+ 10) = 33).

54 Risposta esatta: B

Chiave di lettura: nelle righe «più» vale la regola 1° numero (+ 1) = 2° numero (+ 10) = 3° numero (– 11) = 4° numero (ad esempio, nella prima riga 47 (+ 1) = 48 (+ 10) = 58 (– 11) = 47).

55 Risposta esatta: A

Chiave di lettura: nelle righe «più» vale la regola 1° numero × 3° numero = 2° numero, e poi 1° numero + 2° numero + 3° numero = 4° numero (ad esempio, nella prima riga 3 × 6 = 18 e poi 3 + 18 + 6 = 27).

17
Aritmetica, algebra e *problem solving*

Classici sono i quiz basati sulla risoluzione di alcune semplici operazioni matematiche e che possono essere risolti ricorrendo a metodi algebrici e aritmetici. Non è possibile effettuarne una classificazione, ma negli esempi che seguono si affronteranno alcune tipologie tipiche per individuarne un metodo risolutivo rapido.

Con questi quiz, di norma, si cerca di investigare sulla capacità del concorrente di individuare soluzioni rapide in tempi brevi (ricordiamo che in sede di concorso generalmente non si possono utilizzare calcolatrici). I calcoli da effettuare sono di solito abbastanza immediati, oppure si può giungere alla soluzione attraverso ragionamenti (eventualmente anche con approssimazioni) più o meno rapidi: l'obiettivo è, infatti, individuare un candidato che sappia ragionare correttamente e velocemente, non uno che sappia svolgere un qualsiasi calcolo a mente.

Esempio n. 1
Un uomo ha più figli, alcuni maschi e altre femmine. Ogni femmina ha un numero di fratelli doppio di quello delle sorelle ed ogni maschio ha un numero di sorelle pari a quello dei fratelli. Quanti figli e quante figlie ha quest'uomo?

A) 6 femmine e 4 maschi
B) 3 femmine e 4 maschi
C) 4 femmine e 2 maschi
D) 2 maschi e 2 femmine
E) 3 maschi e 4 femmine

Si possono schematizzare le informazioni che vengono fornite per ridurre lo studio del problema ad un *sistema di equazioni*. Le incognite sono M il numero dei figli maschi ed F il numero delle figlie femmine. Bisogna prestare attenzione in questi esercizi a non confondersi quando si citano fratelli e sorelle: in una famiglia di due figlie femmine e un maschio, il maschio non avrà fratelli, mentre ogni femmina avrà un fratello ed una sorella.
In questo caso, *ogni figlia femmina ha un numero di fratelli doppio di quello delle sorelle*: questa affermazione si schematizza come: $\mathbf{M = 2 \times (F - 1)}$. Si noti che per indicare le sorelle di una figlia femmina si è utilizzato $F - 1$, ovvero il totale delle figlie femmine meno il soggetto rispetto al quale ci si sta riferendo.
La seconda equazione viene dalla frase: *ogni maschio ha un numero di sorelle pari a quello dei fratelli* che si traduce matematicamente come $\mathbf{(M - 1) = F}$. Anche in questo caso per indicare i fratelli di un figlio maschio è necessario indicare $M - 1$. Andando a combinare le due equazioni:

$$\mathbf{M = 2 \times (F - 1)} \qquad\qquad \mathbf{(M - 1) = F}$$

$$\mathbf{2F - 2 = F + 1}$$

$$\mathbf{F = 3 \Rightarrow M = 4}$$

Ovviamente, si può giungere alla stessa conclusione verificando, per ogni risposta, la congruenza con le due condizioni date. Risposta esatta: **B**

Esempio n. 2
Tre campane suonano ad intervalli di 4 minuti, 12 minuti e 9 minuti, rispettivamente. Se suonano insieme alle 8 di mattina, dopo quanto tempo suoneranno di nuovo insieme?

A) 29 minuti
B) 72 minuti
C) 36 minuti
D) 24 minuti
E) 16 minuti

Esercizi di questo genere presuppongono determinati eventi che si presentano ciclicamente con periodi differenti: spesso è richiesto di calcolare quando l'evento si ripresenterà in contemporanea. Si può trattare di luci lampeggianti ad intervalli differenti, di tempi di percorrenza di un tragitto ciclico, di campane, come in questo caso, che suonano ad intervalli regolari. Per effettuare questo calcolo bisogna tener conto che affinché questo avvenga sarà necessario calcolare un valore che sia divisibile per tutti i periodi dei singoli eventi, ovvero calcolarne il minimo comune multiplo. In questo caso, bisognerà calcolare quel numero che è contemporaneamente divisibile per 4, 12 e 9: il mcm tra questi tre numeri è 36: si verificherà dopo 9 rintocchi della prima campana, tre della seconda e quattro della terza. Risposta esatta: **C**

Esempio n. 3

Una banda musicale marcia formando un quadrato di 6 x 6 elementi. Arrivata in piazza, si dispone su 3 file, formando un rettangolo, per suonare. Di quanti elementi è composta ciascuna fila?

A) 9
B) 14
C) 16
D) 12
E) 6

Questo esercizio è velocemente risolvibile con un po' di attenzione. Il numero di elementi per ogni fila sarà dato dal numero di elementi totale ($6 \times 6 = 36$) diviso il numero di file (3). Si otterrà quindi come risultato la risposta **D**.

Esempio n. 4

Nella classe di Gianluca c'è il doppio di ragazze rispetto ai ragazzi. Il numero totale di studenti della classe è 24. Quando alcune ragazze escono, il numero dei ragazzi diventa il doppio di quello delle ragazze. Quante ragazze sono uscite dalla classe?

A) 11
B) 8
C) 14
D) 12
E) 10

Per rispondere al quesito è sufficiente schematizzare in maniera opportuna. $M + F = 24$; ma $F = 2 \cdot M$. Combinando le due informazioni, si ottiene che i Maschi sono **8** e le Ragazze sono 16. Fin qui la prima parte. La seconda parte è più immediata: il numero dei ragazzi non cambia, ma le ragazze che restano in classe sono la metà dei ragazzi. Ne resteranno pertanto quattro. Le ragazze uscite dalla classe sono **12**. Risposta esatta: **D**

Esempio n. 5

Emma ha cinque anni. Sua sorella Gertrude ha tre volte la sua età. Fra quanti anni Gertrude avrà il doppio degli anni di Emma?

A) 3
B) 5
C) 4
D) 6
E) 2

Si ricava subito che Gertrude ha quindici anni. La loro differenza di età è quindi di dieci anni. Le relazioni da utilizzare sono:

$$\mathbf{G + X = E + X}$$
$$\mathbf{G - E = 10}$$

Sostituendo i valori delle due età nella prima equazione si otterrà: **2 · X = 10** ovvero **X = 5** (quando Gertrude avrà 20 anni Emma ne avrà 10). Si evince una regola generale tra due persone, una avrà il doppio dell'altra quando la minore avrà un'età pari alla differenza tra le due. Risposta esatta: **B**

Esempio n. 6
Sei topi mangiano una forma di formaggio in 24 giorni. Se i topi aumentano di un terzo, in quanti giorni mangeranno la stessa forma di formaggio?

A) 8
B) 16
C) 32
D) 18
E) 3

Procediamo prima con un approccio logico: se aumentano i topi e la quantità di formaggio resta la stessa, il numero di giorni diminuirà. I topi aumentano di un terzo: un terzo di 6 è 2, quindi i topi diventano 8. Le due quantità (giorni e topi) sono inversamente proporzionali:

$$\mathbf{6 \times 24 = 8 \times X} \text{ da cui } \mathbf{X = 6 \cdot 24 / 8 = 18}$$

Risposta esatta: **D**

Esempio n. 7
Tre marinai sbucciano un sacco di patate rispettivamente in 3, 4 e 6 ore. Quante ore impiegano a sbucciare insieme le patate di 45 sacchi?

A) 13
B) 120
C) non è possibile rispondere in base ai dati forniti
D) 12
E) 60

Bisogna prima calcolare il tempo impiegato dai marinai lavorando insieme per sbucciare un sacco di patate:

$$\frac{1}{3}+\frac{1}{4}+\frac{1}{6}=\frac{4+3+2}{12}=\frac{9}{12}=\frac{3\text{ sacchi}}{4\text{ ore}}$$

Definita la velocità media, il tempo impiegato sarà, in accordo alla relazione vista in precedenza, proporzionale ai sacchi di patate da sbucciare:

$$\frac{3\text{ sacchi}}{4\text{ ore}}=\frac{45\text{ sacchi}}{X\text{ ore}}$$

Da cui si potrà ricavare X = 60 ore.
Risposta esatta: **E**

Di seguito proponiamo numerosi quiz di **logica matematica** di diversa tipologia: da quelli più semplici facilmente risolvibili ricorrendo a elementari nozioni di aritmetica e geometria, a vari tipi di *problem solving*, fino a quiz più complessi che presuppongono una certa dimestichezza con il calcolo percentuale e con il calcolo delle probabilità.

Test di verifica

1 **Quali dei seguenti numeri è divisibile per 3 e 5 ma non per 2 o 7?**

A) 45
B) 55
C) 35
D) 30

2 **Qual è la differenza tra i 2 risultati delle operazioni seguenti? 5514 / 2 e 5512 / 2**

A) 0,5
B) 3
C) 1
D) 2

3 **Qual è la differenza tra i 2 risultati delle operazioni seguenti? 5614 / 2 e 5612 / 2**

A) 0,5
B) 4
C) 2
D) 1

4 **Quale valore si ottiene dal prodotto fra i 2 risultati delle operazioni seguenti? 620 / 310 e 780 / 260**

A) 6
B) 9
C) 8
D) 1

5 **Qual è la differenza tra i 2 risultati delle operazioni seguenti? 4716 / 2 e 4714 / 2**

A) 0,5
B) 4
C) 1
D) 2

6 **Qual è la differenza tra i 2 risultati delle operazioni seguenti? 4614 / 2 e 4610 / 2**

A) 4
B) 2
C) 1
D) 0,5

7 **Quale valore si ottiene dal prodotto fra i 2 risultati delle operazioni seguenti? 820 / 410 e 480 / 240**

A) 8
B) 10
C) 4
D) 6

8 **Un numero aumentato dei suoi 2/5 dà 140. Questo numero è:**

A) 60
B) 90
C) 100
D) 70

9 **Se X e Y stanno tra loro come 2 sta a 3 e la loro somma vale 10, quanto vale X?**

A) 5
B) 8
C) 6
D) 4

10 **Se X e Y stanno tra loro come 5 sta a 6 e la loro somma vale 22, quanto vale X?**

A) 11
B) 12
C) 9
D) 10

11 **Siano quattro numeri reali positivi a, b, c e d. Si sa che: a/b = 3/4, c = 2a e d = b/2. Quale, fra i seguenti ordinamenti, è quello corretto?**

A) a < d < b < c
B) d < a < b < c
C) d < a < c < b
D) a < c < d < b

12 **Se si moltiplica un numero per 132 e si divide poi il risultato per 12 si ottiene 154. Il numero è:**

A) 14
B) 12
C) 16
D) 18

13 **Se si moltiplica un numero per 203 e si divide poi il risultato per 29 si ottiene 161. Il numero è:**

A) 23
B) 21
C) 25
D) 37

14 **Se si moltiplica un numero per 112 e si divide poi il risultato per 28 si ottiene 36. Il numero è:**

A) 8
B) 19
C) 11
D) 9

15 **Se si moltiplica un numero per 287 e si divide poi il risultato per 41 si ottiene 245. Il numero è:**

A) 37
B) 33
C) 35
D) 41

16 **Se si moltiplica un numero per 266 e si divide poi il risultato per 38 si ottiene 224. Il numero è:**

A) 30
B) 34
C) 32
D) 38

17 **Se si moltiplica un numero per 156 e si divide poi il risultato per 13 si ottiene 180. Il numero è:**

A) 15
B) 17
C) 13
D) 29

18 **Si divide il numero 40 per 126 e poi lo si moltiplica per 504. Il risultato è:**

A) 180
B) 200
C) 160
D) 240

19 **Si divide il numero 35 per 127 e poi lo si moltiplica per 508. Il risultato è:**

A) 180
B) 220
C) 160
D) 140

20 **Si divide il numero 20 per 113 e poi lo si moltiplica per 452. Il risultato è:**

A) 100
B) 80
C) 120
D) 76

21 **Se si moltiplica un numero per 272 e si divide poi il risultato per 17 si ottiene 304. Il numero è:**

A) 17
B) 21
C) 19
D) 33

22 **Se si moltiplica un numero per 110 e si divide poi il risultato per 11 si ottiene 130. Il numero è:**

A) 15
B) 11
C) 13
D) 19

23 **Se si moltiplica un numero per 245 e si divide poi il risultato per 35 si ottiene 203. Il numero è:**

A) 31
B) 27
C) 29
D) 45

24 **Il triplo di quale numero, diminuito di 21, è uguale a 114?**

A) 65
B) 55
C) 35
D) 45

25 **Il triplo di quale numero, diminuito di 18, è uguale a 102?**

A) 50
B) 40
C) 30
D) 60

26 **Il quintuplo di quale numero, aumentato di 44, è uguale a 319?**

A) 67
B) 63
C) 55
D) 77

27 **Calcolare il numero il cui triplo aumentato di 41 è uguale a 128:**

A) 29
B) 31
C) 28
D) 43

28 **Il triplo di quale numero, diminuito di 30, è uguale a 150?**

A) 50
B) 60
C) 70
D) 80

29 **Si divide il numero 25 per 129 e poi lo si moltiplica per 516. Il risultato è:**

A) 120
B) 100
C) 140
D) 160

30 **Si divide il numero 50 per 123 e poi lo si moltiplica per 492. Il risultato è:**

A) 220
B) 240
C) 200
D) 280

31 **Il quintuplo di quale numero, aumentato di 23, è uguale a 208?**

A) 49
B) 45
C) 37
D) 51

32 **Se si moltiplica un numero per 238 e si divide poi il risultato per 34 si ottiene 196. Il numero è:**

A) 34
B) 26
C) 30
D) 28

33 **Il triplo di quale numero, aumentato di 39, è uguale a 93?**

A) 18
B) 15
C) 21
D) 27

34 **Si divide il numero 15 per 117 e poi lo si moltiplica per 468. Il risultato è:**

A) 60
B) 100
C) 80
D) 90

35 **A quanti secondi equivalgono 1 ora, 20 minuti e 30 secondi?**

A) 4.830 secondi
B) 1.230 secondi
C) 3.750 secondi
D) 5.430 secondi

36 **Il risultato delle operazioni indicate nell'espressione $6 + 9 : 3 \times 5$ è uguale a:**

A) 25
B) 1
C) 21
D) 12

37 **La metà della frazione 125/35 è pari a:**

A) 25/14
B) 5/3
C) 3/5
D) 3/6

38 **Individuare i due numeri che, divisi tra loro, diano per risultato $\frac{9}{8}$:**

A) $\frac{5}{6}$ e $\frac{7}{8}$

B) $\frac{3}{4}$ e $\frac{2}{3}$

C) $\frac{2}{3}$ e $\frac{9}{5}$

D) $\frac{1}{2}$ e $\frac{8}{3}$

39 Il risultato delle operazioni indicate nell'espressione 18 + 12 × 3 : 2 è uguale a:

A) 45
B) 30
C) 36
D) 26

40 Si esegue la divisione con resto di 274 per 52. Quale delle seguenti relazioni esprime l'uguaglianza relativa all'operazione compiuta?

A) 274 = 52 × 5 + 14
B) 274 = 52 × 4 + 14
C) 274 = 52 × 5 + 24
D) 274 = 52 × 4 + 24

41 A quanto equivalgono 440 minuti?

A) 7h 20'
B) 6h 30'
C) 6h 50'
D) 7h 10'

42 Calcolare il valore dell'espressione seguente: $\left[3^2 \cdot 5 + (2 + 5 \cdot 2) : 6\right] - \left(5 \cdot 6 + 2^3\right)$.

A) –12
B) 9
C) 15
D) –31

43 Determinare il risultato dell'operazione: 1/4 – 1/5 + 3/7.

A) 67/140
B) 3/16
C) 12/35
D) 5/16

44 Quali sono i due numeri la cui somma è $\frac{29}{35}$?

A) $\frac{1}{3}$ e $\frac{8}{5}$

B) $\frac{9}{4}$ e $\frac{2}{13}$

C) $\frac{2}{5}$ e $\frac{3}{7}$

D) $\frac{3}{7}$ e $\frac{9}{11}$

45 Il risultato delle operazioni indicate nell'espressione 12 + 9 : 3 + 2 è uguale a:

A) 9
B) 17
C) 1,17
D) 4,2

46 Qual è la differenza tra i due risultati delle operazioni seguenti?
249 + 17 =
248 + 16 =

A) –1
B) 2
C) 0
D) 1

47 Individuare i due numeri che, divisi tra loro, diano per risultato 1:

A) 100 e 0,1

B) 0,001 e 5

C) $\frac{1}{2}$ e 0,5

D) 0,5 e $\frac{3}{4}$

48 Qual è la differenza tra i due risultati delle operazioni seguenti?
84 + 84 + 84 =
84 × 2,5 =

A) 86,5
B) 84
C) 42
D) 126

49 La metà della frazione 80/12 è pari a:

A) 3/10
B) 40/3
C) 10/3
D) 20/3

50 Individuare il numero da eliminare in modo che la somma tra i restanti quattro sia uguale a 0:

A) –2
B) 3
C) –1
D) 4

51 A quante ore equivalgono 508 minuti?

A) 7h 58'
B) 8h 08'
C) 8h 28'
D) 8h 18'

52 Quale valore si ottiene dal prodotto fra i 2 risultati delle operazioni seguenti?
680 / 340 =
690 / 230 =

A) 8
B) 6
C) 9
D) 7

53 Individuare i due numeri il cui prodotto è pari a 3:

A) $\frac{2}{3}$ e $\frac{9}{2}$

B) $\frac{7}{4}$ e $\frac{7}{24}$

C) $\frac{5}{6}$ e $\frac{1}{9}$

D) $\frac{9}{2}$ e $\frac{4}{7}$

54 (–5 + 12) + (6 – 7) – (3 – 4) =

A) 7
B) –7
C) –4
D) 4

55 Centomila moltiplicato per un millesimo è uguale a:

A) cento
B) cento milioni
C) un centomillesimo
D) un centesimo

56 Svolgere le quattro espressioni elementari seguenti, individuando il risultato errato:

A) 105 – 42 + 18 = 81
B) 148 + 12 – 10 = 160
C) 175 – 13 + 47 = 209
D) 175 – 148 + 81 = 108

57 Svolgere le quattro espressioni elementari seguenti, individuando il risultato errato:

A) 13 × 10 : 2 + 35 = 100
B) 21 × 5 + 15 : 2 = 60
C) 17 × 2 + 16 : 4 = 38
D) 15 × 5 + 81 : 9 = 84

58 L'opposto del doppio dell'opposto dell'inverso della metà di 4 è uguale a:

A) 1
B) 0
C) 2
D) –4

59 Dati due qualsiasi numeri pari maggiori di 2, quale tra le seguenti affermazioni è FALSA?

A) la loro somma è pari
B) il loro prodotto è pari
C) hanno almeno un divisore in comune
D) uno è multiplo dell'altro

60 In un'enoteca, suddivise su 10 ripiani, vi sono 120 bottiglie di Barolo, Nebbiolo e Merlot; quattro per ripiano sono di Nebbiolo. Quante bottiglie di Barolo e di Merlot si trovano nell'enoteca?

A) 95
B) 80
C) 70
D) 90

61 **Quanti triangoli e quanti quadrati si possono formare con 85 segmenti sapendo che il totale delle figure piane deve essere pari a 25?**

A) 5 triangoli e 20 quadrati
B) 15 triangoli e 10 quadrati
C) 10 triangoli e 15 quadrati
D) 18 triangoli e 30 quadrati

62 **Ho in mano un mazzo di carte che divido tra le persone sedute al tavolo. Se ogni persona, me compreso, ne ha 5, avanzano 7 carte. Se io mi limitassi a distribuire le carte, gli altri ne avrebbero 6,5 a testa. Quante sono le persone al tavolo, me compreso?**

A) 9
B) 7
C) 6
D) 11

63 **Presso un rivenditore autorizzato sono presenti biciclette per adulti a due ruote e biciclette con le rotelle per bambini per un totale di 50 manubri e 120 ruote/rotelle. Indicare quante biciclette per adulti e quante biciclette per bambini sono presenti presso il rivenditore.**

A) 40 biciclette per adulti e 10 biciclette per bambini
B) 30 biciclette per adulti e 20 biciclette per bambini
C) 35 biciclette per adulti e 15 biciclette per bambini
D) 25 biciclette per adulti e 20 biciclette per bambini

64 **Presso un orologiaio sono esposti 60 orologi tra orologi da bambino, donna e uomo, 12 per espositore; 5 per ogni espositore sono da bambino. Quanti sono gli orologi da donna e da uomo esposti presso l'orologiaio?**

A) 28
B) 35
C) 45
D) 55

65 **Supponendo che: la distanza stradale tra Lodi e Pavia sia 35 km, tra Pavia e Sondrio 184 km, tra Sondrio e Brescia 166 km. Quanti km vengono percorsi da Lodi a Brescia?**

A) km 201
B) km 354
C) km 385
D) km 746

66 **Se in una aula il 70% dei presenti è di sesso femminile e di questi solo il 10% ha meno di 24 anni, considerando tutti i presenti qual è la percentuale di donne con più di 24 anni?**

A) 32%
B) 33%
C) 63%
D) 59%

67 **Carlo ha 9 anni e suo fratello 5, lo zio ha 48 anni in più di Carlo. Quando lo zio avrà 61 anni quale età avranno Carlo e suo fratello?**

A) Carlo 17 anni e il fratello 21 anni
B) Carlo 9 anni e il fratello 13 anni
C) Carlo 13 anni e il fratello 9 anni
D) Carlo 15 anni e il fratello 27 anni

68 **In un negozio di abbigliamento Laura fa acquisti per un totale di 52,50 euro. Se paga al negoziante 60 euro e questi le restituisce il resto soltanto in monete da 50 centesimi, quante monete il negoziante dovrà dare a Laura?**

A) 17
B) 8
C) 15
D) 9

69 **Un primo muratore chiede un compenso di 50 € per ora di lavoro mentre un secondo chiede 150 € di spese fisse più un compenso di 35 € per ora di lavoro. A quale conviene affidare il lavoro?**

A) al secondo se le ore di lavoro sono meno di 3
B) al primo se le ore di lavoro sono meno di 10
C) sempre al primo
D) sempre al secondo

70 **Un primo elettricista chiede un compenso di 50 € per ora di lavoro mentre un secondo chiede 300 € di spese fisse più un compenso di 30 € per ora di lavoro. A quale conviene affidare il lavoro?**

A) sempre al secondo
B) sempre al primo
C) al secondo, se le ore di lavoro sono meno di 5
D) al primo, se le ore di lavoro sono meno di 15

71 **Un primo imbianchino chiede un compenso di 3 € al metro quadrato, mentre un secondo chiede 150 € di spese fisse più un compenso di 2,5 € al metro quadrato. Per essere certi di risparmiare, conviene affidare il lavoro:**

A) al secondo imbianchino, se la superficie da dipingere è maggiore di 100 m quadri
B) sempre al primo imbianchino
C) sempre al secondo imbianchino
D) al primo imbianchino, se la superficie da dipingere è minore di 300 m quadri

72 **Un capo cantiere sa che per completare il lavoro di cui è responsabile, utilizzando tutti gli operai che attualmente lavorano nel cantiere, sono necessari 6 giorni. Se potesse avere altri 2 operai il lavoro verrebbe completato in 5 giorni. Al contrario, la sua impresa (a causa di un nuovo appalto) anziché fornire i 2 operai, sottrae risorse al cantiere e vi lascia un solo operaio. Quanti giorni impiegherà tale operaio a completare il lavoro, nell'ipotesi che tutti abbiano lo stesso ritmo di lavoro?**

A) 100
B) 60
C) 30
D) 50

73 **Un'asta di metallo lunga 1 metro è sospesa per il suo centro. A 10 cm da una delle estremità è agganciata una massa di 20 kg. Qual è la massa da applicare all'estremità opposta per equilibrare l'asta e mantenerla in posizione orizzontale?**

A) 8 kg
B) 32 kg
C) 16 kg
D) 80 kg

74 **Un'asta di metallo lunga 1 metro è sospesa per il suo centro. A 40 cm dall'estremità sinistra è agganciato un peso di 15 kg, mentre all'estremità opposta è agganciato un peso di 3 kg. Cosa è necessario fare per equilibrare l'asta e mantenerla in posizione orizzontale?**

A) aggiungere, al peso agganciato a sinistra, un ulteriore peso di 15 kg
B) aggiungere, al peso agganciato a destra, un ulteriore peso di 3 kg
C) aggiungere, al peso agganciato a destra, un ulteriore peso di 12 kg
D) nulla, l'asta è già in equilibrio

75 **Un'asta di metallo lunga 1 metro è sospesa per il suo centro. A 25 cm dall'estremità sinistra è agganciato un peso di 35 kg, mentre all'estremità destra è agganciato un peso di 24 kg. Cosa è necessario fare per equilibrare l'asta e mantenerla in posizione orizzontale?**

A) aggiungere, al peso agganciato a sinistra, un ulteriore peso di 13 kg
B) aggiungere, al peso agganciato a sinistra, un ulteriore peso di 9 kg
C) nulla, l'asta è già in equilibrio
D) aggiungere, al peso agganciato a destra, un ulteriore peso di 12 kg

76 **Si dispone di una bilancia a due piatti con il braccio destro che misura il doppio del braccio sinistro. Se nel piatto destro vengono posti 6 pesi tutti uguali fra loro, quanti pesi dello stesso tipo devono essere posizionati nel piatto sinistro affinché la bilancia risulti in equilibrio?**

A) 36
B) 12
C) 3
D) 24

77 **Se una cellula si divide in due cellule a ogni ciclo, dopo quanti cicli ci saranno almeno 30 cellule partendo da 1 cellula?**

A) 6
B) 3
C) 5
D) 4

78 **Un contadino possiede una coppia di conigli. Essi, superata l'età di un anno, generano ogni anno una nuova coppia di conigli. Tutte le coppie, raggiunta l'età di un anno, si riproducono fornendo ogni anno una nuova coppia di conigli. Quanti sono i conigli all'inizio del sesto anno?**

A) 36
B) 64
C) 12
D) 24

79 **Su una pista rettilinea lunga 1 km, un gambero avanza nelle ore diurne di 40 metri e di notte arretra di 25 metri. Arriverà alla fine delle pista durante le ore diurne del:**

A) sessantatreesimo giorno
B) sessantaseiesimo giorno
C) sessantasettesimo giorno
D) sessantacinquesimo giorno

80 **Una lumaca è caduta in un pozzo profondo 11 metri. Durante la mattina risale di 5 metri, ma prima di mezzanotte scivola indietro di 4 metri. Riuscirà a uscire dal pozzo durante la mattina:**

A) del decimo giorno
B) del settimo giorno
C) del sesto giorno
D) dell'undicesimo giorno

81 **Per piastrellare una parete si dispongono 9 file da 16 piastrelle. Utilizzando lo stesso numero di piastrelle, disponendone solo 12 per fila, quante file si potrebbero formare?**

A) 12 file
B) 13 file
C) 14 file
D) 10 file

82 **Il piccolo Emanuele sta giocando con 350 tessere quadrate di legno colorato, tutte delle stesse dimensioni. Costruisce con le tessere, affiancandole, il più grande quadrato possibile. Considerando il lato di ogni tessera come unità di misura u, quanto vale il perimetro del quadrato ottenuto?**

A) 80 u
B) 76 u
C) 68 u
D) 72 u

83 **Il piccolo Gabriele sta giocando con 95 tessere quadrate di legno colorato, tutte delle stesse dimensioni. Costruisce con esse alcuni quadrati. Si osserva che i quadrati costruiti non sono singole tessere, hanno i lati diversi e non c'è possibilità di costruire altri quadrati che non siano tessere singole o che non siano quadrati già costruiti. Quante tessere avanzano al minimo a Gabriele?**

A) una
B) due
C) tre
D) nessuna

84 Marcus ha 5 gettoni apparentemente identici, uno dei quali è però più pesante degli altri. Avendo a disposizione una bilancia a due piatti, quante pesate saranno sufficienti per essere certi di individuarlo?

A) 4
B) 5
C) 2
D) 3

85 Carlotta ha 5 braccialetti apparentemente identici, uno dei quali è però più pesante degli altri. Avendo a disposizione una bilancia a due piatti, quante pesate saranno sufficienti per essere certi di individuarlo?

A) 2
B) 3
C) 5
D) 4

86 Robert possiede 13 anelli apparentemente identici, uno dei quali è però più pesante degli altri. Avendo a disposizione una bilancia a due piatti, quante pesate saranno sufficienti per essere certi di individuarlo?

A) 4
B) 6
C) 12
D) 3

87 Davide ha 6 candele apparentemente identiche, una delle quali è però più pesante delle altre. Avendo a disposizione una bilancia a due piatti, quante pesate saranno sufficienti per essere certi di individuarla?

A) 4
B) 3
C) 5
D) 2

88 In un gruppo di 12 persone, ognuna può studiare, lavorare o fare entrambe le cose. Se 9 persone studiano e 7 lavorano, quante sono le persone che contemporaneamente svolgono entrambe le attività?

A) 2
B) 7
C) 3
D) 4

89 In una scuola elementare, composta da 230 alunni, sono stati attivati due corsi pomeridiani. Si sa che 181 alunni frequentano il corso di spagnolo, 161 il corso di nuoto, 19 nessuno dei due corsi. Quanti alunni frequentano entrambi i corsi?

A) non si può stabilire perché i dati sono insufficienti
B) 30
C) 50
D) 131

90 In una classe di 25 alunni tutti studiano almeno inglese o francese. Visto che 12 alunni studiano francese e 20 inglese, quanti studiano entrambe le lingue?

A) 12
B) 7
C) 5
D) 37

91 Tre operai riparano lo stesso oggetto rispettivamente in cinque, otto e dieci ore. Quanto tempo impiegano a riparare 17 oggetti se lavorano insieme?

A) 60 ore
B) 40 ore
C) 80 ore
D) 20 ore

92 Tre marinai sbucciano un sacco di patate rispettivamente in 3, 4 e 6 ore. Quante ore impiegano a sbucciare insieme le patate di 45 sacchi?

A) 12
B) 120
C) 33
D) 60

93 **Se 5 programmatori, lavorando allo stesso ritmo, impiegano 3 giorni per realizzare un programma, quanto impiegherebbe uno solo di essi a completare lo stesso lavoro?**

A) 10 giorni
B) 15 giorni
C) 5 giorni
D) 0,6 giorni

94 **Si consideri un numero di tre cifre dove la cifra delle centinaia è uguale alla somma di quella delle decine con quella delle unità. Se si somma questo numero con quello ottenuto scambiando la cifra delle decine con quella delle unità e si divide il risultato per la somma delle cifre del numero dato, si ottiene un numero:**

A) 105,5
B) che dipende dal numero di partenza
C) 110,5
D) 100,5

95 **In un numero di due cifre, la cifra delle unità è il doppio di quella delle decine: scambiando l'ordine delle cifre si ottiene un secondo numero che supera di 18 il primo. Qual è il primo numero?**

A) 48
B) 42
C) 36
D) 24

96 **Se raddoppiando un certo numero n si ottiene lo stesso risultato che si sarebbe ottenuto dimezzandolo, quale fra le seguenti affermazioni deve essere vera?**

A) n è pari
B) n è dispari
C) n vale zero
D) n è negativo

97 **Andando al Faidaté si comprano 1.432 metri di rete metallica per delimitare un confine rettilineo. Dovendo porre i pali di sostegno ogni quattro metri, quanti pali si dovranno acquistare?**

A) 356
B) 359
C) 358
D) 357

98 **Calcolare il numero di studenti in una classe sapendo che di questi 6/11 sono stati promossi in prima sessione, 4/11 in seconda sessione e 3 studenti sono stati respinti:**

A) 33 studenti
B) 22 studenti
C) 25 studenti
D) 27 studenti

99 **Marina spende in due negozi rispettivamente 6/14 e 5/21 di quanto possedeva prima di entrare nel primo negozio, rimanendo così con euro 7,00. Quanto ha speso Marina nel primo negozio?**

A) euro 21,00
B) euro 9,00
C) euro 7,00
D) euro 5,40

100 **Il pescivendolo ha venduto in un primo tempo i 2/7 di una partita di pesce spada e poi i 3/5 del pesce spada residuo. Sapendo che la seconda volta ha venduto 180 kg di pesce spada, qual era il peso dell'intera partita?**

A) 900 kg
B) 360 kg
C) 1.050 kg
D) 420 kg

101 **Due ciclisti fanno una gara su una pista circolare lunga 500 m partendo insieme dai nastri di partenza e con l'obbligo di eseguire 10 giri. Sapendo che il primo ciclista viaggia alla velocità di 45 km/h e che il secondo corre alla velocità di 20 km/h, quando il primo ciclista doppierà il secondo per la terza volta?**

A) durante il suo settimo giro
B) durante il suo quinto giro
C) durante il suo terzo giro
D) durante il suo sesto giro

102 **La dose giornaliera efficace di un certo antibiotico è di 50 mg/kg di peso corporeo per gli adulti; di 75 mg/kg per i ragazzi dai 7 ai 15 anni; di 100 mg/kg per i bambini fino ai 6 anni. Il misurino dosatore (mis.) inserito nella confezione dello sciroppo contiene 150 mg dell'antibiotico. Quanti misurini è necessario somministrare ogni 8 ore a un bambino di 5 anni che pesa 18 kg, per raggiungere il dosaggio giornaliero efficace?**

A) 2 mis.
B) 12 mis.
C) 4 mis.
D) 3 mis.

103 **Si deve distribuire il finanziamento di 5.000 euro ricevuto per effettuare una ricerca. Il responsabile propone di destinarne la metà a contratti di ricerca, un quarto a spese di laboratorio, un quinto a spese per pubblicazione dei lavori scientifici che saranno scritti e un decimo a spese per partecipazione a congressi. Così facendo:**

A) si esaurisce il budget riuscendo a finanziare tutto
B) si risparmiano 50 euro
C) si risparmiano 200 euro
D) si va oltre il budget di 250 euro

104 **Francesco ha in tasca soltanto monete da 20 centesimi ma vorrebbe avere monete dal valore più basso. Per questo motivo al bar scambia due di queste con monete da 5 centesimi. Successivamente Francesco in edicola scambia una moneta da 5 centesimi con due da 2 centesimi e con una da 1 centesimo. Dato che ora il numero di monete è raddoppiato, quante monete aveva in tasca all'inizio Francesco?**

A) 10
B) 8
C) 6
D) 5

105 **Un'azienda riduce di un quarto il numero dei dipendenti; successivamente, il nuovo numero di dipendenti viene incrementato di un terzo. Come è cambiato globalmente il numero dei dipendenti?**

A) è aumentato di un dodicesimo
B) non si può stabilire perché non è noto il numero iniziale dei dipendenti
C) è diminuito di un dodicesimo
D) è rimasto inalterato

106 **Giacomo dice a Filippo: «Se mi dai 8 euro, avremo in tasca gli stessi soldi!». Filippo risponde: «Se tu dai a me 8 euro, io avrò il doppio dei tuoi soldi!». Quanti soldi hanno inizialmente in tasca, rispettivamente, Giacomo e Filippo?**

A) 24 e 40 euro
B) 44 e 36 euro
C) 40 e 56 euro
D) 16 e 32 euro

107 **Una strada lunga 85 metri ha in totale 36 platani posti su entrambi i lati. Sapendo che i platani sono tra loro equidistanti, a quale distanza è posto un platano dall'altro?**

A) circa 2,4 metri
B) 5 metri
C) circa 4,7 metri
D) 3,75 metri

108 **12 pioppi crescono in fila e distano l'uno dall'altro 5 metri. Qual è la distanza tra il primo e l'ultimo pioppo?**

A) 65 metri
B) 50 metri
C) 60 metri
D) 55 metri

109 **Alberto vuole piantare degli alberi attorno alla sua villa di campagna. Lasciando fra un albero e l'altro la distanza di 8 metri, sono necessari 60 alberi. Quanti ne occorrerebbero se la distanza tra 2 alberi consecutivi aumentasse di 2 metri?**

A) 80
B) 12
C) 48
D) 43

110 **La madre di Gustavo gli ha chiesto di andare dal fruttivendolo a ritirare 9 cassette di mele. Potendo portare sulla bici solo due cassette alla volta, quante volte Gustavo deve andare e tornare dal negozio?**

A) 4
B) 4,5
C) 6
D) 5

111 **Siano a, b, c e d quattro numeri reali positivi. Sappiamo che: $a/b = 2$, $c = 2a$ e $d = b/2$. Quale, fra le seguenti relazioni, è corretta?**

A) $b - d > a - b$
B) $a - d > c - b$
C) $c/d > a/b$
D) $c/b > a/d$

112 **Due ore fa era passato tanto tempo dall'una del pomeriggio quanto ne sarebbe passato fino all'una di notte. Che ora è adesso?**

A) 21.00
B) 16.00
C) 23.00
D) 19.00

113 **Un'eredità di 120.000 euro è divisa in tre parti proporzionali ai numeri 3, 4 e 5. Qual è la porzione più ingente dell'eredità?**

A) 50.000 euro
B) 40.000 euro
C) 30.000 euro
D) 60.000 euro

114 **Un segmento di 42 cm è diviso in due parti proporzionali ai numeri 2 e 5. Quanto misura la parte più corta?**

A) 21 cm
B) 30 cm
C) 6 cm
D) 12 cm

115 **Un aereo parte dall'aeroporto della città Alpha alle 9 (ora locale) e arriva all'aeroporto della città Beta alle 12 (ora locale). Riparte da Beta dopo 4 ore e atterra all'aeroporto di Alpha alle 23 (ora locale). Le città Alpha e Beta hanno un fuso orario diverso e la durata del volo di andata è la stessa di quella del volo di ritorno. Se ad Alpha è mezzogiorno, che ore sono a Beta?**

A) sono le 9.00
B) sono le 14.00
C) sono le 10.00
D) sono le 7.00

116 **La somma di tre numeri è 1.000. Il primo è due terzi del secondo e il secondo è tre quinti del terzo. I tre numeri sono:**

A) 200; 400; 400
B) 200; 300; 500
C) 500; 200; 300
D) 200; 200; 600

117 **Individuare tre numeri sapendo che il terzo è doppio del secondo, che il secondo è triplo del primo e che la somma del primo e del terzo è uguale al secondo aumentato di 12:**

A) 5, 15 e 30
B) 7, 21 e 42
C) 3, 9 e 18
D) 4, 12 e 24

118 **Quante strette di mano si scambiano quattro persone?**

A) 9
B) 7
C) 6
D) 4

119 **Quanti numeri di quattro cifre diverse si possono formare con 1, 3, 5, 8, 9?**

A) 120
B) 90
C) 60
D) 625

120 **Quanti numeri di tre cifre si possono formare con 3, 4, 5, 6, 7, 8, potendo ripetere la stessa cifra?**

A) 720
B) 216
C) 126
D) 300

121 **Quante parole, anche prive di senso, si possono ottenere anagrammando le lettere della parola «terno»?**

A) 120
B) 100
C) 80
D) 60

122 **Un pittore dispone di 8 colori e vuole colorare un suo disegno in tanti modi quanti sono possibili combinando due colori, senza mai ripetere le combinazioni: quante combinazioni differenti sono possibili?**

A) 28
B) 36
C) 21
D) 56

123 **Un motociclista ha compiuto i 2/5 di una gara. Se ha corso per 20 chilometri, quanti chilometri è lungo il percorso di gara?**

A) 100
B) 40
C) 60
D) 50

124 **All'ingresso dello stadio si contano 8 file di persone in attesa. Ogni fila è composta di 3 persone in più della precedente. Nella prima fila vi sono 15 persone. Quante ce ne sono nell'ultima?**

A) 15
B) 36
C) 39
D) 30

125 **All'ingresso del cinema si contano 6 file di persone in attesa. Ogni fila è composta di 3 persone in più della precedente. Nella prima fila vi sono 15 persone. Quante ce ne sono nell'ultima?**

A) 27
B) 30
C) 33
D) 15

126 **In un grattacielo di 100 piani un ascensore fermo al 32° piano inizia la risalita e nello stesso istante un secondo ascensore comincia a scendere. Si sa che mentre il primo sale di tre piani, il secondo scende di quattro piani. Sapendo che si incontreranno al 50° piano, da quale piano è partito il secondo ascensore?**

A) dal 68° piano
B) dal 74° piano
C) dal 72° piano
D) dal 70° piano

127 **In un museo sono presenti soltanto quadri, sculture e mosaici. Sapendo che il numero di quadri sta a quello delle sculture come 3 sta a 4, che il numero di mosaici sta a quello dei quadri come 5 sta a 3 e che nel museo ci sono 36 sculture, qual è il numero totale di opere d'arte presenti nel museo?**

A) 99
B) 117
C) 123
D) 108

128 **Claudia ha letto i 5/8 di un libro. Sapendo che ha letto 360 pagine, di quante pagine è composto il libro?**

A) 596
B) 541
C) 576
D) 623

129 **Qual è la velocità di un camion che percorre un tragitto di 60 km in 1 h e 40 min?**

A) 41 km/h
B) 36 km/h
C) 50 km/h
D) 48 km/h

130 **Una lega di ottone è costituita da 3 parti di rame e 2 parti di zinco. Qual è la quantità di rame contenuta in un blocco di ottone del peso di 75 kg?**

A) 45 kg
B) 52 kg
C) 40 kg
D) 48 kg

131 **Una bandierina di segnalazione emerge da un tratto di mare. L'asta rigida della bandierina è incernierata al fondale e, quando è verticale, la bandiera svetta 10 cm sopra il pelo dell'acqua. Quando il vento fa inclinare l'asta, la bandierina tocca l'acqua a 40 cm di distanza dalla verticale. A quale profondità è incernierata l'asta?**

A) 75 cm
B) 80 cm
C) 50 cm
D) 40 cm

132 **Con quali delle seguenti figure geometriche NON è possibile pavimentare una superficie piana?**

A) pentagoni regolari
B) rettangoli
C) esagoni regolari
D) triangoli equilateri

133 **Giovanni entra in camera da letto al buio, per non svegliare sua moglie Luisa. Nel suo cassetto vi sono 7 paia di calze indistinguibili al tatto, di cui quattro paia blu e tre paia grigie. Quella mattina gli va bene uno qualsiasi dei due colori. Qual è il numero minimo di calze che deve prendere per essere sicuro di averne almeno due dello stesso colore?**

A) 3
B) 2
C) 7
D) 4

134 **In un cassetto ci sono 5 calze bianche e 6 calze nere. Quante calze si devono estrarre (a occhi bendati) per esser sicuri di averne estratte tre dello stesso colore?**

A) basta estrarne tre
B) bisogna estrarne cinque
C) bisogna estrarne quattro
D) bisogna estrarne sei

135 **In un vaso ci sono 60 palline di tre diversi colori: rosse, gialle e blu. Qual è il numero minimo di palline che occorre estrarre per essere sicuri di averne 3 di uno stesso colore?**

A) 7
B) 9
C) 12
D) 6

136 **Aldo e Mario mangiano 8 mele in 15 minuti. Aldo ne mangia il triplo di Mario che a sua volta ne mangia un terzo di Gino. Quante mele potrebbero mangiare i tre insieme in un'ora?**

A) 28
B) 56
C) 32
D) 20

137 **Alice vuole distribuire la sua collezione di bottoni in 12 scatole in modo tale che ogni scatola abbia un numero diverso di bottoni. Sapendo che alla fine dell'operazione non vi saranno scatole vuote, quale è il numero minimo di bottoni della collezione di Alice?**

A) 120
B) 12
C) 90
D) 78

138 **In una stanza vi sono dei gatti seduti sulle zampe posteriori con la coda a terra, ogni gatto vede altri tre gatti, sopra ogni coda è seduto un gatto. Quanti gatti ci sono nella stanza?**

A) dodici
B) quattro
C) sei
D) nove

139 **Un guardiano lavora 4 giorni consecutivi e riposa il quinto. Se oggi il guardiano ha la giornata di riposo ed è lunedì, tra quanti giorni lavorativi riposerà nuovamente di lunedì?**

A) 28
B) 30
C) 35
D) 25

140 **Un mobile antico con un prezzo di listino pari a 60.000 euro viene venduto con un prezzo diminuito dei 2/5. A quanto è ammontato lo sconto?**

A) 36.000 euro
B) 24.000 euro
C) 12.000 euro
D) 40.000 euro

141 **In un club sportivo tennistico si hanno le seguenti percentuali di uomini e donne che praticano il tennis:**

— uomini 60%;
— donne 40%.

Se il totale degli iscritti è 130, quante sono le donne che praticano tennis?

A) 78
B) 52
C) 50
D) 48

142 **Se il 13% di una certa somma è pari a 117 euro, allora la somma ammonta a:**

A) 1.000 euro
B) 1.521 euro
C) 130 euro
D) 900 euro

143 **Qual è la somma che, impiegata per 3 mesi a un tasso di interesse annuo del 7%, frutta un guadagno di 700 euro?**

A) 4.000 euro
B) 20.000 euro
C) 40.000 euro
D) 30.000 euro

144 **Un'auto con un prezzo di listino pari a 40.000 euro viene venduta con uno sconto del 60%. A quanto è ammontato lo sconto?**

A) 16.000 euro
B) 20.000 euro
C) 24.000 euro
D) 6.000 euro

145 **Un televisore con il 35% di sconto costa 520 euro. Il suo prezzo di listino è allora:**

A) 750 euro
B) 800 euro
C) 900 euro
D) 700 euro

146 **Una Società che inizialmente fatturava 60 milioni di euro ha perso il 20% del fatturato nel primo anno, il 10% nel secondo e il 50% nel terzo. Qual è il suo fatturato alla fine del terzo anno?**

A) 21.600.000 euro
B) 18.000.000 euro
C) 19.200.000 euro
D) 12.000.000 euro

147 **Una società che inizialmente fatturava 600 milioni di euro ha visto calare del 20% il fatturato nel primo anno, del 10% nel secondo e del 50% nel terzo. Qual è il suo fatturato alla fine del terzo anno?**

A) 216 milioni di euro
B) 180 milioni di euro
C) 192 milioni di euro
D) 120 milioni di euro

148 **Un fruttivendolo ha venduto 200 mele in settembre e 270 in ottobre. A quanto ammonta l'incremento percentuale delle vendite da un mese all'altro?**

A) 40%
B) 27%
C) 35%
D) 70%

149 **Un recente studio ha mostrato che negli ultimi dieci anni il reddito medio degli italiani è salito del 5%. Più in particolare, il reddito medio dei cittadini del Centro-Nord è cresciuto del 7%, mentre quello dei cittadini del Sud è cresciuto del 2%. Quale delle seguenti conclusioni può essere dedotta dalle informazioni riportate sopra?**

A) nessuna delle altre alternative è corretta
B) il reddito dei cittadini del Centro-Nord è mediamente di 5.000 euro in più rispetto a quello dei cittadini del Sud
C) i cittadini del Sud sono più poveri dei cittadini del Centro-Nord
D) i cittadini del Centro-Nord sono più numerosi dei cittadini del Sud

150 **Il valore di un'automobile diminuisce del 20% ogni anno. Dopo 3 anni qual è il valore dell'automobile in percentuale, rispetto al valore iniziale?**

A) 59,5%
B) 51,2%
C) 48,8%
D) 40%

151 **Analizzando l'ingaggio del noto campione di basket Chris Elevation nell'arco di tre anni, si nota che è passato da 600.000 euro nell'Anno 1 a 720.000 euro nell'Anno 2. Nell'Anno 3 il suo contratto prevede un aumento del 15% rispetto all'ingaggio dell'anno precedente. Qual è l'incremento percentuale dell'ingaggio tra l'Anno 1 e l'Anno 3?**

A) 38%
B) 40%
C) 35%
D) 30%

152 **Se si riduce l'altezza di un rettangolo del 20% e si incrementa la base del 20%, allora l'area del nuovo rettangolo rispetto all'area del rettangolo iniziale risulta essere:**

A) aumentata del 20%
B) diminuita del 4%
C) invariata
D) diminuita del 40%

153 **Nell'Anno 1 l'azienda LoveBoat produsse 450 barche. Sapendo che nell'Anno 2 furono prodotte 585 barche, quale fu l'incremento percentuale della produzione da un anno all'altro?**

A) 30%
B) 135%
C) 25%
D) 1,35%

154 **Nel 1980 l'URSS produsse 600 milioni di tonnellate di petrolio e nel 1986 lo stesso Paese produsse 615 milioni di tonnellate. Quale fu l'incremento percentuale tra le due quantità prodotte?**

A) 1,5%
B) 2,5%
C) 3%
D) 15%

155 **Qual è la probabilità di estrarre da un mazzo di 52 carte da gioco una carta che NON sia di cuori?**

A) 10%
B) 90%
C) 75%
D) 80%

156 **Qual è la probabilità di estrarre da un mazzo di 52 carte da gioco un re o una carta di cuori?**

A) 1/4
B) 1/13
C) 17/52
D) 4/13

157 **Qual è la probabilità che lanciando due volte un dado cubico regolare, con facce numerate da 1 a 6, escano 2 numeri multipli di 3?**

A) 1/9
B) 1/2
C) 1/6
D) 1/3

158 **Da un'urna contenente 15 palline numerate da 1 a 15 viene estratta, a occhi bendati, una pallina. Supponendo che tutte le palline abbiano uguale probabilità di essere estratte, qual è la probabilità che esca un numero minore di 9?**

A) 1/4
B) 7/15
C) 1/3
D) 8/15

159 **Qual è la probabilità di estrarre da un mazzo di 52 carte da gioco, una carta che NON sia di picche?**

A) 75%
B) 90%
C) 25%
D) 50%

160 **La caposala scrive quattro lettere: una al direttore generale, una al direttore amministrativo, una al direttore sanitario e una al capo del personale. Poi scrive gli indirizzi sulle buste, ma, essendo distratta, imbusta le lettere a caso. Qual è la probabilità che il numero delle lettere correttamente imbustate sia esattamente uguale a 3?**

A) 12,5%
B) 33%
C) 0
D) 25%

Soluzioni

1 Risposta esatta: A

Un numero per poter essere divisibile per 3 e 5 deve essere multiplo di 15. Tra le risposte ve ne sono due che rispettano tale proprietà: 45 e 30. La seconda, tuttavia, è da scartare poiché l'ulteriore condizione che viene posta è la non divisibilità per 2 e per 7. 30 ovviamente è divisibile per 2 essendo pari, per cui l'unico numero che rispetta entrambe le condizioni rimane il **45**.

2 Risposta esatta: C

5514/2 = 2757
5512/2 = 2756
2757 - 2756 = **1**

Si poteva ancora più velocemente arrivare al risultato calcolando la differenza tra i numeri al numeratore 5514 - 5512 = 2, che diviso 2 è pari a 1. Questo è possibile solo perché i denominatori sono uguali.

3 Risposta esatta: D

5614/2 = 2807
5612/2 = 2806

La differenza, di conseguenza, sarà **1** (2807 - 2806).
Essendo uguali i denominatori, risulta più rapido calcolare la differenza 5614 - 5612 = 2 e dividere il risultato per 2.

4 Risposta esatta: A

620/310 = 2
780/260 = 3
$2 \cdot 3 = \mathbf{6}$

5 Risposta esatta: C

In entrambi i casi, il numeratore è divisibile per il denominatore (2), per cui, semplificando, si avrà:

4716/2 = 2358
4714/2 = 2357
2358 - 2357 = **1**

Essendo uguali i denominatori risulta più rapido calcolare la differenza 4716 - 4714 = 2 e dividere il risultato per 2.

6 Risposta esatta: B

4614/2 - 4610/2 =
2307 - 2305 = **2**

7 Risposta esatta: C

$820/410 \cdot 480/240 =$
$2 \cdot 2 = \mathbf{4}$

8 Risposta esatta: C

Si può risolvere il problema attraverso la seguente espressione algebrica:

$$x + \frac{2}{5}x = 140$$

$$\frac{7}{5}x = 140$$

$$x = 140 \cdot \frac{5}{7} = \mathbf{100}$$

9 Risposta esatta: D

Applichiamo una proprietà delle proporzioni che si può esprimere così: la somma del primo e del 2° termine di una proporzione, sta al 1° termine della proporzione, come la somma del 3° e del 4° termine della proporzione sta al 3° termine, ovvero, se la proporzione è:

1° : 2° = 3° : 4°

è lecito scrivere anche:

(1° + 2°) : 1° = (3° + 4°) : 3°

Applicando questa regola ai dati del quiz, si ha:

X : Y = 2 : 3
(X + Y) : X = (2 + 3) : 2

Poiché la somma di X e Y è 10, sostituiamo 10 a (X + Y) ovvero:

10 : X = (2 + 3) : 2
10 : X = 5 : 2
$X = (10 \cdot 2) / 5 = \mathbf{4}$

10 Risposta esatta: D

Sapendo che X + Y = 22, applicando la stessa proprietà di cui al quiz precedente, si imposta la proporzione:

X : Y = 5 : 6
X : (X + Y) = 5 : (5 + 6)
X : 22 = 5 : 11
$X = (5 \cdot 22) / 11 = \mathbf{10}$

11 **Risposta esatta:** B

Se a/b = 3/4 significa che a = (3/4) · b

Poiché c = 2a, significa che:

c = 2 · (3/4) · b = (6/4) · b

Infine, poiché d = b/2 si può stabilire che:

d < b < a < c.

Suggerimento: per stabilire rapidamente l'ordinamento corretto, conviene porre b = 4; ne consegue che:

a = (3/4) · b = (3/4) · 4 = 3
c = 2a = 6
d = b/2 = 4/2 = 2

Riepilogando, a = 3, b = 4, c = 6, d = 2 e quindi l'ordinamento corretto è **d < a < b < c**.

12 **Risposta esatta:** A

Per risolvere questo tipo di quesito bisogna partire col determinare il valore incognito richiesto nella seconda parte, ovvero «... si divide il risultato per 12 si ottiene 154.» Dividere una incognita per 12 ottenendo 154 equivale a moltiplicare 154 per 12 e si ha 1848. Questo numero è il risultato che si ottiene svolgendo il calcolo richiesto nella prima parte del quesito: « se si moltiplica un numero per 132», quindi X × 132 = 1848, risolvendo l'equazione per X si ha: X = 1848/132 = **14**.

13 **Risposta esatta:** A

Come per il quesito precedente, si procede in questo modo: 161 × 29 = 4669, da cui 4669/203 = **23**.

14 **Risposta esatta:** D

Come per il quesito precedente, si procede in questo modo: 36 × 28 = 1008, da cui 1008/112 = **9**.

15 **Risposta esatta:** C

Come per il quesito precedente, si procede in questo modo: 245 × 41 = 10045, da cui 10045/287 = **35**.

16 **Risposta esatta:** C

Come per il quesito precedente, si procede in questo modo: 224 × 38 = 8512, da cui 8512/266 = **32**.

17 **Risposta esatta:** A

Come per il quesito precedente, si procede in questo modo: 180 × 13 = 2340, da cui 2340/156 = **15**.

18 **Risposta esatta:** C

Il quesito chiede di risolvere una doppia operazione: (40 : 126) × 504 = **160**.

19 **Risposta esatta:** D

Il quesito chiede di risolvere una doppia operazione: (35 : 127) × 508 = **140**.

20 **Risposta esatta:** B

Il quesito chiede di risolvere una doppia operazione: (20 : 113) × 452 = **80**.

21 **Risposta esatta:** C

Si procede in questo modo: 304 × 17 = 5168, da cui 5168/272 = **19**.

22 **Risposta esatta:** C

Si procede in questo modo: 130 × 11 = 1430, da cui 1430/110 = **13**.

23 **Risposta esatta:** C

Si procede in questo modo: 203 × 35 = 7105, da cui 7105/245 = **29**.

24 **Risposta esatta:** D

(N×3) – 21 = 114, da cui: N = (114 + 21)/3 = **45**.

25 **Risposta esatta:** B

(N×3) – 18 = 102, da cui: N = (102 + 18)/3 = **40**.

26 **Risposta esatta:** C

(N×5) + 44 = 319, da cui: N = (319 – 44)/5 = **55**.

27 **Risposta esatta:** A

(N×3) + 41 = 128, da cui: N = (128 – 41)/3 = **29**.

28 **Risposta esatta:** B

(N×3) – 30 = 150, da cui: N = (150 + 30)/3 = **60**.

29 **Risposta esatta:** B

Il quesito chiede di risolvere una doppia operazione: (25 : 129) × 516 = **100**.

30 **Risposta esatta:** C

Il quesito chiede di risolvere una doppia operazione: (50 : 123) × 492 = **200**.

31 **Risposta esatta:** C

(N×5) + 23 = 208, da cui: N = (208 – 21)/5 = **37**.

32 Risposta esatta: D

Si procede in questo modo: 196 × 34 = 6664, da cui 6664/238 = **28**.

33 Risposta esatta: A

(N×3) + 39 = 93, da cui: N = (93 – 39)/3 = 18. Il numero è **18**, infatti: 18 × 3 = 54 + 39 = 93.

34 Risposta esatta: A

Il quesito chiede di risolvere una doppia operazione: (15 : 117) × 468 = **60**.

35 Risposta esatta: A

Un'ora equivale a 3.600 secondi [1], 20 minuti equivalgono a 20 × 60 = 1.200 secondi: quindi, 1 ora 20 minuti e 30 secondi equivalgono a 3.600 + 1.200 + 30 = **4.830 secondi**.

36 Risposta esatta: C

Devi svolgere prima la divisione, poi il prodotto ed infine la somma, ovvero:

6 + 9 : 3 × 5 = 6 + 3 × 5 = 6 + 15 = **21**.

37 Risposta esatta: A

La metà di una frazione è uguale alla frazione moltiplicata per 1/2, ovvero (n.b.: spesso bisogna semplificare la frazione proposta. In questo caso, numeratore e denominatore sono multipli di 5, quindi la frazione si può semplificare dividendo numeratore e denominatore per 5):

$$\frac{125}{35}:2=\frac{125}{35}\cdot\frac{1}{2}=\frac{\cancel{125}^{25}}{\cancel{35}_{7}}\cdot\frac{1}{2}=\frac{25}{7}\cdot\frac{1}{2}=\frac{25\cdot 1}{7\cdot 2}=\mathbf{\frac{25}{14}}$$

38 Risposta esatta: B

La divisione tra frazioni si trasforma nel prodotto tra la prima frazione e l'inverso della seconda. Analizzando le opzioni, l'unica che dà come risultato 9/8 è la B. Infatti:

$$\mathbf{\frac{3}{4}:\frac{2}{3}}=\frac{3}{4}\cdot\frac{3}{2}=\frac{3\cdot 3}{4\cdot 2}=\frac{9}{8}$$

39 Risposta esatta: C

Devi svolgere prima la moltiplicazione, poi la divisione ed infine la somma, ovvero:

18 + 12 × 3 : 2 = 18 + 36 : 2 = 18 + 18 = **36**.

[1] Un'ora è costituita da 60 minuti e ciascun minuto da 60 secondi: quindi, per calcolare il numero di secondi contenuti in un'ora devi moltiplicare il numero di minuti che costituiscono un'ora per il numero di secondi che costituiscono un minuto, ovvero 60 × 60 = 3.600.

40 Risposta esatta: A

Il dividendo di una divisione [2] è uguale al divisore per il quoziente + il resto. Svolgendo la divisione, ottieni:

274	52
260	5
14	

Quindi, poiché 274 è il dividendo, 52 è il divisore, 5 è il quoziente e 14 è il resto, ottieni: **274 = 52 × 5 + 14**.

41 Risposta esatta: A

Poiché un'ora è costituita da 60 minuti, esegui la divisione tra 440 e 60.
Il quoziente della divisione, il 7, rappresenta il numero di ore, il resto della divisione, il 20, il numero di minuti, ovvero 440 minuti equivale a **7 ore e 20 minuti**.

42 Risposta esatta: B

Applicando le regole sullo svolgimento delle espressioni esposte nella sezione introduttiva del capitolo, ottieni:

$$\left[3^2\cdot 5+\left(2+5\cdot 2\right):6\right]-\left(5\cdot 6+2^3\right)=$$
$$=\left[9\cdot 5+\left(2+5\cdot 2\right):6\right]-\left(5\cdot 6+8\right)=$$
$$=\left[9\cdot 5+\left(2+10\right):6\right]-\left(30+8\right)=$$
$$=\left[9\cdot 5+12:6\right]-38=$$
$$=\left[45+2\right]-38=$$
$$47-38=\mathbf{9}$$

43 Risposta esatta: A

Per eseguire somme e differenze tra frazioni, devi, come prima cosa calcolare il minimo comune multiplo dei denominatori (che in questo caso è 4 × 5 × 7 = 140) e poi procedere come illustrato di seguito:

$$\frac{1}{4}-\frac{1}{5}+\frac{3}{7}=\frac{1\cdot(140:4)-1\cdot(140:5)+3\cdot(140:7)}{140}=$$

$$=\frac{1\cdot 35-1\cdot 28+3\cdot 20}{140}=\frac{35-28+60}{140}=\mathbf{\frac{67}{140}}$$

[2] I termini principali di una divisione sono il dividendo, che corrisponde al primo termine, il divisore, che corrisponde al secondo termine, il quoziente, che corrisponde al risultato della divisione. Se il resto è nullo, il quoziente viene anche chiamato quoto. Schematizzando: dividendo : divisore = quoziente.

44 Risposta esatta: C

Infatti:

$$\frac{\mathbf{2}}{\mathbf{5}}+\frac{\mathbf{3}}{\mathbf{7}}=\frac{2\cdot(35:5)+3\cdot(35:7)}{35}=$$

$$=\frac{2\cdot7+3\cdot5}{35}=\frac{14+15}{35}=\frac{29}{35}$$

45 Risposta esatta: B

Devi svolgere prima la divisione e poi le somme, ovvero:

$12+9:3+2=12+3+2=\mathbf{17}$.

46 Risposta esatta: B

Puoi svolgere il calcolo come se fosse un'unica operazione, ovvero 249 + 17 - (248 + 16). In questo caso, però, non ti conviene svolgere il calcolo in parentesi, ma elimina le parentesi tonde, ricordando che, quando davanti la parentesi tonda c'è il meno, eliminando le parentesi è necessario cambiare i segni dei termini in parentesi, ovvero: 249 + 17 - 248 - 16. A questo punto applica la proprietà commutativa dell'addizione in modo vantaggioso per i calcoli, ovvero 249 - 248 + 17 - 16. A questo punto, svolgere 249 - 248 e 17 - 16 è semplicissimo, ovvero: 249 - 248 + 17 - 16 = (249 - 248) + (17 - 16) = 1 + 1 = **2**.

47 Risposta esatta: C

Una divisione dà risultato 1 quando dividendo e divisore sono uguali. Se provi a trasformare 0,5 in frazione ottieni:

$$0{,}5=\frac{0{,}5}{1}=\frac{0{,}5\cdot10}{1\cdot10}=\frac{5}{10}=\frac{\cancel{5}^{1}}{\cancel{10}_{2}}=\frac{1}{2}$$

Quindi, dividere **1/2 e 0,5** è equivalente all'operazione 1/2 : 1/2, in cui dividendo e divisore sono uguali.

48 Risposta esatta: C

Moltiplicare 84 per 2,5 è lo stesso che sommare:

$$84+84+\frac{84}{2}=84+84+42$$

A questo punto, come detto nel commento del quiz n. 12, puoi svolgere il calcolo come se fosse un'unica operazione, ovvero:

$$84+84+84-(84+84+42)=$$

$$=84+\cancel{84}+\cancel{84}-\cancel{84}-\cancel{84}-42=$$

$$=84-42=\mathbf{42}$$

49 Risposta esatta: C

Devi procedere come detto nel commento del quiz n. 2, ovvero:

$$\frac{80}{12}:2=\frac{80}{12}\cdot\frac{1}{2}=\frac{\cancel{80}^{\cancel{40}^{20}}}{\cancel{12}_{\cancel{6}_{3}}}\cdot\frac{1}{2}=\frac{20}{3}\cdot\frac{1}{2}=$$

$$=\frac{\cancel{20}^{10}}{3}\cdot\frac{1}{\cancel{2}_{1}}=\frac{10\cdot1}{3\cdot1}=\mathbf{\frac{10}{3}}$$

50 Risposta esatta: D

51 Risposta esatta: C

Occorre eseguire la divisione tra 508 e 60: il quoziente della divisione rappresenta il numero di ore, il resto il numero di minuti.

52 Risposta esatta: B

680 : 340 = 2, mentre 690 : 230 = 3. Il risultato del prodotto di 2 × 3 è **6**.

53 Risposta esatta: A

Moltiplicando **2/3 e 9/2** ottieni:

$$\frac{2}{3}\cdot\frac{9}{2}=\frac{\cancel{2}^{1}}{_{1}\cancel{3}}\cdot\frac{\cancel{9}^{3}}{\cancel{2}_{1}}=\frac{1}{1}\cdot\frac{3}{1}=1\cdot3=3$$

54 Risposta esatta: A

(–5 + 12) + (6 – 7) – (3 – 4) = (7) + (–1) – (–1). A questo punto ricorda che, quando davanti alla parentesi c'è il più, puoi eliminare la parentesi senza modificarne il contenuto, mentre, quando davanti alla parentesi c'è il meno, puoi eliminare la parentesi, cambiando il segno del suo contenuto (se è più diventa meno e viceversa), quindi: (7) + (–1) – (–1) = 7 – 1 + 1 = **7**.

55 Risposta esatta: A

Centomila moltiplicato per un millesimo è uguale a:

$$100.000\cdot\frac{1}{1000}=100.\cancel{000}\cdot\frac{1}{1\cancel{000}}=100\cdot1=\mathbf{100}$$

56 Risposta esatta: B

Il risultato dell'espressione riportata all'opzione B è 148 + 12 – 10 = 160 – 10 = **150**.

57 Risposta esatta: B

Il risultato dell'espressione riportata all'opzione B è 21 × 5 + 15 : 2 = 105 + 7,5 = **112,5**.

58 Risposta esatta: A

59 Risposta esatta: D

60 Risposta esatta: B

Essendo 120 il numero complessivo delle bottiglie e 10 i ripiani, possiamo calcolare quante bottiglie ci sono a ripiano: 120 : 10 = 12. Di queste 12, quattro bottiglie sono di Nebbiolo. Quindi, su ogni ripiano 12 – 4 = 8 sono bottiglie di Barolo e Merlot. Per sapere quante bottiglie in totale ci sono di Barolo e Merlot dobbiamo fare 8 × 10 = **80**.

61 Risposta esatta: B

triangoli → 3 lati
quadrati → 4 lati
L'unica risposta esatta è la B, in quanto **15** × 3 = 45 lati triangolo e **10** × 4 = 40 lati quadrato, da cui 45 + 40 = 85 lati totali.

62 Risposta esatta: A

Un mazzo di carte contiene 52 carte. Se a queste ne togliamo 7 ne restano 45. Dividendo 45 per 5 otteniamo 9. Quindi, **9 sono le persone sedute al tavolo**.

63 Risposta esatta: A

Procedendo in modo indiretto l'unica risposta compatibile con i dati del problema è la A: infatti le **40 biciclette per adulti** hanno complessivamente 80 ruote; le **10 biciclette per bambini** hanno 40 ruote (perché ciascuna di esse ha 4 ruote); quindi complessivamente 80 + 40 = 120.

64 Risposta esatta: B

Se gli orologi sono 60 e per ogni espositore ci sono 12 orologi, allora il numero di espositori è uguale a 60 : 12 = 5. Poiché 5 orologi per espositore sono da bambino, complessivamente il numero di orologi per bambino lo calcoli moltiplicando 5 × 5 = 25. I restanti orologi sono orologi da uomo e da donna, ovvero 60 – 25 = **35**.

65 Risposta esatta: C

Basta sommare i km delle singole tratte stradali: 35 + 184 + 166 = **385 km**.

66 Risposta esatta: C

Il 10% del 70% è il 7%, quindi per sapere la percentuale di donne con più di 24 anni basta sottrarre dal 70% il 7% e si ottiene il **63%**.

67 Risposta esatta: C

Carlo ha 9 anni, il fratello 5 e lo zio 57 (9 + 48). Fra 4 anni lo zio avrà 61 anni. Quindi **Carlo avrà 13 anni** (9 + 4) **e il fratello 9 anni** (5 + 4).

68 Risposta esatta: C

Il resto è 7,50 euro (60 – 52,50), che, in monete da 50 centesimi, fa 7,50 : 0,50 = **15**.

69 Risposta esatta: B

Se indichiamo con x le ore di lavoro, il costo del primo muratore è pari a 50x, mentre il costo del secondo è pari a 150 + 35x. Per risolvere il problema basta impostare una semplice equazione:

$50x = 150 + 35x$

da cui si ottiene che: $x = 10$.

Se le ore di lavoro sono 10 il costo dei due muratori è identico; infatti:

costo primo muratore = $50 \cdot 10 = 500$
costo secondo muratore = $150 + (35 \cdot 10) = 150 + 350 = 500$

Invece, **se sono meno di 10 conviene affidare il lavoro al primo muratore**.

70 Risposta esatta: D

Il metodo per risolvere questo problema è identico a quello che abbiamo visto nel precedente quiz, ma proviamo a risolverlo in altro modo, impostando stavolta una disequazione.

Se indichiamo con x le ore di lavoro, il primo elettricista costa 50x, mentre il secondo chiede 300 + 30x. Impostando la disequazione:

$50x > 300 + 30x$

si ricava che:

$50x - 30x > 300$

Quindi $20x > 300$

Dividendo primo e secondo membro per 20, si ottiene: $x > 15$.

Ciò significa che se si superano 15 ore il primo elettricista chiede un compenso più alto. La risposta esatta è dunque: **al primo, se le ore di lavoro sono meno di 15**.

71 **Risposta esatta: D**

Se la superficie è di x mq (metri quadrati), il primo imbianchino chiede 3x, mentre il secondo chiede 150 + 2,5x.

Impostando la disequazione:

$3x > 150 + 2{,}5x$

si ricava che:

$3x - 2{,}5x > 150$

Quindi $0{,}5x > 150$

Dividendo primo e secondo membro per 0,5 (equivale a moltiplicare per 2), si ottiene: $x > 300$.
Ciò significa che se si superano 300 mq il primo imbianchino chiede un compenso più alto. La risposta esatta è dunque: **al primo imbianchino, se la superficie da dipingere è minore di 300 metri quadri**.

72 **Risposta esatta: B**

Non si sa quanti sono gli operai che inizialmente lavorano nel cantiere, ma sappiamo che essi da soli impiegherebbero 6 giorni a completare il lavoro. Indichiamo il numero iniziale degli operai con x.
Si sa poi che, se il numero degli operai fosse incrementato di 2 unità (quindi se fosse x + 2), il lavoro sarebbe completato in 5 giorni.

Quindi:

$6x = 5\,(x + 2)$
$6x = 5x + 10$
$6x - 5x = 10$
$x = 10$

In definitiva, gli operai che inizialmente lavorano nel cantiere sono 10.
Il quiz dice, inoltre, che il lavoro alla fine viene eseguito da un solo operaio e chiede quanto tempo impiegherebbe l'operaio a completarlo. Se 10 operai svolgono il lavoro in 6 giorni, un operaio svolgerà il lavoro in:

$10 \cdot 6 =$ **60 giorni**.

73 **Risposta esatta: C**

Si deve applicare la formula: $BS \cdot PS = BD \cdot PD$

dove:

BS = braccio sinistro	PS = peso sinistro
BD = braccio destro	PD = peso destro

Cosa si intende per braccio? Il braccio è la distanza che intercorre tra il punto di applicazione del peso e il centro dell'asta (il fulcro su cui poggia l'asta la divide in due parti entrambe lunghe 50 cm). Nel quiz si dice che «A 10 cm da una delle estremità (ad esempio, dall'estremità destra) è agganciata una massa di 20 kg». Dire a «10 cm dall'estremità destra» equivale a «40 cm dal centro dell'asta», ovvero dall'estremità destra ci si deve spostare di 10 cm verso il centro dell'asta (è come se scrivessimo 50 – 10 = 40): quindi il braccio destro misura 40, mentre il peso destro misura 20 kg. Poi nel quiz è scritto «Qual è la massa da applicare all'estremità opposta per equilibrare l'asta e mantenerla in posizione orizzontale?», ovvero all'estremità sinistra bisogna appendere un peso che consenta di equilibrare l'asta: il braccio sinistro ha lunghezza pari a tutta la parte sinistra dell'asta, ovvero è lungo 50 cm, perché il peso si deve collocare proprio all'estremità dell'asta.

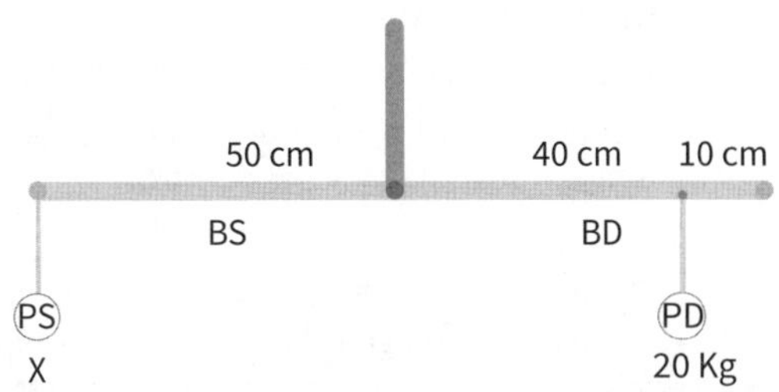

Non conosciamo, però, quale sia il peso da applicare: indichiamolo con x e procediamo a sostituire i dati a disposizione nell'equazione di partenza:

$BS \cdot PS = BD \cdot PD$

50 (il braccio sinistro) · x (il peso sinistro) = 40 (il braccio destro) · 20 (il peso destro)

Quindi:

$50 \cdot x = 40 \cdot 20$, ovvero, svolgendo i prodotti $50x = 800$, da cui $x = 800/50 =$ **16**

74 **Risposta esatta: D**

Anche in questo caso applica la formula $BS \cdot PS = BD \cdot PD$.
Nel quiz si dice che «A 40 cm dall'estremità sinistra è agganciato un peso di 15 kg». Dire a «40 cm dall'estremità sinistra» equivale a «10 cm dal centro dell'asta», ovvero dall'estremità sinistra bisogna spostarsi di 40 cm verso il centro dell'asta: quindi il braccio sinistro misura 10, mentre il peso sinistro misura 15 kg.

Poi nel quiz è scritto «mentre all'estremità opposta è agganciato un peso di 3 kg», ovvero all'estremità destra dell'asta è appeso un peso di 3 kg. Quindi il braccio destro ha lunghezza pari a tutta la parte destra dell'asta, ovvero è lungo 50 cm, mentre il peso destro è pari a 3 kg.

Con questi dati, abbiamo:

BS · PS = BD · PD

10 (il braccio sinistro) · 15 (il peso sinistro) = 50 (il braccio destro) · 3 (il peso destro)

Quindi:

10 · 15 = 50 · 3

ovvero, svolgendo i prodotti 150 = 150.

Avendo ottenuto lo stesso risultato a sinistra e a destra dell'uguale, possiamo concludere che **l'asta è in equilibrio**.

75 Risposta esatta: A

Applichiamo sempre la formula BS · PS = BD · PD

25 (il braccio sinistro) · 35 (il peso sinistro) = 50 (il braccio destro) · 24 (il peso destro)

25 · 35 = 50 · 24
875 = 1.200

Non sussistendo l'uguaglianza, l'asta non è in equilibrio, ma pende verso il peso destro. Per mantenerla orizzontale è necessario calcolare il giusto peso sinistro che definiamo x:

25 · x = 50 · 24
x = 1.200/25 = 48 kg

Quindi se a sinistra è già agganciato un peso di 35 kg **dovremo aggiungere un peso di 13 kg** (35 + 13 = 48). In questo modo, impostando nuovamente la formula mostrata in precedenza, si ottiene:

25 · 48 = 50 · 24
1.200 = 1.200

Avendo ottenuto lo stesso risultato a sinistra e a destra, si può essere certi che l'asta sia in equilibrio.

76 Risposta esatta: B

Indichiamo i pesi con p, il braccio destro con D e il braccio sinistro con S.
Poiché il braccio destro misura il doppio di quello sinistro è corretto scrivere che D = 2S.
A questo punto non ti resta che applicare la formula BS · PS = BD · PD, che abbiamo utilizzato nei quiz precedenti.

In questo caso il braccio sinistro è S, il braccio destro è 2S, il peso destro è 6p (perché «nel piatto destro vengono posti 6 pesi tutti uguali fra loro»), mentre il peso sinistro si può indicare con x. Sostituendo questi dati nella formula otteniamo:

S · x = 2S · 6p
x = (2S · 6p) / S = 2 · 6p = **12p**

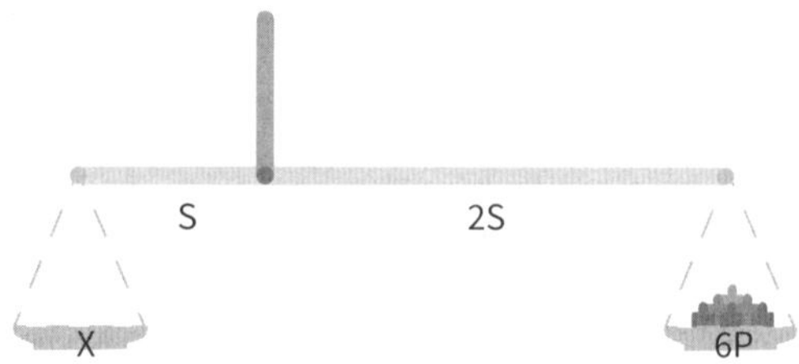

77 Risposta esatta: C

Al termine di ogni ciclo il numero di cellule raddoppia. Al termine del primo ciclo si hanno 2 cellule, al successivo 4 e così via; la successione, partendo dal termine del primo ciclo, è quindi:

2 – 4 – 8 – 16 – 32 – .....

da cui si deduce che già al termine del quinto ciclo si sono superate le 30 cellule. La risposta corretta è dunque **5**.

78 Risposta esatta: B

I conigli si riproducono in maniera esponenziale secondo una potenza di 2.
Impostiamo allora una potenza con base 2 ed esponente pari al numero di anni indicato nel quiz, ossia 26 ovvero 2 per 2 per 2 per 2 per 2 per 2 = **64**.

79 Risposta esatta: D

Ogni giorno il gambero avanza di 15 metri (40 – 25), per cui dopo 64 giorni avrà percorso 64 · 15 = 960 metri. Il **65° giorno**, dunque, percorrendo nelle ore diurne i suoi 40 metri giornalieri, taglierà il traguardo:

960 + 40 = 1.000 m = 1 km.

80 Risposta esatta: B

La lumaca ogni giorno percorre 1 metro (5 m la mattina – 4 m prima di mezzanotte), quindi alla fine del 6° giorno ha fatto 6 metri. La mattina del 7° giorno ne fa altri 5, quindi 6 + 5 = 11. La lumaca raggiunge gli undici metri nella mattina del **7° giorno**.

81 **Risposta esatta: A**

Calcoliamo il numero di piastrelle disponibili, ovvero essendoci 16 piastrelle disposte su 9 file:

$16 \cdot 9 = 144$

Se queste piastrelle fossero disposte in file da 12, il numero di file di piastrelle che si riuscirebbero a formare sarebbe:

$144 : 12 =$ **12**.

82 **Risposta esatta: D**

Usando 18 tessere per lato si ha: $18 \cdot 18 = 324$, mentre con 19 tessere per lato si ha: $19 \cdot 19 = 361$. In questo caso si supera il numero di tessere a disposizione, quindi il quadrato più grande possibile è costruito con 18 tessere per lato. Il perimetro sarà $18 \cdot 4 =$ **72**.

83 **Risposta esatta: A**

I quadrati che può costruire sono: 22, 32, 42, 52, 62, 72, 82, 92.
Partendo dal più grande (92), egli utilizza 81 tessere; l'unico modo per utilizzare al massimo le restanti 14 tessere è costruire un quadrato con lato di 3 tessere (32) e un altro quadrato con lato di 2 tessere (22). In questo modo avrà utilizzato 81 + 9 + 4 = 94 tessere, per cui gli avanzerà **una sola tessera**.

84 **Risposta esatta: C**

Disponiamo 2 gettoni su un piatto, 2 sull'altro: 1 gettone resta spaiato.
Se il gettone più pesante fosse quello spaiato, allora i due piatti della bilancia resterebbero in equilibrio; ma può anche accadere che il gettone più pesante sia in uno dei due gruppi da 2 posti sui piatti della bilancia: in questo caso, il piatto della bilancia che contiene il gettone più pesante penderà maggiormente rispetto all'altro. In definitiva, con la prima pesata possiamo essere fortunati ed individuare subito il gettone più pesante, in caso contrario comunque saremmo in grado di restringere la scelta a due soli gettoni. Ponendo questi gettoni ciascuno su uno dei due piatti della bilancia, con la seconda pesata riusciremmo a determinare qual è quello più pesante. Dunque occorrono **2 pesate**.

85 **Risposta esatta: A**

Analogamente al quiz precedente, saranno sufficienti **2 pesate**.

86 **Risposta esatta: D**

Possiamo procedere esattamente come nel quiz precedente, per cui saranno sufficienti **3 pesate**.

87 **Risposta esatta: D**

Possiamo procedere esattamente come nel quiz precedente, per cui saranno sufficienti **2 pesate**.

88 **Risposta esatta: D**

Se le persone svolgessero solo una delle attività proposte (studiare o lavorare) il gruppo sarebbe formato da 9 + 7 = 16 persone. La differenza 16 – 12 = **4 ci dà il numero di persone che svolgono due attività**.

89 **Risposta esatta: D**

Questo tipo di quiz si risolve seguendo i 3 step seguenti:

1) si sottrae al numero degli studenti della scuola, in questo caso 230, il numero di studenti che non frequentano nessun corso pomeridiano (in questo caso 19), ovvero 230 – 19 = 211;
2) si sommano gli studenti che frequentano i due corsi pomeridiani, ovvero 181 + 161 = 342;
3) si sottrae al risultato ottenuto al punto 2, il risultato ottenuto al punto 1, ovvero 342 – 211 = **131**.

90 **Risposta esatta: B**

12 alunni studiano francese e 20 alunni studiano inglese.

20 + 12 = 32

Poiché gli alunni sono 25, **7** di essi (32-25) studiano entrambe le lingue.

91 **Risposta esatta: B**

Ogni operaio in un'ora ripara una frazione di oggetto e rispettivamente: $\frac{1}{5}, \frac{1}{8}$ e $\frac{1}{10}$
Sommando:

$$\frac{1}{5}+\frac{1}{8}+\frac{1}{10}=\frac{8+5+4}{40}=\frac{17}{40}$$

troviamo la frazione di oggetto che i 3 operai insieme riparano in un'ora.

Il tempo per riparare insieme l'oggetto intero è pari al reciproco della frazione cioè $\frac{40}{17}$

Per riparare insieme 17 oggetti ci vorranno quindi **40 ore**:

$$\frac{40}{17} \cdot 17 = 40$$

92 Risposta esatta: D

Ragioniamo come nei quiz che precedono.

1) Ogni marinaio in un'ora sbuccia un sacco di patate e rispettivamente: 1/3, 1/4 e 1/6.
2) Sommiamo le tre frazioni ottenute, ovvero 1/3 + 1/4 + 1/6 = 9/12, che semplificato dà 3/4.
3) L'inverso della frazione ottenuto al punto precedente ci dice quanto tempo i tre impiegherebbero a sbucciare un sacco di patate se lavorassero insieme, ovvero impiegherebbero 4/3 di ora. Poiché la domanda chiede quanto tempo i tre impiegano a sbucciare 45 sacchi di patate, allora si deve moltiplicare il tempo che i tre insieme impiegano a sbucciare un sacco di patate, per il numero di sacchi da sbucciare, ovvero:

   4/3 · 45 = **60**.

93 Risposta esatta: B

Se 5 programmatori, lavorando allo stesso ritmo, impiegano 3 giorni per realizzare un programma significa che, per completare il lavoro, ogni programmatore deve mettere a disposizione 3 giornate lavorative. Poiché i programmatori sono 5, evidentemente sono necessarie:

3 · 5 = 15 giornate per completare il lavoro.

Quindi un solo programmatore impiegherebbe **15 giornate** a completare il lavoro.

94 Risposta esatta: A

La risposta è **105,5**. Analizziamo il procedimento per arrivare a questo risultato.
Supponiamo che il numero sia 725: la cifra delle centinaia, il 7, è uguale alla somma della cifra delle decine, il 2, più quella delle unità, il 5 (7 = 2 + 5).

Se sommiamo questo numero a quello che si ottiene invertendo la cifra delle decine e quella delle unità, ovvero 752, otteniamo:

725 + 752 = 1477

La somma delle cifre di 725 è 7 + 2 + 5 = 14.
Dividendo 1477 per 14, otteniamo 105,5.

Allo stesso risultato arriviamo anche con numeri analoghi (ad esempio 651, oppure 936 etc., l'importante è che la cifra delle centinaia sia uguale alla somma tra la cifra delle decine e quella delle unità).

95 Risposta esatta: D

Per risolvere il quiz bisognerebbe impostare un sistema, ma il discorso, per chi non possiede conoscenze matematiche solide, rischia di diventare troppo complesso. Proviamo a procedere in modo indiretto, ovvero partendo dalle risposte fornite, confrontandole con i dati del problema.
Si nota subito che la risposta «42» si può escludere perché la cifra delle unità, ovvero il 2, non è il doppio della cifra delle decine, ovvero il 4, ma è la metà (nei restanti numeri forniti, invece, la cifra delle unità è il doppio della cifra delle decine).
Se la risposta corretta fosse 48, invertendo le due cifre di cui è costituito, otterremmo 84 che supera 48 di 36 unità e non di 18 come scritto nella traccia (quindi si può escludere anche 48); invece, se la risposta corretta fosse 36, invertendo le due cifre di cui è costituito, otterremmo 63 e 63 supera 36 di 27 unità e non di 18 come scritto nella traccia (quindi si può escludere anche 36).
La risposta corretta deve, quindi, essere necessariamente **24**: infatti, invertendo le sue cifre si ottiene 42 e 42 supera 24 proprio di 18 unità.

96 Risposta esatta: C

Se n è 0, raddoppiandolo otteniamo 0 · 2 = 0 e dimezzandolo 0 : 2 = **0**. Quindi in entrambi i casi otteniamo lo stesso risultato.

97 Risposta esatta: B

Si deve innanzitutto aggiungere ai 1.432 m altri 4 metri per tenere conto del fatto che anche a zero metri si deve inserire un palo. Per cui avremo:

(1432 + 4)/4 = **359**.

98 Risposta esatta: A

Indicando come x il numero di studenti della classe, il problema va impostato come segue:

$$x = \frac{6}{11}x + \frac{4}{11}x + 3$$

da cui moltiplicando ambo i membri per 11 si avrà che:

11x = 6x + 4x + 33

11x = 10x + 33

11x – 10x = 33

x = **33**

99 Risposta esatta: B

Indicando come x l'ammontare che Marina aveva prima di iniziare il suo shopping, il problema va impostato nel seguente modo:

$$x - \frac{6}{14}x - \frac{5}{21}x = 7$$

Il minimo comune multiplo è 42 (21 · 2) per cui avremo:

$$\frac{42x - 18x - 10x}{42} = 7$$

$$\frac{14}{42}x = 7$$

14x = 294
x = 21

Marina inizialmente aveva quindi € 21,00.

Poiché vogliamo sapere quanto Marina ha speso nel primo negozio dobbiamo calcolare:

(6/14)x = 6/14 · 21 = **9**.

100 Risposta esatta: D

Se inizialmente ha venduto i 2/7 del pesce, allora gliene restano 5/7 della quantità iniziale:

1 – 2/7 = 5/7

Se di questi 5/7 vende i 3/5, allora la seconda volta, rispetto al pesce iniziale, ha venduto i 3/5 dei 5/7 del pesce iniziale, ovvero:

3/5 · 5/7 = 3/7

Se i 3/7 del pesce iniziale equivalgono a 180, allora la quantità iniziale di pesce è pari a:

180 · 7/3 = **420 kg**.

101 Risposta esatta: D

Seguiamo i seguenti step:

1) calcolare il «tempo su giro» del primo ciclista, dividendo la lunghezza del tracciato (500m) per la velocità del primo ciclista (45km/h), ovvero:

   500/45 = 11,11

2) calcolare il «tempo di doppiaggio», dividendo la lunghezza del tracciato (500m) per la differenza di velocità dei due ciclisti (45 – 20 = 25km/h), ovvero:

   500/25 = 20

3) infine moltiplicare il numero dei doppiaggi richiesti dal quiz (in questo caso 3) per il rapporto tra «tempo di doppiaggio» e «tempo su giro». In questo caso:

   3 · (20 : 11,11) = 5,4

Il risultato indica che sono necessari più di 5 giri affinché il primo ciclista doppi il secondo 3 volte. Quindi il primo ciclista doppia per la terza volta il secondo **durante il sesto giro**.

102 Risposta esatta: C

La dose giornaliera per il bambino è:

100 · 18 = 1800 mg

Ogni 8 ore vanno somministrati 1800 : 3 = 600 mg
I misurini devono quindi essere 4.
600mg : 150mg = **4**

103 Risposta esatta: D

Dal testo del quesito si ricava che:

— fondi destinati ai contratti di ricerca = 5000 : 2 = 2.500 €;
— fondi destinati alle spese di laboratorio = 5000 · ¼ = 1.250 €;
— fondi destinati a spese pubblicazione lavori scientifici = 5.000 · 1/5 = 1.000 €;
— fondi destinati a spese per partecipazione congressi = 5.000 · 1/10 = 500 €.

2.500 + 1.250 + 1.000 + 500 = 5.250

Si va oltre il budget di 250 euro.

104 Risposta esatta: B

Francesco parte con x monete in tasca. Di queste, 2 le cambia con 8 monete da 5 centesimi, quindi avrà:

(x – 2) + 8 = x + 6

Poi ne cambia una da 5 cent. in 2 da 2 cent. e 1 da 1 cent.; l'equazione diventa:

x + 6 – 1 + 3 = x + 8

Queste monete sono il doppio di quelle iniziali, quindi:

$x + 8 = 2x$

da cui

$8 = 2x - x$

$x = \mathbf{8}$

105 Risposta esatta: D

Se indichiamo con x il numero iniziale dei dipendenti, dopo la riduzione iniziale i dipendenti diventano:

$$x - \frac{1}{4}x = \frac{3}{4}x$$

A questo punto l'azienda incrementa di 1/3, il nuovo numero di dipendenti 3/4x; in questo modo **il numero finale sarà uguale al numero iniziale**. Infatti:

$3/4x + (1/3 \cdot 3/4x) = x$

106 Risposta esatta: C

Indichiamo con F il capitale iniziale di Filippo e con G quello di Giacomo.
Ora trasformiamo in equazioni le due affermazioni.

1) $G + 8 = F - 8$
$G = F - 8 - 8$
$G = F - 16$

2) $F + 8 = 2(G - 8)$
$F + 8 = 2G - 16$
$F - 2G = - 16 - 8$
$F - 2G = - 24$

dividendo tutto per 2 abbiamo:

$F/2 - G = - 12$
$G = 12 + F/2$

Se $G = F - 16$ abbiamo:

$F -16 = 12 + F/2$
$F - F/2 = 12 + 16$
$F/2 = 28$

Moltiplicando tutti i termini per 2 abbiamo:

$2 \cdot F/2 = 2 \cdot 28$
$F = \mathbf{56}$

e

$G = 56 - 16 = \mathbf{40}$

107 Risposta esatta: B

Ogni lato della strada ha 18 platani (36/2), per cui gli spazi tra i platani sono 17 (non dobbiamo infatti considerare il platano disposto all'inizio della strada, in quanto ai fini del quesito interessano solo gli «intervalli» che ci sono tra un platano e l'altro). Poiché la strada è lunga 85 metri, lo spazio che intercorre tra un platano e l'altro è pari a 85/17 = **5 metri**.

108 Risposta esatta: D

Gli intervalli delimitati da due pioppi sono 12 – 1 = 11. Quindi il viale è lungo 11 · 5 = **55 metri**.

109 Risposta esatta: C

Poiché si parla di alberi piantati «attorno» a una villa, la recinzione viene suddivisa dall'alberatura in un numero di parti uguali al numero degli alberi. Quindi se gli alberi sono 60 e ogni intervallo tra gli alberi è di 8 metri, il recinto è lungo 60 · 8 = 480 metri.
Aumentando la distanza di 2 metri, quest'ultima diventerà pari a 10 e, di conseguenza, il numero di alberi necessari è pari a 480 : 10 = **48**.

110 Risposta esatta: D

9 : 2 = 4,5

per cui Gustavo trasporterà le prime 8 cassette in 4 giri e avrà poi bisogno di un ulteriore giro per trasportare l'ultima cassetta rimasta. In totale dovrà andare e tornare dal fruttivendolo **5 volte**.

111 Risposta esatta: C

Il quesito è particolarmente difficile e bisogna provare risposta per risposta. Lo risolviamo sostituendo i dati del problema ovvero:

$a/b = 2$, $c = 2a$ e $d = b/2$, quindi esprimiamo tutto in funzione di a:

$b = a/2$ e $d= a/4$

nell'alternativa esatta (**c/d > a/b**):

$$2a : \frac{a}{4} \rangle a : \frac{a}{2}$$

$$2a \times \frac{4}{a} \rangle a \frac{2}{a} \rightarrow 8 \rangle 2$$

che appunto è vero.

112 Risposta esatta: A

Due ore fa si era a metà strada tra le 13,00 e l'una di notte; per cui erano le 19:00 e quindi ora sono le **21:00**.

113 Risposta esatta: A

In quiz del genere, procediamo per step, ovvero:

1) sommiamo i tre numeri che fornisce il quiz, ovvero 3 + 4 + 5 = 12;
2) dividiamo la cifra iniziale per la somma effettuata al punto precedente, ovvero:

   120.000 : 12 = 10.000

3) moltiplichiamo il risultato del punto precedente per 5 (per 5 perché chiede la parte più ingente e la parte più ingente corrisponde al numerino maggiore), ovvero 10.000 · 5 = **50.000**.

114 Risposta esatta: D

Impostiamo la proporzione:

2 : 5 = x : y

Per una nota proprietà in base alla quale la somma dei primi due membri sta al primo o al secondo come la somma del terzo e del quarto membro sta al terzo o al quarto possiamo scrivere:

(2 + 5) : 2 = (x + y) : x

dove (x + y) = 42

7 : 2 = 42 : x

x = (42 · 2)/7 = **12**

115 Risposta esatta: C

Il viaggio di andata apparentemente dura 3 ore (dalle 9 alle 12); il viaggio di ritorno apparentemente dura 7 ore (dalle 16 alle 23); ma il viaggio di andata e quello di ritorno hanno la stessa durata effettiva, che risulta uguale alla media aritmetica tra 3 e 7, ovvero:

(3+7)/2 = 10/2 = 5

Se non ci fosse il fuso orario, il viaggio che parte da Alpha alle 9, arriverebbe a Beta alle 9 + 5 = 14, ovvero due ore più tardi rispetto a quanto accade realmente. Da ciò si può dedurre che, a causa del fuso orario, l'orario di Beta è 2 ore inferiore rispetto ad Alpha, ovvero, se adesso sono le 12 ad Alpha, a Beta saranno le **10.00**.

116 Risposta esatta: B

$$x + y + z = 1.000$$

$$x = \frac{2}{3}y;\ \frac{3}{5}z = y$$

$$\frac{3}{5}z = y$$

si può scrivere anche:

$$\frac{5}{3}y = z$$

Sostituendo nella prima equazione si ottiene che:

$$x + y + z = 1.000$$

$$\frac{2}{3}y + y + \frac{5}{3}y = 1.000$$

$$\frac{2y + 3y + 5y}{3} = 1.000$$

$$\frac{10}{3}y = 1.000$$

$$y = 1.000 \cdot \frac{3}{10} = \mathbf{300}$$

$$x = \frac{2}{3}y = \frac{2}{3} \cdot 300 = \mathbf{200}$$

$$z = \frac{5}{3}y = \frac{5}{3} \cdot 300 = \mathbf{500}$$

117 Risposta esatta: C

Posti a (primo numero), b (secondo numero), c (terzo numero) i valori da individuare, avremo, in base alle indicazioni della traccia:

c = 2b
b = 3a
a + c = b + 12

Sostituendo i valori assunti per c e b nella precedente eguaglianza, si otterrà:

a + 2b = 3a + 12

ossia:

a + 2 (3a) = 3a + 12
a + 6a – 3a = 12
4a = 12
a = 12/4 = **3**

Se a = 3, allora:

b = 3a = 3 · 3 = **9**
c = 2b = 2 · 9 = **18**

118 Risposta esatta: C

La prima persona stringe la mano a 3 persone, la seconda alle restanti 2 e infine la terza e quarta persona si stringono la mano 1 volta. La soluzione è data da 3 + 2 + 1 = **6**.

119 Risposta esatta: A

I quiz che chiedono di combinare delle cifre per formare dei numeri sono esempi di disposizioni. Si tratta di disposizioni semplici

perché le cifre devono essere diverse (ovvero una stessa cifra non si può ripetere più volte). In questo caso le cifre fornite sono 5 (1, 3, 5, 8 e 9) e i numeri devono essere formati da 4 di queste 5 cifre.
Per risolvere questo tipo di quiz bisogna impostare un prodotto in cui il primo fattore rappresenta il numero di cifre fornito (in questo caso 5); i fattori seguenti devono essere numeri interi decrescenti (ovvero partendo da 5, il fattore seguente è 4, poi 3, ...). Il numero di fattori da prendere in considerazione deve essere pari al numero di cifre di cui devono essere costituiti i numeri. Quindi, in questo caso i numeri di 4 cifre che si possono formare con le 5 cifre fornite sono $5 \cdot 4 \cdot 3 \cdot 2 =$ **120**.

120 Risposta esatta: B

Qui si tratta, invece, di una disposizione con ripetizione di 6 elementi di classe 3 (cioè di 3 cifre). Il numero delle disposizioni si calcola elevando il numero degli elementi dati, pari a 6, al numero di elementi da disporre, pari a 3, cioè $6^3 =$ **216**.

121 Risposta esatta: A

Il numero di combinazioni, anche senza senso, si ottiene calcolando le permutazioni della parola terno, composta da 5 lettere: $5 \cdot 4 \cdot 3 \cdot 2 \cdot 1 =$ **120**.

122 Risposta esatta: A

Occorre contare quante combinazioni di 2 colori si possono ottenere da un totale di 8 colori senza ripetizioni.
Mentre il primo colore può essere scelto tra gli 8, il secondo dovrà essere scelto tra i 7 rimasti. Il risultato ottenuto ($8 \cdot 7 = 56$) va poi diviso per due per eliminare le combinazioni che contengono gli stessi colori ma in ordine diverso (ad esempio, giallo/rosso e rosso/giallo). Quindi sono possibili 56/2 = **28 combinazioni diverse**.

123 Risposta esatta: D

L'equazione da impostare è:

$$\frac{2}{5}x = 20$$

$$x = 20 \cdot \frac{5}{2} = \mathbf{50}$$

124 Risposta esatta: B

Poiché la prima fila è composta da 15 persone, allora la seconda fila sarà composta da 15 + 3 = 18; la terza 18 + 3 = 21; la quarta 21 + 3 = 24; quinta 24 + 3 = 27; sesta 27 + 3 = 30; settima 30 + 3 = 33; ottava 33 +3 = 36.
Più velocemente si moltiplica il numero di file – 1, per 3 (l'intervallo di persone), cui si aggiunge il numero di persone della prima fila:

$(8-1) \cdot 3 = 21$
21 + 15 = **36**

125 Risposta esatta: B

Applicando la formula che abbiamo visto nei quiz precedenti, abbiamo:

$(5 \cdot 3) + 15 = 15 + 15 =$ **30**.

126 Risposta esatta: B

Per arrivare al 50° piano, il primo ascensore ha percorso 18 piani (50 – 32).

Dividendo il numero così ottenuto per 3, sapremo quanto impiega il primo ascensore per coprire 3 piani:

18/3 = 6

Considerando che, a parità di tempo, il secondo ascensore scende di 4 piani, se moltiplichiamo 6 per 4 sapremo di quanti piani è sceso quest'ultimo:

$6 \cdot 4 = 24$

che sommato a 50 (punto d'incontro) fa **74, piano dal quale è partito il secondo ascensore**.

127 Risposta esatta: D

Poniamo: Q = quadri; S = sculture = 36; M = mosaici; O = totale opere. Impostiamo due proporzioni:

Q : S = 3 : 4
M : Q = 5 : 3

Sapendo che S = 36, avremo:

Q/36 = 3/4
$Q = 36 \cdot 3/4 = 27$

Sostituendo il valore così ottenuto nella seconda proporzione, si avrà:

M/27 = 5/3
$M = 27 \cdot 5/3 = 45$

Ne deriva:

O = Q + S + M = 27 + 36 + 45 = **108**.

128 **Risposta esatta: C**

Se 360 pagine corrispondono a 5/8 del libro, significa che il totale delle pagine è 360 · 8/5 = **576**.

129 **Risposta esatta: B**

Un'ora e 40 minuti corrispondono a 100 minuti; la velocità del camion è di 60/100 = 0,6 km/min (kilometri al minuto).
Poiché 60 minuti corrispondono a 1 ora, moltiplicando questa velocità per 60 si ottiene il valore espresso in km/h, cioè:

0,6 · 60 = 36 km/h

Suggerimento: si può notare che triplicando il tempo dato si ottiene 3 h e 120 min = 3 h + 2 h = 5 h. In 5 ore il camion percorre un tragitto triplo e quindi 3 · 60 = 180 Km. Il calcolo della velocità è così dato da 180/5 = **36 km/h**.

130 **Risposta esatta: A**

Se la lega è formata da 3 parti di rame e 2 di zinco, significa che, in totale, si compone di 5 parti. Poiché il rame, come osservato, rappresenta i 3/5 della lega, in un blocco di 75 kg della stessa saranno contenuti:

75 · 3/5 = **45 kg di rame**.

131 **Risposta esatta: A**

Osserva il disegno:

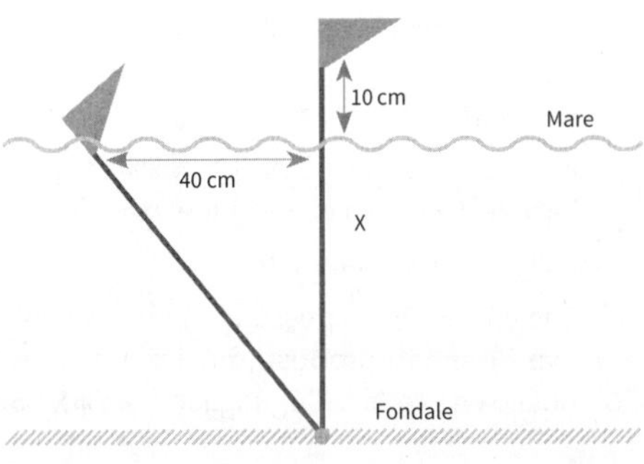

Quando la bandierina è inclinata si viene a formare un triangolo rettangolo (quello evidenziato in grigio) che consente di applicare il teorema di Pitagora.

Considerando che l'ipotenusa ha lunghezza uguale all'asta che abbiamo definito x + 10 avremo:

il quadrato costruito sull'ipotenusa (X + 10) è uguale alla somma dei quadrati costruiti sui cateti (i cateti sono x e 40).

In altri termini:

$(x + 10)^2 = x^2 + 40^2$
$x^2 + 20x + 100 = x^2 + 1600$
$20x + 100 = 1600$
$20x = 1600 - 100$
$20x = 1500$
$x = 1500 / 20 =$ **75 cm**

132 **Risposta esatta: A**

Gli angoli interni di un **pentagono regolare** misurano 108°: accostando tre pentagoni, arriviamo a 108° · 3 = 324°, quindi non otteniamo 360° che consentirebbe di pavimentare la superficie senza lasciare spazi vuoti.
Con le altre figure geometriche, combinandole opportunamente, riusciamo sempre ad ottenere 360°: con i rettangoli è ovvio (90° · 4 = 360°); gli esagoni regolari hanno angoli interni di 120°: combinando 3 esagoni otteniamo 120° · 3 = 360°; discorso analogo per i triangoli equilateri che hanno angoli interni di 60°: combinandoli opportunamente (60° · 6 = 360°) riusciamo a raggiungere i 360° che consentono di pavimentare, senza lasciare spazi vuoti, una superficie.

133 **Risposta esatta: A**

Dopo aver preso la prima calza, se è sfortunato, la seconda calza sarà di colore diverso e quindi si troverà con una calza blu e una grigia. Con il terzo tentativo però riuscirà sicuramente a comporre un paio di calze dello stesso colore. Il numero minimo di calze che deve prendere è quindi pari a **3**.

134 **Risposta esatta: B**

Se estraiamo 3 calze potremmo averne 3 dello stesso colore, ma anche due bianche e una nera o viceversa. Anche estraendo 4 calze non possiamo essere certi di averne almeno 3 dello stesso colore, perché potremmo anche averne 2 bianche e 2 nere. Con la **quinta estrazione**, però, le combinazioni possibili sono:

5 + 0
4 + 1
3 + 2

In ogni caso, quindi, avremo almeno tre calze dello stesso colore.

135 **Risposta esatta: A**

Il quesito non concerne, come potrebbe sembrare, il calcolo delle probabilità.

Si può risolverlo applicando la formula seguente:

(n° colori) · (n° palline dello stesso colore da estrarre – 1) + 1

Considerando i dati di questo quesito, nel vaso ci sono palline di 3 colori differenti e si vuole estrarne 3 dello stesso colore. Il calcolo da svolgere è:

3 colori · (3 palline – 1) + 1 =
3 · 2 + 1 = 6 + 1 = 7

136 **Risposta esatta: B**

Se Aldo mangia il triplo di mele di Mario significa che se Aldo mangia una mela, Mario, nello stesso tempo, ne mangia 3: in totale Mario e Aldo mangiano 4 mele. Passando da 4 a 8 mele, Aldo mangia 2 mele e Mario 6. Inoltre, sapendo che Mario mangia un terzo delle mele di Gino si deduce che anche Gino mangia 6 mele. In totale i tre amici mangiano 14 mele in 15 minuti. Si calcola facilmente che in un'ora i tre amici mangiano 14 · 4 = **56 mele**.

137 **Risposta esatta: D**

Nella prima scatola va 1 bottone, nella seconda 2 e così via fino alla dodicesima. Si tratta quindi di sommare i primi 12 numeri (1 + 2 + 3 + 4 .... + 12 = **78**).

138 **Risposta esatta: B**

Ogni gatto è seduto sulla sua coda e vede gli altri tre, quindi in totale i gatti sono **quattro**.

139 **Risposta esatta: A**

Attenzione: si potrebbe essere indotti a pensare che la risposta esatta sia 35. La domanda chiede «tra quanti giorni lavorativi riposerà nuovamente di lunedì». Quindi è quel «giorni lavorativi» che ci deve guidare. In altri termini, non ci chiede tra quanti giorni riposerà nuovamente di lunedì (in questo caso sarebbe stato corretto 35).
Il turno di lavoro è di 4 giorni: dobbiamo quindi trovare il minimo comune multiplo tra 7 (i giorni tra i due lunedì) e 4 (il turno). Il minimo comune multiplo tra 7 e 4 è 28. Quindi riposerà di nuovo di lunedì fra **28 giorni**.

140 **Risposta esatta: B**

Basta calcolare i 2/5 di 60.000 euro = 24.000 euro
(60.000 · 2/5 = **24.000 euro**)

141 **Risposta esatta: B**

Si tratta di determinare il 40% (donne) del totale iscritti (130), ossia:

130 · 40/100 =
130 · 0,40 = **52**

142 **Risposta esatta: D**

Si deve risolvere l'uguaglianza 13% x = 117. Per cui il calcolo da eseguire è:

(117/13) – 100 = **900 euro**.

143 **Risposta esatta: C**

Considerata la formula:

$$I = \frac{C \cdot r \cdot t}{1200}$$

dove I = interessi
C = capitale investito
r = tasso interesse
t = tempo

$$\frac{x \cdot 3 \cdot 7}{1200} = 700$$ dove x è il capitale investito.

Per cui:

$$\frac{21}{1200}x = 700$$

$$x = \frac{700 \cdot 1200}{21} = \mathbf{40.000\ euro}$$

144 **Risposta esatta: C**

Basta calcolare il 60% di 40.000 euro, cioè

(40.000 · 60)/100 = **24.000 euro**.

145 **Risposta esatta: B**

Il prezzo scontato è pari al 65% del prezzo iniziale. Il calcolo da eseguire è:

(520/65) · 100 = **800 euro**

Suggerimento: si possono anche esaminare i vari risultati proposti, finché non si trova quello che verifica l'uguaglianza 65% x = 520.

146 **Risposta esatta: A**

Ragionando per semplificare in migliaia di euro, il primo anno il fatturato è pari all'80% di 60.000 e vale 48.000; successivamente diventa il 90% di 48.000, quindi 43.200 (basta sottrarre a 48.000 il valore 4.800 che si ottiene dal primo eliminando lo 0 finale); infine occorre calcolare la metà di 43.200 che vale 21.600.
Aggiungendo gli zeri finali si ottiene **21.600.000 euro**.

147 **Risposta esatta: A**

Alla fine del primo anno il fatturato cala del 20%, ovvero:

600 – (20% di 600) = 600 – (20/100 · 600) = = 600 – (20 · 6) = 600 – 120 = 480 milioni di €

Alla fine del secondo anno, il fatturato cala di un ulteriore 10%, ovvero:

480 – (10% di 480) = 480 – (10/100 · 480) = 480 – 48 = 432 milioni di €

Alla fine del terzo anno, il fatturato cala ancora del 50%, ovvero si dimezza rispetto all'anno precedente, quindi:

432 : 2 = **216 milioni di euro**.

148 **Risposta esatta: C**

L'incremento di vendite da un mese al successivo è di 70 mele. Rapportando questa differenza alla quantità di mele venduta a settembre si ottiene 70/200 = 0,35 che, espresso in termini percentuali, vale **35%**.

149 **Risposta esatta: D**

Fatto 100 il reddito medio all'inizio del decennio, al termine del periodo il reddito medio dei cittadini del Centro-Nord sarà 107, mentre quello dei cittadini del Sud sarà 102. Con riferimento alla popolazione totale, invece, il reddito medio al termine del periodo risulterà pari a 105.

Poiché quest'ultimo valore si può determinare anche come media pesata dei valori medi rilevati al Centro-Nord e al Sud, se x sono i cittadini del Centro-Nord e y i cittadini del Sud, vale la relazione:

$105 = (107x + 102y)/(x + y)$

da cui, con alcuni passaggi matematici (moltiplichiamo entrambi i termini per (x + y), si ricava:

$105x + 105y = 107x + 102y$
$105y - 102y = 107x - 105x$
$3y = 2x$
$y = 2x/3$

che ci indica che **i cittadini del Centro-Nord sono più numerosi dei cittadini del Sud**.
Suggerimento: il problema si può risolvere intuitivamente notando che il valore medio del reddito della popolazione totale (105) è più prossimo al valore più grande dei due (107) che si riferisce ai cittadini del Centro-Nord; quindi questo valore deve «pesare» di più nel calcolo della media e ciò conferma che **i cittadini del Centro-Nord sono più numerosi dei cittadini del Sud**.

150 **Risposta esatta: B**

Indichiamo con x il valore iniziale. Dopo il primo anno il valore è:

$x - 0{,}2x = 0{,}8x$

dopo il secondo anno è:

$0{,}8x - 0{,}2 \cdot 0{,}8x = 0{,}64x$

dopo il terzo anno è:

$0{,}64x - 0{,}2 \cdot 0{,}64x =$ **$0{,}512x$**.

151 **Risposta esatta: A**

Innanzitutto calcoliamo l'ingaggio del campione di basket nell'anno 3, ovvero il 15% in più dell'ingaggio dell'anno 2:

(720.000 · 15/100 = 108.000)

pari a 720.000 + 108.000 = 828.000.

Per calcolare l'incremento percentuale:

(ingaggio anno 3 - ingaggio anno 1/ingaggio anno 1) · 100

e quindi:

(828.000 – 600.000/600.000) · 100 = **38%**.

152 **Risposta esatta: B**

L'area del rettangolo si calcola moltiplicando la misura della base per la misura dell'altezza. Supponiamo che la base e l'altezza del rettangolo misurano rispettivamente 20 e 10: se così fosse l'area del rettangolo sarebbe 20 · 10 = 200. Riducendo l'altezza del rettangolo del 20%, l'altezza diventerebbe:

$$10 - \left(\frac{20 \cdot 10}{100}\right) = 8$$

Aumentando la base del 20%, la base diventerebbe:

$$20 + \left(\frac{20 \times 20}{100}\right) = 24$$

Con questi nuovi dati l'area del rettangolo diventerebbe 24 · 8 = 192.
Quindi l'area del rettangolo diminuirebbe di 8 unità (200 – 192) che in termini percentuali è pari a 0,04 = 4% (8/200).
In definitiva, l'area del rettangolo **diminuisce del 4%.**

153 Risposta esatta: A

L'incremento di produzione da un anno al successivo è di 585 – 450 = 135.

Rapportando questa differenza alla quantità di barche venduta nel primo anno si ottiene 135/585 che in termini percentuali vale 35%. Per velocizzare la risposta, basta notare che il valore 135% va scartato perché maggiore del 100%, il 25% corrisponde alla quarta parte del totale, quindi poiché 135 · 4 dovrebbe terminare per 0, va scartato; infine il valore 1,35% darebbe un risultato di poco superiore alla centesima parte, quindi va anch'esso scartato. Resta il **30%** che si può facilmente verificare.

154 Risposta esatta: B

L'incremento di produzione dal 1980 al 1986 è stato di 15 milioni di tonnellate. Rapportando questa differenza alla produzione del 1980 si ottiene 15/600 che in termini percentuali vale 2,50%.

Per velocizzare la risposta, basta dividere 15 per 6, ricordando che:

15 = 3 · 5 e 6 = 3 · 2

si può scrivere:

(3 · 5)/(3 · 2) = 5/2 = **2,5**

che conferma la risposta data.

155 Risposta esatta: C

I semi sono quattro: cuori, quadri, fiori, picche. Abbiamo, quindi, 3 probabilità su 4, ossia il **75%,** di estrarre una carta che non sia di cuori.

156 Risposta esatta: D

La probabilità di estrarre da un mazzo di 52 carte da gioco di un re è pari a 4/52, quella di estrarre una carta di cuori è pari a 13/52. Bisogna tenere conto che vi sono casi favorevoli a entrambi gli eventi. Ovvero che la carta estratta potrebbe essere un re di cuori e che la carta estratta di cuori potrebbe un re. Quindi la probabilità che dal mazzo venga estratta un re è pari a 4/52 (probabilità che sia estratto un re) + 13/52 (probabilità che venga estratta una carta di cuori) – 1/52 (evento comune favorevole) = **4/13**.

157 Risposta esatta: A

Nel dado considerato vi sono due multipli di tre, il 3 e il 6; al primo lancio la probabilità che esca il 3 o il 6 è pari a 2/6 (2 possibilità su 6, quante sono le facce del dado) che a sua volta è 2/6 = 1/3. Per calcolare quante probabilità ci sono che lanciando 2 volte un dado escano 2 numeri multipli di 3 si fa il prodotto delle loro probabilità:

1/3 · 1/3 = **1/9**.

158 Risposta esatta: D

Le palline con numero minore di 9 sono quelle da 1 a 8: ciò significa che, su 15 palline, la probabilità di estrarre un numero minore di 9 è pari a **8/15**.

159 Risposta esatta: A

Poiché in un mazzo di carte vi sono 13 carte di picche la probabilità di estrarre una carta di picche è pari a 13/52 che, semplificando, è pari a 1/4 pari al 25%. La possibilità di NON estrarre una carta di picchè è quindi pari al **75%**.

160 Risposta esatta: C

Se la caposala ha imbustato correttamente le prime due lettere, se sbaglia ad imbustare la terza sbaglia necessariamente anche la quarta, mentre se imbusta correttamente la terza, imbusta correttamente anche la quarta. Quindi la possibilità di imbustare correttamente solo 3 lettere su 4 è impossibile, quindi la risposta corretta è **0**.

18
Equazioni simboliche

Alcuni quiz riportano lo schema classico di un'equazione matematica o di un sistema di equazioni matematiche, utilizzando, tuttavia, in luogo delle comuni lettere, dei simboli come @, #, !, § etc. o delle figure geometriche. Non è raro che il sistema di equazioni proposto, in realtà, non sia altro che un'identità, che presenta una difficoltà solo ed esclusivamente interpretativa e non matematica. Per risolverla non bisogna fare altro che trattarla alla stregua delle normali equazioni, ricavando i valori di quelle più facilmente calcolabili e sostituendoli opportunamente con i simboli dell'equazione data.

Esempio:
Se:

$\$ + \pounds = \$ \cdot \pounds$
$\pounds = 5$

allora $\$$ è uguale a:

A) 5/6
B) 5/4
C) 6/8
D) 4/5

Nel sistema sono presenti solo due simboli: quindi, sarebbero due equazioni in due incognite. In realtà una di queste equazioni è semplicemente un'identità che permette di sostituirne il valore nella prima equazione.

Dunque si avrà:

$\$ + 5 = \$ \cdot 5$

ovvero

$4\$ = 5$

da cui:

$\$ =$ **5/4**. Risposta esatta: **B**

Test di verifica

1 **Se:**

¿ + ¿ = \ – ¿
¿ = ç + $
**¿ = **
ç = -6

allora $ è uguale a:

A) 12
B) non ci sono elementi sufficienti per rispondere
C) – 6
D) 6

2 **Se:**

**¿ + 5 + \ = $ + ç + **
¿ = $

allora ç è uguale a:

A) 20
B) – 5
C) 5
D) – 10

3 **Se:**

¿ = § · (3 – 7)
¿ = 5

allora § è uguale a:

A) – 20
B) – 4/5
C) – 5/4
D) 4

4 **Se:**

£ + & + 3 = 2 · £ – 3
& = 3

allora £ è uguale a:

A) – 9
B) – 3
C) 6
D) 9

5 **Se:**

@ + ç = 2 + ¿
¿ = 3 · @
¿ = 3

allora ç è uguale a:

A) 1
B) 4
C) 3
D) 12

6 **Se:**

© – 1 + @ = § – 6
© = 3 + §

allora @ è uguale a:

A) – 8
B) – 4
C) – 6
D) 6

7 **Se:**

¿ + 12 + \ = ç + 2
¿ = – 4 + ç

allora \ è uguale a:

A) – 6
B) 12
C) 6
D) – 12

8 **Se:**

& + & = § – ¿
& = @ + ¿
¿ = §
@ = – 8

allora ¿ è uguale a:

A) 8
B) 4
C) 16
D) – 8

9 **Se:**

ç + ç + $ = £ + $
ç = 8

allora £ è uguale a:

A) – 16
B) 16
C) 19
D) 13

10 **Se:**

ç + ç = & – $
& = – 1
ç = – 8

allora $ è uguale a:

A) 17
B) – 30
C) 15
D) – 15

11 **Se:**

JK – 1 + MK = ZA + 12
3 = 9 + ZA

allora JK è uguale a:

A) non ci sono elementi sufficienti per rispondere
B) 9
C) 18
D) 6

12 **Se:**

VJ + VJ = AX – JK
VJ = BY + MK
JK = AX
BY = 2

allora MK è uguale a:

A) 2
B) 4
C) – 2
D) 1

13 **Se:**

\ – 1 + ¿ = @ + 12
\ = 3 + @

allora ¿ è uguale a:

A) 11
B) 14
C) 9
D) 10

14 **Se:**

VJ – 1 + JK = AX – 6
VJ = 3 + AX

allora JK è uguale a:

A) 4
B) – 5
C) 8
D) – 8

15 **Se:**

**@ + @ + \ = – 1 · **
@ = – 5

allora \ è uguale a:

A) 0
B) – 5
C) 5
D) 10

16 **Se:**

¿ + ¿ + ¿ = \ + ¿
¿ = 5

allora \ è uguale a:

A) 13
B) – 10
C) 10
D) 7

17 **Se:**

\ + \ + ç = $ + ç
\ = – 4

allora $ è uguale a:

A) 8
B) – 8
C) – 5
D) – 11

18 **Se:**

ç + ç + § = ¿ + §
ç = 20

allora ¿ è uguale a:

A) – 20
B) 20
C) 40
D) – 40

19 **Se:**

£ + $ + @ = 16
£ = 2 · $
@ = £ + 1

allora $ è uguale a:

A) 2
B) 4
C) 3
D) 5

20 **Se:**

& + 4 + @ = § + 3
& = – 12 + §

allora @ è uguale a:

A) 11
B) 22
C) – 11
D) – 5

21 **Se:**

\ + 8 = – \ + @ + ¿
¿ = 2
@ = 4

allora \ è uguale a:

A) 3
B) – 1
C) 1
D) – 2

22 **Se:**

**¿ + ¿ + \ = ç + **
¿ = – 6

allora ç è uguale a:

A) – 9
B) – 6
C) 12
D) – 12

23 **Se:**

ç + ç = £ – $
**ç = & + **
$ = £
& = – 12

allora \ è uguale a:

A) 0
B) 24
C) 12
D) – 12

24 **Se:**

¿ + 3 + ¿ = \ + 4
**¿ = – 9 + **

allora ¿ è uguale a:

A) – 10
B) 20
C) 19
D) 16

25 **Se:**

ç – 6 + $ = £ – 1
ç = 18 + £

allora $ è uguale a:

A) – 25
B) – 13
C) 25
D) 13

26 **Se:**

@ + 8 + % = £ + %
@ = – 5
% = 5

allora £ è uguale a:

A) 3
B) 8
C) – 5
D) – 3

27 **Se:**

@ + @ = ¿ – ¿
@ = \ + ?
¿ = ¿
\ = – 4

allora ? è uguale a:

A) 4
B) 0
C) – 4
D) 8

28 **Se:**

ç + 7 + $ = & + £ + $
ç = &

allora £ è uguale a:

A) 14
B) non è possibile calcolarlo
C) 7
D) – 7

29 **Se:**

© + ! = ! – §
! = – 5
© = 20

allora § è uguale a:

A) 20
B) – 10
C) – 20
D) 10

30 **Se:**

ç + § – ç = ç – 7
§ = – 1

allora ç è uguale a:

A) – 6
B) 6
C) 12
D) – 8

31 **Se:**

@ + @ + @ = ß – ¥ + @ + @
ß = 3
@ = ¥

allora ¥ è uguale a:

A) 2/3
B) – 1
C) 3/2
D) – 3/2

32 **Se:**

$ + 2 · £ + @ = 4 £
$ = £
@ = 3

allora £ è uguale a:

A) 3
B) 6
C) 4
D) 2

33 **Se:**

– @ – 2 · $ = 6
$ = – @

allora @ è uguale a:

A) 2
B) 6
C) 3
D) 4

34 **Se:**

$ + £ = $ · £
£ = 5

allora $ è uguale a:

A) 4/5
B) 6/5
C) 5/4
D) 5/6

35 **Se:**

@ + £ – $ = @ – £ + $
£ = 6

allora $ è uguale a:

A) 6
B) 3
C) 2
D) 4

36 **Se:**

ß + ß = 0 – $
§ + @ = @
$ = 0

allora ß è uguale a:

A) 0
B) – 2
C) – 1
D) 2

37 **Se:**

¥ – 11 + $ = ç + $ + $
¥ = ç

allora $ è uguale a:

A) 0
B) 3
C) 22
D) – 11

38 **Se:**

2® – 3 = 7® – 18

allora ® è uguale a:

A) – 3
B) 3
C) 1
D) 15

39 **Se:**

@ + @ + @ + @ = μ + 20
@ + @ = μ

allora @ è uguale a:

A) 10
B) non ci sono elementi sufficienti per rispondere
C) 20
D) 5

40 **Se:**

@ = 11
¿ = 6@ – 21 – 4¿

allora ¿ è uguale a:

A) 9
B) – 15
C) 45
D) 15

41 **Se:**

$ + $ = £ – @
$ = 6
£ = –3

allora @ è uguale a:

A) – 5
B) 5
C) 15
D) – 15

42 **Se:**

TZ + 7 + VJ = MK + 4
4 = 16 / MK

allora TZ è uguale a:

A) non ci sono elementi sufficienti per rispondere
B) 9
C) 0
D) 6

43 **Se:**

17 – ¥ = ¥ + 1

allora ¥ è uguale a:

A) 9
B) 8
C) – 8
D) 16

44 **Dopo aver opportunamente sostituito i simboli con i numeri, indicare qual è il risultato dell'espressione:**

☠	♦	✥	⌛	✡	☢	🗐	🗀	🔔	☒
1	2	3	4	5	6	7	8	9	0

(✥ x ♦) + (🗀 + ✡) =

A) 28
B) 15
C) 19
D) 14

45 **Dopo aver opportunamente sostituito i simboli con i numeri, indicare qual è il risultato della seguente espressione:**

♈	♒	♏	♎	♌	♍	♓	&	♋	♑
1	2	3	4	5	6	7	8	9	0

(♓ x &) - (♋ x ♌) =

A) 10
B) 3
C) 11
D) 2

46 **Se A = 3 , B = 5, C = 7, quanto vale (A + B + C) : (C – B + A)?**

A) 5
B) 3
C) 7
D) 9

47 **Se Q = 27, S = 4, G = 45, M = 14, E = 5, quanto vale (G + S + Q) / (M + E)?**

A) 4
B) 6
C) 8
D) 12

48 **Se D = 36, C = 6, G = 63, N = 81, H = 3, quanto vale (G + N + D) / (C + H)?**

A) 18
B) 22
C) 20
D) 34

49 **Se il valore di A è 42 diviso 6, quello di B è 3, quello di C è 16 diviso 4 e quello di D è 27 diviso 9, quanto vale A per B più il prodotto di C per D?**

A) 33
B) 38
C) 42
D) 56

50 **Se il valore di A è 2, quello di B è 2 diviso 4, quello di C è 3 e quello di D è 9 diviso 3, quanto vale A per B più il prodotto di C per D?**

A) 9
B) 10
C) 11
D) 28

Soluzioni

1 Risposta esatta: D

Tenendo conto dei dati forniti, si ha:

¿ + ¿ = \ - ¿
(ç + $) + (ç + $) = (ç + $) – (ç + $) → ~~(ç + $)~~ + (ç + $) = ~~(ç + $)~~ – (ç + $)
+ ç + $ = – ç – $
$ + $ = – ç – ç
2$ = - (–6) – (–6)
2$ = 6 + 6
2$ = 12

$ = 12/2

$ = 6

2 Risposta esatta: C

Basta sostituire, nella prima equazione, il simbolo «¿» con «$». Si ottiene:

$ + 5 + \ = $ + ç + \

Con dei semplici passaggi matematici (basta eliminare $ e \ che compaiono al primo e al secondo membro) si verifica che la risposta esatta è **ç = 5**.

3 Risposta esatta: C

Basta assegnare nella prima equazione, al simbolo «¿» il valore 5. Si ottiene:

5 = § · (3 – 7)

Con dei semplici passaggi matematici si verifica che **§ = – 5/4**.

4 Risposta esatta: D

Basta assegnare nella prima equazione, al simbolo «£» il valore 3. Con dei semplici passaggi matematici si verifica che la risposta esatta è **£ = 9**.

5 Risposta esatta: B

Uguagliando i secondi membri della seconda e della terza equazione, si ottiene facilmente che @ = 1; sostituendo tale valore nella prima equazione e ponendo anche ¿ = 3 si ottiene, con dei semplici passaggi matematici, **ç = 4**.

6 Risposta esatta: A

Basta sostituire, nella prima equazione, © con l'espressione «3 + §». Si ottiene:

3 + § – 1 + @ = § – 6

Con dei semplici passaggi matematici (basta eliminare § che compare al primo e al secondo membro) si verifica che la risposta esatta è **@ = – 8**.

7 Risposta esatta: A

¿ + 12 + \ = ç + 2
¿ = – 4 + ç
– 4 + ç + 12 + \ = ç + 2
\ = – 12 + 4 + 2
\ = – 6

8 Risposta esatta: A

Sommando membro a membro la terza e la quarta equazione, si ottiene:

@ + ¿ = § – 8

da cui si ricava, per sostituzione nella seconda equazione:

& = § – 8

sostituendo questa espressione al posto di & nella prima equazione, e ponendo inoltre § = ¿ si ottiene:

¿ – 8 + ¿ – 8 = ¿ – ¿

Si ricava facilmente che **¿ = 8**.

9 Risposta esatta: B

Basta porre, nella prima equazione, ç = 8. Si ottiene:

16 + $ = £ + $

Eliminando $, che compare al primo e al secondo membro, si ottiene immediatamente che la risposta esatta è **£ = 16**.

10 Risposta esatta: C

Si tratta di un'equazione simbolica che propone le seguenti espressioni:

prima equazione → ç + ç = & – $
seconda equazione → & = – 1
terza equazione → ç = – 8

Sostituendo nella prima equazione al simbolo «&» il valore – 1 e al simbolo «ç» il valore – 8, si ottiene:

(– 8) + (– 8) = (– 1) – $
– 16 = – 1 – $

Spostiamo il «– $» al primo membro e il «– 16» al secondo (ricordando che quanto si sposta un termine da un membro bisogna cambiargli il segno):

– 16 = – 1 – $
$ = – 1 + 16 = 15

11 **Risposta esatta: A**

Poiché nell'equazione assegnata, oltre al prodotto JK, ci sono altre due incognite MK e ZA, l'equazione non può essere risolta; in altri termini, **non ci sono elementi sufficienti per rispondere**.

12 **Risposta esatta: C**

Dalla terza equazione si ricava che AX – JK = 0; di conseguenza, il secondo membro della prima equazione si azzera e si ricava VJ = 0. Sostituendo nella seconda equazione VJ = 0 e BY = 2, si ricava immediatamente **MK = – 2**.

13 **Risposta esatta: D**

Basta sostituire, nella prima equazione, \ con l'espressione 3 + @. Si ottiene:

3 + @ – 1 + ¿ = @ + 12

Eliminando @, che compare al primo e al secondo membro, e con dei semplici passaggi matematici si verifica che la risposta esatta è **¿ = 10**.

14 **Risposta esatta: D**

Basta sostituire VJ = 3 + AX nella prima equazione. Si ottiene:

3 + AX – 1 + JK = AX – 6

Eliminando AX, che compare al primo e al secondo membro, con dei semplici passaggi matematici si verifica che la risposta esatta è: **JK = – 8**.

15 **Risposta esatta: C**

Basta porre, nella prima equazione @ = – 5; con semplici passaggi matematici si ricava **\ = 5**. Suggerimento: si possono anche sostituire i vari risultati proposti, finché non si trova quello che verifica l'uguaglianza.

16 **Risposta esatta: C**

Basta porre, nella prima equazione, ¿ = 5; con semplici passaggi matematici si ricava **\ = 10**. (Suggerimento: si possono anche sostituire i vari risultati proposti, finché non si trova quello che verifica l'uguaglianza).

17 **Risposta esatta: B**

Basta porre, nella prima equazione, \ = – 4; con semplici passaggi matematici si ricava **$ = -8**. (Suggerimento: si possono anche sostituire i vari risultati proposti, finché non si trova quello che verifica l'uguaglianza).

18 **Risposta esatta: C**

Basta porre, nella prima equazione, ç = 20; con semplici passaggi matematici si ricava **¿ = 40**. (Suggerimento: si possono anche sostituire i vari risultati proposti, finché non si trova quello che verifica l'uguaglianza).

19 **Risposta esatta: C**

Sostituendo £ = 2 · $ nella terza equazione si ottiene:

@ = 2 · $ +1

Sostituendo nella prima equazione tali espressioni di £ e di @ , si ottiene:

2$ + $ + 2 · $ + 1 = 16

da cui, con semplici passaggi matematici si ottiene:

5$ = 15 da cui **$ = 3**.

20 **Risposta esatta: A**

La prima equazione si può scrivere come: & – § = 3 – 4 – @, mentre la seconda si può scrivere come: & – § = – 12. Uguagliando i secondi membri delle due equazioni si ottiene:

3 – 4 – @ = – 12

da cui, con semplici passaggi matematici si ricava **@ = 11**.

21 **Risposta esatta: B**

Sostituendo, nella prima equazione, i valori forniti di ¿ e di @, si ottiene:

\ + 8 = – \ + 4 + 2

da cui, con dei semplici passaggi matematici, si ricava **\ = – 1**.

22 **Risposta esatta: D**

Basta sostituire, nella prima equazione, a ¿ il valore – 6. Si ottiene:

– 6 – 6 + \ = ç + \

da cui, semplificando (si può eliminare \ che è presente sia al primo che al secondo membro) e con dei semplici passaggi matematici, si ricava **ç = – 12**.

23 **Risposta esatta: C**

Si tratta di un'equazione simbolica che propone le espressioni seguenti:

prima equazione → ç + ç = £ – $
seconda equazione → ç = & + \
terza equazione → $ = £
quarta equazione → & = – 12

Dalla terza equazione, ricaviamo che il simbolo $ è uguale al simbolo £. Questa osservazione ci consente di sostituire nella prima equazione al simbolo $ il simbolo £, ottenendo:

ç + ç = £ – $
ç + ç = £ – £
ç + ç = 0
2ç = 0

Se 2ç = 0, allora ç = 0/2 = 0

Nella seconda equazione possiamo sostituire al simbolo ç lo 0 e al simbolo & il – 12:

ç = & + \ → 0 = – 12 + \

Portando il \ al primo membro (ricordando di cambiargli il segno), si ottiene:

0 = – 12 + \ → – \ = – 12

Infine, in un'equazione è legittimo cambiare il segno di tutti i suoi termini, ovvero:

– \ = – 12 → **\ = 12**.

24 **Risposta esatta: C**

Basta sostituire, nella prima equazione, ¿ = – 9 + \. Successivamente, con dei semplici passaggi matematici, si ricava **¿ = 19**.

25 **Risposta esatta: B**

Basta sostituire, nella prima equazione, ç = 18 + £. Si ottiene:

18 + £ – 6 + $ = £ – 1

da cui, semplificando (si può eliminare £ che è presente sia al primo che al secondo membro) e con dei semplici passaggi matematici, si ricava **$ = – 13**.

26 **Risposta esatta: A**

Sostituendo, nella prima equazione, i valori forniti di @ e di %, si ottiene:

– 5 + 8 + 5 = £ + 5

da cui, con dei semplici passaggi matematici, si ricava **£ = 3**.

27 **Risposta esatta: A**

Si tratta di un'equazione simbolica che propone le espressioni seguenti:

prima equazione → @ + @ = ¿ – ¿
seconda equazione → @ = \ + **?**
terza equazione → ¿ = ¿
quarta equazione → \ = – 4

Osservando la prima equazione, possiamo notare che al secondo membro c'è una differenza tra due simboli che è uguale a 0 (sarebbe come fare 1 – 1 = 0). Quindi, la prima equazione può essere riscritta nel modo seguente:

@ + @ = ¿ – ¿
@ + @ = 0
2@ = 0

Se 2@ = 0, allora @ = 0/2 = 0

Sostituendo nella seconda equazione a @ lo 0 e a \ il – 4, si ottiene:

@ = \ + **?** →
0 = – 4 + **?**

Se spostiamo **?** al primo membro (cambiandogli il segno perché quando un termine si porta da un membro all'altro è necessario cambiargli il segno) si ottiene:

– **?** = – 4

Infine per il principio di equilibrio posso cambiare il segno a tutti i termini di un'equazione:

? = 4.

28 **Risposta esatta: C**

Si tratta di un'equazione simbolica che propone le espressioni seguenti:

prima equazione → ç + 7 + $ = & + £ + $
seconda equazione → ç = &

Osservando la prima equazione, notiamo che sia al primo che al secondo membro è presente il simbolo $, in entrambi i casi con lo stesso segno +. In queste situazioni, il simbolo individuato si può cassare, ovvero:

ç + 7 + $ = & + £ + $
ç + 7 = & + £

Poiché ç è uguale a &, nell'equazione precedente a ç possiamo sostituire &:

ç + 7 = & + £ → & + 7 = & + £

Poiché il simbolo & è presente sia al primo che al secondo membro, in entrambi i casi con lo stesso segno positivo, possiamo, come detto, cassarlo:

& + 7 = & + £
£ = 7.

29 **Risposta esatta:** C

Nella prima equazione si può subito semplificare, eliminando ! presente sia al primo che al secondo membro; risulta immediatamente che:

© = - §

quindi, essendo © = 20, si ricava che **§ = - 20**.

30 **Risposta esatta:** B

Sostituendo § = -1 nella prima equazione si ricava immediatamente, con dei semplici calcoli, **ç = 6**.

31 **Risposta esatta:** C

Sostituendo nella prima equazione ß = 3 e @ = ¥ si ricava immediatamente, con dei semplici calcoli, **¥ = 3/2**.

32 **Risposta esatta:** A

Sostituendo nella prima equazione $ = £ e @ = 3 si ricava immediatamente, con dei semplici calcoli, **£ = 3**.

33 **Risposta esatta:** B

Sostituendo nella prima equazione $ = - @ si ricava immediatamente, con dei semplici calcoli, **@ = 6**.

34 **Risposta esatta:** C

Sostituendo nella prima equazione £ = 5, si ricava immediatamente, con dei semplici calcoli, **$ = 5/4**.

35 **Risposta esatta:** A

Sostituendo nella prima equazione £ = 6, si ricava immediatamente, con dei semplici calcoli, **$ = 6**.

36 **Risposta esatta:** A

Nella seconda equazione, si nota che @ è presente sia al primo che al secondo membro; semplificando, si ottiene che § = 0. Sostituendo nella terza equazione § = 0 si ricava che anche O = 0. La prima equazione diventa quindi:

ß + ß = 0 + 0

da cui, facilmente, si ricava **ß = 0**.

37 **Risposta esatta:** D

Sostituendo nella prima equazione ¥ = ç, si ricava immediatamente, con dei semplici calcoli e opportune semplificazioni, **$ = - 11**.

38 **Risposta esatta:** B

Nell'equazione fornita, portando a primo membro i termini con l'incognita ® e spostando al secondo membro i termini noti, si ottiene:

2® - 7® = 3 - 18

Eseguendo i calcoli, si ottiene:

- 5® = - 15

e quindi, cambiando di segno entrambi i termini e dividendoli per 5, si ricava ® = 3.
Suggerimento: si può anche partire dai risultati e verificare che l'unico valore che soddisfa l'equazione fornita è **® = 3**.

39 **Risposta esatta:** A

Sottraendo membro a membro le due equazioni, si ottiene:

@ + @ = 20

da cui si ricava immediatamente, con dei semplici calcoli, **@ = 10**.

40 **Risposta esatta:** A

Sostituendo nella seconda equazione @ = 11, si ricava immediatamente, con dei semplici calcoli, **¿ = 9**.

41 **Risposta esatta:** D

Basta porre, nella prima equazione, $ = 6 e £ = - 3. Con dei semplici passaggi matematici si verifica che la risposta esatta è **@ = - 15**.

42 **Risposta esatta:** A

Dalla seconda equazione si ricava MK = 16/4 quindi MK = 4; sostituendo tale valore nella prima equazione, si verifica che oltre al prodotto TZ, è presente anche il prodotto delle due incognite VJ e pertanto l'equazione non può essere risolta; in altri termini, **non ci sono elementi sufficienti per rispondere**.

43 **Risposta esatta:** B

Applicando le regole di risoluzione delle equazioni di primo grado si ottiene: 16 = 2 · ¥, da cui, dividendo primo e secondo membro per 2, si ricava **¥ = 8**.
Suggerimento: si possono anche sostituire i vari risultati proposti, finché non si trova quello che verifica l'uguaglianza.

44 **Risposta esatta: C**

Sostituendo ai simboli il valore numerico associato nella tabella si ha: (3 × 2) + (8 + 5) = **19**.

45 **Risposta esatta: C**

Sostituendo ai simboli il valore numerico associato nella tabella si ha: (7 × 8) − (9 × 5) = **11**.

46 **Risposta esatta: B**

Sostituendo alle lettere il valore numerico associato si ha: (3 + 5 + 7) : (7 − 5 + 3) = **3**.

47 **Risposta esatta: A**

Sostituendo alle lettere il valore numerico associato si ha: (45 + 4 + 27) / (14 + 5) = **4.**

48 **Risposta esatta: C**

Sostituendo alle lettere il valore numerico associato si ha: (63 + 81 + 36) / (6 + 3) = **20.**

49 **Risposta esatta: A**

Se A = 7, B = 3, C = 4 e D = 3, allora sostituendo alle lettere il valore numerico associato si ha: (7 × 3) + (4 × 3) = **33.**

50 **Risposta esatta: B**

Se B = 1/2 e D = 3, allora sostituendo alle lettere il valore numerico associato si ha: (2 × 1/2) + (3 × 3) = **10.**

19
Logica deduttiva: deduzioni, sillogismi, negazioni etc.

Per verificare le capacità di ragionamento logico-deduttivo spesso vengono proposti quiz come *deduzioni semplici*, *sillogismi*, *negazioni*, *condizioni necessarie e sufficienti*, *problemi logico-verbali*. Si tratta di quiz di diversa tipologia che possono essere risolti con un po' di concentrazione e stando molto attenti alle parole usate, al testo della domanda e ai suoi connettivi logici (come *se, solo se, chi, solo chi, e, o, non*...), o ad alcuni avverbi come *probabilmente*, *sicuramente* ecc.

1 Deduzioni semplici

Le **deduzioni semplici** sono la tipologia di quiz di logica deduttiva più facile: sono quiz incentrati su un solo passaggio logico, da cui appunto per *deduzione*, si può ricavare la risposta esatta. Molti di questi quiz si possono risolvere intuitivamente e facendo ricorso al "buon senso". In alcuni casi però è necessario un approccio più strutturato. Vediamo qualche esempio.

Esempio n. 1
Se è vero che «Chi fa da sé fa per tre», allora è necessariamente vera una delle affermazioni seguenti. Quale?

A) il fai da te è un hobby educativo utile
B) tutti coloro che lavorano da soli lavorano quanto tre persone messe insieme
C) chi fa sempre da sé, non concluderà mai nulla nella vita
D) la solitudine rende presuntuosi

Il quiz appare più come una domanda di comprensione del testo che di deduzione. Tolte la **A** e la **D**, che sembrano più dei riempitivi che dei distrattori, la risposta **B** è quella che rielabora l'informazione proposta, nel migliore dei modi.

Esempio n. 2
«Se farai come ti dico, andrà tutto bene». Alla luce di tale affermazione, è certamente corretta anche una (ed una sola) delle seguenti. Quale?

A) se non farai come ti dico, non potrà che andar male
B) purtroppo la cosa non è andata bene, è evidente che non hai fatto come ti avevo suggerito
C) se avessi seguito il mio consiglio, forse le cose non sarebbero andate come speravi, ma nemmeno troppo male
D) la cosa è andata bene me ne compiaccio, perché questo significa che hai fatto esattamente come ti avevo indicato

Le deduzioni semplici, come questa, possono schematizzarsi anche con la formula: **A → B**.
Si tratta di un'implicazione univoca. Non è vero infatti che **B → A** e per tale motivo la risposta **D** non è da considerarsi valida: il fatto che **B** sia verificata (*la cosa è andata bene*) non implica necessariamente che **A** lo sia, dal momento che la formulazione di **A** non include l'esclusività della relazione tra **A** e **B** (sarebbe stato diverso se fosse stato indicato **solo se farai come ti dico ...**).
La risposta **C** anche è da scartare, per la presenza del "forse" e di tutta la seconda parte che non ha attinenza.
Restano la **A** e la **B** con entrambe una notazione negativa. La risposta **A** si può schematizzare come **non A → non B**.

La negazione di A non implica la negazione di B, anzi è uno degli errori comuni che si commettono in questo tipo di esercizi. Solo quando la frase è formulata come *Se e solo se A è vera, B è vera* (implicazione doppia), si può assumere che **non A → non B**.

La risposta esatta è quindi la **B** che si può schematizzare come:

non B → non A

Bisogna prestare attenzione: nella maggior parte dei casi individuare questa schematizzazione tra le risposte significa individuare la risposta esatta.

Esempio n. 3
«Chi non frequenta le lezioni viene bocciato all'esame». In base alla precedente affermazione è necessariamente vero che:

A) chi viene bocciato all'esame non ha frequentato le lezioni
B) non è possibile che anche chi frequenta tutte le lezioni possa essere bocciato
C) chi frequenta tutte le lezioni verrà promosso
D) chi non viene bocciato all'esame ha frequentato tutte le lezioni

Anche in questo caso la domanda è schematizzabile come:

A (*chi non frequenta le lezioni*) → **B** (*viene bocciato all'esame*)

La risposta **A** si schematizza nella forma **B → A**, che, come detto, non è equivalente alla forma inversa. La risposta **B**, invece, si schematizza come "è falso che **non A → B**" che non è vera: infatti nulla assicura la promozione avendo seguito tutte le lezioni, mentre è vero che chi non le segue tutte sicuramente sarà bocciato. La risposta **C** riprende lo stesso concetto ovvero che **non A → non B.** La risposta **D**, invece, è del tipo **non B → non A**, che, come detto, rappresenta la formulazione equivalente a quella data.

Esempio n. 4
L'italiano che afferma che gli italiani sono bugiardi dice:

A) un'affermazione perfettamente verificabile
B) il vero
C) una cosa ovvia
D) non è possibile determinarlo
E) una bugia

Se dicesse la verità (dicendo che gli italiani sono bugiardi) risulterebbe lui stesso bugiardo, quindi avrebbe detto una bugia. Tuttavia, se avesse detto una bugia vorrebbe dire che gli italiani non sono bugiardi, quindi dovrebbero dire il vero: si tratta del famoso "paradosso del mentitore" di *Epimenide di Creta*, che pur essendo di Creta affermava: «*I Cretesi sono bugiardi*». Risposta esatta: **D**.

Esempio n. 5
«Se il mandorlo è in fiore, la rosa marcisce. Se la begonia marcisce, il papavero sboccia. Inoltre o il mandorlo è in fiore o la begonia marcisce». In base alle precedenti affermazioni è sicuramente vero che:

A) il mandorlo è in fiore e il papavero sboccia
B) il papavero sboccia
C) la rosa marcisce o il papavero sboccia
D) la rosa e la begonia marciscono
E) la rosa marcisce e il papavero sboccia

Si tratta di un problema di deduzione semplice in cui è necessario verificare la veridicità di entrambe le affermazioni. In particolare le due *proposizioni* sono legate da una disgiunzione (o è vera la 1 o la 2) ed entrambe portano alla c).

2 Sillogismi

Una tipologia di ragionamento deduttivo più articolato è il **sillogismo**, da intendersi come un'affermazione che presenta **due premesse** e **una conclusione** che discende deduttivamente dalle premesse. Il sillogismo classico è il sillogismo aristotelico (Aristotele è stato il primo teorizzatore di questa tipologia di ragionamento) e può essere descritto con questo esempio:

Tutti gli uomini sono mortali
Socrate è un uomo
Socrate è mortale

Può risultare conveniente esprimere il sillogismo con una forma insiemistica:

$$U \subset M \,;\, S \in U \rightarrow S \in M$$

dove $\subset$ rappresenta il simbolo di inclusione e $\in$ il simbolo di appartenenza.

La notazione matematica può essere enunciata come:

— premessa: gli «uomini» appartegnono all'insieme dei «mortali»;
— premessa: Socrate è un elemento dell'insieme «uomini»;
— conclusione: Socrate sarà un elemento dell'insieme «mortali».

Lo stesso sillogismo può essere rappresentato anche attraverso i **diagrammi di Eulero-Venn**:

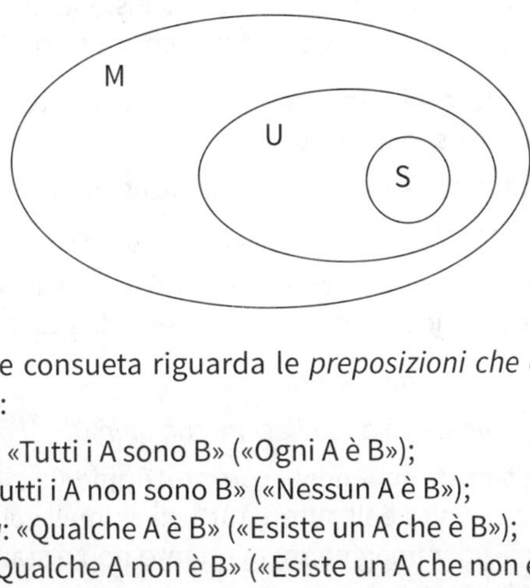

Un'altra classificazione consueta riguarda le *preposizioni che costituiscono un sillogismo* secondo quattro tipologie:

— *universale affermativa*: «Tutti i A sono B» («Ogni A è B»);
— *universale negativa*: «Tutti i A non sono B» («Nessun A è B»);
— *particolare affermativa*: «Qualche A è B» («Esiste un A che è B»);
— *particolare negativa*: «Qualche A non è B» («Esiste un A che non è B»).

Le quattro tipologie possono essere schematizzate come indicato di seguito:

universale affermativa

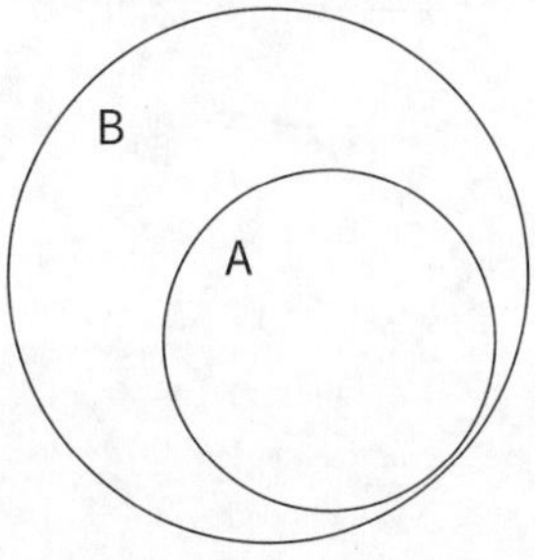

universale negativa

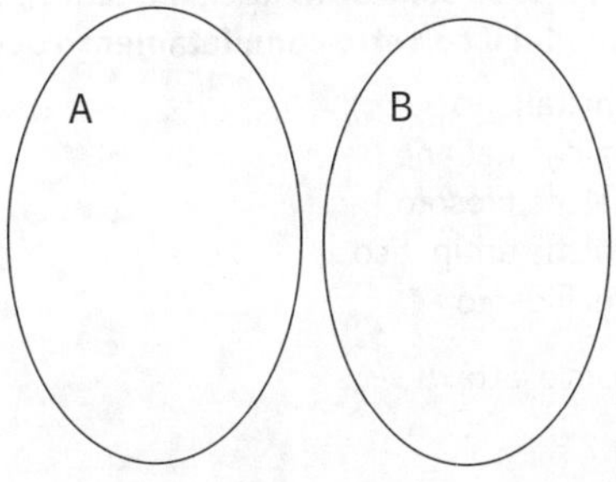

particolare affermativa

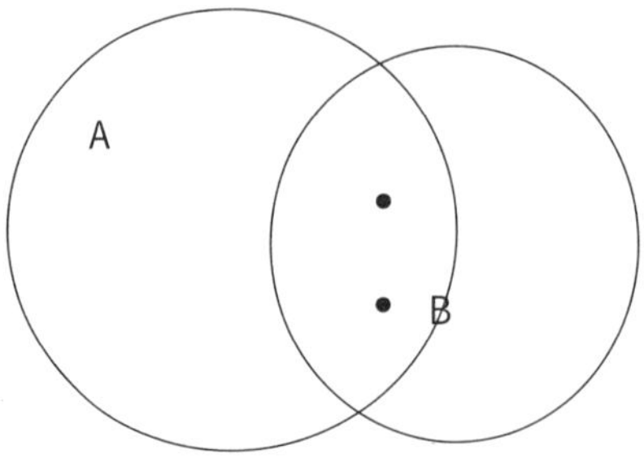

particolare negativa

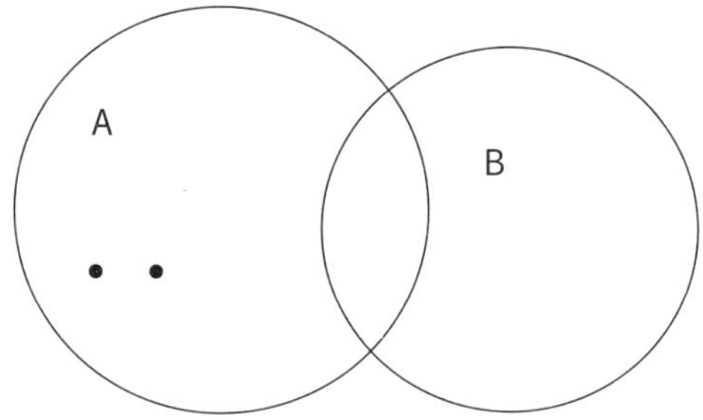

Un sillogismo è corretto *se e solo se* la conclusione è conseguenza logica delle premesse, ossia se la verità delle premesse implica quella della conclusione.

In particolare, è necessario che:

- siano presenti tre termini di cui quello medio non compare nella conclusione;
- il termine medio abbia lo stesso contenuto in entrambe le premesse ed almeno in una compaia con carattere universale.

Inoltre si potrà verificare che:

- due premesse affermative non possono produrre una conclusione negativa;
- quando una delle premesse è negativa anche la conclusione sarà negativa;
- da due premesse negative non si può ottenere una conclusione.

Attraverso l'utilizzo di queste regole si potranno escludere le alternative che non le rispettano e individuare, per esclusione, la risposta esatta.

Un errore, che talvolta si commette, è quello di lasciarsi ingannare dai **falsi sillogismi**:

mio figlio ha tre denti/ la forchetta ha tre denti/ mio figlio è una forchetta

Questo sillogismo non funziona, non è corretto, perché il significato dei termini cambia nel corso del ragionamento (i «denti» identificano due oggetti, due entità differenti).

Diverso è l'approccio per un ragionamento del tipo:

Tutti gli animali volano / l'asino è un animale / l'asino vola

dove la correttezza del sillogismo (formalmente corretto) è affidata alla correttezza delle ipotesi: se nello spazio sperimentale definito dall'autore tutti gli animali volano (possiamo trovarci su un altro pianeta, o in uno spazio immaginario, in quanto non è stato definito che ci troviamo sulla Terra), il sillogismo risulta corretto.

Esempio n. 1
«Tutti i filosofi sono antipatici; qualche filosofo è italiano; dunque ____________ è antipatico».
Si individui il corretto completamento del sillogismo:

A) ogni italiano
B) qualche italiano
C) qualche filosofo
D) qualche antipatico
E) ogni filosofo

Risposta esatta: **B**

La prima proposizione è una *universale affermativa*. La seconda una *particolare affermativa*. Utilizzando i diagrammi di Eulero Venn avremo:

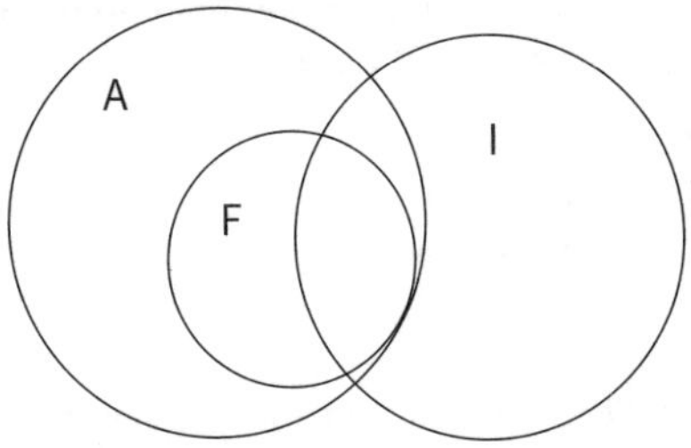

Dal momento che tutti i filosofi sono antipatici ed alcuni di essi sono italiani, saranno contemporaneamente antipatici ed italiani. Dunque **qualche italiano** (almeno quelli che sono filosofi) sarà antipatico (la conclusione dovà essere una particolare affermativa), quindi la risposta esatta è la **B**.

Esempio n. 2

«Tutti i condottieri sono coraggiosi; nessun coraggioso è dissimulatore; dunque ___________ è condottiero». Si individui il corretto completamento del sillogismo:

A) qualche condottiero
B) nessun coraggioso
C) qualche dissimulatore
D) ogni dissimulatore
E) nessun dissimulatore

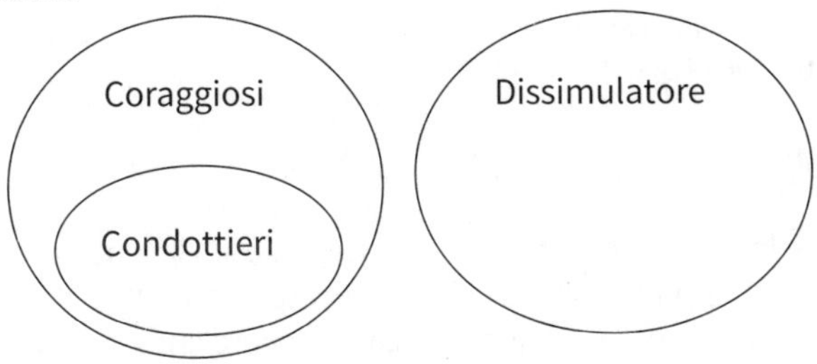

Attraverso il diagramma di Eulero-Venn appare evidente che non esistono intersezioni tra l'insieme dei condottieri (incluso in quello dei coraggiosi) e l'insieme dei dissimulatori.
Analizzando le risposte: la **B** non può essere in quanto sarebbe in contraddizione con la prima proposizione; la risposta **A** è un altro modo di esprimere la prima proposizione. Poiché la seconda proposizione è negativa, la conclusione sarà negativa: pertanto la risposta esatta è **nessun dissimulatore**. Risposta esatta: **E**

Esempio n. 3

«Tutti i cani sono fedeli e tutti gli animali fedeli sono mammiferi. Alcuni mammiferi possono passeggiare sui tetti». Una sola delle deduzioni qui elencate completa correttamente il sillogismo:

A) è impossibile che alcuni cani non possano passeggiare sui tetti
B) è impossibile che alcuni mammiferi non siano fedeli
C) è impossibile che alcuni cani possano passeggiare sui tetti
D) non è impossibile che alcuni cani possano passeggiare sui tetti
E) gli animali che possono passeggiare sui tetti sono mammiferi

Riorganizzando la catena di implicazioni si avrà:

$$\text{cane} \rightarrow \text{fedele} \rightarrow \text{mammifero} \rightarrow \text{passeggia sui tetti}$$

Quindi, ogni cane, in quanto mammifero, può passeggiare sui tetti. Risposta esatta: **E**

Esempio n. 4
Se sono corrette le seguenti affermazioni: «Tutti i pompieri sono coraggiosi. Tutti i piloti sono coraggiosi. Tutti i piloti amano il cielo», quale delle seguenti ulteriori affermazioni potrebbe far concludere che tutti i pompieri amano il cielo?

A) chi ama il cielo è un pompiere
B) tutte le persone coraggiose amano il cielo
C) non ci sono pompieri che siano anche piloti
D) tutti i piloti sono anche pompieri
E) tutti i pompieri sanno volare

Sono presenti due catene di implicazioni di cui una è da completare. La prima è pompiere → coraggio → amore per il cielo; l'altra è pompiere → ... → amore per il cielo. L'anello mancante è: **tutte le persone coraggiose amano il cielo**. Si noti che, essendo la conclusione universale affermativa, anche la seconda premessa dovrà esserlo. Risposta esatta: **B**

Esempio n. 5
«Il cantante Tizio è un cane, i cani hanno la coda, il cantante Tizio ha la coda». Il sillogismo non funziona. Perché?

A) esistono cani con una bella voce
B) Tizio non sempre canta male
C) il significato dei termini varia nel corso del ragionamento
D) non tutti i cani hanno la coda
E) non è la coda a determinare la qualità di un cantante

Questo è il classico esempio di un *sillogismo non corretto* e, come accennato, il motivo è da ricercare nella variazione del significato dei termini. «Cane» in un caso è utilizzato come qualificativo, nell'altro come sostantivo. Risposta esatta: **C**

3 Negazioni

Molti quiz di logica deduttiva contengono delle **negazioni**. Affrontare le domande dove sono presenti negazioni, talvolta, può risultare più complicato di quanto ci si aspetti.

Nella logica, negare una proposizione significa sostenere che un determinato evento non è avvenuto (o non avverrà). Potrebbe sembrare banale, ma in alcuni casi si potrebbe essere spinti ad assumere di trovarsi in uno spazio sperimentale in cui i parametri abbiano valori binari, quando invece non lo sono.

Ad esempio, immaginiamo i pezzi di una scacchiera. Dire: "queste pedine non sono bianche" non significa assumere che esse siano nere. Se lo facessimo staremmo dicendo che esistono, per lo spazio sperimentale in questione (quindi per tutti i set di pedine acquistabili nel mondo), SOLO pedine bianche e nere, quando invece potrebbero esistere (ma non lo sappiamo) pedine rosse, grigie etc.

Quindi, data una proposizione *p*, la sua negazione è una nuova proposizione che è **vera** se e solo se *p* è **falsa**, ed è **falsa** se e solo se *p* è **vera**. La negazione di una proposizione si indica con i simboli: p, ¬p oppure ~p.

Per la sua stessa definizione, una doppia negazione di una proposizione significherà affermarne la veridicità. Iterando il processo, si può verificare che **un numero pari di negazioni equivale ad un'affermazione, un numero dispari di negazioni equivale ad una negazione.**

Nelle proposizioni semplici, la negazione di "*tutti*" è "*almeno uno non*", mentre la negazione di "*nessuno*" è "*almeno uno*". Negare che "*tutti i cani sono neri*" significa affermare che "*esiste almeno un cane che non sia nero*". Allo stesso modo negare che "*nessuno è perfetto*" vuol dire che "*esiste almeno una persona che è perfetta*".

Una proposizione complessa, invece, è composta da due predicati:

"*Se piove allora mi bagno*" (se **A** allora **B,** che può essere schematizzato anche come **A** → **B**). Negare questa proposizione significa affermare che "*piove e non mi bagno*".

Se c'è il sole vado al mare → c'è il sole e non vado al mare
Se corro dimagrisco → corro e non dimagrisco

La negazione di **A o B** è equivalente a **non A e non B**; ad esempio:

Mangio oppure bevo → non mangio e non bevo
Lavoro oppure mi riposo → non lavoro e non mi riposo
Vado al mare oppure in montagna → non vado al mare né in montagna

Al contrario si avrà che la negazione di "*e*" (*A e B*) sarà "*oppure*" (*non A o non B*):

Sono alto e biondo → non sono alto oppure non sono biondo
Mangio e dormo → non mangio oppure non dormo
Il bimbo urla e piange → il bimbo non urla oppure non piange

Esempio n. 1
«Francesco dorme oppure non sogna». Se l'affermazione precedente è falsa, allora:

A) Francesco dorme quando sogna
B) Francesco sogna quando dorme
C) Francesco sogna oppure dorme
D) Francesco non dorme e sogna
E) Francesco sogna e non dorme

La proposizione si può schematizzare come **A o (non B)** la cui negazione sarà **(non A) e non (non B)** ovvero **(non A) e B**. Trasponendo significa affermare che **Francesco non dorme e sogna**. Risposta esatta: **D**

Esempio n. 2
La negazione dell'affermazione «Non brucia ed è freddo» è:

A) non brucia e non è freddo
B) brucia e non è freddo
C) brucia ed è freddo
D) brucia oppure non è freddo
E) non brucia oppure non è freddo

La proposizione si può schematizzare come **(non A) e B** la cui negazione sarà **non (non A) o (non B),** ovvero **A o (non B)**. La risposta esatta sarà la **D**.

Esempio n. 3
La frase «Non garantisco che sia insostenibile negare il contrario della veridicità delle mie affermazioni» significa:

A) io posso dire il vero
B) io non so mentire
C) io non conosco la verità
D) io dico sempre il vero
E) io mento

È sufficiente contare le negazioni:

negazione 1: *non garantisco che sia*
negazione 2: *insostenibile*
negazione 3: *negare*
negazione 4: *il contrario*
proposizione: *della veridicità delle mie affermazioni*

Si tratta di quattro negazioni, quindi bisognerà affermare la proposizione. Tra le risposte sono da scartare quelle con carattere assolutistico, dal momento che la proposizione è retta da una locuzione con carattere probabilistico: "non garantisco che sia insostenibile" si traduce nell'ipotetico "io posso dire il vero". Risposta esatta: **A**

Esempio n. 4:
Se l'affermazione «Tutti gli studenti di economia dicono sempre la verità» è FALSA, quale delle seguenti proposizioni è necessariamente vera?

A) chi non dice sempre la verità non è uno studente di economia
B) c'è almeno uno studente di economia che non dice sempre la verità
C) chi non è studente di economia non dice sempre la verità
D) chi dice sempre la verità è uno studente di economia
E) nessuna delle risposte precedenti

La negazione di ***tutti*** è **esiste almeno uno**. Non bisogna lasciarsi confondere dalla presenza del sempre. La risposta esatta è la **B**.

Esempio n. 5
Se l'affermazione «A nessuno studente sono antipatici tutti i professori» è vera, allora è necessariamente vero che:

A) tutti i professori sono simpatici agli studenti
B) scelto un qualsiasi studente, c'è almeno un professore che gli è simpatico
C) a qualche studente sono simpatici tutti i professori
D) c'è un professore che è simpatico a tutti gli studenti
E) nessuna delle precedenti

La negazione di «**nessuno studente**» è «**esiste almeno uno studente**» a cui **non** sono antipatici tutti i professori, ovvero c'è almeno un professore che gli è simpatico. Risposta esatta: **B**

4 Condizione sufficiente / necessaria / necessaria e sufficiente

Nella risoluzione dei quiz di logica è sempre molto importante saper individuare, all'interno di una *proposizione composta*, quale delle due sia la condizione da cui dipende l'altra. Un esempio può chiarire:

Se ti svegli presto domani andremo a correre

Utilizzando un formalismo si schematizzerà questa proposizione come:

se **P** allora **R**

Significa che se si verifica la condizione **P** (*svegliarsi presto*) si verificherà la condizione **R** (*andare a correre*). Nella catena delle implicazioni delle preposizioni composte sono da distinguere tre tipologie.

a) Condizione sufficiente

È un presupposto (ipotesi) con il quale un'affermazione (tesi) sussiste, ma senza il quale l'affermazione (tesi) potrebbe comunque sussistere. Affermare che **P** è condizione sufficiente per **R** significa verificare che **la presenza di P garantisce la presenza di** R, o, che è lo stesso, che è impossibile avere P senza R:

Essere un quadrato è sufficiente per avere quattro lati uguali
Essere divisibile per quattro è sufficiente per essere un numero pari

Per dimostrare che la condizione **P** non è sufficiente per la condizione **R** bisogna riferirsi ai casi in cui sia presente **P** ma non sia presente **R:**

Se non piove allora ti aspetto davanti al portone

Spesso è introdotta dalla notazione "**se ... allora**". L'esempio precedente rappresenta proprio una condizione sufficiente. C'è da specificare, tuttavia, che l'evento R potrà verificarsi anche in altri casi. Se il quiz inizia con "Se A, allora..." quasi sicuramente si tratta di una condizione sufficiente.

b) Condizione necessaria

Si tratta di un presupposto (ipotesi) con il quale un'affermazione o proprietà (tesi) potrebbe sussistere, ma senza il quale l'affermazione non può valere. In termini più pratici, affermare che P è una **condizione necessaria** per R significa affermare che **è impossibile avere R senza avere P**, ovvero, **l'assenza di P garantisce l'assenza di R**:

Avere quattro lati uguali è condizione necessaria per essere un quadrato (non è sufficiente perché anche il rombo ha quattro lati uguali)
Essere coraggiosi è condizione necessaria per essere dei buoni soldati
Non essere divisibile per 4 è essenziale per essere un numero primo

Per mostrare che P non è una condizione necessaria per R, basta considerare una situazione dove R è presente ma P non lo è:

Solo se c'è la benzina, allora l'auto cammina

Spesso può essere introdotta, di norma, dalla forma "**solo se ... allora**". Se il quesito è impostato con "solo se A" quasi sicuramente si ha una condizione necessaria.

c) Condizione necessaria e sufficiente

Il presupposto (ipotesi) è la stessa identica cosa rispetto alla proprietà (tesi). Esiste, pertanto, una doppia implicazione da uno verso l'altro e viceversa. Viene introdotta dalla forma **"Se e solo se"**. Ad esempio affermare che:

Se e solo se è una giornata soleggiata pranzo sul terrazzo

è una condizione necessaria e sufficiente poiché l'evento **P** (giornata soleggiata) implica l'evento **R** (mangiare sul terrazzo) ed è una condizione esclusiva, ossia l'evento **R** (mangiare sul terrazzo) si verificherà solo se si verifica l'evento **P** (giornata soleggiata).

È utile prendere dimestichezza con le varie forme con cui possono essere presentate le proposizioni. Dire: *Condizione necessaria perché Pasquale vada a teatro è che ci vada Rocco* è del tutto equivalente ad affermare: "*Pasquale va a teatro solo se Rocco ci va*" da cui si desume che *se Rocco non va a teatro, Pasquale non ci andrà*. Trasformando matematicamente si traduce: **non R ⇒ non P,** equivalente alla proposizione: **P ⇒ R.**

Attenzione però, non è vero il contrario: può accadere che Rocco vada a teatro ma che Pasquale non ci vada.

Per contro, dire: "*Condizione sufficiente perché Pasquale vada a teatro è che ci vada Rocco*", si traduce nell'implicazione diretta **R ⇒ P**: se Rocco va a teatro allora ci va anche Pasquale.

Combinando insieme le due proposizioni avremo la definizione di condizione necessaria e sufficiente:

R ⇒ P

Adattando al caso dei quiz si possono incontrare due tipologie di domande, ovvero potrà essere richiesto di individuare **la riposta che rappresenti la deduzione certa** dall'asserto presentato oppure la risposta che rappresenti **cosa non sia deducibile con certezza** dall'asserto presentato.

TABELLA DI EQUIVALENZA

	Si può dedurre che:	**Non si può dedurre che:**
Cond. sufficiente (se P allora R)	se non R allora non P	P e non R se R allora P se non P allora non R solo se P allora R
Cond. necessaria (solo se P allora R)	se R allora P se non P allora non R	non P e R se non R allora non P se P allora R
Cond. necessaria e sufficiente (se e solo se P allora R)	se non R allora non P se R allora P se non P allora non R	P e non R non P e R

d) Esempi

Esempio n. 1

«Se e solo se è una giornata soleggiata pranzo sul terrazzo». In base alla precedente affermazione, quale delle seguenti è certamente vera?

A) quando pranzo in terrazzo non è detto che sia una giornata soleggiata
B) a volte, anche se è una giornata soleggiata, non pranzo sul terrazzo
C) se pranzo sul terrazzo, significa che è una giornata soleggiata
D) quando pranzo sul terrazzo apro l'ombrellone
E) quando pranzo sul terrazzo indosso gli occhiali da sole

La relazione che lega le due proposizioni è necessaria e sufficiente. La struttura S (sole) $\Leftrightarrow$ T (pranzo in terrazzo) permette di dedurre T $\Rightarrow$ S, pertanto la risposta esatta sarà la **C**. Valutando le altre risposte, in ognuna di esse viene a mancare un termine che regga l'intera proposizione. Nella risposta **A** si contraddice la tesi T $\Rightarrow$ S che deve essere vera sempre. Stessa cosa si verifica nella risposta **B** perché se la giornata è soleggiata discende che si pranzi in terrazzo. Le ultime due non sono direttamente deducibili: aprire l'ombrellone e indossare gli occhiali da sole potrebbero essere diretta conseguenza della presenza del sole, ma anche no... e in ogni caso, se fosse vera una delle due sarebbe vera anche l'altra (e non possono esserci due risposte vere!!!).

Esempio n. 2

Determinare quale delle seguenti situazioni è NON compatibile con l'affermazione: «Per superare questo test è necessario, ma non sufficiente, conoscere la matematica e non arrivare in ritardo».

A) Carlo conosce la matematica, arriva puntuale, e supera il test
B) Massimo non conosce la matematica, arriva puntuale, e supera il test
C) Riccardo conosce la matematica, arriva puntuale, e non supera il test
D) Mimma non conosce la matematica, arriva in orario, e non supera il test
E) Letizia arriva puntuale e non supera il test

Conoscere la matematica e non arrivare in ritardo è condizione necessaria, ma non sufficiente per superare il test. La risposta cercata è quella che non è compatibile con tale condizione. Può risultare più rapido e sicuro individuare quelle che, invece, sono compatibili. La risposta **A** è compatibile in quanto rispetta pedissequamente la condizione di necessarietà (conoscere la matematica, non arrivare in ritardo implica (ma non necessariamente) superare il test. Risulta compatibile anche la **D**, dal momento che non rispettando le condizioni, non si potrà superare il test. Prestiamo ora attenzione alla risposta **C**: entrambe le condizioni sono rispettate, ma il test non sarà superato. Questa condizione è perfettamente compatibile con la proposizione iniziale: la condizione necessaria implica solo che il mancato rispetto delle condizioni in premessa porta al non verificarsi della conclusione. Risulta, invece, incompatibile la **B** perché se si è superato il test, certamente si doveva conoscere la matematica ed essere arrivati puntuali (essendo tali condizioni necessarie).

Esempio n. 3

«Paolo è così amico di Giuseppe e di Claudio che quando lui va alle feste ci vanno anche i suoi due amici». Data la frase precedente, quale delle seguenti affermazioni è certamente vera?

A) Paolo ieri è andato ad una festa, quindi sicuramente c'erano anche Giuseppe e Claudio
B) ieri Claudio è andato ad una festa, quindi c'è andato anche Paolo
C) Giuseppe e Claudio ieri erano ad una festa, quindi c'era anche Paolo
D) ieri c'era una festa alla quale Paolo non è andato, quindi anche Giuseppe e Claudio non c'erano
E) Giuseppe ieri era ad una festa, quindi sicuramente c'è andato anche Claudio

Si può schematizzare la proposizione come **P ⇒ G&C**. Non ci sono nessi tra Claudio e Giuseppe (risposta **E**), che uno vada ad una festa non implica che ci sia andato l'altro (il loro nesso è solo la presenza di Paolo). Allo stesso modo l'assenza di Paolo non implica l'assenza di Giuseppe e Claudio (risposta **D**). Così come la presenza di G&C non implica la presenza di Paolo (ma è vero il contrario) (risposte **B** e **C**). Quindi resta valida solo la risposta **A**.

Esempio n. 4

«Condizione sufficiente, ma non necessaria, affinché al Liceo Pitagora l'anno scolastico si concluda con una festa è che le interrogazioni terminino entro la fine del mese di maggio». Determinare quale delle seguenti situazioni è INCOMPATIBILE con l'affermazione precedente:

A) nel 2010 uno studente è stato interrogato il 3 aprile, e poi non c'è stata la festa
B) nel 2006 uno studente è stato interrogato il 4 giugno, e poi c'è stata la festa
C) nel 2003 uno studente è stato interrogato il 4 giugno, e poi non c'è stata la festa
D) nel 2008 le interrogazioni sono terminate a marzo, e poi non c'è stata la festa
E) da quando esiste il Liceo Pitagora la festa c'è stata ad anni alterni

Condizione sufficiente significa che se le interrogazioni finiranno entro maggio si terrà una festa. Analogamente siamo certi che se non c'è stata la festa le lezioni non sono finite entro maggio. La risposta **A** non ci assicura che le interrogazioni non siano finite entro maggio, quindi è compatibile con l'asserzione. Anche la **E** è perfettamente compatibile. Sono compatibili pure la **B** e la **C** sebbene esprimano due concetti che possono sembrare in opposizione tra loro: in realtà sono entrambi compatibili. Che le lezioni siano terminate il 4 giugno non dà alcuna certezza che la festa si sia tenuta o meno. Invece la **D** non è compatibile, poiché se le interrogazioni sono terminate a marzo, sicuramente si dovrà svolgere la festa.

Esempio n. 5

«Solo se innaffiate ogni giorno, le piante tropicali non muoiono». In base alla precedente affermazione, quale delle seguenti non è necessariamente vera?

A) le piante tropicali che non muoiono sono state innaffiate ogni giorno
B) le piante tropicali che muoiono non sono state innaffiate ogni giorno
C) se non vengono innaffiate ogni giorno, le piante tropicali muoiono
D) condizione necessaria perché le piante tropicali non muoiano è che vengano innaffiate ogni giorno
E) le precedenti risposte sono tutte corrette

La struttura è del tipo "se non P allora R", che è equivalente a "se non R, allora non P". Delle risposte la **B** corrisponde esattamente a questa struttura (se muoiono, non sono state innaffiate).

Test di verifica

1 **«In Germania il numero dei disoccupati è tornato nel gennaio di quest'anno sopra la soglia psicologica dei 4 milioni. Tuttavia, in confronto a gennaio dell'anno scorso, la disoccupazione è scesa di 400.200 unità. Il tasso annuo di disoccupazione è così salito, nel gennaio di quest'anno, al 10,0% dal 9,3% di dicembre dell'anno scorso. Nel gennaio dell'anno scorso, il tasso era risultato dell'11,0%». Quale fra le seguenti affermazioni NON può essere dedotta dal brano precedente?**

A) il tasso annuo di disoccupazione in Germania rilevato a gennaio di quest'anno è maggiore rispetto a quello di gennaio dell'anno scorso
B) il tasso annuo di disoccupazione in Germania è salito fra dicembre dell'anno scorso e gennaio di quest'anno
C) la disoccupazione in Germania a gennaio di quest'anno è scesa in confronto alla rilevazione di gennaio dell'anno scorso
D) la disoccupazione in Germania ha superato una soglia psicologica

2 **«Si sostiene che nella società odierna l'aumento dell'esposizione alle onde elettromagnetiche provoca un sensibile aumento di alcune malattie. È dunque evidente che la mancata corrispondenza tra le esigenze della vita privata e lavorativa e le prescrizioni di una prevenzione accurata sia una delle cause dell'aumento di alcune malattie». La conclusione precedente si basa sulla premessa implicita che:**

A) l'origine delle malattie in esame è nell'esposizione alle onde elettromagnetiche
B) la mancata corrispondenza tra le esigenze della vita privata e lavorativa e le prescrizioni di una prevenzione accurata è una delle cause dell'aumento dell'esposizione alle onde elettromagnetiche
C) l'aumento di alcune malattie è determinato dall'esposizione alle onde elettromagnetiche
D) le esigenze della vita privata e lavorativa non sempre si conciliano con una prevenzione accurata

3 **«È stato dimostrato che nella società odierna la diminuzione del tempo trascorso a casa provoca un sensibile aumento dei dissidi tra genitori e figli. È dunque evidente che la mancata corrispondenza tra le esigenze familiari e gli impegni in società e/o nel lavoro è una delle cause dei dissidi tra genitori e figli». La conclusione precedente si basa sulla premessa implicita che:**

A) gli impegni in società e nel lavoro mal si conciliano con le esigenze familiari
B) in famiglia sono sempre più frequenti le liti fra genitori e figli
C) il dissidio fra genitori e figli è determinato dal decrescente tempo trascorso a casa
D) la mancata corrispondenza tra le esigenze familiari e gli impegni in società e/o nel lavoro è una delle cause della diminuzione del tempo trascorso a casa

4 **«Io sono piuttosto prevenuto nei riguardi delle persone, anche bambini piccoli, che hanno paura dei cani. [...] La mia predilezione per i bambini che non hanno paura dei cani e sanno come comportarsi con loro ha certo una sua ragion d'essere, in quanto la familiarità con gli animali presuppone un'intima confidenza con la natura» (Konrad Lorenz, *E l'uomo incontrò il cane*). Tra le seguenti considerazioni, a prescindere dalla loro veridicità, una sola può**

essere rigorosamente dedotta dal precedente testo. Quale?

A) la familiarità con gli animali è segno di carattere coraggioso
B) Lorenz considera con particolare simpatia i bambini che hanno confidenza con la natura
C) non ha alcun senso avere paura di un animale amico dell'uomo come il cane
D) chi sa come comportarsi con i cani non avrà mai alcun motivo di temerli

5 **Problema: Neri, Rossi e Bianchi giocano come terzini nella stessa squadra di calcio. Si sa che se Bianchi gioca, gioca anche Neri; Neri e Rossi giocano spesso, ma non lo fanno mai tutti e due insieme; Bianchi o Rossi giocano spesso, insieme o singolarmente; d'altra parte se Rossi gioca, allora viene inserito in squadra anche Bianchi. Ammesse per vere tali premesse, quali terzini giocano insieme?**

A) Bianchi e Rossi
B) nessuno
C) Bianchi, Rossi e Neri
D) Bianchi e Neri

6 **Siano P la proposizione «x è divisibile per 4» e Q la proposizione «x è divisibile per 2». Allora:**

A) Q implica P
B) P equivale a Q
C) la negazione di P implica la negazione di Q
D) P implica Q

7 **Si considerino le proposizioni P = «x è divisibile per 6» e Q = «x è multiplo di 3». Allora:**

A) P e Q sono equivalenti
B) P e Q dicono la stessa cosa
C) P implica Q
D) Q implica P

8 **Problema: «Tre amici, Giovanni, Marco e Filippo vanno spesso al cinema. Si sa che se Filippo va al cinema, ci va anche Giovanni; Giovanni e Marco non ci vanno mai tutti e due insieme; può anche succedere che Filippo o Marco vadano al cinema singolarmente; d'altra parte se Marco va al cinema, allora ci va anche Filippo». Ammesse per vere tali premesse, chi è andato al cinema in coppia?**

A) Giovanni e Filippo
B) nessuno
C) Giovanni e Marco
D) Filippo e Marco

9 **Alla finale di una gara di sci di fondo la classifica dal 1° al 7° posto è la seguente: Aldo, Fausto, Ilaria, Gaia, Beatrice, Claudio, Enrico. Cinque di questi sette ragazzi usano la tecnica «di pattinaggio» e si sa che ad usare la tecnica «di pattinaggio» sono tre tra i primi quattro classificati e tre tra gli ultimi quattro classificati. Si può essere certi che a usare la tecnica «di pattinaggio» è:**

A) Ilaria
B) Claudio
C) Fausto
D) Gaia

10 **Pamela, Fiona e Gina, tre ragazze newyorkesi, stanno prendendo il sole in una piscina della loro città; Pamela indossa un costume intero, Fiona legge un libro, Pamela e Gina sono cugine. In base alle affermazioni precedenti è possibile concludere che:**

A) Fiona è una studentessa universitaria
B) Pamela è grassa
C) Pamela e Fiona sono cugine
D) a Roma non sono le nove del mattino

11 **Quale delle seguenti frasi è logicamente equivalente a: «i vincenti non mentono mai»?**

A) i perdenti talvolta mentono
B) i perdenti mentono sempre
C) chi dice la verità non vince mai
D) i vincenti dicono sempre la verità

12 In base all'informazione «tutti i fiumi cinesi sono lunghi», quale delle seguenti affermazioni è necessariamente vera?

A) è impossibile negare che esista almeno un fiume cinese corto
B) non esistono fiumi più lunghi di quelli cinesi
C) non esistono fiumi cinesi corti
D) nessuna delle altre alternative è corretta

13 Quale delle seguenti affermazioni è logicamente equivalente a: «gli assenti non hanno mai ragione»?

A) chi non ha ragione è sempre assente
B) nessuna delle altre alternative è corretta
C) i presenti hanno sempre ragione
D) gli assenti hanno sempre torto

14 «Una ricerca indica che il numero di operazioni chirurgiche concluse con la guarigione del paziente nell'ospedale A è doppio rispetto a quello dell'ospedale B. Ne segue che le operazioni chirurgiche vengono condotte meglio nell'ospedale A rispetto all'ospedale B». Quale delle seguenti affermazioni, se vera, indebolirebbe maggiormente la precedente argomentazione?

A) l'ospedale A è più facile da raggiungere in automobile rispetto all'ospedale B
B) il tasso di guarigione dei pazienti sottoposti a operazioni chirurgiche nell'ospedale B è maggiore rispetto a quello dell'ospedale A
C) l'ospedale A è privato e le operazioni chirurgiche sono più costose di quelle dell'ospedale B
D) il numero di operazioni chirurgiche effettuate nell'ospedale A è uguale a quello relativo all'ospedale B

15 (A) Una delle caratteristiche dello Stato di Natura era rappresentata dall'eguaglianza tra gli uomini. (B) Allontanandosi, con la civiltà, dallo Stato di Natura, gli uomini sono diventati più infelici. Una sola delle conclusioni sotto elencate è autorizzata esplicitamente dalle sole premesse A e B:

A) lo Stato di Natura è più felice di quello della civiltà
B) l'ineguaglianza è caratteristica della civiltà
C) non vi è felicità per gli uomini senza eguaglianza
D) l'ineguaglianza è per tutti motivo di infelicità

16 «In tutti i negozi d'Italia con almeno due commessi vi è certamente un commesso straniero». Se l'affermazione precedente è vera, è necessariamente vero che:

A) nei negozi italiani, se un commesso è italiano e non ha come collega un commesso straniero, allora è l'unico commesso del negozio
B) nei negozi italiani ogni commesso straniero ha come collega un commesso italiano
C) non è possibile che in Italia un negozio abbia due commessi italiani
D) nei negozi italiani, se un commesso è straniero e non ha come collega un commesso italiano, allora è l'unico commesso del negozio

17 Giuseppe, Hans e Johnny, sospettati di un omicidio, fanno rispettivamente le seguenti dichiarazioni: «Non sono stato io»; «L'assassino è Johnny»; «Lo ha ucciso Giuseppe». L'ispettore Rock sa per certo che due di essi mentono, mentre il terzo ha detto il vero. Che cosa si può affermare?

A) Giuseppe è colpevole
B) Johnny è innocente
C) non è possibile stabilire chi dei tre sia colpevole o innocente
D) Johnny è colpevole

18 **«La domenica tutti i melomani vanno a teatro». Se la precedente affermazione è vera, allora è necessariamente vero che:**

A) se Angelo non è un melomane non va a teatro la domenica
B) la domenica a teatro ci sono solo i melomani
C) se Angelo è a teatro domenica, allora sicuramente è un melomane
D) anche se Angelo non è un appassionato di musica può andare a teatro domenica

19 **In base all'informazione «tutti i videoregistratori giapponesi sono molto leggeri», quale delle seguenti affermazioni è necessariamente vera?**

A) è impossibile negare che esista almeno un videoregistratore giapponese pesante
B) solo i videoregistratori giapponesi sono leggeri
C) non esistono videoregistratori giapponesi pesanti
D) i videoregistratori giapponesi sono più leggeri degli altri

20 **Quale delle seguenti frasi è logicamente equivalente a: «i militari sono sempre alti»?**

A) i militari non sono mai bassi
B) se una persona è alta, può fare il militare
C) le persone basse, a volte, sono militari
D) è possibile che esista un militare che non sia alto

21 **«A un semaforo la cui luce può essere rossa, gialla o verde un automobilista deve arrestarsi con la luce rossa e, salvo casi particolari, con la luce gialla». Quale delle seguenti frasi è logicamente equivalente alla precedente?**

A) a un semaforo un automobilista non può transitare se non con la luce verde e, in casi particolari, con la luce gialla
B) a un semaforo con la luce gialla un automobilista non deve mai transitare
C) a un semaforo con la luce gialla un automobilista si deve arrestare comunque
D) a un semaforo un automobilista non deve arrestarsi se non con la luce rossa

22 **«La vita media degli italiani è aumentata negli ultimi anni raggiungendo il valore di 78 anni per gli uomini e 83 per le donne. È opportuno dunque continuare a investire nella prevenzione delle malattie cardiovascolari». La conclusione precedente si basa sulla premessa implicita che:**

A) la vita media degli italiani continuerà ad aumentare
B) non è possibile eliminare definitivamente le malattie cardiovascolari
C) le malattie cardiovascolari colpiscono gli uomini più frequentemente delle donne
D) una delle cause di morte degli italiani è rappresentata dalle malattie cardiovascolari

23 **Se l'affermazione «In tutte le famiglie che posseggono almeno due animali, vi è almeno un cane» è vera, allora necessariamente:**

A) una famiglia non può avere solo un gatto
B) una famiglia deve sempre avere almeno un animale
C) se una famiglia ha due gatti, allora ha anche almeno un cane
D) una famiglia non può avere due cani

24 **I presidenti di due squadre di calcio, il dottor Rossi e il commendator Bianchi, chiacchierano delle proprie squadre. Il dottor Rossi si vanta: «Indicami un giocatore della tua squadra, e io ne troverò, nella mia, uno più veloce». Supponendo che il dottor Rossi dica la verità, si può concludere con certezza che:**

A) nella squadra del dottor Rossi c'è un giocatore che è più veloce di ogni giocatore della squadra del commendator Bianchi
B) per ogni giocatore della squadra del dottor Rossi c'è un giocatore più lento nella squadra del commendator Bianchi
C) nella squadra del commendator Bianchi c'é un giocatore più lento di ogni giocatore della squadra del dottor Rossi
D) tutti i giocatori della squadra del dottor Rossi sono più veloci di un qualunque giocatore della squadra del commendator Bianchi

25 **Si vuole sapere quanti studenti di un corso universitario hanno ricevuto un voto minore della media in una sessione d'esami. Si hanno le seguenti due informazioni: (A) il punteggio medio è stato 25,6 (B) 135 studenti hanno sostenuto l'esame nella sessione. Quale delle seguenti affermazioni è corretta?**

A) l'informazione (A) è sufficiente
B) la coppia di informazioni non è sufficiente
C) la coppia di informazioni è sufficiente
D) l'informazione (B) è sufficiente

26 **La frase «ogni numero che soddisfa la condizione A soddisfa anche la condizione B» significa che:**

A) tutti i numeri che soddisfano la condizione A soddisfano anche la condizione B
B) nessun numero che soddisfa la condizione B può soddisfare la condizione A
C) tutti i numeri soddisfano sia la condizione A che la condizione B
D) tutti i numeri che soddisfano la condizione B soddisfano anche la condizione A

27 **In una pista ciclabile su un cartello segnaletico si legge «in caso di pioggia pista non ciclabile». Se la frase letta è vera allora si può asserire con sicurezza che:**

A) nel solo caso di pioggia se si percorre la pista ciclabile, bisogna immediatamente allontanarsi
B) in caso di pioggia la pista è sicuramente non ciclabile
C) la pista non è mai ciclabile
D) solo se piove la pista è non ciclabile

28 **«Per far fare i compiti al fratellino, è necessario che Maria rimanga in casa tutto il giorno». Se la precedente affermazione è vera allora è anche vero che:**

A) Maria non resta mai in casa tutto il giorno
B) se Maria non è in casa, il fratellino non fa i compiti
C) Maria rimane in casa tutto il giorno solo se il fratellino deve fare i compiti
D) quando il fratellino termina i compiti Maria esce di casa

29 **«Se il telefono squilla le segretarie vanno a rispondere; Lucilla svolge qualche volta nella sua ditta il ruolo di segretaria». Se le precedenti affermazioni sono vere, quale tra quelle proposte è sicuramente vera?**

A) Lucilla nella sua ditta non risponde mai al telefono
B) Lucilla risponde sempre al telefono
C) Lucilla a volte risponde al telefono
D) le segretarie non rispondono mai al telefono

30 **Un gruppo di quattro amiche presenta le seguenti caratteristiche: 1) Lorena è nata a Firenze e studia a Lucca; 2) I genitori di Federica lavorano a Pra-**

to; 3) Sara risiede ad Arezzo; 4) Simona fa la pendolare tra Firenze ed Arezzo. Conseguentemente:

A) non è certo che tutte le amiche siano residenti in Toscana
B) è certo che tutte le amiche siano residenti in Toscana
C) è certo che almeno tre amiche siano residenti in Toscana
D) è sicuro che le quattro amiche si siano conosciute in Toscana

31 **Marco, Massimo e Debora si sono conosciuti all'Università di Padova alcuni anni fa. Oggi, Marco abita a Torino, Massimo a Trieste, Debora a Trento. Quale delle seguenti situazioni non è credibile?**

A) Marco e Debora si vedono spesso perché abitano in Regioni confinanti
B) tutti e tre sono settentrionali da più generazioni
C) tutti e tre hanno frequentato l'Università di Padova
D) tutti svolgono con successo la stessa professione

32 **«Luca raggiunge il suo posto di lavoro con la sua auto». Se l'affermazione è vera, quale delle affermazioni che seguono è sicuramente vera?**

A) Luca possiede un'automobile
B) Luca usa la sua auto solo per raggiungere il suo posto di lavoro
C) Luca non viaggia mai in autobus
D) a Luca piace guidare

33 **«Questa chitarra è di Patrizia». Se l'affermazione è vera, quale delle affermazioni che seguono è sicuramente vera?**

A) Patrizia suona solo strumenti musicali a corda
B) Patrizia suona solo la chitarra
C) Patrizia possiede una chitarra
D) a Patrizia piace suonare la chitarra

34 **«I meteorologi hanno rilevato che il periodo in cui è più probabile il manifestarsi di uragani è compreso tra le ore 15.00 e le ore 17.00, in coincidenza con le ore in cui la temperatura è più elevata». Ne discende che:**

A) gli uragani che si manifestano di mattina hanno scarsa intensità
B) gli uragani tendono a manifestarsi con il caldo
C) gli uragani più pericolosi si manifestano di pomeriggio
D) tra le ore 8.00 e le ore 15.00 non si manifestano mai uragani

35 **Se «tutti i giocatori di pallacanestro sono alti», si può concludere che:**

A) tutte le persone alte giocano a pallacanestro
B) non è necessariamente vero che tutte le persone alte siano giocatori di pallacanestro
C) tutte le persone alte almeno una volta nella vita hanno giocato a pallacanestro
D) nessuna persona alta ha mai giocato a pallacanestro

36 **«Se piove Filippo non utilizza il motoscafo». Se la precedente affermazione è vera, è anche vero che:**

A) Filippo utilizza il motoscafo se non piove
B) Filippo non utilizza il motoscafo solo quando piove
C) se Filippo non utilizza il motoscafo significa che piove
D) se piove Filippo utilizza sempre il motoscafo

37 **Se «tutti i laureati sono diplomati», si può logicamente concludere che:**

A) non è detto che tutti i laureati siano diplomati
B) nessun diplomato è laureato
C) tutti i diplomati sono laureati
D) non è detto che tutti i diplomati siano laureati

38 **Se «tra gli utensili che sa utilizzare ogni buon falegname c'è la pialla» e «mio papà è un buon falegname», allora si può logicamente concludere che:**

A) mio papà sa utilizzare la pialla
B) non è detto che mio papà sappia utilizzare la pialla
C) mio papà usa la pialla, ma non è detto che sia un buon falegname
D) mio papà sa utilizzare tutti gli utensili da falegname tranne la pialla

39 **Se «Sandra ascolta con piacere tutti i generi musicali» e «il jazz è un genere musicale», si può logicamente concludere che:**

A) Sandra non ha mai ascoltato il jazz
B) Sandra ascolta anche il jazz
C) Sandra non ascolta generi musicali diversi dal jazz
D) tutti i CD musicali che Sandra possiede sono di jazz

40 **Se «Laura e Sonia sono due sorelle e condividono la cameretta» e «ciascuna delle due ha un armadio personale», si può logicamente concludere che:**

A) a Laura e a Sonia non piace prestarsi gli abiti
B) non è possibile dire con certezza se a Laura e a Sonia piaccia o meno prestarsi gli abiti
C) Laura e Sonia vestono gli stessi abiti
D) Laura e Sonia adorano scambiarsi gli abiti

41 **Se «Antonio possiede due automobili» e «le sue automobili sono Volkswagen», allora si può logicamente concludere che:**

A) Antonio ha sempre guidato soltanto automobili Volkswagen
B) Antonio non guida automobili Fiat
C) Antonio non ha mai posseduto automobili Fiat
D) Antonio non possiede automobili Fiat

42 **Se «tutte le massaie di Asti vanno al mercato comunale a fare la spesa» e «la zia Maria è una massaia di Asti», si può concludere che:**

A) la zia Maria va al mercato comunale a fare la spesa
B) la zia Maria ogni giovedì mattina va al mercato comunale a fare la spesa
C) al mercato comunale di Asti possono andare solo le massaie di quella città
D) non è possibile dire con certezza se la zia Maria vada al mercato comunale a fare la spesa

43 **Se «tutti i banditi sono cuochi» ed «alcuni bracconieri sono banditi», si può logicamente concludere che:**

A) alcuni bracconieri sono cuochi
B) solo i banditi vanno a caccia
C) tutti i banditi sono sicuramente cuochi e bracconieri
D) nessun bracconiere cucina

44 **Se «tutti i boiardi sono polemici» e «nessun campanaro è polemico», si può logicamente concludere che:**

A) alcuni boiardi sono polemici
B) alcuni boiardi sono campanari
C) nessun campanaro è un boiardo
D) tutti i campanari sono boiardi

45 **Se «nessun sagrestano è un maniscalco» e «alcuni bugiardi sono maniscalchi», si può logicamente concludere che:**

A) almeno alcuni bugiardi non sono sagrestani
B) nessun maniscalco è un bugiardo
C) tutti i bugiardi sono sagrestani
D) tutti i maniscalchi sono sagrestani e bugiardi

46 **Se «i bravi calciatori non commettono falli» e «Ademaro Rossi oggi è un bravo giocatore», si può concludere che:**

A) Ademaro Rossi commette falli durante ogni partita che gioca
B) Ademaro Rossi oggi non commette falli
C) Ademaro Rossi non ha mai commesso falli in tutta la sua carriera calcistica
D) Ademaro Rossi ha sicuramente commesso falli nell'ultima settimana

47 **Se «a Gualtiero piace molto lo sport e ne pratica moltissimi» e «il pugilato è uno sport», si può logicamente concludere che:**

A) a Gualtiero piace praticare solo gli sport acquatici
B) è certo che a Gualtiero non piaccia il pugilato
C) è certo che Gualtiero pratichi il pugilato
D) non è possibile dire con certezza se Gualtiero pratichi il pugilato

48 **«Tutti gli artisti vanno spesso a teatro; Domenico è un artista; chi va spesso a teatro ama leggere». Se le precedenti affermazioni sono sicuramente vere, quale tra quelle proposte è certamente vera?**

A) chi va spesso a teatro è sicuramente un artista
B) Domenico va spesso a teatro
C) Domenico ama leggere, ma non va a teatro
D) chi ama leggere è un artista

49 **«Tutti i maggiorenni hanno diritto al voto; Filippo ha la maggiore età; tutti coloro che guidano la macchina hanno la patente ed hanno la maggiore età». Se le precedenti affermazioni sono vere allora è vero che:**

A) Filippo ha la patente
B) tutti coloro che hanno la patente possono votare
C) Filippo guida sicuramente la macchina
D) Filippo sicuramente non ha diritto al voto

50 **«Stefano è appassionato di giardinaggio; tutti gli appassionati di giardinaggio amano la natura; alcuni floricoltori sono appassionati di giardinaggio». Se le precedenti affermazioni sono vere, quale delle seguenti è sicuramente vera?**

A) Stefano ama la natura
B) non è certo che Stefano ami la natura
C) tutti i floricoltori amano la natura
D) Stefano è un floricoltore

51 **«Tutti coloro che amano la pittura sono sensibili». «Tutte le donne amano la pittura». «Matilde ama la pittura». Se le precedenti informazioni sono vere, quale delle seguenti affermazioni è necessariamente vera?**

A) tutte le persone che amano la pittura sono donne
B) Matilde ama la pittura, ma non è detto che sia sensibile
C) tutte le persone sensibili amano la pittura
D) Matilde è una persona sensibile

52 **Se «Pietro e Marianna adorano la montagna», «Pietro e Marianna hanno scalato molte delle montagne italiane» e «il monte Civetta è una delle più belle montagne italiane», si può logicamente concludere che:**

A) Pietro e Marianna non hanno mai scalato il monte Civetta
B) Pietro e Marianna scaleranno il Monte Civetta entro il prossimo mese
C) Pietro e Marianna sicuramente hanno scalato il monte Civetta
D) non è possibile dire con certezza se Pietro e Marianna abbiano scalato il monte Civetta

53 «Mia moglie è una brava cuoca; alcune brave cuoche creano piatti squisiti; Francesca è una cuoca». Se le precedenti affermazioni sono vere, allora è anche vero che:

A) mia moglie potrebbe creare piatti squisiti
B) Francesca crea sicuramente piatti squisiti
C) Francesca è sicuramente mia moglie
D) sicuramente mia moglie non si chiama Francesca

54 Se «la pallanuoto è uno sport» e «Luca non sa nuotare», si può logicamente concludere che:

A) Luca non va mai in piscina
B) Luca pratica la pallanuoto
C) Luca non pratica sport
D) nessuna delle altre risposte contiene conclusioni che possono essere logicamente dedotte dalle due affermazioni proposte

55 Se «Mara e Sonia sono cugine» e «Claudia è cugina di Sonia», si può logicamente concludere che:

A) Claudia e Mara sono sicuramente sorelle
B) anche Claudia e Mara potrebbero essere cugine
C) anche Claudia e Mara sono necessariamente cugine
D) non può verificarsi il caso che anche Claudia e Mara siano cugine

56 Se «molto spesso i ragazzi magrolini fanno attività fisica per irrobustire la propria muscolatura» e «mio fratello è piuttosto magrolino», si può logicamente concludere che:

A) mio fratello fa attività fisica
B) mio fratello gioca a calcio
C) mio fratello non ha mai fatto attività fisica
D) non è possibile stabilire con certezza se mio fratello faccia o meno attività fisica

57 Se «tutti i bambini giudiziosi non attraversano mai la strada senza prestare attenzione» e «Giulio è un bambino molto giudizioso», allora si può logicamente concludere che:

A) Giulio non ha mai attraversato la strada
B) Giulio attraversa sempre la strada prestando attenzione
C) Giulio non ha mai attraversato la strada prestando attenzione
D) tutti i bambini che attraversano la strada sono giudiziosi

58 «Tutti i dottori sono laureati; Stefania è una dottoressa; tutti gli ematologi sono dottori». Quale delle seguenti affermazioni è vera se le precedenti sono sicuramente vere?

A) Stefania è laureata
B) Stefania sicuramente non è un ematologo
C) Stefania è sicuramente un ematologo
D) tutti i dottori sono ematologi

59 Se «Gilda lava sempre i capi in lavatrice distinti per colore», «oggi ha fatto un solo bucato in lavatrice» e «oggi ha lavato in lavatrice della biancheria nera», allora si può logicamente concludere che:

A) oggi Gilda ha lavato in lavatrice anche una maglietta di colore rosso
B) Gilda non ha mai lavato capi di colore blu in lavatrice
C) Gilda lava in lavatrice solo capi di colore nero
D) oggi Gilda non ha lavato capi di colore rosa in lavatrice

60 Se «l'alpinismo è uno sport invernale» e «la quintana è uno sport antico», si può logicamente concludere che:

A) la quintana non può essere praticata d'inverno
B) lo sport della quintana viene praticato solo in primavera
C) gli alpinisti amano l'inverno
D) nessuna delle altre risposte contiene conclusioni che possono essere logicamente dedotte dalle due affermazioni proposte

61 **Se «lo squash è uno sport» e «Alessandro non gioca a squash», si può logicamente concludere che:**

A) Alessandro non frequenta le palestre
B) nessuna delle altre risposte contiene conclusioni che possono essere logicamente dedotte dalle due affermazioni proposte
C) Alessandro non conosce lo squash
D) Alessandro probabilmente non ha una racchetta

62 **Se «lo sci è uno sport» e «Sergio non va a sciare», si può logicamente concludere che:**

A) Sergio non conosce lo sci
B) Sergio non va mai in montagna
C) nessuna delle altre risposte contiene conclusioni che possono essere logicamente dedotte dalle due affermazioni proposte
D) Sergio non ama la montagna

63 **Se «alcuni ladri sono marziani» e «tutti i ladri sono delinquenti», si può logicamente concludere che:**

A) nessun delinquente è un marziano
B) alcuni delinquenti sono marziani
C) tutti i delinquenti sono ladri
D) tutti i marziani sono delinquenti

64 **Se «alcuni tassisti sono fantini» e «tutti i tassisti sono calciatori», si può logicamente concludere che:**

A) tutti i calciatori sono tassisti
B) alcuni calciatori sono fantini
C) nessun calciatore è fantino
D) tutti i fantini sono tassisti

65 **Se «i cani sono mammiferi» e «Stella è una cagnolina», allora si può logicamente concludere che:**

A) Stella non è un mammifero
B) Stella è un mammifero
C) Stella non ha cuccioli
D) i cuccioli chiamati Stella sono mammiferi

66 **Se «tutti i marinai fanno promesse inaffidabili» e «Jack è un marinaio», si può logicamente concludere che:**

A) Jack è solito fare promesse affidabili
B) Jack fa promesse inaffidabili
C) i marinai che non si chiamano Jack fanno promesse affidabili
D) Jack non ha mai fatto promesse inaffidabili

67 **«Tutti i bambini sono affettuosi; Max è affettuoso; tutte le persone affettuose hanno un buon carattere». In base alle precedenti affermazioni, quale delle seguenti NON è necessariamente vera?**

A) è impossibile che Max non abbia un buon carattere
B) chi non ha un buon carattere non è affettuoso
C) Max è un bambino
D) tutti i bambini hanno un buon carattere

68 **«Tutti i pescatori sono amanti del mare. Armando è un amante del mare. Tutti gli amanti del mare sono sportivi». In base alle precedenti affermazioni, quale delle seguenti NON è necessariamente vera?**

A) Armando è sportivo
B) chi non è sportivo non è un amante del mare
C) tutti i pescatori sono sportivi
D) Armando è un pescatore

69 **«Marco ama i dolci; chi è magro non ama i dolci; chi è attivo è magro». Se le precedenti affermazioni sono vere, allora è certamente FALSO che:**

A) le persone che amano i dolci non sono magre
B) Marco non è magro
C) non tutte le persone magre sono attive
D) Marco è attivo

70 «Tutti gli studenti amano i libri. Chi partecipa ad assemblee è sovente un rivoluzionario. Alcuni rivoluzionari sono studenti». Se le precedenti affermazioni sono vere, quale delle seguenti NON è necessariamente vera?

A) chi ama i libri è un rivoluzionario
B) chi partecipa alle assemblee può amare i libri
C) alcuni rivoluzionari amano i libri
D) è possibile che alcuni studenti partecipino ad assemblee

71 «Nessun amante della musica ama la pittura; tutti gli scultori amano la pittura; tutti gli amanti della musica sono persone allegre». Se le precedenti affermazioni sono vere, allora è certamente vero che:

A) non è detto che alcuni amanti della pittura non siano persone allegre
B) nessun amante della pittura è una persona allegra
C) non è detto che alcuni amanti della musica non siano scultori
D) nessuno scultore è una persona allegra

72 «Tutti i medici sono laureati; Leonardo è laureato; tutti i laureati hanno un buon lavoro». In base alle precedenti affermazioni, quale delle seguenti NON è necessariamente vera?

A) Leonardo è un medico
B) è impossibile che Leonardo non abbia un buon lavoro
C) chi non ha un buon lavoro non è laureato
D) Leonardo può essere un medico

73 «Nessun lettore di gialli è amante della storia; alcuni filosofi sono amanti della storia; tutti i lettori di gialli sono persone anziane». Se le precedenti affermazioni sono vere, allora è certamente vero che:

A) nessun amante della storia può essere anziano
B) nessun filosofo può essere lettore di gialli
C) almeno un filosofo può essere anziano
D) qualche lettore di gialli potrebbe essere filosofo e non essere anziano

74 «Sandro è una persona concreta; tutti gli informatici sono persone concrete; tutti gli informatici amano il computer». Se le precedenti affermazioni sono vere, allora per poter dedurre che Sandro ama il computer, a quale/i delle seguenti affermazioni aggiuntive si deve far ricorso?

I) Tutte le persone concrete sono informatici.
II) Tutti coloro che amano il computer sono informatici.
III) Tutti gli informatici si chiamano Sandro.

A) solo alla I)
B) sia alla I) sia alla III)
C) o alla I) o alla II)
D) a nessuna delle tre, anche senza le affermazioni aggiuntive si ricava che Sandro ama il computer

75 «Nessuno Zeta è Omega; qualche Beta è Zeta; qualche Erre è Omega». Se le precedenti affermazioni sono vere, allora è certamente vero che:

A) nessun Erre è Beta
B) qualche Erre è Zeta
C) qualche Beta potrebbe essere Omega
D) nessuno Zeta è Erre

76 «Alcuni agrumi sono arance, tutte le arance hanno i semi». In base alle precedenti informazioni, quale delle seguenti affermazioni è certamente vera?

A) tutti i frutti con i semi sono arance
B) alcuni agrumi hanno i semi
C) solo le arance hanno i semi
D) tutti gli agrumi hanno i semi

77 **«I gatti sono ladri. Alcuni ladri vanno in giro di notte. I nottambuli vanno in giro di notte». Individuare la conclusione corretta:**

A) è possibile che alcuni gatti siano nottambuli
B) i ladri sono nottambuli o gatti
C) tutti i nottambuli sono ladri
D) i gatti derubano i nottambuli

78 **«I sardi sono ospitali. Paolo è ospitale. Alcune persone ospitali sono simpatiche». In base alla premesse date, quale delle seguenti affermazioni è necessariamente vera?**

A) Paolo è sardo
B) Paolo è simpatico
C) i sardi sono tutti simpatici
D) non si può dire se Paolo sia o meno simpatico

79 **Non posso affermare di non aver fumato. Pertanto:**

A) non ho mai fumato
B) non è certo che abbia fumato
C) non ho fumato perché non avevo tabacco
D) ho fumato

80 **Non posso affermare di non aver visto Luca. Pertanto:**

A) non ho visto nessuno
B) non ho visto Luca
C) ho visto Luca
D) non è certo che abbia visto Luca

81 **Non posso affermare di non aver vinto. Pertanto:**

A) non è certo che abbia vinto
B) non ho mai vinto
C) ho vinto
D) vincerò solo se avrò fortuna

82 **Non posso affermare di non aver visto cadere quell'aereo. Pertanto:**

A) non è certo che abbia visto cadere l'aereo
B) non ho visto cadere nessun aereo
C) avrei potuto vedere cadere quell'aereo
D) ho visto cadere quell'aereo

83 **Non posso affermare di non aver apprezzato quella lezione di economia. Pertanto:**

A) non è certo che abbia apprezzato quella lezione di economia
B) apprezzerò quella lezione di economia
C) avrei potuto apprezzare quella lezione di economia
D) ho apprezzato quella lezione di economia

84 **Non posso affermare di non aver letto quel proverbio. Pertanto:**

A) non ho letto quel proverbio
B) non leggo proverbi
C) avrei potuto leggere quel proverbio
D) ho letto quel proverbio

85 **Non posso affermare di non aver sentito il terremoto. Pertanto:**

A) non ho sentito il terremoto
B) avrei potuto sentire il terremoto
C) sono incapace di sentire i terremoti
D) ho sentito il terremoto

86 **Non posso affermare di non avere una bella collana. Pertanto:**

A) non ho collane
B) ho una bella collana
C) non ho mai avuto una bella collana
D) potrei avere una bella collana

87 **Non posso affermare di non aver giocato a dadi. Pertanto:**

A) giocherò a dadi solo per vincere
B) non giocherò mai a dadi
C) ho giocato a dadi
D) non so giocare ai dadi

88 **Non posso affermare di non aver apprezzato quell'idea. Pertanto:**

A) non posso apprezzare quell'idea
B) ho apprezzato quell'idea
C) apprezzerò quell'idea se sarà opportuno
D) avrei potuto apprezzare quell'idea

89 **Non posso affermare di non aver visto il Papa. Pertanto:**

A) ho visto il Papa
B) non avrei potuto vedere il Papa
C) avrei potuto vedere il Papa
D) non ho visto il Papa

90 **Non posso affermare di non aver visto il professore di latino. Pertanto:**

A) ho visto il professore di latino
B) avrei potuto vedere il professore di latino
C) non ho visto il professore di latino
D) non è certo che abbia visto il professore di latino

91 **Non posso affermare di non aver visto quell'incidente. Pertanto:**

A) potrei non aver visto quell'incidente
B) avrei potuto vedere quell'incidente
C) non ho visto quell'incidente
D) ho visto quell'incidente

92 **Durante un processo: 1) è stata respinta la prova che conferma che il sig. Rossi abbia truffato il sig. Bianchi 2) non è stata acquisita alcuna prova del contrario. Se ne può dedurre che:**

A) il sig. Rossi ha sicuramente truffato il sig. Bianchi
B) il sig. Rossi ha truffato il sig. Bianchi al 99%
C) il sig. Rossi non ha sicuramente truffato il sig. Bianchi
D) il sig. Rossi potrebbe non aver truffato il sig. Bianchi

93 **Se l'affermazione «tutte le persone che parlano correttamente il francese sono bionde» è FALSA, quale delle seguenti proposizioni è necessariamente vera?**

A) almeno una persona che parla correttamente il francese è bionda
B) almeno una persona che parla correttamente il francese non è bionda
C) le persone che parlano correttamente il francese sono tutte bionde
D) nessuna persona che parla correttamente il francese è bionda

94 **«Non è sbagliato evitare di rinunciare a non violare la legge pur non avendo dubbi sull'impossibilità di essere colti in flagrante». Qual è il corretto significato della precedente affermazione?**

A) non si deve violare la legge, in ogni caso
B) si può violare la legge, in quanto si è sicuri di non essere colti in flagrante
C) si può scegliere se violare o meno la legge, a seconda della probabilità di essere colti in flagrante
D) non si deve violare la legge perché si è sicuri di essere colti in flagrante

95 **Se l'affermazione «tutti i piloti sono persone colte» è FALSA, quale delle seguenti proposizioni è necessariamente vera?**

A) nessun pilota è una persona colta
B) i piloti leggono poco
C) almeno un pilota è colto
D) almeno un pilota non è una persona colta

96 **Se l'affermazione «tutti i libri di fantascienza sono avvincenti» è FALSA, quale delle seguenti proposizioni è necessariamente vera?**

A) almeno un libro di fantascienza è avvincente
B) nessun libro di fantascienza è avvincente
C) almeno un libro di fantascienza non è avvincente
D) qualche libro di fantascienza non è avvincente

97 **Durante un processo: 1) è stata respinta la prova che nega che il sig. Rossi abbia truffato il sig. Bianchi; 2) non è stata acquisita alcuna prova del contrario. Se ne può dedurre che:**

A) il sig. Rossi non ha truffato il sig. Bianchi al 99%
B) il sig. Rossi potrebbe aver truffato il sig. Bianchi
C) il sig. Rossi ha sicuramente truffato il sig. Bianchi
D) il sig. Rossi non ha sicuramente truffato il sig. Bianchi

98 **«Interrogato dal magistrato, Francesco negò fermamente di non aver rifiutato di affermare il falso». Basandosi sulla precedente informazione, individuare quale delle seguenti alternative è esatta:**

A) Francesco ha affermato il falso
B) Francesco si è rifiutato di dire il falso
C) nessuna delle altre risposte è corretta
D) Francesco ha detto la verità

99 **Negare che a tutti i lettori di gialli piacciono sia i noir italiani sia quelli statunitensi significa affermare che:**

A) a nessun lettore di gialli piacciono sia i noir italiani sia quelli statunitensi
B) ad almeno un lettore di gialli piacciono sia i noir italiani sia quelli statunitensi
C) ad almeno un lettore di gialli non piacciono né i noir italiani né quelli statunitensi
D) ad almeno un lettore di gialli non piacciono o i noir italiani o quelli statunitensi

100 **«È da escludere l'ipotesi secondo cui l'ottima conservazione del manoscritto non debba essere attribuita alla perizia dei restauratori». Basandosi sulla precedente affermazione, individuare quale delle seguenti alternative è esatta:**

A) se i restauratori fossero stati poco esperti, il manoscritto non avrebbe avuto comunque problemi di conservazione
B) l'ottima conservazione del manoscritto non deve essere attribuita alla perizia dei restauratori
C) l'ottima conservazione del manoscritto deve essere attribuita alla perizia dei restauratori
D) il manoscritto si è ben conservato senza intervento dei restauratori

101 **«È assurdo non ritenere che è sbagliato non perdonare chi si è pentito di un errore». Il significato della frase precedente è che:**

A) è giusto che sia perdonato chi si pente di un errore
B) è giusto non perdonare chi si pente di un errore
C) è sbagliato perdonare chi ha commesso un errore
D) non è giusto che chi si pente di un errore venga perdonato

102 **«Non è impossibile che la bottiglia ritrovata sulla spiaggia possa contenere un messaggio». In base alla precedente affermazione, quale delle seguenti è certamente vera?**

A) la bottiglia ritrovata sulla spiaggia potrebbe contenere un messaggio
B) non è possibile che il messaggio nella bottiglia fosse leggibile
C) la bottiglia ritrovata sulla spiaggia non poteva contenere un messaggio
D) la bottiglia ritrovata sulla spiaggia non conteneva un messaggio

103 **«Le ricerche sul luogo dell'aggressione non hanno escluso che l'agente sia stato ferito da più di una persona». In base alla precedente affermazione, è certamente vero che:**

A) l'agente è stato certamente ferito da più di una persona
B) non è possibile che l'agente sia stato ferito da più di una persona
C) se l'agente non fosse stato aggredito da più di una persona non sarebbe stato ferito
D) l'agente potrebbe essere stato ferito da più di una persona

104 **«Non si può escludere che, se l'arbitro non avesse fischiato il fallo, non sarebbe finito nei guai». In base alla precedente affermazione, quale delle seguenti alternative è certamente vera?**

A) non è possibile che l'arbitro sia finito nei guai per avere fischiato il fallo
B) l'arbitro non sarebbe finito nei guai se non avesse fischiato il fallo
C) l'arbitro non è finito nei guai grazie al fatto che non ha fischiato il fallo
D) è possibile che l'arbitro non sarebbe finito nei guai qualora non avesse fischiato il fallo

105 **«Di recente è stata provata essere falsa la tesi di chi nega la possibilità che l'uomo possa camminare sul Sole e abbia la possibilità di creare dei campi di forza di reazione». Qual è il corretto significato della precedente osservazione?**

A) anche utilizzando degli opportuni campi di forza, non è possibile camminare sul Sole
B) l'uomo camminerà sul Sole grazie allo sviluppo di campi di forza di reazione
C) non è possibile che l'uomo possa camminare sul Sole o che possa creare dei campi di forza di reazione
D) è possibile che l'uomo possa camminare sul Sole e sviluppare dei campi di forza di reazione

106 **«Non tutti i giornalisti escludono il fatto che i giornali elettronici abbiano evitato la riduzione del numero di lettori». Basandosi sulla precedente affermazione, individuare quale delle seguenti alternative è necessariamente vera?**

A) nessun giornalista sostiene che i giornali elettronici abbiano evitato la riduzione del numero di lettori
B) almeno un giornalista ritiene possibile che i giornali elettronici abbiano evitato la riduzione del numero di lettori
C) molti giornalisti ritengono che l'aumento del numero di lettori sia da imputare alla diffusione dei giornali elettronici
D) secondo molti giornalisti i lettori stanno diminuendo nonostante lo sviluppo dei giornali elettronici

107 **«L'esame dei reperti ritrovati non ha consentito di dimostrare l'impossibilità che la città scoperta sia l'antica Asteria». Qual è il corretto significato della precedente affermazione?**

A) è impossibile che la città scoperta sia l'antica Asteria
B) l'esame dei reperti ritrovati ha dimostrato che la città scoperta è l'antica Asteria
C) l'esame dei reperti ritrovati ha dimostrato che la città scoperta non può essere l'antica Asteria
D) l'esame dei reperti ritrovati non ha dimostrato che la città scoperta non è l'antica Asteria

108 **«Se Anna riceve un rimprovero a scuola, piange. Se nessuno rimprovera Anna a scuola, la sua vicina di banco le fa i dispetti. Ieri Anna non ha pianto». Se le precedenti affermazioni sono vere, è possibile dedurre che ieri:**

A) Anna ha ricevuto un rimprovero a scuola e la sua vicina di banco non le ha fatto i dispetti
B) Anna non ha ricevuto un rimprovero a scuola e la sua vicina di banco le ha fatto i dispetti
C) Anna non ha ricevuto un rimprovero a scuola e la sua vicina di banco non le ha fatto i dispetti
D) Anna ha ricevuto un rimprovero a scuola e la sua vicina di banco le ha fatto i dispetti

109 **«Franco promette al figlio Tommaso che, se verrà promosso con una votazione superiore a sette, gli regalerà un computer portatile». In quale dei seguenti casi si è certi che Franco NON mantiene la promessa?**

A) Tommaso viene respinto e riceve in regalo un computer portatile
B) Tommaso è promosso con una votazione pari a otto e non riceve alcun regalo dal padre
C) Tommaso viene promosso con sette e non riceve alcun regalo dal padre
D) Tommaso riceve in regalo dal padre un computer portatile prima di conoscere l'esito degli scrutini di fine anno

110 **«Emilio promette al figlio Davide che, se si diplomerà con una votazione superiore a 80/100, gli regalerà un'automobile». In quale dei seguenti casi si è certi che Emilio NON mantiene la promessa?**

A) Davide si diploma con 80/100 e non riceve alcun regalo dal padre
B) Davide viene respinto all'Esame di Stato e riceve in regalo un'automobile dal padre
C) Davide si diploma con una votazione pari a 90/100 e riceve dal padre soltanto un orologio d'oro
D) Davide si diploma con 60/100 e riceve in regalo un'automobile dal padre

111 **«Giuseppe promette al figlio Antonio che, se verrà promosso con al più due debiti formativi, gli regalerà un weekend a Rimini». In quale dei seguenti casi si è certi che Giuseppe NON mantiene la promessa?**

A) Antonio è promosso con un debito formativo e non riceve alcun regalo dal padre
B) Antonio viene promosso con tre debiti formativi e non riceve alcun regalo dal padre
C) Antonio riceve in regalo dal padre un weekend a Rimini prima di conoscere l'esito degli scrutini di fine anno
D) Antonio viene respinto e riceve in regalo dal padre un weekend a Rimini

112 **«Affinché l'atleta vinca le Olimpiadi, occorre che si alleni tutto l'anno». Se l'affermazione precedente è vera, quale delle seguenti deve essere vera?**

A) se l'atleta non si allena tutto l'anno, non vince le Olimpiadi
B) è sufficiente che l'atleta si alleni tutto l'anno perché vinca le Olimpiadi
C) se l'atleta si allena tutto l'anno, allora vince le Olimpiadi
D) se l'atleta non ha vinto le Olimpiadi, allora non si è allenato tutto l'anno

113 **«Solo se conservati nel congelatore, i surgelati non si deteriorano». In base alla precedente affermazione, quale delle seguenti NON è necessariamente vera?**

A) condizione necessaria perché i surgelati non si deteriorino è che vengano conservati nel congelatore
B) se non conservati nel congelatore, i surgelati si deteriorano
C) i surgelati non deteriorati sono stati conservati nel congelatore
D) i surgelati deteriorati non sono stati conservati nel congelatore

114 **«Solamente dopo il lavaggio si può stirare la camicia». Se la precedente informazione è corretta, quale delle seguenti affermazioni NON rappresenta una conclusione corretta?**

A) se la camicia non è stata lavata allora non può essere stirata
B) se la camicia è stata stirata allora è stata lavata
C) se la camicia non è stata stirata allora non è stata lavata
D) se la camicia è stata lavata allora può essere stirata

115 **«Se e solo se mangi insalata ti prendi cura della tua salute». Se la precedente affermazione è vera, allora è FALSO che:**

A) se mangi l'insalata allora ti prendi cura della tua salute
B) condizione sufficiente ma non necessaria per prendersi cura della propria salute è mangiare insalata
C) se non mangi insalata non ti prendi cura della tua salute
D) se non ti prendi cura della tua salute non mangi insalata

116 **«Luigi sarà rilassato se e solo se si concederà una vacanza». In base alla precedente affermazione, quale delle seguenti NON è necessariamente vera?**

A) se Luigi non sarà rilassato, vuol dire che non si sarà concesso una vacanza
B) è necessario che Luigi si conceda una vacanza per essere rilassato
C) anche se Luigi si concederà una vacanza, potrà non essere rilassato
D) è sufficiente che Luigi si conceda una vacanza per essere rilassato

117 **«Solo se vado a dormire presto, rendo al massimo sul lavoro». In base alla precedente affermazione, è necessariamente vero che:**

A) se vado a dormire presto, sicuramente rendo al massimo sul lavoro
B) se non vado a dormire presto, non rendo al massimo sul lavoro
C) se non rendo al massimo sul lavoro, significa che non sono andato a dormire presto
D) è possibile che renda al massimo sul lavoro anche se non vado a dormire presto

118 **«L'autobus partirà se e solo se i posti saranno tutti occupati». In base alla precedente affermazione, quale delle seguenti NON è necessariamente vera?**

A) è sufficiente che i posti siano tutti occupati perché l'autobus parta
B) l'autobus non partirà se i posti non saranno tutti occupati
C) anche se i posti saranno tutti occupati, l'autobus potrà non partire
D) non tutte le altre risposte sono vere

119 **«Se O allora H e se H allora M e solo se M allora N». Se la precedente affermazione è vera, allora è certamente vero che:**

A) se M allora O
B) se N allora H
C) se non M allora non O
D) se N allora O

120 **«Solo se D allora T e se T allora V e solo se V allora P». Se la precedente affermazione è vera, allora è certamente vero che:**

A) se non V allora non P e non T
B) se non T allora non D
C) se non T allora non V
D) se non P allora non V

121 **«Ogni volta che vado allo stadio mangio un panino, ma solo se sono andato a correre la mattina prendo anche la birra». Se la precedente affermazione è vera, allora è certamente vero che:**

A) se non ho preso la birra è perché non ho corso la mattina
B) se vado allo stadio e ho corso la mattina, allora prendo sicuramente un panino e la birra
C) anche avendo corso la mattina, se vado allo stadio, posso non prendere la birra insieme al panino
D) se mangio un panino è perché vado allo stadio

122 **È stato commesso un omicidio e Alvaro è sospettato di esserne colpevole. È noto che: 1) se Alvaro è colpevole allora è passato per Vicolo Stretto; 2) Alvaro è passato per Vicolo Stretto. Cosa si può concludere?**

A) nessuna delle altre alternative è corretta
B) l'essere passato per Vicolo Stretto è condizione necessaria per la condizione di colpevolezza
C) non ci sono prove sufficienti per decidere della colpevolezza di Alvaro
D) Alvaro è sicuramente colpevole

123 **«Se Mario corre, si affatica». Se la precedente informazione è vera, quale delle seguenti affermazioni è necessariamente vera?**

A) se Mario è affaticato allora significa che ha corso
B) è necessario che Mario corra perché si affatichi

C) se Mario non è affaticato allora vuol dire che non ha corso
D) se Mario non corre allora non si affatica

124 **«Se Marina sta parlando al telefono, allora Mauro e Franco stanno guardando la televisione». Se l'affermazione precedente è vera, allora è necessariamente vero che:**

A) se Mauro sta guardando la televisione, allora Marina sta parlando al telefono
B) se Marina non sta parlando al telefono, allora Franco e Mauro non stanno guardando la televisione
C) se Marina non sta parlando al telefono, allora Franco o Mauro non stanno guardando la televisione
D) se Franco non sta guardando la televisione, allora Marina non sta parlando al telefono

125 **«È sufficiente che Maurizio arrivi fra i primi dieci nell'ultima gara perché possa partecipare alle Olimpiadi». Se l'argomentazione precedente è vera, quale delle seguenti è certamente vera?**

A) se Maurizio non parteciperà alle Olimpiadi significa che non è arrivato fra i primi dieci nell'ultima gara
B) se Maurizio parteciperà alle Olimpiadi significa che è arrivato fra i primi dieci nell'ultima gara
C) se Maurizio non arriva fra i primi dieci nell'utima gara allora non parteciperà alle Olimpiadi
D) Maurizio parteciperà alle Olimpiadi se e solo se arriva fra i primi dieci nell'ultima gara

126 **«Se Paolo non telefona a Stefano, allora il loro appuntamento avrà luogo in Via Verdi alle 21:00». Se la precedente affermazione è vera, si può concludere che:**

A) condizione necessaria affinché l'appuntamento sia fissato in via Verdi alle 21:00 è che Paolo non telefoni a Stefano
B) se i due amici si incontrano in Via Verdi alle 20:00 allora Paolo ha telefonato a Stefano
C) se i due amici si incontrano in Via Verdi alle 21:00, allora Paolo non ha telefonato a Stefano
D) se i due amici non si incontrano in Via Verdi alle 21:00, allora Paolo non ha telefonato a Stefano

127 **«Solo se termina la siccità in inverno, si avranno buoni raccolti in primavera. Se si hanno buoni raccolti in primavera, in Maggio i prezzi dei prodotti agricoli non aumenteranno e l'inflazione non crescerà. Un'indagine statistica ha rilevato un aumento dell'inflazione nel mese di maggio». Quale tra le seguenti affermazioni può essere dedotta dalle proposizioni precedenti?**

A) l'inverno è stato molto piovoso
B) in inverno la siccità non è terminata
C) i raccolti in primavera non sono stati buoni
D) in maggio i prezzi dei prodotti agricoli sono aumentati

128 **«Se il tasso di inflazione scende sotto il 2%, allora il governatore della Banca Centrale europea abbassa il Tasso Ufficiale di Sconto». Se l'argomentazione precedente è vera, quale delle seguenti è certamente vera?**

A) se il governatore della Banca Centrale europea non ha abbassato il Tasso Ufficiale di Sconto, vuol dire che il tasso di inflazione non è sceso sotto il 2%
B) se il tasso di inflazione resta al 2%, allora il governatore della Banca Centrale europea non modifica il Tasso Ufficiale di Sconto
C) se il governatore della Banca Centrale europea abbassa il Tasso Ufficiale di Sconto, significa che il tasso di inflazione è sceso sotto il 2%
D) se il governatore della Banca Centrale europea alza il Tasso Ufficiale di Sconto, allora il tasso di inflazione sale

129 **«Tutte le volte che non arrivo in orario al lavoro incontro il capoufficio alla mia scrivania». Data la precedente affermazione, quale conclusione è certamente vera?**

A) se arrivo in orario al lavoro allora non incontro il capoufficio alla mia scrivania
B) è possibile che non incontri il capoufficio alla mia scrivania anche quando arrivo in ritardo al lavoro
C) se incontro il capoufficio alla mia scrivania allora non sono arrivato in orario al lavoro
D) se non incontro il capoufficio alla mia scrivania allora sono arrivato in orario al lavoro

130 **«Se Marta continua a mangiare abbondantemente, ingrasserà». Se l'affermazione precedente è corretta, allora è certamente vero che:**

A) se Marta non ingrasserà, significa che ha smesso di mangiare abbondantemente
B) se Marta ingrasserà, sarà a causa dei pasti troppo abbondanti
C) se Marta smette di mangiare abbondantemente, non ingrasserà
D) se Marta ingrasserà, significa che non ha smesso di mangiare abbondantemente

131 **«Solo se il ragno tesse la tela, la farfalla cade nella trappola». In base alla precedente affermazione, è necessariamente vero che:**

A) è possibile che la farfalla cada nella trappola anche se il ragno non tesse la tela
B) se il ragno non tesse la tela, la farfalla non cade nella trappola
C) se la farfalla non cade nella trappola, significa che il ragno non ha tessuto la tela
D) se il ragno tesse la tela, sicuramente la farfalla cade nella trappola

132 **Quale delle seguenti affermazioni permette di concludere logicamente che «domenica scorsa non sono andato al mare»?**

A) nelle domeniche di sole vado al mare e domenica scorsa non c'era il sole
B) di domenica vado al mare solo se non piove e domenica scorsa pioveva
C) nelle domeniche di sole vado al mare e domenica scorsa non pioveva
D) nelle domeniche di sole vado al mare e se non c'è il sole rimango in città

133 **«Se e solo se il terreno viene concimato ogni anno, la produzione di pomodori rimarrà costante». In base alla precedente affermazione, è necessariamente vero che:**

A) per mantenere costante la produzione di pomodori, occorre fertilizzare il terreno con concime organico ogni anno
B) per aumentare la produzione di pomodori bisogna concimare il terreno almeno una volta all'anno
C) senza concimare il terreno ogni anno, la produzione di pomodori non rimarrà costante
D) anche se il terreno viene concimato ogni anno, la produzione di pomodori potrebbe non rimanere costante

134 **«È necessario stare molto attenti per comprendere bene la lezione di fisica». Se la precedente affermazione è vera, allora è anche vero che:**

A) stando molto attenti si comprende sicuramente la lezione di fisica
B) se non si comprende la lezione di fisica, sicuramente significa che non si è stati molto attenti
C) se si è compresa bene la lezione di fisica, vuol dire che si è stati molto attenti
D) è possibile comprendere bene la lezione di fisica anche se non si è stati molto attenti

135 **La mamma ha detto a Pierino: «Se vai a nuotare sugli scogli, non fare tuffi se non c'è anche tuo fratello». In quale dei seguenti casi Pierino le disobbedisce?**

A) Pierino va in piscina e si tuffa da un trampolino di dieci metri
B) Pierino va senza suo fratello sugli scogli e si tuffa da sei metri
C) Pierino e suo fratello vanno sugli scogli e si tuffano da otto metri
D) Pierino va sugli scogli da solo e non entra in mare

Soluzioni

1 Risposta esatta: A

Procediamo per esclusione. La risposta **D** è corretta perché nel brano si dice «In Germania il numero dei disoccupati è tornato nel gennaio di quest'anno SOPRA LA SOGLIA PSICOLOGICA dei 4 milioni».

La risposta **C** è corretta perché nel brano si dice «Tuttavia, in confronto a gennaio dell'anno scorso, la disoccupazione è scesa di 400.200 unità».

La risposta **B** è corretta perché nel brano si dice «Il tasso annuo di disoccupazione è così salito, nel gennaio di quest'anno, al 10,0% dal 9,3% di dicembre dell'anno scorso».

In definitiva, le tre risposte citate sono tutte chiaramente e facilmente deducibili dal brano. Evidentemente, l'unica non deducibile è la risposta **A** (fra l'altro nel brano si dice che il tasso di disoccupazione a gennaio dell'anno scorso era dell'11%, mentre a gennaio di quest'anno era al 10%, quindi minore rispetto a quello dello scorso anno).

2 Risposta esatta: B

Per rendere verosimile il brano, bisogna supporre che «la mancata corrispondenza tra le esigenze della vita privata e lavorativa e le prescrizioni di una prevenzione accurata sia una delle cause dell'aumento dell'esposizione alle onde elettromagnetiche». Poiché l'aumento dell'esposizione alle onde elettromagnetiche provoca un sensibile aumento di alcune malattie, è evidente che questa «mancata corrispondenza» sia una delle cause dell'aumento di alcune malattie.

3 Risposta esatta: D

Per rendere verosimile il brano, bisogna supporre che «la mancata corrispondenza tra le esigenze familiari e gli impegni in società e/o nel lavoro è una delle cause della diminuzione del tempo trascorso a casa». Poiché la diminuzione del tempo trascorso a casa provoca un sensibile aumento dei dissidi tra genitori e figli, è evidente che questa «mancata corrispondenza» sia una delle cause dei dissidi tra genitori e figli.

4 Risposta esatta: B

Si ponga attenzione a questo passo del brano: «La mia predilezione per i bambini che non hanno paura dei cani ... ha certo una sua ragion d'essere, in quanto la familiarità con gli animali presuppone un'intima confidenza con la natura». Da ciò si può facilmente dedurre che «Lorenz considera con particolare simpatia i bambini che hanno confidenza con la natura».

5 Risposta esatta: D

La risposta **C** (Bianchi, Rossi e Neri) è sicuramente sbagliata perché Neri e Rossi non giocano mai insieme.

La risposta **A** (Bianchi e Rossi) è sicuramente sbagliata perché se gioca Bianchi gioca anche Neri, e quindi alla fine giocherebbero tutti, ma Neri non gioca mai con Rossi.

La risposta **D** (Bianchi e Neri) è compatibile con le informazioni fornite dalla traccia.

6 Risposta esatta: D

Se un numero è divisibile per 4, a maggior ragione sarà divisibile per 2 (i numeri divisibili per 4 sono 4, 8, 12, ...: sono tutti numeri pari, ovvero sono tutti numeri divisibili per 2). Per cui se è vera P allora è vera anche Q: quindi la risposta esatta è «P implica Q».

Sarebbe sbagliato, invece, affermare il contrario perché se un numero è divisibile per 2 non è detto che sia divisibile per 4 (si pensi al 6: 6 è un numero pari, quindi è divisibile per 2, ma non è divisibile per 4).

7 Risposta esatta: C

I numeri divisibili per 6 sono i multipli di 6 (ovvero 6, 12, 18, 24, 30, 36, etc.).

I multipli di 3 sono 3, 6, 9, 12, 15, 18, 21, 24, etc. Osserva come i numeri divisibili per 6 (ovvero i multipli di 6), sono tutti anche multipli di 3, quindi se un numero appartiene all'insieme P (ovvero se è divisibile per 6), allora appartiene anche all'insieme Q (ovvero è anche multiplo di 3). Per questo motivo è corretto affermare che P implica Q, mentre sarebbe sbagliato dire il contrario (infatti non tutti i multipli di 3 sono numeri divisibili per 6: pensa, ad esempio, a 9. Il numero 9 è un multiplo di 3, ma non è divisibile per 6).

8 Risposta esatta: A

Se Marco va al cinema, allora ci va anche Filippo; ma se Filippo va al cinema, ci va anche Giovanni.
In altri termini se Marco va al cinema, al cinema ci andrebbero tutti e ciò è impossibile perché nella traccia è ribadito che «Giovanni e Marco non ci vanno mai tutti e due insieme».
Questa osservazione consente di escludere le risposte dove compare Marco, ovvero «Giovanni e Marco» e «Filippo e Marco».
L'unica risposta compatibile con tutte le informazioni riportate nella traccia è «Giovanni e Filippo».

9 Risposta esatta: D

Ad usare questa particolare tecnica di pattinaggio sono tre tra i primi 4 classificati e tre tra gli ultimi 4 classificati. Se ad usare questa tecnica fossero il 1°, il 2° e il 3° (ovvero tre tra i primi 4 classificati) e poi il 5°, il 6° e il 7° classificato (ovvero tre tra gli ultimi 4 classificati), allora complessivamente ad usare questa tecnica sarebbero 6 persone, ma nella traccia c'è scritto che sono solamente 5 le persone che la usano, ovvero una in meno rispetto alla previsione iniziale.
Questo dato deve farci intuire che tra i due gruppi (ovvero i tre tra i primi 4 classificati, e poi i tre tra gli ultimi 4 classificati) deve esserci un elemento in comune e l'unico elemento in comune è il 4° classificato. Quindi certamente il 4° classificato usa questa tecnica e il 4° classificato è Gaia.

10 Risposta esatta: D

Se le tre ragazze newyorkesi stanno prendendo il sole in piscina, allora certamente a New York sarà giorno (ovvero è verosimile che possano essere dalle 7 di mattina, alle 19 di sera, a seconda del periodo dell'anno considerato). Poiché tra New York e Roma c'è una differenza di 6 ore (ovvero a Roma ci sono sei ore in più rispetto a New York), allora a Roma saranno dalle 13 all'una di notte (ovvero a Roma certamente non sono le 9 del mattino).

11 Risposta esatta: D

Se «i vincenti non mentono mai», evidentemente i vincenti dicono sempre la verità.

12 Risposta esatta: C

Se «tutti i fiumi cinesi sono lunghi», è evidente che non esistono fiumi cinesi corti.

13 Risposta esatta: D

Se gli «assenti non hanno mai ragione», evidentemente hanno sempre torto.

14 Risposta esatta: B

La risposta che indebolisce l'affermazione proposta è la **B** (Il tasso di guarigione dei pazienti sottoposti a operazioni chirurgiche nell'ospedale B è maggiore rispetto a quello dell'ospedale A) perché contraddice chiaramente la frase «Ne segue che le operazioni chirurgiche vengono condotte meglio nell'ospedale A rispetto all'ospedale B».
In altri termini, se il tasso di guarigione relativo alle operazioni chirurgiche eseguite nell'ospedale B è maggiore rispetto all'ospedale A, allora si può supporre che nell'ospedale B le operazioni chirurgiche vengono eseguite meglio rispetto all'ospedale A.
Nell'affermazione proposta, invece, si afferma l'opposto, ovvero che le operazioni chirurgiche vengono condotte meglio nell'ospedale A rispetto all'ospedale B.

15 Risposta esatta: A

Poiché «Allontanandosi, con la civiltà, dallo Stato di Natura, gli uomini sono diventati più infelici», evidentemente lo Stato di Natura era più felice di quello della civiltà.

16 Risposta esatta: A

Dalla traccia possiamo intuire che:

1) se c'è un solo commesso, non possiamo evincere nulla con certezza (ovvero il commesso può essere italiano, ma può essere anche straniero);
2) se ci sono due o più commessi, almeno 1 di questi è straniero, ma potrebbero essere anche tutti stranieri (ad esempio, se ci fossero 3 commessi, sicuramente 1 di questi sarebbe straniero, ma potrebbero essere anche 2 di questi stranieri, ma potrebbero essere anche tutti stranieri).

La risposta **B** (nei negozi italiani ogni commesso straniero ha come collega un commesso italiano) è sbagliata perché, come detto al punto 2, i commessi potrebbero essere tutti stranieri.
La risposta **C** (non è possibile che in Italia un negozio abbia due commessi italiani) è sbagliata perché sappiamo che se i commessi fossero più di due, almeno 1 sarebbe straniero, ovvero supponendo che i commessi siano 3, è contemplata la possibilità che 1 di essi sia straniero e i restanti 2 italiani.
La risposta **D** (nei negozi italiani, se un commesso è straniero e non ha come collega un commesso italiano, allora è l'unico commesso del negozio) è sbagliata perché, come detto al punto 2) è contemplata la possibilità che ci siano negozi con 3 commessi, tutti stranieri.
La risposta corretta è, quindi, la **A** (nei negozi italiani, se un commesso è italiano e non ha come collega un commesso straniero, allora è l'unico commesso del negozio): infatti, poiché nei negozi con due o più commessi, almeno uno è straniero, allora in questi negozi, se ci fosse un commesso italiano, questo commesso avrebbe sicuramente almeno un collega straniero; se ciò non accadesse, allora potremmo dire con certezza che il negozio non ha due commessi, ovvero ne ha al più uno.

17 **Risposta esatta: B**

Se Giuseppe dice il vero, allora l'assassino non è Giuseppe, ma Hans o Johnny; inoltre, se Giuseppe dice il vero, Hans mente, ovvero l'assassino non è Johnny. Quindi, per esclusione, se l'assassino non è né Giuseppe, né Johnny, possiamo dedurre che l'assassino è Hans.
Consideriamo l'ipotesi che Johnny dica il vero: in questo caso potremmo concludere che l'assassino è Giuseppe.
In definitiva, considerando le varie ipotesi, possiamo affermare che l'assassino è Giuseppe oppure Hans, mentre Johnny è innocente.

18 **Risposta esatta: D**

In questi casi, spesso, è sufficiente procedere con un po' di buon senso. Il fatto che i melomani vanno a teatro la domenica, non significa che ci vadano solo loro (altrimenti sarebbe stato scritto SOLO i melomani vanno a teatro la domenica). Per questo la risposta corretta è «anche se Angelo non è un appassionato di musica può andare a teatro domenica».

19 **Risposta esatta: C**

Se «tutti i videoregistratori giapponesi sono molto leggeri», è evidente che non esistano videoregistratori giapponesi pesanti.

20 **Risposta esatta: A**

Se «i militari sono sempre alti» è evidente che i militari non siano mai bassi.

21 **Risposta esatta: A**

La conclusione è immediata.

22 **Risposta esatta: D**

Siccome l'argomentazione in oggetto mette in diretto collegamento l'aumento della vita media degli italiani negli ultimi anni con l'opportunità di continuare a investire nella prevenzione delle malattie cardiovascolari, queste ultime devono essere necessariamente ricomprese fra le possibili cause di morte degli italiani.

23 **Risposta esatta: C**

L'unica affermazione sicuramente vera tra le risposte alternative è «Se una famiglia ha due gatti, allora ha anche almeno un cane».

24 **Risposta esatta: A**

Dalla frase del Dottor Rossi «Indicami un giocatore della tua squadra, e io ne troverò, nella mia, uno più veloce» possiamo dedurre che, considerando il giocatore più veloce della squadra del commendatore Bianchi (che indichiamo con A), nella squadra del dottor Rossi sicuramente c'è un giocatore ancora più veloce di A, ovvero nella squadra del dottor Rossi c'è sicuramente un giocatore più veloce di qualunque altro giocatore della squadra del commendatore Bianchi.

25 **Risposta esatta: B**

Le due informazioni fornite non consentono di determinare né quanti studenti hanno ricevuto un voto inferiore alla media, né quanti studenti hanno ricevuto un voto superiore alla media.

26 **Risposta esatta: A**

Nessun commento particolare: la risposta è già contenuta implicitamente nella domanda, basta sostituire «ogni numero» con «tutti i numeri».

27 Risposta esatta: B

Praticamente si tratta della stessa frase, con l'aggiunta di «sicuramente».

Le altre risposte sono sbagliate poiché:

- non è vero che la pista non è MAI ciclabile;
- potrebbero esserci altre ipotesi (e NON SOLO in caso di pioggia) in cui la pista potrebbe non essere ciclabile.

28 Risposta esatta: B

Se è necessario che Maria resti in casa per far fare i compiti al fratellino, se Maria non è in casa il fratellino non farà i compiti.

29 Risposta esatta: C

Lucilla a volte svolge il ruolo di segretaria e le segretarie rispondono al telefono.

30 Risposta esatta: A

Dalle informazioni ricevute sappiamo con certezza soltanto che DUE amiche (Sara e Simona) risiedono in Toscana. Per le altre amiche, le informazioni NON sono sufficienti a giungere a tale conclusione (i «genitori» di Federica, e non Federica, lavorano a Prato; per quanto riguarda Lorena, «studiare a Lucca» non significa necessariamente essere lì residente).

31 Risposta esatta: A

La risposta «Marco e Debora» si vedono spesso perché abitano in Regioni confinanti NON è credibile perché il Piemonte NON è confinante con le altre due Regioni. Questo è certo, mentre le altre alternative di risposta sono aleatorie (potrebbero essere false o vere).

32 Risposta esatta: A

È l'unica frase che può essere dedotta con certezza (raggiunge il posto di lavoro con la SUA auto). Le altre risposte non possono essere determinate con altrettanta sicurezza.

33 Risposta esatta: C

È l'unica frase che può essere dedotta con certezza (questa chitarra È di Patrizia).

34 Risposta esatta: B

Se le ore tra le 15 e le 17 sono le più calde, e gli uragani tendono a manifestarsi in quella fascia oraria, allora vuol dire che gli uragani tendono a manifestarsi quando fa più caldo.

35 Risposta esatta: B

Questo quesito presenta una condizione sufficiente.
Da «Se giochi a pallacanestro (A), allora sei alto (B)», si può dedurre solo: se non B, non A.

36 Risposta esatta: A

Se piove (A), allora Filippo non utilizza il motoscafo (B).
Si può dedurre solo: se non B, non A.
Filippo utilizza il motoscafo (NON + non utilizza = utilizza), se NON piove.

37 Risposta esatta: D

Quindi da «tutti i laureati sono diplomati» si può dedurre che alcuni diplomati sono laureati, oppure che non tutti i diplomati sono laureati.

38 Risposta esatta: A

Questo è un sillogismo dove eliminando i termini intermedi («buon falegname») rimangono le altre due espressioni «Mio papà sa utilizzare la pialla».

«Mio papà è un buon falegname»
«Ogni buon falegname sa utilizzare la pialla»
«Mio papà ... sa utilizzare la pialla».

39 Risposta esatta: B

Il jazz appartiene all'insieme dei generi musicali per cui se Sandra ascolta tutti i generi musicali, ascolta anche il jazz.

40 Risposta esatta: B

Tutte le altre risposte non possono desumersi dalle informazioni date.

41 Risposta esatta: D

Le due automobili che possiede Antonio fanno parte dell'insieme Wolkswagen mentre l'insieme Fiat è disgiunto.

42 Risposta esatta: A

La zia Maria appartiene all'insieme delle massaie pertanto va al mercato comunale a fare la spesa.

43 Risposta esatta: A

L'insieme dei banditi è compreso nell'insieme dei cuochi mentre quello dei bracconieri è intersecato con quello dei banditi e quindi dei cuochi. Per cui solo alcuni bracconieri sono cuochi.

44 **Risposta esatta: C**

L'insieme dei boiardi è compreso in quello dei polemici mentre l'insieme dei campanari è disgiunto.

45 **Risposta esatta: A**

L'insieme dei sagrestani e quello dei maniscalchi sono disgiunti mentre l'insieme dei bugiardi è intersecato con quello dei maniscalchi.

46 **Risposta esatta: B**

Questo è un sillogismo in cui i due termini uguali «bravi calciatori» vengono eliminati e rimangono le altre due proprietà presenti nella premessa «Ademaro Rossi oggi non commette falli».

47 **Risposta esatta: D**

Le due affermazioni non sono legate tra di loro per cui non si può affermare nulla con certezza.

48 **Risposta esatta: B**

L'insieme degli artisti è compreso nell'insieme di coloro che vanno spesso a teatro e quest'ultimo in quello di chi ama leggere. Essendo Domenico all'interno del primo insieme perché è un artista l'unica affermazione sicuramente vera è che Domenico va spesso a teatro.

49 **Risposta esatta: B**

Questo è un sillogismo in cui i due termini uguali «i maggiorenni» vengono eliminati e rimangono le altre due proprietà presenti nella premessa «Hanno diritto al voto coloro che hanno la macchina e la patente».

50 **Risposta esatta: A**

Questo è un sillogismo in cui i due termini uguali «appassionati di giardinaggio» vengono eliminati e rimangono le altre due proprietà presenti nella premessa «Stefano ama la natura».

51 **Risposta esatta: D**

Questo è un sillogismo in cui i due termini uguali «amano la pittura» vengono eliminati e rimangono le altre due proprietà presenti nella premessa «Matilde, che ovviamente è una donna, è una persona sensibile».

52 **Risposta esatta: D**

L'insieme delle montagne in cui è compreso il monte Civetta si interseca con quello delle montagne scalate per cui non tutte le montagne sono state scalate da Pietro e Marianna; tra queste potrebbe esserci il monte Civetta oppure no, non possiamo saperlo con certezza.

53 **Risposta esatta: A**

L'insieme delle brave cuoche si interseca con quello dei piatti squisiti perché solo alcune (e non tutte) le brave cuoche creano piatti squisiti. «Mia moglie» fa parte dell'insieme delle brave cuoche per cui potrebbe creare piatti squisiti.

54 **Risposta esatta: D**

Nessuna delle risposte può essere dedotta dalle affermazioni date.

55 **Risposta esatta: B**

I due insiemi delle cugine di Mara e di Sonia sono intersecati tra di loro per cui Claudia che rientra nell'insieme delle cugine di Sonia non è detto che rientri anche in quello di Mara né che non vi rientri.

56 **Risposta esatta: D**

I due insiemi dei ragazzi magrolini e dei ragazzi che fanno attività fisica sono intersecati tra di loro per cui mio fratello che rientra nell'insieme dei ragazzi magrolini non è detto che rientri anche in quello dei ragazzi che fanno attività fisica né che non vi rientri.

57 **Risposta esatta: B**

Siccome Giulio rientra nell'insieme dei bambini giudiziosi e quest'ultimo è compreso nell'insieme di coloro che attraversano la strada con attenzione (o di coloro che non attraversano la strada senza prestare attenzione) anche Giulio attraversa sempre la strada con attenzione.

58 **Risposta esatta: A**

Se tutti i dottori son laureati e Stefania è una dottoressa, è sicuramente vero che Stefania è laureata.

59 Risposta esatta: D

Gilda lava capi DISTINTI per colore. Oggi ha fatto UN SOLO bucato. Ha messo il colore NERO. Si deduce che NON ha lavato il rosa.

60 Risposta esatta: D

Le due frasi di cui si compone il quiz hanno in comune SOLO l'elemento «sport».
Le affermazioni contenute nelle risposte sbagliate non sono fondate su informazioni ricavabili dalle frasi date.

61 Risposta esatta: B

Dalla frase «Alessandro non gioca a squash» non possono essere ricavate informazioni di carattere generale o di altra natura (non frequenta le palestre, non ha una racchetta......), né che non conosce lo squash (sappiamo solo che Alessandro non lo pratica).

62 Risposta esatta: C

Dalla frase «Sergio non scia» non possono essere ricavate informazioni di carattere generale (non va in montagna, non ama la montagna......), né che non conosce lo sci (sappiamo solo che Sergio non lo pratica).

63 Risposta esatta: B

Se:

ladri = delinquenti

e:

alcuni ladri sono marziani

allora:

alcuni delinquenti sono marziani.

64 Risposta esatta: B

Se:

tassisti = calciatori

e:

alcuni tassisti sono fantini

allora:

alcuni calciatori sono fantini.

65 Risposta esatta: B

Se:

cani = mammiferi

e:

Stella è un cane

allora:

Stella è un mammifero.

66 Risposta esatta: B

Se:

Jack = marinaio

e:

tutti i marinai fanno promesse inaffidabili

allora:

Jack fa promesse inaffidabili.

67 Risposta esatta: C

Da «Tutti i bambini sono affettuosi» e «tutte le persone affettuose hanno un buon carattere», eliminando il termine medio comune, ovvero eliminando (persone affettuose), otteniamo «Tutti i bambini hanno un buon carattere» (quindi la risposta «Tutti i bambini hanno un buon carattere» è una deduzione corretta).
Poi, dalla frase «tutte le persone affettuose (= A) hanno un buon carattere (= B)», è lecito dedurre «non B = non A», ovvero, «Chi non ha un buon carattere non è affettuoso» (e anche questa è una deduzione corretta).
La risposta «È impossibile che Max non abbia un buon carattere», significa che Max ha un buon carattere e questa è una deduzione corretta che deriva dalle frasi «Max è affettuoso» e «tutte le persone affettuose hanno un buon carattere» (quindi, eliminando il termine medio comune, abbiamo che Max ha un buon carattere).
Procedendo per esclusione, la deduzione non necessariamente vera è «Max è un bambino»: questa deduzione è ricavabile dalle frasi «Max (= M) è affettuoso (= A)» e «Tutti i bambini (= B) sono affettuosi (=A)»: osserviamo che, schematizzando il discorso, avremmo M → A e B → A, ovvero manca il termine medio comune che consente di chiudere il sillogismo (in questo caso i termini medi sono A e B, e A è diverso da B). In questi casi non possiamo esprimerci in termini di certezza, ma al più è corretto esprimersi in termini dubitativi. La risposta «Max è un bambino» è espressa in termini di certezza, per questo non è necessariamente vera (se fosse stato scritto «Max potrebbe essere un bambino», sarebbe stata una deduzione corretta).

68 Risposta esatta: D

Dalle frasi «Tutti i pescatori sono amanti del mare» e «Tutti gli amanti del mare sono sportivi», eliminando il termine medio comune (ovvero amanti del mare), possiamo dedurre

«Tutti i pescatori sono sportivi» (questa è una deduzione corretta).
Analogamente, considerando le frasi «Armando è un amante del mare» e «Tutti gli amanti del mare sono sportivi», eliminando il termine medio comune (ovvero amanti del mare), possiamo correttamente dedurre che Armando è sportivo.
Da frasi del tipo «Tutti gli amanti del mare (= A) sono sportivi (= B)» è lecito dedurre «se non B allora non A», ovvero chi non è sportivo non è un amante del mare.
La deduzione non necessariamente vera è la frase «Armando è un pescatore», perché dovremmo dedurla dalle frasi «Armando (= A) è un amante del mare (= M)» e «Tutti i pescatori (= P) sono amanti del mare (= M)»: osserviamo che, schematizzando il discorso, avremmo A → M e P → M, ovvero manca il termine medio comune che consente di chiudere il sillogismo (in questo caso i termini medi sono M e P, e M è diverso da P).
In questi casi non possiamo esprimerci in termini di certezza, ma al più è corretto esprimersi in termini dubitativi. La risposta «Armando è un pescatore» è espressa in termini di certezza, per questo non è necessariamente vera (se ci fosse stato scritto «Armando potrebbe essere un pescatore», sarebbe stata una deduzione corretta).

69 Risposta esatta: D

Frasi come «chi è magro non ama i dolci» sono assimilabili a delle condizioni sufficienti, ovvero sono equivalenti a «se sei magro (= se A) allora non ami i dolci (= allora B)». Da queste frasi puoi dedurre con certezza «se non B, allora non A», ovvero «se ami i dolci, allora non sei magro», oppure «chi ama i dolci non è magro» (e questa risposta è una deduzione VERA).
Quindi considerando le frasi «Marco ama i dolci» e poi «chi ama i dolci non è magro», eliminando il termine medio comune (ovvero «amare i dolci»), deduciamo che Marco non è magro (e questa risposta è una deduzione VERA).
Da frasi del tipo «chi è attivo è magro» è corretto dedurre «non tutti i magri sono attivi» (e anche questa risposta è una deduzione VERA). Per maggiore chiarezza si pensi alla frase «tutte le mele sono frutti»: è evidente che «non tutti i frutti sono mele».
La deduzione FALSA è Marco è attivo. Consideriamo che da frasi del tipo «chi è attivo è magro» è corretto dedurre «chi non è magro non è attivo». Accostando le frasi «Marco non è magro» e «chi non è magro non è attivo», eliminando il termine medio comune (ovvero «non è magro»), otteniamo «Marco non è attivo». Per questo motivo è FALSO affermare che Marco sia attivo.

70 Risposta esatta: A

Se è vero che «Alcuni rivoluzionari sono studenti» e «Tutti gli studenti amano i libri», allora, eliminando il termine medio comune (ovvero studenti), si può concludere che alcuni rivoluzionari amano i libri; ma se è vero che alcuni rivoluzionari amano i libri, è verosimile che ci siano rivoluzionari che non amano i libri, quindi sicuramente alcune persone che amano i libri non sono rivoluzionari.
Questo è il motivo per cui l'affermazione «Chi ama i libri è un rivoluzionario» non è necessariamente vera (perché non tutte le persone che amano i libri sono rivoluzionari).

71 Risposta esatta: A

Da «tutti gli amanti della musica sono persone allegre» si può dedurre che «alcune persone allegre sono amanti della musica» (sarebbe come dedurre da «tutte le mele sono frutti», che «alcuni frutti sono mele»).
Se alcune persone allegre sono amanti della musica (e «nessun amante della musica ama la pittura», quindi queste persone allegre che amano la musica sicuramente non amano la pittura), è verosimile che ci siano persone allegre che non amano la musica e di quest'ultime la traccia non fornisce elementi di certezza, ovvero le persone allegre che non amano la musica potrebbero amare la pittura.
Per questo motivo è corretto affermare che «alcune persone allegre potrebbero amare la pittura», o viceversa che «alcune persone che amano la pittura potrebbero essere allegre».

72 Risposta esatta: A

Proviamo a schematizzare:
«Leonardo (= Le) è laureato (= La)»
«Tutti i medici (= M) sono laureati (= La)»

Notiamo che comunque si combinino le due frasi viene a mancare il termine medio comune, ovvero:

— con «Le → La» e «M → La» i termini medi sarebbero La della prima frase e M della seconda, ma La è diverso da M;

— con «M → La» e «Le → La» i termini medi sarebbero La della prima frase e Le della seconda, ma La è diverso da Le.

In queste condizioni è sbagliato esprimersi in termini di certezza, ovvero è sbagliato affermare «Leonardo è un medico»; al più si potrebbe dire «Leonardo potrebbe essere un medico».

73 Risposta esatta: C

Alcuni filosofi sono amanti della storia, ma non tutti, ovvero è verosimile che ci sia almeno un filosofo che non sia un amante della storia e questo filosofo potrebbe essere un lettore di gialli; poiché tutti i lettori di gialli sono persone anziane, si può dedurre che almeno un filosofo potrebbe essere anziano.

74 Risposta esatta: A

Se accostiamo la frase «Sandro è una persona concreta» e la prima affermazione «Tutte le persone concrete sono informatici», eliminando il termine medio comune (ovvero persone concrete), abbiamo «Sandro è un informatico». Se «Sandro è un informatico», considerando che la traccia suggerisce anche che «tutti gli informatici amano il computer», eliminando il termine medio comune (ovvero informatici), potremmo concludere che Sandro ama il computer.

75 Risposta esatta: C

La chiave di risoluzione si basa su un assunto: di fronte a frasi del tipo «A = B» e «C = B», ovvero quando manca il termine medio comune (in questo caso il termine medio sarebbe la B della prima frase e la C della seconda, e B e C sono diversi tra loro) non è corretto esprimersi in termini di certezza, ma al più è corretto esprimersi in termini dubitativi (sarebbe sbagliato affermare A è C, invece sarebbe corretto esprimersi dicendo A potrebbe essere C).
Se analizziamo le frasi «Nessuno Zeta (= Z) è Omega (= O)» e «qualche Erre (= E) è Omega (= O)» ci ritroviamo in un caso analogo al precedente: eliminando Omega, che compare in entrambe le frasi, restano Z e E, ma in merito ai quali non possiamo esprimerci con certezza, ovvero è sbagliato dire «qualche Erre è Zeta», al più sarebbe corretto dire «qualche Erre potrebbe essere Zeta».
Per ragioni analoghe si può affermare che non è corretta la frase «nessuno Zeta è Erre».
In merito alla risposta «nessun Erre è Beta», non si conosce il rapporto tra Erre e Beta e quindi non si può affermare nulla con certezza.
A differenza delle precedenti, la risposta «qualche Beta potrebbe essere Omega» è accettabile perché espressa in termini dubitativi.

76 Risposta esatta: B

Poiché «Alcuni agrumi sono arance» e «tutte le arance hanno i semi», eliminando il termine medio comune (arance), otteniamo «alcuni agrumi hanno i semi».

77 Risposta esatta: A

In questo caso è arduo esprimersi in termini di certezza. Se focalizziamo l'attenzione sulle frasi «I gatti sono ladri» e su «Alcuni ladri vanno in giro di notte», notiamo che non è possibile applicare la proprietà transitiva, concludendo che i gatti vanno in giro di notte. Avremmo potuto farlo se, invece di «alcuni ladri», fosse stato scritto «tutti i ladri». In questo caso possiamo esprimerci solamente in termini dubitativi, affermando che alcuni gatti potrebbero andare in giro di notte e quindi essere anche nottambuli.

78 Risposta esatta: D

Se «alcune persone ospitali sono simpatiche», è verosimile che vi siano anche persone ospitali che non sono simpatiche. Sappiamo che Paolo è una persona ospitale, però la traccia non fornisce elementi per stabilire con certezza se Paolo appartenga agli «ospitali simpatici» o a quelli antipatici.

79 Risposta esatta: D

Nella domanda è presente una doppia negazione: due negazioni affermano.

80 Risposta esatta: C

Due negazioni affermano.

81 Risposta esatta: C

Due negazioni affermano.

82 Risposta esatta: D

Due negazioni affermano.

83 **Risposta esatta: D**

Due negazioni affermano.

84 **Risposta esatta: D**

Due negazioni affermano.

85 **Risposta esatta: D**

Due negazioni affermano.

86 **Risposta esatta: B**

Due negazioni affermano.

87 **Risposta esatta: C**

Due negazioni affermano.

88 **Risposta esatta: B**

Due negazioni affermano.

89 **Risposta esatta: A**

Due negazioni affermano.

90 **Risposta esatta: A**

Nella domanda è presente una doppia negazione. La domanda si può quindi leggere: «Posso affermare di aver visto il professore di latino». Quindi ho visto il professore di latino.

91 **Risposta esatta: D**

Nella domanda è presente una doppia negazione. La domanda si può quindi leggere: «Posso affermare di aver visto quell'incidente». Quindi ho visto quell'incidente.

92 **Risposta esatta: D**

Analizziamo l'affermazione 1): il costrutto «è stata respinta la prova che conferma» è equivalente a «non abbiamo prove per affermare», quindi non possiamo essere certi che il signor Rossi abbia truffato il sig. Bianchi.
Analizzando, poi, la seconda frase «non è stata acquisita alcuna prova del contrario», si può dire che non si possa essere certi nemmeno che il signor Rossi NON abbia truffato il signor Bianchi.
Stando così le cose, è lecito esprimersi in termini dubitativi, mentre sarebbe sbagliato farlo in termini di certezza. Tra le risposte, l'unica espressa in termini dubitativi è l'affermazione «il sig. Rossi potrebbe non aver truffato il sig. Bianchi».

93 **Risposta esatta: B**

La frase «tutte le persone che parlano correttamente il francese sono bionde» è assimilabile a frasi del tipo «tutti gli A sono B». La negazione di queste frasi è «almeno un A non è B», ovvero almeno una persona che parla correttamente il francese non è bionda.

94 **Risposta esatta: A**

Semplifichiamo la frase:

«Non è sbagliato» → è giusto
«evitare di rinunciare» → non rinunciare → continuare
«a non violare» → a rispettare
«pur non avendo dubbi» → pur essendo certi
«impossibilità di essere colti in flagrante» → non essere colti in flagrante

Prendendo in considerazione l'analisi preliminare effettuata, la frase «Non è sbagliato evitare di rinunciare a non violare la legge pur non avendo dubbi sull'impossibilità di essere colti in flagrante» si può rendere dicendo «è giusto continuare a rispettare la legge, pur essendo certi di non essere colti in flagrante», ovvero, e in sintesi «Non si deve violare la legge, in ogni caso».

95 **Risposta esatta: D**

La frase «tutti i piloti sono persone colte» è una frase di tipo «tutti gli A sono, o fanno, qualcosa». La negazione di queste frasi si rende dicendo «Almeno un A NON è qualcosa», ovvero «Almeno un pilota non è una persona colta».

96 **Risposta esatta: C**

L'affermazione «tutti i libri di fantascienza sono avvincenti» è una frase del tipo «tutti sono qualcosa». La negazione di queste frasi si rende con «almeno uno non è qualcosa», ovvero «Almeno un libro di fantascienza non è avvincente».

97 **Risposta esatta: B**

La frase «è stata respinta la prova che nega che il sig. Rossi abbia truffato il sig. Bianchi» significa che non ci sono prove che il signor Rossi abbia truffato il signor Bianchi. Nella traccia si sottolinea che non ci sono nemmeno prove del contrario, ovvero non ci sono prove che dimostrino che il signor Rossi NON abbia truffato il signor Bianchi. In definitiva, il sig. Rossi potrebbe aver truffato il sig. Bianchi (ma non v'è certezza).

98 Risposta esatta: B

Semplifichiamo la frase:

«Francesco negò fermamente di non aver» → «Francesco ha» (perché le due negazioni «negò» e «non» si annullano a vicenda).

Quindi Francesco si è rifiutato di dire il falso.

99 Risposta esatta: D

L'affermazione «a tutti i lettori di gialli piacciono sia i noir italiani sia quelli statunitensi» è una frase di tipo «tutti fanno qualcosa». La negazione di «tutti fanno qualcosa» è «almeno uno non la fa», ovvero «ad almeno un lettore di gialli non piacciono o i noir italiani o quelli statunitensi» (bisogna usare la congiunzione «o» perché per negare «sia A, sia B», oppure «A e B» bisogna usare lo schema «non A oppure non B»).

100 Risposta esatta: C

L'espressione «È da ESCLUDERE l'ipotesi secondo cui l'ottima conservazione del manoscritto NON debba ...» è equivalente a «l'ottima conservazione del manoscritto deve ...» («escludere» e «non» si elidono a vicenda). Quindi, la frase «È da escludere l'ipotesi secondo cui l'ottima conservazione del manoscritto non debba essere attribuita alla perizia dei restauratori» è equivalente a «L'ottima conservazione del manoscritto deve essere attribuita alla perizia dei restauratori».

101 Risposta esatta: A

Semplifichiamo la frase:

«È assurdo non ritenere» → «bisogna ritenere» («assurdo» e «non» sono due negazioni che si elidono a vicenda).
«È sbagliato non perdonare» → «bisogna perdonare» (oppure è «giusto perdonare») («sbagliato» e «non» sono due negazioni che si elidono a vicenda).

Sostituendo le espressioni individuate in precedenza alla frase originaria otteniamo:

«Bisogna ritenere che è giusto perdonare chi si è pentito di un errore», ovvero «è giusto che sia perdonato chi si pente di un errore».

102 Risposta esatta: A

L'espressione «Non è impossibile» equivale a «è possibile».

Quindi la frase:

«Non è impossibile che la bottiglia ritrovata sulla spiaggia possa contenere un messaggio»

è equivalente a:

«è possibile che la bottiglia ritrovata sulla spiaggia possa contenere un messaggio», ovvero «la bottiglia ritrovata sulla spiaggia potrebbe contenere un messaggio».

103 Risposta esatta: D

Il fatto di non escludere un evento significa affermare che quell'evento potrebbe essere accaduto. Per cui se «le ricerche ... non hanno escluso che l'agente sia stato ferito da più di una persona» è certamente vero che «l'agente potrebbe essere stato ferito da più di una persona».

104 Risposta esatta: D

L'espressione «Non si può escludere che» è equivalente a «è possibile».

Quindi la frase:

«Non si può escludere che, se l'arbitro non avesse fischiato il fallo, non sarebbe finito nei guai»

è equivalente a:

«È possibile che se l'arbitro non avesse fischiato il fallo, non sarebbe finito nei guai»

che a sua volta si può volgere in:

«È possibile che l'arbitro non sarebbe finito nei guai qualora non avesse fischiato il fallo».

105 Risposta esatta: D

L'espressione «Di recente è stata provata essere falsa la tesi di chi nega la possibilità» è equivalente a «è possibile» (perché «falsa» e «nega» sono due negazioni che si elidono a vicenda). Quindi la frase «di recente è stata provata essere falsa la tesi di chi nega la possibilità che l'uomo possa camminare sul Sole e abbia la possibilità di creare dei campi di forza di reazione» è equivalente a «è possibile che l'uomo possa camminare sul Sole e sviluppare dei campi di forza di reazione».

106 **Risposta esatta: B**

L'espressione «Non tutti i giornalisti escludono il fatto che» è equivalente a «almeno un giornalista ritiene che».
Quindi la frase «Non tutti i giornalisti escludono il fatto che i giornali elettronici abbiano evitato la riduzione del numero di lettori», è equivalente all'affermazione «Almeno un giornalista ritiene che i giornali elettronici abbiano evitato la riduzione del numero di lettori».

107 **Risposta esatta: D**

L'espressione «non ha consentito di dimostrare l'impossibilità» significa che «è possibile».

Quindi la frase:

«L'esame dei reperti ritrovati non ha consentito di dimostrare l'impossibilità che la città scoperta sia l'antica Asteria»

significa che:

«dall'esame dei reperti è emerso che è possibile (ma non certo) che la città scoperta sia l'antica Asteria».

Analizzando le risposte, tre di queste sono espresse in termini di certezza ed è per questo motivo che vanno scartate (ovvero dobbiamo scartare «L'esame dei reperti ritrovati ha dimostrato che la città scoperta è l'antica Asteria», poi «L'esame dei reperti ritrovati ha dimostrato che la città scoperta non può essere l'antica Asteria», e poi «È impossibile che la città scoperta sia l'antica Asteria»). L'unica risposta espressa in termini dubitativi (quindi, la risposta corretta) è «L'esame dei reperti ritrovati non ha dimostrato che la città scoperta non è l'antica Asteria».

108 **Risposta esatta: B**

La frase «Se Anna riceve un rimprovero a scuola, piange» è un esempio di condizione sufficiente, ovvero è una frase del tipo «se A allora B».

«Se Anna riceve un rimprovero a scuola (= se A),
piange (= allora B)»

Una condizione sufficiente è quella condizione che da sola basta a giustificare una conseguenza, ma non è detto che sia l'unica condizione che giustifica quella conseguenza. Da queste frasi si può dedurre con certezza «se non B allora non A», ovvero la negazione della seconda parte della frase implica la negazione della prima parte della frase: quindi si può dedurre con certezza che «se Anna non piange, allora non ha ricevuto un rimprovero a scuola».

«se Anna non piange (se non B),
allora non ha ricevuto un rimprovero a scuola (allora non A»)»

Poiché nella traccia è sottolineato che «Ieri Anna non ha pianto», allora si può dedurre che ieri Anna non ha ricevuto un rimprovero a scuola («... allora non A»).
Nella traccia si dice anche che «Se nessuno rimprovera Anna a scuola, la sua vicina di banco le fa i dispetti». In definitiva, ieri Anna non ha ricevuto rimproveri a scuola e di conseguenza la sua vicina di banco le ha fatto i dispetti.

109 **Risposta esatta: B**

La frase «se verrà promosso con una votazione superiore a sette, gli regalerà un computer portatile» è un esempio di condizione sufficiente, ovvero è una frase di tipo «se A allora B».

«se verrà promosso con una votazione superiore a sette (= se A),
gli regalerà un computer portatile (= allora B)»

Poiché il quiz chiede in quale caso Franco NON mantiene la promessa, pensiamo alla negazione di questa frase. La negazione di queste frasi si rende con «A e non B», ovvero da:

«è stato promosso con una votazione superiore a sette (= A),
ma il papà non gli regala il portatile (= non B)»

Tra le risposte fornite, quella che ha un significato analogo alla negazione appena espressa è «Tommaso è promosso con una votazione pari a otto (ovvero una votazione superiore a sette) e non riceve alcun regalo dal padre (ovvero il padre non gli regala il computer portatile)».

110 **Risposta esatta: C**

Anche in questo caso abbiamo una condizione sufficiente del tipo:

«se si diplomerà con una votazione superiore a 80/100 (= se A),
gli regalerà un'automobile (= allora B)»

Poiché il quiz chiede in quale caso Emilio NON mantiene la promessa, si pensi alla negazione di questa frase.

«Davide si è diplomato con una votazione superiore a 80/100 (= A),
ma il papà non gli regala un'auto (= non B)»

Tra le risposte fornite, quella che ha un significato analogo alla negazione appena espressa è «Davide si diploma con una votazione pari a 90/100 (ovvero con una votazione superiore a 80/100) e riceve dal padre soltanto un orologio d'oro (ovvero il padre non gli ha regalato un'automobile)».

111 Risposta esatta: A

La frase «se verrà promosso con al più due debiti formativi, gli regalerà un weekend a Rimini» è un esempio di condizione sufficiente, ovvero è una frase di tipo «se A allora B». Poiché il quiz chiede in quale caso Giuseppe NON mantiene la promessa, dobbiamo pensare alla negazione di questa frase: «A e non B». Ovvero da «se verrà promosso con al più due debiti formativi (= se A), gli regalerà un weekend a Rimini (= allora B)», la negazione si rende dicendo «Antonio è promosso con al più due debiti formativi (= A), ma il papà non gli regala un weekend a Rimini». Tra le risposte fornite, quella che ha un significato analogo alla negazione appena espressa è «Antonio è promosso con un debito formativo e non riceve alcun regalo dal padre (ovvero il padre non gli regala il weekend a Rimini)».

112 Risposta esatta: A

Il termine «occorre» è sinonimo di «è necessario»: in questo quesito è quindi presentata una condizione necessaria. In altri termini, possiamo convertire «occorre» con «solo se», e la frase «Affinché l'atleta vinca le Olimpiadi, occorre che si alleni tutto l'anno» si può rendere scrivendo:

«solo se si allena tutto l'anno (= solo se A),
allora l'atleta vince le Olimpiadi (= allora B)»

Da queste frasi si può dedurre con certezza «se NON A, allora NON B», ovvero:

«se l'atleta non si allena tutto l'anno (= se non A),
non vince le Olimpiadi (= allora non B)»

113 Risposta esatta: D

Si tratta di una condizione necessaria:

«Solo se conservati nel congelatore (= solo se A),
i surgelati non si deteriorano (= allora B)»

Il quiz chiede quale sia l'affermazione non necessariamente vera: spesso, con le condizioni necessarie, l'affermazione non necessariamente vera è quella in cui è applicato uno schema sbagliato, ovvero lo schema «se non B allora non A», caratteristico della condizione sufficiente.
Effettivamente nella risposta «I surgelati deteriorati (= non B) non sono stati conservati nel congelatore (= non A)» è applicato uno schema non corretto.

114 Risposta esatta: C

Si tratta di una condizione necessaria:

«Solamente dopo il lavaggio (= solo se A)
si può stirare la camicia (= allora B)»

cui non può applicarsi lo schema «se non B allora non A» (che è tipico della condizione sufficiente). Quindi l'affermazione che non rappresenta una conclusione corretta è la risposta «Se la camicia non è stata stirata (= se non B) allora non è stata lavata (= allora non A)» proprio perché è applicato uno schema sbagliato.

115 Risposta esatta: B

La frase «Se e solo se mangi insalata ti prendi cura della tua salute» è un esempio di condizione sia necessaria sia sufficiente (si capisce dal «se e solo se»).
La risposta FALSA è sicuramente la seguente: «condizione sufficiente ma non necessaria per prendersi cura della propria salute è mangiare insalata». Questa risposta è falsa proprio per quanto detto in premessa, ovvero proprio perché la frase proposta è un esempio di condizione che è sia necessaria, sia sufficiente.

116 Risposta esatta: C

Anche in questo caso abbiamo una condizione necessaria e sufficiente:

«Luigi sarà rilassato (= B)
se e solo se si concederà una vacanza (= se e solo se A)»

Il quiz chiede quale sia la risposta non necessariamente vera. Solitamente la risposta non necessariamente vera è quella in cui è proposta l'affermazione di una parte della frase e la negazione dell'altra. Nella risposta «Anche se Luigi si concederà una vacanza (= se A), potrà non essere rilassato (= non B)» si ritrova lo schema «affermazione/negazione».

117 **Risposta esatta: B**

Condizione necessaria:

«Solo se vado a dormire presto (= solo se A), rendo al massimo sul lavoro (= allora B)»

Da queste frasi si può dedurre con certezza «se non A allora non B», ovvero:

«se non vado a dormire presto (= se non A) allora non rendo al massimo sul lavoro (= allora non B)»

118 **Risposta esatta: C**

Si tratta di una condizione necessaria e sufficiente:

«L'autobus partirà (= allora B) se e solo se i posti saranno tutti occupati (= se e solo se A)»

La deduzione non necessariamente vera è quella che propone la negazione di una parte di questa frase e l'affermazione dell'altra (ovvero forme di tipo «A e non B», oppure «non A e B»).
Guardando le risposte, l'unica che propone lo schema «negazione/affermazione» è «Anche se i posti saranno tutti occupati (= A), l'autobus potrà non partire (= non B)».

119 **Risposta esatta: C**

Si tratta di una condizione sufficiente (se A allora B).
Da «Se O allora H e se H allora M», eliminando il termine medio comune (ovvero H), si può concludere che «Se O allora M» (questa operazione è lecita con «condizioni sufficienti»). Quando si ha una condizione sufficiente, la negazione della seconda parte della frase, implica la negazione della prima, ovvero, considerando «Se O allora M», da «se non M» si può dedurre con certezza «allora non O».

120 **Risposta esatta: A**

La frase «se T allora V» è un esempio di condizione sufficiente (si capisce dal «se»). Da queste frasi si può dedurre con certezza «se non V allora non T» (ovvero la negazione della seconda parte della frase implica la negazione della prima parte della frase).
La frase «solo se V allora P» è, invece, un esempio di condizione necessaria (si capisce dal «solo se»). Da queste frasi si può dedurre con certezza «se non V allora non P» (ovvero la negazione della prima parte della frase implica la negazione della seconda parte).
Considerando le frasi dedotte in precedenza, ovvero «se non V allora non T» e «se non V allora non P», si può concludere che «se non V allora non P e non T».

121 **Risposta esatta: C**

La frase «Ogni volta che vado allo stadio mangio un panino» è assimilabile ad una condizione sufficiente, ovvero si può rendere dicendo «se vado allo stadio, allora mangio un panino».
La frase «solo se sono andato a correre la mattina prendo anche la birra» è un esempio di condizione necessaria («solo se»).

122 **Risposta esatta: C**

Condizione sufficiente:

«se Alvaro è colpevole (= se A), allora è passato per Vicolo Stretto (= allora B)»

da cui si può dedurre con certezza solamente «se non B allora non A». Poiché la seconda informazione («Alvaro è passato per Vicolo Stretto») ribadisce «B», non si può giungere a nessuna conclusione di certezza.

123 **Risposta esatta: C**

Condizione sufficiente:

«Se Mario corre (= se A), si affatica (= allora B)»

Da queste frasi si può dedurre con certezza «se non B, allora non A», ovvero «se Mario non è affaticato (= se non B) allora vuol dire che non ha corso (= allora non A)».

124 **Risposta esatta: D**

Condizione sufficiente:

«Se Marina sta parlando al telefono (= se A), allora Mauro e Franco stanno guardando la televisione (= allora B)»

Da queste frasi si può dedurre con certezza «se non B allora non A», ovvero se Mauro o Franco non stanno guardando la televisione (= se non B), allora Marina non sta parlando al telefono (= allora non A).

125 Risposta esatta: A

Si tratta di una condizione sufficiente che si può rendere anche in questo modo:

«se Maurizio arriva fra i primi dieci nell'ultima gara (= se A),
allora può partecipare alle Olimpiadi (= allora B)»

Da frasi del tipo «se A allora B» si può dedurre «se non B allora non A», ovvero «se Maurizio NON parteciperà alle Olimpiadi (= se non B), allora NON è arrivato fra i primi dieci nell'ultima gara».

126 Risposta esatta: B

Condizione sufficiente:

«Se Paolo non telefona a Stefano (= se A),
allora il loro appuntamento avrà luogo in Via Verdi alle 21:00 (= allora B)»

Da queste frasi si può dedurre con certezza che «se non B, allora non A», ovvero la negazione della seconda parte, implica la negazione della prima parte. In altri termini, sarebbe corretto dire che «se il loro appuntamento NON ha avuto luogo in Via Verdi alle 21:00, allora Paolo ha telefonato a Stefano (che è la negazione di Paolo NON ha telefonato a Stefano)».
La risposta corretta è quella che esordisce con «se i due amici si incontrano in Via Verdi alle 20:00», ovvero i due amici NON si sono incontrati in via Verdi alle 21: come detto in precedenza, dalla negazione della seconda parte della frase di partenza, è corretto dedurre la negazione della prima parte della frase di partenza, ovvero Paolo ha telefonato a Stefano.

127 Risposta esatta: C

Poiché il fatto di avere buoni raccolti in primavera costituisce la condizione imprescindibile per far sì che a maggio i prezzi dei prodotti agricoli non aumentino e l'inflazione non cresca, ne consegue che i dati emersi dall'indagine statistica (aumento dell'inflazione a maggio) sono dovuti necessariamente al fatto che nella stagione primaverile i raccolti non sono stati buoni.

128 Risposta esatta: A

Il secondo evento (riduzione del Tasso Ufficiale di Sconto) si verifica solo se si verifica il primo evento (l'inflazione scende sotto il 2%); quindi, se il secondo evento non si è verificato, allora è certamente vero che non si è verificato neanche il primo.

129 Risposta esatta: D

Condizione sufficiente che si può rendere anche:

«Se non arrivo in orario al lavoro (= se A),
allora incontro il capoufficio alla mia scrivania (= allora B)»

Da frasi di questo tipo si può dedurre con certezza «se non B, allora non A», ovvero dalla negazione della seconda parte della frase, si deduce la negazione della prima parte della frase. Quindi, dalla frase sopra strascritta, si può dedurre con certezza:

«Se NON incontro il capoufficio alla mia scrivania (= se non B),
allora sono arrivato in orario al lavoro (= allora non A)»

130 Risposta esatta: A

Condizione sufficiente:

«Se Marta continua a mangiare abbondantemente (= se A),
ingrasserà (= allora B)»

Da queste frasi si può dedurre con certezza «se non B allora non A», ovvero «se Marta non ingrasserà (= se non B), significa che ha smesso di mangiare abbondantemente (= allora non A)».

131 Risposta esatta: B

La frase «Solo se il ragno tesse la tela, la farfalla cade nella trappola» è un esempio di condizione necessaria («solo se»). Da questa frase si può dedurre con certezza «se non A allora non B», ovvero «se il ragno non tesse la tela, la farfalla non cade nella trappola».

132 Risposta esatta: B

La risposta «Di domenica vado al mare solo se non piove e domenica scorsa pioveva» è costituita da due parti: dalla frase «Di domenica vado al mare solo se non piove», ovvero «solo se non piove (= solo se A) di domenica vado al mare (= B)».
Si tratta di una condizione necessaria da cui si può dedurre con certezza «se non A allora non B», ovvero «se piove, allora, di domenica, non vado al mare». Nella risposta evidenziata in precedenza è presente anche una seconda parte in cui si dice «domenica scorsa pioveva».

Quindi, se «domenica scorsa pioveva» e «se piove, allora, di domenica, non vado al mare», evidentemente «domenica scorsa non sono andato al mare».

133 **Risposta esatta: C**

Condizione necessaria e sufficiente:

«Se e solo se il terreno viene concimato ogni anno (= se e solo se A),
la produzione di pomodori rimarrà costante (= allora B)»

Da queste frasi si può dedurre con certezza «se non A allora non B», ovvero se il terreno non viene concimato ogni anno (= se non A), allora la produzione di pomodori non resterà costante (= allora non B), frase equivalente alla risposta corretta (senza concimare il terreno ogni anno, la produzione di pomodori non rimarrà costante).

134 **Risposta esatta: C**

Condizione necessaria che si può rendere anche nel seguente modo:

«solo se si sta molto attenti (= solo se A)
si comprende bene la lezione di fisica (= allora B)»

Da queste frasi si può dedurre con certezza «se B allora A», ovvero «se si è compresa bene la lezione di fisica (= se B), allora si è stati molto attenti (= allora A)».

135 **Risposta esatta: B**

Si tratta di una condizione sufficiente che si può rendere anche nel seguente modo:

«se vai a nuotare sugli scogli e non c'è tuo fratello (= se A),
allora non fare tuffi (= allora B)»

Poiché il quiz chiede in quale caso Pierino disobbedisce alla mamma, dovremmo pensare alla negazione della condizione sufficiente, che si rende con lo schema «A e non B», ovvero Pierino va a nuotare sugli scogli senza il fratello (= A) e comunque si tuffa (= non B).

20
Abbinamenti lettere/numeri

Alcuni quiz propongono un abbinamento tra numeri, lettere e parole.

La tipologia più semplice da affrontare riguarda l'abbinamento di lettere alla loro posizione nell'alfabeto italiano o internazionale (A = 1, B = 2 ecc.).

In altri esercizi viene correlato ad un numero o il numero di lettere (talvolta anche un multiplo di questo valore), oppure il numero di vocali, o la somma dei valori associati alle lettere.

Le tipologie sono varie e differenti, sicché il candidato deve essere rapido a vagliare le diverse scelte possibili e ad intravedere i nessi plausibili ottimizzando il tempo a disposizione.

Esempio n. 1
Se giostra = 7, casa = 4, ospedale = 8, mostro = ?

A) 2
B) 6
C) 3
D) 13

In questo caso il nesso è costituito dal numero di lettere che formano la parola: in *giostra* sono 7, in *casa* 4, in *ospedale* 8, in *mostro* saranno quindi **6**. Risposta esatta: **B**

Esempio n. 2
Se giostra = 2, casa = 2, ospedale = 4, mostro = ?

A) 2
B) 6
C) 3
D) 13

In questo caso è il numero di sillabe che viene rappresentato dal numero associato alla parola. In *mostro* ce ne sono **2**. Risposta esatta: **A**

Esempio n. 3
Se giostra = 3, casa = 2, ospedale = 4, mostro = ?

A) 2
B) 6
C) 3
D) 13

Stavolta il numero è associato a quello delle vocali presenti nella parola. La risposta esatta è **2**. Risposta esatta: **A**

Esempio n. 4
Se giostra = 7, casa = 3, ospedale = 13, mostro = ?

A) 2
B) 6
C) 3
D) 11

In questo caso il numero è associato alla prima lettera della parola: la *G* è la settima lettera, la *C* è la terza, la *O* è la tredicesima. La risposta esatta è quindi **11**. Risposta esatta: **D**

Esempio n. 5
sacchetto : 984465337 = teca : ?

A) 3458
B) 3548
C) 5438
D) 8435

Questo esempio dimostra come, in alcuni casi, l'abbinamento lettera/numero non sia associabile semplicemente al consueto ordine nell'alfabeto (A = 1, B = 2, … Z = 21), ma vada ricavato da regole che possono essere desunte dal testo dell'esercizio stesso. In questo caso, dalla parola *sacchetto* si deduce l'abbinamento: S = 9, A = 8, C = 4, H = 6, E = 5, T = 3, O = 7. Combinando questi valori per ottenere la sequenza corrispondente a *teca* si avrà il codice: **3548**. Risposta esatta: **B**

Esempio n. 6
BRT 126 / ? 661 / RBT 216

A) BBR
B) RRT
C) BBT
D) TTB

Anche in questo caso, dalle informazioni che vengono fornite bisogna dedurre un codice; dall'osservazione delle due sigle BRT e RBT si desume: B = 1; R = 2; T = 6. Pertanto al codice 661 corrisponderà la sigla **TTB**. Risposta esatta: **D**

Esempio n. 7
Se TEP significa cifra (singola) divisibile per 5, TOP significa cifra (singola) divisibile per 3 e TAP significa cifra (singola) divisibile per 4, con quale scrittura può essere espresso il numero 65?

A) TOP TAP
B) TEP TOP
C) TOP TEP
D) TAP TOP

In questo caso si combina la crittografia con l'algebra. Il valore 6 non viene definito nei tre codici che vengono assegnati. In realtà i codici definiscono una classe di valori. La sigla TEP è associata, infatti, a 5 e a tutti i suoi multipli (di una sola cifra). La sigla TOP rappresenta il 3, ma anche il 6 e il 9. La sigla TAP rappresenta il 4, ma anche l'8 (in quanto divisibile per quattro). Il numero 65 dovrà essere quindi rappresentato con le sigle **TOP TEP**. Risposta esatta: **C**

Test di verifica

1 **Se B = 15, C = 14, Z = 0, quanto vale N?**

A) 7
B) 8
C) 6
D) 9

2 **Se B = 15, C = 14, Z = 0, quanto vale R?**

A) 2
B) 5
C) 6
D) 4

3 **Se B = 16, C = 15, Z = 1, quanto vale T?**

A) 3
B) 2
C) 4
D) 1

4 **Se misurazione = 22; bussola = 14; ago = 6; ovest =**

A) 8
B) 10
C) 22
D) 12

5 **Se B = 16, C = 15, Z = 1, quanto vale H?**

A) 10
B) 13
C) 12
D) 11

6 **Posto che, secondo una regola nascosta, a PIPA corrisponde 16 e ad ARANCIA corrisponde 28, che numero corrisponde a LANCIA?**

A) 22
B) 36
C) 24
D) 40

7 **Se la lettera N identifica una qualunque cifra (singola), la lettera P identifica una qualunque cifra (singola) pari e la lettera D identifica una qualunque cifra (singola) dispari, allora il prodotto tra i numeri PP e PP sarà certamente un numero:**

A) composto da cinque cifre
B) pari
C) dispari di tre cifre
D) pari di due cifre

8 **Se LAC significa cifra (singola) divisibile per 4, LIC significa cifra (singola) divisibile per 7 e LUC significa cifra (singola) divisibile per 3, allora con quale scrittura può essere espresso il numero 89?**

A) LIC LUC
B) LAC LUC
C) LAC LAC
D) LUC LUC

9 **Se la lettera N identifica una qualunque cifra (singola), la lettera P identifica una qualunque cifra (singola) pari e la lettera D identifica una qualunque cifra (singola) dispari, allora il prodotto tra i numeri NP e NN sarà certamente un numero:**

A) divisibile per tre
B) dispari di tre cifre
C) pari
D) composto da cinque cifre

10 **Se TUP significa cifra (singola) divisibile per 5, TAP significa cifra (singola) divisibile per 2 e TIP significa cifra (singola) divisibile per 7, allora con quale scrittura può essere espresso il numero 74?**

A) TIP TAP
B) TAP TAP
C) TIP TUP
D) TUP TAP

11 **Se LUC significa cifra (singola) divisibile per 6, LOC significa cifra (singola) divisibile per 4 e LAC significa cifra (singola) divisibile per 3, allora con quale scrittura può essere espresso il numero 98?**

A) LAC LAC
B) LUC LOC
C) LAC LOC
D) LOC LUC

12 **Se TAP significa cifra (singola) divisibile per 5, TUP significa cifra (singola) divisibile per 3 e TOP significa cifra (singola) divisibile per 2, allora con quale scrittura può essere espresso il numero 92?**

A) TUP TUP
B) TUP TAP
C) TOP TAP
D) TUP TOP

13 **Se la lettera N identifica una qualunque cifra (singola), la lettera P identifica una qualunque cifra (singola) pari e la lettera D identifica una qualunque cifra (singola) dispari, allora il prodotto tra i numeri NP e PD sarà certamente un numero:**

A) pari
B) divisibile per tre
C) composto da cinque cifre
D) dispari di tre cifre

14 **Se LIC significa cifra (singola) divisibile per 4, LEC significa cifra (singola) divisibile per 5 e LAC significa cifra (singola) divisibile per 9, allora con quale scrittura può essere espresso il numero 89?**

A) LIC LIC
B) LAC LEC
C) LEC LAC
D) LIC LAC

15 **Se LUC significa cifra (singola) divisibile per 3, LEC significa cifra (singola) divisibile per 5 e LAC significa cifra (singola) divisibile per 6, allora con quale scrittura può essere espresso il numero 59?**

A) LEC LUC
B) LAC LUC
C) LEC LEC
D) LUC LAC

16 **Posti A = {a, o} e B = insieme delle vocali, l'insieme complementare di A rispetto a B è:**

A) l'insieme delle consonanti
B) {a, e, i, o, u}
C) {i, e, u}
D) {a, e, i}

17 **Posti A = {a, u} e B = insieme delle vocali, l'insieme complementare di A rispetto a B è:**

A) {a, e, i, o, u}
B) {i, e, o}
C) {a, u}
D) {a, e, i}

18 **Posti A = {e, i} e B = insieme delle vocali, l'insieme complementare di A rispetto a B è:**

A) {a, e, i, o, u}
B) {a, u, o}
C) l'insieme delle consonanti
D) {e, i}

19 **Posti A = {i, u} e B = insieme delle vocali, l'insieme complementare di A rispetto a B è:**

A) l'insieme delle consonanti
B) {o, a, e}
C) {a, e, i, o, u}
D) {i, u}

20 **Posti A = {e, u} e B = insieme delle vocali, l'insieme complementare di A rispetto a B è:**

A) {a, e, i}
B) {o, a, i}
C) {e, u}
D) {a, e, i, o, u}

21 **Tenendo conto che a numero uguale corrisponde lettera uguale, nella frase: «`57 52b43tà è p43s1n754 4 2n82157b254`» l'ultima parola è:**

A) enucleabile
B) inviolabile
C) intestabile
D) antidiabete

22 **Tenendo conto che a numero uguale corrisponde lettera uguale, completare la frase seguente.F905z9 27 481v9 50339 80g6150:**

A) Emilia-Romagna
B) Lombardia
C) Marche
D) Toscana

23 **Tenendo conto che a numero uguale corrisponde lettera uguale, completare la frase seguente. F0b69048 è u40 c977à d1330 61g9841:**

A) Toscana
B) Marche
C) Lazio
D) Veneto

24 **Se animale = 14, anima = 10, ghiaia = 12, ghiaccio =**

A) 14
B) 8
C) 16
D) 18

25 **Se grotta = 12, fauna = 10, terreno = 14, alluvione =**

A) 20
B) 18
C) 16
D) 22

26 **Se tappeto = 14; divano = 12; lampada = 14; poltrona =**

A) 16
B) 10
C) 14
D) 18

27 **Se cellulare = 18, tasto = 10, squadra = 14, capitano =**

A) 16
B) 12
C) 14
D) 22

28 **Se gatto = 10, albero = 12, computer = 16, monitor =**

A) 18
B) 22
C) 12
D) 14

29 **Se gregge = 12, capra = 10, lana = 8, pastore =**

A) 14
B) 12
C) 16
D) 10

30 **Posti A = {7, 8, 9} e B = {8, 9, 10}, qual è l'insieme risultante dall'intersezione di A e B?**

A) {8, 9, 10}
B) {7, 8, 9}
C) {7, 8, 9, 10}
D) {8, 9}

31 **Posti A = {25, 26, 27} e B = {26, 27, 28}, qual è l'insieme risultante dall'unione di A e B?**

A) {26, 27, 28}
B) {25, 26, 27}
C) {25, 26, 27, 28}
D) {26, 27}

32 **Posti A = {2, 3, 4} e B = {3, 4, 5}, qual è l'insieme risultante dall'intersezione di A e B?**

A) {3, 4, 5}
B) {2, 3, 4, 5}
C) {2, 3, 4}
D) {3, 4}

33 **Posti A = {20, 21, 22} e B = {21, 22, 23}, qual è l'insieme risultante dall'unione di A e B?**

A) {20, 21, 22, 23}
B) nessuna delle altre alternative è corretta
C) {21, 22}
D) {20, 21, 22}

34 **Posti A = {3, 4, 5} e B = {4, 5, 6}, qual è l'insieme risultante dall'intersezione di A e B?**

A) {3, 4, 5, 6}
B) {4, 5, 6}
C) un insieme vuoto
D) {4, 5}

35 Posti A = {21, 22, 23} e B = {22, 23, 24}, qual è l'insieme risultante dall'unione di A e B?

A) {22, 23, 24}
B) {21, 22, 23, 24}
C) {22, 23}
D) {21, 22, 23}

36 Posti A = {6, 7, 8} e B = {7, 8, 9}, qual è l'insieme risultante dall'intersezione di A e B?

A) {7, 8, 9}
B) {6, 7, 8, 9}
C) {7, 8}
D) un insieme vuoto

37 Posti A = {24, 25, 26} e B = {25, 26, 27}, qual è l'insieme risultante dall'unione di A e B?

A) {24, 25, 26, 27}
B) {25, 26}
C) {25, 26, 27}
D) un insieme vuoto

38 Posti A = {5, 6, 7} e B = {6, 7, 8}, qual è l'insieme risultante dall'intersezione di A e B?

A) {5, 6, 7, 8}
B) {6, 7}
C) {5, 6, 7}
D) {6, 7, 8}

39 Posti A = {23, 24, 25} e B = {24, 25, 26}, qual è l'insieme risultante dall'unione di A e B?

A) {24, 25, 26}
B) {23, 24, 25}
C) {23, 24, 25, 26}
D) {24, 25}

40 Se F = 6, N = 12, allora ? = ?

A) E = 6
B) B = 3
C) T = 18
D) G = 14

Soluzioni

1 **Risposta esatta: A**

Assegnando ad ogni consonante un valore decrescente a partire da 15, si ottiene che se le consonanti sono: B-C-D-F-G-H-L-M-N, ad ognuno è assegnato rispettivamente il numero: 15-14-13-12-11-10-9-8-7. Quindi N vale 7.

2 **Risposta esatta: D**

Si tratta di una successione in cui alle lettere dell'alfabeto viene associato un numero decrescente; tuttavia, se B = 15, C = 14 e Z = 0, allora si può dedurre che siano state considerate solo le consonanti, per cui:
D = 13; F = 12; G = 11; H = 10; L = 9; M = 8; N = 7; P = 6; Q = 5; R = 4

3 **Risposta esatta: A**

Si considerano solo le consonanti del nostro alfabeto, T è la terz'ultima e quindi vale 3.

4 **Risposta esatta: B**

Ogni numero è pari al doppio delle lettere di cui è composta ciascuna parola, per cui ovest = 5 × 2 = 10.

5 **Risposta esatta: D**

Si tratta di una successione in cui alle lettere dell'alfabeto viene associato un numero decrescente; tuttavia, se B = 16, C = 15 e Z = 1, allora si può dedurre che siano state considerate solo le consonanti, per cui:
D = 14; F = 13; G = 12; H = 11

6 **Risposta esatta: C**

Il risultato si ottiene moltiplicando per quattro il numero di lettere di ciascuna parola, per cui:
LANCIA = 6 · 4 =24

7 **Risposta esatta: B**

Se uno dei due termini di un prodotto è una cifra pari, il prodotto sarà sempre pari, anche se l'altra cifra è dispari; quindi PP è un numero pari, per cui moltiplicato per sé stesso darà luogo ad un altro numero pari.

8 **Risposta esatta: B**

8 è divisibile per 4 (quindi LAC), 9 è divisibile per 3 (quindi LUC); allora 89 può essere espresso nel seguente modo: LAC LUC.

9 **Risposta esatta: C**

Se uno dei due termini di un prodotto è una cifra pari, il prodotto sarà sempre pari, anche se l'altra cifra è dispari; quindi sia NP sia NN sono numeri pari, come pari è il loro prodotto.

10 **Risposta esatta: A**

7 è divisibile per 7 (quindi TIP), 4 è divisibile per 2 (quindi TAP); allora 74 può essere espresso nel seguente modo: TIP TAP.

11 **Risposta esatta: C**

9 è divisibile per 3 (quindi LAC), 8 è divisibile per 4 (quindi LOC); allora 98 può essere espresso nel seguente modo: LAC LOC.

12 **Risposta esatta: D**

9 è divisibile per 3 (quindi TUP), 2 è divisibile per 2 (quindi TOP); allora 92 può essere espresso nel seguente modo: TUP TOP.

13 **Risposta esatta: A**

Se uno dei due termini di un prodotto è una cifra pari, il prodotto sarà sempre pari, anche se l'altra cifra è dispari; quindi sia NP sia PD sono numeri pari, come pari è il loro prodotto.

14 **Risposta esatta: D**

8 è divisibile per 4 (quindi LIC), 9 è divisibile per 9 (quindi LAC); allora 89 può essere espresso nel seguente modo: LIC LAC.

15 **Risposta esatta: A**

Si assume LEC (divisibile per 5) = 5; LUC (divisibile per 3) = 9, quindi: 59.

16 **Risposta esatta: C**

L'unione degli insiemi A e B si calcola prendendo i valori contenuti sia in A che quelli contenuti in B. L'unione di {a, o} e {a, e, i, o, u} è uguale a {a,e,i,o,u}.

17 Risposta esatta: B

Il quiz indica due insiemi, l'insieme A = {a, u} e l'insieme B = insieme delle vocali (quindi B = {a, e, i, o, u}), e poi chiede quale sia l'insieme complementare di A rispetto a B. L'insieme complementare di A rispetto a B è l'insieme costituito da tutti gli elementi di B che non sono in A, ovvero se da B si elimina la «a» e la «u» (ovvero gli elementi dell'insieme A), restano la «e», la «i» e la «o».

18 Risposta esatta: B

Il quiz indica due insiemi, l'insieme A = {e, i} e l'insieme B = insieme delle vocali (B = {a, e, i, o, u}). L'insieme complementare di A rispetto a B è quindi {a, u, o}).

19 Risposta esatta: B

Il quiz indica due insiemi, l'insieme A = {i, u} e l'insieme B = insieme delle vocali (quindi B = {a, e, i, o, u}), e poi chiede quale sia l'insieme complementare di A rispetto a B. L'insieme complementare di A rispetto a B è l'insieme costituito da tutti gli elementi di B che non sono in A, ovvero se da B si elimina la «i» e la «u» (ovvero gli elementi dell'insieme A), restano la «a», la «e» e la «o».

20 Risposta esatta: B

Il quiz indica due insiemi, l'insieme A = {e, u} e l'insieme B = insieme delle vocali (quindi B = {a, e, i, o, u}), e poi chiede quale sia l'insieme complementare di A rispetto a B. L'insieme complementare di A rispetto a B è l'insieme costituito da tutti gli elementi di B che non sono in A, ovvero se da B si elimina la «e» e la «u» (ovvero gli elementi dell'insieme A), restano la «a», la «i» e la «o».

21 Risposta esatta: B

Osserviamo come nell'ultima parola della frase proposta, ovvero in «2n82157b254» la prima e la quarta lettera debbano essere uguali, perché in prima e in quarta posizione c'è la stessa cifra, ovvero il 2. Analizzando le risposte, l'unica parola che ha prima e quarta lettera uguali è «inviolabile».

22 Risposta esatta: A

Decriptando la stringa alfanumerica, si ottiene «Faenza si trova nella regione...».
Emilia Romagna è la risposta esatta.

23 Risposta esatta: B

Decriptando la frase proposta, si ottiene: «Fabriano è una città della regione: ...».
La risposta è Marche.

24 Risposta esatta: C

Ad ogni parola è associato il doppio del numero di lettere che compongono la parola. Poiché la parola «ghiaccio» è formata da 8 lettere, bisogna associarvi il valore 16.

25 Risposta esatta: B

Contare il numero di lettere di ciascuna parola e moltiplicarlo x 2. La parola «grotta» è formata da 6 lettere:

$6 \cdot 2 = 12$
«fauna» $5 \cdot 2 = 10$
«terreno» $7 \cdot 2 = 14$
alluvione $9 \cdot 2 = 18$

26 Risposta esatta: A

Contare il numero di lettere di ciascuna parola e moltiplicarlo x 2. La parola «tappeto» è formata da 7 lettere:

$7 \cdot 2 = 14$
«divano» $6 \cdot 2 = 12$
«lampada» $7 \cdot 2 = 14$
poltrona $8 \cdot 2 = 16$

27 Risposta esatta: A

Ad ogni parola è associato il doppio del numero di lettere che compongono la parola. Poiché la parola «capitano» è formata da 8 lettere, bisogna associarvi il valore 16.

28 Risposta esatta: D

Ad ogni parola è associato il doppio del numero di lettere che compongono la parola. Poiché la parola «monitor» è formata da 7 lettere, bisogna associarvi il valore 14.

29 Risposta esatta: A

Contare il numero di lettere di ciascuna parola e moltiplicarlo x 2 . La parola «gregge» è formata da 6 lettere:

$6 \cdot 2 = 12$
«capra» $5 \cdot 2 = 10$
«lana» $4 \cdot 2 = 8$
«pastore» $7 \cdot 2 = 14$

30 Risposta esatta: D

L'intersezione degli insiemi A e B si calcola prendendo i valori contenuti sia in A che in B. L'intersezione di {7, 8, 9} e {8, 9, 10} è uguale a {8, 9}.

31 Risposta esatta: C

L'insieme che risulta dall'unione dei due insiemi dati contiene tutti gli elementi del primo e del secondo insieme (gli elementi comuni vanno presi una sola volta). Analizzando gli insiemi A e B, mettendo insieme i loro elementi otteniamo {25, 26, 27, 26, 27, 28}. Poiché il 26 è ripetuto due volte, uno si può eliminare; discorso analogo per il 27. In definitiva il risultato è {25, 26, 27, 28}.

32 Risposta esatta: D

L'intersezione degli insiemi A e B si calcola prendendo i valori contenuti sia in A che in B. L'intersezione di {2, 3, 4} e {3, 4, 5} è uguale a {3, 4}.

33 Risposta esatta: A

L'unione degli insiemi A e B si calcola prendendo i valori contenuti sia in A che quelli contenuti in B. L'unione di {20, 21, 22} e {21, 22, 23} è uguale a {20, 21, 22, 23}.

34 Risposta esatta: D

L'intersezione degli insiemi A e B si calcola prendendo i valori contenuti sia in A che in B. L'intersezione di {3, 4, 5} e {4, 5, 6} è uguale a {4, 5}

35 Risposta esatta: B

L'insieme che risulta dall'unione dei due insiemi dati contiene tutti gli elementi del primo e del secondo insiemi (gli elementi comuni vanno presi una sola volta). Analizzando gli insiemi A e B, mettendo insieme i loro elementi otteniamo {21, 22, 23, 22, 23, 24}. Poiché il 22 è ripetuto due volte, uno si elimina; discorso analogo per il 23. In definitiva il risultato è {21, 22, 23, 24}.

36 Risposta esatta: C

L'intersezione degli insiemi A e B si calcola prendendo i valori contenuti sia in A che in B. L'intersezione di {6, 7, 8} e {7, 8, 9} è uguale a {7, 8}.

37 Risposta esatta: A

L'unione degli insiemi A e B si calcola prendendo i valori contenuti sia in A che quelli contenuti in B. L'unione di {24, 25, 26} e {25, 26, 27} è uguale a {24, 25, 26, 27}.

38 Risposta esatta: B

L'intersezione degli insiemi A e B si calcola prendendo i valori contenuti sia in A che in B. L'intersezione di {5, 6, 7} e {6, 7, 8} è uguale a {6, 7}.

39 Risposta esatta: C

L'insieme che risulta dall'unione dei due insiemi dati contiene tutti gli elementi del primo e del secondo insieme (gli elementi comuni vanno presi una sola volta). Analizzando gli insiemi A e B, mettendo insieme i loro elementi otteniamo {23, 24, 25, 24, 25, 26}. Poiché il 24 è ripetuto due volte, uno si elimina; discorso analogo per il 25. In definitiva il risultato è {23, 24, 25, 26}.

40 Risposta esatta: C

Per ogni lettera, il numero indica la posizione alfabetica corrispondente, sicché l'unica soluzione possibile è l'opzione C, in quanto la T è la diciottesima lettera dell'alfabeto.

21
Figure scomposte

Tipologia frequente di quiz è quella delle figure scomposte che chiede di ricomporre un disegno. Vediamo, di seguito, alcuni esempi.

Esempio n. 1
Quale degli elementi proposti integra correttamente la figura nell'elemento mancante?

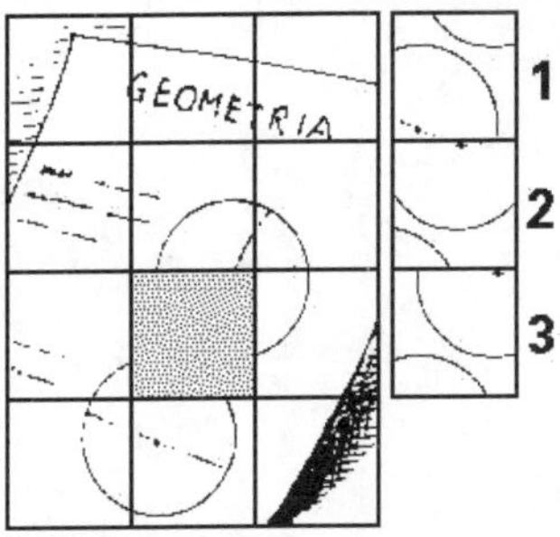

A) la figura indicata con il n. 3
B) la figura indicata con il n. 2
C) la figura indicata con il n. 1

In questo caso, per completare il disegno, è sufficiente analizzare i particolari dei tasselli contigui a quello omesso, come mostrato nel disegno seguente.

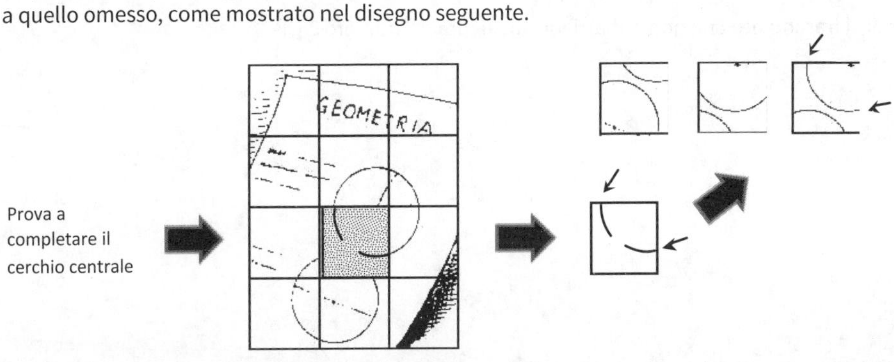

Provando a completare il cerchio centrale otterrai un tassello che risulta analogo solamente al numero 3 (risposta A).

Esempio n. 2
La figura che segue è stata scomposta in 4 frammenti. Tra i cinque proposti, quale non appartiene alla figura?

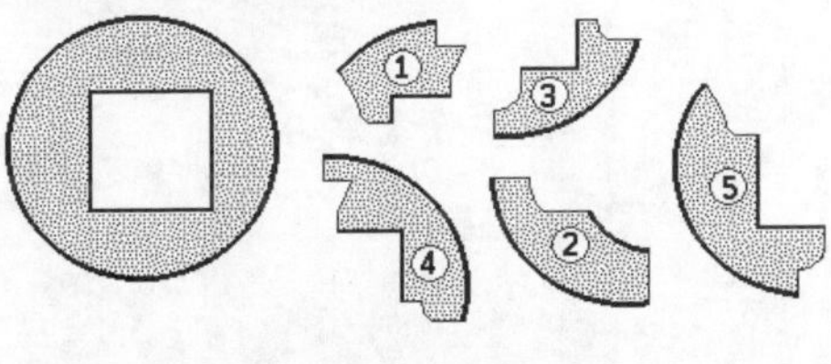

A) il frammento indicato con il n. 4
B) il frammento indicato con il n. 3
C) Il frammento indicato con il n. 2

Rispondere a questa domanda dovrebbe risultare agevole perché al centro del cerchio è presente un quadrato, quindi una figura il cui contorno è costituito da segmenti. Da ciò consegue che i frammenti che appartengono alla “figura intera” debbano avere una linea esterna curva e una linea interna costituita da segmenti: la caratteristica descritta è presente in tutti i frammenti, tranne nel numero 2 in cui sia la linea esterna che la linea interna sono curve.

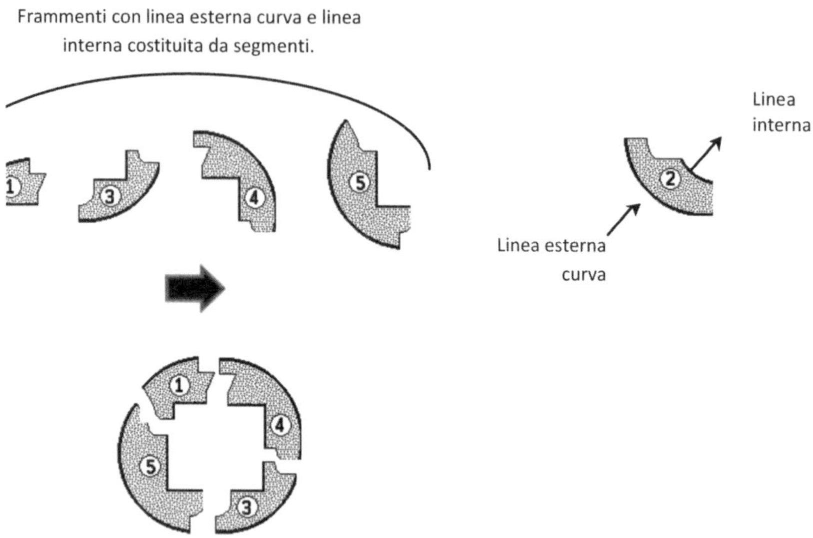

Quindi, il frammento che non appartiene alla figura è il numero 2 (risposta **C**).

9 ERRATE 41/50

Test di verifica

1 Quale dei frammenti indicati è sicuramente tratto dal disegno a lato?

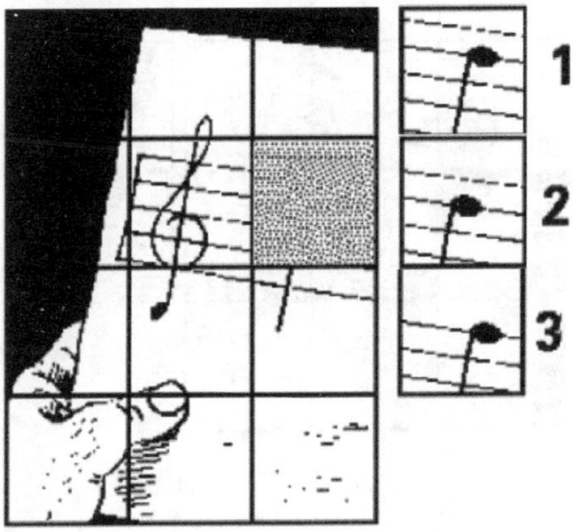

A) frammento 1
B) frammento 2
C) frammento 3

2 Dalla figura a sinistra è stato "ritagliato" un frammento che è presente:

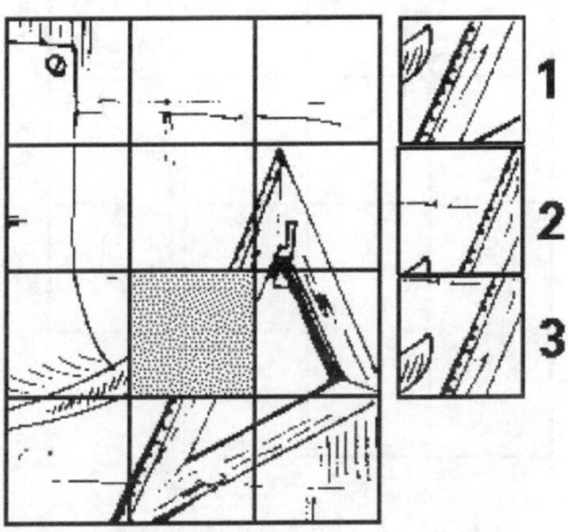

A) nel box 2
B) nel box 1
C) nel box 3

3 Dalla figura a sinistra è stato "ritagliato" un frammento che è presente:

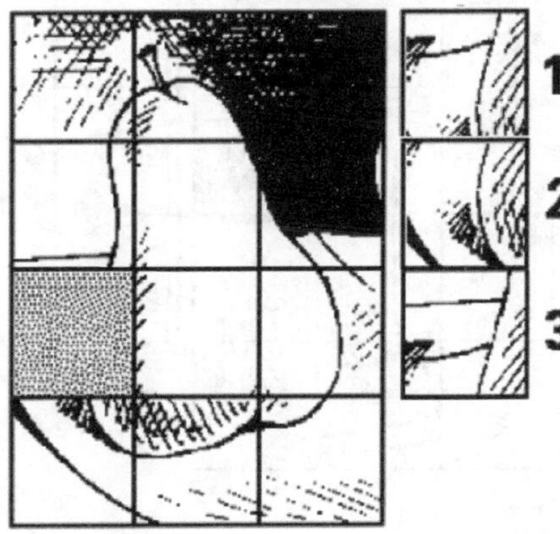

A) nel box 1
B) nel box 2
C) nel box 3

4 Quale degli elementi proposti integra correttamente la figura nell'elemento mancante?

A) la figura indicata con il n. 2
B) la figura indicata con il n. 3
C) la figura indicata con il n. 1

5 **Dopo aver osservato il disegno a sinistra, si indichi quale dei seguenti elementi è corretto utilizzare per ricomporlo esattamente:**

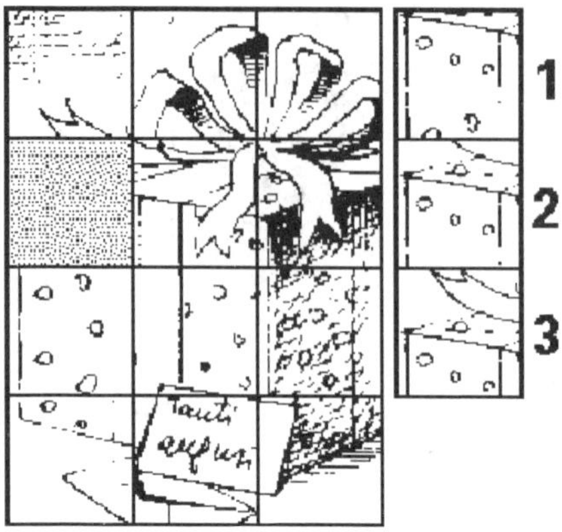

A) l'elemento 2
B) l'elemento 1
C) l'elemento 3

6 **Quale degli elementi proposti integra correttamente la figura nell'elemento mancante?**

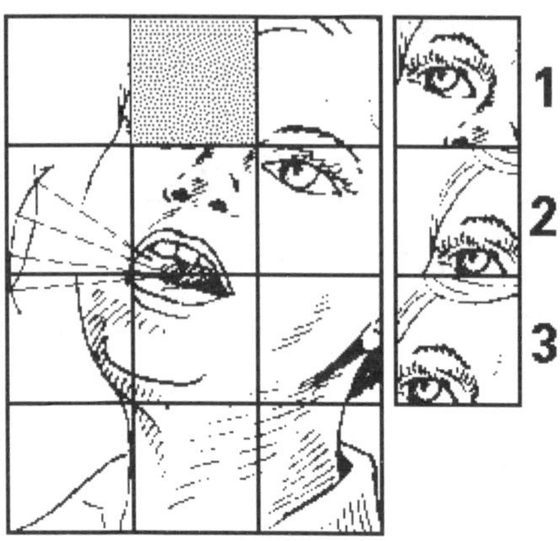

A) la figura indicata con il n. 1
B) la figura indicata con il n. 2
C) la figura indicata con il n. 3

7 **Quale degli elementi proposti integra correttamente la figura nell'elemento mancante?**

A) la figura indicata con il n. 2
B) la figura indicata con il n. 3
C) la figura indicata con il n. 1

8 **Quale degli elementi proposti integra correttamente la figura nell'elemento mancante?**

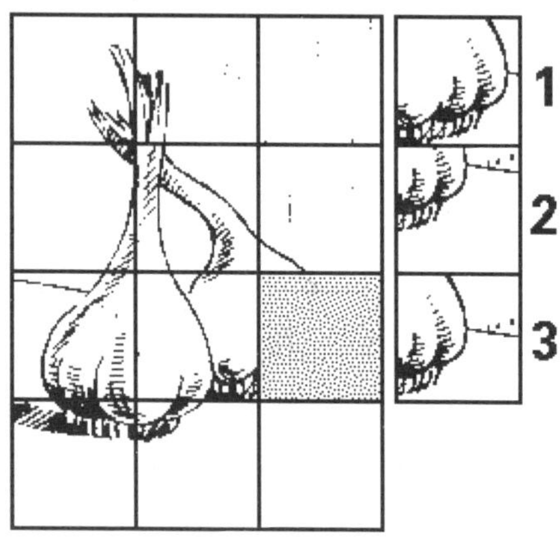

A) la figura indicata con il n. 1
B) la figura indicata con il n. 3
C) la figura indicata con il n. 2

9 **Quale degli elementi proposti integra correttamente la figura nell'elemento mancante?**

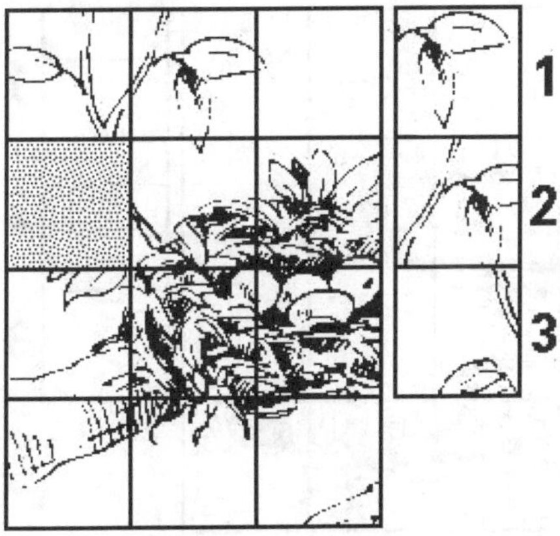

A) la figura indicata con il n. 2
B) la figura indicata con il n. 3
C) la figura indicata con il n. 1

10 **Quale degli elementi proposti integra correttamente la figura nell'elemento mancante?**

A) la figura indicata con il n. 2
B) la figura indicata con il n. 3
C) la figura indicata con il n. 1

11 **Quale degli elementi proposti integra correttamente la figura nell'elemento mancante?**

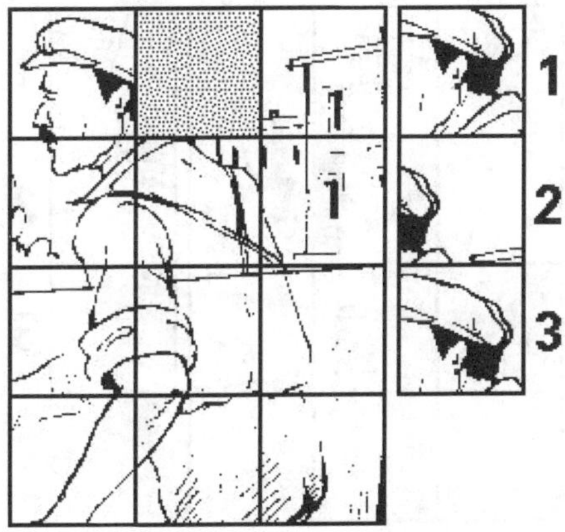

A) la figura indicata con il n. 1
B) la figura indicata con il n. 3
C) la figura indicata con il n. 2

12 **Quale dei frammenti indicati è sicuramente tratto dal disegno a lato?**

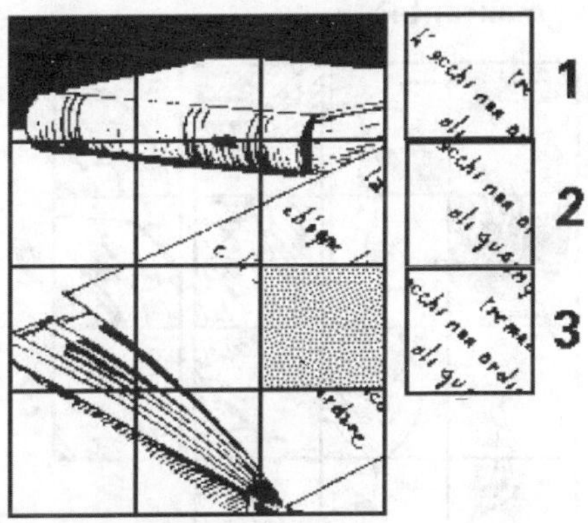

A) frammento 3
B) frammento 2
C) frammento 1

13 **Quale degli elementi proposti integra correttamente la figura nell'elemento mancante?**

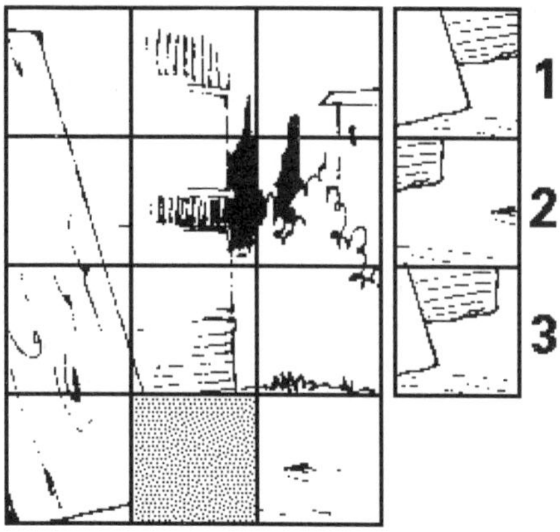

- **A)** la figura indicata con il n. 3
- **B)** la figura indicata con il n. 2
- **C)** la figura indicata con il n. 1

14 **Quale degli elementi proposti integra correttamente la figura nell'elemento mancante?**

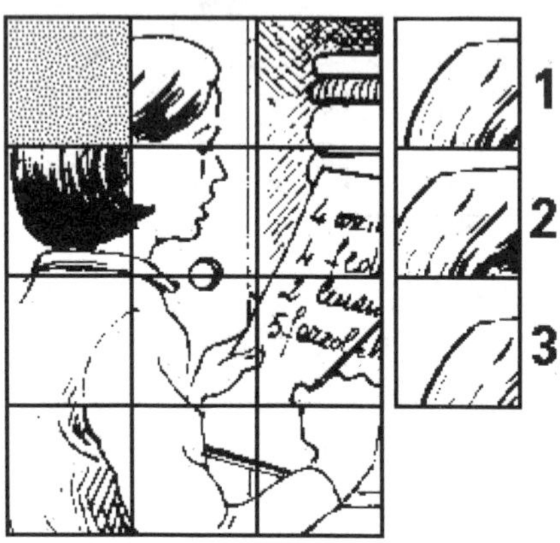

- **A)** la figura indicata con il n. 1
- **B)** la figura indicata con il n. 3
- **C)** la figura indicata con il n. 2

15 **Quale degli elementi proposti integra correttamente la figura nell'elemento mancante?**

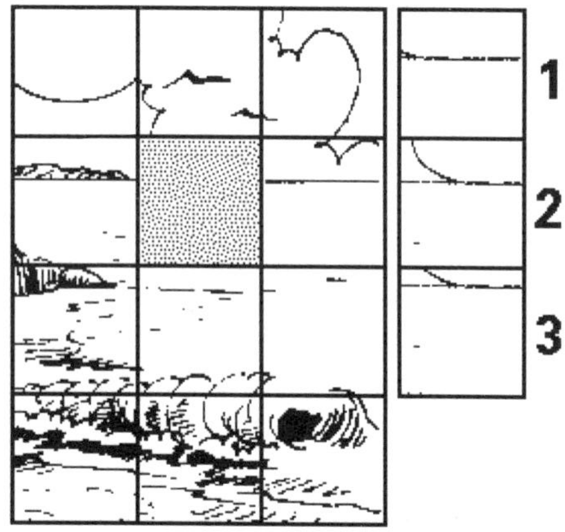

- **A)** la figura indicata con il n. 1
- **B)** la figura indicata con il n. 3
- **C)** la figura indicata con il n. 2

16 **Quale dei frammenti indicati è sicuramente tratto dal disegno a lato?**

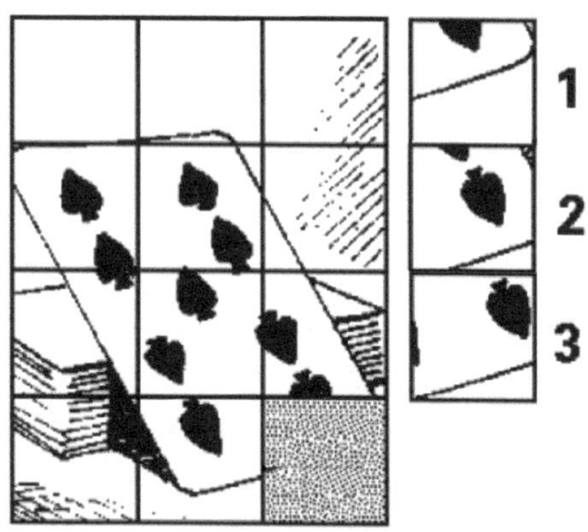

- **A)** frammento 3
- **B)** frammento 2
- **C)** frammento 1

17 **Quale degli elementi proposti integra correttamente la figura nell'elemento mancante?**

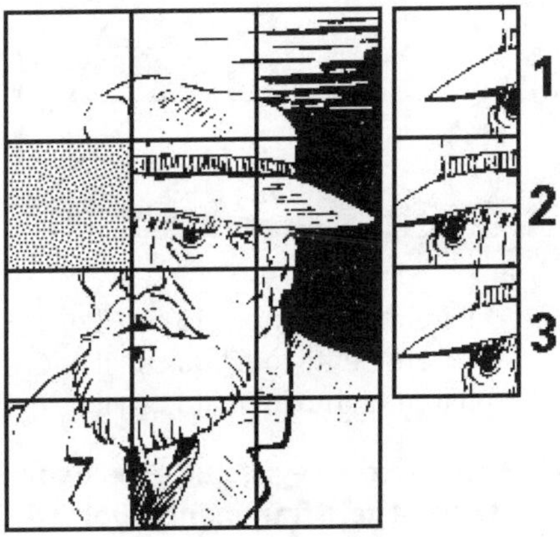

A) la figura indicata con il n. 1
B) la figura indicata con il n. 2
C) la figura indicata con il n. 3

18 **Quale degli elementi proposti integra correttamente la figura nell'elemento mancante?**

A) la figura indicata con il n. 3
B) la figura indicata con il n. 1
C) la figura indicata con il n. 2

19 **Quale tra le figure 1, 2 e 3 è corretto impiegare per ricostruire il disegno proposto?**

A) la figura indicata con il numero 2
B) la figura indicata con il numero 1
C) la figura indicata con il numero 3

20 **Quale degli elementi proposti integra correttamente la figura nell'elemento mancante?**

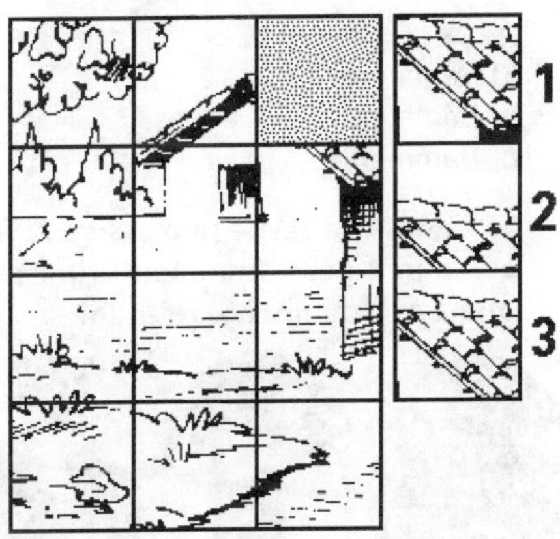

A) la figura indicata con il n. 2
B) la figura indicata con il n. 3
C) la figura indicata con il n. 1

21 **La figura che segue è stata scomposta in 4 frammenti. Tra i cinque proposti, quale non appartiene alla figura?**

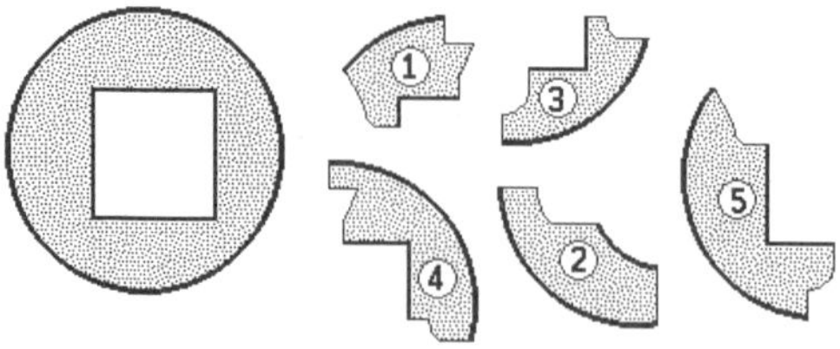

A) il frammento indicato con il n. 4
B) il frammento indicato con il n. 3
C) il frammento indicato con il n. 2

22 **La figura che segue può essere composta con quattro dei cinque frammenti proposti. Quali?**

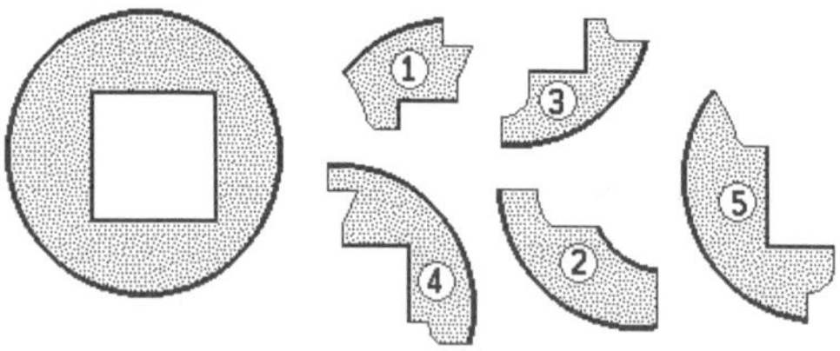

A) frammenti 2, 3, 4 e 5
B) frammenti 1, 3, 4 e 5
C) frammenti 1, 2, 4 e 5

23 **La figura che segue può essere scomposta in 4 dei 5 frammenti riportati. Quale è il frammento residuo?**

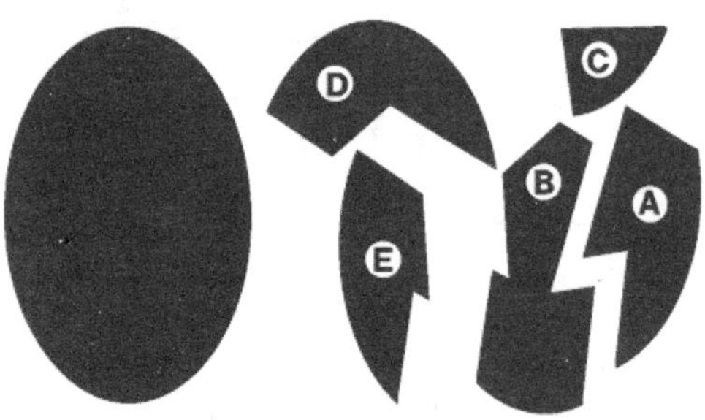

A) il frammento contrassegnato con la lettera B
B) il frammento contrassegnato con la lettera A
C) il frammento contrassegnato con la lettera C

24 **La figura che segue è stata scomposta in 4 frammenti. Tra i cinque proposti, quale non appartiene alla figura?**

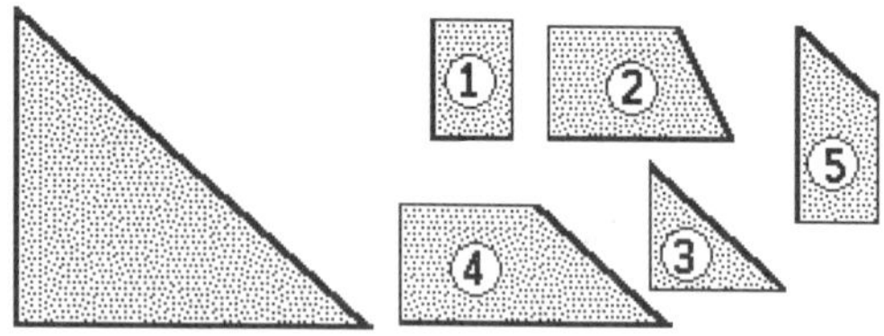

A) il frammento indicato con il n. 3
B) il frammento indicato con il n. 4
C) il frammento indicato con il n. 2

25 **La figura che segue può essere composta con 4 dei 5 frammenti riportati. Ovvero:**

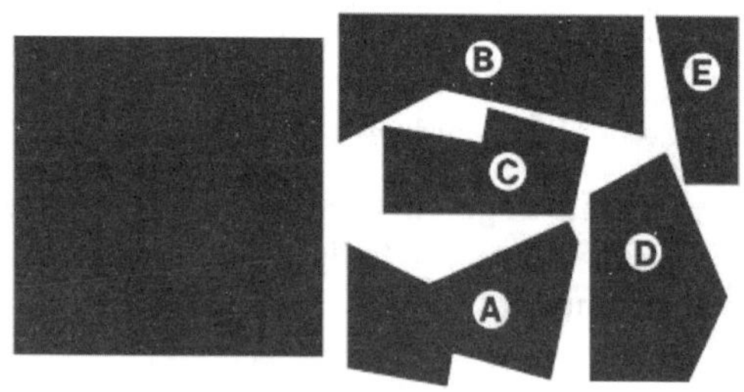

A) con i frammenti B, C, D e E
B) con i frammenti A, B, C e D
C) con i frammenti A, C, D e E

26 **La figura che segue può essere scomposta in 4 dei 5 frammenti riportati. Quali?**

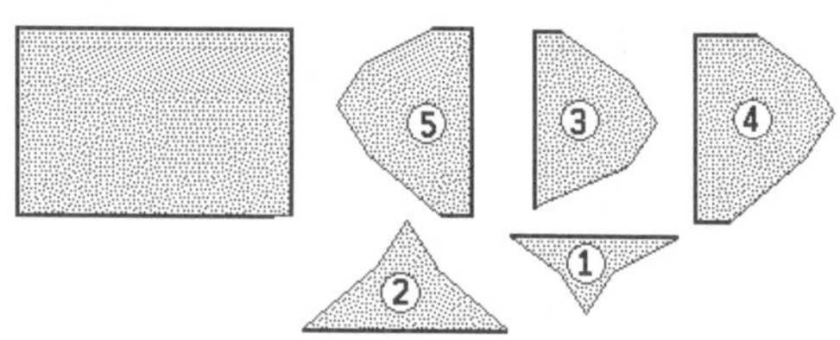

A) i frammenti contrassegnati con i numeri 1, 2, 4, 5
B) i frammenti contrassegnati con i numeri 1, 2, 3, 4
C) i frammenti contrassegnati con i numeri 2, 3, 4, 5

27 **La figura "nera" si compone di quattro dei cinque frammenti proposti. Ovvero:**

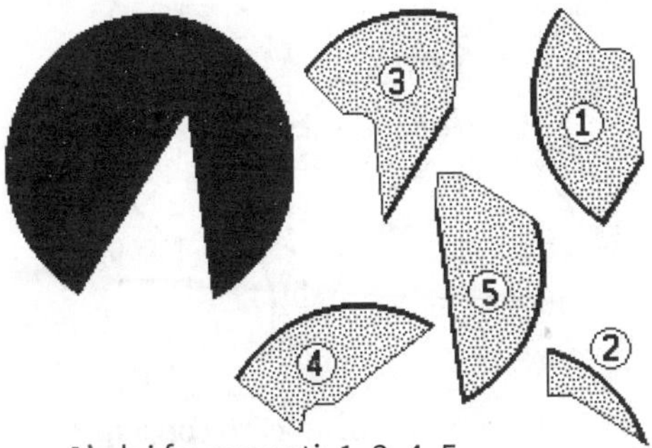

A) dei frammenti: 1, 3, 4, 5
B) dei frammenti: 1, 2, 3, 5
C) dei frammenti: 1, 2, 4, 5

28 **La figura che segue può essere composta con quattro dei cinque frammenti proposti. Quali?**

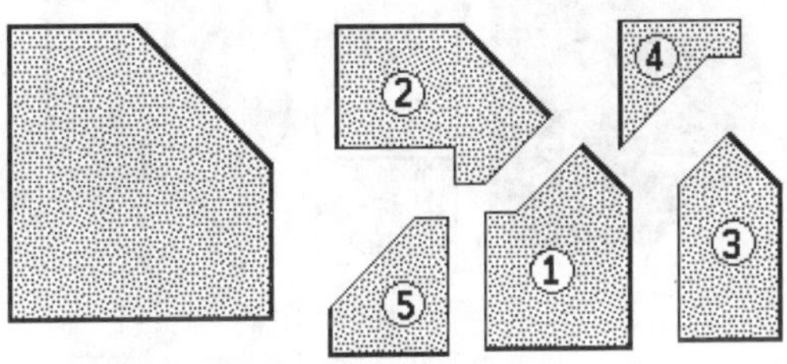

A) frammenti 1, 2, 4 e 5
B) frammenti 2, 3, 4 e 5
C) frammenti 1, 3, 4 e 5

29 **La figura che segue può essere ricomposta soltanto con quattro dei cinque frammenti proposti. Quali?**

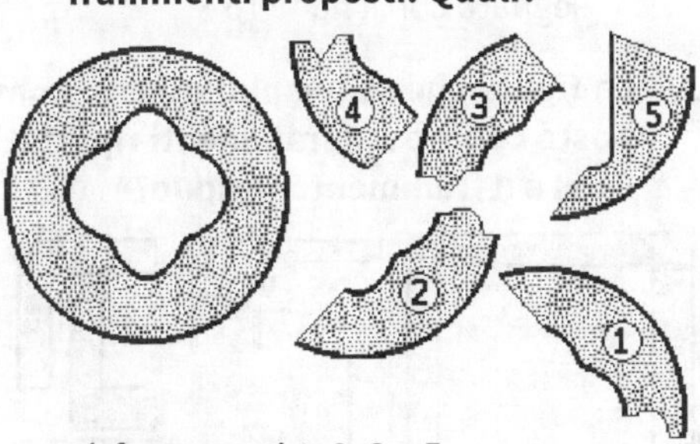

A) frammenti 1, 2, 3 e 5
B) frammenti 1, 2, 3 e 4
C) frammenti 2, 3, 4 e 5

30 **La figura che segue è stata scomposta in 4 frammenti. Tra i cinque proposti, quale non appartiene alla figura?**

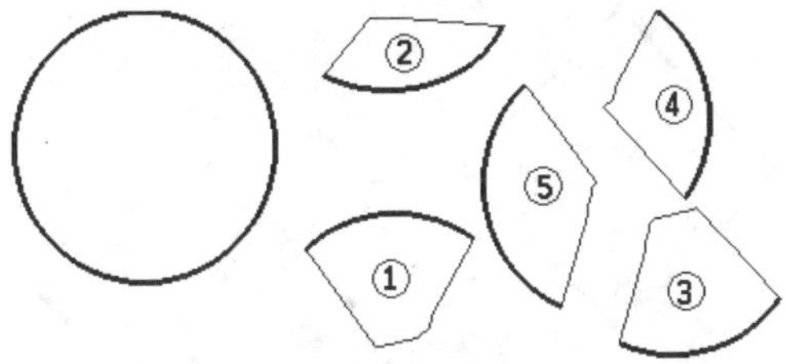

A) il frammento indicato con il n. 2
B) il frammento indicato con il n. 4
C) il frammento indicato con il n. 3

31 **La figura che segue può essere scomposta in 4 dei 5 frammenti riportati. Qual è il frammento residuo?**

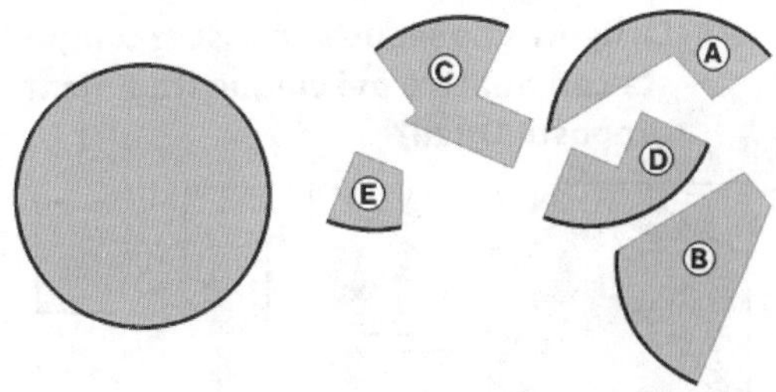

A) il frammento contrassegnato con la lettera C
B) il frammento contrassegnato con la lettera A
C) il frammento contrassegnato con la lettera E

32 **La figura che segue può essere composta con quattro dei cinque frammenti proposti. Quali?**

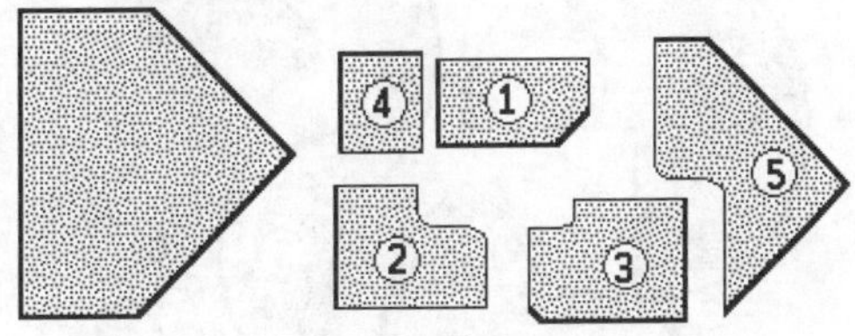

A) frammenti 2, 3, 4 e 5
B) frammenti 1, 2, 3 e 5
C) framment 1, 2, 4 e 5

33 **La figura che segue può essere scomposta con 4 dei 5 frammenti riportati. Qual è il frammento residuo?**

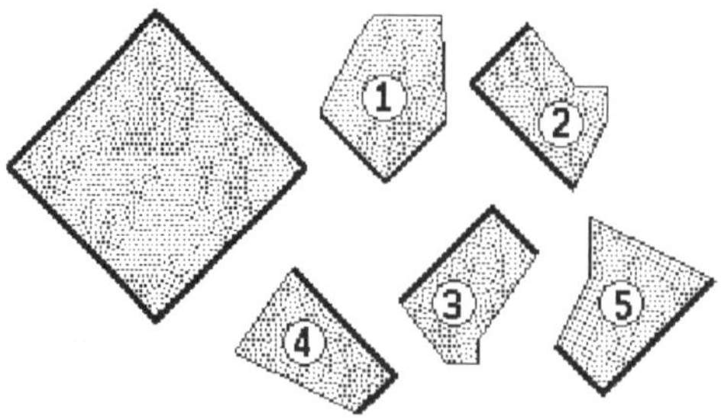

A) il frammento contrassegnato con il numero 4
B) il frammento contrassegnato con il numero 3
C) il frammento contrassegnato con il numero 1

34 **La figura che segue può essere composta con quattro dei cinque frammenti proposti. Quali?**

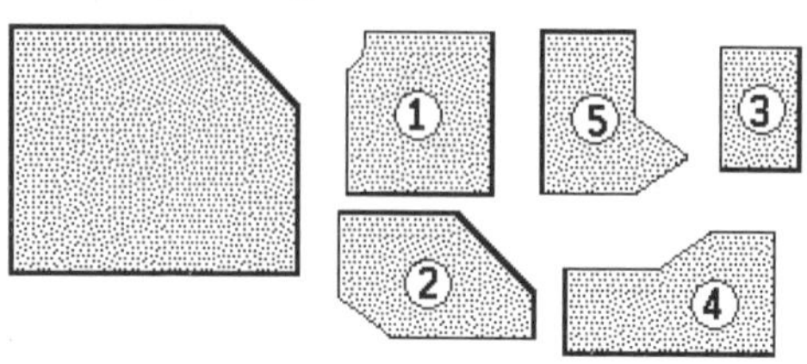

A) frammenti 1, 2, 4 e 5
B) frammenti 2, 3, 4 e 5
C) frammenti 1, 3, 4 e 5

35 **La figura che segue può essere ricomposta soltanto con quattro dei cinque frammenti proposti. Quali?**

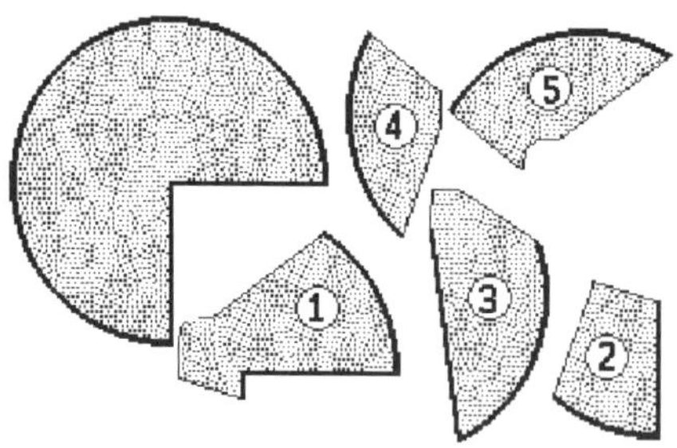

A) frammenti 1, 2, 4 e 5
B) frammenti 1, 3, 4 e 5
C) frammenti 1, 2, 3 e 4

36 **La figura che segue è stata scomposta in 4 frammenti. Tra i cinque proposti, quale non appartiene alla figura?**

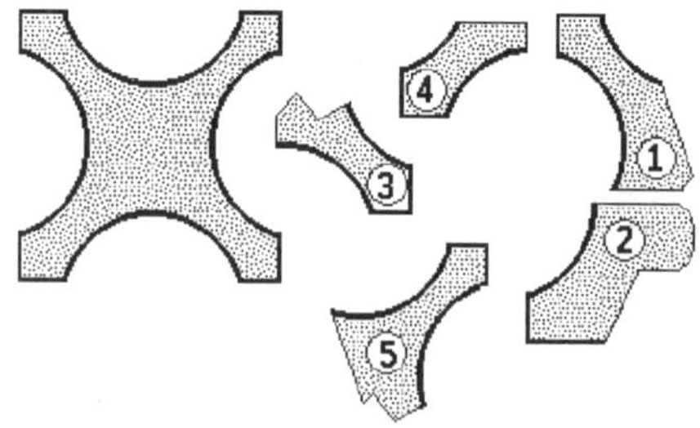

A) il frammento indicato con il n. 3
B) il frammento indicato con il n. 2
C) il frammento indicato con il n. 4

37 **La figura "nera" può essere scomposta in 4 dei 5 frammenti riportati. Indicare qual è il frammento residuo.**

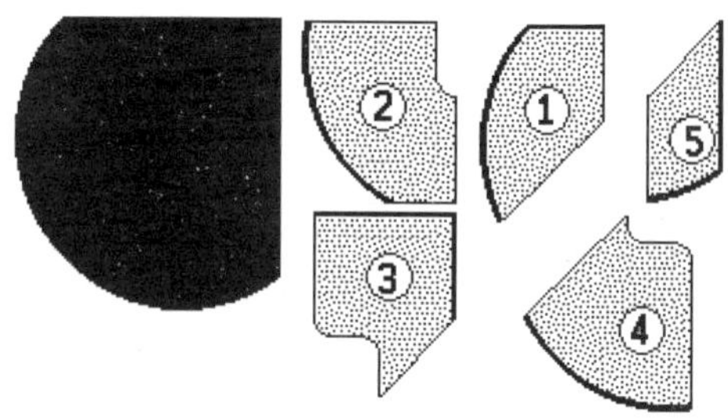

A) il frammento residuo è quello contrassegnato con il numero 2
B) il frammento residuo è quello contrassegnato con il numero 5
C) il frammento residuo è quello contrassegnato con il numero 3

38 **La figura che segue può essere scomposta con 4 dei 5 frammenti riportati. Qual è il frammento residuo?**

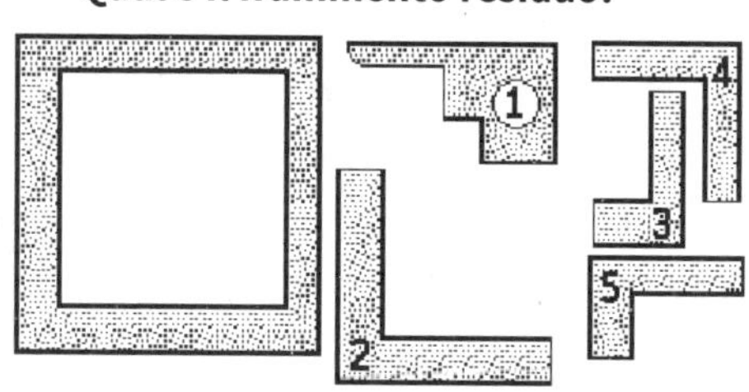

A) il frammento contrassegnato con il numero 4

B) il frammento contrassegnato con il numero 1
C) il frammento contrassegnato con il numero 3

39 **La figura che segue può essere ricomposta soltanto con quattro dei cinque frammenti proposti. Quali?**

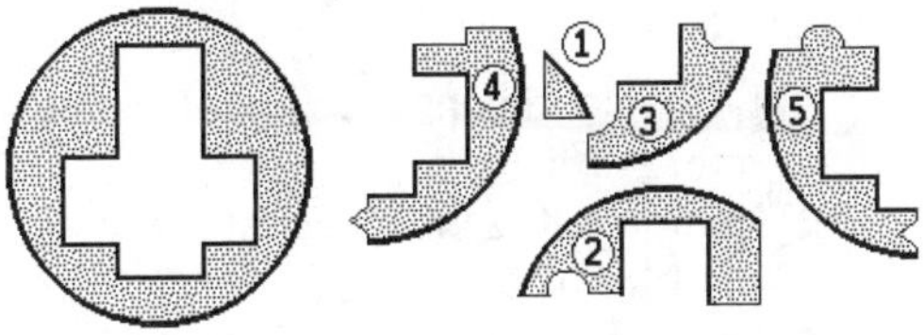

A) frammenti 1, 2, 3 e 4
B) frammenti 1, 2, 4 e 5
C) frammenti 2, 3, 4 e 5

40 **La figura che segue può essere composta con quattro dei cinque frammenti proposti. Quali?**

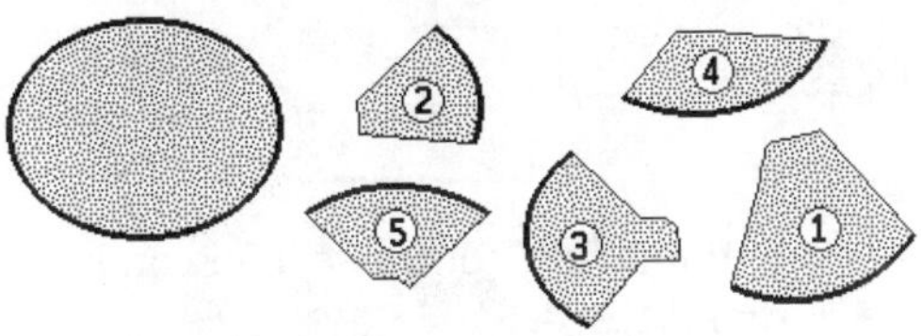

A) frammenti 2, 3, 4 e 5
B) frammenti 1, 2, 4 e 5
C) frammenti 1, 3, 4 e 5

41 **La figura "nera" può essere scomposta in 4 dei 5 frammenti riportati. Indicare qual è il frammento residuo.**

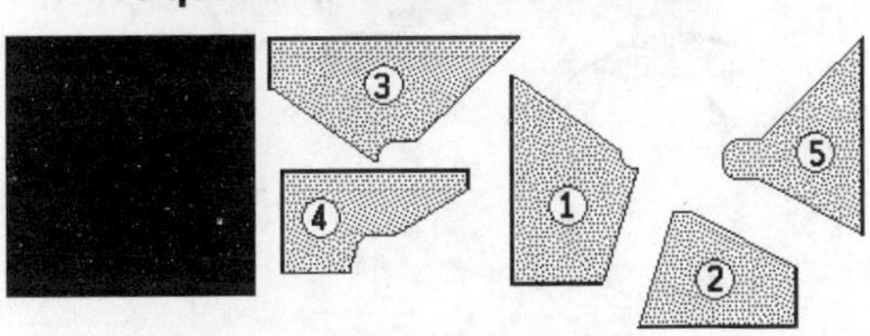

A) il frammento residuo è quello contrassegnato con il numero 3
B) il frammento residuo è quello contrassegnato con il numero 1
C) il frammento residuo è quello contrassegnato con il numero 4

42 **La figura che segue può essere scomposta in 4 dei 5 frammenti riportati. Qual è il frammento residuo?**

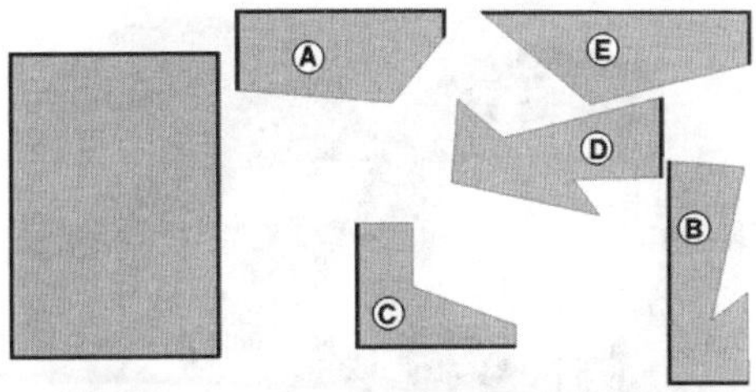

A) il frammento contrassegnato con la lettera C
B) il frammento contrassegnato con la lettera E
C) il frammento contrassegnato con la lettera B

43 **La figura che segue può essere ricomposta soltanto con quattro dei cinque frammenti proposti. Quali?**

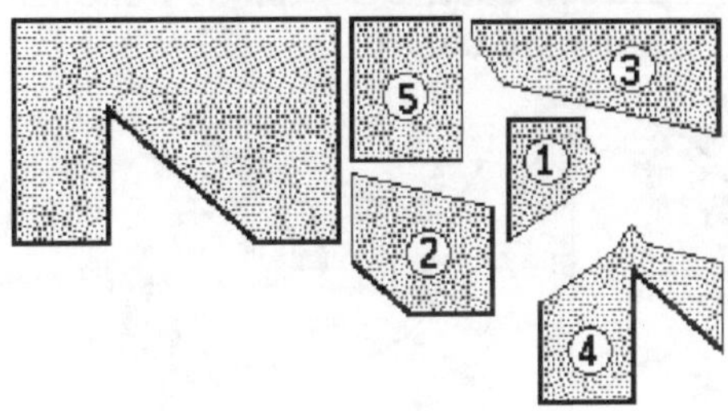

A) frammenti 1, 3, 4 e 5
B) frammenti 2, 3, 4 e 5
C) frammenti 1, 2, 3 e 4

44 **La figura che segue può essere composta con quattro dei cinque frammenti proposti. Quali?**

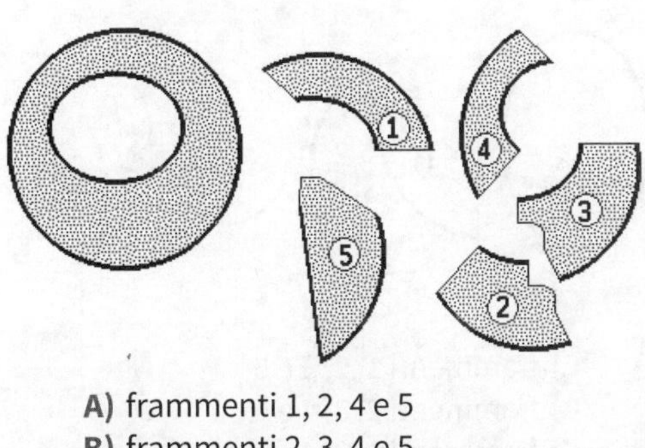

A) frammenti 1, 2, 4 e 5
B) frammenti 2, 3, 4 e 5
C) frammenti 1, 2, 3 e 4

45 **La figura che segue può essere scomposta in 4 dei 5 frammenti riportati. Quale è il frammento residuo?**

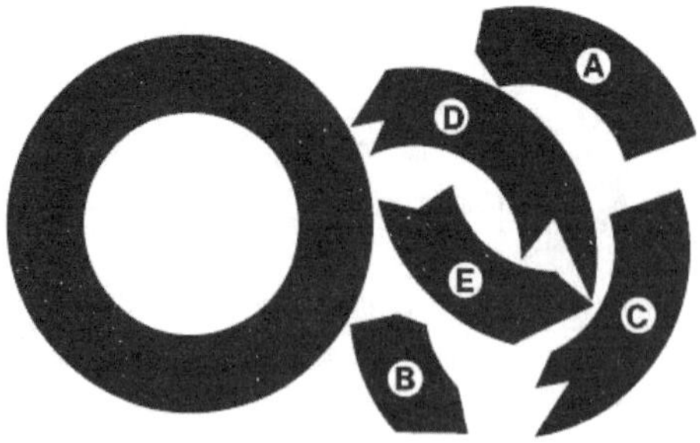

A) il frammento contrassegnato con la lettera B
B) il frammento contrassegnato con la lettera C
C) il frammento contrassegnato con la lettera E

46 **La figura che segue può essere composta con quattro dei cinque frammenti proposti. Quali?**

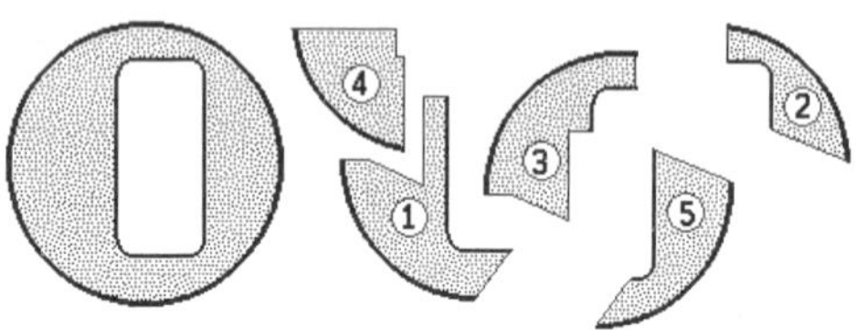

A) frammenti 2, 3, 4 e 5
B) frammenti 1, 2, 4 e 5
C) frammenti 1, 2, 3 e 5

47 **La figura che segue può essere composta con quattro dei cinque frammenti proposti. Quali?**

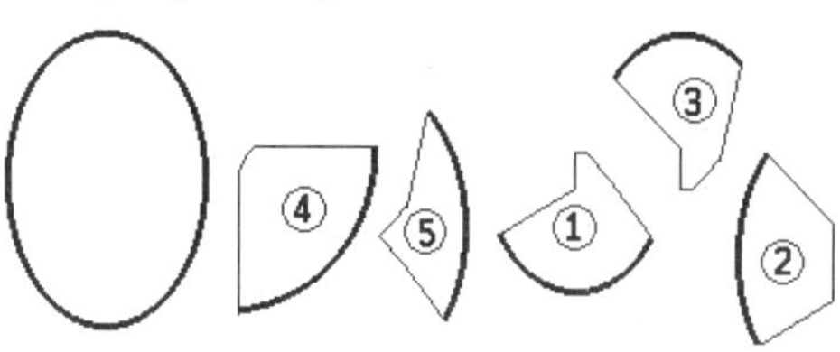

A) frammenti 1, 2, 3 e 5
B) frammenti 2, 3, 4 e 5
C) frammenti 1, 2, 4 e 5

48 **La figura che segue può essere scomposta in 4 dei 5 frammenti riportati. Quali?**

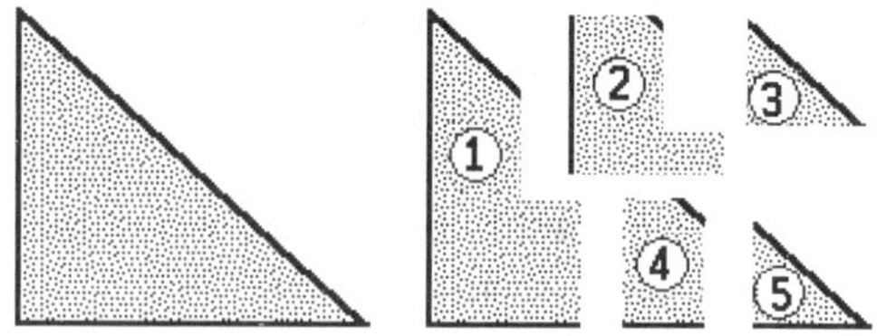

A) i frammenti contrassegnati con i numeri 2, 3, 4, 5
B) i frammenti contrassegnati con i numeri 1, 3, 4, 5
C) i frammenti contrassegnati con i numeri 1, 2, 3, 4

49 **La figura che segue può essere scomposta in 4 dei 5 frammenti riportati. Quali?**

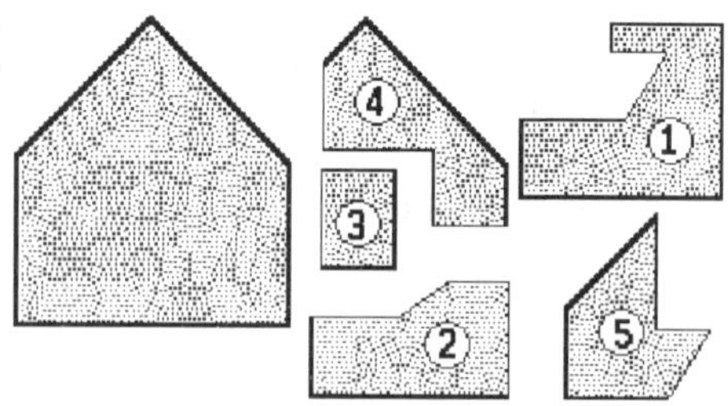

A) i frammenti contrassegnati con i numeri 1, 3, 4, 5
B) i frammenti contrassegnati con i numeri 1, 2, 3, 4
C) i frammenti contrassegnati con i numeri 2, 3, 4, 5

50 **La figura che segue può essere ricomposta soltanto con quattro dei cinque frammenti proposti. Quali?**

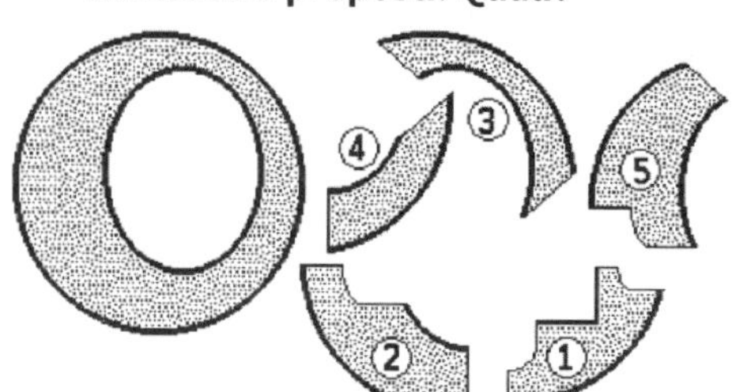

A) frammenti 2, 3, 4 e 5
B) frammenti 1, 2, 3 e 4
C) frammenti 1, 2, 3 e 5

Soluzioni

1 **Risposta esatta:** B

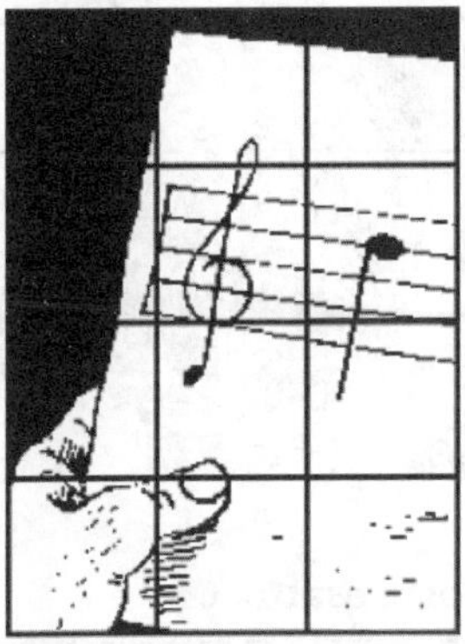

2 **Risposta esatta:** C

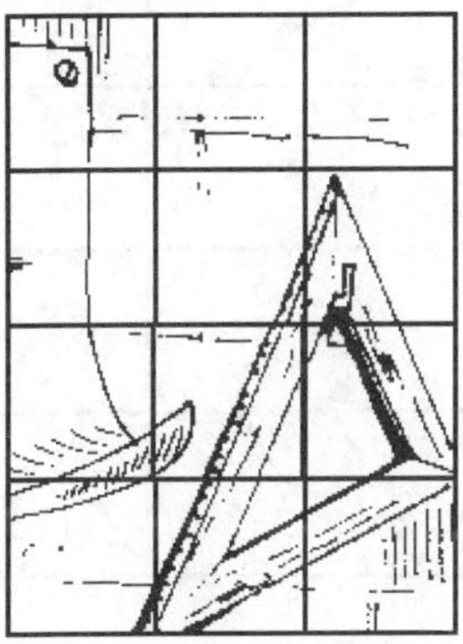

3 **Risposta esatta:** A

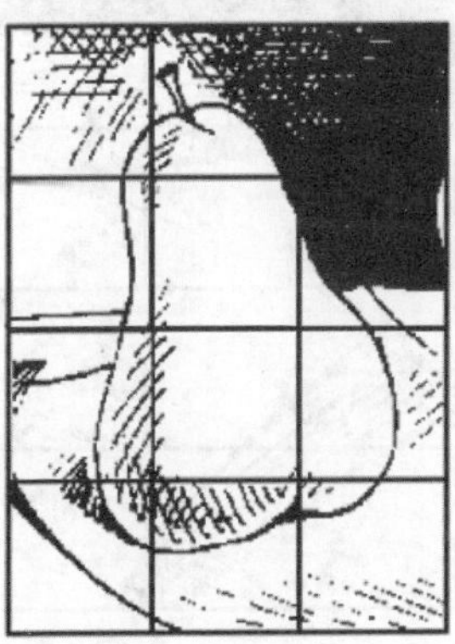

4 **Risposta esatta:** C

5 **Risposta esatta:** A

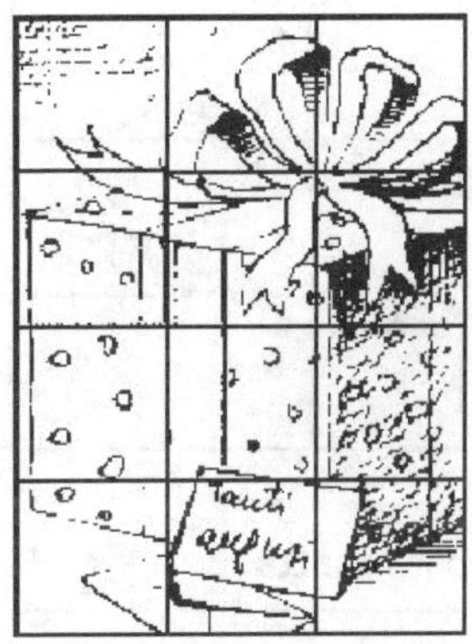

6 **Risposta esatta:** C

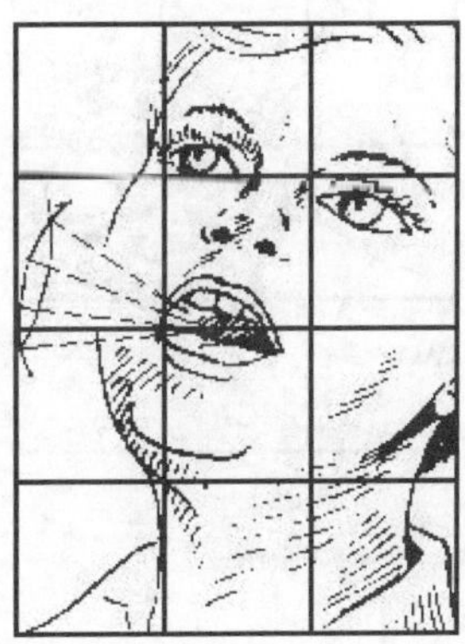

7 **Risposta esatta:** C

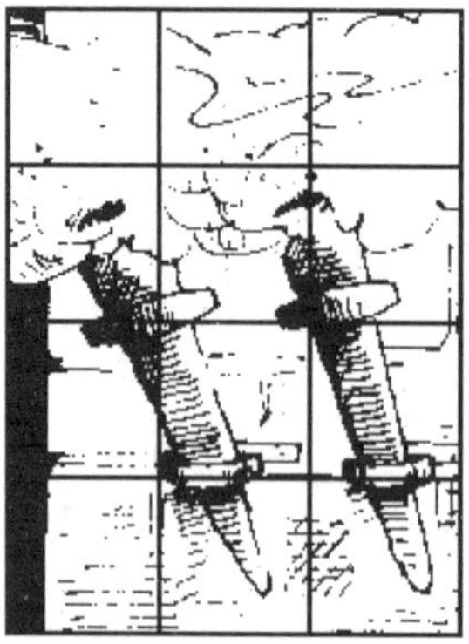

8 **Risposta esatta:** B

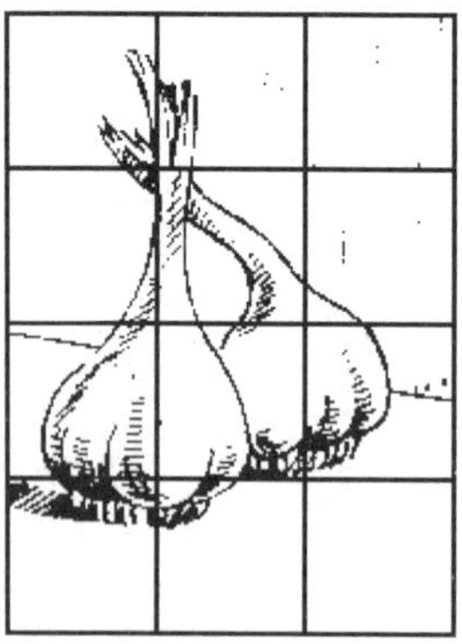

9 **Risposta esatta:** B

10 **Risposta esatta:** B

11 **Risposta esatta:** C

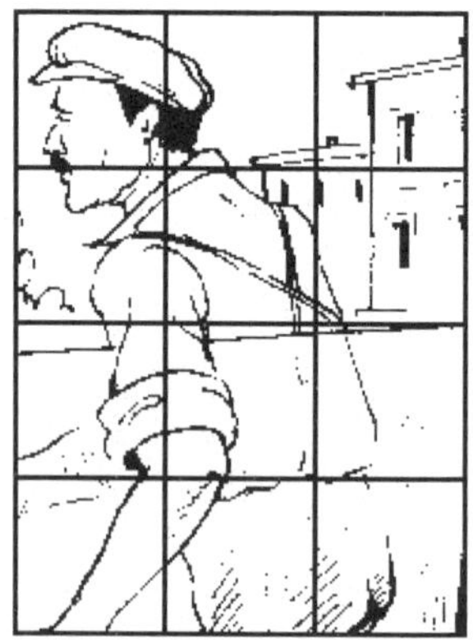

12 **Risposta esatta:** A

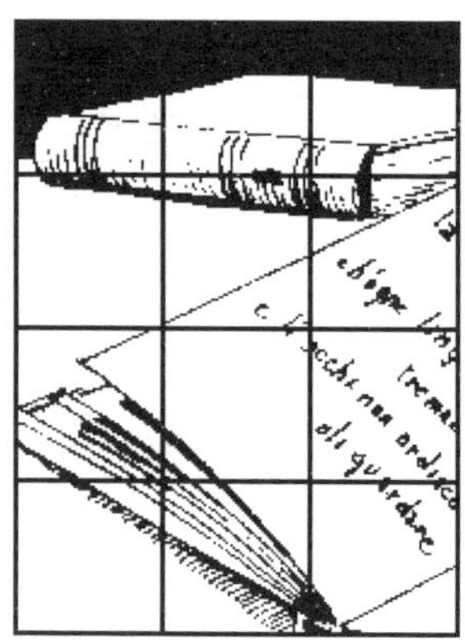

13 **Risposta esatta: A**

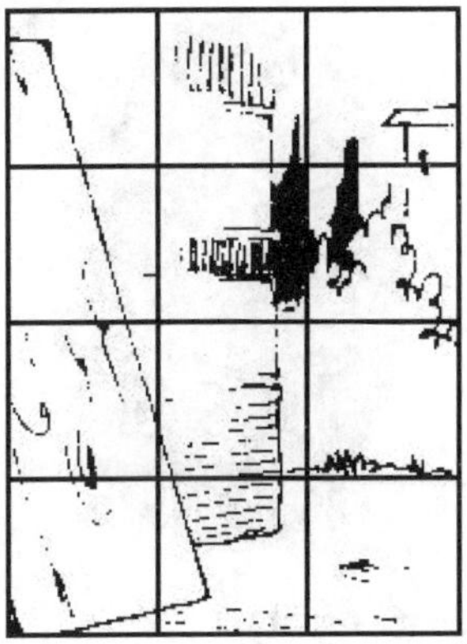

14 **Risposta esatta: A**

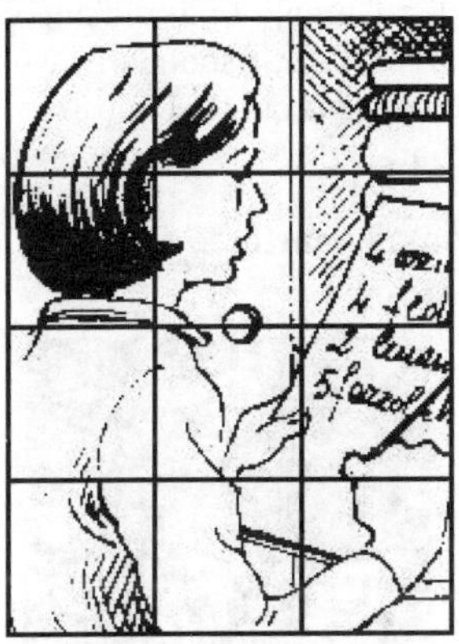

15 **Risposta esatta: C**

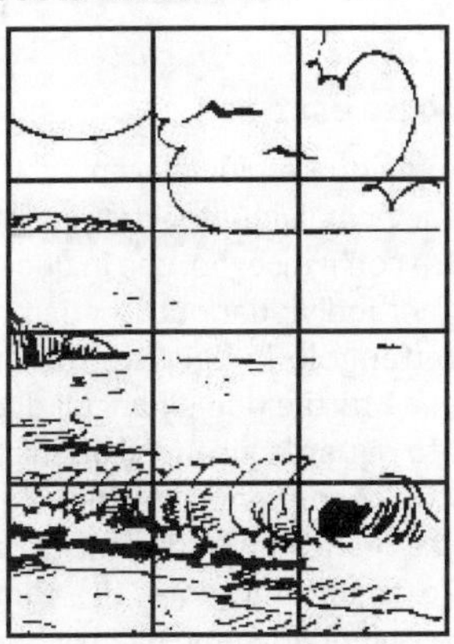

16 **Risposta esatta: C**

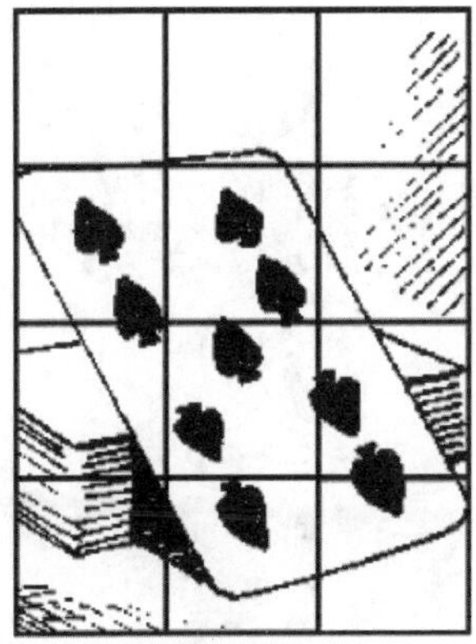

17 **Risposta esatta: C**

18 **Risposta esatta: B**

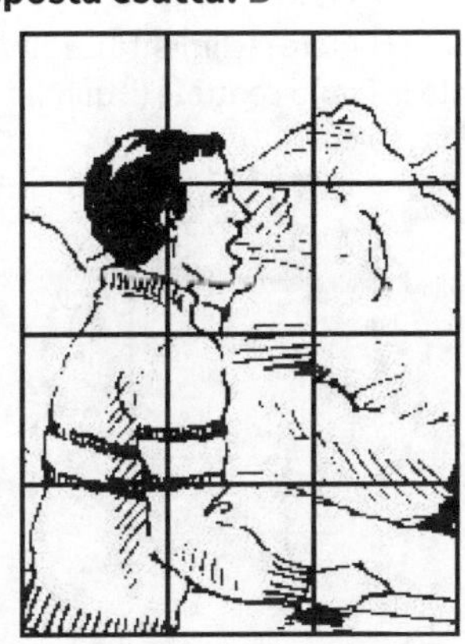

19 **Risposta esatta: A**

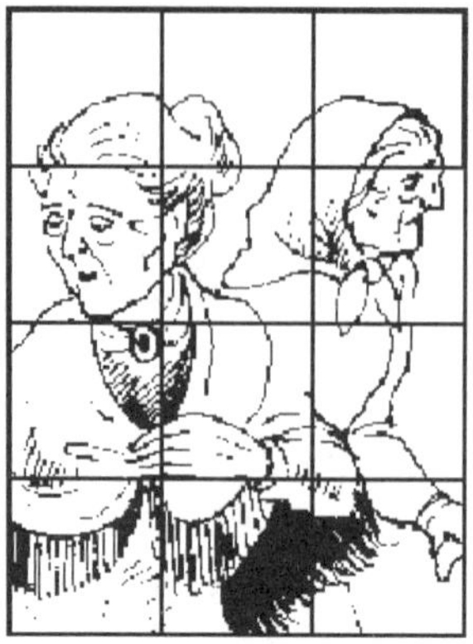

20 **Risposta esatta: A**

21 **Risposta esatta: C**

Si può escludere facilmente il frammento 2 in quanto la figura centrale (il quadrato bianco) non ha lati curvi.

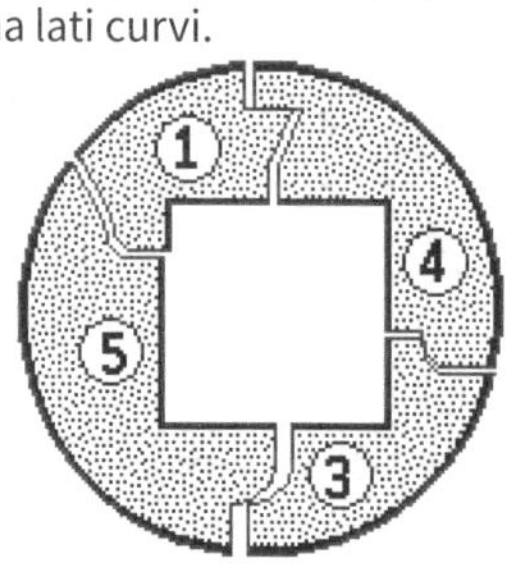

22 **Risposta esatta: B**

Questo quesito è esattamente l'inverso del precedente e anche qui quello da "escludere" è il frammento 2.

23 **Risposta esatta: C**

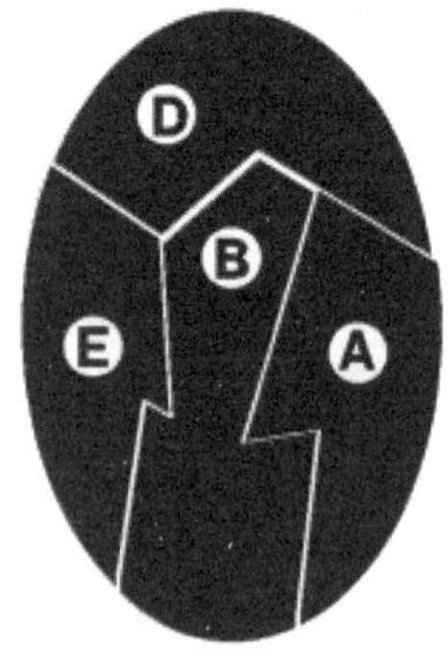

24 **Risposta esatta: C**

Fare attenzione agli angoli della figura: il frammento n. 1 corrisponde all'angolo retto; il n. 5 all'angolo in alto; l'angolo in basso sembrerebbe corrispondere a 2 frammenti, il n. 4 e il n. 2, ma quest'ultimo è evidentemente sbagliato.

25 **Risposta esatta: B**

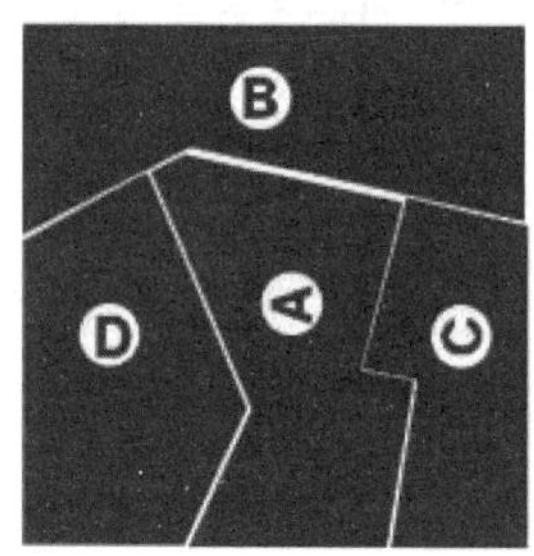

26 **Risposta esatta: A**

Per individuare più velocemente la risposta esatta, va individuato il frammento che non c'entra con il disegno, che in questo caso è il n. 3. Per individuarlo, osserviamo gli angoli del rettangolo in figura: il frammento n. 5 contiene tutti e due gli angoli di destra. Per quanto riguarda gli angoli di sinistra, il frammento n. 3 contiene il solo angolo superiore, mentre manca un frammento che contenga il solo angolo inferiore. Per completare la figura quindi dovremo usare il frammento n. 4 che contiene tutti e due gli angoli di sinistra. Quindi i frammenti che compongono la figura sono il n. 1, 2, 4 e 5.

27 **Risposta esatta:** B

Il frammento n. 4 (che va escluso) comprende parte dei frammenti n. 3 e n. 2.

28 **Risposta esatta:** A

Si guardino i frammenti n. 2, 1 e 5: sono già ordinati secondo la figura da comporre. Manca un solo pezzettino sulla sinistra che non può che corrispondere al n. 4.

29 **Risposta esatta:** B

Il frammento n. 5 si può escludere facilmente in quanto la figura da comporre non presenta linee rette (si osservi il bordo sinistro del frammento n. 5).

30 **Risposta esatta:** A

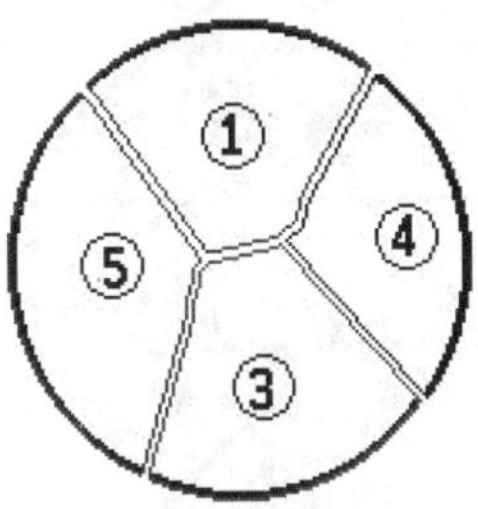

31 **Risposta esatta:** C

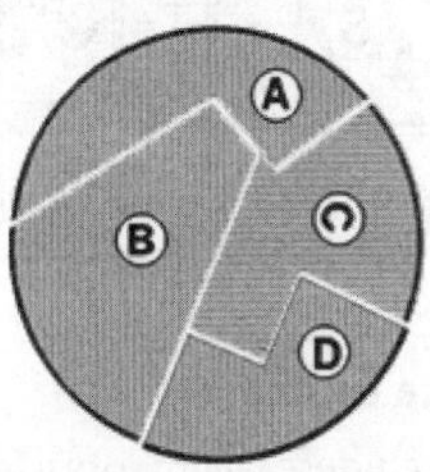

32 **Risposta esatta:** C

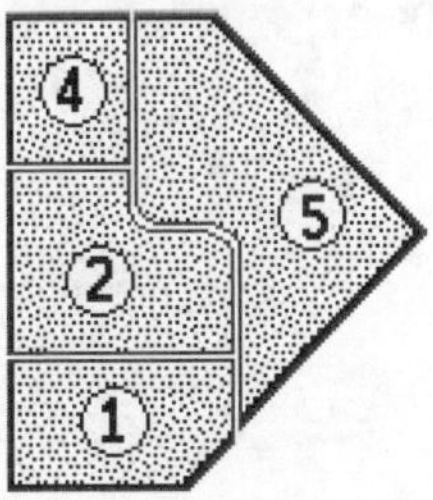

33 **Risposta esatta:** C

Se si osservano gli angoli della figura il frammento n. 1 può essere facilmente escluso.

34 **Risposta esatta:** B

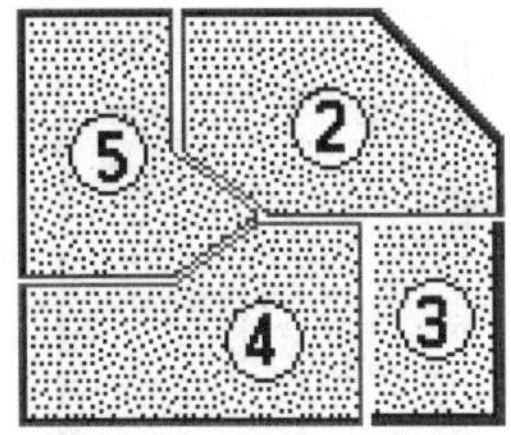

35 **Risposta esatta:** A

Se si guarda la figura partendo dalla "fetta" mancante al cerchio, il frammento da escludere è evidentemente il n. 3.

36 **Risposta esatta:** B

Se si guardano i 4 "bracci" della figura, l'unico frammento da escludere è il n. 2 (tutti gli altri frammenti infatti contengono un "braccio").

37 **Risposta esatta:** A

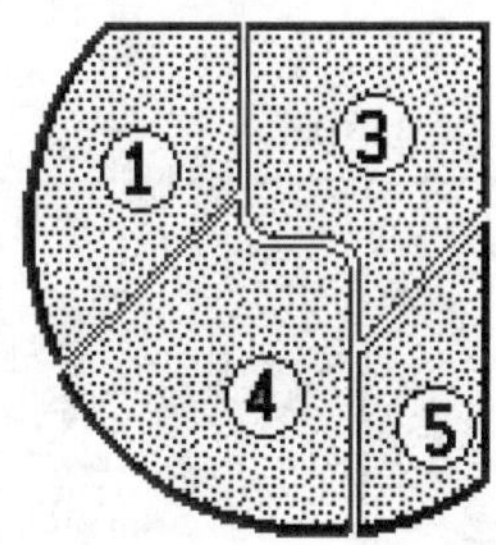

38 **Risposta esatta:** B

Si seguano i bordi della "cornice" raffigurata nel disegno: il frammento n. 1 è l'unico che non è compatibile con essi.

39 **Risposta esatta:** B

La croce bianca contenuta nel cerchio presenta solo linee e angoli retti. Il frammento n. 3 che presenta un bordo curvo in corrispondenza della croce non è quindi compatibile con essa.

40 **Risposta esatta:** A

41 Risposta esatta: C

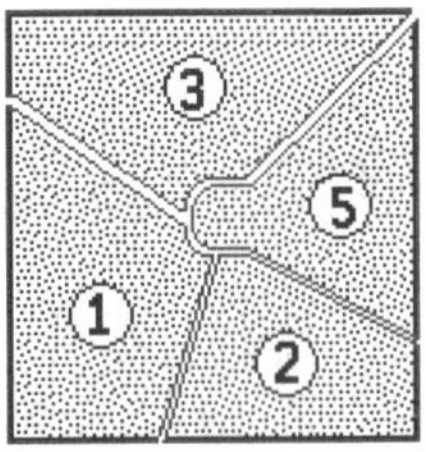

42 Risposta esatta: A

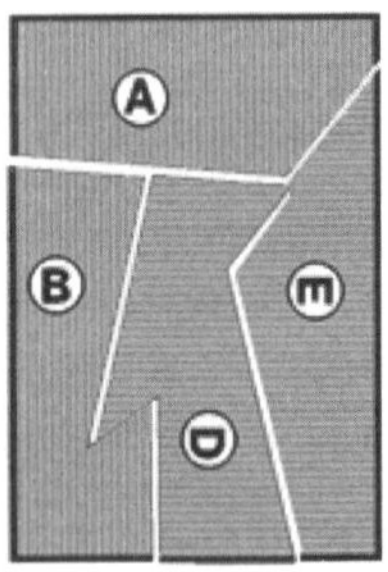

43 Risposta esatta: C

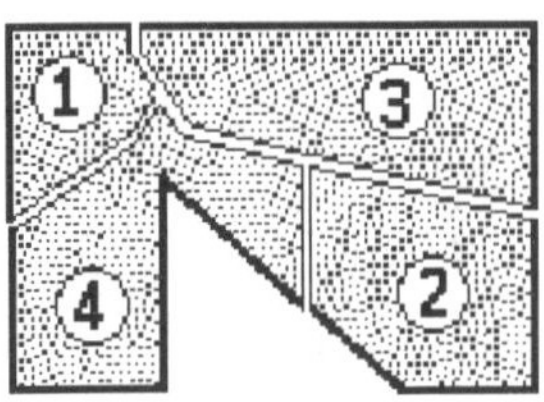

44 Risposta esatta: C

Il frammento n. 5 non fa parte della figura in quanto presenta un bordo dritto che nel disegno da ricomporre non esiste.

45 Risposta esatta: A

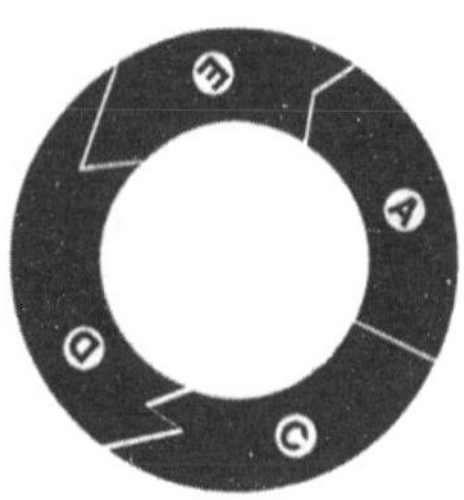

46 Risposta esatta: C

Il frammento n. 4 si può facilmente escludere perché ha i bordi tagliati in maniera non compatibile con gli altri frammenti.

47 Risposta esatta: A

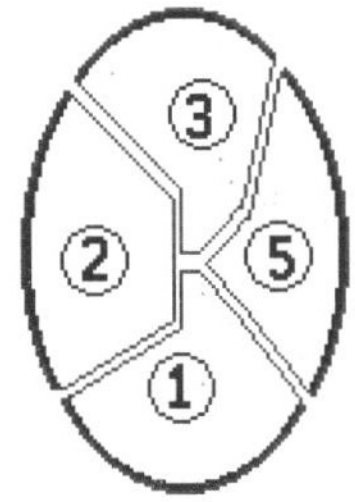

48 Risposta esatta: B

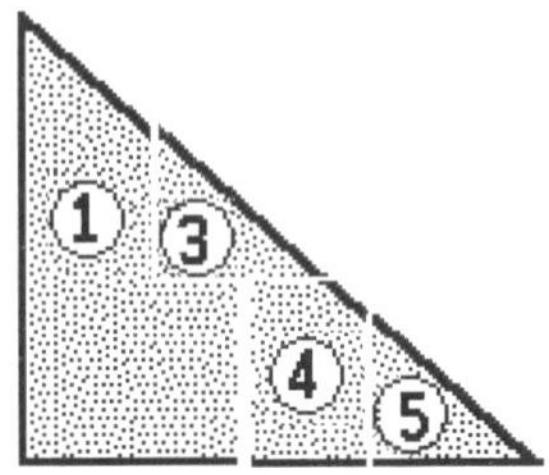

49 Risposta esatta: A

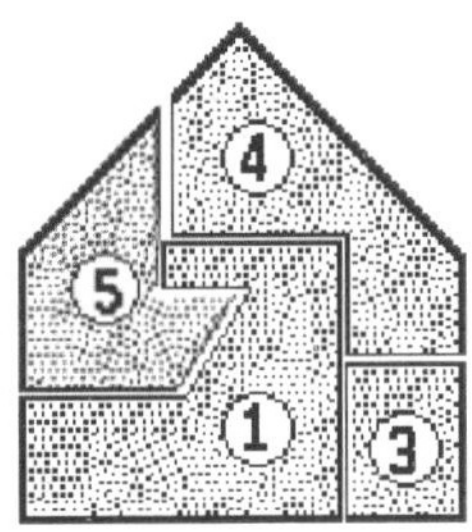

50 Risposta esatta: A

Si può escludere facilmente il frammento n. 1 che presenta un angolo retto non compatibile con l'ovale bianco disegnato nella figura da comporre.

22
Serie figurali

Per *serie figurale* s'intende una sequenza incompleta di figure: devi individuare la figura, o le figure, che la completano, rispettando il criterio logico sotteso.

Questi i criteri che vengono chiamati in causa più spesso:

1. numero di segmenti;
2. rotazione su sé stessa;
3. spostamento all'interno del box;
4. riempimento delle figure;
5. criteri misti.

Per comprendere i criteri elencati, risulta efficace partire dall'analisi di alcuni quiz.

Esempio n. 1
Qual è lo sviluppo logico della serie A/D?

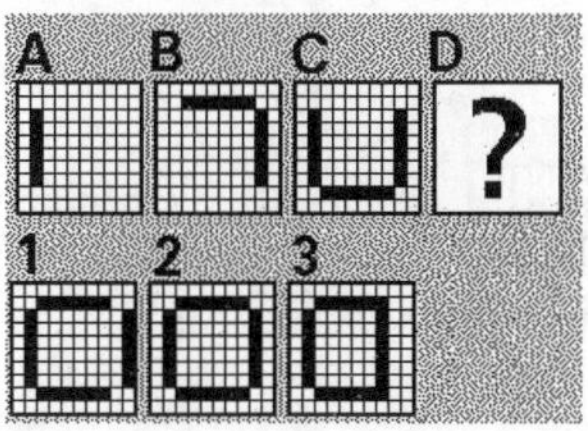

A) la figura indicata con il n. 2
B) la figura indicata con il n. 3
C) la figura indicata con il n. 1

In questo caso, procedendo dal box A al box D, risulta evidente che aumenta via via il numero di **segmenti neri** presenti: 1 segmento nel box A, 2 segmenti nel box B, 3 segmenti nel box C e di conseguenza 4 nel box D.

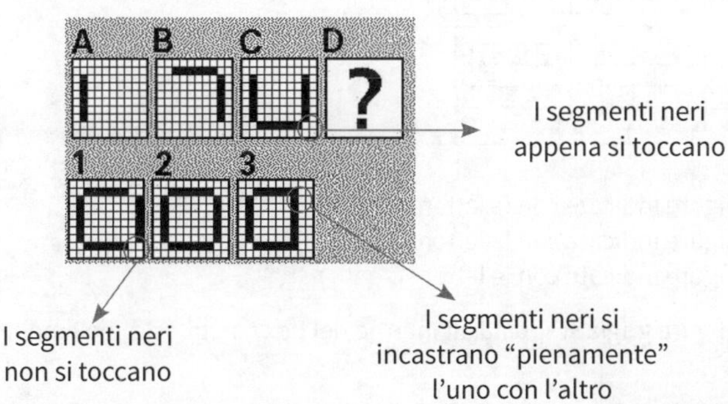

Per capire quale figura inserire nel box D risulta importante, in questo caso, osservare il particolare del rapporto tra i segmenti neri: nei box B e C si nota che i segmenti neri appena si toccano, così come accade nel box 2; mentre nel box 1 è presente un segmento nero che sembra distaccato dagli altri; nel box 3 un segmento nero tocca ampiamente altri due segmenti. Da ciò si evince che nel box D va inserito il box numero 2 (risposta **A**).

Esempio n. 2
Qual è lo sviluppo logico della serie A/D?

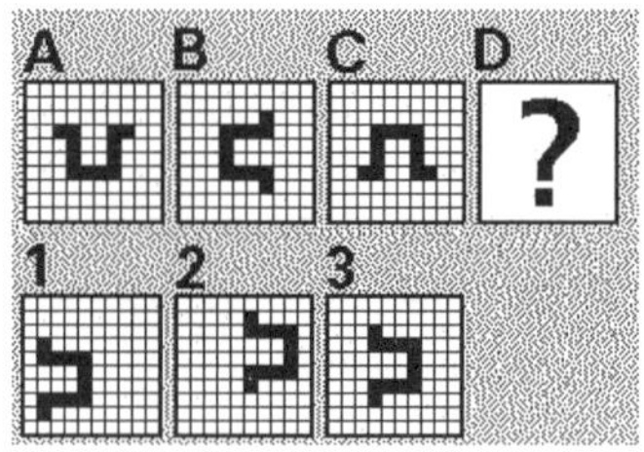

A) la figura indicata con il n. 1
B) la figura indicata con il n. 3
C) la figura indicata con il n. 2

L'elemento nero contenuto nei box A, B e C ruota di 90° in senso orario, mantenendosi, però, sempre in posizione centrale: nel box A "l'apertura" è rivolta verso l'alto; nel box B l'apertura è rivolta a destra; nel box C l'apertura è rivolta in basso; proseguendo con il movimento descritto, nel box D l'elemento nero deve avere apertura a sinistra, oltre a mantenersi in posizione centrale. Da ciò si deduce che nel box D va inserita la figura numero 3 (risposta **B**).

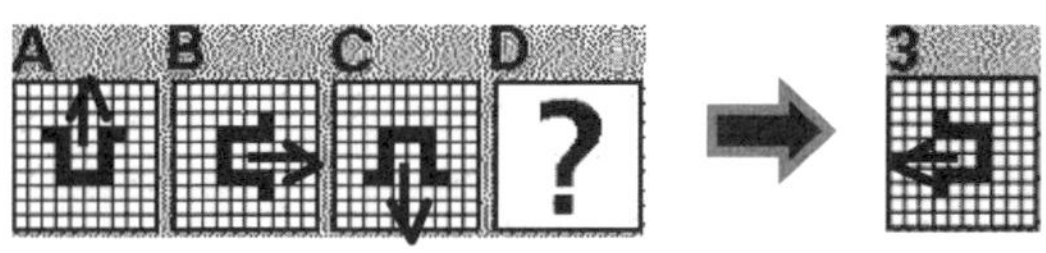

Esempio n. 3
Le quattro "figure/domanda" costituiscono una serie. Scegliere tra le "figure/risposta" le due che verrebbero subito dopo nella serie.

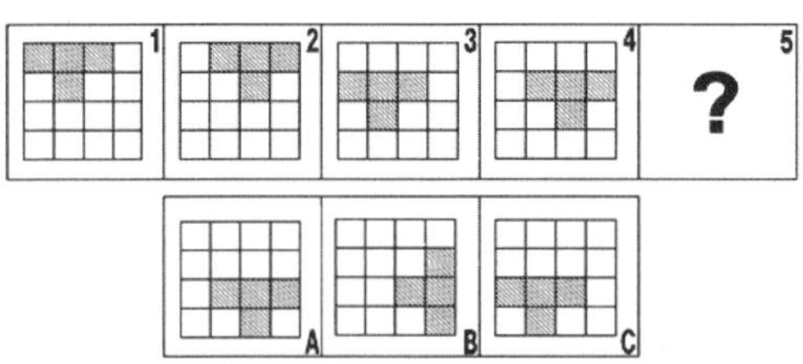

A) nell'ordine le figure indicate con le lettere C e A
B) nell'ordine le figure indicate con le lettere A e B
C) nell'ordine le figure indicate con le lettere C e B

In questo caso la figura grigia si sposta all'interno del box con questo movimento:

box 1 → alto-sinistra
box 2 → alto-destra
box 3 → centro-sinistra
box 4 → centro-destra

Quindi, le due figure che completano la serie sono la C e la A (ovvero basso-sinistra, basso-destra, la risposta A).

Esempio n. 4
Uno solo dei disegni contrassegnati con lettere costituisce il logico completamento della serie di disegni numerata da 1 a 5. Quale?

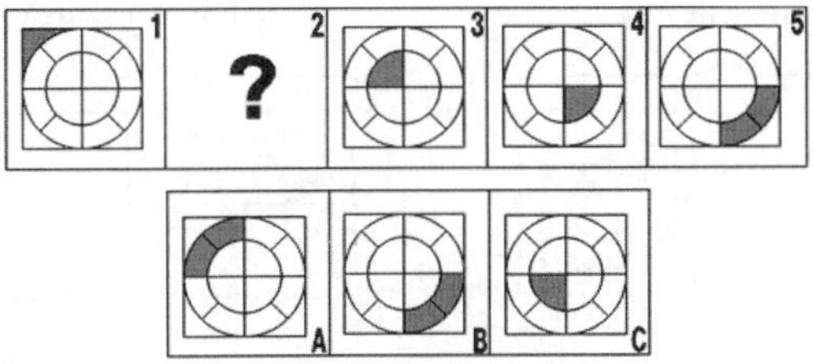

A) il disegno indicato con la lettera C
B) il disegno indicato con la lettera A
C) il disegno indicato con la lettera B

In questo quiz si deve prestare attenzione al riempimento delle figure proposte: osservando i settori grigi, è come se le aree grigie si spostino dall'alto verso il basso e da sinistra a destra, come mostrato nell'immagine seguente:

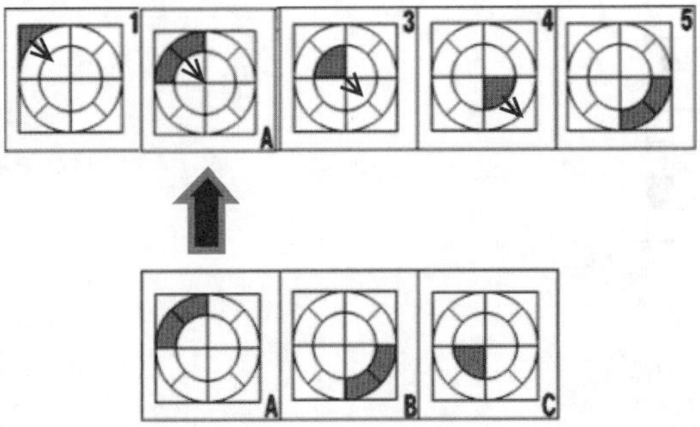

È evidente che il disegno che manca è quello indicato con la lettera A e la risposta corretta è la B.

Esempio n. 5
Uno solo dei disegni contrassegnati con lettere costituisce il logico completamento della serie di disegni numerata da 1 a 5. Quale?

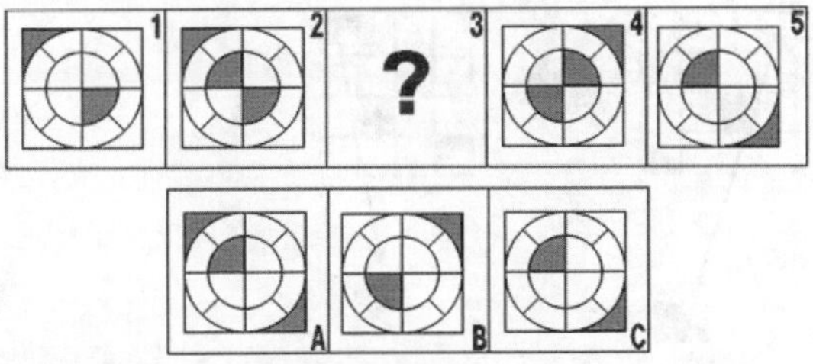

A) il disegno indicato con la lettera B
B) il disegno indicato con la lettera C
C) Il disegno indicato con la lettera A

Per risolvere questo quiz basta notare che le figure proposte è come se fossero disposte a coppie, con un angolo grigio in comune, come mostrato nella figura seguente:

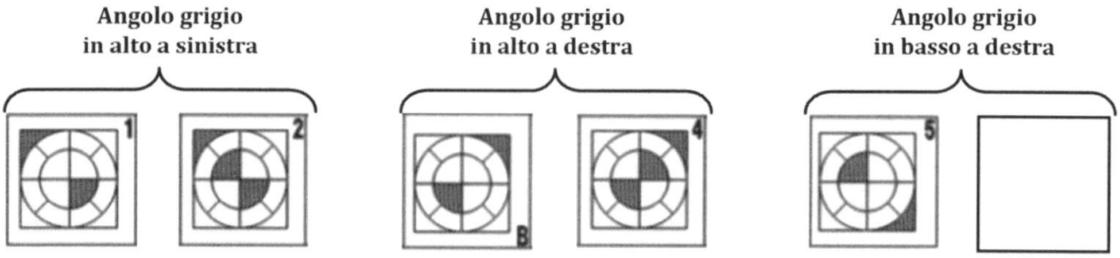

Considera, infine, che alcuni criteri potrebbero essere contemporaneamente proposti nelle serie somministrate, come mostrato nel quiz seguente.

Esempio n. 6
le tre «figure/domanda» costituiscono una serie. Scegliere tra le tre «figure/risposta» quella che verrebbe immediatamente dopo.

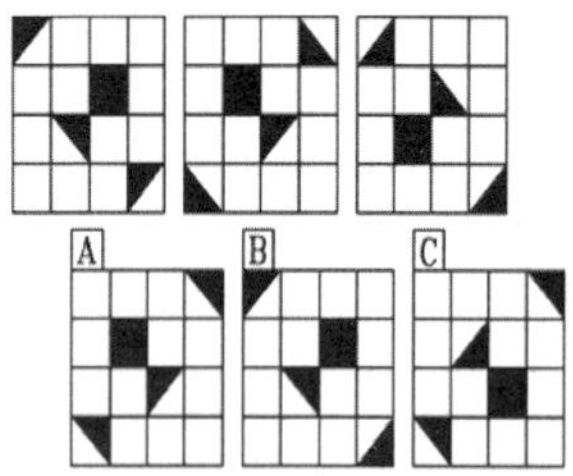

A) figura B
B) figura A
C) figura C

Questo quiz si può risolvere in diversi modi. Ad esempio, osserva gli angoli in alto a sinistra e a destra nei box proposti: il triangolino nero, andando dal primo box (quello a sinistra) al terzo (quello a destra), sembra spostarsi lungo il margine superiore dei box in cui è contenuto; inoltre il triangolino ruota su se stesso in senso antiorario di 90° di volta in volta, come mostrato nell'immagine seguente:

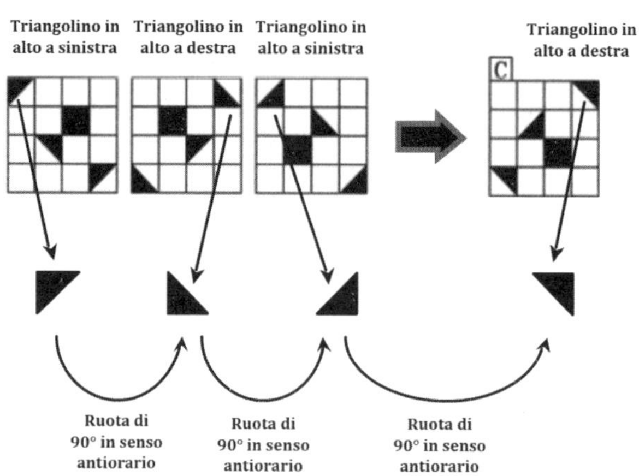

Test di verifica

1 Le quattro "figure/domanda" costituiscono una serie. Scegliere tra le "figure/risposta" le due che verrebbero subito dopo nella serie.

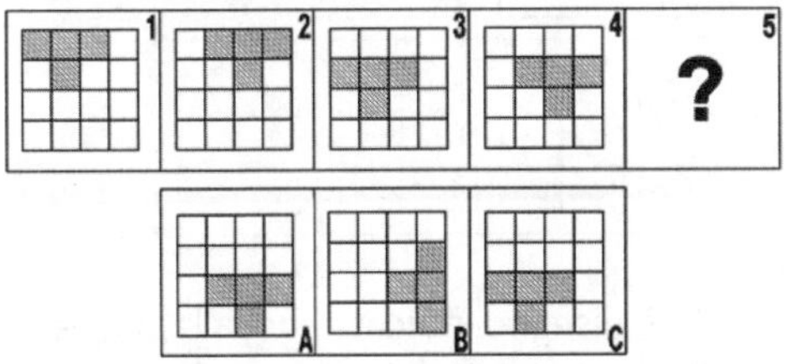

A) nell'ordine le figure indicate con le lettere C e A
B) nell'ordine le figure indicate con le lettere A e B
C) nell'ordine le figure indicate con le lettere C e B

2 Quale è lo sviluppo logico della serie A/D?

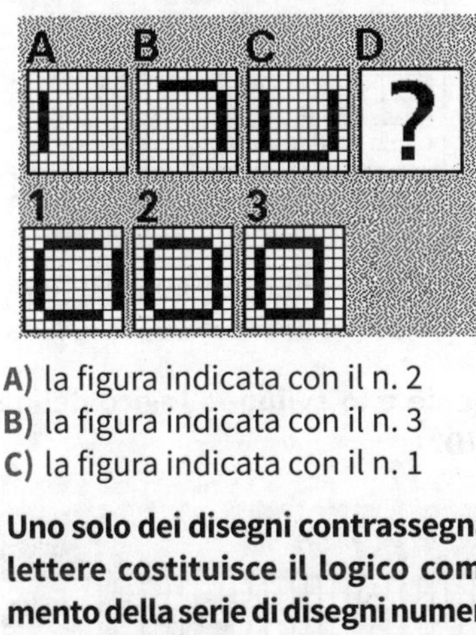

A) la figura indicata con il n. 2
B) la figura indicata con il n. 3
C) la figura indicata con il n. 1

3 Uno solo dei disegni contrassegnati con lettere costituisce il logico completamento della serie di disegni numerata da 1 a 5. Quale?

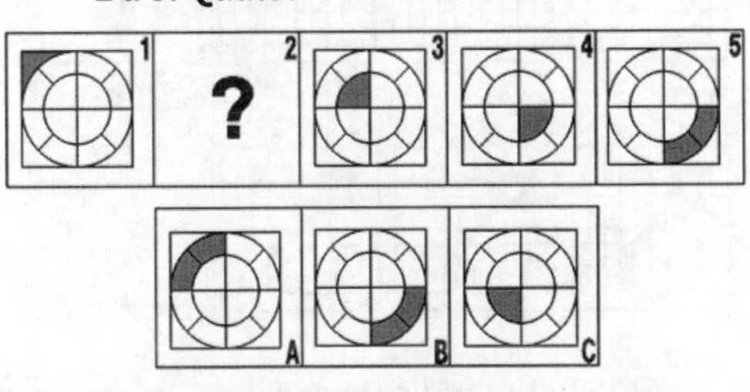

A) il disegno indicato con la lettera C
B) il disegno indicato con la lettera A
C) il disegno indicato con la lettera B

4 Uno solo dei disegni contrassegnati con lettere costituisce il logico completamento della serie di disegni numerata da 1 a 5. Quale?

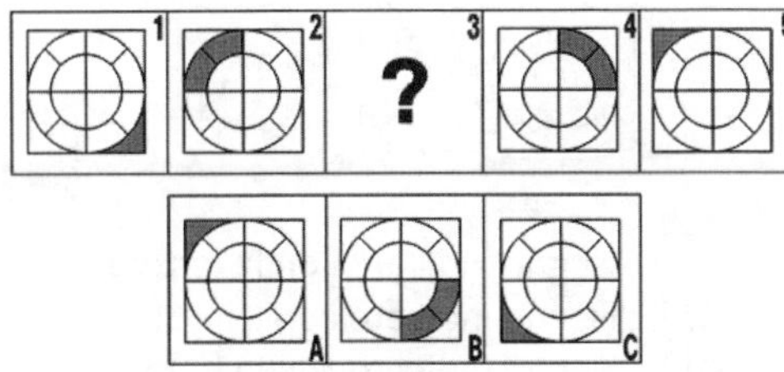

A) il disegno indicato con la lettera B
B) il disegno indicato con la lettera C
C) il disegno indicato con la lettera A

5 Le tre «figure/domanda» costituiscono una serie. Scegliere tra le tre «figure/risposta» quella che verrebbe immediatamente dopo.

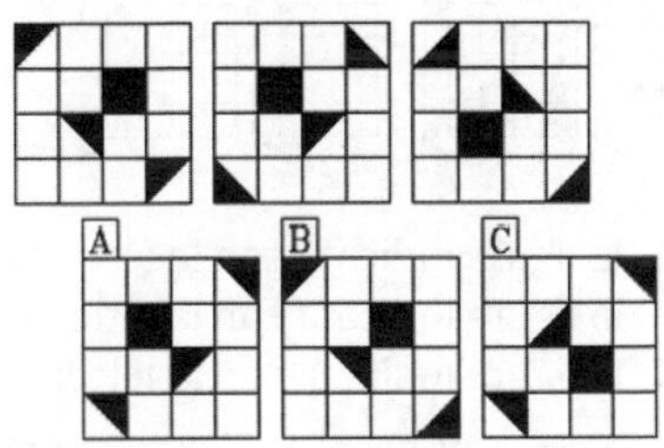

A) figura B
B) figura A
C) figura C

6 La figura mancante della serie è:

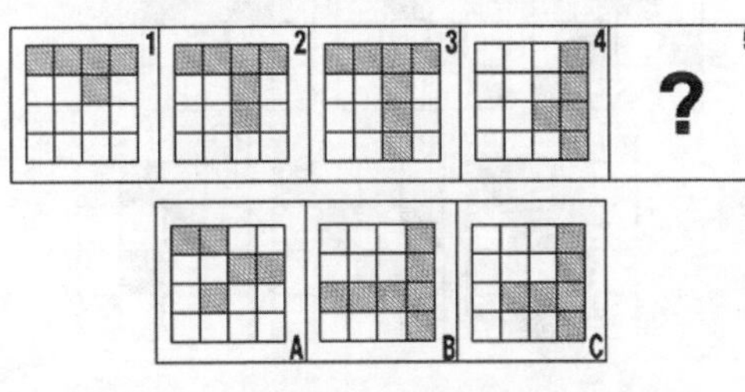

A) indicata con la lettera C
B) indicata con la lettera B
C) indicata con la lettera A

7 **Uno solo dei disegni contrassegnati con lettere costituisce il logico completamento della serie di disegni numerata da 1 a 5. Quale?**

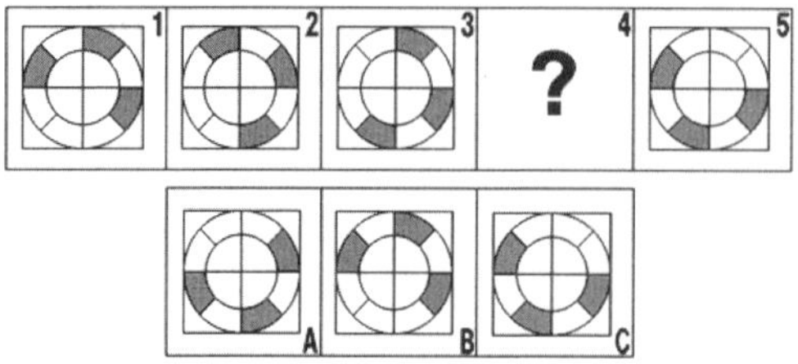

A) il disegno indicato con la lettera C
B) il disegno indicato con la lettera A
C) il disegno indicato con la lettera B

8 **Le "quattro figure domanda" costituiscono una serie. Scegliere tra le "figure risposta" quella che verrebbe subito dopo nella serie.**

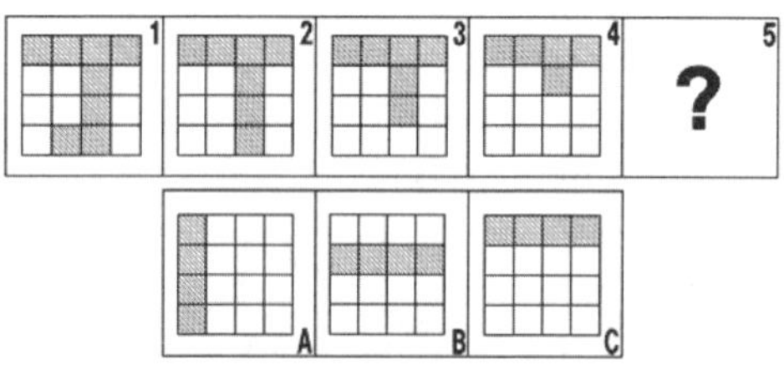

A) la figura indicata con la lettera A
B) la figura indicata con la lettera C
C) la figura indicata con la lettera B

9 **Le tre «figure/domanda» costituiscono una serie. Scegliere tra le tre «figure/risposta» quella che verrebbe immediatamente dopo.**

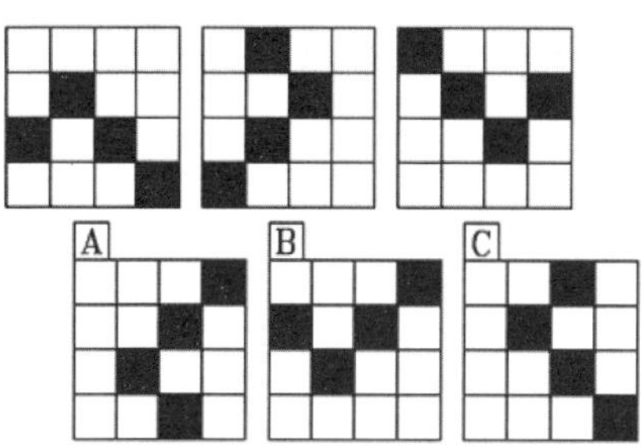

A) figura C
B) figura B
C) figura A

10 **Uno solo dei disegni contrassegnati con lettere costituisce il logico completamento della serie di disegni numerata da 1 a 5. Quale?**

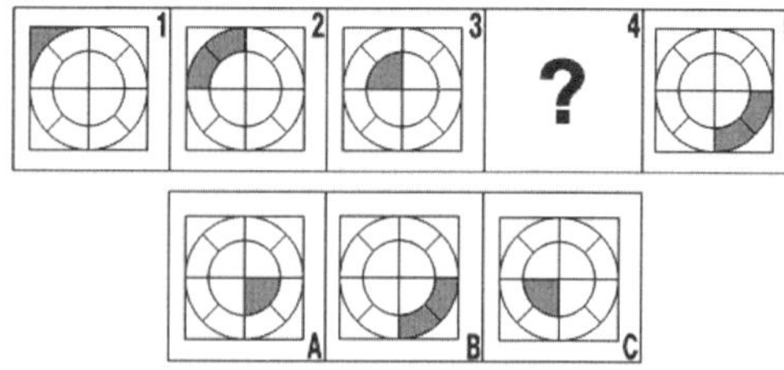

A) il disegno indicato con la lettera A
B) il disegno indicato con la lettera B
C) il disegno indicato con la lettera C

11 **Quale dei disegni proposti integra correttamente la serie?**

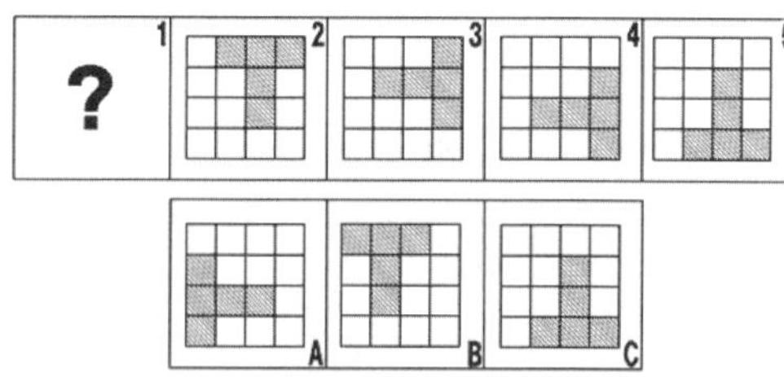

A) il disegno indicato con la lettera A
B) il disegno indicato con la lettera C
C) il disegno indicato con la lettera B

12 **Quale è lo sviluppo logico della serie A/D?**

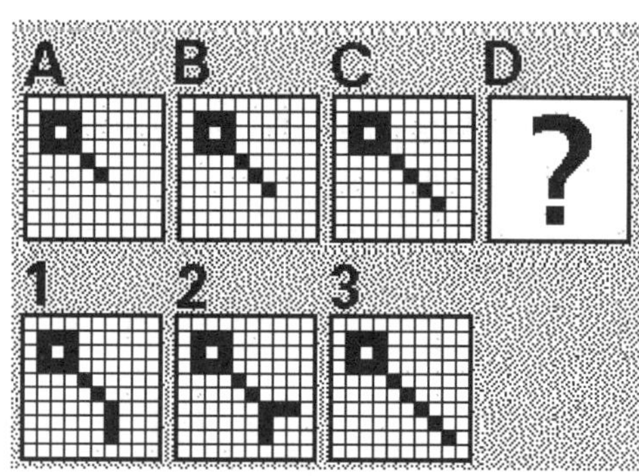

A) la figura indicata con il n. 2
B) la figura indicata con il n. 1
C) la figura indicata con il n. 3

13 **Uno solo dei disegni contrassegnati con lettere costituisce il logico completamento della serie di disegni numerata da 1 a 5. Quale?**

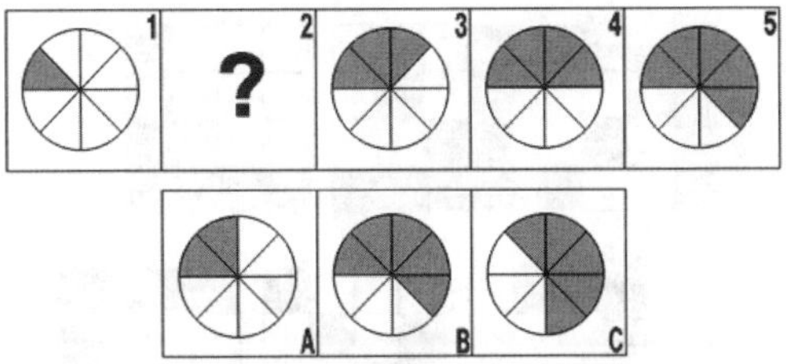

A) il disegno indicato con la lettera A
B) il disegno indicato con la lettera C
C) il disegno indicato con la lettera B

14 **Qual è lo sviluppo logico della serie A/D?**

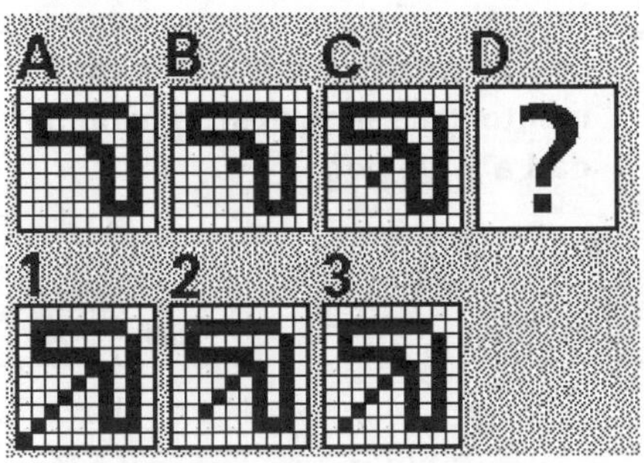

A) la figura indicata con il n. 1
B) la figura indicata con il n. 2
C) la figura indicata con il n. 3

15 **Le tre «figure/domanda» costituiscono una serie. Scegliere tra le tre «figure/risposta» quella che verrebbe immediatamente dopo.**

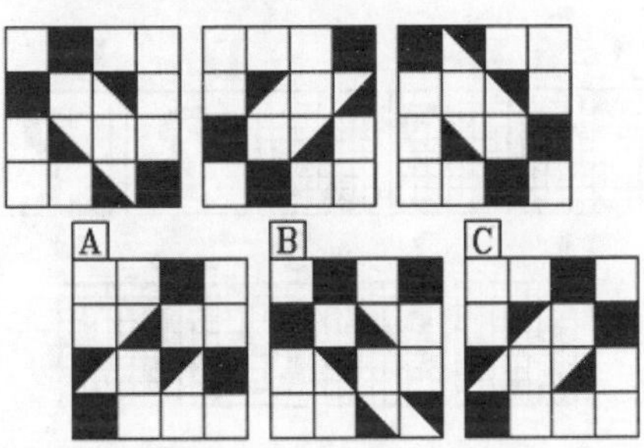

A) figura C
B) figura A
C) figura B

16 **Uno solo dei disegni contrassegnati con lettere costituisce il logico completamento della serie di disegni numerata da 1 a 5. Quale?**

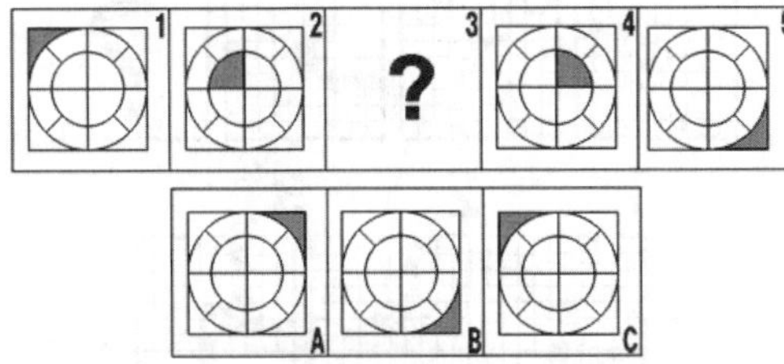

A) il disegno indicato con la lettera C
B) il disegno indicato con la lettera B
C) il disegno indicato con la lettera A

17 **Quale dei disegni proposti integra correttamente la serie?**

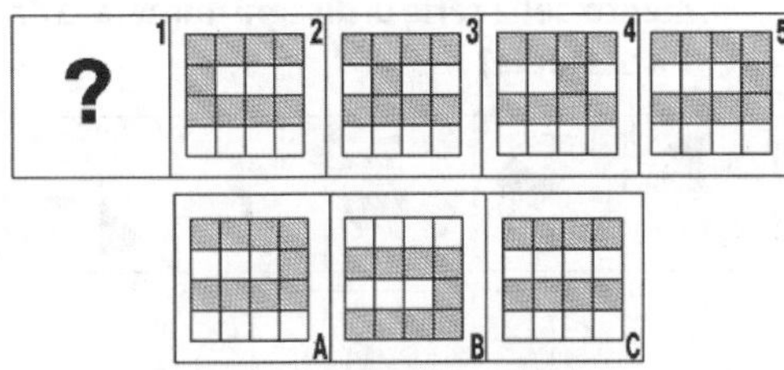

A) il disegno indicato con la lettera C
B) il disegno indicato con la lettera A
C) il disegno indicato con la lettera B

18 **Le tre «figure/domanda» costituiscono una serie. Scegliere tra le tre «figure/risposta» quella che verrebbe immediatamente dopo.**

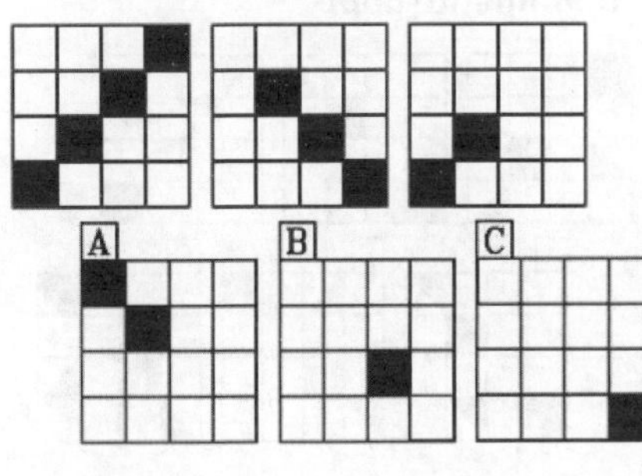

A) figura A
B) figura B
C) figura C

19 **Qual è lo sviluppo logico della serie A/D?**

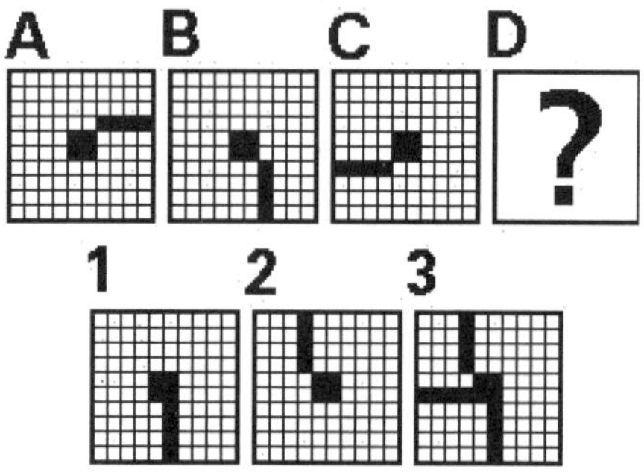

A) la figura indicata con il n. 3
B) la figura indicata con il n. 2
C) la figura indicata con il n. 1

20 **Uno solo dei disegni contrassegnati con lettere costituisce il logico completamento della serie di disegni numerata da 1 a 5. Quale?**

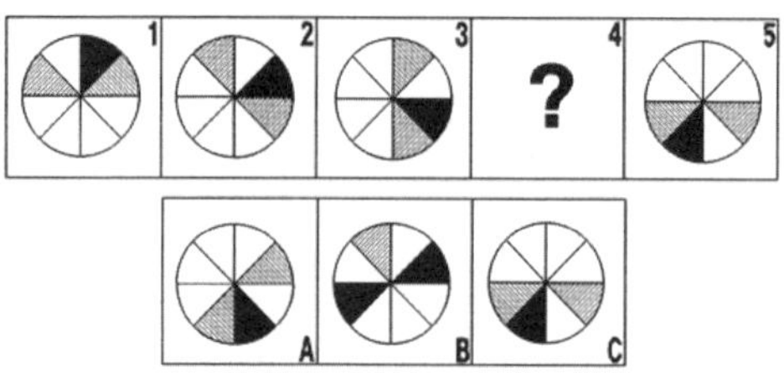

A) il disegno indicato con la lettera A
B) il disegno indicato con la lettera B
C) il disegno indicato con la lettera C

21 **Le tre «figure/domanda» costituiscono una serie. Scegliere tra le tre «figure/risposta» quella che verrebbe immediatamente dopo.**

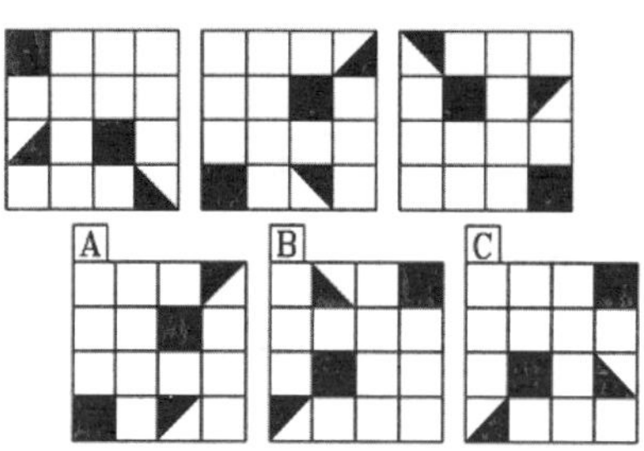

A) figura A
B) figura C
C) figura B

22 **Le tre «figure/domanda» costituiscono una serie. Scegliere tra le tre «figure/risposta» quella che verrebbe immediatamente dopo.**

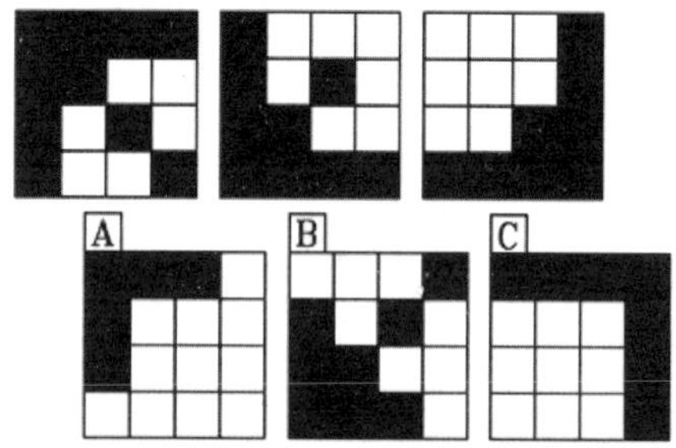

A) figura C
B) figura A
C) figura B

23 **Uno solo dei disegni contrassegnati con lettere costituisce il logico completamento della serie di disegni numerata da 1 a 5. Quale?**

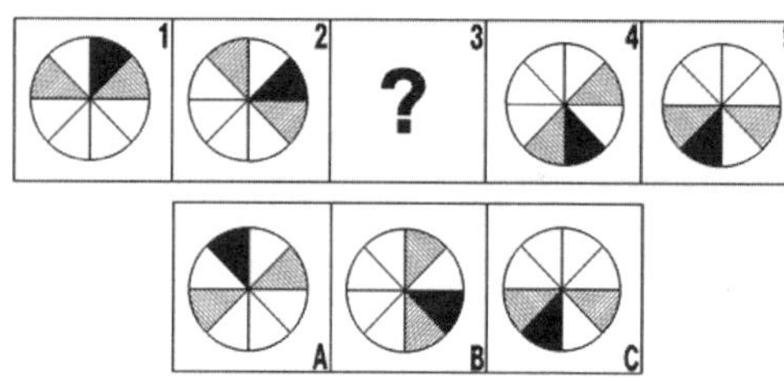

A) il disegno indicato con la lettera C
B) il disegno indicato con la lettera A
C) il disegno indicato con la lettera B

24 **La serie data trova logico completamento con:**

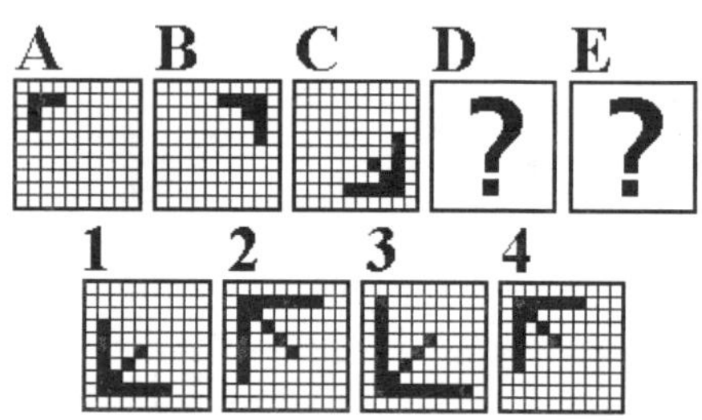

A) le figure contenute nei box 1 e 2
B) le figure contenute nei box 4 e 2
C) le figure contenute nei box 3 e 2

37 **La figura mancante nella serie è presente:**

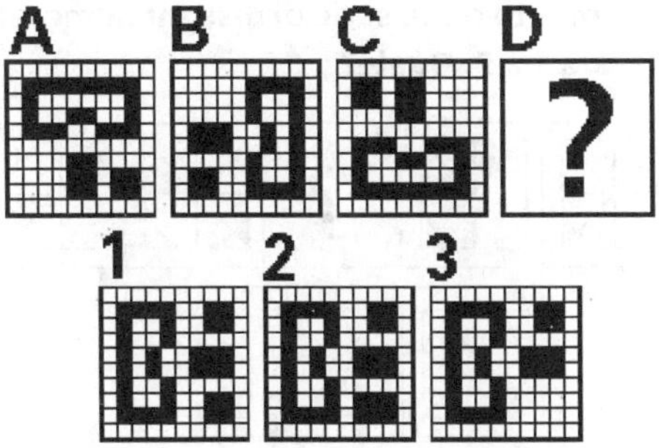

A) nel box indicato con il numero 1
B) nel box indicato con il numero 3
C) nel box indicato con il numero 2

38 **Quale dei disegni proposti integra correttamente la serie?**

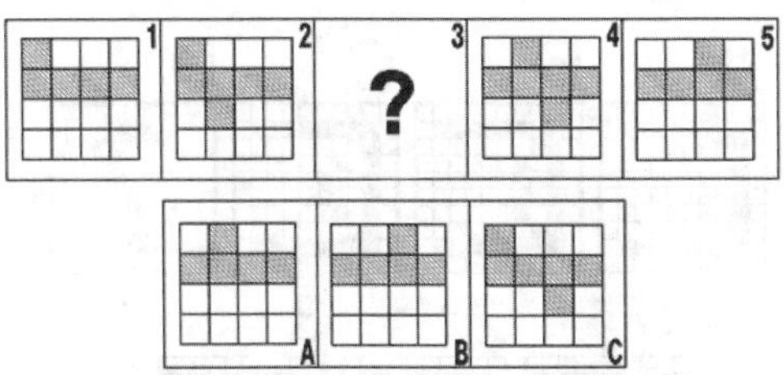

A) il disegno indicato con la lettera B
B) il disegno indicato con la lettera C
C) il disegno indicato con la lettera A

39 **Uno solo dei disegni contrassegnati con lettere costituisce il logico completamento della serie di disegni numerata da 1 a 5. Quale?**

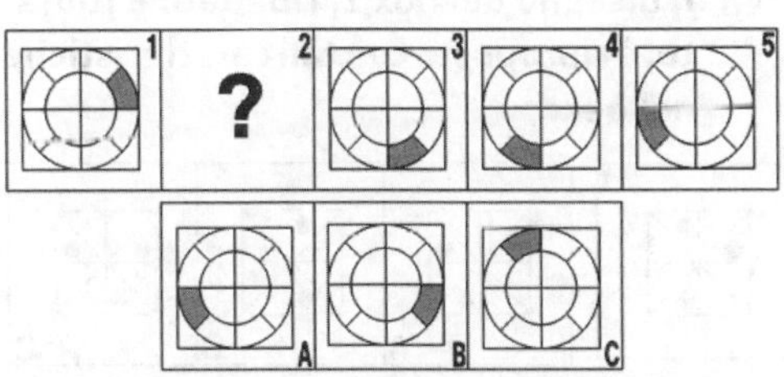

A) il disegno indicato con la lettera B
B) il disegno indicato con la lettera A
C) il disegno indicato con la lettera C

40 **Qual è lo sviluppo logico della serie A/D?**

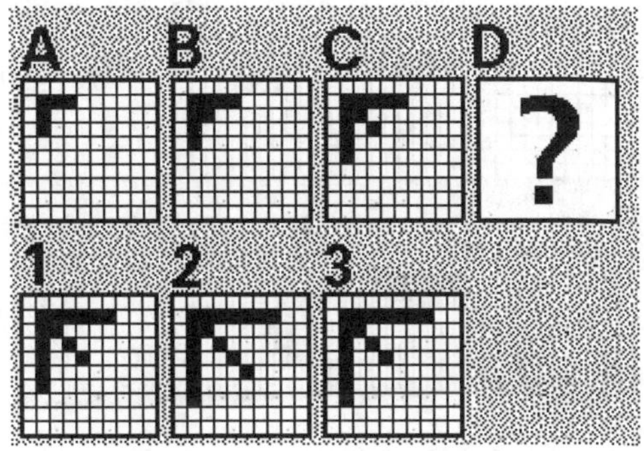

A) la figura indicata con il n. 2
B) la figura indicata con il n. 3
C) la figura indicata con il n. 1

41 **Uno solo dei disegni contrassegnati con lettere costituisce il logico completamento della serie di disegni numerata da 1 a 5. Quale?**

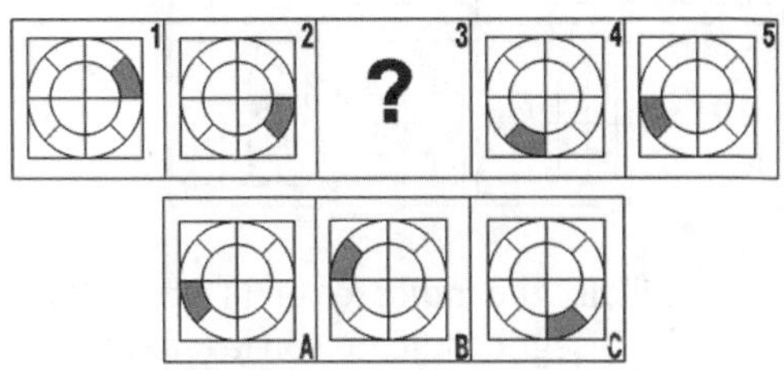

A) il disegno indicato con la lettera B
B) il disegno indicato con la lettera C
C) il disegno indicato con la lettera A

42 **La serie data trova logico completamento con:**

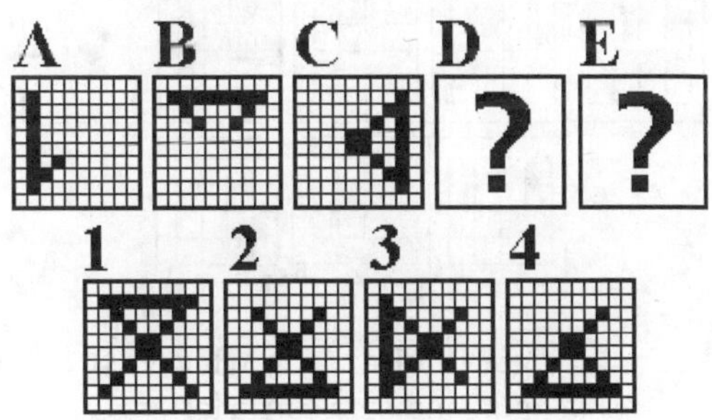

A) le figure contenute nei box 4 e 2
B) le figure contenute nei box 4 e 3
C) le figure contenute nei box 1 e 3

43 Qual è lo sviluppo logico della serie A/D?

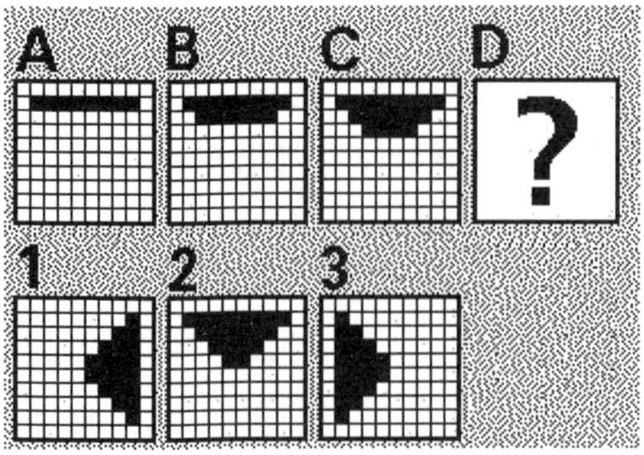

A) la figura indicata con il n. 1
B) la figura indicata con il n. 2
C) la figura indicata con il n. 3

44 Quale dei disegni proposti integra correttamente la serie?

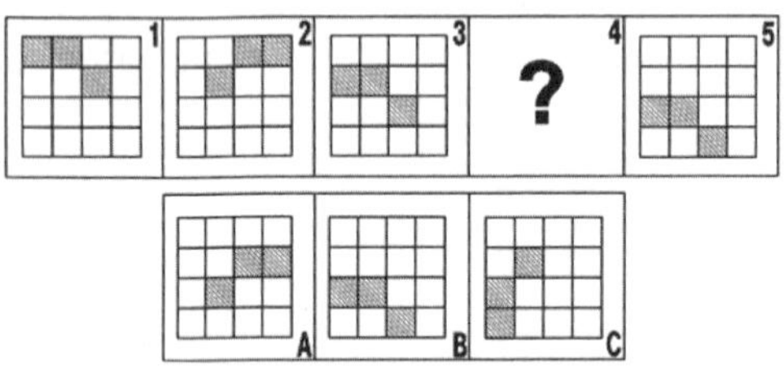

A) il disegno indicato con la lettera B
B) il disegno indicato con la lettera C
C) il disegno indicato con la lettera A

45 Le "quattro figure domanda" costituiscono una serie. Scegliere tra le "figure risposta" quella che verrebbe subito dopo nella serie.

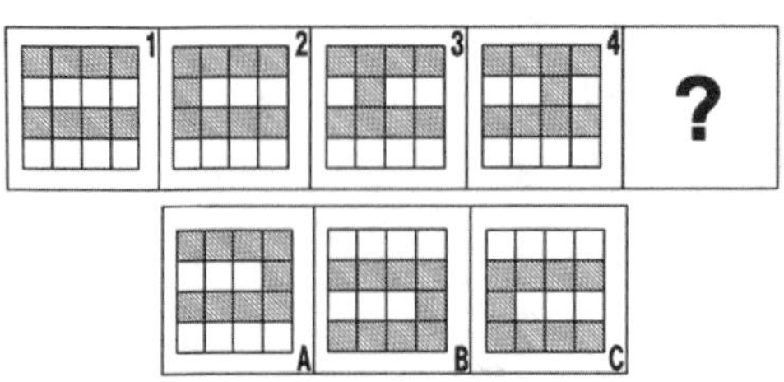

A) la figura indicata con la lettera B
B) la figura indicata con la lettera C
C) la figura indicata con la lettera A

46 Uno solo dei disegni contrassegnati con lettere costituisce il logico completamento della serie di disegni numerata da 1 a 5. Quale?

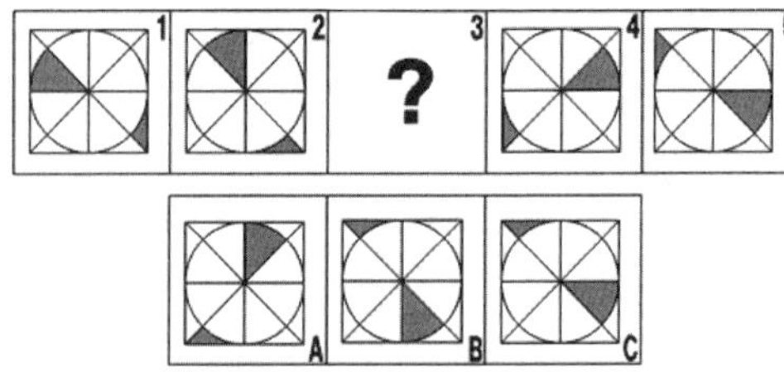

A) il disegno indicato con la lettera A
B) il disegno indicato con la lettera C
C) il disegno indicato con la lettera B

47 La figura mancante nella serie è presente:

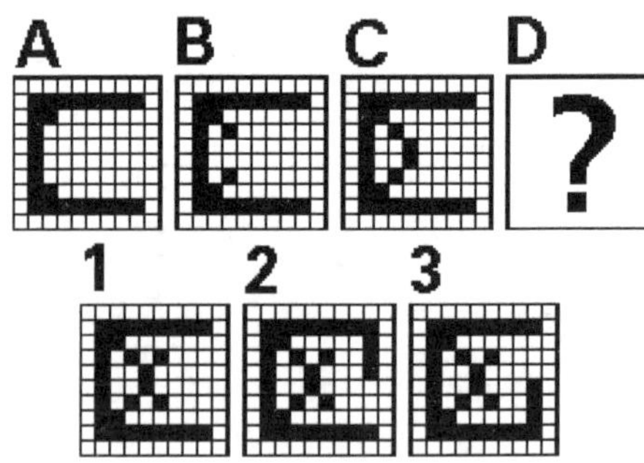

A) nel box indicato con il numero 1
B) nel box indicato con il numero 3
C) nel box indicato con il numero 2

48 Il disegno del box 1, ribaltato e ruotato, è riproposto con tali caratteristiche nel box:

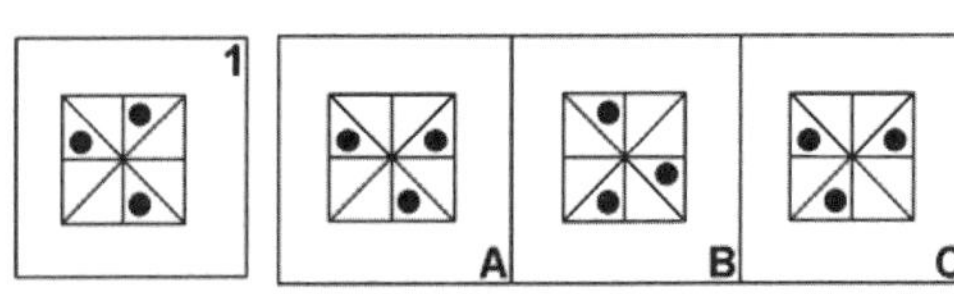

A) indicato con la lettera A
B) indicato con la lettera B
C) indicato con la lettera C

49 **Le tre "figure/domanda" costituiscono una serie. Scegliere tra le "figure/risposta" le due che verrebbero subito dopo nella serie.**

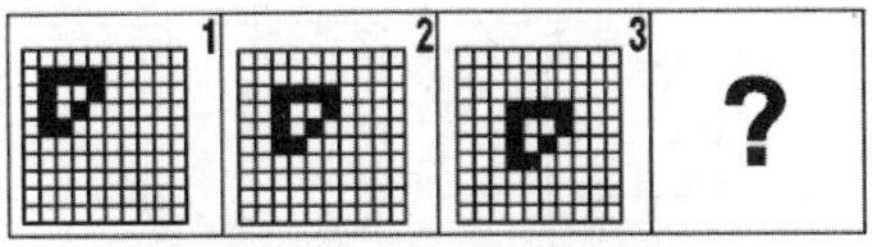

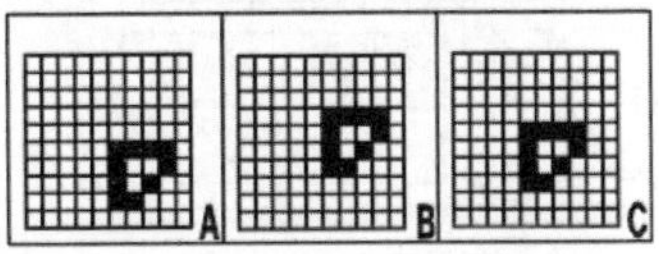

A) nell'ordine le figure indicate con le lettere C e A
B) nell'ordine le figure indicate con le lettere A e B
C) nell'ordine le figure indicate con le lettere B e C

50 **Le tre «figure/domanda» costituiscono una serie. Scegliere tra le tre «figure/risposta» quella che verrebbe immediatamente dopo.**

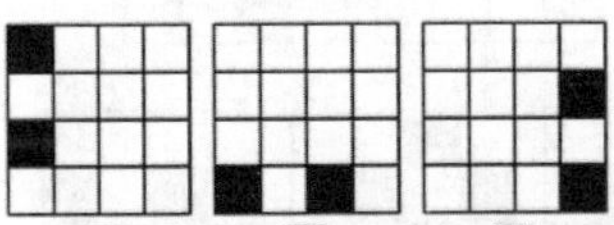

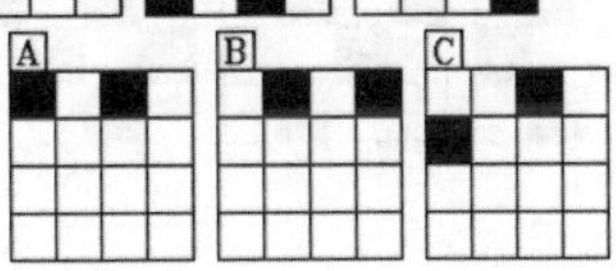

A) figura B
B) figura A
C) figura C

51 **La serie A - B - C - D trova logica conclusione in una delle figure 1 - 2 - 3. Quale?**

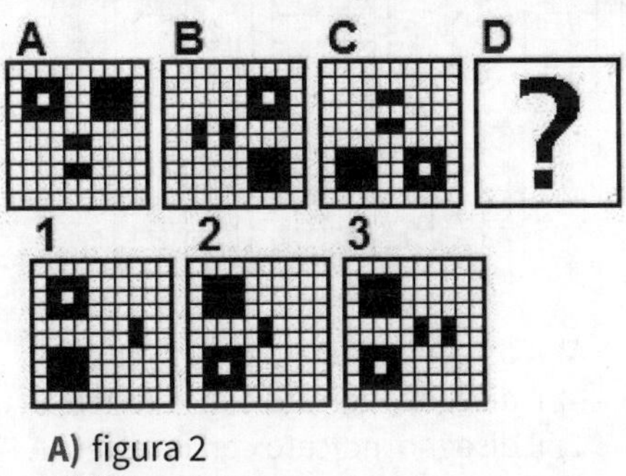

A) figura 2
B) figura 3
C) figura 1

52 **La figura mancante nel box 2 è presente:**

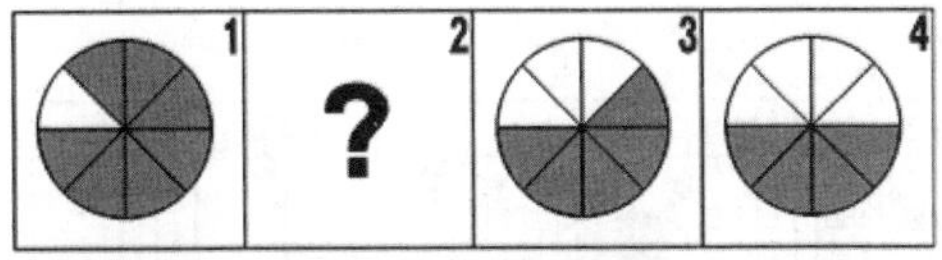

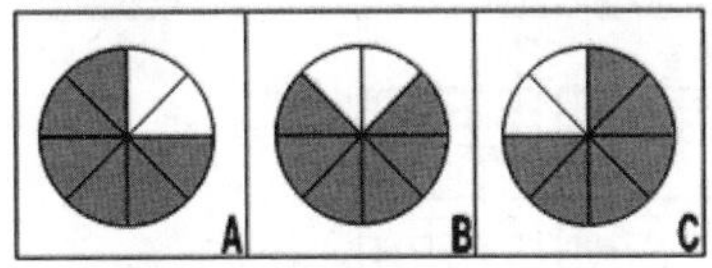

A) nel box B
B) nel box C
C) nel box A

53 **Quale dei disegni proposti integra correttamente la serie?**

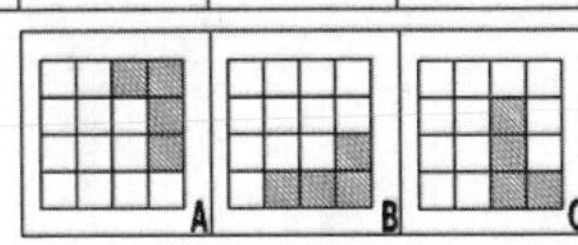

A) il disegno indicato con la lettera A
B) il disegno indicato con la lettera C
C) il disegno indicato con la lettera B

54 **La figura mancante nella serie è presente:**

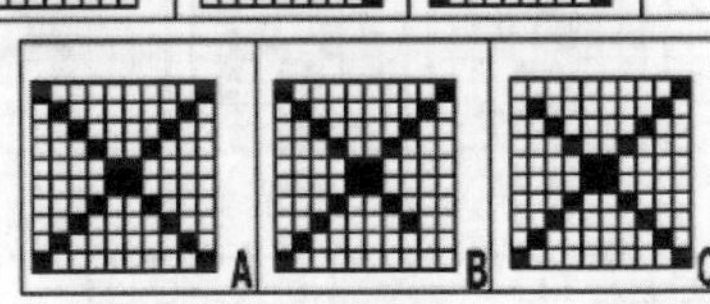

A) nel box indicato con la lettera A
B) nel box indicato con la lettera C
C) nel box indicato con la lettera B

55 **Qual è l'elemento mancante nella serie A/E?**

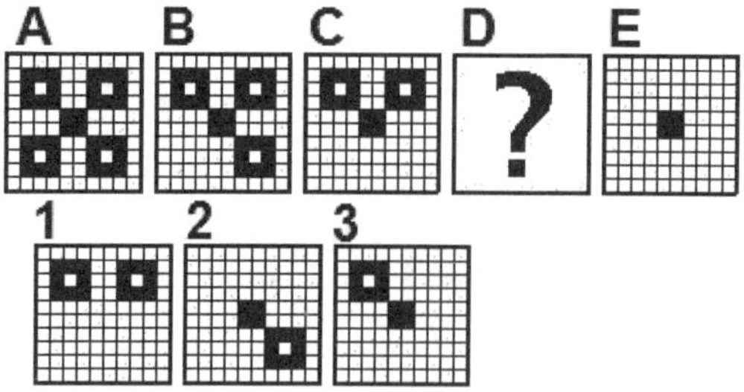

A) la figura indicata con il n. 3
B) la figura indicata con il n. 1
C) la figura indicata con il n. 2

56 **Quale dei disegni proposti integra correttamente la serie?**

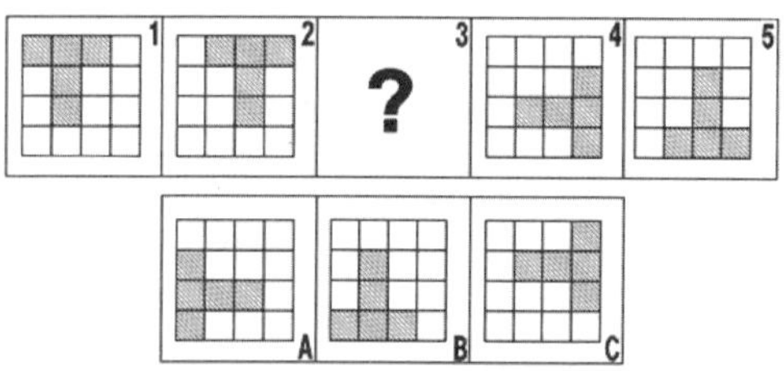

A) il disegno indicato con la lettera B
B) il disegno indicato con la lettera C
C) il disegno indicato con la lettera A

57 **La figura mancante nella serie A/D è presente:**

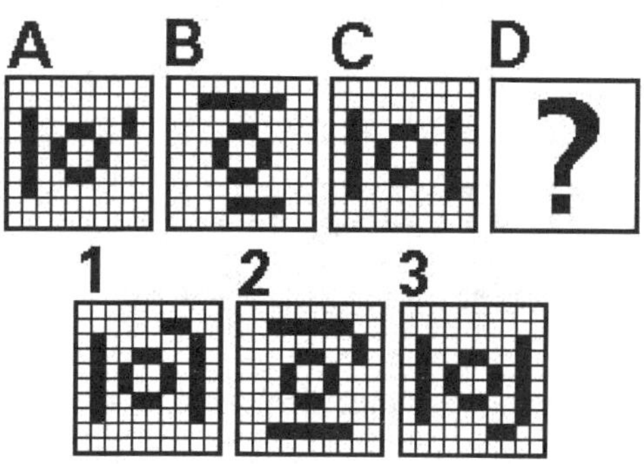

A) nel box indicato con il numero 3
B) nel box indicato con il numero 2
C) nel box indicato con il numero 1

58 **Uno solo dei disegni contrassegnati con lettere costituisce il logico completamento della serie di disegni numerata da 1 a 5. Quale?**

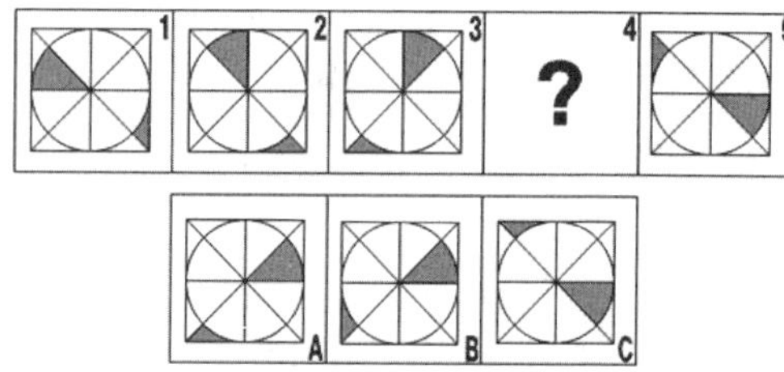

A) il disegno indicato con la lettera A
B) il disegno indicato con la lettera B
C) il disegno indicato con la lettera C

59 **Le tre «figure/domanda» costituiscono una serie. Scegliere tra le tre «figure/risposta» quella che verrebbe immediatamente dopo.**

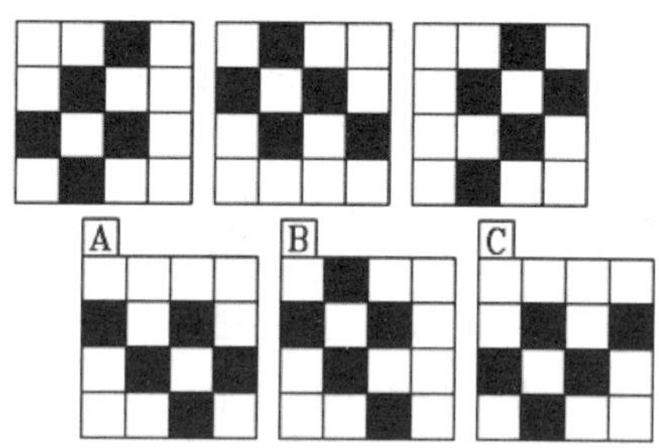

A) figura B
B) figura A
C) figura C

60 **Quale dei disegni proposti integra correttamente la serie?**

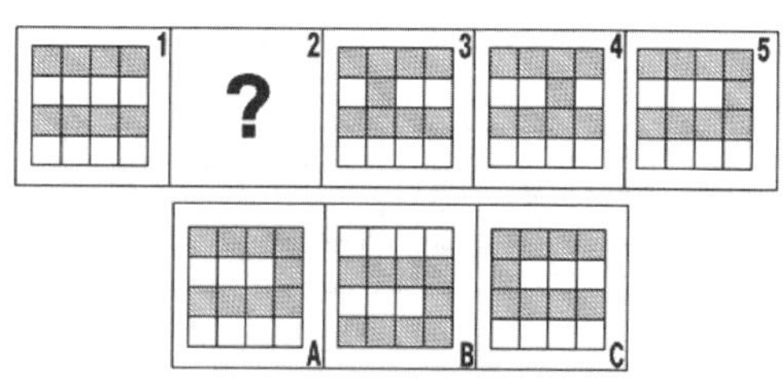

A) il disegno indicato con la lettera C
B) il disegno indicato con la lettera B
C) il disegno indicato con la lettera A

61 **Qual è lo sviluppo logico della serie A/D?**

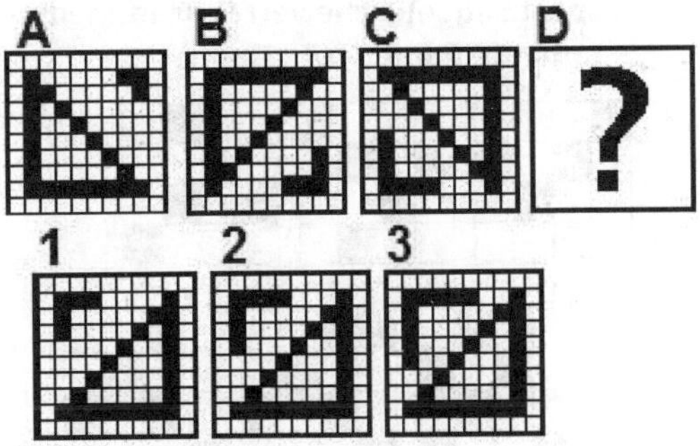

A) la figura indicata con il n. 1
B) la figura indicata con il n. 3
C) la figura indicata con il n. 2

62 **Qual è lo sviluppo logico della serie A/D?**

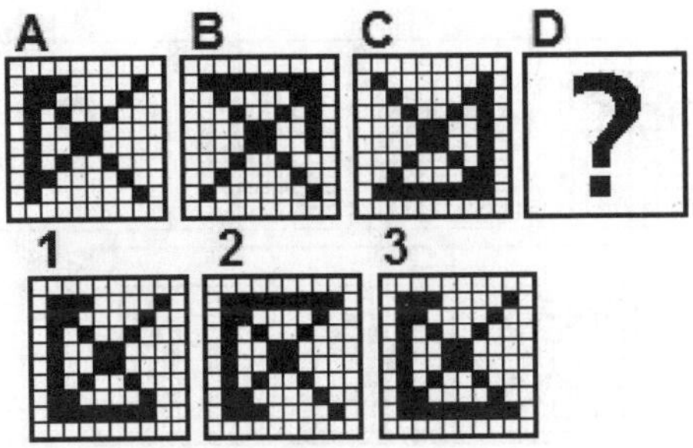

A) la figura indicata con il n. 2
B) la figura indicata con il n. 3
C) la figura indicata con il n. 1

63 **Uno solo dei disegni contrassegnati con lettere costituisce il logico completamento della serie di disegni numerata da 1 a 5. Quale?**

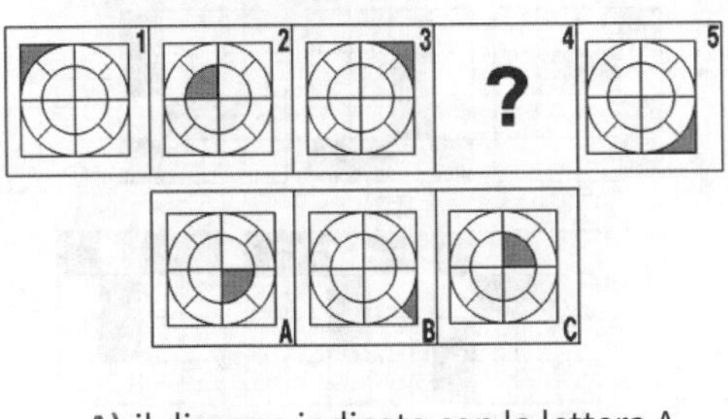

A) il disegno indicato con la lettera A
B) il disegno indicato con la lettera B
C) il disegno indicato con la lettera C

64 **Le tre «figure/domanda» costituiscono una serie. Scegliere tra le tre «figure/risposta» quella che verrebbe immediatamente dopo.**

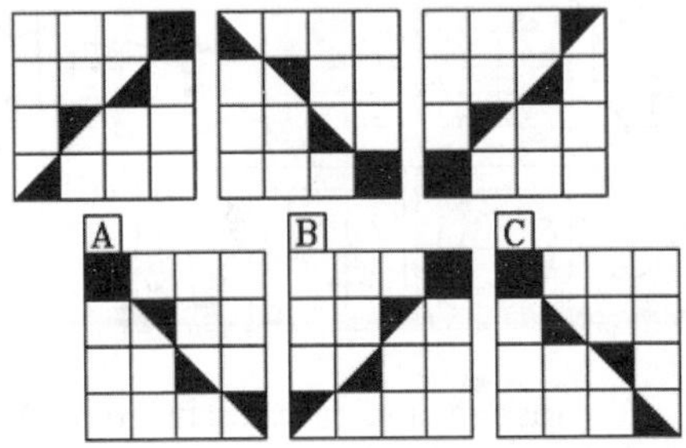

A) figura B
B) figura A
C) figura C

65 **Quale dei disegni proposti integra correttamente la serie?**

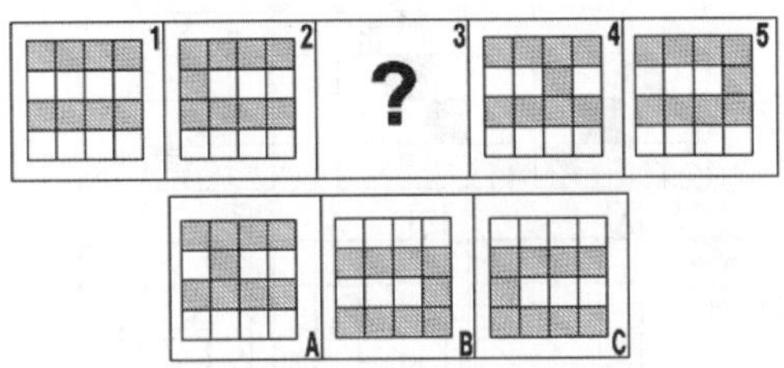

A) il disegno indicato con la lettera C
B) il disegno indicato con la lettera B
C) il disegno indicato con la lettera A

66 **La figura mancante nella serie è presente:**

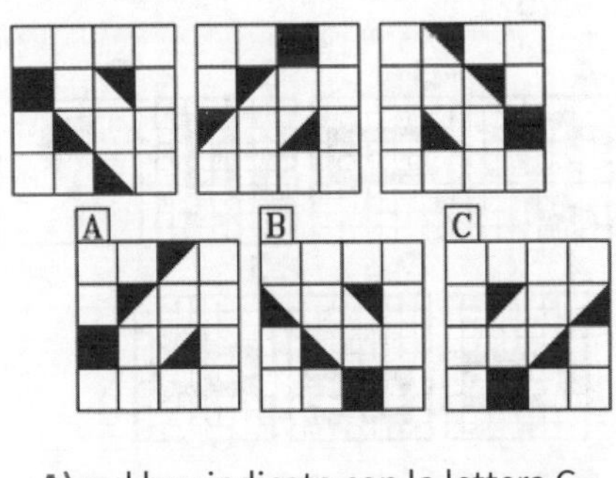

A) nel box indicato con la lettera C
B) nel box indicato con la lettera A
C) nel box indicato con la lettera B

67 **Uno solo dei disegni contrassegnati con lettere costituisce il logico completamento della serie di disegni numerata da 1 a 5. Quale?**

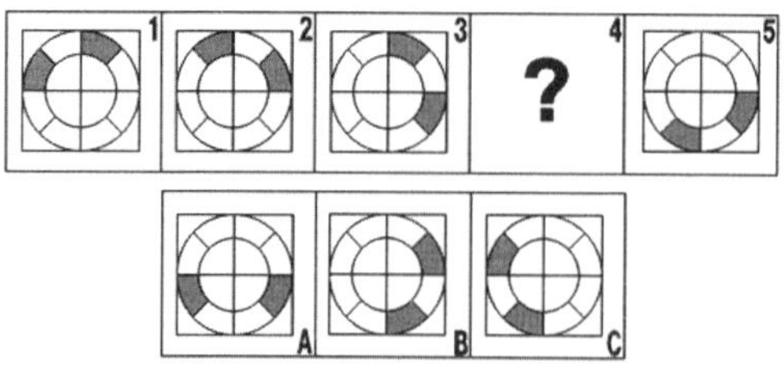

A) il disegno indicato con la lettera A
B) il disegno indicato con la lettera B
C) il disegno indicato con la lettera C

68 **Le tre «figure/domanda» costituiscono una serie. Scegliere tra le tre «figure/risposta» quella che verrebbe immediatamente dopo.**

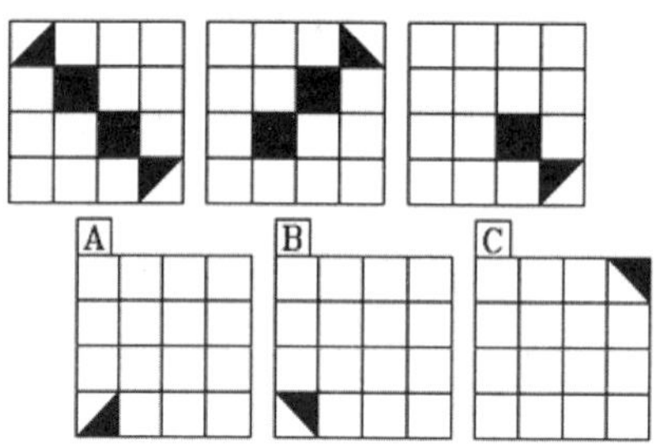

A) figura B
B) figura A
C) figura C

69 **Qual è lo sviluppo logico della serie A/D?**

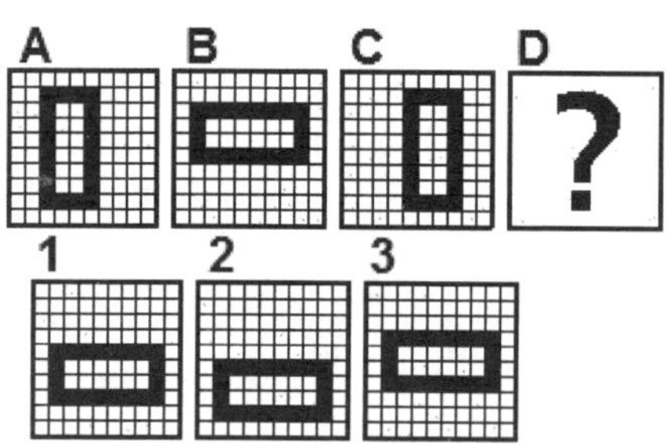

A) la figura indicata con il n. 2
B) la figura indicata con il n. 1
C) la figura indicata con il n. 3

70 **Le tre «figure/domanda» costituiscono una serie. Scegliere tra le tre «figure/risposta» quella che verrebbe immediatamente dopo.**

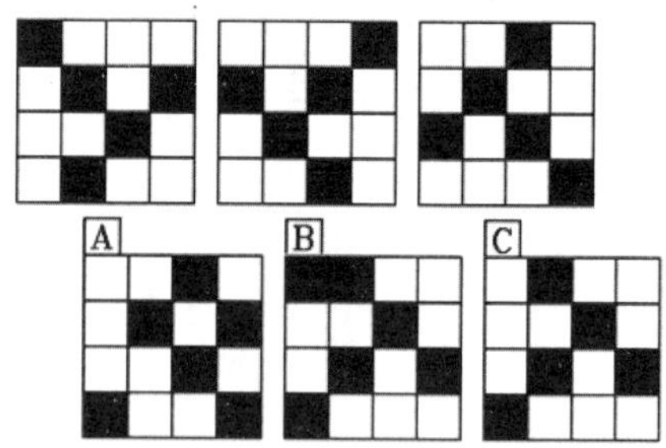

A) figura B
B) figura A
C) figura C

71 **La figura mancante nella serie è presente:**

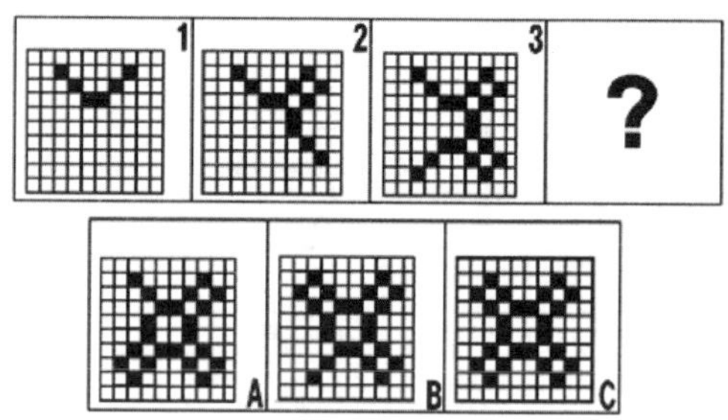

A) nel box indicato con la lettera A
B) nel box indicato con la lettera B
C) nel box indicato con la lettera C

72 **Le tre «figure/domanda» costituiscono una serie. Scegliere tra le tre «figure/risposta» quella che verrebbe immediatamente dopo.**

A) figura A
B) figura C
C) figura B

73 **Qual è lo sviluppo logico della serie data?**

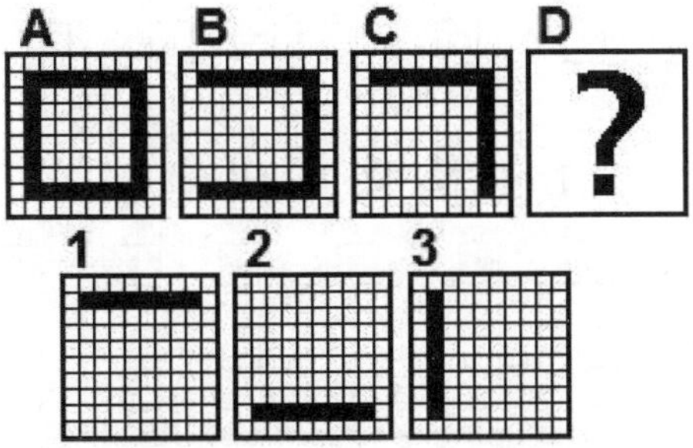

A) la figura indicata con il numero 2
B) la figura indicata con il numero 3
C) la figura indicata con il numero 1

74 **Quale dei disegni proposti integra correttamente la serie?**

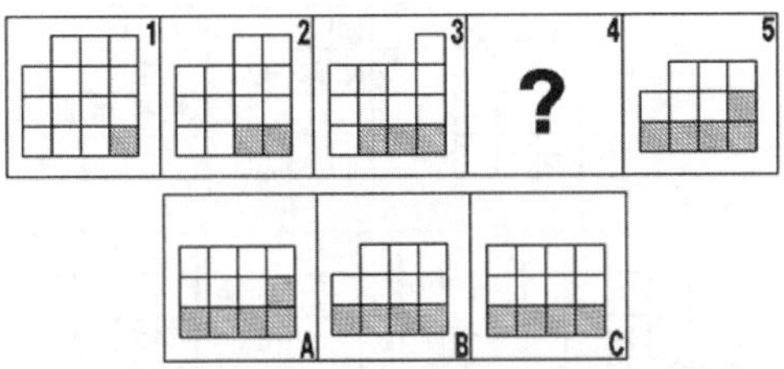

A) il disegno indicato con la lettera B
B) il disegno indicato con la lettera A
C) il disegno indicato con la lettera C

75 **Le tre «figure/domanda» costituiscono una serie. Scegliere tra le tre «figure/risposta» quella che verrebbe immediatamente dopo.**

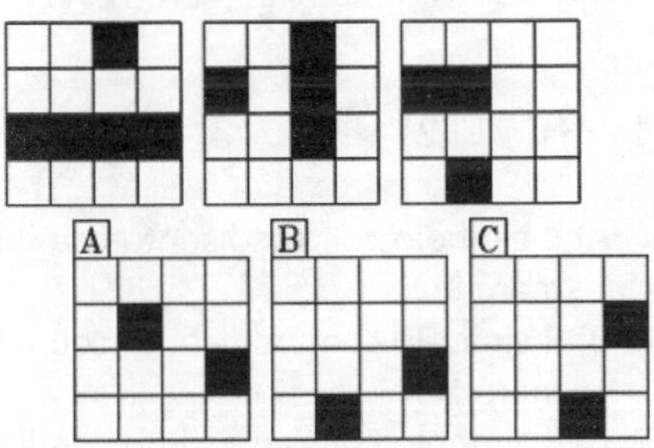

A) figura B
B) figura A
C) figura C

76 **Uno solo dei disegni contrassegnati con lettere costituisce il logico completamento della serie di disegni numerata da 1 a 5. Quale?**

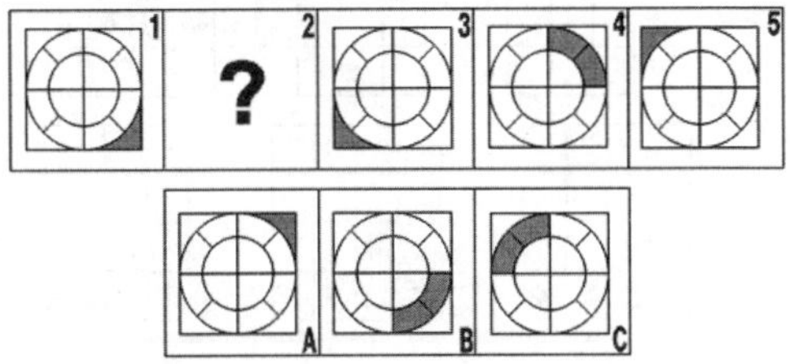

A) il disegno indicato con la lettera C
B) il disegno indicato con la lettera A
C) il disegno indicato con la lettera B

77 **Qual è lo sviluppo logico della serie A/D?**

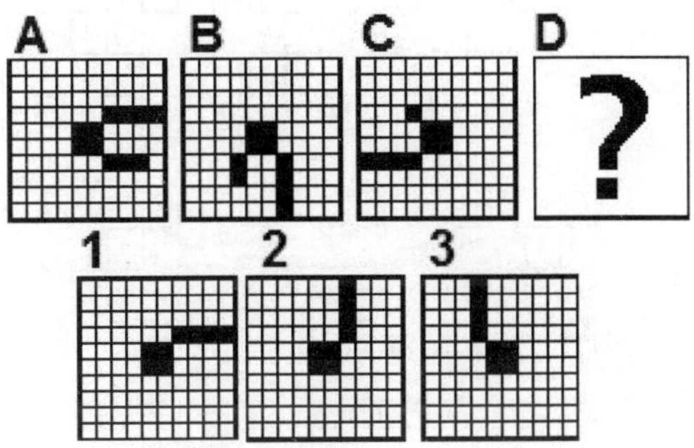

A) la figura indicata con il n. 2
B) la figura indicata con il n. 1
C) la figura indicata con il n. 3

78 **Quale dei disegni proposti integra correttamente la serie?**

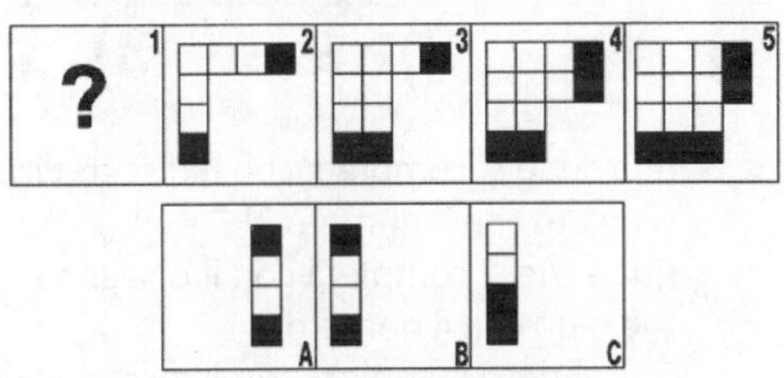

A) il disegno indicato con la lettera B
B) il disegno indicato con la lettera A
C) il disegno indicato con la lettera C

79 **Quale delle figure proposte integra la serie?**

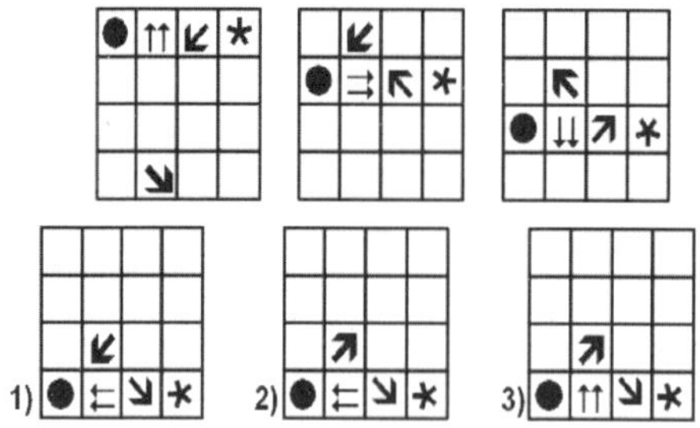

A) la figura indicata con il numero 3
B) la figura indicata con il numero 2
C) la figura indicata con il numero 1

80 **Quale delle figure proposte integra la serie?**

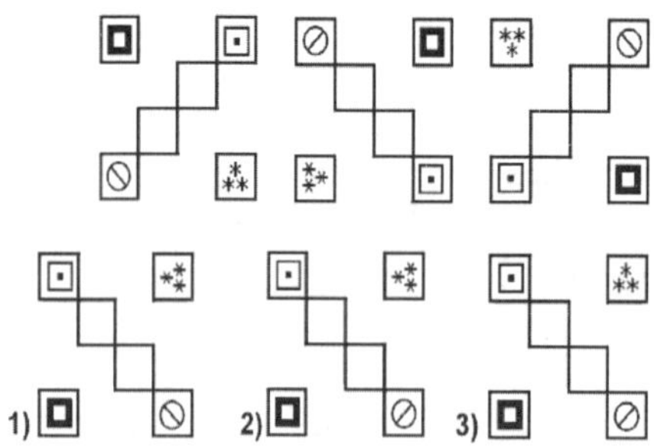

A) la figura indicata con il numero 2
B) la figura indicata con il numero 1
C) la figura indicata con il numero 3

81 **Completare la serie:**

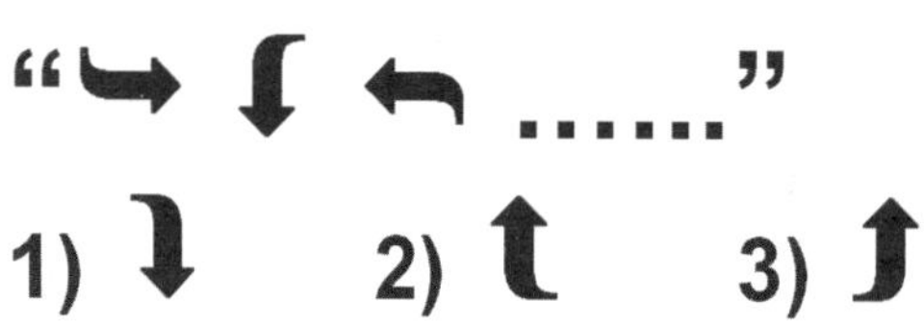

A) la serie si completa con il disegno indicato con il numero 2)
B) la serie si completa con il disegno indicato con il numero 3)
C) la serie si completa con il disegno indicato con il numero 1)

82 **Quale delle figure proposte integra la serie?**

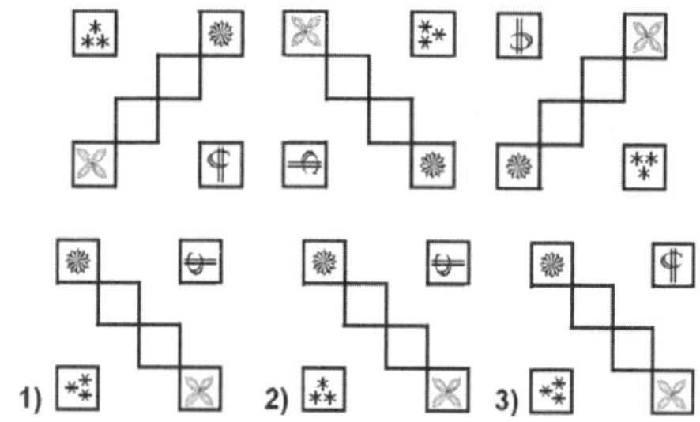

A) la figura indicata con il numero 3
B) la figura indicata con il numero 2
C) la figura indicata con il numero 1

83 **Quale delle figure proposte integra la serie?**

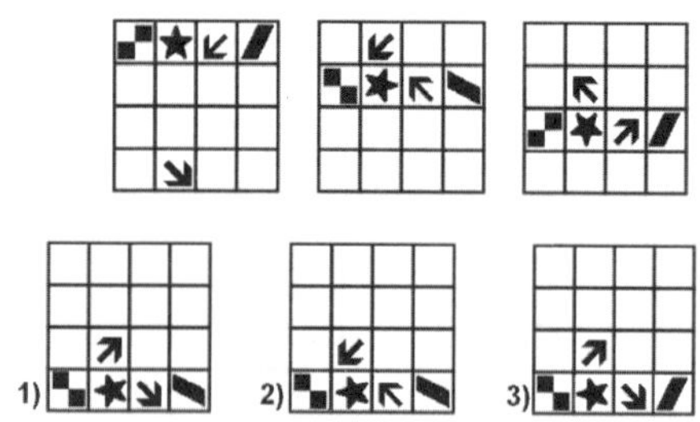

A) la figura indicata con il numero 3
B) la figura indicata con il numero 2
C) la figura indicata con il numero 1

84 **Quale simbolo completa la serie in modo logico?**

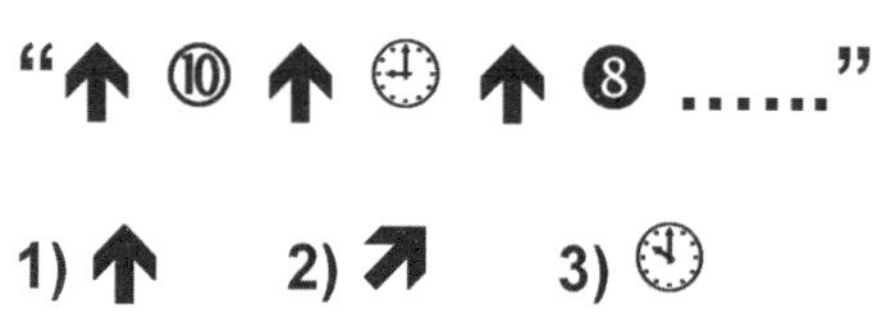

A) il simbolo contraddistinto con il numero 3)
B) il simbolo contraddistinto con il numero 1)
C) il simbolo contraddistinto con il numero 2)

85 **Individuare la figura che completa la serie.**

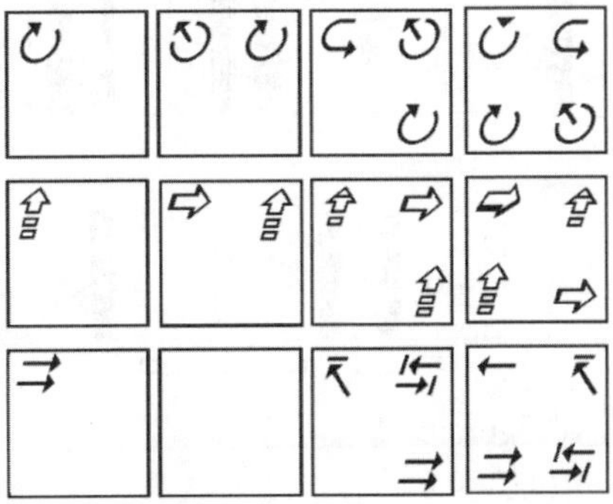

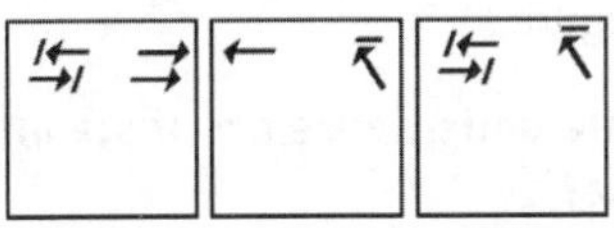

a b c

A) figura b
B) figura c
C) figura a

86 **I disegni di seguito proposti sono suddivisi in tre serie. Il disegno mancante della seconda serie è contenuto nel box:**

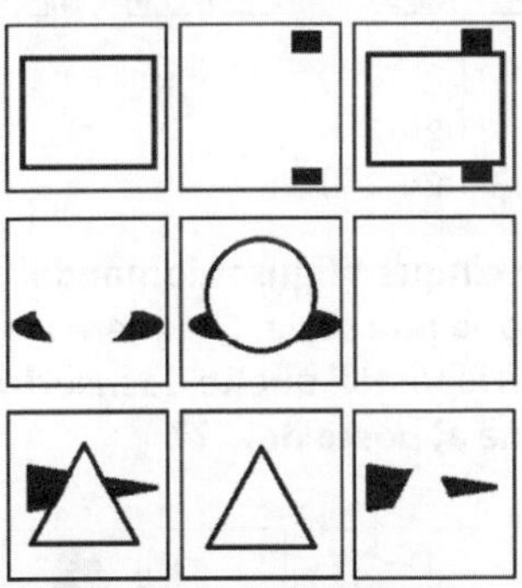

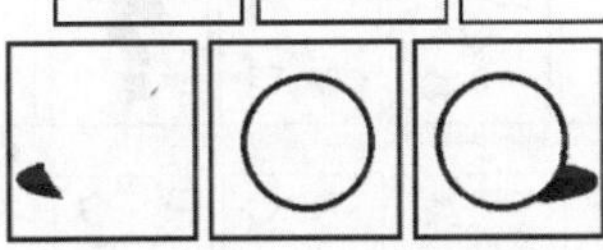

a b c

A) indicato con la lettera c
B) indicato con la lettera b
C) indicato con la lettera a

87 **I disegni di seguito proposti sono suddivisi in tre serie. Il disegno mancante della terza serie è contenuto nel box:**

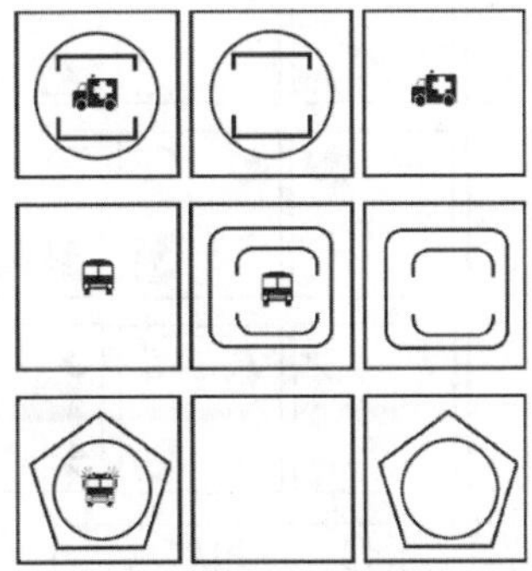

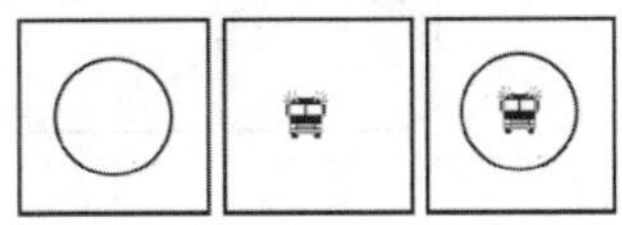

a b c

A) indicato con la lettera b
B) indicato con la lettera c
C) indicato con la lettera a

88 **Qual è l'ultimo elemento nella serie?**

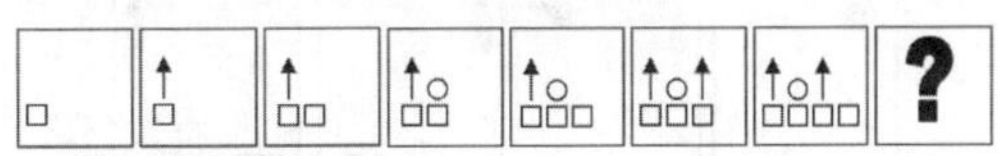

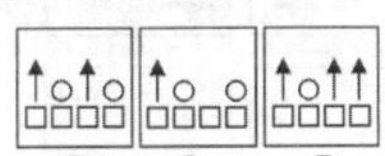

a b c

A) figura a
B) figura c
C) figura b

89 **Individuare la figura che completa la serie.**

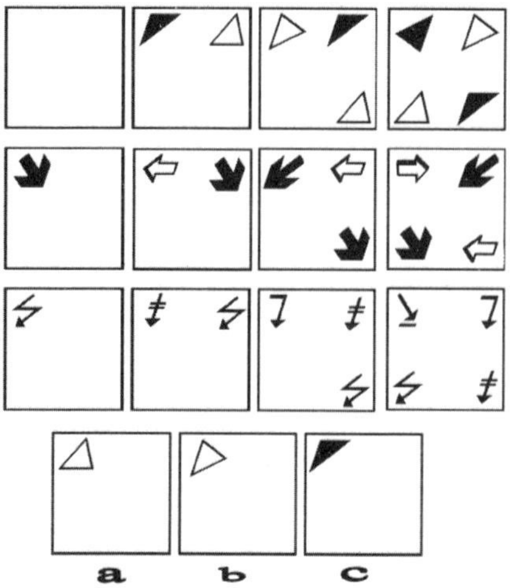

A) figura c
B) figura b
C) figura a

90 **Individuare la figura che completa la serie.**

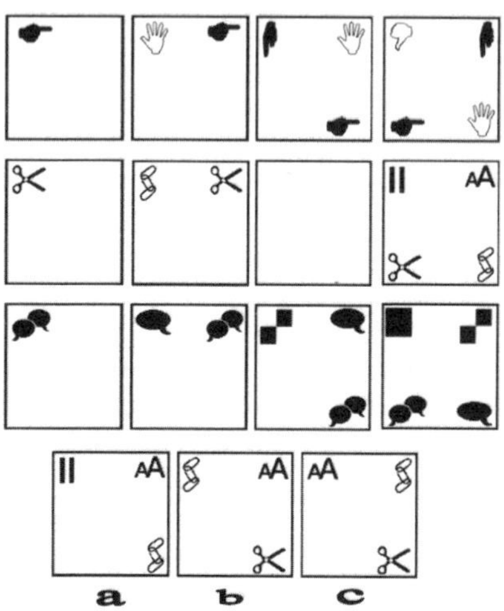

A) figura a
B) figura b
C) figura c

91 **Quale figura completa la serie?**

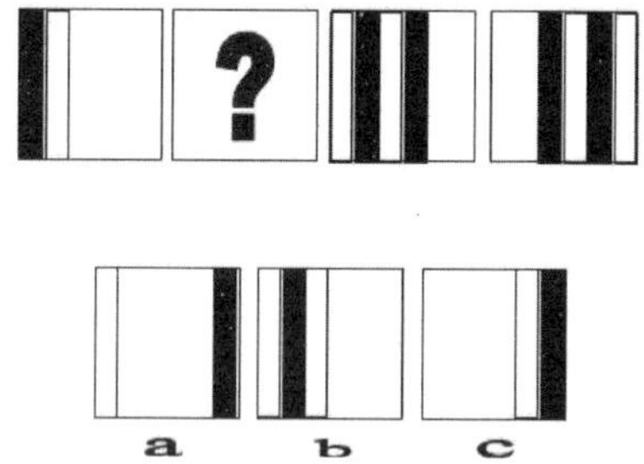

A) figura b
B) figura c
C) figura a

92 **Quale delle figure proposte integra la serie?**

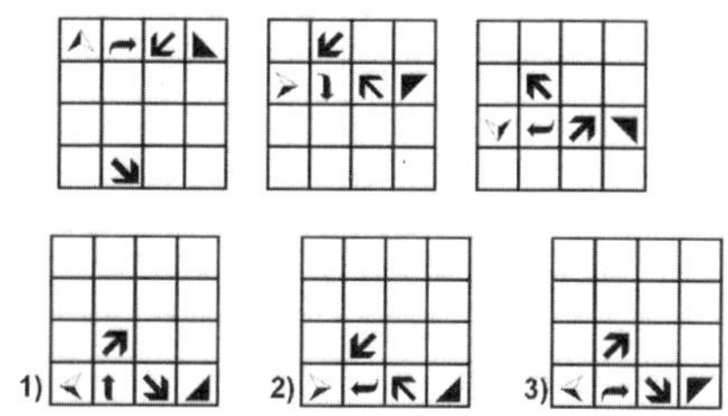

A) la figura 1)
B) la figura 3)
C) la figura 2)

93 **Le cinque "figure/domanda" costituiscono una serie. Scegliere tra le "figure/risposta" quelle da inserire nell'ordine al posto dei "?".**

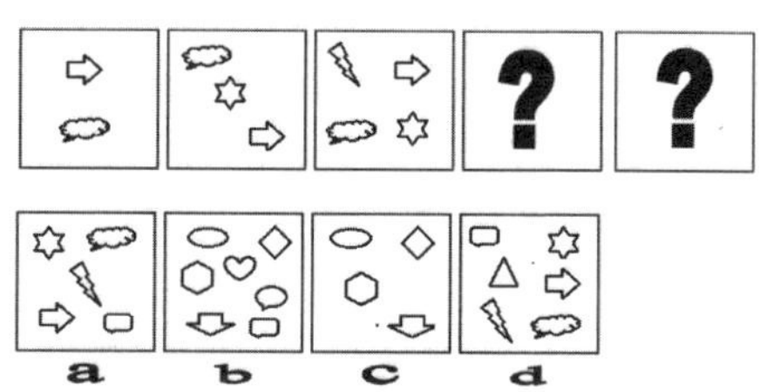

A) figure/risposta b - d
B) figure/risposta a - c
C) figure/risposta a - d

94 Qual è il primo elemento della serie?

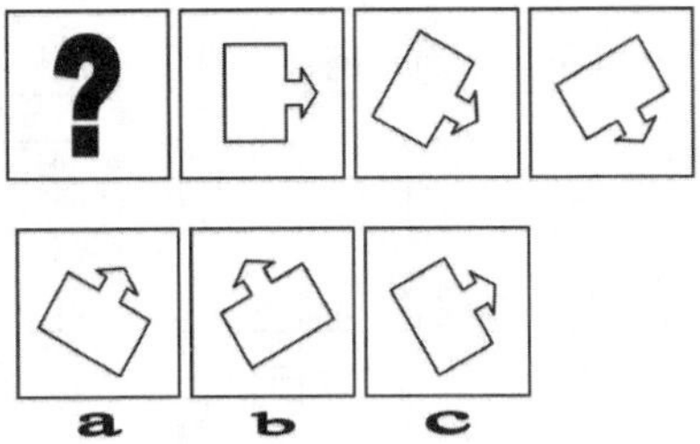

A) figura c
B) figura b
C) figura a

95 Qual è l'ultimo elemento nella serie?

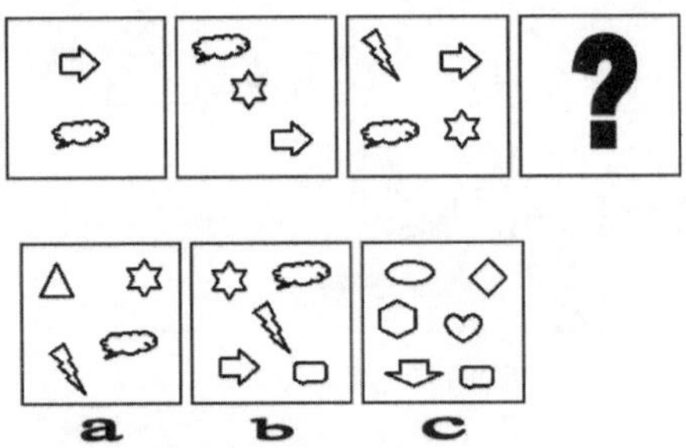

A) figura b
B) figura c
C) figura a

96 Quale delle figure proposte integra la serie?

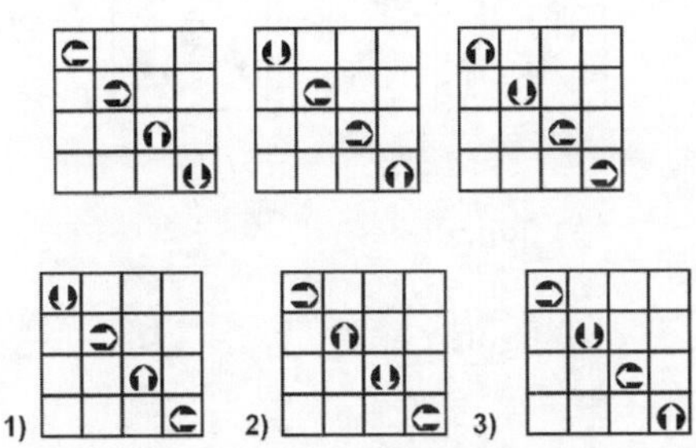

A) la figura indicata con il numero 3)
B) la figura indicata con il numero 2)
C) la figura indicata con il numero 1)

97 Completare la seguente serie utilizzando le figure 1), 2), 3).

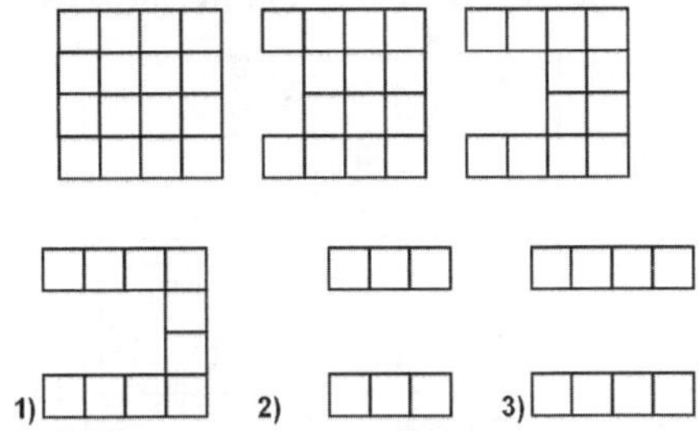

A) la serie si completa con le figure 3), 2), 1)
B) la serie si completa con le figure 1), 3), 2)
C) la serie si completa con le figure 3), 1), 2)

98 Quale figura completa la serie?

A) figura c
B) figura b
C) figura a

99 Con quale figura inizia la serie?

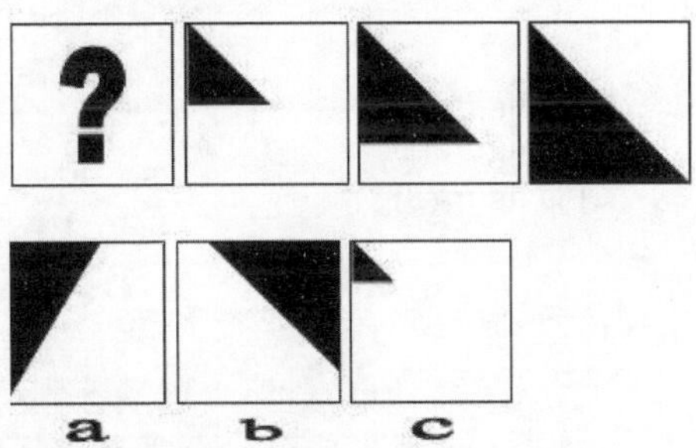

A) figura c
B) figura a
C) figura b

100 **I disegni di seguito proposti sono suddivisi in tre serie. Il disegno mancante della terza serie è contenuto nel box:**

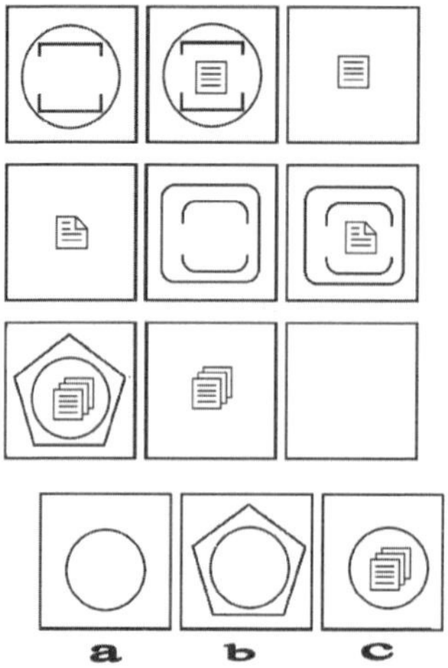

A) indicato con la lettera b
B) indicato con la lettera a
C) indicato con la lettera c

101 **Quale delle figure proposte integra la serie?**

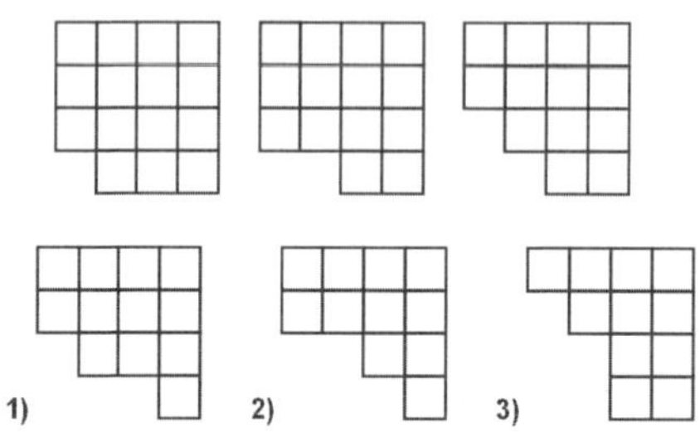

A) la figura 2)
B) la figura 1)
C) la figura 3)

102 **Quale delle figure proposte integra la serie?**

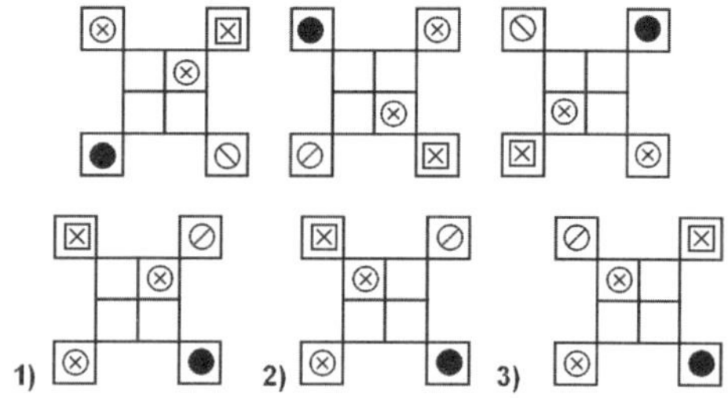

A) la figura indicata con il numero 3)
B) la figura indicata con il numero 1)
C) la figura indicata con il numero 2)

103 **Indicare la figura mancante.**

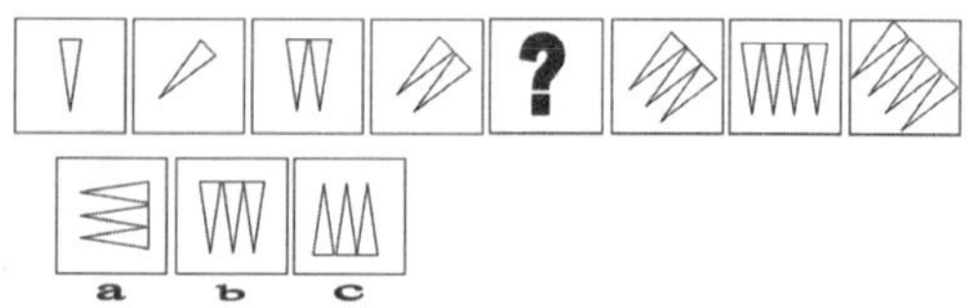

A) figura c
B) figura b
C) figura a

104 **Qual è l'ultimo elemento nella serie?**

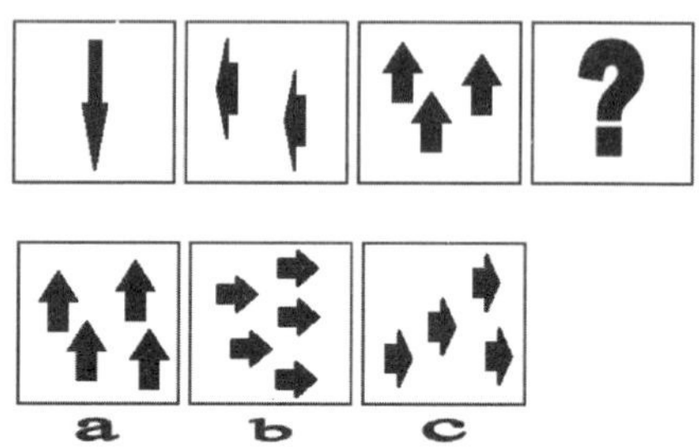

A) figura a
B) figura b
C) figura c

105 **Quale figura completa la serie?**

a b c

A) figura a
B) figura c
C) figura b

106 **Quale dei disegni proposti completa la serie?**

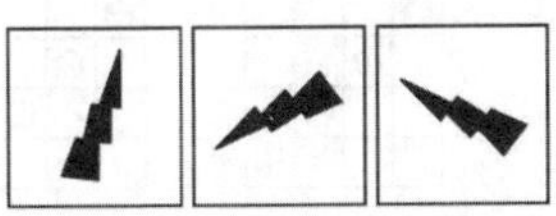

a b c

A) disegno a
B) disegno b
C) disegno c

107 **La figura mancante nella serie è contrassegnata:**

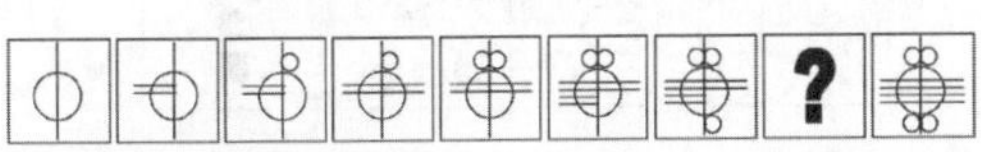

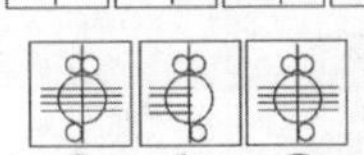

a b c

A) con la lettera c
B) con la lettera a
C) con la lettera b

108 **Quale delle figure proposte integra la serie?**

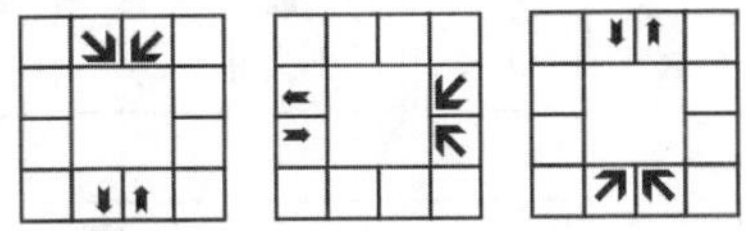

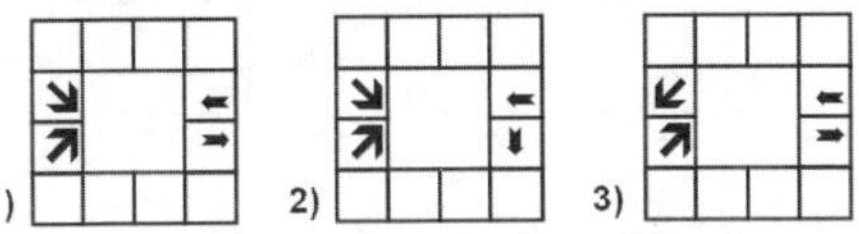

1) 2) 3)

A) la figura 3)
B) la figura 1)
C) la figura 2)

109 **I disegni di seguito proposti sono suddivisi in tre serie. Il disegno mancante della terza serie è contenuto nel box:**

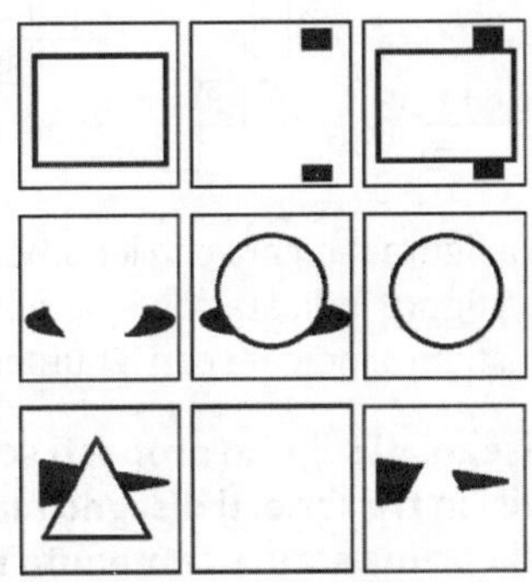

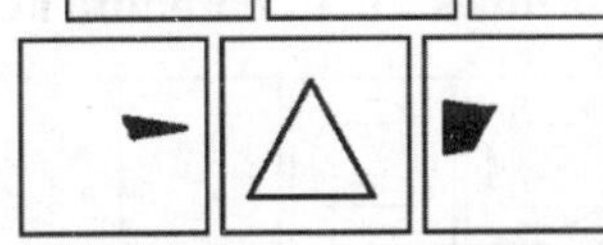

a b c

A) indicato con la lettera a
B) indicato con la lettera c
C) indicato con la lettera b

110 **Quali sono rispettivamente il primo e l'ultimo elemento nella serie?**

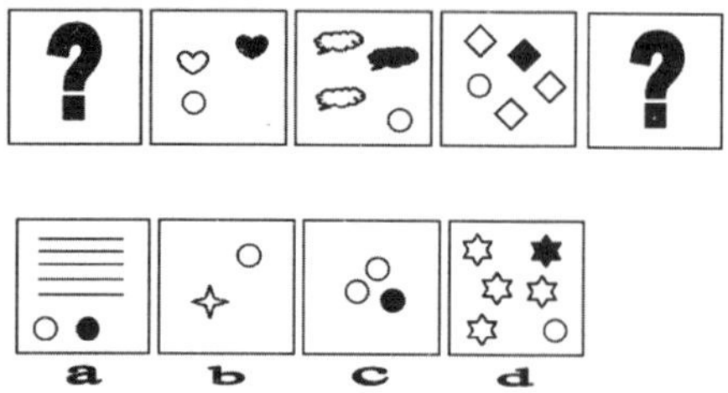

A) figure b - c
B) figure b - d
C) figure a - c

111 **Quale delle figure proposte integra la serie?**

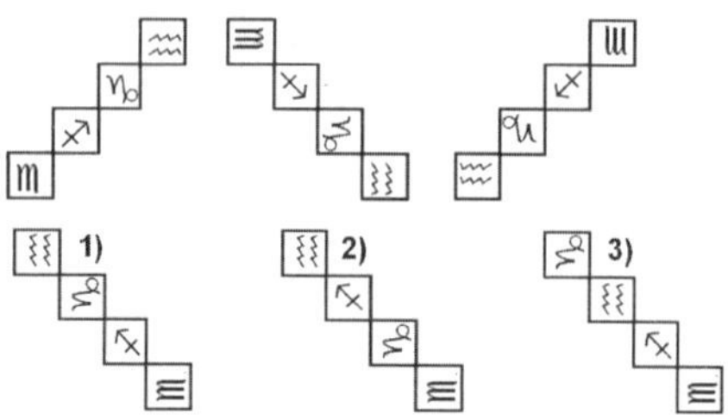

A) la figura indicata con il numero 2)
B) la figura indicata con il numero 1)
C) la figura indicata con il numero 3)

112 **I disegni di seguito proposti sono suddivisi in tre serie. Il disegno mancante della prima serie è contenuto nel box:**

A) indicato con la lettera a
B) indicato con la lettera b
C) indicato con la lettera c

113 **Quale delle figure proposte integra la serie?**

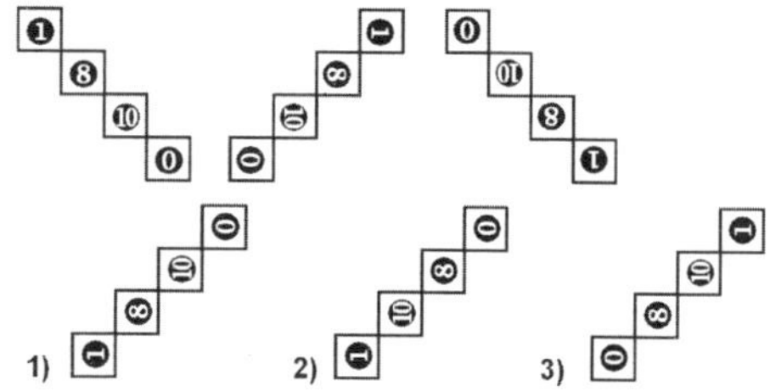

A) la figura indicata con il numero 1)
B) la figura indicata con il numero 2)
C) la figura indicata con il numero 3)

114 **Quale delle figure proposte integra la serie?**

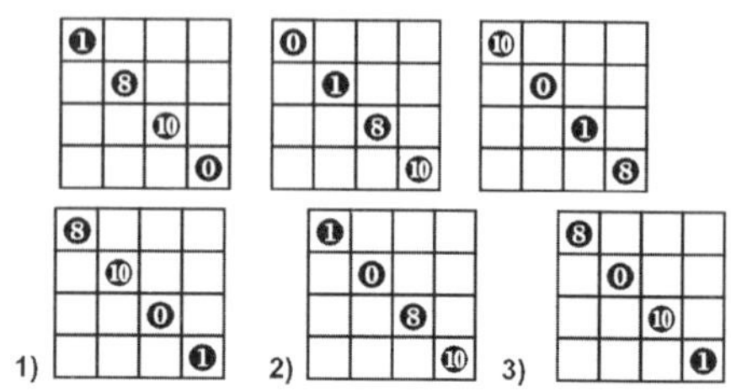

A) la figura indicata con il numero 2)
B) la figura indicata con il numero 1)
C) la figura indicata con il numero 3)

115 **Qual è l'ultimo elemento della serie?**

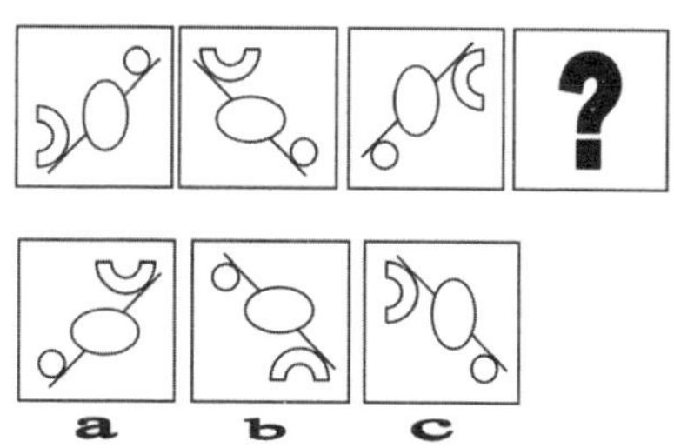

A) figura b
B) figura a
C) figura c

116 **Indicare la figura mancante.**

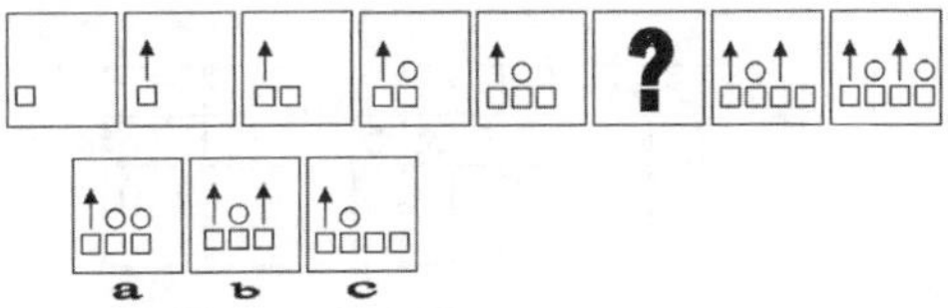

A) figura a
B) figura c
C) figura b

117 **Con quale figura termina la serie?**

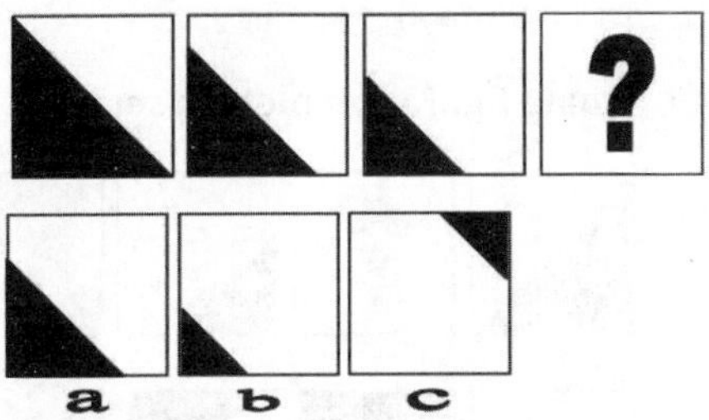

A) figura c
B) figura a
C) figura b

118 **Individuare la figura che completa la serie.**

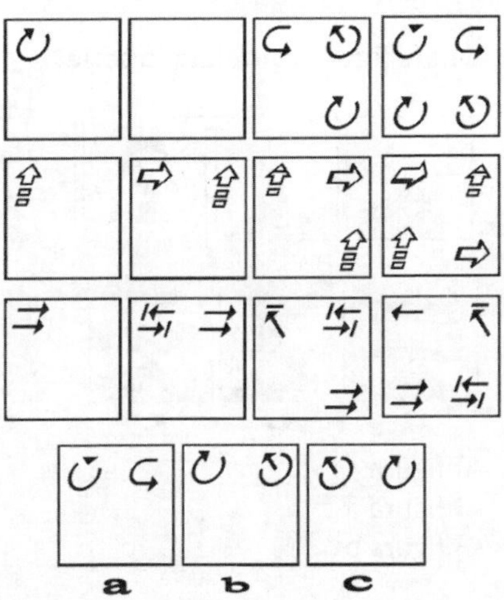

A) figura a
B) figura b
C) figura c

119 **I disegni di seguito proposti sono suddivisi in tre serie. Il disegno mancante della prima serie è contenuto nel box:**

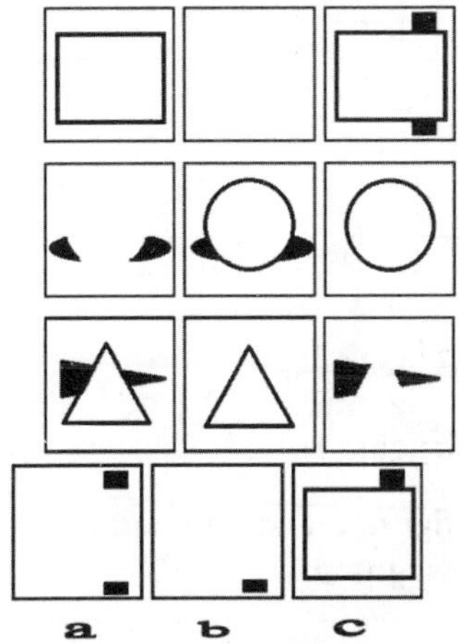

A) indicato con la lettera a
B) indicato con la lettera b
C) indicato con la lettera c

120 **Qual è il primo elemento nella serie?**

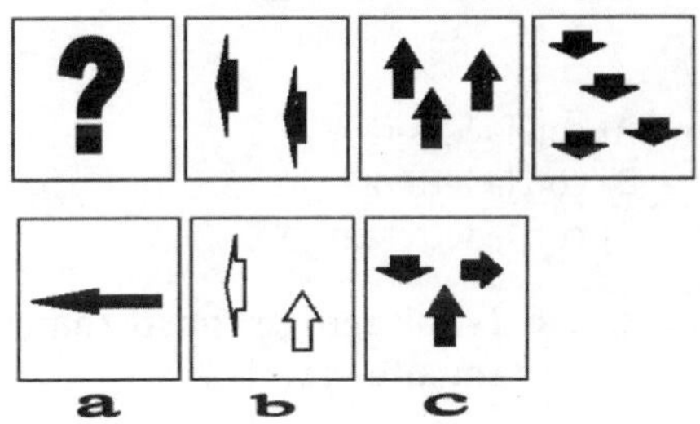

A) figura c
B) figura a
C) figura b

121 **Con quale figura termina la serie?**

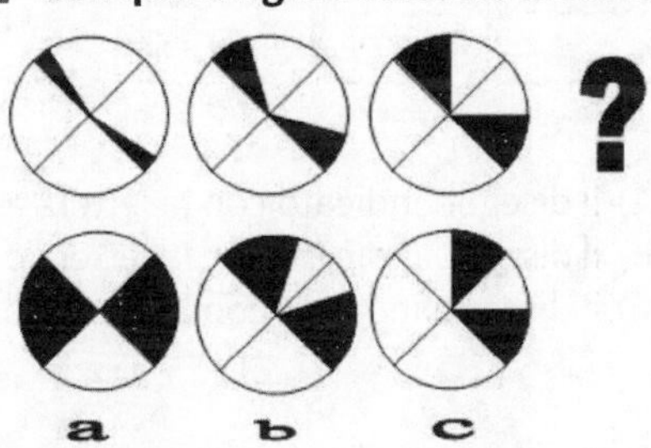

A) figura c
B) figura a
C) figura b

122 **Quale delle figure proposte integra la serie?**

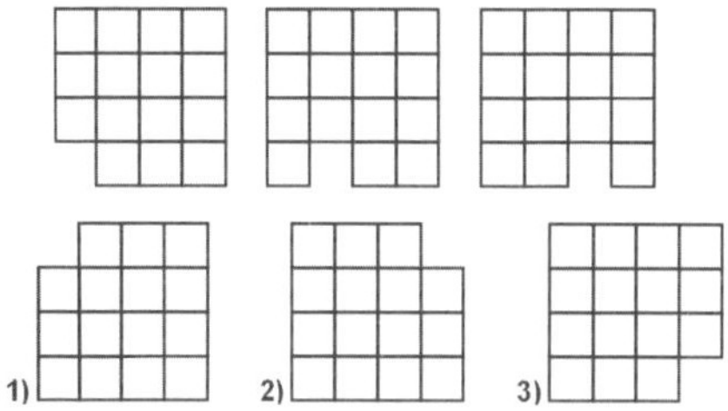

A) la figura 3)
B) la figura 2)
C) la figura 1)

123 **La figura mancante nella serie è contrassegnata:**

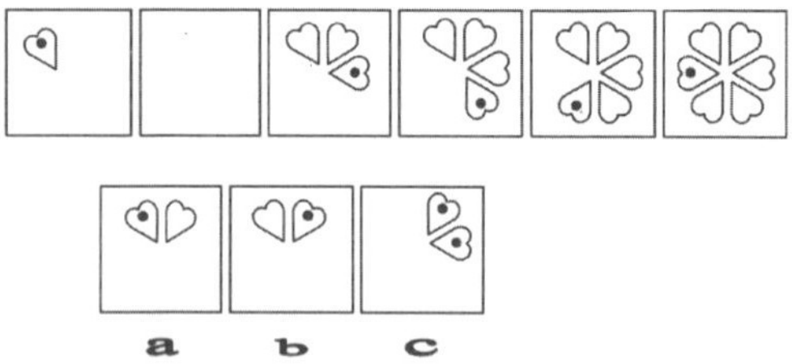

A) con la lettera a
B) con la lettera c
C) con la lettera b

124 **Quale dei disegni proposti completa correttamente la serie?**

A) il disegno indicato con la lettera a
B) il disegno indicato con la lettera c
C) il disegno indicato con la lettera b

125 **Quale delle figure proposte integra la serie?**

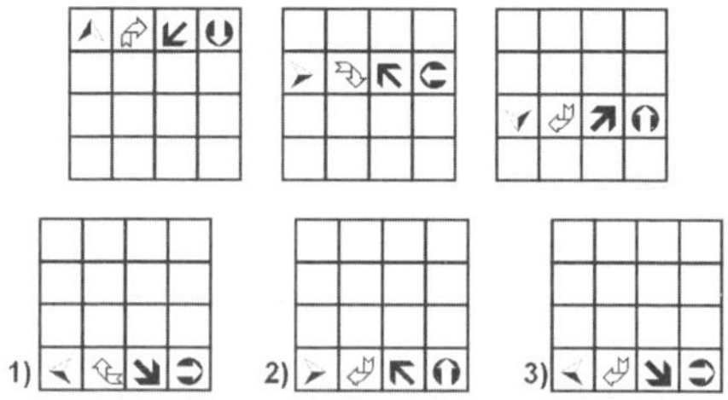

A) la figura 1)
B) la figura 3)
C) la figura 2)

126 **Quale figura completa la serie?**

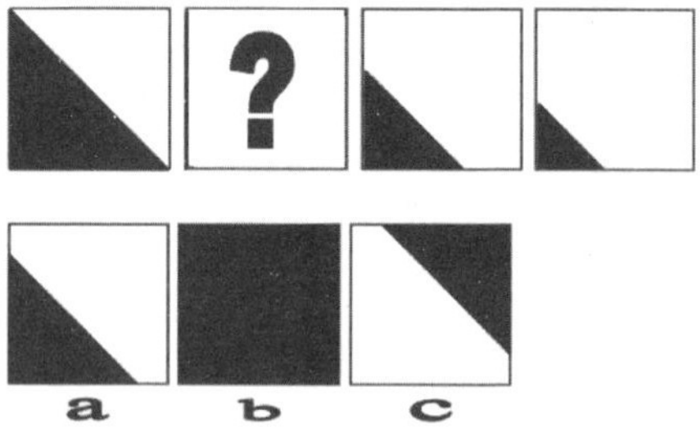

A) figura b
B) figura a
C) figura c

127 **Quale figura completa la serie?**

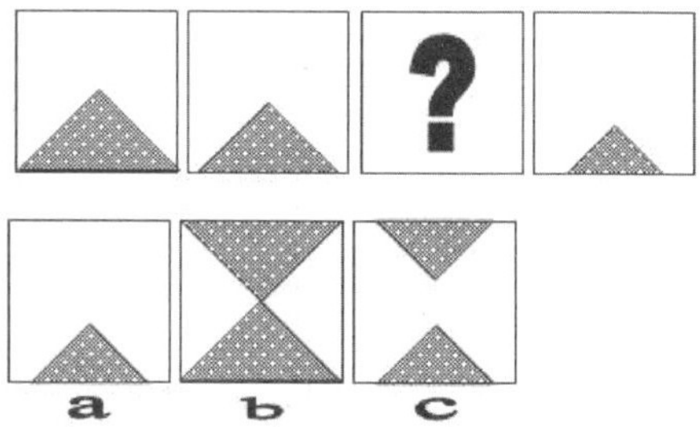

A) figura c
B) figura a
C) figura b

128 **Qual è l'ultimo elemento della serie?**

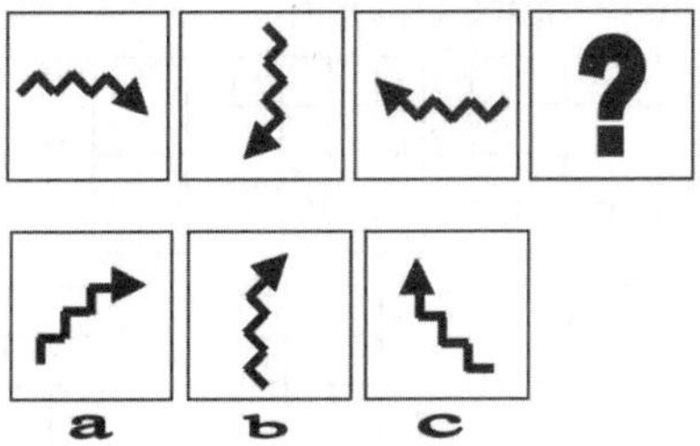

A) figura a
B) figura b
C) figura c

129 **La figura mancante nella serie è contrassegnata:**

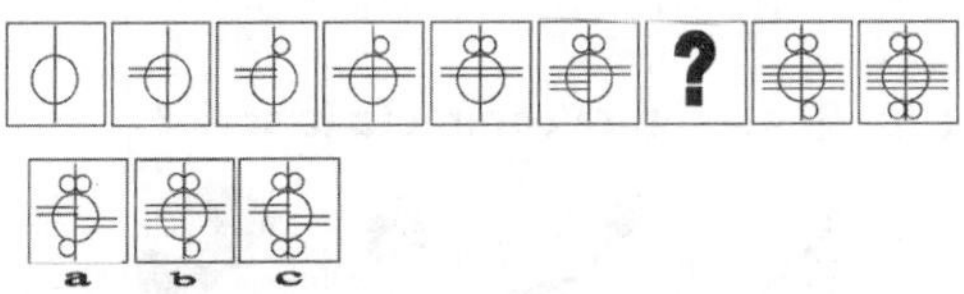

A) con la lettera a
B) con la lettera b
C) con la lettera c

130 **Con quale figura inizia la serie?**

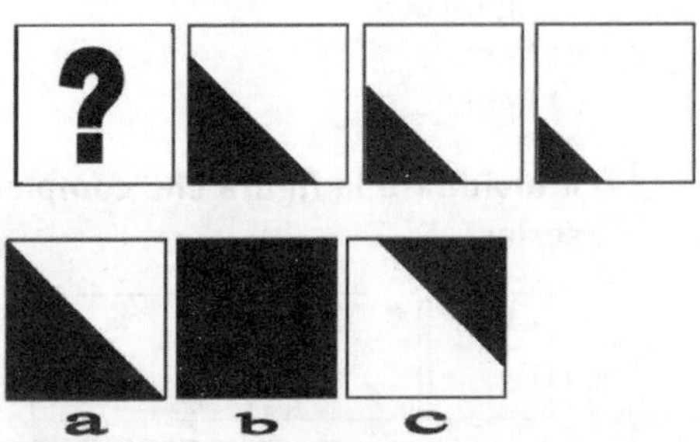

A) figura c
B) figura a
C) figura b

131 **Qual è il primo elemento della serie?**

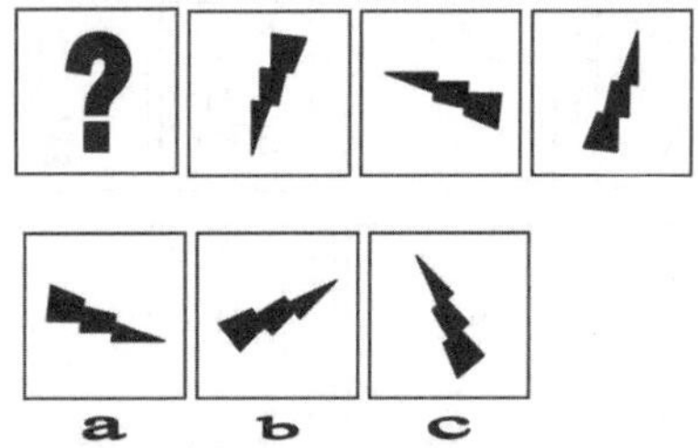

A) figura c
B) figura a
C) figura b

132 **Quale delle figure proposte integra la serie?**

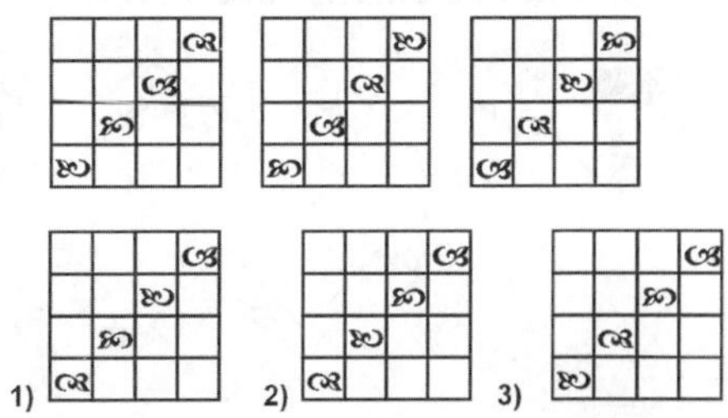

A) la figura indicata con il numero 2)
B) la figura indicata con il numero 3)
C) la figura indicata con il numero 1)

133 **I disegni di seguito proposti sono suddivisi in tre serie. Il disegno mancante della seconda serie è contenuto nel box:**

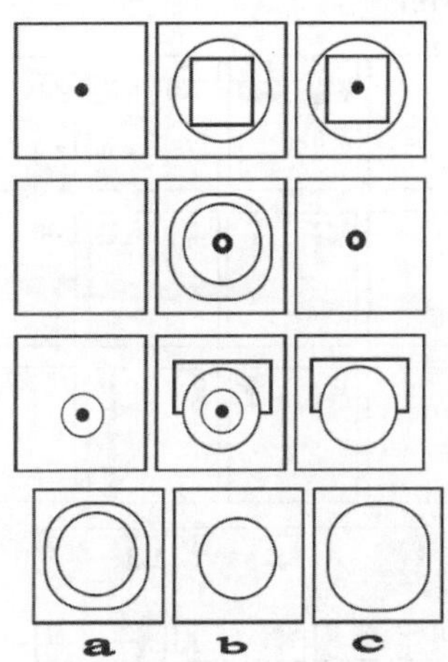

A) indicato con la lettera a
B) indicato con la lettera c
C) indicato con la lettera b

134 Qual è l'ultimo elemento della serie?

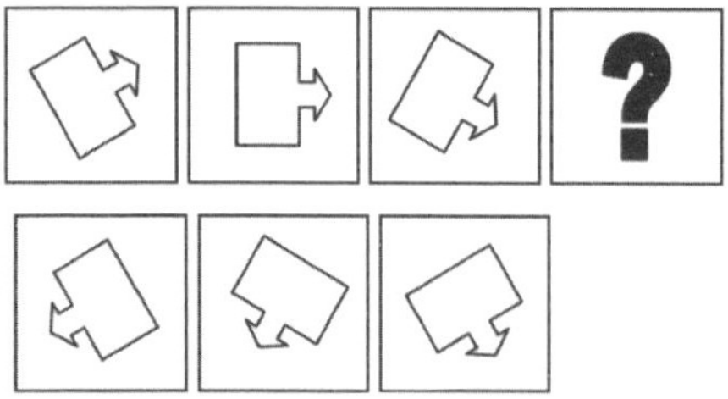

a b c

A) figura a
B) figura c
C) figura b

135 Quali sono rispettivamente il primo e l'ultimo elemento nella serie?

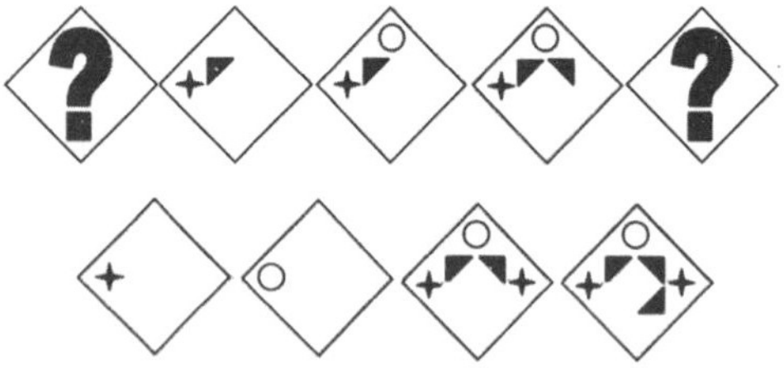

a b c d

A) rispettivamente figure b - d
B) rispettivamente figure b - c
C) rispettivamente figure a - c

136 Individuare la figura che completa la serie:

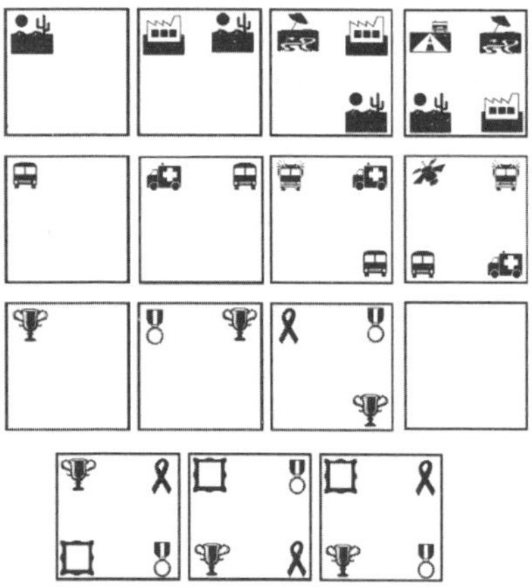

a b c

A) figura b
B) figura a
C) figura c

137 Completare la seguente serie utilizzando le figure 1), 2), 3).

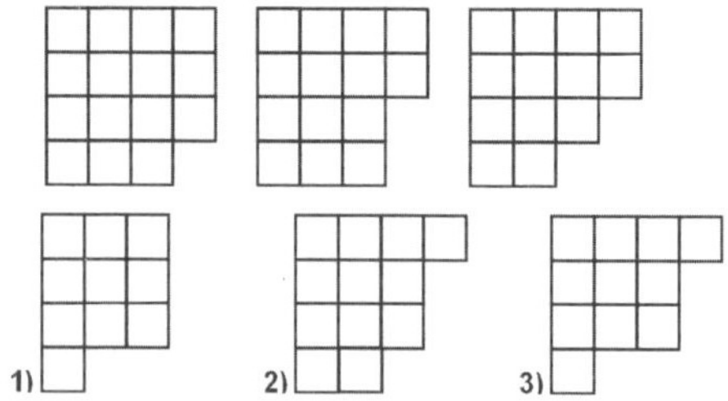

A) la serie si completa con le figure 1), 3), 2)
B) la serie si completa con le figure 1), 2), 3)
C) la serie si completa con le figure 2), 3), 1)

138 Quale figura completa la serie?

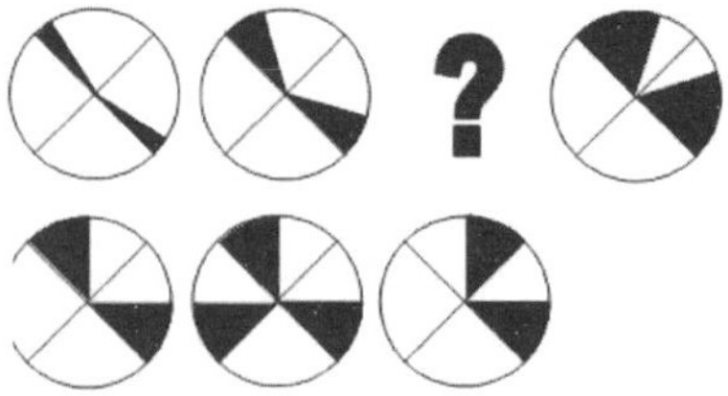

a b c

A) figura c
B) figura a
C) figura b

139 Individuare la figura che completa la serie:

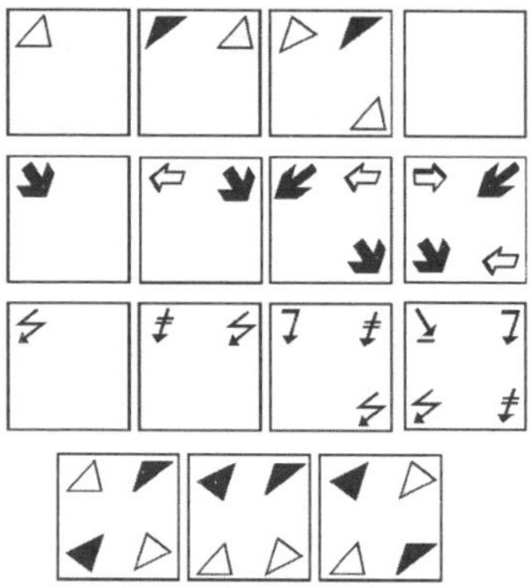

a b c

A) figura b
B) figura a
C) figura c

140 **Con quale figura inizia la serie?**

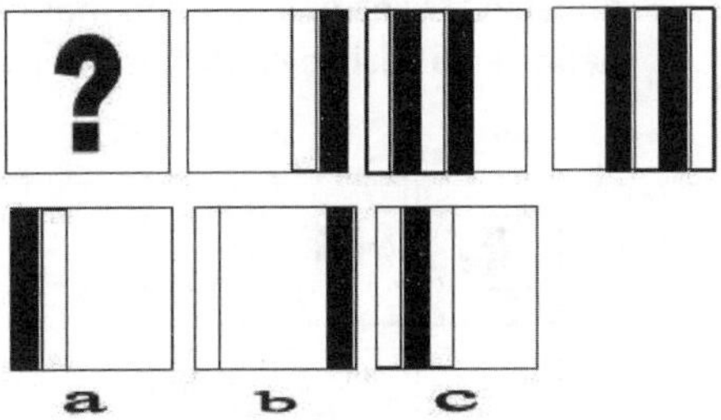

A) figura c
B) figura a
C) figura b

141 **I disegni di seguito proposti sono suddivisi in tre serie. Il disegno mancante della prima serie è contenuto nel box:**

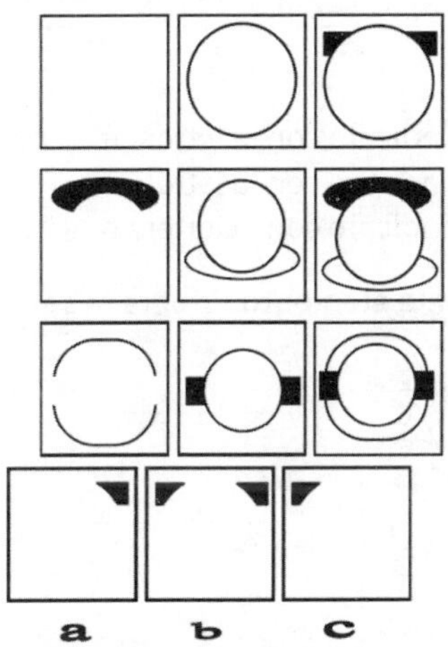

A) indicato con la lettera a
B) indicato con la lettera b
C) indicato con la lettera c

142 **Quale dei disegni proposti completa correttamente la serie?**

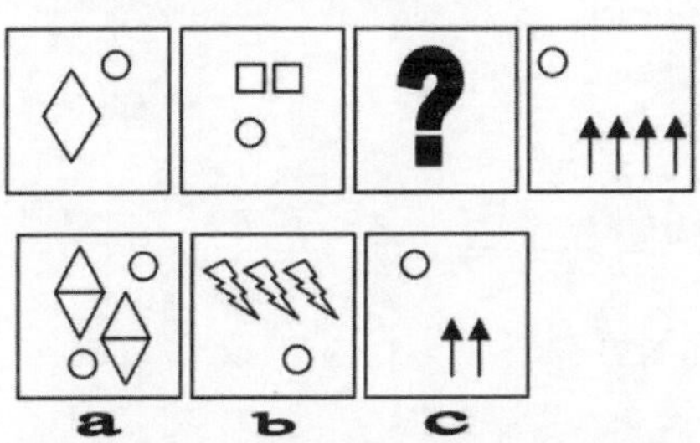

A) il disegno indicato con la lettera b
B) il disegno indicato con la lettera c
C) il disegno indicato con la lettera a

143 **I disegni di seguito proposti sono suddivisi in tre serie. Il disegno mancante della prima serie è contenuto nel box:**

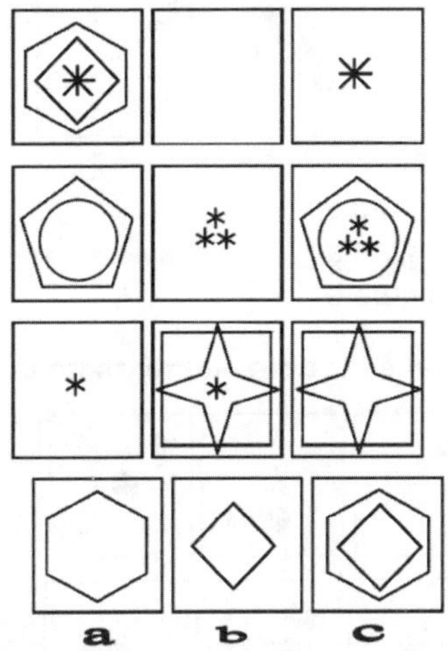

A) indicato con la lettera c
B) indicato con la lettera b
C) indicato con la lettera a

144 **I disegni di seguito proposti sono suddivisi in tre serie. Il disegno mancante della terza serie è contenuto nel box:**

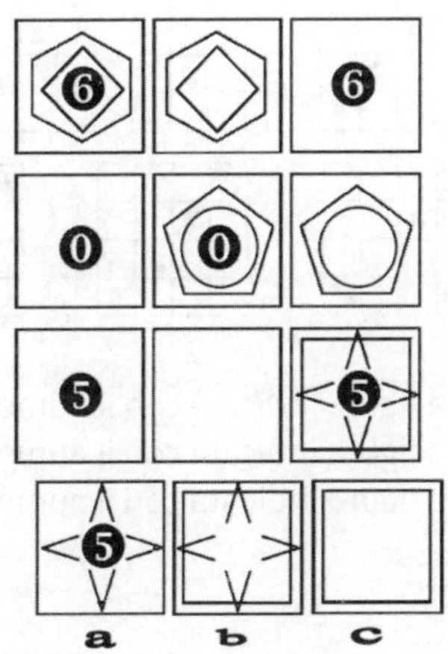

A) indicato con la lettera a
B) indicato con la lettera b
C) indicato con la lettera c

145 **Con quale figura termina la serie?**

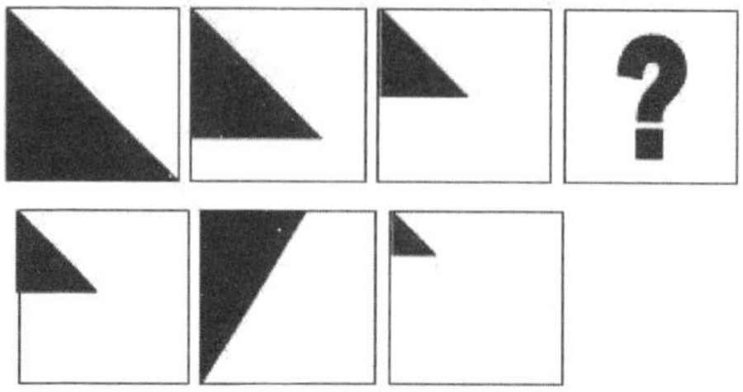

a b c

A) figura c
B) figura a
C) figura b

146 **Qual è l'ultimo elemento nella serie?**

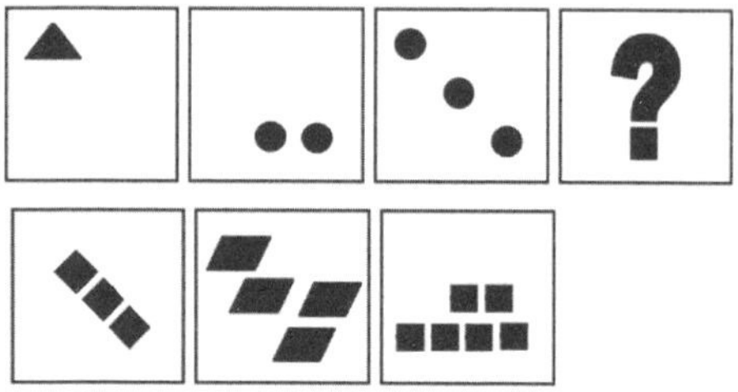

a b c

A) figura b
B) figura a
C) figura c

147 **Quale delle figure proposte integra la serie?**

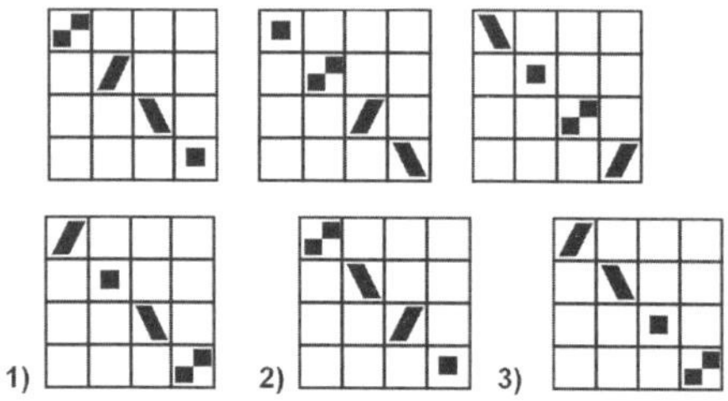

A) la figura indicata con il numero 2)
B) la figura indicata con il numero 3)
C) la figura indicata con il numero 1)

148 **I disegni di seguito proposti sono suddivisi in tre serie. Il disegno mancante della terza serie è contenuto nel box:**

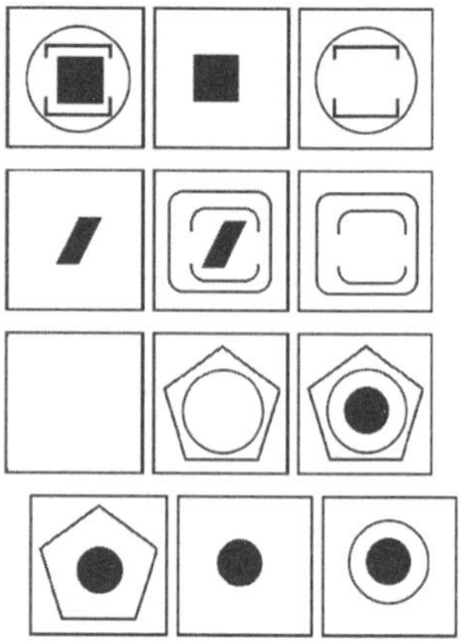

a b c

A) indicato con la lettera a
B) indicato con la lettera c
C) indicato con la lettera b

149 **Quale elemento integra la serie?**

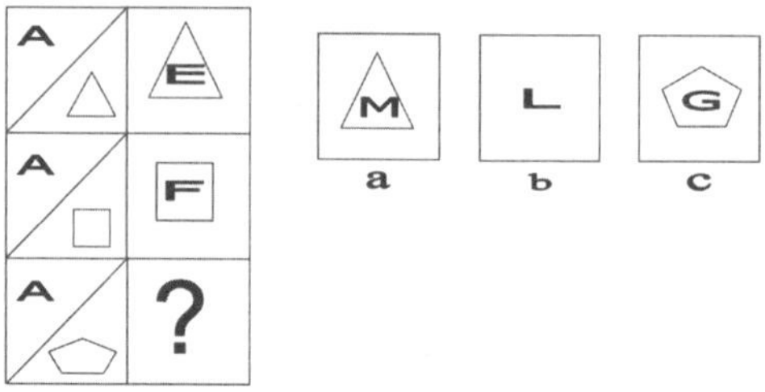

A) elemento a
B) elemento b
C) elemento c

150 **Quale figura completa la serie?**

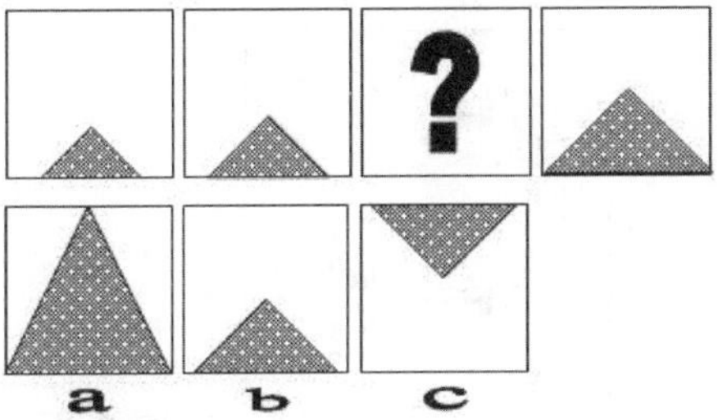

A) figura c
B) figura a
C) figura b

151 **Quale delle figure proposte integra la serie?**

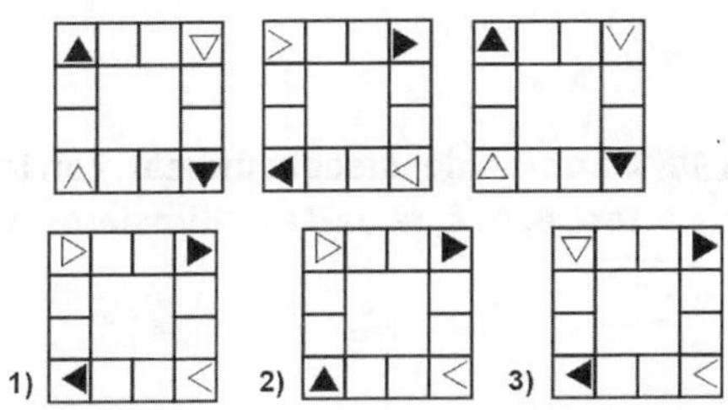

A) la figura 3)
B) la figura 1)
C) la figura 2)

152 **Indicare la figura mancante:**

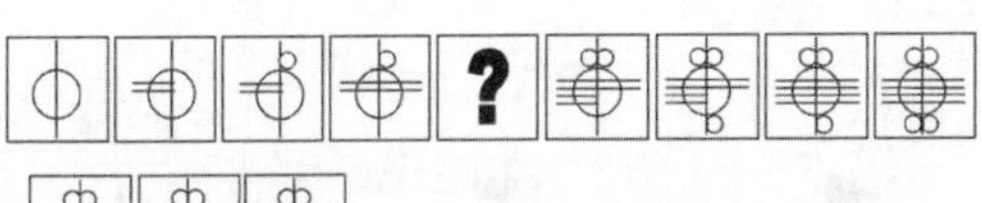

A) figura b
B) figura a
C) figura c

153 **La figura mancante nella serie è contrassegnata:**

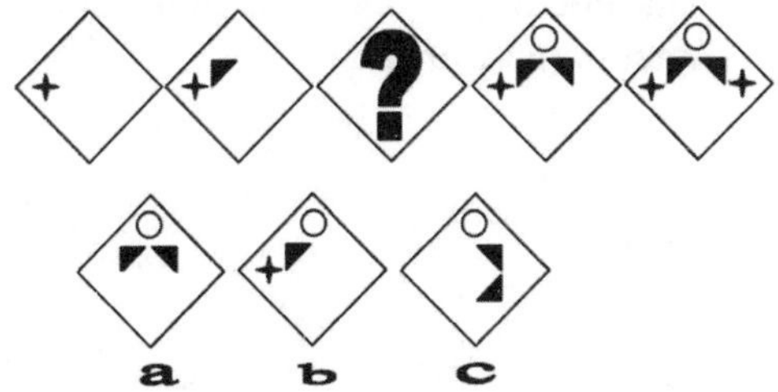

A) con la lettera c
B) con la lettera b
C) con la lettera a

154 **Uno solo dei disegni indicati con le lettere a, b, c, fa parte dell'insieme. Quale?**

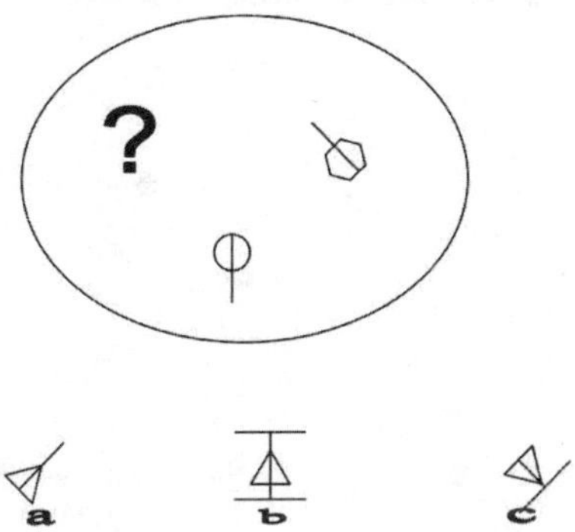

A) disegno a
B) disegno c
C) disegno b

155 **Indicare quale disegno può essere inserito nel triangolo che contiene il "?":**

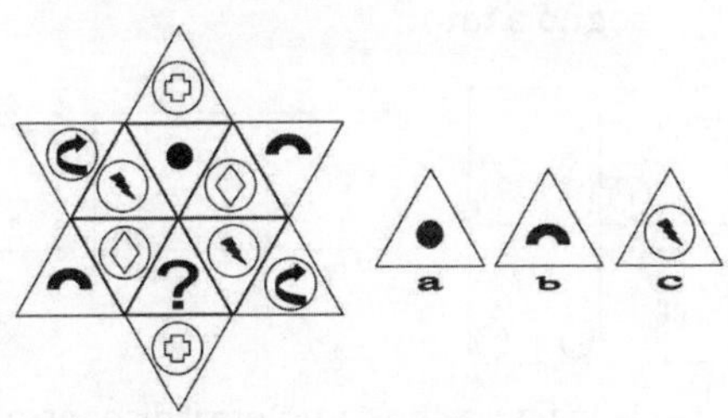

A) il disegno contrassegnato con la lettera a
B) il disegno contrassegnato con la lettera b
C) il disegno contrassegnato con la lettera c

156 **Dopo aver osservato attentamente la posizione degli elementi contenuti nel disegno a lato si indichi quale è l'elemento mancante:**

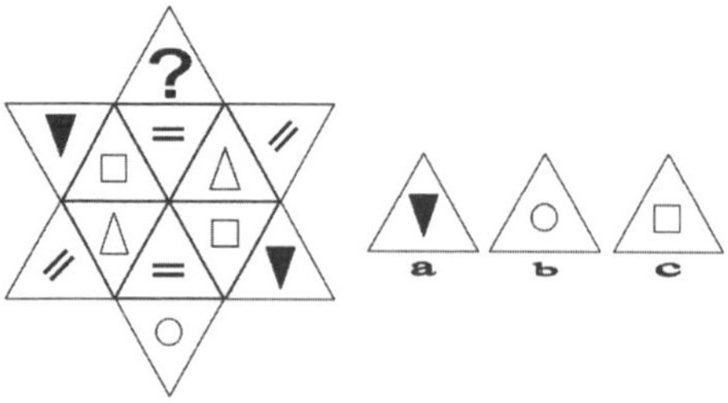

A) elemento a
B) elemento b
C) elemento c

157 **Quale figura può essere considerata parte dell'insieme indicato?**

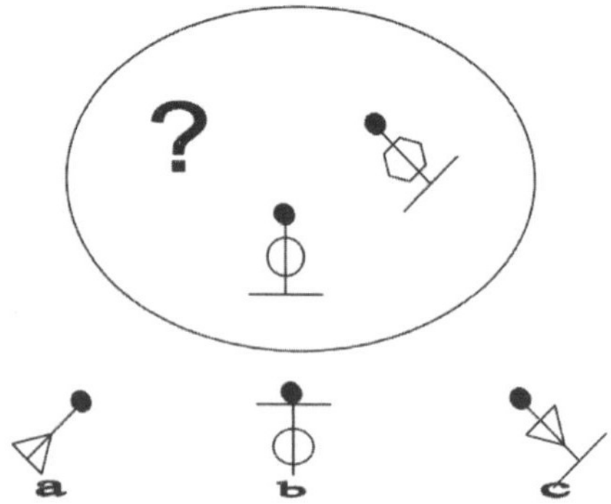

A) figura b
B) figura a
C) figura c

158 **Individuare la figura che completa il disegno a lato:**

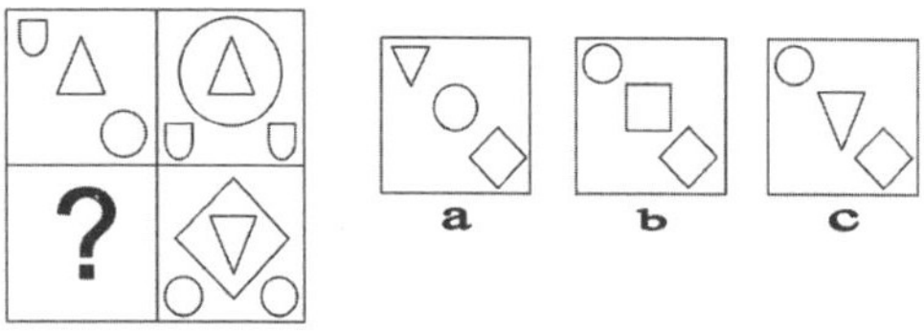

A) la figura che completa il disegno a lato è contenuta in c
B) la figura che completa il disegno a lato è contenuta in b
C) la figura che completa il disegno a lato è contenuta in a

159 **In quale box è contenuto il disegno mancante?**

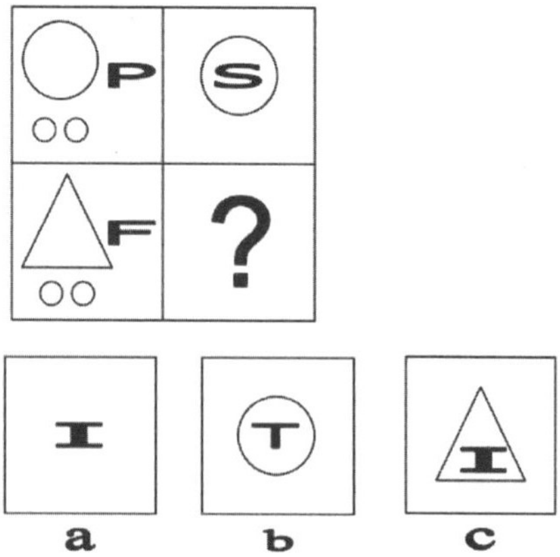

A) nel box b
B) nel box c
C) nel box a

160 **Uno solo dei disegni indicati con le lettere a, b, c, fa parte dell'insieme. Quale?**

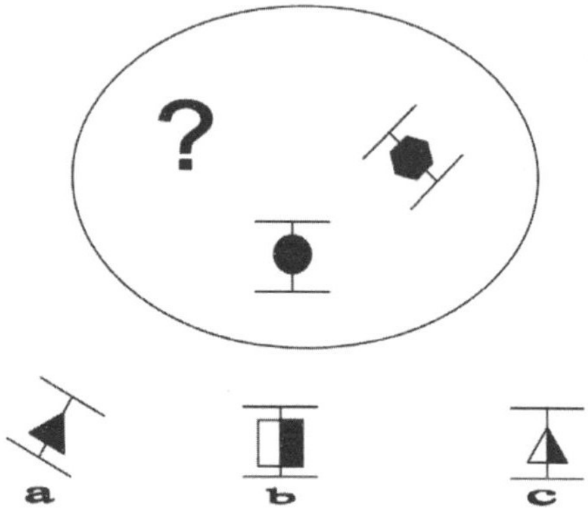

A) disegno c
B) disegno a
C) disegno b

161 Il "?" contenuto nel disegno a lato può essere logicamente sostituito con:

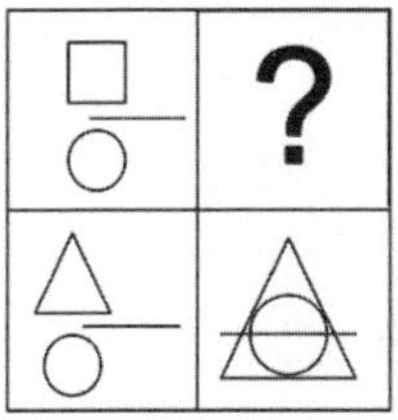

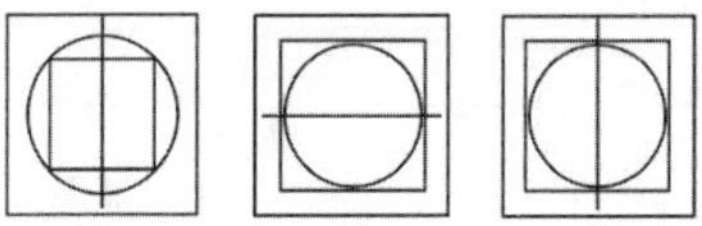

a b c

A) gli elementi contenuti nel quadrato c
B) gli elementi contenuti nel quadrato b
C) gli elementi contenuti nel quadrato a

162 Individuare la figura mancante:

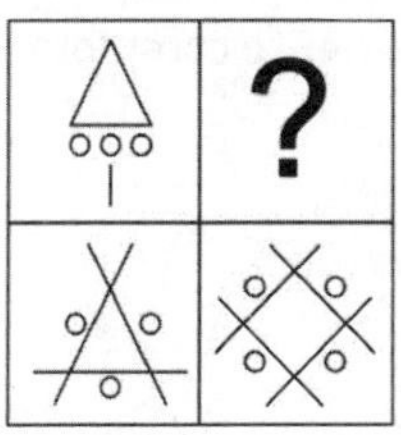

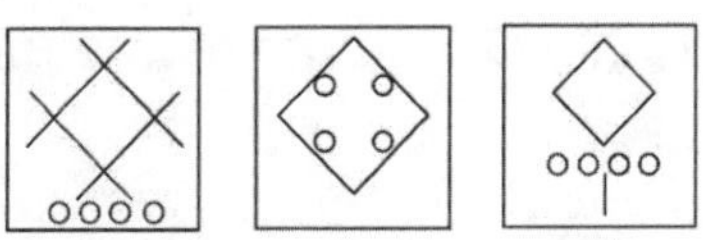

a b c

A) la figura mancante è contrassegnata con c
B) la figura mancante è contrassegnata con a
C) la figura mancante è contrassegnata con b

163 In quale delle figure a, b, c, è possibile collocare il punto nella giusta posizione?

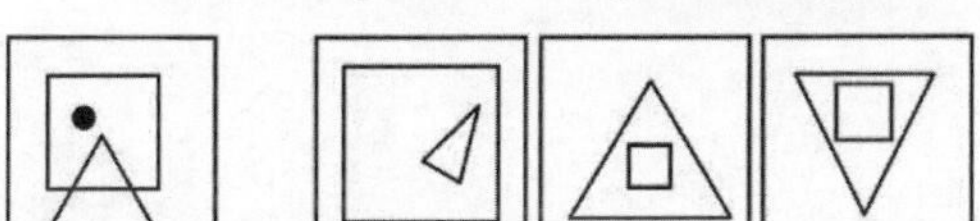

a b c

A) nella figura b
B) nella figura c
C) nella figura a

164 Il "?" contenuto nel disegno a lato può essere logicamente sostituito con:

a b c

A) il disegno contrassegnato con la lettera b
B) il disegno contrassegnato con la lettera c
C) il disegno contrassegnato con la lettera a

165 Indicare quale elemento completa il disegno a lato:

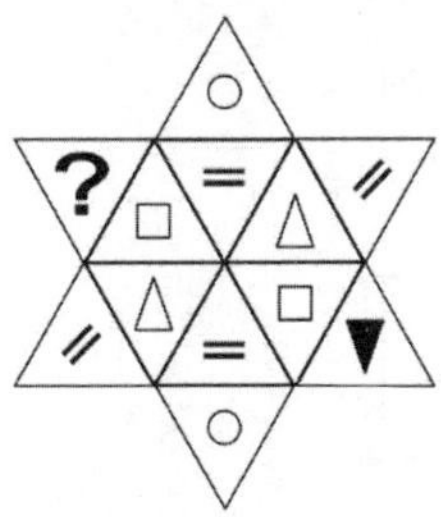

a b c

A) elemento c
B) elemento a
C) elemento b

166 Individuare la figura che completa il disegno a lato:

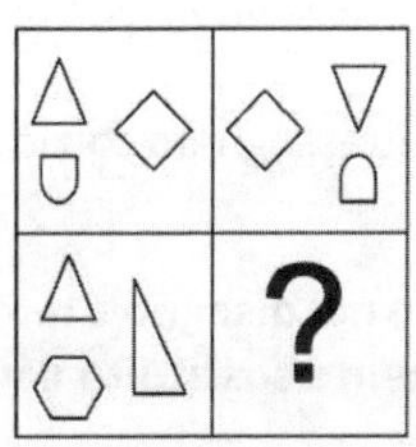

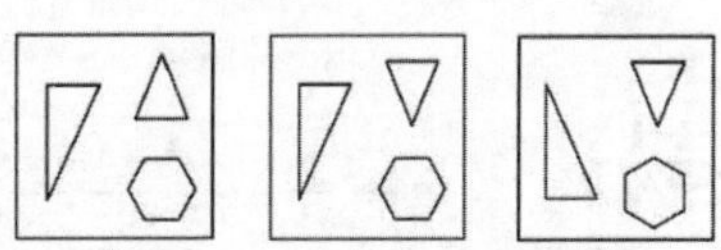

a b c

A) la figura che completa il disegno a lato è contenuta in a
B) la figura che completa il disegno a lato è contenuta in c
C) la figura che completa il disegno a lato è contenuta in b

167 **In quale delle figure a, b, c, è possibile collocare il punto nella giusta posizione?**

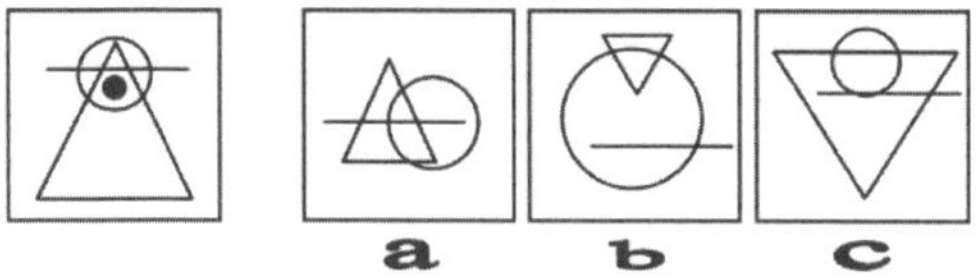

A) nella figura a
B) nella figura b
C) nella figura c

168 **Il "?" contenuto nel disegno a lato può essere logicamente sostituito con:**

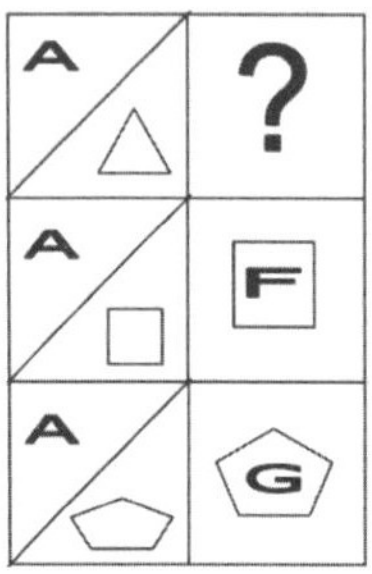

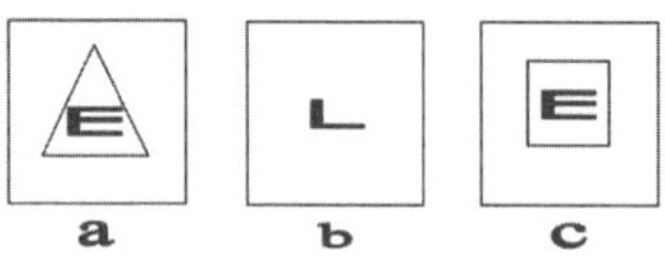

A) il disegno contrassegnato con la lettera c
B) il disegno contrassegnato con la lettera b
C) il disegno contrassegnato con la lettera a

169 **Il "?" contenuto nel disegno a lato può essere logicamente sostituito con:**

A) il disegno contrassegnato con la lettera c
B) il disegno contrassegnato con la lettera a
C) il disegno contrassegnato con la lettera b

170 **In quale box è contenuto il disegno mancante?**

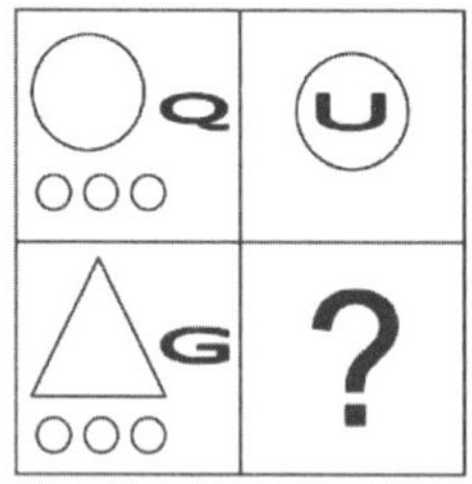

A) nel box c
B) nel box b
C) nel box a

171 **Indicare quale elemento completa il disegno a lato:**

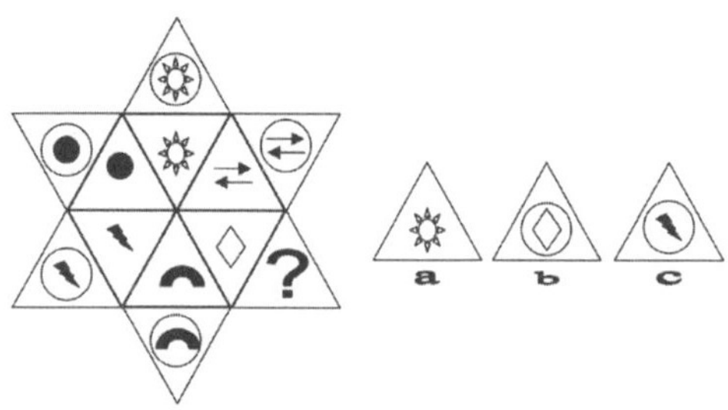

A) elemento a
B) elemento b
C) elemento c

172 **Il "?" contenuto nel disegno a lato può essere logicamente sostituito con:**

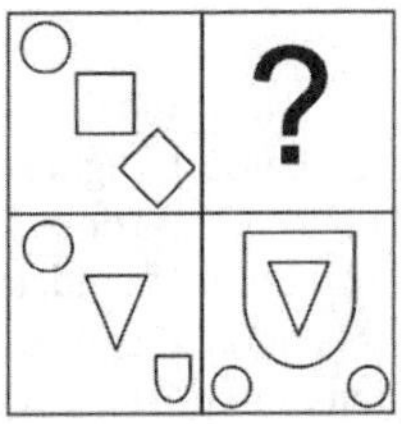

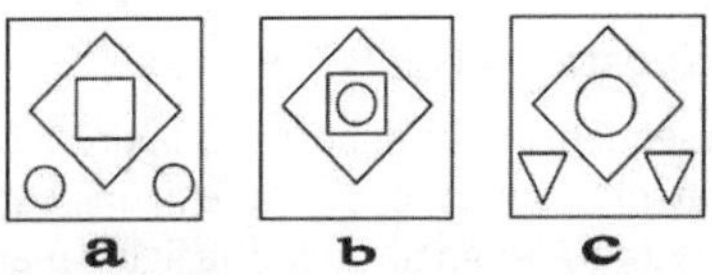

A) gli elementi contenuti nel quadrato c
B) gli elementi contenuti nel quadrato b
C) gli elementi contenuti nel quadrato a

173 **Uno solo dei disegni indicati con le lettere a, b, c, fa parte dell'insieme. Quale?**

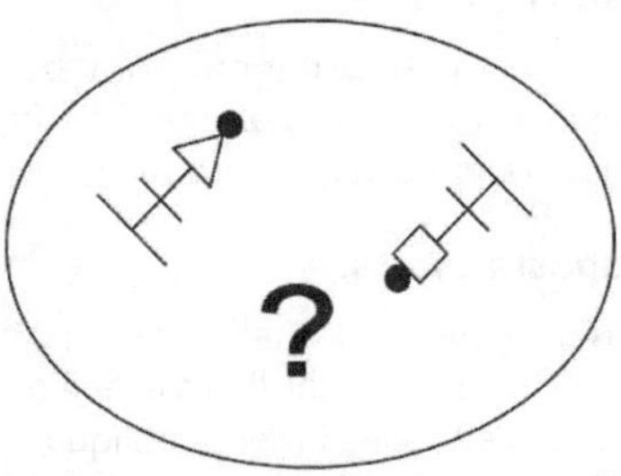

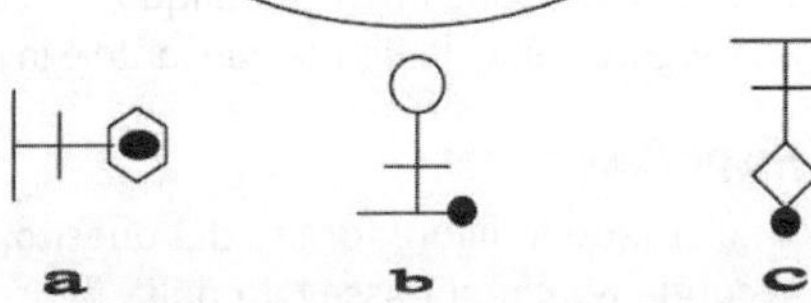

A) disegno c
B) disegno b
C) disegno a

174 **Il disegno a lato è mancate di un elemento. Quale?**

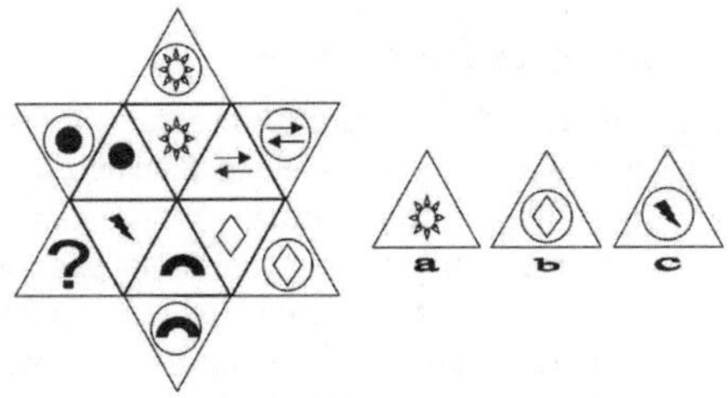

A) elemento a
B) elemento c
C) elemento b

175 **Il "?" contenuto nel disegno a lato può essere logicamente sostituito con:**

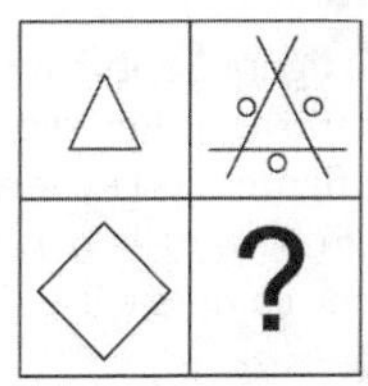

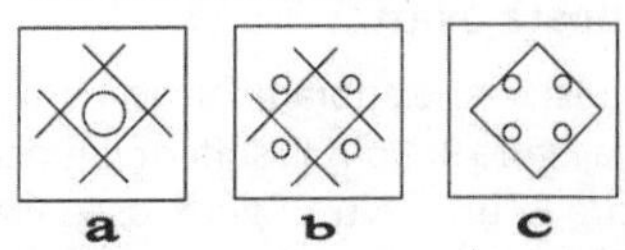

A) gli elementi contenuti nel quadrato a
B) gli elementi contenuti nel quadrato c
C) gli elementi contenuti nel quadrato b

Soluzioni

1 Risposta esatta: A

Analizzando le figure fornite dal quesito, ci accorgiamo che il passaggio dalla figura 1 alla figura 2 è caratterizzato da uno spostamento dell'area in grigio verso destra. Nel passaggio dalla fig. 2 alla fig. 3 l'area colorata si sposta di nuovo a sinistra e di un quadratino più in basso. Nel passaggio dalla fig. 3 alla fig. 4, l'area colorata si sposta solo verso destra, quindi le figure che completano la serie sono prima la C, in quanto l'area colorata si sposta a sinistra e di un quadratino più in basso, poi la figura A, dove l'area colorata si sposta a destra.

2 Risposta esatta: A

Dalla figura A alla figura C abbiamo una rotazione in senso orario del primo segmento colorato a cui nelle figure successive alla prima se ne aggiunge un altro nella parte davanti, quindi la figura che completa la serie è la 2.

3 Risposta esatta: B

In questa serie abbiamo un salto dalla figura 1 alla figura 3. Quindi, soffermiamoci ad analizzare le ultime tre figure, osserviamo che l'area in grigio avanza un passo alla volta in senso obliquo rispetto al disegno, quindi la figura mancante è la A.

4 Risposta esatta: B

In questa serie c'è un'alternanza di figure che ruotano. La figura 1, la ritroviamo nella figura 5 ruotata in senso orario di due posizioni. La figura 2 la ritroviamo nella figura 4 ruotata in senso orario di una posizione. Ciò significa che la figura mancante è la C, in quanto non è altro che la figura 1 ruotata di una posizione in senso orario.

5 Risposta esatta: C

In questa serie dobbiamo fare attenzione a due immagini inserite nel riquadro, la prima è relativa ai triangoli posizionati agli estremi opposti del riquadro, che ruotano in senso antiorario, la seconda immagine è quella centrale, anch'essa ruota in senso antiorario, quindi la figura che completa la serie è la C.

6 Risposta esatta: A

Le figure dalla 1 alla 3 mostrano l'aggiunta di un quadratino verso il basso. La figura quattro riprende la stessa area colorata della figura 1, però ruotata in senso orario, quindi la figura mancante è la stessa figura 4 con l'aggiunta di un quadratino verso sinistra, ovvero la figura C.

7 Risposta esatta: B

La sequenza dalla figura 1 alla figura 3 mostra una rotazione in senso orario di un posto per ciascuna area grigia, quindi la figura mancante è la figura A.

8 Risposta esatta: B

La serie proposta dal quesito mostra nei singoli passaggi dalla figura 1 alla figura 4 la sottrazione di un quadratino grigio, quindi la figura mancante è la C.

9 Risposta esatta: C

La serie proposta dal quesito mostra nei singoli passaggi, la rotazione della figura in senso orario, quindi, la figura mancante è la A.

10 Risposta esatta: A

Soffermiamoci ad analizzare le prime tre figure, osserviamo che l'area in grigio avanza un passo alla volta in senso obliquo rispetto al disegno, quindi la figura mancante è la A.

11 Risposta esatta: C

Analizzando le figure fornite dal quesito, ci accorgiamo che il passaggio dalla figura 2 alla figura 3 è caratterizzato da una rotazione dell'area in grigio in senso orario. Nel passaggio dalla fig. 3 alla fig. 4 l'area colorata si sposta di un quadratino verso il basso. Nel passaggio dalla fig. 4 alla fig. 5, l'area colorata ruota semplicemente in senso orario, quindi la figura che completa la serie è la B.

12 Risposta esatta: C

Nella sequenza osserviamo ogni volta l'aggiunta di un quadratino in obliquo, quindi la figura che completa la serie è la 3.

13 **Risposta esatta: A**

Nella sequenza osserviamo che dalla figura 1 alla figura 5 in ogni singolo passaggio si è aggiunta una fetta di torta colorata, quindi la figura mancante è la A.

14 **Risposta esatta: B**

Nella sequenza osserviamo ogni volta l'aggiunta di un quadratino in obliquo, quindi la figura che completa la serie è la 2.

15 **Risposta esatta: A**

La serie proposta dal quesito mostra nei singoli passaggi, la rotazione dell'intera figura in senso antiorario, quindi, la figura mancante è la C.

16 **Risposta esatta: C**

In questa serie c'è un'alternanza di figure che ruotano. La figura 1, la ritroviamo nella figura 5 ruotata in senso orario di due posizioni. La figura 2 la ritroviamo nella figura 4 ruotata in senso orario di una posizione. Ciò significa che la figura mancante è la A, in quanto non è altro che la figura 1 ruotata di una posizione in senso orario.

17 **Risposta esatta: A**

Le figure A e B si devono escludere, la A perché è già presente nella figura 5 e la B perché l'area grigia è spostata verso il basso. Quindi la figura mancante è la C.

18 **Risposta esatta: C**

La serie proposta mostra un'alternanza di diagonali e un quadratino nero in meno di passaggio in passaggio.

19 **Risposta esatta: B**

Nel passaggio dalla figura A alla figura B e poi alla figura C osserviamo che il quadratino nero centrale è fisso mentre il braccio ruota in senso orario, quindi la figura mancante è la 2.

20 **Risposta esatta: A**

Dalla figura 1 alla figura 5, osserviamo una rotazione di una posizione per ogni passaggio, quindi la figura mancante è la A.

21 **Risposta esatta: C**

L'intera figura ruota in senso antiorario sui quattro lati del quadrato, quindi la figura mancante è la B.

22 **Risposta esatta: A**

L'intera figura non soltanto ruota in senso antiorario sui quattro lati del quadrato, ma in ogni passaggio viene eliminato un quadratino, tra quelli che formano la diagonale, quindi la figura mancante è la C.

23 **Risposta esatta: C**

Dalla figura 1 alla figura 5, osserviamo una rotazione di una posizione per ogni passaggio, quindi la figura mancante è la B.

24 **Risposta esatta: A**

L'area colorata ruota in senso orario e in ogni passaggio aumenta di un quadratino secondo il disegno proposto, quindi le figure che completano la serie sono nell'ordine 1 e 2.

25 **Risposta esatta: C**

L'area colorata di nero, ruota in senso orario, quindi la figura che completa la serie è la 1.

26 **Risposta esatta: C**

Nella sequenza osserviamo che i quadratini bianchi diminuiscono da sinistra verso destra, mentre i quadratini grigi aumentano da destra verso sinistra. La figura che completa la serie è la C.

27 **Risposta esatta: C**

L'area colorata di nero, ruota in senso orario, quindi la figura che completa la serie è la 3.

28 **Risposta esatta: A**

L'area colorata di grigio, ruota in senso orario, quindi la figura che completa la serie è la B.

29 **Risposta esatta: C**

Nella sequenza osserviamo che i quadratini bianchi diminuiscono da sinistra verso destra, mentre i quadratini grigi aumentano da destra verso sinistra. La figura che completa la serie è la A.

30 Risposta esatta: B

Nel passaggio dalla figura 2 alla figura 3 si aggiunge un quadratino in basso, nella figura quattro l'area grigia ritorna nella situazione iniziale ma ruotata, quindi la figura mancante è la C.

31 Risposta esatta: A

Ad ogni passaggio si aggiunge la stessa area colorata fino a definire una cornice, quindi la figura che completa la serie è la 2.

32 Risposta esatta: B

Ad ogni passaggio si colora un'area, in senso orario, quindi la figura che manca è la C.

33 Risposta esatta: C

L'area nera interna alla cornice ruota in senso orario, quindi la figura che completa la serie è la 3.

34 Risposta esatta: A

Nella sequenza osserviamo che dalla figura 1 alla figura 5 in ogni singolo passaggio si decolora una fetta di torta, quindi la figura mancante è la B.

35 Risposta esatta: A

L'intera area colorata ruota in senso orario sui quattro lati del quadrato, quindi la figura che completa la serie è la 3.

36 Risposta esatta: C

Osservando le figure 3 e 4, ci accorgiamo rispetto alla figura 1 che c'è stata una rotazione e uno spostamento di un quadratino, quindi la figura 2 deve essere la A.

37 Risposta esatta: B

L'area di colore nero ruota in senso orario sui quattro lati del quadrato, quindi la figura che completa la serie è la 3.

38 Risposta esatta: C

Soffermiamoci sulle figure 1 e 5: il quadratino grigio in alto si è spostato di due posizioni, quindi la figura mancante è la A.

39 Risposta esatta: A

L'area di colore grigio ruota in senso antiorario di una posizione rispetto alla figura, quindi la figura che completa la serie è la C.

40 Risposta esatta: C

Osservando la sequenza notiamo che ad ogni passaggio si aggiunge un quadratino. La figura che completa la serie è la 1.

41 Risposta esatta: B

L'area grigia ruota in senso orario di una posizione ad ogni passaggio. La figura mancante è la C.

42 Risposta esatta: B

Ad ogni passaggio la figura ruota in senso orario e si arricchisce di una parte. Quindi le figure che completano la serie sono nell'ordine la 4 e la 3.

43 Risposta esatta: B

Nella sequenza si aggiunge una fila a scalare in ogni passaggio, quindi la figura che completa la serie è la 2.

44 Risposta esatta: C

Osservando le figure 1 e 2, ci accorgiamo che sono simmetriche l'una rispetto all'altra, quindi anche le figure 3 e 4 devono essere simmetriche tra loro, dunque la figura mancante è la A.

45 Risposta esatta: C

Nella sequenza osserviamo che dalla figura 1 alla figura 2 si è aggiunto un quadratino grigio nella seconda fila, dalla figura 2 alla figura 5 il quadratino grigio aggiunto si è spostato ogni volta di una posizione, quindi la figura mancante è la A.

46 Risposta esatta: A

Nella sequenza l'area grigia si sposta in senso orario di una posizione in ogni passaggio, quindi la figura mancante è la A.

47 Risposta esatta: A

La figura che completa la serie è sicuramente la 1.

48 Risposta esatta: A

Il disegno è proposto nel box A.

49 Risposta esatta: A

Le figure che completano la serie sono nell'ordine C e A, in quanto la figura si sposta lungo la diagonale di un quadratino alla volta.

50 Risposta esatta: A

La figura ruota in senso antiorario lungo i lati del quadrato. La figura che completa la serie è la B.

51 Risposta esatta: B

La figura ruota in senso orario lungo i lati del quadrato. La figura mancante è la 3.

52 Risposta esatta: B

Notiamo nella sequenza che le fette di torta si decolorano una alla volta nei vari passaggi, quindi la figura che manca è la C.

53 Risposta esatta: A

La serie proposta dal quesito mostra uno spostamento di un quadratino dalla figura 1 alla figura 3, quindi la figura mancante è la A.

54 Risposta esatta: A

La figura che completa la serie è la A.

55 Risposta esatta: A

Nella sequenza notiamo che in ogni passaggio viene sottratto un elemento in senso antiorario, quindi la figura mancante è la 3.

56 Risposta esatta: B

La figura che integra la serie è la C, in quanto dopo la figura 2 c'è una rotazione e uno spostamento verso l'alto.

57 Risposta esatta: B

La figura che completa la serie è la 2, in quanto nel passaggio da una figura all'atra si ha una rotazione e l'aggiunta di due quadratini alla volta.

58 Risposta esatta: B

Le aree grigie ruotano di una posizione ad ogni passaggio, quindi la figura che integra la serie è la B.

59 Risposta esatta: B

L'intera figura ruota in senso orario. La figura che completa la serie è la A.

60 Risposta esatta: A

Nelle figure 3, 4 e 5 notiamo che il quadratino centrale si sposta di una posizione da sinistra verso destra, quindi la figura che integra la serie è la C.

61 Risposta esatta: B

La figura che completa la serie è la 3, in quanto nel passaggio da una figura all'atra si ha una rotazione e l'aggiunta di due quadratini alla volta.

62 Risposta esatta: B

La figura che completa la serie è la 3, in quanto nel passaggio da una figura all'atra si ha una rotazione e l'aggiunta di due quadratini alla volta.

63 Risposta esatta: C

C'è un'alternanza di figure, infatti le figure 1, 3 e 5 ruotano di una posizione in senso orario. Le figure 2 e 4 ruotano anch'esse di una posizione in senso orario. La figura mancante è la C.

64 Risposta esatta: B

L'intera figura ruota in senso orario lungo i lati del quadrato. La figura mancante è la A.

65 Risposta esatta: C

La sequenza della serie è tale che il quadratino in grigio centrale si sposta ad ogni passaggio di figura di una posizione da sinistra verso destra, quindi la figura che integra la serie è la A.

66 Risposta esatta: A

L'intera figura ruota in senso orario lungo i lati del quadrato. La figura che completa la serie è la C.

67 Risposta esatta: B

Le aree grigie ruotano contemporaneamente in senso orario, di una posizione ad ogni passaggio, quindi la figura che integra la serie è la B.

68 Risposta esatta: A

La figura ruota in senso orario di ¼ e ad ogni passaggio si riduce di un elemento, la figura che completa la serie è la B.

69 Risposta esatta: B

La figura ruota di ¼ in senso orario. La figura che completa la serie è la 1.

70 Risposta esatta: C

L'intera figura ruota di ¼ in ogni passaggio di figura. Di conseguenza la figura che completa la serie è la C.

71 Risposta esatta: C

La serie mostra chiaramente che ad ogni passaggio si aggiunge una figura come quella rappresentata nella figura 1, che ruota in senso orario, quindi la figura che completa la serie è la C.

72 Risposta esatta: B

L'intera figura ruota in senso antiorario di ¼ ad ogni passaggio. La figura che completa la serie è la C.

73 Risposta esatta: C

Ad ogni passaggio si elimina in senso antiorario un lato della cornice.

74 Risposta esatta: C

Nella sequenza osserviamo che i quadratini bianchi diminuiscono da sinistra verso destra, mentre i quadratini grigi aumentano da destra verso sinistra. La figura che integra la serie è la C.

75 Risposta esatta: A

L'intera figura ruota di ¼ in senso antiorario e contemporaneamente perde un elemento. La figura che completa la serie è la B.

76 Risposta esatta: A

C'è un'alternanza di figure, infatti le figure 1, 3 e 5 sono simili tra loro. Osservandole nel dettaglio, notiamo che l'area colorata ruota di ¼ in senso orario, quindi anche tra le figure 2 e 4 ci deve essere lo stesso legame, quindi la figura mancante è la C.

77 Risposta esatta: C

L'intera figura ruota di ¼ in senso antiorario e contemporaneamente perde un elemento. La figura che completa la serie è la 3.

78 Risposta esatta: A

79 Risposta esatta: B

I singoli elementi presenti nei vari riquadri si spostano in verticale dall'alto verso il basso di una posizione per volta e contemporaneamente ruotano di 90° in senso orario. Ad esempio, se concentri l'attenzione sulle "frecce doppie", nel primo riquadro sono rivolte in alto, mentre nel secondo riquadro sono rivolte a destra, nel terzo riquadro sono rivolte in basso e quindi, nel riquadro che manca devono essere rivolte a sinistra (questa osservazione ti consente di escludere la figura indicata con il numero 3 perché non ha le frecce doppie rivolte a sinistra ma in alto.

80 Risposta esatta: A

Focalizza l'attenzione su singoli elementi di questa immagine, ad esempio sulle "stelline triple": passando da un'immagine alla seguente ruotano di 90° in senso orario (in alto, poi a destra, poi in basso e quindi, nell'immagine incognita, devono essere rivolte a sinistra: per questa ragione si può eliminare il disegno 3). Se vedi il cerchio con il segmento centrale, puoi ragionare in modo analogo a quanto appena detto e ciò ti consente di eliminare la figura 1. Quindi l'immagine corretta è la 2.

81 Risposta esatta: B

Guardando la sequenza della freccia, si osserva che essa ruota in senso orario e quindi la freccia che completa la serie è la numero 3.

82 Risposta esatta: C

La figura ruota sempre di 90° in senso orario, come mostrato nel riquadro seguente in merito al primo e al secondo elemento della serie.

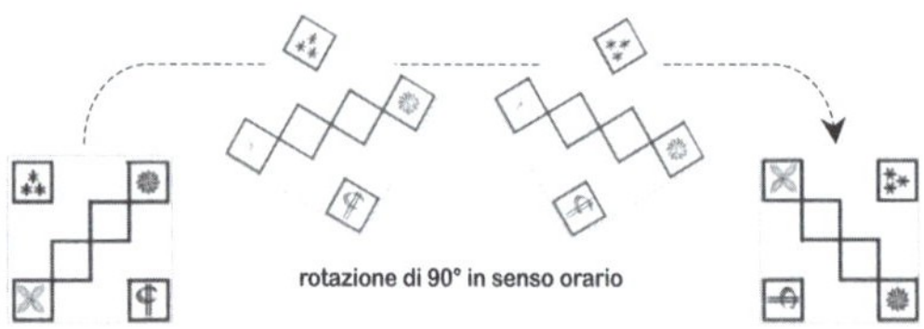

83 Risposta esatta: C

È sufficiente concentrare l'attenzione sul parallelogramma contenuto nella quarta colonna: da un riquadro, al successivo ruota sempre di 90° in senso orario. Da ciò intuisci che la figura corretta è la numero 1.

84 Risposta esatta: B

Il simbolo contraddistinto con il numero 1 completa la serie.

85 Risposta esatta: C

Ad ogni figura della serie viene aggiunto al preesistente, che si sposta in senso orario, un elemento nell'angolo in alto a sinistra. Tra le figure *a*, *b* e *c*, l'unica che soddisfa questa condizione è la **a**.

86 **Risposta esatta:** B

I vari elementi appaiono prima singolarmente poi sovrapposti. Nel caso specifico, manca il cerchio.

87 **Risposta esatta:** A

V. risposta al quiz n. 86.

88 **Risposta esatta:** A

Osservando le figure che compongono la serie, notiamo che gli elementi aggiunti di volta in volta seguono l'alternanza quadratino/freccia/quadratino/cerchio/quadratino. Questo ci induce a individuare l'ultimo elemento nella figura a).

89 **Risposta esatta:** C

V. risposta al quiz n. 85.

90 **Risposta esatta:** C

V. risposta al quiz n. 85.

91 **Risposta esatta:** B

Nella serie, la terza e la quarta figura sono speculari. Analogo ragionamento deve essere fatto per le prime due. Tale condizione è soddisfatta dalla figura c.

92 **Risposta esatta:** A

I simboletti presenti nelle caselle subiscono una rotazione di 90° in senso orario.

93 **Risposta esatta:** C

Ogni figura della serie contiene gli elementi della precedente più uno.

94 **Risposta esatta:** A

Ogni figura subisce una rotazione di 45° in senso orario.

95 **Risposta esatta:** A

V. risposta al quiz n. 93.

96 **Risposta esatta:** B

Integrando la serie con la figura 2), ogni freccia presente nella matrice avrà ruotato in tutte le direzioni.

97 **Risposta esatta:** B

Ad ogni passaggio, vengono sottratti due quadratini dalle righe centrali partendo da sinistra.

98 **Risposta esatta:** C

Il triangolo diventa, via via, più grande.

99 **Risposta esatta:** A

V. risposta al quiz n. 98.

100 **Risposta esatta:** A

V. risposta al quiz n. 86.

101 **Risposta esatta:** B

Si elimina un quadratino dalla prima colonna, poi uno dalla seconda, di nuovo uno dalla prima.

102 **Risposta esatta:** C

La figura ruota, di volta in volta, di 90° in senso orario.

103 **Risposta esatta:** B

La prima figura di ciascuna coppia è uguale alla seconda, ma ruota di 45° gradi in senso orario.

104 **Risposta esatta:** C

Ad ogni passaggio, le frecce aumentano di un'unità e ruotano in senso orario.

105 **Risposta esatta:** A

Lo *spicchio bianco* che compare nel semicerchio superiore si *apre* sempre di più fino ad assumere un'ampiezza di circa 180° nella quarta figura della serie.

106 **Risposta esatta:** B

Ogni elemento della serie ruota di 90° in senso orario rispetto al precedente.

107 **Risposta esatta:** A

Il quiz è facilmente risolvibile osservando l'ultima figura della serie: quella che la precede, infatti, non può che essere la figura in cui manca il cerchietto in basso a sinistra.

108 **Risposta esatta:** B

Di volta in volta, l'intera figura ruota di 90° in senso orario.

109 **Risposta esatta:** C

V. risposta al quiz n. 86.

110 **Risposta esatta: B**

Il numero di simboli che compongono ciascuna figura varia in progressione aritmetica di ragione 1; mancano, pertanto, le figure b) (2 simboli) e d) (6 simboli).

111 **Risposta esatta: B**

V. risposta al quiz n. 80.

112 **Risposta esatta: B**

V. risposta al quiz n. 86.

113 **Risposta esatta: A**

V. risposta al quiz n. 80.

114 **Risposta esatta: B**

In ogni figura, i numeri della diagonale *scendono* di una casella.

115 **Risposta esatta: A**

La figura ruota di 90° in senso orario.

116 **Risposta esatta: C**

Vedi risposta al quiz n. 88.

117 **Risposta esatta: C**

V. risposta al quiz n. 98.

118 **Risposta esatta: C**

V. risposta al quiz n. 85.

119 **Risposta esatta: A**

V. risposta al quiz n. 86.

120 **Risposta esatta: B**

Ad ogni passaggio viene aggiunta una freccia.

121 **Risposta esatta: C**

V. risposta al quiz n. 105.

122 **Risposta esatta: A**

V. risposta al quiz n. 97.

123 **Risposta esatta: C**

In ogni figura si aggiunge un cuore bianco a sinistra.

124 **Risposta esatta: C**

In ogni box il numero di elementi cresce di un'unità.

125 **Risposta esatta: A**

I simboli, nel passaggio alla riga inferiore, ruotano di 90° in senso orario.

126 **Risposta esatta: B**

Il triangolo diventa sempre più piccolo.

127 **Risposta esatta: B**

V. risposta al quiz n. 98.

128 **Risposta esatta: B**

V. risposta al quiz n. 106.

129 **Risposta esatta: B**

V. risposta al quiz n. 107.

130 **Risposta esatta: B**

V. risposta al quiz n. 99.

131 **Risposta esatta: B**

V. risposta al quiz n. 106.

132 **Risposta esatta: A**

Completando la serie, gli elementi in diagonale avranno compiuto 4 rotazioni di 90° in senso orario.

133 **Risposta esatta: A**

V. risposta al quiz n. 86.

134 **Risposta esatta: B**

V. risposta al quiz n. 94.

135 **Risposta esatta: C**

Ad ogni passaggio si aggiunge un elemento.

136 **Risposta esatta: C**

V. risposta al quiz n. 85.

137 **Risposta esatta: C**

V. risposta al quiz n. 97.

138 **Risposta esatta: B**

L'ampiezza dello *spicchio* bianco nella semicerchio superiore si restringe sempre di più.

139 **Risposta esatta: C**

V. risposta al quiz n. 85.

140 **Risposta esatta: B**

V. risposta al quiz n. 91.

141 **Risposta esatta: B**

V. risposta al quiz n. 86.

142 **Risposta esatta: A**

V. risposta al quiz n. 93.

143 **Risposta esatta: A**

V. risposta al quiz n. 86.

144 **Risposta esatta: B**

V. risposta al quiz n. 86.

145 **Risposta esatta: A**

Il triangolo nero diventa sempre più piccolo.

146 **Risposta esatta: A**

V. risposta al quiz n. 93.

147 **Risposta esatta: B**

Ogni simbolo inserito nella griglia muove di una posizione lungo la diagonale.

148 **Risposta esatta: C**

V. risposta al quiz n. 86.

149 **Risposta esatta: C**

In ogni riquaro della colonna di destra c'è una figura geometrica che ritroviamo nel riquadro contiguo della colonna a sinistra: triangolo, quadrato, pentagono. Inoltre, le prime due lettere della serie, E ed F, inscritte, rispettivamente, nel triangolo e nel quadrato, precedono la G nell'alfabeto. Allo stesso modo, partendo da un triangolo e aggiungendo, di volta in volta, un lato, otteniamo un quadrato e un pentagono.

150 **Risposta esatta: C**

V. risposta al quiz n. 98.

151 **Risposta esatta: B**

V. risposta al quiz n. 108.

152 **Risposta esatta: B**

Ad ogni step viene aggiunto un cerchietto o due segmenti. Per individuare la figura mancante basta osservare la precedente e la successiva.

153 **Risposta esatta: B**

V. risposta al quiz n. 135.

154 **Risposta esatta: A**

L'unico disegno assimilabile a quelli contenuti nell'insieme (figura geometrica attraversata da segmento) è indicato dalla lettera a.

155 **Risposta esatta: A**

Per ogni disegno ce n'è uno uguale nel triangolo contrapposto a quello che lo contiene.

156 **Risposta esatta: B**

Anche in questo caso, per ogni disegno ce n'è uno uguale nel triangolo contrapposto a quello che lo contiene.

157 **Risposta esatta: C**

V. risposta al quiz n. 154.

158 **Risposta esatta: A**

La figura che completa il disegno deve contenere un cerchio, un rombo e un triangolo disposti in diagonale come nel riquadro in alto a sinistra. Questo perché, come si osserva nei riquadri in alto, l'ultima forma della diagonale (rombo) circoscrive quella centrale (triangolo), mentre la prima (cerchio) si sdoppia disponendosi negli angoli bassi. Risponde ai requisiti la figura C.

159 **Risposta esatta: B**

Nella figura di rierimento, il riquadro di destra contiene la stessa forma geometrica che c'è a sinistra con all'interno una lettera.

160 **Risposta esatta: B**

V. risposta al quiz n. 154.

161 **Risposta esatta: B**

Per avere dei riferimenti più precisi, schematizziamo la figura da completare come segue:

1	**2**
3	**4**

I tre elementi (quadrato, cerchio e segmento) devono avere la stessa configurazione che assumono quelli del riquadro 4 del nostro schema.

162 **Risposta esatta: A**

Osservando con attenzione la figura nel primo riquadro a sinistra e quella ad essa sottostante, non avremo alcuna difficoltà a individuare nella figura contrassegnata con C quella che completa la serie.

163 Risposta esatta: C

Il punto va collocato nella parte interna del quadrato ma esternamente al triangolo.

164 Risposta esatta: A

Le lettere che compaiono nel triangolo centrale sono in sequenza alfabetica alternata: mancano, infatti la H e la L (G, H, I, L, M). Applicando lo stesso criterio alle possibili risposte, la scelta cadrà sul disegno contrassegnato con la lettera b (R, S, T, U, V). La R, inoltre, al pari di quanto avviene nel disegno domanda, deve essere inscritta in un cerchio.

165 Risposta esatta: B

V. risposta al quiz n. 155.

166 Risposta esatta: C

Per avere dei riferimenti più precisi, schematizziamo la figura da completare come segue:

1	2
3	4

La figura da inserire nella casella "4" deve essere speculare a quella della "3" ma con gli elementi rovesciati (v. caselle 1 e 2 del disegno da completare).

167 Risposta esatta: A

Il punto va inserito internamente al triangolo e al cerchio e al di sotto del segmento. L'unica figura in cui può verificarsi la condizione è la a).

168 Risposta esatta: C

La lettera "E" precede "F" e "G" nell'alfabeto, così come il numero 3 precede il 4 e il 5. Si può osservare, infatti, che la "E" è inserita in un triangolo (3 lati), la "F" in un quadrato (4 lati), la "G" in un pentagono (5 lati), figure che essendo presenti anche nella colonna di sinistra conferiscono maggiore intuitività alla risposta.

169 Risposta esatta: A

Il disegno contrassegnato con la lettera c) completa la sequenza alfabetica e la "L" è contenuta all'interno del cerchio (come per "I" ed "M" del disegno da completare).

170 Risposta esatta: B

V. risposta al quiz n. 159.

171 Risposta esatta: B

V. risposta al quiz n. 155.

172 Risposta esatta: C

V. risposta al quiz n. 158.

173 Risposta esatta: A

V. risposta al quiz n. 154.

174 Risposta esatta: B

V. risposta al quiz n. 155.

175 Risposta esatta: C

V. risposta al quiz n. 162.

23
Logica figurale

Nell'ambito dell'ampia categoria di quiz di logica figurale rientrano numerose tipologie di test molto diverse tra loro ma tutte accomunate dal fatto di basare la loro soluzione sull'*osservazione di simboli, figure e immagini*. Tra le tipologie di quiz figurali rientrano anche le *figure scomposte* e le *serie figurali* che abbiamo visto nelle pagine precedenti.

Qui di seguito analizziamo altri tipi di quiz figurali più complessi.

1 Figure ruotate e ribaltate

Una prima tipologia di quesiti è quella che chiede di individuare la figura ruotata e/o ribaltata rispetto alla figura proposta. Ad esempio, si analizzi il quiz seguente.

1. La figura indicata in «A» è stata ribaltata e successivamente ruotata. Dove la riconosce?

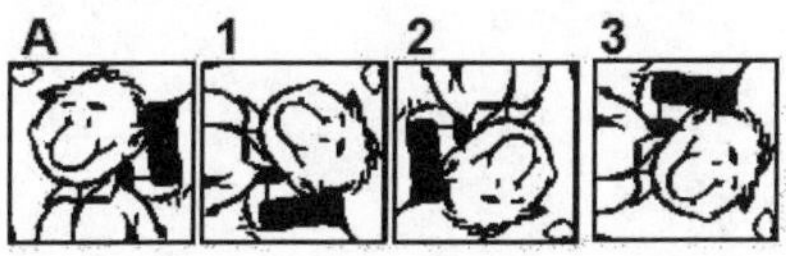

A) nella figura indicata con il n. 3
B) nella figura indicata con il n. 1
C) nella figura indicata con il n. 2

Provando a ruotare di 180° la figura A si ottiene l'immagine presente nel box 2 (osserva l'immagine seguente).

Quindi si può affermare che la figura 2 risulta solamente ruotata rispetto alla figura A.
Provando a ruotare di 90° in senso orario la figura A si ottiene l'immagine presente nel box 1 (osserva l'immagine seguente).

Quindi si può affermare che la figura 1 risulta solamente ruotata rispetto alla figura A.
A differenza dei precedenti due casi, comunque si ruoti la figura A, non si ottiene mai la figura presente nel box 3. Perché? Perché la figura contenuta nel box 3 è sia ruotata che ribaltata rispetto alla figura A, come mostrato nella figura seguente.

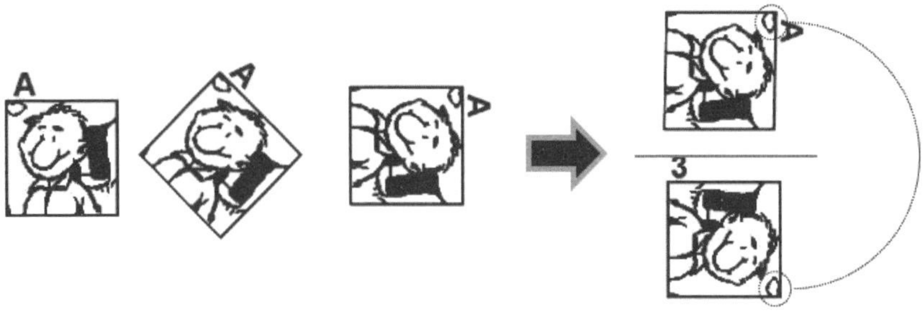

2. La figura geometrica che appare nel box 1 è stata successivamente ribaltata e ruotata. In quale dei successivi box è presente con tali caratteristiche?

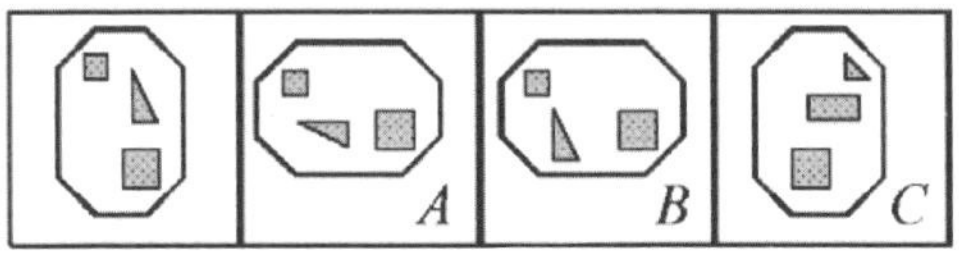

1

A) nel box indicato con la lettera C
B) nel box indicato con la lettera A
C) nel box indicato con la lettera B

Puoi escludere immediatamente la figura C perché contiene elementi con forma differente rispetto al box 1, e nella rotazione, oppure ribaltando le immagini, non viene modificata la forma delle stesse. Puoi escludere anche la figura B perché ruotando o ribaltando un'immagine, non cambiano i rapporti tra i suoi elementi: nel box 1 il quadrato di dimensioni maggiori è contiguo ad uno dei cateti del triangolo, mentre nella figura B il quadrato di dimensioni maggiori è contiguo all'ipotenusa del triangolo.
Per esclusione, la figura ruotata e ribaltata rispetto al box 1 è la figura A, come mostrato nella figura seguente.

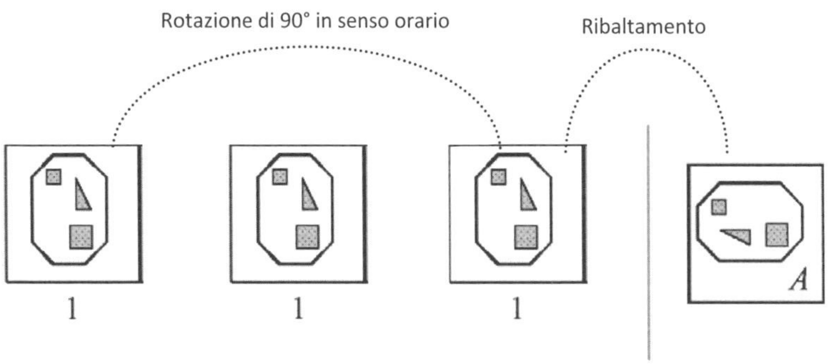

Infine in alcuni quiz la traccia non chiarisce cosa devi cercare: sta a te intuire che il criterio da evidenziare è quello di immagine ruotate e/o ribaltate. Ad esempio, analizza il quiz seguente.

3. La struttura a sinistra trova logico completamento nell'elemento che nella struttura a destra è:

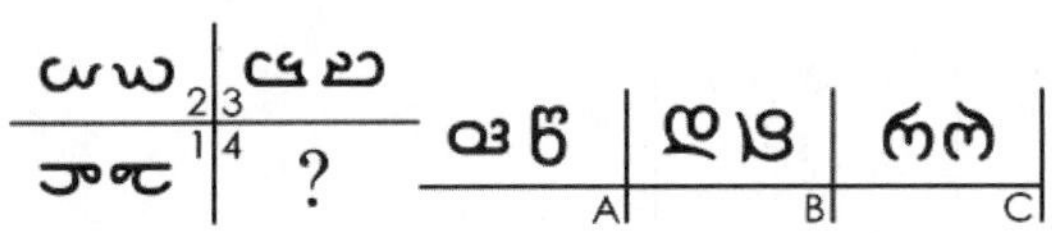

A) in posizione A
B) in posizione C
C) in posizione B

Osservando i quadranti numero 1, 2 e 3 della struttura a sinistra risulta evidente che contengano coppie di elementi ribaltati l'uno rispetto all'altro (si può anche dire, che contengono elementi simmetrici l'uno rispetto all'altro). Per completare la struttura a sinistra, quindi, devi scegliere il box che contiene due elementi ribaltati l'uno rispetto all'altro e questo accade solamente nel box C. Mentre i box A e B contengono elementi che sono sia ribaltati sia ruotati l'uno rispetto all'altro.

2 Figure deformate

I quiz sulle figure deformate propongono un disegno e delle figure deformate: bisogna individuare quale figura deformata corrisponde al disegno proposto. Ad esempio, consideriamo i quiz seguenti.

1. La figura a lato è stata solo deformata sul piano. Individuare in quale o in quali box non è presente.

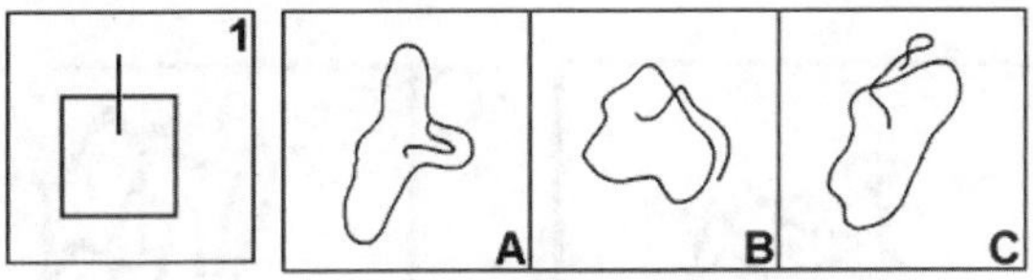

A) non è presente nei box A e C
B) non è presente nei box A e B
C) non è presente nel box C

Per rispondere correttamente devi studiare le caratteristiche della figura proposta: in questo caso noti che la figura è costituita da un quadrato e da un segmento. Il segmento in parte è interno al quadrato e in parte è esterno. Puoi escludere il box A perché il segmento deformato è tutto interno alla figura (dovrebbe essere in parte interno e in parte esterno). Risulta improbabile anche il box C perché il segmento è attorcigliato, formando un occhiello con l'estremità che è diretta verso l'interno della figura. Quindi la risposta corretta è la A.

In alcuni casi per rispondere a questa tipologia di quiz è sufficiente contare gli spazi interni in cui risulta suddivisa la figura. Ad esempio, osserva il quiz numero 2.

2. La figura geometrica che appare nel box a sinistra è stata successivamente deformata sul piano. In quale dei successivi box ritiene che possa essere presente?

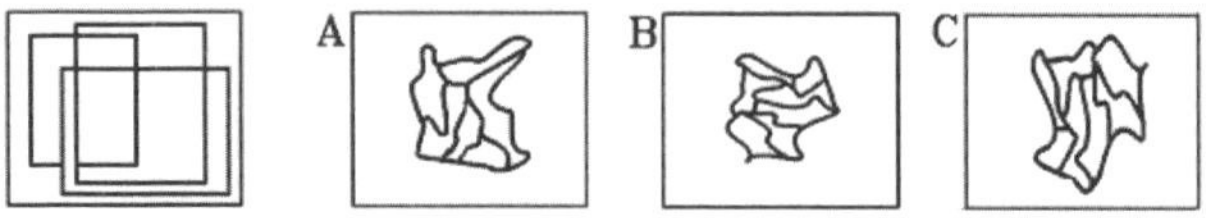

A) nel box indicato con la lettera B
B) nel box indicato con la lettera C
C) nel box indicato con la lettera A

Provando a contare gli spazi interni alla figura del box a sinistra (come mostrato nel disegno seguente) noti che ci sono 6 spazi.

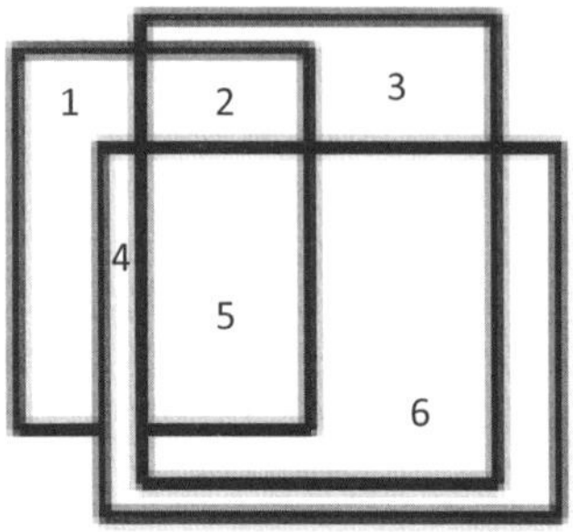

Anche nella figura deformata corrispondente devono esserci esattamente 6 spazi e questo accade nel box A.

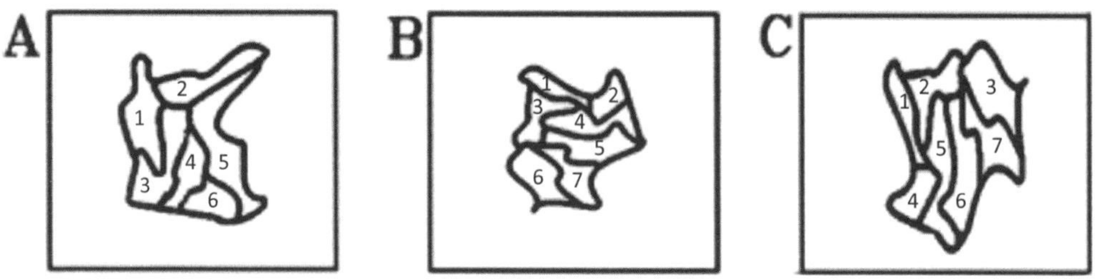

Quindi la risposta corretta è la C.

Infine, in alcuni casi può risultare utile contare il numero di segmenti che costituiscono la figura di riferimento, come mostrato nel quiz numero 3.

3. La figura geometrica che appare nel box a sinistra è stata successivamente deformata sul piano. In quale dei successivi box ritiene che possa essere presente?

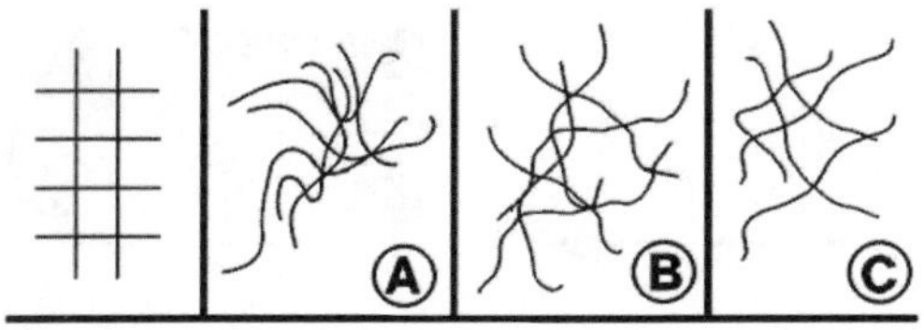

A) nei box A e C
B) nei box A e B
C) nei box B e C

La figura geometrica collocata nel box a sinistra è costituita da 4 segmenti orizzontali e da 2 segmenti verticali: complessivamente 6 segmenti. La figura (in questo caso, le figure) deformata corrispondente deve essere costituita da 6 segmenti. Analizzando con attenzione le immagini proposte nei box A e B noterai che ci sono 6 segmenti; mentre l'immagine proposta nel box C è costituita da 5 segmenti. Quindi la risposta corretta è la B.

3 Aree colorate

Una tipologia di quiz che può creare particolari difficoltà è quella delle aree colorate. Si tratta di quesiti in cui si forniscono un quadrato, oppure un cerchio, o altre figure geometriche, che in parte sono annerite (o sono evidenziate in grigio, o in altro modo). Ad esempio, prova a leggere il quiz seguente.

1) L'area colorata in grigio è maggiore nel disegno X o nel disegno Y?

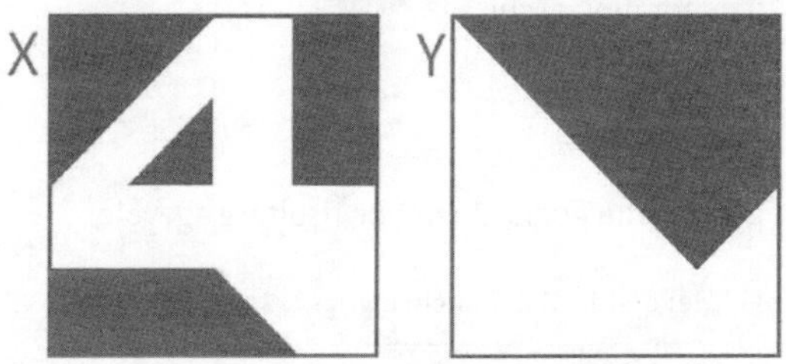

A) nel disegno X e rappresenta 30/64 del totale
B) è uguale: rappresenta i 7/16 del totale
C) nel disegno Y e rappresenta gli 8/16 del totale

Si tratta di determinare quanta parte dei due quadrati è colorata in grigio. Una strategia che risulta efficace e sufficientemente rapida è quella di provare ad ingabbiare la figura. Per far ciò per prima cosa è necessario studiare le caratteristiche della figura, individuando dei punti o dei segmenti lungo i quali tracciare delle linee orizzontali e/o verticali e/o diagonali. Ad esempio, osserva l'immagine seguente.

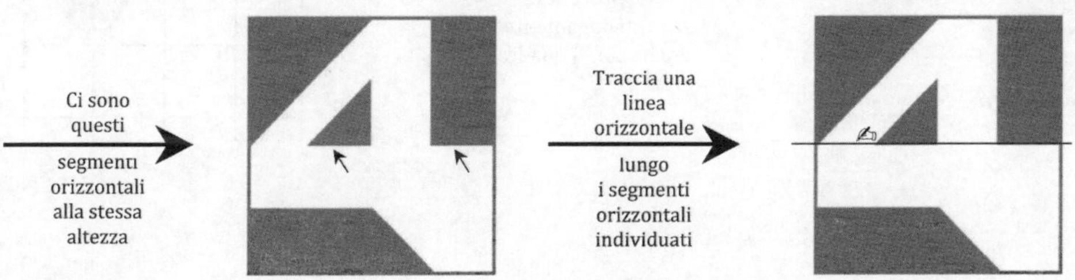

In questo modo hai diviso il quadrato a metà, ma ancora percepire le proporzioni tra parti bianche e grigie risulta complesso. Allora approfondisci l'analisi, provando a tracciare altre linee orizzontali.

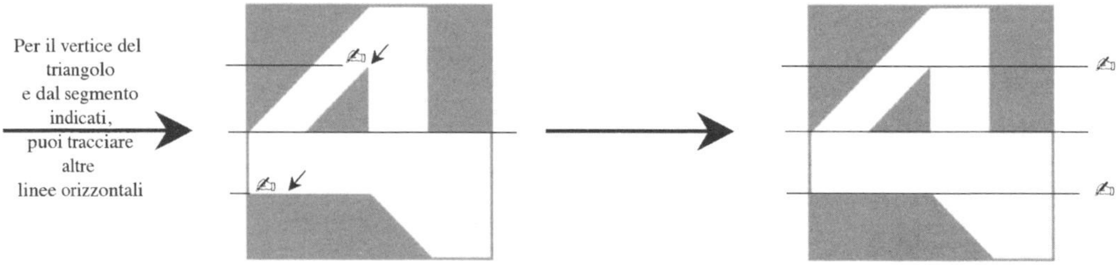

Adesso il quadrato risulta diviso in 4 strisce orizzontali aventi stessa altezza: potresti anche provare ad azzardare una risposta sulle proporzioni delle aree grigie e bianche, ma risulterà ancora più semplice e più preciso farlo, dopo aver tracciato delle linee verticali in modo analogo a quanto detto in precedenza per le linee orizzontali.

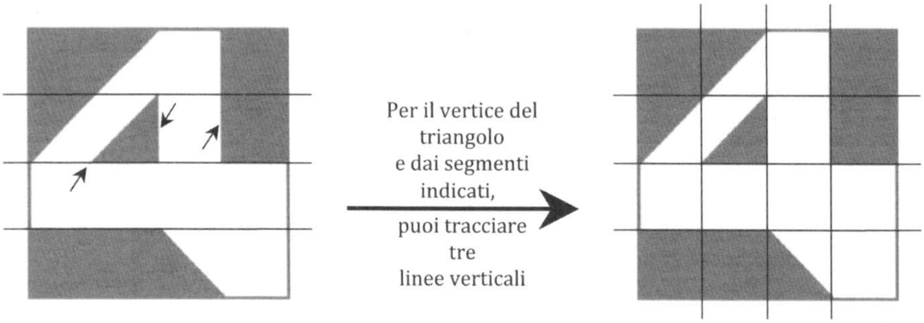

In questo modo il quadrato risulta diviso in 16 quadratini, di cui:

- 5 sono completamente grigi;
- 7 sono completamente bianchi;
- 4 sono per metà bianchi e per metà grigi.

A questo punto, capire quale frazione della figura risulta grigia, dovrebbe risultare agevole:

$$\text{frazione area grigia} = \frac{\text{n° quadratini grigi} + \frac{1}{2} \text{ del n° dei quadratini bianchi e grigi}}{\text{n° totale quadratini}} = \frac{5 + \frac{1}{2} \cdot 4}{16} = \frac{7}{16}.$$

In modo analogo dovresti agire anche con il secondo quadrato proposto nella traccia.

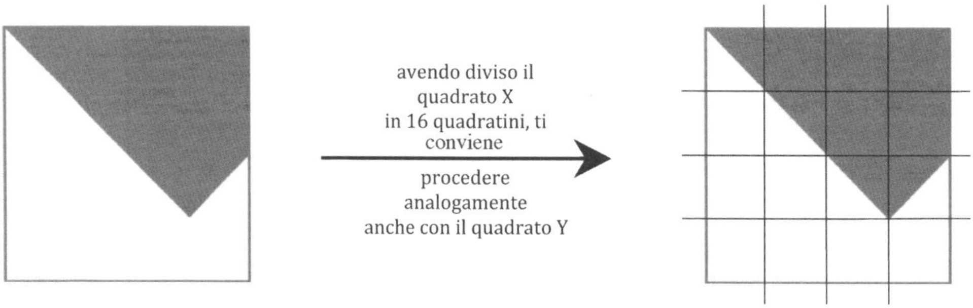

I quadratini in cui risulta diviso il quadrato Y sono:

- 5 completamente grigi;
- 7 completamente bianchi;
- 4 per metà bianchi e per metà grigi.

Quindi la frazione grigia del quadrato Y è:

$$\text{frazione area grigia} = \frac{\text{n° quadratini grigi} + \frac{1}{2}\ \text{del n° dei quadratini bianchi e grigi}}{\text{n° totale quadratini}} = \frac{5 + \frac{1}{2} \cdot 4}{16} = \frac{7}{16}.$$

In sintesi, l'area colorata in grigio è uguale in entrambi i quadrati (risposta B).

Quello descritto è uno degli approcci da adottare con questa tipologia di quiz; bisogna però sempre cercare di adeguare la tecnica in base alle caratteristiche del disegno proposto. Ad esempio, nel quiz seguente potrebbe risultare più agevole suddividere i quadrati in 64 quadratini, piuttosto che in 16.

2) L'area colorata in grigio del quadrato X e la bianca del quadrato Y sono rispettivamente:

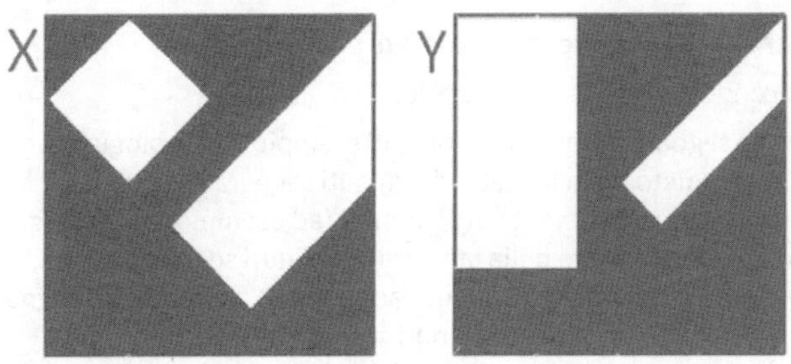

A) 46/64 e 30/64
B) 40/64 e 25/64
C) 15/32 e 15/32

Provando a suddividere i quadrati X e Y in 64 quadratini, noti che per il quadrato X ci sono 31 quadratini grigi, 15 quadratini bianchi e 18 quadratini per metà bianchi e per metà grigi; per il quadrato Y ci sono 35 quadratini grigi, 21 quadratini bianchi e 8 quadratini per metà bianchi e per metà grigi.

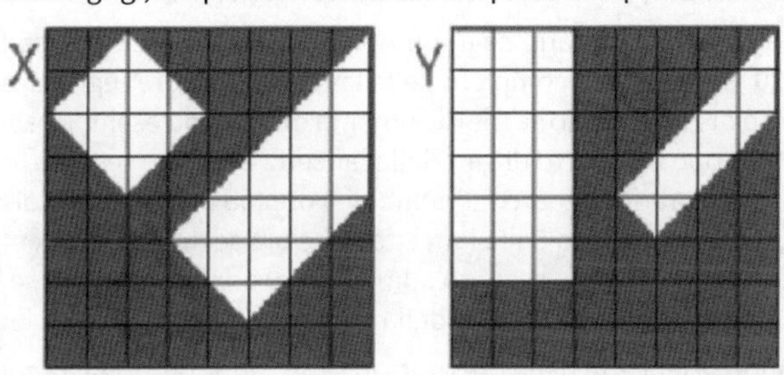

Quindi:

$$\text{frazione area grigia di X} = \frac{\text{n° quadratini grigi} + \frac{1}{2}\ \text{del n° dei quadratini bianchi e grigi}}{\text{n° totale quadratini}} = \frac{31 + \frac{1}{2} \cdot 18}{64} = \frac{40}{64};$$

$$\text{frazione area grigia di X} = \frac{\text{n° quadratini grigi} + \frac{1}{2}\ \text{del n° dei quadratini bianchi e grigi}}{\text{n° totale quadratini}} = \frac{21 + \frac{1}{2} \cdot 8}{64} = \frac{25}{64}.$$

La risposta corretta è la **B**.

4 Orologi

Alcuni quiz propongono degli orologi e chiedono di determinare l'ora che si ottiene applicando alcuni movimenti alle lancette. Ad esempio, analizza il quiz seguente.

1. Dopo aver fatto fare mezzo giro in senso orario alla lancetta dei minuti degli orologi A e D, portato avanti di un'ora l'orologio B e messo indietro di due ore l'orologio C, individuare l'affermazione corretta.

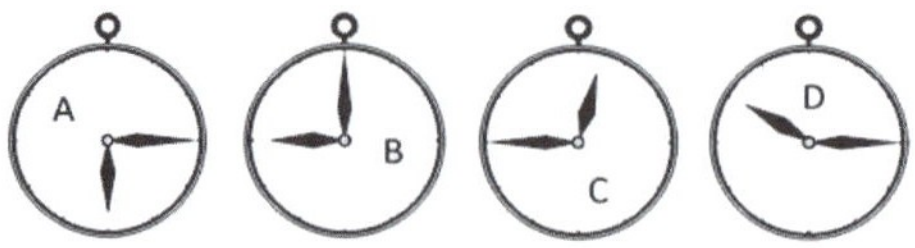

A) due orologi segnano le 10.45
B) nessun orologio segna le 6.45
C) un solo orologio segna le 10.45

Alcune note di teoria ti aiuteranno a rispondere a questa tipologia di domande.

In merito alla lancetta dei **minuti**, facendola girare in senso orario:

- se compie un giro completo, l'orario segnato aumenta di 1 ora (ad esempio, se l'orologio segna inizialmente le 2:30, dopo un giro completo della lancetta dei minuti segnerà le 3:30);
- se compie un quarto di giro, l'orario segnato aumenta di 15 minuti (ad esempio, se l'orologio segna inizialmente le 2:30, dopo un quarto di giro della lancetta dei minuti segnerà le 2:45);
- se compie mezzo giro, l'orario segnato aumenta di 30 minuti (ad esempio, se l'orologio segna inizialmente le 2:30, dopo mezzo giro della lancetta dei minuti segnerà le 3:00);
- se compie tre quarti di giro, l'orario segnato aumenta di 45 minuti (ad esempio, se l'orologio segna inizialmente le 2:30, dopo tre quarti di giro della lancetta dei minuti segnerà le 3:15).

Discorso analogo quando la lancetta dei minuti ruota in senso antiorario, con la sola differenza che l'orario non aumenta, ma diminuisce di 1 ora, o di 15 minuti, o di 30 minuti, o di 45 minuti in corrispondenza, rispettivamente, di 1 giro completo, o di un quarto di giro, o di mezzo giro, o di tre quarti di giro della lancetta dei minuti.

In merito alla lancetta delle **ore**, facendola girare in senso orario:

- se compie un giro completo, l'orario segnato non cambia (ad esempio, se l'orologio segna inizialmente le 2:30, dopo un giro completo della lancetta delle ore segnerà le 2:30);
- se compie un quarto di giro, l'orario segnato aumenta di 3 ore (ad esempio, se l'orologio segna inizialmente le 2:30, dopo un quarto di giro della lancetta delle ore segnerà le 5:30);
- se compie mezzo giro, l'orario segnato aumenta di 6 ore (ad esempio, se l'orologio segna inizialmente le 2:30, dopo mezzo giro della lancetta delle ore segnerà le 8:30);
- se compie tre quarti di giro, l'orario segnato aumenta di 9 ore (ad esempio, se l'orologio segna inizialmente le 2:30, dopo tre quarti di giro della lancetta delle ore segnerà le 11:30).

Discorso analogo quando la lancetta delle ore ruota in senso antiorario, con la sola differenza che l'orario non aumenta, ma diminuisce (o la più resta immutato se la lancetta delle ore compie un giro completo).

In merito al quiz numero 1, l'orologio A segna le 6:15. Se la lancetta dei minuti effettua mezzo giro in senso orario, allora l'orologio A segnerà le **6:45** (bisogna incrementare l'ora di 30 minuti).
L'orologio B segna le 9:00. Se lo si porta avanti di 1 ora, allora l'orologio B segnerà le **10:00**.
L'orologio C segna le 00:45. Se lo si mette indietro di 2 ore, allora l'orologio C segnerà le **10:45**.
L'orologio D segna le 10:15. Se la lancetta dei minuti effettua mezzo giro in senso orario, allora l'orologio D segnerà le **10:45** (bisogna incrementare l'ora di 30 minuti).
È evidente che ci siano 2 orologi (l'orologio C e l'orologio D) che segnano le 10.45 (risposta A).

Test di verifica

1 **Completare l'associazione:**

A) gli elementi contenuti in 3)
B) gli elementi contenuti in 1)
C) gli elementi contenuti in 2)

2 **Quale simbolo completa la serie in modo logico?**

A) il simbolo contraddistinto con il numero 1)
B) il simbolo contraddistinto con il numero 2)
C) il simbolo contraddistinto con il numero 3)

3 **Quale figura si ottiene applicando a ciascun simbolo della figura di origine i comandi posti nella casella ad esso sottostante?**

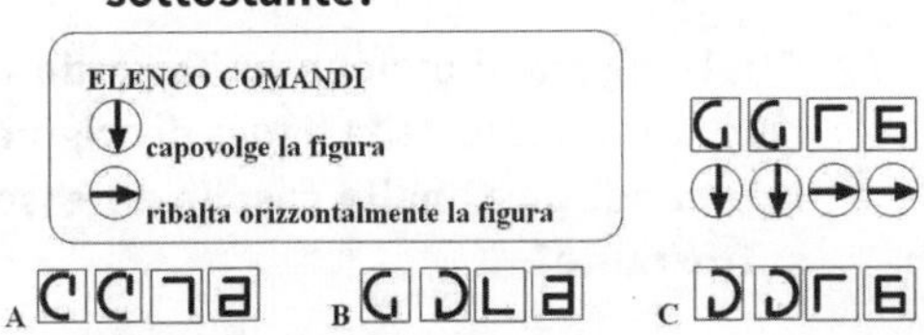

A) la figura B
B) la figura A
C) la figura C

4 **Dopo aver fatto fare mezzo giro in senso orario alla lancetta dei minuti degli orologi A e D, portato avanti di un'ora l'orologio B e messo indietro di due ore l'orologio C, individuare l'affermazione corretta.**

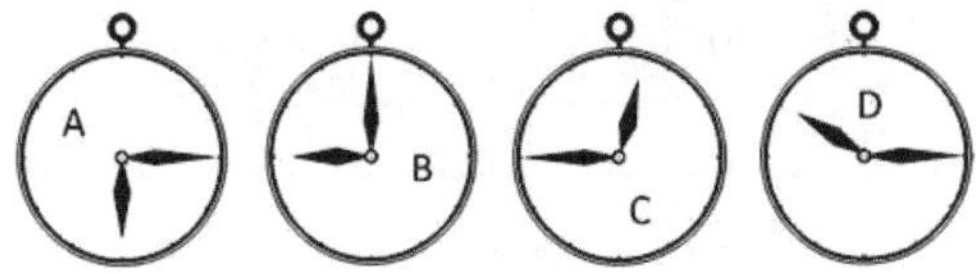

A) due orologi segnano le 10.45
B) nessun orologio segna le 6.45
C) un solo orologio segna le 10.45

5 **Considerando che su tutte le facce del cubo sia presente una ed una sola lettera, quale parola può essere scritta con le lettere del cubo 1) e quale con quelle del cubo 2)?**

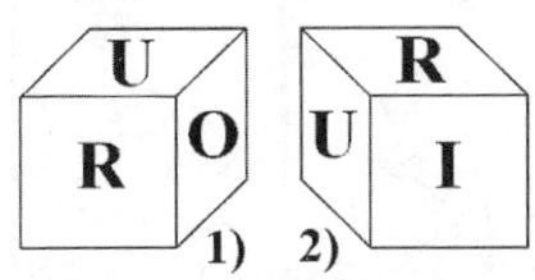

A) cubo 1) QUARTO; cubo 2) QUARZO
B) cubo 1) QUARTO; cubo 2) QUARZI
C) cubo 1) QUARTA; cubo 2) QUARZI

6 **Partendo dalle facce aperte su un piano (figura a sinistra) quale cubo è possibile ricomporre?**

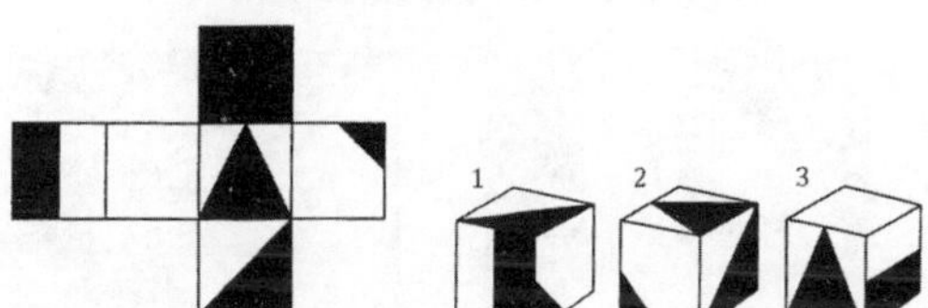

A) il cubo 3
B) il cubo 1
C) il cubo 2

7 **La figura geometrica che appare nel box 1 è stata successivamente ribaltata e ruotata. In quale dei successivi box è presente con tali caratteristiche?**

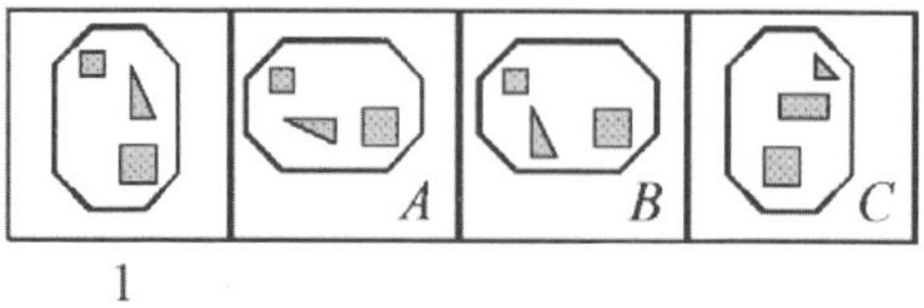

A) nel box indicato con la lettera C
B) nel box indicato con la lettera A
C) nel box indicato con la lettera B

8 **La figura geometrica che appare nel box a sinistra è stata successivamente deformata sul piano. In quale dei successivi box ritiene che possa essere presente?**

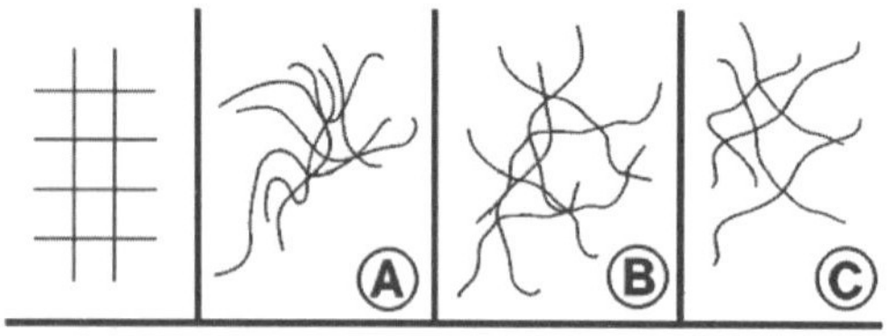

A) nei box A e C
B) nel box A
C) nei box B e C

9 **L'area colorata in grigio è maggiore nel disegno X o nel disegno Y?**

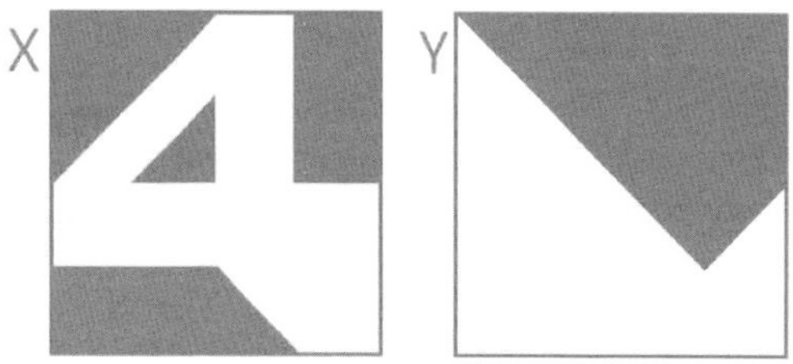

A) nel disegno X e rappresenta 30/64 del totale
B) è uguale: rappresenta i 7/16 del totale
C) nel disegno Y e rappresenta gli 8/16 del totale

10 **Completare la proporzione:**

A) la proporzione si completa con la coppia di elementi indicati con il numero 3)
B) la proporzione si completa con la coppia di elementi indicati con il numero 2)
C) la proporzione si completa con la coppia di elementi indicati con il numero 1)

11 **Quale simbolo completa la serie in modo logico?**

A) il simbolo contraddistinto con il numero 1)
B) il simbolo contraddistinto con il numero 2)
C) il simbolo contraddistinto con il numero 3)

12 **Quale figura si ottiene applicando a ciascun simbolo della figura di origine i comandi posti nella casella ad esso sottostante?**

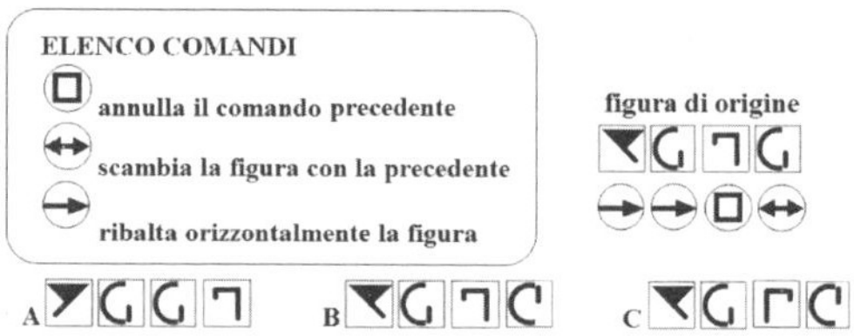

A) la figura A
B) la figura B
C) la figura C

13 **Dopo aver fatto fare mezzo giro in senso orario alla lancetta dei minuti degli orologi B e C, portato avanti di un'ora l'orologio A e messo indietro di un'ora e trenta minuti l'orologio D, individuare l'affermazione corretta.**

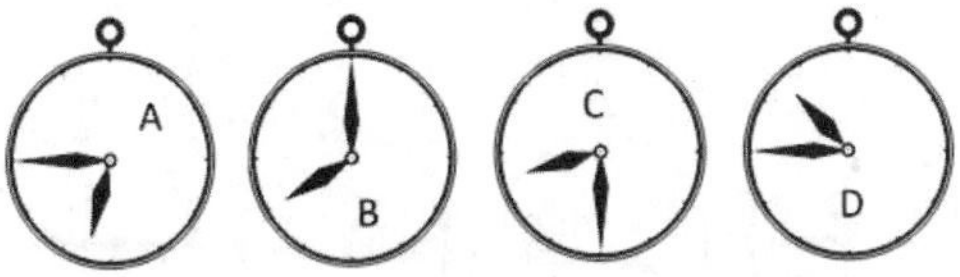

A) nessun orologio segna le 9.15
B) gli orologi segnano tutti un'ora diversa
C) un orologio segna le 8.15

14 **Considerando che su tutte le facce del cubo sia presente una ed una sola lettera, quale parola può essere scritta con le lettere del cubo 1) e quale con quelle del cubo 2)?**

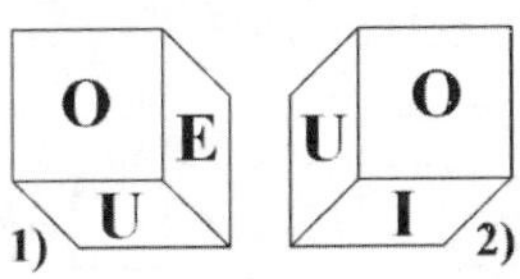

A) cubo 1) PUDORE; cubo 2) CUMOLI
B) cubo 1) PUDORE; cubo 2) CUMOLA
C) cubo 1) PUDICO; cubo 2) CUMOLO

15 **Lo sviluppo di un solido è la superficie che si ottiene riportando su un piano le facce che lo compongono. La figura proposta rappresenta lo sviluppo del cubo contrassegnato con:**

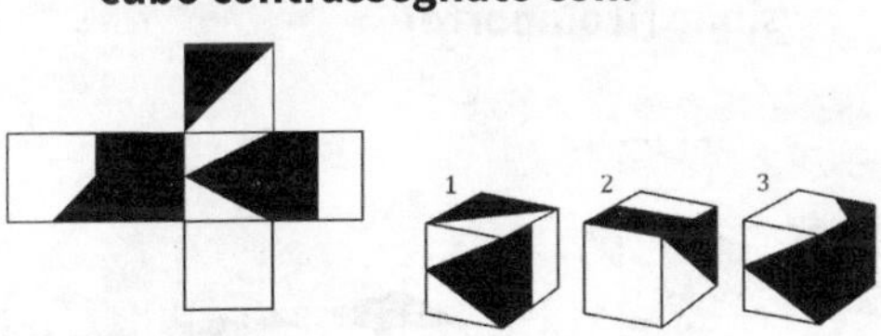

A) il numero 2
B) il numero 1
C) il numero 3

16 **La figura indicata in «A» è stata ribaltata e successivamente ruotata. Dove la riconosce?**

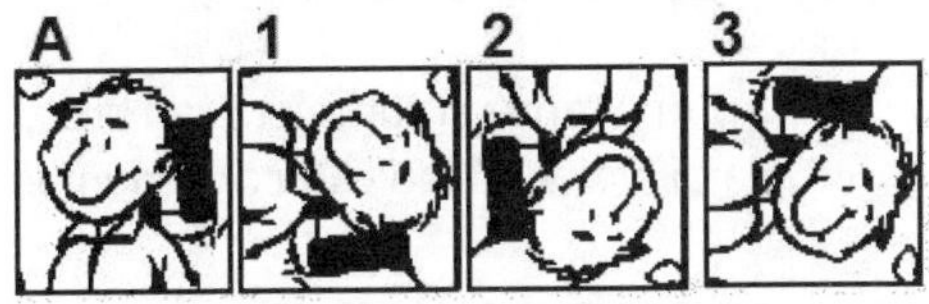

A) nella figura indicata con il n. 3
B) nella figura indicata con il n. 1
C) nella figura indicata con il n. 2

17 **La figura geometrica che appare nel box a sinistra è stata successivamente deformata sul piano. In quale dei successivi box ritiene che possa essere presente?**

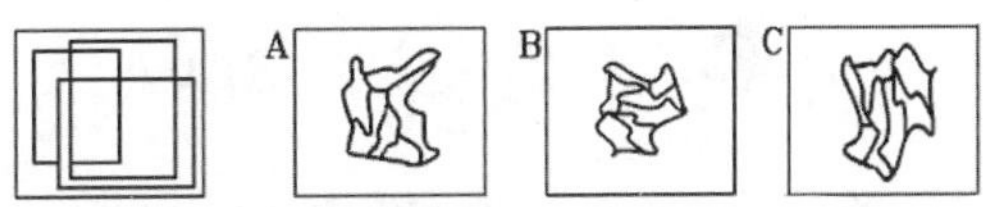

A) nel box indicato con la lettera A
B) nel box indicato con la lettera B
C) nel box indicato con la lettera C

18 **L'area colorata in grigio del quadrato X e la bianca del quadrato Y sono rispettivamente:**

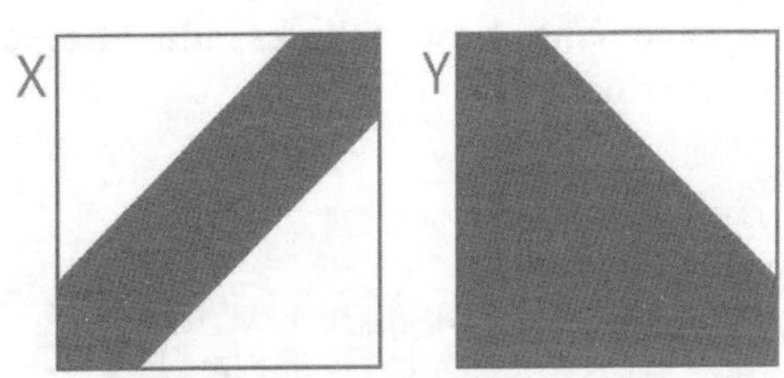

A) 27/32 e 8/32
B) 15/32 e 15/32
C) 14/32 e 9/32

19 Completare la proporzione:

A) la proporzione si completa con la coppia di elementi indicati con il numero 2)
B) la proporzione si completa con la coppia di elementi indicati con il numero 1)
C) la proporzione si completa con la coppia di elementi indicati con il numero 3)

20 Quale simbolo completa la serie in modo logico?

A) il simbolo contraddistinto con il numero 1)
B) il simbolo contraddistinto con il numero 3)
C) il simbolo contraddistinto con il numero 2)

21 Quale figura si ottiene applicando a ciascun simbolo della figura di origine i comandi posti nella casella ad esso sottostante?

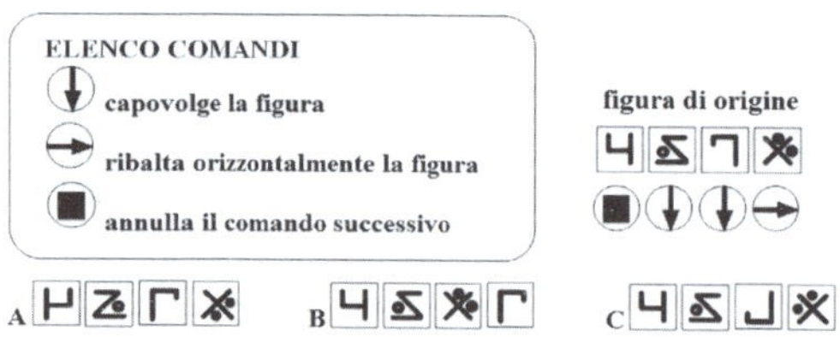

A) la figura A
B) la figura C
C) la figura B

22 Dopo aver fatto fare mezzo giro in senso orario alla lancetta dei minuti degli orologi A e D, portato avanti di un'ora l'orologio B e messo indietro di due ore l'orologio C, individuare l'affermazione corretta.

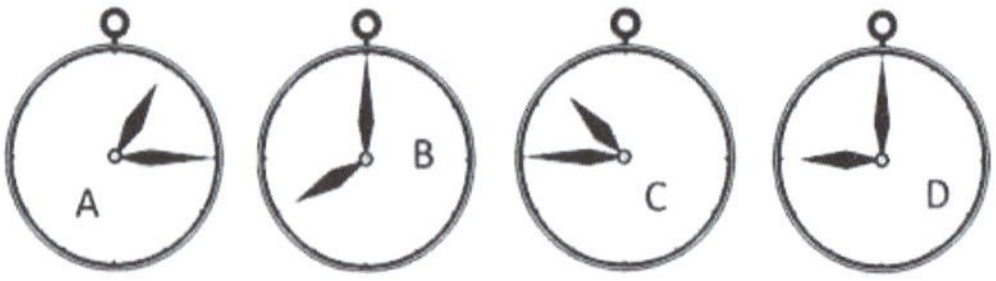

A) due orologi segnano le 9.30
B) un orologio segna le 1.45
C) nessun orologio segna le 8.45

23 Considerando che su tutte le facce del cubo sia presente una ed una sola lettera, quale parola può essere scritta con le lettere del cubo 1) e quale con quelle del cubo 2)?

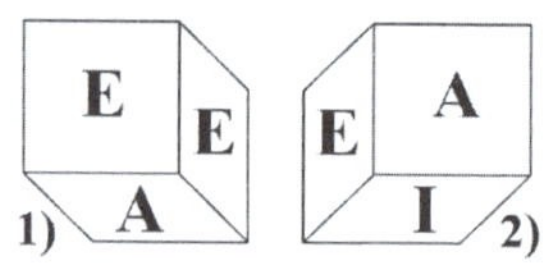

A) cubo 1) CESARE; cubo 2) DENARO
B) cubo 1) CERATI; cubo 2) DENARI
C) cubo 1) CESARE; cubo 2) DENARI

24 Partendo dalle facce aperte sul un piano (figura a sinistra) quale cubo è possibile ricomporre?

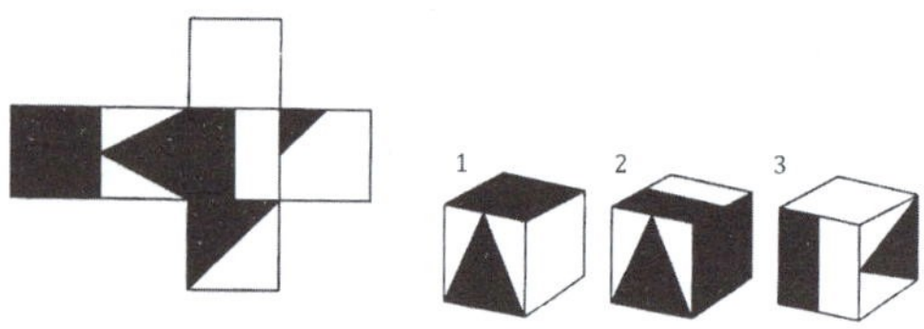

A) il cubo 3
B) il cubo 1
C) il cubo 2

25 In quale dei seguenti quadranti è proposto il disegno 1, dopo essere stato ribaltato e ruotato?

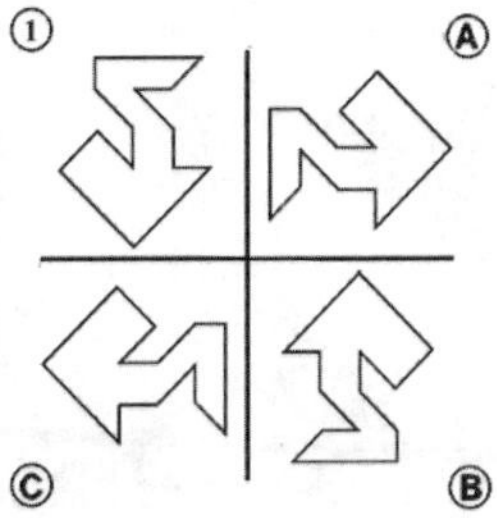

A) nel quadrante indicato con la lettera A
B) nel quadrante indicato con la lettera B
C) nel quadrante indicato con la lettera C

26 La figura a lato è stata solo deformata sul piano. Individuare in quale o in quali box non è presente.

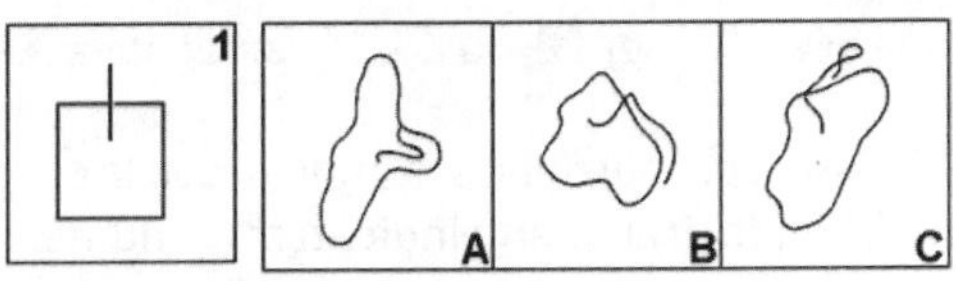

A) non è presente nei box A e C
B) non è presente nei box A e B
C) non è presente nel box C

27 Le frazioni che rappresentano la parte colorata in grigio sull'area totale dei quadrati X e Y sono rispettivamente:

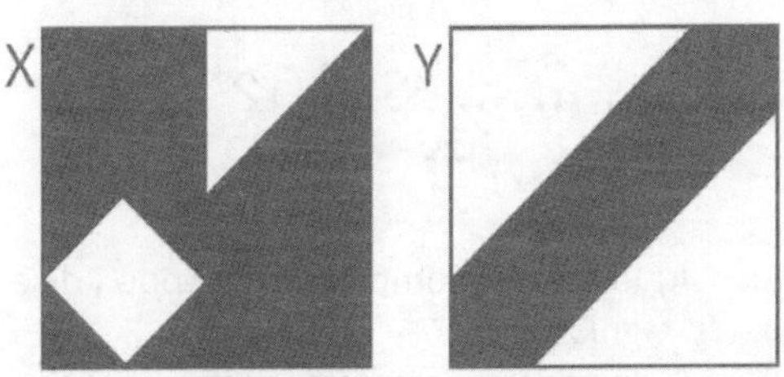

A) 12/16 e 7/16
B) 14/16 e 9/16
C) 24/16 e 6/16

28 Completare la proporzione:

A) la proporzione si completa con la coppia di elementi indicati con il numero 1)
B) la proporzione si completa con la coppia di elementi indicati con il numero 2)
C) la proporzione si completa con la coppia di elementi indicati con il numero 3)

29 Completare la serie:

"...... ...... ↑ ↗ →"

1) ← 2) ↓ 3) ↖ 4) ↙

A) la serie si completa inserendo i disegni 3) e 4)
B) la serie si completa inserendo i disegni 2) e 3)
C) la serie si completa inserendo i disegni 1) e 3)

30 Quale figura si ottiene applicando a ciascun simbolo della figura di origine i comandi posti nella casella ad esso sottostante?

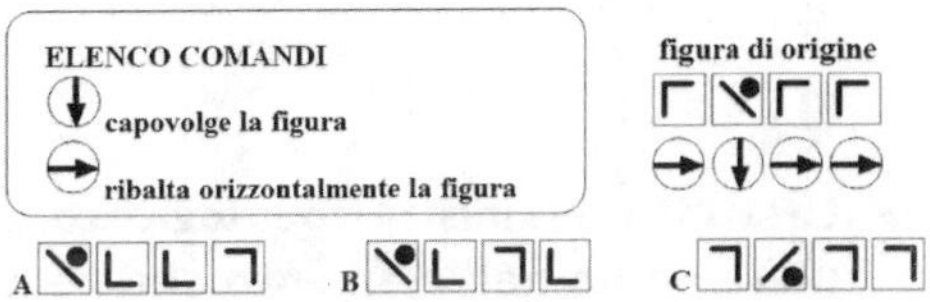

A) la figura A
B) la figura C
C) la figura B

31 Dopo aver fatto fare mezzo giro in senso orario alla lancetta dei minuti degli orologi A e D, portato avanti di un'ora e mezzo l'orologio B e messo indietro di quarantacinque minuti l'orologio C, individuare l'affermazione corretta.

A) tre orologi segnano la stessa ora
B) due orologi segnano la stessa ora
C) un orologio segna le 11.00

32 **Considerando che su tutte le facce del cubo sia presente una ed una sola lettera, quale parola può essere scritta con le lettere del cubo 1) e quale con quelle del cubo 2)?**

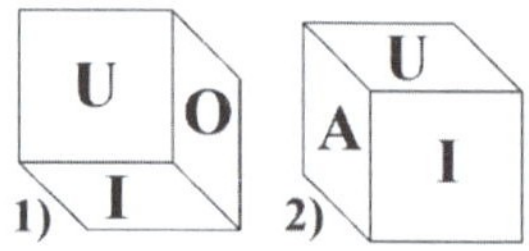

A) cubo 1) CIUFFO; cubo 2) CIURMA
B) cubo 1) CIUFFI; cubo 2) CIURMA
C) cubo 1) CIUFFO; cubo 2) CIURME

33 **Quale cubo corrisponde alla figura piana a lato?**

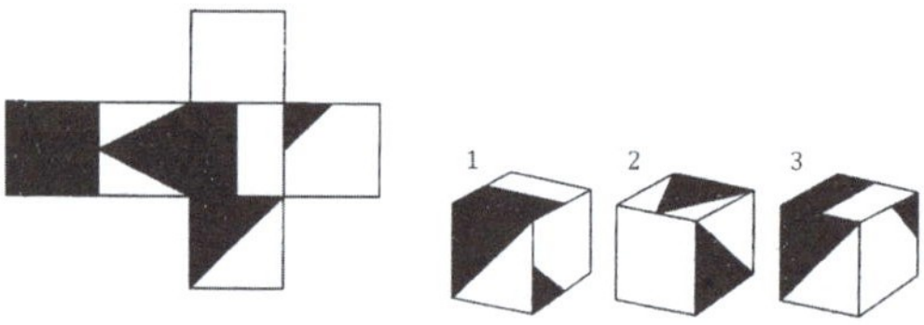

A) il cubo 2
B) il cubo 1
C) il cubo 3

34 **La struttura a sinistra trova logico completamento nell'elemento che nella struttura a destra è:**

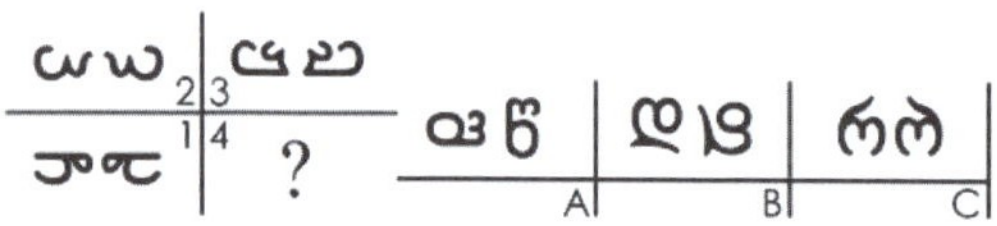

A) in posizione A
B) in posizione C
C) in posizione B

35 **La figura geometrica che appare nel box a sinistra è stata successivamente deformata sul piano. In quale dei successivi box non ritiene che possa essere presente?**

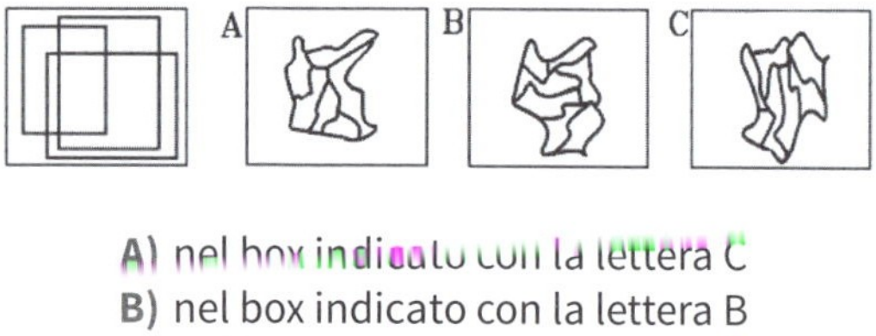

A) nel box indicato con la lettera C
B) nel box indicato con la lettera B
C) nel box indicato con la lettera A

36 **L'area colorata in grigio del quadrato X e la bianca del quadrato Y sono rispettivamente:**

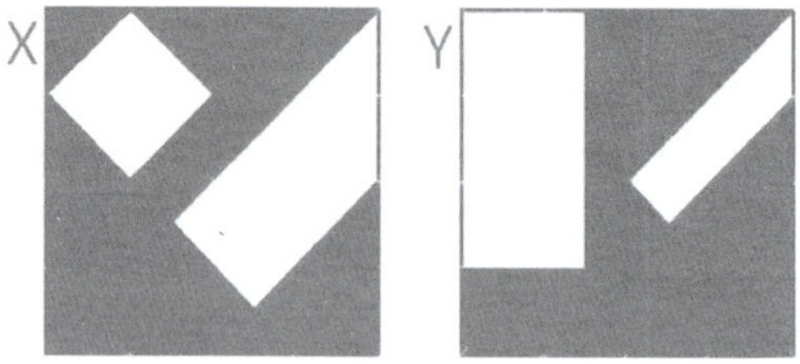

A) 46/64 e 30/64
B) 40/64 e 25/64
C) 15/32 e 15/32

37 **Completare la proporzione:**

A) la proporzione si completa con la coppia di elementi indicati con il numero 1)
B) la proporzione si completa con la coppia di elementi indicati con il numero 2)
C) la proporzione si completa con la coppia di elementi indicati con il numero 3)

38 **Completare la serie:**

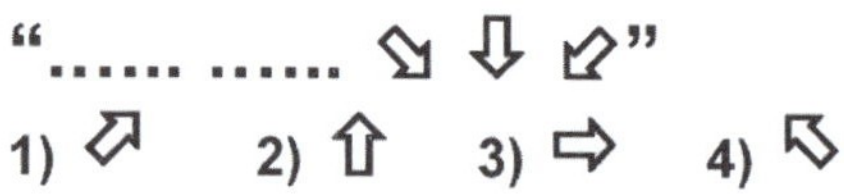

A) la serie si completa inserendo i disegni 2) e 3)
B) la serie si completa inserendo i disegni 3) e 4)
C) la serie si completa inserendo i disegni 1) e 3)

39 **Quale figura si ottiene applicando a ciascun simbolo della figura di origine i comandi posti nella casella ad esso sottostante?**

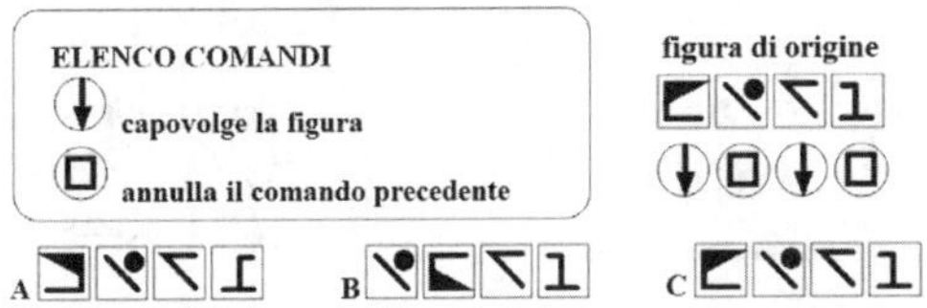

A) la figura A
B) la figura B
C) la figura C

40 **Dopo aver fatto fare mezzo giro in senso orario alla lancetta dei minuti degli orologi A e D, portato avanti di un'ora l'orologio B e messo indietro di due ore l'orologio C, individuare l'affermazione corretta.**

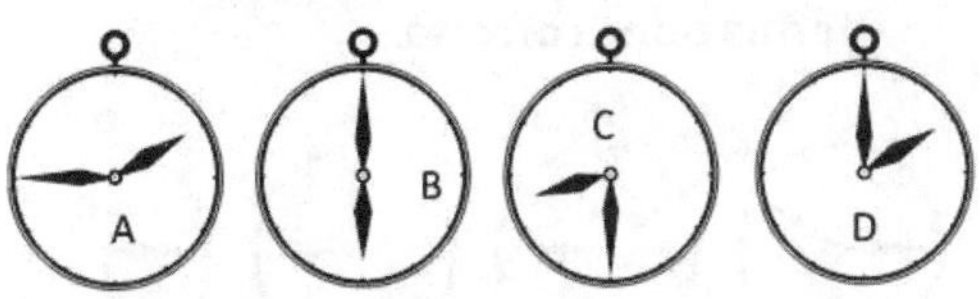

A) due orologi segnano le 2.30
B) tutti gli orologi segnano un'ora diversa
C) un orologio segna le 2.00

41 **Considerando che su tutte le facce del cubo sia presente una ed una sola lettera, quale parola può essere scritta con le lettere del cubo 1) e quale con quelle del cubo 2)?**

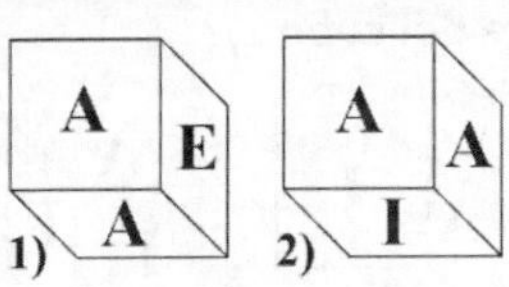

A) cubo 1) CAVARE; cubo 2) CAVATO
B) cubo 1) CAVARE; cubo 2) CALATA
C) cubo 1) CAVARE; cubo 2) CAVATI

42 **Se si piega la figura a lato quale cubo si ottiene?**

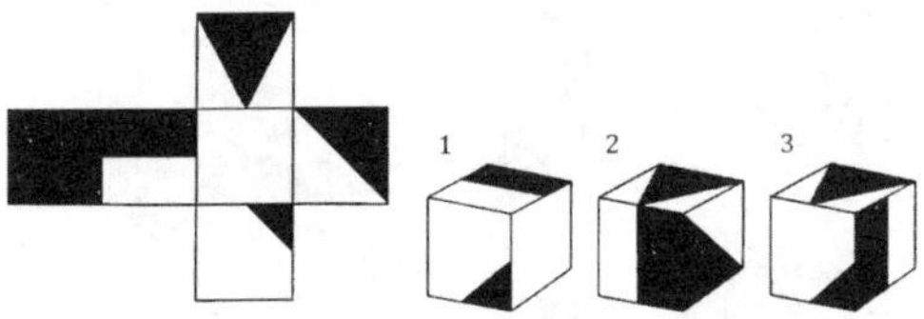

A) il cubo 3
B) il cubo 2
C) il cubo 1

43 **La figura indicata in «A» è stata ribaltata e successivamente ruotata. Dove la riconosce?**

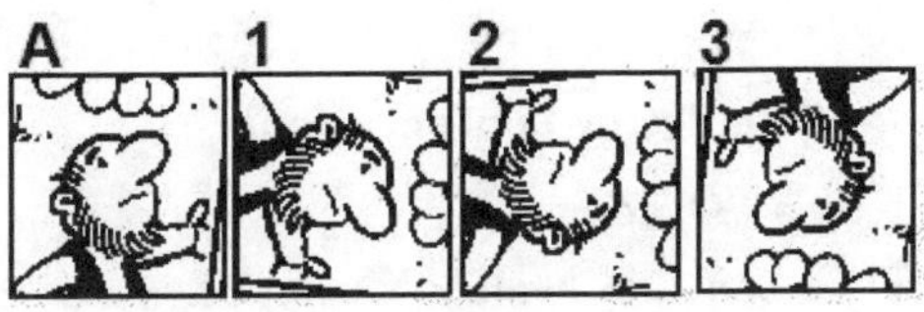

A) nella figura indicata con il n. 1
B) nella figura indicata con il n. 2
C) nella figura indicata con il n. 3

44 **La figura geometrica che appare nel box 1 è stata successivamente deformata sul piano. In quale dei successivi box ritiene che possa essere presente?**

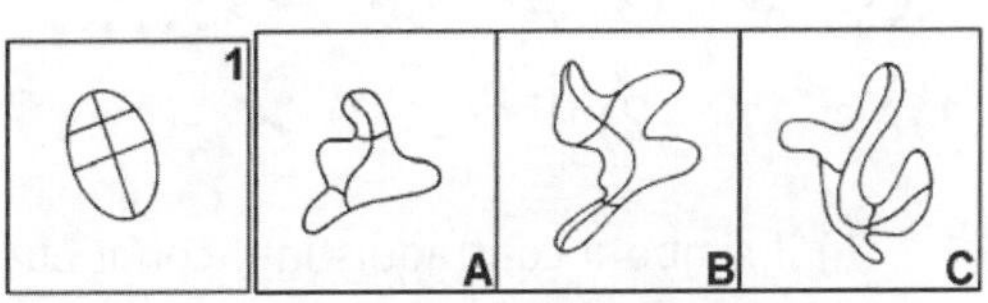

A) nel box indicato con la lettera B
B) nel box indicato con la lettera A
C) nel box indicato con la lettera C

45 Quale delle seguenti affermazioni non è corretta?

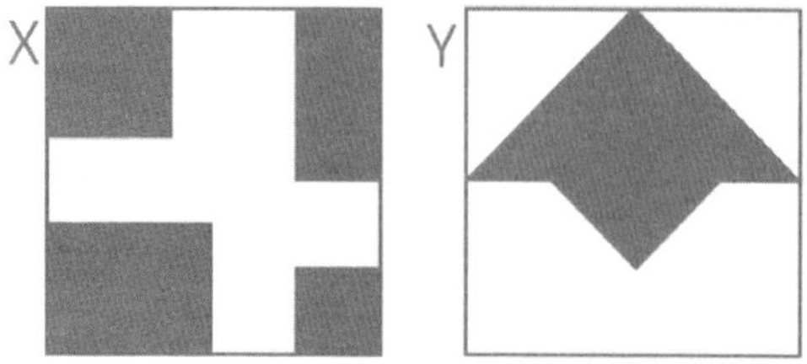

A) l'area lasciata bianca nel disegno Y è pari a 40/64 dell'area totale
B) l'area lasciata bianca nel disegno X è pari a 31/64
C) l'area colorata in grigio nel disegno X è maggiore della metà dell'area totale

46 Completare la proporzione:

A) la proporzione si completa con la coppia di elementi contenuti al numero 3)
B) la proporzione si completa con la coppia di elementi contenuti al numero 1)
C) la proporzione si completa con la coppia di elementi contenuti al numero 2)

47 Quale simbolo completa la serie in modo logico?

A) il simbolo contraddistinto con il numero 3)
B) il simbolo contraddistinto con il numero 1)
C) il simbolo contraddistinto con il numero 2)

48 Quale figura si ottiene applicando a ciascun simbolo della figura di origine i comandi posti nella casella ad esso sottostante?

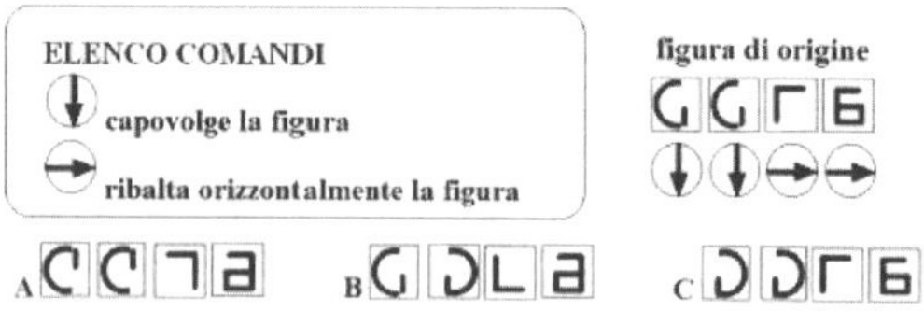

A) la figura C
B) la figura A
C) la figura B

49 Dopo aver fatto fare mezzo giro in senso orario alla lancetta dei minuti degli orologi A e D, portato avanti di un'ora e mezzo l'orologio B e messo indietro di due ore l'orologio C, individuare l'affermazione corretta.

A) un solo orologio segna le 6.00
B) gli orologi segnano tutti un'ora diversa
C) nessun orologio segna le 2.15

50 Considerando che su tutte le facce del cubo sia presente una ed una sola lettera, quale parola può essere scritta con le lettere del cubo 1) e quale con quelle del cubo 2)?

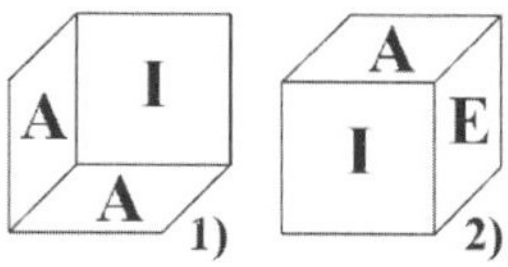

A) cubo 1) RAPINE; cubo 2) RAPIRE
B) cubo 1) RAPINA; cubo 2) RAPIRE
C) cubo 1) RAPINA; cubo 2) RAPITO

51 **La superficie di uno dei cubi proposti (1, 2, 3) è stata trasportata su un piano. Di quale cubo si tratta?**

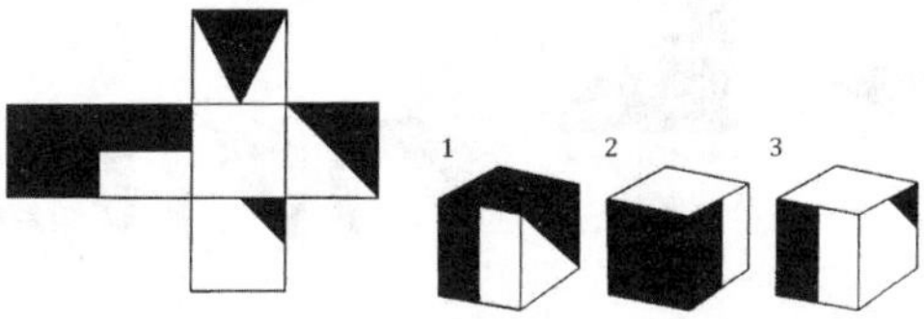

A) del cubo 3
B) del cubo 1
C) del cubo 2

52 **La figura indicata in «A» è stata ribaltata e successivamente ruotata. Dove la riconosce?**

A) nella figura indicata con il n. 1
B) nella figura indicata con il n. 3
C) nella figura indicata con il n. 2

53 **La figura a lato è stata solo deformata sul piano. Individuare in quale o in quali box non è presente.**

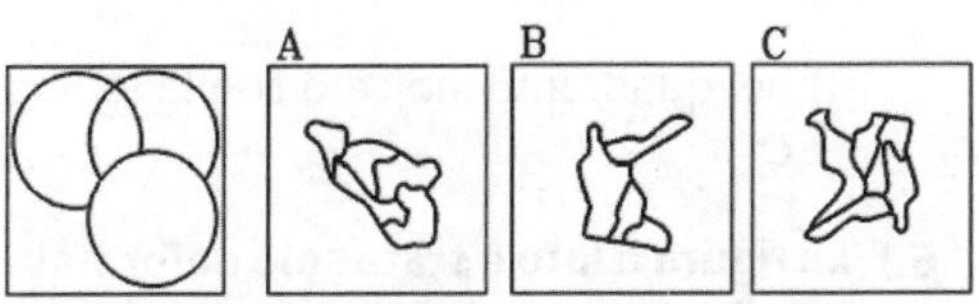

A) non è presente nei box A e C
B) non è presente nel box C
C) non è presente nei box A e B

54 **Le frazioni che rappresentano la parte colorata in grigio sull'area totale dei quadrati X e Y sono rispettivamente:**

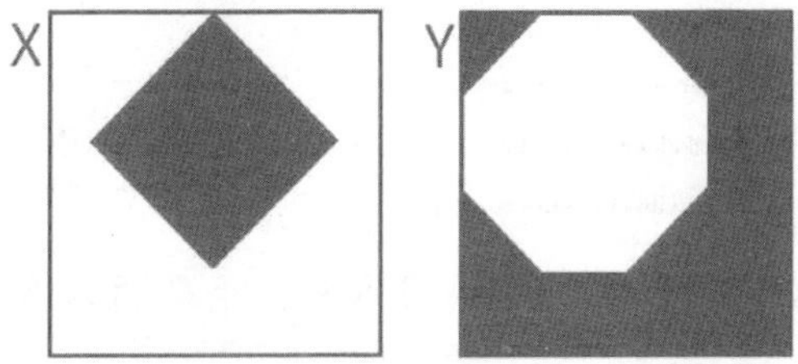

A) 18/64 e 9/16
B) 20/64 e 10/16
C) 14/64 e 8/16

55 **Completare la proporzione:**

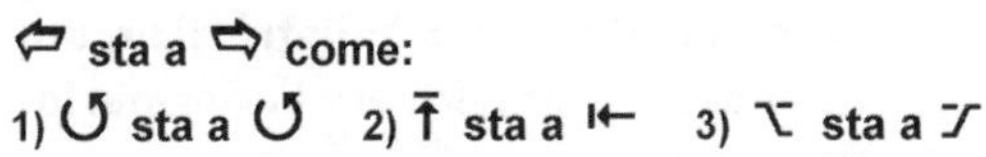

A) la proporzione si completa con la coppia di elementi contenuti al numero 2)
B) la proporzione si completa con la coppia di elementi contenuti al numero 1)
C) la proporzione si completa con la coppia di elementi contenuti al numero 3)

56 **Completare la serie:**

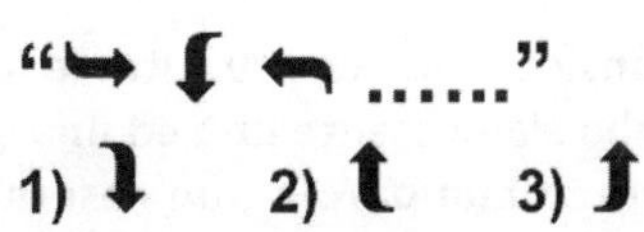

A) la serie si completa con il disegno indicato con il numero 1)
B) la serie si completa con il disegno indicato con il numero 2)
C) la serie si completa con il disegno indicato con il numero 3)

57 **Quale figura si ottiene applicando a ciascun simbolo della figura di origine i comandi posti nella casella ad esso sottostante?**

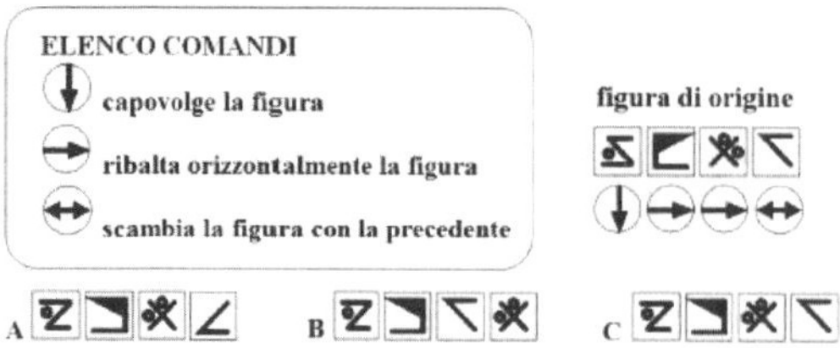

A) la figura B
B) la figura A
C) la figura C

58 **Dopo aver fatto fare mezzo giro in senso orario alla lancetta dei minuti degli orologi C e D, portato avanti di due ore l'orologio B e messo indietro di un'ora l'orologio A, individuare l'affermazione corretta.**

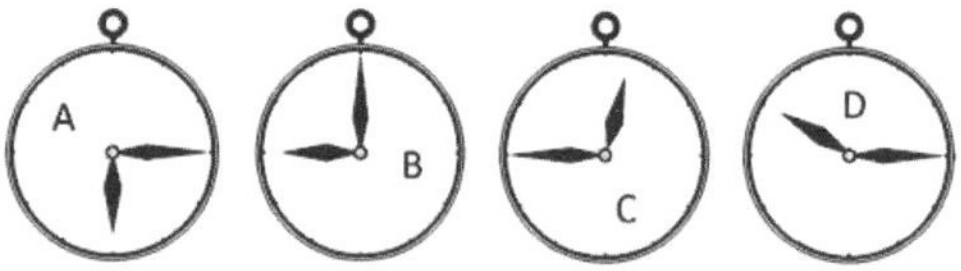

A) nessun orologio segna le 5.15
B) nessun orologio segna le 10.30
C) un orologio segna le 1.30

59 **Considerando che su tutte le facce del cubo sia presente una ed una sola lettera, quale parola può essere scritta con le lettere del cubo 1) e quale con quelle del cubo 2)?**

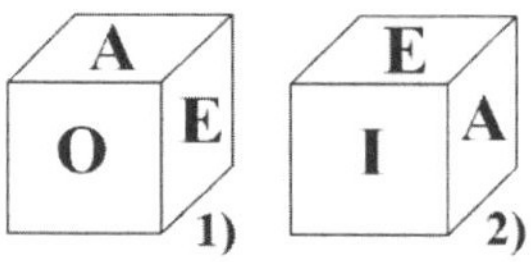

A) cubo 1) MALORI; cubo 2) MARINE
B) cubo 1) MALORE; cubo 2) MARINE
C) cubo 1) MALORE; cubo 2) MARINA

60 **Quale cubo corrisponde alla figura piana a lato?**

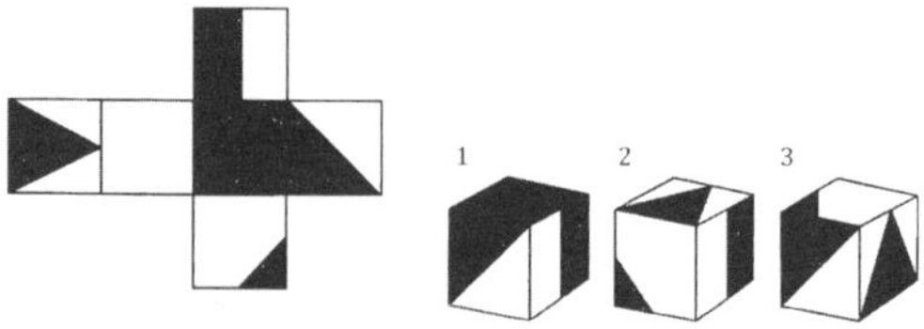

A) il cubo 3
B) il cubo 1
C) il cubo 2

61 **In quale dei seguenti quadranti è proposto il disegno 1, dopo essere stato ribaltato?**

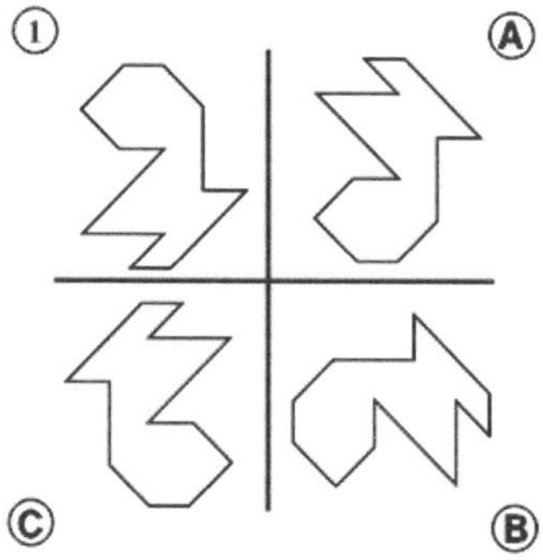

A) nel quadrante indicato con la lettera B
B) nel quadrante indicato con la lettera A
C) nel quadrante indicato con la lettera C

62 **La figura a lato è stata solo deformata sul piano. In quale box è presente?**

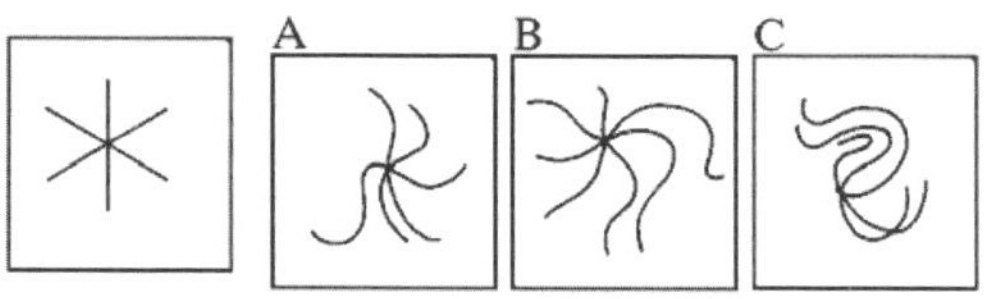

A) nel box B
B) nel box C
C) nel box A

63 **Si supponga che le figure X e Y rappresentino 2 pareti che sono state dipinte con vernice bianca e vernice grigia. Nel complesso è stata utilizzata più vernice bianca o più vernice grigia?**

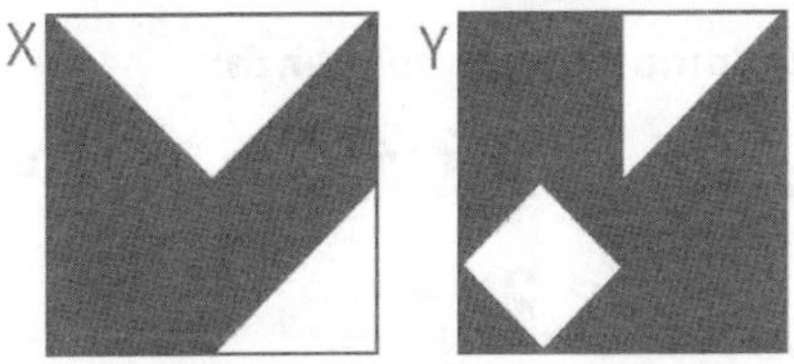

A) grigia: poiché nella parete X il grigio rappresenta 10/16 e nella parete Y rappresenta 11/16
B) bianca: poiché più della metà di entrambe le pareti è bianca
C) grigia: poiché più della metà di entrambe le pareti è grigia

64 **Completare l'associazione:**

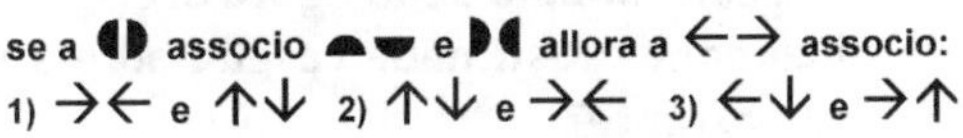

A) gli elementi contenuti in 2)
B) gli elementi contenuti in 1)
C) gli elementi contenuti in 3)

65 **Completare la serie:**

A) la serie si completa con gli elementi contenuti in 1)
B) la serie si completa con gli elementi contenuti in 2)
C) la serie si completa con gli elementi contenuti in 3).

66 **Quale figura si ottiene applicando a ciascun simbolo della figura di origine i comandi posti nella casella ad esso sottostante?**

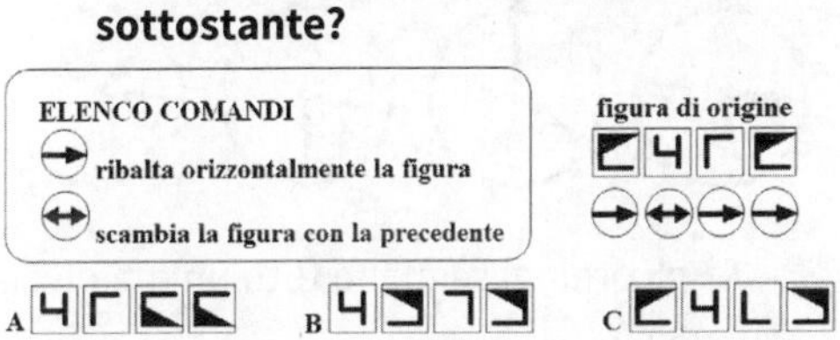

A) la figura B
B) la figura A
C) la figura C

67 **Dopo aver fatto fare mezzo giro in senso orario alla lancetta dei minuti degli orologi A e D, portato avanti di un'ora e mezzo l'orologio B e messo indietro di due ore l'orologio C, individuare l'affermazione corretta.**

A) nessun orologio segna le 3.15
B) nessun orologio segna le 11.30
C) due orologi segnano le 4.30

68 **Considerando che su tutte le facce del cubo sia presente una ed una sola lettera, quale parola può essere scritta con le lettere del cubo 1) e quale con quelle del cubo 2)?**

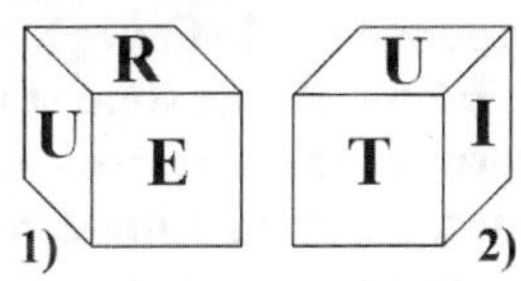

A) cubo 1) QUARTA; cubo 2) NUOTAI
B) cubo 1) QUARTE; cubo 2) NUOTAI
C) cubo 1) QUARTE; cubo 2) NUOTA

69 **Lo sviluppo di un solido è la superficie che si ottiene riportando su un piano le facce che lo compongono. La figura proposta rappresenta lo sviluppo del cubo contrassegnato con:**

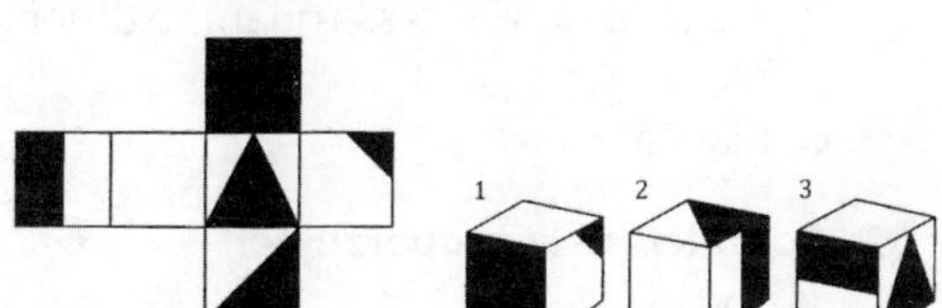

A) il numero 1
B) il numero 2
C) il numero 3

70 **La figura indicata in «A» è stata ribaltata e successivamente ruotata. Dove la riconosce?**

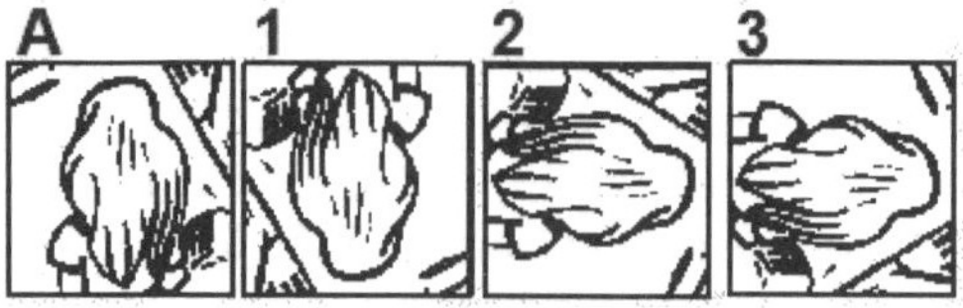

A) nella figura indicata con il n. 1
B) nella figura indicata con il n. 3
C) nella figura indicata con il n. 2

71 **La figura geometrica che appare nel box a sinistra è stata successivamente deformata sul piano. In quale dei successivi box ritiene che possa essere presente?**

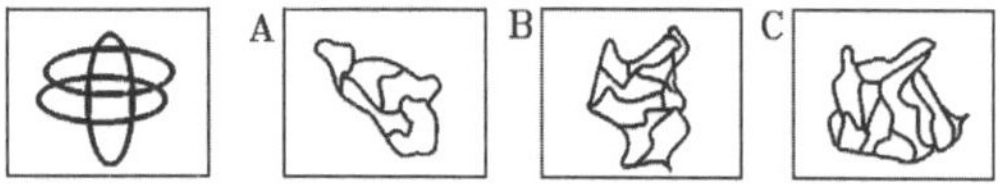

A) nel box indicato con la lettera B
B) nel box indicato con la lettera C
C) nel box indicato con la lettera A

72 **Si supponga che le figure X e Y rappresentino 2 pareti che sono state dipinte con vernice bianca e vernice grigia. Nel complesso è stata utilizzata più vernice bianca o più vernice grigia?**

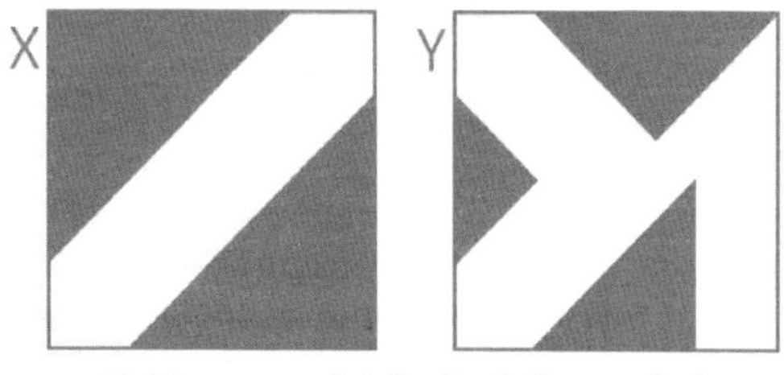

A) bianca: poiché più della metà di entrambe le pareti è bianca
B) si è utilizzata la stessa quantità di vernice
C) bianca

73 **Completare la proporzione:**

■ sta a ■ come

1) ◆ sta a ◆ 2) ⑨ sta a ❾ 3) ➡ sta a ⇨

A) la proporzione si completa con la coppia di elementi indicati con il numero 2)
B) la proporzione si completa con la coppia di elementi indicati con il numero 3)
C) la proporzione si completa con la coppia di elementi indicati con il numero 1)

74 **Completare la sequenza:**

"...... ⇧ ✠ ⇧ ★ ⇧ ✶"

1) ⇧ 2) ⅄ 3) ✵

A) la sequenza si completa con il numero 3)
B) la sequenza si completa con il numero 1)
C) la sequenza si completa con il numero 2)

75 **Quale figura si ottiene applicando a ciascun simbolo della figura di origine i comandi posti nella casella ad esso sottostante?**

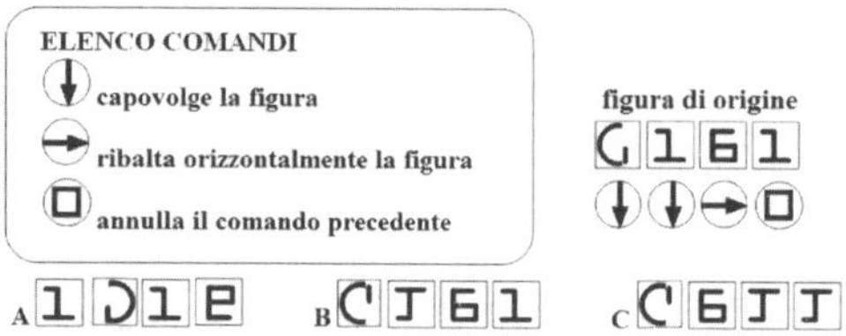

A) la figura C
B) la figura B
C) la figura A

76 **Dopo aver fatto fare mezzo giro in senso orario alla lancetta dei minuti degli orologi B e D, portato avanti di due ore l'orologio C e messo indietro di un'ora l'orologio A, individuare l'affermazione corretta.**

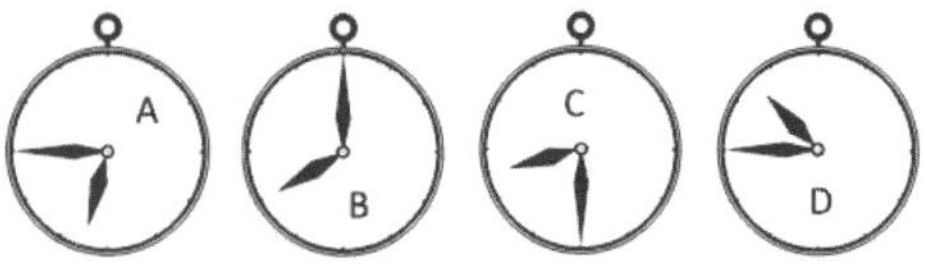

A) gli orologi segnano tutti un'ora diversa
B) due orologi segnano la stessa ora
C) nessun orologio segna le 11.15

77 **Considerando che su tutte le facce del cubo sia presente una ed una sola lettera, quale parola può essere scritta con le lettere del cubo 1) e quale con quelle del cubo 2)?**

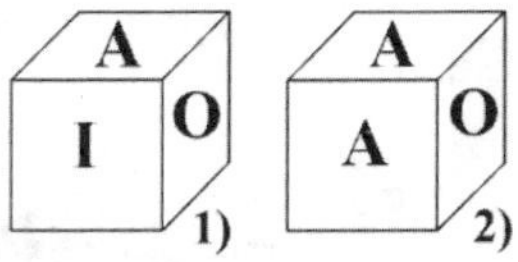

A) cubo 1) MARINO; cubo 2) BARAVI
B) cubo 1) MARINA; cubo 2) BARAVO
C) cubo 1) MARINO; cubo 2) BARAVO

78 **Se si piega la figura a lato quale cubo si ottiene?**

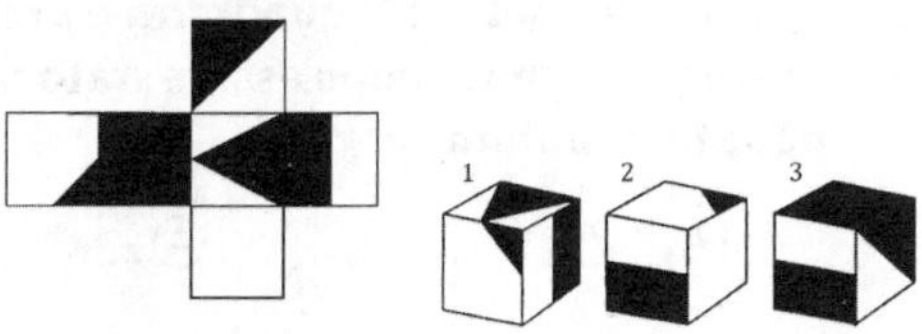

A) il cubo 2
B) il cubo 3
C) il cubo 1

79 **La figura indicata in «A» è stata ribaltata e successivamente ruotata. Dove la riconosce?**

A) nella figura indicata con il n. 2
B) nella figura indicata con il n. 3
C) nella figura indicata con il n. 1

80 **La figura geometrica che appare nel box a sinistra è stata successivamente deformata sul piano. In quale dei successivi box ritiene che possa essere presente?**

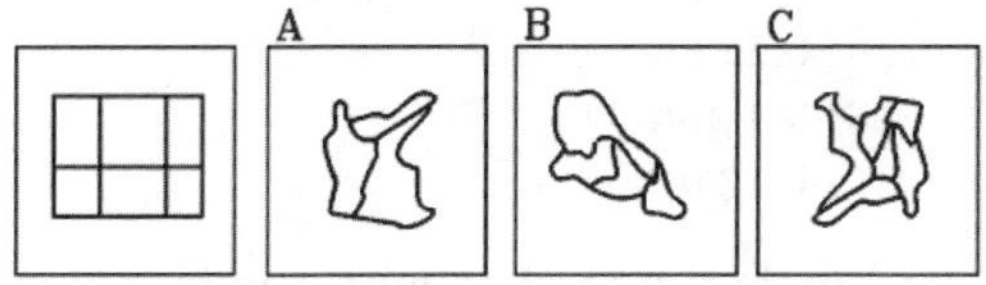

A) nel box indicato con la lettera A
B) nel box indicato con la lettera C
C) nel box indicato con la lettera B

81 **La superficie colorata in grigio è maggiore nel disegno X o nel disegno Y?**

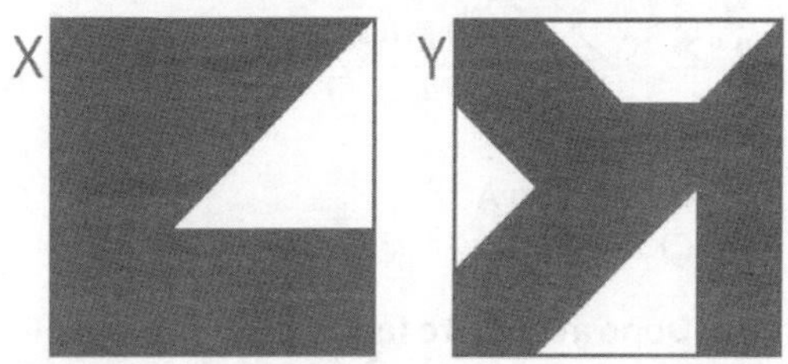

A) nel disegno X: 126/128 contro i 98/128 del disegno Y
B) nel disegno Y: 108/128 contro i 95/128 del disegno X
C) nel disegno X: 103/128 contro gli 88/128 del disegno Y

82 **Completare la proporzione:**

▶ sta a ◀ come:

1) ☽ sta a ☾ 2) ⇇ sta a ⇇ 3) ▲ sta a ➤

A) la proporzione si completa con la coppia di elementi contenuti al numero 2)
B) la proporzione si completa con la coppia di elementi contenuti al numero 1)
C) la proporzione si completa con la coppia di elementi contenuti al numero 3)

83 **Quale delle figure proposte integra la serie?**

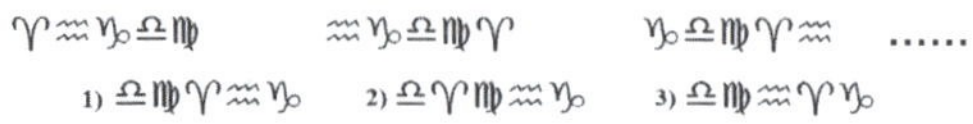

A) la figura 3)
B) la figura 1)
C) la figura 2)

84 **Quale figura si ottiene applicando a ciascun simbolo della figura di origine i comandi posti nella casella ad esso sottostante?**

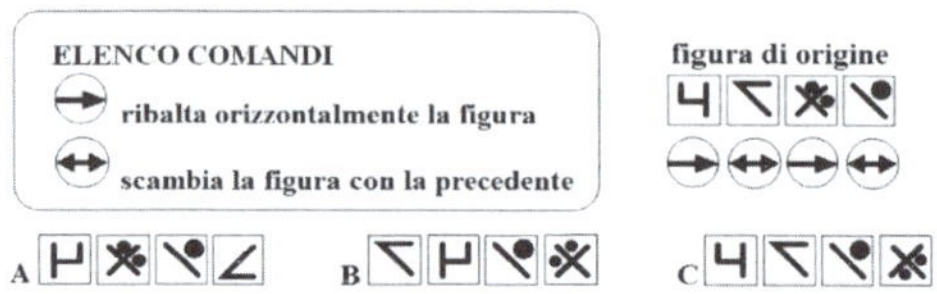

A) la figura B
B) la figura A
C) la figura C

85 **Dopo aver fatto fare mezzo giro in senso orario alla lancetta dei minuti degli orologi B e C, portato avanti di un'ora l'orologio A e messo indietro di quarantacinque minuti l'orologio D, individuare l'affermazione corretta.**

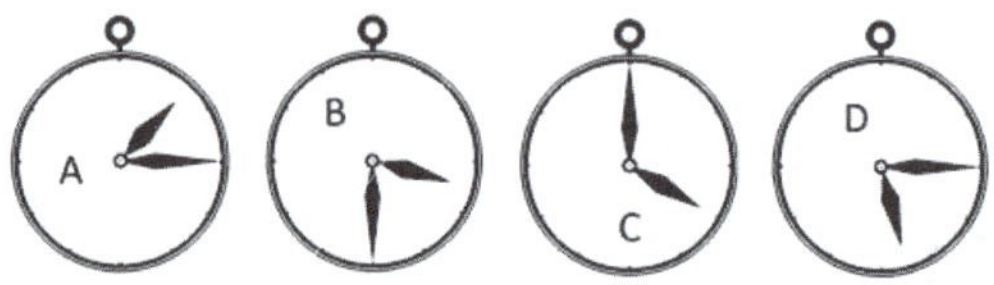

A) nessun orologio segna le 4.00
B) un orologio segna le 3.15
C) due orologi segnano le 4.30

86 **Considerando che su tutte le facce del cubo sia presente una ed una sola lettera, quale parola può essere scritta con le lettere del cubo 1) e quale con quelle del cubo 2)?**

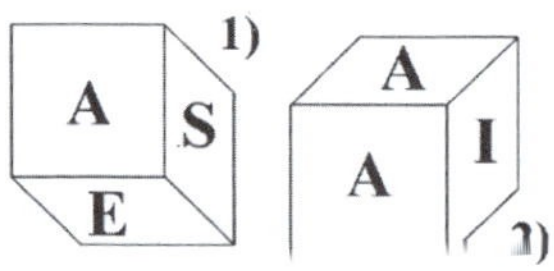

A) cubo 1) CLASSI; cubo 2) CIALDA
B) cubo 1) CLASSE; cubo 2) CIALDA
C) cubo 1) CLASSE; cubo 2) CIALDE

87 **Partendo dalle facce aperte su un piano (figura a sinistra) quale cubo è possibile ricomporre?**

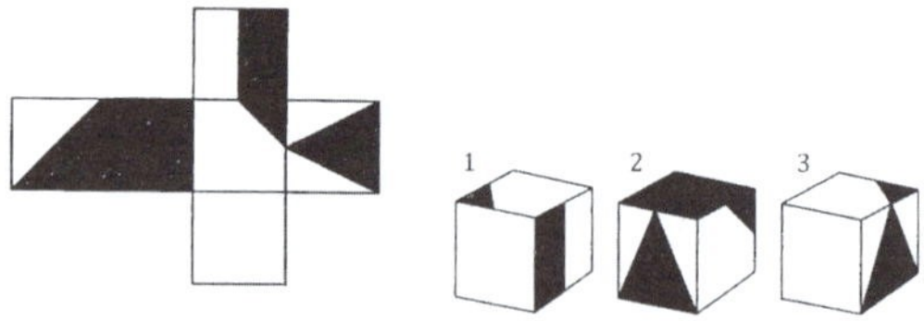

A) il cubo 1
B) il cubo 2
C) il cubo 3

88 **In quale dei seguenti quadranti è proposto il disegno 1, dopo essere stato ribaltato e ruotato?**

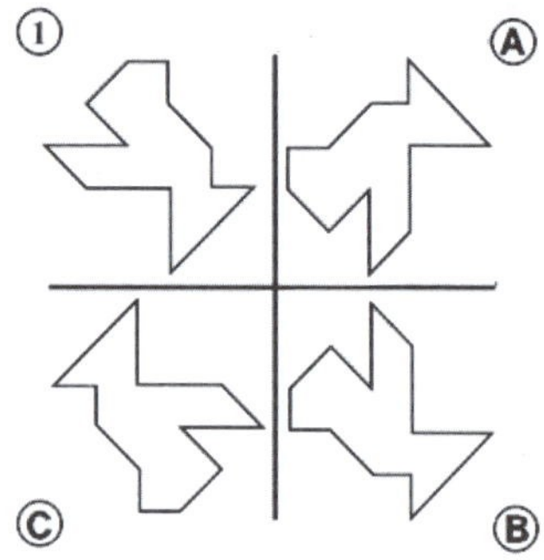

A) nel quadrante indicato con la lettera B
B) nel quadrante indicato con la lettera A
C) nel quadrante indicato con la lettera C

89 **La figura a lato è stata solo deformata sul piano. Individuare in quale o in quali box non è presente.**

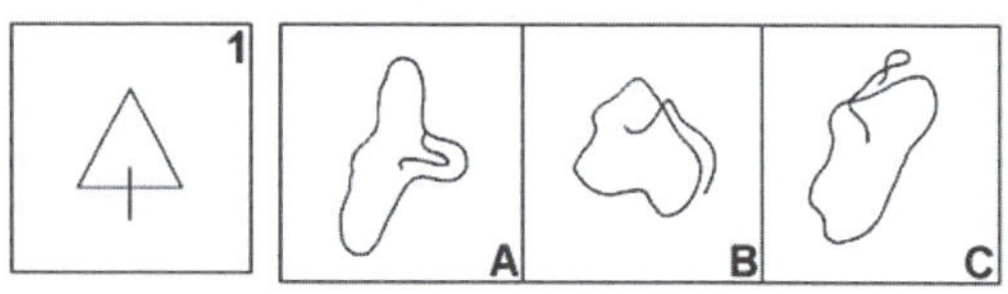

A) non è presente nel box C
B) non è presente nei box A e C
C) non è presente nei box A e B

90 **Dati i quadrati X e Y, la parte colorata in grigio rappresenta:**

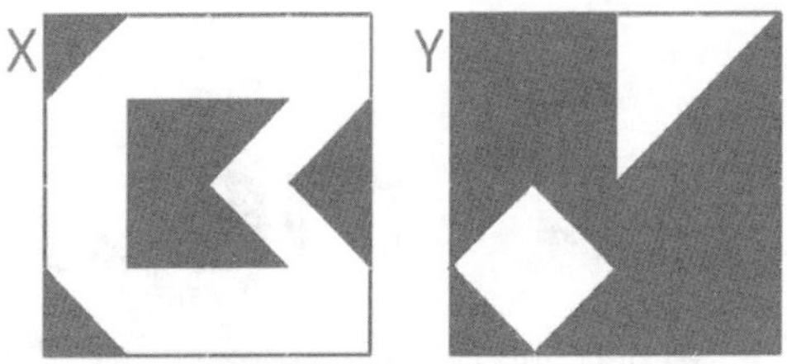

A) i 12/16 del totale per X e i 14/16 del totale per Y
B) i 5/16 del totale per X e i 12/16 del totale per Y
C) gli 8/16 del totale per X e gli 11/16 del totale per Y

91 **Completare l'associazione:**

A) gli elementi contenuti in 3)
B) gli elementi contenuti in 2)
C) gli elementi contenuti in 1)

92 **Quale figura completa la serie in modo logico?**

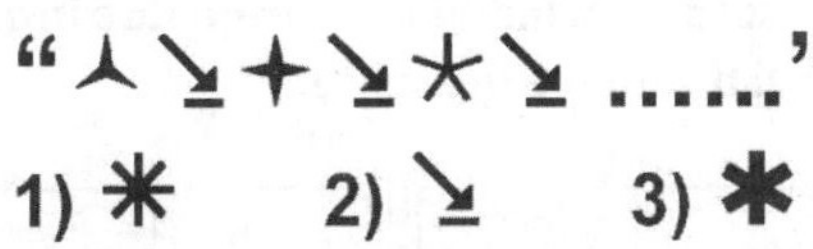

A) la figura contraddistinta con il numero 2)
B) la figura contraddistinta con il numero 1)
C) la figura contraddistinta con il numero 3)

93 **Dopo aver fatto fare mezzo giro in senso orario alla lancetta dei minuti degli orologi C e D, portato avanti di due ore l'orologio B e messo indietro di un'ora l'orologio A, individuare l'affermazione corretta.**

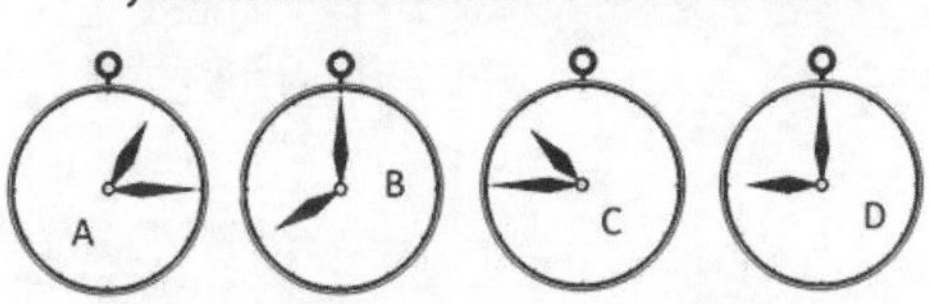

A) nessun orologio segna le 12.30
B) un orologio segna le 11.30
C) due orologi segnano le 9.30

94 **Se si piega la figura a lato quale cubo si ottiene?**

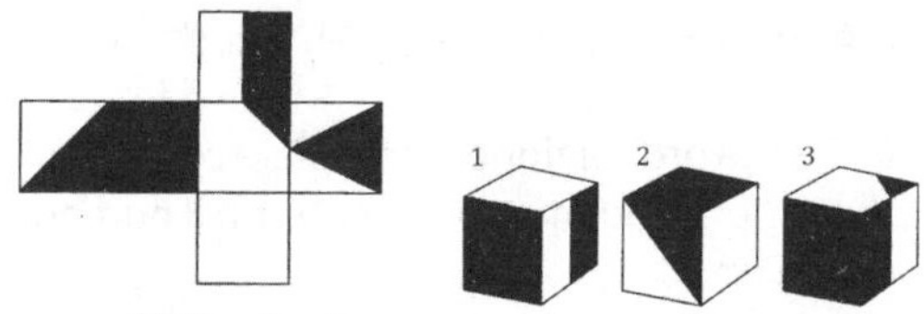

A) il cubo 3
B) il cubo 1
C) il cubo 2

95 **La figura indicata in «A» è stata ribaltata e successivamente ruotata. Dove la riconosce?**

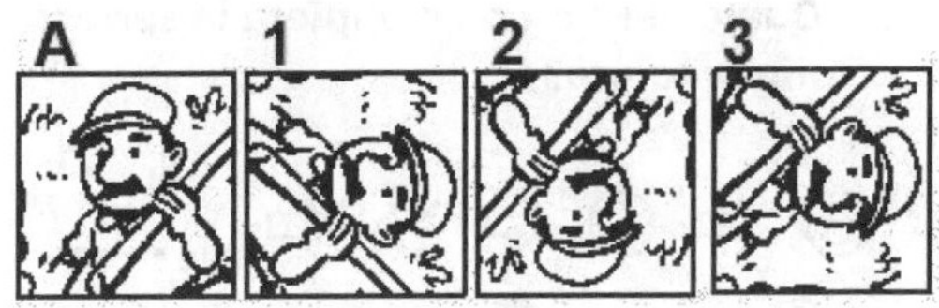

A) nella figura indicata con il n. 2
B) nella figura indicata con il n. 1
C) nella figura indicata con il n. 3

96 **La figura geometrica che appare nel box a sinistra è stata successivamente deformata sul piano. In quale dei successivi box ritiene che possa essere presente?**

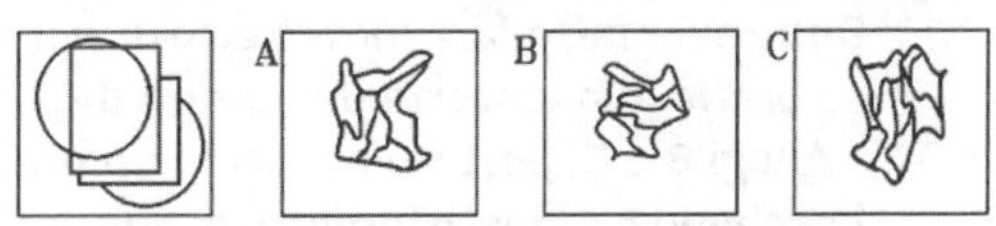

A) nel box indicato con la lettera C
B) nel box indicato con la lettera A
C) nel box indicato con la lettera B

97 **Le frazioni che rappresentano la parte colorata in grigio sull'area totale dei quadrati X e Y sono rispettivamente:**

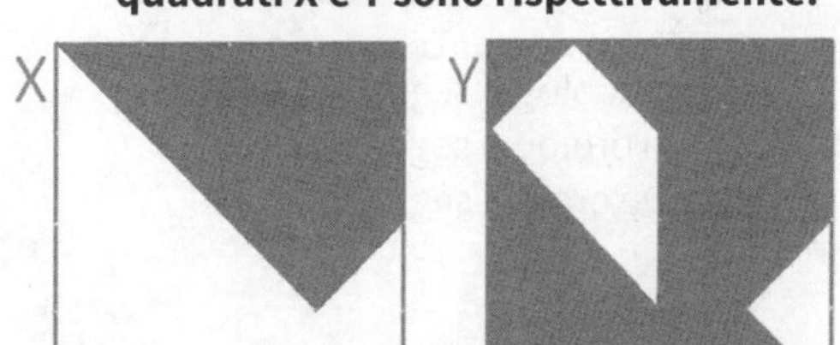

A) 36/64 e 40/64
B) 28/64 e 48/64
C) 26/64 e 56/64

98 **Completare la proporzione:**

A) la proporzione si completa con la coppia di elementi indicati con il numero 3)
B) la proporzione si completa con la coppia di elementi indicati con il numero 2)
C) la proporzione si completa con la coppia di elementi indicati con il numero 1)

99 **Quale dei simboli completa la serie in modo logico?**

A) il simbolo contraddistinto con il numero 1)
B) il simbolo contraddistinto con il numero 2)
C) il simbolo contraddistinto con il numero 3).

100 **Dopo aver fatto fare mezzo giro in senso orario alla lancetta dei minuti degli orologi B e C, portato avanti di un'ora l'orologio A e messo indietro di due ore l'orologio D, individuare l'affermazione corretta.**

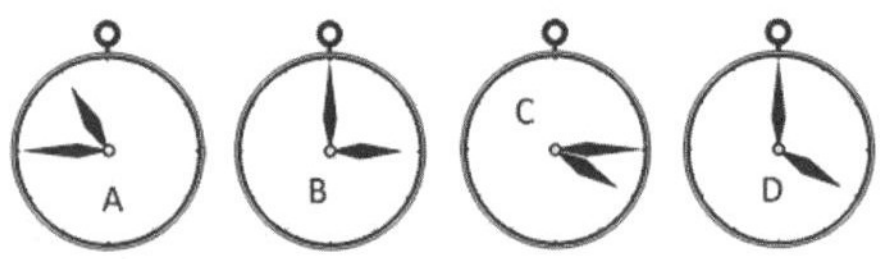

A) un orologio segna le 11.45
B) un orologio segna le 2.30
C) due orologi segnano le 3.30

101 **La superficie di uno dei cubi proposti (1, 2, 3) è stata trasportata su un piano. Di quale cubo si tratta?**

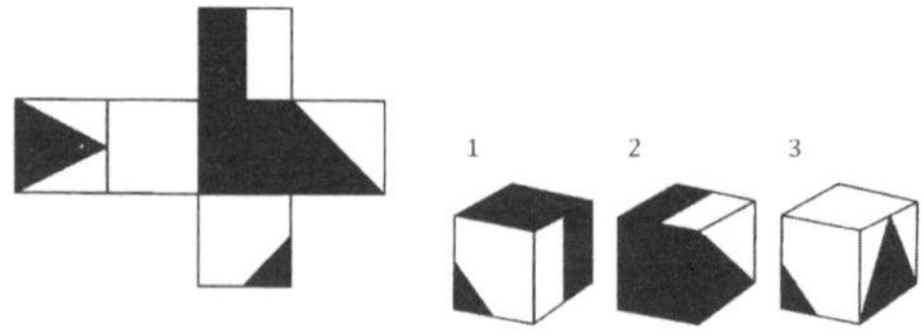

A) del cubo 2
B) del cubo 1
C) del cubo 3

102 **Il disegno del box 1, ribaltato e ruotato, è riproposto con tali caratteristiche nel box:**

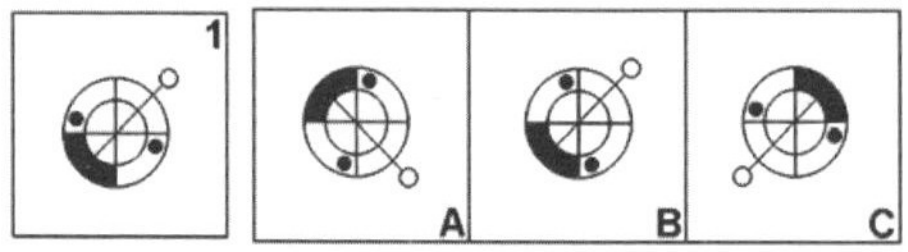

A) indicato con la lettera C
B) indicato con la lettera B
C) indicato con la lettera A

103 **La figura a lato è stata solo deformata sul piano. Individuare in quale o in quali box non è presente.**

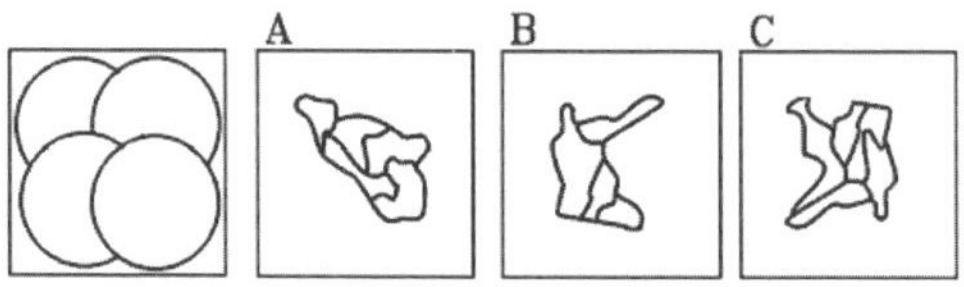

A) non è presente nei box A e B
B) non è presente nel box A
C) non è presente nei box A e C

104 **Dati i quadrati X e Y, la parte colorata in grigio rappresenta:**

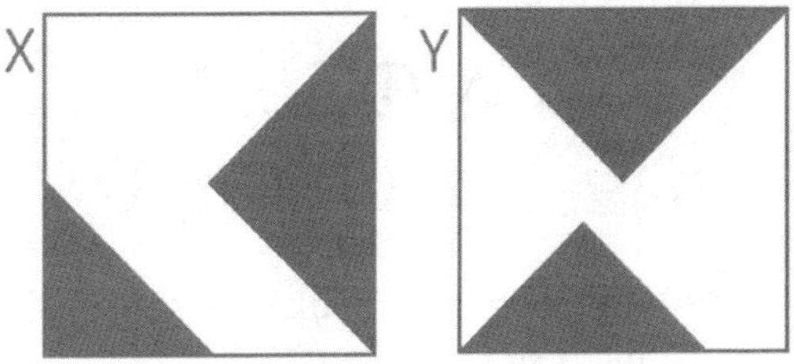

A) i 6/16 del totale per X e i 25/64 del totale per Y
B) i 26/64 del totale per X e i 10/16 del totale per Y
C) i 7/16 del totale per X e i 60/128 del totale per Y

105 **Completare la proporzione:**

❹ sta a ④ come

1) ✦ sta a ✦ 2) ☛ sta a ☜ 3) ◁ sta a ◀

A) la proporzione si completa con la coppia di elementi indicati con il numero 3)
B) la proporzione si completa con la coppia di elementi indicati con il numero 2)
C) la proporzione si completa con la coppia di elementi indicati con il numero 1)

106 **Completare la serie:**

"...... ...... ↑ ↗ →"

1) ← 2) ↘ 3) ↖ 4) ↓

A) la serie si completa inserendo i disegni 1) e 3)
B) la serie si completa inserendo i disegni 2) e 3)
C) la serie si completa inserendo i disegni 3) e 4)

107 **Dopo aver fatto fare mezzo giro in senso orario alla lancetta dei minuti degli orologi B e C, portato avanti di un'ora l'orologio A e messo indietro di due ore l'orologio D, individuare l'affermazione corretta.**

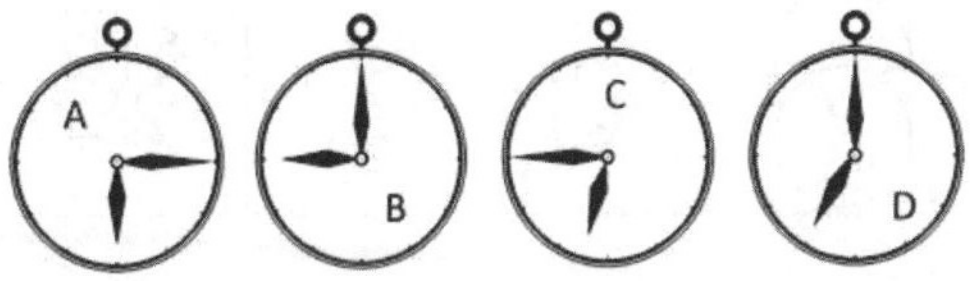

A) un orologio segna le 8.30
B) nessun orologio segna le 9.30
C) due orologi segnano le 7.15

108 **Se si piega la figura a lato quale cubo si ottiene?**

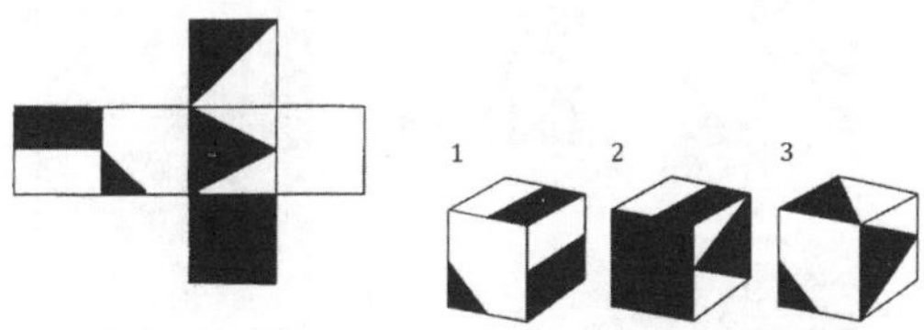

A) il cubo 1
B) il cubo 2
C) il cubo 3

109 **La figura indicata in «A» è stata ribaltata e successivamente ruotata. Dove la riconosce?**

A) nella figura indicata con il n. 3
B) nella figura indicata con il n. 2
C) nella figura indicata con il n. 1

110 **La figura geometrica che appare nel box a sinistra è stata successivamente deformata sul piano. In quale dei successivi box ritiene che possa essere presente?**

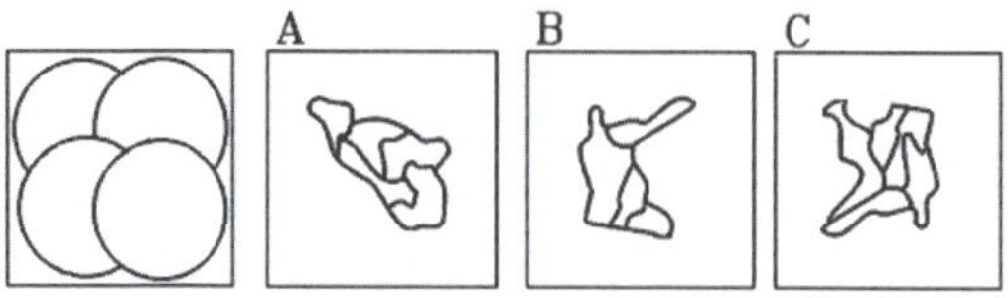

A) nel box indicato con la lettera B
B) nel box indicato con la lettera C
C) nel box indicato con la lettera A

111 **La superficie colorata in grigio è maggiore nel disegno X o nel disegno Y?**

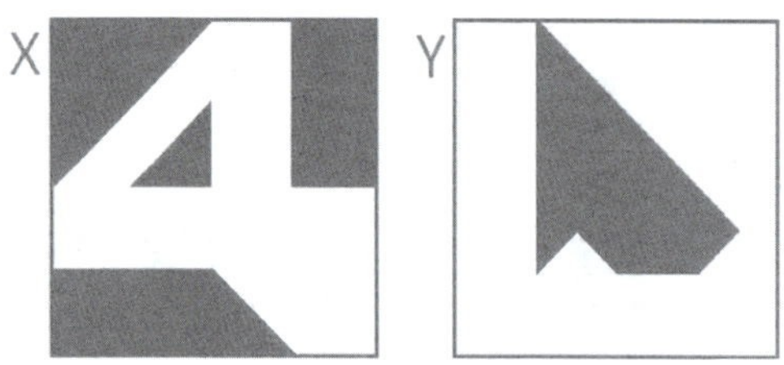

A) nel disegno X: 7/16 contro i 4/16 del disegno Y
B) nel disegno X: 12/16 contro i 8/16 del disegno Y
C) nel disegno Y: 12/16 contro i 11/16 del disegno X

112 **Completare la proporzione:**

✝ sta a ✝ come
1) ❸ sta a ③ 2) ◁ sta a ◁ 3) □ sta a ■

A) la proporzione si completa con la coppia di elementi indicati con il numero 3)
B) la proporzione si completa con la coppia di elementi indicati con il numero 2)
C) la proporzione si completa con la coppia di elementi indicati con il numero 1)

113 **Quale dei seguenti simboli completa la serie in modo logico?**

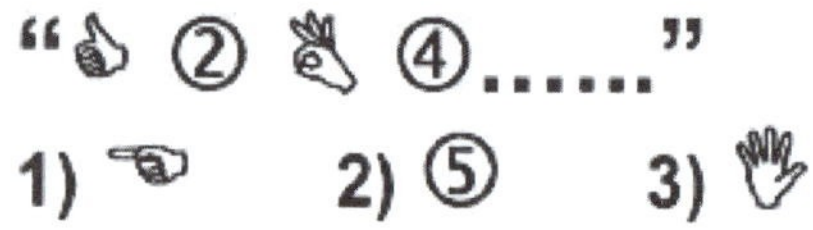

A) il simbolo contraddistinto con il numero 3)
B) il simbolo contraddistinto con il numero 1)
C) il simbolo contraddistinto con il numero 2)

114 **Dopo aver fatto fare mezzo giro in senso orario alla lancetta dei minuti degli orologi B e C, portato avanti di un'ora l'orologio A e messo indietro di un'ora e trenta minuti l'orologio D, individuare l'affermazione corretta.**

A) nessun orologio segna le 3.30
B) due orologi segnano la stessa ora
C) gli orologi segnano tutti un'ora diversa

115 **Partendo dalle facce aperte su un piano (figura a sinistra) quale cubo è possibile ricomporre?**

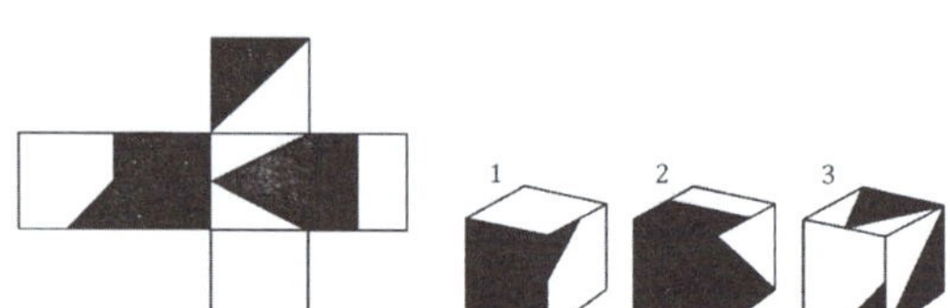

A) il cubo 2
B) il cubo 3
C) il cubo 1

116 **La struttura a sinistra trova logico completamento nell'elemento che nella struttura a destra è:**

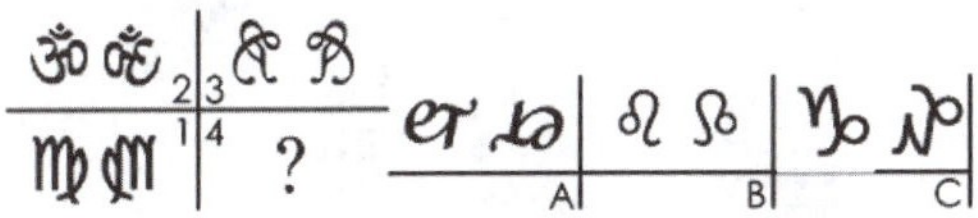

A) in posizione C
B) in posizione A
C) in posizione B

117 **La figura geometrica che appare nel box a sinistra è stata successivamente deformata sul piano. In quale dei successivi box ritiene che possa essere presente?**

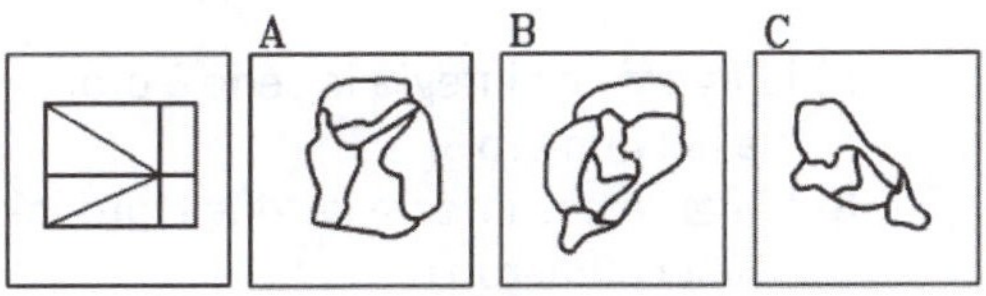

A) nel box indicato con la lettera B
B) nel box indicato con la lettera C
C) nel box indicato con la lettera A

118 **Le frazioni che rappresentano la parte colorata in grigio sull'area totale dei quadrati X e Y sono rispettivamente:**

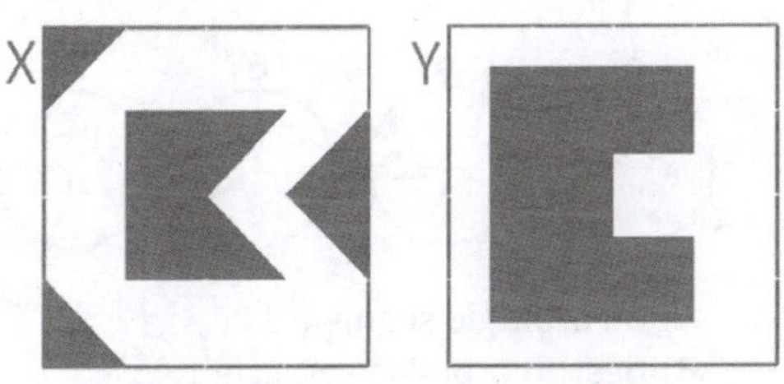

A) 10/16 e 20/64
B) 5/16 e 26/64
C) 4/16 e 20/64

119 **Completare la proporzione:**

A) la proporzione si completa con la coppia di elementi indicati con il numero 1)
B) la proporzione si completa con la coppia di elementi indicati con il numero 2)
C) la proporzione si completa con la coppia di elementi indicati con il numero 3)

120 **Quale figura completa la serie in modo logico?**

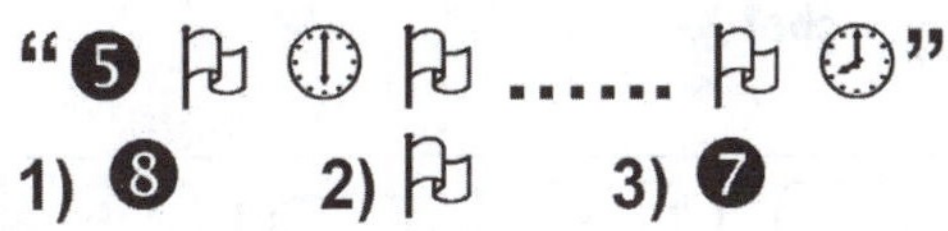

A) la figura contraddistinta con il numero 3)
B) la figura contraddistinta con il numero 1)
C) la figura contraddistinta con il numero 2)

121 **Dopo aver fatto fare mezzo giro in senso orario alla lancetta dei minuti degli orologi A e D, portato avanti di un'ora l'orologio B e messo indietro di due ore l'orologio C, individuare l'affermazione corretta.**

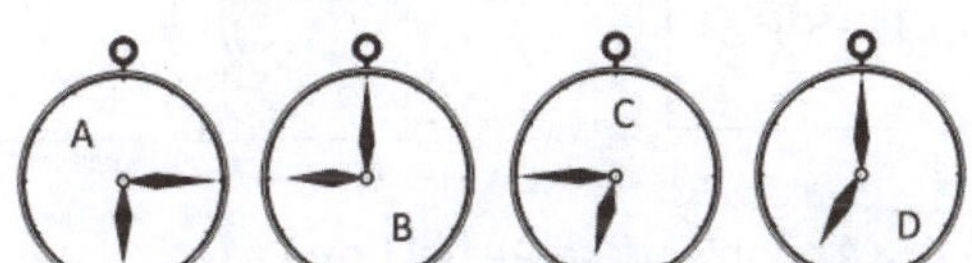

A) nessun orologio segna le 4.45
B) un orologio segna le 10.00
C) due orologi segnano le 7.30

122 **Quale cubo fra quelli proposti si forma piegando la figura a lato?**

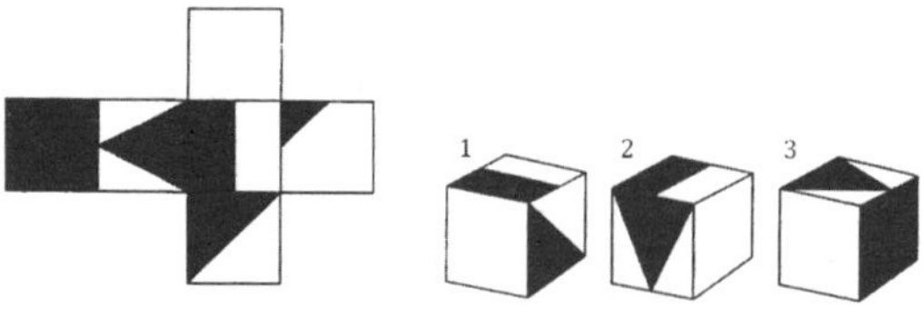

A) il cubo 3
B) il cubo 2
C) il cubo 1

123 **La figura geometrica che appare nel box dato è stata successivamente ribaltata e ruotata. In quale dei successivi box è presente con tali caratteristiche?**

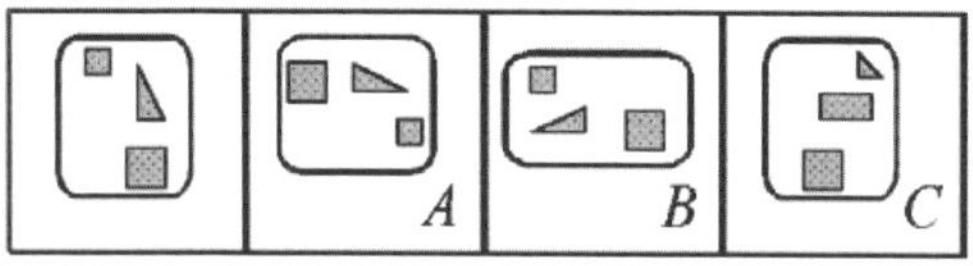

A) nel box indicato con la lettera C
B) nel box indicato con la lettera A
C) nel box indicato con la lettera B

124 **La figura a lato è stata solo deformata sul piano. Individuare in quale o in quali box non è presente.**

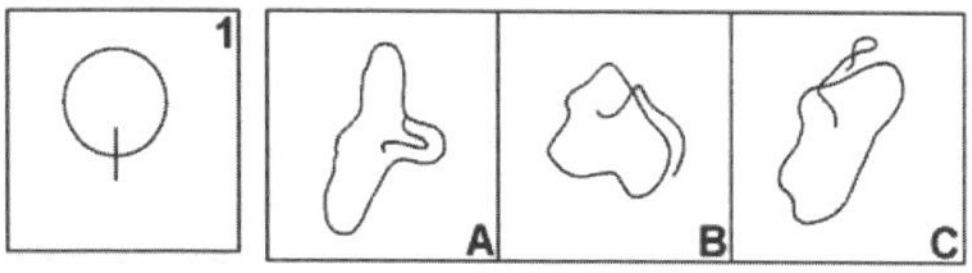

A) non è presente nei box A e C
B) non è presente nei box A e B
C) non è presente nel box C

125 **L'area bianca del quadrato X e la colorata in grigio del quadrato Y sono rispettivamente:**

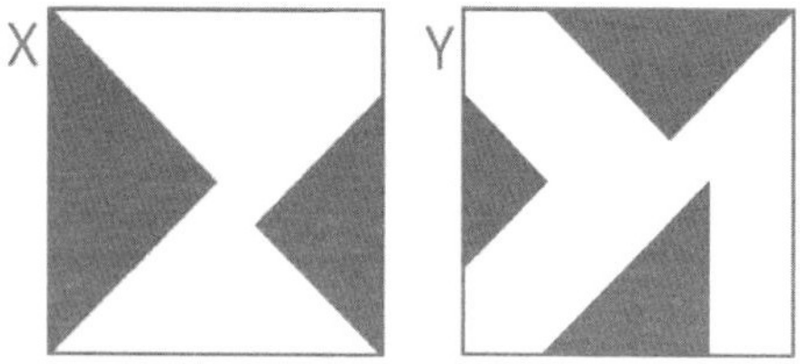

A) 39/64 e 21/64
B) 25/64 e 13/64
C) 28/64 e 17/64

126 **Quale delle figure proposte integra la serie?**

A) la figura che integra la serie è proposta nel numero 3)
B) la figura che integra la serie è proposta nel numero 1)
C) la figura che integra la serie è proposta nel numero 2)

127 **Dopo aver fatto fare mezzo giro in senso orario alla lancetta dei minuti degli orologi A e C, portato avanti di un'ora l'orologio B e messo indietro di due ore l'orologio D, individuare l'affermazione corretta.**

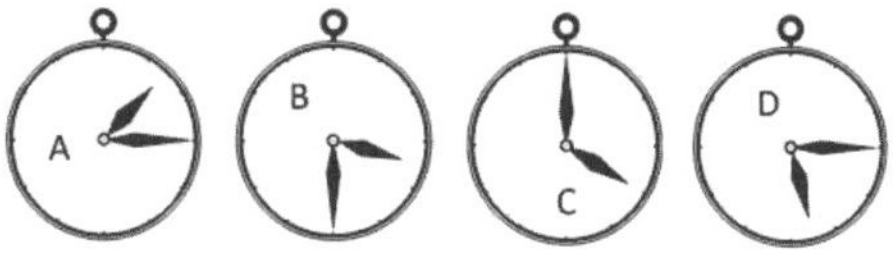

A) un orologio segna le 3.00
B) nessun orologio segna le 1.45
C) due orologi segnano la stessa ora

128 **Quale cubo si ottiene piegando la figura a lato?**

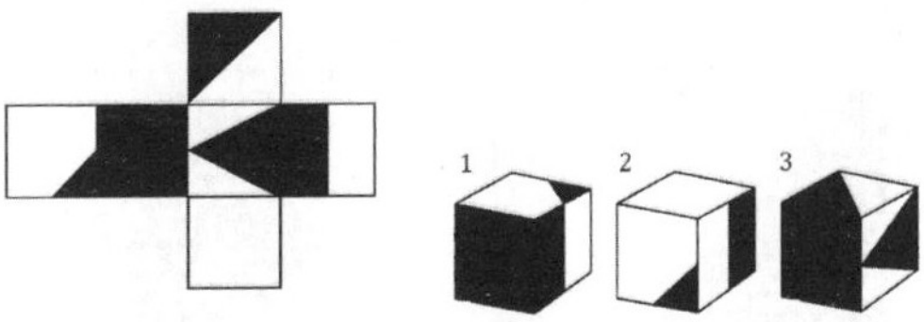

A) il cubo 2
B) il cubo 3
C) il cubo 1

129 **In quale dei seguenti quadranti è proposto il disegno 1, dopo essere stato ribaltato e ruotato?**

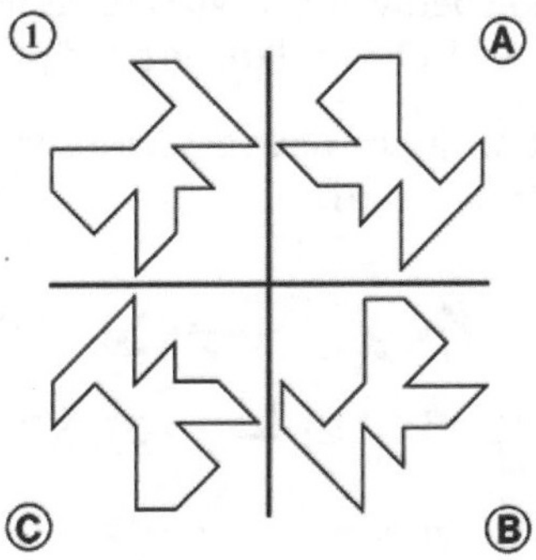

A) nel quadrante indicato con la lettera C
B) nel quadrante indicato con la lettera B
C) nel quadrante indicato con la lettera A

130 **La figura geometrica che appare nel box 1 è stata successivamente deformata sul piano. In quale dei successivi box ritiene che possa essere presente?**

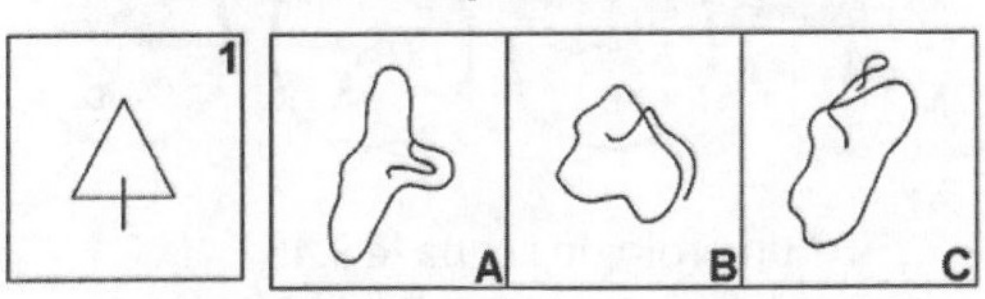

A) nel box indicato con la lettera A
B) nel box indicato con la lettera B
C) nel box indicato con la lettera C

131 **L'area bianca del quadrato X e la colorata in grigio del quadrato Y sono rispettivamente:**

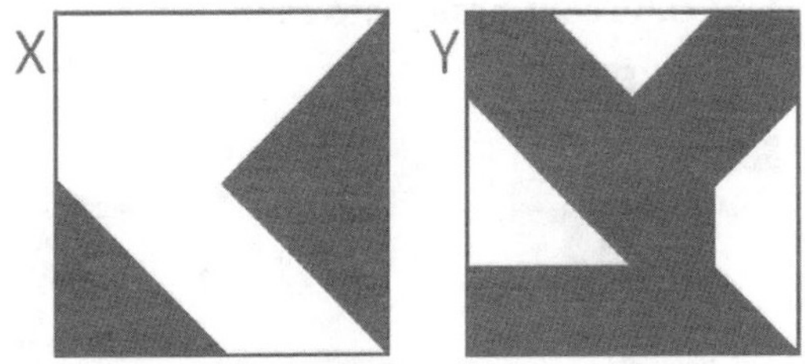

A) 44/64 e 40/64
B) 10/16 e 44/64
C) 19/32 e 50/64

132 **Quale delle figure proposte integra la serie?**

♍♈♒♎♑ ♑♍♈♒♎ ♎♑♍♈♒ ......

1) ♒♍♈♑♎ 2) ♈♒♎♍♑ 3) ♒♎♑♍♈

A) la figura 2)
B) la figura 1)
C) la figura 3)

133 **Dopo aver fatto fare mezzo giro in senso orario alla lancetta dei minuti degli orologi B e C, portato avanti di tre ore e mezzo l'orologio A e messo indietro di due ore l'orologio D, individuare l'affermazione errata.**

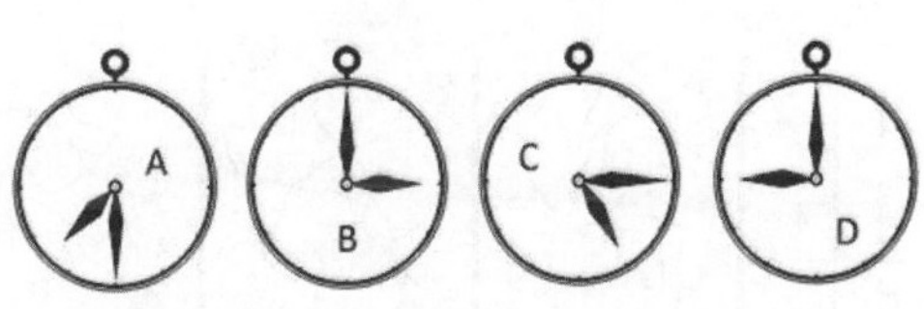

A) un orologio segna le 7.00
B) un orologio segna le 11.30
C) un orologio segna le 3.30

134 **Lo sviluppo di un solido è la superficie che si ottiene riportando su un piano le facce che lo compongono. La figura proposta rappresenta lo sviluppo del cubo contrassegnato con:**

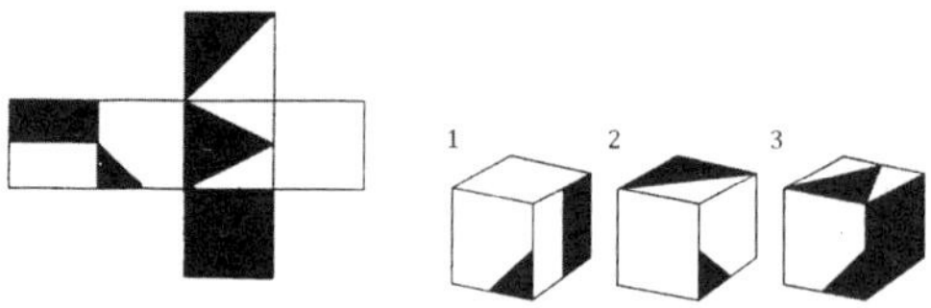

A) il numero 2
B) il numero 1
C) il numero 3

135 **La figura geometrica che appare nel box 1 è stata successivamente ribaltata e ruotata. In quale dei successivi box è presente con tali caratteristiche?**

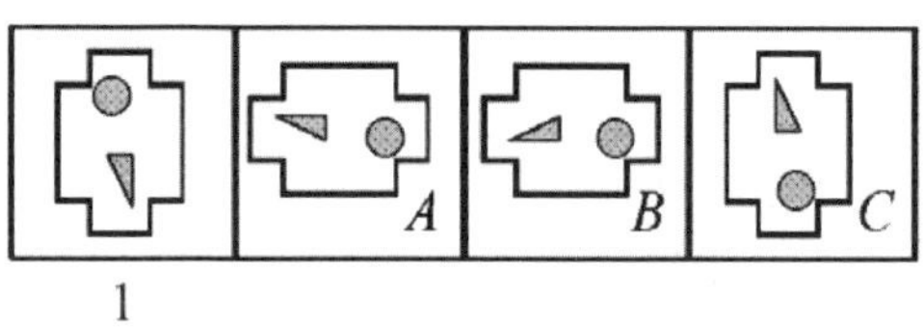

A) nel box indicato con la lettera B
B) nel box indicato con la lettera A
C) nel box indicato con la lettera C

136 **La figura a lato è stata solo deformata sul piano. Individuare in quale box non è presente.**

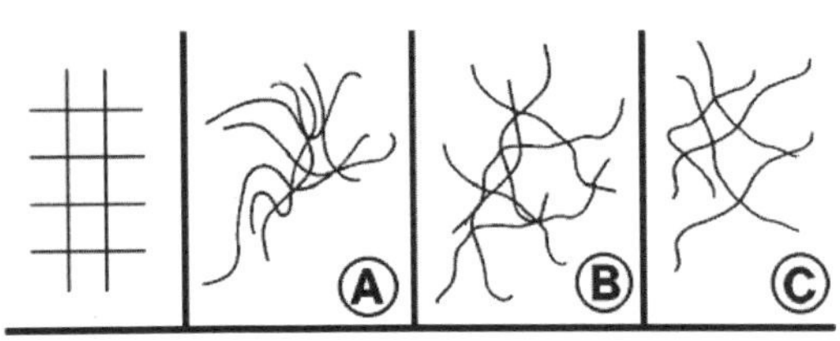

A) la figura a lato non è presente nel box A
B) la figura a lato non è presente nel box B
C) la figura a lato non è presente nei box B e C

137 **Dati i quadrati X e Y, la parte bianca rappresenta:**

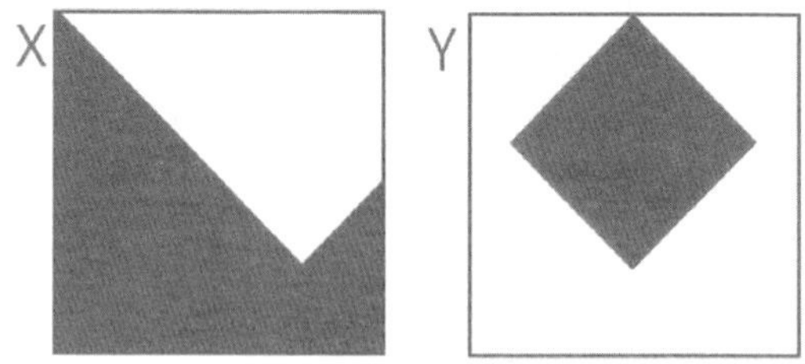

A) rispettivamente 1/3 del totale per X e 1/4 del totale per Y
B) rispettivamente i 7/16 del totale per X e i 46/64 del totale per Y
C) rispettivamente gli 8/16 del totale per X e i 43/64 del totale per Y

138 **Quale figura deve essere inserita al posto dei punti?**

“↑ ...... → ↘ ↓”

1) ↗ 2) ↙ 3) ←

A) la figura 2)
B) la figura 1)
C) la figura 3)

139 **Dopo aver fatto fare mezzo giro in senso orario alla lancetta dei minuti degli orologi A e D, portato avanti di due ore e mezzo l'orologio B e messo avanti di quindici minuti l'orologio C, individuare l'affermazione corretta.**

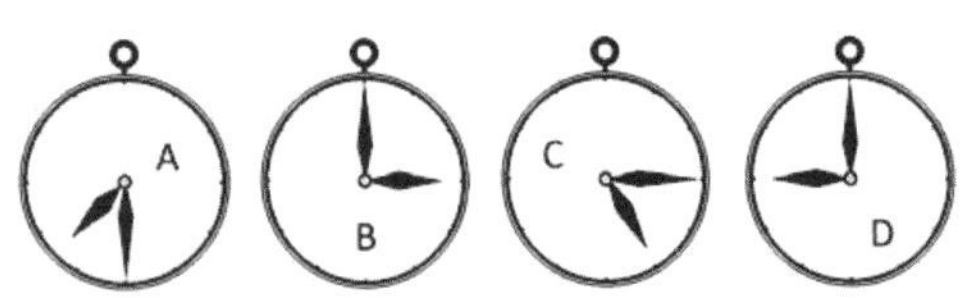

A) un orologio segna le 9.45
B) due orologi segnano le 5.30
C) nessun orologio segna le 8.00

140 **Quale cubo corrisponde alla figura piana a lato?**

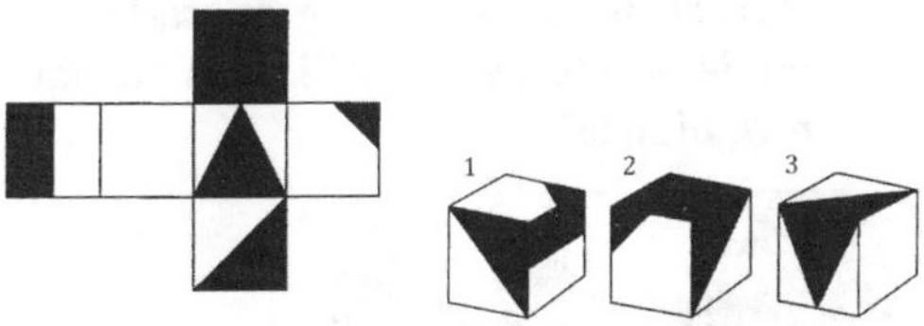

A) il cubo 1
B) il cubo 2
C) il cubo 3

141 **In quale dei seguenti quadranti è proposto il disegno 1, dopo essere stato ribaltato e ruotato?**

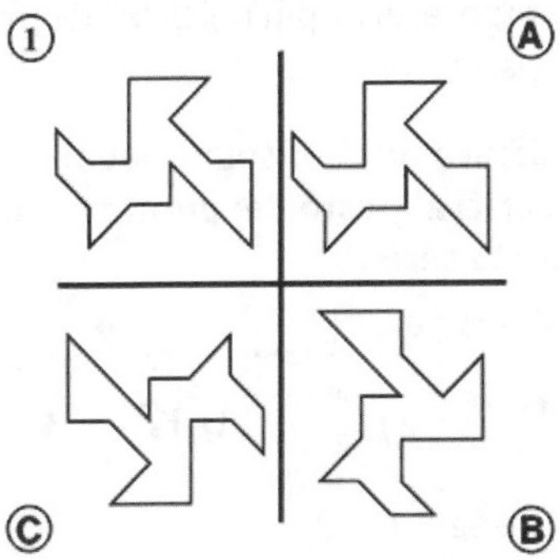

A) nel quadrante indicato con la lettera A
B) nel quadrante indicato con la lettera C
C) nel quadrante indicato con la lettera B

142 **La figura a lato è stata solo deformata sul piano. Individuare in quale o in quali box non è presente.**

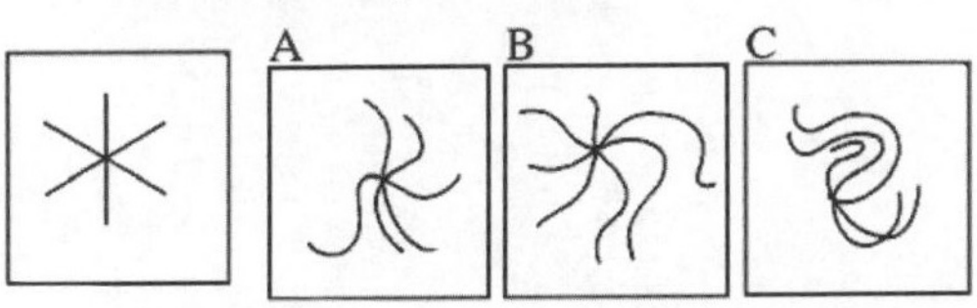

A) non è presente nel box C
B) non è presente nei box A e B
C) non è presente nei box B e C

143 **Le frazioni che rappresentano la parte colorata in grigio sull'area totale dei quadrati X e Y sono rispettivamente:**

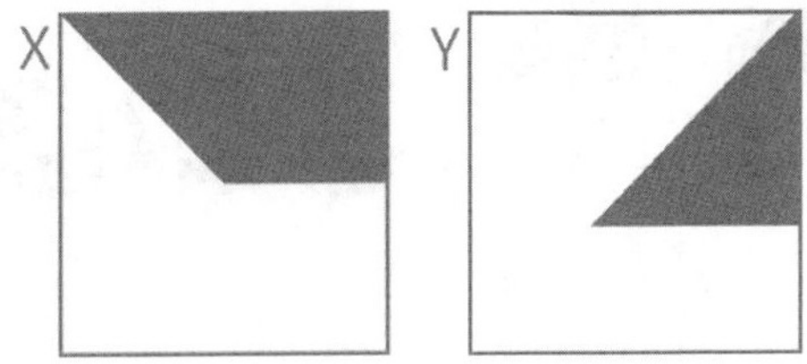

A) 6/16 e 25/128
B) 4/16 e 30/128
C) 10/16 e 20/128

144 **Quale figura completa la serie in modo logico?**

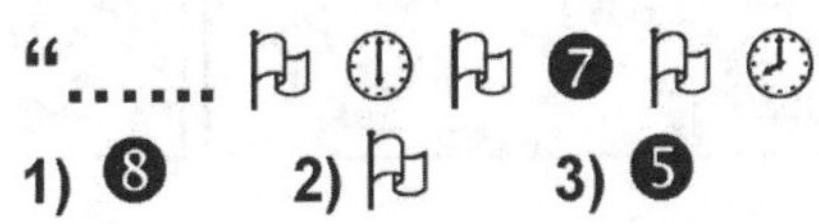

A) la figura contraddistinta con il numero 1)
B) la figura contraddistinta con il numero 3)
C) la figura contraddistinta con il numero 2)

145 **Dopo aver fatto fare mezzo giro in senso orario alla lancetta dei minuti degli orologi C e D, portato avanti di due ore l'orologio B e messo indietro di un'ora l'orologio A, individuare l'affermazione corretta.**

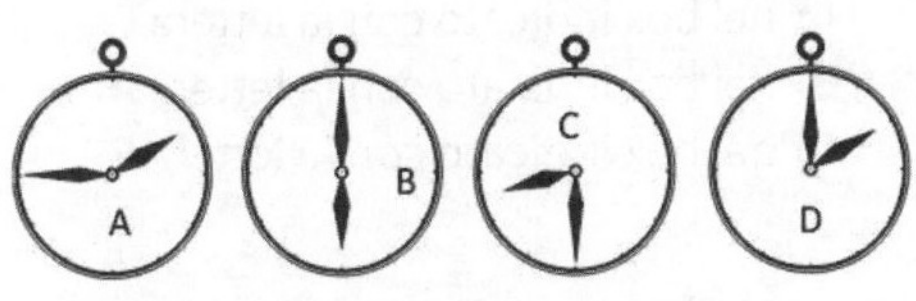

A) due orologi segnano la stessa ora
B) nessun orologio segna le 2.30
C) gli orologi segnano tutti un'ora diversa

146 **Se si piega la figura a lato quale cubo si ottiene?**

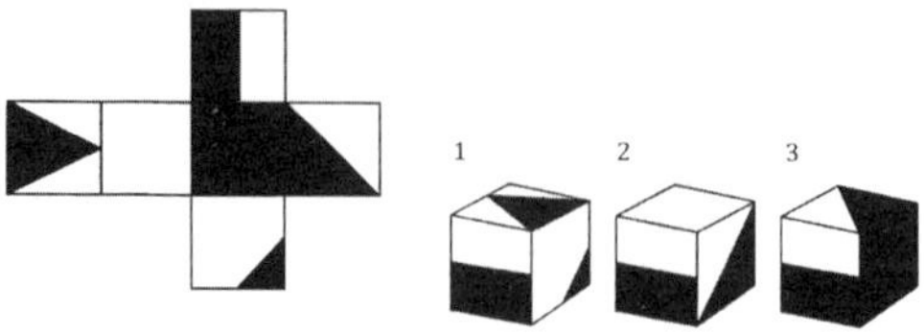

A) il cubo 3
B) il cubo 1
C) il cubo 2

147 **La figura indicata in «A» è stata ribaltata e successivamente ruotata. Dove la riconosce?**

A) nella figura indicata con il n. 3
B) nella figura indicata con il n. 2
C) nella figura indicata con il n. 1

148 **La figura geometrica che appare nel box a sinistra è stata successivamente deformata sul piano. In quale dei successivi box ritiene che possa essere presente?**

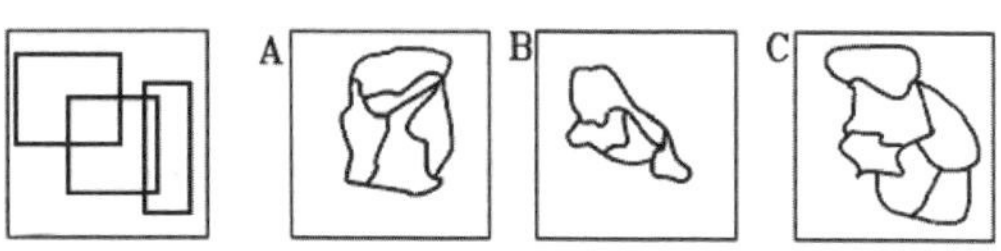

A) nel box indicato con la lettera C
B) nel box indicato con la lettera A
C) nel box indicato con la lettera B

149 **Si supponga che le figure X e Y rappresentino 2 pareti che sono state dipinte con vernice bianca e vernice grigia. Per quale parete è stata utilizzata più vernice bianca?**

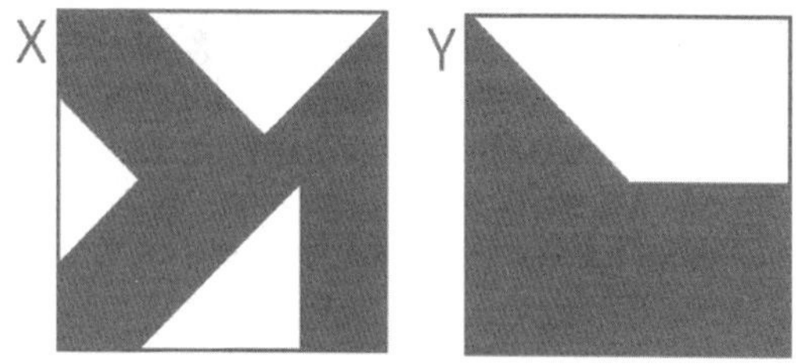

A) parete Y, in cui la superficie bianca rappresenta i 30/64
B) parete X, in cui la superficie bianca rappresenta più del 90% del totale
C) parete Y

150 **Indicare quali disegni devono essere inseriti al posto dei punti per completare la serie.**

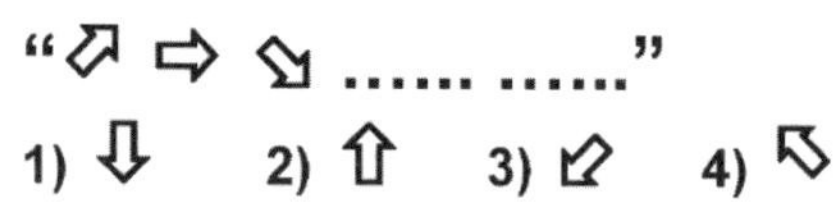

A) disegni 1) e 3)
B) disegni 4) e 3)
C) disegni 2) e 1)

Soluzioni

1 **Risposta esatta: A**

Se a due frecce di senso opposto verso l'esterno associo prima due frecce di verso contrario sopra–sotto e poi due frecce di verso opposto verso l'interno allora la stessa cosa devo fare con le frecce proposte nella seconda parte del quesito ma di forma diversa. Quindi gli elementi che completano la serie sono contenuti nel gruppo 3.

2 **Risposta esatta: A**

Ad ogni simbolo corrisponde un numero: 2 per l'orologio (segna, appunto, le ore 2); 3 per la mano (3 dita alzate); 4 per la stella (le sue punte sono 4). Manca il numero 1.

3 **Risposta esatta: B**

Applicando a ciascun simbolo della figura il comando sottostante, l'unica figura che risponde a quei comandi è la A.

4 Risposta esatta: **A**

Gli orari indicati da ciascun orologio sono i seguenti:

A: 6.15; B: 9.00; C: 12.45; D: 10.15

Far fare mezzo giro in senso orario alla lancetta dei minuti significa spostare l'orologio in avanti di mezz'ora; effettuando anche gli altri movimenti richiesti dall'esercizio, si determineranno quattro nuovi orari:

A: 6.45; B: 10.00; **C: 10.45; D: 10.45**

Due orologi, **C e D**, **segnano** le **10.45**.

5 **Risposta esatta: B**

Scartiamo la risposta (A), perché mentre con le lettere del cubo 1) possiamo scrivere QUARTO, la parola QUARZO **non è compatibile** con il cubo 2). Il termine, infatti, non contiene la lettera "I", che, invece, notiamo sulla faccia frontale del cubo. Discorso analogo per la risposta (C): mentre aggiungendo tre lettere a quelle visibili sul cubo 2) possiamo scrivere la parola QUARZI, il cubo 1) non può generare la parola QUARTA perché in essa non compare la "O" presente sulla faccia laterale.

6 **Risposta esatta: B**

Un cubo si compone di 6 facce quadrate che, riportate in forma piana, danno origine a una sorta di **croce distesa**. Il test mira a valutare la capacità del candidato di individuare i rapporti spaziali.

Per risolvere i quesiti proposti ci siamo serviti dello sviluppo di **un dado da gioco** (Fig. 1): la numerazione su ogni faccia (che assumeremo come *identica per ogni quesito*) fornisce, infatti, un riferimento che torna molto utile nell'economia dell'esercitazione.

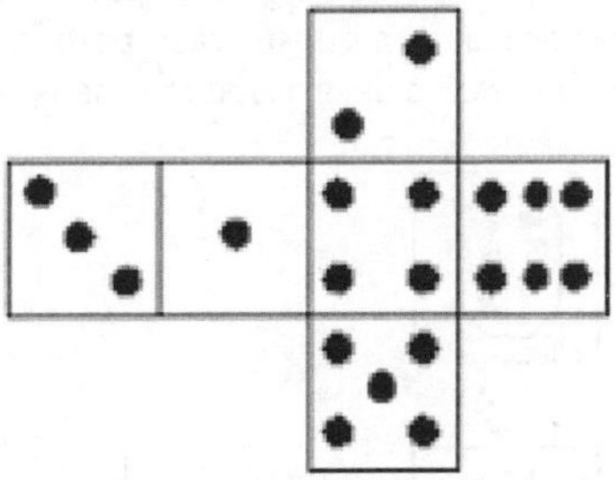

Fig. 1

Un principio da tenere sempre presente è che, in un dado, **le coppie numeriche 5-2, 6-1**, e **4-3 sono opposte**; pertanto, *le facce ad esse corrispondenti non sono mai visibili contemporaneamente* (Fig. 2).

Fig. 2

Ricomponendo il *cubo domanda* si ottiene quello della figura 1. I cubi in figura 2 e in figura 3 vanno scartati poiché le facce visibili non corrispondono alla sequenza delle facce del cubo aperto.

7 **Risposta esatta: B**

Osserviamo le figure A, B e C. La C è sicuramente da scartare in quanto i simboletti interni non sono uguali alla figura 1. Potremmo facilmente scartare anche la figura B in quanto il triangolino all'interno è in una posizione identica a quella della figura 1 e quindi in una posizione incompatibile con il suo ribaltamento e la sua rotazione.

Ricordiamo infatti che la figura è ribaltata quando è ruotata di 180° lungo il suo asse orizzontale o verticale: in questo caso, in senso orizzontale. Sulla figura ribaltata immaginare una rotazione in senso antiorario di 90°: avremo la figura A.

1

Figura di partenza — Figura ribaltata in senso orizzontale — Figura ruotata di 90° in senso antiorario (figura A)

Alla stessa soluzione si arriverebbe anche se ribaltassimo la figura di partenza in senso verticale (in questo caso però la rotazione successiva deve avvenire in senso orario).

1

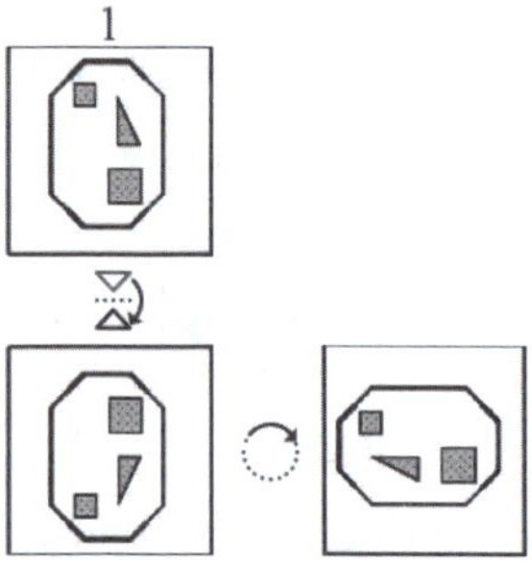

Figura 1 ribaltata in senso verticale — Figura ruotata di 90° in senso orario (figura A)

8 Risposta esatta: B

Il criterio da adottare per arrivare alla soluzione consiste nell'individuare la figura che, come quella originaria, presenta 12 aree aperte. La figura C è da escludere perché presenta solo 10 aree aperte. La figura B è da scartare perché ne presenta 11, mentre la figura A presenta 12 aree aperte.

9 Risposta esatta: B

Supponiamo di sovrapporre alle figure una griglia, ad esempio 4×4:

A questo punto basta semplicemente contare il numero dei quadratini colorati in grigio, tenendo conto del fatto che due triangoli colorati fanno un quadratino.

Nel disegno X ci sono 5 quadratini interi e 4 metà che fanno due quadratini, quindi in totale ci sono 7 quadratini colorati.

Nella figura Y ci sono 5 quadratini interi e 4 metà che fanno due quadratini, quindi in totale ci sono 7 quadratini colorati.

La risposta esatta è quindi la **B**, infatti i quadratini colorati rappresentano i 7/16 del totale, avendo suddiviso l'area totale in 16 quadratini.

10 Risposta esatta: B

La prima parte della proporzione riporta due simboli che hanno stessa forma, stessa dimensione ma colori opposti, quindi l'unica risposta corretta è la **B**.

11 Risposta esatta: B

Sostituendo ai simboli i numeri che gli stessi rappresentano (**0**, ore **3**, **9**), noterai che siamo in presenza di una **progressione aritmetica di ragione 3**: ossia una successione di numeri tale che la differenza tra ciascuno di essi e il precedente è costante e pari a 3. Poiché il numero da trovare sta fra il 3 e il 9, non può che essere **6** (9-6=3; 6-3=3), sceglieremo, pertanto, il simbolo contraddistinto dal numero 2).

12 Risposta esatta: A

Basta osservare l'ultima casella della figura origine: ad essa corrisponde il comando (↔), che scambia di posizione il simbolo con il precedente, la soluzione non può che essere cercata nella **figura A**.

13 Risposta esatta: B

Orari iniziali:

A: 6.45; B: 8.00; C: 8.30; D: 10.45

Orari dopo gli spostamenti delle lancette:

A: 7.45; B: 8.30; C: 9.00; D: 9.15
I quattro orologi segnano un'ora diversa.

14 Risposta esatta: A

La parola da scrivere col cubo 1) deve contenere le lettere **O-U-E**; escludiamo, pertanto, PUDICO (manca la "E"). La parola da scrivere col cubo 2) deve, invece, contenere **U-O-I**.; escludiamo, perciò, CUMOLA (manca la "I") e, per lo stesso motivo, CUMOLO.

15 Risposta esatta: B

Il suo sviluppo corrisponde al **cubo numero 1** (sol. B). Le 3 facce visibili dopo la composizione volumetrica (corrispondenti ai numeri 4-2-6 del nostro dado da gioco) sono compatibili con l'operazione effettuata. Da **scartare**, invece, le soluzioni **A** e **C** perché, in entrambi i casi, mostrano facce (rispettivamente, 2-5 e 4-3) non visibili, per quanto affermato in premessa, contemporaneamente.

16 Risposta esatta: A

Partiamo dalla figura di partenza A: ribaltiamola in senso orizzontale e ruotiamola in senso orario di 90°. La figura corretta è la n. 3.

17 Risposta esatta: A

Il criterio da adottare per arrivare alla soluzione consiste nell'individuare la figura che, come quella originaria, presenta 6 aree chiuse. La figura B è da escludere perché ne presenta 7. Lo stesso vale per la figura C. Mentre la figura A è quella che presenta 6 aree chiuse.

18 Risposta esatta: C

Il quesito ci chiede di confrontare l'area colorata del quadrato X con l'area bianca del quadrato Y.

Le opzioni di risposta sono in 32-esimi, ciò significa che dobbiamo sovrapporre alle immagini iniziali una griglia 4×4, divisa in 32 triangoli e contare le parti grigie del quadrato X e le parti bianche del quadrato Y:

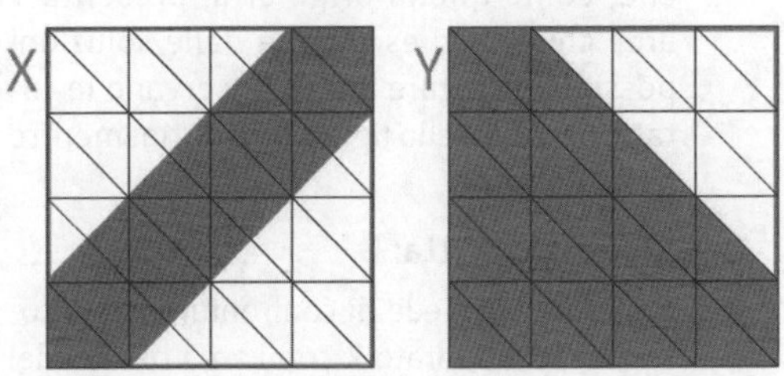

Nel disegno X ci sono 14 triangoli grigi su 32 totali.

Nel disegno Y ci sono 9 triangoli bianchi su 32 totali.
La risposta esatta è quindi la **C**.

19 Risposta esatta: A

Le analogie figurali sono delle proporzioni di quattro figure, di cui le prime due formano una coppia e le seconde due un'altra coppia e generalmente il criterio che lega gli elementi della prima coppia è lo stesso che lega gli elementi della seconda coppia.
Nello specifico osserviamo che le prime due figure rappresentano la stessa cosa solo che ciò che è di colore nero nella prima è bianco nella seconda e viceversa. Tra le risposte quella che rispecchia il criterio appena esposto è la coppia di elementi indicata con il numero 2).

20 Risposta esatta: B

Siamo in presenza di una **progressione aritmetica di ragione 2**: 2/4/6/8/... per chiudere la serie **manca** il numero **10**.

21 Risposta esatta: B

Anche in questo caso osserviamo solo l'ultima casella della sequenza. Poiché il comando corrispondente (→) ribalta orizzontalmente la figura, ossia ce ne fornisce un'**immagine speculare**, la soluzione è fornita dalla **figura C**, unica con questa caratteristica.

22 Risposta esatta: B

Orari iniziali:

A: 1.15; B: 8.00; C: 10.45; D: 9.00

Orari dopo gli spostamenti delle lancette:

A: 1.45; B: 9.00; C: 8.45; D: 9.30

Con **un orologio**, A, che **segna** le **1.45**.

23 Risposta esatta: C

La presenza delle lettere **E-E-A** sul cubo 1) ci porta a escludere la parola C**E**R**A**TI. Le lettere **E-A-I** del cubo 2) fanno escludere la parola D**E**N**A**RO.

24 Risposta esatta: B

Nel cubo 2 (sol. C), le facce 4 e 3 sono entrambe visibili, nel cubo 3 (sol. A) dovrebbe essere visibile la faccia 6, mentre, invece, si vede la 1. La scelta, quindi, non può che ricadere sul **cubo 1**.

25 Risposta esatta: A

Ribaltiamo in senso orizzontale la figura di partenza n. 1 e poi ruotiamola in senso antiorario di 90°. Risulterà la figura contrassegnata con la lettera A.

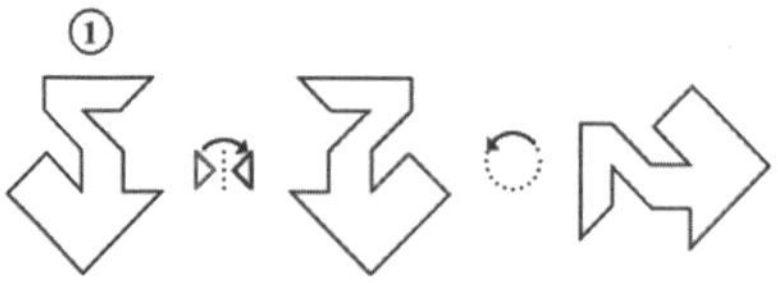

26 Risposta esatta: A

Il criterio da adottare per arrivare alla soluzione consiste nell'individuare la figura che, come quella originaria, presenta un'area chiusa e una curva che la attraversa, ed escluderla dalle soluzioni possibili. La figura B conserva le caratteristiche della figura originaria, mentre le figure A e C no.

27 Risposta esatta: A

Il quesito ci chiede di confrontare l'area colorata del quadrato X con l'area colorata del quadrato Y.

Le opzioni di risposta sono in 16-esimi, ciò significa che dobbiamo sovrapporre alle immagini iniziali una griglia 4×4, e contare le parti grigie del quadrato X e le parti grigie del quadrato Y:

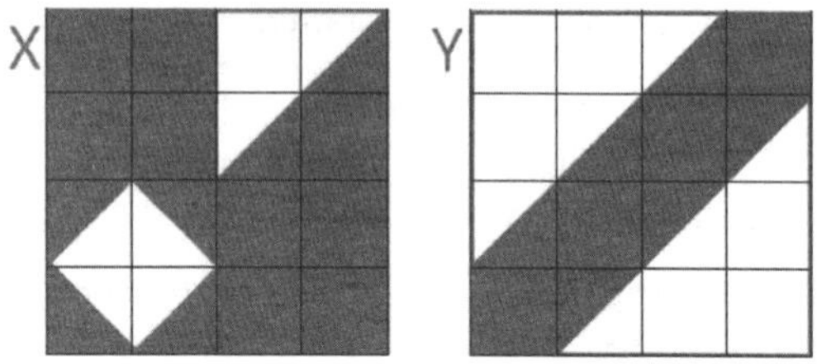

Nel disegno X ci sono 9 quadratini interi e 6 metà che fanno 3 quadratini, quindi in totale ci sono 12 quadratini colorati.
Nella figura Y ci sono 4 quadratini interi e 6 metà che fanno 3 quadratini, quindi in totale ci sono 7 quadratini colorati.
La risposta esatta è quindi la **A**, infatti i quadratini colorati rappresentano i 12/16 del totale di X, e i 7/16 del totale di Y.

28 Risposta esatta: B

Osserviamo che le prime due figure rappresentano la stessa cosa e inoltre una è nera e l'altra è bianca. Tra le risposte quella che rispecchia il criterio appena esposto è la coppia di elementi indicata con il numero 2).

29 Risposta esatta: C

La freccetta ruota di 45° in senso orario, si tratta di individuare le *posizioni* precedenti. Le ritroviamo nei disegni 1) e 3). Non sono, invece, compatibili con l'assunto i disegni 2) e 4).

30 Risposta esatta: B

Vale il discorso fatto per i quiz n. 3 e n. 21, ai quali si rinvia per il commento.

31 Risposta esatta: B

Orari iniziali:

A: 11.45; B: 3.00; C: 5.15; D: 6.00

Orari dopo gli spostamenti delle lancette:

A: 12.15; **B: 4.30; C: 4.30;** D: 6.30
Due orologi, B e C, **segnano** le **4.30**.

32 Risposta esatta: A

Cubo 1), lettere **I-U-O**: C**IU**FF**O**, sì; CIUFFI, no.
Cubo 2), lettere **I-U-A**: C**IU**RM**A**, sì; CIURME, no.

33 Risposta esatta: C

Scegliamo il **cubo 3**. Nel cubo 1 (sol. B), infatti, la posizione del triangolino nero (angolo in basso) non è compatibile con la figura proposta, mentre nel cubo 2 (sol. A) gli opposti "2" e "5" sono entrambi visibili.

34 Risposta esatta: B

Le coppie in 1, 2 e 3 presentano tutte fregi speculari tra loro: l'unica tra la risposte che contiene immagini speculari è la C.

35 Risposta esatta: C

Il criterio da adottare per arrivare alla soluzione consiste nell'individuare la figura che, come quella originaria, presenta 7 aree chiuse, ed escluderla dalle soluzioni possibili. Le figure B e C conservano le caratteristiche della figura originaria, mentre la figura A no.

36 Risposta esatta: B

Il quesito ci chiede di confrontare l'area colorata del quadrato X con l'area bianca del quadrato Y.

Le opzioni di risposta sono in 64-esimi e in 32-esimi. Proviamo a sovrapporre alle immagini iniziali una griglia 8×8, e contare le parti grigie del quadrato X e le parti bianche del quadrato Y:

X
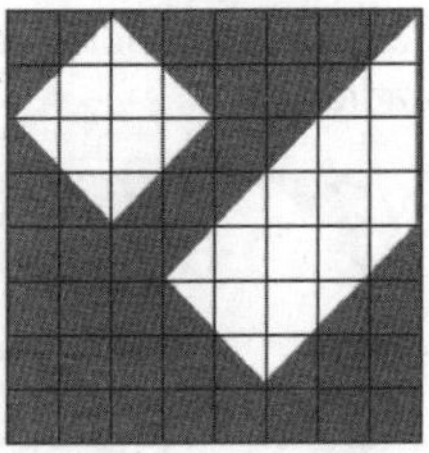
Y
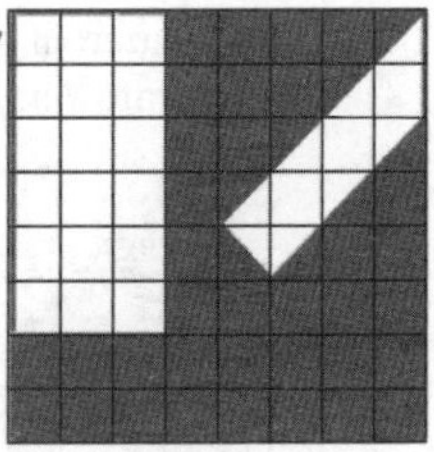

Nel disegno X ci sono 31 quadratini interi e 18 metà che fanno 9 quadratini, quindi in totale ci sono 40 quadratini colorati.

Nella figura Y ci sono 21 quadratini interi e 8 metà che fanno 4 quadratini, quindi in totale ci sono 25 quadratini bianchi.

La risposta esatta è quindi la **B**, infatti i quadratini colorati rappresentano i 40/64 del totale di X, e i quadratini bianchi rappresentano i 25/64 del totale di Y.

37 **Risposta esatta: B**

Osserviamo che le prime due figure rappresentano la stessa cosa e inoltre una è nera e l'altra è bianca. Tra le risposte quella che rispecchia il criterio appena esposto è la coppia di elementi indicata con il numero 2).

38 **Risposta esatta: C**

Ogni freccia della serie è ruotata, rispetto all'altra, di 45° in senso orario. I due disegni inserendo i quali si completa la serie sono 1) e 3).

39 **Risposta esatta: C**

Partiamo sempre dalla fine. Il comando annulla quello precedente, che avrebbe capovolto la figura (↓), *idem* per gli altri due. Ciò significa che la figura da scegliere (**C**) dev'essere uguale a quella di origine.

40 **Risposta esatta: B**

Orari iniziali:

A: 1.45; B: 6.00; C: 8.30; D: 2.00

Orari dopo gli spostamenti delle lancette:

A: 2.15; B: 7.00; C: 6.30; D: 2.30
I quattro orologi segnano un'ora diversa.

41 **Risposta esatta: C**

Cubo 1), lettere **A-A-E**: **CAVARE**, sì. Cubo 2), let-

42 **Risposta esatta: C**

Nel cubo 3 (sol. A) le facce 5 e 2 sono accostate invece che opposte. Stesso discorso per il cubo 2 (sol. B), dove "6" e "1" sono entrambe visibili. Piegando la figura si ottiene, quindi, **il cubo 1**.

43 **Risposta esatta: B**

Da qui in poi ci limitiamo a riportare solo la figura in quanto il metodo è sempre quello illustrato nei quiz n.1, 2 e 3 precedenti.

A

44 **Risposta esatta: A**

Il criterio da adottare per arrivare alla soluzione consiste nell'individuare la figura che, come quella originaria, presenta 6 aree chiuse. La figura A e la figura C sono da escludere perché presentano 5 aree chiuse, mentre la figura B conserva le caratteristiche della figura originaria.

45 **Risposta esatta: A**

Le opzioni di risposta sono in 64-esimi. Proviamo a sovrapporre alle immagini iniziali una griglia 8×8, e a rispondere al quesito:

X
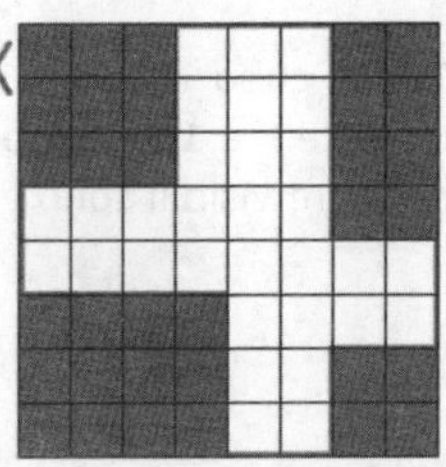
Y
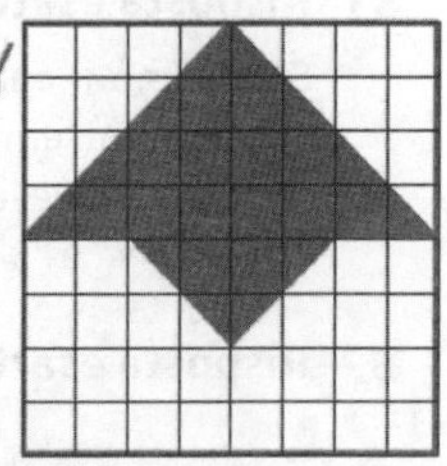

La risposta **B** è da escludere, in quanto è vera, ossia l'area bianca è pari a 31/64. La risposta **C** è da escludere in quanto effettivamente l'area grigia è 33/64 quindi maggiore della metà dell'area totale.

Resta da analizzare la risposta **A**: è falsa perché l'area bianca nel disegno Y è 44/64.

46 **Risposta esatta: A**

Osserviamo che le prime due figure rappresentano la stessa cosa e inoltre sono speculari e simmetriche. Tra le risposte quella che rispecchia il criterio appena esposto è la coppia di elementi indicata con il numero 3).

47 Risposta esatta: A

Nella serie, ogni matita è preceduta da un simbolo che richiama il numero 5 (orologio che segna le 5, mano aperta, n. 5). Per completare la successione, quindi, scegliamo la stella a 5 punte.

48 Risposta esatta: B

Come in precedenza, partiamo (per semplicità) dalla fine. Poiché i due ultimi comandi (→ →) ribaltano orizzontalmente la figura, basta cercare quella con le ultime due caselle in cui i simboli sono **speculari alla posizione di partenza** (figura **A**).

49 Risposta esatta: B

Orari iniziali:

A: 1.45; B: 11.15; C: 3.00; D: 5.45

Orari dopo gli spostamenti delle lancette:

A: 2.15; B: 12.45; C: 1.00; D: 6.15
I quattro orologi segnano un'ora diversa.

50 Risposta esatta: B

Cubo 1), lettere **A-I-A**: R**A**P**I**N**A**, sì; RAPINE, no.
Cubo 2), lettere **A-I-E**: R**A**P**I**R**E**, sì; RAPITO, no.

51 Risposta esatta: A

Scegliamo il **cubo 3**. Nel cubo 1 (sol. B) si vedono entrembe le facce 6 e 1, nel cubo 2 (sol. C), invece, ad essere visibili sono gli opposti "4" e "3".

52 Risposta esatta: B

A

53 Risposta esatta: A

Il criterio da adottare per arrivare alla soluzione consiste nell'individuare la figura che, come quella originaria, presenta 4 aree chiuse, ed escluderla dalle soluzioni possibili. La figura B conserva le caratteristiche della figura originaria, mentre le figure A e C no.

54 Risposta esatta: A

Dalle opzioni di risposta si deduce che bisogna dividere il quadrato X in 64 quadratini e il quadrato Y in 16 quadratini:

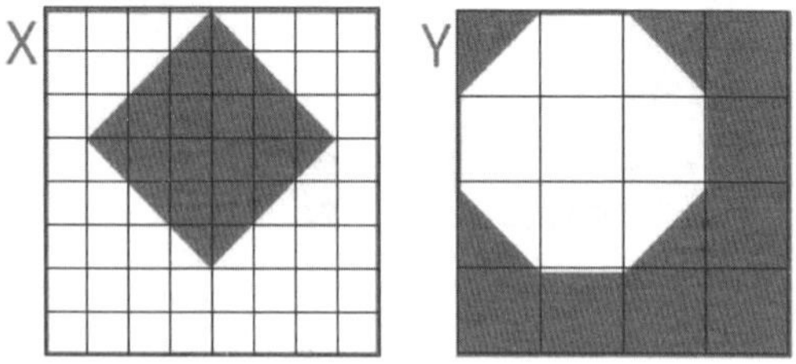

A questo punto dobbiamo contare i quadratini grigi sia in X che in Y:

- in X la parte colorata in grigio è pari a 18/64, ciò significa che ci sono 18 quadratini grigi sul totale dei quadratini;
- in Y la parte colorata in grigio è pari a 9/16, ciò significa che ci sono 9 quadratini grigi sul totale dei quadratini.

La risposta esatta è quindi la **A**.

55 Risposta esatta: C

Osserviamo che le prime due figure rappresentano la stessa cosa e inoltre sono speculari e simmetriche. Tra le risposte quella certamente corretta è la coppia di elementi indicata con il numero 3).

56 Risposta esatta: C

Ogni elemento della serie ruota di 90° in senso orario. Il verso ci è indicato dalla coda della freccia.

57 Risposta esatta: A

Il comando (↔) posto sotto l'ultima casella della figura origine scambia la figura con la precedente che, invece, **diventa speculare**. Unico caso, tra quelli proposti, **figura B**.

58 Risposta esatta: B

Orari iniziali:

A: 6.15; B: 9.00; C: 12.45; D: 10.15

Orari dopo gli spostamenti delle lancette:

A: 5.15; B: 11.00; C: 1.15; D: 10.45
Come si può osservare, **nessun orologio segna le 10.30**.

59 Risposta esatta: B

Cubo 1), lettere **A-O-E**: M**A**L**O**R**E**, sì; MALORI, no.
Cubo 2), lettere **A-I-E**: M**A**R**I**N**E**, sì; MARINA, no.

60 Risposta esatta: B

Ricomponendo la figura piana, si ottiene il **cubo 1**. Nel cubo 2 (sol. C) 2 e 5 non sono opposte. Nel cubo 3 (sol. A), invece, la faccia visibile lateralmente dovrebbe essere quella completamente nera (faccia 4 del dado da gioco).

61 Risposta esatta: B

In questo quiz bisogna individuare la figura ribaltata rispetto alla n.1.
Se si ha a disposizione uno specchio, mettendolo adiacente alla figura n.1 si potrà verificare come l'immagine riflessa nello specchio sia identica a quella della lettera A.

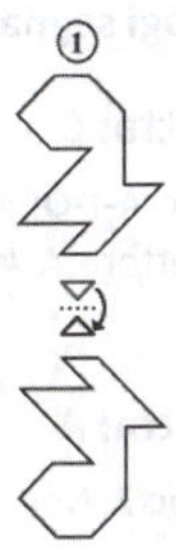

62 Risposta esatta: C

Il criterio da adottare per arrivare alla soluzione consiste nell'individuare la figura che, come quella originaria, presenta 6 aree aperte. La figura B è da escludere perché ne presenta 7; la figura C è da escludere perché ne presenta 5. La figura A conserva le caratteristiche della figura originaria.

63 Risposta esatta: C

Il quesito ci chiede di stabilire, complessivamente tra i due quadrati, quale area, tra quella bianca e quella grigia, è maggiore. In questo caso non importa in quanti quadratini vengono suddivisi i due quadrati, per semplicità scegliamo la griglia 4×4:

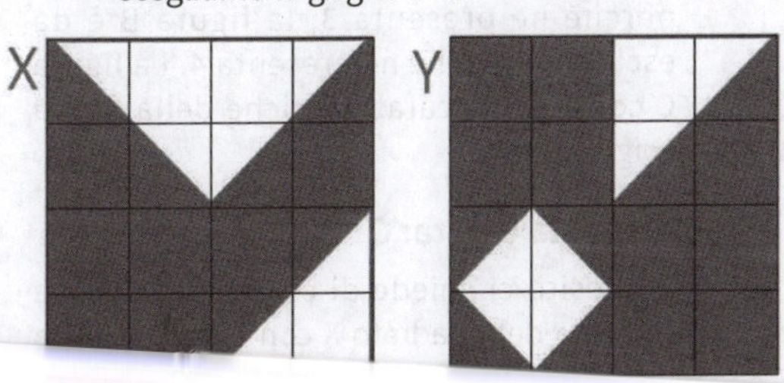

Contiamo quanti quadratini grigi ci sono in totale tra X e Y e quanti invece sono bianchi:

- 22 grigi = 10/16 + 12/16;
- 8 bianchi = 4/16 + 4/16.

Sicuramente è stata consumata più vernice grigia, ma la risposta **A** è da escludere in quanto nella parete Y il grigio rappresenta 12/16 e non 11/16. Quindi la risposta corretta è la **C**.

64 Risposta esatta: A

Si tratta di analogie con triplette. Nella prima osserviamo che alla figura originaria sono associate due figure di cui la prima presenta le due parti ruotate e affiancate e la seconda mostra le due parti solo ribaltate. Tra le risposte quella corretta è la coppia di elementi indicata con il numero 2).

65 Risposta esatta: B

Alle due cuspidi contrapposte ne sono associate due aventi *orientamento su/giù* e due il cui *orientamento* è *convergente*. Per completare la serie, quindi, sceglieremo gli elementi orientati allo stesso modo: quelli, cioè, contenuti in 2).

66 Risposta esatta: A

Basta osservare gli ultimi due simboli, che, una volta ribaltati orizzontalmente (→), sono presenti solo nella **figura B**.

67 Risposta esatta: B

Orari iniziali:

A: 10.45; B: 3.00; C: 5.15; D: 6.00

Orari dopo gli spostamenti delle lancette:

A: 11.15; B: 4.30; C: 3.15; D: 6.30
Nessun orologio segna le 11.30.

68 Risposta esatta: B

Cubo 1), lettere **U-R-E**: Q**U**A**RTE**, sì; QUARTA, no. Cubo 2), lettere **U-T-I**: N**U**O**T**A**I**, sì; NUOTA, no.

69 Risposta esatta: B

Nel cubo numero 3 (sol. C) le facce 4 e 3 sono entrambe visibili. Il cubo numero 1 (sol A) è incompatibile con la figura di partenza perché la faccia laterale dovrebbe essere la 3 (strisce verticali) e non la "4", come, invece, appare. Sceglieremo, perciò, il **cubo numero 2**.

70 Risposta esatta: C

71 Risposta esatta: B

Il criterio da adottare per arrivare alla soluzione consiste nell'individuare la figura che, come quella originaria, presenta 11 aree chiuse. La figura A è da escludere perché ne presenta 5; la figura B è da escludere perché ne presenta 10. La figura C conserva le caratteristiche della figura originaria.

72 Risposta esatta: C

Il quesito ci chiede di stabilire, complessivamente tra i due quadrati, quale area, tra quella bianca e quella grigia, è maggiore. In questo caso non importa in quanti quadratini vengono suddivisi i due quadrati, per semplicità scegliamo la griglia 4×4:

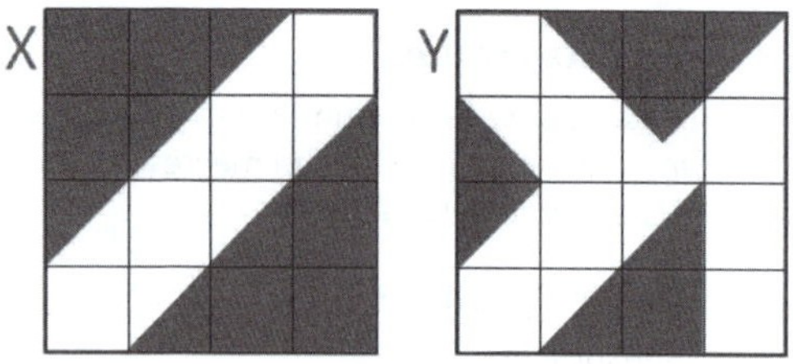

Contiamo quanti quadratini grigi ci sono in totale tra X e Y e quanti invece sono bianchi:

- 14 grigi = 9/16 + 5/16 (poco più);
- 18 bianchi = 7/16 + 11/16 (poco meno).

Sicuramente è stata consumata più vernice bianca, ma la risposta **A** è da escludere in quanto nel quadrato X 7/16 non rappresentano più della metà della parete bensì meno. Quindi la risposta corretta è la **C**.

73 Risposta esatta: C

Osserviamo che le prime due figure sono perfettamente identiche. Tra le risposte l'unica corretta è la coppia di elementi indicata con il numero 1).

74 Risposta esatta: C

Ogni elemento della serie, che si alterna alla freccia, è associabile a un numero crescente. La sequenza si completa con il numero 2) che contraddistingue la stella a 3 punte. Abbiamo, infatti, una croce (4 punte), una stella a 5 punte e una stella a 6 punte.

75 Risposta esatta: B

Da destra verso sinistra, osservando gli ultimi due comandi (→ □), e i segni corrispondenti, **la figura da scegliere è la B.**

76 Risposta esatta: A

Orari iniziali:

A: 6.45; B: 8.00; C: 8.30; D: 10.45

Orari dopo gli spostamenti delle lancette:

A: 5.45; B: 8.30; C: 10.30; D: 11.15
I quattro orologi segnano un'ora diversa.

77 Risposta esatta: C

Cubo 1), lettere **A-I-O**: M**A**R**I**N**O**, sì; MARINA, no. Cubo 2), lettere **A-A-O**: B**A**R**A**V**O**, sì; BARAVI, no.

78 Risposta esatta: A

Si ottiene il **cubo 2**. Nel cubo 3 (sol. B) le facce 6 e 1 sono affiancate e non opposte. Il cubo 1 (sol. C) mostra le facce 4 e 3, che, invece, sono opposte.

79 Risposta esatta: B

80 Risposta esatta: B

Il criterio da adottare per arrivare alla soluzione consiste nell'individuare la figura che, come quella originaria, presenta 6 aree chiuse. La figura A è da escludere perché ne presenta 3; la figura B è da escludere perché ne presenta 4. La figura C conserva le caratteristiche della figura originaria.

81 Risposta esatta: C

Il quesito ci chiede di confrontare l'area colorata del quadrato X con l'area colorata del quadrato Y e stabilire in quale quadrato è maggiore.

Le opzioni di risposta sono in 128-esimi, ciò significa che dobbiamo sovrapporre alle immagini iniziali una griglia 8×8, divisa in 128 triangoli e contare le parti grigie del quadrato X e le parti grigie del quadrato Y:

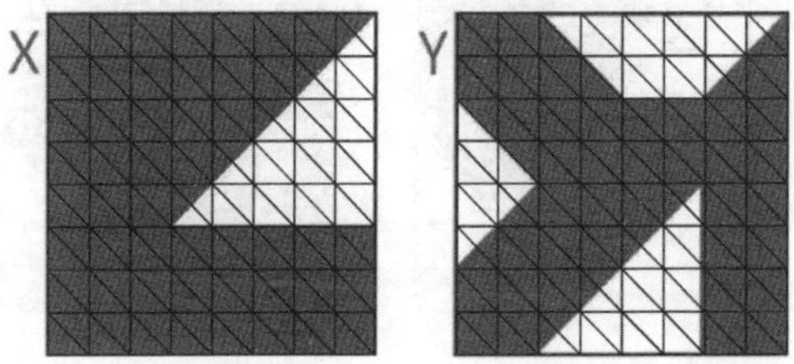

Nel disegno X ci sono 103 triangoli grigi su 128 totali.
Nel disegno Y ci sono 88 triangoli grigi su 128 totali.
La risposta esatta è quindi la **C**.

82 Risposta esatta: B

Osserviamo che nella prima coppia di figure la seconda si presenta ribaltata orizzontalmente rispetto alla prima. Tra le risposte quella che risponde al criterio appena esposto è la coppia di elementi indicata con il numero 1).

83 Risposta esatta: B

Nel passaggio da una figura all'altra, il primo dei cinque simboletti si sposta nell'ultima posizione. La sequenza degli altri rimane, invece, immutata; pertanto, la figura che integra la serie è la 1).

84 Risposta esatta: A

Caso simile a quello proposto nel quesito n. 57. Stesso ragionamento, quindi. La scelta cade sulla **figura B**.

85 Risposta esatta: C

Orari iniziali:

A: 2.15; B: 4.30; C: 4.00; D: 5.15

Orari dopo gli spostamenti delle lancette:

A: 3.15; B: 5.00; **C: 4.30; D: 4.30**
Due orologi, C e D, **segnano le 4.30**.

86 Risposta esatta: B

Cubo 1), lettere **A-S-E**: CLA**SSE**, sì; CLASSI, no.
Cubo 2), lettere **I-A-A**: C**IA**LD**A**, sì; CIALDE, no.

87 Risposta esatta: C

È possibile ricomp...
(sol. A) le facce 5 e 2 non sono opposte (come dovrebbero), allo stesso modo le facce 1 e 6 del cubo 2 (sol. B).

88 Risposta esatta: A

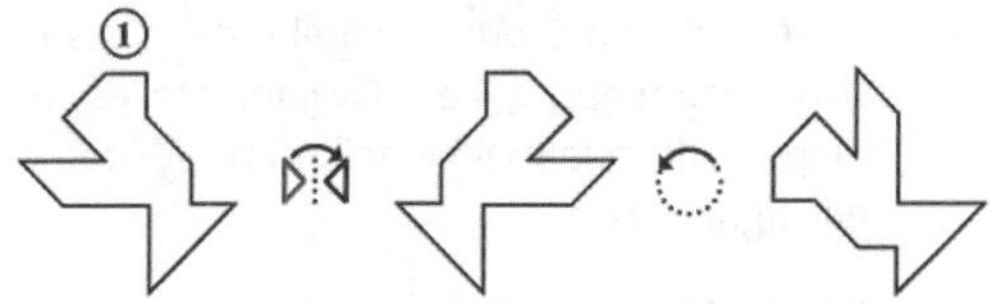

89 Risposta esatta: B

Il criterio da adottare per arrivare alla soluzione consiste nell'individuare la figura che, come quella originaria, presenta un'area chiusa e una curva che la attraversa, ed escluderla dalle soluzioni possibili. La figura B conserva le caratteristiche della figura originaria, mentre le figure A e C no.

90 Risposta esatta: B

Il quesito ci chiede di confrontare l'area colorata del quadrato X con l'area colorata del quadrato Y.

Le opzioni di risposta sono in 16-esimi, ciò significa che dobbiamo sovrapporre alle immagini iniziali una griglia 4×4 e contare le parti grigie del quadrato X e del quadrato Y:

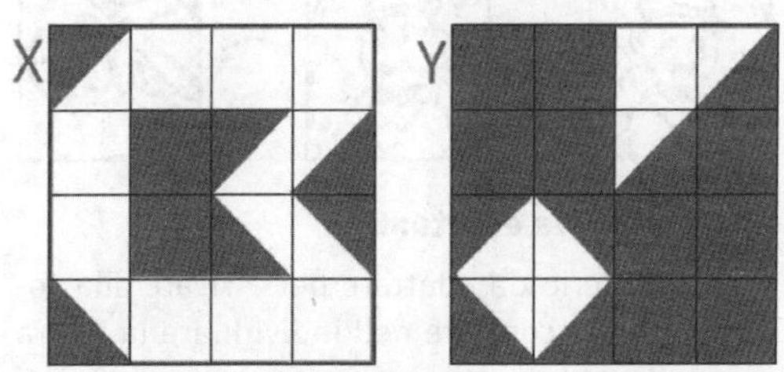

Nel disegno X ci sono 2 quadratini interi e 6 metà che fanno 3 quadratini, quindi, in totale, ci sono 5 quadratini colorati.
Nella figura Y ci sono 9 quadratini interi e 6 metà che fanno 3 quadratini, quindi in totale ci sono 12 quadratini colorati.
La risposta esatta è quindi la **B**, infatti i quadratini colorati rappresentano i 5/16 nel disegno X, e i 12/16 nel disegno Y.

91 Risposta esatta: C

Si tratta di analogie con triplette. Nella prima osserviamo che alla figura originaria sono associate due figure di cui la prima è stata ruotata e la seconda mostra le due parti scambiate di pos...

che risponde al criterio appena esposto è la coppia di elementi indicata con il numero 1).

92 Risposta esatta: C

La figura 3 ha 6 punte. Quelle della serie, rispettivamente, 3, 4 e 5. Ovviamente, escludiamo la freccia perché nella serie si alterna alle figure.

93 Risposta esatta: A

Orari iniziali:

A: 1.15; B: 8.00; C: 10.45; D: 9.00

Orari dopo gli spostamenti delle lancette:

A: 12.15; B: 10.00; C: 11.15; D: 9.30

Come si può osservare, **nessun orologio segna le 12.30**.

94 Risposta esatta: C

Si ottiene il **cubo 2**. Nel cubo 3 (sol. A) la faccia visibile lateralmente dovrebbe essere la "5" (completamente bianca) e non la "2" (strisce) come, invece, appare. Nel cubo 1 (sol. B) le facce 2 e 5 non sono opposte ma affiancate.

95 Risposta esatta: C

96 Risposta esatta: B

Il criterio da adottare per arrivare alla soluzione consiste nell'individuare la figura che, come quella originaria, presenta 6 aree chiuse. La figura B è da escludere perché ne presenta 7; la figura C è da escludere perché ne presenta 9. La figura A conserva le caratteristiche della figura originaria.

97 Risposta esatta: B

Il quesito ci chiede di confrontare l'area colorata del quadrato X con l'area colorata del quadrato Y.

Le opzioni di risposta sono in 64-esimi. Proviamo a sovrapporre alle immagini iniziali una griglia 8×8, e contare le parti grigie del quadrato X e quelle del quadrato Y:

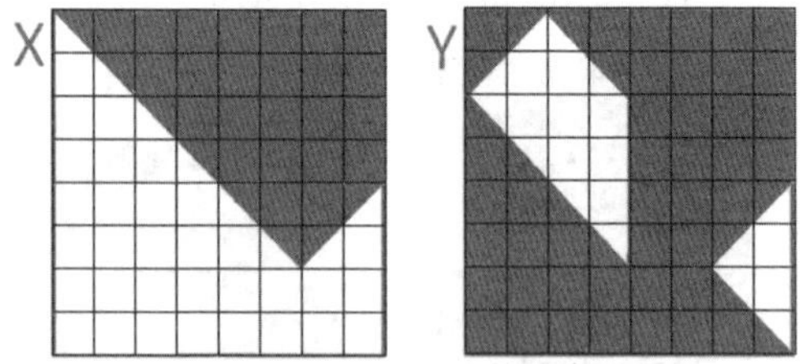

Nel disegno X ci sono 24 quadratini interi e 8 metà che fanno 4 quadratini, quindi in totale ci sono 28 quadratini colorati.
Nella figura Y ci sono 42 quadratini interi e 12 metà che fanno 6 quadratini, quindi in totale ci sono 48 quadratini colorati.
La risposta esatta è quindi la **B**, infatti i quadratini colorati rappresentano i 28/64 del totale di X, e i 48/64 del totale di Y.

98 Risposta esatta: B

Osserviamo che le prime due figure sono perfettamente identiche. Tra le risposte l'unica corretta è la coppia di elementi indicata con il numero 2).

99 Risposta esatta: B

Abbiamo una **progressione aritmetica di ragione 1**, manca il 6.

100 Risposta esatta: A

Orari iniziali:

A: 10.45; B: 3.00; C: 4.15; D: 4.00

Orari dopo gli spostamenti delle lancette:

A: 11.45; B: 3.30; C: 4.45; D: 2.00

Un orologio, A, **segna le 11.45**.

101 Risposta esatta: A

Scegliamo il **cubo 2**. Il cubo 1 (sol. B) presenta le facce 5 e 2 accostate. Il cubo 3 (sol. C), lateralmente, dovrebbe mostrare la faccia 4 (nera) e non la "3".

102 Risposta esatta: B

1

103 Risposta esatta: C

Il criterio da adottare per arrivare alla soluzione consiste nell'individuare la figura che, come quella originaria, presenta 4 aree chiuse, ed escluderla dalle soluzioni possibili. La figura B conserva le caratteristiche della figura originaria, mentre le figure A e C no.

104 Risposta esatta: A

Dalle opzioni di risposta non riusciamo a dedurre quale griglia applicare con certezza all'uno o all'altro quadrato, quindi proviamo a seguire la prima opzione di risposta e quindi a dividere il quadrato X in 16 quadratini e il quadrato Y in 64 quadratini:

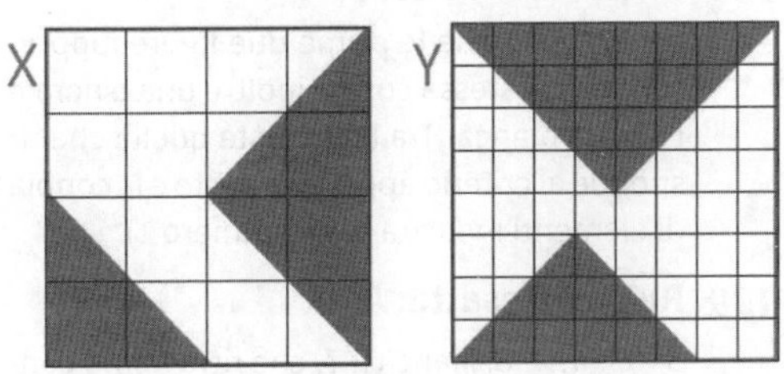

A questo punto dobbiamo contare i quadratini grigi sia in X che in Y:

- in X la parte colorata in grigio è pari a 6/16, ciò significa che ci sono 6 quadratini grigi sul totale dei quadratini;
- in Y la parte colorata in grigio è pari a 25/64, ciò significa che ci sono 25 quadratini grigi sul totale dei quadratini.

La risposta esatta è quindi la **A**, per cui ci fermiamo.

105 Risposta esatta: B

Nello specifico osserviamo che le prime due figure rappresentano la stessa cosa solo che ciò che è di colore nero nella prima è bianco nella seconda e viceversa. Tra le risposte quella che rispecchia il criterio appena esposto è la coppia di elementi indicata con il numero 2).

106 Risposta esatta: A

107 Risposta esatta: C

Orari iniziali:

A: 6.15; B: 9.00; C: 6.45; D: 7.00

Orari dopo gli spostamenti delle lancette:

A: 7.15; B: 9.30; **C: 7.15;** D: 5.00

Due orologi, A e C, **segnano le 7.15**.

108 Risposta esatta: C

Si ottiene il **cubo 3**. Il cubo 1 (sol. A) lo scartiamo da subito, poiché vi compare una faccia assente nella figura di partenza. Nel cubo 2 (sol. B) le facce 4 e 3 non sono opposte come, invece, dovrebbero.

109 Risposta esatta: A

A

110 Risposta esatta: A

Il criterio da adottare per arrivare alla soluzione consiste nell'individuare la figura che, come quella originaria, presenta 4 aree chiuse. La figura A è da escludere perché ne presenta 5; la figura C è da escludere perché ne presenta 6. La figura B conserva le caratteristiche della figura originaria.

111 Risposta esatta: B

Il quesito ci chiede di confrontare l'area colorata del quadrato X con l'area colorata del quadrato Y e stabilire quale delle due è maggiore rispetto all'altra.

Le opzioni di risposta sono in 16-esimi, ciò significa che dobbiamo sovrapporre alle immagini iniziali una griglia 4×4 e contare le parti grigie del quadrato X e del quadrato Y:

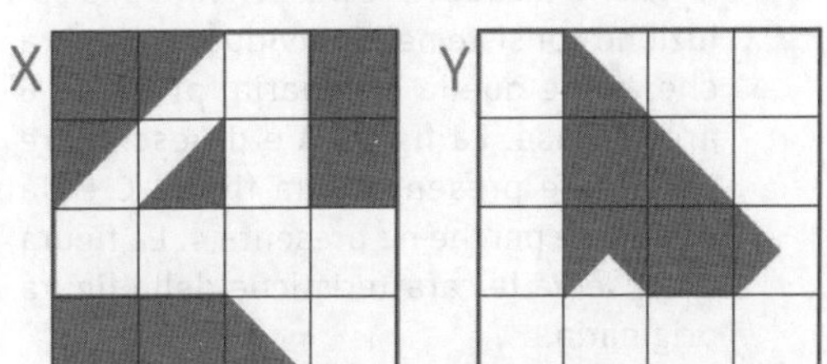

Nel disegno X ci sono 5 quadratini interi e 4 metà che fanno 2 quadratini, quindi in totale

Nella figura Y ci sono 2 quadratini interi e 2 metà che fanno 1 quadratino e ¾ + ¼ che fanno un altro quadratino, quindi in totale ci sono 4 quadratini colorati.
La risposta esatta è quindi la **A**, infatti i quadratini colorati rappresentano i 7/16 nel disegno X, e i 4/16 nel disegno Y.

112 **Risposta esatta: B**

Osserviamo che le prime due figure sono perfettamente identiche. Tra le risposte quella corretta è la coppia di elementi indicata con il numero 2).

113 **Risposta esatta: A**

Nella serie (un progressione aritmetica di ragione 1), la posizione *dispari* è occupata dalla manina. Manca quella indicante il cinque.

114 **Risposta esatta: C**

Orari iniziali:

A: 10.45; B: 3.00; C: 5.15; D: 6.00

Orari dopo gli spostamenti delle lancette:

A: 11.45; B: 3.30; C: 5.45; D: 4.30
Gli orologi segnano tutti un'ora diversa.

115 **Risposta esatta: C**

Possiamo ricomporre il **cubo 1**. Non il cubo 2 (sol. A), perché le facce 1 e 6 non sono opposte come dovrebbero, nemmeno il cubo 3 (sol. B) perché ad essere accostate sono le facce 4 e 3.

116 **Risposta esatta: C**

Le coppie in 1, 2 e 3 presentano tutte fregi speculari tra loro: l'unica tra la risposte che contiene immagini speculari è la coppia contrassegnata dalla lettera B.

117 **Risposta esatta: A**

Il criterio da adottare per arrivare alla soluzione consiste nell'individuare la figura che, come quella originaria, presenta 6 aree chiuse. La figura A è da escludere perché ne presenta 5; la figura C è da escludere perché ne presenta 4. La figura B conserva le caratteristiche della figura originaria.

118 **Risposta esatta: B**

Dalle opzioni di risposta si deduce che il quadrato X è diviso in 16 quadratini e il quadrato Y in 64 quadratini, quindi:

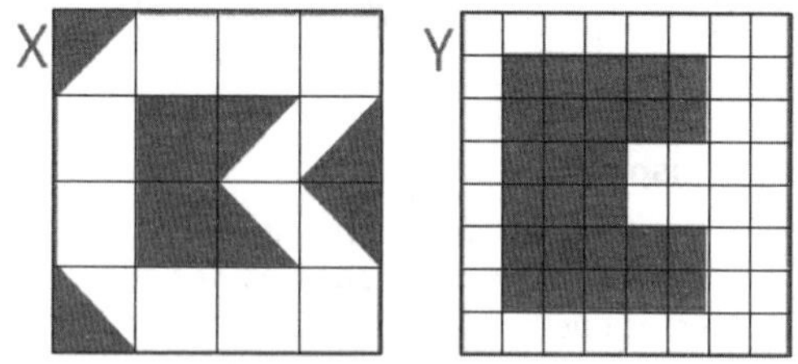

A questo punto dobbiamo contare i quadratini grigi sia in X che in Y:

- in X la parte colorata in grigio è pari a 5/16, ciò significa che ci sono 5 quadratini grigi sul totale dei quadratini;
- in Y la parte colorata in grigio è pari a 26/64, ciò significa che ci sono 26 quadratini grigi sul totale dei quadratini.

La risposta esatta è quindi la **B**.

119 **Risposta esatta: A**

Osserviamo che le prime due figure rappresentano la stessa cosa e inoltre una è nera e l'altra è bianca. Tra le risposte quella che risponde al criterio appena esposto è la coppia di elementi indicata con il numero 1).

120 **Risposta esatta: A**

5 - 6 - ... - 8. Manca il 7, che ritroviamo contraddistinto con il numero 3).

121 **Risposta esatta: B**

Orari iniziali:

A: 6.15; B: 9.00; C: 6.45; D: 7.00

Orari dopo gli spostamenti delle lancette:

A: 6.45; **B: 10.00;** C: 4.45; D: 7.30

Un orologio, B, **segna le 10.00**.

122 **Risposta esatta: A**

Si forma il **cubo 3**. La risposta B è errata, perché nel cubo 2 le bande che occupano la faccia superiore sono state invertite. Altrettanto errata è la risposta C, perché la faccia laterale è speculare rispetto a quella della figura di partenza.

123 Risposta esatta: B

124 Risposta esatta: A

Il criterio da adottare per arrivare alla soluzione consiste nell'individuare la figura che, come quella originaria, presenta un'area chiusa e una curva che la attraversa, ed escluderla dalle soluzioni possibili. La figura B conserva le caratteristiche della figura originaria, mentre le figure A e C no.

125 Risposta esatta: A

Il quesito ci chiede di confrontare l'area bianca del quadrato X con l'area grigia del quadrato Y.

Dalle opzioni di risposta si deduce che bisogna dividere sia il quadrato X che il quadrato Y in 64 quadratini:

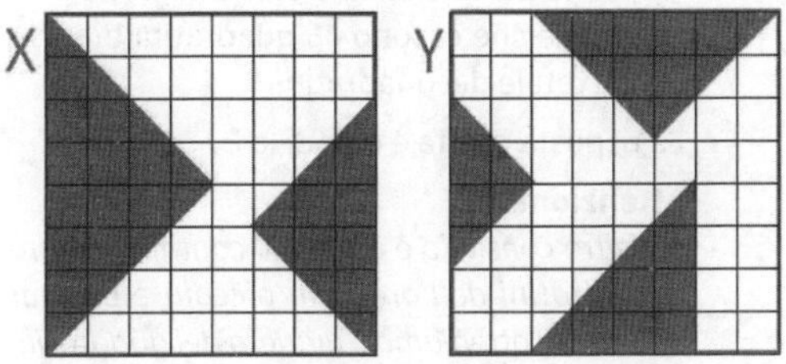

A questo punto dobbiamo contare i quadratini bianchi in X e i quadratini colorati in Y:

- in X la parte bianca è pari a 39/64, ciò significa che ci sono 39 quadratini bianchi sul totale dei quadratini;
- in Y la parte colorata in grigio è pari a 21/64, ciò significa che ci sono 21 quadratini grigi sul totale dei quadratini.

La risposta esatta è quindi la **A**.

126 Risposta esatta: A

Nel passaggio da una figura all'altra, l'ultimo dei cinque simboletti si sposta nella prima posizione. La sequenza degli altri rimane, invece, immutata. La figura che integra la serie è la numero 3).

127 Risposta esatta: C

Orari iniziali:

Orari dopo gli spostamenti delle lancette:

A: 2.45; **B: 4.30; C: 4.30;** D: 3.15

Due orologi, B e C, **segnano la stessa ora** (4.30).

128 Risposta esatta: B

Si ottiene il **cubo 3**. Nel cubo 1 (sol. C) le facce 1 e 6 risultano accostate. Nel cubo 2 (sol. A), rispetto alla figura di partenza, i colori della faccia 6 sono invertiti.

129 Risposta esatta: B

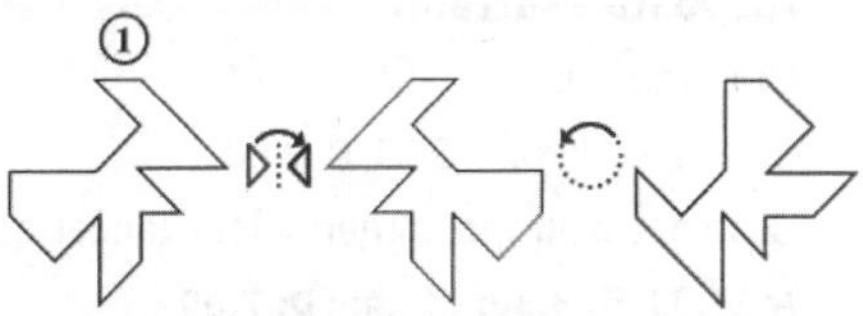

130 Risposta esatta: B

Il criterio da adottare per arrivare alla soluzione consiste nell'individuare la figura che, come quella originaria, presenta un'area chiusa e una curva che la attraversa. La figura B conserva le caratteristiche della figura originaria, mentre le figure A e C no.

131 Risposta esatta: B

Il quesito ci chiede di confrontare l'area bianca del quadrato X con l'area grigia del quadrato Y.

Dalle opzioni di risposta si deduce che il quadrato Y è sicuramente diviso in 64 quadratini, quindi per arrivare alla soluzione concentriamoci solo su questo quadrato:

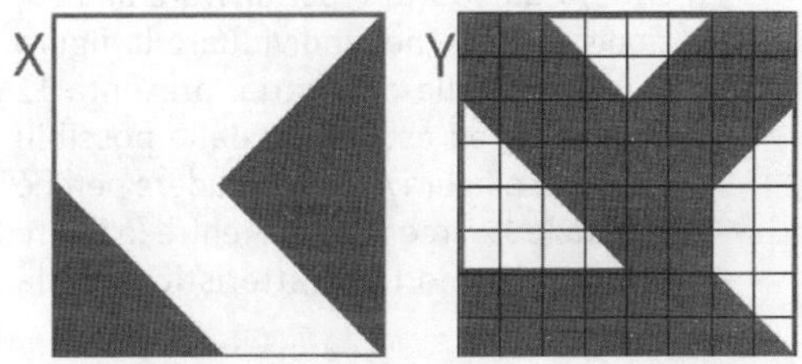

A questo punto dobbiamo contare i quadratini grigi in Y:

- in Y la parte colorata in grigio è pari a 44/64, ciò significa che ci sono 44 quadratini grigi sul totale dei quadratini.

La risposta esatta è quindi la **B**.

Attenzione!

Può capitare che per accorciare i tempi di

quadrato, ma questo dipende dalle opzioni di risposta, nel senso che se sono tutte diverse allora è possibile altrimenti bisogna analizzare tutti e due i quadrati.

132 **Risposta esatta: C**

Nel passaggio da una figura all'altra, l'ultimo dei cinque simboletti si sposta nella prima posizione. La sequenza degli altri rimane, invece, immutata. La figura che integra la serie è la numero 3).

133 **Risposta esatta: B**

Orari iniziali:

A: 7.30; B: 3.00; C: 5.15; D: 9.00

Orari dopo gli spostamenti delle lancette:

A: 11.00; **B: 3.30;** C: 5.45; **D: 7.00**
Nessun orologio segna le 11.30

134 **Risposta esatta: C**

Lo sviluppo della figura fornisce il **cubo 3**. Nel numero 1 (sol. B), le facce 6 e 1 appaiono affiancate. Analogamente nel numero 2 (sol. A).

135 **Risposta esatta: B**

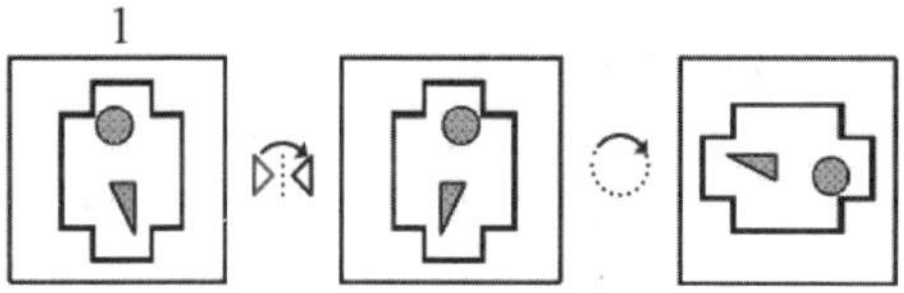

136 **Risposta esatta: C**

Il criterio da adottare per arrivare alla soluzione consiste nell'individuare la figura che, come quella originaria, presenta 12 aree aperte, ed escluderla dalle possibili soluzioni. La figura A è da escludere perché presenta le 12 aree aperte. Mentre le figure B e C non hanno le caratteristiche della figura data.

137 **Risposta esatta: B**

Dalle opzioni di risposta non riusciamo a dedurre quale griglia applicare con certezza all'uno o all'altro quadrato, quindi proviamo a dividere il quadrato X in 16 quadratini e il quadrato Y in 64 quadratini, dato che due risposte su tre considerano questa suddivisione:

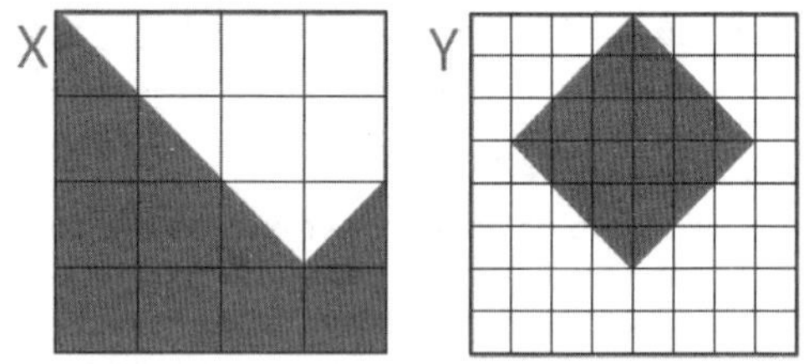

A questo punto dobbiamo contare i quadratini bianchi sia in X che in Y:

- in X la parte bianca è pari a 7/16, ciò significa che ci sono 7 quadratini bianchi sul totale dei quadratini;

Guardando le risposte notiamo che la **B** contiene questo risultato. A questo punto potremmo anche fermarci, in modo da risparmiare tempo.

Per completezza:

- in Y la parte bianca è pari a 46/64, ciò significa che ci sono 46 quadratini bianchi sul totale dei quadratini.

La risposta esatta è quindi la **B**.

Attenzione!
Un altro consiglio è quello di contare sempre i quadratini dell'area più piccola e poi per differenza otteniamo il numero dei quadratini dell'area più grande.

138 **Risposta esatta: B**

La freccetta ruota di 45° in senso orario.

139 **Risposta esatta: B**

Orari iniziali:

A: 7.30; B: 3.00; C: 5.15; D: 9.00

Orari dopo gli spostamenti delle lancette:

A: 8.00; **B: 5.30; C: 5.30;** D: 9.00
Gli orologi **B e C segnano le 5.30**.

140 **Risposta esatta: A**

Scegliamo il **cubo 1**. Nel cubo 2 (sol. B) le facce 2 e 5 sono entrambe visibili. Il cubo 3 (sol. A), invece, lo escludiamo perché i colori della faccia superiore sono invertiti.

141 Risposta esatta: C

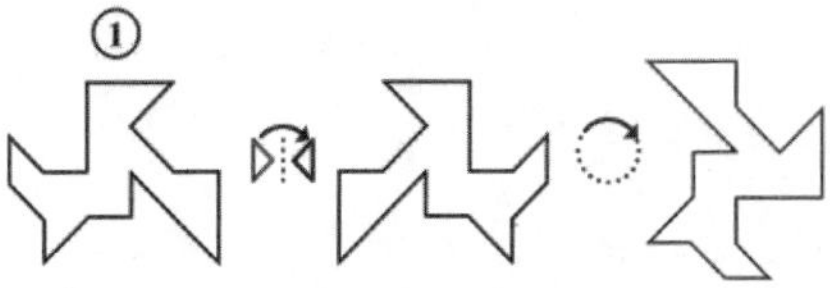

142 Risposta esatta: C

Il criterio da adottare per arrivare alla soluzione consiste nell'individuare la figura che, come quella originaria, presenta 6 aree aperte, ed escluderla dalle soluzioni possibili. La figura A conserva le caratteristiche della figura originaria, mentre le figure B e C no.

143 Risposta esatta: A

Dalle opzioni di risposta si deduce che il quadrato X è diviso in 16 quadratini e il quadrato Y in 64 quadratini e poi in 128 triangoli:

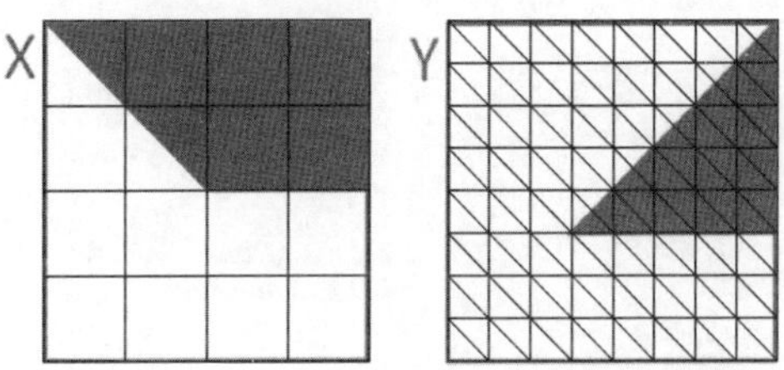

A questo punto dobbiamo contare i quadratini grigi sia in X che in Y:

- in X la parte grigia è pari a 6/16, ciò significa che ci sono 6 quadratini grigi sul totale dei quadratini.

Guardando le risposte notiamo che la **A** contiene questo risultato. A questo punto potremmo anche fermarci, in modo da risparmiare tempo.

Per completezza:

- in Y la parte grigia è pari a 25/128, ciò significa che ci sono 25 triangolini grigi sul totale dei triangolini.

La risposta esatta è quindi la **A**.

144 Risposta esatta: B

La serie prevede la sequenza **numero/bandierina/orologio** ed evidenzia una progressione aritmetica di ragione 1. Manca il 5 (fig. 3).

145 Risposta esatta: C

Orari iniziali:

A: 1.45; B: 6.00; C: 8.30; D: 2.00

Orari dopo gli spostamenti delle lancette:

A: 12.45; B: 8.00; C: 9.00; D: 2.30
Tutti gli orologi segnano un'ora diversa.

146 Risposta esatta: A

Si ottiene il **cubo 3**. Nel cubo 2 (sol. C) le facce 1 e 6 sono accostate. Nel cubo 1 (sol. B) sono, invece, accostate le facce 2 e 5.

147 Risposta esatta: A

A

148 Risposta esatta: B

Il criterio da adottare per arrivare alla soluzione consiste nell'individuare la figura che, come quella originaria, presenta 5 aree chiuse. La figura B è da escludere perché ne presenta 4; la figura C è da escludere perché ne presenta 6. La figura A conserva le caratteristiche della figura originaria.

149 Risposta esatta: C

Il quesito ci chiede di stabilire, per quale parete è stata utilizzata più vernice bianca. In questo caso non importa in quanti quadratini vengono suddivisi i due quadrati, per semplicità scegliamo la griglia 4×4:

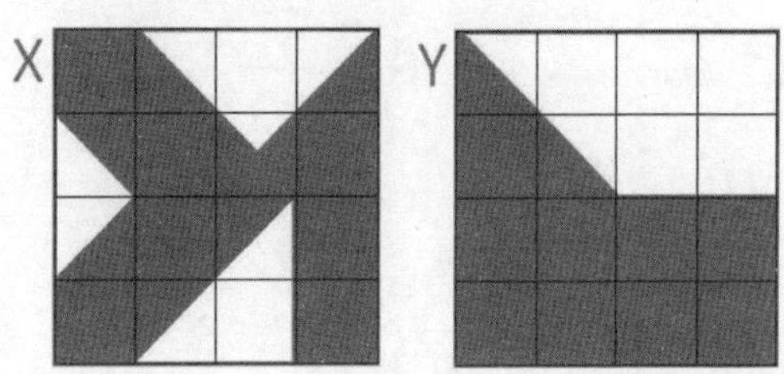

Contiamo quanti quadratini bianchi ci sono in X e quanti in Y:

- in X ci sono 5/16 + ¼ di quadratino;
- in Y ci sono 6/16.

Ciò significa che sicuramente la vernice bianca è maggiore sulla parete Y. Tra le opzioni di risposta due dicono la parete Y, ma la risposta **A** va scartata perché in Y la vernice bianca è pari ai 6/16, ovvero 12/32, ovvero 24/64 e non 30/64. Quindi la risposta corretta è la **C**.

150 **Risposta esatta: A**

Ogni freccetta ruota di 45° in senso orario.

24
Grafici e tabelle

La capacità di interpretare grafici e tabelle, oltre a rivelarsi utile nello studio delle discipline in cui si fa un ampio ricorso a questo tipo di strumenti (*in primis* quelle scientifiche), denota *rapidità di ragionamento*. I quiz basati sulla comprensione di dati descritti in forma grafica o tabellare mirano, infatti, a testare l'abilità del candidato nel leggere e comprendere un certo tipo di informazioni, così da valutare la sua attitudine al ragionamento numerico. Si tratta, in realtà, di trovare la soluzione esatta tra **una serie di domande** a risposta multipla associate, appunto, a una tabella o a un grafico di varia forma (istogramma, torta, radar ecc.). Quando non inerenti alla natura del grafico o della tabella, le domande comportano la risoluzione di semplici esercizi di calcolo.

Esempio n. 1

Nell'istogramma in figura sono indicate le attività che un gruppo di animatori, ragazzi e ragazze, svolge nel villaggio turistico Orizzonti Perduti.

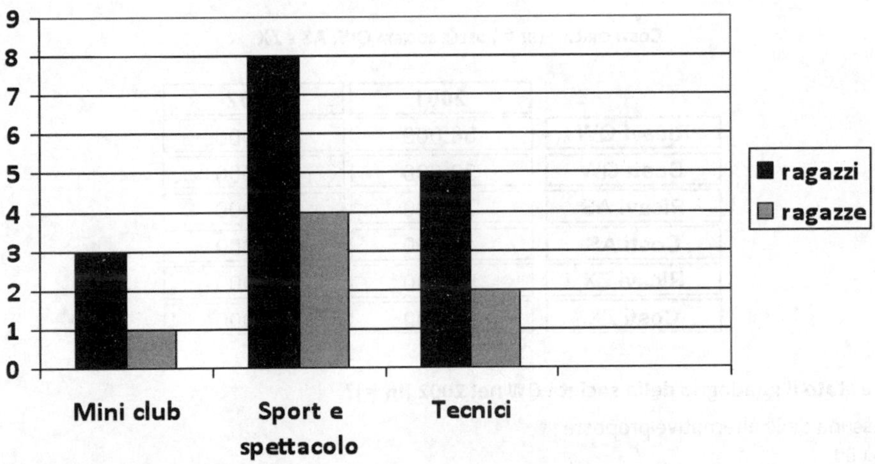

Qual è la percentuale degli animatori addetti al mini club?

A) 25%
B) 15,5%
C) 17,4%
D) 38%

Gli animatori del mini club (**casi rilevanti**) sono **4** (3 ragazzi e 1 ragazza) su un totale di **23.** Per conoscere il valore percentuale di questo dato, che chiameremo **P**, applichiamo la formula:

$$P = \frac{casi\ rilevanti}{casi\ totali} \times 100 = \frac{4}{23} \times 100 = 17,4$$

La risposta esatta è la **C.**

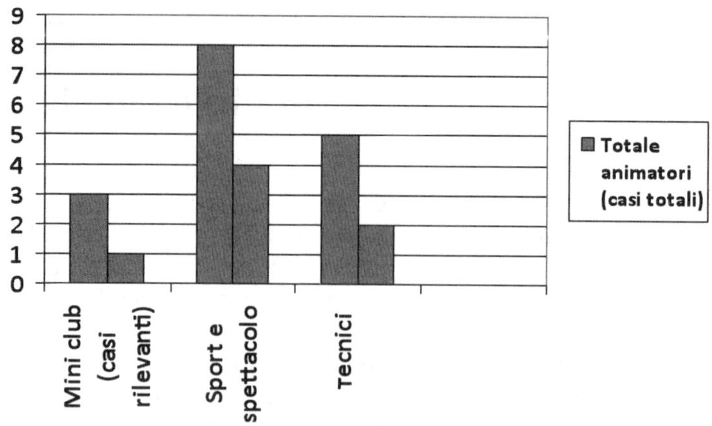

Se, con riferimento allo stesso istogramma, ci venisse, invece, chiesto di calcolare la percentuale degli istruttori di *fitness*, **non potremmo rispondere** poiché il dato (sport e spettacolo) da cui estrapolare questa informazione è troppo generico. Sappiamo, infatti, che nel settore lavorano 8 ragazzi e 4 ragazze, ma ignoriamo la loro esatta distribuzione per ruolo.

Esempio n. 2

COSTI E RICAVI (IN €) DELLE SOCIETÀ QW, AS E ZX

	2001	2002
Ricavi QW	58.000	62.000
Costi QW	32.000	38.000
Ricavi AS	70.000	63.000
Costi AS	44.000	41.000
Ricavi ZX	50.000	56.000
Costi ZX	36.000	40.000

Qual è stato il guadagno della società QW nel 2002 (in €)?

A) nessuna delle alternative proposte
B) 24.000
C) 48.000
D) 12.000
E) 26.000

Per rispondere al quesito premettiamo che il guadagno è dato dalla differenza tra i ricavi e i costi. In particolare, per calcolare il guadagno della società QW nel 2002 bisogna risolvere la seguente differenza:

$$R - C = G$$

dove:

— con R indichiamo i Ricavi;
— con C indichiamo i Costi;
— con G indichiamo il Guadagno.

Sostituendo con i dati numerici forniti dalla tabella si ha:

62.000 – 38.000 = *24.000*.

La risposta esatta, quindi, è la **B**.

Test di verifica

Grafico n. 1

Si supponga che il grafico rappresenti le percentuali di persone (distinte tra maschi e femmine) che hanno soggiornato in esercizi alberghieri per zona geografica in un dato anno

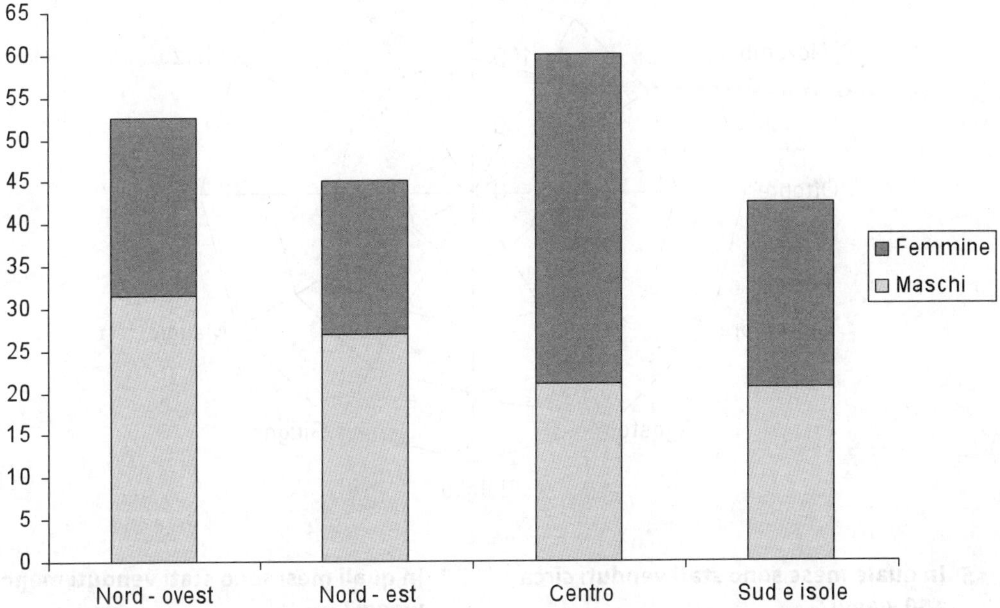

1 **A quale zona geografica e a quale sesso appartiene la percentuale di soggiorno più alta?**

A) Nord – ovest/maschi
B) Centro/femmine
C) Sud e isole/femmine
D) Nord – ovest/femmine

2 **A quale zona geografica e a quale sesso appartiene la percentuale di soggiorno più bassa?**

A) Nord – ovest/maschi
B) Sud e isole/maschi
C) Sud e isole/femmine
D) Nord – est/femmine

3 **Qual è la zona geografica che presenta il maggiore scarto fra le percentuali di soggiorno tra maschi e femmine?**

A) Nord – est
B) Sud e isole
C) Centro
D) Nord – ovest

4 **Qual è la zona geografica che presenta il minore scarto fra le percentuali di soggiorno tra maschi e femmine?**

A) Sud e isole
B) Nord – est
C) Nord – ovest
D) Centro

Grafico n. 2

Si supponga che il grafico rappresenti i viaggi venduti da un'agenzia nei mesi di un dato anno

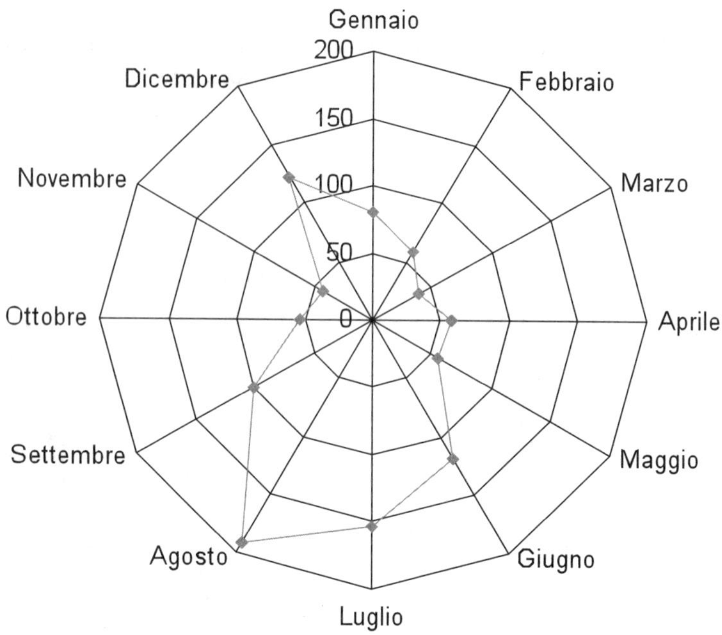

5 **In quale mese sono stati venduti circa 150 viaggi?**

A) gennaio
B) agosto
C) luglio
D) dicembre

6 **In quale mese sono stati venduti circa 100 viaggi?**

A) settembre
B) luglio
C) gennaio
D) ottobre

7 **In quali mesi sono stati venduti meno viaggi?**

A) febbraio e novembre
B) gennaio e marzo
C) maggio e novembre
D) marzo e novembre

8 **In quale mese sono stati venduti più viaggi?**

A) agosto
B) gennaio
C) dicembre
D) luglio

Grafico n. 3

Si supponga che il grafico rappresenti le vendite di prodotti (in percentuale) di una libreria in un dato periodo

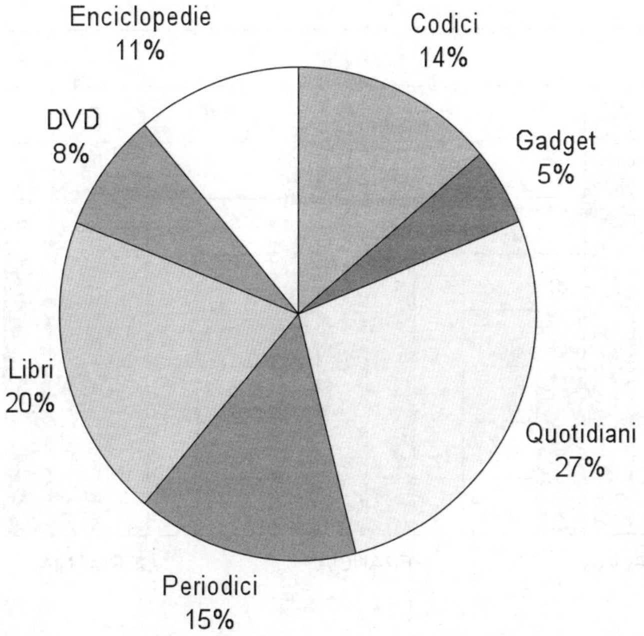

9 **Quali prodotti rappresentano il fatturato maggiore dell'azienda?**

A) libri – codici
B) quotidiani – DVD
C) periodici – enciclopedie
D) gadget – quotidiani

10 **Qual è il prodotto che rappresenta, in termini di vendite, 1/5 del fatturato totale?**

A) codici
B) libri
C) quotidiani
D) periodici

11 **Quale prodotto, assieme ai quotidiani e ai periodici, fa realizzare un fatturato che arriva al 50%?**

A) DVD
B) gadget
C) codici
D) enciclopedie

12 **Per quali prodotti la differenza, in percentuale, è pari alla percentuale di vendite di gadget?**

A) quotidiani – periodici
B) enciclopedie – DVD
C) codici – DVD
D) libri – periodici

Grafico n. 4

Si supponga che il grafico rappresenti le presenze di turisti, in valori assoluti ed in migliaia, nei paesi indicati in un dato periodo

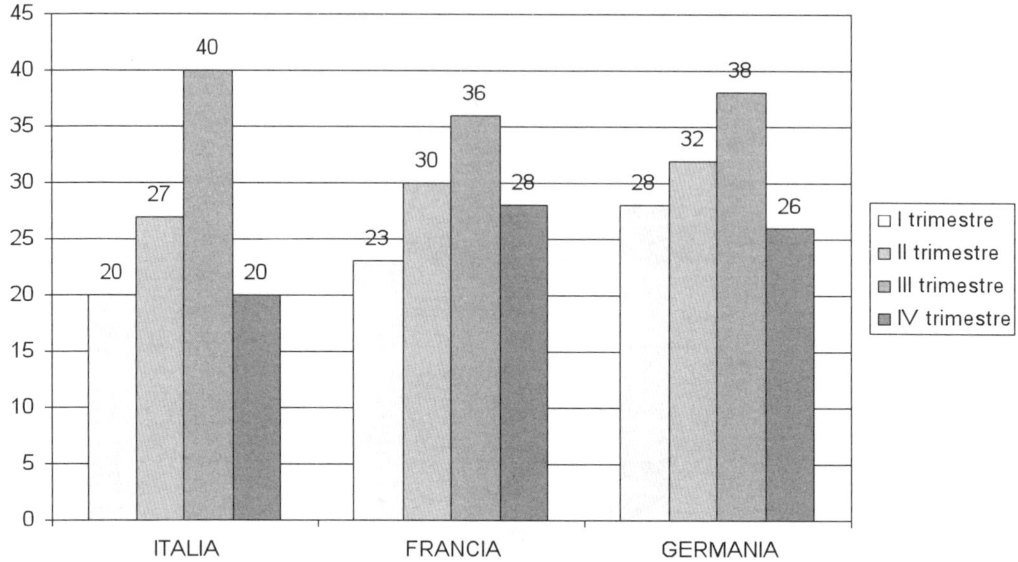

13 **Quale percentuale di incremento è stata rilevata in Francia tra il primo e il secondo trimestre?**

A) 29%
B) 30,43%
C) 7%
D) 23%

14 **Quale percentuale di decremento è stata rilevata in Germania tra il terzo e il quarto trimestre?**

A) 31,58%
B) 8%
C) 26,38%
D) 38%

15 **Quale nazione ha dimezzato le presenze tra il terzo e il quarto trimestre?**

A) Italia
B) Francia
C) Germania
D) nessuna

16 **In quale nazione è stata rilevata la minore percentuale di incremento tra il secondo e il terzo trimestre?**

A) Italia
B) Francia
C) Germania
D) Francia e Germania in ugual misura

Grafico n. 5

Si supponga che il grafico rappresenti le percentuali di occupati nei settori produttivi per ripartizione geografica

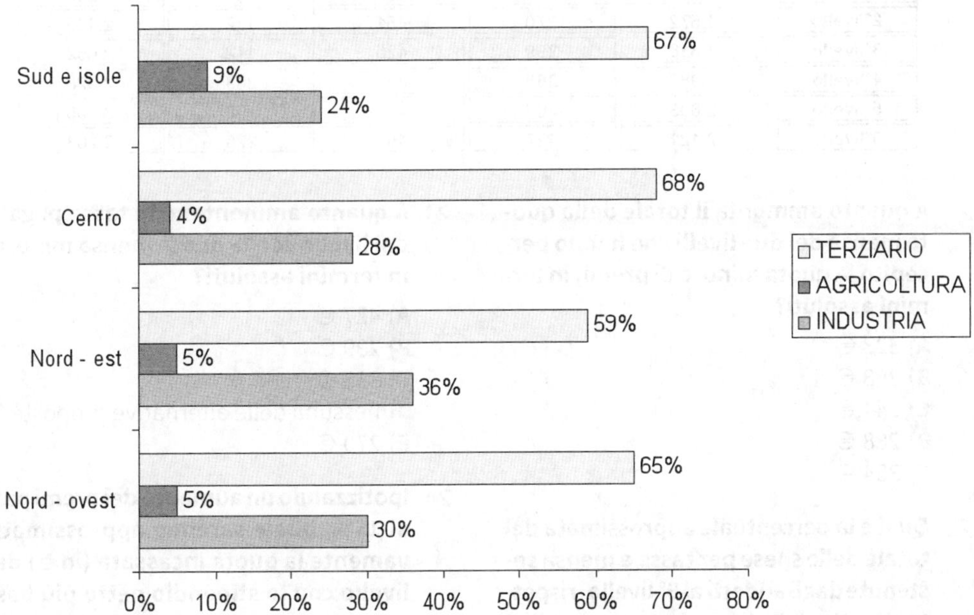

17 **Se il totale degli occupati al Sud e nelle isole fosse pari a 5.600.000 unità, quale sarebbe il numero di lavoratori nel settore agricolo nella medesima ripartizione?**

A) 270.000
B) 504.000
C) 900.000
D) 688.000

18 **Se nel Nord – est gli occupati nel terziario fossero 2.360.000 unità, quale sarebbe il numero di occupati in quella ripartizione geografica?**

A) 4.000.000
B) 5.900.000
C) 13.924.000
D) 23.600.000

19 **Se nel Nord – ovest gli occupati nell'industria fossero 2.400.000 unità, quale sarebbe il numero di occupati nel settore terziario nella medesima ripartizione?**

A) 3.500.000
B) 3.000.000
C) 6.500.000
D) 5.200.000

20 **Se nel Centro il totale di occupati nell'agricoltura e nel terziario fosse pari a 3.168.000 unità, quale sarebbe il numero totale di occupati in quella ripartizione geografica?**

A) 4.400.000
B) 2.280.000
C) 8.870.000
D) 7.200.000

Tabella n. 1

Retribuzione dei dipendenti della Finproject (in €)

	Netto	Tasse	Premi	Mensa	Lordo
1°livello	1.524	254	332	120	2.230
2°livello	1.572	270	451	132	2.425
3°livello	1.816	299	425	112	2.652
4°livello	1.980	365	380	203	2.928
5°livello	2.093	402	412	198	3.105
6°livello	2.121	427	490	225	3.263

21 **A quanto ammonta il totale della quota mensa dei due livelli che hanno percepito la quota minore di premi, in termini assoluti?**

A) 323 €
B) 298 €
C) 244 €
D) 288 €
E) 354 €

22 **Qual è la percentuale approssimata del totale delle spese per tasse e mensa sostenute dagli addetti al 5° livello, rispetto allo stipendio lordo da essi percepito?**

A) 35%
B) 16%
C) 19%
D) 22%
E) 27%

23 **A quanto ammontano le tasse pagate dal livello con la quota mensa minore, in termini assoluti?**

A) 427 €
B) 299 €
C) 365 €
D) nessuna delle alternative proposte
E) 270 €

24 **Ipotizzando un aumento dei premi pari al 15%, quale sarebbe approssimativamente la quota incassata (in €) dal livello con lo stipendio netto più basso?**

A) 382 €
B) 358 €
C) nessuna delle alternative proposte
D) 376 €
E) 328 €

Tabella n. 2

Fattura per gli ordinativi del mese di giugno
(il prezzo unitario indicato in € è al netto dell'IVA)

	Prezzo x 1	Quantità	IVA	Totale
art. 150/E	0,55	300	10%	181,50
art. 79/D	1,20	120	4%	149,76
art. 344/C	52	20	20%	1248
art. 56/F	5,50	80	4%	457,60
art. 95/B	0,80	150	10%	132

25 **A quanto ammonta in euro l'IVA sull'acquisto di 80 pezzi dell'art. 56/F?**

A) 16,70 €
B) 18 €
C) 7,60 €
D) nessuna delle alternative proposte
E) 17,60 €

26 **A quanto ammonta in euro l'IVA sull'acquisto di 20 pezzi dell'art. 344/C?**

A) 20,80 €
B) 128 €
C) nessuna delle alternative proposte
D) 280 €
E) 20,80 €

27 A quanto ammonta in euro l'IVA sull'acquisto di 150 pezzi dell'art. 95/B?

A) 1,40 €
B) nessuna delle alternative proposte
C) 12,40 €
D) 1,20 €
E) 14 €

28 Quanto costano 300 pezzi dell'art. 150/E IVA esclusa?

A) 126,50 €
B) 116,50 €
C) nessuna delle alternative proposte
D) 111,35 €
E) 165 €

Tabella n. 3

Spese di gestione per nucleo familiare (in €)

	Acqua	Luce	Gas	Condominio	Totale
1991	151	320	152	78	701
1992	163	354	168	86	771
1993	142	413	175	95	825
1994	182	389	180	102	853
1995	125	365	165	108	763
1996	112	342	148	115	717

29 In quale anno le spese per il condominio sono aumentate di 7 € e quelle per la luce sono diminuite di 23 € rispetto all'anno precedente?

A) 1992
B) 1994
C) nessuna delle alternative proposte
D) 1995
E) 1996

30 Qual è stata la spesa media per l'Acqua, tra il 1991 e il 1993 (in €)?

A) 162
B) 152
C) 148
D) 142
E) 155

31 Qual è, in percentuale approssimata, il peso della voce Gas, rispetto al totale delle spese di gestione, nell'anno in cui tali spese totali sono state massime?

A) 19%
B) 42%
C) 21%
D) 33%
E) 25%

32 Qual è stato, in percentuale approssimata, il peso della spesa di Condominio nel 1994, sul totale delle spese di gestione?

A) 15%
B) 12%
C) 9%
D) 21%
E) 18%

Tabella n. 4

Percentuali del ricavato della vendita di un immobile (= 1,2 milioni di €) spettanti ai soci

	% soci
Carlo	30%
Giorgio	25%
Franco	10%
Marco	35%

33 **Qual è la quota che gli ultimi tre soci in tabella devono dividersi?**

A) 984mila €
B) 724mila €
C) 640mila €
D) 780mila €
E) 840mila €

34 **Se la quota di Carlo fosse ripartita equamente fra gli altri soci, quanto spetterebbe a ciascuno?**

A) 120mila €
B) 90mila €
C) nessuna delle alternative proposte
D) 360mila €
E) 240mila €

35 **Se i soci decidessero di mettere in comune il 5% della quota spettante a ciascuno di essi, quanto riuscirebbero ad accantonare complessivamente?**

A) nessuna delle alternative proposte
B) 6mila €
C) 25mila €
D) 60mila €
E) 30mila €

36 **Quanti soldi spettano a Marco?**

A) 420mila €
B) 12mila €
C) 400mila €
D) nessuna delle alternative proposte
E) 35mila €

Soluzioni

Grafico n. 1

1 Risposta esatta: B

Dal grafico si evince che la percentuale di **femmine** che ha soggiornato al **Centro** è stata pari a circa 40.

2 Risposta esatta: D

Dal grafico si evince che la percentuale di **femmine** che ha soggiornato nel **Nord-est** è stata pari a poco meno di 20.

3 Risposta esatta: C

Dal grafico si evince che lo scarto percentuale tra maschi e femmine al **Centro** è pari a circa 20.

4 Risposta esatta: A

Dal grafico si evince che lo scarto percentuale, in termini assoluti, tra maschi e femmine, nella zona geografica **Sud e isole**, è pari a circa la metà di 5.

Grafico n. 2

5 Risposta esatta: C

Seguendo la linea contraddistinta dal numero 150, si evince che il mese in cui sono stati venduti circa 150 viaggi è **luglio**.

6 Risposta esatta: A

Seguendo la linea contraddistinta dal numero 100, si evince che il mese in cui sono stati venduti circa 100 viaggi è **settembre**.

7 Risposta esatta: D

I mesi in cui sono stati venduti meno viaggi sono quelli contrassegnati da punti che si trovano tra lo 0 e il 50. Dal grafico si evince che tali mesi sono **marzo e novembre**.

8 Risposta esatta: A

Dal grafico si evince che il numero di viaggi venduti ad **agosto** è stato pari a circa 200.

Grafico n. 3

9 Risposta esatta: B

Le vendite di **quotidiani** e di **DVD** rappresentano il 35% del totale, ottenuto sommando le percentuali di vendita dei due prodotti: 27% + 8%.

10 Risposta esatta: B

I **libri** rappresentano il 20%, ossia 1/5, delle vendite totali.

11 Risposta esatta: A

I quotidiani e i periodici rappresentano, insieme, il 42% del fatturato totale; pertanto i **DVD**, che rappresentano l'8% del fatturato totale, assieme ai primi due fanno realizzare un fatturato pari al 50% del totale.

12 Risposta esatta: D

La differenza tra fatturato realizzato attraverso la vendita dei **libri** (20%) e quello realizzato attraverso la vendita di **periodici** (15%) è pari al fatturato realizzato con i gadget (5%).

Grafico n. 4

13 Risposta esatta: B

I turisti in Francia nel primo trimestre sono stati 23 (in migliaia), mentre nel secondo trimestre sono stati 30 (in migliaia).

Il loro incremento relativo è stato pari a:

$$\frac{30-23}{23}=\frac{7}{23}=0{,}3043$$

che, espresso in termini percentuali, è pari a **30,43%**.

14 Risposta esatta: A

I turisti in Germania nel terzo trimestre sono stati 38 (in migliaia), mentre nel quarto trimestre sono stati 26 (in migliaia).

La loro variazione relativa è stata pari a:

$$\frac{26-38}{38}=-\frac{12}{38}=-0{,}3158$$

che corrisponde a un decremento e che, espresso in termini percentuali, è pari a **31,58%.**

15 Risposta esatta: A

L'**Italia**, tra il terzo e il quarto trimestre, è passata da un valore di 40 a un valore di 20, per cui ha dimezzato le presenze di turisti.

16 Risposta esatta: C

La percentuale di incremento dell'Italia è stata del 48,15%, quella della Francia del 20% e quella della **Germania** del 18,75%.

Grafico n. 5

17 Risposta esatta: B

Se il totale degli occupati al Sud e nelle isole fosse pari a 5.600.000 unità, il numero di lavoratori nel settore agricolo nella medesima ripartizione sarebbe:

$$\frac{5.600.000 \times 9}{100} = \mathbf{504.000}.$$

18 Risposta esatta: A

Se il totale degli occupati nel terziario fosse pari a 2.360.000 unità, il numero di occupati nella medesima ripartizione sarebbe:

$$\frac{2.360.000 \times 100}{59} = \mathbf{4.000.000}.$$

19 Risposta esatta: D

Se il totale degli occupati nell'industria fosse pari a 2.400.000 unità, il numero di lavoratori nel settore terziario nella medesima ripartizione si ottiene, innanzitutto, calcolando il numero totale di occupati per quella ripartizione:

$$\frac{2.400.000 \times 100}{30} = 8.000.000.$$

Quindi, su questo totale, calcolando il numero di occupati nel terziario:

$$\frac{8.000.000 \times 65}{100} = \mathbf{5.200.000}.$$

20 Risposta esatta: A

Poiché il numero di occupati nell'agricoltura e nel terziario nel Centro rappresenta il 72% del totale degli occupati in quella ripartizione, il numero totale di occupati nel Centro è pari a:

$$\frac{3.168.000 \times 100}{72} = \mathbf{4.400.000}.$$

Tabella n. 1

21 Risposta esatta: A

Ad aver percepito la quota minore di premi sono stati il 1° e il 4° livello. Quindi, se consideriamo in corrispondenza di questi i valori della quota mensa, essi sono: 120 e 203.

Pertanto l'ammontare totale della quota mensa per entrambi i livelli è dato da:

$$120 + 203 = \mathbf{323\ €}$$

22 Risposta esatta: C

Il totale delle spese per tasse e mensa sostenute dagli addetti al 5° livello è pari a:

$$402 + 198 = 600\ €$$

Sapendo che lo stipendio lordo percepito dagli addetti al 5° livello è pari a 3.105 €, per conoscere la percentuale della spesa complessiva per tasse e mensa rispetto allo stipendio lordo si deve procedere come segue:

$$\frac{600}{3.105} \times 100 = 19{,}32\%$$

Il quesito chiede la percentuale approssimata, per cui, essendo 32 inferiore a 50, si approssima per difetto: **19%.**

23 Risposta esatta: B

Il livello a cui corrisponde la quota mensa minore pari a 112 € è il 3°. A tale livello corrispondono tasse per un valore di **299 €**.

24 Risposta esatta: A

Il livello a cui corrisponde lo stipendio netto più basso è il 1°. In corrispondenza di tale livello la quota del premio è pari a 332 €.

Supposto un aumento del 15% del premio, per conoscere l'ammontare complessivo incassato dagli addetti al 1° livello occorre procedere come segue:

$$\frac{332 \times 15}{100} = 49,8.$$

49,8 € è l'incremento pari al 15% del premio, quindi il valore complessivo del premio è:

332 + 49,8 = *381,8 €*

che approssimato per eccesso diventa **382 €**.

Tabella n. 2

25 Risposta esatta: E

Premesso che l'imponibile è dato dal prezzo per la quantità acquistata e che sull'imponibile si va a calcolare l'ammontare dell'IVA, per rispondere al quesito possiamo utilizzare due strade alternative:

— la *prima* consiste nel calcolare l'imponibile e poi sottrarre dal totale (comprensivo di IVA) indicato in tabella, 457,60 € relativo all'articolo 56/F, l'imponibile stesso per ottenere l'ammontare dell'IVA.

Operativamente si ha:

p × q = imponibile

5,50 × 80 = 440 €

457,60 – 440 = **17,60 € (IVA)**

— la *seconda* consiste nell'operazione di scorporo, ossia sapendo che il totale comprensivo di IVA è 457,60 €, lo si divide per (1 + l'aliquota IVA corrispondente), che nel nostro caso è (1 + 0,04), e si ottiene l'imponibile, dopodiché si sottrae dal totale l'imponibile stesso per ottenere l'ammontare dell'IVA.

Operativamente si ha:

$$\frac{457,60}{1+0,04} = 4407$$

457,60 – 440 = **17,60 € (IVA)**

26 Risposta esatta: C

La risoluzione del quesito presuppone lo stesso procedimento utilizzato nel quesito precedente.

Per l'art. 344/C l'imponibile è dato da:

52 × 20 = 1.040 €

1.248 – 1.040 = **208 € (IVA)**

27 Risposta esatta: B

La risoluzione del quesito presuppone lo stesso procedimento utilizzato nel quesito precedente.

Per l'art. 95/B l'imponibile è dato da:

0,80 × 150 = 120 €

132 – 120 = **12 € (IVA)**

28 Risposta esatta: E

Per la risoluzione di questo quesito si possono seguire due strade alternative:

— operazione di scorporo dell'IVA dal totale indicato in tabella. Considerato che il totale per l'art. 150/E è pari a 181,50 € e l'aliquota IVA è pari al 10%, l'imponibile è dato da:

$$\frac{181,50}{1+0,10} = \mathbf{165\ €}$$

— essendo forniti dalla tabella anche il prezzo unitario e la quantità, per conoscere l'imponibile dell'art. 150/E basta moltiplicare il prezzo 0,55 € per la quantità 300:

0,55 × 300 = **165 €**

Tabella n. 3

29 Risposta esatta: E

Per risolvere il quesito bisogna calcolare nella colonna relativa al «Condominio» tutte le variazioni che di anno in anno si sono verificate fino a trovare un incremento pari a 7 €, ottenuto dalla differenza tra 115 e 108, che si è avuto in corrispondenza dell'anno 1996. La stessa cosa si fa considerando la colonna relativa alle spese per la «Luce», per le quali la variazione negativa pari a 23 €, data dalla differenza fra 342 e 365, si è avuta nel **1996**.

30 Risposta esatta: B

Premesso che il valore medio è costituito dalla somma degli elementi numerici della serie data diviso il numero degli elementi, per conoscere la spesa media dell'«Acqua» tra il 1991 e il 1993 si deve procedere come segue:

$$\frac{151+163+142}{3}=\mathbf{152}.$$

31 Risposta esatta: C

L'ammontare massimo delle spese per il «Gas» si è registrato nell'anno 1994 ed è stato pari a 180 €. In quell'anno il totale delle spese di gestione è stato pari a 853 €.

Per conoscere l'incidenza delle spese per il «Gas» nel 1994 rispetto al totale delle spese si deve procedere come segue:

$$\frac{180}{853}\times 100 = 21{,}10\%$$

che approssimato per difetto diventa **21%**.

32 Risposta esatta: B

Sapendo che il totale delle spese di gestione nel 1994 è stato pari a 853 €, per conoscere l'incidenza delle spese per il «Condominio» nello stesso anno rispetto al totale si deve procedere come segue:

$$\frac{102}{853}\times 100 = 11{,}95\%$$

che approssimato per eccesso diventa **12%**.

Tabella n. 4

33 Risposta esatta: E

Sapendo che il ricavato della vendita di un immobile è stato pari a 1,2 milioni di € e che al socio Carlo spetta il 30 % del ricavato, resta il 70 % da dividere fra i restanti tre soci, il cui ammontare è dato da:

1.200.000 × 0,70 = **840.000 €**

34 Risposta esatta: A

Sapendo che la quota spettante a Carlo è pari al 30% e che il ricavato totale della vendita dell'immobile è pari a 1.200.000 €, si può conoscere in termini assoluti a quanto ammonta la quota in € del socio Carlo nel modo che segue:

1.200.000 × 0,30 = 360.000 €

A questo punto, dovendo dividere in parti uguali la quota di Carlo per distribuirla agli altri soci, basta svolgere la seguente operazione:

$$\frac{360.000}{3}=\mathbf{120.000\ €}$$

35 Risposta esatta: D

Volendo ciascun socio accantonare una quota pari al 5% del proprio capitale, per conoscere a quanto ammonta, in termini assoluti, tale quota si deve procedere come segue.

Anzitutto come è ripartito, in base alle percentuali fornite in tabella, il totale del ricavato dell'immobile:

Carlo: 1.200.000 × 0,30 = 360.000 €
Giorgio: 1.200.000 × 0,25 = 300.000 €
Franco: 1.200.000 × 0,10 = 120.000 €
Marco: 1.200.000 × 0,35 = 420.000 €

A questo punto si calcola il 5% di ciascuna quota:

Carlo: 360.000 × 0,05 = 18.000 €
Giorgio: 300.000 × 0,05 = 15.000 €
Franco: 120.000 × 0,05 = 6.000 €
Marco: 420.000 × 0,05 = 21.000 €

Dovendo conoscere l'ammontare complessivo dell'accantonamento, basta svolgere la seguente operazione:

18.000 + 15.000 + 6.000 + 21.000 = **60.000 €**

36 Risposta esatta: A

Sapendo che la quota spettante a Marco è pari al 35% e che il ricavato totale della vendita dell'immobile è pari a 1.200.000 €, si può conoscere in termini assoluti a quanto ammonta la quota in € del socio Marco nel modo che segue:

1.200.000 × 0,35 = **420.000 €**

II Normativa scolastica

Questionario unico

1 **Ai sensi del D.Lgs. 112/1998, allo Stato competono, tra l'altro:**

A) la programmazione dell'offerta formativa integrata tra istruzione e formazione professionale
B) la determinazione del calendario scolastico
C) i contributi alle scuole non statali
D) i compiti e le funzioni relativi a criteri e parametri per l'organizzazione della rete scolastica

2 **Il Ministro dell'istruzione può revocare un provvedimento emesso dal Dirigente?**

A) sì, ma solo in caso di provvedimenti palesemente illegittimi
B) sì, in ogni caso
C) no
D) sì, ma solo nelle ipotesi concordate

3 **Ai sensi del decreto di riforma degli organi collegiali territoriali, D.Lgs. 233/1999, qual è l'organo collegiale territoriale operante a livello centrale?**

A) il Consiglio regionale della pubblica istruzione
B) il Consiglio superiore della pubblica istruzione
C) la Commissione nazionale della pubblica istruzione
D) non esiste tale organo

4 **Qual è la natura giuridica dell'Istituto nazionale per la valutazione del sistema educativo di istruzione e di formazione (INVALSI)?**

A) è un ente di diritto privato con finalità di ricerca
B) è un'associazione di fatto con finalità di ricerca
C) è un ente con personalità giuridica di diritto pubblico con finalità di ricerca
D) è un ente senza personalità giuridica con finalità di ricerca

5 **Qual è la natura giuridica dell'Istituto nazionale di documentazione, innovazione e ricerca educativa (INDIRE)?**

A) è un ente privato con finalità di ricerca
B) è un'associazione di fatto con finalità di ricerca
C) è un ente di ricerca di diritto pubblico con autonomia scientifica, finanziaria, patrimoniale, amministrativa e regolamentare
D) è un ente senza personalità giuridica con finalità di ricerca

6 **Quale dei seguenti soggetti non è un "organo" del Sistema nazionale di valutazione (SNV)?**

A) INVALSI
B) INDIRE
C) contingente ispettivo
D) il Ministero del lavoro

7 **Nell'attuale organizzazione del sistema scolastico, da quale organo sono stati sostituiti i vecchi Provveditorati e le Sovrintendenze scolastiche regionali?**

A) dai Dirigenti scolastici
B) dall'Agenzia nazionale per lo sviluppo dell'autonomia scolastica
C) dall'Ufficio scolastico provinciale
D) dall'Ufficio scolastico regionale

8 **La richiesta per il riconoscimento della parità deve comprendere:**

A) un Piano dell'offerta formativa
B) l'indicazione della popolazione residente
C) la consistenza del bacino di utenza
D) l'abilitazione quinquennale dei docenti

9 **Quale tra le seguenti funzioni non è svolta dagli Uffici scolastici regionali?**

A) gestione delle graduatorie e alla gestione dell'organico

B) sviluppo di reti di scuole
C) assegnazione dei docenti alle classi delle istituzioni scolastiche
D) vigilanza sui livelli di efficacia dell'azione formativa e sull'osservanza degli standard

10 Quale figura autorizza il Dirigente a disporre incrementi del numero delle classi?

A) il Ministro dell'istruzione
B) il Collegio dei docenti
C) il Consiglio di istituto
D) il Dirigente dell'Ufficio scolastico regionale

11 Il documento che certifica le competenze per il primo ciclo viene redatto:

A) nel corso del primo quadrimestre
B) alla fine del secondo trimestre
C) dagli insegnanti a conclusione dello scrutinio finale della classe quinta e dal Consiglio di classe in sede di scrutinio finale solo per gli studenti ammessi all'esame di Stato
D) durante l'esame conclusivo

12 Da cosa sono stati sostituiti i vecchi esami di riparazione negli istituti e scuole di istruzione secondaria superiore?

A) da test attitudinali
B) da una prova pratico-teorica
C) da corsi di sostegno o di recupero
D) da colloqui settimanali con gli insegnanti e test finale di verifica

13 Ai sensi dell'art. 117 della Costituzione, lo Stato ha legislazione esclusiva:

A) in nessuna materia riguardante la scuola poiché ha sempre legislazione concorrente con le Regioni
B) nelle norme generali sull'istruzione e nei livelli essenziali delle prestazioni
C) nelle norme generali sull'istruzione, ma non nei livelli essenziali delle prestazioni
D) nei livelli essenziali delle prestazioni, ma non nelle norme generali sull'istruzione

14 Le funzioni amministrative relative ai contributi alle scuole non statali sono attribuite, ai sensi del D.Lgs. 112/1998:

A) alle Regioni
B) alle Province
C) ai Comuni
D) allo Stato

15 Nella scuola secondaria di I grado quante lingue straniere devono essere insegnate?

A) solo l'inglese
B) una comunitaria ed una internazionale
C) solo una, che può essere sostituita con un corso di informatica a scelta dello studente
D) l'inglese ed una seconda lingua comunitaria

16 Chi è competente a determinare il calendario scolastico?

A) i Comuni
B) lo Stato
C) le Regioni
D) le Province

17 Cosa ha disposto la riforma Gelmini circa l'«insegnamento in lingua 2» di una disciplina non linguistica?

A) ne mantiene la funzione di disciplina facoltativa per gli studenti, da attivarsi facoltativamente dalle scuole
B) lo introduce come insegnamento costitutivo del curricolo obbligatorio o attivabile come ampliamento dell'offerta formativa
C) lo estende come insegnamento curricolare al triennio degli istituti di istruzione secondaria superiore
D) lo introduce come insegnamento curricolare solo al IV e V anno dei licei linguistici

18 Che cosa si intende con quota obbligatoria del curricolo didattico?

A) la quota di curricolo riservata alle scuole
B) la quota di curricolo determinata dalle Regioni

C) la quota di curricolo determinata dall'USR
D) la quota definita a livello nazionale

19 Cosa s'intende per «organizzazione amministrativa indiretta»?

A) l'insieme degli organi statali che fanno parte integrante della persona Stato
B) tutti gli enti che affiancano lo Stato nello svolgimento delle attività amministrative, secondo una formula di collegamento
C) l'insieme degli enti territoriali
D) nessuna delle precedenti

20 Quale dei seguenti provvedimenti attribuisce la personalità giuridica alle scuole?

A) il D.P.R. 275/1999 (Regolamento dell'autonomia scolastica)
B) si ricava implicitamente dalla L. 59/1997
C) la L. 53/2003 (Legge Moratti)
D) l'art. 21 L. 59/1997

21 Sono ammesse «deroghe» ai requisiti dimensionali ottimali per l'attribuzione della personalità giuridica?

A) non sono ammesse
B) sono ammesse solo per gli istituti educativi
C) sono ammesse solo in riferimento a particolari situazioni territoriali o ambientali
D) sono ammesse solo per le scuole istituite prima del 1946

22 Le funzioni relative all'istituzione, all'aggregazione, alla fusione e alla soppressione di scuole secondarie di primo grado sono attribuite:

A) ai Comuni
B) alle Province
C) alle Regioni
D) allo Stato

23 Cos'è la Carta dei servizi scolastici?

A) la carta dei diritti e dei doveri degli alunni della scuola secondaria di secondo grado
B) l'insieme delle disposizioni in materia contrattuale riferite al personale del comparto scuola
C) il codice di autoregolamentazione a cui ciascuna unità scolastica deve attenersi nell'erogazione dei servizi agli studenti
D) l'albo della scuola in cui sono pubblicati gli atti del Consiglio di circolo o di istituto

24 Che cos'è il Regolamento d'istituto?

A) l'insieme delle disposizioni in materia contrattuale riferite al personale del comparto scuola
B) il documento emanato dal Consiglio di istituto che disciplina le attività della scuola
C) l'albo della scuola
D) la carta dei diritti e dei doveri degli alunni della scuola secondaria di secondo grado

25 Nel sistema integrato di educazione ed istruzione 0-6 (D.Lgs. 65/2017):

A) lo Stato assume funzione di indirizzo e programmazione solo per la fascia di età dai 3 ai 6 anni
B) lo Stato assume funzione di indirizzo e programmazione anche per il segmento 0-3 anni
C) alle Regioni competono funzioni di indirizzo e programmazione anche per il segmento 0-3 anni
D) alle Regioni competono funzioni di indirizzo e programmazione per la fascia 3-6 anni

26 Quale ente è competente a costituire i Poli per l'infanzia?

A) la Regione
B) il Comune
C) la Città metropolitana
D) l'ente di area vasta

27 I Poli per l'infanzia godono di autonomia?

A) solo di autonomia finanziaria
B) sì, di autonomia didattica, funzionale, organizzativa e di ricerca

C) solo di autonomia organizzativa
D) no, non hanno una propria autonomia

28 **Ai sensi dell'art. 1, comma 17, L. 107/2015, secondo quale modalità il Piano dell'Offerta Formativa (PTOF) viene reso pubblico?**

A) attraverso la consegna ai docenti al momento dell'iscrizione
B) attraverso pubblicazione in G.U.
C) attraverso la pubblicazione nel Bollettino Ufficiale della Regione
D) attraverso la pubblicazione sul Portale unico dei dati della scuola

29 **Ai sensi dell'art. 116 della Costituzione, forme e condizioni particolari di autonomia legislativa delle Regioni:**

A) possono essere attribuite alle Regioni a Statuto ordinario
B) debbono essere attribuite a tutte le Regioni, anche a quelle a Statuto ordinario
C) non possono essere attribuite alle Regioni
D) possono essere attribuite solo alle Regioni a Statuto speciale e alle Province autonome

30 **L'anno scolastico può essere suddiviso in:**

A) due quadrimestri
B) due quadrimestri, tre trimestri o un trimestre e un pentamestre
C) tre trimestri
D) periodi scelti liberamente dal Consiglio d'istituto

31 **Il singolo istituto scolastico può modificare il calendario scolastico regionale?**

A) no, mai
B) solo nei casi previsti dalla legge
C) sì, in base all'art. 5, D.P.R. 275/1999
D) con l'autorizzazione del Ministero

32 **Le istituzioni scolastiche possono adottare in autonomia modalità organizzative flessibili:**

A) solo per ridurre i costi di gestione
B) per rispondere alle esigenze degli enti locali
C) per migliorare l'offerta formativa
D) per adeguarsi alle richieste delle famiglie

33 **Ai sensi del D.Lgs. 233/1999, i Consigli scolastici locali, a far data dalla loro istituzione, sostituiscono:**

A) i Consigli d'istituto
B) i Consigli d'intersezione
C) il Collegio dei docenti
D) i Consigli scolastici provinciali e distrettuali

34 **I dipartimenti della singola istituzione scolastica sono articolazioni:**

A) funzionali del Consiglio d'istituto
B) funzionali del Collegio dei docenti
C) della dirigenza
D) funzionali della segreteria

35 **Le scuole private per svolgere la loro attività necessitano di un'autorizzazione ministeriale?**

A) no, ma il Ministro può disporne la chiusura per ragioni di ordine morale e didattico
B) sì, ma solo per la loro apertura
C) sì, da rilasciare sia al momento dell'apertura sia durante lo svolgimento dell'attività con cadenza periodica
D) sì, da rilasciare durante lo svolgimento dell'attività con cadenza periodica

36 **Cosa si intende per «sezioni primavera»?**

A) servizi offerti dalle scuole in determinati mesi dell'anno
B) servizi offerti dalle scuole a bambini dai 24 ai 36 mesi di età
C) corsi di recupero offerti dalla scuola prima dell'inizio dell'anno scolastico
D) servizi offerti dalle scuole a bambini dai 24 ai 36 mesi di età provenienti da famiglie disagiate

37 **Ai sensi del D.P.R. 89/2010 (art. 2), come si compongono i percorsi liceali?**

A) di un biennio ed un triennio
B) di due bienni e un quinto anno

C) di due bienni, intervallati da un esame attitudinale, e un quinto anno specialistico
D) di un anno di inserimento ed un quadriennio di approfondimento

38 A quali istituzioni scolastiche è riconosciuta la personalità giuridica *ex* L. 59/1997?

A) agli istituti comprensivi
B) alle scuole di ogni ordine e grado
C) agli istituti di istruzione secondaria superiore
D) alle istituzioni scolastiche gestite da enti locali

39 In base a quale principio lo Stato e gli altri enti territoriali favoriscono l'autonoma iniziativa dei cittadini, singoli e associati, per lo svolgimento di attività di interesse generale?

A) di leale collaborazione
B) di imparzialità e buon andamento
C) di sussidiarietà orizzontale
D) di legittimità

40 Il Dirigente scolastico, ai fini della predisposizione del PTOF, secondo il D.P.R. 275/1999:

A) non può attivare rapporti con gli enti locali e con le diverse realtà istituzionali, culturali, sociali ed economiche operanti sul territorio senza l'autorizzazione dell'Ufficio scolastico, regionale
B) promuove rapporti con gli enti locali e con le diverse realtà istituzionali, culturali, sociali ed economiche operanti sul territorio
C) può attivare rapporti con gli enti locali e con le diverse realtà istituzionali, culturali, sociali ed economiche operanti sul territorio
D) non può attivare rapporti con gli enti locali e con le diverse realtà istituzionali, culturali, sociali ed economiche operanti sul territorio senza l'autorizzazione dell'Ufficio scolastico provinciale

41 Ai sensi dell'art. 117 Cost., qual è il «riparto di competenze legislative» in materia d'istruzione?

A) allo Stato compete l'istruzione artigiana e professionale; alle Regioni l'assistenza scolastica
B) alla potestà esclusiva dello Stato compete la definizione delle norme generali sull'istruzione; alla potestà concorrente delle Regioni l'istruzione, salva l'autonomia delle istituzioni scolastiche e con esclusione dell'istruzione e della formazione professionale
C) allo Stato compete l'organizzazione scolastica, nonché la gestione degli istituti scolastici e di formazione; alle Regioni la definizione della parte dei programmi scolastici e formativi di interesse specifico
D) allo Stato competono l'assistenza e l'organizzazione scolastica; alle Regioni l'istruzione

42 Al Consiglio di classe non compete:

A) di deliberare sull'accoglimento delle domande degli alunni di trasferimento all'istituto nel corso dell'anno scolastico
B) di deliberare sulla possibilità di iscrizione nell'istituto degli alunni provenienti da scuole italiane all'estero o da scuole estere
C) di elaborare il Piano annuale delle attività dei docenti
D) di deliberare a maggioranza l'ammissione agli esami di Stato

43 Ai sensi dell'art. 5 D.Lgs. 297/1994, del Consiglio di classe della scuola secondaria di primo grado fanno parte:

A) i docenti di ogni singola classe, compresi i docenti di sostegno; due rappresentanti dei genitori e due rappresentanti degli studenti
B) i docenti di ogni singola classe, compresi i docenti di sostegno, e quattro rappresentanti dei genitori
C) i docenti di ogni singola classe, compresi i docenti di sostegno, e tre rappresentanti dei genitori

D) i docenti di ogni singola classe, compresi i docenti di sostegno, e due rappresentanti dei genitori

44 I Consigli di intersezione, di interclasse e di classe durano in carica:

A) un anno
B) due anni
C) sei mesi
D) un quadrimestre

45 Secondo l'art. 7 D.P.R. 275/1999, qualora un accordo di rete di scuole preveda attività didattiche o di ricerca, sperimentazione e sviluppo, di formazione e aggiornamento, lo stesso deve essere approvato:

A) dal Consiglio di istituto
B) dal Consiglio di classe
C) dal Consiglio di istituto e dal Collegio dei docenti
D) dal Dirigente scolastico

46 Per far parte del Collegio dei docenti:

A) è necessaria la nomina del Dirigente
B) bisogna essere stati eletti dal Consiglio di istituto
C) non è necessaria alcuna nomina
D) bisogna essere di ruolo

47 Ai sensi dell'art. 8 D.Lgs. 297/1994, il Consiglio di circolo o d'istituto è presieduto:

A) da uno dei suoi membri eletto tra i rappresentanti dei genitori degli alunni, a maggioranza assoluta nella prima votazione e a maggioranza relativa nelle successive
B) da uno dei suoi membri eletto tra i rappresentanti dei genitori degli alunni all'unanimità
C) dal Dirigente scolastico
D) da uno dei suoi membri eletto tra i docenti

48 Il Consiglio d'istituto:

A) approva il Piano triennale dell'offerta formativa
B) elabora il Piano triennale dell'offerta formativa
C) fornisce i criteri generali del Piano triennale dell'offerta formativa
D) adotta il Piano triennale dell'offerta formativa

49 La durata del Consiglio d'istituto è (art. 8 D.Lgs. 297/1994):

A) biennale
B) semestrale
C) annuale
D) triennale

50 Chi ha la rappresentanza legale dell'istituzione scolastica?

A) il Direttore dell'ufficio scolastico regionale
B) il DSGA
C) il Dirigente scolastico
D) il rappresentante d'istituto

51 Da quanti alunni deve essere composta una classe della scuola primaria?

A) da non meno di 15 e non più di 26 alunni
B) da non meno di 20 e non più di 30 alunni
C) da non meno di 10 e non più di 30 alunni
D) da non meno di 15 e non più di 35 alunni

52 Quale organo ha il compito di adottare i libri di testo, ai sensi dell'art. 7 D.Lgs. 297/1994?

A) il Dirigente scolastico
B) il singolo insegnante per la propria materia
C) il Consiglio di interclasse
D) il Collegio dei docenti

53 In base a quale provvedimento normativo la scuola è obbligata ad avere un albo on line e un registro on line, entrambi accessibili?

A) la L. 107/2015 e il decreto attuativo n. 59
B) il D.P.R. 275/1999
C) l'art. 32 della L. 69/2009 e art. 7 del D.L. 95/2012
D) il Testo unico dell'istruzione (D.Lgs. 297/1994)

54 Chi impartisce l'insegnamento della lingua inglese nella scuola primaria?

A) continua ad essere impartito da «esperti», esterni all'organico della scuola
B) gli insegnanti di classe della scuola primaria specializzati e i docenti abilitati per altri gradi di istruzione in qualità di specialisti
C) non viene impartito
D) dev'essere impartito da docenti di inglese, soprannumerari nella scuola secondaria

55 I libri di testo si distinguono in adottati e consigliati. I testi consigliati possono essere indicati dal Collegio dei docenti:

A) solo nel caso in cui rivestano carattere di approfondimento o monografico
B) se hanno carattere monografico
C) se hanno carattere di approfondimento
D) non possono essere mai indicati

56 Nella scuola primaria, quali sono le possibili differenti articolazioni dell'orario settimanale di funzionamento?

A) 24, 27 e sino a 30 ore
B) 25, 30 e sino a 35 ore
C) 20, 23 e sino a 30 ore
D) 22, 24 e sino a 32 ore

57 Ai sensi dell'art. 7 D.Lgs. 297/1994, il Collegio dei docenti provvede all'adozione dei libri di testo:

A) sentito il Consiglio d'istituto
B) sulla base delle indicazioni del DS
C) sentito il Consiglio di intersezione
D) sentiti il Consiglio di interclasse o di classe

58 In quali percorsi di istruzione e formazione può dirsi assolto l'obbligo formativo?

A) nel sistema di istruzione scolastica; nel sistema della formazione professionale di competenza regionale; nell'esercizio dell'apprendistato
B) nel sistema di istruzione scolastica; nel sistema della formazione professionale di competenza regionale
C) nel sistema di istruzione scolastica; nel sistema della formazione professionale di competenza regionale; nel sistema universitario
D) nel sistema universitario; nell'esercizio dell'apprendistato

59 Quale tra i seguenti non è uno dei titoli conseguibili nel sistema dell'istruzione degli adulti presso i CPIA?

A) titolo di studio del primo ciclo di istruzione
B) frequenza della sola scuola primaria
C) conseguimento di un diploma di istruzione tecnica o professionale
D) conseguimento di un diploma di istruzione liceale

60 La direzione degli uffici di segreteria nella scuola compete:

A) al DS, che ne cura in maniera unilaterale la gestione
B) al DSGA, che nell'ambito delle direttive di massima emanate dal DS, si avvale dei collaboratori e degli assistenti amministrativi
C) autonomamente ai collaboratori ed assistenti amministrativi
D) al DS e al Consiglio di istituto

61 Come si realizza la possibilità che i giovani che hanno compiuto il 15° anno di età possano accedere al CPIA, secondo quanto previsto dall'art. 3, comma 2, D.P.R. 263/2012?

A) con accordi tra il Comune e l'USR
B) con accordi tra le Province e gli Uffici scolastici regionali
C) con accordi tra le Regioni e gli Uffici scolastici regionali
D) con un'autorizzazione dell'USR

62 Chi è tenuto a vigilare sull'adempimento dell'obbligo scolastico?

A) gli insegnanti
B) i Dirigenti scolastici

C) il Sindaco e i Dirigenti scolastici
D) il personale ATA

63 Quali tipologie di supplenza sono previste nella normativa scolastica?

A) le supplenze annuali, le supplenze temporanee sino al termine delle attività didattiche per posti non vacanti, le supplenze temporanee per ogni ulteriore necessità di supplenza
B) le supplenze annuali, le supplenze temporanee sino al termine delle attività didattiche per posti non vacanti
C) le supplenze annuali, le supplenze semestrali e le supplenze trimestrali
D) le supplenze semestrali, le supplenze temporanee sino al termine delle attività didattiche per posti non vacanti, le supplenze temporanee per ogni ulteriore necessità di supplenza

64 La certificazione delle competenze descrive i risultati:

A) analiticamente
B) secondo una valutazione complessiva
C) secondo una valutazione dettagliata
D) in modo parziale

65 Quanti sono i "cicli" nel sistema scolastico italiano?

A) 3 cicli, più l'Università
B) 2 cicli, primo ciclo e secondo ciclo
C) 4 cicli, compresa la scuola dell'infanzia
D) 3 cicli, più l'istruzione superiore

66 Cosa si intende con la denominazione di «Istituti di istruzione secondaria superiore»?

A) tutti i licei
B) gli istituti tecnici
C) gli istituti nei quali sono presenti ordini di studio differenti
D) gli istituti professionali

67 Quali sono i campi di esperienza previsti per la scuola dell'infanzia?

A) il sé e l'altro; il corpo e il movimento; immagini, suoni, colori; i discorsi e le parole; la conoscenza del mondo
B) il sé e l'altro; il corpo e il movimento; immagini, suoni, colori; la conoscenza del mondo
C) il sé e l'altro; il corpo e il movimento; immagini, suoni, colori; i discorsi e le parole
D) il sé e l'altro. Corpo, movimento, salute. Fruizione e produzione di messaggi. Esplorare, conoscere e progettare

68 Quando è stato introdotto l'istituto dell'anticipo nella scuola dell'infanzia?

A) con la riforma Moratti
B) con la riforma Gentile
C) con il D.P.R. 89/2009
D) con la Buona scuola

69 Secondo quanto previsto dal D.P.R. 81/2009 (art. 9), quanti alunni sono necessari per costituire una sezione di scuola dell'infanzia?

A) almeno 15 bambini
B) almeno 22 bambini
C) almeno 10
D) almeno 18

70 Cosa sono gli Istituti Comprensivi?

A) scuole dell'infanzia, primarie e secondarie di primo grado, con anche le scuole secondarie di secondo grado
B) scuole dell'infanzia, primarie e secondarie di primo grado
C) scuole dell'infanzia e primarie
D) scuole secondarie di primo e secondo grado

71 A quali corsi di studi si riferisce la definizione di istruzione secondaria?

A) licei, istituti tecnici, istituti professionali, istituti d'arte, percorsi in alternanza scuola-lavoro
B) licei, istituti tecnici, istituti professionali
C) licei, istituti tecnici, istituti professionali, istituti d'arte
D) licei, istituti tecnici, istituti d'arte

72 Come possono essere definiti i percorsi in alternanza scuola-lavoro?

A) un periodo che costituisce un rapporto individuale di lavoro

B) un periodo che ha carattere occasionale, senza continuità con i programmi didattici
C) una modalità di realizzazione dei percorsi del secondo ciclo di istruzione
D) un'esperienza circoscritta, come il completamento di un corso

73 **La Buona scuola ha previsto percorsi formativi in alternanza scuola-lavoro per un numero di ore pari a:**
A) 400 per gli istituti tecnici e professionali e 200 per i licei
B) 200 per gli istituti tecnici e professionali e 400 per i licei
C) 600 per gli istituti tecnici e professionali e 200 per i licei
D) 600 per gli istituti tecnici e professionali e 400 per i licei

74 **In base al D.P.R. 89/2010, come si compone l'istruzione secondaria di secondo grado relativamente ai licei?**
A) liceo artistico, liceo classico, liceo linguistico, liceo scientifico
B) liceo classico, liceo linguistico, liceo musicale e coreutico, liceo scientifico, liceo delle scienze umane
C) liceo artistico, liceo classico, liceo linguistico, liceo musicale e coreutico, liceo scientifico, liceo delle scienze umane
D) liceo artistico, liceo classico, liceo linguistico, liceo scientifico, liceo delle scienze umane

75 **In base al D.P.R. 88/2010, come si compone l'istruzione secondaria di secondo grado relativamente agli istituti tecnici?**
A) di 10 indirizzi
B) di due macrosettori e 11 indirizzi
C) di tre settori e 11 indirizzi
D) di due macrosettori e 15 indirizzi

76 **In che maniera articola l'istruzione professionale, in base al D.Lgs. 61/2017?**
A) in due bienni
B) in un anno iniziale e due bienni
C) in cinque annualità
D) in un biennio e un triennio

77 **Cosa si intende con l'acronimo CLIL?**
A) l'insegnamento, in lingua 2, di una disciplina curricolare dell'anno terminale di tutti i corsi di istruzione secondaria di secondo grado
B) l'insegnamento, in lingua 2, di due discipline curricolari dell'anno terminale di tutti i corsi di istruzione secondaria di primo grado
C) l'insegnamento, in lingua 2, di una disciplina curricolare in tutti gli anni dei corsi di istruzione secondaria di primo grado
D) l'insegnamento, in lingua 2, di una disciplina curricolare negli ultimi due anni di tutti i corsi di istruzione secondaria di primo grado

78 **Su quale articolo della Costituzione si fonda il riconoscimento delle scuole cosiddette «paritarie»?**
A) art. 32
B) art. 34
C) art. 33
D) art. 3

79 **A quale dei seguenti soggetti spetta il riconoscimento di scuola paritaria?**
A) al direttore dell'Ambito Territoriale
B) all'Ufficio scolastico regionale
C) al Ministro dell'istruzione
D) al Sindaco del Comune

80 **A chi spetta nelle istituzioni scolastiche la titolarità delle relazioni sindacali, *ex* art. 25 D.Lgs. 165/2001?**
A) al Direttore dei servizi generali ed amministrativi

B) al dirigente scolastico
C) all'ARAN
D) ad appositi comitati di settore costituiti nella scuola

81 **Quale tra le seguenti fa parte delle iniziative che sono da adottarsi per promuovere, negli studenti della scuola secondaria di primo grado, comportamenti responsabili, consoni all'ambiente educativo, ai sensi del D.Lgs. 62/2017?**

A) scoraggiare, nell'ambito dell'attività didattica, gli alunni dal manifestare opinioni politiche personali
B) valorizzare i comportamenti positivi degli studenti in riferimento al Regolamento di istituto, al Patto educativo di corresponsabilità e alle esigenze della comunità e del territorio
C) valorizzare i comportamenti positivi in relazione al solo Regolamento di istituto
D) sviluppare le sole competenze di Cittadinanza

82 **Quale tra le seguenti non è una funzione del capo d'istituto nella scuola dell'autonomia, ai sensi della L. 59/1997?**

A) coordinare e gestire le risorse umane, finanziarie e strumentali
B) promuovere e sviluppare l'autonomia sul piano gestionale e didattico
C) sovrintendere ai servizi generali amministrativo-contabili
D) assicurare il funzionamento generale dell'istituzione scolastica

83 **Agli alunni di quale grado di scuola si riferisce lo Statuto delle studentesse e degli studenti?**

A) scuola secondaria di primo e di secondo grado
B) scuola secondaria di secondo grado
C) scuola secondaria di primo grado
D) tutte le scuole di ogni ordine e grado

84 **L'applicazione dello Statuto delle studentesse e degli studenti è garantita:**

A) all'interno della scuola
B) solo a livello regionale
C) a livello nazionale
D) sia all'interno della scuola che a livello regionale

85 **In base al regolamento sull'autonomia scolastica, il Piano formativo della scuola si conforma alle esigenze relative al contesto culturale di riferimento?**

A) in parte, solo con gli enti locali
B) sì, all'intero contesto socio-culturale ed economico del territorio
C) solo con altre scuole ed università
D) solo a quelle dell'ente locale più vicino

86 **La norma di riferimento per la costituzione di reti di scuole è:**

A) il D.P.R. 275/1999, art. 7
B) la L. 53/2003, art. 5
C) il D.P.R. 275/1999, art. 12
D) il D.Lgs. 59/2004, art. 9

87 **Qual è l'estensione dell'ambito territoriale relativo ai ruoli del personale docente, ai sensi della Buona scuola?**

A) equivalente alla Provincia o alla Città metropolitana
B) superiore alla Provincia o alla Città metropolitana
C) inferiore alla Provincia o alla Città metropolitana
D) inferiore alla Regione

88 **La gestione amministrativa e contabile delle scuole è regolamentata:**

A) dal D.I. 44/2001
B) dalla L. 107/2015
C) dal D.I. 129/2018
D) dalla L. 59/1997

89 **Le polizze assicurative dell'istituzione scolastica sono:**

A) documenti riservati
B) documenti accessibili solo con accesso formale

C) documenti interni sottoposti al limite dell'accesso
D) pubblicate sul sito internet della scuola

90 Il Portale unico dei dati della scuola è stato istituito:
A) dal D.Lgs. 297/1994
B) dalla L. 107/2015
C) dal D.Lgs. 82/2005
D) dalla L. 241/1990

91 La sezione denominata «Amministrazione trasparente» viene inserita sui siti internet istituzionali ai sensi del D.Lgs. 33/2013:
A) insieme al referente per la trasparenza che di solito è un docente individuato dal Collegio dei docenti
B) indicando il DSGA quale responsabile per la trasparenza
C) designando un responsabile per la trasparenza
D) al fine di pubblicarvi i documenti per i quali vige l'obbligo di pubblicazione

92 La frequenza di attività alternative all'insegnamento della religione cattolica:
A) è facoltativa in quanto è prevista solo la non frequenza della scuola nelle ore di IRC
B) è obbligatoria
C) può essere facoltativa o obbligatoria a discrezione del Dirigente
D) dipende dalla decisione assunta in sede di Consiglio d'istituto

93 Entro quale termine devono essere presentate le domande per l'iscrizione alla prima classe delle scuole di ogni ordine e grado?
A) entro il 28 febbraio
B) entro il 30 giugno
C) entro la fine dell'anno scolastico precedente
D) entro il termine stabilito dal Ministero con circolare che di solito è il mese di gennaio-febbraio

94 Le classi con disabili sono costituite con non più di:
A) 25 alunni
B) 15 alunni
C) 20 alunni
D) 30 alunni

95 Ai fini della tutela della sicurezza sul lavoro, il datore di lavoro nelle scuole è:
A) il DSGA
B) il Consiglio d'Istituto
C) il Ministro dell'istruzione
D) il Dirigente scolastico

96 Le istituzioni scolastiche hanno l'obbligo di pubblicare sul web atti e documenti inerenti la loro attività amministrativa?
A) no
B) sì, in quanto pubblica amministrazione
C) no, solo quelli relativi all'attività formativa
D) no, solo sull'albo della scuola

97 Chi è il referente per la trasparenza nelle istituzioni scolastiche?
A) il Dirigente scolastico
B) il Consiglio d'Istituto
C) il DSGA
D) il segretario

98 Secondo la C.M. 8-1-2010, n. 2, il limite massimo di alunni stranieri per classe non può superare:
A) il 30%, salvo deroghe dell'USR
B) il 30% degli iscritti per nessun motivo
C) il 20% degli iscritti per nessun motivo
D) la percentuale stabilita per motivi didattici dal Consiglio di classe in piena autonomia

99 L'anno scolastico comincia:
A) il 1 settembre e termina il 31 agosto
B) il 1 settembre e termina il 30 giugno
C) il 15 settembre e termina il 30 giugno
D) il 1 agosto e termina il 30 giugno

100 Su quale articolo della Costituzione si fonda la libertà di insegnamento?

A) art. 21
B) art. 15
C) art. 16
D) art. 13

101 Nella scuola primaria, a chi compete la fornitura gratuita dei libri di testo?

A) allo Stato
B) alle Regioni
C) ai Comuni
D) alle istituzioni scolastiche

102 Quale istituzione decide l'assegnazione degli alunni non italiani nelle classi?

A) il Ministero degli Esteri
B) il MIUR
C) la scuola
D) la Questura

103 In quale momento può avvenire l'iscrizione a scuola di un alunno straniero?

A) il primo giorno da calendario scolastico
B) in qualsiasi momento dell'anno
C) a discrezione del Dirigente scolastico
D) il primo giorno dell'anno scolastico successivo

104 Gli stranieri che si iscrivono in una scuola italiana devono essere in posizione regolare?

A) sì
B) non necessariamente
C) i genitori devono avere posizione regolare
D) devono essere di recente immigrazione

105 Sono previsti dei Piani didattici personalizzati per gli alunni stranieri?

A) solo in via eccezionale
B) no
C) sono sempre previsti
D) solo per gli irregolari

106 Quale figura può decidere di innalzare il limite della percentuale degli alunni stranieri per classe?

A) il Dirigente scolastico
B) il Collegio dei docenti
C) il Consiglio di istituto
D) il Direttore generale dell'USR

107 Nella scuola dell'infanzia e nella primaria, quando può essere inserito in una classe l'alunno adottato internazionalmente?

A) non prima di due settimane dall'arrivo in Italia
B) non prima di dieci settimane dall'arrivo in Italia
C) non prima di dodici settimane dall'arrivo in Italia
D) non prima di tre settimane dall'arrivo in Italia

108 In base al D.Lgs. 66/2017, il progetto individuale dell'alunno disabile è redatto:

A) dall'unità di valutazione multidisciplinare
B) dall'istituzione scolastica
C) dall'ente locale competente
D) dalla Commissione medica

109 Il Piano educativo individualizzato, previsto ai sensi dell'art. 7 del D.Lgs. 66/2017:

A) è elaborato e approvato dal gruppo di lavoro operativo per l'inclusione
B) non tiene conto del profilo di funzionamento
C) è elaborato dall'unità di valutazione multidisciplinare
D) è elaborato ma non approvato dai docenti

110 Secondo l'attuale ordinamento, nella scuola dell'infanzia è ammessa la possibilità di frequenza anticipata?

A) sì, ma solo in presenza delle condizioni stabilite dal legislatore
B) no, in quanto si tratta di bambini in età prescolare
C) sì, ma solo se vi è disponibilità da parte degli insegnanti
D) sì, ma solo per i bambini che hanno compiuto i tre anni entro il 30 giugno dell'anno scolastico di riferimento

111 **In base alla contrattazione collettiva, alle 22 ore settimanali di insegnamento stabilite per gli insegnanti di scuola primaria, quante ore destinate alla programmazione didattica vanno aggiunte?**

A) 4 ore
B) 5 ore
C) 3 ore
D) 2 ore

112 **In base alla contrattazione collettiva comparto scuola, in cosa consistono le attività funzionali all'insegnamento?**

A) adempimenti individuali e collegiali
B) adempimenti individuali relativi alla preparazione delle lezioni
C) solo adempimenti collegiali
D) solo adempimenti individuali

113 **Ai sensi del CCNL 2016-2018 Istruzione e ricerca, la materia della articolazione dell'orario di lavoro dei docenti:**

A) compete al Dirigente scolastico
B) è oggetto di contrattazione integrativa
C) è oggetto di confronto
D) spetta al Ministro a livello centrale

114 **Il D.Lgs. 63/2017 ha previsto la diffusione del comodato d'uso gratuito nell'ambito dei servizi di fornitura dei libri di testo e dei sussidi digitali per gli studenti iscritti:**

A) ad un corso di studi secondario di primo e secondo grado
B) alla scuola primaria
C) per tutti gli ordini e gradi di scuola
D) per il solo corso di studi secondario di primo grado

115 **Per realizzare il tempo prolungato a 40 ore nella scuola secondaria di primo grado quali condizioni prevede il D.P.R. 89/2009?**

A) la richiesta del Collegio dei docenti e la disponibilità di alcuni docenti a svolgere attività di insegnamento nelle ore pomeridiane
B) la presenza di strutture idonee a garantire il funzionamento delle attività pomeridiane e la organizzazione di un intero corso a tempo prolungato
C) la richiesta maggioritaria delle famiglie, la presenza di strutture idonee a garantire il funzionamento delle attività pomeridiane
D) la richiesta maggioritaria delle famiglie, la presenza di strutture idonee a garantire il funzionamento delle attività pomeridiane, la presenza di un intero corso a tempo prolungato

116 **Secondo il D.P.R. 89/2009 in quale orario si realizzano i corsi ad indirizzo musicale nella scuola secondaria di primo grado?**

A) nel monte orario opzionale
B) oltre l'orario obbligatorio delle lezioni per le classi a tempo normale
C) nelle 33 ore annuali da dedicare all'approfondimento di una disciplina
D) nelle attività pomeridiane del tempo prolungato

117 **Qual è l'oggetto del D.M. 139/2007?**

A) la regolamentazione con apposite norme dell'obbligo di istruzione
B) la regolamentazione con apposite norme del diritto-dovere all'istruzione e alla formazione previsto dalla L. 53/2003
C) la regolamentazione con apposite norme degli istituti di istruzione del secondo ciclo
D) la regolamentazione dell'obbligo formativo quale introdotto dalla L. 144/1999

118 **In base al D.P.R. 81/2009, le classi iniziali delle scuole secondarie di primo grado sono costituite:**

A) con non meno di 18 alunni e non più di 30
B) con non meno di 20 alunni e non più di 27, elevabili fino a 28 qualora residuino eventuali resti
C) con non meno di 18 alunni e non più di 27, elevabili fino a 28 qualora residuino eventuali resti
D) con non meno di 18 alunni e non più di 27 alunni, elevabili fino a 30 qualora residuino eventuali resti

119 L'obbligo decennale di istruzione estende la frequenza scolastica:

A) al primo anno della scuola secondaria di secondo grado
B) al primo anno dei licei
C) ai primi due anni della scuola secondaria di secondo grado
D) al terzo anno della scuola secondaria di secondo grado

120 Quanti sono gli «assi culturali» in cui si articola il sapere essenziale previsto dall'obbligo decennale di istruzione?

A) quattro
B) cinque
C) tre
D) sei

121 Qual è la durata complessiva dei percorsi di istruzione secondaria di secondo grado?

A) 4
B) 5
C) 6
D) 2 + 2

122 Da quale provvedimento è stato introdotto l'insegnamento di Cittadinanza e Costituzione?

A) L. 59/1997
B) D.Lgs. 297/1994
C) L. 169/2008
D) D.P.R. 80/2013

123 La scuola può essere intesa anche come «comunità». Quale può essere il fondamento normativo di questa concezione?

A) Art. 3 T.U. 297/1994
B) Art. 21 L. 59/1997
C) Art. 3 Costituzione
D) D.P.C.M. 7 giugno 1995

124 Ai sensi del D.P.R. 89/2009 (art. 5), nella scuola secondaria di I grado, l'insegnamento di Cittadinanza e Costituzione è inserito:

A) nell'insegnamento dell'italiano
B) nell'area di arte e immagine
C) nell'area disciplinare storico-geografica
D) in un'area appositamente costituita

125 Il voto del Dirigente, in sede di scrutinio del Consiglio di classe, in caso di parità:

A) vale come gli altri
B) prevale
C) non vale
D) si annulla, quindi si procede ad una seconda votazione

126 Ai sensi dell'art. 1, comma 46, L. 107/2015, i giovani e gli adulti accedono ai percorsi realizzati dagli istituti tecnici superiori con il possesso del diploma:

A) di istruzione secondaria di secondo grado
B) professionale conseguito al termine dei percorsi quadriennali di istruzione e formazione professionale
C) di istruzione secondaria di secondo grado o diploma professionale conseguito al termine dei percorsi quadriennali di istruzione e formazione professionale
D) di laurea

127 Con quale provvedimento sono stati definiti i passaggi tra i percorsi di istruzione professionale e i percorsi IeFP?

A) D.I. 44/2001
B) D.P.C.M. 25-1-2008
C) D.P.R. 88/2010
D) accordo del 10-5-2018

128 Tra i soggetti fondatori richiesti dalla normativa, per aversi un ITS, non figura:

A) un istituto di istruzione secondaria superiore, statale o paritario
B) un istituto di istruzione secondaria di primo grado
C) una struttura formativa accreditata dalla Regione per l'alta formazione
D) un'impresa del settore produttivo

129 A partire dall'a.s. 2008-2009, ai sensi del D.L. 112/2008 conv., (art. 15) in quale versione sono adottabili i libri di testo?

A) solo a stampa
B) esclusivamente on line
C) solo in versione mista
D) a stampa, on line scaricabile da internet e mista

130 Il ruolo del docente nell'individuazione degli alunni con DSA non prevede che egli:

A) sia garante delle opportunità formative
B) adotti misure dispensative
C) prenda visione della certificazione diagnostica rilasciata dagli organismi preposti
D) metta in atto strategie di recupero

131 In che modo si attiva un intervento di istruzione domiciliare, ai sensi delle Linee di indirizzo 2019?

A) con un'istanza al Ministero
B) con una richiesta documentata alla Regione
C) con una richiesta documentata alla scuola
D) con una domanda semplice all'Ufficio scolastico regionale

132 In base alle Linee di indirizzo 2019, quale organo approva il progetto per l'attivazione del servizio di istruzione domiciliare?

A) il Collegio dei docenti
B) il Consiglio di istituto
C) il Dirigente scolastico
D) il Collegio dei docenti e il Consiglio di istituto

133 In cosa consiste il PeCuP nelle Indicazioni nazionali del 2004?

A) è un documento che definisce le basi di competenza necessarie per i traguardi formativi e professionali successivi
B) è il documento finale del primo ciclo di istruzione
C) è il documento finale del secondo ciclo di istruzione
D) è il documento di ammissione ad ogni classe successiva

134 Nella scuola secondaria di primo grado sono previste classi a tempo cd. «prolungato». Entro quali limiti, secondo l'art. 5 D.P.R. 89/2009?

A) nei limiti della dotazione finanziaria assegnata ad ogni scuola
B) nei limiti della dotazione organica assegnata a ciascuna Provincia
C) nei limiti della dotazione di strutture della scuola
D) nei limiti della disponibilità dei locali scolastici

135 Quali disturbi specifici di apprendimento vengono indicati nella L. 170/2010 con l'espressione DSA?

A) disgrafia, disortografia e discinesia
B) dislessia, disgrafia, disortografia e discalculia
C) discalculia, distonia, discinesia
D) dislessia, distonia, acinesia e discinesia

136 Cosa prevede la L. 170/2010 per tutte le scuole di ogni ordine e grado come primo compito nei confronti degli alunni affetti da DSA?

A) organizzare attività di formazione in servizio per i docenti al fine di sensibilizzarli al problema
B) sollecitare la famiglia dell'allievo affinché richieda una diagnosi funzionale
C) favorire l'attivazione del Servizio sanitario nazionale per la definizione di una diagnosi funzionale di DSA
D) attivare, previa apposita comunicazione alle famiglie interessate, interventi tempestivi, idonei ad individuare i casi sospetti di DSA

137 In base alla L. 170/2010, gli studenti con diagnosi di DSA hanno diritto a fruire:

A) di appositi provvedimenti dispensativi e compensativi di flessibilità didattica nel corso dei cicli di istruzione e formazione e negli studi universitari

B) di percorsi di insegnamento-apprendimento individualizzati diversi da quelli previsti dalle norme generali

C) di appositi provvedimenti dispensativi e compensativi di flessibilità didattica nel periodo corrispondente alla scuola dell'obbligo

D) della presenza di un docente di sostegno per un numero di ore congruente con la gravità del disturbo

138 Se uno studente con DSA, nonostante le misure di recupero didattico adottate, continua a presentare difficoltà legate al disturbo, la scuola:

A) riduce il livello degli apprendimenti attesi per lo studente con DSA

B) si mette in contatto con la competente équipe del Servizio sanitario nazionale

C) trasmette apposita comunicazione alla famiglia

D) adotta un percorso individualizzato ai sensi della L. 104/1992

139 Quale provvedimento contiene le Linee guida in materia di DSA?

A) la L. 170/2010, in allegato

B) il D.M. 5669/2011

C) la Circolare 8/2013

D) la Direttiva Ministeriale 27 dicembre 2012

140 Ai sensi dell'art. 21, comma 7, L. 59/1997, le istituzioni scolastiche hanno autonomia organizzativa e didattica:

A) senza l'obbligo di rispettare gli obiettivi del sistema nazionale di istruzione e gli standard di livello nazionale

B) nel rispetto degli obiettivi del sistema nazionale di istruzione, ma non degli standard di livello nazionale

C) nel rispetto degli obiettivi del sistema nazionale di istruzione e degli standard di livello nazionale

D) senza l'obbligo di rispettare gli obiettivi del sistema nazionale di istruzione, ma nel rispetto degli standard di livello nazionale

141 A quali tra i seguenti aspetti non si riferisce l'autonomia funzionale delle scuole, ai sensi dell'art. 14 D.P.R. 275/1999?

A) stato giuridico ed economico del personale

B) carriera scolastica e rapporto con gli alunni

C) iniziative finalizzate all'innovazione

D) amministrazione e gestione del patrimonio e risorse finanziarie

142 In base all'art. 4, comma 5, D.P.R. 275/1999, in materia di autonomia didattica, la scelta, l'adozione e l'utilizzazione delle metodologie e degli strumenti didattici sono attuate con criteri di:

A) economicità ed efficienza

B) organizzazione e gestione

C) trasparenza

D) trasparenza e tempestività

143 L'autonomia organizzativa (art. 5, comma 4, D.P.R. 275/1999) consente alle scuole:

A) di costituire i cosiddetti *campus*, organizzazioni complesse nelle quali coesistono il percorso di istruzione e quello di istruzione e formazione professionale

B) di diversificare le modalità di impiego dei docenti nelle varie classi e sezioni

C) di istituire corsi di formazione e aggiornamento culturale e professionale del personale scolastico

D) di stabilire i criteri per il riconoscimento dei crediti e per il recupero dei debiti scolastici

144 Su quali provvedimenti normativi si fonda l'autonomia scolastica?

A) Art. 21 della L. 59/1997 e D.P.R. 275/1999

B) Legge costituzionale 18 ottobre 2001, n. 3

C) Art. 117 della Costituzione

D) D.Lgs. 30 giugno 1999, n. 233

145 Il personale docente può impartire lezioni private, ai sensi dell'art. 508 D.Lgs. 297/1994?

A) no, in nessun caso
B) sì, ma solo ad alunni della propria scuola
C) sì, ma ad alunni estranei alla propria scuola
D) sì, ma è necessaria l'autorizzazione preventiva del Dirigente scolastico

146 Il voto sugli apprendimenti è assegnato dai docenti:

A) in lettere
B) in centesimi
C) in decimi
D) con giudizio analitico

147 Può, ai sensi dell'art. 4, D.P.R. 81/2009, un Dirigente scolastico derogare al numero minimo e massimo di alunni per classe previsto per ciascun tipo e grado di scuola?

A) sì, ma in misura non superiore al 15%
B) sì, ma in misura non superiore al 10%
C) sì, ma in misura non superiore al 5%
D) no, per espresso divieto del legislatore

148 La L. 107/2015, art. 1, comma 3, dispone che la piena realizzazione del curricolo avvenga:

A) con articolazione modulare del monte orario, potenziamento del tempo scuola, anche oltre i modelli e quadri orari, e programmazione plurisettimanale e flessibile dell'orario complessivo del curricolo
B) con potenziamento del tempo scuola, anche oltre i modelli e quadri orari, e programmazione plurisettimanale e flessibile dell'orario complessivo del curricolo
C) con articolazione modulare del monte orario, potenziamento del tempo scuola, anche oltre i modelli e quadri orari
D) con articolazione modulare del monte orario, potenziamento del tempo scuola, anche oltre i modelli e quadri orari, e programmazione settimanale e rigida dell'orario complessivo del curricolo

149 La L. 107/2015, art. 1, comma 40, a quale soggetto della scuola affida l'individuazione dell'impresa o dell'ente presso il quale svolgere il percorso di alternanza scuola-lavoro?

A) al Dirigente scolastico
B) al Collegio dei docenti
C) al Consiglio di istituto
D) al DSGA

150 Oltre all'alternanza scuola-lavoro, quali altre modalità favoriscono il raccordo tra scuola e mondo del lavoro?

A) tirocini formativi e di orientamento e stage
B) solo tirocini formativi
C) apprendistato
D) stage

151 Ai sensi dell'art. 1, comma 41, L. 107/2015, il Dirigente scolastico sceglie l'impresa o l'ente per stipulare convenzioni per l'alternanza scuola-lavoro tra quelli:

A) che ha selezionato il Ministero
B) che conosce personalmente
C) inseriti nel Registro nazionale per l'alternanza scuola-lavoro
D) indicati dai docenti

152 Possono partecipare all'esame di Stato i candidati esterni che:

A) abbiano compiuto diciotto anni entro l'anno solare in cui si svolge l'esame e dimostrino di aver adempiuto all'obbligo scolastico
B) compiano il ventiduesimo anno di età entro l'anno solare in cui si svolge l'esame, senza la presentazione di qualsiasi titolo di studio inferiore
C) compiano il diciassettesimo anno di età entro l'anno solare in cui si svolge l'esame e dimostrino di aver adempiuto all'obbligo scolastico
D) compiano il diciannovesimo anno di età entro l'anno solare in cui si svolge l'esame e dimostrino di aver adempiuto all'obbligo scolastico

153 La norma che tutela il minore straniero non accompagnato è:

A) la L. 53/2003
B) la L. 47/2017
C) la L. 104/1992
D) la L. 189/2002

154 Nella L. 107/2015, il PTOF si conferma strumento di dialogo con il contesto territoriale in cui opera l'istituzione scolastica?

A) no, ogni scuola opera indipendentemente dal contesto
B) sì, sempre in base alle previsioni del regolamento sull'autonomia
C) sì, è richiamato ad esempio nel comma 14, art. 1, della L. 107/2015
D) no

155 Ai sensi del comma 14, art. 1, L. 107/2015, a chi compete l'elaborazione del Piano triennale dell'Offerta Formativa?

A) al Collegio dei docenti
B) al Consiglio di istituto
C) al Dirigente scolastico
D) al DSGA

156 Ai sensi del comma 14, art. 1, L. 107/2015, quale organo approva il PTOF?

A) il Collegio dei docenti
B) il Dirigente scolastico
C) il direttore dell'USR
D) il Consiglio di circolo o di istituto

157 Ai sensi del comma 14, art. 1, L. 107/2015, quale delle seguenti non fa parte delle indicazioni contenute nel PTOF?

A) il fabbisogno di posti del personale ATA
B) il fabbisogno dei posti per il potenziamento
C) il fabbisogno di infrastrutture e di attrezzature materiali
D) il Piano d'intervento dell'animatore digitale

158 In base al D.Lgs. 62/2017, in caso di carenze negli apprendimenti, la scuola attiva:

A) esami di riparazione
B) corsi di recupero
C) strategie per il miglioramento
D) lezioni private

159 Che cosa si intende con l'espressione contratto o Patto formativo?

A) la dichiarazione di adesione al percorso formativo della scuola
B) il piano dell'offerta formativa
C) il Regolamento d'istituto
D) il Piano di miglioramento

160 Quale tra i seguenti non è un insegnamento potenziato ai sensi del comma 7 della L. 107/2015?

A) utilizzo della metodologia CLIL
B) competenze empatiche dell'allievo
C) competenze matematico-logiche e scientifiche
D) alfabetizzazione all'arte, alle tecniche e ai media di produzione e diffusione delle immagini

161 Esiste una norma di coordinamento delle competenze nell'ambito dell'istituzione scolastica?

A) no, non esiste alcuna norma di coordinamento
B) sì, è l'art. 16 del D.P.R. 275/1999
C) sì, è l'art. 9 della Costituzione
D) sì, è l'art. 49 del D.Lgs. 300/1999

162 Quanti sono i livelli degli indicatori esplicativi della certificazione delle competenze?

A) tre: avanzato, intermedio, base
B) quattro: avanzato, intermedio, base, iniziale
C) due: base, iniziale
D) cinque: avanzato, intermedio, base, iniziale, finale

163 I compiti e le funzioni amministrative relative alle scuole militari, ai sensi del D.Lgs. 112/1998, art. 137, sono di competenza:

A) dello Stato
B) delle Regioni
C) del Comune dove hanno sede
D) nessuna delle precedenti

164 Ai sensi dell'art. 14, comma 7, D.P.R. 275/1999, i provvedimenti adottati dalle istituzioni scolastiche diventano definitivi:

A) solo dopo il consenso del Ministro della pubblica istruzione
B) immediatamente dopo la loro adozione
C) il 15° giorno dalla pubblicazione nell'albo della scuola
D) no

165 Nel Testo unico della scuola sono confluite anche le norme di fonte secondaria?

A) no
B) sì, tutte
C) sì, ma solo le norme secondarie contenute in decreti ministeriali
D) sì, ma solo le norme secondarie contenute in circolari e regolamenti

166 La L. 517/1977 ha introdotto nell'ordinamento scolastico:

A) l'organizzazione della scuola a tempo pieno
B) il riconoscimento dell'autonomia amministrativa e di bilancio alle scuole di ogni ordine e grado
C) il principio dell'integrazione scolastica degli alunni con handicap nelle classi comuni delle scuole di ogni ordine e grado
D) il diritto-dovere all'istruzione e formazione

167 Il D.Lgs. 14-1-2008, n. 21 disciplina:

A) i percorsi di orientamento finalizzati alla scelta, da parte degli studenti, di corsi di laurea universitari e dell'alta formazione artistica, musicale e coreutica
B) i percorsi di orientamento finalizzati alle professioni e al lavoro
C) i progetti educativi della scuola
D) l'istituzione e il funzionamento delle consulte provinciali degli studenti

168 L'assegnazione di un debito formativo comporta:

A) l'annullamento del credito formativo
B) la sospensione dell'assegnazione del punteggio incrementale
C) la riduzione proporzionale del punteggio del credito
D) non comporta nessuna conseguenza

169 L'esame di Stato conclusivo del secondo ciclo di istruzione comprende:

A) quattro prove scritte e un colloquio
B) due prove scritte e un colloquio
C) tre prove scritte ed un colloquio
D) quattro prove scritte

170 Le prove Invalsi si svolgono nelle seguenti classi della scuola secondaria di primo grado:

A) in seconda e in terza si svolgono le prove di italiano, matematica ed inglese.
B) in seconda e in terza si svolgono le prove di italiano e matematica; in prima, anche di inglese
C) in prima e terza si svolgono le prove di italiano e matematica
D) solo in terza si svolgono le prove di italiano, matematica ed inglese

171 Qual è, nello scrutinio finale delle classi di scuola secondaria di primo grado, il criterio che consente agli studenti il passaggio alla classe successiva?

A) la valutazione non inferiore a sei decimi, riportata in tutte le discipline e attività
B) l'ammissione è prevista in via generale anche se la valutazione è inferiore a sei decimi in una o più discipline
C) la valutazione non inferiore a sei decimi, riportata in tutte le discipline
D) la valutazione non inferiore a sei decimi, riportata in tutte le discipline e attività; il voto di comportamento è ininfluente

172 L'organico dell'autonomia, previsto dalla L. 107/2015, è costituito da:

A) tutti i docenti di sostegno presenti nella singola istituzione scolastica
B) posti comuni, posti per il sostegno e posti per il potenziamento dell'offerta formativa
C) un numero predeterminato di docenti scelti dal Dirigente scolastico

D) docenti appartenenti all'ambito territoriale di riferimento

173 **In base al T.U. istruzione (D.Lgs. 297/1994), a chi compete deliberare la suddivisione in periodi dell'anno scolastico?**

A) al Collegio dei docenti che ha potere deliberante
B) al Consiglio di istituto che ha potere deliberante
C) al solo Dirigente scolastico
D) al DSGA

174 **Gli organi collegiali della scuola hanno l'obbligo di rendere pubblici gli atti riguardanti singole persone?**

A) sì, ma solo i verbali
B) sì, nell'albo della scuola
C) no, tali atti saranno accessibili ai sensi della L. 241/1990
D) sì, se riguardano singole persone

175 **Quando divengono definitivi i provvedimenti adottati dalle istituzioni scolastiche?**

A) il quindicesimo giorno dalla pubblicazione
B) il decimo giorno dalla pubblicazione
C) immediatamente dopo la pubblicazione
D) il giorno dopo la pubblicazione

176 **Di quanti membri si compone il Consiglio di circolo o di istituto, ai sensi dell'art. 8 D.Lgs. 297/1994?**

A) 13 o 18
B) 15 o 20
C) 20 o 25
D) 14 o 19

177 **Chi presiede il Consiglio di circolo o di istituto, ai sensi dell'art. 8 D.Lgs. 297/1994?**

A) il Dirigente scolastico
B) un suo membro tra i rappresentanti dei genitori
C) un docente eletto all'unanimità
D) un rappresentante degli studenti

178 **Tra le principali funzioni del Consiglio di circolo o di istituto, secondo l'art. 10 D.Lgs. 297/1994, non rientra:**

A) l'assegnazione dei docenti alle classi
B) la deliberazione sul bilancio della scuola
C) l'adozione del Regolamento interno dell'istituto
D) la deliberazione circa il calendario scolastico annuale

179 **A quale organo compete l'approvazione del Piano triennale dell'offerta formativa, in base all'art. 3, D.P.R. 275/1999, sostituito dalla L. 107/2015?**

A) al Dirigente scolastico
B) al Collegio dei docenti
C) al Consiglio d'istituto
D) al DSGA

180 **Qual è l'organo deputato all'elaborazione dei programmi di formazione in servizio (Nota Miur 35/2016)?**

A) il Dirigente scolastico
B) il Collegio dei docenti
C) il Consiglio d'istituto
D) l'assemblea di classe

181 **L'educazione civica è stata introdotta:**

A) con D.Lgs. 61/2017
B) con L. 107/2015
C) con L. 169/2008
D) con L. 92/2019

182 **Il Piano annuale delle attività dei docenti è deliberato:**

A) dal Consiglio di istituto
B) dal Consiglio di classe
C) dal Collegio dei docenti
D) dal Dirigente scolastico

183 **In base all'art. 10 D.Lgs. 297/1994, il Regolamento d'istituto viene adottato:**

A) dai Consigli di classe
B) dal Consiglio d'istituto su iniziativa del Dirigente scolastico
C) dal Consiglio d'istituto
D) dal Collegio dei docenti su iniziativa del Dirigente scolastico

184 L'assemblea d'istituto ai sensi dell'art. 14 D.Lgs. 297/1994, è convocata:

A) su richiesta almeno del 10% degli studenti previa comunicazione al Dirigente della data di convocazione e dell'ordine del giorno
B) su richiesta della maggioranza del comitato studentesco previa comunicazione al Dirigente della data di convocazione e dell'ordine del giorno
C) su richiesta della maggioranza del comitato studentesco o su richiesta almeno del 10% degli studenti, previa comunicazione al Dirigente della data di convocazione e dell'ordine del giorno
D) su richiesta almeno del 5% degli studenti previa comunicazione al Dirigente della data di convocazione e dell'ordine del giorno

185 Quante assemblee possono essere convocate al massimo in un mese nelle scuole secondarie di secondo grado, ai sensi dell'art. 13 D.Lgs. 297/1994?

A) non più di due assemblee d'istituto e una di classe al mese
B) non più di una assemblea d'istituto e una di classe al mese
C) non più di una assemblea d'istituto e due di classe al mese
D) non più di tre assemblee d'istituto e due di classe al mese

186 Quale maggioranza è richiesta per la validità delle adunanze del Collegio dei docenti (art. 37 D.Lgs. 297/1994)?

A) è richiesta la presenza almeno della metà più uno dei componenti in carica
B) devono essere tutti presenti
C) la maggioranza relativa
D) una maggioranza qualificata

187 Qual è il ruolo del Dirigente scolastico nella predisposizione del PTOF ai sensi della L. 107/2015?

A) organo monocratico con funzione di indirizzo
B) organo monocratico con funzione di revisione annuale
C) ha la funzione di approvare il PTOF
D) adotta il PTOF

188 Il riparto della dotazione organica tra le Regioni è effettuato, secondo la L. 107/2015 (comma 65):

A) sulla base del numero degli alunni, per i posti comuni, e sulla base del numero delle
B) classi per i posti del potenziamento sulla base del numero delle classi sia per i posti comuni che per i posti del potenziamento
C) sulla base del numero degli alunni sia per i posti comuni che per i posti del potenziamento
D) sulla base del numero delle classi, per i posti comuni, e sulla base del numero degli alunni, per i posti del potenziamento

189 La rete che si costituisce spontaneamente tra le scuole, anche oltre l'ambito di appartenenza, per il perseguimento di precisi scopi che trovano riscontro nelle priorità individuate per il territorio dell'ambito o in più specifiche esigenze locali e/o nazionali, si definisce:

A) rete provinciale
B) rete regionale
C) rete di scopo
D) rete di ambito

190 Nella lettera del comma 72, art. 1, L. 107/2015 si prevede che le reti di scuole svolgano attività istruttoria al fine di razionalizzare gli adempimenti:

A) burocratici a carico delle istituzioni scolastiche
B) fiscali a carico delle istituzioni scolastiche
C) amministrativi a carico delle istituzioni scolastiche
D) commerciali a carico delle istituzioni scolastiche

191 L'attività istruttoria delle reti di scuole:

A) è obbligatoria
B) può essere svolta solo sulla base di specifici accordi
C) non necessita di accordo
D) è il fulcro delle loro attività

192 Le attività di orientamento scolastico vengono messe in atto:

A) al termine dei singoli cicli di studio
B) al termine di ogni anno scolastico
C) all'inizio di ogni ciclo
D) periodicamente durante ogni anno, a partire dalla scuola primaria

193 Ai sensi del comma 28, art. 1, L. 107/2015, il *curriculum* dello studente raccoglie tutti i dati utili:

A) ai fini dell'orientamento e dell'accesso al mondo del lavoro
B) anche ai fini dell'orientamento
C) solo ai fini dell'orientamento e dell'accesso al mondo del lavoro
D) anche ai fini dell'orientamento e dell'accesso al mondo del lavoro

194 Per orientamento permanente si intende:

A) l'insieme degli interventi strategici attuati sulla formazione dei cittadini atti a favorire non solo la transizione fra scuola, formazione e lavoro ma ad assumere un «valore permanente» nella vita di ogni individuo garantendone lo sviluppo e il sostegno in tutti i processi di scelta e di decisione
B) l'insieme degli interventi strategici attuati sulla formazione degli studenti, atti a favorire la transizione fra scuola, formazione e lavoro
C) l'insieme degli interventi strategici attuati sulla formazione degli studenti atti ad assumere un «valore permanente» durante tutto il percorso degli studi
D) l'insieme delle attività di orientamento che possano aiutare gli studenti nella ricerca di una collocazione nel mondo del lavoro

195 Con quale documento sono state dettate le Linee guida per l'orientamento permanente?

A) nota Miur 4233/2014
B) nota Miur 7443/2014
C) nota Miur 4232/2014
D) nota Miur 2519/2015

196 La scuola, in quanto soggetto promotore dell'orientamento permanente, è chiamata ad individuare figure di riferimento:

A) a partire dalla scuola secondaria di primo grado
B) sin dalla scuola primaria
C) sin dalla scuola dell'infanzia
D) nella scuola secondaria di secondo grado

197 Le attività di orientamento delle scuole possono essere:

A) di consulenza orientativa
B) di didattica orientativa
C) di accompagnamento
D) attività di accompagnamento e di consulenza orientativa; di orientamento formativo o didattica orientativa

198 Con quale provvedimento è stato normato il cyberbullismo?

A) L. 104/1992
B) L. 71/2017
C) D.Lgs. 66/2017
D) L. 135/2012

199 Ai sensi della L. 107/2015, con le aziende presso le quali si svolgono percorsi in alternanza:

A) il Direttore regionale USR stipula convenzioni-quadro
B) il Dirigente scolastico stipula le apposite convenzioni
C) il DSGA stipula i contratti
D) il Dirigente scolastico stringe un accordo di rete

200 Le imprese tra le quali il Dirigente può scegliere di stipulare una convenzione per le attività in alternanza sono iscrit-

te nel Registro nazionale (comma 41, art. 1, L. 107/2015). I musei e altri luoghi d'arte:

A) possono essere scelti liberamente
B) anch'essi si trovano in un'apposita sezione del Registro
C) non sono tra i soggetti utili al fine dell'alternanza
D) l'alternanza si può fare solo in imprese iscritte nel Registro di cui al comma 41

201 **I percorsi per le competenze trasversali e per l'orientamento, previsti dalla L. 145/2018, sono attuati nel triennio terminale degli istituti professionali per una durata complessiva:**

A) non inferiore a 210 ore
B) non superiore a 210 ore
C) non inferiore a 200 ore
D) di 400 ore

202 **Ai sensi del Testo unico istruzione (D.Lgs. 297/1994), la determinazione del calendario scolastico deve essere tale da consentire almeno lo svolgimento di:**

A) 270 giorni di lezione
B) 180 giorni di lezione
C) 250 giorni di lezione
D) 200 giorni di lezione

203 **Può uno studente decidere di trasferirsi nel corso dell'anno da un istituto ad un altro?**

A) sostenendo un esame
B) sì, presentando apposita domanda al Dirigente di entrambi gli istituti e con il nulla osta del Dirigente della scuola di provenienza
C) con l'autorizzazione del Ministero
D) no, può farlo solo a conclusione dell'anno scolastico

204 **Gli studenti che si ritirano entro il 15 marzo:**

A) possono riprendere successivamente la frequenza scolastica senza essere considerati ripetenti
B) sono considerati ripetenti
C) concludono l'anno ma non vengono ammessi al successivo
D) risultano frequentanti la scuola pubblica

205 **Ai sensi dell'art. 152 D.Lgs. 297/1994, i testi per l'insegnamento della religione cattolica, per essere adottati, devono essere:**

A) scelti dalle famiglie oltre che dal Collegio docenti
B) muniti di autorizzazione dell'ufficio del Vaticano
C) determinati con Intesa tra le autorità scolastiche e la Conferenza episcopale italiana
D) muniti di nulla osta della CEI

206 **L'attività sportiva scolastica nella L. 107/2015:**

A) è parte integrante della programmazione didattico-educativa della scuola
B) non è parte integrante della programmazione didattico-educativa della scuola
C) si può praticare solo se la scuola sia dotata di attrezzature idonee
D) si pratica in orario extracurricolare

207 **In base all'art. 10, comma 3, D.Lgs. 297/1994, i viaggi di istruzione sono deliberati:**

A) dal Consiglio d'istituto
B) dal Collegio dei docenti
C) dal Dirigente scolastico
D) dal Consiglio d'istituto, fatte salve le competenze del Collegio dei docenti e di classe

208 **Nella predisposizione del PTOF, chi detta le linee generali di indirizzo per le attività della scuola e per le scelte di gestione ed amministrazione?**

A) l'USR
B) il Dirigente scolastico
C) il Collegio dei docenti
D) il Consiglio di istituto

209 Ai sensi dell'art. 3 D.P.R. 275/1999, mod. dalla Buona scuola, quale soggetto o organo determina gli indirizzi alla base del PTOF?:

A) il Dirigente scolastico
B) il Collegio dei docenti
C) il Consiglio di Istituto
D) il DSGA

210 Qual è il soggetto cui spetta, nell'istituzione scolastica e in virtù dell'art. 17 D.Lgs. 165/2001, T.U. pubblico impiego, curare l'attuazione dei progetti e delle gestioni ad essi assegnati?

A) il Dirigente scolastico
B) il DSGA
C) i docenti
D) il personale ATA preposto

211 È ammissibile la delega di poteri da parte del DS, ai sensi del T.U. pubblico impiego?

A) sì, il DS può delegare ai docenti compiti specifici
B) sì, anche se non prevista dalla legge
C) sì, senza limiti di tempo
D) no, è sempre inammissibile

212 La Carta dei servizi, ai sensi del D.P.C.M. 7-6-1995, nelle scuole:

A) è votata dagli studenti
B) è deliberata dal Consiglio di istituto
C) è decisa unilateralmente dal DS
D) è un atto concordato tra DS e DSGA

213 In base al D.P.R. 445/2000, la tenuta dell'archivio e la gestione del protocollo nelle scuole è compito:

A) della segreteria, al vertice della quale è posto il DSGA
B) del DS
C) esclusivamente e personalmente del DSGA
D) del DPO, ossia il Responsabile della protezione dati personali

214 I registri scolastici devono essere:

A) controllati in segreteria
B) periodicamente vistati dal Dirigente scolastico
C) pubblicati periodicamente
D) vistati dal Direttore dei servizi generali e amministrativi

215 Nel fascicolo personale dell'allievo, i dati sensibili:

A) non vengono inseriti
B) trovano posto insieme agli altri dati
C) trovano posto, ma all'interno di un fascicolo riservato
D) sono liberamente accessibili

216 Nel fascicolo personale del docente vanno inseriti:

A) i dati relativi alla carriera del docente
B) i dati relativi alla carriera degli studenti
C) dati e informazioni che riguardano il rapporto di lavoro
D) i dati sensibili

217 Il registro di classe contiene, oltre alle assenze e alle giustificazioni:

A) il programma svolto ogni giorno dall'insegnante
B) le informazioni circa i docenti
C) le comunicazioni delle famiglie
D) le interrogazioni

218 I registri scolastici sono affidati alla responsabilità:

A) del Dirigente scolastico
B) del DSGA
C) del personale ATA
D) dei docenti

219 La pagella on line, in base al D.L. 95/2012, conv. in L. 135/2012:

A) non ha alcuna validità
B) ha la stessa validità della pagella cartacea
C) non ha la stessa validità di quella cartacea
D) è valida ma occorre una certificazione della scuola

220 In base alle linee guida del garante della privacy 2016, è consentito l'utilizzo di cellulari e smartphone in classe?

A) in genere sì, ma a fini esclusivamente personali

B) solo nella prima ora di lezione
C) no, i telefoni cellulari vanno consegnati al collaboratore prima dell'ingresso in aula
D) sì, è consentito anche a fini di studio

221 **Secondo l'Autorità garante della privacy, pubblicare sul sito della scuola nome e cognome di studenti i cui genitori siano in ritardo con i pagamenti:**
A) è una scelta unilaterale del DS
B) è un obbligo per l'amministrazione scolastica
C) è consentito
D) rappresenta un illecito

222 **Si possono installare telecamere nelle scuole, in base alle linee guida 2016 del Garante della privacy?**
A) sì ma solo all'esterno
B) sì ma devono essere segnalate con cartelli e devono funzionare negli orari di chiusura
C) non è consentito a tutela della privacy
D) si possono installare

223 **Il T.U. sicurezza del 2008 trova applicazione anche per garantire la sicurezza nelle scuole?**
A) no, in quanto la materia è disciplinata nella contrattazione collettiva di comparto
B) sì, come previsto dallo stesso T.U
C) sì, ma solo per le istituzioni scolastiche che dispongano di laboratori
D) no, la materia è specificamente disciplinata nel D.Lgs. 297/1994, T.U. istruzione

224 **Secondo il D.Lgs. 297/1994, il consiglio di istituto delle istituzioni scolastiche è costituito anche dai rappresentanti:**
A) del personale docente, del personale amministrativo, tecnico e ausiliario, e dei genitori degli alunni.
B) del personale docente, dei genitori degli alunni e degli alunni
C) del personale docente, del personale amministrativo, tecnico e ausiliario, e degli alunni
D) del personale docente, del personale amministrativo, tecnico e ausiliario, e dell'ufficio scolastico regionale

225 **In base alla legge 107/2015, le istituzioni scolastiche predispongono il piano triennale dell'offerta formativa entro:**
A) il mese di gennaio dell'anno scolastico precedente al triennio di riferimento
B) il mese di ottobre dell'anno scolastico precedente al triennio di riferimento.
C) il mese di dicembre dell'anno scolastico precedente al triennio di riferimento
D) il mese di giugno dell'anno scolastico precedente al triennio di riferimento

226 **Secondo la legge 107/2015, l'alternanza scuola-lavoro:**
A) non si può realizzare all'estero
B) può essere svolta con la modalità dell'impresa formativa
C) deve essere svolta secondo il programma formativo e le modalità di verifica stabilite dal Ministero del lavoro
D) deve essere necessariamente svolta durante lo svolgimento delle attività didattiche

227 **Ai sensi dell'art. 2, comma 1, del D.P.R. 89/2009, la scuola dell'infanzia accoglie bambini di età compresa:**
A) tra i tre e i cinque anni compiuti entro il 30 aprile dell'anno scolastico di riferimento
B) tra i tre e i cinque anni compiuti entro il 31 agosto dell'anno scolastico di riferimento
C) tra i tre e i sei anni compiuti entro il 31 dicembre dell'anno scolastico di riferimento
D) tra i tre e i cinque anni compiuti entro il 31 dicembre dell'anno scolastico di riferimento.

228 **Quale norma ha abrogato l'esame di licenza elementare?**

A) D.Lgs. 59/2004, art. 19, comma 3
B) D.Lgs. 286/2004, art. 5, comma 2
C) L. 67/2006, art. 3, comma 1
D) D.Lgs. 196/2003, art. 10, comma 1

229 **Ai sensi dell'art. 2, comma 3, del D.Lgs. 65/2017, i servizi educativi per l'infanzia sono articolati in:**

A) nidi e micronidi che accolgono le bambine e i bambini tra diciotto e trentasei mesi di età; sezioni primavera; servizi integrativi
B) nidi e micronidi che accolgono le bambine e i bambini tra dodici e trentasei mesi di età; sezioni primavera; servizi integrativi
C) nidi e micronidi che accolgono le bambine e i bambini tra tre e trentasei mesi di età; sezioni primavera; servizi integrativi
D) nidi che accolgono le bambine e i bambini tra nove e trentasei mesi di età; sezioni primavera; servizi integrativi

230 **Ai sensi dell'art. 1, comma 2, della L. 62/2000, si definiscono scuole paritarie:**

A) le istituzioni scolastiche non statali, comprese quelle degli enti locali, che, a partire dalla scuola primaria, corrispondono agli ordinamenti generali dell'istruzione, sono coerenti con la domanda formativa delle famiglie e sono caratterizzate da requisiti di qualità ed efficacia di cui ai commi 4, 5 e 6
B) le istituzioni scolastiche non statali, comprese quelle degli enti locali, che, a partire dalla scuola per l'infanzia, corrispondono agli ordinamenti generali dell'istruzione, sono coerenti con la domanda formativa delle famiglie e sono caratterizzate da requisiti di qualità ed efficacia di cui ai commi 4, 5 e 6
C) le istituzioni scolastiche non statali, escluse quelle degli enti locali, che, a partire dalla scuola per l'infanzia, corrispondono agli ordinamenti generali dell'istruzione, sono coerenti con la domanda formativa delle famiglie e sono caratterizzate da requisiti di qualità ed efficacia di cui ai commi 4, 5 e 6
D) le istituzioni scolastiche non statali, escluse quelle degli enti locali, che, a partire dalla scuola primaria, corrispondono agli ordinamenti generali dell'istruzione, sono coerenti con la domanda formativa delle famiglie e sono caratterizzate da requisiti di qualità ed efficacia di cui ai commi 4, 5 e 6

231 **A norma dell'articolo 2, comma 3, del D.P.R. 89/2010 i percorsi liceali si sviluppano:**

A) in due monoenni e in un triennio
B) in un periodo triennale e in un periodo biennale
C) in due periodi biennali e in un quinto anno
D) in un periodo biennale e in un periodo triennale

232 **Secondo l'art. 8, comma 1, del D.P.C.M. n. 140 del 21 ottobre 2019, gli Uffici scolastici regionali sono uffici di livello dirigenziale:**

A) generale o, in relazione alla popolazione studentesca della relativa Regione, di livello non generale.
B) non generale
C) generale o, in relazione alle risorse umane e finanziarie, di livello non generale
D) generale o, in relazione alle istituzioni scolastiche autonome della relativa Regione, di livello non generale

233 **Quanti sono gli indirizzi di studio dei nuovi percorsi dell'istruzione professionale previsti dall'art. 3, comma 1, del D.Lgs. n. 61 del 13 aprile 2017?**

A) 8
B) 11
C) 4
D) 10

234 **A cosa è finalizzato l'adempimento dell'obbligo di istruzione, ai sensi dell'art. 1, comma 2, del D.M. n. 139 del 22 agosto 2007?**

A) all'acquisizione delle competenze previste dai Profili in uscita di cui ai DD. PP.RR. n. 87, 88 e 89 del 2010
B) all'acquisizione delle competenze chiave europee e delle competenze previste dai Profili in uscita di cui ai DD.PP.RR. n. 87, 88 e 89 del 2010
C) al conseguimento di un titolo di studio di scuola secondaria superiore o di una qualifica professionale di durata almeno triennale entro il 18° anno di età
D) al raggiungimento degli obiettivi generali previsti dal sistema nazionale di istruzione e all'acquisizione delle competenze chiave europee

235 **Quale articolo della Costituzione sancisce il diritto allo studio?**

A) Art. 3
B) Art. 34
C) Art. 35
D) Art. 2

236 **Oltre all'art. 33, quale altro articolo della Costituzione disciplina il dovere dello Stato di dettare le norme generali sull'istruzione?**

A) Art. 7
B) Art. 34
C) Art. 118
D) Art. 117

237 **Ai sensi dell'art. 2, comma 2, del D.P.R. 275/1999, a decorrere da quale data si applica alle istituzioni scolastiche il Regolamento recante norme in materia di autonomia?**

A) 1 settembre 2000
B) 1 settembre 2001
C) 1 settembre 1999
D) 31 agosto 2001

238 **Ai sensi dell'art. 3 della L. Cost. 3/2011, lo Stato ha legislazione esclusiva in materia di:**

A) autonomia delle istituzioni scolastiche
B) organizzazione della rete scolastica
C) istruzione e formazione professionale
D) norme generali sull'istruzione

239 **Ai sensi dell'art. 1, comma 14, della L. 13 luglio 2015, n. 107, il Piano triennale dell'offerta formativa è:**

A) approvato dal consiglio d'istituto, sentiti i criteri generali forniti dai consigli di classe
B) elaborato dal collegio dei docenti ed approvato dal consiglio d'istituto.
C) elaborato ed approvato soltanto dal consiglio d'istituto
D) approvato dal collegio dei docenti, sentiti i criteri generali forniti dal consiglio d'istituto

240 **Ai sensi dell'art. 1, comma 14, della L. 13 luglio 2015, n. 107, il Collegio dei docenti:**

A) adotta il Piano triennale dell'offerta formativa, sulla base degli indirizzi per le attività della scuola e delle scelte di gestione e di amministrazione definiti dalle realtà istituzionali del territorio
B) elabora il Piano triennale dell'offerta formativa, sulla base degli indirizzi per le attività della scuola e delle scelte di gestione e di amministrazione definiti dal dirigente scolastico.
C) adotta il Piano triennale dell'offerta formativa, sulla base degli indirizzi per le attività della scuola e delle scelte di gestione e di amministrazione definiti dal consiglio d'istituto
D) elabora il Piano triennale dell'offerta formativa, sulla base degli indirizzi per le attività della scuola e delle scelte di gestione e di amministrazione definiti dai consigli di classe

241 Ai sensi dell'art. 8, comma 10, del D.Lgs. 16 aprile 1994, n. 297, il Consiglio di circolo o d' istituto dura in carica:

A) per due anni scolastici
B) per un anno scolastico
C) per tre anni scolastici
D) per un semestre

242 Ai sensi dell'art. 5, comma 8, del D.Lgs. 16 aprile 1994, n. 297, i consigli di intersezione, di interclasse e di classe sono presieduti:

A) da un coordinatore di dipartimento
B) dal docente più anziano di età
C) da un rappresentante dei genitori
D) dal dirigente scolastico oppure da un docente, membro del consiglio, suo delegato

243 Ai sensi dell'art. 7, comma 2, lett. e), del D.Lgs. 16 aprile 1994, n. 297, l'adozione dei libri di testo è deliberata:

A) dal collegio dei docenti, sentiti i consigli di interclasse o di classe
B) soltanto dai consigli di interclasse
C) dai consigli di classe, sentita la giunta esecutiva
D) soltanto dai consigli di classe

244 Ai sensi dell'art. 7, comma 2, lett. m), del D.Lgs. 16 aprile 1994, n. 297, il Collegio dei docenti:

A) programma ed attua le iniziative per il sostegno degli alunni portatori di handicap
B) programma e attua le iniziative per il sostegno degli alunni portatori di handicap, sentita la giunta esecutiva
C) programma ed attua le iniziative per il sostegno degli alunni portatori di handicap, tenuto conto dei criteri generali indicati dal consiglio di circolo o d'istituto
D) programma e attua le iniziative per il sostegno degli alunni portatori di handicap, sentito il presidente del consiglio di circolo o di istituto

245 Ai sensi dell'art. 13, comma 3, del D. Lgs. 16 aprile 1994, n. 297, l'assemblea di istituto può articolarsi in assemblea di classi parallele:

A) in relazione al numero degli alunni ed alla disponibilità dei locali.
B) previa delibera del collegio dei docenti
C) previa delibera del consiglio di istituto
D) su decisione del dirigente scolastico

246 Quale legge ha istituito in Italia la scuola materna statale?

A) L. 444/1968
B) L. 1859/1962
C) L. 820/1971
D) L. 719/1964

247 Ai sensi dell'art. 2, comma 2, del D.P.R. 89/2009, nella scuola dell'infanzia l'inserimento dei bambini ammessi alla frequenza anticipata è disposto alle seguenti condizioni:

A) a) disponibilità dei posti; b) accertamento dell'avvenuto esaurimento di eventuali liste di attesa; c) disponibilità di locali e dotazioni idonei sotto il profilo dell'agibilità e funzionalità, tali da rispondere alle diverse esigenze dei bambini di età inferiore a tre anni; d) valutazione pedagogica e didattica, da parte del collegio dei docenti, dei tempi e delle modalità dell'accoglienza
B) a) disponibilità dei posti; b) accertamento dell'avvenuto esaurimento di eventuali liste di attesa; c) disponibilità di locali e dotazioni idonei sotto il profilo dell'agibilità e funzionalità, tali da rispondere alle diverse esigenze dei bambini di età inferiore a tre anni; d) valutazione pedagogica e didattica, da parte del dirigente scolastico, dei tempi e delle modalità dell'accoglienza
C) a) disponibilità dei posti; b) accertamento dell'avvenuto esaurimento di eventuali liste di attesa; c) disponibilità di locali e dotazioni idonei sotto il profilo dell'agibilità e funzionalità, tali da

rispondere alle diverse esigenze dei bambini di età inferiore a due anni; d) valutazione pedagogica e didattica, da parte dei consigli d'intersezione, dei tempi e delle modalità dell'accoglienza

D) a) disponibilità dei posti; b) accertamento dell'avvenuto esaurimento di eventuali liste di attesa; c) disponibilità di locali e dotazioni idonei sotto il profilo dell'agibilità e funzionalità, tali da rispondere alle diverse esigenze dei bambini di età superiore a due anni; d) valutazione pedagogica e didattica, da parte del consiglio di circolo o d'istituto, dei tempi e delle modalità dell'accoglienza

248 **Secondo l'art. 3, comma 1, della L. 23/1996, la manutenzione ordinaria e straordinaria degli edifici scolastici compete:**

A) ai Comuni e alle Province.
B) alle Regioni
C) alle scuole
D) allo Stato

249 **Il D.P.C.M. 7 giugno 1995 contiene:**

A) schema generale di riferimento del "Piano dell'Offerta Formativa"
B) schema generale di riferimento del "Patto di corresponsabilità"
C) schema generale di riferimento dello "Statuto degli studenti e delle studentesse"
D) schema generale di riferimento della "Carta dei servizi scolastici"

250 **Nella scuola dell'autonomia l'obiettivo principale della comunicazione tra scuola e famiglia è:**

A) informare le famiglie sugli orari di ricevimento dei docenti e della segreteria
B) comunicare alle famiglie l'andamento scolastico dei figli e le eventuali problematiche
C) informare le famiglie delle scelte educative fondamentali e delle attività della scuola
D) coinvolgere le famiglie nelle scelte educative fondamentali e nelle attività della scuola

251 **Il Patto di Corresponsabilità Educativa è (D.P.R. 235/2007):**

A) il documento sottoscritto da genitori e studenti al momento dell'iscrizione scolastica che chiarisce i principi e i comportamenti che scuola, famiglia e alunni condividono e che si impegnano a rispettare
B) il documento sottoscritto dalle famiglie al momento dell'iscrizione a scuola che chiarisce i principi e i comportamenti che gli alunni devono condividere e che i familiari si impegnano a far rispettare
C) il documento sottoscritto dagli alunni al momento dell'iscrizione a scuola che chiarisce i principi e i comportamenti che gli stessi devono condividere e che si impegnano a rispettare
D) il documento sottoscritto all'inizio di ogni Anno Scolastico dal dirigente scolastico, dagli insegnanti e dal personale ATA nel quale si impegnano a coinvolgere gli studenti e le loro famiglie nei percorsi formativi in un'ottica di condivisione

252 **Cos'è lo Statuto delle Studentesse e degli Studenti (D.P.R. 249/1998, modificato dal D.P.R. 235/2007)?**

A) è uno strumento operativo atto ad affermare e diffondere i diritti degli studenti in famiglia
B) è uno strumento operativo atto diffondere i doveri tra gli studenti delle scuole superiori
C) è uno strumento operativo atto a diffondere i diritti degli studenti nella società
D) è uno strumento operativo atto ad affermare e diffondere la cultura dei diritti e dei doveri tra gli studenti, tra i docenti e il personale ATA

253 Il Piano triennale dell'offerta formativa è previsto da:

A) L. 59/1997
B) L. 107/2015
C) D.P.R. 80/2013
D) D.P.R. 297/1994

254 Il Rapporto di autovalutazione, di cui all'art. 6 del D.P.R. 80/2013, è elaborato:

A) in formato elettronico secondo un quadro di riferimento predisposto dall'istituzione scolastica autonoma
B) in formato cartaceo messo a disposizione delle scuole dal MIUR
C) in formato elettronico secondo un quadro di riferimento predisposto da Invalsi
D) in formato elettronico secondo un quadro di riferimento predisposto da Indire

255 Ai sensi dell'art. 1, comma 5, della L. 107/2015 l'organico dell'autonomia è funzionale:

A) solo ai bisogni educativi degli alunni
B) solo alle attività di insegnamento
C) esclusivamente alla realizzazione delle attività di insegnamento
D) alle esigenze didattiche, organizzative e progettuali delle istituzioni scolastiche come emergenti dal Piano triennale dell'offerta formativa

256 IL D.P.R. 275/1999 art. 7, comma 1, prevede che le istituzioni scolastiche possano:

A) aderire ad accordi di rete approvati dal Collegio dei docenti
B) promuovere accordi di rete o aderire ad essi senza lo scambio temporaneo di docenti
C) aderire ad accordi di rete senza mantenere l'autonomia dei singoli bilanci
D) promuovere accordi di rete o aderire ad essi per il raggiungimento delle proprie finalità istituzionali

257 Lo sviluppo delle competenze digitali degli studenti, con particolare riguardo al pensiero computazionale, all'utilizzo critico e consapevole dei social network e dei media è previsto da:

A) L. 107/2015 art. 1, comma 7, lettera h)
B) L. 107/2015 art. 1, comma 77
C) D.L. 5/2012 art. 50
D) D.P.R. 275/1999 art. 7

258 Ai sensi dell'art. 1, comma 78, della L. 107/2015, il Dirigente scolastico svolge i compiti di:

A) direzione, gestione, organizzazione e coordinamento delle attività formative
B) direzione, gestione, organizzazione e coordinamento ed è responsabile delle risorse finanziarie e strumentali e dei risultati del servizio
C) direzione, organizzazione e coordinamento ed è responsabile dei risultati degli apprendimenti degli studenti
D) direzione e gestione delle risorse finanziarie e strumentali

259 Ai sensi dell'art. 1, comma 28, della L. 107/2015, le scuole secondarie di secondo grado introducono:

A) insegnamenti opzionali nel secondo biennio e nell'ultimo anno anche utilizzando la quota di autonomia e gli spazi di flessibilità
B) insegnamenti opzionali che sono parte del percorso dello studente
C) insegnamenti opzionali senza utilizzare la quota di autonomia e gli spazi di flessibilità
D) insegnamenti opzionali anche con risorse finanziarie aggiuntive

260 Il Piano nazionale scuola digitale prevede la realizzazione di attività volte allo sviluppo delle competenze digitali, anche attraverso la collaborazione con università, associazioni, organismi del terzo settore. A chi è rivolta, ai sensi dell'art. 1, comma 58, della L. 107/2015, tale specifica misura?

A) agli studenti

B) ai coordinatori di dipartimento
C) ai docenti di informatica
D) all'animatore digitale

261 Il Rapporto di Autovalutazione, ai sensi della direttiva n. 11/2014, è reso pubblico mediante:
A) l'inserimento nel portale unico di cui alla L. 107/2015, art. 1, comma 136
B) l'inserimento nel Piano triennale dell'offerta formativa che viene poi pubblicato sul sito dell'istituzione scolastica
C) l'inserimento nel portale telematico del Ministero dell' istruzione, dell'università e della ricerca
D) l'inserimento nel portale "Scuola in chiaro " e nel sito della Istituzione scolastica.

262 I nuclei di valutazione esterna delle scuole, ai sensi della Direttiva Ministeriale 11/2014, punto A2), sono coordinati:
A) da esperti interni al mondo scolastico
B) da esperti esterni al mondo scolastico
C) dai Dirigenti tecnici
D) dai Dirigenti scolastici

263 Il supporto alla definizione e attuazione dei Piani di miglioramento delle istituzioni scolastiche, ai sensi dell'art. 4, comma 1, del D.P.R. 80/2013:
A) è compito dell'INDIRE e i Piani di miglioramento sono obbligatoriamente adottati secondo i modelli appositamente predisposti dallo stesso
B) è compito dell'INDIRE e i Piani di miglioramento sono autonomamente adottati dalle istituzioni scolastiche
C) è compito dell'INVALSI e i Piani di miglioramento sono autonomamente adottati dalle istituzioni scolastiche
D) è compito dell'INVALSI e i Piani di miglioramento sono obbligatoriamente adottati secondo i modelli appositamente predisposti dallo stesso

264 Secondo l'art. 1, comma 63, della L. 107/2015, tra le tipologie di posti dell'organico dell'autonomia vi sono:
A) i posti per le funzioni organizzative
B) i posti in organico di fatto
C) i posti per il potenziamento
D) i posti di consolidamento

265 Secondo l'art. 1, comma 65, della L. 107/2015, il riparto della dotazione organica tra le Regioni è effettuato, per i posti comuni:
A) sulla base del numero degli alunni
B) sulla base del numero delle classi e dei plessi
C) sulla base del numero delle classi e degli alunni
D) sulla base del numero delle classi

266 Il responsabile amministrativo delle scuole ha assunto funzioni di direzione dei servizi di segreteria:
A) con il D.P.R. 275/1999
B) con il D.I. 44/2001
C) con il D.Lgs. 165/2001
D) con il D.Lgs. 233/1999

267 Secondo l'art. 1, comma 12, della L. 107/2015, il Piano triennale dell'offerta formativa:
A) può essere rivisto annualmente entro il mese di dicembre
B) può essere rivisto annualmente entro il mese di novembre
C) può essere rivisto annualmente entro il mese di ottobre
D) non può essere rivisto annualmente

268 Secondo il D.P.R. 275/1999 , art. 8, comma 2 , il curricolo obbligatorio degli alunni delle istituzioni scolastiche è determinato:
A) dal MIUR, che lo fissa in base a ciascun ordine e grado di scuola
B) dalle Regioni, tenendo conto delle esigenze del contesto culturale, sociale ed economico delle realtà locali

C) dalle singole istituzioni scolastiche, integrando la quota definita a livello nazionale con la quota loro riservata
D) dagli Uffici Scolastici Regionali, tenendo conto dei tassi di dispersione scolastica degli ambiti territoriali

269 Secondo il D.P.R. 275/1999, art. 8, nella definizione del curricolo del primo ciclo di scuola è obbligatorio:

A) aderire a convenzioni o accordi stipulati a livello nazionale, regionale o locale per la realizzazione di progetti
B) assicurare percorsi formativi integrati sulla base di accordi con le Regioni e gli Enti Locali
C) rispettare i limiti di flessibilità temporale per realizzare compensazioni tra discipline e attività della quota nazionale del curricolo
D) prevedere possibilità di opzione per gli studenti e le famiglie in base alle loro esigenze

270 Sono tenute alla compilazione del RAV (rapporto di autovalutazione) ai sensi del D.P.R. 80 del 2013 e della Direttiva ministeriale n. 11 del 2014:

A) tutte le scuole statali e paritarie sia del primo che del secondo ciclo di istruzione
B) le scuole statali e paritarie del primo e secondo ciclo di istruzione, con esclusione dei circoli didattici
C) gli istituti comprensivi e quelli secondari di II grado statali e quelli del secondo ciclo privati
D) tutte le scuole statali sia del primo che del secondo ciclo di istruzione, per le scuole paritarie la compilazione del RAV è opzionale

271 Secondo la legge n. 107/2015, il Piano triennale dell'offerta formativa (PTOF):

A) deve essere elaborato dal Dirigente scolastico prima della fine dell'anno scolastico precedente al triennio di riferimento e deve contenere gli obiettivi formativi ritenuti prioritari tra quelli indicati nel comma 7 dell'art.1 della L. n. 107/2015, tenendo conto delle esigenze del contesto culturale, sociale ed economico della realtà locale, con riferimento alla programmazione territoriale dell'offerta formativa
B) deve essere predisposto entro il mese di ottobre dell'anno scolastico precedente al triennio di riferimento, può essere rivisto annualmente entro il mese di ottobre e deve esser pubblicato sul Portale unico dell'istruzione, anche al fine di permettere una valutazione comparativa da parte degli studenti e delle famiglie
C) è il documento fondamentale costitutivo dell'identità culturale e progettuale delle istituzioni scolastiche ed esplicita la progettazione curricolare, extracurricolare, educativa e organizzativa che le singole scuole adottano nell'ambito della loro autonomia. Può essere rivisto annualmente prima dell'inizio dell'attività didattica su richiesta della Giunta esecutiva del Consiglio d'istituto, ovvero su richiesta di un terzo dei rappresentanti dei genitori
D) ha una validità massima di tre anni, ma può essere revisionato annualmente su richiesta di almeno un terzo dei componenti del Consiglio d'istituto o di un quarto degli insegnanti in servizio presso la scuola

272 In che modo l'istituto INDIRE offre un sostegno alle scuole nelle attività di autovalutazione?

A) fornisce consulenze e modelli, in particolare per quanto riguarda le rubriche di autovalutazione del RAV (rapporto di autovalutazione)
B) fornisce consulenze e modelli, in particolare per quanto riguarda la compilazione del piano di miglioramento.
C) fornendo consulenza in particolare per quanto riguarda l'interpretazione e l'analisi dei risultati delle prove standardizzate nazionali

D) fornendo, oltre a consulenze su vari aspetti della compilazione del RAV (rapporto di autovalutazione), una serie di dati statistici fondamentali per la compilazione della sezione “Contesto” del RAV stesso

273 **In un istituto scolastico, a chi compete la compilazione del Piano di miglioramento?**

A) al Dirigente scolastico con il supporto del nucleo interno di valutazione
B) esclusivamente al Dirigente scolastico
C) al Dirigente scolastico, su indicazione del collegio docenti che lo deve discutere ed approvare
D) al Dirigente scolastico su indicazione del consiglio d’istituto che lo deve approvare

274 **Quando un istituto deve redigere il Piano di miglioramento (PdM), come previsto dal D.P.R. 80 del 2013, deve tener conto che:**

A) non esiste un modello predefinito di PdM, anche se INDIRE fornisce uno standard di riferimento
B) deve compilarlo secondo lo standard fornito da INVALSI, che prevede quattro sezioni (azioni, tempi, monitoraggio, esiti)
C) non esiste un modello predefinito di PdM, ed infatti l’inserimento nel PTOF di tale piano è facoltativo
D) deve compilarlo secondo lo standard fornito da INDIRE, che prevede tre sezioni (priorità e obiettivi, azioni, monitoraggio)

275 **Il D.P.R. 28 marzo 2013, n. 80 identifica come componenti del Sistema Nazionale di Valutazione (SNV) in materia di istruzione e formazione:**

A) il contingente ispettivo, che ne assume il coordinamento e i nuclei di valutazione esterna oltre a Invalsi e Indire
B) i nuclei di valutazione esterna, la conferenza per il coordinamento funzionale dell’SNV, l’Invalsi
C) l’Invalsi, che ne assume il coordinamento, l’Indire e il contingente ispettivo oltre alla conferenza per il coordinamento funzionale del SNV e i nuclei di valutazione esterna
D) il contingente ispettivo, i nuclei di valutazione esterna, l’Ufficio Scolastico Regionale di competenza, il comitato regionale dei genitori

276 **Ai sensi del D.Lgs. 66/2017, art. 9, comma 4, mod. dal D.Lgs. 96/2019, il Gruppo per l’inclusione territoriale è composto da:**

A) da personale docente esperto nell’ambito dell’inclusione anche con riferimento alla prospettiva bio-psico-sociale; e nelle metodologie didattiche inclusive e innovative
B) un Dirigente tecnico che lo presiede, due Dirigenti scolastici, due docenti per la scuola del primo ciclo di istruzione e due per il secondo ciclo di istruzione
C) due Dirigenti scolastici dell’ambito territoriale di cui uno lo presiede, tre docenti per la scuola del primo ciclo di istruzione e tre per il secondo ciclo di istruzione
D) un Dirigente tecnico che lo presiede, due Dirigenti scolastici, tre docenti per la scuola del primo ciclo di istruzione e tre per il secondo ciclo di istruzione

277 **Il Consiglio di istituto, ai sensi del D. Lgs. 297/1994, ha tra le sue prerogative anche:**

A) la preparazione dello schema del programma annuale, poi definito e approvato dalla giunta esecutiva
B) l’approvazione del programma annuale elaborato su indicazioni del collegio docenti
C) la preparazione dello schema di programma annuale approvato poi dal dirigente scolastico
D) l’approvazione del programma annuale predisposto dalla giunta esecutiva

278 Ai sensi dell'art. 7 comma 2 lettera a) del D.Lgs. 66/2017 mod. dal D.Lgs. 96/2019, il Piano educativo individualizzato è elaborato:

A) dai docenti contitolari o dal Consiglio di classe ed approvato dai genitori
B) dal Consiglio di classe con la partecipazione delle figure professionali specifiche
C) dal Gruppo di lavoro operativo per l'inclusione
D) dai docenti del Consiglio di classe con la partecipazione dei genitori

279 Secondo il D.Lgs. 165/2001, art. 25, comma 2, è responsabile della gestione delle risorse finanziare e strumentali della scuola:

A) il Consiglio d'istituto
B) il Direttore SGA
C) il Dirigente scolastico
D) la Giunta Esecutiva

280 L'autonomia delle scuole ha assunto rilevanza costituzionale con la modifica del:

A) Titolo V della parte seconda della Costituzione.
B) Titolo III della parte seconda della Costituzione
C) Titolo IV della parte seconda della Costituzione
D) Titolo II della parte seconda della Costituzione

281 Nelle scuole è prevista la possibilità di organizzare assemblee dei genitori?

A) sì, l'art. 15 del D.Lgs. 297/1994 prevede espressamente per i genitori la possibilità di svolgere assemblee di sezione, di classe e di istituto
B) sì, all'art. 5 del D.P.R. 416/1974 (decreti delegati) è prevista per i genitori la possibilità di organizzare assemblee di classe, di interclasse, di sezione
C) sì, si tratta di un'innovazione degli organi collegiali introdotta dalla L. 107/2015 all'art. 1 comma 29
D) sì, l'art. 3 del D.P.R. 275/1999, il cosiddetto regolamento dell'autonomia, prevede questa possibilità, per tutti gli ordini di scuola

282 La funzione di segretario del Consiglio di classe, secondo il D.Lgs. 297/1994:

A) è attribuita dal dirigente scolastico in base a quanto stabilito dalla contrattazione di istituto, può anche essere rifiutata dal docente incaricato
B) può essere svolta da un qualsiasi componente del consiglio di classe, docente, rappresentante dei genitore e, se presente, degli studenti, come specificato all'art. 5 del D. Lgs. citato
C) è attribuita dal dirigente scolastico a un docente del consiglio di classe e non può essere rifiutata
D) può essere attribuita dal dirigente scolastico ad un docente del consiglio di classe ma la nomina deve essere ratificata dal consiglio d'istituto e accettata dall'interessato

283 Con la L. 107/2015 il Ministero dell'Istruzione dell'Università e delle Ricerca ha adottato il Piano nazionale per la scuola digitale (PNSD). Di conseguenza le istituzioni scolastiche:

A) attivano azioni di formazione per favorire l'adozione di metodologie didattiche innovative basate sugli strumenti digitali, riservate agli insegnanti tecnico pratici degli indirizzi di studio professionale, da svolgersi durante il periodo estivo di interruzione dell'attività didattica
B) sono tenute all'adozione obbligatoria del registro elettronico a partire dall'anno scolastico 2018/2019
C) attivano, attraverso le risorse individuate dall'art.1, comma 57, della suddetta Legge 107/2015, appositi corsi per il conseguimento della Patente europea del computer (ECDL) riservati al personale dirigente, tecnico ed amministrativo

D) sono tenute a promuovere, all'interno dei piani triennali dell'offerta formativa e in collaborazione con il MIUR, azioni coerenti con le finalità, i princìpi e gli strumenti previsti nel Piano nazionale per la scuola digitale

284 **Ai sensi dell'art. 45, comma 1, del D.P.R. 394/1999 i minori stranieri presenti sul territorio nazionale sono soggetti:**

A) all'obbligo scolastico se in possesso della documentazione anagrafica
B) alla comunicazione alle famiglie dei doveri e degli adempimenti per l'iscrizione nelle scuole italiane
C) all'obbligo di frequenza della scuola del primo ciclo
D) all'obbligo scolastico secondo le disposizioni vigenti in materia

285 **Ai sensi dell'art. 45, comma 1, del D.P.R. 394/1999 i minori stranieri privi di documentazione anagrafica:**

A) sono iscritti con riserva ma non conseguono i titoli conclusivi dei corsi di studio delle scuole di ogni ordine e grado
B) sono iscritti solo se in possesso di documentazione regolare e completa
C) sono iscritti con riserva nelle scuole italiane
D) non sono iscritti nelle scuole italiane

286 **Ai sensi dell'art. 45, comma 2, del D.P.R. 394/1999 i minori stranieri soggetti all'obbligo scolastico vengono iscritti:**

A) alla classe corrispondente all'età anagrafica, salvo che il Collegio dei docenti deliberi l'iscrizione ad una classe diversa
B) alla classe corrispondente alle conoscenze previste dall'ordinamento degli studi del Paese di provenienza dell'alunno
C) alla classe corrispondente all'età anagrafica come dedotta dalla documentazione
D) alla classe richiesta dai genitori o dall'affidatario

287 **La Direttiva del Ministro Pubblica Istruzione 10-4-2008, n. 37 prevede i criteri per l'attivazione del servizio educativo delle sezioni primavera e alla lettera d) riporta che è previsto:**

A) l'accesso al servizio al compimento dei 24 mesi
B) l'accesso al servizio di bambini di età compresa tra i 24 e 30 mesi solo per quattro ore giornaliere
C) l'accesso al servizio di bambini di età compresa tra i 24 e i 36 mesi che compiono i due anni di età entro il 31 dicembre
D) l'accesso al servizio di bambini di età compresa tra i 24 e i 36 mesi che compiono i due anni di età entro il 30 aprile

288 **Ai sensi della L. 128/2013, art. 8, le istituzioni scolastiche possono realizzare i percorsi di orientamento mediante convenzioni con:**

A) associazioni accreditate per la formazione del personale scolastico
B) associazioni iscritte al Forum delle Associazioni studentesche, Camere di commercio, industria, artigianato, agricoltura, agenzie per il lavoro.
C) associazioni riconosciute qualificate per la formazione del personale scolastico
D) università ed enti di ricerca riconosciuti dal Ministero dell'istruzione, dell'università e della ricerca

289 **L'iscrizione dei minori stranieri è soggetta alle seguenti condizioni:**

A) possesso del permesso di soggiorno
B) certificazione del possesso di competenze, abilità e livelli di preparazione rilasciata dal Paese di provenienza
C) quelle previste per i minori italiani
D) possesso della documentazione anagrafica

290 Quale norma prevede il regime di gratuità per i primi tre anni degli istituti di istruzione secondaria superiore e dei percorsi sperimentali di istruzione e di formazione professionale?

A) D.Lgs. 226/2005
B) D.P.R. 87/2010
C) D.P.R. 275/1999
D) D.P.R. 89/2010

291 La definizione di "abbandono scolastico" a quali tipologie di studenti è riferita?

A) a coloro che non hanno conseguito un titolo di studio di scuola secondaria superiore o una qualifica professionale di durata almeno triennale entro il diciottesimo anno di età
B) a coloro che hanno abbandonato la frequenza di una scuola secondaria superiore, dopo la licenza media, per frequentare un percorso di formazione professionale di durata almeno triennale
C) agli studenti che interrompono un ciclo di istruzione e formazione
D) a coloro che nonostante abbiano frequentato i tre gradi di istruzione - primaria, secondaria di 1° grado, II° - non hanno conseguito alcun titolo di studio

292 Come può essere definita l'educazione interculturale nella scuola?

A) come una disciplina a sé stante
B) come una disciplina che sviluppa tematiche critiche
C) come un'educazione specifica da rivolgere solo agli allievi dell'immigrazione
D) come un approccio critico e riflessivo che attraversa le discipline e le pratiche educativo/formative

293 Qual è la finalità dell'istruzione domiciliare di cui all'art. 16 del Decreto legislativo 13 aprile 2017, n. 66?

A) garantire il diritto allo studio a domicilio di tutti gli alunni stranieri che hanno gravi difficoltà linguistiche e cognitive, certificate da uno psicologo dell'Azienda sanitaria locale competente per territorio
B) garantire il diritto all'istruzione agli alunni per i quali sia accertata l'impossibilità della frequenza scolastica per un periodo non inferiore a trenta giorni di lezione, anche non continuativi, a causa di gravi patologie, anche attraverso l'uso delle nuove tecnologie
C) garantire il diritto allo studio a domicilio di tutti gli alunni stranieri che non possono frequentare la Scuola, perché vivono in situazioni di disagio sociale e familiare, certificato dai Servizi sociali dell'Azienda sanitaria locale competente
D) garantire il diritto all'istruzione agli alunni che vivono in zone di montagna e non sono in grado di raggiungere le Scuole o che vivono in aree degradate e sono a rischio di dispersione scolastica, tramite appositi progetti di inclusione che utilizzano nuove tecnologie

294 Nel D.Lgs. 13 aprile 2017, n. 65 si afferma che le sezioni primavera accolgono i bambini:

A) tra 18 e 36 mesi di età
B) tra 12 e 24 mesi di età
C) tra 24 e 36 mesi di età
D) tra 12 e 18 mesi di età

295 Quando e perché nasce l'esigenza di elaborare il P.T.O.F.?

A) con il D.P.R. 275/1999: il Regolamento che rende operativa l'autonomia scolastica introdotta dalla Legge Bassanini, n. 59 del 1997
B) in seguito alle indicazioni della Legge n. 107 del 2015 che conferma gli indirizzi per l'organizzazione dell'attività didattica da parte del Consiglio d'Istituto
C) in seguito alla modifica ed alle integrazioni apportate dall'art.3 del D.P.R. 275/1999
D) con l'emanazione della Legge n. 107 del 2015, che richiede un forte impegno di pianificazione strategica nella dimensione della piena attuazione dell'autonomia scolastica

296 **La L. 170/2010 sancisce che gli studenti con diagnosi di Disturbo Specifico di Apprendimento hanno diritto di fruire di appositi provvedimenti. Quali?**

A) didattica personalizzata e flessibile
B) misure dispensative e strumenti compensativi di flessibilità didattica
C) didattica individualizzata e flessibile
D) strumenti compensativi, compresi mezzi di apprendimento alternativi e tecnologie informatiche

297 **Lo studente con dislessia, da quale delle seguenti azioni è dispensato?**

A) sintesi vocale
B) compito di ascolto
C) lettura a voce alta in classe
D) lettura silente

298 **Secondo il PNSD (Piano Nazionale Scuola Digitale) l'animatore digitale è:**

A) un docente che, insieme al Dirigente scolastico, ha un ruolo strategico nella diffusione dell'innovazione a scuola e contribuisce alla definizione degli obiettivi e dei programmi di innovazione didattica e digitale
B) un docente che, insieme al Dirigente scolastico e al direttore dei servizi generali e amministrativi, ha un ruolo strategico nella diffusione dell'innovazione a scuola
C) un docente che, con la collaborazione del Consiglio d'Istituto, ha un ruolo strategico nella diffusione dell'innovazione a scuola
D) un docente che, insieme al direttore dei servizi generali e amministrativi, ha un ruolo strategico nella diffusione dell'innovazione a scuola e contribuisce alla definizione degli obiettivi e dei programmi di innovazione didattica e digitale

299 **Che cosa significa l'acronimo LIM?**

A) lavagna Interattiva Multimediale
B) lavagna Integrativa Multimediale
C) lavagna Interattiva Monomediale
D) lavagna Inclusiva Multimediale

300 **Quali sono i diritti dei minori stranieri non accompagnati secondo la L. 7 maggio 2017, n. 47 (Disposizioni in materia di protezione dei MSNA)?**

A) diritto alla salute e all'istruzione; completamento del percorso di studi di primo grado
B) diritto alla sola formazione; attivazione di specifiche convenzioni di apprendistato; completamento del percorso di studi oltre il limite della maggiore età
C) diritto alla salute e all'istruzione; diritto all'ascolto nei procedimenti; diritto all'assistenza legale
D) diritto alla formazione senza possibilità di conseguire i titoli di studio conclusivi; completamento del percorso di studi oltre il limite della maggiore età; diritto a presenziare nei procedimenti

301 **Il punteggio finale dell'esame di Stato conclusivo del secondo ciclo di istruzione è espresso:**

A) in decimi
B) in sessantesimi
C) con un giudizio sintetico
D) in centesimi

Soluzioni

1 Risposta esatta: D

Il D.Lgs. 112/1998, attuando la delega disposta con L. 59/1997 relativa alla pubblica istruzione, ha riservato allo Stato (art. 137), tra l'altro, le seguenti competenze:

- **compiti e funzioni concernenti i criteri e i parametri** per l'**organizzazione della rete scolastica**, previo parere della Conferenza unificata;
- valutazione del sistema scolastico;
- determinazione e assegnazione delle risorse finanziarie a carico del bilancio dello Stato e del personale delle istituzioni scolastiche;
- funzioni relative ai conservatori di musica, alle accademie di belle arti, agli istituti superiori per le industrie artistiche, all'accademia nazionale d'arte drammatica, all'accademia nazionale di danza, alle istituzioni culturali straniere in Italia.

Le risposte di cui alle altre tre opzioni sono invece funzioni amministrative delegate alle Regioni.

2 Risposta esatta: C

Il Ministro dell'istruzione non può revocare, riformare, riservare o avocare a sé o altrimenti adottare provvedimenti o atti di competenza dei dirigenti. In caso di inerzia o ritardo egli può fissare un termine perentorio entro il quale il dirigente deve adottare gli atti o i provvedimenti. Qualora l'inerzia permanga, o in caso di grave inosservanza delle direttive generali da parte del dirigente competente, che determinino pregiudizio per l'interesse pubblico, il Ministro può nominare, salvi i casi di urgenza previa contestazione, un commissario *ad acta*, dando comunicazione al Presidente del Consiglio dei ministri del relativo provvedimento. Resta il potere di annullamento ministeriale per motivi di legittimità (art. 14, comma 3, D.Lgs. 165/2001).

3 Risposta esatta: B

Degli organi collegiali disciplinati dal D.Lgs. 233/1999 di riforma degli organi collegiali territoriali (*riforma mai completamente attuata*), l'unico organo a essere stato istituito è, a livello centrale, il **Consiglio superiore della pubblica istruzione**, costituito con **decreto del Ministro n. 980 del 31 dicembre 2015, che ha la funzione di organo di garanzia** dell'unitarietà del sistema nazionale dell'istruzione e di supporto tecnico-scientifico per l'esercizio delle funzioni di Governo nelle materie di istruzione universitaria, ordinamenti scolastici, programmi scolastici, organizzazione generale dell'istruzione scolastica e stato giuridico del personale. Nel decreto di riforma citato, erano, inoltre, previsti a livello regionale, i Consigli regionali dell'istruzione (art. 4); a livello locale, i Consigli scolastici locali (art. 5).

4 Risposta esatta: C

Ai fini del progressivo miglioramento e dell'armonizzazione del sistema educativo, il D.Lgs. 19-11-2004, n. 286 istituì un articolato Servizio nazionale di valutazione del sistema educativo di istruzione e di formazione e riordinò l'omonimo istituto.
L'originario Istituto nazionale di valutazione, con la citata normativa ha assunto la denominazione di Istituto nazionale per la valutazione del sistema educativo di istruzione e di formazione (INVALSI) che è soggetto alla vigilanza del Ministero dell'Istruzione, dell'Università e della Ricerca, ed è un **ente di ricerca con personalità giuridica di diritto pubblico** che gode di autonomia amministrativa, contabile, patrimoniale, regolamentare e finanziaria (art. 2).

5 Risposta esatta: C

L'Istituto nazionale di documentazione, innovazione e ricerca educativa (INDIRE) è **un ente di ricerca di diritto pubblico**, ai sensi dell'articolo 19 del D.L. 6 luglio 2011, n. 98, convertito in L. 111/2011, **con autonomia scientifica, finanziaria, patrimoniale, amministrativa e regolamentare**.
L'INDIRE è articolato in 3 nuclei territoriali e si raccorda con le Regioni.

6 Risposta esatta: D

L'organizzazione del **Sistema nazionale di valutazione (SNV)** è articolata in **tre** soggetti istituzionali:

— **INVALSI**;
— **INDIRE**;
— **Contingente ispettivo.**

Il Ministero dell'istruzione emana con periodicità almeno triennale le priorità strategiche della valutazione del sistema educativo di istruzione, con linee guida adottate d'Intesa con la Conferenza unificata, previo **concerto con il Ministro del lavoro** e delle politiche sociali.

7 **Risposta esatta: D**

Gli **Uffici scolastici regionali** sono uffici di livello dirigenziale che hanno sostituito i Provveditorati e le Sovrintendenze scolastiche regionali, **soppressi** *ex* art. 75, **D.Lgs. 300/1999**. Ai sensi dell'art. 8 del D.P.C.M. 21 ottobre 2019, n. 140 — in vigore fino a quando non saranno approvati i regolamenti di cui al D.L. 1/2020 (che ha disposto lo "spacchettamento" del MIUR in due Ministeri, quello dell'Istruzione e quello dell'Università e della ricerca) — gli uffici in questione, fra l'altro, vigilano sul rispetto delle norme generali sull'istruzione e sui livelli essenziali delle prestazioni, sull'attuazione degli ordinamenti scolastici, nonché sui livelli di efficacia dell'azione formativa e sull'osservanza degli standard programmati.

8 **Risposta esatta: A**

In base al D.M. 267/2007, la parità si riconosce su domanda con un provvedimento adottato dal dirigente dell'USR competente per territorio. È necessario l'accertamento della sussistenza dei requisiti e delle condizioni previsti dalla L. 62/2000 all'articolo 1, tra le quali figura «**un progetto educativo in armonia con i principi della Costituzione; un piano dell'offerta formativa conforme agli ordinamenti e alle disposizioni vigenti** [...]».

9 **Risposta esatta: C**

L'Ufficio scolastico regionale è organizzato in uffici dirigenziali generali o, in base alla popolazione studentesca della relativa regione, o di livello non generale. Agli Uffici sono assegnate le funzioni di cui all'art. 8, commi 2 e 3 D.P.C.M. 140/2019 e, in particolare, tra i compiti affidati **non** rientra **quello di assegnare i docenti alle classi** che resta una prerogativa del Dirigente scolastico.

10 **Risposta esatta: D**

I Dirigenti scolastici possono disporre incrementi del numero delle classi dell'istruzione primaria e dell'istruzione secondaria solo in caso di inderogabili necessità legate all'aumento effettivo del numero degli alunni rispetto alle previsioni, previa autorizzazione del **Dirigente preposto all'Ufficio scolastico regionale** (art. 4, D.P.R. 81/2009).

11 **Risposta esatta: C**

La compilazione del modello di certificazione delle competenze viene eseguita **dagli insegnanti a conclusione dello scrutinio finale della classe quinta e dal Consiglio di classe in sede di scrutinio finale solo per gli studenti ammessi all'esame di Stato.** Il documento viene poi consegnato alla famiglia e, in copia, alla scuola o all'istituzione di formazione del ciclo successivo (Linee guida per la certificazione delle competenze per il primo ciclo, allegate alla Nota n. 312/2018).

12 **Risposta esatta: C**

L'abolizione degli esami di riparazione negli istituti e scuole di istruzione secondaria di secondo grado è stata disposta dalla L. 8-8-1995, n. 352.

In luogo degli esami di riparazione, già la L. 352/1995 prevedeva l'attivazione di interventi *ad hoc* per l'efficace inserimento nella programmazione di classe di alunni il cui profitto, nel corso dell'anno scolastico, sia risultato insufficiente in una o più materie.

Tali interventi si attuano nella forma di **corsi di sostegno o di recupero** (più propriamente detti «IDEI», ovvero interventi didattici-educativi integrativi), dei quali il D.M. 3-10-2007, n. 80 ha indicato modalità, strumenti e risorse; in seguito, il D.P.R. 122/2009 (art. 4) ha definito i tempi del recupero delle carenze formative da effettuarsi entro la fine del medesimo anno scolastico.

13 **Risposta esatta: B**

Ai sensi dell'art. 117, Cost. è riservata alla potestà legislativa esclusiva dello Stato la definizione delle **norme generali sull'istruzione** (art. 117 Cost., lettera *n)*) facendosi rientrare in tale dizione la definizione, i limiti e i contenuti dell'autonomia delle istituzioni scolastiche, la definizione degli ordinamenti scolastici, gli obiettivi generali del processo formativo, l'organizzazione generale dell'istruzione scolastica (obbligo di istruzione; esami di Stato; sistema di riconoscimento dei titoli di studio all'interno dell'U.E.) e la «**determinazione dei livelli essenziali delle prestazioni** concernenti i diritti civili e sociali che devono essere garantiti su tutto il territorio nazionale» (art. 117 Cost. lettera *m)*).

14 Risposta esatta: A

L'art. 138, D.Lgs. 112/1998 delega alle **Regioni**, le seguenti funzioni amministrative:

- la programmazione dell'offerta formativa integrata fra istruzione e formazione professionale;
- la programmazione, sul piano regionale, nei limiti delle disponibilità di risorse umane e finanziarie, della rete scolastica, sulla base dei piani provinciali, assicurando il coordinamento con la programmazione di cui al punto precedente. La riorganizzazione del territorio in ambiti funzionali al miglioramento dell'offerta formativa comporta, secondo un certo orientamento dottrinale (POGGI), «che anche i contributi di funzionamento per le scuole passino per la programmazione regionale, sia che si tratti di contributi ordinari, sia che si tratti di contributi perequativi»;
- la suddivisione, sulla base anche delle proposte degli enti locali interessati, del territorio regionale in ambiti funzionali al miglioramento dell'offerta formativa;
- la determinazione del calendario scolastico;
- i **contributi alle scuole non statali**;
- le iniziative e le attività di promozione relative all'ambito delle funzioni conferite.

15 Risposta esatta: D

In tutte le classi della scuola secondaria di I grado è impartito **l'insegnamento della lingua inglese per tre ore settimanali e l'insegnamento di una seconda lingua comunitaria per due ore settimanali**.

L'art. 5 del D.P.R. 89/2009, rientrante nel cd. pacchetto normativo Gelmini, ha previsto che a decorrere dall'anno scolastico 2009-2010, **a richiesta** delle famiglie e compatibilmente con le disponibilità di organico e l'assenza di esubero dei docenti della seconda lingua comunitaria, può essere introdotto l'insegnamento potenziato dell'inglese per 5 ore settimanali complessive, utilizzando anche le ore d'insegnamento della seconda lingua comunitaria.

16 Risposta esatta: C

Fra le competenze che l'art. 138 del D.Lgs. 112/1998 delega alle **Regioni** rientra anche la determinazione del calendario scolastico.

17 Risposta esatta: B

Nei Regolamenti emanati con la riforma Gelmini che, a partire dall'a.s. 2010/2011, riordinano l'istruzione secondaria di secondo grado, si introduce il CLIL cioè l'insegnamento in lingua 2 di una disciplina curricolare dell'anno terminale di tutti i corsi di istruzione secondaria superiore. Esso viene inserito nel *curriculum* **obbligatorio** per gli studenti di **tutti** gli istituti e/o attivabili dalle scuole nell'area degli insegnamenti che ampliano facoltativamente l'offerta formativa in funzione della domanda degli utenti, utilizzando la propria dotazione organica di personale.

18 Risposta esatta: D

Nel Piano dell'offerta formativa le scuole inseriscono il **curricolo obbligatorio** per gli alunni, **nel rispetto degli standard stabiliti dal Ministero (art. 8, D.P.R. 275/1999)**, in modo da integrare la **quota definita a livello nazionale** con la quota loro riservata, comprendente le discipline e le attività da esse liberamente scelte. In ogni caso, nell'integrare la quota nazionale del curricolo con quella riservata alle scuole, deve essere sempre garantito «il carattere unitario del sistema di istruzione», così come deve essere valorizzato «il pluralismo culturale e territoriale», con la precisazione di dover rispettare le diversità finalità dei diversi gradi di scuola.

Così in ogni curricolo c'è una *quota obbligatoria* di attività e discipline stabilite a livello nazionale e una *quota definita autonomamente* (cd. *riservata*) ad ogni istituto come ampliamento dell'offerta formativa (art. 9, D.P.R. 275/1999).

19 Risposta esatta: B

Con l'espressione organizzazione amministrativa indiretta ci si riferisce a **tutti gli enti che**

si affiancano allo Stato nello svolgimento delle attività amministrative, secondo una formula di collegamento che è quella del *decentramento autarchico*, attuato mediante l'attribuzione di compiti amministrativi ad enti strumentali che agiscono separatamente dallo Stato, senza dipendere direttamente da esso.

20 Risposta esatta: D

La **L. 15-3-1997, n. 59**, recante delega al Governo per il conferimento di funzioni e compiti alle Regioni ed enti locali, per la riforma della Pubblica Amministrazione e per la semplificazione amministrativa, attribuisce, con l'**art. 21**, la **personalità giuridica a ciascun istituto scolastico autonomo**. Già la L. 573/1993 aveva in verità istituito la personalità giuridica per tutte le scuole di ogni ordine e grado, ma la sua delega fu ampiamente disattesa, per essere successivamente recuperata in seguito con la L. 59/1997. La personalità giuridica comporta il riconoscimento della titolarità di rapporti giuridici, ad esempio i contratti, con assunzione diretta di responsabilità, senza intervento ministeriale.

21 Risposta esatta: C

La L. 15-3-1997, n. 59, all'art. 21, comma 3, stabilisce che le **deroghe dimensionali in relazione a particolari situazioni territoriali o ambientali sono individuate in rapporto alle esigenze e alla varietà delle situazioni locali e alla tipologia dei settori di istruzione compresi nell'istituzione scolastica**. Inoltre, «le deroghe dimensionali saranno automaticamente concesse nelle province il cui territorio è per almeno un terzo montano, in cui le condizioni di viabilità statale e provinciale siano disagevoli e in cui vi sia una dispersione e rarefazione di insediamenti abitativi».

22 Risposta esatta: A

Ai sensi dell'art. 139, D.Lgs. 112/1998, sono attribuite alle Province, per l'istruzione secondaria superiore, e ai **Comuni**, per gli altri gradi inferiori di scuola, i seguenti compiti e funzioni:

- l'*istituzione, l'aggregazione, la fusione e la soppressione di scuole* in attuazione degli strumenti di programmazione;
- la redazione dei piani di organizzazione della rete delle istituzioni scolastiche;
- i servizi di supporto organizzativo del servizio di istruzione per gli alunni con handicap o in situazione di svantaggio;
- il piano di utilizzazione degli edifici e di uso delle attrezzature, d'intesa con le istituzioni scolastiche;
- la sospensione delle lezioni in casi gravi e urgenti;
- le iniziative e le attività di promozione relative all'ambito delle funzioni conferite;
- la costituzione, i controlli e la vigilanza, ivi compreso lo scioglimento, sugli organi collegiali scolastici a livello territoriale.

23 Risposta esatta: C

La Carta dei servizi scolastici, adottata con D.P.C.M. 7-6-1995, può essere considerata come il **codice di autoregolamentazione a cui ciascuna unità scolastica deve attenersi** nell'erogazione dei servizi agli studenti e alle loro famiglie.
Così intesa, la Carta *impegna* ciascuna unità scolastica a garantire un servizio più orientato allo studente e perciò qualitativamente migliore, perché ancorato a precisi standard o fattori di qualità, fra cui:

- l'uguale possibilità di accesso e di fruizione dei servizi scolastici da parte di tutti;
- l'imparzialità e regolarità dei servizi scolastici;
- la partecipazione alle scelte scolastiche da parte dell'utente del servizio scolastico;
- l'efficienza e trasparenza delle decisioni di politica educativa e dei singoli servizi amministrativi (ad esempio, i servizi di segreteria);
- il costante aggiornamento didattico dei docenti.

24 Risposta esatta: B

Il Regolamento d'istituto è il **documento emanato dal Consiglio di istituto** che **disciplina le attività quotidiane della scuola**. Il riferimento normativo è costituito dall'art. 10 D.Lgs. 297/1994, ma l'obbligo di regolamentazione della scuola è previsto anche dalla Carta dei servizi scolastici. Con l'entrata in vigore dello Statuto delle studentesse e degli studenti (D.P.R. 249/1998) ogni scuola ha dovuto tenerne conto e modificarlo anche alla sua luce. Il Regolamento, infatti, contiene anche gli aspetti relativi alla partecipazione degli studenti, i comportamenti che configurano mancanze disciplinari, le sanzioni previste e quelle alternative.

25 Risposta esatta: B

In attuazione della L. 107/2015, viene istituito, con il **D.Lgs. 13-4-2017, n. 65** per la prima volta, un Sistema integrato di educazione e di istruzione dalla nascita fino a 6 anni diretto a garantire «ai bambini e alle bambine pari opportunità di educazione, istruzione, cura, relazione e gioco, superando disuguaglianze e barriere territoriali, economiche, etniche e culturali».

L'attuazione del Sistema coinvolgerà lo Stato, le Regioni e gli enti locali, ma il provvedimento in realtà non innova l'attuale disciplina ordinamentale delle attribuzioni delle competenze, mirando ad *integrarla* con quella regionale del segmento 0-3.

Nello specifico, la suddivisione delle competenze si articola nel modo seguente:

- **lo Stato assume funzioni di indirizzo e programmazione, non solo per la fascia di età dai 3 ai 6 anni, ma anche per il segmento 0-3;**
- alle Regioni compete l'organizzazione dei servizi 0-3 anni e per le scuole dell'infanzia, la partecipazione alla programmazione dell'offerta formativa sul territorio (si realizza in tal modo il «sistema integrato»);
- gli enti locali, sulla base delle leggi regionali e della legge n. 62/2000, organizzano propri servizi educativi, gestiscono scuole dell'infanzia paritarie, accreditano soggetti privati per l'attivazione di servizi educativi, promuovono la formazione continua del personale e definiscono l'entità delle rette a carico delle famiglie e le eventuali agevolazioni.

In tale sistema di *governance*, al Ministero spetterà un ruolo di coordinamento, indirizzo e promozione, in sintonia con le Regioni e gli enti locali.

26 Risposta esatta: A

La novità più consistente del nuovo Sistema integrato di educazione e di istruzione è la previsione di *Poli per l'infanzia*: in concreto, nuovi edifici che riuniscano in un unico contesto la formazione *prescolare*, aperti al territorio, con spazi e personale specializzato condivisi.

È previsto che le **Regioni**, d'intesa con gli Uffici scolastici regionali, tenuto conto delle proposte formulate dagli enti locali e ferme restando le loro competenze e la loro autonomia, programmino la costituzione di **Poli per l'infanzia**.

Il concetto alla base della previsione contenuta nell'articolo 3 del D.Lgs. 65/2017 è che i bambini e le bambine possano iniziare e completare l'educazione e l'istruzione in uno stesso luogo, dalla nascita fino all'ingresso alla scuola primaria.

27 Risposta esatta: D

I Poli per l'infanzia si pongono quali «laboratori permanenti di ricerca, innovazione, partecipazione e apertura al territorio, anche al fine di favorire la massima flessibilità e diversificazione per il miglior utilizzo delle risorse, condividendo servizi generali, spazi collettivi e risorse professionali».

Essi potranno essere anche *aggregati* a scuole primarie e istituti comprensivi del Sistema nazionale di istruzione e formazione, ma **non godranno di autonomia scolastica** (art. 3, comma 2, D.Lgs. 65/2017).

28 Risposta esatta: D

Il Piano dell'offerta formativa (POF, ma dopo la L. 107/2015, è diventato triennale: Piano triennale dell'offerta formativa - PTOF) è il documento attraverso il quale ogni singola istituzione scolastica *rappresenta la propria identità culturale e progettuale delineando gli itinerari curricolari, extracurricolari ed educativi conformi all'indirizzo degli studi e alle esigenze del contesto culturale, sociale ed economico della realtà locale in cui opera la scuola.*

Il Piano è elaborato dal *Collegio dei docenti* sulla base degli indirizzi generali per le attività della scuola e delle scelte di gestione e di amministrazione definiti dal *Dirigente scolastico* e approvato dal *Consiglio d'istituto* (art. 3 D.P.R. 275/1999). Esso è **pubblicato sul Portale unico dei dati della scuola** ai sensi dell'art. 1, comma 17, L. 107/2015, oltre ad essere disponibile sul sito web delle istituzioni scolastiche.

29 Risposta esatta: A

L'art. 116, comma 3 Cost. introduce il principio della **differenziazione degli ordinamenti**

delle Regioni a Statuto ordinario (cd. *regionalismo differenziato*), che può incidere sulle materie di legislazione concorrente e su alcune materie in cui lo Stato ha competenza legislativa esclusiva.
A ciascuna Regione viene, infatti, attribuita la possibilità di negoziare con lo Stato **forme e condizioni particolari di autonomia** che incidono, soprattutto, sul piano amministrativo e finanziario, ma che possono estendersi al versante legislativo. Nella sfera della potestà legislativa l'**autonomia differenziata** è inoltre consentita per alcune materie riservate, dal comma 2 dell'art. 117 Cost., alla potestà legislativa esclusiva dello Stato quali:
- organizzazione della giustizia di pace;
- **norme generali sull'istruzione**;
- tutela dell'ambiente, dell'ecosistema e dei beni culturali.

La procedura descritta dall'art. 116, comma 3, Cost. per il riconoscimento delle più ampie forme e condizioni di autonomia è particolarmente articolata e complessa, nonché circondata da una serie di garanzie volte ad evitare che il regionalismo differenziato si traduca per gli altri poteri locali (Province, Comuni, Città metropolitane) in un depauperamento della sfera di autonomia loro riconosciuta.

30 **Risposta esatta: B**

Il D.Lgs. 297/1994, all'art. 74, comma 4, stabilisce che: «L'anno scolastico può essere suddiviso, ai fini della valutazione degli alunni, in due o tre periodi su deliberazione del Collegio dei docenti da adottarsi per tutte le classi».
Ai fini della valutazione periodica degli studenti l'anno scolastico viene suddiviso in periodi precisi come durata e collocazione temporale.
Tale suddivisione può essere differente a seconda delle decisioni e delibere adottate dalle diverse istituzioni scolastiche.
Le scelte possibili sono le seguenti: **3 Trimestri, 2 Quadrimestri, 1 Trimestre + 1 Pentamestre**.
La scelta viene effettuata da **ogni scuola** in piena autonomia decisionale, in base alla normativa vigente che in materia è rappresentata dal D.P.R. 275/1999 nel quale si sottolineano **l'autonomia didattica (art. 4) e l'autonomia organizzativa (art. 5) delle scuole**, secondo quanto previsto dall'art. 21, comma 8 e 9, della L. 59/1997, improntate a criteri di flessibilità.
In relazione all'autonomia organizzativa, all'art. 5, comma 3, del medesimo decreto viene disposto che «l'orario complessivo del curricolo e quello destinato alle singole discipline e attività sono organizzati in modo flessibile, anche sulla base di una programmazione plurisettimanale, fermi restando l'articolazione delle lezioni in non meno di cinque giorni settimanali e il rispetto del monte ore annuale, pluriennale o di ciclo previsto per le singole discipline e attività obbligatorie».

31 **Risposta esatta: C**

In base all'**autonomia organizzativa** delle scuole prevista dall'**art. 5, D.P.R. 275/1999**, esse godono di libertà progettuale delle attività che esprimono anche attraverso la **possibilità di modificare il calendario scolastico**, adattandolo a specifiche esigenze ambientali. Gli adattamenti del calendario sono in ogni caso stabiliti dalle scuole in relazione alle esigenze derivanti dal Piano triennale dell'offerta formativa (PTOF), *nel rispetto della delibera regionale*.

32 **Risposta esatta: C**

L'**autonomia organizzativa**, di cui all'art. 5 del D.P.R. 275/1999, consiste nell'adozione di modalità organizzative e di utilizzo dei docenti che sono espressione di libertà progettuale, in coerenza con gli obiettivi generali e specifici di ciascun tipo e indirizzo di studio, al fine di curare la promozione e il sostegno dei processi innovativi e in tal modo **migliorare l'offerta formativa**.

33 **Risposta esatta: D**

Il D.Lgs. 233/1999, di riforma degli organi collegiali territoriali, prevede che, a far data dalla loro istituzione, i **Consigli scolastici locali sostituiscono i Consigli scolastici distrettuali e provinciali** (art. 5).
Il decreto di riforma è rimasto solo un «progetto» in quanto non ha più avuto attuazione pratica. Ad eccezione del CSPI (Consiglio Superiore della Pubblica Istruzione), nessuno degli organi territoriali è stato istituito.
Il termine del 31 dicembre 2002 per la costituzione dei nuovi organi collegiali territoriali fissato dal D.Lgs. 233/1999 è stato completamente disatteso.

34 Risposta esatta: B

I dipartimenti, nell'ambito dell'istituzione scolastica, consistono in **articolazioni funzionali del Collegio dei docenti** per il sostegno alla didattica e alla progettazione formativa. In particolare, possono essere costituiti negli istituti tecnici (D.P.R. 88/2010) e nei licei (D.P.R. 89/2010) nell'esercizio della loro autonomia didattica, organizzativa e di ricerca, insieme al Comitato tecnico-scientifico, composto da docenti ed esperti del mondo del lavoro, con funzioni consultive e di proposta per l'organizzazione delle aree di indirizzo e degli spazi di flessibilità.

35 Risposta esatta: A

Le scuole private sono quelle aperte da enti o privati con *«presa d'atto» da parte del Ministero* della pubblica istruzione. Esse in sostanza **possono svolgere la loro attività senza l'autorizzazione ministeriale**. Tuttavia *il Ministro può disporre la chiusura di dette scuole per ragioni di ordine morale e didattico.* Le scuole private non possono rilasciare titoli di studio con valore legale; possono essere aperte alla generalità dei cittadini. Il piano degli studi e l'ordinamento scolastico possono non essere conformi a quelli delle scuole statali.

36 Risposta esatta: B

La L. 27-12-2006, n. 296 (legge finanziaria per il 2007) ha previsto, all'art. 1, comma 630, la possibilità che vengano attivati, previo accordo in sede di Conferenza unificata, **progetti tesi all'ampliamento qualificato dell'offerta formativa rivolta a bambini dai 24 ai 36 mesi di età**, per fare fronte alla crescente domanda di servizi educativi per i bambini al di sotto dei tre anni di età. Tali servizi possono articolarsi secondo diverse tipologie, con priorità per quelle modalità che si qualificano come sezioni sperimentali aggregate alla scuola dell'infanzia, per favorire un'effettiva continuità del percorso formativo lungo l'asse cronologico 0-6 anni di età.

Il D.P.R. 20-3-2009, n. 89, all'art. 2, comma 3, conferma l'iniziativa delle sezioni primavera stabilendo gli opportuni coordinamenti con l'istituto degli anticipi, nell'ambito delle risorse finanziarie destinate allo scopo a legislazione vigente.

Con il **D.Lgs. 65/2017**, attuativo della Buona scuola, è stato delineato un nuovo **sistema integrato di educazione ed istruzione 0-6 anni** con il quale si recepiscono tutti i servizi all'infanzia già esistenti sul territorio nazionale, comprese le sezioni primavera, assicurandone l'unformità, superando disuguaglianze e barrirere territoriali.

37 Risposta esatta: B

Tutti i percorsi liceali hanno durata quinquennale. Si sviluppano in **due periodi biennali e in un quinto anno** che completa il percorso disciplinare.

Il primo biennio è finalizzato all'iniziale approfondimento e sviluppo delle conoscenze e delle abilità e a una prima maturazione delle competenze caratterizzanti le singole articolazioni del sistema liceale, nonché all'assolvimento dell'obbligo di istruzione, di cui al D.M. 139/2007.

Il secondo biennio è finalizzato all'approfondimento e allo sviluppo delle conoscenze e delle abilità e alla maturazione delle competenze caratterizzanti le singole articolazioni del sistema liceale.

Nel quinto anno si persegue la piena realizzazione del profilo educativo, culturale e professionale dello studente, il completo raggiungimento degli obiettivi specifici di apprendimento e si consolida il percorso di orientamento agli studi successivi e all'inserimento nel mondo del lavoro.

38 Risposta esatta: B

L'art. 21 della L. 59/1997 dispone che *l'autonomia scolastica* debba attuarsi innanzitutto attraverso il riconoscimento della personalità giuridica **a tutte le scuole di ogni ordine e grado** che abbiano raggiunto, entro e non oltre il 31 dicembre 2000, una certa *dimensione*, al fine di garantire un equilibrio ottimale tra domanda di istruzione e organizzazione dell'offerta formativa.

39 Risposta esatta: C

L'art. 118 Cost., al comma 4, fa assurgere a rango di principio costituzionale la cd. **sussidiarietà orizzontale**, in funzione della quale sia lo Stato che gli altri enti territoriali sono tenuti a favorire «l'autonoma iniziativa dei cittadini, singoli e associati, per lo svolgimento di attività di interesse generale».

I pubblici poteri sono tenuti a favorire i privati nello svolgimento di attività di interesse generale e non possono sostituirsi ad essi o sopprimere tali loro iniziative, a meno che esse non siano in grado di rispondere a criteri di efficienza ed efficacia. In ogni caso la sussidiarietà orizzontale declinata dalla nostra Costituzione non può essere intesa nel senso che i pubblici poteri debbano astenersi necessariamente da interventi amministrativi tutte le volte in cui si estrinseca l'iniziativa privata, ma sicuramente essa esclude che il legislatore possa trasformare le istituzioni private in pubbliche o sostituire attività dei privati con attività amministrative. Al legislatore resta pur sempre l'autonomia di accompagnare l'attuazione del principio di sussidiarietà orizzontale con l'individuazione di strumenti di vigilanza e controllo (C.d.S., parere n. 1794 del 2002). La *sussidiarietà verticale*, prevista al comma 1, dell'art. 118, invece, attribuisce ai Comuni la titolarità generale delle funzioni amministrative e, qualora lo impongano esigenze di unitarietà, ne prevede il conferimento a Province, Città metropolitane, Regioni e Stato, trasferendo all'ente locale più vicino ai cittadini l'esercizio dei compiti amministrativi in prima battuta.

40 Risposta esatta: B

Il delicato ruolo di relazione esercitato dal Dirigente di un istituto scolastico, lo porta necessariamente a confrontarsi con la realtà territoriale di contorno. In base all'art. 3 D.P.R. 275/1999, come sostituito dal comma 14, dell'art. 1 L. 107/2015 (Buona scuola), ai fini della predisposizione del Piano triennale dell'offerta formativa, il Dirigente scolastico **promuove necessari rapporti con gli enti locali e con le diverse realtà istituzionali, culturali, sociali ed economiche operanti nel territorio**.

41 Risposta esatta: B

In merito al riparto di competenze legislative, ai sensi del novellato art. 117 della Costituzione è riservata:

- alla **potestà legislativa esclusiva** dello Stato la definizione delle **norme generali sull'istruzione**;
- alla **potestà legislativa concorrente** delle Regioni **l'istruzione**, *fatta salva l'autonomia delle istituzioni scolastiche* e con esclusione dell'istruzione e della formazione professionale.

42 Risposta esatta: C

Al Consiglio di classe, organo istiuito con D.P.R. 416/1974 e disciplinato dal D.Lgs. 297/1994, spettano, oltre all'andamento generale della classe, le seguenti **competenze**:

- le deliberazioni sull'accoglimento delle domande degli alunni che chiedono di trasferirsi all'istituto nel corso dell'anno scolastico;
- le deliberazioni sulla possibilità di iscrizione nell'istituto degli alunni provenienti da scuole italiane all'estero o da scuole estere;
- la formulazione del giudizio analitico sul profitto conseguito dallo studente in ciascuna delle materie studiate nell'ultimo anno di corso; il Consiglio delibera a maggioranza l'ammissione agli esami di maturità;
- nella scuola secondaria il Consiglio di classe è competente anche a disporre le sanzioni disciplinari agli studenti (fino alla sospensione non superiore ai 15 giorni).

Le altre attribuzioni che possono rientrare fra i compiti di studio e di collaborazione devono ricondursi all'attività tipicamente consultiva, ragion per cui non hanno autonomia e rilevanza esterna.

43 Risposta esatta: B

Ai sensi dell'art. 5 D.Lgs. 297/1994, il Consiglio di classe è composto dai **docenti di ogni singola classe** nella scuola secondaria compresi gli **insegnanti i sostegno**. A questi, il comma 2 della norma aggiunge, per la scuola secondaria di primo grado (scuola media), **quattro rappresentanti dei genitori**.

44 Risposta esatta: A

La durata dei Consigli di intersezione, di interclasse e di classe è di **un anno**, sicché le componenti elettive vanno **rinnovate all'inizio di ogni anno scolastico**.

45 Risposta esatta: C

Secondo quanto dispone l'art. 7 D.P.R. 275/1999, gli accordi di rete che prevedono attività didattiche o di ricerca, di sperimentazione e di sviluppo, di formazione e di aggiornamento sono approvati, oltre che dal Consiglio di circolo o di istituto, anche dal **Collegio dei docenti** delle singole scuole interessate, per la parte di propria competenza.

46 Risposta esatta: C

Il Collegio dei docenti è un organo collegiale composto esclusivamente dal personale insegnante e dal Dirigente scolastico che lo presiede. La sua formazione è automatica, poiché per rivestire la qualità di membro **non è necessario alcun provvedimento di nomina**, ma è sufficiente la qualifica di insegnante **di ruolo e non di ruolo** in servizio nel circolo o nell'istituto (art. 7 D.Lgs. 297/1994).

47 Risposta esatta: A

L'art. 8 D.Lgs. 297/1994 stabilisce che il Consiglio di circolo o d'istituto è presieduto **da uno dei suoi membri eletto tra i rappresentanti dei genitori degli alunni, a maggioranza assoluta nella prima votazione e a maggioranza relativa nelle successive**.

48 Risposta esatta: A

Sulla base dell'art. 3, D.P.R. 275/1999, come modificato dalla L. 107/2015 (art. 1, comma 14), **il Piano dell'offerta formativa è** triennale ed è elaborato dal Collegio dei docenti sulla base degli indirizzi per le attività della scuola e delle scelte di gestione e di amministrazione definiti dal Dirigente scolastico. Il PTOF è **approvato dal Consiglio d'istituto**.

49 Risposta esatta: D

Il Consiglio d'istituto dura in carica **tre anni scolastici**, nel corso dei quali i membri che perdono i requisiti dell'eleggibilità vengono sostituiti dai primi non eletti nelle rispettive liste; i rappresentanti degli studenti vengono eletti anno per anno (art. 8, comma 10, D.Lgs. 297/1994).

50 Risposta esatta: C

La rappresentanza legale dell'istituto scolastico spetta al **Dirigente scolastico** ai sensi dell'art. 25, comma 2, D.Lgs. 165/2001.

51 Risposta esatta: A

Con la L. 28-3-2003, n. 53, cd. riforma Moratti, ed il successivo D.Lgs. 59/2004 che vi dà attuazione, la scuola elementare ha assunto la denominazione di scuola primaria a carattere obbligatorio. Successivamente, il D.P.R. 20-3-2009, n. 81, rientrante nel cd. «pacchetto Gelmini», ha, tra l'altro, disciplinato la composizione delle classi della scuola primaria, stabilendo, all'art. 10, comma 1, che esse sono di norma costituite con un numero di alunni **non inferiore a 15 e non superiore a 26**, elevabile fino a 27 qualora residuino resti.

52 Risposta esatta: D

Il libro di testo è lo strumento didattico privilegiato per il tramite del quale gli studenti costruiscono il loro percorso di conoscenza e di apprendimento.
L'adozione dei libri di testo costituisce un momento particolarmente significativo dell'attività della scuola, disciplinato dall'art. 4, D.P.R. 275/1999, il quale stabilisce che la scelta, l'adozione e l'utilizzazione delle metodologie e degli strumenti didattici, ivi compresi i libri di testo, debbono essere coerenti con il Piano triennale dell'offerta formativa e attuate con criteri di trasparenza e tempestività.
Ai sensi dell'art. 7 D.Lgs. 297/1994, l'adozione dei libri di testo rientra nei compiti attribuiti al **Collegio dei docenti**, sentito il parere dei Consigli di interclasse o di classe.

53 Risposta esatta: C

L'obbligatorietà **dell'albo on line è imposto dall'art. 32 della L. 69/2009**.
L'art. 32 della L. 69/2009 ha stabilito che, a partire dal 1°-1-2010, gli obblighi di pubblicazione di atti e provvedimenti amministrativi aventi effetto di pubblicità legale si intendono assolti con la pubblicazione, da parte delle amministrazioni e degli enti pubblici obbligati, nei propri siti informatici. Anche la scuola, come qualsiasi altra pubblica amministrazione, è tenuta ad adeguarsi a tale prescrizione.
Per ottemperare alla citata norma, i siti istituzionali di servizio debbono prevedere una sezione dedicata alla pubblicità legale all'interno della quale debbono essere pubblicati, organizzati per tipologia, gli atti di competenza soggetti a pubblicità legale. Il servizio di consultazione della pubblicità legale deve essere raggiungibile dalla *home page* del sito e deve essere chiaramente indirizzato da un'etichetta esplicativa.
Invece l'obbligo di **registrare on line i voti delle prove scritte e orali degli alunni e di redigere le pagelle online è prescritto dall'art. 7 del D.L. 95/2012, conv. in L. 135/2012** (comma 31). In particolare, nella disposizione si prevede che a partire dall'anno

scolastico 2012/2013, le istituzioni scolastiche e i docenti adottino registri on line e inviino le comunicazioni agli alunni e alle famiglie in formato elettronico.

54 Risposta esatta: B

Ai sensi dell'art. 10, comma 5 del D.P.R. 81/2009, l'insegnamento della lingua inglese è affidato ad **insegnanti di classe della scuola primaria specializzati** (il livello è quello corrispondente al B1 del QCER).

Inoltre, ai sensi del comma 20, art. 1, L. 107/2015, per l'insegnamento della lingua inglese nella scuola primaria sono utilizzati, nell'ambito delle risorse di organico disponibili, **docenti abilitati all'insegnamento per la scuola primaria in possesso di competenze certificate**, nonché docenti abilitati all'insegnamento anche per altri gradi di istruzione in qualità di ***specialisti***, ai quali è assicurata una specifica formazione nell'ambito del Piano nazionale.

55 Risposta esatta: A

I testi consigliati si distinguono dai testi adozionali in quanto possono essere indicati dal Collegio dei docenti solo nel caso in cui rivestano **carattere di approfondimento o monografico** (art. 15 D.L. 112/2008, conv. in L. 133/2008, come modif. dall'art. 6 D.L. 104/2013, conv. in L. 128/2013).

56 Risposta esatta: A

L'art. 4, comma 3, del D.P.R. 89/2009, di revisione dell'assetto ordinamentale, organizzativo e didattico della scuola dell'infanzia e del primo ciclo di istruzione, introduce, a regime di riforma, le differenti articolazioni dell'orario scolastico settimanale a **24, 27 e sino a 30 ore**, nei limiti delle risorse dell'organico assegnato e prevede altresì il modello delle **40 ore**, corrispondente al tempo pieno.

Tali articolazioni riguardano, a regime, l'intero percorso della scuola primaria.

57 Risposta esatta: D

Il Collegio dei docenti procede all'adozione dei libri di testo, **sentiti i Consigli di interclasse o di classe** e, nei limiti delle disponibilità finanziarie indicate dal Consiglio di circolo o di istituto, alla scelta dei sussidi didattici (art. 7 D.Lgs. 297/1994).

58 Risposta esatta: A

L'obbligo di frequenza di attività formative fino al diciottesimo anno di età, denominato *obbligo formativo*, è stato introdotto dalla L. 144/1999 (art. 68) e poi integrato dal D.Lgs. 76/2005 attuativo della L. 53/2003. Esso può essere assolto nei seguenti percorsi, anche integrati, di istruzione e formazione:

- nel **sistema di istruzione scolastica**;
- nel **sistema della formazione professionale di competenza regionale**;
- nell'**esercizio dell'apprendistato**.

59 Risposta esatta: B

I Centri provinciali per l'istruzione degli adulti, disciplinati con il **D.P.R. 29-10-2012, n. 263**, si configurano come un'istituzione scolastica dotata della stessa autonomia prevista per le istituzioni scolastiche in generale.

Dal punto di vista didattico essi rispecchiano l'esigenza di fornire un'offerta formativa diretta a far conseguire agli adulti frequentanti:

- titoli di studio corrispondenti al primo ciclo;
- il completamento dell'obbligo scolastico;
- il conseguimento di un diploma di istruzione tecnica, professionale o liceale.

60 Risposta esatta: B

La **direzione della segreteria** spetta al **DSGA**, che a sua volta si avvale delle **figure dei collaboratori e degli assistenti amministrativi**, i quali collaborano con il Direttore in tutte le funzioni amministrative e contabili. Spetta al DSGA, inoltre, la responsabilità non solo di tale organizzazione ma anche del grado di raggiungimento dei risultati impartiti nella direttiva dirigenziale.

L'organizzazione del lavoro dei servizi amministrativi e generali è infatti competenza esclusiva del DSGA: questo vuol dire che tutta l'area dei servizi amministrativi spetta al DSGA.

Tale organizzazione del lavoro, a sua volta, non è perfettamente autonoma in quanto la stessa deve svolgersi nell'ambito delle direttive di massima impartite dal DS, sebbene il DSGA disponga di ampi margini di discrezionalità e di forti poteri valutativi.

Le direttive del DS sono *atti di natura gestionale* (riconducibili ai poteri privatistici del dirigente pubblico nella gestione del rapporto

di lavoro, cd. *micro-organizzazione*) con cui il Dirigente scolastico individua gli obiettivi da raggiungere, pur lasciando libero il soggetto destinatario (appunto, il DSGA) circa le procedure da seguire.
In genere, le direttive indirizzate al DSGA devono riguardare, in primo luogo e per quanto in tal sede di interesse, l'indicazione delle risorse umane disponibili per l'organizzazione della scuola.
Sulla base delle indicazioni impartite dal DS, poi, il DSGA a sua volta procederà ad impartire le disposizioni di servizio al personale ATA, essendone coordinatore e principale referente.
Gli uffici di segreteria, in particolare, vanno organizzati quali *uffici di supporto* alle attività istituzionali, didattiche ed ulteriori funzioni connesse, nel rispetto, tra l'altro, dei principi di flessibilità e di decentramento posti alla base della riforma delle istituzioni scolastiche.

61 Risposta esatta: C

Ai sensi dell'art. 3, comma 2, D.P.R. 263/2012, i giovani che hanno compiuto i 16 anni di età e che non sono in possesso del titolo di studio conclusivo del primo ciclo di istruzione possono accedere al sistema dell'istruzione per adulti. Inoltre, la norma prevede la possibilità che, a seguito di accordi specifici tra **le Regioni e gli Uffici scolastici regionali** possano iscriversi, nei limiti dell'organico assegnato e in presenza di particolari e motivate esigenze, coloro che hanno compiuto il 15° anno di età.

62 Risposta esatta: C

Il regime di vigilanza sull'adempimento dell'obbligo scolastico, predisposto dall'art. 114 T.U. istruzione, D.Lgs. 297/1994, e dal D.M. 13-12-2001, n. 489, applicabile alla scuola primaria disegnata dall'attuale ordinamento, prevede che alla detta vigilanza provvedano:

- il **Sindaco** del Comune, o un suo delegato, ove hanno la residenza i giovani che, in virtù delle disposizioni vigenti, sono soggetti all'obbligo di istruzione;
- i **Dirigenti scolastici delle scuole di ogni ordine e grado** statali, paritarie e, fino alla realizzazione del sistema introdotto dalla legge sulla parità scolastica, le scuole parificate, pareggiate o legalmente riconosciute, presso le quali sono iscritti, ovvero hanno fatto richiesta di iscrizione, gli studenti cui è rivolto l'obbligo di istruzione.

63 Risposta esatta: A

Il personale supplente è chiamato all'insegnamento o ad altra funzione nella scuola in sostituzione di dipendenti assenti o per coprire annualmente posti vacanti.
In attuazione delle previsioni contenute nella L. 3-5-1999, n. 124, il D.M. 131/2007 stabilisce che nei casi in cui non sia possibile assegnare alle cattedre e ai posti disponibili personale di ruolo delle dotazioni organiche provinciali, personale soprannumerario in utilizzazione o, comunque, a qualsiasi titolo, personale di ruolo, si provvede con:

- **supplenze annuali per la copertura delle cattedre e dei posti d'insegnamento vacanti e disponibili** entro la data del 31 dicembre e che rimangano presumibilmente tali per tutto l'anno scolastico;
- **supplenze temporanee sino al termine delle attività didattiche** per la copertura di cattedre e dei posti d'insegnamento **non vacanti**, di fatto disponibili entro la data del 31 dicembre e fino al termine dell'anno scolastico e per le ore di insegnamento che non concorrano a costituire cattedre o posti orario;
- **supplenze temporanee per ogni altra necessità di supplenza** diversa dai casi precedenti.

64 Risposta esatta: B

Secondo il **D.M. 742/2017**, la certificazione delle competenze descrive i risultati del processo formativo al termine della scuola primaria e secondaria di primo grado, **secondo una valutazione complessiva**, infatti, nelle Linee guida per la certificazione delle competenze (Nota n. 312/2018) confermano che tale operazione, piuttosto che come semplice trasposizione degli esiti degli apprendimenti disciplinari, va intesa come valutazione complessiva in ordine alla capacità degli allievi di utilizzare i saperi acquisiti per affrontare compiti e problemi, complessi e nuovi, reali o simulati.

65 Risposta esatta: B

Si suole dividere il sistema scolastico in due cicli di studio: il **primo ciclo**, che comprende i due percorsi consecutivi e obbligatori della *scuola primaria* della durata di cinque anni e la *scuola secondaria di primo grado* della durata di tre anni, che si conclude con l'esame di Stato, e il **secondo ciclo** che comprende la *scuola secondaria di secondo grado* e si articola in cinque anni e si conclude con l'esame di Stato.

66 Risposta esatta: C

Gli istituti di secondo grado acquisiscono la denominazione di «licei» se costituiti soltanto con percorsi liceali; acquisiscono la denominazione di «istituti tecnici» se costituiti da soli percorsi del settore economico e del settore tecnologico dell'istruzione tecnica; acquisiscono la denominazione di «istituti professionali» se costituiti da soli percorsi degli indirizzi professionali. Gli **istituti nei quali sono presenti ordini di studio differenti** assumono la denominazione di «istituti di istruzione secondaria superiore». Essi assemblano istituti di istruzione secondaria di secondo grado di vario tipo, ubicati in uno stesso territorio.

67 Risposta esatta: A

Le Indicazioni Nazionali per i piani di studio personalizzati nelle Scuole dell'infanzia, risalenti al 2007, suggerivano indicativamente, agli insegnanti, i seguenti ambiti tematici di interesse, da modulare («personalizzazione» della didattica) in relazione ai bisogni, alle capacità e al grado di autonomia e di apprendimento di ciascuno dei piccoli alunni: «Il sé e l'altro. Corpo, movimento, salute. Fruizione e produzione di messaggi. Esplorare, conoscere e progettare».

Con il D.M. 16-11-2012, n. 254, sono state emanate le *Indicazioni nazionali per il curricolo della scuola dell'infanzia e del primo ciclo di istruzione* che fanno riferimento alla Raccomandazione del Parlamento europeo e del Consiglio del 18 dicembre 2006 e al quadro delle competenze chiave per l'apprendimento in essa contenuto. Esse fissano i traguardi per lo sviluppo delle competenze per ciascuno dei seguenti «campi di esperienza»: **il sé e l'altro; il corpo e il movimento; immagini, suoni, colori; i discorsi e le parole; la conoscenza del mondo**.

Le Indicazioni del 2012 sono state, in seguito, oggetto di una *rilettura*, alla quale si affianca anche la successiva nuova **Raccomandazione europea** sulle competenze chiave del **2018** che ha sostituito la precedente del 2006, nella direzione di una maggiore attenzione alle competenze digitali e di cittadinanza, nello scenario delineato dal Programma europeo di sviluppo «**Agenda 2030**».

In tale scia, si collocano le **Indicazioni nazionali e nuovi scenari del 2018**. Rafforzando il quadro già presente nella versione del 2012, le "nuove" Indicazioni pongono al centro l'educazione ad una cittadinanza attiva e responsabile che si favorisce anche attraverso le competenze sociali e civiche, digitali, metodologiche (imparare ad imparare) e di iniziativa.

68 Risposta esatta: C

Per effetto della cd. **riforma Gelmini, precisamente con il D.P.R. 89/2009, art. 2**, è possibile iscrivere alla scuola dell'infanzia i bambini che compiono i tre anni entro il 31 dicembre dell'anno di iscrizione. Su richiesta delle famiglie e in presenza di determinate condizioni, possono essere iscritti le bambine e i bambini che compiono **tre anni entro il 30 aprile dell'anno scolastico di riferimento** (cd. **istituto dell'anticipo**).

69 Risposta esatta: D

L'assetto ordinamentale e organizzativo della scuola dell'infanzia, stabilito con il D.P.R. 20-3-2009, n. 89 conferma i due moduli (quello a 40 ore settimanali, e quello a 25 ore antimeridiane); l'art. 9 del D.P.R. 20-3-2009, n. 81, invece, stabilisce che le scuole sono organizzate in modo da far confluire in **sezioni** distinte i bambini che seguono diversi modelli di orario di funzionamento. In via ordinaria, le sezioni sono costituite con un numero di bambini **non inferiore a 18** e non superiore a 26.

70 Risposta esatta: B

Gli Istituti Comprensivi (I.C.) risultano dall'accorpamento di **scuole dell'infanzia, primarie e secondarie di primo grado**, ubicate nello stesso territorio, nello specifico della previsione dell'art. 51 D.Lgs. 297/1994, dei comuni montani. Si tratta di istituti diretti da un unico Dirigente scolastico, con struttura gestionale e organi rappresentativi unitari.

Istituiti in attuazione della L. 97/1994, sulle zone montane, la loro applicazione si è generalizzata in base all'esigenza di riorganizzare la rete scolastica per ottimizzare le risorse nelle scuole di ogni ordine e grado. Tale esigenza s'è fatta sempre più pressante e sotto la gestione del Ministro Gelmini ha suggerito altre forme di accorpamento e dimensionamento delle scuole (il dimensionamento ottimale è stabilito in una cifra tra i 500 e i 900 alunni). Sono così nati istituti «comprensivi» di scuola dell'infanzia, primaria e secondaria di primo grado, o Istituti omnicomprensivi (anche con scuole secondarie di secondo grado) e ancora Istituti di istruzione secondaria superiore.

71 Risposta esatta: A

L'istruzione secondaria si impartisce nelle scuole secondarie di primo grado (prima della Riforma Moratti, denominate Scuole Medie) e in quelle di secondo grado (prima denominate Scuole Medie superiori). Della scuola secondaria di secondo grado fanno parte: **licei, istituti tecnici, istituti professionali e istituti d'arte**. L'istruzione secondaria può essere realizzata anche nell'ambito dei **percorsi in alternanza scuola-lavoro** (D.P.R. 89/2010, art. 2, comma 7).

72 Risposta esatta: C

L'alternanza scuola-lavoro, disciplinata dal D.Lgs. 77/2005, risponde all'esigenza di collegare il mondo della scuola a quello del lavoro e della produzione. L'alternanza è indicata come **una modalità di realizzazione dei percorsi del secondo ciclo di istruzione, limitatamente a studenti che abbiano compiuto il quindicesimo anno di età e fino all'età di 18 anni** (art. 1). I percorsi in alternanza constano di periodi di formazione in aula e di periodi di apprendimento mediante esperienze di lavoro. Nel testo della L. 53/2003 si dispone che i corsi in alternanza scuola-lavoro siano progettati, attuati e valutati sotto la responsabilità dell'istituzione scolastica e formativa che ne è promotrice, affiancata da partner con i quali la scuola è convenzionata, quali le imprese, le rispettive associazioni di rappresentanza, le camere di commercio, industria, artigianato e agricoltura, enti pubblici e privati (ivi inclusi quelli del terzo settore), e il sistema di istruzione e formazione regionale. L'alternanza scuola-lavoro cambia nome con la *legge di bilancio 2019* (**L. 145/2018**), diventando «*percorsi per le competenze trasversali e l'orientamento*» la cui durata viene ridimensionata all'interno di tutti i percorsi di istruzione del secondo ciclo.

73 Risposta esatta: A

La L. 13-7-2015, n. 107, la Buona scuola, ha dato impulso all'istituto dell'alternanza scuola-lavoro, non apportando modifiche sostanziali alla normativa, bensì prevedendo delle specificazioni relative alla realizzazione dei percorsi formativi quali, ad esempio, il numero delle ore (**400 per gli istituti tecnici e professionali e 200 per i licei) in alternanza nel biennio e nell'ultimo anno** (comma 33); la possibilità di realizzarla: durante la sospensione delle lezioni o all'estero, o con l'impresa formativa simulata oppure attivando corsi di formazione; l'istituzione del Registro nazionale per l'alternanza scuola-lavoro.
La *legge di bilancio 2019* (**L. 145/2018**) definisce i percorsi in ASL «percorsi per le competenze trasversali e per l'orientamento» e li abbassa ad almeno: 210 ore nel triennio dei professionali; 150 ore nel secondo biennio e ultimo anno dei tecnici; 90 ore nel secondo biennio e quinto anno dei licei (comma 784).

74 Risposta esatta: C

A norma dell'art. 3 D.P.R. 15-3-2010, n. 89, i sei tipi di liceo (**liceo artistico, liceo classico, liceo linguistico, liceo musicale e coreutico, liceo scientifico, liceo delle scienze umane**) sono articolati con due bienni e un anno terminale. I percorsi liceali forniscono allo studente gli strumenti culturali e metodologici per una comprensione approfondita della realtà, affinché, tra l'altro, acquisisca abilità e competenze coerenti con la capacità e con le scelte personali e adeguate al perseguimento degli studi di ordine superiore e all'inserimento nella vita sociale e del lavoro (art. 2).

75 Risposta esatta: B

Il D.P.R. 15-3-2010, n. 88, norme concernenti il «Riordino degli istituti tecnici», configura gli istituti tecnici in **due macrosettori (settore economico e settore tecnologico) e 11 indirizzi**. Il 15 luglio 2010 ne sono state emanate le Linee guida, utili alla progettazione didattica, alla definizione del POF e all'organizzazione del curricolo. Per il primo biennio dei Tecnici è operante la Direttiva 57/2010; la Direttiva 4/2012 per il triennio; per le ulteriori articolazioni delle aree di indirizzo negli spazi di flessibilità, la Direttiva 69/2012.

76 Risposta esatta: D

A seguito della riforma degli *istituti professionali*, introdotta con il decreto attuativo della L.

107/2015, **D.Lgs. 61/2017**, per gli istituti professionali il percorso di istruzione è di 5 anni, suddiviso in *un biennio e successivo triennio*.

77 Risposta esatta: A

L'acronimo CLIL sta per *Content and Language Integrated Learning*; si tratta dell'insegnamento in lingua 2, di **una disciplina curricolare dell'anno terminale di tutti i corsi di istruzione secondaria di secondo grado**.
Tra gli obiettivi formativi considerati come prioritari, la L. 13-7-2015, n. 107, Buona scuola, contempla il potenziamento delle competenze linguistiche, anche mediante l'utilizzo della metodologia CLIL (art. 1, comma 7).

78 Risposta esatta: C

Lo Stato garantisce non solo la libertà di insegnamento quale attività culturale didattica, ma anche la libera gestione dell'istruzione.
Conseguentemente, vige *ex* art. 33, co. 3, Cost., il *pluralismo nelle attività culturali* per cui:
- lo Stato non ha il monopolio della istituzione di scuole e corsi di istruzione, sia di cultura generale che tecnico-professionale;
- chiunque, ente o privato, può liberamente istituire scuole, di qualsiasi tipo, per impartire qualunque tipo di istruzione, purché ciò avvenga senza oneri per lo Stato.

Ciò significa che lo Stato deve rispettare la *libertà di insegnamento* e il *pluralismo culturale e ideologico* della formazione, dell'informazione e, quindi, salvaguardare la libertà di pensiero degli stessi docenti.
Tale libertà si esprime sostanzialmente sul piano della *didattica*, dal momento che le libertà dell'arte e della scienza sono affermate dal Costituente e disciplinate congiuntamente. Invece *non è libera*, ma *legata* a precise *valutazioni tecniche*, la possibilità di *parificare* le scuole istituite da enti o privati alle scuole gestite dallo Stato (**art. 33, co. 4, Cost.**).
In tal senso, la **L. 10 marzo 2000, n. 62**, recante *norme per la parità scolastica e disposizioni sul diritto allo studio e all'istruzione*, afferma che il sistema nazionale di istruzione è costituito da **scuole statali** e da **scuole paritarie private**.
Sono **scuole paritarie** le istituzioni scolastiche non statali, che si uniformano agli ordinamenti generali dell'istruzione, sono coerenti con la domanda formativa delle famiglie e sono caratterizzate da particolari requisiti di qualità ed efficacia individuati dall'art. 1, co. 4, 5 e 6.
Tra di essi, ricordiamo: la stipula di un progetto educativo in armonia con la Costituzione e rispettoso degli obiettivi fissati dal Ministero; la pubblicità dei bilanci; l'obbligo di avvalersi di docenti con titolo di abilitazione; l'apertura a tutti gli studenti senza discriminazioni.

79 Risposta esatta: B

La L. 10-3-2000, n. 62 (recante «Norme per la parità scolastica e disposizioni sul diritto allo studio e all'istruzione») ha istituito la parità tra i sistemi scolastici privati e quelli statali. La parità viene riconosciuta alla scuola previa istanza prodotta all'**Ufficio scolastico regionale** competente per territorio. Tra i requisiti fondamentali per il riconoscimento della parità vi è la progettazione educativa in ossequio ai principi costituzionali e a requisiti di qualità ed efficacia tali da assicurare ai propri iscritti un trattamento scolastico equipollente a quello che gli alunni hanno nelle scuole statali.

80 Risposta esatta: B

Al **dirigente scolastico** compete, tra l'altro, anche la **gestione delle relazioni sindacali** interne alla scuola (art. 25, comma 2, D.Lgs. 165/2001): egli ha infatti delle specifiche competenze, nelle vesti di datore di lavoro nella scuola, nel contesto delle procedure di contrattazione, rappresentando, appunto, la parte datoriale.

81 Risposta esatta: B

L'istituzione scolastica può aiutare gli alunni, a partire dalla scuola primaria, ad acquisire consapevolezza in ordine ai propri comportamenti, favorendo in essi l'acquisizione di una coscienza civile basata sul rispetto dei diritti altrui in generale e, nel caso di specie, delle regole della vita scolastica. Infatti, per quel che riguarda gli studenti della scuola secondaria di primo grado, l'**art. 1 D.Lgs. 62/2017** dispone che la valutazione del comportamento si riferisce allo sviluppo delle competenze di Cittadinanza i cui riferimenti essenziali sono lo Statuto delle studentesse e degli studenti, il Patto educativo di corresponsabilità ed i Regolamenti scolastici. Ciascuna istituzione scolastica può autonomamente determinare, nei limiti delle risorse finanziarie disponibili a legislazione vigente, anche in sede di elaborazione del Piano triennale dell'offerta formativa, iniziative finalizzate alla promozione e alla **valorizzazione dei comportamenti positivi** delle alunne e degli alunni, delle studentesse e degli studenti, al coinvolgimento attivo dei genitori e degli alunni, in conformità con quanto previsto dal **Regolamento di istituto**, dal **Patto educativo di corresponsabilità** e dalle specifiche **esigenze della comunità e del territorio**.

82 Risposta esatta: C

Nella scuola dell'autonomia, al capo d'istituto (oggi Dirigente scolastico) spetta di assicurare il funzionamento generale dell'istituzione scolastica; promuovere e sviluppare l'autonomia sul piano gestionale e didattico, promuovere l'esercizio dei diritti tutelati istituzionalmente: diritto all'apprendimento degli alunni, libertà d'insegnamento dei docenti, scelta educativa delle famiglie.
Il **comma 16** dell'**art. 21** della **L. 59/1997** così definisce i contenuti della funzione dirigenziale:

- espletamento di compiti di direzione;
- coordinamento e gestione delle risorse umane, finanziarie e strumentali;
- raccordo con le funzioni spettanti agli organi collegiali;
- raccordo con le funzioni dell'amministrazione scolastica periferica;
- responsabilità in ordine ai risultati.

È il **DSGA**, il direttore dei servizi generali e amministrativi della scuola (ex responsabile amministrativo) che sovrintende ai **servizi generali amministrativo-contabili**.

83 Risposta esatta: B

Il D.P.R. 249/1998 contiene il regolamento sullo **Statuto delle studentesse e degli studenti della scuola secondaria di secondo grado**. Con le sue successive modifiche e integrazioni (D.P.R. 21-11-2007, n. 235), esso muove dall'art. 2 Cost. («La Repubblica riconosce e garantisce i diritti inviolabili dell'uomo, sia come singolo, sia nelle formazioni sociali ove si svolge la sua personalità ...»). In effetti, ogni scuola è una «formazione sociale» e in essa lo studente ha il diritto e il dovere di sviluppare la propria personalità attraverso l'acquisizione degli apprendimenti liberi, critici, sistematici e unitari che la scuola è tenuta a garantire.
Da ciò, il dovere di ogni scuola di elaborare un regolamento conforme a quello proposto dal decreto. Questo è costituito da articoli che si riferiscono alla vita della comunità scolastica in ogni aspetto che riguardi i diritti e i doveri degli studenti, dal rispetto della disciplina, fino alle impugnazioni delle singole sanzioni.

84 Risposta esatta: D

L'applicazione dello Statuto è **garantita all'interno della scuola**, in primo luogo. Il Regolamento interno della scuola istituisce un **organo di garanzia**, chiamato a decidere sui conflitti relativi a diritti, doveri o disciplina degli studenti. I diritti sono i seguenti: gli studenti hanno il diritto alla libertà d'apprendimento, all'istruzione (art. 34, comma 1 Cost.) e all'autonomia culturale e ideologica. Ad essi corrispondono altrettanti doveri di regolare frequenza, impegno nello studio e rispetto dei comportamenti previsti dal Regolamento d'istituto.
Le relative mancanze disciplinari sono punite con apposite sanzioni, con finalità educativa, contro le quali ogni studente, e chi vi abbia interesse, può proporre **ricorso** all'apposito **organo di garanzia interno** alla scuola.
A **livello regionale**, il Direttore dell'USR decide in via definitiva sui reclami proposti dagli studenti, previo parere vincolante di un **organo di garanzia regionale**, con una determinata composizione e presieduto dal Direttore dell'USR, che resta in carica due anni.

85 Risposta esatta: B

Il Piano formativo della scuola deve essere **conforme agli obiettivi educativi determinati a livello nazionale ma anche alle esigenze formative presenti nel territorio**.
Nel contesto culturale, sociale ed economico, di cui alla domanda, la scuola deve prioritariamente attivare i rapporti con l'ente Regione con gli enti locali, in quanto Comuni e Province hanno precisi compiti e oneri in relazione al funzionamento delle istituzioni scolastiche ed educative.
Il quadro completo delle partnership possibili si ricava poi dall'art. 7 del D.P.R. 275/1999, commi 8 e 9, che stabiliscono che le scuole, sia singolarmente che collegate in rete, possono

stipulare *convenzioni* con Università statali o private, con istituzioni, enti, associazioni o agenzie operanti sul territorio che intendano dare il loro apporto alla realizzazione di specifici obiettivi. Le istituzioni scolastiche possono promuovere e partecipare ad *accordi* e convenzioni per il coordinamento di attività di comune interesse che coinvolgano, su progetti determinati, scuole, enti, associazioni del volontariato e del privato sociale. Il decimo comma del citato decreto stabilisce, poi, che le istituzioni scolastiche possono costituire o aderire a *consorzi* pubblici e privati per assolvere compiti istituzionali coerenti col Piano dell'offerta formativa, e per l'acquisizione di servizi e beni che facilitino lo svolgimento dei compiti di carattere formativo.

86 **Risposta esatta: A**

L'istituto giuridico delle reti di scuole è contenuto nell'**art. 7 del D.P.R. 275/1999** ed è stato introdotto dal regolamento sull'autonomia al fine di raggiungere meglio le finalità istituzionali delle istituzioni scolastiche che, avvalendosi della collaborazione e delle risorse di altri istituti, possono espletare meglio e in maniera più completa la loro funzione educativa. L'oggetto degli accordi di rete può essere rappresentato da: attività didattiche, di formazione, amministrativa e contabile, scambio di docenti, organizzazione di laboratori e altre attività.

87 **Risposta esatta: C**

La norma di legge (comma 66, art. 1, L. 107/2015) indica i criteri da seguire per definire le dimensioni degli ambiti territoriali relativi ai ruoli del personale docente: tali ambiti, in particolare, devono avere ampiezza **inferiore alla Provincia o alla Città metropolitana**, avendo considerazione, oltre che della popolazione scolastica, della prossimità delle scuole e delle caratteristiche del territorio, anche della specificità delle aree interne e montane e delle piccole isole, della presenza di scuole negli istituti penitenziari, nonché di ulteriori situazioni o esperienze territoriali già in essere. Il comma 66, inoltre, dispone che i ruoli del personale docente sono regionali, articolati in ambiti territoriali, suddivisi in sezioni separate per gradi di istruzione, classi di concorso, tipologie di posti.

88 **Risposta esatta: C**

È il **D.I. 28-8-2018, n. 129** a contenere il «*Regolamento recante istruzioni generali sulla gestione amministrativo-contabile delle istituzioni scolastiche, ai sensi dell'articolo 1, comma 143, della legge 13 luglio 2015, n. 107*». Il provvedimento è in vigore dal 17 novembre 2018 mentre le sue disposizioni si applicano dal 1° gennaio 2019, ad eccezioni di quelle riguardanti l'attività negoziale delle istituzioni scolastiche che si applicano immediatamente. Il D.I. 129/2018 sostituisce integralmente il vecchio regolamento amministrativo-contabile delle scuole emanato nel 2001 (il **D.I. 44/2001**), le cui norme sono rimaste applicabili *fino al 31 dicembre 2018*.

89 **Risposta esatta: D**

I documenti della scuola che ne definiscono l'identità, la programmazione didattica etc. sono sempre documenti consultabili da parte della comunità che ne usufruisce. Infatti, il Piano dell'offerta formativa, la Carta dei servizi della scuola, il Regolamento d'istituto, la programmazione educativa e didattica della scuola, i Codici disciplinari dei pubblici dipendenti, i verbali del Consiglio d'istituto, le **polizze assicurative**, le comunicazioni sull'orario delle lezioni, il calendario scolastico, gli incontri scuola famiglia, l'accordo di rete devono sempre essere resi **consultabili nella sede della direzione scolastica e sul sito internet della scuola**.

90 **Risposta esatta: B**

La **L. 107/2015** (comma 136) istituisce il **Portale unico dei dati della scuola**, quale strumento che il Ministero dell'istruzione mette a disposizione dei cittadini per dare attuazione al *principio di trasparenza*, garantendo un libero accesso alle informazioni e dati della scuola a chiunque ne abbia interesse.

91 **Risposta esatta: D**

In merito alla struttura del sito web istituzionale delle scuole, il D.Lgs. 14-3-2013, n. 33 riordina, in un unico testo normativo, le disposizioni in materia di obblighi di pubblicità, trasparenza e diffusione delle informazioni da parte delle Pubbliche Amministrazioni, istituzioni scolastiche comprese.

Il decreto legislativo ha operato una sistematizzazione dei **principali obblighi di pubblicazione** e ha previsto la creazione della sezione online denominata «Amministrazione trasparente» (che sostituisce la precedente «Trasparenza, valutazione e merito» prevista dal D.Lgs. 150/2009). Le informazioni della sezione Amministrazione trasparente sono comuni a tutte le pubbliche amministrazioni e sono raggruppate e pubblicate in conformità alle regole tecniche previste dalla normativa.

92 Risposta esatta: A

La facoltà di avvalersi o non avvalersi dell'insegnamento della religione cattolica viene esercitata dai genitori (o dagli studenti negli istituti di istruzione secondaria superiore), al momento dell'iscrizione ad uno dei corsi di studi delle istituzioni scolastiche, mediante la compilazione dell'apposita sezione on line (C.M. 18-12-2014, n. 51).
Nei confronti di alunni e studenti che non si avvalgono dell'insegnamento della religione cattolica, devono essere posti in essere tutti gli adempimenti necessari per garantire il **diritto di poter scegliere se frequentare o meno attività alternative**. L'organizzazione delle attività alternative alla religione cattolica è disciplinata dalle indicazioni contenute nella C.M. 28-10-1987, n. 316.

93 Risposta esatta: D

Per eseguire l'iscrizione alle classi iniziali delle scuole di ogni ordine e grado, le famiglie devono preventivamente registrarsi al link del Ministero dell'istruzione, fatta eccezione per la scuola dell'infanzia per le quali le famiglie devono iscriversi presso la sede della scuola.
Il termine viene fissato ogni anno dal **Ministero** con una **Circolare**, in genere previsto tra la **fine di gennaio e l'inizio di febbraio**.
Le domande di iscrizione sono accolte entro il limite massimo dei posti complessivamente disponibili nella singola istituzione scolastica, definito sulla base delle risorse di organico e dei piani di utilizzo degli edifici scolastici.
Le domande in eccedenza rispetto alle disponibilità delle scuole scelte dalle famiglie vengono gestite sulla base di criteri fissati dal Consiglio di Istituto.

94 Risposta esatta: C

L'art. 5, comma 2, del D.P.R. 81/2009 stabilisce che le classi iniziali delle scuole di ogni ordine e grado con alunni con disabilità siano costituite, di norma, con **non più di 20 alunni** purché sia motivata la necessità di tale consistenza numerica, in rapporto alle esigenze formative degli alunni disabili.

95 Risposta esatta: D

La materia della sicurezza sul lavoro è disciplinata dal **Testo unico per la sicurezza sul lavoro, D.Lgs. 81/2008**, e successive modifiche e integrazioni.
Tale normativa si applica **anche alla sicurezza nelle scuole**, con gli opportuni adattamenti e compatibilmente con la normativa specifica vigente in materia.
Tutte le pubbliche amministrazioni sono tenute ad individuare il «datore di lavoro», quale soggetto cui spettano le delicate attribuzioni relative alla tutela della salute e della sicurezza.
Per gli istituti scolastici, il D.M. 292/1996, avente ad oggetto «l'Individuazione del datore di lavoro negli uffici e nelle istituzioni dipendenti dal Ministero della Pubblica Istruzione», identifica **il datore di lavoro nel Dirigente scolastico**.

96 Risposta esatta: B

Il Testo unico trasparenza, D.Lgs. 14-3-2013, n. 33 «Riordino della disciplina riguardante gli obblighi di pubblicità, trasparenza e diffusione di informazioni da parte delle pubbliche amministrazioni» ripropone per le scuole l'obbligo della pubblicazione sul sito istituzionale degli atti e dei documenti riguardanti l'attività amministrativa, in aggiunta a quanto già determinato nella *Direttiva del Ministro per la pubblica amministrazione e l'innovazione n. 8 del 26-11-2009*, per il miglioramento dei servizi e delle informazioni *on line* al cittadino e alle imprese che riguarda tutte le amministrazioni dello Stato, ivi compresi gli istituti e le scuole di ogni ordine e grado.
L'art. 11 del D.Lgs. 33/2013, rubricato «Ambito soggettivo di applicazione», individua come destinatari degli obblighi di pubblicazione tutte le amministrazioni rientranti nell'art. 1, comma 2 del D.Lgs. 165/2001, quindi **l'obbligo ricade anche sugli istituti e le scuole di**

ogni ordine e grado e le istituzioni educative. Di conseguenza, l'onere di pubblicità e trasparenza incide anche sugli atti degli organi collegiali.

97 **Risposta esatta: A**

La figura del **referente per la trasparenza** (art. 43, comma 3, D.Lgs. 33/2013) nella scuola coincide con il **Dirigente scolastico**: egli ha il compito di attuare, coordinare e monitorare la trasparenza e di garantire il tempestivo, regolare ed efficace flusso delle informazioni da pubblicare attuando anche la tutela dei dati personali. Ad esempio, tutti gli atti di spesa della scuola, quali contratti con privati o accordi con amministrazioni, scelta del contraente per lavori o forniture ai sensi del nuovo Codice dei contratti (D.Lgs. 50/2016) e la relativa procedura di individuazione, vanno pubblicati.
Il *Piano triennale per la prevenzione della corruzione e trasparenza* (*PTPCT*) deve essere invece predisposto a livello regionale da parte del **Responsabile per la prevenzione della corruzione**, individuato nel **Direttore generale dell'Ufficio scolastico regionale**. Si tratta di un profilo peculiare, che attiene alle sole istituzioni scolastiche, perché nelle altre P.A. le due figure coincidono.

98 **Risposta esatta: A**

Il limite massimo di presenza di studenti stranieri nelle singole classi, soprattutto se con ridotta conoscenza della lingua italiana, è funzionale al corretto esercizio dell'insegnamento.
La Circolare MIUR 2/2010 prevede che il numero degli alunni con cittadinanza non italiana presenti in ciascuna classe non possa superare, di norma, il **30% del totale degli iscritti**, al fine di realizzare un'equilibrata distribuzione degli allievi con cittadinanza non italiana tra istituti dello stesso territorio.
Tale limite **può** comunque **essere innalzato**, dall'*Ufficio scolastico regionale*, qualora gli alunni stranieri siano già in possesso di adeguate competenze linguistiche (è questo il caso degli alunni stranieri nati in Italia che hanno compiuto in scuole italiane il loro percorso scolastico).

99 **Risposta esatta: A**

L'anno scolastico ai sensi dell'art. 74, D.Lgs. 297/1994 per le scuole di ogni ordine e grado comincia il **1 settembre e termina il 31 agosto**. Le attività didattiche invece terminano il 30 giugno.
La differenza rileva soprattutto ai fini dell'assegnazione delle supplenze (D.M. 131/2007).

100 **Risposta esatta: A**

La libertà di manifestazione del pensiero (**art. 21 Cost.**) costituisce il principio fondante la libertà di insegnamento (art. 33, comma 1 Cost.). L'insegnante, similmente al libero professionista (cfr. C. cost. 16/1980), fornisce la prestazione professionale dell'insegnamento con il vincolo della subordinazione in quanto pubblico dipendente, restando però libero di insegnare e di trasmettere il sapere con la metodologia e i contenuti che ritiene più utili allo sviluppo culturale dei discenti. Nella Convenzione europea dei diritti dell'uomo e delle libertà fondamentali, firmata nel 1950, la libertà di insegnamento è strettamente collegata alla libertà di pensiero della quale è una manifestazione. Lo conferma anche il testo dell'art. 1 D.Lgs. 297/1994 (Testo unico istruzione) che sancisce: «la libertà d'insegnamento è intesa come autonomia didattica e come libera espressione culturale del docente ed è diretta a promuovere, attraverso un confronto aperto di posizioni culturali, la piena formazione della personalità degli alunni». Anche nelle fonti europee più recenti si afferma tale legame tra libertà di pensiero e di insegnamento (art. 10 e art. 14, Carta dei diritti fondamentali dell'Unione europea).
Tra i diritti di libertà, la *libertà di insegnamento* è l'unico funzionale al suo servizio, ovvero è l'unico che, per realizzarsi, deve essere esercitato, in quanto è riconosciuto non solo a vantaggio del docente, ma anche e soprattutto a vantaggio degli allievi, ovvero della società. Per tale motivo, l'insegnamento, pur essendo specificazione della libertà di pensiero, se ne distingue per il suo collegamento con la dimensione istituzionale che pone in evidenza il suo carattere di pubblica funzione (CRISAFULLI). La libertà di insegnamento diventa, in altri termini, strumento attraverso il quale dare corpo alla libertà e ai diritti del discente: diritto all'apprendimento, diritto alla continuità dell'azione educativa, diritto alla diversità.
Oggi merita particolare attenzione il principio costituzionale della laicità dello Stato (artt. 7 e 8 della Costituzione) che si pone a garanzia

del pluralismo confessionale. In base a tale principio, in relazione al diritto all'istruzione di tutti gli studenti, appartenenti a qualsiasi cultura e confessione religiosa, lo Stato si impegna a garantire senza discriminazioni, attuando il pluralismo, un'istruzione laica; in questa prospettiva, con riguardo alla libertà di insegnamento, è laico, ovvero non confessionale né ideologizzato, anche l'insegnamento.

101 Risposta esatta: C

Al **Comune** compete la fornitura gratuita dei libri di testo **nella scuola primaria**, ferme restando le competenze degli organi collegiali scolastici (Collegio dei docenti) riguardo all'adozione degli stessi.

102 Risposta esatta: C

Già con la circolare ministeriale 8 gennaio 2010, n. 2 che faceva seguito alle prime linee guida del 2006, seguite, a loro volta dalle più recenti linee guida per l'accoglienza e l'integrazione degli alunni stranieri del 2014, il Ministero dell'Istruzione, dell'Università e della Ricerca ha diramato a tutte le scuole «indicazioni e raccomandazioni per l'integrazione di alunni con cittadinanza non italiana». In particolare, tra le indicazioni fornite è previsto che **l'assegnazione degli alunni non italiani nelle classi è autonomamente decisa dalle scuole** che dovranno, comunque, procedere ad un accertamento delle competenze e dei livelli di preparazione dell'alunno per assegnarlo, di conseguenza, alla classe definitiva che potrà essere inferiore alla classe corrispondente all'età anagrafica. Le scuole comunque possono prevedere che l'inserimento in una classe di un alunno straniero sia preceduto o accompagnato da una prima fase di approfondimento della conoscenza linguistica finalizzata ad un inserimento efficace dell'alunno nella classe.

103 Risposta esatta: B

L'iscrizione a scuola degli alunni stranieri può avvenire **in qualsiasi momento dell'anno scolastico**.

L'art. 45, D.P.R. 394/1999 (*regolamento sull'immigrazione*) fornisce criteri e indicazioni per l'iscrizione e l'inserimento degli alunni con cittadinanza non italiana, rimettendo al Consiglio di circolo o d'istituto e al Collegio dei docenti la responsabilità per un corretto inserimento che tenga conto dell'età, dei livelli di competenza e della scolarizzazione pregressa dell'alunno straniero. Le iscrizioni si effettuano di norma nel mese di gennaio, ma è possibile presentare la richiesta, come detto, in qualsiasi momento dell'anno, anche se sarà accettata in base ai posti disponibili. I minori stranieri privi di documentazione anagrafica o in possesso di documentazione irregolare o incompleta sono iscritti con riserva, in attesa della regolarizzazione.

104 Risposta esatta: B

I ragazzi con cittadinanza non italiana, **anche se in posizione non regolare**, hanno diritto all'istruzione alle stesse condizioni degli alunni italiani. Allo stesso modo hanno l'obbligo di iscriversi e frequentare le scuole statali o paritarie fino all'età di 16 anni e hanno, pertanto, il dovere di conformarsi in tutto alle disposizioni nazionali in materia di istruzione. Queste indicazioni sono contenute nelle «Linee guida per l'accoglienza e l'integrazione degli alunni stranieri» del febbraio 2014 (Nota Miur 19-2-2014, n. 4233).

105 Risposta esatta: A

Secondo la Direttiva ministeriale 27-12-2012, in materia di *Bisogni educativi speciali* (BES) e relativa inclusione scolastica, identifica come BES anche i disagi relativi all'area linguistica, socioeconomica e culturale che non è sempre facile evidenziare. A tal proposito, le linee guida prevedono che per questi alunni, in particolare per coloro che sperimentano difficoltà derivanti dalla non conoscenza della lingua italiana, per esempio per gli alunni di origine straniera di recente immigrazione o inseriti nella scuola italiana nell'ultimo anno, è possibile attivare percorsi individualizzati e personalizzati, oltre che adottare strumenti compensativi e misure dispensative. Ma la Circolare ministeriale 8/2013 ha chiarito che gli alunni con cittadinanza non italiana necessitano di interventi didattici relativi all'apprendimento della lingua ma **solo in via eccezionale di un Piano didattico personalizzato**, poiché la personalizzazione va coordinata con le tematiche dell'inclusione e del riconoscimento delle diversità.

106 Risposta esatta: D

Il limite del 30% può essere superato con **determinazione del Direttore generale**

dell'Ufficio scolastico regionale qualora gli alunni stranieri siano già in possesso di adeguate competenze linguistiche, come ad esempio nel caso di alunni stranieri nati in Italia che hanno compiuto in scuole italiane il loro percorso scolastico.

107 **Risposta esatta:** C

Secondo la Nota Miur 18-12-2014, n. 7443, relativa alle adozioni internazionali e all'inserimento nel tessuto scolastico nazionale, nella scuola dell'infanzia e primaria è auspicabile inserire nel gruppo classe un alunno adottato internazionalmente **non prima di dodici settimane dal suo arrivo in Italia**, mentre nella scuola secondaria possono essere inseriti non prima di 4 o 6 settimane.

108 **Risposta esatta:** C

In base al **D.Lgs. 66/2017**, attuativo della Buona scuola, come modificato dal **D.Lgs. 7-8-2019, n. 96**, di integrazione del cit. decreto n. 66, vengono modificate le procedure di certificazione e documentazione, nonché la progettazione e organizzazione scolastica, **per l'inclusione degli alunni disabili**.

In particolare, l'intervento innovatore operato con il decreto n. 66 ha per oggetto, in primo luogo, la procedura di accertamento della disabilità, con la riduzione ad uno dei documenti fino ad ora previsti dalla legge come necessari: infatti, in luogo della *diagnosi funzionale* e del *profilo dinamico funzionale*, viene redatto, successivamente all'accertamento della condizione di disabilità, un *profilo di funzionamento* (art. 12 L. 104/1992 modif. *ex* art. 5) elaborato dall'unità di valutazione multidisciplinare: esso è il documento propedeutico e necessario ai fini della formulazione del progetto individuale, insieme al *piano educativo individualizzato (PEI)* che ne diviene parte integrante.

Il **progetto individuale** (già previsto dall'art. 14 del D.P.R. 328/2000) è finalizzato alla piena integrazione delle persone disabili nella vita familiare e sociale e nei percorsi dell'istruzione scolastica o professionale e del lavoro. Esso contiene le prestazioni di cura e riabilitazione a carico del Servizio sanitario nazionale, i servizi di recupero e integrazione alla persona cui provvede il Comune, le misure economiche necessarie, gli eventuali sostegni per il nucleo familiare.

Il P.I. (art. 6 D.Lgs. 66/2017) viene **redatto dall'ente locale competente**, di intesa con la competente Azienda sanitaria locale, sulla base del Profilo di funzionamento e su richiesta e con la collaborazione dei genitori o di chi ne esercita la responsabilità. Le prestazioni, i servizi e le misure contenute nel progetto sono definite anche con la partecipazione di un rappresentante della scuola interessata.

109 **Risposta esatta:** A

Ai sensi dell'art. 7 D.Lgs. 66/2017, come modif. dal **D.Lgs. 96/2019**, il **Piano educativo individualizzato (PEI)** (art. 12 della L. 104/1992):

- viene **elaborato e approvato dal gruppo di lavoro operativo per l'inclusione**;
- tiene conto della *certificazione di disabilità* e del *Profilo di funzionamento*;
- individua obiettivi educativi e didattici, strumenti, strategie e modalità per realizzare un *ambiente di apprendimento* nelle dimensioni della relazione, della socializzazione, della comunicazione, dell'interazione, dell'orientamento e delle autonomie;
- esplicita le *modalità di sostegno didattico* e di valutazione in relazione alla programmazione individualizzata;
- definisce gli strumenti per l'effettivo svolgimento dei percorsi per le competenze trasversali e per l'orientamento, assicurando la partecipazione dei soggetti coinvolti nel progetto di inclusione;
- indica le modalità di coordinamento degli interventi previsti e la loro interazione con il *Progetto individuale*;
- è redatto in via provvisoria entro giugno e in via definitiva non oltre il mese di ottobre; è inoltre redatto a partire dalla scuola dell'infanzia, ed è aggiornato in presenza di nuove e sopravvenute condizioni di funzionamento della persona, con l'interlocuzione tra i docenti della scuola di provenienza e quelli della scuola di destinazione, nel passaggio;
- è soggetto a *verifiche periodiche* nel corso dell'anno scolastico al fine di accertare il raggiungimento degli obiettivi e apportare eventuali modifiche ed integrazioni.

110 **Risposta esatta:** A

Con il D.P.R. 89/2009 il legislatore ha proceduto ad una revisione dell'assetto ordinamentale, organizzativo e didattico della scuola dell'infanzia e del primo ciclo di istruzione.

Secondo quanto previsto dall'art. 2 del citato decreto, la scuola dell'infanzia accoglie bambini di età compresa *tra i tre e i cinque anni, compiuti entro il 31 dicembre* dell'anno scolastico di riferimento. Tuttavia, **su richiesta** delle famiglie, possono essere iscritti alla scuola dell'infanzia le bambine e i bambini che compiono i **tre anni di età entro il 30 aprile** dell'anno scolastico di riferimento.

In ogni caso, l'inserimento dei bambini ammessi alla frequenza anticipata è subordinata, dal legislatore, alla presenza delle seguenti **condizioni**:

— disponibilità dei posti;
— accertamento dell'avvenuto esaurimento di eventuali liste di attesa;
— disponibilità di locali e dotazioni idonei sotto il profilo dell'agibilità e funzionalità, tali da rispondere alle diverse esigenze dei bambini di età inferiore a tre anni;
— valutazione pedagogica e didattica, da parte del Collegio dei docenti, dei tempi e delle modalità dell'accoglienza.

111 Risposta esatta: D

Alle 22 ore settimanali di insegnamento stabilite per gli insegnanti elementari, vanno aggiunte **2 ore** da dedicare, anche in modo flessibile e su base plurisettimanale, alla programmazione didattica da attuarsi in incontri collegiali dei docenti interessati, in tempi non coincidenti con l'orario delle lezioni (**art. 28, CCNL 2006-2009**).

112 Risposta esatta: A

L'attività funzionale all'insegnamento è costituita da ogni impegno inerente alla funzione docente previsto dai diversi ordinamenti scolastici.

Essa comprende tutte le attività, anche a carattere collegiale, di programmazione, progettazione, ricerca, valutazione, documentazione, aggiornamento e formazione, compresa la preparazione dei lavori degli organi collegiali, la partecipazione alle riunioni e l'attuazione delle deliberazioni dei predetti organi. Ne consegue che le attività funzionali all'insegnamento (**art. 29, CCNL 2006-2009**) richiedono:

— **adempimenti individuali** che riguardano la preparazione delle lezioni e delle esercitazioni, la correzione degli elaborati, i rapporti individuali con le famiglie;
— **adempimenti collegiali** consistenti nella partecipazione alle riunioni del Collegio dei docenti, nonché alle attività dei consigli di classe, di interclasse, di intersezione e nello svolgimento degli scrutini ed esami con la compilazione degli atti relativi alla valutazione per un totale di 40 ore annue.

113 Risposta esatta: C

Nel **CCNL 2016-2018 per il comparto Istruzione e ricerca (art. 22)** il profilo dell'**articolazione dell'orario di lavoro del personale docente** (nonché di quello educativo e ATA) è oggetto di **confronto** a livello di istituzione scolastica ed educativa. Il confronto consiste in un dialogo costruttivo tra l'Amministrazione e le organizzazioni sindacali e permette ai sindacati di partecipare alla definizione delle misure che l'amministrazione intende adottare e di esprimere apposite e approfondite valutazioni in merito.

114 Risposta esatta: A

La L. 107/2015 ha introdotto novità relative al potenziamento del diritto allo studio. Essa promuove un sistema di *welfare* studentesco fondato *sull'uniformità territoriale dei servizi per il diritto allo studio*. Il primo tassello del processo messo in atto è rappresentato dal **D.Lgs. 13-4-2017, n. 63**, che ha inteso garantire l'effettività del diritto allo studio attraverso la definizione delle prestazioni. Al comma 2 dell'art. 7 si prevede che possa essere promossa dalle scuole la diffusione del **comodato d'uso gratuito nell'ambito dei servizi di fornitura dei libri di testo e dei sussidi digitali per gli studenti iscritti ad un corso di studi secondario di primo e secondo grado**, stipulando specifiche convenzioni in accordo con gli enti locali.

115 Risposta esatta: D

Ai sensi dell'art. 5, comma 3, D.P.R. 89/2009, le classi a «tempo prolungato» sono autorizzate nei limiti della dotazione organica assegnata a ciascuna Provincia e tenendo conto delle esigenze formative globalmente accertate, per un orario settimanale di insegnamenti e attività di 36 ore.

In via eccezionale, può essere autorizzato un orario settimanale fino ad un massimo di 40 ore solo in presenza di una **richiesta maggioritaria delle famiglie** e in base a quanto previsto dal comma 4 in base al quale le classi funzionanti a «tempo prolungato» sono ricondotte all'orario normale in mancanza di **servizi e strutture idonei a consentire lo svolgimento obbligatorio di attività in fasce orarie pomeridiane** e nella impossibilità di garantire **il funzionamento di un corso intero a tempo prolungato**.

116 Risposta esatta: B

I corsi ad indirizzo musicale, disciplinati dalla L. 124/1999, si svolgono **oltre l'orario obbligatorio delle lezioni** (art. 5, comma 7, D.P.R. 89/2009) che è di complessive 990 ore, corrispondente a 29 ore settimanali, più 33 ore annuali da destinare ad attività di approfondimento riferita agli insegnamenti di materie letterarie (art. 5, comma 1, primo periodo).

117 Risposta esatta: A

Con la legge finanziaria per il 2007 (L. 296/2006, art. 1, comma 622), a partire dall'anno 2007-2008, l'obbligo di istruzione è stato innalzato a 10 anni, al fine di consentire il conseguimento di un titolo di studio di scuola secondaria superiore o di una qualifica professionale di durata almeno triennale entro il diciottesimo anno di età. Di conseguenza, l'età per l'accesso al lavoro è stata elevata a 16 anni. Con il relativo regolamento di attuazione, il **D.M. 139/2007**, **è stato appositamente regolamentato l'obbligo di istruzione**.

118 Risposta esatta: C

In base all'art. 11, D.P.R. 81/2009, le classi prime delle scuole secondarie di primo grado e delle relative sezioni staccate sono costituite, di norma, **con non meno di 18 e non più di 27 alunni, elevabili fino a 28** qualora residuino eventuali resti.
Si procede alla formazione di un'unica prima classe quando il numero degli alunni iscritti non supera le 30 unità.

119 Risposta esatta: C

L'istruzione obbligatoria viene impartita per *almeno* dieci anni (art. 1 D.M. 139/2007) e l'adempimento dell'obbligo di istruzione è finalizzato al conseguimento di un titolo di studio di scuola secondaria superiore o di una qualifica professionale di durata almeno triennale entro il diciottesimo anno di età. Con il conseguimento degli stessi, si assolve il diritto-dovere di istruzione e formazione di cui al D.Lgs. 76/2005. Quindi, l'obbligo decennale di istruzione estende la frequenza scolastica ai **primi due anni degli istituti di istruzione secondaria di secondo grado**.

120 Risposta esatta: A

A seguito dei suggerimenti dell'Unione europea contenuti in due Raccomandazioni, quella del 18-12-2006 sulle «Competenze chiave per l'apprendimento permanente» e quella del 23-4-2008 sulla costituzione del «Quadro europeo delle qualifiche per l'apprendimento permanente» (EQF), il MIUR ha emanato due provvedimenti: il D.M. 139/2007 e il D.M. 9/2010. Con essi si introduce ufficialmente la programmazione «per assi culturali». Le scuole, nell'impostare l'attività formativa, devono fare riferimento, ai sensi della normativa relativa all'obbligo di istruzione, a *otto* competenze chiave per la cittadinanza che sono poi state riviste con la **Raccomandazione europea del 22-5-2018** che ha sostituito la precedente del 2006.
Gli assi culturali in cui si articola il sapere essenziale, invece, sono **quattro**:
— dei linguaggi;
— matematico;
— scientifico-tecnologico;
— storico-sociale.
Tali saperi sono articolati in *abilità*, *capacità* e *conoscenze* che costituiscono il tessuto per la costruzione di percorsi di apprendimento orientati all'acquisizione delle competenze chiave che preparino i giovani alla vita adulta e, al tempo stesso, rappresentano la base per consolidare e accrescere saperi e competenze in un processo di apprendimento permanente.

121 Risposta esatta: B

La durata dei percorsi di istruzione di secondo grado è in genere di **cinque anni**. In alcuni Stati membri dell'Unione europea anche di quattro anni. Al fine di adeguare il nostro sistema agli standard europei, il Miur ha autorizzato la sperimentazione del percorso di durata quadriennale in alcuni istituti superiori, confermata anche per l'anno scolastico 2018-2019. Si è trattato di una fase sperimentale alla quale hanno preso parte decine di scuole (licei, istituti tecnici o professionali) in possesso di requisiti di eccellenza, in particolare nei settori dell'innovazione, dell'adeguamento alle nuove tecnologie, anche informatiche, CLIL, buono svolgimento dei percorsi di alternanza scuola-lavoro.

122 Risposta esatta: C

Nella scia della Raccomandazione europea del 18-12-2006, si pone tra l'altro l'introduzione della materia di «Cittadinanza e Costituzione». Si tratta dell'insegnamento introdotto nelle scuole di ogni ordine e grado, la cui sperimentazione fu prevista a partire dall'anno scolastico 2008-2009, dalla **L. 30 ottobre 2008, n. 169**, di conversione del D.L. 137/2008, con l'intento di insegnare alle giovani generazioni come esercitare la democrazia nei limiti e nel rispetto delle regole comuni.
L'insegnamento di Cittadinanza e Costituzione avviene nell'ambito delle aree storico-geografica e storico-sociale e del monte ore complessivo previsto per le stesse (in base alla L. 169/2008 e alla Circolare Ministeriale n. 86 del 27-10-2010) ed è prevista come materia sottoposta a valutazione.

123 Risposta esatta: A

Per l'**art. 3, T.U. 297/1994** gli organi collegiali rispondono all'intento di favorire «**la gestione sociale**» dell'istituzione scolastica per favorire la trasmissione della cultura e nel processo quotidiano di sviluppo della personalità dell'alunno (art. 2, L. 30-7-1973, n. 477) che incontra, dopo la famiglia, nella scuola la formazione sociale di maggior rilievo. Per realizzare tale obiettivo, è dunque, necessario il coinvolgimento della società in tutte le sue componenti (famiglia, rappresentanti degli enti locali, organizzazioni sindacali) nella gestione della scuola al fine di consentirne l'adeguamento alle mutevoli e contingenti esigenze della società ponendo le basi di una vera e propria comunità che «interagisce con la più vasta comunità sociale e civica, nel rispetto degli ordinamenti della scuola e dello Stato ciascuno indipendente ed autonomo».
La gestione sociale e partecipata della scuola prevede varie strutture partecipative previste a livelli diversi, nelle quali sono presenti componenti di «estrazione non burocratica» (SALAZAR) ma di derivazione sociale al fine della deburocratizzazione.

124 Risposta esatta: C

Per le scuole secondarie di primo grado, l'insegnamento di Cittadinanza e Costituzione è inserito nell'area disciplinare **storico-geografica** (D.P.R. 89/2009).

125 Risposta esatta: B

Il Testo unico istruzione dispone che, in caso di deliberazioni da assumere a maggioranza non è ammessa l'astensione: tutti i docenti devono votare, compreso il presidente, **il cui voto prevale, in caso di parità** (art. 37, comma 3, D.Lgs. 297/1994).
Il Dirigente scolastico, quindi, che di solito presiede il Consiglio di classe non vota due volte ma, in caso di parità dei voti, il suo voto prevale. Cioè, in caso di numero pari di voti, prevale la proposta a cui ha dato il voto il presidente, senza che venga apportata alcuna modifica al numero dei voti assegnati a ciascuna proposta.

126 Risposta esatta: C

Il comma 46, art. 1, L. 107/2015 prevede che i giovani e gli adulti accedono ai percorsi realizzati dagli istituti tecnici superiori con il possesso di uno dei seguenti titoli di studio:
a) **diploma di istruzione secondaria di secondo grado**;
b) **diploma professionale** conseguito al termine dei percorsi quadriennali di istruzione e formazione professionale di cui al D.Lgs. 17-10-2005, n. 226, integrato da un percorso di istruzione e formazione tecnica superiore ai sensi del D.P.C.M. 25-1-2008, di durata annuale, la cui struttura e i cui contenuti sono definiti con accordo in sede di Conferenza Stato-Regioni.

127 Risposta esatta: D

Il **10 maggio 2018** è stato raggiunto, in Conferenza Stato Regioni, l'**Accordo** nazionale che ha definito i **passaggi** tra i percorsi quinquennali dell'*istruzione professionale* e i percorsi triennali e quadriennali dell'*istruzione e formazione professionale*, sia quelli di competenza regionale, erogati dalle isti-

tuzioni formative accreditate dalle Regioni, sia quelli erogati dagli istituti professionali, in regime di *sussiduarietà*.
La stipula dell'Accordo è prevista dal decreto attuativo della Buona scuola, D.Lgs. 61/2017, che ha riformato l'istruzione professionale.
I passaggi sono previsti sia in una direzione che nell'altra e le scuole garantiscono la *reversibilità* delle scelte.
L'Accordo si applica dalle classi prime dell'a.s. 2018/2019.

128 **Risposta esatta: B**

Il D.P.C.M. 25-1-2008 prevede che su iniziativa degli istituti di istruzione secondaria superiore dell'ordine tecnico e professionale possano essere costituiti gli ITS - Istituti Tecnici Superiori - nella forma giuridica di fondazione (di partecipazione) di cui agli artt. 14 e seguenti del codice civile.
Più precisamente, i **soggetti fondatori** degli ITS sono:
— *un istituto di istruzione* ***secondaria di secondo grado****, statale o paritario*, che in relazione all'art. 13 della L. 40/2007 appartenga all'ordine tecnico o professionale, ubicato nella provincia sede della fondazione;
— *una struttura formativa accreditata dalla Regione* per l'alta formazione, ubicata nella Provincia sede della fondazione;
— *un'impresa del settore produttivo* cui si riferisce l'istituto tecnico superiore;
— *un dipartimento universitario* o altro organismo appartenente al sistema della ricerca scientifica e tecnologica;
— *un ente locale (*Comune, Provincia, Città metropolitana, Comunità montana).

Possono divenire fondatori le persone fisiche e giuridiche, pubbliche o private, gli enti o agenzie che contribuiscano al fondo di dotazione o al fondo di gestione.

129 **Risposta esatta: D**

Il Collegio dei docenti, nell'adozione dei libri di testo, individua preferibilmente quelli disponibili, in tutto o in parte, nella rete internet.
A partire dall'anno 2008-2009, i libri di testo sono prodotti nelle versioni a **stampa, on line scaricabile da internet e mista**.
Questa disposizione è contenuta nell'art. 15 del D.L. 25-6-2008, n. 112, conv. in L. 133/2008, e rientra in un più ampio novero di norme finalizzate a potenziare la disponibilità e la fruibilità, a costi contenuti, di testi, documenti e strumenti didattici da parte delle scuole, degli alunni e delle loro famiglie. Il passaggio graduale ad una integrazione del testo con contenuti digitali interattivi consente inoltre di accrescere la funzionalità dei libri di testo in forma tradizionale e di arricchire di nuove funzionalità (comparazioni, gestione delle informazioni) gli ambienti di apprendimento.
Riepilogando, i docenti possono optare:
— per il cd. **libro misto**: trattasi di un libro in parte nel tradizionale formato cartaceo e in parte in formato digitale disponibile su internet.
  Normalmente il testo cartaceo viene integrato da materiali supplementari di approfondimento o di esercitazione disponibili in formato.pdf, ma non è raro trovare disponibili altre implementazioni che, sfruttando le capacità dei mezzi multimediali, rendono fruibili a docenti e studenti altre risorse quali video, file audio, esercitazioni interattive etc.
— per il libro **integralmente digitale**: in tal caso il libro di testo viene fornito nella sua interezza in formato elettronico utilizzabile su pc, i-pad o tablet.

I libri di testo nella versione on line e mista, comportano necessariamente caratteristiche tecnologiche in continuo mutamento, poiché esse si rapportano alla rapida evoluzione delle nuove tecnologie digitali e dei nuovi strumenti informatici.

130 **Risposta esatta: A**

È il Dirigente scolastico a rivestire il ruolo di **garante delle opportunità formative** offerte e dei servizi erogati ed è colui che attiva ogni possibile iniziativa affinché il diritto allo studio di tutti e di ciascuno si realizzi (*Linee guida 2011*).
L'attività di identificazione del DSA si deve esplicare in tutti gli ordini e gradi di scuola, a partire dalla scuola dell'infanzia. Infatti, attraverso l'individuazione tempestiva è possibile mettere in atto provvedimenti didattici, abilitativi che possono modificare il percorso scolastico di alunni e studenti con DSA che si manifestano, in molti casi, solo molto più avanti, durante la scuola secondaria e all'università.

Per tale motivo, il maggior interesse è rivolto alla scuola dell'infanzia e alla scuola primaria, nelle quali è necessaria una maggiore e più diffusa conoscenza degli *indicatori di rischio* e una impostazione del lavoro didattico orientata alla prevenzione.

Specificamente, durante le prime fasi degli apprendimenti scolastici, il **ruolo del docente** prevede che egli:

— curi con attenzione l'acquisizione dei prerequisiti fondamentali e la stabilizzazione delle prime abilità relative alla scrittura, alla lettura e al calcolo, ponendo contestualmente attenzione ai segnali di rischio in un'ottica di prevenzione e ai fini di una segnalazione;
— metta in atto strategie di recupero;
— segnali alla famiglia la persistenza delle difficoltà nonostante gli interventi di recupero posti in essere;
— prenda visione della certificazione diagnostica rilasciata dagli organismi preposti;
— proceda, in collaborazione dei colleghi della classe, alla documentazione dei percorsi didattici individualizzati e personalizzati previsti;
— attui strategie educativo-didattiche di potenziamento e di aiuto compensativo;
— adotti misure dispensative;
— attui modalità di verifica e valutazione adeguate e coerenti;
— realizzi incontri di continuità con i colleghi del precedente e successivo ordine o grado di scuola al fine di condividere i percorsi educativi e didattici effettuati dagli alunni, in particolare quelli con DSA, e per non disperdere il lavoro svolto.

131 Risposta esatta: C

L'istruzione degli alunni impossibilitati temporaneamente a frequentare la scuola rappresenta un'esigenza molto sentita cui si è data una risposta piuttosto strutturata. Essa si è infatti affermata con una propria identità precisa diffusa **in tutti gli ordini e gradi di scuola** e nei principali reparti pediatrici italiani, mentre in origine era legata alla disponibilità dei singoli operatori del settore, inoltre, nasce al fine di assicurare pari opportunità di istruzione a tutti gli alunni ricoverati, per far sì che possano proseguire il proprio percorso didattico senza rischiare in seguito difficoltà di reinserimento. La scuola in ospedale tiene conto delle tempistiche di visite, terapie per le patologie del singolo paziente, attuando il rapporto diretto tra docente e alunno, e programma le attività didattiche utilizzando tecnologie multimediali, non tralasciando anche attività ludiche e ricreative.

Il servizio di scuola in ospedale e a domicilio è stato disciplinato, come servizio pubblico con diversi interventi normativi. Con il **D.Lgs. 66/2017** attuativo della Buona scuola (L. 107/2015) in materia di inclusione, l'*istruzione domiciliare* è stata ricondotta a norma di rango primario, al fine di garantire il diritto di istruzione e alla formazione per alunni e studenti per i quali sia accertata l'impossibilità della frequenza scolastica per un periodo non inferiore a 30 giorni di lezione, anche non continuativi a causa di gravi patologie certificate. Da ultimo sono state emanate le **Linee di indirizzo 2019 (D.M. 461/2019) nazionali sulla scuola in ospedale (SIO) e l'istruzione domiciliare (ID)**.

Ai sensi del punto 4.6 si legge che al fine di attivare un intervento di istruzione domiciliare è necessario, per la famiglia fare **una richiesta**, supportata da certificazione medica rilasciata dal medico ospedaliero o dal SSN, **alla scuola**, la quale attiva un progetto di istruzione domiciliare.

132 Risposta esatta: D

Ai sensi delle Linee di indirizzo del 2019, al punto 5.2, si legge che rispetto alle procedure di attivazione, il Consiglio di classe dell'alunno elabora un *progetto formativo*, indicando il numero dei docenti coinvolti, gli ambiti disciplinari cui dare la priorità, le ore di lezione previste. Tale progetto dovrà essere approvato dal **Collegio dei docenti** e dal **Consiglio d'Istituto** e inserito nel Piano triennale dell'offerta formativa.

133 Risposta esatta: A

Al termine di ogni ciclo di istruzione il Profilo Educativo Culturale e Professionale dello studente serve a sintetizzare i livelli di maturazione personale (livello educativo), di acquisizione di saperi (livello culturale) e di capacità operative (livello professionale), che gli alunni devono conseguire per prepararsi ad essere persone e cittadini in grado di trasformare le conoscenze e le abilità operative, in competenze interiorizzate ed esercitate in ogni situazione esistenziale.

Il PECUP **definisce le basi di competenza necessarie per i traguardi formativi e professionali successivi**. È uno dei **documenti** che servono per la progettazione dei Piani di studio personalizzati finalizzati all'acquisizione di competenze personali, conoscenze e abilità disciplinari fissate dalle Indicazioni Nazionali, previste nel D.Lgs. 59/2004.

134 **Risposta esatta: B**

L'art. 5, D.P.R. 89/2009 precisa, al comma 3, che le classi a «tempo prolungato» **sono autorizzate nei limiti della dotazione organica assegnata a ciascuna Provincia** e tenendo conto delle esigenze formative globalmente accertate, per un orario settimanale di insegnamenti e attività di 36 ore. In via eccezionale, può essere autorizzato un orario settimanale fino ad un massimo di 40 ore solo in presenza di una richiesta maggioritaria delle famiglie.

Le classi funzionanti a «tempo prolungato» sono ricondotte all'orario normale *in mancanza di servizi e strutture idonei* a consentire lo svolgimento obbligatorio di attività in fasce orarie pomeridiane e nella impossibilità di garantire il funzionamento di un corso intero a tempo prolungato.

135 **Risposta esatta: B**

La L. 8-10-2010, n. 170, *Nuove norme in materia di disturbi specifici di apprendimento in ambito scolastico*, ha riconosciuto, all'art. 1, la **dislessia, la disortografia, la disgrafia e la discalculia** come disturbi specifici di apprendimento, denominati «DSA» che si manifestano in presenza di capacità cognitive adeguate, in assenza di patologie neurologiche e di deficit sensoriali, ma possono costituire una limitazione importante per alcune attività della vita quotidiana, soprattutto relative all'area dell'apprendimento scolastico. Dislessia, disgrafia, disortografia e discalculia possono sussistere separatamente o insieme.

136 **Risposta esatta: D**

La L. 170/2010 (art. 3, comma 2), prevede per tutte le scuole di ogni ordine e grado, come primo compito nei confronti degli alunni affetti da DSA, quello di attivare, previa apposita comunicazione alle famiglie interessate, **interventi tempestivi**, idonei ad individuare i casi sospetti di DSA.

137 **Risposta esatta: A**

La L. 170/2010 tutela il diritto allo studio in maniera diversa dalla L. 104/1992, concentrando l'attenzione su interventi didattici personalizzati e su *strumenti compensativi, su misure dispensative* e su adeguate forme di verifica e valutazione.

Gli allievi, infatti, hanno il diritto di usufruire di **appositi provvedimenti dispensativi e compensativi di flessibilità didattica** nel corso dei cicli di istruzione e formazione e addirittura negli studi universitari (art. 5).

138 **Risposta esatta: C**

Ai sensi dell'art. 3 della L. 170/2010, per gli studenti che, nonostante adeguate attività di recupero didattico mirato, presentano persistenti difficoltà, **la scuola trasmette apposita comunicazione alla famiglia**.

139 **Risposta esatta: B**

Il 20 luglio 2011 è stato presentato il decreto attuativo della legge 170/2010 (**D.M. n. 5669/2011**) con le relative Linee Guida per il diritto allo studio di alunni e studenti con DSA. Il documento chiarisce le indicazioni espresse nella legge riguardo alle *modalità di formazione dei Dirigenti scolastici e dei docenti,* alle misure didattiche di supporto, all'uso degli strumenti compensativi e dispensativi e alle forme di verifica e di valutazione previste per assicurare il diritto allo studio degli alunni e degli studenti con diagnosi di DSA, delle scuole di ogni ordine e grado del sistema nazionale di istruzione.

140 **Risposta esatta: C**

L'art. 21, L. 59/1997 contiene un elemento centrale rappresentato dalla codificazione dei principi, in passato oggetto di aspre discussioni, di autonomia organizzativa e didattica. Questi si sono concretizzati nel potere, attribuito al capo d'istituto (oggi Dirigente scolastico), di organizzare l'offerta di **servizi didattici diversi** (da somministrare anche in orari differenziati), di introdurre nuove tecnologie, di predisporre corsi extracurricolari, finalizzati sia a raccordare la formazione scolastica dello studente con

il mondo del lavoro, sia ad attribuire una istruzione agli adulti.
Il tutto, però, deve avvenire — come dispone il comma 7 — «**nel rispetto degli obiettivi del sistema nazionale e degli standard di livello nazionale**».

141 Risposta esatta: C

L'autonomia funzionale consiste nel decentramento di funzioni dall'Amministrazione centrale e periferica alle scuole che definiscono e attuano, in rete o con gli enti locali e le scuole una loro offerta formativa. Ai sensi dell'art. 14 D.P.R. 275/1999, le funzioni attribuite alle istituzioni scolastiche sono relative a:

— *carriera scolastica e rapporto con gli alunni*. Vi rientrano tutti gli adempimenti relativi alle iscrizioni, frequenze, certificazioni, documentazione, valutazione e riconoscimento degli studi compiuti all'estero, valutazione dei crediti e debiti formativi, partecipazione a progetti territoriali e internazionali, realizzazione di scambi educativi internazionali, disciplina degli alunni;
— *amministrazione e gestione del patrimonio e delle risorse finanziarie* nel rispetto dei principi individuati nel D.I. 44/2001. Le istituzioni scolastiche riorganizzano la gestione dei servizi contabili ed amministrativi in considerazione del nuovo assetto istituzionale delle scuole e della complessità dei compiti affidati e concorrono, altresì, alla specifica formazione e aggiornamento culturale e professionale del relativo personale;
— *stato giuridico ed economico del personale* ciò in considerazione della qualifica dirigenziale riconosciuta al capo di istituto e al conseguente ruolo di gestione delle relazioni sindacali. Non sono attribuite alle scuole alcune funzioni in materia di personale il cui esercizio è legato ad un ambito territoriale più ampio di quello di competenza della singola istituzione.

Le iniziative finalizzate all'innovazione sono promosse, attraverso progetti, dal Ministero dell'istruzione (art. 11 D.P.R. 275/1999).

142 Risposta esatta: D

L'autonomia didattica costituisce esplicazione del *principio della libertà d'insegnamento* che, pur dovendosi svolgere negli argini della libertà di scelta educativa delle famiglie e degli obiettivi generali del sistema nazionale di istruzione, si articola nella scelta, nell'adozione e nell'utilizzazione delle metodologie e strumenti didattici coerenti con il PTOF e attuate con **criteri di trasparenza e tempestività** (art. 4, comma 5, D.P.R. 275/1999).

143 Risposta esatta: B

L'art. 5, comma 4, del D.P.R. 275/1999 si sostanzia nell'adozione di **modalità organizzative** e di utilizzo dei docenti che sono espressione di libertà progettuale, in coerenza con gli obiettivi generali e specifici di ciascun tipo e indirizzo di studio, al fine di curare la promozione e il sostegno dei processi innovativi e il miglioramento dell'offerta formativa ciascuna istituzione scolastica può **diversificare le modalità di impiego dei docenti nelle varie classi e sezioni**, in funzione delle eventuali differenziazioni nelle scelte metodologiche e organizzative adottate, nel Piano dell'offerta formativa.

144 Risposta esatta: A

L'origine normativa dell'autonomia scolastica si ricava dal **D.P.R. 275/1999**, recante il «Regolamento attuativo dell'autonomia scolastica», attuativo dell'art. 21 della **L. 15 marzo 1997, n. 59** «Delega al governo per il conferimento di funzioni e compiti alle Regioni ed enti locali, per la riforma della P.A. e per la semplificazione amministrativa». Essa è la legge istitutiva dell'autonomia scolastica che ha prodotto una vera e propria «**rivoluzione**» nella scuola, attribuendo personalità e autonomia giuridica alle istituzioni scolastiche e la funzione dirigenziale ai direttori didattici e ai Presidi, poi diventati Dirigenti scolastici. L'art. 21 della L. 59/1997 è relativo all'autonomia delle istituzioni scolastiche e degli istituti educativi. Successivamente alla citata legge del 1997, l'autonomia delle scuole è stata riconosciuta di *rango costituzionale*, in virtù della L. 3/2001 di modifica del titolo V, Parte II della Costituzione.
Posta la distinzione tra potestà legislativa «esclusiva» e potestà «concorrente», l'art. 117 stabilisce, tra altro, che l'istruzione è materia di legislazione concorrente Stato-Regione, ma «**fatta salva l'autonomia delle istituzioni scolastiche** e con esclusione dell'istruzione e della formazione professionale» che sono di esclusiva competenza regionale. La locuzione

«salva l'autonomia delle istituzioni scolastiche» **comporta che le scuole abbiano potestà normativa di natura analoga a quella degli enti locali**, limitatamente ad alcune competenze (ad esempio, spetta al Collegio docenti e ai Consigli di classe delineare gli **obiettivi formativi** e **didattici per gli alunni**).

145 Risposta esatta: C

Secondo l'art. 508 del D.Lgs. 297/1994, al personale direttivo e docente non è consentito impartire lezioni private ad alunni della propria scuola o istituto o a quanti intendono sostenere esami nell'istituto in cui i docenti in oggetto prestano la loro attività o dove prevedono di recarsi come esaminatori. Nel caso si impartiscano lezioni **private ad alunni estranei alla scuola o all'istituto**, sussiste **l'obbligo di informare il Dirigente scolastico**, al quale devono essere comunicati i nominativi degli alunni e la loro provenienza. Non è dunque necessaria l'autorizzazione preventiva del D.S. per lo svolgimento di lezioni private. Il docente ha soltanto l'obbligo di informazione per l'attività prestata in ambito extrascolastico. Il Dirigente scolastico può vietare la continuazione o impedire l'assunzione di ulteriori lezioni, sentito il Consiglio di circolo o d'istituto, nel caso in cui l'insegnante si dedichi in misura tale alle lezioni private da influire sul funzionamento della scuola.

146 Risposta esatta: C

I voti sono espressi in **decimi** in base anche ai criteri valutativi indicati dal Collegio dei docenti. In sede di scrutinio, sia intermedio che finale, la decisione sulla valutazione si ascrive in capo al Consiglio e i voti si ritengono proposti, in quanto essa non appartiene al singolo docente, ma ogni voto è un **voto collegiale**.

147 Risposta esatta: B

In base al D.P.R. 20-3-2009, n. 81, art. 3, le classi iniziali di ciclo delle scuole ed istituti di ogni ordine e grado e le sezioni di scuola dell'infanzia, sono costituite con riferimento al numero complessivo degli alunni iscritti. Determinato il numero delle predette classi e sezioni, il Dirigente scolastico procede all'assegnazione degli alunni alle stesse. Allo scopo di dare stabilità alla previsione delle classi, riducendo al massimo gli scostamenti tra il numero delle classi previsto ai fini della determinazione dell'organico di diritto e quello delle classi effettivamente costituite all'inizio di ciascun anno scolastico, l'art. 4 del decreto consente di derogare, **in misura non superiore al 10 per cento**, al numero minimo e massimo di alunni per classe previsto per ciascun tipo e grado di scuola.

148 Risposta esatta: A

Nella Buona scuola, grande spazio è dedicato al potenziamento, termine sotto il quale si ricomprendono il rafforzamento degli insegnamenti, in termini di oggetto di studio e di corrispondenti docenti, importante strumento per l'ampliamento dell'offerta formativa delle scuole autonome. Infatti, la L. 107/2015, art. 1, comma 3, stabilisce che la piena realizzazione del curricolo della scuola avviene con *articolazione modulare del monte orario, potenziamento del tempo scuola, anche oltre i modelli e quadri orari, e programmazione plurisettimanale e flessibile dell'orario complessivo del curricolo*. Ciò è strumentale soprattutto in relazione al fatto che l'offerta formativa è potenziata «nel rispetto del monte orario degli insegnamenti e tenuto conto della quota di autonomia dei curricoli e degli spazi di flessibilità».

149 Risposta esatta: A

È il **Dirigente scolastico**, nell'attuazione del POF triennale, ad avere il delicato compito di individuare le imprese e gli enti (ma ora anche gli ordini professionali, i musei e gli altri istituti pubblici e privati operanti nei settori del patrimonio e delle attività culturali, artistiche e musicali, nonché enti che svolgono attività afferenti al patrimonio ambientale) con i quali stipulare le convenzioni per percorsi di alternanza scuola-lavoro (L. 107/2015, art. 1, comma 40) oggi definiti «per le competenze trasversali e l'orientamento con la L. 145/2018 (*legge di bilancio 2019*).

150 Risposta esatta: A

Tecnicamente, l'alternanza scuola-lavoro (definita «percorsi per le competenze trasversali e l'orientamento permanente» con la L. 145/2018, *legge di bilancio 2019*) si articola in periodi di formazione in aula e periodi di apprendimento mediante esperienze di lavoro.

Il periodo di apprendimento che lo studente trascorre in un contesto lavorativo può essere considerato a tutti gli effetti come un *tirocinio curriculare* (art. 4 della L. 53/2003, la Nota del Ministero del Lavoro n. 4746 del 14-2-2007 e la Circolare del Ministero del Lavoro n. 24 del 12-9-2011).
Pertanto, benché sia corretto dire che il tirocinio non possa essere identificato con l'alternanza, è altrettanto corretto affermare che il **tirocinio curriculare sia un momento dell'alternanza, ovvero la fase «pratica» di un percorso di alternanza**, il periodo di formazione svolto dallo studente presso la struttura ospitante.
Tuttavia, è necessario ricordare che, non essendo ancora definita una disciplina del tirocinio curriculare, le scuole, nel momento in cui stipulano le Convenzioni con i soggetti ospitanti, fanno ancora riferimento all'art. 18 della L. 196/1997 («Tirocini formativi e di orientamento») e al relativo decreto attuativo (D.M. 142/1998). Ad oggi, infatti, sono ancora i provvedimenti appena richiamati, benché ormai ampiamente superati, a costituire l'unico quadro normativo di riferimento per l'attivazione dei tirocini curriculari. È opportuno ricordare che **stage e tirocinio sono termini che designano sostanzialmente la stessa cosa**. Si può quindi indifferentemente parlare di stage curriculare o di tirocinio curriculare. A livello normativo ha sempre prevalso l'uso del termine italiano «tirocinio», anche se molti operatori della formazione preferiscono ancora utilizzare il termine stage.

151 Risposta esatta: C

Il Dirigente scolastico, ai sensi dei commi 40 e 41, art. 1, L. 107/2015, sceglie l'impresa o l'ente tra quelli inseriti nel **Registro nazionale** per l'alternanza scuola-lavoro (percorsi per le competenze trasversali e per l'orientamento, secondo la modifica della L. 145/2018), istituito presso le Camere di commercio. L'alternanza si può realizzare anche attraverso l'impresa formativa simulata (comma 35, art. 1, L. 107/2015).

152 Risposta esatta: D

Sono ammessi all'esame di Stato, alle condizioni previste dall'articolo 14, **D.Lgs. 62/2017**, coloro che:

a) **compiano il diciannovesimo anno di età entro l'anno solare in cui si svolge l'esame e dimostrino di aver adempiuto all'obbligo scolastico**;
b) siano in possesso del diploma di scuola secondaria di primo grado da un numero di anni almeno pari a quello della durata del corso prescelto, indipendentemente dall'età;
c) siano in possesso di titolo conseguito al termine di un corso di studio di istruzione secondaria di secondo grado di durata almeno quadriennale del previgente ordinamento o siano in possesso di diploma professionale di tecnico di cui al decreto legislativo 17 ottobre 2005, n. 226;
d) abbiano cessato la frequenza dell'ultimo anno di corso prima del 15 marzo.

153 Risposta esatta: B

Il minore straniero non accompagnato è il minorenne che non ha cittadinanza italiana o dell'Unione europea che si trova per qualsiasi causa nel territorio dello Stato, è privo di assistenza e di rappresentanza da parte dei genitori o di altri adulti per lui legalmente responsabili e si trova dunque in una condizione di particolare vulnerabilità.
In ragione di ciò la **L. 47/2017** ha riconosciuto ai minori stranieri non accompagnati la titolarità di diritti a parità di trattamento con i minori di cittadinanza italiana o dell'Unione europea ed una particolare tutela.
In relazione al diritto allo studio, l'art. 14 della legge incide sul Testo unico immigrazione (D.Lgs. 286/1998) stabilendo che, a decorrere dal momento dell'inserimento del minore nelle strutture di accoglienza, le istituzioni scolastiche di ogni ordine e grado e le istituzioni formative accreditate *attivano le misure per favorire l'assolvimento dell'obbligo scolastico*, ai sensi del D.Lgs. 142/2015, e formativo da parte dei minori stranieri non accompagnati, anche attraverso la predisposizione di *progetti specifici* che prevedano, ove possibile, l'utilizzo o il coordinamento dei *mediatori culturali*, nonché di *convenzioni* volte a promuovere specifici programmi di apprendistato. In caso di minori stranieri non accompagnati, i titoli conclusivi dei corsi di studio delle istituzioni scolastiche di ogni ordine e grado sono rilasciati ai medesimi minori con i dati identificativi acquisiti al momento dell'iscrizione, anche quando gli stessi hanno compiuto la maggiore età nelle more del completamento del percorso di studi.

154 **Risposta esatta: C**

Nella L. 107/2015 il riferimento al contesto territoriale è presente in più punti. Infatti, con la «novella» dell'art. 3, D.P.R. 275/1999, completamente sostituito ad opera del comma 14, art. 1, L. 107/2015, il POF, diventa Piano triennale dell'offerta formativa (PTOF); **si conferma strumento di dialogo della scuola con il contesto territoriale**.
Infatti, il Dirigente scolastico è chiamato a promuovere «i necessari rapporti con gli enti locali e con le diverse realtà istituzionali, culturali, sociali ed economiche operanti nel territorio (...)».
Al comma 2 dello stesso articolo novellato, viene ribadito che «Il piano è coerente con gli obiettivi generali ed educativi dei diversi tipi e indirizzi di studi, determinati a livello nazionale a norma dell'art. 8, e riflette le esigenze del contesto culturale, sociale ed economico della realtà locale, tenendo conto della programmazione territoriale dell'offerta formativa».
Viene dunque esplicitamente richiamato il regolamento del 1999 sul quale la Buona scuola si fonda per ampliare l'autonomia scolastica e ne costituisce prova il fatto che il riferimento al contesto territoriale è presente anche nelle enunciazioni di principio a base della stessa. Infatti, al comma 2, art. 1, si legge che «Per i fini di cui al comma 1, le istituzioni scolastiche garantiscono la partecipazione alle decisioni degli organi collegiali e la loro organizzazione è orientata [...] al coordinamento con il contesto territoriale. In tale ambito, l'istituzione scolastica effettua la programmazione triennale dell'offerta formativa per il potenziamento dei saperi e delle competenze delle studentesse e degli studenti e per l'apertura della comunità scolastica al territorio con il pieno coinvolgimento delle istituzioni e delle realtà locali».

155 **Risposta esatta: A**

Il Piano dell'offerta formativa (POF) predisposto per ciascun anno scolastico, viene sostituito dal **Piano triennale dell'offerta formativa (PTOF)**, rivedibile annualmente (il comma 14, L. 107/2015 sostituisce l'art. 3, D.P.R. 275/1999).
Il Piano è elaborato dal **Collegio dei docenti**, sulla base degli indirizzi e delle scelte di gestione e amministrazione definiti dal *Dirigente scolastico*, che a tal fine tiene conto, tra l'altro, delle proposte formulate dalle associazioni dei genitori e, per le scuole secondarie superiori, degli studenti.
Con la **Nota 17832/2018** il MIUR ha predisposto, per l'elaborazione del **PTOF 2019/2022**, in primo luogo che la sua stesura fosse rinviata al momento dell'iscrizione all'anno scolastico 2019-2020 «per consentire un tempo più disteso per la predisposizione», in secondo luogo, un modello di riferimento per le scuole interessate, disponibile liberamente sul portale SIDI.

156 **Risposta esatta: D**

Il PTOF è approvato dal **Consiglio di circolo o di istituto** ed è pubblicato sul sito della scuola. In tal modo cambiano rispetto al passato le attribuzioni delle competenze relativamente alla redazione del documento più rappresentativo dell'identità dell'istituzione scolastica. Le linee di indirizzo sono dettate dal Dirigente, diversamente dal passato in cui erano dettate dal Consiglio di istituto, che oggi ha il compito dell'approvazione finale del documento.

157 **Risposta esatta: D**

Il Piano triennale dell'offerta formativa — oltre a continuare ad esplicitare, come il POF, la progettazione curricolare, extracurricolare, educativa e organizzativa che le singole scuole adottano — indica anche:
- il **fabbisogno di posti comuni e di sostegno** dell'organico dell'autonomia, in base al monte orario, ai curricoli e alla flessibilità;
- il **fabbisogno dei posti per il potenziamento** dell'offerta formativa.

Il Piano indica inoltre il **fabbisogno di posti del personale ATA**, il fabbisogno di **infrastrutture e di attrezzature materiali** e i piani di miglioramento dell'istituzione scolastica previsti dal D.P.R. 28 marzo 2013, n. 80.

158 **Risposta esatta: C**

In base al **D.Lgs. 62/2017** in materia di valutazione, in caso di carenze negli apprendimenti degli alunni, la scuola attiva «**strategie per il miglioramento**» (artt. 2, 3 e 6).
In particolare, la **C.M. 1865/2017**, attuativa del decreto, precisa che si tratta di «specifiche strategie e azioni che consentono il migliora-

mento dei livelli di apprendimento» che la scuola primaria e secondaria di primo grado «attiva nell'ambito della propria autonomia didattica e organizzativa» a seguito della «valutazione periodica e finale» segnalando «tempestivamente ed opportunamente alle famiglie delle alunne e degli alunni eventuali livelli di apprendimento parzialmente raggiunti o in via di prima acquisizione». Tali strategie non prevedono oneri aggiuntivi in quanto verranno effettuati da ciascuna scuola attraverso l'organico dell'autonomia.
Nel PTOF vanno indicate le modalità utilizzate per la valutazione e per il recupero; tali attività poste in essere per il miglioramento dei livelli di apprendimento entrano a far parte del Rapporto di autovalutazione (RAV), di conseguenza sono funzionali alla valutazione della scuola e del Dirigente scolastico.

159 **Risposta esatta: A**

Con il contratto formativo, detto anche Patto formativo, il **Dirigente scolastico e i docenti rispondono dell'offerta formativa**, dinanzi agli allievi maggiorenni e ai genitori dei minorenni; gli utenti, per parte loro, s'impegnano a valorizzare le opportunità dell'offerta formativa, in merito alla quale possono esprimere valutazioni e proposte. La locuzione «contratto formativo» era presente già nella C.M. n. 167/1993 (disponeva che le finalità educative devono essere «oggetto di una sorta di *contratto formativo» stipulato, di fatto, tra la società, gli insegnanti e gli utenti*), e la sua connotazione è presente altresì in importanti provvedimenti successivi, quali: il **D.P.R. 24-6-1998, n. 249** lo «*Statuto delle studentesse e degli studenti*»; il D.P.R. 8-3-1999, n. 275 «Regolamento recante norme in materia di autonomia delle istituzioni educative»; la Legge 53/2003 (la Riforma Moratti) che enuncia il principio del «coinvolgimento attivo e partecipato» delle famiglie nella definizione dei percorsi formativi dei propri figli, «anche attraverso la scelta degli insegnamenti e delle attività educative».

160 **Risposta esatta: B**

In relazione al potenziamento dell'offerta formativa, il **comma 7, art. 1, L. 107/2015** (cd. Buona scuola) stabilisce che le istituzioni scolastiche individuano il fabbisogno di posti dell'organico dell'autonomia, in relazione all'offerta formativa che intendono realizzare, nel rispetto del monte orario degli insegnamenti e tenuto conto della quota di autonomia dei curricoli e degli spazi di flessibilità, per il raggiungimento degli obiettivi formativi da esso individuati come prioritari, ad esempio: valorizzazione e potenziamento delle competenze linguistiche, con particolare riferimento all'italiano, nonché alla lingua inglese e ad altre lingue dell'Unione europea, anche mediante l'utilizzo della metodologia CLIL (*Content language integrated learning*); delle competenze matematico-logiche e scientifiche; delle competenze nella pratica e nella cultura musicali, nell'arte e nella storia dell'arte, nel cinema; alfabetizzazione all'arte, alle tecniche e ai media di produzione e diffusione delle immagini; potenziamento delle conoscenze in materia giuridica ed economico-finanziaria; sviluppo della sostenibilità ambientale.

161 **Risposta esatta: B**

L'**art. 16 del D.P.R. 275/1999** configura, in relazione alle competenze amministrative attribuite alla scuola dell'autonomia, un **quadro riassuntivo** degli ambiti di operatività di ciascuno degli attori. In particolare:

- gli *organi collegiali* della scuola garantiscono l'efficacia dell'autonomia delle istituzioni scolastiche nel quadro delle norme che ne definiscono competenze e composizione;
- il *Dirigente scolastico* esercita le funzioni di cui al D.Lgs. 59/1998 nel rispetto delle competenze degli organi collegiali;
- i *docenti* hanno il compito e la responsabilità della progettazione e dell'attuazione del processo di insegnamento e di apprendimento;
- il *responsabile amministrativo* (oggi DSGA) assume funzioni di direzione dei servizi di segreteria nel quadro dell'unità di conduzione affidata al Dirigente scolastico.

162 **Risposta esatta: B**

I livelli degli indicatori esplicativi delle competenze raggiunte, nella relativa attività di certificazione delle competenze, rilasciata al termine della scuola primaria e del primo ciclo di istruzione (art. 9, comma 2, D.Lgs. 62/2017), sono quattro: **avanzato, intermedio, base, iniziale.** Essi presentano in maniera discorsivo-espositiva le competenze che si collocano quindi su uno di quattro livelli possibili di padronanza.

163 Risposta esatta: A

Ai sensi del D.Lgs. 112/1998, art. 137, sono di competenza dello **Stato** i compiti e le funzioni amministrative concernenti le scuole militari e i corsi scolastici organizzati, con il patrocinio dello Stato, nell'ambito delle attività attinenti alla difesa e alla sicurezza pubblica.

164 Risposta esatta: C

Ai sensi del D.P.R. 275/1999, art. 14, comma 7, i provvedimenti adottati dalle istituzioni scolastiche, fatte salve le specifiche disposizioni in materia di disciplina del personale e degli studenti, divengono definitivi **il quindicesimo giorno dalla data della loro pubblicazione nell'albo della scuola**. Entro tale termine, chiunque abbia interesse può proporre reclamo all'organo che ha adottato l'atto, che deve pronunciarsi sul reclamo stesso nel termine di trenta giorni, decorso il quale l'atto diviene definitivo. Gli atti divengono altresì definitivi a seguito della decisione sul reclamo. E' appena il caso di precisare che a seguito dell'introduzione dell'albo on line informatizzato consultabile dal sito istituzionale di ciascuna scuola, gli atti e i provvedimenti che devono avere effetto di pubblicità legale vengono in esso pubblicati. L'albo on line è stato introdotto con L. 69/2009 per tutte le Pubbliche Amministrazioni, scuole comprese, stabilendo che la pubblicazione di atti aventi valore legale debba avvenire esclusivamente su albo scolastico informatizzato.

165 Risposta esatta: A

Il D.Lgs. 16-4-1994, n. 297, emanato in attuazione della delega contenuta nella L. 10-4-1991, n. 121, rappresenta il cosiddetto Testo unico delle disposizioni legislative vigenti relative alle scuole di ogni ordine e grado, in quanto raccoglie e coordina tutte le disposizioni legislative vigenti in materia di istruzione (ad eccezione di quella universitaria) emanate in successione temporale.
Resta esclusa da tale raccolta la congerie di norme di fonte secondaria, siano esse provenienti da decreti ministeriali oppure da circolari e regolamenti, in quanto la delega di cui alla L. 121/1991 risulta riferita esclusivamente a disposizioni di natura legislativa.

166 Risposta esatta: C

La L. 517/1977 ha codificato, per la prima volta nell'ordinamento scolastico, il principio della **scuola aperta a tutti**, nella quale in ciascun grado e ordine scolastico devono trovare posto, accanto ad alunni normodotati, anche quelli portatori di handicap. L'integrazione scolastica di tali alunni avviene attraverso la progettazione di attività scolastiche e iniziative di sostegno da realizzare mediante l'utilizzo dei docenti di ruolo o incaricati a tempo indeterminato, in servizio nella scuola e in possesso di particolari titoli di specializzazione (cosiddetti «docenti di sostegno»).

167 Risposta esatta: A

Il D.Lgs. 14 gennaio 2008, n. 21, emanato in attuazione della previsione di cui all'art. 2, comma 1, lettere *a)*, *b)* e *c)* della legge delega 11 gennaio 2007, n. 1, disciplina i **percorsi di orientamento finalizzati alla scelta, da parte degli studenti, di corsi di laurea universitari e dell'alta formazione artistica, musicale e coreutica**, nonché il potenziamento e lo sviluppo del raccordo tra le istituzioni scolastiche, le università e le istituzioni dell'alta formazione artistica, musicale e coreutica.

168 Risposta esatta: B

L'assegnazione di un debito formativo comporta la **sospensione dell'assegnazione del punteggio** incrementale, che tuttavia può essere assegnato qualora il debito venga superato.

169 Risposta esatta: B

Le **prove** dell'esame di Stato conclusivo del secondo ciclo di istruzione non sono più tre, come previsto ai sensi dell'art. 6 D.P.R. 122/2009, abrogato dal D.Lgs. 62/2017, ma, in base all'**art. 17 D.Lgs. 62/2017**, diventano **due prove scritte** a carattere nazionale (italiano e disciplina caratterizzante) **e un colloquio**, diretto ad accertare il conseguimento delle competenze raggiunte, la capacità argomentativa e critica del candidato, l'esposizione delle attività svolte in alternanza.
Specificamente:

- la **prima prova scritta** è intesa ad accertare la padronanza della lingua italiana o della lingua nella quale si svolge l'insegnamento, nonché le capacità espressive, logico-linguistiche e critiche del candidato;

— la **seconda prova**, che può essere scritta o anche grafica o scrittografica, pratica, compositivo/esecutiva, musicale e coreutica, ha per oggetto una delle materie caratterizzanti il corso di studio.

Il **colloquio** è diretto ad accertare il conseguimento del *profilo culturale, educativo e professionale* dello studente. A tal fine la commissione valuta la capacità del candidato di analizzare testi, documenti, esperienze, progetti, problemi per verificare l'acquisizione dei contenuti e dei metodi propri delle singole discipline, la capacità di utilizzare le conoscenze acquisite e di collegarle per argomentare in maniera critica e personale anche utilizzando la lingua straniera.

Lo studente, inoltre, espone attraverso una breve relazione e/o un elaborato multimediale, l'esperienza dei percorsi di *alternanza scuola-lavoro* (definiti *percorsi per le competenze trasversali e l'orientamento*, dalla *legge di bilancio 2019,* L. 145/2018), svolti nel percorso di studi.

170 Risposta esatta: D

Le prove Invalsi consistono in test standardizzati diretti a tracciare un quadro di riferimento statistico sui livelli di apprendimento in Italia, nelle aree disciplinari dell'*italiano*, della *matematica* e anche della lingua *inglese*.

Essi vengono somministrati nelle classi II e V della scuola primaria, nella **classe III della secondaria di primo grado** e nella classe II e V della scuola secondaria di secondo grado.

In base a quanto previsto dal **D.P.R. 80/2013**, dalla **L. 107/2015** e dal **D.Lgs. 62/2017**, le caratteristiche innovative delle prove Invalsi per la classe terza, secondaria di primo grado, sono le seguenti: sono prove somministrate tramite computer (CBT – *computer based testing*) di italiano, matematica e inglese (art. 7, comma 1); nello specifico, per la III secondaria di primo grado, lo svolgimento delle prove avviene durante il mese di aprile, nell'arco temporale indicato da Invalsi (variabile in ragione della dimensione della scuola e del numero di computer collegati alla rete internet in ciascuna istituzione scolastica); le prove si svolgono interamente *on line*; la prova d'inglese riguarda le competenze ricettive (comprensione della lettura e dell'ascolto) ed è sviluppata in coerenza con le Indicazioni nazionali (art. 7, comma 1) e si riferisce principalmente ai livelli A1 e A2 del QCER.

171 Risposta esatta: B

L'articolo 6 del **D.Lgs. 62/2017** in materia di valutazione delle competenze del primo ciclo e di esami di Stato, interviene sulle modalità di ammissione alla classe successiva per le alunne e gli alunni della scuola secondaria di primo grado. L'**ammissione** alle classi seconda e terza di scuola secondaria di primo grado è disposta **in via generale, anche nel caso di parziale o mancata acquisizione dei livelli di apprendimento in una o più discipline**.

Pertanto, l'alunno viene ammesso alla classe successiva anche se in sede di scrutinio finale gli viene attribuita una valutazione con voto inferiore a 6/10 in una o più discipline da riportare sul documento di valutazione.

La generalizzazione dell'ammissione viene «temperata» con la possibilità conferita al Consiglio di classe presieduto dal Dirigente scolastico, in sede di scrutinio finale, di non ammettere l'alunna o l'alunno alla classe successiva nel caso di parziale o mancata acquisizione dei livelli di apprendimento in una o più discipline (voto inferiore a 6/10) *con adeguata motivazione* e tenuto conto dei criteri definiti dal Collegio dei docenti.

La non ammissione viene deliberata **a maggioranza** (vedi Nota MIUR 1865/2017).

172 Risposta esatta: B

In base alla L. 107/2015, l'organico dell'autonomia è costituito, ai sensi del comma 63 dell'art. 1, da:

— **posti comuni**;
— **posti per il sostegno**;
— **posti per il potenziamento** dell'offerta formativa.

L'organico dell'autonomia comprende dunque:

— l'organico di diritto;
— i posti per il potenziamento, l'organizzazione, la progettazione e il coordinamento.

173 Risposta esatta: A

L'organo collegiale che ha competenza nella suddivisione dell'anno scolastico in periodi è il **Collegio dei docenti che delibera**, ai fini della valutazione degli alunni e unitamente per tutte le classi, la suddivisione dell'anno scolastico in due o tre periodi (art. 7, comma 2, D.Lgs. 297/1994).

Al Collegio dei docenti spetta il potere deliberante, ma il Consiglio d'istituto, in base all'art. 10, commi 3 e 4, D.Lgs. 297/1994, ha *competenze di indirizzo* sulla questione.

174 **Risposta esatta: C**

La pubblicità riguardante gli atti degli organi collegiali della scuola, cioè i pareri e le deliberazioni nella forma e nel contenuto di documenti rappresentativi delle manifestazioni di volontà o di giudizio degli stessi è disciplinata dall'art. 43, D.Lgs. 297/1994.
In particolare l'art. 43 prevede che gli atti del Consiglio di circolo e d'istituto siano *pubblicati in apposito albo della scuola*. Non vengono invece pubblicati, salvo contraria richiesta dell'interessato, gli atti concernenti singole persone, in quanto trovano applicazione in materia le disposizioni della **L. 241/1990 in tema di accesso ai documenti amministrativi.**

175 **Risposta esatta: A**

L'art. 14, comma 7, D.P.R. 275/1999 (*Regolamento recante norme in materia di autonomia delle istituzioni scolastiche*) precisa che «i provvedimenti adottati dalle istituzioni scolastiche, fatte salve le specifiche disposizioni in materia di disciplina del personale e degli studenti, **divengono definitivi il quindicesimo giorno dalla data della loro pubblicazione nell'albo della scuola**.
Entro tale termine, chiunque abbia interesse può proporre reclamo all'organo che ha adottato l'atto, che deve pronunciarsi sul reclamo stesso nel termine di trenta giorni, decorso il quale l'atto diviene definitivo. Gli atti divengono definitivi a seguito della decisione sul reclamo».

176 **Risposta esatta: D**

Il Consiglio di circolo o di istituto è composto da **14 componenti** nelle scuole con popolazione scolastica fino a 500 alunni; ovvero **19 componenti** nelle scuole con popolazione scolastica superiore a 500 alunni (art. 8, D.Lgs. 297/1994). Di esso fanno parte i rappresentanti del personale insegnante e quelli del personale non insegnante, i genitori degli alunni, i rappresentanti degli studenti (negli istituti di istruzione secondaria superiore ed artistica), il Dirigente scolastico. Possono essere chiamati a partecipare alle riunioni del Consiglio anche gli specialisti che operano in modo continuativo nella scuola con compiti medico-psico-pedagogici e di orientamento che partecipano soltanto a titolo consultivo.

177 **Risposta esatta: B**

Al comma 6, art. 1, D.Lgs. 297/1994, si legge che il Consiglio di circolo o d'istituto è presieduto da **uno dei suoi membri eletto tra i rappresentanti dei genitori degli alunni**, a maggioranza assoluta nella prima votazione e a maggioranza relativa nelle successive; le funzioni di segretario sono affidate dal Presidente ad un membro del Consiglio medesimo.
Il Consiglio dura in carica tre anni scolastici. Nel corso del triennio i membri che perdono i requisiti dell'eleggibilità vengono sostituiti dai primi non eletti nelle rispettive liste; i rappresentanti degli studenti vengono eletti anno per anno.

178 **Risposta esatta: A**

Il Consiglio di circolo o di istituto è organo le cui attribuzioni interessano e investono il governo economico-finanziario della scuola. Le sue attribuzioni sono disciplinate dall'art. 10 del T.U. istruzione (D.Lgs. 297/1994).
Esso svolge funzioni deliberative o di amministrazione attiva e consultiva. Tra le principali materie in cui il Consiglio delibera, citiamo:

- il **bilancio preventivo** e il **conto consuntivo** in conformità alle disposizioni di cui al Regolamento di contabilità e dispone in ordine all'impiego dei mezzi finanziari, per quanto concerne il funzionamento amministrativo e didattico del circolo o dell'istituto;
- l'**adozione del Regolamento interno** del circolo o dell'istituto (funzionamento biblioteche, attrezzature didattiche culturali e sportive, vigilanza alunni);
- l'**acquisto, il rinnovo e la conservazione di attrezzature tecnico-scientifiche**, sussidi didattici, dotazioni librarie e materiale occorrente per le esercitazioni;
- il **calendario scolastico annuale**, nel rispetto della delibera regionale, e il suo adattamento alle specifiche esigenze ambientali;
- la determinazione dei criteri per la **programmazione o l'attuazione delle attività** para, extra e interscolastiche (attività di recupero, di sostegno, viaggi di istruzione, visite guidate etc.);

- la **promozione di contatti con altre scuole** al fine di realizzare scambi di informazioni e di esperienze e di intraprendere eventuali iniziative di collaborazione e l'approvazione di accordi di rete per attività di ricerca e didattiche, per la parte di propria competenza.

Per quanto concerne l'*attività consultiva* il Consiglio esprime pareri circa l'andamento generale, didattico e amministrativo del circolo o istituto. Il Consiglio infine indica i criteri generali relativi alla formazione delle classi, all'adattamento dell'orario delle lezioni e delle altre attività scolastiche alle condizioni ambientali e al coordinamento organizzativo del Consiglio di intersezione, di interclasse e di classe e gli indirizzi di scelte generali di gestione e di amministrazione.

179 **Risposta esatta: C**

Il potere deliberante del **Consiglio di circolo o di istituto** viene da esso esercitato nel rispetto delle competenze proprie degli altri organi collegiali operanti a livello di circolo o di istituto. In particolare, **approva il Piano triennale dell'offerta formativa** elaborato dal Collegio dei docenti sulla base degli indirizzi per le attività della scuola definiti dal Dirigente scolastico (art. 3, D.P.R. 275/1999, come sostituito dalla L. 107/2015, comma 14).

180 **Risposta esatta: B**

La formazione del docente, per raggiungere l'obiettivo del miglioramento dell'offerta formativa e del conseguente successo formativo degli alunni, si avvale di nuovi strumenti e metodologie (laboratori, ricerca e così via) che realizzano attività articolate in momenti diversi, in presenza, studio personale, riflessione e documentazione, lavoro in rete, rielaborazione e rendicontazione degli apprendimenti realizzati. La formazione obbligatoria viene articolata in base alle priorità stabilite a livello nazionale, come da Piano nazionale di formazione, delle esigenze dell'istituto emerse dal RAV e dal Piano di miglioramento e delle innovazioni che si intendono perseguire. Le attività di formazione a livello di istituzione scolastica vanno a confluire nel Piano triennale dell'offerta formativa. Dunque, **l'organo preposto all'elaborazione del Piano di formazione dei docenti in servizio è il Collegio dei docenti** di ogni istituzione scolastica.

«La comunità professionale di ogni scuola, in particolare il **Collegio** nelle sue diverse articolazioni tecniche, è quindi il contesto per l'**elaborazione dei programmi di formazione in servizio**» (Nota Miur 35/2016, Nota 49062/2019).

181 **Risposta esatta: D**

Nel settembre del 2019 è entrata in vigore la **L. 20 agosto 2019, n. 92** che introduce l'*insegnamento dell'Educazione civica*, dall'anno scolastico 2020-2021. La materia rappresenta un *continuum* rispetto a «Cittadinanza e Costituzione», introdotta dal D.L. n. 137/2008, conv. in L. n. 169/2008.

Il suo insegnamento è *trasversale* e si esplica nel **primo e nel secondo ciclo di istruzione**.

182 **Risposta esatta: C**

Il **Collegio dei docenti** esercita poteri deliberanti su tutto ciò che concerne il funzionamento didattico del circolo o dell'istituto (art. 7, D.Lgs. 297/1994).

Inoltre, il Collegio dei docenti cura l'adeguamento dei programmi di insegnamento alle specifiche esigenze ambientali, l'adozione dei libri di testo e la scelta dei sussidi didattici tenendo conto del parere espresso dal Consiglio di interclasse o di classe, come pure delibera ai fini della valutazione degli alunni e, unitamente per tutte le classi, la suddivisione dell'anno scolastico in due o tre periodi.

Il Collegio dei docenti **delibera poi sul Piano annuale delle attività del personale docente** (come **atto formale**, in senso tecnico) che è *predisposto dal Dirigente scolastico* (art. 28, comma 4, CCNL 2006-2009), in cui sono definiti gli impegni degli insegnanti e le eventuali attività aggiuntive di cui essi sono fatti carico nella scuola dell'autonomia.

Il Dirigente è inoltre tenuto ad informare le rappresentanze sindacali della scuola e quelle firmatarie del CCNL scuola 2016-2018 sui contenuti del Piano annuale.

183 **Risposta esatta: B**

Il Consiglio d'istituto, tra le sue attribuzioni (art. 10, D.Lgs. 297/1994), ha quella di **adottare il Regolamento interno** del circolo o dell'istituto. Il Regolamento di istituto disciplina il complesso delle attività della scuola, l'uso delle attrezzature e delle risorse umane (funzionamento biblioteche, attrezzature didattiche culturali e sportive, vigilanza alunni, visite e viaggi di istruzione, formazione delle classi etc.).

184 **Risposta esatta: C**

L'assemblea di istituto delle scuole secondarie di secondo grado (art. 14, comma 2, D.Lgs. 297/1994) è convocata **su richiesta della maggioranza del comitato studentesco o su richiesta almeno del 10% degli studenti, previa comunicazione al Dirigente della data di convocazione e dell'ordine del giorno.** Alle assemblee di classe e d'istituto possono assistere il Dirigente scolastico o un suo delegato e gli insegnanti che lo desiderino. Il Dirigente scolastico può intervenire in caso di violazione del regolamento dell'assemblea di istituto o qualora constati l'impossibilità di un ordinato svolgimento della stessa. Alle assemblee d'istituto svolte durante l'orario scolastico possono partecipare a richiesta degli alunni, previa autorizzazione del Consiglio d'istituto, esperti di problemi sociali, culturali, artistici e scientifici.

185 **Risposta esatta: B**

L'art. 13, D.Lgs. 297/1994 descrive le assemblee studentesche quali momenti di partecipazione democratica, che consentono l'approfondimento dei problemi della scuola e della società, in funzione della formazione culturale e civile degli studenti.
Esse possono essere di classe o d'istituto. È possibile convocare **non più di una assemblea d'istituto e una di classe al mese**, nel limite, la prima, delle ore di lezione di una giornata e la seconda di due ore. Inoltre, nel mese conclusivo delle lezioni, esse non possono aver luogo, né l'assemblea di classe può essere tenuta sempre nello stesso giorno della settimana durante l'anno scolastico.

186 **Risposta esatta: A**

La validità delle adunanze del Collegio dei docenti, del Consiglio di circolo e di istituto e relativi comitati e giunte si ha se **si raggiunge la presenza almeno della metà più uno dei componenti in carica** (art. 37, D.Lgs. 297/1994). Le deliberazioni sono adottate a maggioranza assoluta dei voti validamente espressi non computandosi il numero dei voti nulli e gli astenuti.
In caso di parità prevale il voto del presidente; la votazione è segreta quando si faccia questione di persone.

187 **Risposta esatta: A**

Alla luce della L. 107/2015 il ruolo del Dirigente è innanzitutto un ruolo di *leader educativo* per la comunità scolastica. Ciò si riflette nella nuova disposizione legislativa circa l'elaborazione del Piano dell'offerta formativa (PTOF) che infatti si differenzia rispetto al passato per il nuovo percorso procedurale che enfatizza il ruolo del Dirigente scolastico, ma anche quello degli organi collegiali coinvolti nella stesura del PTOF.
Nel nuovo contesto delineato dal legislatore, il Dirigente scolastico diventa un vero e proprio **organo monocratico con funzione di indirizzo** nei confronti del Collegio dei docenti, organo tecnico della scuola, con responsabilità in ambito didattico- educativo, innovando rispetto al passato in quanto gli indirizzi per l'attività della scuola e le scelte di gestione e di amministrazione sono sottratti al Consiglio di istituto, organo di indirizzo per eccellenza. Al Collegio dei docenti resta il compito di **elaborare il Piano**, come nella distribuzione della competenze previgente, mentre al Consiglio di istituto spetta, come ultimo passaggio, di **approvare il Piano**.

188 **Risposta esatta: D**

Il comma 65, art. 1, della L. 107/2015, cd. Buona scuola, dispone che il riparto della dotazione organica tra le Regioni sia effettuato **sulla base del numero delle classi, per i posti comuni, e sulla base del numero degli alunni, per i posti del potenziamento**, senza ulteriori oneri rispetto alla dotazione organica assegnata. Per ciò che concerne il riparto della dotazione organica per il *potenziamento dei posti di sostegno*, è effettuato in base al numero degli alunni disabili.

189 **Risposta esatta: C**

La rete è il risultato di un contratto tra istituzioni scolastiche: l'accordo di rete (comma 70 e comma 71).
Esistono due possibili tipologie di rete:
— la *rete di ambito*, che riunisce stabilmente tutte le scuole statali, dell'ambito territoriale individuato dall'USR; le scuole

paritarie partecipano alla rete d'ambito, in relazione alle azioni e alle attività che ne coinvolgono finalità e funzioni;
— le **reti di scopo**, che si **costituiscono spontaneamente tra le scuole**, anche oltre l'ambito di appartenenza, per il perseguimento di precisi scopi che trovano riscontro nelle priorità individuate per il territorio dell'ambito o in più specifiche esigenze locali e/o nazionali.

La rete di ambito è il vero *quid novi* della Buona scuola, in quanto si pone come «facilitatore» della comunicazione tra scuole e USR, quale cornice e non nuovo ente; quale incubatore di progettualità condivise per valorizzare le tematiche già presenti nella L. 107/2015, rispetto alle quali le reti di scopo si pongono come strumentali.

190 Risposta esatta: C

Il comma 72, art. 1, L. 107/2015 prevede la possibilità per le istituzioni scolastiche autonome, incluse nella rete, di individuare le competenze, necessarie a organizzare e **razionalizzare** i seguenti **adempimenti amministrativi**:

1. cessazioni dal servizio;
2. pratiche in materia di contributi e pensioni;
3. progressioni e ricostruzioni di carriera;
4. trattamento di fine rapporto del personale della scuola;
5. (nonché) sugli ulteriori atti non strettamente connessi alla gestione della singola istituzione scolastica può essere svolta dalla rete di scuole in base a specifici accordi.

Le nuove forme di collaborazione tra scuole anche sul piano amministrativo, tese ad una *razionalizzazione e miglioramento della qualità del lavoro e dei servizi resi*, richiedono progressivamente non solo l'utilizzo sempre più di procedure digitali, ma anche una revisione dei processi e dell'organizzazione degli uffici, per poter affrontare e rispondere adeguatamente ai molteplici aspetti che sono investiti dall'innovazione in atto.

191 Risposta esatta: B

Ai sensi del comma 72, art. 1, L. 107/2015 l'attività istruttoria può essere svolta dalla rete di scuole **in base a specifici accordi**.

192 Risposta esatta: A

L'orientamento consiste nel guidare e accompagnare gli alunni e gli studenti nella scelta dei percorsi di istruzione successivi e viene in genere realizzato **al termine dei vari cicli** in cui la scuola è suddivisa. Naturalmente nella scuola primaria questo aspetto appare marginale in quanto il percorso è automaticamente scandito dal passaggio alla scuola secondaria di primo grado. Al termine di quest'ultima, invece, i ragazzi devono operare una prima scelta che li incammina verso l'età adulta, attraverso delle azioni concrete che aiutino gli studenti a compiere delle scelte in maniera consapevole. Pertanto è opportuno che le iniziative di orientamento siano pianificate nel triennio per culminare poi al termine del ciclo di studi, nell'ultimo anno.

193 Risposta esatta: D

Come è intuibile le attività di orientamento sono di fondamentale importanza nei percorsi di studio di secondo grado; nella Buona scuola, il *curriculum* dello studente è funzionale anche all'orientamento scolastico, in particolar modo nelle scuole secondarie di secondo grado. Il comma 28, art. 1, L. 107/2015, infatti, prevede che insegnamenti opzionali attivati nelle scuole secondarie di secondo grado, attivati nell'ambito dei posti di organico dell'autonomia assegnati sulla base dei piani triennali dell'offerta formativa, sono parte del percorso dello studente e sono inseriti nel *curriculum* dello studente, che tra gli altri, raccoglie tutti i dati utili **anche ai fini dell'orientamento e dell'accesso al mondo del lavoro**, relativi al percorso degli studi, alle competenze acquisite, alle eventuali scelte degli insegnamenti opzionali, alle esperienze formative anche in alternanza scuola-lavoro e alle attività culturali, artistiche, di pratiche musicali, sportive e di volontariato, svolte in ambito extrascolastico.

194 Risposta esatta: A

L'orientamento permanente ha lo scopo non solo di ridurre la dispersione scolastica e l'insuccesso formativo, ma anche di favorire l'occupazione attiva, la crescita economica e l'inclusione sociale. Esso è dunque esteso ad ogni cittadino ed è diretto a fornire ad ogni individuo gli strumenti necessari per fare consapevolmente le migliori scelte per il suo sviluppo e la sua realizzazione.

Un definizione di orientamento permanente dunque può essere quella di un *insieme degli interventi strategici attuati sulla formazione dei cittadini atti a favorire non solo la transizione fra scuola, formazione e lavoro ma ad assumere un «valore permanente» nella vita di ogni individuo garantendone lo sviluppo e il sostegno in tutti i processi di scelta e di decisione.*

195 Risposta esatta: C

Le Linee guida nazionali per l'orientamento permanente sono state dettate con **nota MIUR n. 4232 del 19-2-2014**. Esse costituiscono un documento di impegno, a vari livelli, affinché l'intervento orientativo assuma un ruolo strategico per tutta la società.

A partire dalla scuola, l'orientamento permanente comincia dalla scuola che si riafferma quale soggetto promotore del *lifelong learning (insegnamento permanente), del lifelong guidance (guida per la vita) e del career guidance (guida per la carriera).*

196 Risposta esatta: B

La scuola pubblica, al fine di realizzare delle efficaci azioni di orientamento che esplichino poi gli auspicati effetti sugli allievi, ha il dovere di mettere in atto delle azioni che rientrino però in una precisa progettazione d'istituto. Per questo, la scuola è chiamata ad individuare, nel suo ambito, **fin dalla scuola primaria, specifiche figure di sistema** capaci di:

- organizzare e coordinare le attività di orientamento interno e relazionarsi con il gruppo di docenti a tale scopo;
- organizzare e coordinare attività di orientamento mirate, sia per studenti disagiati sia per studenti plusdotati;
- interfacciarsi con continuità con tutti gli altri attori della rete di orientamento del territorio.

L'orientamento permanente deve poter diventare parte integrante del curriculum di ogni docente.

A tal fine il documento del 2014 n. 4232 prevede che gli insegnanti seguano degli appositi *programmi di formazione* dalla quale tutti i docenti non possono prescindere.

197 Risposta esatta: D

Le attività di orientamento che le istituzioni scolastiche possono mettere in atto sono di due tipologie:

- **orientamento formativo o didattica orientativa/ orientante**, per lo sviluppo delle competenze orientative di base, comuni a tutti (acquisizione dei saperi di base, abilità cognitive, logiche e metodologiche etc.);
- **attività di accompagnamento e di consulenza orientativa**, di sostegno alla progettualità individuale, che si realizzano in esperienze non strettamente curriculari, con connessioni al mondo del lavoro e con progetti di mini-imprenditorialità, rispondendo a bisogni e istanze specifici dei singoli o di gruppi ristretti assecondando le proprie inclinazioni.

198 Risposta esatta: B

La L. 107/2015 reca tra i suoi principi ispiratori, ovvero tra gli obiettivi formativi individuati come prioritari, anche la prevenzione e il contrasto della dispersione scolastica, di ogni forma di discriminazione e del bullismo, anche informatico (cd. *cyberbullismo*).

Il fenomeno del bullismo, estremamente complesso, non è riducibile alla sola condotta di singoli (bambini, ragazzi preadolescenti e adolescenti; maschi o femmine), ma riguarda l'intera comunità scolastica nel suo insieme. In particolare il bullismo informatico, questa forma di prevaricazione particolarmente insidiosa, è stata disciplinata dalla **L. 71/2017** che ha, tra l'altro, conferito alle scuola il compito di promuovere l'educazione dell'uso consapevole della rete internet.

199 Risposta esatta: B

La normativa scolastica risalente, cioè il D.Lgs. 77/2005, prevedeva che fosse il Direttore dell'Ufficio scolastico regionale a procedere attraverso le convenzioni-quadro, che venivano appositamente stipulate, alle quali le scuole interessate potevano aderire.

Con la L. 107/2015, al comma 40, invece è il singolo **Dirigente scolastico a stipulare direttamente la convenzione con le aziende** e gli altri soggetti esterni presso cui si svolgono le attività di alternanza, come modificate dalla *legge di bilancio 2019* (**L. 145/2018**).

Alla fine di ogni anno, il Dirigente deve compilare una scheda valutativa relativa alle aziende prescelte e utilizzate, tendendo conto del potenziale formativo e di eventuali difficoltà incontrate in corso di collaborazione.

200 Risposta esatta: A

Il comma 41, dell'art. 1, della L. 107/2015 prevede l'istituzione di un apposito **Registro**

nazionale per l'alternanza scuola-lavoro presso le camere di commercio che può essere consultato dal Dirigente.
Le imprese che intendono offrire opportunità di alternanza si devono iscrivere in una apposita sezione del suddetto registro nazionale, liberamente consultabile specificando quanti posti offrono e in quali periodi dell'anno. C'è poi una sezione riservata, coperta dalla normativa sulla privacy, quindi ad accesso controllato e limitato ai soggetti portatori di legittimo interesse, dove vengono inserite altre informazioni utili ad orientare la scelta del contraente, ovvero l'istituto scolastico. Il Dirigente può scegliere le aziende solo fra quelle iscritte in questo registro nazionale, ma **la scelta è libera per le istituzioni culturali, i musei**, i luoghi della cultura e delle arti performative, nonché con gli uffici centrali e periferici del Ministero dei beni e delle attività culturali e del turismo.

201 Risposta esatta: A

Con la *legge di bilancio 2019* (**L. 30-12-2018, n. 145**) le attività di alternanza scuola lavoro previste dal D.Lgs. 77/2005 cambiano, anche nella terminologia. Esse diventano (comma 784) «*percorsi per le competenze trasversali e per l'orientamento*» e, a decorrere dall'anno scolastico 2018/2019, la loro durata viene ridotta, infatti i percorsi sono attuati per una durata complessiva: **non inferiore a 210 ore nel triennio terminale del percorso di studi degli istituti professionali**; non inferiore a 150 ore nel secondo biennio e nell'ultimo anno del percorso di studi degli istituti tecnici; non inferiore a 90 ore nel secondo biennio e nel quinto anno dei licei.
Ai sensi della Buona scuola erano previste almeno 400 ore nei tecnici e professionali, almeno 200 nei licei.

202 Risposta esatta: D

In base a quanto previsto dal D.Lgs. 16 aprile 1994, n. 297, le Regioni, ogni anno, definiscono il calendario scolastico regionale. In particolare, l'art. 74, comma 7bis, dispone che: «La determinazione delle date di inizio e di conclusione delle lezioni e il calendario delle festività di cui ai commi 5 e 7 devono essere tali da consentire, oltre allo svolgimento di **almeno 200 giorni di effettive lezioni** (...)».

203 Risposta esatta: B

La norma di riferimento è molto risalente: il R.D. 653/1925. Se un alunno deve trasferirsi da una scuola ad un'altra, può farlo **presentando un domanda apposita al Dirigente scolastico della scuola in cui intende trasferirsi** spiegandone le ragioni. Al Dirigente della scuola di provenienza va invece presentata domanda affinché rilasci un **nulla osta**, da presentare alla scuola di destinazione per l'iscrizione.

204 Risposta esatta: A

Ai sensi dell'art. 15 del R.D. 653/1925, gli alunni che cessano la frequenza entro il 15 marzo perdono la qualità di alunni della scuola pubblica. Il 15 marzo è il termine ultimo per effettuare il ritiro dalle lezioni in modo che l'anno scolastico non valga come anno di frequenza. Lo studente che si ritira dalla frequenza scolastica prima del 15 marzo, dunque, non sarà scrutinato e quindi non risulterà respinto, quindi **non sarà considerato ripetente**. Per essere ammesso ad una classe successiva a quella per la quale possiede il titolo di ammissione, però, dovrà sostenere esami di idoneità presentandosi come candidato esterno.

205 Risposta esatta: C

In base alla disposizione dell'art. 152, D.Lgs. 297/1994, per essere adottati nella scuola, i libri di testo per l'insegnamento della religione cattolica (IRC) devono essere muniti del **nulla osta della presidenza della Conferenza episcopale italiana (CEI)**, secondo quanto stabilito dal Protocollo di accordo tra la Santa Sede e la Repubblica italiana.

206 Risposta esatta: A

Nella Buona scuola viene posta particolare attenzione al **potenziamento dell'attività motoria**, da realizzarsi nel rispetto del monte orario degli insegnamenti e tenuto conto della quota di autonomia dei curricoli e degli spazi di flessibilità: al comma 7, lettera *g)*, L. 107/2015, si legge: «potenziamento delle discipline motorie e sviluppo di comportamenti ispirati a uno stile di vita sano, con particolare riferimento all'alimentazione, all'educazione fisica e allo sport, e attenzione alla tutela del diritto allo studio degli studenti praticanti attività sportiva agonistica».

207 Risposta esatta: D

In base all'art. 10, comma 3, D.Lgs. 297/1994, il **Consiglio d'istituto ha potere deliberante**, su proposta della giunta e **salve le competenze del Collegio docenti e del Consiglio di intersezione, di interclasse e di classe** anche sui viaggi di istruzione.

«L'effettuazione di viaggi di istruzione e visite guidate deve tenere conto dei criteri definiti dal Collegio dei docenti in sede di programmazione dell'azione educativa e dal Consiglio di istituto o di circolo nell'ambito dell'organizzazione e programmazione della vita e dell'attività della scuola (cfr. art. 10, comma 3, lettera *e)*, D.Lgs. 297/1994)».

Inoltre, il regolamento sull'autonomia scolastica D.P.R. 275/1999, ha confermato l'*autonomia decisionale* delle istituzioni scolastiche e dei loro organi collegiali in materia; in particolare, i DD.PP.RR. 8-3-1999 n. 275 e 6-11-2000 n. 347 hanno dato completa autonomia alle istituzioni scolastiche anche in materia di uscite/visite guidate e viaggi di istruzione, in Italia e all'estero.

208 Risposta esatta: B

Il novellato art. 3, D.P.R. 275/1999, modificato con l'art. 1, comma 14, L. 107/2015, al comma 4 dispone che «Il Piano è elaborato dal Collegio dei docenti sulla base degli indirizzi per le attività della scuola e delle scelte di gestione e di amministrazione definiti dal **Dirigente scolastico**. Il Piano è approvato dal Consiglio d'istituto».

209 Risposta esatta: A

Prima della normativa sull'autonomia scolastica, la figura del capo di istituto si distingueva in quella di Preside (per le scuole secondarie) e di Direttore didattico (per le scuole primarie).

Successivamente, le due figure sono state accorpate in quella unica del **dirigente scolastico**, vera e propria *species* di dirigenza pubblica, avente autonomi compiti di direzione, coordinamento, gestione delle risorse umane e finanziarie, in raccordo e sinergia con gli organi collegiali nonché specifici profili di responsabilità circa i risultati.

Relativamente al Piano triennale dell'offerta formativa, il testo dell'art. 3 D.P.R. 275/1999, modificato dalla L. 107/2015, stabilisce che il piano è elaborato dal Collegio dei docenti sulla base degli **indirizzi definiti** dal **dirigente scolastico** (art. 1, comma 14, L. 107/2015).

210 Risposta esatta: A

Ai sensi dell'art. 17 D.Lgs. 165/2001, i **Dirigenti** (pertanto, nella scuola, i DS) curano l'attuazione dei progetti e delle gestioni ad essi assegnati dai dirigenti degli uffici dirigenziali generali, adottando i relativi atti e provvedimenti amministrativi ed esercitando i poteri di spesa e di acquisizione delle entrate.

211 Risposta esatta: A

Ai sensi dell'**art. 25, comma 5, D.Lgs. 165/2001**, il Dirigente scolastico **può avvalersi di docenti da lui stesso individuati cui delegare specifici compiti**.

Da un punto di vista giuridico la **delega** di poteri (o delegazione) comporta il trasferimento, non della titolarità del potere, ma solo dell'esercizio dello stesso da un organo ad un altro o da un soggetto ad un altro soggetto.

Pertanto:

— è ammissibile solo nel caso in cui sia *espressamente prevista dalla legge*, importando una deroga alla competenza coperta da riserva di legge;
— deve avere validità temporale limitata;
— deve essere *sempre conferita per iscritto*, comportando appunto una deroga alla competenza;
— *non può riguardare funzioni dirigenziali non delegabili* (come rappresentanza legale, titolarità delle relazioni sindacali, potestà disciplinare, sottoscrizione dei contratti individuali di lavoro, adempimenti di obblighi di prevenzione e sicurezza come nomina del RSPP etc.).

La delega, inoltre, è efficace se in essa si identificano chiaramente i seguenti elementi: l'*incarico affidato*; gli *obiettivi assegnati* e i *risultati attesi*; i *margini di autonomia* attribuiti e le *relative responsabilità*; le *forme di rendicontazione finale* in merito ai risultati conseguiti; la *durata temporale* dell'incarico.

Infine, la delega conferisce un potere entro i limiti delle direttive del delegante (la cui inosservanza può dar luogo a *responsabilità disciplinare del delegato*) e attribuisce al delegato una circoscritta discrezionalità nell'eseguire le istruzioni impartite.

212 Risposta esatta: B

La Carta dei Servizi è un documento che esplicita i servizi offerti dalle scuole, che le stesse devono emanare sulla base del D.P.C.M. 7-6-1995 e in virtù delle risorse professionali e strutturali a disposizione, per instaurare un rapporto fra Pubblica Amministrazione e cittadini/utenti improntato a criteri di trasparenza, partecipazione, efficienza ed efficacia.
Essa viene **deliberata dal Consiglio di istituto** e intende garantire gli standard di qualità specifici per i servizi amministrativi erogati dalle scuole.

213 Risposta esatta: A

I compiti attinenti alla gestione degli archivi e del protocollo sono attribuiti alla **segreteria**, al vertice della quale si colloca il DSGA che deve assicurare la unitarietà dei servizi amministrativi.
Vi è in particolare una parte della segreteria che ha competenza diretta nella **tenuta dell'archivio e del protocollo nonché nella ricezione e gestione della corrispondenza**.
La disciplina pattizia, nella Tabella B del personale ATA, ad esempio, descrivendo le competenze dei responsabili amministrativi, espressamente stabilisce che tale figura «Esegue attività lavorativa richiedente specifica preparazione professionale e capacità di esecuzione delle procedure anche con l'utilizzazione di strumenti di tipo informatico, pure per finalità di catalogazione. Ha competenza diretta della tenuta dell'archivio e del protocollo».
Inoltre, ogni amministrazione deve individuare, infatti, *una o più aree organizzative omogenee (AOO)*, all'interno delle quali venga nominato un Responsabile del servizio per la tenuta del Protocollo Informatico, della gestione dei flussi documentali e degli archivi: l'art. 50 D.P.R. 445/2000, Testo Unico documentazione amministrativa, prescrive proprio che ciascuna amministrazione individui, nell'ambito del proprio ordinamento, gli uffici da considerare ai fini della gestione unica o coordinata dei documenti per grandi aree organizzative omogenee, assicurando criteri uniformi di classificazione e archiviazione, nonché di comunicazione interna tra le aree stesse.

Le **attribuzioni** riconducibili, nel concreto, a tale settore della segreteria riguardano, in genere:
- la protocollazione giornaliera di tutta la corrispondenza in entrata e in uscita, sia in via ordinaria che telematica (casella PEC);
- la distribuzione e lo smistamento della corrispondenza al personale interno, come indicato dal DS o dal DSGA;
- il protocollo e la diffusione di atti, circolari e comunicazioni da trasmettere al personale ATA o docente;
- l'affissione all'albo della scuola dei documenti assoggettati a pubblica diffusione;
- gli adempimenti connessi alla tutela della privacy di cui al D.Lgs. 196/2003;
- l'archiviazione della corrispondenza e dei documenti vari.

214 Risposta esatta: B

Tutti i registri scolastici devono essere **periodicamente vistati dal Dirigente scolastico** che deve verificare la veridicità e la congruenza dei contenuti, anche confrontandoli con quanto registrato negli altri registri e fascicoli.
La valenza dei suddetti documenti scolastici quali «atti pubblici» fa ritenere pienamente loro applicabile l'art. 2700 c.c., in virtù del quale l'atto pubblico fa piena prova, fino a querela di falso, della provenienza del documento dal pubblico ufficiale che lo ha formato, nonché delle dichiarazioni delle parti e degli altri fatti che il pubblico ufficiale attesta avvenuti in sua presenza o da lui compiuti.

215 Risposta esatta: C

Il fascicolo personale dell'allievo rappresenta una sorta di «raccoglitore», che contiene dati di tipo amministrativo, documenti di valutazione intermedie e finali, la documentazione specifica per gli alunni portatori di handicap, comunicazioni alle famiglie, provvedimenti disciplinari attività extracurricolari e viaggi di istruzione, documentazione crediti e ogni altro elemento significativo di documentazione della sua esperienza scolastica.
Il fascicolo personale dell'allievo **può contenere un fascicolo a parte, riservato, con i dati sensibili**, relativi a malattie, certificazioni di disabilità, procedimenti disciplinari etc.

216 **Risposta esatta: C**

Il fascicolo del docente è una raccolta di documentazione relativa al personale docente appunto, tenuta e aggiornata dall'Amministrazione scolastica attraverso il sistema informatico. Nel *fascicolo personale del docente* vanno inseriti **tutti i dati relativi al rapporto di lavoro**, dalla sua costituzione in poi, con tutti gli aggiornamenti del caso. Le informazioni relative alla carriera del docente, invece, vanno inserite in un altro tipo di fascicolo definito *matricolare* che è un documento sintetico contenente tutti i dati significativi della carriera giuridica ed economica del dipendente.

217 **Risposta esatta: A**

Tra i registri che gli insegnanti devono tenere sotto la propria responsabilità si trova, innanzitutto, **il registro di classe**, nel quale vanno annotati i compiti e il **programma svolto dagli insegnanti in ogni singola giornata**, nonché le assenze, i ritardi e le giustificazioni, i provvedimenti disciplinari, le comunicazioni della presidenza.
Esso ha natura giuridica di atto pubblico, in quanto posto in essere dal docente nell'esercizio della sua pubblica funzione e chi ne ha titolo può fare richiesta di visione e di estrazione di copia, ai sensi della L. 241/1990 sul procedimento amministrativo in generale.

218 **Risposta esatta: D**

Il risalente R.D. 965/1924 dispone che «Ogni professore deve tenere diligentemente il giornale di classe, sul quale egli registra progressivamente, senza segni crittografici, i voti di profitto, la materia spiegata, gli esercizi assegnati e corretti, le assenze e le mancanze degli alunni. In fin d'anno presenta una relazione sullo svolgimento e sui risultati del suo insegnamento» (art. 41).
I registri sono affidati **alla responsabilità degli insegnanti**.

219 **Risposta esatta: B**

Ai sensi dell'art. 7, comma 29, D.L. 95/2012 convertito, «A decorrere dall'anno scolastico 2012-2013 le istituzioni scolastiche ed educative redigono la pagella degli alunni in formato elettronico».
In vigore dall'anno scolastico 2012-2013, la pagella elettronica **ha la medesima validità legale del documento cartaceo** ed è resa disponibile per le famiglie sul web o tramite posta elettronica o altra modalità digitale. Resta comunque fermo il diritto dell'interessato di ottenere su richiesta gratuitamente copia cartacea del documento redatto in formato elettronico.

220 **Risposta esatta: A**

Nel vademecum del Garante privacy del 2016, si legge che l'uso di cellulari e smartphone a scuola è, in genere, consentito **per fini strettamente personali** e sempre nel rispetto delle persone, in particolare della loro immagine e dignità, ma è compito degli istituti scolastici decidere nella loro autonomia come disciplinare o, eventualmente vietare del tutto l'uso dei cellulari.

221 **Risposta esatta: D**

L'Autorità garante della privacy ha stabilito, nelle linee guida 2016, che rappresenta **un illecito pubblicare sul sito della scuola il nome e cognome degli studenti i cui genitori sono in ritardo nel pagamento** della retta o del servizio mensa.
Ugualmente va detto per quegli studenti che usufruiscono gratuitamente del servizio mensa in quanto appartenenti a famiglie con reddito minimo o a fasce deboli.
Gli eventuali avvisi che devono avere carattere generale possono essere resi disponibili on line; le comunicazioni indirizzate alle singole persone devono essere a carattere individuale.

222 **Risposta esatta: B**

Nelle linee guida 2016 del Garante privacy, nelle scuole è consentito installare telecamere ma queste devono funzionare **solo negli orari di chiusura degli istituti e la loro presenza deve essere segnalata** con cartelli. Se le riprese riguardano l'esterno della scuola, l'angolo visuale delle telecamere deve essere opportunamente delimitato. Le immagini registrate devono essere cancellate in generale dopo 24 ore.

223 **Risposta esatta: B**

Il T.U. del 2008 si applica sia al **lavoro privato** che al settore **pubblico**; le disposizioni di tutela della salute e sicurezza sul lavoro, con le dovute graduazioni, sono infatti rivolte a garantire la sicurezza di tutti i lavoratori e lavoratrici, sia autonomi che subordinati,

nonché dei soggetti ad essi equiparati (art. 3, commi 1 e 4, T.U. sicurezza). Nell'art. 3, in particolare, si legge al primo comma che «il presente decreto legislativo si applica a tutti i settori di attività, privati e pubblici, e a tutte le tipologie di rischio».
Pertanto, le prescrizioni del D.Lgs. 81/2008 **sono da ritenere pienamente applicabili ed operative per gli istituti di ogni ordine e grado**.
Anche nelle scuole, così come nelle aziende private e nelle altre P.A., infatti, l'attuazione delle prescrizioni per la sicurezza e la salute del lavoro deve integrarsi con le scelte organizzative e gestionali, in conformità ai principi della *prevenzione dei rischi*, della *programmazione* delle misure di protezione e della *ripartizione intersoggettiva* degli obblighi e delle responsabilità, che costituiscono i fondamenti dell'approccio procedurale e partecipativo accolto dal D.Lgs. 81/2008.
Per quanto riguarda gli alunni, l'obbligo di valutare i rischi connessi alle attività e di pianificare interventi preventivi resta in capo al Dirigente scolastico. Il decreto n. 382 del 1998 **equipara** (sebbene ai sensi dell'allora vigente decreto sulla sicurezza 626/1996) **ai lavoratori**, per ciò che riguarda le *norme di sicurezza*, **gli allievi** delle scuole dove è frequente il ricorso ai laboratori, a macchine e strumenti di lavoro. L'equiparazione opera nei periodi in cui gli *allievi* siano *effettivamente applicati* alle strumentazioni.

224 **Risposta esatta:** A

225 **Risposta esatta:** B

226 **Risposta esatta:** B

227 **Risposta esatta:** D

228 **Risposta esatta:** A

229 **Risposta esatta:** C

230 **Risposta esatta:** B

231 **Risposta esatta:** C

232 **Risposta esatta:** A

233 **Risposta esatta:** B

234 **Risposta esatta:** C

235 **Risposta esatta:** B

236 **Risposta esatta:** D

237 **Risposta esatta:** A

238 **Risposta esatta:** D

239 **Risposta esatta:** B

240 **Risposta esatta:** B

241 **Risposta esatta:** C

242 **Risposta esatta:** D

243 **Risposta esatta:** A

244 **Risposta esatta:** A

245 **Risposta esatta:** A

246 **Risposta esatta:** A

247 **Risposta esatta:** A

248 **Risposta esatta:** A

249 **Risposta esatta:** D

250 **Risposta esatta:** D

251 **Risposta esatta:** A

252 **Risposta esatta:** D

253 **Risposta esatta:** B

254 **Risposta esatta:** C

255 **Risposta esatta:** D

256 **Risposta esatta:** D

257 **Risposta esatta:** A

258 **Risposta esatta:** B

259 **Risposta esatta:** A

260 **Risposta esatta:** A

261 **Risposta esatta:** D

262 **Risposta esatta:** C

263 **Risposta esatta:** B

264 **Risposta esatta:** C

265 **Risposta esatta:** D

266 **Risposta esatta:** A

267 **Risposta esatta:** C

268 **Risposta esatta:** C

269 **Risposta esatta:** C

270 **Risposta esatta:** A

271 **Risposta esatta:** B

272 **Risposta esatta:** B

273 **Risposta esatta:** A

274 **Risposta esatta:** A

275 **Risposta esatta:** C

276 **Risposta esatta:** A

277 **Risposta esatta:** D

278 **Risposta esatta:** C

279 **Risposta esatta:** C

280 **Risposta esatta:** A

281 **Risposta esatta:** A

282 **Risposta esatta:** C

283 **Risposta esatta:** D

284 **Risposta esatta:** D

285 **Risposta esatta:** C

286 **Risposta esatta:** A

287 **Risposta esatta:** C

288 **Risposta esatta:** B

289 **Risposta esatta:** C

290 **Risposta esatta:** A

291 **Risposta esatta:** A

292 **Risposta esatta:** D

293 **Risposta esatta:** B

294 **Risposta esatta:** C

295 **Risposta esatta:** D

296 **Risposta esatta:** B

297 **Risposta esatta:** C

298 **Risposta esatta:** B

299 **Risposta esatta:** A

300 **Risposta esatta:** C

301 **Risposta esatta:** D

III Lingua inglese

Sommario Parte III

Schede grammaticali (*)

* In questa Sezione del volume propon... un rapido ripasso della **gramma... inglese**. Per approfondire l'argome... ...lobale» si consiglia il volume ***Lo... di Inglese per tutti i concorsi*** (c... nostra Casa Editrice.

Schede grammaticali

SCHEDA 1 Alfabeto, regole di pronuncia e segni d'interpunzione

Rispetto all'alfabeto italiano, formato da ventuno lettere, quello inglese ne contiene cinque in più: le tre consonanti ***j***, ***k***, ***x*** e le due semivocali ***w***, ***y***, per un totale, dunque, di ventisei lettere, di seguito elencate insieme con le rispettive trascrizioni fonetiche.

A	[ei]	**N**	[en]
B	[bi:]	**O**	[ou]
C	[si:]	**P**	[pi:]
D	[di:]	**Q**	[kju:]
E	[i:]	**R**	[a:ʳ]
F	[ef]	**S**	[es]
G	[dʒi:]	**T**	[ti:]
H	[eitʃ]	**U**	[ju:]
I	[ai]	**V**	[vi:]
J	[dʒei]	**W**	['dˆblju:]
K	[kei]	**X**	[eks]
L	[el]	**Y**	[wai]
M	[em]	**Z**	[zed]

In inglese la conoscenza dell'alfabeto è fondamentale per la *compitazione* dei vocaboli (cioè per poter leggere lentamente una parola, separando i singoli suoni o le sillabe che la compongono), ovvero per eseguire correttamente lo ***spelling*** (pronuncia distaccata delle singole lettere che compongono una parola), che può essere richiesto mediante una delle seguenti frasi: ***What's the spelling of...? / How do you spell...?*** (Qual è la compitazione di...?).

Si ricordi che durante lo *spelling*:

- le lettere maiuscole si fanno precedere dalla parola ***capital*** (*John Smith = capital dʒei – ou – eitʃ – en; capital es – em – ai – ti: – eitʃ*);
- se in una parola si susseguono due lettere uguali, se ne pronuncerà una sola preceduta da ***double*** (*What's the spelling of "book"? bi: – double ou – kei*).

L'ortografia inglese non è fonetica. La stessa lettera (o lo stesso gruppo di lettere) si può pronunciare in modo differente in parole diverse: *enough* (***gh*** = f); *eight* (***gh*** è muta); *ghost* (***gh*** = g).

Per fornire un aiuto ulteriore nella pronuncia delle parole inglesi molti dizionari riportano l'**alfabeto fonetico**, costituito da simboli che rappresentano i vari suoni.

CONSONANTI		
Suono inglese	**Esempi**	**Come in italiano...**
p	***p**en, ti**p***	**p**ane
b	***b**ut, we**b***	**b**ene

(*Segue*)

SUONO INGLESE	ESEMPI	COME IN ITALIANO...
t	***t**wo, be**t***	**t**ipo
d	***d**o, o**dd***	**d**olce
tʃ	***ch**air, na**t**ure, tea**ch***	**c**inese
dʒ	***g**in, **j**oy, e**dg**e*	**gi**ardino
k	***c**at, **k**ill, **q**ueen, thi**ck***	**c**ambio
g	***g**o, **g**et, be**g***	**g**ara
f	***f**ool, enou**gh**, lea**f***	**f**aro
v	***v**oice, ha**v**e*	**v**ite
θ	***th**ing, wi**th***	**th** sonoro
ð	***th**is, brea**th**e*	**th** sordo
s	***s**ee, **c**ity, pa**ss**, li**s**ten*	**s**ole
z	***z**oo, ro**s**e*	re**s**o
ʃ	***sh**e, **s**ure, emo**ti**on, lea**sh***	**sc**irocco
ʒ	*plea**s**ure, bei**ge***	fr. **G**eor**g**e
h	***h**am, **h**ot*	**h** aspirata
m	***m**an, ha**m***	**m**usica
n	***n**o, ti**n***	**n**ave
ŋ	*si**ng**er, ri**ng***	fr. ci**n**q
l	***l**eft, fau**l**t*	**l**uce
r	***r**ipe, t**r**ue*	**r**iva
w	***w**e, **wh**ich*	**u**ovo
j	***y**es, be**y**ond*	**i**odio

VOCALI		
SUONO INGLESE	ESEMPI	COME IN ITALIANO...
a:	*f**a**ther, st**ar**t*	**a** molto allungata
i:	*s**ee**, rec**ei**ve*	f**i**ne
i	*cit**y**, pr**e**tty*	**i** molto breve
e	*b**e**d, s**ai**d*	b**e**llo
ə:	*b**ir**d, h**ear**d*	fr. h**eu**re
æ	*l**a**d, c**a**t*	suono aperto tra la **a** e la **e**
ʌ	*r**u**n, en**ou**gh*	**a** molto breve
ɔ	*n**o**t, w**a**sp*	r**o**sa
ɔ:	*l**aw**, c**augh**t*	c**o**rso
u	*p**u**t, b**oo**k*	**u** molto breve
u:	*s**oo**n, thr**ough***	l**u**na
ə	***a**bout, col**ou**r*	**a** quasi muta

(*Segue*)

DITTONGHI		
SUONO INGLESE	**ESEMPI**	**COME IN ITALIANO...**
ei	_d**ay**, st**ea**k_	sc**ei**cco
ou	_c**o**ke, c**oa**t_	**o** chiusa con la **u** molto breve
ai	_m**y**, s**igh**t_	m**ai** con la **i** molto breve
ɔi	_b**oy**, ch**oi**ce_	p**oi** con la **i** molto breve
au	_n**ow**, d**ou**bt_	ci**ao**
iə	_n**ear**, h**ere**_	sp**ia** con la **a** quasi muta
ɛə	_h**air**, th**ere**_	r**ea**le con la **e** aperta
uə	_t**our**, s**ure**_	t**ua** con la **a** quasi muta

SEGNI D'INTERPUNZIONE		
PUNTEGGIATURA	**IN INGLESE**	**IN ITALIANO**
.	*full stop*	punto
,	*comma*	virgola
:	*colon*	due punti
;	*semicolon*	punto e virgola
?	*question mark*	punto interrogativo
!	*exclamation mark*	punto esclamativo
'	*apostrophe*	apostrofo
-	*hyphen*	trattino
—	*dash*	lineetta
()	*brackets / parenthesis*	parentesi tonde
[ ]	*square brackets*	parentesi quadre
...	*dots*	punti di sospensione
" "	*inverted commas / quotation mark*	virgolette
*****	*asterisk*	asterisco

SCHEDA 2 Plurale dei sostantivi, *count and non-count nouns*, gen. sassone

1 Come formare il plurale

Quasi tutti i sostantivi in inglese hanno sia la forma singolare che quella plurale. Il plurale di solito si forma aggiungendo il **suffisso "s"**. Esistono inoltre alcune forme irregolari.

PARTE FINALE DEL SOSTANTIVO	FORMAZIONE DEL PLURALE	ESEMPI
-s, -sh, -ch, -x, -z, -o	si aggiunge *-es*	*tax - taxes* *boss - bosses*
consonante + *y*	si cambia *y* in *i* e s'aggiunge -*es*	*fly - flies* *baby - babies*
maggior parte degli altri	si aggiunge il suffisso -s	*cat - cats* *day - days*

2 I plurali irregolari

Sebbene la maggior parte dei sostantivi formi il plurale regolarmente, altri hanno plurali insoliti o irregolari.

TIPO DI SOSTANTIVO	FORMAZIONE DEL PLURALE	ESEMPI
termina con *-fe*	cambia *f* in *v* e poi s'aggiunge *-s*	*knife - knives* *life - lives*
termina con *-f*	cambia *f* in *v* e poi s'aggiunge *-es*	*half - halves* *wolf - wolves*
termina con *-us*	cambia *-us* in *-i*	*cactus - cacti* *nucleus - nuclei*
termina con *-is*	cambia *-is* in *-es*	*analysis - analyses* *crisis - crises*
termina con *-on*	cambia *-on* in *-a*	*phenomenon - phenomena*
altri tipi	cambia la vocale o cambia la parola o s'aggiunge una finale differente	*man-men* *foot-feet* *tooth-teeth* *child-children* *person-people*
non cambia	singolare e plurale sono gli stessi	*sheep* *deer*

3 Sostantivi numerabili e non numerabili

In inglese ci sono due tipi di sostantivi: sostantivi numerabili (***count nouns***) e non numerabili (***non-count nouns***). I non numerabili di solito non hanno il plurale.

Di seguito sono illustrate le differenze tra i due tipi:

COUNT NOUNS	**Sono sostantivi che possono essere numerati. Inoltre, quando un *count noun* è singolare viene spesso preceduto dall'articolo indeterminativo *a/an***	***There are two books on the table.*** ***There is an elephant in my car.***

(*Segue*)

NON-COUNT NOUNS	**Sono di solito sostantivi che non possono essere numerati, come *riso* (*rice*) o *acqua* (*water*). I sostantivi non numerabili hanno la sola forma singolare; quando non compaiono da soli sono preceduti dalle forme *some, any, no***	***Could I have some water, please?*** ***I'd like rice with my steak.***

I sostantivi numerabili sono di solito oggetti che possono essere numerati, mentre quelli non numerabili sono spesso sostanze, come cibi e bevande, che non possono essere facilmente contate (*sand* "sabbia", *water* "acqua", *bread* "pane") o sono idee astratte (come *nature* "natura", *space* "spazio" o *entertainment* "divertimento"). Ecco alcuni esempi:

- *COUNT NOUNS*: *pen, table, car, idea, answer, class, exam, shoe*
- *NON-COUNT NOUNS*: *education, intelligence, clothing, soap, air, cheese, grass, literature*

4 Come numerare i *non-count nouns*

Talvolta possiamo avere il bisogno di numerare i sostantivi non numerabili per indicare una quantità. A tale scopo si possono usare delle parole di misurazione o di conteggio, come ad esempio:

- ***a bar*** *of chocolate* — **una barra** di cioccolato
- ***two loaves*** *of bread* — **due pagnotte** di pane
- ***three slices*** *of meat* — **tre fettine** di carne

È utile conoscere alcune delle più comuni parole di misurazione o di conteggio e saperle usare. Eccone degli esempi:

PAROLA DI MISURAZIONE E CONTEGGIO		SOSTANTIVI USATI CON ESSA
bar		*chocolate soap*
cube		*sugar ice*
game	*of*	*tennis football cards*
glass		*wine beer water juice*
piece		*advice information clothing furniture machinery*

È necessario conoscere la differenza tra i sostantivi numerabili e non numerabili per adoperare correttamente:

- gli articoli (*the, a/an*)
- i plurali dei sostantivi
- le forme *much/many*

MUCH (molto/a/i/e) e *TOO MUCH* (troppo/a/i/e) si usano con i **sostantivi non numerabili**.
MANY (molti/e) e *TOO MANY* (troppi/e) si usano con i **sostantivi numerabili**.

5 Il genitivo sassone

Il GENITIVO SASSONE viene spesso usato in inglese per indicare il possesso, soprattutto quando il "possessore" è:

- **persona o animale**
  Es: *My brother's car is red* ("La macchina di mio fratello è rossa")

- **nazione o città**
  Es: *London's squares are large* ("Le piazze di Londra sono grandi")
- **avverbi di tempo**
  Es: *Today's match is at 4.00* ("La partita di oggi è alle 4")
- **espressione di distanza e peso**
  Es: *It's a 700 kilometers' journey* ("È un viaggio di 700 Km")
- **pronomi indefiniti**
  Es: *Everyone's body temperature is 37°C* ("La temperatura corporea di tutti è di 37°C")

Il GENITIVO SASSONE si costruisce secondo il seguente schema:

possessore + 's + persona/animale/cosa posseduta (senza articolo)

- Quando il possessore termina in *-s*, può essere seguito solo dall'apostrofo senza *s*:
  Es: *Is that the girls' room or the boys' room?* ("Quella è la stanza delle ragazze o la stanza dei ragazzi?")
- Quando vi sono più possessori:
  - si aggiunge *'s* solo all'ultimo possessore se il possesso è condiviso
    Es: *John and Mary's parents are in Sweden* ("I genitori di John e Mary sono in Svezia")
  - si aggiunge *'s* a ciascun possessore se il possesso è individuale
    Es: *John's and Mary's parents are in Sweden* ("I genitori di John e quelli di Mary sono in Svezia").

I seguenti sostantivi sono di solito omessi quando hanno la funzione di "cosa posseduta":

- ***house***
- ***restaurant***
- ***shop / store***
- ***hospital***
- ***church / cathedral***
- ***office***

Es: *She is going to Bob's* ("Lei sta andando a casa di Bob")
Es: *Where is the nearest chemist's?* ("Dov'è la farmacia più vicina?")
Es: *We visited St. Paul's* ("Abbiamo visitato la cattedrale di St. Paul")

SCHEDA 3 Pronomi personali, aggettivi e pronomi possessivi

L'inglese, come l'italiano, distingue nella forma i **pronomi personali** a seconda della funzione (di soggetto o di complemento) che hanno nella frase.

SUBJECT PRONOUNS **(PRONOMI PERSONALI SOGGETTO)**		***OBJECT PRONOUNS*** **(PRONOMI PERSONALI COMPLEMENTO)**	
I	*we*	*me*	*us*
you	*you*	*you*	*you*
he *she* *it*	*they*	*him* *her* *it*	*them*

I **pronomi riflessivi** in inglese vengono generalmente utilizzati come in italiano.

REFLEXIVE PRONOUNS **(PRONOMI RIFLESSIVI)**	
myself	*ourselves*
yourself	*yourselves*
himself *herself* *itself*	*themselves*

Per quanto concerne i **possessivi**, esistono forme distinte per i **pronomi** e per gli **aggettivi**.

POSSESSIVE ADJECTIVES **(AGGETTIVI POSSESSIVI)**		***POSSESSIVE PRONOUNS*** **(PRONOMI POSSESSIVI)**	
my	*our*	*mine*	*ours*
your	*your*	*yours*	*yours*
his *her* *its*	*their*	*his* *hers*	*theirs*

Mentre i possessivi italiani concordano per genere e numero con la cosa posseduta (*la mia chiave, le mie chiavi, il mio cappello, i miei cappelli*), i possessivi in inglese non concordano con il genere e il numero della cosa posseduta, ma con il genere e il numero del **possessore**:

Sayid's country → ***his country***

The others' intentions → ***their intentions***

singolare: ***my book*** → plurale: ***my books***

femminile: ***my daughter*** → maschile: ***my son***

SCHEDA 4 Le espressioni di quantità

Nella tabella seguente sono riportati i termini che l'inglese utilizza per esprimere la quantità.

CON I VERBI	ESEMPI
a lot	*I work a lot.*
not (very) much	*I don't work (very) much.*
a little (bit)	*I sometimes work a little (bit) in the evening.*

CON GLI AGGETTIVI E CON GLI AVVERBI	ESEMPI
very	*My car is very expensive.* *She speaks very slowly.*
not very	*My car isn't very expensive.* *She doesn't speak very slowly.*

CON GLI *UNCOUNTABLE NOUNS*	ESEMPI
a lot of, lots of, plenty of	*We have a lot of money.* *We have lots of money.* *We have plenty of money.*
not much	*We haven't got much money.*
(a) little	*We have a little money.* *We have very little money.*

CON I *COUNTABLE NOUNS*	ESEMPI
many, a lot of, lots of, plenty of	*He has many friends.* *He has a lot of friends* *He has lots of friends.* *He has plenty of friends*
not many	*He hasn't got many friends.*
(a) few	*He has a few good friends.* *He has very few good friends.*

SCHEDA 5 I numerali

1 Tabella dei numerali cardinali e ordinali

NUMERI	CARDINALI	ORDINALI	NUMERI	CARDINALI	ORDINALI
1	*one*	*the first*	**21**	*twenty-one*	*the twenty-first*
2	*two*	*the second*	**22**	*twenty-two*	*the twenty-second*
3	*three*	*the third*	**23**	*twenty-three*	*the twenty-third*
4	*four*	*the fourth*	**24**	*twenty-four*	*the twenty-fourth*
5	*five*	*the fifth*	**25**	*twenty-five*	*the twenty-fifth*
6	*six*	*the sixth*	**26**	*twenty-six*	*the twenty-sixth*
7	*seven*	*the seventh*	**27**	*twenty-seven*	*the twenty-seventh*
8	*eight*	*the eighth*	**28**	*twenty-eight*	*the twenty-eighth*
9	*nine*	*the ninth*	**29**	*twenty-nine*	*the twenty-ninth*
10	*ten*	*the tenth*	**30**	*thirty*	*the thirtieth*
11	*eleven*	*the eleventh*	**31**	*thirty-one*	*the thirty-first*
12	*twelve*	*the twelfth*	**40**	*forty*	*the fortieth*
13	*thirteen*	*the thirteenth*	**50**	*fifty*	*the fiftieth*
14	*fourteen*	*the fourteenth*	**60**	*sixty*	*the sixtieth*
15	*fifteen*	*the fifteenth*	**70**	*seventy*	*the seventieth*
16	*sixteen*	*the sixteenth*	**80**	*eighty*	*the eightieth*
17	*seventeen*	*the seventeenth*	**90**	*ninety*	*the ninetieth*
18	*eighteen*	*the eighteenth*	**100**	*a (one) hundred*	*the hundredth*
19	*nineteen*	*the nineteenth*	**1,000**	*a (one) thousand*	*the thousandth*
20	*twenty*	*the twentieth*	**1,000,000**	*a (one) million*	*the millionth*

2 I numeri cardinali

Di norma il **numero zero** si legge:

- ***nought*** in Gran Bretagna (0.56, *nought point five six*) e ***zero*** negli USA, in particolare nel conto alla rovescia (... 3, 2, 1, 0, ... *three, two, one, zero*);
- ***ou*** in numeri telefonici, prefissi, codici postali... (tel. 6204, *tel. six, two, ou, four*);
- ***nil*** nei risultati di partite sportive (Inter-Milan 2-0, *Inter-Milan two-nil*);
- ***love*** per i risultati delle partite di tennis (*forty-love*, quaranta a zero);
- ***zero*** come grado di temperatura (-5°C / 5 gradi sotto zero, *5 degrees below zero*).

I numeri di telefono e delle stanze d'albergo si leggono uno alla volta. Se il numero è doppio lo si fa precedere dalla parola ***double*** (38845, *three, double eight, four, five*).

Nei numeri da 21 a 99 le unità si uniscono alle decine con un **trattino** (54, *fifty-four*), mentre tra le centinaia e il resto del numero si inserisce ***and*** (375, *three hundred and seventy-five*), che però non si utilizza nell'inglese americano o *American English* (269, *two hundred sixty-nine*).

Si noti che in inglese i **decimali** sono separati da un punto (al posto della nostra virgola), che si legge ***point***, mentre le migliaia sono separate dalle centinaia da una virgola (al posto del nostro punto): 4,56 = *4.56* → quattro virgola cinquantasei, *four point five six*; 1.200 = *1,200* → milleduecento, *one thousand two hundred.*

Di regola ***dozen***, ***hundred***, ***thousand*** non prendono la *-s* del plurale, eccetto quando si usano come espressioni indefinite (*There were thousands of men and hundreds of women in the stadium*, Nello stadio c'erano migliaia di uomini e centinaia di donne).

Million resta invariato se è seguito da un altro numero o da un sostantivo (*two million men*, due milioni di uomini), mentre prende la *-s* del plurale se adoperato da solo (*two millions*, due milioni).

Dozen, hundred, thousand e *million*, impiegati da soli, possono essere preceduti sia da ***one*** (*one hundred people*, un centinaio di persone) che da ***a*** (*a dozen wounded*, una dozzina di feriti).

Nell'inglese britannico, o *British English*, ***a billion*** significa di solito "mille milioni", ossia "un miliardo", ma può anche significare "un milione di milioni", ovvero "mille miliardi".

Alcuni numeri possono essere confusi se non vengono pronunciati correttamente (ad esempio, 13 → *thirteen* e 30 → *thirty*): attenzione, quindi, all'accento e alla pronuncia!

3 I numeri ordinali

1st	*the* ***first***	10th	*the tenth*	20th	*the* ***twentieth***
2nd	*the* ***second***	11th	*the eleventh*	21st	*the* ***twenty-first***
3rd	*the* ***third***	12th	*the* ***twelfth***	22nd	*the* ***twenty-second***
4th	*the fourth*	13th	*the thirteenth*	23rd	*the* ***twenty-third***
5th	*the* ***fifth***	14th	*the fourteenth*	24th	*the twenty-fourth*
6th	*the sixth*	15th	*the fifteenth*		...
7th	*the seventh*	16th	*the sixteenth*	30th	*the* ***thirtieth***
8th	*the* ***eighth***	17th	*the seventeenth*	31st	*the* ***thirty-first***
9th	*the* ***ninth***		...		...

Nello schema proposto conviene memorizzare i numeri in grassetto, mentre gli altri si possono ricavare aggiungendo ai numeri cardinali il suffisso ***-th***.

Appare evidente che se il numero ordinale è costituito da cifre, queste devono essere seguite dalle ultime due lettere del numerale. Inoltre, nei numeri ordinali composti compresi fra venti e cento si usa il trattino come per i cardinali e si rende ordinale solo il secondo (*1st* → *the first*, primo; *2nd* → *the second*, secondo; *3rd* → *the third*, terzo; *4th* → *the fourth*, quarto; *24th* → *the twenty-fourth*, ventiquattresimo).

I numeri ordinali si usano anche nelle **date** e nei **nomi di sovrani** (*February 21* → *February the twenty-first*, il 21 febbraio; *Henry VIII* → *Henry the eighth*, Enrico VIII).

Si noti che l'articolo ***the*** viene sempre pronunciato, anche se non sempre scritto, davanti ai numerali ordinali, tranne i casi in cui sono usati come aggettivi (*second hand*, seconda mano; *third time lucky*, la terza è la volta buona).

Per quanto riguarda le **frazioni** e le **percentuali**, illustriamo come si esprimono ricorrendo a dei semplici esempi:

1/2 → un mezzo, *a / one half*; 2/2 → due mezzi, *two halves*; 1/3 → un terzo, *a / one third*; 2/4 → due quarti, *two quarters / fourths*; 3/8 → tre ottavi, *three eighths*; 1/9 → un nono, *a / one ninth*.

70% → settanta per cento, *seventy per cent*; 6.45% → sei virgola quarantacinque per cento, *six point four five per cent*; 20½% → venti e mezzo per cento, *twenty and a half per cent*.

SCHEDA 6 Le forme dei verbi *to be*, *to have* e *to do*

1 Il verbo *to be*

In inglese, come in italiano, esistono verbi che di norma vengono utilizzati assieme a un verbo ordinario per esprimere una vasta gamma di forme (i tempi verbali, l'interrogazione e la negazione, l'obbligo, la capacità...). In virtù di questa loro funzione, questi verbi sono definiti **ausiliari**. Tali sono, ad esempio: *be*, *have*, *do*, *will*, *must*, *can* (*will*, *must*, *can*... sono chiamati, in particolare, *ausiliari modali*).

Nella tabella che segue sono riassunte le voci di *to be* (essere), utilizzabile non solo come ausiliare, ma anche come **verbo ordinario** (tra parentesi sono indicate le *forme contratte*).

	FORMA AFFERMATIVA	FORMA NEGATIVA	FORMA INTERROGATIVA	FORMA INTERROGATIVO-NEGATIVA
PRESENTE				
I sing.	*I am (I'm)*	*I am not (I'm not)*	*am I?*	*am I not? (aren't I?)*
II sing.	*you are (you're)*	*you are not (you aren't)*	*are you?*	*are you not? (aren't you?)*
III sina	*he/she/it is (he/she/it's)*	*he/she/it is not (he/she/it isn't)*	*is he/she/it?*	*is he/she/it not? (isn't he/she/it?)*
I plur.	*we are (we're)*	*we are not (we aren't)*	*are we?*	*are we not? (aren't we?)*
II plur.	*you are (you're)*	*you are not (you aren't)*	*are you?*	*are you not? (aren't you?)*
III plur.	*they are (they're)*	*they are not (they aren't)*	*are they?*	*are they not? (aren't they?)*
PASSATO				
I sing.	*I was*	*I was not (I wasn't)*	*was I?*	*was I not? (wasn't I?)*
II sing.	*you were*	*you were not (you weren't)*	*were you?*	*were you not? (weren't you?)*
III sing.	*he/she/it was*	*he/she/it was not (he/she/it wasn't)*	*was he/she/it?*	*was he/she/it not? (wasn't he/she/it?)*
I plur.	*we were*	*we were not (we weren't)*	*were we?*	*were we not? (weren't we?)*
II plur.	*you were*	*you were not (you weren't)*	*were you?*	*were you not? (weren't you?)*
III plur.	*they were*	*they were not (they weren't)*	*were they?*	*were they not? (weren't they?)*

Il participio passato di *to be* è *been*, cosicché il **paradigma** completo del verbo essere è: ***to be - was / were - been***. La forma contratta si usa maggiormente quando si parla, ma è possibile adoperarla anche quando si scrive in maniera informale.

2 Il verbo *to have*

Nella tabella che segue sono riassunte le forme di *to have* (avere), anch'esso utilizzabile, alla pari di *to be*, sia come **ausiliare** che come **verbo ordinario** (tra parentesi le *voci contratte*).

	FORMA AFFERMATIVA	FORMA NEGATIVA	FORMA INTERROGATIVA	FORMA INTERROGATIVO-NEGATIVA
PRESENTE				
I sing.	*I have (I've)*	*I have not (I haven't)*	*have I?*	*have I not? (haven't I?)*
II sing.	*you have (you've)*	*you have not (you haven't)*	*have you?*	*have you not? (haven't you?)*
III sing.	*he/she/it has (he/she/it's)*	*he/she/it has not (he/she/it hasn't)*	*has he/she/it?*	*has he/she/it not? (hasn't he/she/it?)*
I plur.	*we have (we've)*	*we have not (we haven't)*	*have we?*	*have we not? (haven't we?)*
II plur.	*you have (you've)*	*you have not (you haven't)*	*have you?*	*have you not? (haven't you?)*
III plur.	*they have (they've)*	*they have not (they haven't)*	*have they?*	*have they not? (haven't they?)*
PASSATO				
I sing.	*I had (I'd)*	*I had not (I hadn't)*	*had I?*	*had I not? (hadn't I?)*
II sing.	*you had (you'd)*	*you had not (you hadn't)*	*had you?*	*had you not? (hadn't you?)*
III sing.	*he/she/it had (he/she/it'd)*	*he/she/it had not (he/she/it hadn't)*	*had he/she/it?*	*had he/she/it not? (hadn't he/she/it?)*
I plur.	*we had (we'd)*	*we had not (we hadn't)*	*had we?*	*had we not? (hadn't we?)*
II plur.	*you had (you'd)*	*you had not (you hadn't)*	*had you?*	*had you not? (hadn't you?)*
III plur.	*they had (they'd)*	*they had not (they hadn't)*	*had they?*	*had they not? (hadn't they?)*

Il participio passato di *to have* è *had*, cosicché il **paradigma** completo del verbo avere è: ***to have - had - had***.

Nel *British English* il verbo *to have* è normalmente seguito, soprattutto nella lingua parlata, dal rafforzativo ***got***, e la sua coniugazione nelle forme negativa, interrogativa e interrogativo-negativa avviene come indicato nella succitata tabella. Si tenga presente, inoltre, che la voce contratta seguita dal rafforzativo *got* si usa specialmente nel linguaggio informale.

Have you got the ticket to Boston? — Hai il biglietto per Boston?

Yes, I have. But my friend hasn't got one. — Sì, ce l'ho. Ma il mio amico no.

Nell'*American English*, invece, la coniugazione di *to have* nelle forme negativa, interrogativa e interrogativo-negativa segue le regole dei verbi ordinari, utilizzando cioè il verbo ***to do*** come ausiliare.

Do you have the ticket to Miami? — Hai il biglietto per Miami?

Yes, I do. But my friend doesn't have one. — Sì, ce l'ho. Ma il mio amico no.

3 Il verbo *to do*

Anche *to do*, al pari di *to be* e di *to have*, può essere utilizzato sia come **ausiliare** che come **verbo ordinario**; in qualità di ausiliare ne riassumiamo le forme nella tabella che proponiamo (tra parentesi indichiamo le contrazioni).

	FORMA AFFERMATIVA	FORMA NEGATIVA	FORMA INTERROGATIVA	FORMA INTERROGATIVO-NEGATIVA
PRESENTE				
I sing.	*I do*	*I do not (I don't)*	*do I?*	*do I not? (don't I?)*
II sing.	*you do*	*you do not (you don't)*	*do you?*	*do you not? (don't you?)*
III sing.	*he/she/it does*	*he/she/it does not (he/she/it doesn't)*	*does he/she/it?*	*does he/she/it not? (doesn't he/she/it?)*
I plur.	*we do*	*we do not (we don't)*	*do we?*	*do we not? (don't we?)*
II plur.	*you do*	*you do not (you don't)*	*do you?*	*do you not? (don't you?)*
III plur.	*they do*	*they do not (they don't)*	*do they?*	*do they not? (don't they?)*
PASSATO				
I sing.	*I did*	*I did not (I didn't)*	*did I?*	*did I not? (didn't I?)*
II sing.	*you did*	*you did not (you didn't)*	*did you?*	*did you not? (didn't you?)*
III sing.	*he/she/it did*	*he/she/it did not (he/she/it didn't)*	*did he/she/it?*	*did he/she/it not? (didn't he/she/it?)*
I plur.	*we did*	*we did not (we didn't)*	*did we?*	*did we not? (didn't we?)*
II plur.	*you did*	*you did not (you didn't)*	*did you?*	*did you not? (didn't you?)*
III plur.	*they did*	*they did not (they didn't)*	*did they?*	*did they not? (didn't they?)*

In funzione di ausiliare *to do* non ha alcun significato, ma costituisce semplicemente una forma obbligatoria per la composizione sia delle frasi negative, interrogative e interrogativo-negative, sia delle *short answers* di tutti i verbi ordinari (esclusi, cioè, gli ausiliari e i modali).

What does this word mean? — Che vuol dire questa parola?

He didn't understand the problem. — Lui non ha capito il problema.

Didn't they tell you? — Non te l'hanno detto?

Inoltre viene adoperato come ausiliare nei seguenti casi:

- nell'imperativo negativo (*Don't come here. I'll come there*, Non venire qui. Verrò io lì);
- per non ripetere un verbo già espresso in precedenza nella frase (*I saw Paul in the street, but you didn't*, Ho visto Paul per strada, ma tu non l'hai visto).

SCHEDA 7 Tempi, modi e forme dei verbi

1 Verbi regolari e irregolari

I verbi inglesi si contraddistinguono per *tre voci principali*, che ne costituiscono il cosiddetto "**paradigma**": l'**infinito** (*infinitive*), il **passato** (*past tense*) e il **participio passato** (*past participle*).

A seconda di come formano questi ultimi due, i verbi si definiscono:

- **regolari**, se costruiscono il passato e il participio passato semplicemente **aggiungendo la desinenza *-ed* alla "forma base"**, cioè all'infinito senza il *to* (*to enjoy - enjoyed - enjoyed*, godere, gioire; *to listen - listened - listened*, ascoltare; *to watch - watched - watched*, guardare...);
- **irregolari**, se invece la composizione del passato e del participio passato presenta appunto delle "irregolarità" di vario genere, che bisogna conoscere e, purtroppo, imparare a memoria. A tal proposito, forniamo una **tabella** con i paradigmi e i significati dei più comuni *verbi irregolari*.

I VERBI IRREGOLARI			
INFINITIVE	***PAST TENSE***	***PAST PARTICIPLE***	***MEANING***
to be	*was*	*been*	essere
to become	*became*	*become*	divenire
to begin	*began*	*begun*	cominciare
to break	*broke*	*broken*	rompere
to bring	*brought*	*brought*	portare
to build	*built*	*built*	costruire
to buy	*bought*	*bought*	comprare
to catch	*caught*	*caught*	afferrare
to choose	*chose*	*chosen*	scegliere
to come	*came*	*come*	venire
to cost	*cost*	*cost*	costare
to cut	*cut*	*cut*	tagliare
to do	*did*	*done*	fare
to drink	*drank*	*drunk*	bere
to drive	*drove*	*driven*	guidare
to eat	*ate*	*eaten*	mangiare
to feel	*felt*	*felt*	sentire
to find	*found*	*found*	trovare
to fly	*flew*	*flown*	volare
to forget	*forgot*	*forgotten*	dimenticare
to forgive	*forgave*	*forgiven*	perdonare
to give	*gave*	*given*	dare
to go	*went*	*gone*	andare
to grow	*grew*	*grown*	crescere
to have	*had*	*had*	avere
to hear	*heard*	*heard*	udire

(*Segue*)

to hide	*hid*	*hidden*	nascondere
to hit	*hit*	*hit*	battere
to hold	*held*	*held*	tenere
to keep	*kept*	*kept*	mantenere
to know	*knew*	*known*	conoscere
to learn	*learnt / learned*	*learnt / learned*	imparare
to leave	*left*	*left*	lasciare
to let	*let*	*let*	permettere
to make	*made*	*made*	fare, creare
to mean	*meant*	*meant*	significare
to meet	*met*	*met*	incontrare
to pay	*paid*	*paid*	pagare
to put	*put*	*put*	mettere
to read	*read*	*read*	leggere
to ride	*rode*	*ridden*	cavalcare
to ring	*rang*	*rung*	suonare
to rise	*rose*	*risen*	sorgere
to run	*ran*	*run*	correre
to say	*said*	*said*	dire
to see	*saw*	*seen*	vedere
to sell	*sold*	*sold*	vendere
to send	*sent*	*sent*	mandare
to set	*set*	*set*	porre, mettere
to shoot	*shot*	*shot*	lanciare
to shut	*shut*	*shut*	chiudere
to sing	*sang*	*sung*	cantare
to sit	*sat*	*sat*	sedere
to sleep	*slept*	*slept*	dormire
to speak	*spoke*	*spoken*	parlare
to spell	*spelt*	*spelt*	compitare, sillabare
to spend	*spent*	*spent*	spendere, passare
to stand	*stood*	*stood*	stare in piedi
to swim	*swam*	*swum*	nuotare
to take	*took*	*taken*	prendere
to teach	*taught*	*taught*	insegnare
to tell	*told*	*told*	dire
to think	*thought*	*thought*	pensare
to understand	*understood*	*understood*	capire
to wear	*wore*	*worn*	indossare
to win	*won*	*won*	vincere
to write	*wrote*	*written*	scrivere

2 Il *simple present*

Il **presente semplice** (*simple present*) del modo indicativo di tutti i verbi, regolari e irregolari, si coniuga utilizzando la **forma base del verbo** (chiamata anche ***dictionary form***) per tutte le persone a eccezione della III singolare, alla quale viene aggiunta la desinenza ***-s***.

TO EAT	**MANGIARE**
I eat	io mangio
you eat	tu mangi
he / she / it eats	egli / ella / lui / lei / esso/a mangia
we eat	noi mangiamo
you eat	voi mangiate
they eat	essi/e / loro mangiano

L'aggiunta della desinenza *-s*, però, può provocare alcune modificazioni ortografiche, di seguito specificate.

- I verbi che terminano per ***-ss / -sh / -ch / -x / -o / -z*** aggiungono ***-es***.

to pass (passare) → *I / you / we / you / they pass* *he / she / it passes*
to push (spingere) → *I / you / we / you / they push* *he / she / it pushes*
to touch (toccare) → *I / you / we / you / they touch* *he / she / it touches*
to mix (mescolare) → *I / you / we / you / they mix* *he / she / it mixes*
to go (andare) → *I / you / we / you / they go* *he / she / it goes*
to buzz (ronzare) → *I / you / we / you / they buzz* *he / she / it buzzes*

- I verbi che terminano per ***-y*** preceduta da **consonante** cambiano la *-y* in ***-i*** e aggiungono ***-es***, mentre i verbi che terminano per ***-y*** preceduta da **vocale** aggiungono regolarmente ***-s***.

to try (provare) → *I / you / we / you / they try* *he / she / it tries*
to carry (trasportare) → *I / you / we / you / they carry* *he / she / it carries*

ma:

to pay (pagare) → *I / you / we / you / they pay* *he / she / it pays*
to play (giocare) → *I / you / we / you / they play* *he / she / it plays*

Le *forme negativa*, *interrogativa* e *interrogativo-negativa* del *simple present* si formano con l'ausiliare ***do*** (***does*** alla III persona singolare), secondo le costruzioni di seguito indicate.

Forma negativa:

soggetto + *do not (don't) / does not (doesn't)* + forma base del verbo

I / you / we / you / they do not (don't) want *he / she / it does not (doesn't) want*

Forma interrogativa:

***do / does* + soggetto + forma base del verbo**

do I / you / we / you / they want? *does he / she / it want?*

Forma interrogativo-negativa:

***don't / doesn't* + soggetto + forma base del verbo**

don't I / you / we / you / they want? *doesn't he / she / it want?*

Nella forma affermativa del *simple present* è da rimarcare l'**uso enfatico** di *do*, che dona una speciale forza alla frase, soprattutto quando l'interlocutore esprime un dubbio circa l'azione in oggetto (*You don't love me as before*, Non mi ami come prima → *I do love you as before*, Ti amo davvero come prima).

Si usa il *simple present*:

- per indicare un'**azione abituale** (*They play tennis three times a week*, Giocano a tennis tre volte alla settimana);
- per esprimere **verità generali** (*The sun rises in the East*, Il sole sorge a est);
- in riferimento a una **situazione permanente** (*Most people in London go to work by Tube*, La maggior parte delle persone a Londra va a lavoro con la metropolitana).

3 Il *present continuous*

Il **presente continuato** o **progressivo** (*present continuous*) equivale alla forma italiana "**io sto + gerundio**" e si costruisce con il:

presente indicativo di *to be* + *-ing form* del verbo da coniugare

La forma *-ing* traduce anche il **participio presente** e il **gerundio**.

Si ricordi, però, che **non sono coniugabili** nella *-ing form* i verbi di *percezione*, quelli indicanti *relazione* o *esistenza* e quelli che denotano *stati mentali* o *sentimenti*.

TABELLA DEI VERBI NON CONIUGABILI NELLA *-ING FORM*

Verbi di percezione

feel (toccare, sentire, percepire)	*hear* (sentire)	*see* (vedere)	*smell* (odorare)	*taste* (gustare)

Verbi indicanti relazione o esistenza

be	(essere)	*depend on*	(dipendere da)	*matter*	(importare)
belong to	(appartenere a)	*deserve*	(meritare)	*owe*	(dovere)
concern	(riguardare)	*equal*	(uguagliare)	*possess*	(possedere)
consist of	(consistere di)	*fit*	(adattare)	*remain*	(rimanere)
contain	(contenere)	*have*	(avere)	*require*	(richiedere)
cost	(costare)	*involve*	(avvolgere)	*resemble*	(assomigliare)

Verbi che denotano stati mentali o sentimenti

admire	(meravigliarsi)	*forget*	(dimenticare)	*realize*	(capire)
adore	(adorare)	*hate*	(odiare)	*recall*	(richiamare)
appreciate	(apprezzare)	*hope*	(sperare)	*recognize*	(riconoscere)
believe	(credere)	*imagine*	(immaginare)	*remember*	(ricordare)
care	(curarsi)	*know*	(conoscere)	*respect*	(rispettare)
desire	(desiderare)	*like*	(piacere)	*suppose*	(supporre)
detest	(detestare)	*love*	(amare)	*think / have an opinion*	(ritenere)
dislike	(non piacere)	*mean*	(significare)	*understand*	(capire)
doubt	(dubitare)	*mind*	(badare a)	*value*	(valutare)
fear	(temere)	*prefer*	(preferire)	*want*	(volere)

Le *forme negativa*, *interrogativa* e *interrogativo-negativa* del *present continuous* seguono le regole valide per *to be*. Ecco un esempio con il verbo *to walk*, "camminare" (tra parentesi indichiamo le *forme contratte*).

FORMA AFFERMATIVA	FORMA NEGATIVA
I am (I'm) walking	*I am not (I'm not) walking*
you are (you're) walking	*you are not (you aren't) walking*
he / she / it is (he / she / it's) walking	*he / she / it is not (he / she / it isn't) walking*
we are (we're) walking	*we are not (we aren't) walking*
you are (you're) walking	*you are not (you aren't) walking*
they are (they're) walking	*they are not (they aren't) walking*
FORMA INTERROGATIVA	**FORMA INTERROGATIVO-NEGATIVA**
am I walking?	*am I not (aren't I) walking?*
are you walking?	*are you not (aren't you) walking?*
is he / she / it walking?	*is he / she / it not (isn't he / she / it) walking?*
are we walking?	*are we not (aren't we) walking?*
are you walking?	*are you not (aren't you) walking?*
are they walking?	*are they not (aren't they) walking?*

Si utilizza il *present continuous*:

- per suggerire che **l'azione o lo stato espressi dal verbo continuano ancora "ora, nel presente"**, ovvero nel momento o nel periodo in cui se ne parla (*You are reading this sentence*, Stai leggendo questa frase; *Peter is driving to work this week*, Peter sta andando a lavorare con l'auto questa settimana);
- per esprimere **azioni di durata temporanea** (*I'm reading an interesting book*, Sto leggendo un libro interessante).

4 Il *simple past*

Il **passato semplice** (*simple past*) inglese traduce in italiano il **passato remoto**, l'**imperfetto**, il **passato prossimo** e il **congiuntivo imperfetto**.

Nei **verbi regolari** è **uguale per tutte le persone** e si forma aggiungendo la desinenza ***-ed*** alla forma base del verbo.

TO WORK	LAVORARE
I worked	io lavorai (lavoravo, ho lavorato), che io lavorassi
you worked	tu lavorasti (lavoravi, hai lavorato), che tu lavorassi
he / she / it worked	egli / ella / lui / lei / esso/a lavorò (lavorava, ha lavorato), che egli / ella / lui / lei / esso/a lavorasse
we worked	noi lavorammo (lavoravamo, abbiamo lavorato), che noi lavorassimo
you worked	voi lavoraste (lavoravate, avete lavorato), che voi lavoraste
they worked	essi/e / loro lavorarono (lavoravano, hanno lavorato), che essi/e / loro lavorassero

Proprio l'aggiunta della desinenza ***-ed*** può tuttavia provocare alcune variazioni ortografiche, di seguito specificate:

- se il verbo termina per ***-e*** muta, questa cade e si aggiunge ***-ed*** (*to create*, creare → *created*; *to move*, muovere → *moved*; *to agree*, accordarsi → *agreed*);
- se il verbo è **monosillabo** o **bisillabo** con l'accento sull'ultima sillaba e termina con una sola consonante preceduta da una sola vocale, la **consonante finale raddoppia** (*to drop*, cadere → *dropped*; *to permit*, permettere → *permitted*; *to prefer*, preferire → *preferred*);
- se il verbo termina per ***-l***, nel *British English* questa viene sempre raddoppiata (*to travel*, viaggiare → *travelled*), mentre nell'*American English* ciò non avviene (*to travel* → *traveled*);
- se il verbo termina per ***-y*** preceduta da **consonante**, la *-y* si trasforma in ***-i*** prima di aggiungere ***-ed***; se la ***-y***, viceversa, è preceduta da una **vocale**, rimane invariata e si aggiunge normalmente ***-ed*** (*to hurry*, affrettarsi → *hurried*; *to cry*, gridare → *cried*; **ma** *to stay*, stare → *stayed*; *to play*, giocare → *played*).

Nei **verbi irregolari**, invece, il *simple past* corrisponde alla **II voce del paradigma** ed è **uguale per tutte le persone**.

*TO EAT - **ATE** - EATEN*	**MANGIARE**
I ate	io mangiai (mangiavo, ho mangiato), che io mangiassi
you ate	tu mangiasti (mangiavi, hai mangiato), che tu mangiassi
he / she / it ate	egli / ella / lui / lei / esso/a mangiò (mangiava, ha mangiato), che egli / ella / lui / lei / esso/a mangiasse
we ate	noi mangiammo (mangiavamo, abbiamo mangiato), che noi mangiassimo
you ate	voi mangiaste (mangiavate, avete mangiato), che voi mangiaste
they ate	essi/e / loro mangiarono (mangiavano, hanno mangiato), che essi/e / loro mangiassero

Le *forme negativa*, *interrogativa* e *interrogativo-negativa* del *simple past* sono **uguali per tutti i verbi**, sia regolari che irregolari, e si formano con l'ausiliare ***did*** in base alle costruzioni di seguito indicate.

Forma negativa:

soggetto + *did not (didn't)* + forma base del verbo

I / you / he (she / it) / we / you / they did not (didn't) eat

Forma interrogativa:

***did* + soggetto + forma base del verbo**

did I / you / he (she / it) / we / you / they eat?

Forma interrogativo-negativa:

***didn't* + soggetto + forma base del verbo**

didn't I / you / he (she / it) / we / you / they eat?

Il *simple past* **si usa** per esprimere **azioni compiute e finite nel passato**, e che quindi non hanno più nessun rapporto con il presente (*Wellington defeated Napoleon at Waterloo*, Wellington sconfisse Napoleone a Waterloo), rispetto alle quali può essere adoperato per precisare o per chiedere quando sono accadute (*I went to Australia two years ago*, Andai in Australia due anni fa; *When did you write this letter?*, Quando hai scritto questa lettera?).

5 Il *past continuous*

Il **passato progressivo** o **continuato** (*past continuous*) dei verbi *regolari* e *irregolari* corrisponde alla forma italiana "**io stavo + gerundio**" e si costruisce con il:

passato di *to be* + *-ing form* del verbo da coniugare

Le *forme negativa*, *interrogativa* e *interrogativo-negativa* seguono le stesse regole valide per *to be*. Ecco un esempio delle varie forme con il verbo *to drink*, "bere" (tra parentesi mostriamo le *forme contratte*).

FORMA AFFERMATIVA	FORMA NEGATIVA
I was drinking	*I was not (I wasn't) drinking*
you were drinking	*you were not (you weren't) drinking*
he / she / it was drinking	*he / she / it was not (he / she / it wasn't) drinking*
we were drinking	*we were not (we weren't) drinking*
you were drinking	*you were not (you weren't) drinking*
they were drinking	*they were not (they weren't) drinking*
FORMA INTERROGATIVA	**FORMA INTERROGATIVO-NEGATIVA**
was I drinking?	*was I not (wasn't I) drinking?*
were you drinking?	*were you not (weren't you) drinking?*
was he / she / it drinking?	*was he / she / it not (wasn't he / she / it) drinking?*
were we drinking?	*were we not (weren't we) drinking?*
were you drinking?	*were you not (weren't you) drinking?*
were they drinking?	*were they not (weren't they) drinking?*

Il *past continuous* **si usa** per esprimere **azioni che erano in corso di svolgimento in un certo momento del passato**. Il tempo dell'azione, a sua volta, può essere specificato:

- da un'azione passata avvenuta in quello stesso momento (*I met them when I was going to the basket match*, Li ho incontrati quando stavo andando all'incontro di pallacanestro);
- da un tempo determinato del passato (*Between 4 and 5 p.m. I was washing the car and listening to music*, Fra le 4 e le 5 del pomeriggio stavo lavando l'auto e ascoltando musica).

SCHEDA 8 La forma passiva

1 Quando si usa

Il passivo si usa in diversi casi in inglese, generalmente quando siamo più interessati ad un'azione e al suo oggetto piuttosto che al soggetto (o agente). Osserviamo le seguenti frasi:

Attiva	*Mary typed the letter on a Macintosh computer.*
Passiva	*The letter was typed on a Macintosh computer.*

2 La formazione del passivo

Ad ogni forma passiva corrisponde una forma attiva e viceversa. Il passivo si forma usando l'ausiliare ***to be*** e il ***past participle***. La tabella in basso descrive i passaggi per trasformare una frase attiva in una frase passiva:

1. Prendere una frase attiva	***Someone opens the door.***
2. Identificare il tempo del verbo	***PRESENT SIMPLE***
3. Trasformare il complemento oggetto in soggetto	***The door...***
4. Aggiungere il *to be* coniugando allo stesso tempo del verbo identificato nella frase attiva	***The door is...***
5. Modificare il verbo principale coniugandolo al *past participle*	***The door is opened.***

Ecco alcuni esempi di trasformazione usando anche gli ausiliari **modali**:

Someone is opening the door.	***The door is being opened.***
Someone opened the door.	***The door was opened.***
Someone was opening the door.	***The door was being opened.***
Someone has opened the door.	***The door has been opened.***
Someone should open the door.	***The door should be opened.***
Someone must have opened the door.	***The door must have been opened.***

3 Il complemento d'agente

È possibile anche includere il *complemento d'agente* (il soggetto della frase attiva) nella frase passiva, facendolo precedere dalla preposizione ***by***:

Mary typed the letter.	***The letter was typed* by *Mary.***
The instructor will mark your test.	***Your test will be marked* by *the instructor.***

4 I verbi che non possono essere passivi

Il passivo si forma trasformando un complemento oggetto in soggetto. Pertanto i verbi intransitivi (verbi che non reggono un complemento oggetto) non possono essere usati nella forma passiva, tranne talune eccezioni. Alcuni esempi di verbi intransitivi sono ***arrive, sleep, die, walk, rain, snow*** e ***smile***.

Nemmeno alcuni verbi di stato (verbi che descrivono uno stato o una condizione, e che non hanno le forme progressive) possono essere usati nella forma passiva. Alcuni esempi sono ***have, belong to, resemble, suit*** e ***fit***.

5 Gli errori comuni con il passivo

Il passivo è qualche volta confuso con altre due strutture: le forme ***perfect*** and ***continuous*** (progressivo). Queste sono le differenze tra loro:

Passivo: *be + past participle*	*The door* ***is closed****.*
Perfect*: have + past participle*	*Someone* ***has closed*** *the door.*
Continuous*: be + -ING*	*Someone* ***is closing*** *the door.*

6 Un esempio di coniugazione

Ecco un **esempio completo di coniugazione della forma passiva**, utilizzando il verbo *to praise* (lodare).

TABELLA RIASSUNTIVA DELLA FORMA PASSIVA		
TEMPO VERBALE	**FORMA ATTIVA**	**FORMA PASSIVA**
presente semplice	*praise / praises*	*am / are / is praised*
presente progressivo	*am / are / is praising*	*am / are / is being praised*
passato semplice	*praised*	*was / were praised*
passato progressivo	*was / were praising*	*was / were being praised*
passato prossimo	*have / has praised*	*have / has been praised*
trapassato prossimo	*had praised*	*had been praised*
futuro semplice	*will praise*	*will be praised*
futuro anteriore	*will have praised*	*will have been praised*
condizionale presente	*would praise*	*would be praised*
condizionale passato	*would have praised*	*would have been praised*
infinito presente	*to praise*	*to be praised*
infinito passato	*to have praised*	*to have been praised*
forma in *-ing*	*praising*	*being praised*
passato della forma in *-ing*	*having praised*	*having been praised*

Dopo i verbi modali la forma passiva si costruisce con ***be* + il *past participle*** (*Cars cannot be driven before you are 18 years old*, Non si può guidare la macchina prima dei 18 anni).

SCHEDA 9 Differenze tra British English e American English

CLOTHES (INDUMENTI)		
BRITISH ENGLISH	**AMERICAN ENGLISH**	**TRADUZIONE ITALIANA**
braces	*suspenders*	bretelle
dressing gown	*bath robe*	accappatoio
jumper/pullover/sweater/jersey	*sweater*	maglione
***mac* (slang for *macintosh*)**	*rain coat*	impermeabile
nappy	*diaper*	pannolino
pants / underwear / knickers	*underwear / panties*	mutande
pinny / apron	*apron*	grembiule
polo neck	*turtle neck*	collo alto (di pullover)
swimming costume	*bathing suit*	costume da bagno
trousers	*pants*	pantaloni
vest	*undershirt*	canottiera
waistcoat	*vest*	gilè, panciotto
wellington boots / wellies	*galoshes*	stivali di plastica per la pioggia / galosce
AT SCHOOL **(A SCUOLA)**		
BRITISH ENGLISH	**AMERICAN ENGLISH**	**TRADUZIONE ITALIANA**
drawing pins	*pushpins or thumbtacks*	puntine da disegno
friend / mate	*friend*	amico/a, compagno/a
glue	*gum*	colla
holiday	*vacation*	vacanza
maths	*math*	matematica
open day / open evening	*open house*	festa / evento di tipo informale aperto a tutti
play time / break time	*recess*	intervallo
public school	*private school*	liceo o scuola privata
rubber	*eraser*	gomma per cancellare
staff room	*teachers lounge*	sala docenti
state school	*public school*	scuola pubblica

(*Segue*)

ON THE ROAD (SULLA STRADA)		
BRITISH ENGLISH	**AMERICAN ENGLISH**	**TRADUZIONE ITALIANA**
articulated lorry	*tractor trailer / trailer truck*	camion con rimorchio
car journey	*road trip*	viaggio in auto fatto assieme a più persone
car park	*parking lot*	parcheggio
fire engine	*fire truck*	autocarro dei vigili del fuoco
lorry	*truck*	camion
motorway	*freeway*	autostrada
pavement	*sidewalk*	marciapiede
petrol	*gas / gasoline*	benzina
petrol station	*gas station*	stazione di servizio
phone box	*telephone booth*	cabina telefonica
sleeping policeman	*speed bump*	dossi dissuasori di velocità
zebra crossing / pedestrian crossing	*cross walk*	strisce pedonali
BUILDINGS (EDIFICI) / ***SHOPS*** (NEGOZI)		
BRITISH ENGLISH	**AMERICAN ENGLISH**	**TRADUZIONE ITALIANA**
bungalow	*house / one storey / ranch house*	bungalow / casa di campagna / casa di montagna
cafe **(*not 24 hours*)**	*diner*	bar (dove si può anche mangiare)
chemist's shop	*drug store / pharmacy*	farmacia
flat / one storey	*apartment*	appartamento
semi-detached house	*duplex*	casa bifamiliare
terraced	*town house*	casa di città
FOODS (CIBI)		
BRITISH ENGLISH	**AMERICAN ENGLISH**	**TRADUZIONE ITALIANA**
aubergine	*eggplant*	melanzana
bill **(*at restaurant*)**	*check*	conto
biscuit	*cookie*	biscotto
chips / French fries	*French fries*	patatine fritte
courgette	*zucchini*	zucchina
crisps	*potato chips*	patatine fritte (croccanti)
eggy bread (fried)	*French toast*	fetta di pane bagnata nelle uova e nel latte e poi fritta, condita con zucchero, frutta o sciroppo
grill	*broil*	*barbecue*
jacket potato	*baked potato*	patate al forno

(*Segue*)

jam	*jelly*	marmellata
puddings / sweets	*dessert*	dolce
rasher	*a slice of bacon*	fetta di pancetta
runner beans	*green beans*	fagiolo rampicante
scone	*biscuit*	pasticceria (di crema e uova) al forno
starter	*appetizer*	stuzzichini serviti durante l'aperitivo
sweets	*candy*	caramelle
take-away	*take out*	da asporto
PARTS OF A CAR (PARTI DI UN'AUTOMOBILE)		
BRITISH ENGLISH	AMERICAN ENGLISH	TRADUZIONE ITALIANA
bonnet	*hood*	tettuccio
boot	*trunk*	bagagliaio
bumper	*fender*	paraurti
exhaust pipe	*tail pipe / muffler*	marmitta
reversing lights	*back-up lights*	luci posteriori
windscreen	*windshield*	parabrezza
IN AND AROUND THE HOUSE (DENTRO E ATTORNO ALLA CASA)		
BRITISH ENGLISH	AMERICAN ENGLISH	TRADUZIONE ITALIANA
bin / dust bin	*trash can*	cestino della spazzatura
cooker	*range / stove*	cucina
couch / sofa / settee	*sofa*	divano
garden	*backyard / yard*	giardino
hand basin / sink	*sink*	lavello da cucina
run the bath	*fill the tub*	riempire la vasca
tap	*faucet*	rubinetto
telly	*TV / television*	televisione
toilet / loo / wc	*bathroom / restroom*	toilette / bagno
wardrobe	*closet*	armadio
PEOPLE (PERSONE)		
BRITISH ENGLISH	AMERICAN ENGLISH	TRADUZIONE ITALIANA
boy / lad	*boy*	ragazzo
cashier	*teller*	cassiere
chemist	*druggist*	farmacista
dustman	*garbage man*	operatore ecologico
girl / lass	*girl*	ragazza
lady / woman	*lady*	donna

(*Segue*)

lollypop man	*crossing guard*	vigile che controlla l'attraversamento delle strisce pedonali
man / bloke / gentleman / guy / chap	*man / guy*	uomo / tizio
mum	*mom*	mamma
nutter	*crazy person*	pazzo / eccentrico
policeman / bobby / copper	*policeman / cop*	poliziotto
postman	*mailman*	postino
SPORTS		
BRITISH ENGLISH	**AMERICAN ENGLISH**	**TRADUZIONE ITALIANA**
bat **(*in table tennis*)**	*paddle* (*in ping pong*)	racchetta da ping pong
football	*soccer*	calcio
rounders	*baseball*	baseball
OTHER WORDS **(ALTRE PAROLE)**		
BRITISH ENGLISH	**AMERICAN ENGLISH**	**TRADUZIONE ITALIANA**
autumn	*fall*	autunno
bank holiday	*national holiday*	giorno festivo
cinema	*movie*	cinema
gaol	*jail*	carcere
lift	*elevator*	ascensore
luggage	*baggage*	bagaglio
off you go	*go ahead*	andare avanti
oueue	*stand in a line*	fare la fila
plaster	*band-aid*	cerotto
quid **(slang for *pound*)**	*buck* (slang for *dollar*)	sterlina / dollaro
railway	*railroad*	ferrovia
surgery	*doctor's office*	studio medico
BRITISH SPELLING* VS. *AMERICAN SPELLING		
BRITISH ENGLISH	**AMERICAN ENGLISH**	**TRADUZIONE ITALIANA**
aeroplane	*airplane*	aeroplano
apologise	*apologize*	scusarsi
centre	*center*	centro
cheque	*check*	assegno
colour	*color*	colore
defence	*defense*	difesa
favourite	*favorite*	preferito
grey	*gray*	grigio
harbour	*harbor*	porto, rifugio

(*Segue*)

honour	*honor*	onore
labour	*labor*	lavoro
licence	*license*	patente
metre	*meter*	metro
neighbour	*neighbor*	vicino (di casa)
offence	*offense*	offesa
plough	*plow*	aratro
programme	*program*	programma
theatre	*theater*	teatro
tonight	*tonite*	stanotte
travelled	*traveled*	viaggiato
waggon	*wagon*	carro

SCHEDA 10 False Friends Inglese-Italiano

Parola inglese	Traduzione corretta in italiano	False friend in italiano	Traduzione corretta in inglese
accident	incidente	accidenti!, accidente	*damn!, shock / mishap*
actual	effettivo	attuale	*present / current*
annoyed	infastidito / seccato	annoiato	*bored*
ass	asino	asso	*ace*
(to) assist	aiutare	assistere	*to attend / to witness*
(to) attack	assalire	attaccare	*to stick / to fasten*
attitude	atteggiamento	attitudine	*aptitude / propensity*
barrister	avvocato	barista	*barman*
bell	campanello	bello	*beautiful*
brave	coraggioso	bravo	*good / clever*
camera	macchina fotografica	camera	*room*
canteen	mensa aziendale	cantina	*cellar / wine shop*
caramel	caramello	caramella	*candy (in general)*
case	scatoletta / valigetta	case	*houses*
casino	luogo di gioco d'azzardo	casino	*confusion*
cold	freddo	caldo	*hot*
confection	confetto	confezione	*wrapping*
conservatory	serra	conservatorio	*school of music*
consistent	coerente	consistente	*substantial / large*
constipated	stitico	costipato	*with a bad cold*
to control	comandare / dominare	controllare	*to check*
convenient	comodo	conveniente	*affordable*
cute	carino	cute	*skin*
disposable	usa e getta	disponibile	*available*
eventual	finale / conclusivo	eventuale	*possible*
eventually	alla fine / infine	eventualmente	*if necessary*
exhilarating	eccitante / stimolante	esilarante	*hilarious / very funny*
extenuating	attenuante	estenuante	*exhausting*
fame	celebrità	fame	*hunger*
familiar	ben conosciuto / noto	familiare	*related to family*
fare	prezzo del biglietto di un mezzo di trasporto	fare	*to do / to make*
fastidious	meticoloso / pignolo	fastidioso	*annoying*

(*Segue*)

firm	ditta	firma	*signature*
genial	cordiale / socievole	geniale	*brilliant / inspired*
genteel	signorile	gentile	*kind*
gymnasium	palestra	ginnasio	*high school*
implementation	realizzazione / attuazione	ampliamento	*enlargement*
nervous	pauroso / apprensivo	nervoso	*angry*
preoccupied	pensieroso / distratto	preoccupato	*worried*
remand	rimandare in carcere	rimandare	*postpone / put off*
sensible	sensato / ragionevole	sensibile	*sensitive*
trivial	insignificante / banale	triviale	*vulgar*

SCHEDA 11 Prospetto dei Phrasal / Prepositional Verbs

	Verbo	Esempio	Significato	Traduzione in italiano
A	***to abide by***	*If you want to stay at this university, you must **abide by** the rules.*	*respect or obey (the law, a decision, a rule)*	rispettare, osservare
	to account for	*I hope you can **account for** all the money you spent!*	*explain, give a reason*	rispondere di
	to add up	*Their story just doesn't **add up**.*	*make sense, seem reasonable*	avere senso
	to agree with	*I totally **agree with** you on this subject.*	*have the same opinion as somebody else*	essere d'accordo
	to avail of	*When the company is privatized, you should **avail of** the opportunity and buy some shares.*	*take advantage of something (an opportunity)*	avvalersi

B	***to back down***	*Local authorities **backed down** on their plans to demolish his house.*	*withdraw, concede defeat*	recedere
	to back up	*1) If I tell the boss we've got too much work, will you **back** me **up**?* *2) It is recommended to **back up** all files on a CD-ROM.*	*1) give support or encouragement* *2) make a copy of (file, program)*	1) supportare, incoraggiare 2) fare una copia
	to blow up	*1) The terrorists said the bomb would **blow up** at 7 o'clock.* *2) The coach **blew up**, but luckily there was nobody in it.*	*1) explode* *2) be destroyed by an explosion*	1) esplodere 2) essere distrutto da un'esplosione
	to break down	*1) Albert's scooter **broke down**, so he had to take the bus.* *2) Her mother **broke down** when she heard the bad news.*	*1) go out of order, cease to function* *2) lose control of one's emotions*	1) rompersi 2) crollare, abbattersi

(*Segue*)

	Verbo	Esempio	Significato	Traduzione in italiano
	to break into	*Burglars **broke into** the house around midnight.*	*enter by force*	irrompere
	to break out	*Rioting **broke out** as a result of the strike.*	*start suddenly*	scoppiare
	to break out of	*Five prisoners **broke out of** prison.*	*escape from a place by force*	scappare
	to break up	*After his marriage **broke up**, George went to live in London.*	*come to an end (marriage, relationship)*	finire
	to bring up	*My sister stopped working in order to **bring up** her children.*	*raise (a child)*	crescere, allevare
	to brush up on	*George had to **brush up on** her English before going to Australia.*	*improve, refresh one's knowledge of something*	dare una ripassata, una spolveratina
	to bump into	*Martha **bumped into** her Spanish teacher at the cinema.*	*meet by accident or unexpectedly*	imbattersi

C	***to call off***	*The meeting was **called off** because of the strike.*	*cancel*	cancellare
	to call on / upon / by	*I now **call upon** the general manager to address the assembly.*	*formally invite or request*	fare appello, invitare
	to carry on	*He **carried on** working in spite of the rain.*	*continue*	continuare
	to carry out	*1) The plan was **carried out** very well.* *2) Tests are **carried out** to determine the efficiency of a new product.*	*1) do something as specified* *2) perform or conduct (test, experiment)*	1) realizzare 2) espletare, compiere
	to check in	*For security reasons, you have to **check in** at least two hours before your flight.*	*register at a hotel or airport*	check-in (controllo in ingresso in albergo / in aeroporto)
	to check out	*Is Mrs Stuart still at the hotel? No, she **checked out** at 9.30.*	*pay one's bill and leave (a hotel)*	pagare il conto e partire (da un albergo)
	to clamp down on	*The government decided to **clamp down on** smoking in public areas.*	*act strictly to prevent something*	porre freni a

(*Segue*)

	Verbo	Esempio	Significato	Traduzione in italiano
	to close down	*When the firm* ***closed down****, the employees lost their jobs.*	*stop operating (company, restaurant)*	chiudere
	to come across	1) *Mary* ***came across*** *some photographs of her grandmother in the attic.* 2) *The candidate* ***came across*** *as an active person during the interview.*	1) *find by chance* 2) *appear, seem, make an impression*	1) trovare per caso 2) apparire, sembrare, dare l'impressione
	to come forward	*The police have asked any witnesses to* ***come forward****.*	*present oneself*	farsi avanti, presentarsi
	to come up against	*The project* ***came up against*** *a lot of criticism.*	*be faced with or opposed by*	incontrare difficoltà, affrontare
	to cross out	*In some exercises, you are asked to* ***cross out*** *the incorrect word.*	*remove by drawing a line through*	cancellare
	to cut down on	*The doctor told him to* ***cut down on*** *cigarettes and alcohol.*	*reduce in number or size*	ridurre il numero

D	***to deal with***	*The manager is good at* ***dealing with*** *difficult clients.*	*handle, take care of (problem, situation)*	trattare, prendersi cura di
	to die down	*When the applause* ***died down****, he started to act.*	*calm down, become less strong*	diminuire, attenuare
	to do without	*The shops are closed, so we'll have to* ***do without*** *milk.*	*manage without*	fare a meno
	to draw up	*An agreement was* ***drawn up*** *and signed by the two parties.*	*write (contract, agreement, document)*	redigere
	to dress up	1) *Do people* ***dress up*** *to go to the theatre in your country?* 2) *Children love to* ***dress up*** *at Carnival.*	1) *wear elegant clothes* 2) *disguise oneself*	1) indossare vestiti eleganti 2) mascherarsi
	to drop in	*I sometimes* ***drop in*** *to see my parents on my way home from work.*	*visit (usually on the way to somewhere)*	fare una visita imprevista
	to drop out	*Tom decided to go back to school, then* ***dropped out*** *after the first term.*	*leave school without finishing*	ritirarsi da scuola

(*Segue*)

	Verbo	Esempio	Significato	Traduzione in italiano
E	***to ease off***	*After Easter the workload generally **eases off**.*	*reduce, become less severe or slow down (pain, traffic, work)*	ridurre, rallentare
	to even out	1) *After a long discussion they managed to **even out** their differences.* 2) *The road was **evened out** to make it safer.*	1) *eliminate differences of opinion* 2) *become level or regular*	1) eliminare le differenze di opinione 2) pareggiare
F	***to figure out***	*We'll have to **figure out** a way to deliver our products faster.*	*understand, find a solution*	immaginare, trovare una soluzione
	to find out	*I'm going to call the theatre to **find out** what time the show starts.*	*discover or obtain information*	scoprire
	to focus on	*The advertising campaign will **focus on** the quality of the new products.*	*concentrate on something*	concentrarsi
G	***to get at***	*What exactly are they trying to **get at**?*	*imply*	avere accesso a
	to get away	*The burglars **got away** in a red car.*	*escape*	scappare
	to get by	*It's difficult to **get by** on a low income.*	*manage to cope or to survive*	farcela con quello che si ha
	to get in	*How did they **get in** without the key?*	*enter*	entrare
	to get off	1) *You should **get off** the bus at Hyde Park.* 2) *Mary can't **get** the stain **off** her skirt.*	1) *leave (bus, train, plane)* 2) *remove*	1) scendere, sbarcare 2) rimuovere
	to get on	*Sometimes you can pay when you **get on** the train.*	*board (bus, train)*	salire, montare
	to get on with *(something)*	*Be quiet and **get on with** your homework.*	*continue to do, make progress*	continuare, fare progressi
	to get on *(well)* ***with*** *(somebody)*	*I **get on** very well **with** my classmates.*	*have a good relationship with*	avere una buona relazione
	to get out	*How did Albert **get out**?*	*leave*	uscire
	to get out of	*Some home mates manage to **get out of** doing any housework.*	*avoid doing something*	evitare di fare

(*Segue*)

	Verbo	Esempio	Significato	Traduzione in italiano
	to get over	*My father had a heart attack, but luckily he **got over** it.*	*recover from (illness, disappointment)*	guarire, riprendersi
	to get rid of	*It's difficult to **get rid of** bad habits.*	*eliminate*	eliminare
	to get together	*Let's **get together** for dinner on day.*	*meet each other*	incontrarsi
	to get up	*I usually **get up** at 8.30 o'clock.*	*rise, leave bed*	alzarsi
	to give up	*Martha **gave up** smoking 10 years ago, when her mother died.*	*stop doing something*	smettere
	to go through	*Mary **went through** a lot of pain after the car accident.*	*experience*	vivere, attraversare
	to grow up	*She **grew up** in a small village at the seaside.*	*spend one's childhood, develop, become an adult*	crescere
H	***to hand in***	*All application forms must be **handed in** before the end of the year.*	*submit (report, homework)*	consegnare
	to hand out	*Samples will be **handed out** at the beginning of the demonstration.*	*distribute*	distribuire
	to hurry up	***Hurry up!** We'll miss the train.*	*be quick, act speedily*	sbrigarsi
I	***to iron out***	*The meeting tomorrow will be an opportunity to **iron out** problems.*	*resolve by discussion, eliminate differences*	risolvere attraverso la discussione, eliminare le differenze
J	***to jot down***	*I **jotted down** the phone number while listening to the radio.*	*take quick notes*	prendere appunti velocemente
K	***to keep on***	*She told her to be quiet, but she **kept on** making a lot of noises.*	*continue doing something*	continuare
	to keep up with	*Bob walks very fast; it's difficult to **keep up with** him.*	*stay at the same level as someone or something*	tenere il passo

(*Segue*)

Verbo		Esempio	Significato	Traduzione in italiano
L	*to leave out*	*My name was **left out** of the report.*	*omit, not mention*	omettere
	to look after	*A babysitter **looks after** her children when she goes to work.*	*take care of*	prendersi cura di
	to look ahead	*We have to forget the past and **look ahead**.*	*think of the future*	guardare avanti
	to look for	*Eveline went to the shops to **look for** a pair of boots.*	*try to find something*	cercare
	to look forward to	*I **look forward to** seeing you as soon as possible.*	*await or anticipate with pleasure*	in attesa di, non vedere l'ora di
	to look on	*Bob didn't take part in the discussion. He just **looked on**.*	*be a spectator at an event*	essere spettatore di un evento
M	*to make up*	*Some workers **make up** excuses when they arrive late for work.*	*invent (excuse, story)*	inventare (scuse, storie)
	to mix up	*I don't know my students' names yet. I keep **mixing** them **up**.*	*mistake one thing or person for another*	confondere, scambiare
	to move in	*You've bought a new flat? When are you **moving in**?*	*arrive in a new home or office*	trasferirsi, traslocare
	to move out	*My neighbour is leaving. She's **moving out** next Monday.*	*leave your home or office for another one.*	andarsene, sgombrare
N	*to nod off*	*My brother often **nods off** in front of the television.*	*fall asleep*	appisolarsi
	to note down	*I'll call the coach station and **note down** the departure times.*	*write something*	prendere nota
O	*to opt out*	*I enjoy tennis but I'm so busy I had to **opt out** of the tournament.*	*leave a system or decide not to participate*	rinunciare
	to own up	*My friend **owned up**. He said he kicked the ball through the window.*	*admit or confess something*	ammettere, confessare
P	*to pass away*	*The old man **passed away** peacefully.*	*die*	morire
	to pay back	*I'll lend you 50£ provided you **pay** me **back** before the end of the month.*	*reimburse*	rimborsare

(*Segue*)

	Verbo	Esempio	Significato	Traduzione in italiano
	to pick up	*I'll **pick** you **up** at the airport when you arrive.*	*collect somebody*	andare a prendere
	to put off	*The meeting was **put off** because of the strike.*	*postpone, arrange a later date*	rimandare, procrastinare
	to put on	*Could you **put on** the radio please?*	*turn on, switch on*	accendere
	to put out	*It didn't take a long time to **put out** the fire.*	*extinguish*	spegnere
	to put up	*She can **put** you **up** if you'd like to come for a weekend.*	*accommodate, give somebody a bed*	dare alloggio

R	***to rely on***	*Don't worry. You can **rely on** me. I can keep a secret.*	*count on, depend on, trust*	fare affidamento
	to run away	*He **ran away** at the age of twelve.*	*escape from a place or suddenly leave*	scappare
	to run out of	*What a nuisance! We've **run out of** coffee and milk.*	*have no more of something*	terminare, finire

S	***to set off***	*Early Sunday morning we **set off** for the ski slopes.*	*start a journey*	avviarsi, partire
	to set up	*She **set up** her own company 25 years ago.*	*start a business*	costituire, fondare
	to show off	*There's brad **showing off** in his new sports car!*	*brag or want to be admired*	ostentare, fare sfoggio di
	to shut up	*Oh **shut up**, please!*	*be silent, stop talking*	stare zitti
	to sit down	*Please come in and **sit down**.*	*take a seat*	sedersi

T	***to take after***	*Jim really **takes after** his mother.*	*resemble (in appearance or character)*	assomigliare
	to take care of	*I'll **take care of** your garden while you're away.*	*look after*	prendersi cura
	to take off	*The plane **took off** at 10.30 a.m.*	*leave the ground*	decollare
	to take on	*Business is good, so the company is **taking on** extra personnel.*	*hire or engage staff*	prendere, accollarsi
	to try on	*Martha is not sure about the size. Can she **try** it **on**?*	*wear something to see if it suits or fits*	provare
	to turn down	*Bob can't **turn down** an offer like that!*	*refuse*	rifiutare

(*Segue*)

	Verbo	Esempio	Significato	Traduzione in italiano
U	***to use up***	*The kids have **used up** all the shampoo.*	*finish a product (so that there's none left)*	finire / terminare un prodotto
V	***to vouch for***	*You can give the keys to Bob. I can **vouch for** him.*	*express confidence in or guarantee something*	esprimere fiducia, garantire
W	***to wear out***	*1) Mary **wore out** her shoes visiting the city.* *2) At the end of her holiday Mary was **worn out**.*	*1) become unusable* *2) become very tired*	1) consumare 2) essere sfinito, essere molto stanco
	to wipe off	*My teacher asked me to **wipe off** the board.*	*clean (board, table)*	pulire (lavagna, tavolo)
	to work out	*1) I **work out** twice a week at the gym club.* *2) It seems to be very expensive but I haven't **worked out** the exact cost yet.*	*1) do physical exercise* *2) find a solution or calculate something*	1) fare attività fisica, allenarsi 2) elaborare, risolvere

SCHEDA 12 Espressioni idiomatiche di uso comune

ESPRESSIONE	TRADUZIONE IN ITALIANO
a babe in the woods	un ingenuo
a bad penny	una persona inaffidabile
a bed of roses	un letto di rose (in senso fig.)
a bird in the hand is worth two in the bush	meglio un uovo oggi che una gallina domani
a chicken	fifone; vigliacco
a different kettle of fish; a horse of a different colour	un altro paio di maniche
a dog-eat-dog world	un mondo senza pietà
a friend in need is a friend indeed	un vero amico si riconosce nelle avversità
a penny saved is a penny earned	un euro risparmiato è un euro guadagnato
a picture is worth a thousand words	un'immagine vale mille parole
a piece of cake	(un compito) estremamente semplice
a pretty kettle of fish!	un bel pasticcio!
a red herring	un elemento fuorviante
a turkey [*American English*]	un insuccesso; un fiasco; un modello / un esemplare difettoso
a watched pot never boils	pentola guardata non bolle mai; il desiderio rende lunga l'attesa
a white elephant	una cattedrale nel deserto
a wild-goose chase	un'impresa inutile
a wink is as good as a nod (to a blind horse)	a buon intenditor poche parole [lett. "una strizzatina d'occhio vale quanto un cenno con il capo"]
a wolf in sheep's clothing	un lupo in veste d'agnello
absence makes the heart grow fonder	la lontananza fa intenerire il cuore
actions speak louder than words	le parole contano meno dei fatti; tra il dire e il fare c'è di mezzo il mare
all roads lead to Rome	tutte le strade portano a Roma
all that glitters (or "glistens") is not gold	non è tutt'oro ciò che luccica
all's fair in love and war	in amore e in guerra tutto è lecito
an apple a day keeps the doctor away	una mela al giorno leva il medico di torno
around the clock	ventiquattr'ore su ventiquattro
at the drop of a hat	subito
beauty is in the eye of the beholder	i gusti sono gusti; non è bello ciò che è bello ma è bello ciò che piace
between (or "twixt") the devil and the deep blue sea	fra l'incudine e il martello

(*Segue*)

ESPRESSIONE	TRADUZIONE IN ITALIANO
birds of a feather flock together	gente dello stesso stampo sta insieme; dimmi con chi vai e ti dirò chi sei
Bob's your uncle	sei a cavallo
by the skin of one's teeth	per un pelo
can the leopard change his spots?	il lupo perde il pelo ma non il vizio
crocodile tears	lacrime di coccodrillo
cup of tea	cavallo di battaglia; argomento prediletto
don't count your chickens before they hatch	non contare su ciò che non è ancora sicuro; mai dire gatto se non ce l'hai nel sacco
don't cross your bridges before you come to them	non fasciarti la testa prima di essertela rotta
easy come, easy go	ciò che si guadagna facilmente, si perde altrettanto facilmente
every cloud has a silver lining	non tutto il male viene per nuocere
every dog has his day	ognuno avrà il suo momento di gloria / di successo
every man has his price	non c'è nessuno che non possa essere comprato; ognuno ha il suo prezzo
faint heart never won fair lady	chi non risica non rosica
fair's fair	ciò che è giusto è giusto
fall on one's feet	trovarsi in una situazione fortunata
fight fire with fire	combattere con gli stessi metodi
first come, first served	chi prima arriva è servito per primo; chi tardi arriva male alloggia
forewarned is forearmed	uomo avvisato mezzo salvato
from the horse's mouth	dalla fonte più autorevole
full of beans	pieno di energie [*British English* e *Australian English*]; contaballe [*American English*]
he can't say boo to a goose	è timidissimo
he can't see the wood (or forest) for the trees	è troppo attento ai dettagli e ha perso la prospettiva [lett. "non vede la foresta a causa degli alberi"]
he who hesitates is lost	chi esita è perduto
he who laughs last, laughs loudest	ride bene chi ride ultimo
home and dry / hosed	aver raggiunto l'obiettivo [lett. "rincasato e asciugato / risciacquato"]
honesty is the best policy	l'onestà è la miglior linea di condotta
horses for courses	(si sceglie) il cavallo a seconda dell'ippodromo (cioè l'elemento, normalmente una persona, più idoneo alle circostanze)
I smell a rat!	gatta ci cova!
in hot water	nei guai
in the doghouse	in disgrazia

(*Segue*)

ESPRESSIONE	TRADUZIONE IN ITALIANO
it's an ill wind that blows nobody any good	non tutto il male vien per nuocere [lett. "deve essere un vento veramente cattivo che non torni utile a qualcuno"]
it's no skin off my nose	non mi riguarda; me ne frego
it's no use crying over spilt milk	non serve piangere sul latte versato
it's not my cup of tea	non è pane per i miei denti
it's six of one and half a dozen of the other	è praticamente la stessa cosa; se non è zuppa è pan bagnato
like looking for a needle in a haystack	come cercare un ago nel pagliaio
love all, trust no one	ama tutti, fidati di nessuno
necessity is the mother of invention	il bisogno aguzza l'ingegno
no pain, no gain	bisogna essere disposti a soffrire per raggiungere l'obiettivo; chi bello vuol sembrare, un pochino deve soffrire
nothing ventured, nothing gained	chi non risica non rosica
once bitten, twice shy	essendo stati morsi (danneggiati) una volta, la seconda si è più cauti; il gatto scottato teme l'acqua fredda
once in a blue moon	ogni morte di papa
one swallow does not make a summer	una rondine non fa primavera
out of sight, out of mind	lontano dagli occhi, lontano dal cuore
out of the frying-pan into the fire	dalla padella nella brace
patience is a virtue	dai tempo al tempo
red sky in the morning, the shepherd's warning; red sky at night, the shepherd's delight	rosso di mattina, brutto tempo s'avvicina; rosso di sera, bel tempo si spera
Rome was not built in a day	Roma non fu fatta in un giorno
rough and ready	approssimativo; basilare
slow and steady wins the race	chi va piano va sano e va lontano
the early bird catches the worm	chi dorme non piglia pesci
the last but not the least	l'ultimo ma non il meno importante
the pen is mightier than the sword	la penna è più forte della spada
the pot calls the kettle black!	senti chi parla!; senti da che pulpito viene la predica! [lett. "la pentola dà del nero al bollitore"]
there are no flies on him	è un tipo in gamba
there is none so deaf as he who will not hear	non c'è peggior sordo di chi non vuole sentire
time is money	il tempo è denaro
tip of the iceberg	la punta dell'*iceberg*
to bark up the wrong tree	sbagliare obiettivo
to be all ears	essere tutt'orecchi
to be born with a silver spoon in one's mouth	essere di famiglia ricca

(*Segue*)

ESPRESSIONE	TRADUZIONE IN ITALIANO
to be caught red-handed	essere colti con le mani nel sacco / in flagrante
to be on one's / its last legs	essere spacciato / consumato / agli sgoccioli
to bend over backwards (to help)	farsi in quattro (per aiutare)
to bite off more than one can chew	fare il passo più lungo della gamba
to bite the hand that feeds you	mostrarsi ingrato; mordere la mano che ti nutre
to blow one's top	arrabbiarsi (come l'esplosione di un vulcano)
to break the ice	rompere il ghiaccio
to bring home the bacon	portare a casa la pagnotta
to burn one's bridges	bruciarsi i ponti alle spalle
to bury one's head in the sand	chiudere gli occhi davanti alla realtà; fare come lo struzzo
to bury the hatchet; to smoke the pipe of peace	fare la pace
to cut off one's nose to spite one's face	danneggiare sé stessi pur di far male a un altro
to dig in one's heels	impuntarsi
to get cold feet	prendersi una bella paura
to get on one's high horse	darsi grandi arie; inalberarsi
to get out of the wrong side of bed	essere imbronciati
to get under someone's skin	irritare qualcuno
to give someone a piece of one's mind	dirne quattro a qualcuno
to give someone the boot / the sack	licenziare qualcuno
to give someone the cold shoulder	trattare qualcuno con freddezza
to go Dutch	fare alla "romana"; pagare ciascuno per sé
to go walkabout	andarsene a fare un giro (anche in senso fig.); come gli aborigeni australiani (nomadi)
to have a bee in one's bonnet (about...)	avere una fissazione (circa...)
to have a close shave	scamparla bella; cavarsela per un pelo
to have a soft spot for someone	avere un debole per qualcuno
to have green fingers	avere il pollice verde
to have one's head screwed on	avere la testa sulle spalle; avere il cervello a posto
to have the last laugh	ridere per ultimo
to hold one's tongue	stare zitto
to jump on the bandwagon	mettersi dalla parte del più forte; salire sul carro del vincitore
to keep a foot in both camps	tenere un piede in due staffe
to keep it under your hat!	acqua in bocca!
to keep one's eyes peeled / skinned	tenere gli occhi ben aperti
to keep one's fingers crossed	incrociare le dita
to keep one's nose to the grindstone	lavorare sodo

(*Segue*)

ESPRESSIONE	TRADUZIONE IN ITALIANO
to keep the wolf from the door	tenere lontana la miseria
to kick the bucket; to fall off one's perch; to turn up one's toes	tirare le cuoia; morire
to kill the goose that lays the golden eggs	uccidere la gallina dalle uova d'oro; sacrificare la fonte certa di un guadagno futuro
to kill two birds with (the) one stone	prendere due piccioni con una fava
to let the cat out of the bag; to spill the beans	svelare un segreto; vuotare il sacco
to look down one's nose at someone	guardare qualcuno dall'alto in basso
to make a cat laugh	far ridere i polli
to make someone's hair stand on end	far rizzare i capelli a qualcuno
to paint the town red	folleggiare
to pull someone's leg	prendere qualcuno in giro
to pull up one's socks	darci sotto
to put one's foot down	dire "ora basta!"
to put the cat among the pigeons	provocare trambusto
to put two and two together	tirare delle conclusioni
to roll up one's sleeves	rimboccarsi le maniche
to rub elbows with...	essere in confidenza con... (ad esempio, persone importanti)
to save for a rainy day	risparmiare per i tempi difficili; mettere fieno in saccoccia
to save someone's bacon	salvare qualcuno
to sell like hot cakes	andare a ruba
to spend a penny	andare al gabinetto (a pagamento, una volta); urinare
to split hairs	essere pignolo / cavilloso [lett. "spaccare i capelli"]
to start from scratch	cominciare da zero
to strike while the iron is hot	battere il ferro finché è caldo
to take a leaf out of someone's book	seguire l'esempio di qualcuno [lett. "togliere una pagina dal libro di qualcuno"]
to talk turkey with someone	parlare chiaro; parlare di cose serie
you scratch my back, and I'll scratch yours	una mano lava l'altra

Questionario unico [*]

1 **Choose the best word or phrase to complete this sentence: Don't buy that jacket — it's ____________________ for you.**

A) bigger
B) too big
C) too big size
D) too much big

2 **Choose the best word or phrase to complete the following: Your purse? ____________________ in your office?**

A) Haven't you
B) Aren't
C) Isn't
D) Isn't it

3 **Choose the best word or phrase to complete this sentence: The busy terminal is now returning ____________________.**

A) normally
B) to the norm
C) to the normal
D) to normal

4 **Which of the following is NOT a place in a house?**

A) bathroom
B) hall
C) chicken
D) living room

5 **Choose the best word to complete the following: He never knows where things are and his desk is always in such a mess! He leaves papers everywhere and is always losing his keys. He's just so ____________________.**

A) neat
B) untidy
C) undone
D) fussy

6 **Choose the best answer for this question: Are you ready?**

A) Yes, I ready
B) Yes, I do
C) No, I not
D) Yes, I am

7 **Choose the best word to complete this sentence: I really like ____________________ to foreign countries.**

A) travel
B) seeing
C) visit
D) going

[*] Quiz ufficiali della Banca dati del Concorso 2012.

8 **Choose the best word or phrase to complete this sentence: Several people ____________________ his suggestion and some emails were exchanged about this.**

A) answered him
B) responded to
C) replied
D) told

9 **Choose the best words to complete this sentence: Sorry. Sandra isn't here at the moment. She's ____________________.**

A) been away
B) came back
C) went home
D) gone out

10 **Choose the best word or phrase to complete the following: Their children don't get any exercise. They just watch television ____________________.**

A) ever
B) every time
C) all day
D) each time

11 **Choose the best word or phrase to complete this sentence: My sister's husband ____________________ thirty-five.**

A) is
B) is old
C) have
D) aged

12 **Choose the best phrase to complete this sentence: To improve our balance of payments, we must increase productivity and ____________________ expenditure.**

A) put under
B) pull lower
C) drop out of
D) cut down on

13 **Which word or phrase CANNOT be used to complete this sentence? The Prime Minister had to ____________________ his talks with world leaders to return to the capital.**

A) back out
B) put off
C) interrupt
D) break off

14 **Which of the following CANNOT be used to complete this sentence? James isn't at work today, so I think he ____________________ be ill.**

A) must
B) may
C) might
D) can

15 **One way to describe dishonest accountancy is 'creative accountancy'. Which of these idiomatic phrases means the same?**

A) to pull the strings
B) to beat the books

C) to cook the books
D) to bite the bullet

16 Which of the following is NOT a member of the family?

A) uncle
B) grand-daughter
C) cushion
D) niece

17 Choose the best word to complete the following: She knows how to get on with people and does all the right things. She really is terribly ____________________.

A) shy
B) sensible
C) selfish
D) moody

18 Choose the best word or phrase to begin this sentence: ____________________ I manage to get through all the letters I have to write this morning, I'll be able to start working on the new project this afternoon.

A) However
B) Since
C) As long as
D) Whether

19 Choose the best phrase to complete this question: How many questions ____________________ in this test?

A) there are
B) they are
C) are they
D) are there

20 Choose the best word to complete the following: My friend Catherine is a journalist. ____________________ job is very interesting.

A) Her
B) She's
C) Their
D) His

21 Which question is correct?

A) What's like the weather in Rome?
B) How the weather is in Rome?
C) How does the weather in Rome?
D) What's the weather like in Rome?

22 Choose the best word or words to complete this sentence: I want to become a judge, so I am studying ____________________.

A) law
B) the rights
C) jury
D) right

23 **Choose the best phrase to complete the following: Hello, reception? ____________________ an external line please?**

A) Can I have
B) I would
C) Can you give
D) Can have

24 **Choose the best word or phrase to complete this question: ____________________ the head of your department?**

A) Which
B) Who's
C) What does
D) Whose

25 **Choose the best word to complete this sentence: Door-to-door ____________________ will involve a 10% surcharge on the price of the purchased goods.**

A) expedition
B) posting
C) delivery
D) invoice

26 **If you like meeting people, what kind of a person are you?**

A) socialist
B) self-conscious
C) dependable
D) outgoing

27 **Choose the best phrase to complete this sentence: I am not familiar with this technology yet so I am going to ____________________ research on it.**

A) make
B) do any
C) do some
D) make a

28 **Choose the best verb form to complete this sentence: The notebook ____________________ in the office yesterday evening, but now it's gone!**

A) was
B) aren't
C) be
D) were

29 **Choose the best phrase to complete this sentence: Rome is ____________________.**

A) a very beautiful city
B) a city very beautiful
C) very beautiful city
D) the city very beautiful

30 **Choose the best phrase to complete the following: If you are going to be interviewed for a new job, you ____________________ as much as possible about what the interview will be like. Who'll be interviewing you? Does the interview include any tests or exercises?**

A) should find out
B) have to look after

C) may find
D) must look for

31 Choose the best word to complete this sentence: You can invest your money in stocks and ____________________.

A) shares
B) hedges
C) divides
D) bears

32 Choose the best word to complete this sentence: Do you think that the government will ever ____________________ back capital punishment?

A) take
B) bring
C) fetch
D) hold

33 Choose the best word to complete this sentence: There will soon be wireless computers in ____________________ office.

A) all
B) both
C) whole
D) every

34 Choose the best phrase to complete this sentence: I work ____________________ Ministry of Agriculture and Forestry.

A) at
B) in
C) at the
D) to the

35 Choose the best phrase to complete this question: ____________________ to drive if you have had more than two alcoholic drinks?

A) Are you allowed
B) Can you
C) Must you
D) Do you permit

36 Choose the best phrase to complete this question: Does anyone know how much ____________________ on staff per year?

A) spends the department
B) is spending the department
C) does the department spend
D) the department spends

37 Choose the best phrase to complete this sentence: Visiting the Czech Republic ____________________ a visa, but now it's no longer necessary.

A) used to require
B) used requiring
C) are used to requiring
D) were used to require

38 **Choose the best word to complete this sentence: Mark writes for a ____________________ newspaper.**

A) Dutch
B) France
C) Germany
D) Sweden

39 **Choose the best word to complete the following: He said I was overweight and should go on a diet. After all the problems I've had this year I think that is so ____________________!**

A) rude
B) polite
C) easy-going
D) kind

40 **You read the following newspaper headline: "Get away for less". The article will be about ____________________.**

A) buying a house
B) online trading
C) increased train fares
D) a low-cost travel offer

41 **Choose the best word to complete this sentence: My boss ____________________ me that the report was due in by Friday.**

A) said
B) reminded
C) recalled
D) remembered

42 **Choose the best word to complete this sentence: Do you prefer to ____________________ the air conditioning on while you are working?**

A) keep
B) take
C) go
D) hold

43 **Choose the best phrase to complete this sentence: When she lived in the centre, she ____________________ the bus to work.**

A) often was taking
B) would often take
C) used take often
D) was often taking

44 **Choose the best word to complete this sentence: I'd like to take six months off work and go on a ____________________ round the world.**

A) journey
B) trips
C) travelling
D) travel

45 **Choose the best word to complete this sentence: The department ____________________ he works for will soon be closed.**

A) it
B) where

C) that
D) what

46 Choose the best verb form to complete this question: Where did they all ____________________ after the party?

A) going
B) go
C) went
D) gone

47 Which of the following is NOT a school subject?

A) maths
B) chemistry
C) story
D) physics

48 Choose the best word to complete this sentence: On my first trip abroad, I lived for a month ____________________ a German family.

A) by
B) with
C) at
D) on

49 Choose the best word to complete this sentence: ____________________ I like Caroline personally, I don't think she is the person best qualified for the job.

A) Although
B) Despite
C) Nevertheless
D) However

50 Choose the best phrase to complete the following: Why don't you buy yourself some new clothes? If you know you look good, you ____________________ more confident.

A) would hardly feel
B) would certainly have felt
C) will no doubt be felt
D) will definitely feel

51 Choose the best word or phrase to complete this sentence: The manager thinks we should accept the contract and I ____________________.

A) agreeable
B) was agreed
C) agree
D) am agree

52 Choose the best phrase to complete this sentence: On Sept. 11, 2001, Al-Qaeda ____________________ to bypass the U.S. counterterrorism structure.

A) is capable
B) could
C) was able
D) can

53 Choose the correct answer for this question: Did you get the job?

A) Yes, I did
B) Yes, I get it

C) Yes, I got
D) Yes, I have got

54 Choose the best answer for this question: When do you play squash?

A) Wednesday the afternoon
B) On the afternoons of Wednesday
C) On Wednesday afternoons
D) Last Wednesday afternoon

55 Choose the best word or phrase to complete this sentence: I do _____________________ work at home.

A) a lot
B) lot
C) a lot of
D) lot of

56 Which verb CANNOT be used to complete this sentence? I've _____________________ an appointment with the dentist next week, because I'm really worried about the state of my teeth.

A) made
B) fixed
C) arranged
D) done

57 Choose the best word or words to complete the question: Who _____________________ this afternoon? I heard that someone was looking for me.

A) rung
B) ring
C) rang
D) does ring

58 Choose the best word or phrase to complete this sentence: I wish I _____________________ the small print before I signed the contract.

A) read
B) would read
C) would have read
D) had read

59 Choose the best verb to complete this sentence: By midnight yesterday all the forms _____________________ to the Commission.

A) are gone
B) we send
C) had been sent
D) were transmitting

60 Choose the best phrase to complete this sentence: Eritrea is the most exciting country _____________________.

A) I have ever visited
B) I never went
C) I have never gone
D) I ever been

61 **Choose the best word or phrase to complete this sentence: ____________________ left after the tourist office and you will see the Marine Hotel on the right.**

A) Take
B) Go to
C) Turn on
D) Turn

62 **Choose the correct question for this answer: She's a film director.**

A) What job your sister does?
B) What does your sister do?
C) What job does your sister?
D) What does your sister work?

63 **Which sentence is correct?**

A) I very like my job
B) I like much my job
C) I like very much my job
D) I like my job very much

64 **Choose the best phrase to complete this sentence: The Prime Minister returned to Scotland ____________________.**

A) tomorrow morning
B) next afternoon
C) the evening of yesterday
D) last night

65 **Choose the best word to complete this sentence: Did you see the ____________________ for a Sports Journalist in yesterday's newspaper?**

A) slogan
B) advertisement
C) blurb
D) header

66 **Choose the best verb form to complete this sentence: I ____________________ so many people at the Live8 concert last month.**

A) met
B) knew
C) meet
D) have known

67 **Choose the best word to complete this sentence: The passing of this law marks the first step on a road that we hope will ____________________ to greater prosperity for all.**

A) take
B) lead
C) move
D) bring

68 **Choose the best phrase to complete this sentence: The company ____________________ in the red for some years when it was forced to close down.**

A) has already operated
B) already operating
C) had already been operating
D) was already operated

69 **Choose the best phrase to complete this question: Could you ____________________ date of birth please?**

A) tell to me
B) say to me
C) tell me your
D) say me your

70 **Choose the best phrase to complete this sentence: He's worked in this department ____________.**

A) when he was 30
B) since five years
C) from 2000 to 2004
D) for a long time

71 **Choose the best verb form to complete this sentence: You ____________________ send the original documents, a photocopy will do.**

A) couldn't
B) don't have to
C) don't need
D) mustn't

72 **Choose the best phrase to complete this question: ____________________ money did the government ask them for?**

A) How many
B) How much
C) Too much
D) A lot of

73 **Choose the best phrase to complete this question: ____________________ to do the training program face-to-face or online?**

A) Is it cheaper
B) Cost less
C) Is cheap
D) Is cheaper

74 **Choose the best answer for this question: Can I speak to the director, please?**

A) Certainly, sir, if I can
B) Certainly, sir. Just a moment
C) Certainly, sir. Don't mention it
D) Certainly, sir. Please, moment

75 **Choose the best phrase to complete this sentence: I have ____________________ admiration for working mothers.**

A) nothing than
B) nothing other as
C) none but
D) nothing but

76 **Choose the best verb form to complete this sentence: The chancellor said that every child born after September 2002 ____________________ a gift of £250 at birth.**

A) would have given
B) would receive
C) would present
D) would be got

77 Choose the best word to complete this sentence: The first thing we need to do is to find ____________________ location.

A) a fitful
B) a right
C) an adapted
D) a suitable

78 Choose the best phrase to complete this sentence: Her sister is expecting a baby in June, so they ____________________ a holiday this year.

A) is going to have
B) going to get
C) haven't
D) won't be having

79 Which sentence means the same as this one? The train leaves at 8.35.

A) The train leaves at twenty-five to nine
B) The train leaves at thirty-five minutes to eight
C) The train leaves at twenty-five past eight
D) The train leaves at nine minus twenty-five

80 Choose the best phrase to start this sentence: ____________________ Inverness is in Scotland.

A) My opinion
B) I think
C) According to mine
D) Supposed

81 Choose the best phrase to complete this sentence: Working in the office ____________________ dealing with the public.

A) isn't as tiring as
B) is as tired than
C) is more tired than
D) isn't tiring as

82 Choose the best word or words to complete this sentence: It rained all last weekend, ____________________ we didn't go to the seaside.

A) through
B) because of
C) by
D) so

83 You are telephoning Dr Paton. What do you say when her secretary answers the phone?

A) Good morning, can I speak Dr Paton please?
B) Good morning, am I speaking Dr Paton please?
C) Good morning, may I speak to Dr Paton please?
D) Good morning, do I speak with Dr Paton please?

84 Which word or phrase CANNOT be used to complete this sentence? Professor Firth's plane ____________________ at 23.00 tomorrow evening.

A) is arriving
B) is arrived
C) will arrive
D) arrives

85 **Choose the best phrase to complete this sentence: ____________________ I listened to a football match on the radio.**

A) Next week
B) The last night
C) Yesterday evening
D) Tomorrow night

86 **You are at an office party with your husband and encounter a senior colleague who hasn't met your husband before. What do you say?**

A) Let me present you with my husband
B) May I introduce you to my husband?
C) Would you mind knowing my husband?
D) Do you like to meet my husband?

87 **Which of the following sentences is NOT correct?**

A) He was given the sack because he was always late for work
B) He was redundant because he argued with the boss
C) He was fired for stealing from his employer
D) He was dismissed for molesting female members of staff

88 **Choose the best word or words to complete this sentence: There's ____________________ speculation about who will become the new leader of the Labour Party when the Prime Minister retires.**

A) a lot
B) many
C) too much
D) very

89 **Choose the best word or phrase to complete this sentence: I like ____________________ news on the radio in the morning.**

A) to listen
B) listen to
C) listening
D) listening to the

90 **Which word CANNOT be used to complete this sentence? Why is the USA ____________________ in Africa?**

A) interested
B) investing
C) involved
D) intending

91 **Choose the best word or phrase to complete the following: That isn't your desk. It's ____________.**

A) main
B) he's
C) your
D) hers

92 **Choose the best word or phrase to complete this sentence: I think the company's ____________________ a busy year next year.**

A) have
B) going to have
C) has
D) had

93 **Choose the best verb form to complete this sentence: Last Monday the House unanimously ____________________ the new legislation.**

A) were passing
B) was passed
C) passed
D) have passed

94 **Choose the best phrase to complete this sentence: Tomorrow morning I ____________________ the 6.30 train to Rome to attend a European conference on world poverty.**

A) have taken
B) am getting
C) shall go
D) going to take

95 **Which word or phrase CANNOT be used to complete this sentence? Omega Systems announced that it did not support the criminal prosecution of a Russian hacker ____________________ last week.**

A) taken into custody
B) kept
C) captured
D) arrested

96 **Choose the best word to complete this sentence: The budget for next year hasn't been finalised ________.**

A) always
B) still
C) already
D) yet

97 **Which word CANNOT be used as a synonym for "prevents" in the following newspaper headline? Russia prevents plan to sell arms to African states.**

A) interferes with
B) blocks
C) stops
D) helps

98 **Choose the best phrase to complete this sentence: Everyone ____________________ pay taxes.**

A) doesn't have
B) don't have
C) have to
D) has to

99 **Choose the best word to complete this sentence. Veronica has three ____________________: Barbara, Helen and Peter.**

A) sons
B) child
C) children
D) daughters

100 **Choose the best word or words to complete the following: I'm quite an ambitious person. I want ____________________ general manager in a few years' time.**

A) I become
B) to become
C) becoming
D) that I become

101 **Choose the best word or phrase to complete this sentence: Angela told me ____________________ was said at the meeting.**

A) "what"
B) that what
C) that which
D) which

102 **Choose the best word or phrase to complete this sentence. James Chan doesn't live in Hong Kong any ____________________.**

A) when
B) more
C) long
D) much

103 **Choose the best phrase to complete the following: You ____________________ the meeting yesterday. It was very important.**

A) shouldn't have missed
B) mustn't miss
C) oughtn't to miss
D) needn't have missed

104 **Choose the best phrase to complete this sentence: She asked me what ____________________.**

A) the new supervisor was like
B) was like the new supervisor
C) was the new supervisor like
D) like the new supervisor was

105 **Choose the correct phrase to complete this sentence. The manager said that all personal telephone calls ____________________.**

A) should have paid
B) had to be paid for
C) must have paid for
D) might have to pay

106 **Choose the best word to complete this question: ____________________ do you like your job?**

A) Why
B) Where
C) Who
D) What

107 **Choose the best verb form to complete this sentence: If I ____________________ a cake, will you bring some wine?**

A) will make
B) would be making
C) had made
D) make

108 **Which of the following would be an appropriate way to begin a formal letter to a person you don't know?**

A) Dear Mrs
B) Dear Responsible
C) Dear Sir
D) Illustrious Mister

109 **Choose the best word or phrase to complete this sentence: At the time of my visit last April, Kembruck Inc. ____________________ a successful, £340 million advertising campaign.**

A) was just finishing
B) have already finished
C) has finished
D) had been finished

110 **Choose the best word to complete this sentence: I am no longer satisfied with my job and I would really like to find something more ____________________.**

A) suited ADATTA
B) exhausting ESTENUANTE
C) challenging STIMOLANTE
D) attracting

111 **Which sentence is correct?**

A) It's a long time I did not see him
B) I don't see him since a long time
C) It's a long time I don't see him
D) I haven't seen him for a long time

112 **Only one of these sentences is correct. Which one?**

A) She works in the same department like me
B) I'll see you tomorrow at eight, like usual
C) I would never do anything like that
D) She is similar like her brother

113 **Choose the best word to complete this sentence: There is an excellent ____________________ of Vermeer's paintings at the Royal Academy at the moment.**

A) manifestation
B) demonstration
C) exhibition
D) performance

114 **Choose the best word to complete this question: ____________________ you like to come to Germany with me next month?**

A) Do
B) Would
C) Will
D) Did

115 **Choose the best word to complete the following: I'm always exhausted because my job is so demanding. I'm ____________________ a coffee bar in the centre of town at the moment, so I'm busy every day except Sundays.**

A) working
B) directing
C) having
D) running

116 **Choose the best word or phrase to complete this sentence: Pedro Almodóvar is a film director from ________**

A) the Spanish
B) the Spain
C) Spanish
D) Spain

117 **Choose the best word or phrase to complete this sentence: I'll pay you back the money ____________________ I can get to the bank.**

A) no sooner than
B) sooner
C) as soon as
D) as soon

118 **You are answering the phone and need to ask the caller to wait for a moment. What do you say?**

A) Please put me through
B) Please hang up
C) Please stay where you are
D) Please hold the line

119 **Choose the best phrase to complete this sentence: I've been trying ____________________ with him all week, but he's never in the office and his mobile always seems to be busy.**

A) contacting
B) to answer
C) getting hold
D) to get in touch

120 **Choose the best verb form to complete this sentence: Would you like a coffee before ____________________ back to work?**

A) you will go
B) you go
C) you had gone
D) to go

121 **Choose the best word to complete the following: My boss ____________________ to Florence for a meeting last week. He came back on Friday.**

A) wore
B) went
C) were
D) was

122 **Choose the best word or phrase to complete the following: Ian McEwan is a British writer. ____________________ from Hampshire.**

A) He come
B) Come
C) He's
D) Is

123 **Which adverb CANNOT be used to complete this sentence: This illness is thought to be ____________________ genetic in origin.**

A) principally
B) primarily
C) mainly
D) organically

124 **Choose the correct phrase to complete the following: You ____________________ in an election, but I think you should. If you have the right to vote, you should take advantage of it.**

A) needn't have voted
B) don't have to vote

C) need to vote
D) have to vote

125 **Which word or phrase is missing from the following sentence? I graduated ____________________ 'Industrial Management Engineer' three months ago.**

A) at the
B) in
C) from
D) as an

126 **Choose the best verb form to complete this sentence: You will feel more confident about your new job when you ____________________ in it for another month.**

1 ALTRO MESE

A) were
B) have been
C) will be
D) are

127 **Choose the best word to complete this sentence: I ____________________ haven't seen the film that won the Cannes Film Festival this year.**

A) still
B) yet
C) already
D) again ANCORA

128 **Choose the best word to complete this question: I'm sorry. I didn't understand your name. Can you ____________________ your surname please?**

A) tell
B) syllable
C) spell
D) writing

129 **Choose the best word or phrase to complete this sentence: Our customers usually pay ____________________ bills promptly.**

A) their
B) ours
C) there
D) you're

130 **Choose the best word to complete this question. Where ____________________ you like to go this evening?**

A) can
B) would
C) are
D) does

131 **Choose the best word or phrase to complete the following: This is our area manager. He ____________________ all the day-to-day business at the company.**

GIORNO x GIORNO

A) deals
B) is in charge of
C) responds to
D) is responsive

132 **Choose the best verb form to complete this sentence: By this time next week we ____________________ the new computer system.**

A) will have been installing
B) have installed
C) will have installed
D) will installing

133 **Choose the best word or phrase to complete this sentence: My husband doesn't ____________________ to help plan our holidays!**

A) do often
B) do much
C) a lot do
D) ever much do

134 **Choose the best words to complete the following: I love Berlin. It's a really lively and exciting place, and the people ____________________ friendly.**

A) they are more
B) are much
C) they are a lot
D) are very

135 **Choose the best question for this answer: I'm fine, thanks.**

A) What are you?
B) How are you?
C) Where are you?
D) Who are you?

136 **Choose the best word to complete the following: I have a lot of responsibility. I also have to deal ____________________ all customer complaints at the department store.**

× TRATTARE

A) for
B) to
C) by
D) with

137 **Choose the best way to begin this sentence: ____________________ our expectations, we found that the bank was quite willing to give us a loan to cover our debts.**

A) Counter
B) Opposite
C) As against
D) Contrary to

138 **Choose the best word to complete the following: He never turns up on time. He's totally ____________________.**

A) sensitive
B) trustworthy FIDATA
C) unreliable INAFFIDABILE
D) unsuitable INADATTA

139 **Choose the best phrase to complete this sentence: I am going to London to do a summer course to ____________________.**

A) know better the English
B) know better English language

C) better know English language
D) get to know the language better

140 **Choose the best way to complete the following: Please ____________________ need any further information. I will be very pleased to provide it.**

A) if you let me know
B) let me know you if
C) let me know if you
D) if let me know you

LET ME KNOW = FAMMI SAPERE

141 **Choose the best word or phrase to complete this sentence: John Baxter sent a report this afternoon from ____________________ the disaster scene.**

A) far LONTANO
B) in front
C) next
D) close to

142 **I'm afraid we can't comment ____________________ the court's decision at this time.**

A) on
B) at
C) of
D) to

143 **Tomorrow is our wedding anniversary. We ____________________ for 35 years.**

A) will be marrying
B) will have been married
C) will be married
D) are going to be married

144 **Silvia's flight from Sao Paolo took more than 10 hours. She ____________________ be exhausted after such a long flight.**

A) had
B) can
C) had better
D) must

145 **The accident ____________________ at 9 p.m. and the ambulance arrived within 10 minutes.**

A) was reported
B) was reporting
C) has been reported
D) had reported

146 **The shutters were closed and the lights were switched off at my neighbours house. They ____________________ on holiday.**

A) mustn't have gone
B) can't have been
C) should be
D) must have been

147 **Which number is written correctly?**

A) three thousands two hundred and forty two
B) three thousands and two hundreds and forty two
C) three thousand two hundred and forty two
D) three thousand two hundred and fourty two

148 What is the correct spelling of the following word?

A) accommadation
B) acommodation
C) accommodation
D) accomodation

149 Fleetingly means ____________________.

A) partially
B) longingly
C) slowly
D) quickly

150 The milk has gone off. It is ____________________.

A) stale
B) ripe
C) sour
D) rotten

151 Chose the correct noun form for the verb 'to advise'?

A) advice
B) advaice
C) advicing
D) advise

152 He was sorry to ____________________ your birthday.

A) loose
B) forgot
C) lost
D) forget

153 It would have taken a ____________________ to solve that particular problem.

A) some years
B) small timing
C) long time
D) years

154 Tom is the boy ____________________ lives in Nashville.

A) that
B) whom
C) which
D) whose

155 This disease has spread ____________________ in the past few years.

A) up
B) out
C) in
D) down

156 The view from the top of the mountain is ____________________.

A) ludicrous
B) delicious
C) salty
D) breathtaking

157 **As soon as he was arrested, the man gave some ____________________ to the police.**

A) point
B) information
C) out
D) mistakes

158 **This magazine only comes out ____________________.**

A) on hutches
B) by itself
C) quarterly
D) in herds

159 **He's terribly ____________________. He doesn't remember anything you tell him.**

A) easygoing
B) stable
C) forgetful
D) outgoing

160 **If I ____________________ I'd tell you right now.**

A) to know
B) know
C) had known
D) knew

161 **No names have yet ____________________ made.**

A) just
B) been
C) still
D) being

162 **A new wall is ____________________ built.**

A) just
B) being
C) has been
D) been

163 **The man was ____________________ for questioning.**

A) away
B) detained
C) drunk
D) traumatised

164 **Some new shares have just been ____________________.**

A) issued
B) conceived
C) elevated
D) bred

165 **The race was ____________________ due to the bad weather.**

A) done up
B) enlivened
C) called off
D) spiced up

166 **She's the ____________________ intelligent of the girls.**

A) small
B) least
C) less
D) little

167 **He ____________________ it!**

A) made me do
B) made me doing
C) made me to do
D) made me done

168 **____________________ you nor Tom will have to work this weekend!**

A) Nor
B) Neither
C) Never
D) Either

169 **I knew you ____________________ show up!**

A) wouldn't
B) wasn't
C) didn't
D) hasn't

170 **If she caught the 7.30 flight, she ____________________.**

A) would arrive on time
B) was arriving on time
C) will arrive on time
D) was arrived on time

171 **If ____________________, I would understand you much better.**

A) you spoke up
B) you were speaking up
C) you had spoken up
D) you will speak up

172 **____________________, if he doesn't call you by tomorrow afternoon.**

A) I'd have let you know
B) I'll have let you know
C) I'll let you know
D) I'd let you know

173 **If you don't write down the date and time of the message, ____________________.**

A) Tom would know
B) Tom would never know
C) Tom never knew
D) Tom will never know

174 **She stopped ____________________ last year.**

A) to smoke
B) having smoked
C) smoking
D) the smoking

175 **I wish she __________________ married me then.**

A) was
B) were
C) had
D) has

176 **She admitted to __________________ the handbag.**

A) stolen
B) stole
C) stealing
D) steal

177 **It's about time she __________________.**

A) will leave
B) would leave
C) left
D) had left

178 **Shut the door on your way out, __________________?**

A) are you
B) did you
C) will you
D) do you

179 **"Of course! It goes without __________________".**

A) doing
B) saying
C) telling
D) speaking

180 **Leave everything as it __________________.**

A) could
B) might
C) will
D) is

181 **I wish it __________________ snow!**

A) has
B) will
C) had
D) would

182 **What about __________________ out?**

A) going
B) to go
C) gone
D) go

183 **Let's go out, __________________.**

A) do we?
B) don't we?
C) shall we?
D) shan't we?

184 **Telling lies never ____________________.**

A) pays
B) gives
C) takes
D) dares

185 **She can't play the piano! In fact, she's ____________________.**

A) sly
B) hopeless
C) cunning
D) artful

186 **I do hope she's ____________________ time!**

A) on
B) in
C) at
D) out

187 **Of all my friends, Tom is the one I like the ____________________.**

A) less
B) most
C) more
D) smaller

188 **Tim denied ____________________ the boy.**

A) beating
B) was beaten
C) to beating
D) beat

189 **I always do my ____________________.**

A) better
B) well
C) best
D) good

190 **Marconi will soon ____________________ JTC Ltd.**

A) take up
B) take off
C) take over
D) take out

191 **In the US, shares are also known as ____________________.**

A) securities
B) bonds
C) assets
D) stocks

192 **If you buy shares you become ____________________.**

A) a bonded person
B) a shared man
C) a sparring partner
D) a stockholder

193 **It's about time you ____________________ some work!**

A) do
B) will do
C) did
D) done

194 **It's no use ____________________ over spilt milk!**

A) having cried
B) cry
C) to cry
D) crying

195 **The more the ____________________.**

A) small
B) better
C) little
D) less

196 **There's no point ____________________ going back now.**

A) out
B) in
C) at
D) up

197 **Does she play the piano? Yes, she ____________________.**

A) does
B) do
C) would
D) did

198 **Tom ____________________ tennis since 10 o'clock.**

A) has been playing
B) have played
C) had played
D) played

199 **I wish I ____________________ her before!**

A) would meet
B) will meet
C) met
D) had met

200 **Would you like a drink? Yes, ____________________.**

A) all right
B) please
C) thanks
D) welcome

201 **I was leaving the house when Tom ____________________.**

A) showed up
B) had got back
C) had showed up
D) would show up

202 **I have never ____________________ the Andes.**

A) gone
B) been
C) visited
D) went

203 **The "Mayor of London" is a ____________________.**

A) bust
B) relic
C) person
D) statue

204 **He's a good man. They all ____________________ him.**

A) look up to
B) look at
C) look into
D) look out to

205 **If you are not in the sun, you are ____________________.**

A) on the moon
B) in the shadow
C) at sea
D) in the shade

206 **Let's go out, ____________________?**

A) will we
B) shall we
C) don't we
D) won't we

207 **He won't be here, ____________________.**

A) will he?
B) wouldn't he?
C) doesn't he?
D) shan't he?

208 **You can stay out late ____________________ that you go with Tom.**

A) even
B) provided
C) when
D) however

209 **We leave York ____________________ London at 7.30 tomorrow morning.**

A) towards
B) on
C) for
D) to

210 **We want to throw a party before summer vacation.**

A) Vogliamo dare una festa prima delle vacanze estive
B) Vogliamo andare a una festa prima delle vacanze estive
C) Vogliamo cancellare la festa prima delle vacanze estive
D) Vogliamo fissare una data per la festa prima delle vacanze estive

211 **What do these initials stand for?**

A) Cosa fanno per sé prima di tutto?
B) Qual è il principio di tutto?
C) Fa qualcosa per sé prima di iniziare?
D) Che cosa significano queste iniziali?

212 **That theory will never hold water.**

A) È una teoria inutile
B) Quella teoria non reggerà mai
C) Quella teoria non sarà mai pubblicata
D) Quella teoria non piacerà mai a nessuno

213 **Did you know that Tom has been hanging out with Steve?**

A) Sai che Tom fuori di casa non parla con Steve?
B) Sapevi che Tom e Steve vivono fuori casa?
C) Hai saputo che Steve ha cacciato Tom fuori di casa?
D) Sapevi che Tom frequenta Steve?

214 **You look puzzled.**

A) Sembri confusa
B) Sembri una persona difficile
C) Guarda questo puzzle
D) Sei stanco

215 **I couldn't make it to work yesterday.**

A) Non ho potuto farlo funzionare ieri
B) Non sono riuscito ad andare al lavoro ieri
C) Ieri non volevo andare al lavoro
D) Non potevo farlo ieri al lavoro

216 **I regret ____________________ my job.**

A) to leave
B) leaving
C) left
D) the leaving

217 **____________________ you be so kind as ____________________ the window?**

A) Could / to open
B) Would / opening
C) Would / to open
D) Should / to open

218 **____________________ the play is set in Italy, ____________________ the characters are Italian.**

A) However / little of
B) Although / the little
C) But / the few
D) Although / few of

219 **Mr. Smith doesn't work ____________________ Fridays or ____________________ weekends.**

A) by / till
B) until / at
C) on / at
D) at / in

220 **We have ____________________ time, but not ____________________.**

A) a lot / much
B) any / a lot
C) much / a lot
D) some / much

221 **I ____________________ studied Physics if the teacher ____________________ interesting.**

A) wouldn't have / was
B) wouldn't / hadn't been
C) wouldn't have / hadn't been
D) would have / hadn't been

222 **This morning I ____________________ into Tom Brown!**

A) ran
B) jumped
C) skipped
D) scuttled

223 **We look ____________________ to ____________________ from you.**

A) forward / hearing
B) glad / hear
C) delighted / hearing
D) happily / hear

224 **I forgot my keys, so I ____________________ break the window and climb ____________________.**

A) could / over it
B) must / through it
C) had to / through it
D) had to / across it

225 **They have put ____________________ the meeting ____________________ next week.**

A) up / for
B) ahead / during
C) on / by
D) off / until

226 **The police ____________________ issued a warrant for Adamson's arrest.**

A) was
B) must
C) have
D) were

227 **The football coach wanted to improve the ____________________ fitness.**

A) players's
B) player's
C) players'
D) players

228 **Italian people differ ____________________ other nationalities I know.**

A) to
B) as
C) about
D) from

229 ____________________ is very much a part of Barbara's character.

A) Helpful
B) Help
C) Helping
D) Helpfulness

230 Maria's coffee bar was ____________________ she decided to franchise it.

A) so successful that
B) so successful than
C) such successful as
D) such successful that

231 Will you ____________________ about the job next week?

A) let me know
B) make me know
C) let know me
D) get know me

232 Tomorrow I have an appointment ____________________.

A) to cut my hair
B) to have my hair cut
C) to have cut my hair
D) to get cut my hair

233 If the weather ____________________ better, I'd play tennis.

A) would be
B) will have been
C) were
D) was be

234 If he knows the answer, he ____________________ it.

A) repeated
B) will repeat
C) is repeating
D) can to repeat

235 He threw away a chance to go to China.

A) Lui ha invitato qualcuno ad andare in Cina
B) Lui ha sprecato l'occasione di andare in Cina
C) Lui ha mandato qualcuno in Cina
D) Lui ha dato un'occasione a qualcuno per andare in Cina

236 On second thought, your solution seems the best.

A) Senza pensarci due volte, la tua soluzione non sembra la migliore
B) Ripensandoci bene, la tua soluzione sembra la migliore
C) Non ho pensato a una soluzione migliore della tua
D) Non voglio pensare di nuovo alla tua soluzione

237 The milk has gone off.

A) Il latte non è mio
B) Il latte è finito
C) Il prezzo del latte è aumentato
D) Il latte non è più buono

238 I tried to come, but I couldn't make it.

A) Ho provato a venire, ma non ce l'ho fatta
B) Volevo proprio venire, ma non ce l'ho fatta
C) Potevo venire, ma non volevo farlo
D) Sono venuto lo stesso, anche se non potevo

239 He turned up just as the meeting was ending.

A) Lui è arrivato proprio quando la riunione stava per concludersi
B) Si è voltato solo alla fine della riunione
C) Lui ha concluso la riunione con un riassunto
D) Alla fine della riunione si è sentito male

240 How come Lisa's putting you up this week?

A) Come può aiutarti Lisa questa settimana?
B) Come arriva Lisa questa settimana?
C) È vero che Lisa questa settimana manderà te?
D) Perché Lisa ti ospita questa settimana?

241 The meeting was ____________________ to another day.

A) put off
B) made up
C) cast away
D) thrown out

242 If you had been there, we ____________________ a good time.

A) could have
B) would have
C) would have had
D) 'd had

243 A ____________________ the wedding guests ____________________ sitting and playing cards.

A) few / be
B) couple / was
C) few of / were
D) some / were

244 If you tell ____________________ the truth, he ____________________ upset with you.

A) him / is to be
B) him / will become
C) he / will become
D) his / is becoming

245 I'm really quite lost. ____________________ you ____________________ showing me how to get out of here?

A) Would / be
B) Would / mind
C) Must / mind
D) Might / minding

246 ____________________ information ____________________ our company is now possible online.

A) Obtain / about
B) For obtaining / of
C) To obtain / from
D) Obtaining / about

247 **I'm working on two jobs to ____________________ some ____________________ money.**

A) gain / extra
B) earn / extra
C) gain / more
D) win / more

248 **She regards ____________________ as a failure for having dropped out ____________________ university.**

A) herself / of
B) her own self / of
C) self / in
D) herself / at

249 **I'm sorry, I ____________________. I ____________________ about Jim.**

A) didn't concentrate / was thinking
B) was concentrating / didn't think
C) was thinking / was concentrating
D) wasn't concentrating / was thinking

250 **I had been ____________________________ what to cook for dinner when the telephone ____________________________.**

A) studying / rings
B) wondering / rang
C) asking / was ringing
D) guessing / had been ringing

251 **The boy admitted ____________________ the toy.**

A) to break
B) he breaks
C) broken
D) breaking

252 **____________________ my family knew about my boyfriend.**

A) None of
B) Not any
C) No one
D) Anybody of

253 **"I've never been to Prague." "Neither ____________________."**

A) have I
B) was I
C) do I
D) had I

254 **Please, hurry up! I have to call Jim ____________________ 5 o'clock.**

A) by
B) until
C) from
D) to

255 **There was a man ____________________ was looking for you.**

A) whom
B) which

C) who
D) in which

256 **Can I give you __________________ advice?**

A) some
B) a lot
C) much
D) many

257 **Complete the question. "Could you tell me __________________"**

A) how long takes it to get to Seattle?
B) how long to get to Seattle it takes?
C) how long does it take to get to Seattle?
D) how long it takes to get to Seattle?

258 **Life would be much simpler if you __________________ worrying so much.**

A) stopped
B) stop
C) will stop
D) have stopped

259 **She's not very keen __________________ basketball.**

A) around
B) with
C) to
D) on

260 **I know I made a mistake, but you don't have to rub it in.**

A) Sbagliando si impara
B) Lo so che ho sbagliato, ma tu non farla lunga
C) Sapevo di sbagliare, ma l'ho fatto lo stesso
D) Lo so che ho fatto uno sbaglio, ma tu non devi cancellarlo

261 **They went over my work with a fine-toothed comb.**

A) Hanno rifatto il mio lavoro con più precisione
B) Hanno passato al vaglio il mio lavoro
C) Hanno continuato il mio lavoro con un pettine più fine
D) Hanno soppresso il mio posto di lavoro in modo agguerrito

262 **She fainted, but came to shortly afterward.**

A) È svenuta, ma poco dopo è svenuta di nuovo
B) È svenuta, ma ha ripreso conoscenza poco dopo
C) È svenuta, ma ricorda tutte le cose recenti
D) È svenuta, ma non ricorda niente delle cose recenti

263 **Alice is sincere through and through.**

A) Alice non è sempre sincera
B) Alice è completamente sincera
C) Alice qualche volta è sincera
D) Alice non è completamente sincera

264 **Everyone was surprised when he turned down the offer.**

A) Tutti erano sorpresi quando ha rifiutato l'offerta
B) Lui ha sorpreso tutti quando ha cambiato l'offerta

C) Sono rimasti tutti senza parole quando lui ha abbassato l'offerta
D) Si sono tutti sorpresi che la sua offerta fosse così bassa

265 **Alfred is now hanging around only well-to-do people!**

A) Alfred spera un giorno di incontrare gente che ami viaggiare!
B) Alfred vuole conoscere gente importante e per questo viaggia molto!
C) Alfred frequenta solamente gente altolocata!
D) Alfred è alla ricerca di brava gente!

266 **I had to deny __________________ __________________ request.**

A) him / his
B) him / it's
C) Her / it's
D) to him / his

267 **Once a list of suitable candidates __________________we can contact __________________ to arrange interviews.**

A) is drew up / to them
B) has been drawn up / them
C) have been drawn up / they
D) has drawn up / their

268 **It's __________________ __________________I told the news.**

A) he / whose
B) him / who
C) he / whom
D) his / whose

269 **The jump was such a daunting prospect that he decided __________________ doing it.**

A) against
B) about
C) off
D) on

270 **If I __________________ to university, I __________________ the possibility to work in this field.**

A) hadn't been / would had
B) hadn't gone / wouldn't have had
C) hadn't gone / had had
D) had gone / wouldn't have

271 **What a year! If it weren't __________________________ you, I would never have got __________________ it!**

A) for / to
B) for / through
C) about / over
D) with / through

272 **To __________________________ it may concern, I hereby designate Mathilda Jones __________________________ my attorney.**

A) whoever / such as
B) who / as

C) whom / like
D) whom / as

273 **Call me at 10 p.m. By that time my parents ____________________.**

A) will have been leaving
B) will have left
C) have left
D) will leave

274 **He's been out three days in a row. He ____________________ be here today or the boss will have his head.**

A) will better
B) should be
C) had better
D) would be

275 **It took me twenty minutes to realise I ____________________ in the wrong file.**

A) had looked
B) have been looking
C) looked
D) had been looking

276 **I really regretted my mistake. It was one that I ____________________.**

A) ought not to be making
B) mustn't make
C) ought not to have made
D) had not to make

277 **I thought it was a waste of time ____________________ that film.**

A) see
B) seen
C) to saw
D) seeing

278 **____________________ her illness, Linda continued to play tennis.**

A) Despite
B) Although
C) In spite
D) Even though

279 **I ____________________ not to mention it.**

A) was told
B) told
C) was said
D) was telling

280 **The results of the test were doctored up.**

A) I risultati dell'esame sono stati firmati dal dottore
B) I risultati dell'esame sono stati pubblicati
C) I risultati dell'esame sono stati mandati al dottore
D) I risultati dell'esame sono stati falsificati

281 **The engine is still working; so far so good.**

A) Il motore funziona, andiamo bene e lontano
B) Il motore funziona e d'ora in poi andrà meglio
C) Il motore funziona ancora; fino ad ora è andata bene
D) Il motore funziona ancora, speriamo di andare lontano

282 **I never expected him to let us down that way.**

A) Non l'avrei mai aspettato giù per quella strada
B) Non mi sarei mai aspettato che ci deludesse così
C) Non avrei mai aspettato il suo permesso
D) Non mi sarei mai aspettato che ci lasciasse in quella strada

283 **I'm sick and tired of this affair.**

A) Questo affare mi confonde
B) Questo affare mi causa malessere
C) Sono nervoso per questo affare
D) Sono stufo di questo affare

284 **He drove off without saying a word.**

A) Ha guidato la macchina senza mai parlare
B) Ha guidato la macchina in modo strano
C) Se ne andò in macchina senza dire una parola
D) Ha parlato poco mentre guidava

285 **They set off before daybreak.**

A) Questa mattina hanno messo tutto in disordine
B) Sono arrabbiati da stamattina
C) Si sentono male da questa mattina
D) Sono partiti prima dell'alba

286 **The market demand is now ____________________ due to a major slowdown.**

A) downing
B) bright
C) looking up
D) stagnating

287 **Large factories are ____________________ to produce several models.**

A) experiencing
B) expert
C) able
D) cleverly

288 **At first, my friend didn't want to hire Wendy. But, because I had previously worked with Wendy, I told my friend that she ____________________ take another look at her C.V. and reconsider ____________________ for the job.**

A) has to / she
B) ought to / her
C) 'd had to / she
D) must / her

289 **I'm really worried ____________________ you. You don't seem to care ____________________ anything anymore.**

A) toward / for

B) with / for
C) about / about
D) for / toward

290 **When I see James, ____________________ him ____________________ you said.**

A) I told / which
B) I tell / that
C) I'm telling / that
D) I'll tell / what

291 **She felt ____________________ when she first arrived because she had ____________________ to talk to.**

A) lonely / anybody
B) lonely / nobody
C) lone / no one
D) alone / somebody

292 **Well, I'd rather you ____________________ invite the CEO, if you don't ____________________.**

A) wouldn't / mind
B) didn't / mind
C) shouldn't / care
D) mustn't / to mind

293 **If only I ____________________ taller, life would be ____________________ easier.**

A) am / so much
B) were / so much
C) had been / so
D) was / a lot of

294 **Red wine ____________________ to benefit circulation.**

A) has found
B) has been found
C) founded
D) was being found

295 **Serena: "My daughter's been promoted to General Manager."**
Tom: " ____________________? You must be so proud!"

A) Hasn't she
B) Had she
C) Is she
D) Has she

296 **In today's global market place, few firms are sheltered from international competition. Most markets are very competitive. Some are extremely competitive. In a number of industries, supply has grown faster than demand and, as too many firms compete for too few customers, some markets have become hyper-competitive. Hyper-competition can be fairly short-lived, but in some sectors it has become the norm. The automobile industry is a classic example. How do you cut costs by 20%, improve quality, and increase output all at once? It's a pretty tough question, but one that carmakers and their suppliers have had to answer regularly. In view of market conditions, it is hardly surprising that the automotive sector has become so competitive. In recent years, productivity has increased very quickly, but demand has grown quite slowly. This has resulted in over-capacity. The problem has been worsened by slow growth in markets. Several car manufacturers have invested in new plants to meet growing demand abroad. But**

many vehicle markets have proved rather slow in developing. Early forecasts, it appears, were a little optimistic. Several new plants have been set up ___________________.

A) to support foreign customers
B) to respond to demand overseas
C) to set new regulations
D) to curb inflation

297 **In today's global market place, few firms are sheltered from international competition. Most markets are very competitive. Some are extremely competitive. In a number of industries, supply has grown faster than demand and, as too many firms compete for too few customers, some markets have become hyper-competitive. Hyper-competition can be fairly short-lived, but in some sectors it has become the norm. The automobile industry is a classic example. How do you cut costs by 20%, improve quality, and increase output all at once? It's a pretty tough question, but one that carmakers and their suppliers have had to answer regularly. In view of market conditions, it is hardly surprising that the automotive sector has become so competitive. In recent years, productivity has increased very quickly, but demand has grown quite slowly. This has resulted in over-capacity. The problem has been worsened by slow growth in markets. Several car manufacturers have invested in new plants to meet growing demand abroad. But many vehicle markets have proved rather slow in developing. Early forecasts, it appears, were a little optimistic. A "tough question" is a ___________________.**

A) mathematical one
B) difficult one
C) common one
D) redundant one

298 **ITV made its long-awaited debut on digital satellite television last night, after an agreement with BSkyB that followed months of negotiations. Until now, ITV has been available in digital form only on cable and digital terrestrial TV. But from last night, the digital version of ITV1, with its 16 regional variations, was available on Sky Digital. The ITV2 channel will follow in the next few days and will be available for the first time in the 5.5 million homes with digital satellite — an increase of more than 150 per cent on its current audience. The deal between ITV and BSkyB, in which the News Corporation, parent company of The Times, has a 36.3 per cent stake, should give an advertising revenue boost to Granada and Carlton, the two main ITV companies. Advertisers were angered by the fact that ITV was not carried on Sky Digital, the country's most popular digital platform. ITV will pay BSkyB about £13 million a year under the deal. Stuart Prebble, chief executive of ITV, said last night that the deal was "good news for satellite viewers", who will be able to watch ITV1 and ITV2 with digital quality pictures and full programme information. "Under the deal" means ___________________.**

A) prior to the deal
B) after the deal
C) before the deal
D) in compliance with the deal

299 **ITV made its long-awaited debut on digital satellite television last night, after an agreement with BSkyB that followed months of negotiations. Until now, ITV has been available in digital form only on cable and digital terrestrial TV. But from last night, the digital version of ITV1, with its 16 regional variations, was available on Sky Digital. The ITV2 channel will follow in the next few days and will be available for the first time in the 5.5 million homes with digital satellite — an increase of more than 150 per cent on its current audience. The deal between ITV and BSkyB, in which the News Corporation, parent company of The Times, has a 36.3 per cent stake, should give an advertising revenue boost to Granada and Carlton, the two main ITV companies. Advertisers were angered by the fact that ITV was not carried on Sky Digital, the country's most popular digital platform. ITV will pay BSkyB about £13 million a year under the deal. Stuart**

Prebble, chief executive of ITV, said last night that the deal was "good news for satellite viewers", who will be able to watch ITV1 and ITV2 with digital quality pictures and full programme information. Stuart Prebble said that the deal was ____________________.

A) a long way off
B) a deterrent for viewers
C) attractive for satellite viewers
D) near

300 **In 1830, baron Bettino Ricasoli, the father of Chianti wine, (1) ____________________to industrialize agriculture, in order to increase the rate of productivity. Since then many years have gone by giving way to several important social changes, which have transformed the Chianti area and economic crises that have alternated with sudden increases in productivity. Let's start (2) ____________________ the beginning: in the 19th century, the Chianti landscape was dotted with a few villages and big farmhouses where the noble families (3)____________________ enjoy their holidays. Agriculture was still bound to archaic systems of cultivation. Unlike all other crops that grew here and there and were directly taken by farmers for personal use, wine was sold and exported. The cultivation system on terraces was very complicated, but it spurred farmers to (4) ____________________ higher rates of productivity. More and more land was then brought under crops, new country-houses mushroomed everywhere, special vines were selected, and all estates were re-organized, according to capitalist principles. This progress took place without the marvellous, natural landscape being damaged. ('Chianti' Latest Color Guide, by Carlo Grassetti, 1999). Which of the given alternatives correctly fills in the gap (1)?**

A) has decided
B) had decided
C) decided
D) was decided

301 **In 1830, baron Bettino Ricasoli, the father of Chianti wine, (1) ____________________ to industrialize agriculture, in order to increase the rate of productivity. Since then many years have gone by giving way to several important social changes, which have transformed the Chianti area and economic crises that have alternated with sudden increases in productivity. Let's start (2) ____________________ the beginning: in the 19th century, the Chianti landscape was dotted with a few villages and big farmhouses where the noble families (3) ____________________ enjoy their holidays. Agriculture was still bound to archaic systems of cultivation. Unlike all other crops that grew here and there and were directly taken by farmers for personal use, wine was sold and exported. The cultivation system on terraces was very complicated, but it spurred farmers to (4) ____________________ higher rates of productivity. More and more land was then brought under crops, new country-houses mushroomed everywhere, special vines were selected, and all estates were re-organized, according to capitalist principles. This progress took place without the marvellous, natural landscape being damaged. ('Chianti' Latest Color Guide, by Carlo Grassetti, 1999). Which of the given alternatives correctly fills in the gap (2)?**

A) from
B) by
C) of
D) in

302 **In 1830, baron Bettino Ricasoli, the father of Chianti wine, (1) ____________________to industrialize agriculture, in order to increase the rate of productivity. Since then many years have gone by giving way to several important social changes, which have transformed the Chianti area and economic crises that have alternated with sudden increases in productivity. Let's start (2) ____________________ the beginning: in the 19th century, the Chianti landscape**

was dotted with a few villages and big farmhouses where the noble families (3) __________________ enjoy their holidays. Agriculture was still bound to archaic systems of cultivation. Unlike all other crops that grew here and there and were directly taken by farmers for personal use, wine was sold and exported. The cultivation system on terraces was very complicated, but it spurred farmers to (4) __________________ higher rates of productivity. More and more land was then brought under crops, new country-houses mushroomed everywhere, special vines were selected, and all estates were re-organized, according to capitalist principles. This progress took place without the marvellous, natural landscape being damaged. ('Chianti' Latest Color Guide, by Carlo Grassetti, 1999). Which of the given alternatives correctly fills in the gap (3)?

A) use to
B) were used to
C) were use to
D) used to

303 **In 1830, baron Bettino Ricasoli, the father of Chianti wine, (1) __________________ to industrialize agriculture, in order to increase the rate of productivity. Since then many years have gone by giving way to several important social changes, which have transformed the Chianti area and economic crises that have alternated with sudden increases in productivity. Let's start (2) __________________ the beginning: in the 19th century, the Chianti landscape was dotted with a few villages and big farmhouses where the noble families (3) __________________ enjoy their holidays. Agriculture was still bound to archaic systems of cultivation. Unlike all other crops that grew here and there and were directly taken by farmers for personal use, wine was sold and exported. The cultivation system on terraces was very complicated, but it spurred farmers to (4) __________________ higher rates of productivity. More and more land was then brought under crops, new country-houses mushroomed everywhere, special vines were selected, and all estates were re-organized, according to capitalist principles. This progress took place without the marvellous, natural landscape being damaged. ('Chianti' Latest Color Guide, by Carlo Grassetti, 1999). Which of the given alternatives correctly fills in the gap (4)?**

A) fry
B) reach
C) aim
D) goal

304 **The Treasury Select Committee is to launch an inquiry into the planned take-over of Liffe, the London Futures Exchange, by Euronext, the alliance of the Paris, Brussels and Amsterdam Stock Exchanges. The unusual move is thought to have been provoked by growing concern among committee members about the impact on the City of London of the £555 million cash take-over. The committee will hear evidence from Liffe and Euronext officials on December 13. It will then question officials from the London Stock Exchange, which lost out in the auction for Liffe despite tabling a higher offer. "Philip Morris switch challenged": Philip Morris, the tobacco company, has become embroiled in a dispute about its proposed name change. Altria Healthcare, a private medical billing company in America, is concerned about Philip Morris's proposed name change to Altria Group. "It is of great concern to a healthcare business to have a big tobacco and alcohol company wish to adopt an identical name," Warren Smedley, Altria Healthcare's President, said. Philip Morris said it had conducted all necessary searches and was confident that it was not in breach of any laws and would not confuse Altria Healthcare's customers. A "breach" is a/an __________________.**

A) bid
B) outing
C) bargain
D) infringement

305 **The Treasury Select Committee is to launch an inquiry into the planned take-over of Liffe, the London Futures Exchange, by Euronext, the alliance of the Paris, Brussels and Amsterdam Stock Exchanges. The unusual move is thought to have been provoked by growing concern among committee members about the impact on the City of London of the £555 million cash take-over. The committee will hear evidence from Liffe and Euronext officials on December 13. It will then question officials from the London Stock Exchange, which lost out in the auction for Liffe despite tabling a higher offer. "Philip Morris switch challenged": Philip Morris, the tobacco company, has become embroiled in a dispute about its proposed name change. Altria Healthcare, a private medical billing company in America, is concerned about Philip Morris's proposed name change to Altria Group. "It is of great concern to a healthcare business to have a big tobacco and alcohol company wish to adopt an identical name," Warren Smedley, Altria Healthcare's President, said. Philip Morris said it had conducted all necessary searches and was confident that it was not in breach of any laws and would not confuse Altria Healthcare's customers. Which sentence is true?**

A) Philip Morris deliberately chose the name Altria Group to confuse customers
B) Philip Morris has ruffled some feathers by choosing the name Altria Group
C) Altria Healthcare was taken over by Altria Group
D) Warren Smedley changed jobs

306 **Three nights later, old Major died peacefully in his sleep. His body was buried at the foot of the orchard. This was early (1) ____________________ March. During the next three months there was much secret activity. Major's speech had given to the more intelligent animals on the farm a completely new outlook on life. They did not know when the Rebellion predicted by Major would take place, they had no reason for (2) ____________________ that it would be within their own lifetime, but they saw clearly that it was their duty to prepare for it. The work of teaching and organising the others fell naturally (3) ____________________ the pigs, who were generally recognised as being the cleverest of the animals. Pre-eminent among the pigs were two young boars, named Snowball and Napoleon, whom Mr Jones (4) ____________________ up for sale. Napoleon was a large, rather fierce-looking Berkshire boar, the only Berkshire on the farm, not much of a talker but with a reputation for getting his own way. Snowball was a more vivacious pig than Napoleon, quicker in speech and more inventive, but was not considered to have the same depth of character. All the other make pigs on the farm were porkers. ('Animal Farm', by George Orwell, 1945). Which of the given alternatives correctly fills in the gap (1)?**

A) in
B) at
C) by
D) on

307 **Three nights later, old Major died peacefully in his sleep. His body was buried at the foot of the orchard. This was early (1) ____________________ March. During the next three months there was much secret activity. Major's speech had given to the more intelligent animals on the farm a completely new outlook on life. They did not know when the Rebellion predicted by Major would take place, they had no reason for (2) ____________________ that it would be within their own lifetime, but they saw clearly that it was their duty to prepare for it. The work of teaching and organising the others fell naturally (3) ____________________ the pigs, who were generally recognised as being the cleverest of the animals. Pre-eminent among the pigs were two young boars, named Snowball and Napoleon, whom Mr Jones (4) ____________________ up for sale. Napoleon was a large, rather fierce-looking Berkshire boar, the only Berkshire on the farm, not much of a talker but with a reputation for getting his own way. Snowball was a more vivacious pig than Napoleon, quicker in speech and more inventive, but was not considered to have the same depth of character. All the other make pigs on the farm were porkers. ('Animal Farm', by George Orwell, 1945). Which of the given alternatives correctly fills in the gap (2)?**

A) thinking
B) to think

C) think
D) to thinking

308 **Three nights later, old Major died peacefully in his sleep. His body was buried at the foot of the orchard. This was early (1) ____________________ March. During the next three months there was much secret activity. Major's speech had given to the more intelligent animals on the farm a completely new outlook on life. They did not know when the Rebellion predicted by Major would take place, they had no reason for (2) ____________________ that it would be within their own lifetime, but they saw clearly that it was their duty to prepare for it. The work of teaching and organising the others fell naturally (3) ____________________ the pigs, who were generally recognised as being the cleverest of the animals. Pre-eminent among the pigs were two young boars, named Snowball and Napoleon, whom Mr Jones (4) ____________________ up for sale. Napoleon was a large, rather fierce-looking Berkshire boar, the only Berkshire on the farm, not much of a talker but with a reputation for getting his own way. Snowball was a more vivacious pig than Napoleon, quicker in speech and more inventive, but was not considered to have the same depth of character. All the other make pigs on the farm were porkers. ('Animal Farm', by George Orwell, 1945). Which of the given alternatives correctly fills in the gap (3)?**

A) near
B) in
C) to
D) by

309 **Three nights later, old Major died peacefully in his sleep. His body was buried at the foot of the orchard. This was early (1) ____________________ March. During the next three months there was much secret activity. Major's speech had given to the more intelligent animals on the farm a completely new outlook on life. They did not know when the Rebellion predicted by Major would take place, they had no reason for (2) ____________________ that it would be within their own lifetime, but they saw clearly that it was their duty to prepare for it. The work of teaching and organising the others fell naturally (3) ____________________ the pigs, who were generally recognised as being the cleverest of the animals. Pre-eminent among the pigs were two young boars, named Snowball and Napoleon, whom Mr Jones (4) ____________________ up for sale. Napoleon was a large, rather fierce-looking Berkshire boar, the only Berkshire on the farm, not much of a talker but with a reputation for getting his own way. Snowball was a more vivacious pig than Napoleon, quicker in speech and more inventive, but was not considered to have the same depth of character. All the other make pigs on the farm were porkers. ('Animal Farm', by George Orwell, 1945). Which of the given alternatives correctly fills in the gap (4)?**

A) has been breeding
B) will have been breeding
C) was breeding
D) were breeding

310 **Think of the City of London and you think of Sir Terence Conran; he already has 11 restaurants in or near the area, but there's always (1) ____________________ for one more when it's as good as Sauterelle. Combining the perfect location and clever design has always been Conran's forte, and his latest wins on both scores. Inside the historic Royal Exchange building, Sauterelle's dining room (2) ____________________ the huge central hall from the mezzanine, but this isn't (3) ____________________ a "view" restaurant. The menu is full of excellently prepared French classics, like rabbit stew and chocolate tarts. While the City area may be hopping, the real action is in London's West End, specifically Mayfair. Not content with one hugely successful branch in the neighbourhood, the Nobu Group recently opened a second on Berkeley Square. But unlike its older sister, Nobu Berkeley has taken a beating from many critics. It's not that the food (4) ____________________ good. What irked these critics (and many diners), when it opened, was the strict no-reservation policy that left you waiting in an overpriced bar for an hour or two.**

Management has wisely changed the policy, but whether the rather ungraceful service has improved remains to be seen. Which of the given alternatives correctly fills in the gap (1)?

A) area
B) position
C) seat
D) room

311 **Think of the City of London and you think of Sir Terence Conran; he already has 11 restaurants in or near the area, but there's always (1) __________________ for one more when it's as good as Sauterelle. Combining the perfect location and clever design has always been Conran's forte, and his latest wins on both scores. Inside the historic Royal Exchange building, Sauterelle's dining room (2) __________________ the huge central hall from the mezzanine, but this isn't (3) __________________ a "view" restaurant. The menu is full of excellently prepared French classics, like rabbit stew and chocolate tarts. While the City area may be hopping, the real action is in London's West End, specifically Mayfair. Not content with one hugely successful branch in the neighbourhood, the Nobu Group recently opened a second on Berkeley Square. But unlike its older sister, Nobu Berkeley has taken a beating from many critics. It's not that the food (4) __________________ good. What irked these critics (and many diners), when it opened, was the strict no-reservation policy that left you waiting in an overpriced bar for an hour or two. Management has wisely changed the policy, but whether the rather ungraceful service has improved remains to be seen. Which of the given alternatives correctly fills in the gap (2)?**

A) oversees
B) gives out on
C) looks over
D) overlooks

312 **Think of the City of London and you think of Sir Terence Conran; he already has 11 restaurants in or near the area, but there's always (1) __________________ for one more when it's as good as Sauterelle. Combining the perfect location and clever design has always been Conran's forte, and his latest wins on both scores. Inside the historic Royal Exchange building, Sauterelle's dining room (2) __________________ the huge central hall from the mezzanine, but this isn't (3) __________________ a "view" restaurant. The menu is full of excellently prepared French classics, like rabbit stew and chocolate tarts. While the City area may be hopping, the real action is in London's West End, specifically Mayfair. Not content with one hugely successful branch in the neighbourhood, the Nobu Group recently opened a second on Berkeley Square. But unlike its older sister, Nobu Berkeley has taken a beating from many critics. It's not that the food (4) __________________ good. What irked these critics (and many diners), when it opened, was the strict no-reservation policy that left you waiting in an overpriced bar for an hour or two. Management has wisely changed the policy, but whether the rather ungraceful service has improved remains to be seen. Which of the given alternatives correctly fills in the gap (3)?**

A) yet
B) already
C) just
D) not

313 **Think of the City of London and you think of Sir Terence Conran; he already has 11 restaurants in or near the area, but there's always (1) __________________ for one more when it's as good as Sauterelle. Combining the perfect location and clever design has always been Conran's forte, and his latest wins on both scores. Inside the historic Royal Exchange building, Sauterelle's dining room (2) __________________ the huge central hall from the mezzanine, but this isn't (3) __________________ a "view" restaurant. The menu is full of excellently prepared French classics, like rabbit stew and chocolate tarts. While the City area may be hopping, the real action is in London's West End, specifically Mayfair. Not content with one hugely successful branch in**

the neighbourhood, the Nobu Group recently opened a second on Berkeley Square. But unlike its older sister, Nobu Berkeley has taken a beating from many critics. It's not that the food (4) ___________________ good. What irked these critics (and many diners), when it opened, was the strict no-reservation policy that left you waiting in an overpriced bar for an hour or two. Management has wisely changed the policy, but whether the rather ungraceful service has improved remains to be seen. Which of the given alternatives correctly fills in the gap (4)?

A) cannot be
B) be
C) is
D) isn't

314 **Japanese expression of regret and atonement are finely tuned to the circumstances. So students of etiquette were quick to note that the apology issued by Sony on Tuesday October 24th, for manufacturing occasionally inflammable laptop batteries, was less than whole-hearted. In a land where shamed executives are not shy of shedding tears during shows of contrition, the seated shallow bow performed by some of the Japanese electronic giant's bosses was deemed a middling act of corporate obeisance. Sony's apology is part of a growing trend for business leaders to say sorry to consumers (and sometimes to workers and shareholders) for corporate shortcomings. Of late, Steve Jobs was widely praised for taking responsibility for Apple's problems over the backdating of share-options. Mark Hurd, Hewlett-Packard's boss, got a critical reaction to his more equivocal "apology" for a recent scandal that swept the American tech firm. As companies appear to be quicker at accepting the blame for failures, the timing and scope of their apologies are coming under ever-greater scrutiny. The oft-touted example of an exemplary corporate reaction to trouble is that of Johnson & Johnson, in the early 1980s, after several people died after taking a drug called Tylenol. Though the product had been deliberately poisoned with cyanide while on shop shelves, the firm's chief executive apologized repeatedly and profusely, production ceased and over 30m bottles were recalled at a cost of some $100m. Despite huge public disquiet about the drug at the time, sales of Tylenol quickly recovered. Another word for "whole-hearted" is ___________________.**

A) cold
B) sincere
C) hypocritical
D) warm

315 **As always happens, an industry grows up around any such laws (and lawsuits), dedicated to policing, sustaining, and extending the legal framework. The industry consists of government bodies, (1) ___________________ Britain's Commission for Racial Equality, which investigate complaints; official agencies, such as France's Conseil Supérieur de l'Audiovisuel, which monitor the media for racist remarks; and (2) ________________ number of informal organisations that represent minorities and win their spurs by doing battle with the political establishment. Laws against incitement to hatred tend to hamper (3) ________________ of debate because they are too easily interpreted as laws against causing offence. The placing of sanctions on "offensive" speech risks conflating two different things: bigoted speech (4) ________________ constructive criticism. The big danger is that, in the name of stopping bigots, one may end up stopping all criticism. (The Economist Newspaper and The Economist Group, 2006). Which of the given alternatives correctly fills in the gap (1)?**

A) such
B) for example
C) such as
D) whereas

316 **As always happens, an industry grows up around any such laws (and lawsuits), dedicated to policing, sustaining, and extending the legal framework. The industry consists of government**

bodies, (1) __________________ Britain's Commission for Racial Equality, which investigate complaints; official agencies, such as France's Conseil Supérieur de l'Audiovisuel, which monitor the media for racist remarks; and (2) __________________ number of informal organisations that represent minorities and win their spurs by doing battle with the political establishment. Laws against incitement to hatred tend to hamper (3) __________________ of debate because they are too easily interpreted as laws against causing offence. The placing of sanctions on "offensive" speech risks conflating two different things: bigoted speech (4) __________________ constructive criticism. The big danger is that, in the name of stopping bigots, one may end up stopping all criticism. (The Economist Newspaper and The Economist Group, 2006). Which of the given alternatives correctly fills in the gap (2)?

A) few
B) any
C) little
D) some

317 **As always happens, an industry grows up around any such laws (and lawsuits), dedicated to policing, sustaining, and extending the legal framework. The industry consists of government bodies, (1) __________________ Britain's Commission for Racial Equality, which investigate complaints; official agencies, such as France's Conseil Supérieur de l'Audiovisuel, which monitor the media for racist remarks; and (2) __________________ number of informal organisations that represent minorities and win their spurs by doing battle with the political establishment. Laws against incitement to hatred tend to hamper (3) __________________ of debate because they are too easily interpreted as laws against causing offence. The placing of sanctions on "offensive" speech risks conflating two different things: bigoted speech (4) __________________ constructive criticism. The big danger is that, in the name of stopping bigots, one may end up stopping all criticism. (The Economist Newspaper and The Economist Group, 2006). Which of the given alternatives correctly fills in the gap (3)?**

A) the exchanging
B) open
C) openness
D) opening

318 **As always happens, an industry grows up around any such laws (and lawsuits), dedicated to policing, sustaining, and extending the legal framework. The industry consists of government bodies, (1) __________________ Britain's Commission for Racial Equality, which investigate complaints; official agencies, such as France's Conseil Supérieur de l'Audiovisuel, which monitor the media for racist remarks; and (2) __________________ number of informal organisations that represent minorities and win their spurs by doing battle with the political establishment. Laws against incitement to hatred tend to hamper (3) __________________ of debate because they are too easily interpreted as laws against causing offence. The placing of sanctions on "offensive" speech risks conflating two different things: bigoted speech (4) __________________ constructive criticism. The big danger is that, in the name of stopping bigots, one may end up stopping all criticism. (The Economist Newspaper and The Economist Group, 2006). Which of the given alternatives correctly fills in the gap (4)?**

A) and
B) but
C) not
D) yet

319 **The European Commission yesterday issued a harsh warning to businesses seeking to run cartels by fining eight vitamin producers a total of 855 million euros (£530 million) for fixing prices for almost a decade. Roche, the Swiss drugs group, was fined 462 million in the highest award to date imposed by the EU on a single company for market abuse. BASF, the German chemical**

group, was fined 296 million for its part in the cartel, which was known as Vitamins Inc and was exposed in 1999. Both BASF, which described its fine as "inappropriately high", and Roche are considering an appeal. Competition experts said the huge fines underlined the EU's commitment to crackdown on restrictive business practices. Aventis, the French drugs group, escaped fines in connection to two vitamins in return for co-operating with inquiries. Samantha Mobley, EU competition partner at the law firm Baker & McKenzie, said: "It is the first time a company has achieved a 100 per cent reduction in a fine, illustrating the EU's commitment to encourage whistle-blowers". "A harsh warning" is ___________________.

A) a legal warning
B) a sweet warning
C) an unfounded warning
D) a severe warning

320 **The European Commission yesterday issued a harsh warning to businesses seeking to run cartels by fining eight vitamin producers a total of 855 million euros (£530 million) for fixing prices for almost a decade. Roche, the Swiss drugs group, was fined 462 million in the highest award to date imposed by the EU on a single company for market abuse. BASF, the German chemical group, was fined 296 million for its part in the cartel, which was known as Vitamins Inc and was exposed in 1999. Both BASF, which described its fine as "inappropriately high", and Roche are considering an appeal. Competition experts said the huge fines underlined the EU's commitment to crackdown on restrictive business practices. Aventis, the French drugs group, escaped fines in connection to two vitamins in return for co-operating with inquiries. Samantha Mobley, EU competition partner at the law firm Baker & McKenzie, said: "It is the first time a company has achieved a 100 per cent reduction in a fine, illustrating the EU's commitment to encourage whistle-blowers". According to the second paragraph of the passage, vitamin producers were ___________________.**

A) arrested
B) punished
C) convicted
D) asked to sell up

321 **The European Commission yesterday issued a harsh warning to businesses seeking to run cartels by fining eight vitamin producers a total of 855 million euros (£530 million) for fixing prices for almost a decade. Roche, the Swiss drugs group, was fined 462 million in the highest award to date imposed by the EU on a single company for market abuse. BASF, the German chemical group, was fined 296 million for its part in the cartel, which was known as Vitamins Inc and was exposed in 1999. Both BASF, which described its fine as "inappropriately high", and Roche are considering an appeal. Competition experts said the huge fines underlined the EU's commitment to crackdown on restrictive business practices. Aventis, the French drugs group, escaped fines in connection to two vitamins in return for co-operating with inquiries. Samantha Mobley, EU competition partner at the law firm Baker & McKenzie, said: "It is the first time a company has achieved a 100 per cent reduction in a fine, illustrating the EU's commitment to encourage whistle-blowers". "Roche was fined" means ___________________.**

A) Roche was made redundant
B) Roche lost a market dispute
C) Roche lost its grip
D) Roche was penalised

322 **After the subway bombing last summer, the downturn predicted by so many London watchdogs never happened — if anything, it was just the opposite. Stoic Londoners have carried on with the characteristic stiff upper lip. And with that has come a rapid-fire succession of restaurants from some of the city's (and the world's) most closely watched chefs. Dining out is now one of the capital's favourite pastimes, bringing about the inevitable comparisons to New York. Future**

openings from heavy hitters like Joel Robuchon, who will make his mark on both London and Manhattan this year, draw the parallel even closer. But London is not just a stage for international players. Everyone passes through Borough Market at some point. It's become a Grand Central Station for food lovers, who stop to marvel at the furred and feathered game, to covet Brindisa's Spanish hams, or to graze at the dozens of stalls serving seared scallops, oysters, and chorizo buns. "Downturn" means ___________________.

A) refusal
B) demolition
C) change
D) decline

323 **After the subway bombing last summer, the downturn predicted by so many London watchdogs never happened — if anything, it was just the opposite. Stoic Londoners have carried on with the characteristic stiff upper lip. And with that has come a rapid-fire succession of restaurants from some of the city's (and the world's) most closely watched chefs. Dining out is now one of the capital's favourite pastimes, bringing about the inevitable comparisons to New York. Future openings from heavy hitters like Joel Robuchon, who will make his mark on both London and Manhattan this year, draw the parallel even closer. But London is not just a stage for international players. Everyone passes through Borough Market at some point. It's become a Grand Central Station for food lovers, who stop to marvel at the furred and feathered game, to covet Brindisa's Spanish hams, or to graze at the dozens of stalls serving seared scallops, oysters, and chorizo buns. Londoners are described as ___________________.**

A) being indifferent to bombings
B) people concerned about safety
C) people not easily phased
D) having a sense of superiority

324 **After the subway bombing last summer, the downturn predicted by so many London watchdogs never happened — if anything, it was just the opposite. Stoic Londoners have carried on with the characteristic stiff upper lip. And with that has come a rapid-fire succession of restaurants from some of the city's (and the world's) most closely watched chefs. Dining out is now one of the capital's favourite pastimes, bringing about the inevitable comparisons to New York. Future openings from heavy hitters like Joel Robuchon, who will make his mark on both London and Manhattan this year, draw the parallel even closer. But London is not just a stage for international players. Everyone passes through Borough Market at some point. It's become a Grand Central Station for food lovers, who stop to marvel at the furred and feathered game, to covet Brindisa's Spanish hams, or to graze at the dozens of stalls serving seared scallops, oysters, and chorizo buns. "A rapid-fire succession of restaurants" are. ___________________.**

A) a series of restaurants opening near each other
B) a series of restaurants closing quickly
C) a series of restaurants burning down
D) a series of restaurants opening quickly

325 **The Treasury Select Committee is to launch an inquiry into the planned take-over of Liffe, the London Futures Exchange, by Euronext, the alliance of the Paris, Brussels and Amsterdam Stock Exchanges. The unusual move is thought to have been provoked by growing concern among committee members about the impact on the City of London of the £555 million cash take-over. The committee will hear evidence from Liffe and Euronext officials on December 13. It will then question officials from the London Stock Exchange, which lost out in the auction for Liffe despite tabling a higher offer. "Philip Morris switch challenged": Philip Morris, the tobacco company, has become embroiled in a dispute about its proposed name change. Altria Healthcare, a private medical billing company in America, is concerned about Philip Morris's proposed name change to Altria Group. "It is of great concern to a healthcare business to have a big tobacco and alcohol**

company wish to adopt an identical name," Warren Smedley, Altria Healthcare's President, said. Philip Morris said it had conducted all necessary searches and was confident that it was not in breach of any laws and would not confuse Altria Healthcare's customers. A "take-over" is ____________________.

A) an indoor sit-in
B) an outdoor meeting
C) an acquisition
D) a sale

326 **ITV made its long-awaited debut on digital satellite television last night, after an agreement with BSkyB that followed months of negotiations. Until now, ITV has been available in digital form only on cable and digital terrestrial TV. But from last night, the digital version of ITV1, with its 16 regional variations, was available on Sky Digital. The ITV2 channel will follow in the next few days and will be available for the first time in the 5.5 million homes with digital satellite — an increase of more than 150 per cent on its current audience. The deal between ITV and BSkyB, in which the News Corporation, parent company of The Times, has a 36.3 per cent stake, should give an advertising revenue boost to Granada and Carlton, the two main ITV companies. Advertisers were angered by the fact that ITV was not carried on Sky Digital, the country's most popular digital platform. ITV will pay BSkyB about £13 million a year under the deal. Stuart Prebble, chief executive of ITV, said last night that the deal was "good news for satellite viewers", who will be able to watch ITV1 and ITV2 with digital quality pictures and full programme information. ITV debut on digital satellite television took ____________________.**

A) a short time
B) almost a week
C) a couple of weeks
D) quite a while

327 **Bromley Limited (1) ____________________ in 1908. The founder of the company, Alec Bromley, was a steeplejack. In the early years, Alec ran the business with his son, George. The pair owned a horse and cart, some essential tools and equipment, and operated from a rented yard in Liverpool, England. Today, there are very few steeplejacks left, as the trade has declined over the years. In the past, (2) ____________________, they were very much in demand. Steeplejacks were tradesmen (3) ____________________ worked on tall structures, such as church steeples. As buildings became higher, during the Industrial Revolution, steeplejacks were often employed to climb tall chimneys and work (4) ____________________ tall buildings, in order to carry out maintenance work. Instead of repairing buildings, many steeplejacks were also hired to knock them down. Demolishing chimneys and industrial structures was often part of the trade. At the time, under the management of George Bromley, the firm was expanding into a regional company. Flyers were delivered by hand to mill owners and architects throughout the north-west of England. Which of the given alternatives correctly fills in the gap (2)?**

A) moreover
B) but
C) although
D) however

328 **Bromley Limited (1) ____________________ in 1908. The founder of the company, Alec Bromley, was a steeplejack. In the early years, Alec ran the business with his son, George. The pair owned a horse and cart, some essential tools and equipment, and operated from a rented yard in Liverpool, England. Today, there are very few steeplejacks left, as the trade has declined over the years. In the past, (2) ____________________, they were very much in demand. Steeplejacks were tradesmen (3) ____________________ worked on tall structures, such as church steeples. As buildings became higher, during the Industrial Revolution, steeplejacks were often employed to climb tall chimneys and work (4) ____________________ tall buildings, in order to carry out**

maintenance work. Instead of repairing buildings, many steeplejacks were also hired to knock them down. Demolishing chimneys and industrial structures was often part of the trade. At the time, under the management of George Bromley, the firm was expanding into a regional company. Flyers were delivered by hand to mill owners and architects throughout the north-west of England. Which of the given alternatives correctly fills in the gap (3)?

A) which
B) who
C) whom
D) where

329 **Bromley Limited (1) ____________________ in 1908. The founder of the company, Alec Bromley, was a steeplejack. In the early years, Alec ran the business with his son, George. The pair owned a horse and cart, some essential tools and equipment, and operated from a rented yard in Liverpool, England. Today, there are very few steeplejacks left, as the trade has declined over the years. In the past, (2) ____________________, they were very much in demand. Steeplejacks were tradesmen (3) ____________________ worked on tall structures, such as church steeples. As buildings became higher, during the Industrial Revolution, steeplejacks were often employed to climb tall chimneys and work (4) ____________________ tall buildings, in order to carry out maintenance work. Instead of repairing buildings, many steeplejacks were also hired to knock them down. Demolishing chimneys and industrial structures was often part of the trade. At the time, under the management of George Bromley, the firm was expanding into a regional company. Flyers were delivered by hand to mill owners and architects throughout the north-west of England. Which of the given alternatives correctly fills in the gap (1)?**

A) were established
B) established
C) was established
D) has been established

330 **In today's global market place, few firms are sheltered from international competition. Most markets are very competitive. Some are extremely competitive. In a number of industries, supply has grown faster than demand and, as too many firms compete for too few customers, some markets have become hyper-competitive. Hyper-competition can be fairly short-lived, but in some sectors it has become the norm. The automobile industry is a classic example. How do you cut costs by 20%, improve quality, and increase output all at once? It's a pretty tough question, but one that carmakers and their suppliers have had to answer regularly. In view of market conditions, it is hardly surprising that the automotive sector has become so competitive. In recent years, productivity has increased very quickly, but demand has grown quite slowly. This has resulted in over-capacity. The problem has been worsened by slow growth in markets. Several car manufacturers have invested in new plants to meet growing demand abroad. But many vehicle markets have proved rather slow in developing. Early forecasts, it appears, were a little optimistic. The phrase "few firms are sheltered" means ____________________.**

A) not many companies are sold
B) not many companies are international
C) not many companies are competitive
D) not many companies are protected

331 **Bromley Limited (1) ____________________ in 1908. The founder of the company, Alec Bromley, was a steeplejack. In the early years, Alec ran the business with his son, George. The pair owned a horse and cart, some essential tools and equipment, and operated from a rented yard in Liverpool, England. Today, there are very few steeplejacks left, as the trade has declined over the years. In the past, (2) ____________________, they were very much in demand. Steeplejacks were tradesmen (3) ____________________ worked on tall structures, such as church steeples. As buildings became higher, during the Industrial Revolution, steeplejacks were often employed**

to climb tall chimneys and work (4) ____________________ tall buildings, in order to carry out maintenance work. Instead of repairing buildings, many steeplejacks were also hired to knock them down. Demolishing chimneys and industrial structures was often part of the trade. At the time, under the management of George Bromley, the firm was expanding into a regional company. Flyers were delivered by hand to mill owners and architects throughout the north-west of England. Which of the given alternatives correctly fills in the gap (4)?

A) on top of
B) at the top
C) at top of
D) on top the

332 **The European Commission yesterday issued a harsh warning to businesses seeking to run cartels by fining eight vitamin producers a total of 855 million euros (£530 million) for fixing prices for almost a decade. Roche, the Swiss drugs group, was fined 462 million in the highest award to date imposed by the EU on a single company for market abuse. BASF, the German chemical group, was fined 296 million for its part in the cartel, which was known as Vitamins Inc and was exposed in 1999. Both BASF, which described its fine as "inappropriately high", and Roche are considering an appeal. Competition experts said the huge fines underlined the EU's commitment to crackdown on restrictive business practices. Aventis, the French drugs group, escaped fines in connection to two vitamins in return for co-operating with inquiries. Samantha Mobley, EU competition partner at the law firm Baker & McKenzie, said: "It is the first time a company has achieved a 100 per cent reduction in a fine, illustrating the EU's commitment to encourage whistle-blowers". According to BASF, the fine was "inappropriately high". In other words, ____________________.**

A) it was far too high
B) it was far too soon
C) it was cool
D) it was right

333 **Japanese expression of regret and atonement are finely tuned to the circumstances. So students of etiquette were quick to note that the apology issued by Sony on Tuesday October 24th, for manufacturing occasionally inflammable laptop batteries, was less than whole-hearted. In a land where shamed executives are not shy of shedding tears during shows of contrition, the seated shallow bow performed by some of the Japanese electronic giant's bosses was deemed a middling act of corporate obeisance. Sony's apology is part of a growing trend for business leaders to say sorry to consumers (and sometimes to workers and shareholders) for corporate shortcomings. Of late, Steve Jobs was widely praised for taking responsibility for Apple's problems over the backdating of share-options. Mark Hurd, Hewlett-Packard's boss, got a critical reaction to his more equivocal "apology" for a recent scandal that swept the American tech firm. As companies appear to be quicker at accepting the blame for failures, the timing and scope of their apologies are coming under ever-greater scrutiny. The oft-touted example of an exemplary corporate reaction to trouble is that of Johnson & Johnson, in the early 1980s, after several people died after taking a drug called Tylenol. Though the product had been deliberately poisoned with cyanide while on shop shelves, the firm's chief executive apologized repeatedly and profusely, production ceased and over 30m bottles were recalled at a cost of some $100m. Despite huge public disquiet about the drug at the time, sales of Tylenol quickly recovered. In this article, "finely tuned" means ____________________.**

A) adjusted specifically
B) low-keyed
C) high class
D) musically accompanied

334 **Japanese expression of regret and atonement are finely tuned to the circumstances. So students of etiquette were quick to note that the apology issued by Sony on Tuesday October 24th, for manufacturing occasionally inflammable laptop batteries, was less than whole-hearted. In a land where shamed executives are not shy of shedding tears during shows of contrition, the seated shallow bow performed by some of the Japanese electronic giant's bosses was deemed a middling act of corporate obeisance. Sony's apology is part of a growing trend for business leaders to say sorry to consumers (and sometimes to workers and shareholders) for corporate shortcomings. Of late, Steve Jobs was widely praised for taking responsibility for Apple's problems over the backdating of share-options. Mark Hurd, Hewlett-Packard's boss, got a critical reaction to his more equivocal "apology" for a recent scandal that swept the American tech firm. As companies appear to be quicker at accepting the blame for failures, the timing and scope of their apologies are coming under ever-greater scrutiny. The oft-touted example of an exemplary corporate reaction to trouble is that of Johnson & Johnson, in the early 1980s, after several people died after taking a drug called Tylenol. Though the product had been deliberately poisoned with cyanide while on shop shelves, the firm's chief executive apologized repeatedly and profusely, production ceased and over 30m bottles were recalled at a cost of some $100m. Despite huge public disquiet about the drug at the time, sales of Tylenol quickly recovered. The "timing and scope" of their apologies refers to ____________.**

A) how often they apologize and who they apologize to
B) when they apologize and the reason for their apology
C) at what time of the day they apologize and why they are apologizing
D) how long the apology lasts and where the press conference is held

335 **(1) ____________ the only creature that consumes without producing. He does not give milk, he does not lay eggs, he is too weak to pull the plough, and he cannot run (2) ____________ enough to catch rabbits. Yet he is lord of all the animals. He sets them to work, he gives back to them the bare minimum that will prevent them from starving, and the rest he keeps for himself. Our labour tills the soil, our dung fertilises it, and yet there is (3) ____________ of us that owns more than his bare skin. You, cows, that I see before me, how many thousands of gallons of milk have you given during this last year? And what has happened to that milk which (4) ____________ breeding up sturdy calves? Every drop of it has gone down the throats of our enemies. And you, hens, how many eggs have you laid in this last year, and how many of those eggs ever hatched into chickens? The rest have all gone to market to bring in money for Jones and his men. ('Animal Farm', by George Orwell, 1945). Which of the given alternatives correctly fills in the gap (1)?**

A) Man is
B) The men are
C) The man is
D) Men are

336 **(1) ____________ the only creature that consumes without producing. He does not give milk, he does not lay eggs, he is too weak to pull the plough, and he cannot run (2) ____________ enough to catch rabbits. Yet he is lord of all the animals. He sets them to work, he gives back to them the bare minimum that will prevent them from starving, and the rest he keeps for himself. Our labour tills the soil, our dung fertilises it, and yet there is (3) ____________ of us that owns more than his bare skin. You, cows, that I see before me, how many thousands of gallons of milk have you given during this last year? And what has happened to that milk which (4) ____________ breeding up sturdy calves? Every drop of it has gone down the throats of our enemies. And you, hens, how many eggs have you laid in this last year, and how many of those eggs ever hatched into chickens? The rest have all gone to market to bring in money for Jones and his men. ('Animal Farm', by George Orwell, 1945). Which of the given alternatives correctly fills in the gap (2)?**

A) quick
B) fastly

C) speedy
D) fast

337 (1) ____________________ the only creature that consumes without producing. He does not give milk, he does not lay eggs, he is too weak to pull the plough, and he cannot run (2) ____________________ enough to catch rabbits. Yet he is lord of all the animals. He sets them to work, he gives back to them the bare minimum that will prevent them from starving, and the rest he keeps for himself. Our labour tills the soil, our dung fertilises it, and yet there is (3) ____________________ of us that owns more than his bare skin. You, cows, that I see before me, how many thousands of gallons of milk have you given during this last year? And what has happened to that milk which (4) ____________________ breeding up sturdy calves? Every drop of it has gone down the throats of our enemies. And you, hens, how many eggs have you laid in this last year, and how many of those eggs ever hatched into chickens? The rest have all gone to market to bring in money for Jones and his men. ('Animal Farm', by George Orwell, 1945). Which of the given alternatives correctly fills in the gap (3)?

A) not none
B) not one
C) not some
D) no one

338 (1) ____________________ the only creature that consumes without producing. He does not give milk, he does not lay eggs, he is too weak to pull the plough, and he cannot run (2) ____________________ enough to catch rabbits. Yet he is lord of all the animals. He sets them to work, he gives back to them the bare minimum that will prevent them from starving, and the rest he keeps for himself. Our labour tills the soil, our dung fertilises it, and yet there is (3) ____________________ of us that owns more than his bare skin. You, cows, that I see before me, how many thousands of gallons of milk have you given during this last year? And what has happened to that milk which (4) ____________________ breeding up sturdy calves? Every drop of it has gone down the throats of our enemies. And you, hens, how many eggs have you laid in this last year, and how many of those eggs ever hatched into chickens? The rest have all gone to market to bring in money for Jones and his men. ('Animal Farm', by George Orwell, 1945). Which of the given alternatives correctly fills in the gap (4)?

A) can't have been
B) should have been
C) can have been
D) must have been

339 The fallout from the global slowdown in the airline industry is still casting a shadow over airline suppliers, despite the resurgence of budget airlines. L Gardner, the engineering company, said yesterday that it had got rid of its final dividend and would cut 250 staff in the face of uncertain short-term prospects, after the events of September 11. The supplier to Boeing and Rolls-Royce said that it would cut about 10 per cent of its workforce in a cost-cutting drive, announced last month, to pre-empt lower business levels. The group, which generates two-thirds of its income from making aircraft components, also said it felt that it was inappropriate to pay a dividend. Brett Welch, the finance director, said the cost-cutting exercise would help the company when the airline industry returned to normality. Separately, Ryanair, the no-frills Republic of Ireland airline, is expected to confirm Frankfurt as its second European hub, today. The move, eagerly anticipated by observers in the airlines sector, would enable the budget airline to step up its efforts to take cost-conscious business passengers from the flag carriers. A "cost-conscious passenger" wants ____________________.

A) fewer fellow passengers
B) top staff
C) cost-effective service
D) night service

340 **The fallout from the global slowdown in the airline industry is still casting a shadow over airline suppliers, despite the resurgence of budget airlines. L Gardner, the engineering company, said yesterday that it had got rid of its final dividend and would cut 250 staff in the face of uncertain short-term prospects, after the events of September 11. The supplier to Boeing and Rolls-Royce said that it would cut about 10 per cent of its workforce in a cost-cutting drive, announced last month, to pre-empt lower business levels. The group, which generates two-thirds of its income from making aircraft components, also said it felt that it was inappropriate to pay a dividend. Brett Welch, the finance director, said the cost-cutting exercise would help the company when the airline industry returned to normality. Separately, Ryanair, the no-frills Republic of Ireland airline, is expected to confirm Frankfurt as its second European hub, today. The move, eagerly anticipated by observers in the airlines sector, would enable the budget airline to step up its efforts to take cost-conscious business passengers from the flag carriers. A "flag carrier" is a ____________________.**

A) new plane
B) national airline
C) plain passenger
D) vehicle that carries flags

341 **In 1999, Jack Straw, then Britain's home secretary, was attacked for being rude about an ethnic minority. There were demands for criminal investigations, appeals to various commissions and public agencies, and a fevered debate over whether Mr Straw was racist. On that occasion, he was accused of demeaning gypsies by saying that people who masqueraded as travellers seemed to think they had a right to commit crimes. In the past few weeks, Mr. Straw, now leader of the House of Commons, has triggered a similar response by arguing that the Muslim veil (i.e., the full face-covering niqab) is an unhelpful symbol of separateness. This week, he won the backing of his boss, Tony Blair. These episodes are reminders not that Mr. Straw is hostile to minorities (he isn't), but that any debate in Europe about minority rights soon degenerates into a fight between self-proclaimed community leaders, public agencies, the police, courts, and the law. It may be hard to reconcile militant Islam with secular Europe. The word "demeaning" means ____________________.**

A) treating
B) defining
C) lowering the dignity
D) changing the meaning

342 **In 1999, Jack Straw, then Britain's home secretary, was attacked for being rude about an ethnic minority. There were demands for criminal investigations, appeals to various commissions and public agencies, and a fevered debate over whether Mr Straw was racist. On that occasion, he was accused of demeaning gypsies by saying that people who masqueraded as travellers seemed to think they had a right to commit crimes. In the past few weeks, Mr. Straw, now leader of the House of Commons, has triggered a similar response by arguing that the Muslim veil (i.e., the full face-covering niqab) is an unhelpful symbol of separateness. This week, he won the backing of his boss, Tony Blair. These episodes are reminders not that Mr. Straw is hostile to minorities (he isn't), but that any debate in Europe about minority rights soon degenerates into a fight between self-proclaimed community leaders, public agencies, the police, courts, and the law. It may be hard to reconcile militant Islam with secular Europe. If you "masquerade", you ____________________.**

A) behave badly
B) dress theatrically
C) assume a false appearance
D) buy strange clothes

343 **In 1999, Jack Straw, then Britain's home secretary, was attacked for being rude about an ethnic minority. There were demands for criminal investigations, appeals to various commissions and public agencies, and a fevered debate over whether Mr Straw was racist. On that occasion, he was accused of demeaning gypsies by saying that people who masqueraded as travellers seemed to think they had a right to commit crimes. In the past few weeks, Mr. Straw, now leader of the House of Commons, has triggered a similar response by arguing that the Muslim veil (i.e., the full face-covering niqab) is an unhelpful symbol of separateness. This week, he won the backing of his boss, Tony Blair. These episodes are reminders not that Mr. Straw is hostile to minorities (he isn't), but that any debate in Europe about minority rights soon degenerates into a fight between self-proclaimed community leaders, public agencies, the police, courts, and the law. It may be hard to reconcile militant Islam with secular Europe. It is understood that ____________________.**

A) debates in Europe about minority rights turn into free-for-alls
B) Mr. Shaw can't stand minorities
C) Mr. Shaw has been drawing up a list of minority rights
D) the law sides with minorities

344 **The fallout from the global slowdown in the airline industry is still casting a shadow over airline suppliers, despite the resurgence of budget airlines. L Gardner, the engineering company, said yesterday that it had got rid of its final dividend and would cut 250 staff in the face of uncertain short-term prospects, after the events of September 11. The supplier to Boeing and Rolls-Royce said that it would cut about 10 per cent of its workforce in a cost-cutting drive, announced last month, to pre-empt lower business levels. The group, which generates two-thirds of its income from making aircraft components, also said it felt that it was inappropriate to pay a dividend. Brett Welch, the finance director, said the cost-cutting exercise would help the company when the airline industry returned to normality. Separately, Ryanair, the no-frills Republic of Ireland airline, is expected to confirm Frankfurt as its second European hub, today. The move, eagerly anticipated by observers in the airlines sector, would enable the budget airline to step up its efforts to take cost-conscious business passengers from the flag carriers. "A cost-cutting drive" refers to an ____________________.**

A) act of faith
B) attempt to reduce employers
C) attempt to cut costs
D) attempt to stave off incoming airlines

Soluzioni

1 **Risposta esatta:** B

Non comprare quella giacca — è troppo grande per te.
Gli "avverbi di quantità" servono a rafforzare o indebolire il significato di un aggettivo, di un avverbio o di un verbo. I più comuni sono: *almost* (quasi), *a lot* (molto), *completely* (completamente), *enough* (abbastanza), *extremely* (estremamente), *just* (solo), *nearly* (quasi), *only* (soltanto), *quite* (abbastanza), *rather* (piuttosto), *really* (veramente), *too* (troppo) e *very* (molto).

2 **Risposta esatta:** D

La tua borsa? Non è nel tuo ufficio?
In relazione al *simple present* del verbo "essere" (*to be*), la "forma negativa" si costruisce facendo seguire al verbo la negazione *not*, mentre per la forma contratta si aggiunge direttamente al verbo la negazione *n't* (tranne per la prima persona singolare, in cui *I am not* diventa *I'm not*).
La "forma interrogativa" si ottiene invertendo l'ordine tra il soggetto e il verbo.
La "forma interrogativo-negativa" o "interronegativa" (come nel caso del quesito), si costruisce aggiungendo alla forma interrogativa la negazione *not*. Le voci contratte sono uguali a quelle della forma negativa (ovviamente, però, con il soggetto posposto). Si noti, altresì, che la prima persona singolare contratta non è ~~*amn't I?*~~, bensì *aren't I?*

3 **Risposta esatta:** D

Il terminale occupato è ora tornato normale.
Il "presente continuato" o "progressivo" (*present continuous*) equivale alla forma italiana "io sto + gerundio" e si costruisce con "il presente indicativo di *to be* + la *-ing form* del verbo da coniugare".
Le forme negativa, interrogativa e interrogativo-negativa del *present continuous* seguono le regole valide per *to be*.
Si utilizza il *present continuous*:

- per suggerire che l'azione o lo stato espressi dal verbo continuano ancora "ora, nel presente", ovvero nel momento o nel periodo in cui se ne parla;
- per esprimere azioni di durata temporanea.

4 **Risposta esatta:** C

Quale dei seguenti nomi NON si riferisce a un luogo della casa?
I significati dei termini relativi alle alternative del quesito sono i seguenti:

- *bathroom* → bagno, stanza da bagno, toilette;
- *hall* → sala, ingresso, salone, atrio;
- *chicken* → pollo, gallina, pollame;
- *living room* → soggiorno, salotto, salone.

5 **Risposta esatta:** B

Lui non sa mai dove sono le cose e la sua scrivania è sempre così in confusione! Lascia carte ovunque e perde sempre le sue chiavi. È così disordinato (*untidy*)!

6 **Risposta esatta:** D

Sei pronto?
Le "interrogative dirette" si dicono "*yes/no questions*" quando implicano una domanda alla quale è possibile rispondere semplicemente con una frase breve (*short answer*), affermativa o negativa, costituita da *yes* o *no* seguiti dal pronome personale che si riferisce al soggetto della domanda, più il verbo ausiliare o modale (positivo o negativo) presente nella domanda stessa (in questo caso *to be* → *am*).

7 **Risposta esatta:** D

A me piace molto visitare Paesi stranieri.
Alcuni verbi che esprimono gusti o preferenze, come *to like* (piacere, amare, gradire), sono normalmente seguiti da un sostantivo oppure da un verbo, che può essere coniugato sia all'infinito sia nella *-ing form*. Per semplificare, possiamo dire che tali verbi sono seguiti dal *gerundio* quando si parla di qualcosa a "carattere generale" (*I love dancing*, Adoro ballare); dall'*infinito* quando ci si riferisce a un'"occasione particolare" (*I would like to dance with you*, Mi piacerebbe ballare con te).

8 **Risposta esatta:** B

Molte persone hanno risposto ai suoi suggerimenti e sono state scambiate delle e-mail sull'argomento.

I verbi *to answer*, *to reply* e *to respond* possono essere tutti tradotti con "rispondere", ma vengono usati in contesti diversi:

- *to answer* viene impiegato quando si risponde a una domanda, alla porta o al telefono (*Can you answer the phone?*, Puoi rispondere al telefono?; *He didn't answer my question*, Lui non ha risposto alla mia domanda);
- *to reply* è adoperato quando la risposta viene fornita nella stessa forma della richiesta (*I've just replied to her e-mail*, Ho appena risposto alla sua [di lei] e-mail);
- infine, *to respond* è utilizzato nel caso di una risposta a uno stimolo di qualsiasi tipo (*He didn't respond to the provocation*, Lui non rispose alla provocazione).

Dal punto di vista grammaticale, *to answer* e *to reply* vengono seguiti direttamente dall'oggetto, *mentre to respond* è seguito da "*to* + oggetto".

9 Risposta esatta: D

Mi dispiace. Sandra non è qui al momento. È uscita.

Il "passato prossimo semplice" (*present perfect simple*) dei verbi regolari e irregolari si forma con "il *simple present* di *to have* (cioè *have/has*) + il *past participle* del verbo da coniugare".

Si ricorre al *present perfect simple*:

- per indicare un'azione o una condizione risalente al passato, ma che ha comunque legami con il presente;
- per segnalare un'azione verificatasi in un periodo di tempo non ancora interamente trascorso;
- per esprimere un'azione (finita) che non è mai stata compiuta, o che non si compie da un certo periodo di tempo, protrattosi fino al presente;
- in riferimento a un'azione il cui tempo non è determinato, cosicché nella frase manca il complemento di tempo;
- quando, pur essendoci un avverbio, il tempo dell'azione è indeterminato;
- dopo le espressioni *it's the first/second/third... time*.

10 Risposta esatta: C

I loro bambini non fanno esercizio fisico. Guardano solo la televisione tutto il giorno (*all day*).

11 Risposta esatta: A

Il marito di mia sorella ha 35 anni.

In inglese per esprimere l'età si usa il verbo "essere".

12 Risposta esatta: D

Per migliorare la nostra bilancia dei pagamenti, dobbiamo aumentare la produttività e tagliare (*cut down on*) le spese. Attenti all'uso delle preposizioni dopo un verbo. L'uso di quella sbagliata potrebbe alterare il significato della frase.

13 Risposta esatta: A

Il Primo Ministro ha dovuto cancellare i suoi incontri con i leader mondiali per tornare nella capitale.

Il "verbo frasale" *to back out*, che significa "tirarsi indietro da, sottrarsi a, ritirarsi da, uscire da", è sempre seguito da *of (something)* oppure dal verbo nella *-ing form*.

Per quanto concerne le altre opzioni, i "*phrasal verbs*" *to put off* (cancellare, posticipare, rinviare, rimandare, perdere la voglia di, perdersi d'animo, disgustare, spegnere) e *to break off* (interrompere, interrompersi, fermare, fermarsi, staccarsi), nonché il verbo *to interrupt* (interrompere) possono completare correttamente, sia grammaticalmente che semanticamente, la frase del quesito.

14 Risposta esatta: D

James non è al lavoro oggi, perciò penso sia malato.

Si ricorre a *can* per:

- indicare la capacità di compiere un'azione;
- rendere il concetto di "possibilità" in determinate condizioni;
- chiedere e accordare un permesso, in luogo del più formale *may*;
- esprimere supposizione.

15 Risposta esatta: C

Un modo di descrivere una contabilità disonesta è "contabilità creativa". Quale delle seguenti espressioni idiomatiche ha lo stesso significato? *To cook the books* significa "falsificare i bilanci".

16 Risposta esatta: C

Quale dei seguenti NON è un membro della famiglia?

La parola *cushion* vuo dire "cuscino".

17 **Risposta esatta: B**

Lei sa come andare d'accordo con le persone e fa tutte le cose giuste. È davvero estremamente sensibile.
Non tradurre mai letteralmente. Come in italiano, anche in inglese l'avverbio *terribly* può avere anche un senso positivo.

18 **Risposta esatta: C**

Qualora io riuscissi a compilare tutte le lettere che devo scrivere questa mattina, potrò incominciare a lavorare sul nuovo progetto questo pomeriggio.
As long as significa "a condizione che, qualora, purché".

19 **Risposta esatta: D**

Quante domande ci sono in questo testo?
"Ci sono" si traduce con *there are*. Siccome la frase è interrogativa, il verbo "essere" viene prima: dunque, *are there*.

20 **Risposta esatta: A**

La mia amica Caterina è una giornalista. Il suo (*her*) lavoro è molto interessante.
Gli aggettivi possessivi in inglese non sono mai preceduti dall'articolo.

21 **Risposta esatta: D**

Qual è la domanda corretta? Com'è il tempo a Roma?
"Com'è il tempo...?" si traduce: *What's the weather like...?*

22 **Risposta esatta: A**

Io voglio diventare un giudice, perciò sto studiando legge.
Law è usato prevalentemente al singolare quando s'intende il concetto generico di "giurisprudenza".

23 **Risposta esatta: A**

Pronto, ricezione? Posso avere una linea esterna per favore?
Can (che vuol dire "potere" come indice di abilità e di capacità, nel senso di "saper fare" o "avere la possibilità di fare") è un "verbo difettivo", presenta cioè alcune irregolarità: non prende la *-s* alla terza persona singolare del *simple present*, è seguito dall'infinito senza *to*, manca di alcuni modi e tempi.
Da notare la peculiarità della grammatica inglese, per la quale il soggetto ("*I*" in questo caso) va sempre espresso in una frase.

24 **Risposta esatta: B**

Chi è il capo del tuo dipartimento?
Il "pronome relativo" *who* è usato solo per le persone quando queste svolgono funzione di "soggetto", ma nella lingua parlata informale può essere usato anche come "complemento".

25 **Risposta esatta: C**

La consegna (*delivery*) porta a porta comporterà un aumento del 10% sul prezzo delle merci acquistate.

26 **Risposta esatta: D**

Se ti piace incontrare la gente, che tipo di persona sei?
L'aggettivo *outgoing* (socievole) dà proprio l'idea di una persona che voglia "uscire fuori" per conoscere gli altri.

27 **Risposta esatta: C**

Io non sono ancora molto pratico di questa tecnologia, per cui cercherò di fare delle ricerche sull'argomento.
Adoperato come "verbo ordinario", *to do* (il cui paradigma è *to do - did - done*) assume il significato generico e indeterminato di "fare" (nel senso di "agire, svolgere un'attività"), le cui forme negative e interrogative del presente e del passato semplice si costruiscono con lo stesso "*do*", utilizzato, però, come ausiliare.
L'italiano "fare" si traduce in inglese anche con *to make* (il cui paradigma è *to make - made - made*), che ha il significato di "fabbricare, costruire, creare ex-novo" (intesi in senso materiale), e anche di "costringere, rendere, compilare, redigere"; mentre *to do* esprime, piuttosto, azioni ripetitive e abitudinarie.
L'"aggettivo" e "pronome indefinito" *some* viene usato per lo più nelle frasi affermative per esprimere l'idea di una quantità indefinita o neutrale (qualche/alcuni/alcune/certi/un po' di), senza implicazioni né positive né negative; corrisponde agli articoli partitivi italiani "del/dello/della/dei/degli/delle", ed è quindi invariabile nel genere e nel numero.
È possibile adoperarlo sia con i "sostantivi non numerabili" sia con i "sostantivi numerabili plurali"; in quest'ultimo caso possiamo considerarlo come la forma plurale dell'articolo indeterminativo *a/an*. *Some* viene impiegato anche nelle frasi interrogative in cui viene formulata un'offerta o una richiesta, quando ci si aspetta una risposta affermativa,

o quando il pronome interrogativo *who* è soggetto. Lo si può utilizzare, inoltre, per introdurre sostantivi numerabili al singolare con il significato di "uno sconosciuto/uno non specificato".

28 Risposta esatta: A

Il taccuino/computer portatile era in ufficio ieri sera, ma ora è sparito!
Il *simple past* del verbo *to be* (essere) ha due voci:
- *was* per la prima e la terza persona singolare;
- *were* per tutte le altre persone.

29 Risposta esatta: A

Roma è una città molto bella.
In inglese, gli aggettivi precedono sempre i nomi che accompagnano.

30 Risposta esatta: A

Se stai per essere intervistato per un nuovo lavoro, dovresti scoprire (*should find out*) il più possibile in merito a come si svolgerà l'intervista. Chi farà l'intervista? Se l'intervista prevede dei test o degli esercizi?
Il termine *should* dà al verbo il significato di "dovere".

31 Risposta esatta: A

Puoi investire il tuo denaro in titoli e azioni.
Stock: se riferito al capitale sociale di una S.p.a., il termine indica un "pacchetto di azioni". Può significare anche "titolo" ed è, in questo senso, un sinonimo di *security*. Inoltre, vuol dire anche "scorta/riserva". Nell'accezione di "azione", la parola è tipica del lessico dell'*American English*. Chi ne possiede è un "azionista" (*stockholders*).
Share: in linea di massima, il vocabolo è sinonimo di *stock*, ma è più utilizzato nel *British English*. Chi ne possiede è un "azionista" (*shareholders*).

32 Risposta esatta: B

Pensi che il governo possa mai riportare in vigore la pena capitale?
In inglese, l'aggiunta di un avverbio o di una preposizione dopo un verbo può cambiare completamente il significato di quest'ultimo (*bring back*: riportare, *bring in*: introdurre, *bring up*: allevare, ecc.).

33 Risposta esatta: D

Presto ci saranno computer senza fili in ogni ufficio.
Every (ogni, tutti/e) ed *each* (ciascuno/a, ogni) esprimono ambedue l'idea di totalità, ma mentre *every* si adopera in riferimento a un gruppo indefinito e numeroso di persone o cose, *each* indica le singole persone o cose di un gruppo ben definito e spesso ristretto.

34 Risposta esatta: C

Lavoro presso il Ministero dell'Agricoltura e delle Foreste.
La preposizione *at* indica quasi sempre la sfumatura di "presso", mentre *in* rappresenta più lo "stato in luogo".

35 Risposta esatta: A

Sei autorizzato a guidare se hai bevuto più di due bevande alcoliche?
Per l'infinito e i tempi mancanti del verbo modale *may* (soprattutto per il futuro) si può adoperare la perifrasi "*to be allowed to*", con il significato di "chiedere, dare un permesso, essere autorizzato". *To be allowed to* è utilizzabile in alternativa a *may* anche nella formazione del presente.

36 Risposta esatta: D

Qualcuno sa quanto spende il dipartimento per il personale ogni anno?
Il "presente semplice" (*simple present*) del modo indicativo di tutti i verbi, regolari e irregolari, si coniuga utilizzando la forma base del verbo (chiamata anche *dictionary form*) per tutte le persone, ad eccezione della terza singolare, alla quale viene aggiunta la desinenza *-s*.
L'uso di "*per*" a indicare "ogni" viene direttamente dal latino.

37 Risposta esatta: A

Una visita nella Repubblica Ceca una volta richiedeva un visto, ma ora non è più necessario.
Used to è un "verbo semidifettivo" perché ha solo il passato e vuol dire "essere soliti"; seguito dall'infinito traduce l'imperfetto indicativo e sottolinea l'esistenza di un'abitudine passata che ora non si ha più. Le forme negativa, interrogativa e interrogativo-negativa si costruiscono regolarmente con l'ausiliare *did*.

Non si confonda "*used to*" con "*to be used to*" (essere abituati a), che ha tutti i tempi del verbo ed è seguito dal gerundio. Questa voce verbale sta a significare che si è abituati a una certa cosa, la quale è stata fatta per tanto tempo, cosicché non rappresenta più una novità.

38 Risposta esatta: A

Marco scrive per un giornale olandese.
Delle quattro alternative fornite dal quesito, l'unica ad avere un senso aggettivale è *Dutch* ("olandese", appunto).

39 Risposta esatta: A

Lui disse che ero sovrappeso e che avrei dovuto fare una dieta. Dopo tutti i problemi che ho avuto quest'anno penso che sia davvero scortese!
L'aggettivo *rude* significa "maleducato, scortese".

40 Risposta esatta: D

Tu leggi il seguente titolo di giornale: "Scappare con poco". L'articolo tratterà di offerte di viaggio a basso costo.
In inglese, sono frequenti le combinazioni di verbi seguiti da "particelle avverbiali" o da "preposizioni", cosicché si parla di:
- *phrasal verb*, nel caso di verbo + avverbio;
- *prepositional verb*, nel caso di verbo + preposizione.

I verbi cosi composti possono mantenere il significato del verbo base e dell'avverbio o preposizione da cui derivano, ma molto spesso assumono significati completamente diversi, tali da richiedere la consultazione del dizionario. Nel caso in questione, *to get away* vuol dire "scappare".

41 Risposta esatta: B

Il mio capo mi ha ricordato che il rapporto deve essere consegnato entro venerdì.
Il verbo "ricordare", in inglese, può essere tradotto in diversi modi. I due più comuni sono "*to remember*" e "*to remind*", che hanno delle sfumature di significato indubbiamente diverse.
La più importante differenza tra i due verbi riguarda il soggetto dell'azione:
- se il soggetto che "ricorda" coincide con chi "fa ricordare", allora si deve usare *remember*;
- se, invece, è qualcun altro a "far ricordare", allora bisogna utilizzare *remind*.

Se, ad esempio, "io ricordo una persona", allora "io" sono sia il soggetto dell'azione sia chi ricorda: tradurremo, in questo caso, "*I remember a person*".
Se, viceversa, si vuole dire che "qualcosa mi ricorda una persona", allora l'azione di ricordare non viene esercitata da me stesso ma da un soggetto esterno: stavolta tradurremo "*something reminds me of a person*".

42 Risposta esatta: A

Preferisci mantenere (*keep*) il condizionatore acceso mentre lavori?

43 Risposta esatta: B

Quando viveva al centro, lei prendeva spesso (*would often take*) l'autobus per andare a lavoro.
In inglese, di solito, gli "avverbi" sono posizionati tra l'ausiliare e il verbo principale.

44 Risposta esatta: A

Mi piacerebbe prendere sei mesi di congedo dal lavoro e fare un viaggio intorno al mondo.
La parola *journey* è uno dei modi in cui si traduce il termine "viaggio" (gli altri sono *travel*, *trip* e *voyage*), il più indicato nel contesto di questa frase.

45 Risposta esatta: C

L'ufficio per cui lui lavora verrà presto chiuso.
Con l'espressione "frase relativa" s'intende una frase subordinata, che si unisce alla principale attraverso il pronome relativo e consente di qualificare un sostantivo (ovvero di fornire ulteriori informazioni su qualcuno o qualcosa) senza ricorrere a un semplice aggettivo, bensì utilizzando appunto un'intera frase.
Può essere di due tipi:
- *defining* (attributiva o restrittiva), se aggiunge una determinazione necessaria alla frase principale. In quanto tale, costituisce una parte essenziale del periodo e non può essere omessa senza alterarne il significato;
- *non defining* (appositiva o incidentale), se aggiunge una determinazione non necessaria alla frase e si potrebbe quindi omettere. Le frasi di questo tipo si collocano

generalmente a mo' d'inciso, fra due virgole, oppure come apposizione dopo una virgola, a conclusione del periodo.

La funzione del "pronome relativo" è quella di collegare la proposizione di cui fa parte (detta, infatti, "relativa" o "secondaria") con una proposizione precedente (chiamata "principale" o "reggente"), facendo le veci di un nome in essa contenuto. Segue sempre la persona o la cosa a cui è riferito, in modo da evitare ambiguità nella frase.

"*That*" si adopera per persone, cose e animali, dunque può sostituire *who*, *whom* e *which*, usati esclusivamente come soggetto e complemento nelle frasi relative *defining*.

In pratica, *that* può essere sempre utilizzato, purché:

- non sia preceduto da preposizione, la quale, se c'è, deve essere posta alla fine della frase relativa (*She is the teacher that I spoke to*, Lei è l'insegnante con la quale ho parlato);
- non dia inizio a una frase non *defining*, riconoscibile in quanto posta tra virgole (ad esempio, nella frase "Il treno, che è un comodo mezzo di trasporto, arrivò in ritardo", il pronome relativo non si traduce con *that*, ma con *which*: "*The train, which is a comfortable means of transport, arrived late*").

46 Risposta esatta: B

Dove sono andati tutti dopo la festa?

Dopo l'ausiliare *do* (qui al passato: *did*), si adopera il verbo all'infinito senza il *to*.

47 Risposta esatta: C

Quale dei seguenti termini non è un argomento scolastico?

Il termine corretto per tradurre "storia", in quanto materia scolastica, è *history* e non ~~*story*~~.

48 Risposta esatta: B

Nel primo mio viaggio all'estero, ho vissuto per un mese con una famiglia tedesca.

Nel contesto dalla frase, *with* esprime il "complemento di compagnia".

49 Risposta esatta: A

Anche se a me personalmente piace Carolina, non penso sia la persona più qualificata per l'incarico.

La congiunzione subordinante *although* (sebbene, benché, nonostante, per quanto, malgrado, anche se) è tra le più comuni in inglese:

- di solito si colloca a inizio frase (a differenza di *though*, che ha il suo stesso significato ma si posiziona, invece, all'interno della frase);
- ed è sempre seguita da soggetto e verbo (quest'ultimo quasi sempre coniugato al modo indicativo, perché nell'inglese moderno il congiuntivo si adopera di rado).

50 Risposta esatta: D

Perché non ti compri dei vestiti nuovi? Se ti convinci di essere di bell'aspetto, ti sentirai decisamente più sicuro.

Nella frase del quesito è presente il "periodo ipotetico del primo tipo", con il quale si esprimono azioni probabili nel futuro. Questa struttura si costruisce con *if / when / as soon as / whether + simple present + simple future* e si adopera in riferimento a situazioni future ritenute probabili da chi parla. Si faccia attenzione alla regola secondo cui, in inglese, non si usano mai due futuri nella stessa frase: la secondaria, introdotta da *if*, infatti, dovrà essere costruita con il presente.

51 Risposta esatta: C

Il direttore pensa che dovremmo accettare il contratto ed io sono d'accordo.

In inglese, l'espressione "essere d'accordo" si traduce con il verbo *to agree*, il quale si coniuga come tutti gli altri e non vuole assolutamente il verbo "essere" (l'espressione ~~*to be agree*~~ non esiste), diversamente dall'italiano.

52 Risposta esatta: C

L'11 Settembre 2001, Al-Qaeda riuscì a evitare la struttura dell'anti-terrorismo USA.

Can è un presente semplice con il significato di "potere" come indice di abilità e capacità, nel senso di "saper fare" o "avere la possibilità di fare" una determinata cosa. Essendo un "verbo difettivo", resta inalterato per tutte le persone. Laddove si debba esprimere "capacità", *can* può essere sostituito da altri verbi: il suo più comune sostituto è "*to be able to*" (potere, essere capace di, essere in grado di), al quale si ricorre sia come alternativa per il *simple present*, sia per rendere i tempi mancanti di *can* (*present perfect, past perfect,*

future simple, future perfect, infinitive, gerund e *participle*).
Could traduce il passato remoto, l'imperfetto indicativo e, soprattutto, il congiuntivo imperfetto e il condizionale presente del verbo "potere", con i significati di *can*. Alla stessa maniera di *can*, anche *could* viene sostituito da "*to be able to*" sia come alternativa per il *simple past*, sia per rendere i tempi mancanti (*present perfect, past perfect, future simple, future perfect, infinitive, gerund* e *participle*), ma solo con il significato di "essere capace di, essere in grado di".

53 Risposta esatta: A

Hai ottenuto il lavoro?
Le "interrogative dirette" si dicono "*yes/no questions*" quando implicano una domanda alla quale è possibile rispondere semplicemente con una frase breve (*short answer*), affermativa o negativa, costituita da *yes* o *no* seguiti dal pronome personale che si riferisce al soggetto della domanda, più il verbo ausiliare o modale (positivo o negativo) presente nella domanda stessa (in questo caso *did*).

54 Risposta esatta: C

Quando giochi a squash? I mercoledì pomeriggio.
Per indicare la continuità o la ricorrenza nel tempo di un'azione viene usato il plurale per il sostantivo "*afternoon*".

55 Risposta esatta: C

Io svolgo molto lavoro a casa.
Gli "aggettivi indefiniti" *a lot of* e *lots of* (molto/a/i/e) costituiscono il modo più semplice per rendere l'idea di una quantità elevata (nel linguaggio informale, semplicemente *lots*). Si possono usare con tutti i sostantivi (numerabili e non numerabili) e di solito compaiono nelle frasi enunciative affermative, ma talvolta *a lot of* e *a lot* (quest'ultimo è "pronome") figurano pure in frasi negative e interrogative.

56 Risposta esatta: D

Ho preso un appuntamento con il dentista la prossima settimana, perché sono molto preoccupato dello stato dei miei denti.
Adoperato come verbo ordinario, *to do* (il cui paradigma è *to do - did - done*) assume il significato generico e indeterminato di "fare", nel senso di "agire, svolgere un'attività". L'italiano "fare" si traduce in inglese anche con *to make* (il cui paradigma è *to make - made - made*), che ha il significato di "fabbricare, costruire, creare ex-novo" (intesi in senso materiale), e anche di "costringere, rendere, compilare, redigere"; mentre *to do* esprime, piuttosto, azioni ripetitive e abitudinarie.
"Fissare un appuntamento" si traduce, in inglese:
— *to make an appointment*;
— *to fix an appointment*;
— *to arrange an appointment*.
Il tempo verbale della proposizione principale nella frase del nostro quesito è il "passato prossimo", nella "forma contratta".

57 Risposta esatta: C

Chi ha chiamato (*rang*) questo pomeriggio? Ho sentito che qualcuno mi stava cercando.
In inglese il passato remoto viene usato anche se ci si riferisce a qualcosa accaduta pochi minuti prima.

58 Risposta esatta: D

Magari avessi letto (*had read*) i caratteri piccoli di stampa prima di firmare il contratto.
L'espressione "*wish + past perfect*" si utilizza allorché si esprime rimpianto per una situazione del passato.

59 Risposta esatta: C

Entro la mezzanotte di ieri tutti i moduli erano stati inviati alla Commissione.
Nella "frase attiva" il soggetto compie l'azione indicata dal verbo e il complemento oggetto la subisce.
In quella "passiva", invece, il soggetto subisce l'azione indicata dal verbo, la quale è compiuta dal complemento d'agente. Il tempo verbale della frase passiva del quesito è il "trapassato prossimo" o *past perfect simple* (*had been + past participle*).

60 Risposta esatta: A

L'Eritrea è il Paese più stimolante che io abbia mai visitato.
I nomi propri di nazione non sono mai preceduti dall'articolo; l'eccezione è rappresentata da quegli 0Stati indicati da sigle come USA, UK ecc.
La domanda richiede l'uso del *present perfect* (passato prossimo); questo tempo viene utilizzato per:
— azioni che sono cominciate nel passato e continuano tuttora;

— azioni che sono avvenute nel passato in un periodo imprecisato di tempo;
— azioni accadute nel passato, ma i cui effetti continuano ancora nel presente.

Il *present perfect* si forma con l'ausiliare *have* al presente + il participio passato (*past participle*) del verbo principale.

Tra gli "avverbi di tempo" più utilizzati con il *present perfect simple* ci sono, sicuramente, *never* ed *ever*.

A tal proposito, va detto che *never* è una parola negativa (infatti significa propriamente "non mai"), cosicché il verbo della frase contenente quest'avverbio è sempre in forma affermativa. Inoltre, *never* non ammette altra negazione nella stessa proposizione, ragion per cui se compare un'ulteriore parola con valore negativo si dovrà usare *ever*.

Quest'ultimo, a sua volta, si utilizza molto spesso nelle frasi interrogative del tipo "hai mai...?" e ha un significato sostanzialmente analogo a quello di *never* (rispetto al quale esprime, però, un senso meno negativo). La sua posizione all'interno della frase, poi, è tra "ausiliare" e "verbo principale".

61 **Risposta esatta: D**

Gira (*turn*) a sinistra dopo l'ufficio del turismo e vedrai il *Marine Hotel* sulla destra.

62 **Risposta esatta: B**

Cosa fa tua sorella? È una regista.

Adoperato come "verbo ordinario", *to do* (il cui paradigma è *to do - did - done*) assume il significato generico e indeterminato di "fare" (nel senso di "agire, svolgere un'attività").

63 **Risposta esatta: D**

A me piace molto il mio lavoro.

Poiché il verbo *to like* (piacere) in inglese è transitivo, esso deve essere seguito dall'oggetto della frase.

64 **Risposta esatta: D**

Il Primo Ministro è ritornato in Scozia ieri sera.

In inglese sono rispettate in maniera più rigorosa rispetto all'italiano le distinzioni nell'utilizzo del *simple past* e del *present perfect*: di conseguenza, è indispensabile usare i due tempi quanto più correttamente possibile.

In sintesi:

— si ricorre al *simple past*: quando il periodo di tempo è finito; allorché si fornisce un'informazione datata; se il tempo è specificato (in questo caso il verbo è spesso accompagnato da un "avverbio" o da un'espressione di tempo "determinato": *yesterday, last night, last month*...); con *for* e *since*, laddove le azioni sono già finite;
— si ricorre al *present perfect*: quando il periodo di tempo non è finito; nel caso in cui si danno notizie recenti; laddove il tempo non è specificato; con *for* e *since*, se le azioni non sono ancora finite.

65 **Risposta esatta: B**

Hai/Avete visto l'annuncio/inserzione (*advertisement*) per un Giornalista Sportivo nel giornale di ieri?

66 **Risposta esatta: A**

Ho incontrato molte persone al concerto Live8 il mese scorso.

Il *simple past* si usa per esprimere azioni compiute e finite nel passato, e che quindi non hanno più nessun rapporto con il presente.

67 **Risposta esatta: B**

L'approvazione di questa legge segna il primo passo verso un percorso che tutti speriamo di grande prosperità per tutti.

To lead significa "condurre, guidare".

68 **Risposta esatta: C**

L'azienda stava già funzionando in rosso da qualche anno quando è stata costretta a chiudere.

Il *past perfect continuous* si adopera per esprimere azioni effettuate nel passato, iniziate prima di un'altra azione passata, e in corso di svolgimento fino ad allora.

69 **Risposta esatta: C**

Mi potresti dire la tua data di nascita per favore?

To tell (*told - told*), "raccontare, dire", e *to say* (*said - said*), "dire", sono i verbi più comunemente impiegati per riferire un enunciato: sono chiamati *reporting verbs*. Essi vengono usati in maniera diversa l'uno dall'altro.

To tell si adopera quando sussistono contemporaneamente queste condizioni:

— il complemento di termine è chiaramente espresso;
— il discorso è riportato in forma indiretta.

È importantissimo ricordare che *to tell* non è mai seguito dal *to*.

70 Risposta esatta: D

Ha lavorato in questo ufficio per un lungo periodo.
L'inglese rispetta in maniera ben più rigorosa dell'italiano le distinzioni nell'utilizzo del "passato remoto" (*simple past*) e del "passato prossimo" (*present perfect simple*), ragion per cui sia nella forma scritta che in quella parlata è necessario usare i due tempi correttamente.
Si ricorre al *present perfect simple*:
- quando il periodo di tempo non è finito → *I have seen three movies this week*, Ho visto tre film questa settimana (la settimana non è ancora finita);
- quando si danno notizie recenti → *He has crashed his car again*, Lui ha di nuovo fatto un incidente con l'auto (è una nuova informazione);
- quando il tempo non è specificato → *We have seen that movie already*, Abbiamo già visto quel film (non si sa quando);
- con *for* e *since*, quando le azioni non sono ancora finite → *I have lived in Denver for 5 years*, Sono 5 anni che vivo a Denver (abito ancora lì).

71 Risposta esatta: B

Non devi inviare il documento originale, è sufficiente una fotocopia.
Il verbo *to have to* vuol dire "dovere" con sfumature di significato diverse rispetto a *must*.

72 Risposta esatta: B

Quanto denaro ha richiesto loro il governo?
Gli "aggettivi" e "pronomi indefiniti" *much* (molto/a) e *many* (molti/e) sono comunissimi in inglese: il primo si adopera solo con sostantivi non numerabili, il secondo con sostantivi numerabili plurali. Di solito compaiono in frasi interrogative e negative, mentre si usano più raramente in quelle affermative (nelle quali si preferisce impiegare *a lot of*), dove figurano soprattutto come soggetti.
Much e *many* si possono posizionare anche dopo: *too* (*too much*, troppo/a; *too many*, troppi/e), *as* (*as much*, altrettanto/a; *as many*, altrettanti/e), *so* (*so much*, tanto/a; *so many*, tanti/e), *how* (*how much*, quanto/a; *how many*, quanti/e), *very* (*very much*, moltissimo; ma non ~~*very many*~~).

73 Risposta esatta: A

È meno costoso svolgere il programma di tirocinio di persona oppure online?
Il "comparativo di maggioranza" si costruisce aggiungendo la desinenza *-er* agli aggettivi/avverbi monosillabi e agli aggettivi bisillabi accentati sull'ultima sillaba, negli altri casi si forma con "*more* + aggettivo"; il secondo termine di paragone è introdotto sempre da *than*.
Il "comparativo di minoranza" si forma con "*less* + aggettivo + *than*".
Prima di formare i comparativi secondo queste indicazioni di base, bisogna tener conto d'innumerevoli regole ortografiche.
Da sottolineare, comunque, il fatto che nelle frasi inglesi il "soggetto" è sempre indispensabile, tanto da figurare anche in quelle impersonali, con la forma del pronome *it*; fanno eccezione l'imperativo e i casi in cui il soggetto sia ripetuto dopo *and* o *but*. A ogni modo, il soggetto va posto sempre prima del verbo, tranne che nella costruzione di frasi interrogative con *be*, *have*, *can*, *could*, *may*, *might* e *must*.

74 Risposta esatta: B

Posso parlare con il direttore, per favore? Certamente, signore. Un momento.
In inglese, quando non si conosce il nome dell'interlocutore, è bene usare l'appellativo *sir* come forma di cortesia.

75 Risposta esatta: D

Ho solo ammirazione per le madri che lavorano.
L'espressione *nothing but* vuol dire "solo, nient'altro che".

76 Risposta esatta: B

Il Cancelliere ha detto che ogni bambino nato dopo settembre 2002 avrebbe ricevuto alla nascita un bonus di 250 sterline.
In inglese, in una frase subordinata dipendente da un verbo al passato si usa il "condizionale presente" (anziché il "condizionale passato" come in italiano), così da esprimere quella condizione che i britannici definiscono "*future in the past*" (futuro nel passato). Dagli esempi che seguono, infatti, si può evincere che l'azione espressa dal verbo nella frase subordinata è successiva rispetto a quella indicata dal verbo della reggente:
- *He said he would do it* (Lui disse che l'avrebbe fatto);

- *Megane promised she would pay* (Megane promise che avrebbe pagato);
- *He said he would come, but he didn't turn up* (Disse che sarebbe venuto, ma non s'è fatto vedere).

Questa regola non si applica alle frasi ipotetiche e condizionali, per le quali l'impiego dei tempi verbali è uguale a quello dell'italiano.

77 Risposta esatta: D

La prima cosa che dobbiamo fare è trovare una sede appropriata.
L'"aggettivo" *suitable* (appropriato, adatto) è il più indicato in un contesto del genere.

78 Risposta esatta: D

Sua sorella aspetta un bambino a giugno, per cui non avrà vacanze quest'anno.
Il "futuro progressivo" (*future continuous*) si costruisce con "il futuro di *to be* + la *-ing form* del verbo da coniugare". Serve per indicare che l'azione o lo stato espressi dal verbo continueranno ancora nel momento in cui avrà luogo un'altra azione futura, oppure in un tempo determinato del futuro. Nella frase del quesito, *won't* sta per *will not*.

79 Risposta esatta: A

Il treno parte alle 8.35, ovvero venticinque minuti prima delle nove.
Per esprimere le ore si ricorre esclusivamente ai numeri da 1 a 12 (in Inghilterra la suddivisione della giornata in 24 ore avviene raramente), seguiti dalle abbreviazioni latine *a.m.* (ante-meridiem, prima di mezzogiorno) e *p.m.* (post-meridiem, dopo mezzogiorno), oppure dalle espressioni *in the morning/in the afternoon/in the evening/at night*.
L'ora "fino alla mezza" (ovvero "fino a e trenta") si indica con "*minutes past*" più l'ora precedente, mentre l'ora "dopo la mezza" si esprime con "*minutes to*" più l'ora successiva (spesso gli americani invece di *past* adoperano *after* e al posto di *to* usano *of*). Nel fare riferimento a intervalli di tempo di cinque minuti in cinque minuti (5 - 10 - 15 - 20...) la parola *minutes* si può anche omettere.
Di regola il "quarto d'ora" e la "mezz'ora" si designano utilizzando le espressioni: *a quarter past* (e un quarto), *half past* (e trenta, e mezza), *a quarter to* (meno un quarto).
In alcune situazioni informali (annunci per altoparlante, orari di mezzi di trasporto) per esprimere l'ora si indicano semplicemente prima le ore e poi i minuti: in questo caso è possibile ricorrere alla suddivisione della giornata in 24 ore.

80 Risposta esatta: B

Penso che Inverness sia in Scozia.
Quelle a seguire sono alcune delle più comuni espressioni usate in inglese per manifestare la propria "opinione" o il personale "punto di vista":
- *I think...*;
- *Personally, I think...*;
- *I believe...*;
- *I feel...*;
- *I suppose...*;
- *I guess...*;
- *According to me...*;
- *In my view...*;
- *In my opinion...*;
- *I'm of the opinion that...*;
- *In my eyes...*;
- *It seems to me that...*;
- *My impression is that...*;
- *From my perspective...*;
- *From my point of view/viewpoint...*;
- *I hold the view that...*;
- *As far as I'm concerned...*;
- *I'd like to point out that...*;
- *What I mean is...*;
- *Generally, it is thought that...*;
- *Some people say that...*;
- *Well, it is considered that...*;
- *It is generally accepted that...*;
- *It goes without saying that...*

81 Risposta esatta: A

Lavorare in un ufficio non è così stancante come avere contatti con il pubblico.
Il comparativo di uguaglianza può avere diverse costruzioni, di seguito specificate.
Nelle frasi affermative: "*as* + aggettivo + *as*". Nelle frasi negative: "*not so* + aggettivo + *as*" oppure "*not as* + aggettivo + *as*". Con i sostantivi non numerabili e con i verbi: "*as much/not so much* + sostantivo non numerabile oppure verbo + *as*". Con i sostantivi numerabili plurali: "*as many/not so many* + sostantivo numerabile plurale + *as*".

82 Risposta esatta: D

Ha piovuto tutto il fine settimana scorso, così non siamo andati al mare.

Nel contesto della frase del quesito, "*so*" rappresenta una "congiunzione coordinativa" (*coordinating conjunctions*), ovvero una parola che unisce due proposizioni entrambe ugualmente importanti. In questo caso, *so* mostra che la seconda azione è il risultato della prima. Una congiunzione coordinativa, di solito, si trova nel mezzo della frase e in genere segue una virgola (a meno che le due proposizioni non siano particolarmente brevi).

83 **Risposta esatta: C**

Stai chiamando il Dr. Paton. Cosa dici quando la sua segretaria risponde al telefono? Buon giorno, posso parlare con il Dr. Paton, per favore?
Usato con il significato di "potere", il verbo modale *may* svolge una funzione simile a *can* e indica possibilità mista a incertezza. Si adopera soprattutto al "presente", ma talvolta lo si incontra anche con valore di "futuro" o di "congiuntivo".
Si ricorre a *may*:
— per indicare probabilità;
— per chiedere o accordare il permesso di fare qualcosa;
— per esprimere augurio con una certa enfasi, conferendo al verbo modale valore congiuntivo;
— dopo i composti di *ever (whoever, whatever, wherever...)* in frasi concessive;
— per manifestare una deduzione che non sia univoca.

84 **Risposta esatta: B**

L'aereo del Prof. Firth arriverà domani sera alle 23.00.
Per esprimere l'idea di tempo "futuro" l'inglese utilizza diverse strutture grammaticali, di seguito indicate:
— *shall* e *will*;
— *to be going to*;
— il *present continuous*;
— il *simple present;*
— *be to* e *to be about.*
La forma verbale "*is arrived*" indica un "passivo", pertanto non può essere adoperata per completare correttamente la frase del quesito.

85 **Risposta esatta: C**

Ieri sera (*yesterday evening*) ho ascoltato un incontro di calcio alla radio.

86 **Risposta esatta: B**

Sei a una festa d'ufficio con tuo marito e incontri un collega più anziano che non lo ha mai incontrato. Cosa dici?
L'espressione "*May I introduce you...*" è tipica negli incontri formali.
Usato con il significato di "potere", il verbo modale *may* svolge una funzione simile a *can* e indica possibilità mista a incertezza. Si adopera soprattutto al "presente", ma talvolta lo si incontra anche con valore di "futuro" o di "congiuntivo".
Si ricorre a *may*:
— per indicare probabilità;
— per chiedere o accordare il permesso di fare qualcosa;
— per esprimere augurio con una certa enfasi, conferendo al verbo modale valore congiuntivo;
— dopo i composti di *ever (whoever, whatever, wherever...)* in frasi concessive;
— per manifestare una deduzione che non sia univoca.

87 **Risposta esatta: B**

Lui fu considerato in esubero perché aveva discusso/litigato con il capo. La frase corretta avrebbe dovuto essere: *He was made redundant because he argued with the boss.*

88 **Risposta esatta: C**

C'è troppa speculazione su chi sarà il nuovo leader del Partito Laburista quando il Primo Ministro terminerà il mandato.
L'espressione avverbiale "*too much*", con il significato di "troppo/a", si utilizza con i "sostantivi non numerabili" (*uncountable nouns*).

89 **Risposta esatta: D**

Al mattino, a me piace ascoltare le notizie alla radio.
Alcuni verbi che esprimono "gusti" o "preferenze" — come *to like* (piacere, amare, gradire), *to hate* (odiare, avere in odio, dispiacere immensamente), *to love* (amare, essere innamorato di, adorare), *to prefer* (preferire) — sono normalmente seguiti da un sostantivo oppure da un verbo, che può essere coniugato sia all'infinito sia nella *-ing form.* Per semplificare, possiamo dire che tali verbi sono seguiti dal "gerundio" quando si parla di qualcosa a "carattere generale"; dall'"infinito" quando ci si riferisce a un'"occasione particolare". Il verbo *to listen*, inoltre, è sempre seguito dalla particella *to*.

90 **Risposta esatta: D**

Tra le forme verbali contenute nelle 4 opzioni del quesito, l'unica che non può essere usata per completare correttamente la frase è *intending* (*to intend*, intendere).
Utilizzando *interested*, la frase si tradurrebbe: "Perché gli Stati Uniti sono interessati all'Africa?
Utilizzando *investing*, la frase si tradurrebbe: "Perché gli Stati Uniti stanno investendo in Africa?
Utilizzando *involved*, la frase si tradurrebbe: "Perché gli Stati Uniti sono coinvolti in Africa?

91 **Risposta esatta: D**

Quello non è il tuo banco. È il suo (di lei).
A differenza degli aggettivi, i "pronomi possessivi" non accompagnano un sostantivo, bensì lo sottintendono. Essi sono: *mine, yours, his/hers, ours, yours, theirs*. Tutti i pronomi possessivi, fra i quali non esiste quello di III persona singolare neutra, hanno le medesime caratteristiche degli aggettivi possessivi: non sono mai preceduti dagli articoli determinativi e indeterminativi, né dagli aggettivi dimostrativi, numerali e indefiniti, e sono invariabili nel genere e nel numero, a eccezione dei pronomi di terza persona singolare, che concordano nel genere con il possessore e non con la cosa posseduta.

92 **Risposta esatta: B**

Penso che l'azienda avrà un anno impegnativo l'anno prossimo.
Il "futuro" espresso con *to be going to*, che in italiano è spesso traducibile con il presente, viene definito "futuro intenzionale", in quanto si usa per descrivere le intenzioni, ovvero ciò che si è deciso di fare in futuro.
Si utilizza *to be going to* anche per fare delle "previsioni", quando c'è qualcosa nel presente che consente di anticipare quanto accadrà in un futuro non troppo lontano. Per la corrispondente traduzione in italiano si ricorre all'espressione: "stare per/essere sul punto di + infinito".

93 **Risposta esatta: C**

Lunedì scorso il Parlamento ha approvato all'unanimità la nuova legislazione.
Con il *simple past* si esprime un'azione compiuta e conclusasi nel passato, e che quindi non ha più alcun rapporto con il presente.

94 **Risposta esatta: B**

Domani mattina prenderò il treno delle 6.30 per Roma per partecipare a una conferenza europea sulla povertà nel mondo.
Per esprimere azioni future già organizzate e prestabilite, della cui attuazione si è praticamente certi, si usa il *present continuous* o "presente progressivo" (con un significato abbastanza simile a quello di *to be going to*).

95 **Risposta esatta: B**

L'Omega System ha annunciato di non approvare il processo penale tenuto contro un hacker russo preso in custodia (*taken into custody*)/catturato (*captured*)/arrestato (*arrested*) la settimana scorsa.

96 **Risposta esatta: D**

Il bilancio per l'anno prossimo non è stato ancora completato.
In riferimento a *still* e *yet* va detto che:
— *still* (ancora) si riferisce a un'azione o a un fatto cominciati nel passato e tuttora in corso, senza che nulla sia cambiato. Pertanto si usa in frasi affermative e di regola si colloca prima del verbo, ma dopo il verbo essere;
— *yet* (ancora, già) si adopera quando qualcosa non è ancora accaduto sino ad ora, ma potrebbe accadere. Viene utilizzato soprattutto in proposizioni negative o interrogative e di norma si pone alla fine della frase.

97 **Risposta esatta: D**

Quale parola NON può essere usata come sinonimo di "*prevents*" nel seguente titolo di giornale? "La Russia ostacola il piano per vendere armi agli Stati africani".
To prevent significa "ostacolare/impedire"; *to help*, invece, vuol dire "aiutare/supportare".

98 **Risposta esatta: D**

Ognuno deve pagare le tasse.
In questo caso *have* non è
dire "dovere". *To h*
del quesito
sign
me
ch
ur
d

anche quando essa viene espressa (in questo caso, tuttavia, si preferisce l'utilizzo di *to tell*), facendola però precedere dal *to*.

106 Risposta esatta: A

Perchè ti piace il tuo lavoro?
L'italiano "perché" si traduce con:
- *why* nelle domande dirette o indirette;
- *because* nelle risposte, sebbene a volte si possa anche omettere, come avviene pure in italiano.

107 Risposta esatta: D

Se io faccio un dolce, tu porti del vino?
Esistono tre tipi di "periodo ipotetico" (della probabilità, della possibilità e dell'irrealtà), corrispondenti ad altrettante frasi condizionali, le quali sono quasi sempre introdotte da *if*. Queste frasi secondarie (*if clause / subordinate clause*) si possono collocare sia prima della proposizione principale (*main clause*), e in questo caso sono generalmente seguite dalla virgola, sia dopo di essa.
Il "periodo ipotetico del primo tipo" esprime azioni probabili nel futuro e si costruisce con *if/when/as soon as/whether + simple present + simple future*. Tale struttura si adopera in riferimento a situazioni future ritenute probabili da chi parla. Si faccia attenzione alla regola secondo cui in inglese non si usano mai due futuri nella stessa frase: la secondaria, introdotta da *if*, infatti, dovrà essere costruita con il presente.

108 Risposta esatta: C

Quale delle seguenti opzioni consideri più appropriata per iniziare una lettera formale indirizzata a una persona che non conosci?
Le formule di apertura sono indipendenti dal genere di lettera che dobbiamo scrivere; dipendono solo dal tipo di destinatario. "*Dear Sir,*" si utilizza quando scriviamo a un destinatario di sesso maschile, di cui non conosciamo il nome.

109 Risposta esatta: A

Al tempo della mia visita nell'aprile scorso, la Kembruck Inc. stava appena terminando una campagna pubblicitaria di 340 milioni di sterline.
Il "passato progressivo" o "continuato" (*past continuous*) si usa per esprimere azioni che erano in corso di svolgimento in un certo momento del passato.

110 Risposta esatta: C

Non sono più soddisfatto del mio lavoro e vorrei tanto trovare qualcosa di più stimolante (*challenging*).

111 Risposta esatta: D

Non l'ho visto per molto tempo.
Per utilizzare correttamente le forme progressive del verbo inglese è necessario avere ben chiari due concetti fondamentali: quello di "continuazione dell'azione" e quello di "durata". Per dire che l'azione espressa dal verbo continua ancora nel momento al quale ci si riferisce in una frase si usano, a seconda dei casi, le forme progressive del presente (*present continuous*) e del passato (*past continuous*). Se poi di un'azione si vuole mostrare non solo il carattere continuativo ma anche la durata (o, in altre parole, se si vuole indicare che un'azione, cominciata in un tempo passato, continua nel presente), bisogna considerare che in italiano è possibile ricorrere a due costruzioni: una personale (Studia/Studiava l'arabo da cinque anni) e l'altra impersonale (Sono/Erano cinque anni che studia/studiava l'arabo). Nella lingua inglese entrambe vanno risolte nella costruzione personale, sottoponendo presente o imperfetto ad alcune trasformazioni che danno origine alla cosiddetta "*duration form*" (forma di durata). Di regola la forma progressiva non si usa quando la frase è negativa, poiché il "non fare" esclude l'idea di svolgimento e quindi di durata (*She hasn't spoken French for months*, Lei non parla francese da mesi; *They haven't played tennis since 2003*, Non giocano a tennis dal 2003).
Dagli esempi si evince che si adopera "*for*" quando si vuole indicare la durata dell'azione, "*since*" quando se ne intende evidenziare l'inizio (da cui è deducibile la durata).

112 Risposta esatta: C

Solo una frase è corretta. Quale?
Non farei mai una cosa del genere.
Il "condizionale presente" (*present conditional*) si forma con *should* o *would* per la prima persona singolare e plurale e con *would* per tutte le altre persone, più la forma base del verbo (l'impiego di *should* è proprio della lingua formale, scritta, commerciale e legale). Sia *should* che *would* si contraggono in *'d* (il primo più raramente). Le forme negative sono *should not (shouldn't)/would*

not (wouldn't)/'d not (quest'ultima poco adoperata e molto colloquiale), mentre quelle interrogative si ottengono premettendo l'ausiliare al soggetto. Le forme interrogativo-negative si costruiscono aggiungendo *not* a quelle interrogative; le voci contratte sono uguali a quelle delle forme negative, seppure, chiaramente, con il soggetto posposto.
Inoltre, possiamo notare come "*never*" (mai/non mai) sia posizionato tra l'ausiliare e il verbo principale, e che il verbo della frase, proprio per la presenza di quest'avverbio, pur esprimendo un significato negativo, sia in forma affermativa.

113 **Risposta esatta: C**

C'è un'eccellente mostra (*exhibition*) di quadri/dipinti di Vermeer presso la Royal Academy in questo momento.

114 **Risposta esatta: B**

Ti piacerebbe venire con me in Germania il mese prossimo?
Si utilizza *would* seguito dal verbo *like*, per offrire qualcosa e per tradurre il condizionale di "volere, gradire".

115 **Risposta esatta: D**

Sono sempre stanco perché il mio lavoro è molto impegnativo. Al momento conduco un bar caffè nel centro della città, per cui sono occupato ogni giorno eccetto la domenica.
Il verbo *to run* ha molti significati, tra i quali quello di "condurre un esercizio commerciale".

116 **Risposta esatta: D**

Pedro Almodóvar è un regista di origine spagnola.
Spanish (spagnolo) è "aggettivo", *Spain* (Spagna) è "sostantivo". In inglese, di regola, non si usa alcun articolo davanti ai nomi di nazioni (tranne pochissime eccezioni).

117 **Risposta esatta: C**

Ti restituirò il denaro non appena riuscirò ad andare in banca.
Bisogna sottolineare che in inglese non si utilizzano mai due futuri correlati (al contrario di ciò che spesso accade in italiano), ma si adopera il futuro solo per la proposizione principale, mentre per la secondaria si ricorre al presente o al passato prossimo in luogo, rispettivamente, del futuro e del futuro anteriore italiani.

118 **Risposta esatta: D**

Stai rispondendo al telefono e hai necessità di chiedere, a chi sta chiamando, di aspettare un momento. Cosa dici?
Per favore, aspetti in linea.

119 **Risposta esatta: D**

Ho cercato di mettermi in contatto con lui per tutta la settimana, ma non è mai in ufficio e il suo cellulare sembra sempre occupato.
To get in touch significa "contattare, mettersi in contatto".

120 **Risposta esatta: B**

Gradiresti/Ti piacerebbe un caffè prima di tornare al lavoro?
Before è una "preposizione/congiunzione/avverbio" con valore temporale e di largo utilizzo in inglese; significa "prima, prima di, prima che, precedentemente, davanti a". Denota il momento che precede l'azione o il lasso di tempo a cui si fa riferimento nella frase; si può adoperare anche in senso spaziale.

121 **Risposta esatta: B**

La settimana scorsa Il mio capo è andato a Firenze per una riunione. È tornato venerdì.
Il "passato semplice" (*simple past*) inglese traduce in italiano il passato remoto, l'imperfetto, il passato prossimo e il congiuntivo imperfetto. Nei verbi "regolari" è uguale per tutte le persone e si forma aggiungendo la desinenza *-ed* alla forma base del verbo; proprio l'aggiunta di tale desinenza può, tuttavia, provocare alcune variazioni ortografiche. Nei verbi "irregolari", invece, il *simple past* corrisponde alla seconda voce del paradigma ed è uguale per tutte le persone.
Questo tempo verbale si usa per esprimere azioni compiute e finite nel passato, e che quindi non hanno più nessun rapporto con il presente, rispetto alle quali può essere adoperato per precisare o per chiedere quando sono accadute.

122 **Risposta esatta: C**

Ian McEwan è uno scrittore britannico. È originario dell'Hampshire.
In inglese, la struttura della frase, ossia il modo in cui si susseguono le varie parti del discorso, rispetta indicativamente quest'ordine:
1) soggetto;
2) verbo;

3) complemento oggetto o complemento di termine;
4) complementi introdotti da preposizioni;
5) avverbi di modo, di luogo e di tempo.

Il soggetto è sempre indispensabile, tanto da figurare anche in quelle impersonali, con la forma del pronome *it*; fanno eccezione l'imperativo e i casi in cui il soggetto sia ripetuto dopo *and* o *but*. A ogni modo, il soggetto va posto sempre prima del verbo, tranne che nella costruzione di frasi interrogative con *be, have, can, could, may, might, must*.

123 Risposta esatta: D

Quale avverbio NON PUÒ essere usato per completare questa frase.
Questa malattia è considerata principalmente genetica in origine.

124 Risposta esatta: B

Non sei obbligato a votare alle elezioni, ma penso che dovresti. Se hai il diritto di voto, dovresti approfittarne.
In questo caso *have* non è ausiliare ma vuol dire "dovere, essere obbligato a". I modi più comuni per esprimere l'idea di "dovere", nell'idioma britannico, sono quelli che richiedono l'utilizzo del "verbo difettivo" *must* e del (frequentissimo) *to have to*. Nella forma positiva, al presente, gli inglesi tendono a usare i due verbi in modo spesso intercambiabile. Diciamo che, nella forma affermativa, la vera differenza sta nella provenienza "interna" o "esterna" del "dovere": se sono io che impongo a me stesso qualcosa, allora adopererò *must*; se invece mi viene richiesto da qualcun altro, vuol dire che ricorrerò a *to have to*, anche se il confine tra le due sfumature di significato, nella lingua di tutti i giorni, non è mai così netto.

125 Risposta esatta: D

Mi sono laureato come ingegnere gestionale di industria tre mesi fa.
As (come, in qualità di) serve per indicare la professione svolta da una persona oppure la funzione di un oggetto o di un individuo.

126 Risposta esatta: B

Ti sentirai più sicuro del/Avrai maggior fiducia circa il tuo nuovo lavoro quando lo avrai svolto per un altro mese.
Si ricorre al "passato prossimo semplice" (*present perfect simple*):
— per indicare un'azione o una condizione risalente al passato, ma che ha comunque legami con il presente;
— per segnalare un'azione verificatasi in un periodo di tempo non ancora interamente trascorso;
— per esprimere un'azione (finita) che non è mai stata compiuta, o che non si compie da un certo periodo di tempo, protrattosi fino al presente;
— in riferimento a un'azione il cui tempo non è determinato, cosicché nella frase manca il complemento di tempo;
— quando, pur essendoci un avverbio, il tempo dell'azione è indeterminato;
— dopo le espressioni "*it's the first/second/third... time*".

127 Risposta esatta: A

Non ho ancora visto il film che ha vinto il Festival di Cannes quest'anno.
Gli "avverbi di tempo indeterminato" indicano un periodo di tempo non ben definito e di norma si usano con il *present perfect*. I più comuni sono: *already* (già, di già), *just* (appena, proprio, appunto), *lately* (ultimamente, recentemente), *later* (più tardi), *yet* (ancora, già), *not yet* (non ancora), *nowadays* (oggigiorno), *once* (una volta), *recently* (recentemente), *still* (ancora), *usually* (di solito).
Just e *already* si adoperano, in particolare, con i tempi composti e si collocano sempre dopo l'ausiliare.
In riferimento a *still* e a *yet* va detto che:
— *still* si riferisce a un'azione o a un fatto cominciati nel passato e tuttora in corso, senza che nulla sia cambiato. Pertanto si usa in frasi affermative (ad esempio con il *simple present* o con il *present continuous*) e, di regola, si colloca prima del verbo, ma dopo il verbo "essere";
— *yet* si adopera quando qualcosa non è ancora accaduto sino ad ora, ma potrebbe accadere. Viene utilizzato soprattutto in frasi negative o interrogative (ad esempio con il *simple present* o con il *present perfect*) e, di norma, si pone alla fine della frase.

128 Risposta esatta: C

Scusi. Non ho capito il suo nome. Mi può compitare (*spell*) il suo cognome per favore?

129 **Risposta esatta: A**

I nostri clienti normalmente pagano i loro (*their*) conti con puntualità.
L'uso degli aggettivi possessivi è obbligatorio quando si parla di articoli di vestiario, di oggetti personali o, comunque, di realtà strettamente legate alla persona.

130 **Risposta esatta: B**

Dove ti piacerebbe andare questa sera?
Spesso si usa *would* seguito dal verbo *like*, per offrire qualcosa e per tradurre il condizionale di "volere".

131 **Risposta esatta: B**

Questo è il nostro direttore di area. Lui è responsabile di tutto il lavoro quotidiano/business giornaliero dell'azienda.
To be in charge of vuol dire "essere responsabile/i di".

132 **Risposta esatta: C**

A quest'ora della prossima settimana avremmo installato (*will have installed*) il nuovo sistema informatico.
Il "futuro anteriore" (*future perfect*) si forma grammaticalmente adoperando "il futuro di *to have* (cioè *will have*) + il *past participle* del verbo da coniugare". Esso indica un'azione che sarà già finita nel momento futuro a cui si fa riferimento.

133 **Risposta esatta: B**

Mio marito non fa molto per aiutare a organizzare/pianificare le nostre vacanze!
In inglese, l'avverbio "molto" si esprime in modo diverso a seconda che la frase sia affermativa, interrogativa o negativa, oppure che venga utilizzato con un aggettivo, con un avverbio, con un sostantivo o con un verbo.
Due dei termini più utilizzati sono *much* e *many*: il primo si adopera solo con "sostantivi non numerabili", il secondo con "sostantivi numerabili plurali". Di solito compaiono in frasi interrogative e negative, mentre si usano più raramente in quelle affermative (nelle quali si preferisce impiegare *a lot of*), dove figurano soprattutto come soggetti.

134 **Risposta esatta: D**

I amo Berlino. È veramente un posto pieno di vita ed eccitante, e le persone sono molto cordiali.
Gli "avverbi di quantità" servono a rafforzare o indebolire il significato di un aggettivo, di un avverbio o di un verbo; i piu comuni sono: *almost* (quasi), *a lot* (molto), *completely* (completamente), *enough* (abbastanza), *extremely* (estremamente), *just* (solo), *nearly* (quasi), *only* (soltanto), *quite* (abbastanza), *rather* (piuttosto), *really* (veramente), *too* (troppo), *very* (molto). L'avverbio di quantità precede l'aggettivo o l'avverbio da esso modificati, a eccezione di *enough*, che invece li segue. Se poi l'avverbio di quantità modifica il senso di un verbo, generalmente precede il verbo ordinario.

135 **Risposta esatta: B**

Come stai? Bene, grazie.
Nei Paesi anglosassoni, quando si incontra una persona, le si chiede "come sta", dicendo "*How are you?*".

136 **Risposta esatta: D**

Io ho molte responsabilità. Devo anche occuparmi di tutti i reclami dei clienti del grande magazzino.
To deal with è un *phrasal verb* che vuol dire "occuparsi di, prendersi cura di, trattare".

137 **Risposta esatta: D**

Contro le nostre aspettative, abbiamo scoperto che la banca era molto disponibile a darci/offrirci un prestito per coprire i nostri debiti.
Contrary to vuol dire "contrariamente a, diversamente da, contro". Da notare l'utilizzo della proposizione *to* per legare *contrary* al resto della frase (le altre opzioni ne sono prive).

138 **Risposta esatta: C**

Lui non si presenta mai in orario. È assolutamente/totalmente inaffidabile.
Tra gli aggettivi proposti come alternative, l'unico che può essere utilizzato è *unreliable* (inaffidabile).
Gli altri hanno un significato che non si adatta al contesto della frase:
— *sensitive* vuol dire "sensibile";
— *trustworthy*, "fidato";
— *unsuitable*, "inadatto".

139 **Risposta esatta: D**

Andrò a Londra a frequentare un corso estivo per imparare meglio la lingua.
To get to know vuol dire "iniziare gradualmente a saperne di più su qualcosa" (nel caso in questione, in riferimento alla lingua inglese).

140 Risposta esatta: C

Per favore fammi/fatemi/mi faccia sapere se hai/avete/ha bisogno di altre informazioni. Sarò molto felice/lieto di potertele/potervele/potergliele dare.
In inglese, l'"imperativo" corrisponde alla "forma base del verbo" (l'infinito senza il *to*) e si usa quasi esclusivamente alla seconda persona singolare e plurale. Per le altre persone si ricorre a "*to let* (permettere, lasciare) seguito dall'accusativo + l'infinito senza il *to*".
L'imperativo si adopera:
- per dare istruzioni o per chiedere qualcosa a qualcuno con cui si è in rapporti confidenziali. In tali casi, però, gli inglesi sono di solito estremamente gentili (anche con amici e parenti) e si servono della forma cortese *please*;
- nelle forme enfatiche, preceduto dal *do*;
- per offrire qualcosa;
- per fornire indicazioni;
- per dare consigli o suggerimenti;
- per invitare;
- per rassicurare.

141 Risposta esatta: D

Questo pomeriggio John Baxter ha inviato un rapporto da un luogo vicino alla scena del disastro.
Le preposizioni "*next to*", "*near*" e "*close to*" hanno un significato simile, con una sottile differenza. In generale vogliono dire "vicino a, nei pressi di", ma ci sono situazioni in cui si può usare solo una delle tre.
Quando vogliamo riferirci a due cose una accanto all'altra, usiamo *next to*:
- *I live next to a park* → Questa frase significa che tra casa mia e il parco non c'è un'altra abitazione, un locale, niente;
- *I live close to a park* → Quest'altra frase indica che vivo a pochi passi da un parco: la vicinanza viene definita dalla persona, è cioè soggettiva.

Close to e *near* hanno il medesimo significato: bisogna, però, ricordare che non si mette mai "~~*to*~~" dopo "*near*":
- *I live close to a park*;
- *I live near a park*.

142 Risposta esatta: A

Temo/Ho paura che, in questo momento, non possiamo commentare la decisione della corte.
La risposta esatta si ottiene per esclusione: *to comment on*, infatti, significa "commentare/giudicare qualcosa".

143 Risposta esatta: B

Domani è il nostro anniversario di matrimonio. Saremo sposati da 35 anni.
Bisogna utilizzare la "*duration form*" riferita al "futuro" (*will have been married*) perché ci si riferisce a un'azione iniziata nel "passato", ma che è ancora in corso nel momento "futuro" di cui si sta parlando.
Nelle frasi caratterizzate da questa costruzione grammaticale tipica della lingua britannica, la *duration form* appunto, si adopera *for* quando si vuole indicare la durata dell'azione, *since* quando se ne intende evidenziare, invece, l'inizio (da cui è deducibile, comunque, la durata).

144 Risposta esatta: D

Il volo di Silvia da San Paolo è durato più di 10 ore. Deve essere esausta dopo un volo così lungo.
Must è usato solo al presente ed esprime l'idea di "dovere". La forma negativa è *must not (mustn't)*, quella interrogativa si costruisce con la semplice inversione di soggetto e verbo, mentre l'interrogativo-negativa si ottiene aggiungendo alla forma interrogativa la negazione *not*.
Nei tempi mancanti, *must* è sostituito da *to have to*, che pure esprime l'idea di "dovere", nel senso di trovarsi nella necessità (o avere l'obbligo) di fare qualcosa, e nelle forme negativa, interrogativa e interrogativo-negativa richiede l'ausiliare *to do*. Si noti che, al presente, esiste una differente sfumatura di significato tra *must*, con cui si esprime la decisione di chi parla, e *to have to*, che invece si riferisce alla decisione di un'altra persona o a qualcosa che va al di là del controllo del parlante.
Si ricorre a *must*:
- per esprimere un obbligo o una proibizione che il parlante impone a se stesso o a un altro individuo;
- per esplicitare una supposizione fondata su dati evidenti e reali;
- per denotare una convinzione probabile, che tuttavia si può esprimere anche con *will*;
- seguito da *have been*, per esprimere una supposizione, fatta al presente, su eventi passati;
- per consigliare di compiere un'azione o per rivolgere un invito convincente;

— per esprimere l'unica deduzione possibile (*Silvia's flight from Sao Paolo took more than 10 hours. She must be exhausted after such a long flight*);
— nelle interrogative in cui si formulano richieste riguardo a ciò che il parlante deve o non deve fare. A tali domande si risponde o affermativamente, con *Yes, you must*, se si ordina qualcosa, oppure negativamente, con *No, you needn't* oppure *No, you don't have to*, se l'intenzione è quella di assolvere qualcuno da un determinato obbligo.

È possibile l'uso "idiomatico" di *must* per esprimere "intenzione" o "rimprovero".

145 Risposta esatta: A

L'incidente fu segnalato alle 21.00 e l'ambulanza arrivò in 10 minuti.
Si tratta di una "frase passiva" e quindi la forma verbale da utilizzare è *was reported*, ovvero il "passato semplice passivo" del verbo *to report*.
In generale, una forma passiva si ottiene coniugando "*to be*" nel medesimo modo e tempo del verbo attivo e aggiungendo il participio passato della stessa voce verbale attiva.

146 Risposta esatta: D

Le persiane erano chiuse e le luci spente nella casa dei miei vicini. Devono essere stati in vacanza.
Must è usato solo al presente ed esprime l'idea di "dovere". La forma negativa è *must not (mustn't)*, quella interrogativa si costruisce con la semplice inversione di soggetto e verbo, mentre l'interrogativo-negativa si ottiene aggiungendo alla forma interrogativa la negazione *not*.
Nei tempi mancanti, *must* è sostituito da *to have to*, che pure esprime l'idea di "dovere", nel senso di trovarsi nella necessità (o avere l'obbligo) di fare qualcosa, e nelle forme negativa, interrogativa e interrogativo-negativa richiede l'ausiliare *to do*. Si noti che, al presente, esiste una differente sfumatura di significato tra *must*, con cui si esprime la decisione di chi parla, e *to have to*, che invece si riferisce alla decisione di un'altra persona o a qualcosa che va al di là del controllo del parlante.
Si utilizza *must*:
— per esprimere un obbligo o una proibizione che il parlante impone a se stesso o a un altro individuo;
— per esplicitare una supposizione fondata su dati evidenti e reali;
— per denotare una convinzione probabile, che tuttavia si può esprimere anche con *will*;
— seguito da *have been*, per esprimere una supposizione, fatta al presente, su eventi passati (*The shutters were closed and the lights were switched off at my neighbours house. They must have been on holiday*);
— per consigliare di compiere un'azione o per rivolgere un invito convincente;
— per esprimere l'unica deduzione possibile;
— nelle interrogative in cui si formulano richieste riguardo a ciò che il parlante deve o non deve fare. A tali domande si risponde o affermativamente, con *Yes, you must*, se si ordina qualcosa, oppure negativamente, con *No, you needn't* oppure *No, you don't have to*, se l'intenzione è quella di assolvere qualcuno da un determinato obbligo.

È possibile l'uso "idiomatico" di *must* per esprimere "intenzione" o "rimprovero".

147 Risposta esatta: C

Quale numero è scritto correttamente?
3242.
Di regola, in inglese, parole come *dozen*, *hundred* e *thousand* non prendono la *-s* del plurale, eccetto quando si usano come espressioni indefinite (*There were thousands of men and thousands of women in the stadium*, C'erano migliaia di uomini e migliaia di donne nello stadio).

148 Risposta esatta: C

Qual è la corretta compitazione della seguente parola?
L'esatta ortografia del termine che in inglese vuol dire "alloggio, sistemazione" è *accommodation*.

149 Risposta esatta: D

L'avverbio *fleetingly* vuol dire "fugacemente, di sfuggita". Tra le alternative proposte dal quesito, quella che ha un significato analogo è *quickly* (velocemente, rapidamente).
Per quanto concerne le altre opzioni:
— *partially* vuol dire "parzialmente, in parte, non definitivamente";
— *longingly* significa "con invidia, con nostalgia, desiderosamente";
— *slowly* vuol dire "lentamente, pian piano, con calma, gradualmente, poco a poco, piano, adagio".

150 **Risposta esatta: C**

Il latte è andato a male/è scaduto. È acido.
Sour significa “acido”. Il latte, infatti, quando “scade” diventa acido.
Uno dei significati del “verbo frasale” (*phrasal verb*) *to go off* è “andare a male, scadere, diventare rancido/acido”.
Per quanto riguarda le altre opzioni:
- *stale* vuol dire “stantio, raffermo, vecchio, spento, spossato”;
- *ripe* significa “maturo, stagionato”;
- *rotten* vuol dire “marcio”.

151 **Risposta esatta: A**

Scegli la forma sostantivale corretta per il/relativa al verbo ‘consigliare’.
Il “sostantivo” che si riferisce alla “forma verbale” *to advise* (consigliare) è *advice* (consiglio).

152 **Risposta esatta: D**

Gli dispiaceva/dispiacque di aver dimenticato il tuo compleanno.
L’unica opzione compatibile con il significato della frase è *forget* (dimenticare).
In merito alle altre opzioni:
- *loose* vuol dire “liberare, perdere, allentare, sciogliere”;
- *forgot* è il *past tense* (ossia la seconda voce del paradigma) di *forget* (dimenticare);
- *lost* è il *past tense* (ossia la seconda voce del paradigma) di *lose* (perdere).

In inglese, gli “infiniti” sono solitamente utilizzati dopo aggettivi e avverbi.

153 **Risposta esatta: C**

Ci sarebbe voluto molto tempo (*long time*) per risolvere quel particolare problema.
Nella frase del quesito è presente il verbo al “condizionale passato” (*past conditional*), il quale si costruisce con “*should/would* + *have* + *past participle*”, appunto, del verbo da coniugare.

154 **Risposta esatta: A**

Tom è il ragazzo che vive a Nashville.
That è un “pronome relativo” che si adopera per persone, cose e animali, dunque può sostituire *who*, *whom* e *which*, usati esclusivamente come soggetto e complemento nelle frasi relative *defining* (attributive/restrittive). Nella frase del quesito si potrebbe utilizzare anche *who*.

155 **Risposta esatta: B**

Questa malattia si è diffusa negli ultimi anni.
Il verbo *to spread out* significa “diffondersi, stendersi, espandersi, sparpagliarsi, sparpagliare”.
Nella frase, il verbo è coniugato al *present perfect* (passato prossimo); questo tempo viene utilizzato per:
- azioni che sono cominciate nel passato e continuano tuttora (in tal caso nella frase spesso si adoperano le preposizioni *for*, se si indica un “periodo di tempo”, e *since*, se ci si riferisce a un “momento preciso nel tempo”);
- azioni che sono avvenute nel passato in un periodo imprecisato di tempo;
- azioni accadute nel passato, ma i cui effetti continuano ancora nel presente.

Il *present perfect* si forma con l’ausiliare *have* al presente + il participio passato (*past participle*) del verbo principale.

156 **Risposta esatta: D**

Il panorama dalla vetta della montagna è mozzafiato/incredibile/sbalorditivo.
L’aggettivo corretto per completare la frase è *breathtaking*, utilizzato spesso in questo genere di contesto. Gli altri termini hanno significati differenti e si adoperano in tutt’altre situazioni.

157 **Risposta esatta: B**

Appena fu arrestato, l’uomo diede alcune informazioni alla polizia.
La parola corretta per completare la frase è *information* (informazioni, notizie, ragguagli), usata, in inglese, solo al singolare.

158 **Risposta esatta: C**

Questa rivista viene pubblicata solo ogni trimestre/trimestralmente.
La parola corretta per completare la frase è *quarterly*, che grammaticalmente può avere valenza aggettivale, “trimestrale”; avverbiale, “ogni trimestre, trimestralmente”; sostantivale, (pubblicazione) “trimestrale”.

159 **Risposta esatta: C**

Lui è terribilmente smemorato. Non ricorda niente che gli si racconti.
L’aggettivo adatto per completare la frase è *forgetful* (smemorato). Gli altri termini riportati nelle opzioni hanno significati diversi (*easygoing* = accomodante, tollerante; *stable* = stabile; *outgoing* = estroverso).

160 Risposta esatta: D

Se lo sapessi, te lo racconterei immediatamente.
Si tratta di una frase condizionale, detta "periodo ipotetico". In inglese ne esistono di 3 tipi (I tipo = della probabilità; II tipo = della possibilità; III tipo = dell'irrealtà), sempre introdotte da "*if*". Quella proposta è del II tipo, che si costruisce con "*if + simple past* (in questo caso *knew*, *past tense* di *to know* = sapere, conoscere) + *present conditional*". Nella "*if clause*" il verbo si traduce, in italiano, al congiuntivo.

161 Risposta esatta: B

Nessun nome è stato ancora fatto.
Si tratta di una frase in forma passiva (molto utilizzata in inglese), nella quale, come in italiano, il soggetto subisce l'azione indicata dal verbo, la quale è compiuta dal complemento d'agente. La forma verbale passiva si ottiene coniugando *to be* nello stesso tempo e modo del verbo attivo e aggiungendo il participio passato della medesima voce verbale attiva. L'opzione che completa correttamente la frase è, dunque, *been*.

162 Risposta esatta: B

Si sta costruendo un nuovo muro.
Il passivo delle forme progressive si ottiene con la forma progressiva di *to be*, seguita dal participio passato del verbo attivo. Si ricordi, però, che in italiano non esiste una forma passiva corrispondente.

163 Risposta esatta: B

L'uomo fu trattenuto per un interrogatorio.
Si tratta di una frase al passato semplice e in forma passiva. La voce verbale che la completa correttamente, sia dal punto di vista grammaticale che semantico è, pertanto, *detained* (trattenuto).

164 Risposta esatta: A

Alcune nuove azioni sono appena state emesse.
Si tratta di una frase al passato prossimo e in forma passiva. La voce verbale che la completa correttamente, sia dal punto di vista grammaticale che semantico è, quindi, *issued* (emesse, emanate).

165 Risposta esatta: C

La gara fu annullata a causa del cattivo tempo.
Si tratta di una frase al passato semplice e in forma passiva. La voce verbale che la completa correttamente, sia dal punto di vista grammaticale che semantico è, dunque, *called off* (revocata, cancellata, annullata).

166 Risposta esatta: B

Lei è la meno intelligente delle ragazze.
Si tratta di una frase in cui è presente un superlativo di minoranza, che in inglese si costruisce così: *the least* + aggettivo/sostantivo non numerabile + *of/in* o *that*"; oppure "*the fewest* + sostantivo numerabile al plurale + *of/in* o *that*". Nel nostro caso, quindi, l'opzione corretta è *least*.

167 Risposta esatta: A

Lui me lo lasciò fare!
La costruzione "fare + infinito" (detta anche "del fare causale") ricorre spesso nella lingua inglese ed è piuttosto complessa, tanto più perché può essere impiegata con tre distinti valori: attivo, passivo e riflessivo. Il valore "attivo" è determinato dal fatto che il complemento oggetto compie l'azione espressa dal verbo che immediatamente lo segue. Per esprimere tale valore si utilizzano due formule compositive, di cui la più comune è "*to make/to let* + oggetto + infinito senza il *to*".

168 Risposta esatta: B

Né tu né Tom dovrete lavorare questo fine settimana!
In inglese, l'espressione "né... né" si traduce molto spesso con la formula "*neither... nor*".

169 Risposta esatta: A

Sapevo che non l'avresti mostrato!
In inglese, in una frase subordinata dipendente da un verbo al passato si usa il condizionale presente (anziché il condizionale passato come in italiano), così da esprimere quella condizione che gli inglesi chiamano "*future in the past*": l'azione espressa dal verbo nella frase subordinata è successiva rispetto a quella espressa dal verbo della reggente.

170 Risposta esatta: A

Se lei prendesse il volo delle 7.30 arriverebbe in tempo.
Il periodo ipotetico del II tipo si costruisce con "*if + simple past + present conditional*"; si ricorre a questa struttura quando ci si riferisce a

situazioni che chi parla ritiene possibili. La frase del quesito si completa dunque con l'opzione in cui la voce verbale è al "presente condizionale".

171 Risposta esatta: A

Se tu parlassi, ti capirei molto meglio.
Il periodo ipotetico del II tipo si costruisce con "*if + simple past + present conditional*"; si ricorre a questa struttura quando ci si riferisce a situazioni che chi parla ritiene possibili. La frase del quesito si completa dunque con l'opzione in cui la voce verbale è al "congiuntivo imperfetto", che è uguale all'imperfetto indicativo, cioè al *simple past*.

172 Risposta esatta: C

Ti farò sapere, se non ti chiama entro domani pomeriggio.
Il periodo ipotetico del I tipo si costruisce con "*if + simple present + simple future*"; si ricorre a questa struttura in riferimento a situazioni future ritenute probabili da chi parla. Le frasi secondarie (*if clause*) si possono collocare sia prima della proposizione principale (*main clause*), e in questo caso sono precedute dalla virgola, sia dopo. La frase del quesito si completa dunque con l'opzione in cui la voce verbale è al "futuro semplice".

173 Risposta esatta: D

Se non prendi nota della data e dell'ora del messaggio, Tom non lo saprà mai.
Si tratta di un periodo ipotetico del I tipo, che si costruisce con "*if + simple present + simple future*"; si ricorre a questa struttura in riferimento a situazioni future ritenute probabili da chi parla. La forma verbale corretta per completarla è il "futuro semplice", ovvero *Tom will never know*. Le altre opzioni propongono modi e tempi verbali differenti.

174 Risposta esatta: C

Lei ha smesso di fumare l'anno scorso.
Non esiste una definizione in grado di comprendere tutti i verbi che richiedono di essere seguiti dalla "*-ing form*". Alcuni dei più comuni sono quelli che esprimono sentimenti oppure che denotano l'inizio, lo svolgimento o la "fine" di un'azione.

175 Risposta esatta: C

Vorrei che lei mi avesse sposato allora.
In inglese esiste una forma di "condizionale idiomatico" che traduce "vorrei essere" (*I wish I were*), "vorrei avere" (*I wish I had*), "vorrei potere" (*I wish I could*).

176 Risposta esatta: C

Lei riconobbe (ammise) di aver rubato la borsetta.
In questo genere di contesto, il verbo *to admit* richiede il *to* e il verbo successivo nella *-ing form*: pertanto l'alternativa da scegliere per completare in maniera corretta la frase è *stealing* (da *to steal*, rubare, sottrarre).

177 Risposta esatta: C

L'espressione "*it's (about) time*", normalmente, può essere seguita da un infinito (*It's time to buy a new car*, È ora di comprare una nuova automobile). Quando, però, vogliamo dire che "è ora che qualcun altro faccia qualcosa", si usa la struttura "*it's time* + soggetto + *simple past*": il significato è un desiderio futuro o presente. Nel caso del nostro quesito, quindi, *It's about time she left* (È ora che lei parta).

178 Risposta esatta: C

Chiudi la porta quando vai via, vuoi?
La lingua inglese utilizza delle costruzioni particolari, dette "*question tag*" per richiedere la conferma di ciò che è stato detto, ovvero per verificare se l'interlocutore è d'accordo o meno con quanto viene affermato. Tali espressioni si pongono dopo una virgola, in fine frase. Dopo l'uso di un imperativo la *question tag* è "*will you?*": essa ha lo scopo di rendere più morbido l'ordine.

179 Risposta esatta: B

La frase del quesito è idiomatica e si traduce così: "Certamente! Va da sé/È chiaro che è così".

180 Risposta esatta: D

Si tratta di una frase molto comune in inglese (è un imperativo-esortativo) e si traduce: "Lascia ogni cosa così com'è". È abbastanza intuitivo comprendere che l'alternativa corretta, tra quelle suggerite nel quesito, sia il verbo "essere" alla terza persona del *simple present* (*is*), non certo uno dei tre verbi modali proposti.

181 Risposta esatta: D

Il verbo *wish* può essere usato normalmente, con il significato di "desiderare" o "augurare", o nell'ambito di costruzioni particolari che ne cambiano il significato. La struttura "*wish* + *would*" si adopera per lamentarsi di qualcosa che qualcuno fa insistentemente, per esprimere fastidio o insoddisfazione per un'azione nel presente (in pratica, quando non si è contenti della situazione attuale), oppure quando si desidera che qualcosa succeda o che qualcuno faccia qualcosa (*I wish it would rain*, Mi auguro che nevichi).

182 Risposta esatta: A

In inglese si usa la "*-ing form*" di un verbo quando questo è preceduto da una preposizione. Quindi: *What about going out?* (Che ne dici di uscire?/Che dici, usciamo?).

183 Risposta esatta: C

La lingua inglese utilizza delle costruzioni particolari, dette "*question tag*" per richiedere la conferma di ciò che è stato detto, ovvero per verificare se l'interlocutore è d'accordo o meno con quanto viene affermato. Tali espressioni si pongono dopo una virgola, in fine frase e seguite dal punto interrogativo. Dopo una frase in cui si utilizza l'imperativo/esortativo la *question tag* è "*shall/will* + soggetto + ?": essa ha lo scopo di rendere più morbido l'ordine (*Let's go out, shall we?*, Usciamo, che dici?).

184 Risposta esatta: A

Quella proposta nel quesito è una frase molto comune in inglese, una sorta di "modo di dire". È traducibile così: "Raccontare bugie non ripaga mai". Tra le opzioni suggerite, quella corretta, sia dal punto di vista grammaticale che semantico, è *pays* (terza persona singolare del *simple present* di *to pay*, ossia "pagare, ripagare, rendere, fruttare").

185 Risposta esatta: B

Lei non sa suonare il pianoforte! Infatti, è senza speranze (*hopeless*).

186 Risposta esatta: A

In correlazione con il termine *time* si possono usare le due preposizioni *on* e *in*. "*On time*" ha il significato di "né prima né dopo, esattamente a quell'ora, al momento stabilito" ed è più utilizzato nel *British English*; "*in time*", invece, ha la sfumatura di "appena in tempo" ed è più frequente nell'*American English*. La frase del quesito si traduce così: "Spero che lei sia puntuale".

187 Risposta esatta: B

Tra tutti i miei amici, Tom è quello che preferisco di più.
Per completare la frase correttamente è richiesto l'uso del "superlativo relativo di maggioranza"; esso si forma anteponendo "*the most*" alla maggior parte degli aggettivi bisillabi e a tutti quelli con più di due sillabe.

188 Risposta esatta: A

Tim negò di aver picchiato il ragazzo.
Le opzioni proposte per completare la frase sono tutte forme diverse del verbo *to beat* (picchiare, battere): dal punto di vista grammaticale, quella corretta è *beating*. Non esiste una regola univoca per individuare tutti i verbi che richiedono di essere seguiti dalla "forma *-ing*": alcuni dei più comuni sono quelli che esprimono sentimenti o denotano l'inizio, lo svolgimento, la fine di un'azione.

189 Risposta esatta: C

Faccio sempre il/del mio meglio.
Per essere completata correttamente, la frase richiede l'utilizzo del "superlativo". Taluni aggettivi e avverbi di uso comune hanno forme irregolari per il comparativo e il superlativo: *good/well* (buono) è uno di questi. Infatti, la sua forma del comparativo è *better* (meglio, migliore), quella del superlativo è *best* (massimo).

190 Risposta esatta: C

Marconi assumerà presto il controllo della JTC Ltd.
In inglese, sono frequenti le combinazioni di verbi seguiti da particelle avverbiali o da preposizioni, cosicché si parla di "*phrasal verbs*" (nel caso di verbo + avverbio) o di "*prepositional verbs*" (nel caso di verbo + preposizione). I verbi così composti possono mantenere il significato del verbo base e dell'avverbio o preposizione da cui derivano, ma molto spesso assumono significati completamente diversi, tali da richiedere la consultazione del dizionario. L'opzione da scegliere per completare correttamente, dal punto di vista semantico, la frase del quesito è *take over* (succedere nella direzione, nel comando...; rilevare un negozio, una casa, una ditta...).

191 Risposta esatta: D

Negli Stati Uniti le azioni sono anche chiamate *stocks*.

Per scegliere l'alternativa corretta, tra quelle proposte, bisogna individuare il termine che in *American English* è sinonimo di *shares* (azioni, titoli), ovvero *stocks*.

192 Risposta esatta: D

Se compri azioni diventi un azionista.
Per scegliere l'alternativa corretta, tra quelle proposte, bisogna individuare il termine che dal punto di vista semantico completa nel modo più corretto la frase: quindi, *stockholder* (azionista).

193 Risposta esatta: C

È ora che tu faccia qualche lavoro!
L'espressione "it's (about) time" (che esprime una sorta di desiderio) può essere seguita da un verbo all'infinito (*It's time to buy a new car*, ossia "È ora di comprare una nuova automobile"). Però, quando vogliamo dire che "è ora che qualcun altro faccia qualcosa" si usa la struttura "*it's time* + soggetto + *simple past*", nel significato di un desiderio presente o futuro.

194 Risposta esatta: D

È inutile piangere sul latte versato!
It's no use crying over spilt milk! è una frase idiomatica usatissima dagli inglesi.

195 Risposta esatta: B

L'espressione presente in questo quesito mostra una costruzione particolare, ossia "*the* + comparativo + *the* + comparativo", corrispondente al cosiddetto "comparativo correlativo", che serve per descrivere una causa e il suo effetto, e traduce l'espressione italiana "quanto più... tanto più". In frasi del genere, il verbo *to be* viene spesso sottinteso. Pertanto: *The more the better*, vale a dire "Quanto più (sarà), meglio (sarà)".

196 Risposta esatta: B

Non ha senso tornare indietro ora.
L'opzione da scegliere per dare un senso compiuto e grammaticalmente corretto alla frase proposta è, dunque, "*in*".

197 Risposta esatta: A

Lei sa suonare il pianoforte? Sì.
Le "interrogative dirette" si dicono "*yes/no questions*" quando implicano una domanda alla quale è possibile rispondere semplicemente con una frase breve (*short answer*), affermativa o negativa, costituita da *yes* o *no* seguiti dal pronome personale che si riferisce al soggetto della domanda, più il verbo ausiliare o modale (positivo o negativo) presente nella domanda stessa (in questo caso *to do* → *does*).

198 Risposta esatta: A

Tom sta giocando a tennis dalle 10.
Se di un'azione si vuole mostrare non solo il "carattere continuativo" ma anche la "durata" (o, in altre parole, se si vuole indicare che un'azione, cominciata in un tempo passato, continua nel presente), in inglese bisogna sottoporre il "presente" o l'"imperfetto", nonché le "forme progressive" per i verbi d'azione, ad alcune trasformazioni che danno origine alla cosiddetta "*duration form*" (forma di durata). Nel caso della frase in questione, *is playing* diventa *has been playing*. Inoltre, si adopera *for* quando si vuole indicare la "durata dell'azione", *since* quando se ne intende evidenziare l'"inizio" (da cui è deducibile la durata).

199 Risposta esatta: D

Vorrei averla incontrata prima.
Per esprimere il "rimpianto per una cosa accaduta o non accaduta nel passato", si usa *wish* e *if only* con il *past perfect* (*had* + participio passato).

200 Risposta esatta: B

Gradirebbe una bevanda? Sì, molto gentile.
L'espressione "*please*" (per favore, per cortesia, grazie, ti/vi/la prego) viene usata:
— quando si chiede a qualcuno di fare qualcosa per noi;
— per implorare qualcuno;
— per accettare qualcosa che ci viene offerta (mentre per "rifiutare" si dice "*no, thank you*").

In inglese, "*please*" e "*thank you*" vengono utilizzati sempre, soprattutto quando si fanno richieste o si risponde a un invito da parte di qualcuno. Gli abitanti del Regno Unito ci tengono molto e non adoperarli è considerato un segno di scortesia e maleducazione.
Attenzione, comunque: *please* non corrisponde all'italiano "~~prego~~" nel rispondere a "grazie".
Per rispondere a un "grazie" si possono usare:
— *(you're) welcome*;
— *not at all*;
— *no problem*;
— *that's ok/it's ok*;
— *it's all right*.

201 **Risposta esatta: A**

Stavo uscendo di casa quando Tom si presentò.
Il "verbo frasale" (*phrasal verb*) significa "arrivare, presentarsi, vedersi, mettere in luce, rivelare, smascherare, mettere in imbarazzo".
Il "passato progressivo" o "continuato" (*past continuous*) dei verbi regolari e irregolari corrisponde alla forma italiana "io stavo + gerundio" e si costruisce con "il passato di *to be* + la *-ing form* del verbo da coniugare".
Il *past continuous* si usa per esprimere azioni che erano in corso di svolgimento in un certo momento del passato. Il tempo dell'azione, a sua volta, può essere specificato:

- da un'azione passata avvenuta in quello stesso momento;
- da un tempo determinato del passato.

202 **Risposta esatta: C**

Non ho mai visitato le Ande.
Il passato prossimo semplice (*present perfect simple*) dei verbi regolari e irregolari si forma con "il *simple present* di *to have* (cioè *have/has*) + il *past participle* del verbo da coniugare".
Si ricorre al *present perfect simple*:

- per indicare un'azione o una condizione risalente al passato, ma che ha comunque legami con il presente; per segnalare un'azione verificatasi in un periodo di tempo non ancora interamente trascorso;
- per esprimere un'azione (finita) che non è mai stata compiuta, o che non si compie da un certo periodo di tempo, protrattosi fino al presente;
- in riferimento a un'azione il cui tempo non è determinato, cosicché nella frase manca il complemento di tempo;
- quando, pur essendoci un avverbio, il tempo dell'azione è indeterminato. Gli avverbi di tempo più adoperati con il *present perfect simple* sono: *just* (appena), *always* (sempre), *often* (spesso), *ever* (mai), *never* (non... mai), *already* (già), *almost* (quasi), *recently* (recentemente), *lately* (da poco), *not yet* (non ancora)...;
- dopo le espressioni: *it's the first/second/third... time*.

A proposito di "*never*" ed "*ever*", va detto che *never* è una parola negativa (infatti significa propriamente "non mai"), cosicché il verbo della frase contenente quest'avverbio è sempre in forma affermativa. Inoltre, *never* non ammette altra negazione nella stessa proposizione, ragion per cui se compare un'ulteriore parola con valore negativo si dovrà usare *ever*. Quest'ultimo, a sua volta, si utilizza molto spesso nelle frasi interrogative del tipo "hai mai...?" e ha un significato sostanzialmente analogo a quello di *never* (rispetto al quale esprime, però, un senso meno negativo).

203 **Risposta esatta: C**

Il "Sindaco di Londra" è una persona (*person*).

204 **Risposta esatta: A**

Lui è un brav'uomo. Tutti lo ammirano.
Il "verbo frasale" (*phrasal verb*) *to look up to* vuol dire "ammirare, rispettare".

205 **Risposta esatta: D**

Se non sei al sole, (vuol dire che) sei all'ombra (*in the shade*).

206 **Risposta esatta: B**

Usciamo, che (ne) dici?
In inglese, in linea di massima, usiamo *shall* al posto di *will*, quando vogliamo "suggerire" un'idea molto personale riguardo il futuro. Possiamo dire che *shall* indica più una necessità, un dovere o un'esortazione per il futuro, appunto, ed è utilizzato principalmente con la prima persona singolare e plurale. Spesso viene adoperato quando si adopera la forma interrogativa e si vuole proporre qualcosa. Possiamo usare *shall* anche per dare dei suggerimenti, oppure per offrirci di fare qualcosa o donare quel qualcosa a qualcun altro (soprattutto nelle frasi interrogative). Possiamo usare *shall*, infine, per chiedere un parere o un consiglio in maniera piuttosto formale.

207 **Risposta esatta: A**

Lui non sarà qui, vero?
In inglese, la *tag question* o *question tag* è una struttura grammaticale usata alla fine di una proposizione enunciativa o imperativa per trasformarla in una domanda o, meglio, in una "domanda retorica"; corrisponde alle espressioni italiane "...è vero?/...non è vero?, ...non pensi?/...sbaglio?, ...che dici?". Se la frase è affermativa, la *question tag* va costruita nella forma negativa; mentre se la frase è negativa, bisogna fare il contrario.

Anche il tono della voce con cui si formula la domanda può far variare il significato: se la voce "scende", non si sta ponendo un vero quesito, ma semplicemente si chiede una conferma all'altra persona circa il fatto di essere d'accordo con il parlante. Possono anche essere utilizzate come commento a una frase, ma nella stessa forma di questa (positiva o negativa), e con il significato italiano di "davvero?".
Di norma, si costruiscono adoperando il medesimo "verbo ausiliare" o "difettivo" che si trova nella frase principale, coniugato allo stesso modo (ricorrendo a *to do* se l'ausiliare o il difettivo manca), seguito dall'eventuale negazione (se la principale è affermativa) nella forma contratta e dal soggetto (sotto forma di pronome personale) impiegato nella principale.

208 **Risposta esatta: B**

Puoi stare fuori fino a tardi, a condizione che tu vada con Tom.
L'espressione *provided that* vuol dire "purché, a condizione che".

209 **Risposta esatta: C**

Partiremo da York per Londra alle 7.30 di domani mattina.
Per esprimere l'idea di tempo "futuro" l'inglese utilizza diverse strutture grammaticali. Una di queste può essere anche il *simple present* (presente semplice) allorché si parli di un "orario" o di un "programma" (per il futuro, appunto).

210 **Risposta esatta: A**

L'espressione *to throw a party* vuol dire "fare/dare/organizzare una festa".

211 **Risposta esatta: D**

Il "verbo frasale" (*phrasal verb*) *to stand for* vuol dire "stare per, rappresentare, significare".

212 **Risposta esatta: B**

Nella frase del quesito, che si traduce "Quella teoria non reggerà mai", è presente un'espressione idiomatica (frequentissima in inglese). *Not to hold water*, infatti, significa che un qualcosa ("quella teoria" nel nostro caso) non sembra esser vera o ragionevole (dunque, "fa acqua").

213 **Risposta esatta: D**

Sapevi che Tom frequenta Steve?
La frase del quesito utilizza la forma verbale del *present perfect continuous*, parlando di un'azione cominciata nel passato ma che riguarda anche il presente. *To hang out* significa "uscire, frequentare" e spesso si accompagna alla preposizione semplice *with*.

214 **Risposta esatta: A**

La frase del quesito si traduce: "Sembri confusa". Il significato dell'aggettivo *puzzled* è, infatti, "confuso, perplesso".

215 **Risposta esatta: B**

La frase del quesito si traduce così: "Non sono riuscito ad andare al lavoro ieri". Tradurre questa frase risulta un po' difficile, in quanto richiede una certa conoscenza dell'inglese colloquiale. Nel linguaggio informale, infatti, *make it* significa "farcela, riuscire"; quando quest'espressione è seguita dal "*to*" (preposizione di moto a luogo) e da una destinazione (un luogo) assume il significato di "farcela ad andare a...".

216 **Risposta esatta: B**

Mi dispiace lasciare il mio lavoro.
La forma verbale adatta per completare la frase del quesito è *leaving* (forma in *-ing* del verbo *to leave*, ossia "lasciare"). "*To regret* + la *-ing form*" significa "dispiacersi (rimpiangere) di aver fatto qualcosa".

217 **Risposta esatta: C**

Saresti così gentile da aprire la finestra?
L'aggiunta di *would* a inizio frase è una forma raffinata per interrogare sulla volontà di esaudire la richiesta del parlante (l'utilizzo di *could* interrogherebbe sulla capacità fisica di compiere un'azione). L'avverbio "*so*", quando precede un aggettivo lo rafforza, e assume il significato di "molto, così, davvero". L'espressione *so kind as* è seguita dalla *infinitive form* del verbo: pertanto *to open* è la forma grammaticalmente corretta da utilizzare.

218 **Risposta esatta: D**

Sebbene la rappresentazione sia ambientata in Italia, pochi dei personaggi sono italiani.
Dal punto di vista semantico e grammaticale le parole da aggiungere sono *although*

(sebbene, nonostante) e *few of* (pochi). *Few* è in questo caso un "pronome", seguito da *plural countable nouns* (sostantivi numerabili plurali); con gli *uncontable nouns* (sostantivi non numerabili) si utilizza *little*.

219 **Risposta esatta: C**

Mr. Smith non lavora i venerdì o nei fine settimana.
I giorni della settimana sono sempre preceduti dalla preposizione temporale "*on*", la parola *weekend(s)*, invece, da "*at*".

220 **Risposta esatta: D**

Abbiamo un po' di tempo ma non molto.
"*Some*" (del, della/e, dei, qualche, un po' di, alcuni/e) e "*much*" (molto/a) sono quantificatori riferiti a un nome per indicare una certa quantità e si usano con gli *uncountable nouns* (in questo caso "*time*"). "*Some*" si adopera anche con i *countable nouns* al plurale.

221 **Risposta esatta: C**

Non avrei studiato Fisica se l'insegnante non fosse stato interessante.
Questa struttura, composta da "*would have* + participio passato (*main clause*) + *if* + *had* + participio passato (*if-clause*)", in inglese, è chiamata "*third conditional*" e si usa in relazione a situazioni passate che non si sono verificate. Il "periodo ipotetico del terzo tipo" (quello dell'irrealtà) indica una condizionalità ormai non realizzatasi e, dunque, impossibile. Nella *if-clause* viene specificata la condizione, nella *main-clause* il risultato. La posizione della frase principale e della frase secondaria può essere invertita.

222 **Risposta esatta: A**

Stamane ho incontrato per caso Tom Brown.
Il verbo corretto da usare per dare alla frase un senso compiuto è "*to run*" (qui al tempo passato, "*ran*"), poiché, congiunto alla preposizione "*into*", diventa un *phrasal verb* con il significato di "imbattersi in, incontrare per caso (una persona)".

223 **Risposta esatta: A**

Si tratta dell'espressione più frequentemente utilizzata alla fine di una missiva o di una comunicazione scritta, in genere. Letteralmente, significa che "si guarda avanti (con senso di speranza) nei confronti di qualcosa che deve avvenire nel prossimo futuro". Molto spesso si traduce con "non vedere l'ora che...", ma in ambito commerciale è solo una formula di rito ed è consigliabile tradurla con altrettante frasi rituali, quali "nell'attesa di ricevere vostre notizie" o "in attesa di un vostro riscontro".

224 **Risposta esatta: C**

Ho dimenticato le chiavi, così ho dovuto rompere la finestra e salire attraverso essa.
Quando parliamo di obblighi o di necessità al passato, la lingua inglese utilizza "*had to*". Il verbo difettivo "*must*" (dovere) esprime concetti solo al presente e, talvolta, al futuro.

225 **Risposta esatta: D**

Hanno rimandato l'incontro alla prossima settimana.
Le alternative da inserire per completare la frase del quesito correttamente dal punto di vista grammaticale e semantico sono *"off"* (il *phrasal verb "to put off"* significa "posticipare, rimandare") e *"until"* (sino a, fino a un momento specifico).

226 **Risposta esatta: C**

La polizia ha emesso un mandato d'arresto per Adamson.
Il quesito richiede l'impiego del *present perfect* (passato prossimo); questo tempo viene utilizzato per:

- azioni che sono cominciate nel passato e continuano tuttora (in tal caso nella frase spesso si adoperano le preposizioni *for*, se si indica un "periodo di tempo", e *since*, se ci si riferisce a un "momento preciso nel tempo");
- azioni che sono avvenute nel passato in un periodo imprecisato di tempo;
- azioni accadute nel passato, ma i cui effetti continuano ancora nel presente.

Il *present perfect* si forma con "l'ausiliare *have* al presente + il participio passato (*past participle*) del verbo principale".

227 **Risposta esatta: C**

L'allenatore di calcio voleva migliorare la forma fisica dei giocatori.
In inglese, come in italiano, per indicare una relazione di appartenenza tra gli elementi di una frase si può usare la preposizione *of*, che significa "di". Ma, a differenza dell'italiano, l'idea di possesso può essere espressa, in inglese, anche con il cosiddetto "genitivo sassone": in virtù di tale costruzione il nome

del possessore (solitamente una persona) è seguito da un "apostrofo" e da una "*s*", che a loro volta precedono il nome della cosa o della persona posseduta, senza l'articolo.
L'apostrofo e la consonante *s* si aggiungono al nome del possessore quando questo è al singolare, anche se già terminante per *-s*, nel qual caso fra le due "*s*" si pronuncerebbe una breve "*i* eufonica".
Con i nomi propri che terminano in *-s* si può scegliere tra l'apostrofo + *s* o il solo apostrofo.
I sostantivi plurali che terminano regolarmente per *-s* aggiungono soltanto l'apostrofo, mentre i nomi plurali irregolari seguono la costruzione normale.
Quando il nome del possessore è composto da più parole, solo l'ultima di esse è seguita da *'s*.

228 Risposta esatta: D

Gli Italiani differiscono dalle (*from*) persone di altra nazionalità che conosco.
Nella frase del quesito possiamo osservare come "*that*" sia "sottinteso". Oltre che come "pronome relativo", infatti, *that* può essere impiegato anche come "congiunzione", equivalente all'italiano "che" (*He says [that] he loves me*, Lui dice che mi ama), e nel linguaggio familiare, sia scritto che parlato, viene generalmente omesso, sebbene esistano alcuni verbi molto comuni (*to agree*, concordare; *to certify*, certificare; *to inform*, informare; *to learn*, imparare; *to maintain*, sostenere; *to state*, dichiarare, affermare) che invece lo richiedono (*He maintains that is true*, Lui asserisce che ciò è vero).

229 Risposta esatta: D

La disponibilità (*helpfulness*) è parte integrante del carattere/personaggio di Barbara.

230 Risposta esatta: A

La caffetteria di Maria ha avuto un tale successo che (*so successful that*) lei ha deciso di concederla in *franchising*.

231 Risposta esatta: A

Mi farà/farai sapere in merito al lavoro la prossima settimana?
Detta anche "del fare causale", la costruzione "fare + infinito" ricorre spesso nella lingua inglese e merita particolare attenzione per la complessità della struttura, tanto più perché può essere impiegata con tre distinti valori: attivo, passivo e riflessivo.
Il "valore attivo" è determinato dal fatto che il complemento oggetto compie l'azione espressa dal verbo che immediatamente lo segue. Per esprimere tale valore si utilizzano le seguenti formule compositive:

— *to make* (determinare, costringere)/*to let* (permettere) + oggetto + infinito senza il *to*;
— *to get* (indurre, invitare)/*to cause* (causare)/ *to ask* (chiedere) + oggetto + infinito con il *to*.

232 Risposta esatta: B

Domani ho un appuntamento per tagliarmi i capelli (*to have my hair cut*). Da notare l'uso del *simple present* con valore di "futuro".

233 Risposta esatta: C

Se il tempo fosse migliore, giocherei a tennis.
Il "periodo ipotetico del secondo tipo" (quello della "possibilità") esprime azioni poco probabili nel futuro e si costruisce con "*if + simple past + present conditional*". Si usa questa costruzione quando ci si riferisce a situazioni che chi parla ritiene possibili, ma non molto probabili, o talvolta immaginarie.
Nella *if clause* il verbo è al congiuntivo, un modo che non ha flessione in inglese: se si utilizza il verbo "essere", tutte le persone saranno espresse da *were*. Nella *main clause* è consentito l'utilizzo dei verbi modali *could* e *might* in sostituzione di *would*.

234 Risposta esatta: B

Se lui sa/conosce la risposta, la ripeterà.
Esistono tre tipi di "periodo ipotetico" (della "probabilità", della "possibilità" e dell'"irrealtà"), corrispondenti ad altrettante frasi condizionali, le quali sono quasi sempre introdotte da *if*. Queste "frasi secondarie" (*if clause/subordinate clause*) si possono collocare sia prima della proposizione principale (*main clause*), e in questo caso sono generalmente seguite dalla virgola, sia dopo di essa.
Il "periodo ipotetico del primo tipo" esprime azioni probabili nel futuro e si costruisce con "*if/when/as soon as/whether + simple present + simple future*". Tale struttura si adopera in riferimento a situazioni future ritenute probabili da chi parla. Si faccia attenzione alla regola secondo cui in inglese non si usano mai due futuri nella stessa frase: la secondaria, introdotta da *if*, infatti, dovrà essere costruita con il "presente". Nella *main clause* è consentito l'uso dei verbi modali *can* e *may* in sostituzione di *will*.

235 Risposta esatta: B

In inglese, soprattutto nel linguaggio informale, sono frequenti le combinazioni di verbi seguiti da particelle avverbiali o da preposizioni, cosicché si parla di:
- *phrasal verb*, nel caso di verbo + avverbio (ad esempio, *throw away*);
- *prepositional verb*, nel caso di verbo + preposizione (ad esempio, *talk about*).

I verbi così composti possono mantenere il significato del verbo base e dell'avverbio o preposizione da cui derivano, ma molto spesso assumono significati completamente diversi, tali da richiedere la consultazione del dizionario.

236 Risposta esatta: B

L'espressione *"on second thought(s)"*, molto frequente in inglese, significa "ripensandoci, a pensarci bene".

237 Risposta esatta: D

To go off è un *phrasal verb*. I suoi significati sono diversi; tra i più comuni abbiamo: "suonare, scoppiare, andare a male/diventare rancido/scadere" (come nel caso della frase del quesito).

I *phrasal/prepositional verbs* costituiscono una delle componenti fondamentali della lingua inglese e possono essere utilizzati in tantissime situazioni quotidiane.

Siccome le forme verbali di questo tipo:
- sono davvero numerose (non esiste, infatti, un elenco che le comprende tutte, a meno che non si voglia acquistare qualcuno dei voluminosi e costosi dizionari tematici, spesso anche di linguisti prestigiosi, presenti in commercio);
- e la loro traduzione non sempre è quella letterale,

possono risultare difficili da immagazzinare nel proprio vocabolario.

I "verbi frasali", insomma, rappresentano un autentico "spauracchio" per tutti coloro che si cimentano nello studio dell'inglese. Il modo migliore per prendere confidenza con essi è attraverso attività piacevoli (film e canzoni, chiacchiere e chat, libri e riviste) che consentano di ascoltare, leggere, scrivere e parlare "*British*" in contesti diversi.

238 Risposta esatta: A

L'espressione *"couldn't make it"* è tipica in inglese e vuol dire "non avercela fatta".

239 Risposta esatta: A

To turn up costituisce un altro esempio di *phrasal verb*, anch'esso molto comune nell'uso quotidiano. Può avere significati differenti: "arrivare, presentarsi, saltare fuori, accadere inaspettatamente, alzare, aumentare, accendere, scoprire".

240 Risposta esatta: D

La traduzione di questa frase non è semplice, in quanto contiene un'"espressione idiomatica" e un "*phrasal verb*".

"*How come*" è una forma idiomatica abbastanza adoperata nella lingua informale e vuol dire "come mai/com'è che...?" (*how is it that...?*), "perché...?" (*why...?*).

Put up è un *phrasal verb* che può avere svariati significati: "erigere/costruire, preservare, nominare, fornire (denaro, fondi) in anticipo, sistemare/dare alloggio/ospitare (come nella nostra frase), offrire in vendita".

Attenzione: nel contesto della frase del quesito, *Lisa's* non è ~~genitivo sassone~~, bensì la contrazione di *Lisa is*.

241 Risposta esatta: A

L'incontro è stato rimandato a un altro giorno/a data da destinarsi.

Il *phrasal verb "to put off"* significa "posticipare/rimandare (come nel quesito), perdere la voglia di/perdersi d'animo".

242 Risposta esatta: C

Se tu fossi stato lì, ci saremmo divertiti.

Il "periodo ipotetico del terzo tipo" indica una condizionalità ormai non realizzatasi e dunque impossibile. Si costruisce con "*if + past perfect + past conditional*". Si ricorre a tale costruzione in relazione a situazioni passate che non si sono verificate. Nella *main clause* è consentito l'impiego dei verbi modali *could* e *might* in sostituzione di *would*.

243 Risposta esatta: C

Alcuni degli invitati al matrimonio erano seduti e giocavano/stavano giocando a carte.

Few (pochi/e) si usa come "aggettivo" davanti a "sostantivi numerabili" plurali, mentre come "pronome" li sottintende ed equivale a *not many*. *Little* (poco/a), invece, come "aggettivo" introduce "sostantivi non numerabili", mentre come "pronome" li sottintende ed equivale a *not much*. Entrambi esprimono l'idea di una quantità ridotta.

Se preceduti dall'articolo indeterminativo "*a*", così da assumere la forma di *a few/a little*, non sono più sinonimi di *not many/not much*, ma si avvicinano piuttosto al termine neutrale *some*, rispettivamente con il significato di "qualche/alcuni/un piccolo numero" e di "un po'/alcuni/una piccola quantità".

244 Risposta esatta: B

Se gli dici la verità, lui si arrabbierà con te.
Il "periodo ipotetico del primo tipo" esprime azioni probabili nel futuro e si costruisce con "*if/when/as soon as/whether + simple present + simple future*". Tale struttura si adopera in riferimento a situazioni future ritenute probabili da chi parla. Si faccia attenzione alla regola secondo cui in inglese non si usano mai due futuri nella stessa frase: la secondaria, introdotta da *if*, infatti, dovrà essere costruita con il presente. Nella *main clause* è consentito l'uso dei verbi modali *can* e *may* in sostituzione di *will*.

245 Risposta esatta: B

Mi sono davvero perso. Ti/Le dispiacerebbe mostrarmi come uscire da qui?
L'espressione, frequentissima in inglese, "*would you mind...*" (ti/le dispiacerebbe/ seccherebbe/andrebbe) è seguita dal verbo nella "*-ing form*".

246 Risposta esatta: D

Ottenere informazioni sulla nostra azienda è ora possibile online.
Si usa la *-ing form* anche per esprimere il cosiddetto "infinito sostantivato" di un verbo (in inglese, *verbal noun*), allorché un "verbo", appunto, svolge nella frase il ruolo di "sostantivo".

247 Risposta esatta: B

Sono impegnato in due lavori/occupazioni per guadagnare (*to earn*) qualche soldo in più (*more*).

248 Risposta esatta: A

Lei si considera/ritiene di essere un fallimento per aver abbandonato l'università/essersi ritirata dall'università.
Il "verbo frasale" (*phrasal verb*) *to drop out* (abbandonare, ritirarsi da scuola, lasciare senza aver finito) regge, in un contesto del genere, la preposizione *of*.

249 Risposta esatta: D

Mi dispiace, non ero concentrato (*wasn't concentrating*). Stavo pensando (*was thinking*) a Jim.

250 Risposta esatta: B

Mi chiedevo cosa cucinare per cena quando squillò il telefono.
Il "trapassato prossimo continuato" o "progressivo" (*past perfect continuous*) dei verbi regolari e irregolari si forma con il "*simple past* di *to have* (cioè *had*) + *past participle* di *to be* (ovvero *been*) + *-ing form* del verbo da coniugare".
Il *past perfect continuous* si adopera:
- per esprimere azioni effettuate nel passato, iniziate prima di un'altra azione passata, e in corso di svolgimento fino ad allora;
- per spiegare l'azione del verbo principale espresso al tempo passato.

251 Risposta esatta: D

Il ragazzo ammise/ha ammesso di aver rotto il giocattolo.
Uno dei modi per tradurre, in inglese, l'espressione "ammettere/confessare di" è "*to admit to* + il verbo in questione nella *-ing form*".

252 Risposta esatta: A

Nessuno della mia famiglia sapeva del mio fidanzato.
None (nessuno/a, niente) è un "pronome indefinito" e viene usato al posto di un sostantivo se è chiaro a chi o a cosa faccia riferimento. Lo si può adoperare davanti agli aggettivi possessivi, all'articolo determinativo e ai pronomi personali complemento, seguito da *of*. In particolare, quando *none of* precede un sostantivo plurale, il verbo che segue può essere coniugato sia al singolare che al plurale.

253 Risposta esatta: A

"Non sono mai stato a Praga". "Nemmeno io".
Neither (né l'uno/a né l'altro/a, nessuno/a dei/ delle due) viene adoperato nelle frasi affermative e, sia come "aggettivo" che come "pronome indefinito", richiede il verbo al singolare.
Si usa:
- in correlazione con *nor* (*neither... nor...*), assumendo il significato di "né... né...";
- nelle frasi con senso negativo, preceduto dal verbo in forma positiva, con il significato di "né l'uno/a né l'altro/a, nessuno/a dei/delle due";

- come congiunzione, con il significato di "neppure".

254 Risposta esatta: A

Per favore, faccia in fretta! Devo chiamare Jim entro le 5.
La "preposizione di tempo" *by* (entro, per) denota una scadenza, cioè un termine ultimo nel futuro; in particolare, si riferisce a un preciso momento che verrà.

255 Risposta esatta: C

C'era un uomo che ti/vi stava cercando.
Il "pronome relativo" *who* (che/il quale/la quale/i quali/le quali) viene impiegato in riferimento a "persone" quando queste svolgono funzione di "soggetto", ma nella lingua parlata informale può essere usato anche con funzione di complemento (sempre in riferimento a persone).

256 Risposta esatta: A

Posso darti/darvi qualche consiglio?
Some, utilizzato perlopiù nelle frasi affermative, può essere "aggettivo" o "pronome" ed esprime l'idea di quantità "indefinita" o neutrale (qualche/alcuni/alcune/certi/un po' di), senza implicazioni né positive né negative. Corrisponde anche agli articoli partitivi italiani "del/dello/della/dei/degli/delle", quindi è invariabile nel genere e nel numero. È possibile adoperarlo sia con sostantivi non numerabili, sia davanti a sostantivi numerabili plurali (in quest'ultimo caso può essere considerato una sorta di plurale dell'articolo indeterminativo *a/an*). Inoltre, può comparire nelle frasi interrogative in cui viene formulata un'offerta, una richiesta, o quando ci si aspetta una risposta affermativa. Lo si può usare, altresì, per introdurre sostantivi numerabili al singolare con il significato di "uno sconosciuto/uno non specificato".

257 Risposta esatta: D

Completa la domanda. "Potresti dirmi quanto ci vuole per arrivare a Seattle?"
Tra le "preposizioni di luogo indicanti movimento", una delle più frequentemente utilizzate è "*to*" (a, in, da, verso, per). Si adopera in riferimento al luogo (reale o figurato), eccetto *home* (casa) che rifiuta il *to*, verso cui è diretto il movimento di qualcuno o qualcosa. Si può usare anche in correlazione con *from* (*from... to...*), per indicare il movimento da un luogo all'altro (da... a...), nonché con il verbo *to get* (*to get to*), quando questo assume il significato di "giungere in un luogo".
L'espressione "quanto ci vuole per" si traduce con "*how long it takes to*".

258 Risposta esatta: A

La vita sarebbe molto più semplice se tu la smettessi di preoccuparti così tanto.
Il "congiuntivo" — in inglese come in italiano — è il modo delle ipotesi, delle supposizioni, dell'irrealtà, a differenza dell'indicativo che, invece, indica dei fatti.
Il *past subjunctive* (congiuntivo imperfetto) è uguale all'imperfetto indicativo (cioè al *simple past*). Si adopera sia nelle "frasi ipotetiche di secondo tipo", dove esprime un dubbio, un fatto irreale o improbabile, sia dopo congiunzioni temporali o condizionali.
To stop:

- seguito dal verbo nella *-ing form* (gerundio) significa "smettere di compiere l'azione espressa dal verbo al gerundio";
- seguito dal verbo nella *dictionary form* (infinito con il *to*), invece, suggerisce l'idea di "smettere di fare qualcosa per compiere (successivamente) l'azione espressa dal verbo all'infinito".

259 Risposta esatta: D

Lei non è molto appassionata di basket.
Le espressioni *to be keen on...*, *to be fond of...* e *to like...* significano "essere appassionato/a/i/e di..., amare..., piacere...".

260 Risposta esatta: B

Il verbo frasale *to rub (something) in* significa "farla lunga, insistere (su qualcosa)".

261 Risposta esatta: B

Il verbo frasale *to go over* significa "rivedere, (ri)esaminare, ricontrollare, ottenere l'accettazione/l'approvazione". L'espressione idiomatica *with a fine-toothed comb*, dal canto suo, vuol dire "con il lanternino, nei minimi dettagli, al millimetro, da cima a fondo".

262 Risposta esatta: B

Il verbo frasale *to come to* vuol dire "riprendere conoscenza (dopo uno svenimento)".

263 **Risposta esatta: B**

L'espressione *through and through* significa "completamente, del tutto, fino al midollo, dalla testa ai piedi".

264 **Risposta esatta: A**

Grammaticalmente, *everyone* (tutti/e, ognuno/a) è considerato "singolare" e, pertanto, vuole il verbo al singolare. Il verbo frasale *to turn down* significa "rifiutare".

265 **Risposta esatta: C**

Il verbo frasale *to hang around* vuol dire "frequentare, bazzicare, ciondolare, bighellonare". L'espressione *well-to-do* sta per "benestante, ricco, altolocato, agiato".

266 **Risposta esatta: A**

Ho dovuto negargli la sua richiesta.
Him (lui) è il "pronome personale complemento" di terza persona singolare maschile; *his* (suo, sua, suoi, sue - di lui) è l'"aggettivo possessivo" corrispondente alla terza persona singolare maschile.
I "pronomi personali complemento" di norma si usano:

- come complemento oggetto;
- come complemento di termine;
- dopo una preposizione;
- dopo il verbo *to be*, nella forma impersonale con *it*, adoperata comunemente nell'inglese parlato.

Gli "aggettivi possessivi" non sono mai preceduti dagli articoli determinativi e indeterminativi (l'articolo che si sottintende davanti a un possessivo è, comunque, sempre quello determinativo), né dagli aggettivi dimostrativi, numerali e indefiniti, tranne che da *all* e *both*. Si collocano sempre prima del sostantivo a cui si riferiscono e sono invariabili nel genere e nel numero, a eccezione degli aggettivi di terza persona singolare, che concordano con il possessore e non con la cosa posseduta.

267 **Risposta esatta: B**

Una volta stilata una lista di candidati idonei, possiamo contattarli per organizzare i colloqui (di lavoro).
Nella frase del quesito possiamo notare la presenza:

- del verbo nella "forma passiva" e coniugato al "passato prossimo", alla terza persona singolare (*has been drawn up*);
- del "verbo frasale" *to draw up* (elaborare, redigere, stabilire, predisporre, stilare, mettere a punto);
- del "pronome personale complemento" (in questo caso "oggetto") di terza persona plurale *them*.

268 **Risposta esatta: C**

È a lui che ho raccontato le notizie/È lui la persona a cui ho raccontato le novità.
La frase del quesito si completa con:

- il "pronome personale soggetto" di terza persona singolare maschile (*he*);
- e il "pronome relativo" *whom*, adoperato in riferimento a persone che nella frase svolgono funzione di "complemento", sia diretto che indiretto. In particolare, lo si usa nella lingua scritta oppure quando si vuole adottare uno stile più formale nella lingua parlata (sempre, però, che la persona a cui si riferisce non sia soggetto della frase).

269 **Risposta esatta: A**

Il salto fu una prospettiva così scoraggiante/spaventosa/poco allettante che lui decise di non farlo.
La "preposizione" di luogo *against* (contro, contrario a) può sia sottintendere un contatto fisico, sia avere una valenza figurata (ad esempio quando si vuole rendere l'idea di prendere posizione contro qualcuno o qualcosa); in alcuni casi può valere come vera e propria preposizione di movimento (anche in senso figurato). È seguita dal verbo nella *-ing form*.

270 **Risposta esatta: B**

Se non fossi andato all'università, non avrei avuto la possibilità di lavorare in questo campo/settore.
Esistono tre tipi di "periodo ipotetico" (della "probabilità", della "possibilità" e dell'"irrealtà"), corrispondenti ad altrettante "frasi condizionali", le quali sono quasi sempre introdotte da *if*. Queste frasi secondarie (*if clause/subordinate clause*) si possono collocare sia prima della proposizione principale (*main clause*), e in questo caso sono generalmente seguite dalla virgola, sia dopo di essa.
La frase del quesito rappresenta un "periodo ipotetico del terzo tipo" — quello dell'irrealtà, appunto — e indica una condizionalità ormai non realizzatasi e dunque impossibile. Si costruisce

con "*if* + *past perfect* + *past conditional*". Si ricorre a tale costruzione in relazione a situazioni passate che non si sono verificate.

271 Risposta esatta: B

Che anno! Se non fosse (stato) per te, non l'avrei mai superato!
Il *past subjunctive* (congiuntivo imperfetto) è uguale all'imperfetto (cioè al *simple past*). Nel caso del verbo *to be*, introdotto da *if*, coincide con un'unica forma, *were*, valida per tutte le persone. Si adopera sia nelle frasi ipotetiche di secondo tipo, dove esprime un dubbio, un fatto irreale o improbabile, sia dopo congiunzioni temporali o condizionali.
I would never have got through it è una cosiddetta "frase idiomatica" che possiamo tradurre "non l'avrei mai superato/a, non ce l'avrei mai fatta". Le frasi idiomatiche rappresentano espressioni e modi di dire molto frequenti nell'inglese colloquiale, sia in forma scritta che orale. Poiché il loro significato non è sempre letteralmente comprensibile, è necessario familiarizzare con esse e imparare a utilizzarle correttamente. Anche se questo potrebbe sembrare, a prima vista, difficoltoso, non bisogna spaventarsi: assimilare le espressioni idiomatiche della lingua d'Oltremanica può essere molto divertente, soprattutto se si confrontano con quelle italiane.

272 Risposta esatta: D

A chi può interessare, con la presente intendo designare Mathilda Jones come mio avvocato.
Il "pronome relativo" *whom* viene adoperato in riferimento a persone che nella frase svolgono funzione di "complemento", sia diretto che indiretto. In particolare, lo si usa nella lingua scritta oppure quando si vuole adottare uno stile più formale nella lingua parlata (sempre, però, che la persona a cui si riferisce non sia soggetto della frase).
Like (come, alla maniera di, similmente a), *as* (come, in qualità di) e *as if* (come se) implicano somiglianza o equivalenza. Più nel dettaglio, *like* si pone prima di un nome, di un pronome, o davanti alla forma *-ing* per confrontare due cose o persone simili; *as* serve per indicare la professione svolta da una persona o la funzione di un oggetto o di un individuo; *as if* si adopera prima di una frase per esprimere somiglianza o per spiegare come sembra che stia qualcuno o qualcosa.

273 Risposta esatta: B

Chiamami/Telefonami alle 10 di sera. Per quell'ora i miei genitori saranno partiti/saranno usciti/se ne saranno andati.
Il tempo verbale da utilizzare per completare la frase correttamente è il "futuro anteriore" (*future perfect*), che si forma grammaticalmente adoperando "il futuro di *to have* (cioè *will have*) + il *past participle* del verbo da coniugare". Indica un'azione che sarà già finita nel momento futuro a cui si fa riferimento.

274 Risposta esatta: C

È stato fuori tre giorni consecutivi/di seguito/di fila. Sarebbe meglio che lui fosse qui oggi o il capo vorrà (avere) la sua testa.
Si usa *had better* (*'d better* nella forma contratta) per dare con forza un consiglio o per dire a qualcuno (compresi noi stessi) che cosa fare.
Quest'espressione:
— si riferisce all'immediato futuro, ma la sua forma grammaticale è sempre passata (~~*have better...*~~, infatti, non si può dire);
— esprime un'urgenza maggiore rispetto a *should* o a *ought to*;
— non si utilizza nelle richieste gentili.
Il verbo che segue *had better* va all'infinito senza il *to*.

275 Risposta esatta: D

Mi ci sono voluti venti minuti per capire che stavo guardando nel file sbagliato.
Per completare in maniera corretta la frase del quesito, il verbo va coniugato al "trapassato prossimo continuato" o "progressivo" (*past perfect continuous*). Sia per i verbi regolari che per quelli irregolari, esso si forma con "il *simple past* di *to have* (cioè *had*) + il *past participle* di *to be* (ovvero *been*) + la *-ing form* del verbo da coniugare".
Il *present perfect continuous* esprime:
— azioni iniziate nel passato e appena concluse, suggerendo la durata dell'azione stessa;
— azioni che si sono concluse e hanno conseguenze rilevanti per il presente;
— da quanto tempo accade un'azione.

276 Risposta esatta: C

Mi sono davvero pentito/a del mio errore. Era uno (di quelli) che non avrei dovuto fare.
Ought to può essere coniugato solo al

passato e ha lo stesso valore di *should* (che è più frequente nella lingua parlata), con la differenza che *ought to* si usa per esprimere un "dovere" o un "obbligo" di carattere morale, mentre *should* denota più "raccomandazione" o "consiglio".
La forma negativa è *ought not to* (*oughtn't to*), quella interrogativa si costruisce con la semplice inversione di soggetto e verbo, mentre l'interrogativo-negativa si ottiene aggiungendo alla forma interrogativa la negazione *not*.
In sostanza, *ought to* si usa:
- per offrire un consiglio, un suggerimento;
- per indicare una supposizione, un'ipotesi.

Come sinonimo di *should*, esprime:
- obbligo e dovere del soggetto;
- un'azione corretta e ragionevole;
- un obbligo in maniera cortese, soprattutto quando si pensa che l'azione non verrà svolta.

277 Risposta esatta: D

Ho pensato che/Credevo fosse una perdita di tempo vedere quel film.
L'*-ing form* viene utilizzata:
- con il verbo *to be* per costruire le forme progressive;
- dopo le preposizioni;
- come *verbal noun* (infinito sostantivato) che descrive la stessa azione del verbo da cui deriva;
- in sostantivi composti.

278 Risposta esatta: A

Nonostante la sua (di lei) malattia, Linda continuò/continuava a giocare a tennis.
"*Although*" e "*despite*" assumono rispettivamente valore di "congiunzione" e "preposizione avversativa", utilizzate per legare due proposizioni in contrasto tra loro. Il loro significato è "nonostante, malgrado", ma la differenza risiede soprattutto nella struttura che si adopera con l'una o l'altra.
Although è sempre seguito da soggetto e verbo, e può essere tradotto in diversi modi: "nonostante, malgrado, benché, sebbene, anche se".
Despite è sempre seguito o da un sostantivo (senza verbo) oppure da un pronome o, ancora, da un verbo al gerundio (ossia nella *-ing form*, che in inglese rappresenta la forma sostantivata del verbo). È possibile utilizzare *despite* seguito da soggetto e verbo esclusivamente nell'espressione "*despite the fact that...*".
Sia *although* che *despite* hanno dei sinonimi, il cui utilizzo segue le medesime regole grammaticali a cui abbiamo accennato.
Tali sinonimi sono, rispettivamente, *even though* e *in spite of*:
- *even though* è un po' più forte di *although*;
- *in spite of* differisce da *despite* solo per la presenza della preposizione "*of*".

279 Risposta esatta: A

Mi è stato detto di non dirlo.
La frase del quesito è in forma "passiva". Nella "frase attiva" il soggetto compie l'azione indicata dal verbo e il complemento oggetto la subisce. Nella "frase passiva", invece, il soggetto subisce l'azione indicata dal verbo, la quale è compiuta dal complemento d'agente.
In inglese la trasformazione di una frase da attiva in passiva comporta, in linea di massima, quanto segue:
- l'oggetto della frase attiva diventa il soggetto di quella passiva;
- la forma verbale passiva si ottiene coniugando *to be* nel medesimo modo e tempo del verbo attivo e aggiungendo il participio passato della stessa voce verbale attiva. *To be* si volge al plurale quando il soggetto della frase passiva è al plurale;
- il soggetto della frase attiva diventa il complemento d'agente in quella passiva ed è preceduto dalla preposizione *by*.

Mentre in italiano si può trasformare una frase attiva in una passiva soltanto se il verbo è "transitivo", in inglese anche il verbo "intransitivo" può essere adoperato al passivo.

280 Risposta esatta: D

La frase del quesito è in "forma passiva"; il tempo verbale è il *simple past*.
Il verbo *to doctor up* significa "falsificare, alterare, sabotare".

281 Risposta esatta: C

Nella frase del quesito è presente un verbo in "forma progressiva" al "tempo presente" (*present continuous*); da notare la posizione dell'avverbio *still* (ancora, al momento) tra l'ausiliare e il verbo principale.
L'espressione idiomatica "*so far so good*" significa "fin qui/per ora tutto bene".

282 Risposta esatta: B

La frase è caratterizzata da una struttura grammaticale un po' complicata, ma tipica della lingua inglese. Si tratta della cosiddetta "costruzione oggettiva", ovvero "complemento oggetto + infinito del verbo". Si parla, in questo caso, della regola dell'"accusativo + infinito nelle frasi oggettive" (Voglio che lui venga immediatamente, *I want him to come at once*). Il "verbo frasale" *to let down*, usatissimo dai britannici, vuol dire "deludere".

283 Risposta esatta: D

L'espressione "*I'm sick and tired of...*" significa "sono stufo marcio di...".

284 Risposta esatta: C

Il "verbo frasale" *to drive off* vuol dire "andarsene (in auto o con altri mezzi)".
Da notare l'utilizzo della *-ing form* del verbo dopo la preposizione (*without saying*).

285 Risposta esatta: D

To set off è un *phrasal verb* molto frequente in inglese; vuol dire "avviarsi, partire, innescare, attivare, provocare".

286 Risposta esatta: D

La domanda del mercato è attualmente stagnante a causa di un forte rallentamento. Fra le "congiunzioni causali" si contano, in italiano, "perché, poiché, siccome...", per citarne soltanto tre delle tante. Anche in inglese esistono più modi d'introdurre la stessa subordinata. La scelta di una congiunzione a sfavore di un'altra dipende soprattutto dal registro linguistico in uso. Una delle più comuni è "*due to*"; allo stesso modo di "*because of*", vuol dire "a causa di, dovuto a", ma, per quanto concerne l'utilizzo grammaticale, si differenzia da quest'ultima in quanto è sempre introdotta dal "verbo essere" (*to be*).

287 Risposta esatta: C

Le fabbriche di grandi dimensioni sono in grado di produrre diversi modelli.
Laddove si debba esprimere "capacità", il "verbo modale" *can* può essere sostituito da altri verbi. Quello utilizzato più comunemente è *to be able to* (potere, essere capace di, essere in grado di), al quale si ricorre sia come alternativa per il *simple present*, sia per rendere i tempi mancanti di *can*.

288 Risposta esatta: B

In un primo momento, la mia amica non voleva assumere Wendy. Ma, poiché avevo già lavorato con Wendy, ho detto alla mia amica che avrebbe dovuto dare un'altra occhiata al suo (di lei) *curriculum vitae* e riprenderla in considerazione per il lavoro.
Il "verbo modale" *ought to* (condizionale di "dovere") può essere coniugato solo al passato e ha lo stesso valore di *should* (che è più frequente nella lingua parlata), con la differenza che *ought to* si usa per esprimere un "dovere" o un "obbligo di carattere morale", mentre *should* denota più "raccomandazione" o "consiglio". La forma negativa è *ought not to (oughtn't to)*, quella interrogativa si costruisce con la semplice inversione di soggetto e verbo, mentre l'interrogativo-negativa si ottiene aggiungendo alla forma interrogativa la negazione *not*.
Her è il "pronome personale complemento" di terza persona singolare femminile.

289 Risposta esatta: C

Sono davvero preoccupato per te. Sembra non ti importi più niente/Non sembra ti importi più di niente.
About può avere valenza di "preposizione", di "avverbio" e, più raramente, anche di "aggettivo". Il suo significato principale è "circa, presso, a proposito di, riguardo a". Tuttavia, se si adopera come preposizione di luogo o avverbio, si deve tradurre con "intorno a, in giro", in senso più vago rispetto ad *around*. In effetti, la differenza tra le preposizioni *around* ed *about* è che la prima denota posizione o movimento attorno a qualcosa, mentre la seconda rende l'idea dello stare e del muoversi qua e là, in vari punti e direzioni.

290 Risposta esatta: D

Quando vedo/vedrò James, gli dirò cosa hai detto.
Esistono tre tipi di "periodo ipotetico" (della probabilità, della possibilità e dell'irrealtà), corrispondenti ad altrettante frasi condizionali, le quali sono quasi sempre introdotte da *if*, ma anche da *when*, *as soon as* o *whether*. Queste frasi secondarie (*if clause/ subordinate clause*) si possono collocare sia prima della proposizione principale (*main clause*), e in questo caso sono generalmente seguite dalla virgola, sia dopo di essa.

Il periodo ipotetico del primo tipo tipo esprime azioni probabili nel futuro e si costruisce con "*if/when/as soon as/whether + simple present + simple future*". Tale struttura si adopera in riferimento a situazioni future ritenute probabili da chi parla. Si faccia attenzione alla regola secondo cui, in inglese, non si usano mai due futuri nella stessa frase (a meno che le due proposizioni non siano indipendenti): la secondaria, infatti, dovrà essere costruita con il presente. Nella *main clause* è consentito l'uso dei verbi modali *can* e *may* in sostituzione di *will*.

291 Risposta esatta: B

Si sentiva sola quando arrivò per la prima volta perché non aveva nessuno con cui parlare.
Lonely (solo/a, solitario/a) è, dal punto di vista morfologico, un "aggettivo".
I "pronomi composti di *no*" (*nobody/no one/none, nothing, nowhere...*) si utilizzano in frasi che hanno significato negativo, ma con la voce verbale a cui si riferiscono sempre "affermativa".
Nella lingua parlata informale, quando il pronome relativo dipende da una "preposizione", questa viene collocata alla fine della frase relativa.

292 Risposta esatta: B

Beh, preferirei che non invitassi il Direttore Generale/l'Amministratore Delegato, se non ti dispiace.
L'espressione "*I'd*" è la contrazione delle parole "*I had*" o "*I would*". Quando si utilizza in congiunzione con l'avverbio "*rather*" si sta suggerendo che ci piacerebbe o preferiremmo una cosa rispetto a un'altra.
Nella lingua inglese è possibile esprimere una "preferenza" o un "gradimento" utilizzando la struttura grammaticale "*would ('d) rather/rather not* + infinito senza il *to*": questo è il caso in cui colui che esprime il gradimento è anche il soggetto dell'azione espressa dal verbo che segue.
Allorché il soggetto e l'oggetto non siano identici è invece possibile utilizzare la costruzione "*would ('d) rather* + oggetto + *past simple*": questo è ciò che avviene nella frase del quesito.
L'acronimo *CEO* sta per "*Chief Executive Officer*", ovvero "Direttore Generale/Direttore Esecutivo/Amministratore Delegato".
If you don't mind è un'espressione gentile per rendere il significato di "se non ti/le dispiace".

293 Risposta esatta: B

Se solo io fossi più alto, la vita sarebbe tanto più facile.
Il "periodo ipotetico del secondo tipo" esprime azioni poco probabili nel futuro e si costruisce con la struttura grammaticale "*if + simple past + present conditional*". Si usa questa costruzione quando ci si riferisce a situazioni che chi parla ritiene possibili, ma non molto probabili, o talvolta immaginarie. Nella *if clause* il verbo è al "congiuntivo" (il *past subjunctive* o "congiuntivo imperfetto" è uguale all'imperfetto indicativo, cioè al *simple past*), un modo che non ha flessione in inglese: se si utilizza il verbo "essere", tutte le persone saranno espresse da *were*.
Nella *main clause* è consentito l'uso dei "verbi modali" *could* e *might* in sostituzione di *would*.
Easier è il "comparativo di maggioranza" dell'aggettivo *easy*. In inglese, in linea generale, il comparativo di maggioranza si forma nei seguenti modi:

— con gli aggettivi monosillabici → aggettivo + *-er* + *than*;
— con tutti gli altri aggettivi → *more* + aggettivo + *than*.

Ci sono, comunque, svariate eccezioni a questa regola di base.

294 Risposta esatta: B

È stato dimostrato/È stato provato/Si è scoperto che il vino rosso fa bene/arreca benefici alla circolazione.
Nella "frase attiva" il soggetto compie l'azione indicata dal verbo e il complemento oggetto la subisce.
Nella "frase passiva", invece, il soggetto subisce l'azione indicata dal verbo, la quale è compiuta dal complemento d'agente.
La maggior parte delle costruzioni passive inglesi, comunque, corrisponde a frasi che in italiano vengono espresse per lo più con la particella pronominale indefinita "si". Quella del quesito è una di queste; il tempo verbale presente in essa è il *present perfect simple* (passato prossimo → *has been found*).

295 Risposta esatta: D

Serena: "Mia figlia è stata promossa al ruolo di Direttore Generale".
Tom: "Davvero?/Lo è stata? Devi esserne così orgogliosa!"
Nella "frase passiva", il soggetto subisce l'azione indicata dal verbo, la quale è compiuta dal

complemento d'agente. La forma passiva presente nel quesito (*'s been promoted*) è la contrazione di *has been promoted*; il tempo verbale è il *present perfect simple* (passato prossimo).
La lingua inglese utilizza costruzioni particolari per richiedere la conferma di ciò che è stato detto. In queste strutture grammaticali si utilizza il "pronome personale" che si riferisce al soggetto della frase precedente (in questo caso "*she*"), più il verbo ausiliare o modale adoperato in essa (in questo caso "*has*"). La forma è quella interrogativa.

296 **Risposta esatta: B**

Nell'odierno mercato globale, poche aziende possono considerarsi al sicuro dalla competizione internazionale. Alcune sono estremamente competitive. In un certo numero di industrie l'offerta cresce più rapidamente della domanda e, poiché le aziende sono troppe per un numero inferiore di clienti, alcuni mercati sono diventati ipercompetitivi. L'ipercompetitività può essere di breve durata, ma in alcuni settori è diventata la norma. L'industria automobilistica è un esempio classico. Come si possono tagliare i costi del 20%, migliorare la qualità e aumentare la produzione contemporaneamente? È una domanda piuttosto difficile, ma è una domanda a cui le case automobilistiche e i loro fornitori hanno dovuto dare spesso una risposta. Considerando lo stato dei mercati, non è sorprendente che il settore automobilistico sia diventato così competitivo. In anni recenti, la produttività è aumentata rapidamente, mentre la domanda è cresciuta più lentamente. Il risultato è stato una iperproduzione. Questo problema è peggiorato con la crescita rallentata dei mercati. Molte case automobilistiche hanno investito in nuovi stabilimenti per fronteggiare la crescita del mercato estero. Tuttavia, molti mercati sono stati lenti nello svilupparsi. Le ottimistiche previsioni del passato si sono quindi dimostrate avventate. Molti nuovi stabilimenti sono stati organizzati *per rispondere alla domanda estera*.

297 **Risposta esatta: B**

Nell'odierno mercato globale, poche aziende possono considerarsi al sicuro dalla competizione internazionale. Alcune sono estremamente competitive. In un certo numero di industrie l'offerta cresce più rapidamente della domanda e, poiché le aziende sono troppe per un numero inferiore di clienti, alcuni mercati sono diventati ipercompetitivi. L'ipercompetitività può essere di breve durata, ma in alcuni settori è diventata la norma. L'industria automobilistica è un esempio classico. Come si possono tagliare i costi del 20%, migliorare la qualità e aumentare la produzione contemporaneamente? È una domanda piuttosto difficile, ma è una domanda a cui le case automobilistiche e i loro fornitori hanno dovuto dare spesso una risposta. Considerando lo stato dei mercati, non è sorprendente che il settore automobilistico sia diventato così competitivo. In anni recenti, la produttività è aumentata rapidamente, mentre la domanda è cresciuta più lentamente. Il risultato è stato una iperproduzione. Questo problema è peggiorato con la crescita rallentata dei mercati. Molte case automobilistiche hanno investito in nuovi stabilimenti per fronteggiare la crescita del mercato estero. Tuttavia molti mercati sono stati lenti nello svilupparsi. Le ottimistiche previsioni del passato si sono quindi dimostrate avventate. A "*tough question*" è una *questione difficile*.

298 **Risposta esatta: D**

Ieri sera ITV ha effettuato il suo atteso debutto nel sistema televisivo digitale satellitare, in seguito ad un accordo con BSkyB che ha richiesto lunghi mesi di negoziazione. Sino ad ora ITV era visibile nella forma digitale solo via cavo o attraverso il digitale terrestre. Da ieri sera la versione digitale di ITV1, con le sue 16 varianti regionali, è visibile su Sky Digitale. Il canale ITV2 seguirà nei prossimi giorni e sarà disponibile per la prima volta nei 5,5 milioni di case con il satellite digitale — un aumento superiore al 150% del suo attuale pubblico. L'accordo tra ITV e BSkyB, in cui la News Corporation, un'azienda legata a The Times per il 36,3%, dovrebbe fornire un ritorno pubblicitario alle due maggiori società ITV: Granada e Carlton. I pubblicitari erano piuttosto contrariati dal fatto che ITV non apparisse su Sky Digitale, la più importante piattaforma digitale del Paese. Secondo l'accordo raggiunto, ITV dovrà pagare BSkyB circa 13 milioni di sterline l'anno. L'Amministratore Delegato di ITV, Stuart Prebble, ha affermato ieri sera che l'accordo rappresenta "una buona notizia per il pubblico satellitare" perché sui canali ITV1 e ITV2 potranno godere di ottimi film e programmi d'informazione. "*Under the deal*" significa *in conformità all'accordo preso*.

299 **Risposta esatta: C**

Ieri sera ITV ha effettuato il suo atteso debutto nel sistema televisivo digitale satellitare, in seguito ad un accordo con BSkyB che ha richiesto lunghi mesi di negoziazione. Sino ad ora ITV era visibile nella forma digitale solo via cavo o attraverso il digitale terrestre. Da ieri sera la versione digitale di ITV1, con le sue 16 varianti regionali, è visibile su Sky Digitale. Il canale ITV2 seguirà nei prossimi giorni e sarà disponibile per la prima volta nei 5,5 milioni di case con il satellite digitale — un aumento superiore al 150% del suo attuale pubblico. L'accordo tra ITV e BSkyB, in cui la News Corporation, un'azienda legata al The Times per il 36,3%, dovrebbe fornire un ritorno pubblicitario alle due maggiori società ITV: Granada e Carlton. I pubblicitari erano piuttosto contrariati dal fatto che ITV non apparisse su Sky Digitale, la più importante piattaforma digitale del Paese. Secondo l'accordo raggiunto, ITV dovrà pagare BSkyB circa 13 milioni di sterline l'anno. L'Amministratore Delegato di ITV, Stuart Prebble, ha affermato ieri sera che l'accordo rappresenta "una buona notizia per il pubblico satellitare" perché sui canali ITV1 e ITV2 potranno godere di ottimi film e programmi d'informazione. Stuart Prebble ha aggiunto che l'accordo è *molto interessante per gli spettatori via satellite*.

300 **Risposta esatta: C**

Nel 1830, il barone Bettino Ricasoli, padre del "Chianti", *decise* di industrializzare l'agricoltura allo scopo di aumentarne la produttività. Da allora sono trascorsi molti anni, nei quali si sono avvicendati molti e importanti mutamenti sociali che hanno trasformato l'area del Chianti, e alcune crisi economiche alternatesi nel tempo con improvvisi aumenti della produttività. Cominciamo dal principio: nel XIX secolo il paesaggio del Chianti era costellato di pochi villaggi e grandi aziende agricole, dove le famiglie nobili solevano trascorrere le vacanze. L'agricoltura era ancora legata a sistemi arcaici di coltivazione. Al contrario degli altri raccolti adoperati direttamente dai coloni per uso personale, il vino prodotto veniva venduto ed esportato. Il sistema di coltivazione a terrazze era molto complicato, tuttavia spingeva gli agricoltori a raggiungere maggiori livelli di produttività. Aree sempre più vaste vennero adibite a vigna e nuove case coloniche crebbero come funghi ovunque; vini speciali vennero selezionati e tutte le aziende furono riorganizzate seguendo principi capitalistici. Questo progresso è avvenuto senza che il meraviglioso paesaggio venisse alterato.

301 **Risposta esatta: A**

Nel 1830, il barone Bettino Ricasoli, padre del "Chianti", decise di industrializzare l'agricoltura allo scopo di aumentarne la produttività. Da allora sono trascorsi molti anni, nei quali si sono avvicendati molti e importanti mutamenti sociali che hanno trasformato l'area del Chianti, e alcune crisi economiche alternatesi nel tempo con improvvisi aumenti della produttività. Cominciamo *dal* principio: nel XIX secolo il paesaggio del Chianti era costellato di pochi villaggi e grandi aziende agricole, dove le famiglie nobili solevano trascorrere le vacanze. L'agricoltura era ancora legata a sistemi arcaici di coltivazione. Al contrario degli altri raccolti adoperati direttamente dai coloni per uso personale, il vino prodotto veniva venduto ed esportato. Il sistema di coltivazione a terrazze era molto complicato, tuttavia spingeva gli agricoltori a raggiungere maggiori livelli di produttività. Aree sempre più vaste vennero adibite a vigna e nuove case coloniche crebbero come funghi ovunque; vini speciali vennero selezionati e tutte le aziende furono riorganizzate seguendo principi capitalistici. Questo progresso è avvenuto senza che il meraviglioso paesaggio venisse alterato.

302 **Risposta esatta: D**

Nel 1830, il barone Bettino Ricasoli, padre del "Chianti", decise di industrializzare l'agricoltura allo scopo di aumentarne la produttività. Da allora sono trascorsi molti anni, nei quali si sono avvicendati molti e importanti mutamenti sociali che hanno trasformato l'area del Chianti, e alcune crisi economiche alternatesi nel tempo con improvvisi aumenti della produttività. Cominciamo dal principio: nel XIX secolo il paesaggio del Chianti era costellato di pochi villaggi e grandi aziende agricole, dove le famiglie nobili *solevano* trascorrere le vacanze. L'agricoltura era ancora legata a sistemi arcaici di coltivazione. Al contrario degli altri raccolti adoperati direttamente dai coloni per uso personale, il vino prodotto veniva venduto ed esportato. Il sistema di coltivazione a terrazze era molto complicato, tuttavia spingeva gli agricoltori a raggiungere maggiori livelli di produttività. Aree sempre più vaste vennero adibite a vigna e nuove case coloniche crebbero come funghi ovunque; vini speciali vennero selezionati e tutte le aziende furono riorganizzate seguendo principi capitalistici. Questo progresso è avvenuto senza che il meraviglioso paesaggio venisse alterato.

303 Risposta esatta: B

Nel 1830, il barone Bettino Ricasoli, padre del "Chianti", decise di industrializzare l'agricoltura allo scopo di aumentarne la produttività. Da allora sono trascorsi molti anni, nei quali si sono avvicendati molti e importanti mutamenti sociali che hanno trasformato l'area del Chianti, e alcune crisi economiche alternatesi nel tempo con improvvisi aumenti della produttività. Cominciamo dal principio: nel XIX secolo il paesaggio del Chianti era costellato di pochi villaggi e grandi aziende agricole, dove le famiglie nobili solevano trascorrere le vacanze. L'agricoltura era ancora legata a sistemi arcaici di coltivazione. Al contrario degli altri raccolti adoperati direttamente dai coloni per uso personale, il vino prodotto veniva venduto ed esportato. Il sistema di coltivazione a terrazze era molto complicato, tuttavia spingeva gli agricoltori a *raggiungere* maggiori livelli di produttività. Aree sempre più vaste vennero adibite a vigna e nuove case coloniche crebbero come funghi ovunque; vini speciali vennero selezionati e tutte le aziende furono riorganizzate seguendo principi capitalistici. Questo progresso è avvenuto senza che il meraviglioso paesaggio venisse alterato.

304 Risposta esatta: D

Il Comitato di Selezione del Tesoro sta per lanciare un'inchiesta sul ventilato passaggio di controllo di Liffe, l'agenzia di cambio dei Futures di Londra, da parte di Euronext, l'alleanza delle Borse di Parigi, Bruxelles e Amsterdam. Questa insolita mossa sembra sia stata provocata dalle crescenti preoccupazioni dei membri del comitato circa l'impatto che un passaggio di 555 milioni di sterline potrebbe provocare sulla City di Londra. Il comitato si incontrerà con i rappresentanti di Liffe ed Euronext il 13 Dicembre. Ascolterà anche i funzionari della Borsa di Londra, che ha perso l'asta per Liffe nonostante la congrua offerta fatta. "Il cambio di nome del marchio Philip Morris": l'azienda di sigarette Philip Morris si trova coinvolta in una disputa circa il cambio di nome del proprio marchio. L'Altria Healthcare, un'agenzia pubblicitaria medica americana, è interessata all'impatto dell'eventuale cambio di marchio sul Gruppo Altria. "Il mondo della sanità è preoccupato dalla prospettiva che un grande società di sigarette e bevande alcoliche possa adottare un identico marchio" — così sostiene Warren Smedley, Presidente dell'Altria Healthcare. La Philip Morris ha dichiarato di aver condotto le ricerche necessarie, di essere certa di non aver violato le regole e che i clienti dell'Altria Healthcare non ne saranno confusi. Una "violazione" è un *reato*.

305 Risposta esatta: B

Il Comitato di Selezione del Tesoro sta per lanciare un'inchiesta sul ventilato passaggio di controllo di Liffe, l'agenzia di cambio dei Futures di Londra, da parte di Euronext, l'alleanza delle Borse di Parigi, Bruxelles e Amsterdam. Questa insolita mossa sembra sia stata provocata dalle crescenti preoccupazioni dei membri del comitato circa l'impatto che un passaggio di 555 milioni di sterline potrebbe provocare sulla City di Londra. Il comitato si incontrerà con i rappresentanti di Liffe ed Euronext il 13 Dicembre. Ascolterà anche i funzionari della Borsa di Londra, che ha perso l'asta per Liffe nonostante la congrua offerta fatta. "Il cambio di nome del marchio Philip Morris": l'azienda di sigarette Philip Morris si trova coinvolta in una disputa circa il cambio di nome del proprio marchio. L'Altria Healthcare, un'agenzia pubblicitaria medica americana, è interessata all'impatto dell'eventuale cambio di marchio sul Gruppo Altria. "Il mondo della sanità è preoccupato dalla prospettiva che un grande società di sigarette e bevande alcoliche possa adottare un identico marchio" — così sostiene Warren Smedley, Presidente dell'Altria Healthcare. La Philip Morris ha dichiarato di aver condotto le ricerche necessarie, di essere certa di non aver violato le regole e che i clienti dell'Altria Healthcare non ne saranno confusi. Quale frase è quella corretta? *La Philip Morris ha irritato (arruffato le piume di) qualcuno scegliendo il nome Altria Group.*

306 Risposta esatta: A

Tre notti più tardi, il vecchio Major morì in pace nel sonno. Il suo corpo fu sepolto ai piedi di un frutteto. Questo avvenne all'inizio *di* marzo. Durante i tre mesi che seguirono ci fu un'intensa attività segreta. Il discorso di Major aveva aperto agli animali più intelligenti della fattoria una visione completamente diversa della vita. Essi non sapevano quando la Ribellione che Major aveva profetizzato sarebbe accaduta, né avevano alcun motivo di pensare che sarebbe avvenuta durante la loro stessa esistenza, ma credevano chiaramente che era loro dovere prepararsi all'evento. Il compito di insegnare e organizzare gli altri ricadde naturalmente sui maiali, che erano generalmente considerati gli animali più intelligenti. In prima fila, tra i maiali, c'erano due giovani cinghiali, chiamati Palla di Neve e Napoleone, che il Signor Jones stava crescendo per venderli. Napoleone era grande, un cinghiale Berkshire dall'aspetto piuttosto feroce, l'unico Berkshire della fattoria, non un grande parlatore ma con una reputazione di andare sempre per la sua strada. Palla di Neve era un maiale più vivace di Napoleone, dalla parlata e dall'inventiva facile, ma non si riteneva avesse la stessa profondità di carattere. Tutti gli altri animali simili ai maiali della fattoria erano maialini di latte.

307 **Risposta esatta: A**

Tre notti più tardi, il vecchio Major morì in pace nel sonno. Il suo corpo fu sepolto ai piedi di un frutteto. Questo avvenne all'inizio di marzo. Durante i tre mesi che seguirono ci fu un'intensa attività segreta. Il discorso di Major aveva aperto agli animali più intelligenti della fattoria una visione completamente diversa della vita. Essi non sapevano quando la Ribellione che Major aveva profetizzato sarebbe accaduta, né avevano alcun motivo di *pensare* che sarebbe avvenuta durante la loro stessa esistenza, ma credevano chiaramente che era loro dovere prepararsi all'evento. Il compito di insegnare e organizzare gli altri ricadde naturalmente sui maiali, che erano generalmente considerati gli animali più intelligenti. In prima fila, tra i maiali, c'erano due giovani cinghiali, chiamati Palla di Neve e Napoleone, che il Signor Jones stava crescendo per venderli. Napoleone era grande, un cinghiale Berkshire dall'aspetto piuttosto feroce, l'unico Berkshire della fattoria, non un grande parlatore ma con una reputazione di andare sempre per la sua strada. Palla di Neve era un maiale più vivace di Napoleone, dalla parlata e dall'inventiva facile, ma non si riteneva avesse la stessa profondità di carattere. Tutti gli altri animali simili ai maiali della fattoria erano maialini di latte.

308 **Risposta esatta: C**

Tre notti più tardi, il vecchio Major morì in pace nel sonno. Il suo corpo fu sepolto ai piedi di un frutteto. Questo avvenne all'inizio di marzo. Durante i tre mesi che seguirono ci fu un'intensa attività segreta. Il discorso di Major aveva aperto agli animali più intelligenti della fattoria una visione completamente diversa della vita. Essi non sapevano quando la Ribellione che Major aveva profetizzato sarebbe accaduta, né avevano alcun motivo di pensare che sarebbe avvenuta durante la loro stessa esistenza, ma credevano chiaramente che era loro dovere prepararsi all'evento. Il compito di insegnare e organizzare gli altri ricadde naturalmente *sui* maiali, che erano generalmente considerati gli animali più intelligenti. In prima fila, tra i maiali, c'erano due giovani cinghiali, chiamati Palla di Neve e Napoleone, che il Signor Jones stava crescendo per venderli. Napoleone era grande, un cinghiale Berkshire dall'aspetto piuttosto feroce, l'unico Berkshire della fattoria, non un grande parlatore ma con una reputazione di andare sempre per la sua strada. Palla di Neve era un maiale più vivace di Napoleone, dalla parlata e dall'inventiva facile, ma non si riteneva avesse la stessa profondità di carattere. Tutti gli altri animali simili ai maiali della fattoria erano maialini di latte.

309 **Risposta esatta: C**

Tre notti più tardi, il vecchio Major morì in pace nel sonno. Il suo corpo fu sepolto ai piedi di un frutteto. Questo avvenne all'inizio di marzo. Durante i tre mesi che seguirono ci fu un'intensa attività segreta. Il discorso di Major aveva aperto agli animali più intelligenti della fattoria una visione completamente diversa della vita. Essi non sapevano quando la Ribellione che Major aveva profetizzato sarebbe accaduta, né avevano alcun motivo di pensare che sarebbe avvenuta durante la loro stessa esistenza, ma credevano chiaramente che era loro dovere prepararsi all'evento. Il compito di insegnare e organizzare gli altri ricadde naturalmente sui maiali, che erano generalmente considerati gli animali più intelligenti. In prima fila, tra i maiali, c'erano due giovani cinghiali, chiamati Palla di Neve e Napoleone, che il Signor Jones *stava crescendo* per venderli. Napoleone era grande, un cinghiale Berkshire dall'aspetto piuttosto feroce, l'unico Berkshire della fattoria, non un grande parlatore ma con una reputazione di andare sempre per la sua strada. Palla di Neve era un maiale più vivace di Napoleone, dalla parlata e dall'inventiva facile, ma non si riteneva avesse la stessa profondità di carattere. Tutti gli altri animali simili ai maiali della fattoria erano maialini di latte.

310 **Risposta esatta: D**

Pensare alla City di Londra induce pensare a Sir Terence Conran; lui possiede già 11 ristoranti in zona o nei paraggi, ma c'è sempre *spazio* per locali dello stesso livello di Sauterelle. Unire l'ubicazione perfetta al design intelligente è sempre stato il cavallo di battaglia di Conran, e i suoi recenti successi in entrambi i campi lo dimostrano. All'interno dello storico palazzo della Royal Exchange/Borsa Reale, la sala da pranzo di Sauterelle si affaccia sull'enorme atrio centrale del piano ammezzato, tuttavia questo (locale) non è solo un ristorante panoramico. Il menu è ricco di piatti classici francesi, preparati in maniera eccellente, come lo spezzatino di coniglio e le crostate al cioccolato. Sebbene l'area della City possa essere brulicante di attività, il vero fervore è nel West End di Londra, in particolare a Mayfair. Non contento di una filiale di grande successo esistente nel quartiere/in zona, il Gruppo Nobu ne ha aperto di recente un'altra in Berkeley Square. Ma al contrario della sorella più anziana, Nobu Berkeley è stata molto criticata dagli esperti. Non è che il cibo non sia buono. Quello che ha irritato i critici (e molti avventori) all'apertura è stata la rigida regola/politica di non accettare prenotazioni, che ha portato a lunghe attese di una o due ore nel suo costosissimo bar. La direzione/gestione ha saggiamente cambiato la direttiva, ma se questo spiacevole disservizio ancora esiste è tutto da vedere.

311 **Risposta esatta: D**

Pensare alla City di Londra induce pensare a Sir Terence Conran; lui possiede già 11 ristoranti in zona o nei paraggi, ma c'è sempre spazio per locali dello stesso livello di Sauterelle. Unire l'ubicazione perfetta al design intelligente è sempre stato il cavallo di battaglia di Conran, e i suoi recenti successi in entrambi i campi lo dimostrano. All'interno dello storico palazzo della Royal Exchange/Borsa Reale, la sala da pranzo di Sauterelle *si affaccia* sull'enorme atrio centrale del piano ammezzato, tuttavia questo (locale) non è solo un ristorante panoramico. Il menu è ricco di piatti classici francesi, preparati in maniera eccellente, come lo spezzatino di coniglio e le crostate al cioccolato. Sebbene l'area della City possa essere brulicante di attività, il vero fervore è nel West End di Londra, in particolare a Mayfair. Non contento di una filiale di grande successo esistente nel quartiere/in zona, il Gruppo Nobu ne ha aperto di recente un'altra in Berkeley Square. Ma al contrario della sorella più anziana, Nobu Berkeley è stata molto criticata dagli esperti. Non è che il cibo non sia buono. Quello che ha irritato i critici (e molti avventori) all'apertura è stata la rigida regola/politica di non accettare prenotazioni, che ha portato a lunghe attese di una o due ore nel suo costosissimo bar. La direzione/gestione ha saggiamente cambiato la direttiva, ma se questo spiacevole disservizio ancora esiste è tutto da vedere.

312 **Risposta esatta: C**

Pensare alla City di Londra induce pensare a Sir Terence Conran; lui possiede già 11 ristoranti in zona o nei paraggi, ma c'è sempre spazio per locali dello stesso livello di Sauterelle. Unire l'ubicazione perfetta al design intelligente è sempre stato il cavallo di battaglia di Conran, e i suoi recenti successi in entrambi i campi lo dimostrano. All'interno dello storico palazzo della Royal Exchange/Borsa Reale, la sala da pranzo di Sauterelle si affaccia sull'enorme atrio centrale del piano ammezzato, tuttavia questo (locale) non è *solo* un ristorante panoramico. Il menu è ricco di piatti classici francesi, preparati in maniera eccellente, come lo spezzatino di coniglio e le crostate al cioccolato. Sebbene l'area della City possa essere brulicante di attività, il vero fervore è nel West End di Londra, in particolare a Mayfair. Non contento di una filiale di grande successo esistente nel quartiere/in zona, il Gruppo Nobu ne ha aperto di recente un'altra in Berkeley Square. Ma al contrario della sorella più anziana, Nobu Berkeley è stata molto criticata dagli esperti. Non è che il cibo non sia buono. Quello che ha irritato i critici (e molti avventori) all'apertura è stata la rigida regola/politica di non accettare prenotazioni, che ha portato a lunghe attese di una o due ore nel suo costosissimo bar. La direzione/gestione ha saggiamente cambiato la direttiva, ma se questo spiacevole disservizio ancora esiste è tutto da vedere.

313 Risposta esatta: D

Pensare alla City di Londra induce pensare a Sir Terence Conran; lui possiede già 11 ristoranti in zona o nei paraggi, ma c'è sempre spazio per locali dello stesso livello di Sauterelle. Unire l'ubicazione perfetta al design intelligente è sempre stato il cavallo di battaglia di Conran, e i suoi recenti successi in entrambi i campi lo dimostrano. All'interno dello storico palazzo della Royal Exchange/ Borsa Reale, la sala da pranzo di Sauterelle si affaccia sull'enorme atrio centrale del piano ammezzato, tuttavia questo (locale) non è solo un ristorante panoramico. Il menu è ricco di piatti classici francesi, preparati in maniera eccellente, come lo spezzatino di coniglio e le crostate al cioccolato. Sebbene l'area della City possa essere brulicante di attività, il vero fervore è nel West End di Londra, in particolare a Mayfair. Non contento di una filiale di grande successo esistente nel quartiere/in zona, il Gruppo Nobu ne ha aperto di recente un'altra in Berkeley Square. Ma al contrario della sorella più anziana, Nobu Berkeley è stata molto criticata dagli esperti. Non è che il cibo *non sia* buono. Quello che ha irritato i critici (e molti avventori) all'apertura è stata la rigida regola/politica di non accettare prenotazioni, che ha portato a lunghe attese di una o due ore nel suo costosissimo bar. La direzione/gestione ha saggiamente cambiato la direttiva, ma se questo spiacevole disservizio ancora esiste è tutto da vedere.

314 Risposta esatta: B

L'espressione giapponese di rammarico e riparazione è perfettamente intonata alle circostanze. Infatti, gli studiosi/i seguaci dell'etichetta sono stati rapidi nel notare che le scuse offerte dalla Sony martedì 24 ottobre, per aver prodotto alcune batterie per laptop in certi casi infiammabili, erano più che sincere. In un Paese dove dirigenti colpevoli non si vergognano di versare lacrime durante le esibizioni di pentimento, il breve inchino mostrato dai dirigenti del gigante elettronico Sony è stato considerato un accettabile atto di saluto rispettoso. Le scuse della Sony fanno parte di un sempre più diffuso atteggiamento dei dirigenti aziendali tendenti a discolparsi nei riguardi dei consumatori (e a volte dei dipendenti e degli azionisti) per gli errori societari commessi. Tempo addietro, Steve Jobs fu largamente apprezzato per essersi assunto la responsabilità dei problemi della Apple dopo aver retrodatato il diritto di acquisto delle azioni. Mark Hurd, dirigente della Hewlett-Packard, ha ricevuto molte critiche alle sue equivoche scuse in un recente scandalo che ha investito l'azienda tecnologica americana. Più le aziende appaiono rapide nell'accettare errori, più la tempestività e lo scopo delle loro scuse vengono studiati attentamente. Il frequentemente menzionato esempio di perfetta reazione societaria è quello della Johnson & Johnson agli inizi degli anni Ottanta, alla morte di numerose persone che avevano fatto uso del farmaco Tylenol. Nonostante il prodotto fosse stato deliberatamente avvelenato con cianuro mentre era sugli scaffali dei negozi, l'Amministratore Delegato dell'azienda chiese scusa ripetutamente e in più occasioni, cessò la produzione e più di 30 milioni di flaconi vennero richiamati, al costo di circa 100 milioni di dollari. Nonostante le enormi perplessità del pubblico sul farmaco in quei giorni, le vendite di Tylenol ripresero rapidamente.

315 Risposta esatta: C

Come spesso accade, attorno a qualsiasi legge (e processo legale) riguardante regole, supporto ed espansione delle strutture legali, cresce un vera industria. Tale industria consiste in entità governative, *come* la Commissione Britannica per l'Uguaglianza Razziale, che si occupa di investigare le eventuali denunce; enti ufficiali, come il Consiglio Superiore Francese dell'Audiovisione, che monitorizza i media riguardo eventuali commenti razzisti; e un certo numero di organizzazioni non ufficiali, che rappresentano minoranze e conquistano il loro successo lottando contro il potere della politica. Le leggi contro l'incitamento all'odio tendono a ostacolare la franchezza del dibattito, perché sono troppo facilmente interpretate come offensive. L'applicazione di sanzioni sui discorsi "offensivi" rischia di unire due cose diverse tra loro: discorsi settari e critiche costruttive. Il pericolo maggiore è che, con il pretesto di fermare i fanatici, si finisca con il reprimere ogni critica.

316 **Risposta esatta: B**

Come spesso accade, attorno a qualsiasi legge (e processo legale) riguardante regole, supporto ed espansione delle strutture legali, cresce un vera industria. Tale industria consiste in entità governative, come la Commissione Britannica per l'Uguaglianza Razziale, che si occupa di investigare le eventuali denunce; enti ufficiali, come il Consiglio Superiore Francese dell'Audiovisione, che monitorizza i media riguardo eventuali commenti razzisti; e *un certo* numero di organizzazioni non ufficiali, che rappresentano minoranze e conquistano il loro successo lottando contro il potere della politica. Le leggi contro l'incitamento all'odio tendono a ostacolare la franchezza del dibattito, perché sono troppo facilmente interpretate come offensive. L'applicazione di sanzioni sui discorsi "offensivi" rischia di unire due cose diverse tra loro: discorsi settari e critiche costruttive. Il pericolo maggiore è che, con il pretesto di fermare i fanatici, si finisca con il reprimere ogni critica.

317 **Risposta esatta: C**

Come spesso accade, attorno a qualsiasi legge (e processo legale) riguardante regole, supporto ed espansione delle strutture legali, cresce un vera industria. Tale industria consiste in entità governative, come la Commissione Britannica per l'Uguaglianza Razziale, che si occupa di investigare le eventuali denunce; enti ufficiali, come il Consiglio Superiore Francese dell'Audiovisione, che monitorizza i media riguardo eventuali commenti razzisti; e un certo numero di organizzazioni non ufficiali, che rappresentano minoranze e conquistano il loro successo lottando contro il potere della politica. Le leggi contro l'incitamento all'odio tendono a ostacolare la *franchezza* del dibattito, perché sono troppo facilmente interpretate come offensive. L'applicazione di sanzioni sui discorsi "offensivi" rischia di unire due cose diverse tra loro: discorsi settari e critiche costruttive. Il pericolo maggiore è che, con il pretesto di fermare i fanatici, si finisca con il reprimere ogni critica.

318 **Risposta esatta: A**

Come spesso accade, attorno a qualsiasi legge (e processo legale) riguardante regole, supporto ed espansione delle strutture legali, cresce un vera industria. Tale industria consiste in entità governative, come la Commissione Britannica per l'Uguaglianza Razziale, che si occupa di investigare le eventuali denunce; enti ufficiali, come il Consiglio Superiore Francese dell'Audiovisione, che monitorizza i media riguardo eventuali commenti razzisti; e un certo numero di organizzazioni non ufficiali, che rappresentano minoranze e conquistano il loro successo lottando contro il potere della politica. Le leggi contro l'incitamento all'odio tendono a ostacolare la franchezza del dibattito, perché sono troppo facilmente interpretate come offensive. L'applicazione di sanzioni sui discorsi "offensivi" rischia di unire due cose diverse tra loro: discorsi settari e critiche costruttive. Il pericolo maggiore è che, con il pretesto di fermare i fanatici, si finisca con il reprimere ogni critica.

319 **Risposta esatta: D**

Ieri la Commissione Europea ha inviato un duro monito alle aziende che cercano di fare monopolio, multando 8 produttori di vitamine, per un totale di 855 milioni di euro (530 milioni di sterline), per avere alterato i prezzi per circa una decade. Roche, il gruppo farmaceutico svizzero, è stato multato per 462 milioni, la cifra più alta mai imposta dall'Unione Europea a una singola azienda per abuso di mercato. BASF, il gruppo chimico tedesco, è stato multato per 296 milioni a causa della sua partecipazione al cartello conosciuto come Vitamins Inc., esposto nel 1999. Sia BASF, la quale ha definito la multa "sproporzionata", che Roche stanno decidendo se appellarsi. Gli esperti di concorrenza riferiscono che le forti multe hanno sottolineato l'impegno dell'UE a intervenire pesantemente su alcune pratiche commerciali restrittive. Aventis, il gruppo farmaceutico francese, ha evitato le multe riguardanti due vitamine, offrendo piena collaborazione nelle indagini. Samantha Mobley, partner europeo sulla concorrenza presso lo studio legale Baker & McKenzie, ha dichiarato: "È la prima volta che una società ha ottenuto una riduzione del 100% di una multa, dimostrando l'impegno dell'UE a incoraggiare i collaboratori". *"A harsh warning" è un monito severo.*

320 **Risposta esatta: B**

Ieri la Commissione Europea ha inviato un duro monito alle aziende che cercano di fare monopolio, multando 8 produttori di vitamine, per un totale di 855 milioni di euro (530 milioni di sterline), per avere alterato i prezzi per circa una decade. Roche, il gruppo farmaceutico svizzero, è stato multato per 462 milioni, la cifra più alta mai imposta dall'Unione Europea a una singola azienda per abuso di mercato. BASF, il gruppo chimico tedesco, è stato multato per 296 milioni a causa della sua partecipazione al cartello conosciuto come Vitamins Inc., esposto nel 1999. Sia BASF, la quale ha definito la multa "sproporzionata", che Roche stanno decidendo se appellarsi. Gli esperti di concorrenza riferiscono che le forti multe hanno sottolineato l'impegno dell'UE a intervenire pesantemente su alcune pratiche commerciali restrittive. Aventis, il gruppo farmaceutico francese, ha evitato le multe riguardanti due vitamine, offrendo piena collaborazione nelle indagini. Samantha Mobley, partner europeo sulla concorrenza presso lo studio legale Baker & McKenzie, ha dichiarato: "È la prima volta che una società ha ottenuto una riduzione del 100% di una multa, dimostrando l'impegno dell'UE a incoraggiare i collaboratori". In base al secondo paragrafo del passaggio/brano in questione, i produttori di vitamine sono stati *puniti*.

321 Risposta esatta: D

Ieri la Commissione Europea ha inviato un duro monito alle aziende che cercano di fare monopolio, multando 8 produttori di vitamine, per un totale di 855 milioni di euro (530 milioni di sterline), per avere alterato i prezzi per circa una decade. Roche, il gruppo farmaceutico svizzero, è stato multato per 462 milioni, la cifra più alta mai imposta dall'Unione Europea a una singola azienda per abuso di mercato. BASF, il gruppo chimico tedesco, è stato multato per 296 milioni a causa della sua partecipazione al cartello conosciuto come Vitamins Inc., esposto nel 1999. Sia BASF, la quale ha definito la multa "sproporzionata", che Roche stanno decidendo se appellarsi. Gli esperti di concorrenza riferiscono che le forti multe hanno sottolineato l'impegno dell'UE a intervenire pesantemente su alcune pratiche commerciali restrittive. Aventis, il gruppo farmaceutico francese, ha evitato le multe riguardanti due vitamine, offrendo piena collaborazione nelle indagini. Samantha Mobley, partner europeo sulla concorrenza presso lo studio legale Baker & McKenzie, ha dichiarato: "È la prima volta che una società ha ottenuto una riduzione del 100% di una multa, dimostrando l'impegno dell'UE a incoraggiare i collaboratori". "*Roche was fined*" vuol dire che *la Roche è stata penalizzata*.

322 Risposta esatta: D

Dopo l'attentato alla metropolitana l'estate scorsa, il declino previsto dai tanti organismi di controllo londinesi non si è avverato — in realtà è stato l'opposto. Gli stoici londinesi non hanno mai mollato. E con ciò c'è stata un'apertura in rapida successione di ristoranti con alcuni degli chef più seguiti della città (e del mondo). Pranzare fuori è ora uno dei passatempi preferiti degli abitanti della capitale, dando vita così all'inevitabile paragone con New York. Quest'anno, la prossima apertura sia a Londra che a Manhattan di aziende con marchi di successo, come Joel Robuchon, rende il paragone ancora più plausibile. Londra, tuttavia, non è soltanto un palcoscenico per operatori internazionali. Tutti, prima o poi, passano per il Borough Market. È ormai diventato una sorta di "Grand Central Station" (Grande Stazione Centrale) per gli amanti del cibo, i quali si fermano ad ammirare la selvaggina impellicciata e pennuta, o a desiderare i prosciutti spagnoli di Brindisa, o ad accalcarsi attorno a dozzine di banconi che offrono molluschi aperti, ostriche e focacce di Chorizo. "*Downturn*" significa *declino/recessione*.

323 Risposta esatta: C

Dopo l'attentato alla metropolitana l'estate scorsa, il declino previsto dai tanti organismi di controllo londinesi non si è avverato — in realtà è stato l'opposto. Gli stoici londinesi non hanno mai mollato. E con ciò c'è stata un'apertura in rapida successione di ristoranti con alcuni degli chef più seguiti della città (e del mondo). Pranzare fuori è ora uno dei passatempi preferiti degli abitanti della capitale, dando vita così all'inevitabile paragone con New York. Quest'anno, la prossima apertura sia a Londra che a Manhattan di aziende con marchi di successo, come Joel Robuchon, rende il paragone ancora più plausibile. Londra, tuttavia, non è soltanto un palcoscenico per operatori internazionali. Tutti, prima o poi, passano per il Borough Market. È ormai diventato una sorta di "Grand Central Station" (Grande Stazione Centrale) per gli amanti del cibo, i quali si fermano ad ammirare la selvaggina impellicciata e pennuta, o a desiderare i prosciutti spagnoli di Brindisa, o ad accalcarsi attorno a dozzine di banconi che offrono molluschi aperti, ostriche e focacce di Chorizo. I londinesi sono descritti come *persone non facilmente influenzabili*.

324 Risposta esatta: D

Dopo l'attentato alla metropolitana l'estate scorsa, il declino previsto dai tanti organismi di controllo londinesi non si è avverato — in realtà è stato l'opposto. Gli stoici londinesi non hanno mai mollato. E con ciò c'è stata un'apertura in rapida successione di ristoranti con alcuni degli chef più seguiti della città (e del mondo). Pranzare fuori è ora uno dei passatempi preferiti degli abitanti della capitale, dando vita così all'inevitabile paragone con New York. Quest'anno, la prossima apertura sia a Londra che a Manhattan di aziende con marchi di successo, come Joel Robuchon, rende il paragone ancora più plausibile. Londra, tuttavia, non è soltanto un palcoscenico per operatori internazionali. Tutti, prima o poi, passano per il Borough Market. È ormai diventato una sorta di "Grand Central Station" (Grande Stazione Centrale) per gli amanti del cibo, i quali si fermano ad ammirare la selvaggina impellicciata e pennuta, o a desiderare i prosciutti spagnoli di Brindisa, o ad accalcarsi attorno a dozzine di banconi che offrono molluschi aperti, ostriche e focacce di Chorizo. "*A rapid-fire succession of restaurants*" significa *una serie di ristoranti aperti in rapida successione*.

325 Risposta esatta: C

Il Comitato di Selezione del Tesoro sta per lanciare un'inchiesta sul ventilato passaggio di controllo di Liffe, l'agenzia di cambio dei Futures di Londra, da parte di Euronext, l'alleanza delle Borse di Parigi, Bruxelles e Amsterdam. Questa insolita mossa sembra sia stata provocata dalle crescenti preoccupazioni dei membri del comitato circa l'impatto che un passaggio di 555 milioni di sterline potrebbe provocare sulla City di Londra. Il comitato si incontrerà con i rappresentanti di Liffe ed Euronext il 13 Dicembre. Ascolterà anche i funzionari della Borsa di Londra, che ha perso l'asta per Liffe nonostante la congrua offerta fatta. "Il cambio di nome del marchio Philip Morris": l'azienda di sigarette Philip Morris si trova coinvolta in una disputa circa il cambio di nome del proprio marchio. L'Altria Healthcare, un'agenzia pubblicitaria medica americana, è interessata all'impatto dell'eventuale cambio di marchio sul Gruppo Altria. "Il mondo della sanità è preoccupato dalla prospettiva che una grande società di sigarette e bevande alcoliche possa adottare un identico marchio" — così sostiene Warren Smedley, Presidente dell'Altria Healthcare. La Philip Morris ha dichiarato di aver condotto le ricerche necessarie, di essere certa di non aver violato le regole e che i clienti dell'Altria Healthcare non ne saranno confusi. Una "*take-over*" è *un'acquisizione*.

326 Risposta esatta: D

Ieri sera ITV ha effettuato il suo atteso debutto nel sistema televisivo digitale satellitare, in seguito a un accordo con BSkyB che ha richiesto lunghi mesi di negoziazione. Sino ad ora ITV era visibile nella forma digitale solo via cavo o attraverso il digitale terrestre. Da ieri sera la versione digitale di ITV1, con le sue 16 varianti regionali, è visibile su Sky Digitale. Il canale ITV2 seguirà nei prossimi giorni e sarà disponibile per la prima volta nei 5,5 milioni di case con il satellite digitale — un aumento superiore al 150% del suo attuale pubblico. L'accordo tra ITV e BSkyB, in cui la News Corporation, un'azienda legata a The Times per il 36,3%, dovrebbe fornire un ritorno pubblicitario alle due maggiori società ITV: Granada e Carlton. I pubblicitari erano piuttosto contrariati dal fatto che ITV non apparisse su Sky Digitale, la più importante piattaforma digitale del Paese. Secondo l'accordo raggiunto, ITV dovrà pagare BSkyB circa 13 milioni di sterline l'anno. L'Amministratore Delegato di ITV, Stuart Prebble, ha affermato ieri sera che l'accordo rappresenta "una buona notizia per il pubblico satellitare" perché sui canali ITV1 e ITV2 potrà godere di ottimi film e programmi d'informazione. Per il debutto di ITV nel sistema televisivo digitale satellitare c'è voluto *un po' di tempo*.

327 Risposta esatta: D

La Bromley Limited venne fondata nel 1908. Alec Bromley, il fondatore dell'azienda, era un operaio addetto ai lavori su campanili e camini. Nei primi anni, Alec condusse l'azienda con il figlio George. I due possedevano un cavallo e un carro, alcuni utensili e attrezzature essenziali, e svolgevano il loro lavoro in un cortile preso in affitto a Liverpool, in Inghilterra. Oggi, questi operai sono rimasti in pochi, poiché, nel corso degli anni, il lavoro/business è molto rallentato. In passato, *tuttavia/comunque*, erano molto richiesti. Si trattava di artigiani/commercianti che lavoravano su torreggianti strutture, come i campanili delle chiese. Durante la Rivoluzione Industriale, man mano che gli edifici diventavano sempre più elevati, essi erano spesso chiamati a salire su alti camini e a lavorare in cima a costruzioni prominenti, per eseguire opere di manutenzione. Invece di riparare edifici e palazzi, molti di loro venivano anche assunti per abbatterli. La demolizione di camini e di strutture industriali, anzi, era spesso una parte importante del lavoro. A quel tempo, sotto la direzione di George Bromley, la ditta si stava espandendo, trasformandosi in un'impresa a carattere regionale. Volantini pubblicitari venivano distribuiti a mano ai proprietari di stabilimenti e agli architetti in tutto il nord-ovest dell'Inghilterra.

328 **Risposta esatta: B**

La Bromley Limited venne fondata nel 1908. Alec Bromley, il fondatore dell'azienda, era un operaio addetto ai lavori su campanili e camini. Nei primi anni, Alec condusse l'azienda con il figlio George. I due possedevano un cavallo e un carro, alcuni utensili e attrezzature essenziali, e svolgevano il loro lavoro in un cortile preso in affitto a Liverpool, in Inghilterra. Oggi, questi operai sono rimasti in pochi, poiché, nel corso degli anni, il lavoro/business è molto rallentato. In passato, tuttavia/comunque, erano molto richiesti. Si trattava di artigiani/commercianti *che* lavoravano su torreggianti strutture, come i campanili delle chiese. Durante la Rivoluzione Industriale, man mano che gli edifici diventavano sempre più elevati, essi erano spesso chiamati a salire su alti camini e a lavorare in cima a costruzioni prominenti, per eseguire opere di manutenzione. Invece di riparare edifici e palazzi, molti di loro venivano anche assunti per abbatterli. La demolizione di camini e di strutture industriali, anzi, era spesso una parte importante del lavoro. A quel tempo, sotto la direzione di George Bromley, la ditta si stava espandendo, trasformandosi in un'impresa a carattere regionale. Volantini pubblicitari venivano distribuiti a mano ai proprietari di stabilimenti e agli architetti in tutto il nord-ovest dell'Inghilterra.

329 **Risposta esatta: C**

La Bromley Limited *venne fondata* nel 1908. Alec Bromley, il fondatore dell'azienda, era un operaio addetto ai lavori su campanili e camini. Nei primi anni, Alec condusse l'azienda con il figlio George. I due possedevano un cavallo e un carro, alcuni utensili e attrezzature essenziali, e svolgevano il loro lavoro in un cortile preso in affitto a Liverpool, in Inghilterra. Oggi, questi operai sono rimasti in pochi, poiché, nel corso degli anni, il lavoro/business è molto rallentato. In passato, tuttavia/comunque, erano molto richiesti. Si trattava di artigiani/commercianti che lavoravano su torreggianti strutture, come i campanili delle chiese. Durante la Rivoluzione Industriale, man mano che gli edifici diventavano sempre più elevati, essi erano spesso chiamati a salire su alti camini e a lavorare in cima a costruzioni prominenti, per eseguire opere di manutenzione. Invece di riparare edifici e palazzi, molti di loro venivano anche assunti per abbatterli. La demolizione di camini e di strutture industriali, anzi, era spesso una parte importante del lavoro. A quel tempo, sotto la direzione di George Bromley, la ditta si stava espandendo, trasformandosi in un'impresa a carattere regionale. Volantini pubblicitari venivano distribuiti a mano ai proprietari di stabilimenti e agli architetti in tutto il nord-ovest dell'Inghilterra.

330 **Risposta esatta: D**

Nell'odierno mercato globale, poche aziende possono considerarsi al sicuro dalla competizione internazionale. Alcune sono estremamente competitive. In un certo numero di industrie l'offerta cresce più rapidamente della domanda e, poiché le aziende sono troppe per un numero inferiore di clienti, alcuni mercati sono diventati ipercompetitivi. L'ipercompetitività può essere di breve durata, ma in alcuni settori è diventata la norma. L'industria automobilistica è un esempio classico. Come si possono tagliare i costi del 20%, migliorare la qualità e aumentare la produzione contemporaneamente? È un quesito piuttosto difficile, ma è una domanda a cui le case automobilistiche e i loro fornitori hanno dovuto dare spesso una risposta. Considerando lo stato dei mercati, non è sorprendente che il settore automobilistico sia diventato così competitivo. In anni recenti, la produttività è aumentata rapidamente, mentre la domanda è cresciuta più lentamente. Il risultato è stato una iperproduzione. Questo problema è peggiorato con la crescita rallentata dei mercati. Molte case automobilistiche hanno investito in nuovi stabilimenti per fronteggiare la crescita del mercato estero. Tuttavia, molti mercati sono stati lenti nello svilupparsi. Le ottimistiche previsioni del passato si sono quindi dimostrate avventate. L'espressione/La proposizione "*few firms are sheltered*" significa *non molte aziende sono protette*.

331 Risposta esatta: A

La Bromley Limited venne fondata nel 1908. Alec Bromley, il fondatore dell'azienda, era un operaio addetto ai lavori su campanili e camini. Nei primi anni, Alec condusse l'azienda con il figlio George. I due possedevano un cavallo e un carro, alcuni utensili e attrezzature essenziali, e svolgevano il loro lavoro in un cortile preso in affitto a Liverpool, in Inghilterra. Oggi, questi operai sono rimasti in pochi, poiché, nel corso degli anni, il lavoro/business è molto rallentato. In passato, tuttavia/comunque, erano molto richiesti. Si trattava di artigiani/commercianti che lavoravano su torreggianti strutture, come i campanili delle chiese. Durante la Rivoluzione Industriale, man mano che gli edifici diventavano sempre più elevati, essi erano spesso chiamati a salire su alti camini e a lavorare *in cima a* costruzioni prominenti, per eseguire opere di manutenzione. Invece di riparare edifici e palazzi, molti di loro venivano anche assunti per abbatterli. La demolizione di camini e di strutture industriali, anzi, era spesso una parte importante del lavoro. A quel tempo, sotto la direzione di George Bromley, la ditta si stava espandendo, trasformandosi in un'impresa a carattere regionale. Volantini pubblicitari venivano distribuiti a mano ai proprietari di stabilimenti e agli architetti in tutto il nord-ovest dell'Inghilterra.

332 Risposta esatta: A

Ieri la Commissione Europea ha inviato un duro monito alle aziende che cercano di fare monopolio, multando 8 produttori di vitamine, per un totale di 855 milioni di euro (530 milioni di sterline), per avere alterato i prezzi per circa una decade. Roche, il gruppo farmaceutico svizzero, è stato multato per 462 milioni, la cifra più alta mai imposta dall'Unione Europea a una singola azienda per abuso di mercato. BASF, il gruppo chimico tedesco, è stato multato per 296 milioni a causa della sua partecipazione al cartello conosciuto come Vitamins Inc., esposto nel 1999. Sia BASF, la quale ha definito la multa "sproporzionata", che Roche stanno decidendo se appellarsi. Gli esperti di concorrenza riferiscono che le forti multe hanno sottolineato l'impegno dell'UE a intervenire pesantemente su alcune pratiche commerciali restrittive. Aventis, il gruppo farmaceutico francese, ha evitato le multe riguardanti due vitamine, offrendo piena collaborazione nelle indagini. Samantha Mobley, partner europeo sulla concorrenza presso lo studio legale Baker & McKenzie, ha dichiarato: "È la prima volta che una società ha ottenuto una riduzione del 100% di una multa, dimostrando l'impegno dell'UE a incoraggiare i collaboratori". Secondo la BASF, la multa era "*inappropriately high*". In altre parole, *essa era troppo alta*.

333 Risposta esatta: A

L'espressione giapponese di rammarico e riparazione è perfettamente intonata alle circostanze. Infatti, gli studiosi/i seguaci dell'etichetta sono stati rapidi nel notare che le scuse offerte dalla Sony martedì 24 ottobre, per aver prodotto alcune batterie per laptop in certi casi infiammabili, erano più che sincere. In un Paese dove dirigenti colpevoli non si vergognano di versare lacrime durante le esibizioni di pentimento, il breve inchino mostrato dai dirigenti del gigante elettronico Sony è stato considerato un accettabile atto di saluto rispettoso. Le scuse della Sony fanno parte di un sempre più diffuso atteggiamento dei dirigenti aziendali tendenti a discolparsi nei riguardi dei consumatori (e a volte dei dipendenti ed azionisti) per gli errori societari commessi. Tempo addietro, Steve Jobs fu largamente apprezzato per essersi assunto la responsabilità dei problemi della Apple dopo aver retrodatato il diritto di acquisto delle azioni. Mark Hurd, dirigente della Hewlett-Packard, ha ricevuto molte critiche alle sue equivoche scuse in un recente scandalo che ha investito l'azienda tecnologica americana. Più le aziende appaiono rapide nell'accettare errori, più la tempestività e lo scopo delle loro scuse vengono studiati attentamente. Il frequentemente menzionato esempio di perfetta reazione societaria è quello della Johnson & Johnson agli inizi degli anni Ottanta, alla morte di numerose persone che avevano fatto uso del farmaco Tylenol. Nonostante il prodotto fosse stato deliberatamente avvelenato con cianuro mentre era sugli scaffali dei negozi, l'Amministratore Delegato dell'azienda chiese scusa ripetutamente e in più occasioni, cessò la produzione e più di 30 milioni di flaconi vennero richiamati, al costo di circa 100 milioni di dollari. Nonostante le enormi perplessità del pubblico sul farmaco in quei giorni, le vendite di Tylenol ripresero rapidamente. In questo articolo, "*finely tuned*" significa *adattata specificamente/perfettamente intonata*.

334 Risposta esatta: B

L'espressione giapponese di rammarico e riparazione è perfettamente intonata alle circostanze. Infatti, gli studiosi/i seguaci dell'etichetta sono stati rapidi nel notare che le scuse offerte dalla Sony martedì 24 ottobre, per aver prodotto alcune batterie per laptop in certi casi infiammabili, erano più che sincere. In un Paese dove dirigenti colpevoli non si vergognano di versare lacrime durante le esibizioni di pentimento, il breve inchino mostrato dai dirigenti del gigante elettronico Sony è stato considerato un accettabile atto di saluto rispettoso. Le scuse della Sony fanno parte di un sempre più diffuso atteggiamento dei dirigenti aziendali tendenti a discolparsi nei riguardi dei consumatori (e a volte dei dipendenti ed azionisti) per gli errori societari commessi. Tempo addietro, Steve Jobs fu largamente apprezzato per essersi assunto la responsabilità dei problemi della Apple dopo aver retrodatato il diritto di acquisto delle azioni. Mark Hurd, dirigente della Hewlett-Packard, ha ricevuto molte critiche alle sue equivoche scuse in un recente scandalo che ha investito l'azienda tecnologica americana. Più le aziende appaiono rapide nell'accettare errori, più la tempestività e lo scopo delle loro scuse vengono studiati attentamente. Il frequentemente menzionato esempio di perfetta reazione societaria è quello della Johnson & Johnson agli inizi degli anni Ottanta, alla morte di numerose persone che avevano fatto uso del farmaco Tylenol. Nonostante il prodotto fosse stato deliberatamente avvelenato con cianuro mentre era sugli scaffali dei negozi, l'Amministratore Delegato dell'azienda chiese scusa ripetutamente e in più occasioni, cessò la produzione e più di 30 milioni di flaconi vennero richiamati, al costo di circa 100 milioni di dollari. Nonostante le enormi perplessità del pubblico sul farmaco in quei giorni, le vendite di Tylenol ripresero rapidamente. L'espressione "*timing and scope*" delle loro scuse si riferisce *alla tempestività e allo scopo/alla portata* di queste ultime.

335 Risposta esatta: A

L'uomo è l'unica creatura che consuma senza produrre. Lui non dà latte, non fa le uova, è troppo debole per tirare l'aratro e non corre abbastanza velocemente per catturare conigli. Tuttavia, è il signore di tutti gli animali. Organizza il loro lavoro, fornisce loro in cambio il minimo necessario per evitare che muoiano di fame e tiene il resto per sé. Con il nostro lavoro dissodiamo il terreno, il nostro sterco lo fertilizza e, ciò nonostante, non c'è nessuno di noi che possegga più della sua pelle nuda. Voi, mucche, che vedo davanti a me, quante migliaia di galloni di latte avete prodotto in quest'ultimo anno? E che fine ha fatto tutto quel latte che avrebbe dovuto nutrire vigorosi vitelli? Ogni sua goccia è scesa nelle gole dei nostri nemici. E voi, galline, quante uova avete deposto in quest'ultimo anno e quante di esse si sono mai schiuse per permettere la nascita dei polli? Il resto è tutto andato/spedito al mercato per arricchire Jones e i suoi uomini.

336 Risposta esatta: D

L'uomo è l'unica creatura che consuma senza produrre. Lui non dà latte, non fa le uova, è troppo debole per tirare l'aratro e non corre abbastanza *velocemente* per catturare conigli. Tuttavia, è il signore di tutti gli animali. Organizza il loro lavoro, fornisce loro in cambio il minimo necessario per evitare che muoiano di fame e tiene il resto per sé. Con il nostro lavoro dissodiamo il terreno, il nostro sterco lo fertilizza e, ciò nonostante, non c'è nessuno di noi che possegga più della sua pelle nuda. Voi, mucche, che vedo davanti a me, quante migliaia di galloni di latte avete prodotto in quest'ultimo anno? E che fine ha fatto tutto quel latte che avrebbe dovuto nutrire vigorosi vitelli? Ogni sua goccia è scesa nelle gole dei nostri nemici. E voi, galline, quante uova avete deposto in quest'ultimo anno e quante di esse si sono mai schiuse per permettere la nascita dei polli? Il resto è tutto andato/spedito al mercato per arricchire Jones e i suoi uomini.

337 Risposta esatta: B

L'uomo è l'unica creatura che consuma senza produrre. Lui non dà latte, non fa le uova, è troppo debole per tirare l'aratro e non corre abbastanza velocemente per catturare conigli. Tuttavia, è il signore di tutti gli animali. Organizza il loro lavoro, fornisce loro in cambio il minimo necessario per evitare che muoiano di fame e tiene il resto per sé. Con il nostro lavoro dissodiamo il terreno, il nostro sterco lo fertilizza e, ciò nonostante, non c'è *nessuno* di noi che possegga più della sua pelle nuda. Voi, mucche, che vedo davanti a me, quante migliaia di galloni di latte avete prodotto in quest'ultimo anno? E che fine ha fatto tutto quel latte che avrebbe dovuto nutrire vigorosi vitelli? Ogni sua goccia è scesa nelle gole dei nostri nemici. E voi, galline, quante uova avete deposto in quest'ultimo anno e quante di esse si sono mai schiuse per permettere la nascita dei polli? Il resto è tutto andato/spedito al mercato per arricchire Jones e i suoi uomini.

338 Risposta esatta: B

L'uomo è l'unica creatura che consuma senza produrre. Lui non dà latte, non fa le uova, è troppo debole per tirare l'aratro e non corre abbastanza velocemente per catturare conigli. Tuttavia, è il signore di tutti gli animali. Organizza il loro lavoro, fornisce loro in cambio il minimo necessario per evitare che muoiano di fame e tiene il resto per sé. Con il nostro lavoro dissodiamo il terreno, il nostro sterco lo fertilizza e, ciò nonostante, non c'è nessuno di noi che possegga più della sua pelle nuda. Voi, mucche, che vedo davanti a me, quante migliaia di galloni di latte avete prodotto in quest'ultimo anno? E che fine ha fatto tutto quel latte che *avrebbe dovuto* nutrire vigorosi vitelli? Ogni sua goccia è scesa nelle gole dei nostri nemici. E voi, galline, quante uova avete deposto in quest'ultimo anno e quante di esse si sono mai schiuse per permettere la nascita dei polli? Il resto è tutto andato/spedito al mercato per arricchire Jones e i suoi uomini.

339 Risposta esatta: C

Le conseguenze del rallentamento globale dell'industria aeronautica influenzano ancora negativamente i fornitori delle compagnie aeree, nonostante l'aumento dei loro budget. Ieri, la società ingegneristica L. Gardner ha dichiarato che si era liberata dei suoi dividendi finali e che avrebbe tagliato 250 posti di lavoro per affrontare le incerte prospettive a breve termine, dopo gli eventi dell'11 Settembre. I fornitori di Boeing e Rolls-Royce hanno informato che avrebbero tagliato il 10% della loro forza-lavoro, nell'ambito di uno sforzo taglia-costi annunciato il mese scorso per impedire livelli di produttività più bassi. Il gruppo, che genera i 2/3 dei suoi introiti dalla produzione di componenti per aerei, ha inoltre dichiarato che pagare un dividendo, al momento, è inappropriato. Il Direttore Finanziario, Brett Welch, ha sostenuto che la politica del taglio dei costi aiuterà l'azienda quando l'industria aeronautica tornerà alla normalità. Diversamente, Ryanair, la compagnia aerea a basso costo della Repubblica Irlandese, sembra confermare Francoforte come il suo secondo snodo in Europa, oggi. Questa mossa, fortemente anticipata dagli osservatori del settore, permetterebbe alla compagnia di aumentare il suo budget, nel tentativo di attirare quei passeggeri attenti ai costi, che utilizzavano le compagnie aeree di Stato. Un "passeggero attento ai costi" vuole un *servizio efficiente/conveniente*.

340 Risposta esatta: B

Le conseguenze del rallentamento globale dell'industria aeronautica influenzano ancora negativamente i fornitori delle compagnie aeree, nonostante l'aumento dei loro budget. Ieri, la società ingegneristica L. Gardner ha dichiarato che si era liberata dei suoi dividendi finali e che avrebbe tagliato 250 posti di lavoro per affrontare le incerte prospettive a breve termine, dopo gli eventi dell'11 Settembre. I fornitori di Boeing e Rolls-Royce hanno informato che avrebbero tagliato il 10% della loro forza-lavoro, nell'ambito di uno sforzo taglia-costi annunciato il mese scorso per impedire livelli di produttività più bassi. Il gruppo, che genera i 2/3 dei suoi introiti dalla produzione di componenti per aerei, ha inoltre dichiarato che pagare un dividendo, al momento, è inappropriato. Il Direttore Finanziario, Brett Welch, ha sostenuto che la politica del taglio dei costi aiuterà l'azienda quando l'industria aeronautica tornerà alla normalità. Diversamente, Ryanair, la compagnia aerea a basso costo della Repubblica Irlandese, sembra confermare Francoforte come il suo secondo snodo in Europa, oggi. Questa mossa, fortemente anticipata dagli osservatori del settore, permetterebbe alla compagnia di aumentare il suo budget, nel tentativo di attirare quei passeggeri attenti ai costi, che utilizzavano le compagnie aeree di Stato. Una "*flag carrier*" (portabandiera) è una *compagnia aerea nazionale*.

341 **Risposta esatta:** C

Nel 1999, Jack Straw, l'allora Segretario di Stato della Gran Bretagna, venne attaccato per essere stato irriguardoso in merito a una minoranza etnica. Ci furono richieste di indagini penali, appelli alle varie commissioni ed enti pubblici, nonché un acceso dibattito sull'argomento, ovvero se Mr Straw fosse razzista. In quell'occasione, lui fu accusato di aver umiliato gli zingari, affermando che gente che si mascherava da viaggiatori non poteva pensare di avere il diritto di commettere crimini/reati. Nelle scorse settimane, Mr Straw, ora leader della Camera dei Comuni (al Parlamento britannico), ha lanciato una provocazione simile, affermando che il velo musulmano (cioè il niqab, che copre l'intero volto) è un simbolo negativo di diversità. Questa settimana lui ha ottenuto il sostegno del suo capo, Tony Blair. Tali episodi non ci riportano alla mente che Mr Straw è ostile alle minoranze (infatti non lo è), ma piuttosto che in Europa ogni dibattito sui diritti delle minoranze etniche prima o poi degenera in una lotta tra leader di comunità auto-proclamatesi, enti pubblici, polizia, tribunali e legge. Sarà difficile conciliare l'Islam militante con l'Europa laica. La parola "*demeaning*" significa *umiliante/degradante/che abbassa la dignità*.

342 **Risposta esatta:** C

Nel 1999, Jack Straw, l'allora Segretario di Stato della Gran Bretagna, venne attaccato per essere stato irriguardoso in merito a una minoranza etnica. Ci furono richieste di indagini penali, appelli alle varie commissioni ed enti pubblici, nonché un acceso dibattito sull'argomento, ovvero se Mr Straw fosse razzista. In quell'occasione, lui fu accusato di aver umiliato gli zingari, affermando che gente che si mascherava da viaggiatori non poteva pensare di avere il diritto di commettere crimini/reati. Nelle scorse settimane, Mr Straw, ora leader della Camera dei Comuni (al Parlamento britannico), ha lanciato una provocazione simile, affermando che il velo musulmano (cioè il niqab, che copre l'intero volto) è un simbolo negativo di diversità. Questa settimana lui ha ottenuto il sostegno del suo capo, Tony Blair. Tali episodi non ci riportano alla mente che Mr Straw è ostile alle minoranze (infatti non lo è), ma piuttosto che in Europa ogni dibattito sui diritti delle minoranze etniche prima o poi degenera in una lotta tra leader di comunità auto-proclamatesi, enti pubblici, polizia, tribunali e legge. Sarà difficile conciliare l'Islam militante con l'Europa laica. Se ti "mascheri", *assumi un aspetto falso*.

343 **Risposta esatta:** A

Nel 1999, Jack Straw, l'allora Segretario di Stato della Gran Bretagna, venne attaccato per essere stato irriguardoso in merito a una minoranza etnica. Ci furono richieste di indagini penali, appelli alle varie commissioni ed enti pubblici, nonché un acceso dibattito sull'argomento, ovvero se Mr Straw fosse razzista. In quell'occasione, lui fu accusato di aver umiliato gli zingari, affermando che gente che si mascherava da viaggiatori non poteva pensare di avere il diritto di commettere crimini/reati. Nelle scorse settimane, Mr Straw, ora leader della Camera dei Comuni (al Parlamento britannico), ha lanciato una provocazione simile, affermando che il velo musulmano (cioè il niqab, che copre l'intero volto) è un simbolo negativo di diversità. Questa settimana lui ha ottenuto il sostegno del suo capo, Tony Blair. Tali episodi non ci riportano alla mente che Mr Straw è ostile alle minoranze (infatti non lo è), ma piuttosto che in Europa ogni dibattito sui diritti delle minoranze etniche prima o poi degenera in una lotta tra leader di comunità auto-proclamatesi, enti pubblici, polizia, tribunali e legge. Sarà difficile conciliare l'Islam militante con l'Europa laica. Resta inteso/Dal testo si comprende che *i dibattiti in Europa sui diritti delle minoranze si trasformano in parapiglia generali/baraonde*.

344 **Risposta esatta:** C

Le conseguenze del rallentamento globale dell'industria aeronautica influenzano ancora negativamente i fornitori delle compagnie aeree, nonostante l'aumento dei loro budget. Ieri, la società ingegneristica L. Gardner ha dichiarato che si era liberata dei suoi dividendi finali e che avrebbe tagliato 250 posti di lavoro per affrontare le incerte prospettive a breve termine, dopo gli eventi dell'11 Settembre. I fornitori di Boeing e Rolls-Royce hanno informato che avrebbero tagliato il 10% della loro forza-lavoro, nell'ambito di uno sforzo taglia-costi annunciato il mese scorso per impedire livelli di produttività più bassi. Il gruppo, che genera i 2/3 dei suoi introiti dalla produzione di componenti per aerei, ha inoltre dichiarato che pagare un dividendo, al momento, è inappropriato. Il Direttore Finanziario, Brett Welch, ha sostenuto che la politica del taglio dei costi aiuterà l'azienda quando l'industria aeronautica tornerà alla normalità. Diversamente, Ryanair, la compagnia aerea a basso costo della Repubblica Irlandese, sembra confermare Francoforte come il suo secondo snodo in Europa, oggi. Questa mossa, fortemente anticipata dagli osservatori del settore, permetterebbe alla compagnia di aumentare il suo budget, nel tentativo di attirare quei passeggeri attenti ai costi, che utilizzavano le compagnie aeree di Stato. A "*cost-cutting drive*" si riferisce a un *tentativo di tagliare i costi*.

Indice

Parte I Logica

Parte II Normativa scolastica

Parte III Lingua inglese

VOL. 526/B - METODOLOGIE E TECNOLOGIE DIDATTICHE

Il QR Code
per accedere alle risorse online

https://simone.it/d/526

526
3754892
10150

CODICE IDENTIFICATIVO
VISULIGAREB

Come accedere alle nostre risorse online?

Se hai uno smartphone, per utilizzare il QR Code devi utilizzare un lettore di QR Code.

Se non hai un lettore di QR Code sul tuo smartphone, puoi scaricarlo da iTunes (se hai un iPhone) o da Play Store (se hai uno smartphone Android).

Scaricato il lettore, utilizzalo per **inquadrare il QR Code che trovi su questa pagina** con la fotocamera del tuo smartphone. Una volta inquadrato e riconosciuto il QR Code, avrai automaticamente il link per accedere alle nostre risorse online.

Se, invece, non hai uno smartphone puoi accedere alle nostre risorse online direttamente utilizzando questo indirizzo nel tuo browser:

www.simone.it/d/526

In entrambi i casi, registrati sulla pagina che ti abbiamo indicato (in alto a destra, nel box, **Area Riservata**, clicca sul link **Registrati**). Terminata la registrazione dovrai attendere una mail con la password che ti è stata assegnata.

Ricevuta la password **accedi all'Area Riservata** e potrai scaricare i contenuti online.

Per accedere ad alcuni contenuti è necessario digitare il **Codice identificativo** che trovi sul QR Code.

Le espansioni online allegate al presente volume sono valide fino alla data di pubblicazione della eventuale successiva edizione del volume.